AF550565

Aḥmad A. Reidegeld
Handbuch Islam

Aḥmad A. Reidegeld

Handbuch Islam

Die Glaubens- und Rechtslehre der Muslime

Spohr

Die Deutsche Bibliothek
verzeichnet diese Publikation
in der Deutschen Nationalbibliographie.

Die Cyprus Library
Centre for the Registration of Books and Serials
verzeichnet das folgende Werk unter der

ISBN 978–9963–40–028–7

Herausgegeben vom
Islamrat für die Bundesrepublik Deutschland
www.islamrat.de

unter Beteiligung von
Hasan Özdoğan

5. Auflage 2024
ISBN 978–9963–40–028–7

Druck und Bindung: Alföldi Printing House.
Printed in Hungary.

Inhalt

ERSTER TEIL
DIE GLAUBENSGRUNDSÄTZE ('AQĀ'ID)

ZWEITER TEIL
DAS ISLAMISCHE RECHT

I.
Buch über die Reinheit (*ṭahāra*)

II.
Buch über das Gebet (*ṣalāh*)

III.
Buch über die Armensteuer (*zakāt*)

IV.
Buch über das Fasten (*ṣiyām*)

V.
Buch über die Pilgerfahrt (*ḥajj*)

VI.
Buch über das Gelöbnis (*nadhr*)

VII.
Buch über die Speisevorschriften

VIII.
Buch über Kleidung und Schmuck

IX.
Buch über den Kaufvertrag (*buyūʿ*)

Kapitel 5: Der *salam*-Vertrag

Kapitel 6: Der Pfandvertrag (*ʿaqd ar-rahn*)

Kapitel 7: Über den Zins (*ribā*)

X.

Buch über den Gemeinschaftsvertrag (*sharika*)

Kapitel 1: Über *muḍāraba*

Kapitel 2: Über *mushāraka*

XI.
Buch über die Ehe (*nikāḥ*)

XII.
Buch über das Testament

Anhang

VORWORT DES VERLAGES

MIT DEM hier vorgelegten *Handbuch Islam* wird das Glaubens- und Rechtssystem der Muslime dem deutschen Sprachraum in bislang nicht gekannter Ausführlichkeit erschlossen: einem Ratgeber in allen wichtigen Fragen muslimischer Lebensführung in Berücksichtigung aller vier Rechtsschulen, zugleich Grundlage eines fachwissenschaftlichen Diskurses in deutscher Sprache. Hocherfreut übergeben wir dem Drucker die Frucht langjähriger Bemühungen von seiten des Autors, des Herausgebers und des Verlages. Allein die fünfzehnseitige Inhaltsangabe wirft neben dem Glossar und dem Index ein bezeichnendes Licht auf die thematische Vielfalt und die sachlich-systematische Weite eines 832 Seiten umfassenden Werks, welches an das Lektorat und die Satzherstellung besondere Anforderung stellte.

Und dennoch: Wie jedes Buch noch ganz anders hätte werden können, wenn man noch längere Zeit an ihm gearbeitet hätte, so gilt auch für das hier vorgelegte, daß es darin Dinge gibt, die der Verlag gern anders geregelt gesehen hätte. So war es unser Wunsch gewesen, daß der fortlaufende Sachtext des vorgelegten Werkes grundsätzlich in deutscher Sprache (mit eingängig transliterierten kursiv ausgezeichneten *arabischen* Termini jeweils in Klammern dazu) verfaßt wäre, das arabischsprache „Fachchinesisch" also gänzlich aus dem Haupttext verbannt würde, damit auch dem Laien jedes einzelne Kapitel ohne vorauszusetzende Kenntnis anderer Teile, Kapitel oder Lehrstücke des Buches unmittelbar zugänglich wäre. Leider hatte der Autor geglaubt, eine entsprechende Umarbeitung nicht leisten zu können, weil es noch „keine deutschsprachige islamische Terminologie" gebe, ein Einwand indes, der unberücksichtigt läßt, daß die in Klammern gesetzten arabischen Termini die jeweils gemeinte Sache ja eindeutig bestimmt hätten.

Gibt es zwischen Autor und Lektor ein ähnliches Spannungsverhältnis wie zwischen Wünschenswertem und unter zeitlichen Rahmenbedingungen jeweils Mach- und Schaffbarem, sind wir mit dem hier Zustandegebrachten heute aber insoweit zufrieden, als es eine schöne Grundlage für weitere Auseinandersetzungen ist, zu der Fachleute und eine interessierte Leserschaft *in-shā'Llāh* insgesamt sicher Wichtiges beitragen werden. Dies sollte bei der erstaunlichen Vielfalt des Vorgelegten auch nicht überraschen, und es schmälert seinen Wert in keiner Weise. Es zeigt nur, daß ein so umfassendes Werk wie das hier vorgelegte in öffentlichem Diskurs und über Jahre hin zu reifen hat, ein Prozeß, dem es sich ausdrücklich öffnet. Wir regen bei dieser Gelegenheit die Gründung einer Kommission an, die ihn betreut.

Dank ist an dieser Stelle denen zu sagen, die an der Herausgabe des hier vorgelegten Werkes mitbeteiligt waren. Ein deutliches *shukrān jazīlan* geht hier an Bruder Adel El-Domiaty, der in einem parcours de force die Transliteration arabischer Ausdrücke korrekturgelesen hat. Ganz besonderer Dank gilt Bruder Hasan Özdogan, der schon vor Jahren die deutschsprachige Abfassung eines umfassenden *Ilmihals* angeregt, den Autor beauftragt, den Verlag g'efunden und die materiellen Grundlagen gelegt, Konflikte zwischen den beteiligten Parteien entschärft und mit großer Beharrlichkeit und nicht nachlassender Geduld die Herausgabe des vorliegenden Werkes wie kein zweiter begründet und befördert hat.

Schließlich geht – sehr ungewöhnlich, in diesem Fall aber nur richtig und schön – ein spezieller Dank des Verlegers an das hausinterne Lektorat und dessen Chefin: Die Bewältigung eines riesigen Manuskriptbergs divergierender Gliederungen und inhaltlicher Fassungen, deren grundlegende Neuordnung und Formgebung immer wieder sogar in der Logik des Aufbaus, in Sprache, typographischer Auszeichnung, Seitenlayout und vielem mehr geht auf ihr Konto. Ich kenne keine Person, die das, und zwar mit einer über Jahre gleichbleibenden Energie und bei Schwierigkeiten nicht selten umwerfendem Humor – *mā shā'Llāh!* – in vergleichbarer Weise hätte schaffen können.

wa min allāh at-taufīq

Kandern im Schwarzwald,
im heiligen *Rajab* 1426 / August 2005 SALĪM SPOHR

VORWORT DES VERFASSERS

Seit langem besteht bei deutschsprachigen Muslimen der Wunsch, ein umfangreiches und sämtliche Rechtsschulen umfassendes Werk zu erhalten, das die Meinungsvielfalt des islamischen Rechtsdenkens widerspiegelt und auf die Gegebenheiten in Deutschland Bezug nimmt.

Bisher jedoch existierten entweder nur Schriften, die einzelne Teilgebiete darstellten, oder Einzelwerke, die nur eine Rechtsschule behandelten bzw. überhaupt keine klare Darstellung zum Recht waren. Wer etwa ein Werk in Deutsch suchte, in dem erklärt wurde, wie man sich verhält, wenn man im Gebet diesen oder jenen Fehler macht, oder was für eine Frau zu tun ist, wenn ihre Periode nur unregelmäßig kommt – ob sie beten soll oder nicht, ob sie fasten soll oder nicht, ob sie bei der Pilgerfahrt (dem *Ḥajj*) den *Ṭawāf* (die Umschreitung der *Kaʿba*) verrichten soll, kann, darf oder nicht –, der fand darauf gar keine oder keine ausreichende Antwort.

Vor dem Hintergrund vielfältiger Fragen der Muslime soll dem deutschsprachigen Leser, der sich über die grundlegenden Glaubens- und Rechtsdinge praxisorientiert informieren will, mit vorliegendem Werk eine erste Unterstützung und Handreichung gegeben werden.

Ausgehend von klassischen und modernen Werken anerkannter islamischer Gelehrter zum Rechts- und Glaubensbereich, galt es, die Dinge ohne Verzerrung durch nationale oder sonstige Einzelinteressen darzustellen.

Das vorliegende Werk ist ein erster Versuch, die gewaltige Lücke – um nicht zu sagen: die Leerstelle – zum Thema in der deutschsprachigen Literatur zu füllen. Klar ist, daß mancher Leser, manche Leserin, sich zu bestimmten Einzelthemen deutlichere und ausführlichere Darstellungen wünschen wird, es im Rahmen eines in seiner Seitenzahl eingeschränkten Werkes andererseits unumgänglich ist, manche Themen gegenüber anderen zu bevorzugen.

Wurden alle im Werk behandelten Themen mehrfach geprüft, kann auf die Korrektheit der Darstellungen verwiesen werden, wo so mancher Sachverhalt in diversen Volksbräuchen sich vom geschriebenen islamischen Recht unterscheidet.

Sofern der Wahrheitsgehalt angesprochener Sachverhalte angezweifelt werden sollte, sei auf die angegebenen Quellen verwiesen wie beispielsweise die *Ḥashīya ibn ʿĀbidīn*, ein Rechtswerk, das gegen Ende des Osmanischen Reiches vom damaligen Oberrichter Ibn ʿĀbidīn (gest. 1836) zur hanafitischen Rechtsmeinung verfaßt wurde.

Das vorliegende Werk fällt in die literarische Gruppe der sogenannten *'Ilm al-Hāl*-Werke („direkt anwendbaren Wissens"), bei denen – je nach Zielsetzung – die Meinungen und Rechtsbestimmungen einer, mehrerer oder aller Rechtsschulen angegeben werden, ohne daß aber, von wenigen Ausnahmen abgesehen, die Quellen dieser Rechtsentscheidungen (Hadithe, Koranverse) oder Rechtsgrundsätze genannt werden. So versteht sich dieses Werk als Darstellung der klassisch-islamischen Rechts- und Pflichtenlehre, und nur in Einzelfällen wurden moderne Gutachten (*Fatāwā*) mit eingezogen. Grundsätzlich sei darauf verwiesen, daß hierzulande die Gesetze der Bundesrepublik Deutschland zu beachten sind.

Angesprochen werden auch nicht zum *'Ilm al-Hāl* im engeren Sinn gehörende Themen. Die Rechtswissenschaften und die Rechtsschulen werden vorgestellt, und es wird die Rolle gewürdigt, die der Brauch in den islamischen Gesellschaften und im Recht spielt usw. (vgl. S. 138 ff.).

Besondere Aufmerksamkeit wurde natürlich den eigentlichen gottesdienstlichen Handlungen (*'Ibādāt*) gewidmet: dem Gebet an erster Stelle, dann dem Geben der *Zakāt*, dem Fasten, der Pilgerfahrt (*Ḥajj* und *'Umra*), aber auch sonstigen Dingen wie den Gelöbnissen (*Nudhūr*) usw. Auch wird beispielsweise auf die gegenseitigen Vertragsarten (*Mu'āmalāt*), auf Ehe- und Scheidungsrecht (*Aḥwāl shakhṣīya*) Bezug genommen.

Da das vorliegende Werk als ein Nachschlage- und Lehrwerk konzipiert ist und vorwiegend auch so gebraucht werden wird, sollte eine hier und da auftretende Wiederholung nicht ins Gewicht fallen.

Zusammenfassend wird, so Gott will, dem vorliegenden Buch ein vielfacher Nutzen entspringen und dem Leser neben anderem dabei behilflich sein,

- wichtige Begriffe des islamischen Rechts zu lernen,
- die Bedeutung und Rolle der Rechtsschulen zu verstehen,
- die Rechtsbestimmungen auch zu kleineren Einzelheiten zu finden,
- praktische im Alltag erforderlich werdende Anleitungen zu finden,
- zu erkennen, wie er bestimmte Fehler im täglichen Leben vermeiden kann,
- zu erfahren, welche Rolle und Bedeutung die Glaubenssätze (*'Aqā'id*) für ihn und sein Muslimsein haben.

Abschließend bittet der Verfasser Gott den Erhabenen, den Allerbarmer, den Allbarmherzigen, diese Arbeit anzunehmen, den Lohn dafür nicht zu verweigern und das Werk zu einer Quelle im wahrsten und besten Sinne des Wortes für die Muslime in Deutschland zu machen.

Köln, im *Dhu l-Ḥijja* 1425/Januar 2005

AḤMAD 'ABDURRAḤMĀN REIDEGELD

بسم الله الرحمن الرحيم

ERSTER TEIL

DIE GLAUBENS-GRUNDSÄTZE

'Aqā'id

ALLGEMEINE VORSTELLUNG:

WAS GENAU BEDEUTET ‘AQĪDA?

Wörtlich bedeutet *‘Aqīda*: „Grundlage“. Als Fachbegriff heißt es hier: „Glaubensgrundlage“, „wesentlicher Glaubensgrundsatz“. Damit sind die Glaubensgrundlagen gemeint, auf denen der Islam als Glaube beruht. Niemand kann ein Muslim, eine Muslimin sein, wenn er diese Glaubensgrundlagen (*‘aqā’id*) nicht ausdrücklich anerkennt und bestätigt. Wenn jemand auch nur eine einzige *‘Aqīda* – geschweige denn mehrere oder alle – ablehnt oder nur in ihrem Sinn verändert annimmt, so kann er nicht mehr als gläubiger Muslim bezeichnet werden. Das heißt, anders formuliert: Wer die *‘Aqā’id* des Islam annimmt und daran glaubt, der ist Muslim; wer das nicht tut, ist es nicht.

Dabei gilt für Menschen, die den Islam annehmen (wollen): Damit von der Gemeinschaft der Muslime – der *Umma* – mit gutem Gewissen bezeugt werden kann, daß jemand tatsächlich Muslim geworden ist, muß er das Glaubensbezeugnis (die *shahāda*) vor mindestens zwei Zeugen aussprechen, und es muß schon vorher klar sein, daß er die *‘Aqā’id* bereits kennengelernt und – zumindest in allgemeiner Form – angenommen hat.

Es ist nicht die Aufgabe eines Muslims, zu ergründen, was im Inneren eines Menschen ist – das weiß nur Gott allein. Aber es gibt äußere Kennzeichen des Glaubens sowie auch solche des Unglaubens:

- Wer sich daher durch die *Shahāda* vor Zeugen als Muslim bekennt, keine Dinge in Wort und Tat tut, durch die jemand nach dem Maßstab des Islam ungläubig wird, der muß (noch) als Muslim betrachtet werden.

- Wer sich in Wort und Tat als Ungläubiger zeigt, ist nach den Maßstäben des Islam auch ungläubig – gleich, ob er als Muslim geboren wurde oder irgendwann den Islam angenommen hat.

KAPITEL I

DER GLAUBE AN GOTT

§ 1

DAS BEZEUGEN DER EINHEIT UND EINZIGARTIGKEIT GOTTES (*tawḥīd*)

ALLES beginnt mit der *Shahāda*, dem Glaubensbekenntnis; es besteht eigentlich aus zwei Einzelsätzen (darum auch „*ash-Shahādatān*", die zwei Glaubensbekenntnisse), die – jeder für sich – einen eigenständigen Teil des gesamten Glaubensbekenntnisses darstellen. Der erste Teil bezeugt den *Tauḥīd*, die absolute Einheit und Einzigartigkeit Gottes ﷻ, während der zweite das Prophetentum, die Gesandtschaft des Propheten Muḥammad ﷺ bekräftigt. Die beiden *Shahādas* (*shahādatān*) sind Grundlage einer geistigen Welt, die aus einigen Grundlagen und den daraus folgenden Glaubensfolgerungen verstanden werden kann – oder anders ausgedrückt:

Die *erste Shahāda* ist negativ in ihrer Form, um die Existenz irgendeiner Gottheit außer dem einen Gott ganz und gar auszuschließen und um dem Gläubigen ebendies klarzumachen, damit er die Einheit, Einzigartigkeit und Unvergleichlichkeit Gottes ohne Zugeständnis und Kompromiß vor Gott, sich selbst und allen, die die Einheit Gottes bekennen, bezeugen kann. Die *zweite Shahāda* ist positiv gefaßt, um das zu bezeugen, was den Muslim von den Menschen unterscheidet, die zwar die Einheit Gottes bezeugen, aber den Propheten Muḥammad ﷺ nicht als Propheten anerkennen.[1]

Die Kurzform mit dem reinen Inhalt des Bezeugten lautet:

Lā ilāha illā llāh Muḥammadu r-rasūlu llāh[2] – „[Es gibt] keinen Gott (keine Gottheit) außer Gott, Muḥammad ist der Gesandte Gottes." Dieselbe Grundform mit dem Zusatz *Ashhadu an* ... („ich bekenne", „ich bezeuge") lautet: *Ashhadu al-lā ilāha illā llāh*[3] *wa ashhadu anna Muḥammada r-rasūlu llāh* – „Ich bezeuge, daß es keinen Gott (keine Gottheit) außer Gott gibt, und ich bezeuge, daß Muḥammad der Gesandte Gottes ist." – oder:

Ashhadu an lā ilāha illā llāhwa ashhadu anna Muḥammadan ʿabduhu wa r-rasūluhu – „Ich bekenne, daß es keinen Gott gibt außer Gott, und ich bekenne, daß Muḥammad Sein Diener ist und Sein Gesandter ." Inwiefern hier anstelle des Wortes „Gott" auch im Deutschen der Name „Allāh" stehen könnte, wird sich (vgl. S. 35 ff.) noch zeigen.

Der *Tauḥīd* besteht darin, daß man nur Gott allein als seinen Herrn, Erhalter, als Anzubetenden, zu Verehrenden bezeugt. Wer ein Wesen, irgend etwas außer Gott oder mit ihm zusammen als „*Rabb*"[4] betrachtet, ist in der Tat ungläubig (*kāfir*) und jemand, der Gott dem Allmächtigen etwas zur Seite stellt, Polytheist (*mushrik*).

Voraussetzung dafür, daß man von einer Verantwortung des Menschen zu Islam und *Tauḥīd* sprechen kann, ist freilich das Vorhandensein des Verstandes und der geistigen Reife; auch wird die Meinung bei den Gelehrten vertreten, daß ein Mensch erst dann verantwortlich ist, die Wahrheit des Islam anzunehmen, wenn die sachliche und korrekte Kenntnis über den Islam tatsächlich zu ihm gelangt ist bzw. er zu dieser Kenntnis gelangen kann.

Insbesondere werden durch den *Tauḥīd* folgende Unterpunkte mit erfaßt:

Ikhlāṣ (ausschließliche, reine Hinwendung zu Gott)

Man muß sich – wenn es sich um reine Rechte Gottes des Erhabenen handelt – nur und ausschließlich Gott zuwenden. Wenn man etwa betet oder fastet (was reines Recht Gottes ist), so muß man das tun, um Gottes Wohlgefallen zu erlangen, man darf es aber nicht tun, um sich vor den Menschen hervorzutun. Diese Ausschließlichkeit in der Hinwendung zu Gott wird „*Ikhlāṣ*" genannt (wörtlich: „Reinheit in etwas erhalten, bewirken"; „etwas ganz und gar gereinigt von anderem tun, erfüllen") und gehört zwingend zum *Tauḥīd.*

Sich mit Bittgebeten (du'ā') und beim festen Vertrauen (tawakkul) und Wünschen um Dinge, zu deren Erfüllung nur Gott mächtig ist, an Gott zu wenden

Es kommt nur Gott allein zu, daß man sich mit Bitten in *Du'ā'*-Form an Ihn wendet. Das soll so verstanden werden: Man kann wohl einen Menschen um eine Sache bitten, doch man muß sich immer bewußt sein, daß es letztlich immer Gott ist, der einem Versorgung mit etwas gibt, der einem hilft, der einen prüft usw. – und wenn man durch die scheinbare Auswirkung von Menschenhand etwas erhält, so hat Gott etwas durch die Hand anderer bewirkt.

Daß man nur Gott allein fürchtet

Letztlich darf man nur Gott allein fürchten. Zwar ist es natürlich und wohl unvermeidlich, daß man sich vor Gewalt und Gewaltanwendung seitens der Menschen usw. fürchtet, aber letztlich darf man nur Gott als Alleinherrscher und zur Gewaltausübung Berechtigten anerkennen. Wer also immer stärker in seinem Glauben wird, fürchtet immer weniger Unrecht und Unterdrückung für seine eigene Person, wenn

er mit Verstand und Gottvertrauen zugleich bezeigt, daß es keine wirkliche Kraft und Macht außer durch, von und mit Gott gibt. Daher ist es am besten, in Notsituationen oder wenn man sich vor Gewalt und Ungerechtigkeit und Heimsuchung durch Menschen und andere Wesen fürchtet, dies zu bezeugen, in der Form:
Lā ḥaula wa lā quwwata illā bi llāh[i l-ʻalīyi l-ʻaẓīm][5]
„Es gibt weder Kraft noch Macht außer bei Gott, [dem Hohen, dem Gewaltigen.]"

Daß man nur Gott in den verschiedenen Formen des Gottesdienstes anbetet

Das besondere Recht des Gottesdienstes – die direkte Anbetung – ist ausschließliches Recht Gottes. Wer irgendeinem geschaffenen Wesen oder einem angenommenen, falschen Gott X oder Y Gottesdienste erweist, ist Polytheist, Götzendiener (*mushrik*). Das gilt auch für Dinge, die nicht wörtlich oder offiziell als Gottesdienste bezeichnet werden, es aber der Tat nach sind: Wenn jemand das Wort eines Menschen als einzig entscheidendes Gesetz ansieht, sei es für sich oder andere, gleich, ob das betreffende Wort dieses Menschen nun mit den Regeln Gottes übereinstimmt oder nicht, ist *Mushrik* (Götzendiener). Wer auch Ideen als einzigen oder wichtigsten Maßstab annimmt – wer etwa als Nationalist den Nationalismus höher einstuft als die Brüderlichkeit im Islam, der ist *Mushrik* (Götzendiener), genauso wie jemand, der den Islam zugunsten nationaler Interessen verfälscht, indem er verbietet, was Gott und Prophet ﷺ befehlen, und umgekehrt gebietet, was Gott und Prophet ﷺ verbieten.

Gottes Absolutheit in seinen Eigenschaften zu bezeugen

Zum *Tauḥīd* gehört auch, daß man die Eigenschaften, die der allmächtige Gott sich selbst im Koran zuschreibt, ohne Wenn und Aber als wahr bezeugt. In diesen Eigenschaften sind die Unbegrenztheit, die Herrlichkeit und die gesamte Göttlichkeit Gottes in ihrem Wesen beschrieben. Dabei gibt es Eigenschaften wie das Sehen und Hören, die in geringer Form auch den Geschöpfen Gottes zur Verfügung stehen, Ihm, dem Erhabenen, aber in ihrer höchsten Form. Doch gibt es auch besondere Eigenschaften Gottes, die nur Ihm selbst zur Verfügung stehen, wie die Fähigkeit, ein Wesen zu erschaffen oder aus Totem Lebendiges hervorzubringen. Hier muß der Muslim bezüglich der ersten Art der Eigenschaften bezeugen, daß nur Gott allein diese Eigenschaften in Vollkommenheit besitzt; bezüglich der zweiten Art muß er bezeugen, daß sie nur Gott allein zur Verfügung stehen.

§ 2

DER GOTTESNAME „ALLĀH"

Allgemeines

Das Wort „*Allāh*" hat für alle Muslime, gleich welcher Nationalität, eine besondere Bedeutung, weil es zugleich den einen und unteilbaren Gott bezeichnet, neben dem es keinen anderen Gott, keine andere Gottheit gibt, und weil es zugleich jedem Muslim sofort verständlich ist – gewissermaßen international. Weil es zugleich die Bezeichnung Gottes in der *Shahāda*-Formel ist (*lā ilāha illā llāh*[6]), gewinnt das Wort „*Allāh*" ganz außerordentliche Bedeutung für jeden Muslim. Davon abgesehen ist es aber auch mit vielen Mißverständnissen belastet, speziell seitens der nichtarabischen Nichtmuslime; auch werden seitens der Muslime, die sich nicht stark mit Theologie (*kalām*) beschäftigen und beschäftigt haben, insofern Mißverständnisse aufgebracht, als das Wort und seine Beziehung zu den Eigenschaften Gottes (*ṣifātu llāh*) unklar werden. Das betrifft auch die Frage, ob und wenn, wie das Wort „*Allāh*" in andere Sprachen als dem Arabischen übertragen werden kann. Zu all diesen Fragen nun einige grundsätzliche Darstellungen, die auf klassischen Werken der allgemein anerkannten Gelehrten beruhen, wie dem *Lisān al-ʿarab* des Ibn Mandhūr (ein bis heute maßgebliches Lexikonwerk), und vielen anderen.

Herkunft und Art des Wortes „Allāh"

Nach dem Werk *Lisān al-ʿarab*[7], das als Standard unter allen Kennern der arabischen Sprache gilt, werden zum Wort „*Allāh*" folgende Erläuterungen[8] gegeben:

1. Die Grundansicht, daß das Wort „*Allāh*" sich von dem Wort „*Ilāh*", das einfach „Gott", „Gottheit" heißt, abgeleitet ist:
   Zum Wort „*Allāh*" und seiner Herleitung sagt der Gelehrte Ibn al-Athīr: Dies ist abgeleitet von „*Ilāh*" (Gott, Gottheit).
2. Die zweite Grundansicht, daß es sich bei dem Wort „*Allāh*" um ein Wort handelt, das weder von einem anderen Wort ableitbar noch mit einem solchen in Verbindung zu bringen ist:
   Der Sprachgelehrte al-Khalīl sagte dazu: Das Wort „*Allāh*" gehört zu jenen Substantiven, die nicht von anderen Wortstämmen abgeleitet werden können und dürfen, wie das – im Unterschied dazu – bei Namen wie „*ar-Raḥmān*" oder „*ar-Raḥīm*" möglich und zulässig ist.

Ibn Mandhūr gibt dann – unter Bezug auf den Gelehrten al-Mundhirī – klare Belege dafür, daß grammatisch gesehen die erste Möglichkeit die richtige ist, daß sich aber das Wort „*Allāh*" selbst in seiner Bedeutung klar von „*Ilāh*" absetzt und als eigenständig, nicht von „*Ilāh*" abhängig, gesehen werden muß:

> Der Gelehrte al-Mundhirī überliefert von dem Gelehrten Abū Haitham (seinem Gewährsmann), daß er ihn (Abū Haitham) danach fragte, ob und wie das Wort „*Allāh*" *ta'ālā* sprachlich abgeleitet werden könne. Darauf sagte Abū Haitham: In Wirklichkeit handelt es sich um das Wort „*Ilāh*" (Gott), an das der bestimmte Artikel „*al-*" (hier: der) angefügt und daraus „*al-ilāh*" wurde; dann aber verwischte sich schon bei den (alten, den vorislamischen) Arabern die Trennung in der Aussprache zwischen *al-* und *ilāh*, und man sagte den Ausdruck wie ein Gesamtwort „*alilāh*". Dann wurden die beiden L zusammengefaßt und assimiliert, bis das Wort „*Allāh*" daraus entstand.

Zusätzlich aber wurde in dem Wort „*Allāh*" das lange A zwischen den beiden L und dem H auch noch verändert, indem es dunkel gesprochen wurde – wahrscheinlich bedingt durch die Verschleifungen innerhalb des Wortes. So wurde es klar in der Aussprache unterschieden von dem Wort „*Ilāh*", in dem das lange A immer hell ausgesprochen wird.

Die Bedeutung des Wortes „Allāh" im Unterschied zum Wort „Ilāh"

Daß „*Allāh*" die Bedeutung von „*al-Ilāh*" (der Gott, der eigentliche, der wahre Gott) habe, sofern nur dem einen, einzigen Gott es zukommt, angebetet zu werden, ist die erste Beschreibung von Ibn Mandhūr:

> *al-Ilāh*: *Allāh* (mächtig und hoch erhaben ist Er). Alles, was außer ihm angebetet/verehrt wird, wird seitens dessen, der diese Verehrung durchführt, „*ilāh*" genannt; dieses Wort „*ilāh*" hat eine Pluralform „*Āliha*". Mit „*Āliha*" wiederum sind Götzen gemeint, die darum so [das heißt *Āliha*] genannt werden, weil die Götzendiener so ausdrücken wollen, daß diesen Götzen es zukäme, angebetet zu werden. Das heißt, der Aspekt des Angebetet-Werdens kommt in den Götzennamen, (die in dem Wort *Āliha* zusammengefaßt werden), zum Ausdruck – ohne daß diese grammatische Ausdrucksweise in sich eine (theologische) Wahrheit beinhaltet.

Von daher stimmen alle Gelehrten und im speziellen die Theologen überein, daß das Wort „*Allāh*" nur und ausschließlich auf den einen, den einzigen Gott bezogen werden kann, im Unterschied zu „*Ilāh*", was sowohl den einen Gott, als auch eine andere Gottheit bezeichnen kann; insofern ist „*Allāh*" letztendlich in seiner wahren Bedeutung unabhängig von „*Ilāh*“ zu sehen. Weil diese Sinngebung jedem arabischsprachigen Menschen klar ist, wird „*Allāh*“ immer benutzt, wenn nur von dem einen Gott die Rede ist, wobei bezeichnenderweise auch arabischsprachige Christen nur und ausschließlich „*Allāh*“ verwenden, wenn sie von Gott sprechen.

Die Verwendung des Wortes „Allāh“ in anderen Sprachen als dem Arabischen

Es ergibt sich ein grundsätzliches und nicht leicht zu nehmendes Problem in Sprachen außer dem Arabischen:

- Kann man das Wort „*Allāh*“ in einer betreffenden nichtarabischen Sprache durch ein einheimisches Wort ersetzen oder nicht?
- Besteht eine theologische Pflicht, nur und ausschließlich das Wort „*Allāh*“ zu verwenden, wenn von dem einen, einzigen Gott im Sinne des Islam die Rede ist?
- Ist das Wort „*Allāh*“ eine Wesensbezeichnung des einen Gottes oder ein regelrechter Eigenname, der nicht übersetzbar bzw. übertragbar ist?

Aus naheliegenden Gründen haben sich arabischsprachige Gelehrte mit diesem Problem nur sehr begrenzt oder auch gar nicht beschäftigt, weil innerhalb der arabischen Sprache diese Frage eindeutig zu beantworten ist bzw. sich gar nicht stellt. Da aber schon früher Nichtaraber – etwa Iraner und Malaien – und mit ihnen einheimische Gelehrte diesem Problem gegenüberstanden, fanden auch schon früh Überlegungen dazu statt; insgesamt ergibt sich also folgendes:

Bei nichtarabischen Sprachen muß danach unterschieden werden, ob es eine einheimische Bezeichnung gibt für einen einzigen, ungeteilten Gott, die im Sprachverständnis von der Bezeichnung für irgendeine Gottheit unterschieden wird bzw. werden kann.

Gibt es eine solche Unterscheidung nicht, sondern nur eine Bezeichnung für irgendeine Gottheit im allgemeinen Sinne, so genügt diese Bezeichnung nicht, und nur das Wort „*Allāh*“ kann hier die Sinngebung „einziger Gott“ wiedergeben. Hier besteht daher Einigkeit unter den Gelehrten, daß in diesem Fall nur das Wort „*Allāh*“ zulässig ist.

Gibt es aber eine Bezeichnung, die dem Sinngehalt von „*Allāh*“ insofern entspricht, als damit der Gedanke des einzigen Gottes ausgedrückt und zugleich der Gedanke an eine zweite Gottheit ausgeschlossen wird, ist es zulässig, das einheimische Wort zu verwenden. Das gilt unter der Bedingung, daß das betreffende einheimische Wort ohne Erläuterung oder Zusätze dem oben genannten Sinngehalt entspricht.

Über die Verwendung des Wortes „Gott" im Sinne von „Allāh"

Innerhalb der deutschsprachigen Literatur nun wird sowohl das Wort „*Allāh*" wie auch das einheimische Wort „Gott" verwendet, wenn von der Idee des einen Gottes, der keinen Teilhaber in Seinem Göttlichsein hat, die Rede ist. Auch bei den deutschsprachigen Muslimen – sowie auch den nicht deutschstämmigen Muslimen, die in Deutsch veröffentlichen – werden dazu verschiedene Positionen vertreten[9]:

- manche halten den Begriff „*Allāh*" für verpflichtend,
- andere halten ihn für besser als „Gott", das Wort „Gott" aber für völlig zulässig,
- mache halten beide für gleichgut zur Bezeichnung des Gemeinten.

Hier nun eine Abwägung dazu: Dafür, daß man *nur* den Begriff „*Allāh*" wählen *darf*, spricht im Falle des Deutschen nur ein einziger Punkt:

Daß man von dem Wort „*Allāh*" keinen Plural bilden kann, also der Gedanke an mehrere „Götter" von vornherein unmöglich damit in Verbindung gebracht werden kann, während das bei dem deutschen (Grund)Wort „Gott" möglich ist.

Dafür, daß der Begriff „*Allāh*" *besser* ist als „Gott", aber das Wort „Gott" *voll zulässig* ist, spricht folgendes: Der Begriff „*Allāh*" wird von jedem Muslim – gleich welcher Muttersprache – verstanden; er ist gewissermaßen international, während das Wort „Gott" nur von Deutschsprachigen verstanden wird. Andererseits ist das Wort „Gott", wenn es ohne Artikel (ein/der)[10] verwendet wird, im Rahmen der monotheistischen deutschen Sprachtradition unmißverständlich und eindeutig: Es kann nur den einen, einzigen Gott bezeichnen, wie etwa in Sätzen wie „Gott tut das aus Barmherzigkeit", „Gott hat Propheten entsandt".

Daran ändert auch der Punkt nichts, daß man von dem Grundwort „Gott" den Plural „Götter" bilden kann, denn innerhalb eines korrekten Satzes wird das Grundwort „Gott" nur im Sinne „ein anderer als der eine, einzige Gott" mit dem Artikel „der" oder „ein" verwendet, während das Wort, wenn es ohne Artikel wie ein Eigenname – ohne irgendeinen Artikel – verwendet wird, den „einen und einzigen Gott" bezeichnet und dann auch kein Plural möglich ist. Das heißt: Von der äußeren Form her gibt es nur eine einzige Wortform „Gott", von der echten, grammatischen Verwendung im Satz her aber gibt es zwei:

1. „Gott" als Grundwort; es steht zwingend mit einem Artikel und hat den Plural „Götter".

2. „Gott" als Bezeichnung für den einen, einzigen Gott; es wird – wie ein Eigenname – nur ohne Artikel verwendet und hat als solches keine Pluralform.

Dafür, daß beide Begriffe – „*Allāh*" und „Gott" – insofern gleichwertig sind, als der Begriff „*Allāh*" nicht als besser betrachtet wird, gibt es folgendes Argument:

Insbesondere wenn Muslime und Nichtmuslime miteinander über Glaubensdinge sprechen, aber auch, wenn ein deutscher Nichtmuslim zum Islam findet, besteht oft das Mißverständnis, daß „*Allāh*" ein ganz anderer Gott sei als der, der ja grundsätzlich auch im Christen- und Judentum als der eine, einzige Gott bezeichnet wird.

Abgesehen davon, daß – nach islamischer Auffassung – durch Verfälschungen in den Evangelien bzw. in der Thora, durch menschliche Manipulationen das ursprüngliche Gottesbild, die reine Vorstellung Gottes getrübt wurde, ist es doch für alle monotheistischen Religionen ein unverzichtbarer Grundsatz, daß es nur einen einzigen Gott gibt, der die Propheten entsandte, Schriften herabsandte, der Schöpfer von allem Sein ist usw.

Es kann also nur ein einziger Gott gemeint sein, wenn in diesen Religionen von dem einen Gott bzw. schlicht von „Gott" die Rede ist: alles andere wäre unlogisch.

Daher muß in diesem Zusammenhang das Wort „Gott" dem Wort „*Allāh*" gleichbedeutend sein; wenn nun in bestimmten Situationen das Wort „Gott" und das Wort „*Allāh*" als zwei unterschiedliche Sinnträger bezeichnet werden, kann das Problem hier durch alleinige Verwendung des Wortes „Gott" vermieden werden – vorausgesetzt, alle Angesprochenen und Sprecher sind Monotheisten.

§ 3

DER GOTTESNAME „RABB"

Das Wort „*Rabb*" ist mit einem einzigen Ausdruck nicht wiederzugeben. Nach dem Gelehrten Ibn Mandhūr und anderen Sprachgelehrten der arabischen Sprache kommt dieses Wort von dem Verb „*rabbā*", was „aufziehen", „erziehen", „erhalten", „sorgen für" bedeutet. Neben den sich daraus ergebenden Bedeutungen bezeichnet „*Rabb*" den, dem Verehrung und Anbetung (*'ibāda*) im weiteren und auch konkreten Sinn zukommt, auch „Friedenstifter". Dieses Wort ist, absolut, ohne Zusatz gebraucht, ein direkt und nur auf Gott bezogenes Eigenschaftswort; es ist andererseits zulässig, wenn ein Mensch das Wort mit einem Zusatz für einen Menschen verwendet, etwa: *Rabb ad-Dār* (der Herr des Hauses, zur Bezeichnung des Familienvaters und Hausherrn usw.). Es steht in direktem Zusammenhang mit „*'Abd*". Das Wort „*'Abd*" bezeichnet wörtlich zwar „Diener", „Sklave", doch hier im Zusammenhang mit „*Rabb*" (Gott dem Erhabenen) bezeichnet es den Menschen, der verehrt, der dem *Rabb* ergeben ist. Dabei fehlt ganz der Aspekt von Gefangenschaft oder Gewalt, weswegen hier „Diener" und „Sklave" irreführende Begriffe im Deutschen sind. So ist Gott „*Rabb al-'Ālamīn*", wörtlich: „der *Rabb* der Welten" bzw. der Wesen insgesamt. Die Wiedergabe „Herr" für „*Rabb*" – gerade an dieser Stelle, in diesem Ausdruck, ist zwar nicht falsch, aber unzureichend, weil in „*Rabb*" „Barmherzigkeit" und „Fürsorge" mitgedacht sind, während „Herr" neben der Vorstellung von „*Herr*-schaft", „Macht" und „Gewalt" nichts Vergleichbares enthält.

Nur Gott kommt die Position und Bezeichnung „*Rabb*" bzw. „*Rabb al-'Ālamīn*" zu, nur Er darf ja letztlich verehrt oder gar angebetet werden. Wer sich daher aus der Masse der geschaffenen oder vorgestellten Wesen einen „*Rabb*" auswählt (also einen anderen als Gott), ist Götzendiener, Polytheist (*mushrik*).

So heißt es im Koran über die Irregehenden unter den frühen Juden und Christen, daß sie ihre Priester und Gelehrten als „*arbāb*" (Pl. von „*rabb*") nahmen. Dies, weil sie diesen Menschen besondere geistig-religiöse Rechte zugestanden, die nur Gott zukommen, wie Vergebung der Sünden oder Einsetzen eigener religiöser Vorschriften ohne ausdrückliche Anweisung oder Erlaubnis Gottes dazu.

§ 4

DER GLAUBE AN DIE EIGENSCHAFTEN GOTTES

Allgemeine Darstellung

Der Muslim muß im Rahmen des Glaubens an Gott auch an Seine Eigenschaften glauben, denn diese Eigenschaften bezeichnen das Wesen Gottes, so wie Gott selbst sie im Koran dargestellt hat.

Sie umfassen Dinge wie die Eigenschaft Gottes, Schöpfer aller Wesen außer Ihm selbst zu sein, alles zu wissen, alles zu können und aller Dinge mächtig zu sein, und vieles andere.

Es ist unzulässig, von Gott eine Eigenschaft zu behaupten, die nicht im Koran oder in ganz sicheren Hadithen als solche bestätigt wird.

Die Schönsten Namen Gottes *(al-asmā' al-ḥusnā)*

Die Eigenschaften Gottes werden vor allem durch die sogenannten 99 „Schönsten Namen" dargestellt. Das sind zwar nicht alle der in *Qur'ān* und *Sunna* genannten Eigenschaften und Umschreibungen, doch die wichtigsten. Hier eine Darstellung dieser Namen mit Kurzkommentar.

Die „Schönsten Namen"
mit Übersetzung, Besonderheiten
und Erläuterungen zum jeweiligen Namen

ar-Raḥmān der Erbarmer*
Diese Form drückt dauerhaftes Erbarmen aus; das Erbarmen-Zeigen ist eine der wichtigsten Eigenschaften Gottes.[11]

ar-Raḥīm der Barmherzige*
Diese Form entspricht etwa der vorigen; hier ist das tatsächliche Innehaben der Barmherzigkeit stark betont.

al-Malik der Herrscher, der König
Gott allein hat die wahre Herrschaft über alles Sein inne.

al-Quddūs der Heilige*
Heilig muß hier im Sinne von absoluter Reinheit, Unantastbarkeit und Erhabenheit über alles Fehlerhafte verstanden werden.[12]

as-Salām der Frieden*
Damit ist die Bereitschaft Gottes gemeint, dem Menschen Frieden im Sinne von innerlichem Frieden zu gewähren.[13]

al-Mu'min der Gläubige
Keines der geschaffenen Wesen kann Gott so erkennen, wie Er sich selbst erkennt; daher bezeichnet Er, der Erhabene, sich in dem Sinne als gläubig (*Mu'mīn*), daß Er vor den geschaffenen Wesen Seine Eigenschaften und Majestät bezeugt.

al-Muhaimin Der Wachende, Schützer
Gemeint ist von der Wortwurzel her: jemand, der etwas bezeugt, bei etwas anwesend ist und über etwas bzw. jemanden dabei wacht.

al-'Azīz der Freundliche, Würdige
Gott ist trotz Seiner Allmacht und alles umfassenden Eigenschaften

* Die mit Sternchen gekennzeichneten Namensformen dürfen nur in Zusammenhang mit Gott dem Erhabenen genannt werden. Einem Menschen kommt es nicht zu, diesen Namen ohne Zusatz zu tragen oder einen anderen damit zu benennen.

milde und hat in sich und durch sein Handeln die eigentliche, unübertreffliche Würde inne.

al-Jabbār der Gewaltige
Gottes Kraft und die Intensität Seiner Eigenschaften ist unübertrefflich und daher auch unüberwindlich; niemand kann sich gegen Gott den Erhabenen stellen und erfolgreich daraus hervorgehen.

al-Mutakabbir der sich selbst als groß Bezeichnende
Wörtlich auch: der Hochmütige; gemeint ist aber, daß es einem Menschen nicht zukommt, sich als soundso groß zu bezeichnen, *Allāh ta'ālā* aber dazu berechtigt ist.[14]

al-Khāliq der Schöpfer *
Nur Gott allein ist Schöpfer, alles außer Ihm ist geschaffen.[15]

al-Bāri' der Schöpfer *
Nur Gott allein ist Schöpfer, alles außer ihm ist geschaffen.

al-Muṣawwir der Bildner, der Erschaffer
Gott als Schöpfer formt Seine Geschöpfe und verleiht ihnen Leben und Seele; der Mensch, der seelenbegabte Wesen nachbildet, begeht daher eine gewaltige Sünde, wenn er sich bei seiner Formung als „Schöpfer" vorkommt.

al-Ghaffār der Verzeihende
In der Wortform kommt zum Ausdruck, daß Gott stets zum Verzeihen bereit ist, so wie es im Koran heißt, daß Er grundsätzlich alles außer Vielgötterei (*Shirk*) verzeiht.[16]

al-Qahhār der Überwinder, der Sieger
Jeder, der als Geschöpf über andere Geschöpfe siegt, wird doch von Gott überwunden. Er, der Erhabene, überwindet alle Wesen, ist der einzige, wahre Überwinder.

al-Wahhāb der stetig Schenkende
Gott schenkt den Wesen, ohne kleinlich aufzurechnen.[17]

ar-Razzāq der stetig Versorgende *
Nur Gott allein ist letztendlich der, der den Menschen mit den Dingen des Lebens, dem Lebensunterhalt, versorgt. Ein Mensch, der einem anderen etwas an Lebensunterhalt gibt, wird nur als der Ausführende

betrachtet, während in Wirklichkeit Gott der Geber ist. Auch darf der Begriff „*Razzāq*" nur auf Gott angewandt werden.

al-Fattāḥ der Eroberer
Gott überwindet jeden Widerstand, erobert, bildlich gesehen, alle Dinge.

al-ʿAlīm der Wissende
Allāh der Erhabene umfaßt alle Dinge mit Seinem Wissen; nur Er allein weiß um die Dinge des Verborgenen (*ʿilm al-ghaib*), wenngleich Er einigen Propheten und Gesandten, der Friede sei auf ihnen, etwas davon anvertraut hat. Doch nur Gott der Erhabene allein kennt alle Dinge, verborgen und nicht verborgen.

al-Qābiḍ der Erfassende
Wörtlich meint „*Qabd*" das feste, tatsächliche Umfassen einer Sache; mit der Eigenschaft des „*Qābid*" ist hier gemeint, daß der allmächtige Gott in das Geschehen der Welt real und mit festem Griff eingreift, die Dinge mit Seiner Allmacht steuert.

al-Bāsiṭ der Ausbreitende, Entfalter
Gemeint ist hier entweder die Schöpfungsart, in der Gott die Erde ausgebreitet hat (wie es mit der Wortform „*Bisātā*" im Koran heißt), oder die Fähigkeit Gottes, die Dinge und die ihnen innewohnende Wahrheit durch Zeichen darzulegen.

al-Khāfiḍ der Verminderer, Mäßigende
Gott kann dem Menschen die Dinge entziehen oder vermindern, um ihn zu prüfen.

ar-Rāfiʿ der Erhebende
Gott erhöht zuzeiten den Besitz und die Möglichkeiten des Menschen, auch, um ihn zu prüfen.

al-Muʿizz der Würde und Macht Verleihende
Alle Macht und Würde kommt nur von und durch Gott; wenn Er will, gibt Er sie, wem Er will und in dem Maß, das Er will.

al-Mudhill der Erniedrigende, der Macht und Würde entzieht. Alle Macht und Würde kommt nur von und durch Gott; wenn Er will, nimmt Er sie, von wem Er will und in dem Maß, das Er will.

as-Samīʿ der Hörende
Gott hört alle gesprochenen Dinge, ist allhörend.

al-Baṣīr der Sehende
Gott sieht alle sichtbaren und unsichtbaren Dinge, ist allsehend.

al-Ḥakam der (gerecht) Richtende
Gott richtet gerecht.

al-ʿAdl die Gerechtigkeit
Gott verkörpert in sich die Gerechtigkeit.

al-Laṭīf der Freundliche
Gott übertrifft alle Wesen an Freundlichkeit und Beistand.

al-Khabīr der Kundige
Gott weiß um alle Dinge, ohne daß Er eines Kundschafters bedarf.

al-Ḥalīm der Sanfte
Er, der Erhabene, ist zu den Gläubigen sanft.

al-ʿAẓīm der Gewaltige
Gott ist in Seiner Wirklichkeit und Seiner Macht gewaltig.

al-Ghafūr der Vergebende
Gott vergibt denen, die Ihn um Vergebung bitten.

ash-Shakūr der Dankbare
Gott ist denen, die Ihm treu sind, dankbar, indem Er ihnen ihre guten Taten und Absichten mit Gutem vergilt.

al-ʿAlīy der Hohe
Gott ist hoch über die geschaffenen Wesen erhaben.

al-Kabīr der Große
Gott ist Seinem Wesen nach groß, größer als alles außer Ihm.

al-Ḥafīẓ der Bewahrer
Gott bewahrt die wichtigen Dinge, gemäß Seinem Plan.

al-Muqīt der mit Lebensunterhalt versorgt
Er versogt die Lebewesen mit dem für sie notwendigen Lebensunterhalt.

al-Ḥasīb der Berechnende
Gott rechnet die Taten der Menschen am Jüngsten Tag auf.

al-Jalīl der Majestätische
Gott ist der Inhaber der Majestät.

al-Karīm der Würdevolle
Gott verfügt über die höchste Würde und muß daher auch am meisten gewürdigt werden.

ar-Raqīb der Überwachende
Nichts entgeht der Wachsamkeit Gottes.

al-Mujīb der Antwortende
Gott antwortet auf das Gebet und die Bitte eines gläubigen Dieners.

al-Wāsi' der Umfassende
Es gibt nichts in Diesseits und Jenseits, das Gott nicht an Wissen und Vermögen umfaßt.

al-Ḥakīm der Weise
Gott weiß und verwendet Sein Wissen auf die beste Weise.

al-Wadūd der Liebende, in Liebe Zugeneigte
Der Begriff der Liebe ist im Islam nicht so zentral gebraucht wie der Schlüsselbegriff der Barmherzigkeit; doch ist auch die Eigenschaft der innerlichen, reinen Liebe eine der Eigenschaften Gottes.

al-Majīd der Prächtige
Gott ist in Seiner Herrlichkeit prächtiger als alles andere.

al-Bā'ith der Erweckende, der auferstehen läßt
Gott erweckt die Menschen am Jüngsten Tage wieder auf.

ash-Shahīd der Bezeugende
Gott ist Zeuge aller Dinge, nichts entgeht Ihm.

al-Ḥaqq die Wahrheit
Gott selbst ist die Wahrheit.

al-Wakīl der die Aufgabe Innehabende
Gott hat sich selbst verschiedene Dinge auferlegt, so etwa die Barmher-

zigkeit. Er, der Erhabene, hat sich im Schöpfungs- und Weltplan selbst eine bestimmte Rolle zuerkannt.

al-Qawīy der Starke
Er, der Erhabene, übertrifft alle und alles an Stärke.

al-Matīn der in sich Starke
Gott bezieht seine Stärke nur aus sich selbst; die geschaffenen Wesen jedoch beziehen ihre beschränkte Stärke nur von Gott.

al-Walīy der Nahestehende
Niemand steht dem Menschen so nah wie Gott.

al-Ḥamīd der Preisenswerte
Nur Gott ist letztlich wert, gepriesen zu werden.

al-Muḥṣī der alles Zählende, Erfassende
Niemand von den Menschen, kein Geschöpf überhaupt, kann die vielen von Gott geschaffenen Einzeldinge in ihrer wahren Anzahl auch nur schätzen – Gott jedoch kennt alles in der jeweils wahren und absoluten Zahl.

al-Mubdi' der Hervorbringer, Erschaffer
Nur Gott ist Schöpfer. Er, der Erhabene, bringt alle Dinge (neu) hervor.

al-Mu'īd der zurückkehren läßt
So wie er, der Erhabene, die Menschen zum ersten Mal erschaffen hat, bringt Er sie am Jüngsten Tag neu wieder hervor, erschafft ihre Körper zum zweiten Mal.

al-Muḥyī der Leben Gebende
Nur Gott kann Lebendes aus Totem oder aus dem Nichts hervorbringen.

al-Mumīt der sterben läßt
Nur Gott ist letztlich der, der den Tod verordnet und einem Wesen das Leben nimmt.

al-Ḥayy der Lebendige
Gott ist lebendig und stirbt niemals.

al-Qayyūm der Ewige
Gott hat als einziges Wesen die Eigenschaft der Urewigkeit, Er war ewig und wird ewig sein.

al-Wājid der Findende
Vor Gott können sich die Dinge und Wahrheiten nicht verschließen, Er findet sie immer.

al-Mājid der Preisenswerte, Vornehme
Gott ist in all Seiner Vorzüglichkeit auch der Würdigste und Vornehmste, wird als Einziger dieser Eigenschaft – preisenswert zu sein – gerecht.

al-Wāḥid der Eine
Gott ist nur Einer, es gibt keine Gottheit außer Ihm.

al-Aḥad der Einzige
Gott ist ein Einziger, keiner ist Ihm, dem Erhabenen, gleich.

aṣ-Ṣamad der Ewigbleibende
Gott ist ewig und bleibt ewig existent.

al-Qādir der Bestimmende
Gott ist der Herr der Vorherbestimmung.

al-Muqtadir der die Bestimmung Festsetzende
Gott setzt für jeden Menschen eine Bestimmung fest.

al-Muqaddim der Vorausgehende
Gott ist ewig gewesen und geht allen Dingen außer Ihm voraus.

al-Mu'akhkhir der Nachkommende
Gott wird immer, ewig sein und übertrifft daher alle irdischen Dinge in Zeit und Raum.

al-Awwal der Erste
Er, der Erhabene, war am Anfang allen Seins.

al-Ākhir der Letzte
Er, der Erhabene, wird sein, wenn alles irdische Sein nicht mehr ist.

az-Ẓāhir der Äußere
Das Äußere der Dinge ist Ihm offenbar, und der Erhabene zeigt sich bzw. Seine Eigenschaften in äußeren Zeichen.

al-Bāṭin der Innere
Er, der Erhabene, kennt das Innerste aller Dinge und Wesen, nichts bleibt Ihm verborgen; auch verbirgt Er Sein wahres Wesen für die Wesen im Diesseits.

al-Wālī der Herrschende
Er, der Erhabene, beherrscht alle Dinge.

al-Muta'ālī der Hocherhabene
Er, der Erhabene, ist hocherhaben über alles andere.

al-Birr der Fromme/die Frömmigkeit
Er, der Erhabene, kennt das Wesen der Frömmigkeit besser als die Geschöpfe, die fromm sein sollen.

at-Tawwāb der sich immerwährend in Vergebung Zuwendende. Der Mensch wendet sich in Reue Gott zu (*tauba ilā llāh*), und Gott wendet sich als Antwort in Vergebung dem Menschen zu (*tauba 'alā l-insān*).[18]

al-Muntaqim der Bestrafende
Gott bestraft die Sünder, manchmal schon im Diesseits, immer aber im Jenseits, soweit sie nicht rechtzeitig bereuen.

al-'Afūw der Verzeihende
Gott ist der, der die Sünden verzeiht. Nur Gott allein kommt es letztlich zu, Sünden zu vergeben, wenn Dinge betroffen sind, die über das reine Recht der Menschen hinausgehen.

ar-Ra'ūf der Verzeihende, sich Erbarmende
Gott neigt sich den Menschen freundlich, mit milder Verzeihung, zu, wenn sie ihre Verfehlungen bereuen.

Māliku l-Mulk der Besitzer der Herrschaft
Er, der Erhabene, ist der, der alles in den Himmeln und auf der Erde und in allen Welten, die Er erschaffen hat, beherrscht.

Dhu l-Jalālī wa l-Ikrām der Herr der Majestät und Würdigung

Er ist der, dem allein die wahre Majestät und letztendliche Würdigung zukommt, weil Er über allen und allem anderen steht.

al-Muqsiṭ der Gerechtigkeit Einsetzende
Er ist der, der Gerechtigkeit walten läßt, der weder allgemein noch speziell am Jüngsten Tag anders als gerecht urteilt.

al-Jāmiʿ der Versammelnde
Er ist der, der die Menschen am Jüngsten Tag versammelt.

al-Ghanī der Reiche, der sich selbst zu Recht Genügende. Gott bedarf keines anderen: Er ist der Schöpfer, der Erhalter, Er erhält und wird nicht erhalten.

al-Mughnī der Genügende
Er ist der, der dem Gläubigen als Herrn genügt, weil der Gläubige keinen wahren Herrn anerkennt außer Gott.

al-Māniʿ der Verwehrende
Entweder ist gemeint, daß Gott den Gläubigen bestimmte Dinge und Handlungen verwehrt, oder es ist gemeint, daß es nur Gott zukommt, Dinge zu gestatten oder zu gewähren, weil nur Er letztlich der wahre Gesetzgeber ist.

aḍ-Ḍārr der Schaden Zufügende
Niemand kann letztlich einem Menschen Schaden zufügen, ihn bestrafen, ihn prüfen, außer Gott, bzw. Schaden entsteht einem Menschen nur mit Erlaubnis Gottes, als Strafe oder Prüfung.

an-Nāfiʿ der Nutzen Bringende
Nur Gott kann dem Menschen wirklich Nützliches geben, ihm wahre Werte, Bleibendes, Gutes geben.

an-Nūr das Licht
Wie es im berühmten Lichtvers, *Āyat an-Nūr*, heißt: Gott ist das Licht der Himmel und der Erde.

al-Hādī der Rechtleitende
Nur Gott ist der wahre Rechtleiter. Er, der Erhabene, leitet die Menschen recht durch die Gesandten (*Rusul*) und Propheten (*anbiyā'*), welche in Seinem Auftrag den Menschen den rechten Weg zeigen.

al-Badī' der Neues Hervorbringende
Gott allein ist Schöpfer. Er, der Erhabene, allein kann aus dem Nichts etwas Neues hervorbringen.

al-Bāqī der (ewig) Bleibende
Wenn am Jüngsten Tag alles irdische Sein vergeht, bleibt doch Gott, und Gott existiert von Ewigkeit bis in alle Ewigkeit.

al-Wārith der Erbende
Gott ist gewissermaßen der, der die „Dinge der Erde erbt", dem nichts von den Geschehnissen verborgen bleibt und der sie am Jüngsten Tag aufdeckt.

ar-Rashīd der Rechtgeleitete
Gott selbst ist derjenige, der am besten weiß, wie wahre Gottesfurcht und Gläubigkeit sein muß.

aṣ-Ṣabūr der Geduldige
Gott übertrifft in Seiner Geduld alle anderen Wesen, die er ja auch erschaffen hat.

KAPITEL 2

DER GLAUBE AN DIE ENGEL

Der Glaube an die Engel ist einer der wichtigsten Glaubensartikel (*rukn*). Im Koran wird ausdrücklich auf die Engel – auf ihr wirkliches Vorhandensein und die Notwendigkeit, an sie zu glauben – hingewiesen:

„Es ist nicht Glauben, daß ihr euer Angesicht nach Osten oder Westen wendet, sondern der Glaube ist (bei dem,) der an Gott, den Jüngsten Tag, *die Engel*, die Schrift und die Propheten glaubt."

Sure *al-Baqara* (2), Vers 177

„Der Gesandte glaubt an das, was ihm von seinem Herrn (an Offenbarung) herabgesandt wird, und (auch) die Gläubigen. Alle glauben an Gott, *seine Engel*, seine Schriften und seine Gesandten. (Sie sprechen:) Wir machen bezüglich keines einzigen von ihnen einen Unterschied ..."

Sure *al-Baqara* (2), Vers 258

„Und wer nicht an Gott, *seine Engel*, seine Schriften, Gesandten und den Jüngsten Tag glaubt, der ist weit irregegangen.“

Sure *an-Nisā'* (4), Vers 136

Auch im berühmten Hadith von ʿUmar wird der Glaube an die Engel – als einer der sechs Hauptglaubensartikel – aufgeführt.

Das Wort „*Malā'ika*“ (Pl. von „*malak*“) leitet sich von dem Wort „*Ulūka*“ ab, was – wie auch das Wort „*Risāla*“ – „Gesandtschaft“, „das Entsandtsein“, „Gesandter sein“ bedeutet; der Engel (*malak*) ist also wörtlich ein „Gesandter“.

§ 5

SCHÖPFUNGSEIGENSCHAFT DER ENGEL

Die Schöpfung der Engel ist gewaltig; ihre Gesamtanzahl ist so groß, daß sie nicht vom Menschen erfaßt werden kann, und nur Gott allein weiß sie.

Gott hat die Engel aus Licht erschaffen, und ihre Natur folgt dem Guten; weder kennen sie aus sich selbst heraus das Böse, noch befehlen sie dazu. Sie sind Tag und Nacht tätig und eilen umher; sie lügen nicht und sind nicht nachlässig im Gottesdienst; auch sind sie nicht hochmütig oder überheblich. Auch können sie sich Anordnungen Gottes nicht widersetzen, weil dies ihrer Natur widerspräche.

Der Gesandte Gottes ﷺ sagte über die Materie, aus der die Engel erschaffen sind: Die Engel (*malā'ika*) sind aus Licht erschaffen, und die Geistwesen (*jinn*) sind aus rauchlosem Feuer erschaffen; der Mensch wurde aus dem erschaffen, was euch beschrieben worden ist“[19].

Auch im Koran sind an mehr als einer Stelle genau diese Schöpfungsursprünge für Engel und *Jinn* genannt.

§ 6

DIE WICHTIGSTEN STUFEN IN DER HIERARCHIE DER ENGEL

Unter den Engeln wird nach mehreren Stufen unterschieden, die hierarchisch geordnet sind:

An erster Stelle stehen die *Oberhäupter der Engel*, die mit den wichtigsten Aufgaben betraut sind; sie haben zu allen Orten ihrer Welt Zugang und gebieten über sehr viele, ihnen untergebene andere Engel. Zu diesen zählen die Engel *Jibrīl* (Gabriel), *Mikā'īl* (Michael), *Isrāfīl* und *Azrā'īl.*

Darauf folgen die *Befehlshaber unter den Engeln*, die in ihrer Befehlsgewalt auf einen bestimmten Bereich eingeschränkt sind, aber auch ihnen untergebenen Engeln übergeordnet sind. Hierzu zählen wohl vor allem *Riḍwān*, der „bewachende Engel" des Paradieses und zugleich „befehlshabende Engel" der „Dienerengel" des Paradieses, bzw. *Mālik*, der „befehlshabende Engel" der „Wärterengel der Hölle".

Darauf folgen diejenigen Engel, die entweder direkt als „Helfer" (*a'wān*) einem befehlshabendem Engel unterstellt sind oder die eine besondere, dienende Tätigkeit ausüben, ohne daß aber ausdrücklich gesagt ist, daß sie direkte „Helferengel" sind.

§ 7

DIE TÄTIGKEITEN DER ENGEL

Die Tätigkeiten, Pflichten und Aufgaben, die die Engel erfüllen, sind belegbar durch den *Qur'ān* und die *Sunna*; die Engel, ihre Namen und Anzahl – soweit genannt – und ihre jeweiligen Aufgaben sind die im folgenden aufgeführten:

1. Jibrīl (Gabriel) عليه السلام, auch *Rūḥ al-Quds*[20] genannt: Er wird von Gott in der Sure *at-Takwīr* so beschrieben, daß er sich durch Stärke und Vertrauenswürdigkeit auszeichnet: „Dies ist wahrlich das Wort eines edlen Gesandten, dem Macht gegeben ist beim Herrn des Thrones und der in Ansehen steht, dem gehorcht wird und der treu ist" (Sure *at-Takwīr* [81], Vers 19-21). Er gehört zu den größten und gewaltigsten Engeln; er ist auch der Engel, der von Gott beauftragt wurde, den Propheten (*anbiyā'*) und Gesandten (*rusul*) عليهم السلام die Offenbarungen und Offenbarungsschriften zu übermitteln.

2. *Mīkā'īl* (Michael): Seine Aufgabe, die Gott ihm übertragen hat, ist es, das zu regeln, was mit dem Regen und den Pflanzen zusammenhängt.

3. *Isrāfīl*: Seine Aufgabe, die Gott der Erhabene ihm übertragen hat, ist, am Jüngsten Tag die Posaune (*sūr*) ertönen zu lassen.

4. Der Todesengel *Azrā'īl*: Er hat die Aufgabe, den Geist (*rūḥ*) der Menschen zu ergreifen und aus den Körpern herauszuziehen. Er hat Engel als Helfer, auch „Helferengel" genannt, so wie es im Wort Gottes des Erhabenen heißt: „Bis daß zu einem von euch der Tod kommt, indem ihn unsere Gesandten (das heißt, der Todesengel und seine Helferengel) sterben lassen, wobei sie (das Maß) nicht überschreiten" (Sure *al-An'ām*, Vers 61).

5. Die Helferengel (*a'wān*) des Todesengels: Diese gliedern sich in zwei Gruppen: die Engel der Barmherzigkeit (*malā'ikatu r-raḥma*) und die Engel der Bestrafung (*malā'ikat al-'adhāb*).

6. Die „Trägerengel des Thrones Gottes": Dies sind normalerweise vier Engel, doch am Jüngsten Tag werden ihnen noch vier weitere Engel hinzugefügt, wenn der Thron Gottes des Erhabenen von ihnen herabgetragen wird, so daß Gott auf seinem Thron über die Menschen richtet.

7. *Riḍwān*: Er ist der Engel, dem es übertragen ist, die Paradiesgärten zu bewachen. Er ist der „bewachende Engel des Paradieses", und er ist auch der Befehlshaber und das Oberhaupt der „Dienerengel des Paradieses".

8. Die „Dienerengel des Paradieses": Sie sind dazu bestimmt, den Bewohnern des Paradieses zu dienen. Es ist überliefert, daß einem jeden Bewohner des Paradieses nicht weniger als achttausend dieser Dienerengel zur Verfügung stehen werden.

9. Die „*Zabāniya*" genannten „Wärterengel" der Hölle: Dies sind Engel, die Gott damit beauftragt hat, über das Höllenfeuer zu wachen, in ihm die zur Hölle Verurteilten zu bestrafen und darauf zu achten, daß diese Verdammten nicht aus dem Feuer entweichen. Sie sind neunzehn an ihrer Zahl; über sie ist als „befehlshabender Engel der Wärterengel" der Engel namens Mālik eingesetzt.

10. Die „ehrenwerten Schreiberengel" (*al-kirām al-kātibūn*). Dies sind Engel, die den Menschen begleiten und seine Taten in Büchern, die sie bei sich haben, aufzeichnen: der Engel zur Rechten des Menschen schreibt die guten Taten nieder, der Engel zur Linken die schlechten. Diese Engel treten am Jüngsten Tag offen zutage, und je nachdem, wie der Mensch gelebt hat, übergibt ihm der eine oder der andere der Schreiberengel das entsprechende Buch der Taten[21].

11. Die „Schutzengel" (*ḥafaẓa*) des Menschen: Die Aufgabe dieser Engel ist es, den Menschen, dem sie zugeteilt sind, vor den Nachstellungen der Geistwesen (*jinn*) und Teufel (*shayāṭīn*) zu schützen. Diese Engel befinden sich vor und hinter dem Menschen und behüten ihn gemäß der Bestimmung, die Gott der Erhabene diesem Menschen bestimmt hat, bei Tag und Nacht. Doch wenn das Schicksal dieses Menschen etwas an Übel vorsieht bzw. Gott ihm den Tod oder Heimsuchung (im Sinne von *qadr*) bestimmt hat, entfernen sich die Schutzengel von dem ihnen zugeteilten Menschen und verlassen ihn, bis das in *Qadr* Bestimmte sich erfüllt hat.

12. Der Engel, der mit dem Mutterleib und der Entstehung der Kinder beauftragt ist: Dieser Engel wartet ab, bis in der Gebärmutter einer Frau aus dem Samen des Mannes und der Eizelle der Frau sich etwas

heranbildet, und fragt dann Gott, ob daraus ein Wesen – das heißt ein Mensch – entstehen soll. Wenn Gott entscheidet, daß ein Mensch entstehen soll, so fragt der Engel Gott den Erhabenen:

Soll es ein männliches oder weibliches Kind werden?
Soll es in seinem Leben Glück oder Unglück erfahren?
Wie soll es um seinen Lebensunterhalt (*rizq*) bestellt sein?
Wie lang soll seine Lebenszeit sein?

Auf diese Fragen hin gibt Gott dann die entsprechenden Anweisungen, und diese werden dem Menschen im Mutterleib als Schicksal (als *qadr*) festgesetzt[22].

13. Der „Engel der Berge“: Dieser Engel ist von Gott mit der Aufsicht über die Berge beauftragt.

14. Die „umherziehenden Engel“ (*al-malā'ika as-sayyāḥūn*): Diese sind damit beauftragt, den Segen- und Friedenswunsch – *aṣ-ṣalātu wa s-salāmu ʿalā n-nabīyi Muḥammad* – zu hören und aufzunehmen, den die Umma des Gesandten Gottes Muḥammad ﷺ, ihrem Gesandten, wünscht.

15. Die „Engel des Bittgebets“ (*malā'ikatu d-duʿā'*): Diese befinden sich beim Kopf des Betenden, wenn er ein *Duʿā'* spricht, und sind damit beauftragt, immer dann, wenn ein Muslim für seinen Bruder im Islam im *Duʿā'* etwas Gutes wünscht, zu sagen: *Āmīn*, und dir das gleiche.

16. Die „Engel des Aufsteigens“: Diese Engel sind zwei an der Zahl und nehmen die Seele eines Menschen, der gerade gestorben ist, mit sich mit, indem sie zum Himmel emporsteigen[23].

17. Die beiden „befragenden Engel“ Munkar und Nakīr: Diese beiden Engel sind damit beauftragt, den Menschen nach seinem Tod – wenn er ins Grab gelegt wurde – zu befragen:

Wer ist dein Herr (*rabb*)?
Was ist deine Religion?
Wer ist dein Prophet?

Der Gläubige findet dabei die richtigen Antworten, worauf sie von ihm ablassen; der Ungläubige jedoch ist dazu außerstande und wird von ihnen noch im Grab gequält[24].

§ 8

DIE WICHTIGSTEN EIGENSCHAFTEN DER ENGEL

Schamgefühl

Vor frommen Menschen zeigen die Engel Schamgefühl, das heißt, sie zeigen aus Respekt eine gewisse Scheu, ihnen zu nahe zu treten. So ist mit einem korrekten Hadith[25] vom Propheten ﷺ überliefert, daß er bezüglich der Person ʿUthmān bin al-ʿAffāns رضي الله عنه sagte: Soll ich nicht Schamgefühl (also Respekt und Hochachtung) zeigen vor einem Mann, vor dem die Engel Schamgefühl zeigen?

Von bestimmten Dingen belästigt zu werden

Die Engel werden von unangenehmen, abstoßenden Dingen genauso belästigt, wie das bei Menschen der Fall ist; das gilt nach richtigen Hadithen besonders für unangenehme Gerüche, wie starken Zwiebel- und Knoblauchgeruch, und ihnen unangenehme Lebewesen und Gegenstände, wie Hunde und Abbilder von Lebewesen. Wenn die Engel dergleichen an einem Ort erkennen, betreten sie diesen Ort nicht.

Freisein von menschlichen Bedürfnissen und bestimmten menschlichen Eigenschaften

Die Engel sind frei von solchen Eigenschaften der Menschen, denen ein Bedürfnis zugrundeliegt; so werden sie nicht krank, brauchen weder zu essen noch zu trinken, müssen nicht schlafen und ermüden auch nicht.

Gottesfurcht

Die Engel fürchten Gott, wie es im Koran bestätigt wird:

Sie (die Engel) sind nicht hochmütig und fürchten ihren Herrn, der über ihnen (thront), und tun, was ihnen befohlen wird. (Sure *an-Naḥl* [16], Vers 49 f.)

Gehorsam gegenüber Gott

Die Engel gehorchen Gott immer, widersetzen sich in keinem Fall, ja kennen von ihrem Wesen her Ungehorsam gegenüber Gott gar nicht:

Sie (die Engel) widersetzen sich Gott nicht in dem, was Er ihnen befiehlt, und tun, was ihnen befohlen wird. (Sure *at-Taḥrīm* [66], Vers 6)

Liebe und Zuneigung für die zu empfinden, die ihren Herrn Allāh taʿālā lieben

Wie in richtigen Hadithen überliefert ist[26], lieben die Engel einen Menschen in dem Maße, wie dieser Mensch Gott liebt bzw. ihm gehorsam ist und Frömmigkeit zeigt. So wird überliefert:

Wenn Gott der Allmächtige einen seiner Diener (gemeint: einen frommen Menschen) liebt, so ruft Jibrīl aus: Gott liebt diesen Menschen und (hat mir gesagt:) „Also empfinde Liebe und Zuneigung für ihn"; darauf liebt auch Jibrīl diesen Menschen und ruft dann im Himmel aus: „Gott liebt diesen Menschen, also liebt auch ihr ihn", und darauf lieben ihn auch die Bewohner des Himmels ...

Im Du'ā' für jemanden zu bitten oder ihn zu verfluchen

Aus vielen Koranstellen geht hervor, daß die Engel für fromme Menschen Fürbitte einlegen und im *Du'ā'* den allmächtigen Gott bitten, ihnen zu vergeben[27]. Andererseits verfluchen die Engel (auf Dauer) auch diejenigen, die von Gott wegen ihres Unglaubens verflucht werden bzw. auch in manchen Fällen (für bestimmte Zeit) solche Menschen, die zwar nicht ungläubig sind, denen aber Gott der Allmächtige einer bestimmten (größeren) Sünde wegen zürnt.

Die Gewaltigkeit ihrer Schöpfung und Gestalt

Die Engel sind in ihrer wahren Gestalt gewaltig, und wenn der Mensch ihnen begegnet, fürchtet er sich nach den meisten Überlieferungen vor ihnen. So ist von dem Engel Jibrīl عليه السلام aus den islamischen Quellen her gesagt, daß der Prophet ihn – als er ﷺ diesen Engel kurz nach der ersten Herabsendung von Koranversen – am Horizont sah, wohin auch immer er ﷺ seinen Kopf hinwandte, und daß der Engel von ungeheurer Größe war.

In anderen Überlieferungen und Koranversen wird auch deutlich, daß Jibrīl als einer der wichtigsten Engel in seiner wahren Gestalt über sechshundert Flügel verfügt[28], während andere Engel nur über zwei, drei oder vier verfügen, wie es im Koran heißt:

Preis sei Gott, dem Schöpfer der Himmel und der Erde, der die Engel zu Gesandten (*rusul*) gemacht hat, [und sie haben] zwei, drei und vier Flügel; [doch] er fügt in seiner Schöpfung hinzu, was er will. Wahrlich, Gott ist aller Dinge mächtig. (Sure *Fāṭir* [35], Vers 1)

Von einem der Engel, die den Thron Gottes des Erhabenen tragen, ist bezüglich seiner Größe gesagt, daß er mit seinen Füßen auf dem Grund der Erde steht, daß aber zwischen seinen Ohrläppchen und seinem Schulterblatt eine Entfernung liegt, die ein Vogel nur in siebenhundert Jahren fliegend überwinden könnte.

Andererseits ist es den Engeln auch möglich, Menschen in normaler menschlicher Gestalt zu erscheinen. Dies ist klar in mindestens einem richtigen Hadith überliefert, wo ein Mann mit tiefschwarzem Bart und Kopfhaar und makellosem weißem Gewand in die Moschee zu Medina kam und den Gesandten Gottes ﷺ in Anwesenheit seiner Gefährten über die Religion befragte; als dieser Mann wieder gegangen war, fragte der Prophet ﷺ:

„Wißt ihr, wer das war? Die Gefährten sagten: ‚Gott und sein Gesandter wissen es besser.' Da sagte (der Gesandte Gottes ﷺ): ‚Dies war der Engel Jibrīl, der gekommen war, um euch über eure Religion zu belehren.'"

Offenbar nehmen die Engel des öfteren verschiedene Gestalten an; bezüglich des Todesengel etwa wird überliefert, daß er den Menschen, deren Seele er aus ihrem Körper herausziehen will, in furchterregender oder schöner Gestalt erscheint, je nachdem, wie diese Menschen gelebt hatten.

§ 9

DER GLAUBE AN DIE EXISTENZ DES TEUFELS (ASH-SHAIṬĀN), DER TEUFELWESEN (SHAYĀṬĪN) UND DER GEISTWESEN (JINN)

Zur Wichtigkeit dieses ʿAqīda-Bereichs

Zu dem *ʿAqīda*-Bereich des Glaubens an die Engel gehört auch, daß man an die Existenz des Teufels (*ash-shayṭān*), der Teufelwesen (*shayāṭīn*) und der Geistwesen (*jinn*) glaubt. Die Existenz dieser Wesen und daß sie von Gott als wirkliche Wesen geschaffen wurden, geht eindeutig aus vielen Koranversen und korrekten (*ṣaḥīḥ*) Hadithen des Propheten ﷺ hervor. Dieses Thema, es muß hier im Rahmen dieses Werkes notwendig behandelt werden, weil hierüber viele falsche Ansichten in Umlauf sind, ist schwierig, weil die Menschen gerade durch falsche, oft auch lächerlich machende Aussagen diesem Thema entfremdet sind.

Die folgenden Aussagen beruhen ausschließlich auf entsprechenden Koranversen und *Ṣaḥīḥ-Ḥadīthen.*

Über den Teufel (*ash-shaiṭān*)

Der Teufel selbst ist ein von Gott geschaffenes Geistwesen, nicht aber ein Engelwesen bzw. Engel. Der Teufel hat sich bei der Erschaffung des ersten Menschen und Propheten, Ādam عليه السلام, geweigert, Gott zu gehorchen, welcher ihm befohlen hatte, sich vor Ādam niederzuwerfen.

Darum ist der Teufel direkt danach von Gott verflucht worden und sofort dazu verurteilt worden, in der Hölle bestraft zu werden – wie jedes andere Geschöpf auch, das sich Gott widersetzt.

Von dem Moment an, wo sich der Teufel aus Hochmut und enttäuschter Eitelkeit Gott ungehorsam zeigte, wird er auch „*Iblīs*" (der Enttäuschte) genannt, ansonsten nur der Teufel (*ash-shaiṭān*)[29].

Der Teufel ist von Anfang an der Feind aller Menschen gewesen und wird es immer sein. Er hat aber von Gott einen Aufschub erhalten: Bis zum Jüngsten Tag kann er versuchen, die Menschen irrezuleiten und sie zu dem zu bringen, was auch ihm selbst bestimmt ist – auf ewig in der Hölle bestraft zu werden.

Der Teufel hat mit Erlaubnis Gottes verschiedene Arten der Machtausübung zugestanden bekommen, um die Menschen verführen zu können; dazu gehört, daß er die Gestalt verschiedener Menschen annehmen kann.

Allerdings hat der Teufel nicht die Möglichkeit, die Gestalt des Propheten Muḥammad ﷺ anzunehmen. Wer aber von den Menschen Gott treu und ergeben ist, wer ein gläubiger Muslim ist und sich bemüht, so zu leben, wie Gott es ihm bestimmt hat, über den hat der Teufel keine wirkliche Macht. Der Teufel kann bei diesen guten Menschen zwar seine Künste und Verführungstricks versuchen, doch diese Menschen beschützt Gott insofern, als er ihnen diese Tricks und Verführungen klar als übel und nicht erstrebenswert erscheinen läßt.

Bei Menschen jedoch, die sich nicht um Gott und seine Gebote kümmern, für die der einzige Glaube in ihren Begierden besteht, denen steht Gott nicht derart bei: Bei diesen erlaubt Gott dem Teufel, daß er (der verfluchte Teufel) diesen Menschen die verbotenen Dinge schön erscheinen läßt. Und viele – wenn auch nicht alle dieser Menschen – fallen dann auf diese Verführungen des Teufels herein. (Möge Gott uns vor dem verfluchten Teufel schützen!)

Der Teufel teilt mit den übrigen Geistwesen die allgemeinen Eigenschaften der *Jinn*[30]. Nichts ist dem Teufel so zuwider, nichts vermeidet und flieht der Teufel so sehr wie die folgenden Dinge:

1. Das Rezitieren des Koran (als solches, unabhängig von der betreffenden Stelle)[31]. Besonders gilt das für die beiden Schutzsuren (*al-mu'awwadhatān*).
2. Den *Adhān* und die *Iqāma*.
3. Das aufrichtige Gebet (*ṣalāt*).
4. Das aufrichtige Fasten (*ṣaum*).
5. Aufrichtigkeit in den Dingen und Handlungen.
6. Freigebigkeit (speziell beim Geben von *ṣadaqa*[32]).
7. Anstand und Schamgefühl.

Umgekehrt ist schon das bloße Nichtvorhandensein dieser Dinge eine Einladung an den Teufel.

Die Arten der Geistwesen

Wie der eigentliche Teufel (*Iblīs*), so sind auch die übrigen Geistwesen von Gott erschaffene Wesen, die ihrer eigenen Welt angehören. Wenn auch Menschen- und Geisterwelt nicht identisch sind, so überschneiden sie sich doch in manchen Bereichen (das heißt räumlich und zeitlich).

Es gibt unter den Wesen der Geisterwelt unterschiedliche Arten, darunter folgende grundsätzliche:

1. Die gewöhnlichen Geistwesen (*jinn*, Einzahl: *jinnī*).
2. Die eigentlichen Teufelwesen:
   Einfaches Teufelwesen (*shaiṭān*, Mehrzahl: *shayāṭīn*).
   Übles Teufelwesen (*shaiṭān mārid*).
   Bösestes Teufelwesen (*'ifrīt*).

Es gibt männliche und weibliche unter all diesen Geistwesen. Während die zweite Gruppe der Geistwesen, die Teufelwesen, von Grund auf bösartig sind, teilen sich die einfachen *Jinn* in Gruppen verschiedener Wesensart auf; auch gehören die *Jinn* verschiedenen Religionen an. Vor allem gibt es unter ihnen Muslime, Christen und Juden. Das ist dadurch erklärlich, daß ja die Offenbarungsschriften, die Gott durch die Propheten عليهم السلام überbringen ließ, für Menschen und auch Geistwesen herabgesandt wurden.

Über die Eigenschaften der einfachen Geistwesen (jinn) und Teufelwesen (shayāṭīn) allgemein

„*Jinn*" bedeutet wörtlich: „Verborgenes". Dies darum, weil sie Wesen sind, die den Menschen nicht offenbar, nicht offen sichtbar sind. Zumindest die ersten jemals erschaffenen *Jinn* sind aus rauchlosem Feuer erschaffen; die *Jinn* als solche können gezeugt werden, zeugen und sterben, wie grundsätzlich auch die Menschen.

Ob aber manche *Jinn* (das heißt spätere) auch direkt aus Feuer erschaffen wurden oder aber genau wie bei den Menschen gezeugt sind, ist nicht eindeutig aus den gesicherten Koranversen und sicheren Hadithen zu entnehmen.

Die *Jinn* haben ihre eigene Existenzebene (ihre Welt, die Geisterwelt), wie auch die Engel und die Menschen ihre jeweils eigene haben, doch überschneiden sich diese Existenzebenen teilweise räumlich und zeitlich.

Die gläubigen *Jinn*, die Muslime, beten, fasten und tun – wie auch die glaubigen Muslime unter den Menschen – das, was ihnen von Gott befohlen ist. Sie können in manchen Fällen auch den muslimischen Menschen helfen: So ist sicher überliefert, daß sie einen betenden Menschen im Gebet – wobei sie ebenfalls beten – begleiten und ihn dabei auch vor bösartigen *Jinn* abschirmen (können).

Jedoch können die bösartigen bzw. feindseligen *Jinn* von einem gläubigen Menschen durch Gebete (auch *du'ā'*) abgewehrt werden. Insbesondere muß der (menschliche) Muslim vor dem Essen, Trinken, Schlafen und vor dem Geschlechtsverkehr bei Gott seine Zuflucht suchen vor dem Teufel und bösartigen *Jinn*, denn diese Wesen begleiten den Menschen besonders bei diesen Tätigkeiten.

Die besonderen Eigenschaften und Gewohnheiten der Geistwesen

Trotz der ähnlichen Schöpfungsart besteht ein großer Unterschied zwischen den einfachen *Jinn* und den Teufelswesen; daher wird gemeinhin von den „vier Arten der Wesen" (das heißt, den mit Geist versehenen Wesen außer den Tieren[33]) gesprochen:

1. Engeln,
2. Menschen,
3. Dschinn *(jinn)*,
4. Teufelwesen.

Obwohl die wahre Gestalt der *Jinn* von einem Menschen nicht mit dem Blick wahrgenommen werden kann, können sie doch andere (dem Menschen sichtbare) Gestalten annehmen:

- Der Teufel (verflucht sei er) kann Menschengestalt annehmen.
- *Jinn* können Schlangengestalt annehmen, auch andere Gestalten, die ihnen – von ihrer jeweiligen Art her – erlaubt sind.

Die *Jinn* haben auch bevorzugte Wohnorte:

- weite, öde Flächen,
- Flußtäler (*wādīs*),
- Orte, wo Müll und Schmutz ist,
- zerstörte und verlassene Orte.

Sie begleiten gern die Menschen, schließen sich aber gemäß ihrer eigenen, individuellen Veranlagung auch immer solchen Menschen an, die ihnen in ihrer charakterlichen Art ähnlich sind; so begleiten etwa die Ungläubigen der *Jinn* gerne die Menschen, die schlecht sind, gern Sünden begehen und Schmutz und schmutzige Dinge und Handlungen lieben.

Ursprünglich war es den Teufelwesen und *Jinn* von Gott erlaubt, bis zur eigentlichen Engelwelt vorzudringen und einige Entscheidungen, die von den hohen Würdenträgern unter den Engeln wiedergegeben wurden, zu belauschen. Manche dieser *Jinn* haben dann einigen Menschen diese Geheimnisse verraten, wobei sie aber auch Lügen mit diesen wahren Aussagen vermischten. Doch vom Moment der Entsendung des letzten der Gesandten und Propheten, Muḥammads ﷺ, an wurde ihnen das verwehrt.

Obwohl auch *Jinn* über Ehre und Würde verfügen können, so sind doch selbst die guten unter ihnen durch Gott weniger mit Würde ausgestattet worden als ein guter Mensch. Das heißt, von seiner Schöpfung und seinen Schöpfungseigenschaften her ist der Mensch würdiger, geehrter als ein Geistwesen. Daher schließen sich die *Jinn* immer Menschen an: guten, gottesfürchtigen, wenn sie selbst so sind, und entsprechend schlechten, wenn sie selbst schlecht sind. Die „einfachen" *Jinn* sind keineswegs vom Teufel gezeugt (wie das bei bestimmten üblen Teufelswesen der Fall ist), sondern sind eine eigenständige Art. Auch sie können grundsätzlich ins Paradies gelangen, genauso wie die Menschen – wenn sie das tun, was Gott ihnen befohlen hat.

Ob und wie Menschen von den Jinn heimgesucht werden können

In manchen Fällen ist es möglich, daß Menschen von *Jinn* heimgesucht bzw. gequält werden.

Besonders ist zu bemerken, daß sich ein *Jinnī* rächen wird, wenn er beleidigt wird; böse *Jinn* werden aber auch ohne Grund versuchen, den Menschen zu quälen – besonders wenn der Mensch sich nicht davor durch Gebete und *Du'ā'* (mit der Absicht, Gott um Hilfe vor diesen Nachstellungen zu bitten) schützt.

Ein Mensch muß daher beachten, daß vor dem Teufel und bösartigen Geistwesen am besten folgendes hilft:

- Den *Ta'awwudh* auszusprechen (*a'ūdhu bi llāhi mina sh-shaiṭāni r-rajīm*).
- Den „Thronvers" (*āyat al-kursī*) zu rezitieren.
- Die *Mu'awwadhatān* (die beiden Schutzsuren, die beiden letzten Suren des Koran) zu rezitieren; dabei ist es besonders empfohlen, diese beiden Suren jeweils dreimal hintereinander zu rezitieren, und das sowohl morgens als auch abends.
- Die gesamte Sure *al-Baqara* (die zweite Sure) zu rezitieren.
- Die *Shahāda* 100 mal pro Tag zu rezitieren; dabei ist neben der Grundform „*Lā ilāha illā llāh*" vor allem die folgende Form empfohlen:

    Lā ilāha illā llāhu wahdahū lā sharīka lah
    lahu l-mulku wa lahu l-ḥamdu
    [*yuhyi wa yumit*]
    [*huwa l-ḥayyu lā yamūt*]
    wa huwa 'alā kulli shai'in qadīr
    „Es gibt keine Gottheit außer Gott, Er ist einzig,
    keiner ist Ihm beigesellt,
    Er hat die Herrschaft inne, und Ihm kommt der Lobpreis zu,
    [Er gibt Leben, und Er läßt sterben],
    [Er ist lebendig und stirbt nicht],
    und Er ist aller Dinge mächtig."

- Gottes in Form von *Dhikr* zu gedenken.
- Bei Zorn einen *Wuḍū'* vorzunehmen.

Besondere Du'ā'-Formen gibt es für folgendes:

1. Das Essen und Trinken; so soll man niemals vergessen, vor dem Essen „*bismi llāh*" (im Namen Gottes) bzw. „*bismi llāhi r-raḥmāni r-raḥīm*" (im Namen Gottes, des Erbarmers, des Barmherzigen) zu sprechen. Vergißt man das und bemerkt es, so soll man sprechen: „*Bismi llāh. Astaghfiru llāh. Allāhu l-awwalu wa-l-akhiru.*" „Im Namen Gottes. Ich bitte Gott um Verzeihung. Gott ist der Erste (der zuerst genannt werden muß) und der zuletzt (gepriesen werden muß)."
2. Beim Schlafen, wenn noch Nahrungsmittel bzw. Essensreste in der Hand des Schlafenden sind. Wenn das geschieht, hat der Teufel das Recht, dem Schlafenden die Nahrungsreste aus der Hand zu nehmen und ihm so Schaden zuzufügen.
3. Vor und nach dem Betreten der Toilette bzw. des Ortes, wo man sein Bedürfnis verrichtet. Davor spricht man: *Bismi llāh. Allāhumma innī a'ūdhu bika mina l-khubuthi wa-l-khabā'ith.* „Im Namen Gottes. O Gott, Ich nehme bei dir meine Zuflucht vor den männlichen und weiblichen unreinen Geistwesen." Danach spricht man: *Ghufrānak.* „Ich bitte dich [o Gott] um Verzeihung."
4. Vor dem Geschlechtsverkehr; das dann zu sprechende *Du'ā'* lautet: *Allāhumma jannibnā sh-shaiṭānu wa jannibi sh-shaiṭānu mimmā razaqtanā.* „O Gott, wende den Teufel von uns ab und wende den Teufel (auch) von dem[34] ab, was du uns als Versorgung gibst."

KAPITEL 3

DER GLAUBE AN DIE GEOFFENBARTEN BÜCHER UND SCHRIFTEN

§ 10

DIE IM KORAN MIT BESONDEREM NAMEN GENANNTEN OFFENBARUNGSSCHRIFTEN

Dies sind: die Thora (*taurāt*) des Gesandten Mūsā عليه السلام[35], die Psalmen (*zabūr*) des Gesandten Dāwūd عليه السلام[36] und das Evangelium (*injīl*) des Gesandten 'Īsā عليه السلام. Die als Schriften, aber ohne speziellen Eigennamen im Koran erwähnten Schriften sind die Schriftseiten (*suhuf*) des Gesandten Ibrāhīm عليه السلام[37].

Eine Sonderrolle spielen hier die „Worte“ (*kalimāt*), die der erste Mensch und Prophet, Ādam ﷺ, von Gott erhielt[38]; hiermit ist eine Offenbarung gemeint, die aber nicht als Schrift (*kitāb*), Schriftseiten (*suhuf*) oder dergleichen bezeichnet wird. Von daher kann nicht genau gesagt werden, ob hier eine Offenbarung im Sinne der Schriften (*kutub*) gemeint ist oder nicht.

§ 11

DIE FRAGE DER VERFÄLSCHUNG UND VERNICHTUNG DER OFFENBARUNGSSCHRIFTEN UND DIE UNVERÄNDERTHEIT DES KORANS

Nach islamischer Auffassung ist der Koran die einzige noch vollständig und in ihrer ursprünglichen Form erhaltene Offenbarungsschrift. Das heißt: Der Koran ist in der Sprache erhalten, in der er geoffenbart wurde, in klassischem Arabisch. Nur diese sprachliche Form – nicht aber eine Übersetzung in irgendeine andere Sprache – kann den Anspruch erheben, „*Qur'ān*“ zu sein. In Fällen von Übertragungen in andere Sprachen handelt es sich um „Übersetzung der Sinngebungen des *Qur'ān*“ bzw. „Ungefährer Übertragung der Sinngebungen des *Qur'ān*“. Als Muslim von einer regelrechten „Übersetzung des *Qur'ān*“ zu sprechen, ist aber aus mehreren Gründen zumindest zweifelhaft:

- Weil im Sinne von *I'jāz* eine volle sprachliche Übertragung des Koran unmöglich ist.
- Weil die Reimprosa-Form (*saj'*), in der der Korantext gehalten ist, nicht mit gleichzeitiger korrekten Übersetzung einhergehen kann.

Der Muslim muß also als Glaubenssatz (*'aqīda*) bestätigen, daß der Koran Wort für Wort direkte Offenbarung und Wort Gottes ist, daß er wortwörtlich vom Engel Gabriel ﷺ, von Gott dem Allmächtigen mit dem Wort des Korans kommend, dem Propheten und Gesandten Muḥammad ﷺ geoffenbart worden ist. Wer also auch nur ein Wort des Korans als erfunden oder irgendwie nicht direkt von Gott geoffenbart betrachtet, muß als ungläubig im Sinne des Islam (als *kāfir*) betrachtet werden. Ebenso muß als *Kāfir* betrachtet werden, der glaubt, daß zwar ein Koran wortwörtlich geoffenbart wurde, der Koran in seiner heute vorliegenden Form aber in seinem Wortlaut verändert oder verkürzt oder erweitert ist.

Man muß weiter daran glauben, daß die rechtlichen Bestimmungen, die im Koran genannt sind und nicht von Gott aufgehoben wurden, verbindlich sind; wer glaubt, daß die nicht aufgehobenen Bestimmungen des Korans heute keine Bedeutung mehr haben, ist ungläubig (*kāfir*).

Dahingegen kann ein Muslim von dem, was heute „Evangelium“ oder „Thora“ genannt wird, nur folgendes sagen:

1. Wenn Gott, ein Prophet oder ein Gesandter in diesen Schriften beleidigt oder mit Sünden verbunden wird, muß das als üble Lüge und Verfälschung betrachtet werden.
2. Wenn ein Bericht etwas in diesen Schriften behauptet, ohne daß das dem Sinn von entsprechenden Berichten aus *Qur'ān* und *Sunna* widerspricht, aber auch ohne daß es bestätigt wird, so ist das als bloße Geschichte ohne Wahrheitsanspruch – geschweige denn Offenbarung – zu betrachten.
3. Wenn eine Erzählung aus diesen Schriften mit Berichten des Korans oder sicheren Berichten aus Hadithen übereinstimmt, kann man das als dem Sinn nach korrekte Erzählung betrachten, aber auch nicht als Offenbarung.

KAPITEL 4

DER GLAUBE AN DIE PROPHETEN (ANBIYĀ') UND GESANDTEN (RUSUL) GOTTES

§ 12

GRUNDSÄTZLICHES

Der Muslim muß als Glaubensgrundsatz (*'aqīda*) glauben, daß Gott den Menschen durch Gesandte und Propheten mitgeteilt hat, wie sie leben sollen, was die Religion, was der Glaube – der Islam – vor Gott ist. Es ist Glaubensgrundsatz, daß die Religion bei Gott immer der Islam war, in seiner Elementarform: der Glaube an einen einzigen und unteilbaren Gott, daß man ihn anbeten muß – in einer Art, die in den Offenbarungsschriften dargestellt war – und daß man fasten und Pilgerfahrten verrichten mußte.

Es ist durch verschiedene sichere Belege klar, daß den früheren Gesandten und Propheten in manchen Dingen mehr Pflichten auferlegt war, als dem Propheten und Gesandten Muḥammad ﷺ für die Muslime auferlegt wurde, wie etwa verschiedene Reinigungsvorschriften.

§ 13

WESENSART UND AUFGABEN DES PROPHETENTUMS (NUBUWWA)

Die Auffassung von Prophetentum allgemein im Islam

Zunächst ist wichtig, daß nach islamischer Auffassung die Prophetenschaft ein Phänomen ist, was nach dem Tod des Propheten und Gesandten Muḥammad ﷺ nicht mehr erscheinen kann, denn mit der Entsendung des Gesandten Gottes, Muḥammads ﷺ, ist die Reihe der Propheten und Gesandten abgeschlossen: Nach Muḥammad ﷺ konnte und kann kein Mensch mehr Prophet oder Gesandter sein. Wer das behauptete oder behauptet, kann aus islamischer Sicht nur als Lügner und Betrüger bezeichnet werden.

Die unten gegebene Darstellung bezieht sich sowohl auf den Propheten Muḥammad ﷺ als auch auf jeden anderen Propheten. Ein Prophet ist nach islamischer Auffassung zunächst einmal ein Mensch. Ein Prophet wurde durch Befehl Gottes dazu bestimmt, für sein jeweiliges Volk ein Prophet zu sein, ein Rechtleiter, der auf ausdrückliche Erlaubnis Gottes und Seinen Befehl hin den Menschen eine Botschaft von Gott überbringen muß. Damit man ihm glauben sollte, war er als ein Mensch von tadellosem Wesen von Gott geschaffen: vertrauenswürdig, anständig, ehrlich – in allen Dingen vor seiner Entsendung als Prophet haben die Menschen ihm vertraut. So war also eine logische Grundlage für die Menschen gelegt, dem Propheten zu glauben. Ein Prophet ist des weiteren vor wirklichen Sünden geschützt, er hat die sogenannte „*'Isma*" (Sündlosigkeiten); das heißt, er kann zwar Fehler machen, da er weiterhin Mensch ist, doch Sünden im wirklichen Sinne zu begehen – von der Schlechtigkeit einer Sache zu wissen und sie doch zu tun –, ist einem Menschen, der später als Prophet erweckt wird, unmöglich. Daher kann ein solcher Mensch auch nach seiner Entsendung als Prophet keine Sünden begehen. Wenn nun im Koran von einem Gesandten oder Propheten berichtet wird, daß er sagte: „meine Sünde(n)", so sind damit – in Übereinstimmung aller Gelehrten des Islam – Fehler gemeint, die der jeweilige Gesandte oder Prophet schwer bereut.

Zu jedem Volk, das der allmächtige Gott jemals entstehen ließ, wurde zumindest ein Prophet entsandt, wie ausdrücklich im Koran bestätigt wird. In manchen Völkern – wie den „*Banū Isrā'īl*", Kindern Israels – wurden allerdings sehr viele Propheten und zwei Gesandte erweckt (mit den beiden Gesandten sind Moses und Jesus gemeint). Auch wird ausdrücklich durch Koran und Sunna bekräftigt, daß die Botschaft eines jeweiligen Propheten oder Gesandten nur für das jeweilige Volk galt, nicht aber für andere Völker; erst die Botschaft des Gesandten Muḥammad ﷺ gilt nach islamischer Auffassung für alle Völker.

Die Propheten und Gesandten haben nicht nur eine gemeinsame Botschaft, sondern bezogen sich auch immer aufeinander. Man bezeichnet die Abfolge der Propheten und Gesandten daher als die „Kette der Propheten" (*silsilat al-anbiyāʾ*), die geeint wird durch das grundsätzliche und allen gemeinsame Anliegen: den Menschen die Einheit Gottes zu verkünden und ihnen den Weg zu zeigen, dem sie nach göttlichem Willen folgen sollen.

Dabei verleiht Gott – so wie Er es will – den einzelnen Propheten und Gesandten die Macht, Wunder zu tun. Auch gibt es verschiedene Kennzeichen des Prophetentums, die zum Teil auch körperlich sind. Diese Zeichen sind den Menschen aus alter Zeit – aus ihren damaligen unverfälschten Offenbarungsschriften – bekannt gewesen, doch heutzutage kann man sie nicht mehr genau bezeichnen, abgesehen von sehr wenigen, wie etwa dem sogenannten „Siegel", das ein besonderes Zeichen zwischen den Schulterblättern gewesen sein soll.

Die genaue Anzahl und die Namen aller Gesandten (*rusul*) und Propheten (*anbiyāʾ*) ist unbekannt, nur Gott allein kennt sie. Es ist allerdings überliefert, daß sie mehrere Tausende bis Zehntausende überschreitet – was auch bedeutet, daß die absolute Mehrheit der Propheten und Gesandten heute unbekannt ist.

§ 14

DIE GRUNDARTEN DES PROPHETENTUMS

Man unterscheidet zwei Grundarten des Prophetentums:

1. Risāla

Dies ist die höchste Art des Prophetentums, die sogenannte „Gesandtschaft", das „Gesandtentum" (*risāla*); ein solcher Prophet und Gesandter wird „*Rasūl*" (Pl.: *rusul*) genannt. Gemeint ist, daß ein Prophet nicht nur mit einer bestimmten Botschaft als Warner und Aufklärer und Rechtleiter entsandt wird, sondern daß er zudem auch eine besondere Offenbarungsschrift (*kitāb*) erhält.

Darin werden die Regeln und Gesetze, nach denen die Menschen nach dem Willen Gottes leben sollen, dargelegt. Nach islamischer Auffassung waren daher die Menschen niemals ohne ein solches Regelwerk, sondern schon der erste jemals geschaffene Mensch, Ādam عليه السلام, war ein Prophet (*nabīy*) und Gesandter Gottes (*rasūl*). – Die in den islamischen Quellen übereinstimmend als Gesandten (*rusul*) bezeichneten Propheten sind:

1. Ādam عليه السلام
2. Ibrāhīm (Abraham) عليه السلام
3. Mūsā (Moses) عليه السلام
4. Dāwūd (David) عليه السلام
5. ʿĪsā (Jesus) عليه السلام
6. Muḥammad ﷺ

2. *Nubuwwa*

Dies ist die Grundart des Prophetentums. Ein Prophet (*nabīy*, Pl.: *anbiyā'*) erhält eine Botschaft von Gott, aber er bezieht sich auf eine bereits vorhandene Offenbarungsschrift (*kitāb*, wörtl.: „Buch“). So bringt ein Prophet (*nabīy*) kein eigenes Buch, aber er will die Menschen zu dem richtigen, gottgefälligen Weg wieder zurückführen, wobei er sich auf die Offenbarungsschrift des Gesandten (*rasūl*) vor ihm zurückbezieht. So haben sich die Propheten des Volkes Israel, die ja nach dem Gesandten Mūsā عليه السلام kamen, immer auf die Thora zurückbezogen.

An Propheten (*anbiyā'*) sind mit Namen bekannt, wobei die entsprechenden Gesandten (*rusūl*) in eckigen Klammern mitgenannt sind:

[Ādam]
1. Idrīs *
2. Nūḥ (Noah)
3. Hūd *
4. Ṣāliḥ*
[Ibrāhīm]
5. Lūt (Lot)
6. Ismā'īl (Ismael)
7. Isḥāq (Isaak)
8. Ya'qūb (Jakob)
9. Yūsuf (Josef)
10. Ayyūb (Hiob)
11. Shu'aib*
[Mūsā (Moses)]
12. Hārūn (Aaron)
[Dāwūd (David)]
13. Sulaimān (Salomon)
14. Ilyās (Elias)
15. al-Yasa' (Elisa)
16. Yūnus (Jonas)
17. Dhu l-Kifl*
18. Zakarīyā (Zacharias)
19. Yaḥyā (Johannes der Täufer)
['Īsā (Jesus)]
[Muḥammad ﷺ]

Bezüglich dieser Personen ist klar, daß sie Propheten bzw. Gesandte sind. Doch bezüglich einiger im Koran genannter Namen ist es umstritten, ob es sich um Propheten handelt oder nicht. Dies sind:

1. 'Uzair (Ezrā)
2. Luqmān*
3. Dhu l-Qarnain

* Dieser Prophet gehört zu den nur im Koran, nicht aber in den heutigen Evangelien oder der Thora erwähnten Propheten, weswegen auch keine im Deutschen gebräuchliche Namensform angegeben wurde.

KAPITEL 5

DER GLAUBE AN DIE VORHERBESTIMMUNG (QADR)

Die Vorherbestimmung stellt unter den wichtigen Glaubensgrundsätzen (*'aqā'id*) vielleicht das schwierigste Thema dar. Viel ist hier an Nützlichem und Nutzlosem, an Belegtem und an Spekulation gesagt worden. Hier soll nur knapp das Wichtigste erwähnt werden, um diesen Glaubensgrundsatz ausreichend darzustellen. Es ist Pflicht, daran zu glauben, daß es eine Vorherbestimmung (bestimmter Dinge) gibt. Wer eine jegliche Vorherbestimmung leugnet, der muß als ungläubig (*kāfir*) betrachtet werden.

Die „Bestimmung" bzw. „Vorherbestimmung" (arab.: *qadr*) festzusetzen ist eine der Eigenschaften Gottes. Ihr steht der sogenannte „freie Wille des Menschen" gegenüber. Äußerlich ergibt sich hier ein wesenshafter Widerspruch, der auch viele Muslime verwirrt: Wie kann einerseits der Mensch verantwortlich sein für sein Handeln, sein Tun und Lassen, wenn andererseits die Dinge, die er in seiner Handlung tut, schon vorherbestimmt sind? Dieser Widerspruch ist aber *so* nicht vorhanden, denn: Nicht alle Dinge sind von Geburt des Menschen an für ihn vorherbestimmt. Vorherbestimmt im Sinne von *Qadr* ist für den Menschen vom Zeitpunkt an, wo er im Mutterleib mit einer Seele versehen wird, folgendes:

- ob es ein männliches oder weibliches Wesen wird,
- ob er (grundsätzlich) glücklich oder unglücklich im Leben sein wird,
- wie sein Lebensunterhalt aussehen wird,
- wie alt er werden wird.

Nicht aber vorherbestimmt ist etwa von Geburt an, ob jemand im Sinne des Islam gläubig oder ungläubig wird. Hier stellt sich nun die Frage, was die Möglichkeit des Menschen ist und wie diese Möglichkeit durch die Macht, die Herrschaft und den Willen Gottes begrenzt ist.

Einerseits umfaßt Gott alles mit seinem Wissen; das heißt, Er weiß bereits von Anbeginn der Zeit, was sich zu irgendeinem Zeitpunkt ereignen wird. Dies darum, weil Gott nicht – wie die geschaffenen Wesen – durch Raum und Zeit eingeschränkt ist. Der Mensch wiederum ist innerhalb seiner Zeit und seiner Existenz, die ja zeit- und raumbegrenzt ist, in bestimmten Dingen in der Lage, eine Entscheidung zu treffen – etwa, ob er eine gute oder schlechte Tat tun soll. Die Vorherbestimmung (*qadr*) nun sagt zwar aus, daß auch Dinge, die noch nicht bei bzw. vor der Geburt festgelegt waren, von Gott in einer bestimmten Weise festgelegt sein müßten, insofern als ja Gott ohne jede Unterbrechung die

Herrschaft über die Welt ausübt und ja auch schon den Ausgang aller Handlungen von vornherein kennt.

Doch andererseits hat Gott auch dem Menschen die Möglichkeit – die echte Möglichkeit – gelassen, sich zu bestimmten Zeitpunkten (gesehen aus der Sicht des zeit- und raumgebundenen Menschen), für oder gegen eine Handlung zu entscheiden, denn sonst wäre ein Mensch, der bestimmte Sünden begeht und im Jenseits dafür in die Hölle gelangt, ja zwangsweise dazu verdammt gewesen – dann wäre Gott jedoch ungerecht, was aber nicht denkbar ist, weil Gott unter seinen Eigenschaften auch die der Gerechtigkeit, *'Adl*, hat.

Eine Klärung dieses Problems liegt nun darin, daß – wie in einem Hadith gesagt – zwar Gott bstimmte Dinge, speziell auch Unglücke und Heimsuchungen, vom Himmel herabsendet (weil sie eben vorherbestimmt sind), doch der Gläubige kann sich im *Du'ā'* an Gott wenden, wobei sein *Du'ā'* emporsteigt und das Unglück dadurch aufgehalten wird, sei es ganz oder teilweise, wenn Gott will.

Das heißt: der Mensch hat in bestimmten Fällen und gemäß dem Plan Gottes die Möglichkeit, an seinem Schicksal mitzuwirken; zu Sünden aber ist kein Mensch durch *Qadr* gezwungen. Von daher ist jeder Mensch von seiner Schöpfung und seiner individuellen Bestimmung her durchaus in der Lage, so zu leben, daß er ins Paradies gelangen kann; nur die Leichtigkeit und Beschwerlichkeit ist unterschiedlich.

KAPITEL 6

DER GLAUBE AN DEN JÜNGSTEN TAG (YAUM AL-QIYĀMA)

§ 15

ALLGEMEINE VORSTELLUNG

Der Glaube daran, daß der Jüngste Tag eintreffen und stattfinden wird, gehört zu den wichtigsten Glaubensgrundsätzen. Diese *'Aqīda* ist erst dann korrekt befolgt, wenn der Muslim ganz und gar an zwei Dinge glaubt:

1. Daß man in umfassender, allgemeiner Form an den Jüngsten Tag glaubt. Damit ist gemeint, daß man (ohne Einzelheiten zu bedenken)

glaubt, daß er eintreffen wird, daß es eine Auferstehung gibt, daß die Körper und die Seelen wieder vereinigt werden, daß es eine Abrechnung gibt, bei der Gott selbst jeden einzelnen zur Rechenschaft zieht, daß es Paradies und Hölle gibt und jede Seele – nach ihrer gerechten Beurteilung durch Gott selbst – in einem der beiden ihren Platz einnehmen wird.

2. Daß man an alles glaubt, was der ehrwürdige Koran und die korrekten Hadithe des Gesandten und Propheten Gottes, Muḥammads ﷺ, über den Jüngsten Tag – und was damit zusammenhängt – aussagen.

Mit diesen zwei Punkten sind folgende Dinge erfaßt:

- Der Tod und der Todesengel (*malak al-maut*).
- Die Heimsuchung im Grab (*fitnat al-qabr*), die Befragung durch die zwei Engel, die Bestrafung der Ungläubigen im Grab (*ʿadhāb al-qabr*) und die Annehmlichkeit und Wohltat als Belohnung für die Gläubigen im Grab (*naʿīm al-qabr*).
- Die Zeit des *Barzakh* zwischen dem Aufenthalt im Grab und der Auferstehung.
- Die Zeichen für die Nähe und das Anbrechen des Jüngsten Tages (*ashrāṭ as-sāʿa*) (allgemein).
- Die kleinen Zeichen (*al-ashrāṭ aṣ-ṣughrā*) als Ankündigung des Jüngsten Tages.
- Die Großen Zeichen (*al-ashrāṭ al-kubrā*) als Ankündigung des Jüngsten Tages.
- Der Beginn des Jüngsten Tages (*yaum al-qiyāma*).
- Die Auferstehung (*al-baʿth*).
- Die Versammlung (*al-ḥashr*).
- Belohnung und Bestrafung für die Taten (*jazāʾ al-aʿmāl*).
- Das Stehen des einzelnen vor dem Thron Gottes (*al-ʿaraḍ*) und die Abrechnung (*al-ḥisāb*).
- Der Teich (*al-ḥauḍ*).
- Die Waage (*al-mīzān*).
- Der Weg (*aṣ-ṣirāṭ*).
- Paradies (*al-janna*) und Hölle (*jahannam*).

§ 16

DER TOD UND DER TODESENGEL (MALAK AL-MAUT)

Wenn Gott den Tod eines Menschen beschlossen hat, so wird dem Todesengel (*malak al-maut*) oder einem seiner Helferengel befohlen, die Seele des betreffenden Menschen aus dessen Körper zu ziehen; nach manchen Überlieferungen nimmt der Todesengel dabei beim Kopf des Menschen Platz und wartet schon, kurz bevor ihm der Befehl erteilt wird.

Im Moment des Todes zieht der Engel die Seele aus dem Körper[39], und der Tote bzw. seine Seele erkennen den Engel; dieser erscheint dem Toten dabei entweder in schöner, angenehmer Gestalt oder in schrecklicher, furchteinflößender Form, je nachdem, wie gut oder schlecht der Mensch sich vor seinem Tod verhalten hat. Zu dem, was dabei außerdem noch geschieht, hier der Wortlaut eines richtigen Hadithes:

> „Wenn der gläubige Gottesdiener von der diessseitigen Welt (*dunyā*) getrennt und von der jenseitigen Welt (*ākhira*) in Empfang genommen wird, so steigen zu ihm Engel vom Himmel (*samā'*) herab, mit weiß leuchtenden Gesichtern, als ob ihre Gesichter wie die Sonne sind, und haben Leichentücher des Paradieses und Balsam[40] des Paradieses mit sich. [Sie kommen herab,] wobei sie sich, vom Toten in Blickweite entfernt, niedersetzen und der Todesengel (*malak al-maut*) sich bei dem Kopf des Verstorbenen niedersetzt und sagt: ‚*Du gute Seele, komm heraus und in die Vergebung und Zufriedenheit Gottes.*' Darauf kommt [die Seele] heraus, wobei sie so herausfließt, wie ein Tropfen in den Mund eines Trinkenden fließt.
>
> Wenn der ungläubige Gottesdiener[41] vom Diesseits getrennt und vom Jenseits in Empfang genommen wird, steigen zu ihm Engel mit schwarzen Gesichtern herab, die ein Gewand aus grobem Tuch mit sich führen, und setzen sich in Sichtweite [vom Toten entfernt] hin; darauf kommt der Todesengel zu ihm, bis er sich schließlich bei seinem Kopf hinsetzt und sagt: ‚*Du schmutzige Seele, komm heraus in die Wut und den Zorn Gottes.*' Darauf wird diese Seeele vom Körper getrennt, wobei sie so aus dem Körper herausgezogen wird, wie man einen Stab aus feuchter Wolle herauszieht[42]."

Ein weiterer Hadith-Teil (nach richtigen Hadithen) verdeutlicht, was danach geschieht:

> „Wenn der Todesengel die Seele eines gläubigen Gottesdieners nimmt, so dauert es nicht einmal einen Augenblick lang, bis die Seele von den (Helfer)Engeln in die Hand des Todesengels gelegt wird; darauf nehmen sie alle sie [die Seele], legen sie in jenes Leichentuch und jenen Balsam, von dem ein Duft ausströmt, der dem besten Moschusduft entspricht, der auf dem Angesicht der Erde zu finden ist.
> Dann steigen sie mit ihr empor, und jedesmal, wenn sie an Oberhäuptern der Engel vorbeikommen, sprechen diese: ‚*Was für eine gute*

Seele ist das?' Darauf sagen die emporsteigenden Engel zu ihnen: ,*Das ist* (*Soundso*), *Sohn/Tochter des* (*Soundso*).', wobei sie den Toten mit den schönsten Namen benennen, die er in seinem diesseitigen Leben führte. Dann bitten [diese aufsteigenden Engel] beim untersten Himmel (*as-samā' ad-dunyā*) um Einlaß, und es wird ihnen geöffnet. Dann steigen sie auf diese Weise immer weiter empor und bewältigen jeden darauffolgenden Himmel, bis sie beim siebten Himmel ankommen und dann Gott der Erhabene (zu den Schreiberengeln) sagt: ,*Tragt bezüglich meines Dieners* [*in euren Büchern*] *ein, daß er für 'Illiyūn*[43] *bestimmt ist.*' Darauf bringen die Engel diese Seele wieder zu ihrem Körper zurück, [und dort verbleibt sie,] bis die zwei [befragenden] Engel zu ihr [ins Grab] kommen."

[...] „Wenn der Todesengel die Seele eines ungläubigen Gottesdieners nimmt, so dauert es nur einen Augenblick lang, bis die (Helfer)Engel die Seele in die Hand des Todesengels legen und sie [alle] sie dann in das besagte Gewand aus grobem Stoff stecken; dabei kommt aus diesem Gewand ein Gestank heraus, der dem übelsten Fäulnis- und Zersetzungsgestank von Aas auf dem Angesicht der Erde entspricht. Dann steigen sie mit ihr empor, und immer wenn sie an Oberhäuptern der Engel vorbeikommen, sagen diese: ,*Was ist das für eine schmutzige Seele?*' Darauf sagen sie zu ihnen: ,(*Soundso*), *Sohn/Tochter des* (*Soundso*)', wobei sie [die aufsteigenden Engel] sie [die Seele] mit den abstoßendsten Namen benennen, die sie im Diesseits gehabt hat. Dann fragen sie [beim untersten Himmel] um Einlaß, doch es wird ihnen nicht geöffnet. [Darauf rezitierte der Prophet ﷺ während seines Berichtes folgendes aus dem Koran:] ,*Ihnen werden die Tore des Himmels nicht geöffnet, und sie betreten das Paradies nicht, bis ein Kamel durch ein Nadelöhr hindurchgelangt*' [Sure al-A'rāf (7), Vers 40].

(Dann fährt der Bericht fort:) Darauf sagt Gott der Erhabene [zu den Schreiberengeln]: ,*Tragt für ihn in seinem Buch ein, daß er für Siǧǧīn, für die unterste Stufe der Erde* (*darin*) *bestimmt ist.*' Darauf wird die Seele dieses Menschen heftig fortgeschleudert. [An dieser Stelle rezitierte der Gesandte Gottes ﷺ:] ,*Und wer etwas Allāh* (*ta'ālā*) [*in Götzendienst*] *zur Seite stellt, der ist so, als fiele er vom Himmel herab und die Vögel würden ihn erhaschen, oder er würde vom Wind an einen fernen Ort hingeweht.*' [Sure *al-Ḥaǧǧ* (22), Vers 31]

Darauf wird die Seele wieder zum Körper [in das Grab] zurückgeführt."

§ 17

DIE HEIMSUCHUNG IM GRAB (FITNAT AL-QABR), DIE BEFRAGUNG DURCH DIE ZWEI ENGEL, DIE BESTRAFUNG DER UNGLÄUBIGEN IM GRAB (ʻADHĀB AL-QABR) UND DIE ANNEHMLICHKEIT UND WOHLTAT ALS BELOHNUNG FÜR DIE GLÄUBIGEN IM GRAB (NAʻĪM AL-QABR)

Es gibt drei wichtige Zeiträume, die der Muslim immer in seinen Gedanken behalten muß:

1. Den Zeitraum, der sich von dem Moment an, wo er (im Diesseits lebend) körperlich und geistig reif und erwachsen (und damit für seine Taten verantwortlich) geworden ist, bis zu seinem Tod erstreckt. Hier hat er die Möglichkeit und Pflicht, für seine Existenz in der jenseitigen Welt vorzusorgen, indem er als bewußter, gläubiger Muslim so lebt, wie Gott es ihm vorgeschrieben hat. Wenn der Mensch stirbt – wenn also der Todesengel oder einer seiner Helfer auf Befehl Gottes die Seele aus dem Körper zieht –, setzt das erste Mal Belohnung oder Strafe ein, denn der Todesengel erscheint dem Toten – je nach seinen Taten – in freundlicher, schöner oder in schrecklicher, furchterregender Gestalt. Diese nun vom Körper getrennte Seele wird dann nach der Grablegung des Leichnams des betreffenden Menschen in das Grab gebracht.

2. Den Zeitraum, den die Seele des Verstorbenen im Grab verbringt, welcher von der Zeit kurz nach der Grablegung bis zu einem bestimmten Zeitpunkt vor der Auferstehung andauert. Dieser Zeitraum wird „*Barzakh*" (Zwischenbereich, Trennbereich) genannt und ist bereits mit einem Vorgeschmack der künftigen Existenz des betreffenden Menschen im Jenseits erfüllt: Entweder wird der Tote im Grab Ruhe, Annehmlichkeit, Licht und beruhigtes Abwarten vorfinden, oder er wird Enge, Strafe, Qual und Verzweiflung erdulden müssen.

Der Zeitraum des *Barzakh*[44] wird zu bestimmten Zeitpunkten, nach manchen Meinungen morgens und abends, für die Seele mit dem Verlassen des Grabes und dem Aufenthalt der Seele am Ort *'Illīyīn* (für die Gläubigen) bzw. *Sijjīn* (für die Ungläubigen) – wo die Seele, wie schon im Grab, Wohltaten bzw. Strafen erfährt –, ausgefüllt und endet mit dem Zeitpunkt der Auferstehung.

3. Den Zeitraum, den der Mensch im eigentlichen Jenseits verbringt. Dieser Zeitraum wird mit der Auferstehung und den anderen Dingen des Jüngsten Tages (von dem nur Gott allein weiß, wie lange er und

die Aufdeckung aller Taten andauern wird) eingeleitet und dauert bis in alle Ewigkeit.

Der zweite Zeitraum beginnt dann, wenn der Tote im Grab beigesetzt wurde und die Angehörigen ihn und das Grab zurücklassen. In richtigen Überlieferungen vom Propheten ﷺ heißt es dazu,

> ... daß den Toten bei seinem Begräbnis seine Angehörigen, sein Besitz und seine Taten bis zum Grab begleiten: dann aber verlassen ihn Angehörige und Besitz und kehren dorthin zurück, von wo sie kamen – doch die Taten des Verstorbenen folgen ihm ins Grab. Darauf kehrt die Seele des Toten, die beim Tod vom Körper getrennt wurde, wieder in das Grab zurück.[45]

Hierbei kann nicht gesagt werden, auf welche Weise das geschieht; auch ist klar gesagt, daß es für die spätere Wohltat bzw. Strafe im Grab keine Rolle spielt, ob und wieviel von dem Körper des Toten noch vorhanden ist.

Jedenfalls existiert auf eine Weise, die dem Menschen im Diesseits verborgen ist und die er nur durch die Offenbarung Gottes und die Kenntnis des Propheten ﷺ vom Verborgenen erfährt, ein Körper im Grab, der auch von Wohltaten und Qualen erfaßt werden kann. Zu diesem Körper tritt dann die Seele, welche dann im Grab befragt wird – aber ohne daß die Seele und dieser Körper so vereinigt werden, wie das mit der Seele und dem Körper vor dem Tod der Fall war bzw. wie es nach der Auferstehung der Fall ist, wo die Seele und ein für sie neugeschaffener Körper vereinigt werden.

Diese Befragung der Seele findet so statt[46], daß zwei Engel in das Grab hinabsteigen, deren Namen Munkar[47] und Nakīr[48] sind. Der Tote hört das Kratzen ihrer Fingernägel, dann sieht er sie. Sie werden als Wesen von zugleich schwarzer und gelber Farbe beschrieben, und in manchen Überlieferungen wird gesagt, daß ihre Fingernägel die Erde, die sie zur Seite graben, verbrennen. Diese beiden Engel erscheinen vor dem Toten[49] und hocken sich vor ihm hin. Dann befragen sie den Toten:

„Wer ist dein Herr (*rabb*)?“
„Was ist deine Religion?“
„Wer ist dein Prophet?“

Hierauf findet der gläubige Muslim die Antwort:
„Mein Herr (*rabb*) ist Gott.“
„Meine Religion ist der Islam.“
„Mein Prophet ist der Gesandte Muḥammad ﷺ.“

Wer aber als Ungläubiger (*kāfir*) oder Heuchler (*munāfiq*) gestorben ist, der erkennt in diesem Moment die Wahrheit und findet doch keine andere Antwort als diese:

„Ich weiß es nicht. Ich hörte die Leute etwas sagen und habe es nachgesprochen."

Wer den beiden befragenden Engeln die richtigen Antworten geben kann, von dem lassen sie ab, dem wird das Grab weit und geräumig gemacht[50], und ihm wird sein Grab, seine Wohnung, bis zum Tag der Auferstehung mit schönen Dingen[51] angefüllt.

Wer vor den beiden befragenden Engeln aber nicht bestehen kann und damit eingestehen muß, daß er ungläubig (*kāfir*) ist, der wird im Grab auf verschiedene Weise gequält und schon vor dem Jüngsten Tag bestraft: Ihm wird sofort nach seinem Eingeständnis von den beiden Engeln ein starker Schlag versetzt, und zwar mit hammerartigen Eisenkeulen; er wird danach auf Gesicht und Rücken geschlagen, sein Grab wird ihm eng gemacht, bis sein Körper (den er im Grab hat) so eingequetscht wird, daß sich seine Rippen ineinanderschieben, so wie man die gespreizten Finger seiner Hände ineinander verschieben kann. Seine Qualen sind um so stärker, je größer seine Sünden im Jenseits vor seinem Tod waren, und sie dauern bis zu seiner Auferstehung an. Während seiner Zeit im Grab kann sein Schreien auch von den Seelen anderer Toten, die (zum Beispiel auf Friedhöfen) neben ihm liegen, gehört werden.

Es gibt also nur diese beiden Möglichkeiten: daß man im Grab – und auch danach im *Barzakh*, bis zur Auferstehung am Jüngsten Tag – Wohltaten und einen glücklichen Aufenthalt (*na'īm al-qabr*) hat oder daß man im Grab – und auch danach im *Barzakh*, bis zur Auferstehung am Jüngsten Tag – Qualen und Bestrafung (*'adhāb al-qabr*) zu erdulden hat.

§ 18

DIE ZEIT DES BARZAKH VON DEM AUFENTHALT IM GRAB BIS ZUR AUFERSTEHUNG

Wörtlich bezeichnet „*Barzakh*" etwas, was zwei Dingen voneinander trennt oder zwei Arten von Material bzw. Materie (zum Beispiel Salz- und Süßwasser) auseinanderhält, wie ein Damm, ein Wall, eine Mauer usw.

Auch im übertragenen Sinne kann man das Wort einsetzen: So ist etwa die (bewußte) Sprache als trennendes Merkmal zwischen Mensch und Tier auch ein „*Barzakh*", und auch das, was den Zweifel von der

Gewißheit trennt, ist ein „*Barzakh*". Im Bereich der Religion ist damit gemeint, daß die Seele nach einer bestimmten Zeit, die sie im Grab geblieben ist, an einen bestimmten Ort gebracht wird, an dem sie bis zur Auferstehung bleiben muß – sei es für einen mehrfach wiederkehrenden Zeitraum oder kontinuierlich bis zum Tag der Auferstehung. Dieser Ort ist für die Seelen der Gläubigen *'Illiyūn*, für die Seelen der Ungläubigen aber *Sijjīn*. In *'Illiyūn* werden die Seelen mit den Vorfreuden des Paradieses versehen, in *Sijjīn* erhalten die Seelen der Ungläubigen in Form von Qual einen Vorgeschmack auf die Strafen der Hölle. Bei beiden Orten handelt es sich aber um solche Orte, die fern des Grabes sind, aber nicht direkt zu Paradies bzw. Hölle gehören. Sie sind feste Aufbewahrungsorte, in denen die Seelen an jedem Tagesanbruch bzw. -ende für eine Weile bleiben, während sie ansonsten im Grab verbleiben müssen.

Eine Ausnahme hiervon bilden die Seelen der Märtyrer (*shuhadā'*), die um Gottes des Erhabenen willen sich um den Islam bemüht haben und um ihr Festhalten an Gott und Islam willen getötet wurden: Diese Seelen gelangen direkt in das Paradies und wohnen direkt unterhalb des Thrones Gottes des Erhabenen.

§ 19

DIE ZEICHEN FÜR DIE NÄHE UND DAS ANBRECHEN DES JÜNGSTEN TAGES (ASHRĀṬ AS-SĀ'A) ALLGEMEIN

Bevor der Jüngste Tag anbricht, erfüllen sich bestimmte Ereignisse, die zum Teil sehr erstaunlich sind. Diese Zeichen werden die Zeichen der Stunde [des Anbruchs des Jüngsten Tages] (*ashrāṭ as-sā'a*) genannt. Sie werden in zwei Gruppen aufgeteilt:

- die sogenannten „*Kleinen Zeichen*" (*al-ashrāṭ aṣ-ṣughrā*); diese sind sehr viele, nach manchen Zählungen etwa dreihundert. Die meisten dieser Zeichen sind bereits erfüllt.
- die sogenannten „*Großen Zeichen*" (*al-ashrāṭ al-kubrā*). Diese sind sehr viel weniger, genauer: zehn Zeichen.

Sobald das erste dieser Zeichen eintrifft, ist das Tor zur Reue verschlossen, man kann den Gläubigen und den Ungläubigen offen (körperlich) erkennen, und von keiner Seele, die sich bis dahin noch nicht zum Islam bekannt hat, wird danach noch eine Bekehrung zum Islam angenommen: Der Jüngste Tag im weiteren Sinn hat dann begonnen (nicht jedoch die Stunde selbst, in der die Auferstehung stattfindet).

Es ist gesagt, daß die Kleinen Zeichen zuerst nur in geringer Zahl in jedem Jahrhundert auftraten, aber – je näher die Stunde rückte – in jeweils gleichen Zeitabständen immer häufiger erschienen und bis heute erscheinen.

Die Großen Zeichen schließlich folgen ungeheuer schnell aufeinander, und nach Erfüllung des letzten von ihnen folgt der eigentliche Anbruch der Stunde.

§ 20

DIE KLEINEN ZEICHEN (AL-ASHRĀṬ AṢ-ṢUGHRĀ)

Die Kleinen Zeichen sind insgesamt sehr zahlreich (etwa 300), und die meisten davon sind bereits eingetreten. Von diesen Zeichen – bereits eingetretenen und noch nicht erfüllten – hier nun einige Beispiele:

1. *Das Auftreten von immer mehr und gewaltigeren Kriegen und Schlachten.* – Dies ist bereits eingetreten. Geschichtlich nachweisbar kamen in den meisten Schlachten auf der Arabischen Halbinsel zur Zeit des Propheten ﷺ jeweils weniger als 200 Menschen um; doch schon ein Jahrhundert später stieg die Zahl der Gefallenen in einer „gewöhnlichen" Schlacht dieser Weltgegend auf durchschnittlich 500 bis 1000. Daß in Schlachten und Kriegen in anderen Jahrhunderten davor und danach jeweils weit gewaltigere Menschenmassen umkamen und umkommen (bis zu vielen Zehn- und Hunderttausenden), ist allgemein bekannt.

2. *Der Eufrat (al-Furāt) wird einen Berg von Gold freigeben, um den die Menschen kämpfen werden.* – Dies ist noch nicht eingetroffen.

3. *Ein Feuer, das im Ḥijāz (Nordarabien) auftaucht und „die Kamelrücken in Basrā beleuchtet".* – Dieses Zeichen ist bereits eingetreten. In Medina, im Viertel „al-Hurrat ash-Sharqīya", trat ein gewaltiges Feuer auf, das lange, während einer ganzen Nacht, anhielt und noch in Basrā gesehen werden konnte. Dies ereignete sich in der Nacht zu Mittwoch, dem 3. *Jumādā al-Ākhira* 654 d. H.

4. *Daß die Götzen erneut auf der Arabischen Halbinsel angebetet werden.* – Dies ist bereits eingetroffen. Vor allem im 16. und 17. Jahrhundert christlicher Zeitrechnung verbreitete sich – außer in den wenigen Städten wie Mekka, Medina usw. – eine Baum- und Steinverehrung nach dem Muster der Jāhilīya, Tieropfer (solche, die nicht von dem islamischen Recht gestattet sind) wurden an bestimmten Orten für Geister dargebracht, Gräberkulte in absonderlichsten Formen, die weit vom Islam entfernt waren, wurden erfunden.

5. *Ein Mann von den Qahtān (südarabische Stammesgruppe) wird hervorkommen und die Menschen mit seinem Stock (das heißt mit Gewalt) vorantreiben.* – Dies ist noch nicht eingetroffen.

6. *Daß man als Muslim am Morgen aufwacht und als Kāfir in die Nacht geht, und daß man nachts Muslim und morgens Kāfir ist – weil man seine Religion für irgend etwas, irgendeine Sache dieser Welt (dunyā) verkauft.* – Dies ist heutzutage voll und ganz eingetroffen.

Sobald aber der Anbruch des Jüngsten Tages näherrückt, treten die „Kleinen Zeichen" in jeweils gleichgroßen Zeiträumen in immer größerer Anzahl auf. Wenn das letzte der Kleinen Zeichen eingetreten ist, folgen die Großen Zeichen.

§ 21

DIE GROSSEN ZEICHEN (AL-ASHRĀṬ AL-KUBRĀ)

Die „Großen Zeichen" gehen dem eigentlichen Jüngsten Tag kurz voraus und sollen schnell aufeinander abfolgen; der Überlieferung nach sind es insgesamt zehn. Diese zehn Großen Zeichen werden in mehreren richtigen (*ṣaḥīḥ*) *Ḥadīthen* aufgeführt, so auch im folgenden[52]:

Der Gesandte Gottes ﷺ sagte: „Wahrlich, sie (die Stunde des Jüngsten Tages) wird erst dann anbrechen, wenn ihr davor zehn Zeichen[53] gesehen habt." Darauf nannte er ﷺ

- den Aufgang der Sonne von Westen her,
- das Tier (*ad-dābba*),
- den *Dajjāl*,
- das Herabsteigen Jesu (ʿĪsā عليه السلام),
- den Rauch (*ad-dukhān*),
- [das Erscheinen der beiden Völker] Gog und Magog [*Ya'jūj* wa *Ma'jūj*],
  dann drei (Mond-)Finsternisse:
- eine im Osten (*mashriq*),
- eine im Gebiet der Arabischen Halbinsel,
- eine im Westen (*maghrib*),
  und als letztes [Zeichen] nannte er ﷺ
- ein Feuer, das sich vom Jemen her ausbreitet und die Menschen zu ihrem Versammlungsplatz hintreibt.

Der Aufgang der Sonne von Westen her

Das erste der „Großen Zeichen" ist der Aufgang der Sonne von Westen her. Es ist in richtigen Hadithen überliefert, daß dieser Sonnenaufgang von Westen her von allen Menschen insgesamt gesehen werden wird. An diesem Tag wird für jeden, der Muslim ist, und jeden, der diese hier genannten Dinge kennt, klar werden, daß der Islam die Wahrheit vertritt, daß die Ankündigungen und Verheißungen Gottes im Koran Wahrheit und Wirklichkeit sind, daß nun das Schicksal der Schöpfung sich erfüllen wird und keine Reue, keine noch so gute Tat mehr jemanden erretten kann, wenn er sich nicht schon vor diesem offenkundigen Zeichen zum Islam bekannt hat.

Das Erscheinen des „Tieres" (ad-dābba)

Das „Tier" (*ad-dābba*) wird erscheinen und sich gegen die Menschen richten. Dieses Zeichen soll direkt nach dem ersten eintreten. Es gibt keine gesicherte Beschreibung des „Tieres, das von Gott aus der Erde hervorgebracht wird", wie es in Sure an-Naml, Vers 82, heißt; es ist lediglich in dem genannten Vers gesagt, daß dieses Tier zu den Menschen spricht und daß von diesem Moment an Gläubiger (*mu'min*) und Ungläubiger (*kāfir*) durch dieses Tier und seine Handlungen erkennbar und gekennzeichnet sein werden. Es ist von eigenartiger, erstaunlicher Schöpfungsgestalt und stellt eine gewaltige Fitna (Heimsuchung, Versuchung) der Menschen dar.

Das Erscheinen des Dajjāl

„*Dajala*" bedeutet wörtlich „bedecken"; gemeint ist hier „betrügen", „lügen", weil dadurch die Wahrheit bedeckt wird. Der *Dajjāl* ist also wörtlich der „Dauerlügner", der „große, andauernde Betrüger". Er ist nach der Überlieferung eine Person (ein Mensch), die ungeheuere und viele Lügen verbreiten, den Anspruch der Göttlichkeit für seine Person erheben (gemeint: daß er wirklich und wahrhaftig Gott sei – *hāsha li-llāh*[54]) und versuchen wird, als Versucher die gläubigen Muslime von ihrer Religion abzubringen, indem er – der *Dajjāl* – die natürlichen und guten Sitten aufhebt, erstaunliche Dinge bewirkt und so die Menschen irreführt. Doch zugleich wird Gott die wirklich Gläubigen in ihrem Glauben festigen; sie werden nicht von dem *Dajjāl* betrogen und irregeleitet werden können. Dem Treiben des *Dajjāl* wird schließlich durch die Herabsendung Jesu ('Īsā عليه السلام) ein Ende gesetzt.

Der *Dajjāl* wird in sicheren (*ṣaḥīḥ*) Hadithen so beschrieben, daß er mit Gottes Erlaubnis zu Dingen imstande ist, die normalerweise zu den rein göttlichen Eigenschaften gehören:

- daß der *Dajjāl* Tote wieder lebendig machen kann, nachdem er sie getötet hat.
- daß er die Erde zum Blühen und auch zum Verdorren bringen kann.
- daß er über einen Garten[55] und über ein Feuer verfügt.
- daß er über zwei Flüsse verfügt.
- daß ihm die Schätze der Erde zur Verfügung stehen.

- daß er dem Himmel befehlen kann, Regen hervorzubringen (es dann auch in der Tat regnet).
- daß er der Erde befehlen kann, Pflanzen hervorzubringen, und daß das dann auch geschieht.

Dann aber nimmt ihm Gott wieder diese Eigenschaften: Der *Dajjāl* wird machtlos, und darauf erscheint Jesus (ʿĪsā عليه السلام) und tötet ihn.

Zu den besonderen Eigenschaften des *Dajjāl*, die hier genauer beschrieben werden sollen, gehört folgendes:

1. Er ist einäugig; dieses Zeichen ist offen erkennbar und klarer Beweis für die Gottesfürchtigen und alle Menschen mit Verstand, daß der Anspruch des *Dajjāl*, Gott zu sein, eine Lüge ist. Dazu hat der Prophet Muḥammad ﷺ gesagt: „Er (das heißt der *Dajjāl*) ist einäugig, doch Gott ist nicht einäugig." (Das heißt: „Gott ist nicht mit Mängeln behaftet". Diese Prophetenaussage ist nicht im Sinne des Anthropomorphismus zu verstehen, sondern sinnbildlich.)
2. Der *Dajjāl* verfügt über zwei Flüsse: der eine erscheint dem Auge des Betrachters so, als würde er weißes Wasser führen; der andere scheint äußerlich aus loderndem Feuer zu sein. Wenn man aber in dieser Lage das Feuer des zweiten Flusses genauer prüft, stellt man fest, daß dieser Fluß von kaltem Wasser ist.
3. Der *Dajjāl* trägt auf seiner Stirn, zwischen seinen Augen, das Wort „*Kāfir*" (ungläubig) geschrieben. Jeder Gläubige wird das lesen können, ob er nun des (gewöhnlichen) Lesens und Schreibens kundig ist oder nicht.
4. Wer den *Dajjāl* erkennt, soll den Anfang der Sure *al-Kahf* (Nr. 50) rezitieren.
5. Der *Dajjāl* wird an einem Ort zwischen Syrien[56] und Irak in Erscheinung treten.
6. Der *Dajjāl* wird 40 Tage lang auf der Erde verbleiben: einen Tag so lang wie ein Jahr, einen Tag so lang wie einen Monat, einen so lang wie eine Woche und die restlichen Tage so lang wie gewöhnliche Tage.

Das Herabsteigen Jesu (ʿĪsā عليه السلام)

Der Prophet und Gesandte ʿĪsā bin Maryam wird vom Himmel durch Gott auf ein Minära[57] östlich von Damaskus herabgesandt werden. Er wird zunächst den *Dajjāl* töten und dann nach der *Sharīʿa* des Islam gerecht richten. Er wird das Kreuz zerbrechen[58], er wird das Schwein töten[59] und die *Jizya* nicht mehr auferlegen[60]. Durch die Gerechtigkeit der Richterschaft Jesu عليه السلام wird der Besitz der Menschen gemehrt, bis niemand mehr Besitz will und jeder Mensch begreift, daß die *Shahāda* (als Glaubensbezeugnis) besser ist als alles, was im Diesseits (*dunyā*) existiert. Schließlich wird ʿĪsā bin Maryam ﷺ sterben, die Muslime werden über ihn das Totengebet sprechen und ihn begraben.

Das Erscheinen der beiden Völker Gog und Magog (Yaʾjūj wa Maʾjūj)

Bei Gog und Magog (arab.: *Yaʾjūj* und *Maʾjūj*) handelt es sich um zwei Völker; im Koran und in sicheren Hadithen wird aber nur folgendes zu ihnen angegeben:

Beide Völker wurden seinerzeit durch Dhu l-Qarnain festgehalten, und zwar durch zwei Hindernisse (*saddān*)[61]. Beim Jüngsten Tag jedoch läßt Gott diese beiden Hindernisse zunichte werden und läßt so diese zwei Völker frei. Man wird – seitens der anderen Völker – die Sprache der Völker von Gog und Magog nicht verstehen. Die ersten von ihnen werden beim See Tiberias auftauchen und von seinem Wasser trinken. Sie werden die Menschen heimsuchen[62], und man wird sie nicht aufhalten können.

Der Rauch (ad-dukhān)

Es wird sich ein Rauch[63] erheben, der die Menschen quälen wird.

Drei besondere (Mond-)Finsternisse: eine im Osten (mashriq), eine im Gebiet der Arabischen Halbinsel, eine im Westen (maghrib)

Als besondere (eben: große) Zeichen des Jüngsten Tages werden drei (Mond-)Finsternisse (*khusūfāt*) genannt. Aus dem Wort „*Khusūf*" geht nicht sicher hervor, ob es sich um eine Mondfinsternis oder eine andere Art von Finsternis (Verdunkelung von Himmelskörpern) handelt – wenngleich in der Regel mit „*Khusūf*" eine Mondfinsternis gemeint ist im Unterschied zu „*Kusūf*" (einer Sonnenfinsternis).

Aus dem Zusammenhang geht zudem folgendes hervor: Es kann sich nicht um eine gewöhnliche (Mond-)Finsternis handeln, da solche vollständigen oder teilweisen Mond- (und auch Sonnen-)finsternisse vergleichsweise häufig erscheinen; außerdem erschienen sie dutzendweise seit dem Tode des Propheten ﷺ, während der Aufgang der Sonne vom Westen her (das erste der Großen Zeichen) noch nicht eingetreten ist. Außerdem war auch den Arabern sowie allen anderen Völkern zur Prophetenzeit bekannt, daß solche Finsternisse recht häufig sind. Daher muß es sich – auch nach altem Verständnis – um besondere, nicht der üblichen Form entsprechende Finsternisse handeln, die – wie ja die anderen Großen Zeichen auch – so eindeutig der üblichen Natur widersprechen, daß jeder das Wundersame daran erkennt. Wie genau diese Finsternisse aussehen können (außergewöhnlich durch Farbe, Dauer oder noch anderes[64]), weiß nur Gott allein, da hierzu keine gesicherten Angaben existieren.

Theoretisch denkbar wäre – gestützt auf verschiedene, nicht eindeutige Hinweise im Koran – eine Vereinigung von Sonne und Mond am Tag, wobei eine Mondfinsternis herauskäme (was auf natürliche, normale Weise unmöglich ist) – doch Gott weiß es am besten.

Drei dieser besonderen (Mond-)Finsternisse jedenfalls sollen sich zeigen, wobei jede als ein eigenständiges der zehn Großen Zeichen gezählt wird:

- eine im Osten[65] (*mashriq*),
- eine im Gebiet der Arabischen Halbinsel,
- eine im Westen (*maghrib*).

Ein Feuer, das sich vom Jemen her ausbreitet und die Menschen zu ihrem Versammlungsplatz hintreibt

Das der Überlieferung nach letzte der Großen Zeichen – also das letzte der Zeichen überhaupt vor dem eigentlichen Anbruch des Jünsten Tages – ist ein gewaltiges Feuer; es soll im Jemen seinen Ursprung haben und sich von dort her ausbreiten. Es soll die Menschen vor sich hertreiben, bis sie sich dort zusammengetrieben versammelt haben, wo die Vernichtung der diesseitigen Welt und die darauffolgende Auferstehung sie erfassen soll.

§ 22

DER EIGENTLICHE BEGINN DES JÜNGSTEN TAGES (YAUM AL-QIYĀMA)

Die Erde wird von Erdbeben erschüttert, Berge werden zunichte, Meere fließen über, und es geschieht all das, was dazu noch an Ereignissen im Koran berichtet wird. Alles, was die Menschen kannten, wird vergehen. Dann ertönt der erste gewaltige Laut[66], der ertönt, wenn der Engel Isrāfīl in sein Horn[67] bläst, und die Berge werden zu Staub werden.

Dazu hat der Prophet ﷺ gesagt: „Gott ergreift die Erde und umfaßt den Himmel mit Seiner rechten Hand und sagt dann: ‚Ich bin der Herrscher (*malik*), wo sind die Herrscher (*mulūk*) der Erde?'"

§ 23

DIE AUFERSTEHUNG (AL-BA'TH)

In diesem Moment erlischt alles irdische Leben; dann ertönt der zweite gewaltige Laut aus dem Horn von Isrāfīl, und die Menschen – alle jemals erschaffenen Menschen – erstehen körperlich wieder auf; dieses Auferstehen wird auch „die zweite Schöpfung" genannt. Die Seelen werden mit ihren neugeschaffenen Körpern wiedervereinigt, wobei diejenigen Seelen, die sich zum Zeitpunkt des zweiten Hornlautes im Barsach (das heißt in *'Illiyūn* oder *Sijjīn*) befanden, von Gott wieder zur zweiten Schöpfung von dort herausgeführt werden. Alle Menschen werden dabei – nach einem Vergleich in einem *Ṣaḥīḥ-Ḥadīth* in AL-BUKHĀRĪ – so hervorgebracht werden, wie jetzt (vor dem Jüngsten Tag) das Gras aus der Erde hervorkommt.

Dabei wird ein „Rufender Engel" (*munādī*) die Menschen bzw. ihre Seelen aufrufen: „Erhebt euch für euren Herrn!" Darauf – nachdem schon die Menschen, die beim ersten Stoß ins Horn des Isrāfīl lebendig waren und starben, wieder auferstanden sind – kommen auch die Toten, lebendig, mit neuen Körpern aus ihren Gräbern bzw. aus der Erde hervor, so daß dabei die Ebene, worauf die Menschen stehen, erschüttert wird.

§ 24

DIE VERSAMMLUNG (AL-ḤASHR)

Die Menschen werden mit ihrem neugeschaffenen Körper allesamt, nackt und bloß, auf der gewaltigen, ganz flachen Ebene versammelt werden. Dort müssen sie warten, bis Gott über sie richtet. Nach einem *Ṣaḥīḥ-Ḥadīth* fragte 'Ā'isha, möge Allāh mit ihr zufrieden sein, dazu den Propheten ﷺ: „O Gesandter, blicken dort nicht die Männer und Frauen alle aufeinander?" Darauf sagte der Prophet ﷺ: „O 'Ā'isha, die Sache ist zu gewaltig, als daß man einander anblickt." An diesem Tag des Gerichts wird die Sonne so nah an die Ebene (den Versammlungsort der Menschen) herangebracht, daß eine große Hitze entsteht; die Menschen aber werden dabei im Maß ihrer Taten im vorigen Leben schwitzen: manchen wird der Schweiß bis zu den Knöcheln reichen, manchen bis zu den Knien, manchen bis zur Brust und manchen bis zum Mund; der Prophet ﷺ hat darauf hingewiesen, indem er sagte, daß der Schweiß bei manchen bis dorthin stehen würde – und er ﷺ

hielt seine Hand flach bis zur Mundhöhe –, so daß er sein würde wie Zügel und Zaumzeug. An diesem Tag wird sich der Himmel aufspalten, bis er zu geöffneten Toren wird, und die Engel werden in Reihen zur Ebene hinunterkommen, und die acht „Trägerengel“ bringen den Thron Gottes, auf dem Er thront, herab, bis der Thron einen Teil der Ebene beschattet. Es wird außer diesem Schatten keinen Schatten am Tag des Gerichts geben.

Nach der Aussage des Propheten ﷺ werden nur sieben Arten von Menschen in diesem Schatten sein dürfen:

1. Der gerechte *Imām* (*al-imām al-'ādil*), das heißt, derjenige, der eine Gemeinschaft von Menschen gerecht geleitet hat.

2. Ein junger Mensch, der im Gottesdienst aufwuchs (das heißt, der sich stets fromm verhielt und sich von Sünden fernhielt[68]).

3. Ein Mann, dessen Herz mit der Moschee verbunden ist[69].

4. Zwei Menschen, die sich um Gottes und der Religion willen – im Sinne der Brüderlichkeit – lieben bzw. getrennt haben oder vereinen.

5. Ein Mann, der von einer schönen und begehrenswerten Frau zum verbotenen, unehelichen Geschlechtsverkehr (*zinā*) aufgefordert und eingeladen wurde, es aber ablehnte mit den Worten: „Ich fürchte Gott“.

6. Ein Mensch, der im Verborgenen *Ṣadaqa* gibt und so freigebig ist, daß seine rechte Hand nicht mehr weiß, was seine linke ausgibt.

7. Ein Mensch, der Gottes gedenkt, wobei er sich von allen anderen ablenkenden Gedanken befreit und – in seiner Innerlichkeit und Aufrichtigkeit – weint.

§ 25

DIE FÜRSPRACHE (SHAFĀ'A) BEI GOTT

Wenn den versammelten Menschen die Qual und Hitze unerträglich wird, bitten sie die auch anwesenden Propheten (*anbiyā'* عليهم السلام) und Gesandten (*rusul* عليهم السلام) um Fürbitte (*shafā'a*) bei Gott. Zuerst bitten sie Ādam عليه السلام; er wird sagen: „Am heutigen Tag ist Gott so zornig, wie er es an keinem anderen Tag zuvor oder danach sein wird; ich habe mich (damals, im Paradies) widersetzt, als mir der Baum verwehrt wurde: Wie soll ich [für euch Fürsprache einlegen]? Geht zu einem anderen.“ Darauf werden sich die Menschen nach und nach an jeden einzelnen der Propheten wenden, unter ihnen Ibrāhīm, Mūsā und 'Īsā, und alle werden ablehnen bzw. sich entschuldigen und die Fürbitte nicht übernehmen wollen. Das geht dann so weiter, bis sie zum Gesandten Gottes,

Muḥammad ﷺ, kommen, der sagen wird: „Ich bin dazu bereit." Er ﷺ begibt sich darauf zum Thron Gottes und wirft sich unter dem Thron nieder (in *sujūd*). Dort preist er Gott den Erhabenen, seinen Herrn, so lange, bis Er ihm erlaubt, sein Haupt wieder zu erheben: „Erhebe dein Haupt und bitte, so wird dir geantwortet und gegeben werden, was du erbittest. Bitte um Fürsprache, und sie wird dir gewährt werden." Der Gesandte ﷺ sagt: „O Herr, meine Umma." Darauf sagt Gott: „Betritt dies Paradies, o Muḥammad, und diejenigen deiner Umma, die nicht die Abrechnung (*ḥisāb*) ertragen müssen, durch das rechte der Paradiestore." Die anderen Menschen der Umma Muḥammads ﷺ teilen sich die übrigen Tore des Paradieses mit den übrigen Menschen, die ins Paradies gelangen dürfen.

§ 26

DAS RICHTEN (QAḌĀ'), DAS STEHEN DES EINZELNEN VOR DEM THRON GOTTES (AL-'ARAḌ) UND DIE ABRECHNUNG (AL-ḤISĀB)

Dann wird über die Menschen gerichtet (in *qaḍā'*, hier: „Richterschaft Gottes des Allmächtigen"). Den Menschen werden die „Bücher ihrer Taten" gegeben, das heißt die Bücher, die von den Schreiberengeln über den betreffenden Menschen und seine Taten angelegt wurden. Jeder Mensch wird dabei einzeln, allein, vor dem Thron Gottes stehen. Einem guten Menschen wird sein Buch von seiner rechten Seite und von vorn her, in seine rechte Hand, gegeben; einem schlechten wird es von links und von hinten her in seine linke Hand gegeben. Schon sobald der Mensch das Buch in seiner jeweiligen Hand sieht, kennt er auch das Urteil und sein Schicksal. Wenn er nun zu den Glücklichen dieses Tages zählt, so wird er nur leicht und kurz geprüft – denn Gott bedeckt die Sünden dieser Menschen.

Dann wird ein solcher Mensch mit den Gläubigen unter seinen Angehörigen vereint. Wenn er aber zu den Unglücklichen dieses Tages zählt, so wird er über jede einzelne seiner Sünden befragt, ob es sich dabei um eine kleine Sünde (*ṣaghīra*) oder eine große (*kabīra*) handelt. Es ist durch eindeutige Belege von *Qur'ān* und *Sunna* her klar, daß die schlechten Menschen an diesem Tag, vor Gottes Thron, auch versuchen werden, ihre Sünden zu verschweigen oder direkt zu lügen. Doch an diesem Tag befiehlt Gott den neugeschaffenen Körpern, die Wahrheit offen darzulegen, und so heißt es im Koran, daß Hände, Füße, Haut und der ganze Körper sprechen werden (als Wunder), nicht nur Lippen und Zunge. An diesem Tag darf für die Ungerechten, die Unterdrücker, keine Entschuldigung vorgebracht werden.

§ 27

DER TEICH (AL-ḤAUḌ)

Es ist sicher (bei Muslim) überliefert, daß der Prophet Muḥammad ﷺ die Muslime, für die er um Fürsprache bitten durfte, bei einem Teich (*ḥauḍ*) erwartet. Dieser Teich ist von besonderer Art: Er wird von dem Paradiesfluß „*Kauthar*“ her gespeist, sein Wasser ist süßer als Honig, und wer einmal von ihm getrunken hat, wird niemals mehr von Durst gequält (und das angesichts der Hitze am Tag des Gerichts).

Wenn dann dem Gesandten Muḥammad ﷺ gesagt wird: „Wenn du wüßtest, was sie nach dir alles getan haben ...“, so wird er erwidern: „Sie sind doch von meiner Umma.“ Es ist auch sicher überliefert, daß ein jeder Gesandter عليه السلام für die im Sinne des ursprünglichen Islam Gläubigen unter ihrer jeweiligen Umma über einen solchen Teich verfügt, doch der des Gesandten Muḥammad ﷺ ist am größten und herrlichsten.

§ 28

DIE WAAGE (AL-MĪZĀN)

An diesem Tag wird bei den Menschen, die der Abrechnung (*ḥisāb*) unterworfen werden, jede Tat, jede Handlung, wie ein Lebewesen vortreten und sprechen (wie, das ist im Diesseits noch verborgen). Dabei wird jede einzelne Tat vortreten, und der Mensch wird ihr – in der Realität des Jüngsten Tages – real gegenüberstehen. Keine Tat wird dabei verborgen bleiben, wie klein sie auch immer ist. Diese Taten werden dann auf einer besonderen Waage (*mīzān*), die für diesen Tag geschaffen wurde, gewogen.

Die Waage wird ihrer Aufgabe nach auch als „Waage der Gerechtigkeit“ (*mīzān al-qist*) bzw. als „Waagschalen der Gerechtigkeit“ (*mawāzīn al-qist*) bezeichnet. Wenn die guten Taten schwerer wiegen als die schlechten, wird der betreffende Mensch (noch) ins Paradies gelangen dürfen. Wenn aber die schlechten überwiegen, so ist der betreffende Mensch verloren und für die Hölle bestimmt.

§ 29

DER WEG (AṢ-ṢIRĀṬ)

Nachdem die Taten der Menschen auf der „Waage der Gerechtigkeit" gewogen wurden, werden die Menschen (als letzte Prüfung) gezwungen, über den „Weg" (*aṣ-ṣirāṭ*) zu gehen. Dieser „Weg" ist eine schmale Brücke, die sich über die Hölle (*jahannam*) hinwegspannt. Diesen Weg zu begehen fällt dem betreffenden Menschen leicht oder schwer im Maß seiner Taten im Diesseits.

Auch für viele Muslime wird es ein schwerer und gefährlicher Gang, und so ist auch überliefert, daß der Gesandte Muḥammad ﷺ an der Seite des *Ṣirāṭ* steht und für die Muslime als Fürbitte Gott im *Du'ā'* bittet: „O Herr, lasse sie heil hinübergelangen."

Mancher, der im Diesseits besonders anständig und gottesfürchtig lebte, gelangt schnell wie ein Blitzschlag hinüber; andere gehen mehr oder minder langsam, wieder andere stolpern mühsam voran, andere kriechen, und die Sünder, denen nicht vergeben wurde, stürzen von dem Weg hinab in *Jahannam* – und bleiben dort[70].

§ 30

DER WALL, DIE ZWISCHENWÖLBUNG ZWISCHEN PARADIES UND HÖLLE (AL-QINṬARA)

Diejenigen Menschen, die den „Weg" überschritten haben und in Sicherheit auf der jenseitigen Seite des *Ṣirāṭ* angekommen sind, müssen zunächst auf einer Art Wall, einem Trennbereich zwischen Paradies und Hölle bleiben. Dort werden alle Streitigkeiten und Uneinigkeiten zwischen denen, die das Paradies betreten sollen, beseitigt bzw. beigelegt, damit kein Groll oder gar Haß zwischen ihnen steht, wenn sie im Paradies sind.

Sie werden dort (beim Zwischenbereich, *al-qinṭara*) so lange festgehalten, bis sie sich gegenseitig verziehen haben. Dann erst erhalten sie die Erlaubnis, das Paradies zu betreten.

§ 31

PARADIES (AL-JANNA) UND HÖLLE (JAHANNAM)

Über das Paradies (al-janna)

Der Platz hier reicht nicht, um das, was in *Qur'ān* und *Sunna* zu Paradies und Hölle alles gesagt wurde, darzustellen; daher kann hier nur das Wichtigste angedeutet werden. Das Paradies wird meist als „*al-Janna*" (wörtl.: der Garten) oder – in der Mehrzahl – *al-Jannāt* bzw. *al-Janān* (die Gärten) bezeichnet. Auch der im Koran genannte Begriff *Firdaus* (Paradies) wird verwendet. Wenn man die Gesamtwelt des Paradieses in all ihren Stufen und Formen meint, wird oft der Begriff *Dār as-Salām* (etwa: Ort des Friedens) genannt. Das Paradies hat acht Tore von gewaltigen Ausmaßen. Eines davon ist speziell für die Fastenden bestimmt, ein weiteres ist denen der Umma Muḥammads ﷺ vorbehalten, die nicht der Abrechnung (*ḥisāb*) unterworfen wurden. Am Eingang zum Paradies befindet sich ein gewaltiger Baum, an dessen Wurzeln zwei Quellen entspringen: eine, um die in das Paradies Eintretenden zu tränken, und eine, um sie zu reinigen. Wenn sie von der ersten Quelle trinken, erscheint auf ihren Gesichtern der Glanz der Glückseligkeit (*nadrat an-na'īm*); wenn sie sich mit Wasser von der zweiten Quelle waschen und reinigen, wird ihr Körper von jeder Verunreinigung befreit, sei sie äußerlich oder innerlich, und das auf ewig[71]. Wenn die Menschen ins Paradies eintreten, werden sie von den Torwärter-Engeln begrüßt. Als erster begrüßt sie der befehlshabende Engel der Torwächter, *Riḍwān*, dann die mit den Wohltaten des Paradieses beauftragten Engel, dann die sonstigen Engel.

Einige Besonderheiten des Paradieses

Grundsätzlich ist durch *Qur'ān* und *Sunna* klar belegt, daß jeder Paradiesbewohner im Paradies erhalten kann, was er wünscht. Es gibt verschiedene Gärten bzw. Aufenthaltsorte innerhalb des gesamten Paradieses; einige davon sind auch hierarchisch gestuft, das heißt einige sind herrlicher als andere, gemessen an dem Platz, den Gott und Glaube bei dem betreffenden Menschen im Diesseits einnahm. Insbesondere gilt das für den Garten Eden (*jannatu 'adn*), der ein besonderer Teil innerhalb der Paradiesgärten ist. Es ist überliefert, das Gott diesen Garten ganz besonders mit seiner Hand gestaltet hat; gemeint ist, daß er diesen Teil des Paradieses mit Besonderheiten ausgestattet hat, die es so in keiner Welt, in keiner Existenz, sonst noch gibt.

Es ist sicher überliefert, daß Gott für die *Shuhadā'* (die Märtyrer des Islam) einen besonderen Ort direkt unterhalb seines Thrones erschaffen hat und daß es auch für manche andere Seelen besondere Ehrenplätze gibt, auf denen die Paradiesbewohner einander gegenübersitzen. Auch sind für manche Menschen Paläste und Schlösser bestimmt, die ihnen zusätzlich – zu den allgemeinen Wohltaten des Paradieses – geschenkt werden.

Die Paradiesbewohner nehmen auch Nahrung zu sich: sie trinken aus reinen Brunnen, ausdrücklich werden im Korantext Tiere (speziell: Vögel) und Früchte genannt, wobei die Paradiesbewohner sagen: „Das ist dem ähnlich, was wir im Diesseits zu uns nahmen." Jedoch sind die Dinge, die mit Unreinem verbunden sind, wie Wasserlassen oder auch Menstruation, im Paradies nicht vorhanden (da mit dem Trinken aus der zweiten Quelle am Paradieseingang alles Unreine – auch in dieser Hinsicht – verschwindet).

Die Paradiesbewohner werden von Engeln bedient; nach manchen Quellen stehen jedem Paradiesbewohner nicht weniger als 80.000 Engel zur Bedienung zur Verfügung. Die Paradiesbewohner leben in Familien; entweder wird man im Paradies mit seinen Angehörigen wiedervereinigt, oder Gott führt den jeweiligen Paradiesbewohner mit einem anderen Paradiesbewohner zusammen. Es ist auch sicher überliefert, daß es im Paradies die sogenannten Paradiesjungfrauen gibt, die – wie es im Koran heißt – weder von Menschen noch von *Jinn* zu Unrecht berührt worden sind. Diese sind als Gefährtinnen für Paradiesbewohner bestimmt. Im Paradies gibt es Flüsse (wie den Fluß *Kauthar*) und Quellen (wie die Quelle *Salsabīl*) mit außergewöhnlichem Wasser und gewaltige Bäume.

Über die Hölle (jahannam)

Unter der Hölle (allgemein mit *jahannam* bezeichnet) ist eine ganze Welt zu verstehen, die zur Qual und Bestrafung erschaffen wurde und – genau wie die Welt des Paradieses – viele Formen und Eigenschaften hat. Sie wird – zur Unterscheidung von *Jahannam*, was ja auch eine Stufe der Gesamthöllenwelt beschreibt – auch mit *Dār al-Bawār* (etwa: Gebiet des Unglücks, der Vernichtung) angegeben. Die Hölle hat sieben Tore, von denen ein jedes für eine bestimmte Gruppe von verurteilten Seelen bestimmt ist, und jedes Tor führt zu einem bestimmten Teil der Gesamthölle.

Die sieben Stufen der Hölle sind die folgenden (möge Gott uns vor jeder bewahren):

1. *Nār Jahannam* (das Feuer von *jahannam*). Dies ist die oberste Stufe der Hölle, über die sich der „Weg" (*aṣ-ṣirāṭ*) spannt.

2. *Lazzā* (das Lodernde).
3. *al-Ḥutama.*
4. *Sa'īr.*
5. *Saqar.*
6. *al-Jahīm.*
7. *al-Hāwiya.* Diese Höllenstufe ist die niedrigste und schlimmste. Sie ist für die Heuchler (*munāfiqūn*) bestimmt.

Am Jüngsten Tag nimmt – wie es in der Überlieferung heißt – der Nakken (das heißt ein wichtiger Teil) von *Nār Jahannam*, dem Höllenfeuer, Gestalt an, mit zwei Augen, zwei Ohren und Zunge; dieser Teil des Feuers wird sprechen: „Ich bin beauftragt, jeden Gewaltherrscher aufzunehmen und jeden, der mit Gott gemeinsam eine Gottheit angerufen hat, und jeden Verfertiger von Abbildern[72]." Die zur Hölle Verurteilten werden in Gruppen hineingestoßen; in der Hölle werden sie dann gequält: manche durch Schläge, andere durch ewiges Vergehen des Körpers im Feuer (wobei das im Feuer Vernichtete wieder neu geschaffen wird, um direkt wieder vernichtet zu werden). Die Menschen versuchen zwar, aus dem Feuer oder den anderen Orten ihrer Strafe zu entfliehen, doch die Strafengel, die die Verurteilten bewachen, stoßen sie zurück bzw. vereiteln jeden Versuch zur Flucht von vornherein.

Einige Eigenschaften der Hölle (jahannam)

Der Teufel ist der stärksten und furchtbarsten Strafe ausgeliefert; er (verflucht ist er) wird auf besondere Weise in der Hölle bestraft[73].

Von dem eigentlichen Höllenfeuer ist sicher nur folgendes überliefert:

1. Es ist schwarz, schwärzer als Teer.
2. Die Hitze des Höllenfeuers ist siebzigmal stärker als die des stärksten Feuers, das wir im Diesseits kennen.

Das Lodern und Aufwallen des Höllenfeuers ist am Jüngsten Tag bereits von weither zu hören. Das gewaltige Ausmaß von *Jahannam* wird in der Überlieferung so beschrieben, daß ein Felsen, der von der obersten Spitze von *Jahannam* herabgeschleudert würde, (nach irdischem Zeitmaß) siebzig Jahre lang fallen könnte, ohne daß er auf den Grund von *Jahannam* aufträfe. Die Höllenwelt hat auch gewaltige Flußtäler (*wādīs*); – nach vielen Gelehrten bezeichnen die im Koran genannten Namen *Wail* und *Ghayy* solche Flußtäler. Die zur Hölle Verurteilten werden auch mit Ketten gefesselt; es ist überliefert, daß dabei ein Teil der Kette durch den Mund des Verdammten hinein- und durch sein Hinterteil wieder hinausgeführt wird. Die Strafen der Höllenbewohner sind sehr unterschiedlich: das Ertragen des Höllenfeuers, Schläge der Strafengel und anderes mehr; so werden der Überlieferung nach diejenigen, die Hurerei begingen, verdorbenes Fleisch essen müssen, während zugleich gutes, reines Fleisch vor ihnen liegt – so wie sie auf anständige Weise hätten heiraten können, statt Hurerei zu begehen.

Die Bewohner der Höllenwelt müssen auch Nahrung zu sich nehmen; diese ist ekelhaft und schrecklich und von verschiedener Art:

1. Die Früchte des Baumes *az-Zaqqūm*. Diese gleichen den Köpfen der Teufelwesen (*shayāṭīn*). Der Baum selbst hat seine Wurzel auf dem Grund der Hölle *Jahīm*, von dem Wasser dieser Hölle ernährt. Die Früchte sind äußerst bitter und ekelhaft.
2. *Ghislīn*. Unter diesem Begriff wird Eiter, Schweiß und ekelhafte Flüssigkeit verstanden.
3. *Ad-Darī'*. Dies sind Dornengewächse, die zudem bitter sind und in der Kehle steckenbleiben.

Als Getränke existieren in der Hölle folgende Dinge:

1. *Al-Hamīm*. Dies ist heißes Wasser, das – im Magen angekommen – als Besonderheit alles, was sich im Magen befindet, schmelzen läßt.
2. Eiterflüssigkeit. Hier ist eine besondere Flüssigkeit gemeint, die wie Eiter ist, aber dem Trinkenden so große Schmerzen zufügt, daß nur Gott allein weiß, wie groß sie sind.
3. Flüssigkeit vom Fluß *al-Ghauta*. Dieser Fluß ist einer der Höllenflüsse; die Flüssigkeit, aus der er besteht, ist die Ausscheidung aus den Geschlechtsorganen der Hurerinnen.

Allen dieser „Speisen der Hölle" ist aber gemeinsam, daß sie weder Durst noch Hunger stillen (die aber bei den Höllenbewohnern sehr stark sind), sondern die Qualen noch verstärken, die ohnehin bestehen.

Möge Gott den Leser rechtleiten und zu den Leuten des Paradieses gehören lassen.

Anmerkungen:

1 Wie das bei Juden und Christen – sofern sie nicht schon in ihrem Inneren Muslime geworden sind – der Fall ist und logischerseits sein muß.

2 Die Angleichung des N in „Muḥammadan" an das R in „*rasūl*" ist im klassischen Arabisch durchaus üblich und gilt in bestimmten Fällen – wie auch hier – als sprachlich sehr gut; es ist aber auch richtig und zulässig, die zugrundeliegende Form „*Muḥammadun rasūlu llāh*" zu benutzen. Allerdings gilt die oben genannte Form mit Lautangleichung als besser.

3 Hier wird das N von „*an*" an das L in „*lā*" angeglichen; es geht auch – entsprechend zu dem, was oben in Fußnote 1 gesagt wurde, auch ohne Angleichung, wenngleich diese sprachlich hier besser ist: „*Ashhadu an lā ilāha illā llāh ...*"

4 Siehe dazu den Abschnitt zum Namen *Rabb* weiter unten im Haupttext.

5 Der in Klammern gesetzte Teil kann auch wegfallen – vor allem, wenn man das auszusprechen keine Zeit mehr hat oder sich fürchtet.

6 Hier wird das Wort „*illā*" mit dem Anfangsvokal des Wortes „*Allāh*" so verbunden, daß dieser A-Anfangsvokal ausfällt; es handelt sich aber – jedem Arabisch Sprechenden sofort verständlich, nicht aber einem nicht Arabisch Sprechenden – um dasselbe Wort „*Allāh*".

7 Verfaßt von dem Imām und Gelehrten Abu l-Faḍl Jamāl ad-Dīn Muḥammad bin Mukrim ibn Mandhūr, geb. 630 H (=1233 M) und gest. 711 H (=1312 M). Ibn Mandhūr war Gelehrter in mehreren Wissenschaften: den reinen Sprachwissenschaften genauso wie der Rechtswissenschaft (*fiqh*) und den darunterfallenden Unterwissenschaften wie *Qur'ān*- und Hadithwissenschaften. Er war seinerzeit mit dem Richteramt über die Stadt Tripolis betraut (gemeint: das „östliche Tripolis" im Gebiet des heutigen Libanon, nicht das „westliche Tripolis" im heutigen Libyen) und gehörte – in einer Zeit, wo die höchsten und besten Sprachgelehrten überhaupt lebten – zu den höchsten Autoritäten auf dem Gebiet der reinen arabischen Hochsprache. Sein Hauptwerk im Bereich der Redekunst, Grammatikgeschichte und Ableitung von Wortstämmen sowie der reinen Lexikographie ist das oben erwähnte *Lisān al-'arab* (deutsch: „Sprache der Araber"), in welchem er einerseits die Überlieferungen und Quellen der alten Araber aus der vorislamischen Zeit zu Wortbedeutungen zusammenträgt (diese gelten als sehr wichtige Belege für korrekten Sprachgebrauch), als auch Auffassungen späterer Grammatiker und Lexikographen. Auch hat Ibn Mandhūr zu vielen Hadithen (fast ausnahmslos *Ṣaḥīḥ-Ḥadīthe*) und Koranstellen grammatische und lexikographische Erläuterungen und Fachkommentare gegeben, so auch bei dem Wort „*Allāh*" bzw. „*Ilāh*". Da sein Werk unangefochten als eines der besten und wichtigsten – nach manchen sogar als das wichtigste überhaupt – gilt, ist hier seine Darstellung genau wiedergegeben.

8 Die folgenden Stellen beziehen sich auf den Eintrag im *Lisān al-'arab* unter der Wurzel *Alif-Lām-Hā'* im 13. Band nach der Ausgabe des „*Lisān*" vom Verlag Dār Ṣādir, Bairūt (ohne Jahresangabe), erste Auflage, fünfzehnbändig.

9 Der Verfasser dieses vorliegenden Werkes hat sich nach längerer Überlegung dazu entschlossen, im Regelfall das Wort „Gott" statt „*Allāh*" zu verwenden; dem geschätzten Leser jedoch soll hierdurch keine Entscheidung aufgezwungen werden. Vielmehr wünscht sich der Verfasser, klar die vorhandenen Gelehrtenmeinungen und Belege zu dieser Frage darzustellen, weil gerade vielen deutschen Muslimen seitens nichtdeutscher Muslime die Sache so dargestellt wird, als wäre nur das Wort „*Allāh*" zulässig; auch

werden meist – aus Unkenntnis der anderen Gesprächspartner oder weil die anderen eine entsprechende Ansicht vertreten – die vorhandenen Argumente für und gegen die Ansicht, daß nur „*Allāh*" verwendet werden dürfe, nicht genannt.

10 Wenn das Wort hingegen mit einem Artikel – sei er bestimmt oder unbestimmt – verwendet wird, ist unbedingt vom deutschen Sprachverständnis her eine Gottheit außer Gott, dem Einzigen, gemeint: etwa in Sätzen wie „der Gott [das heißt der Gott mit Namen XYZ, nicht der eine Gott] hat gesagt" oder „ein Gott [das heißt irgendein Gott, nicht aber der eine, einzige Gott] hat gesagt"; insofern ist es hier sehr wichtig zu beachten, daß der deutsche Sprachgebrauch genau dem arabischen entgegengesetzt ist, denn im Arabischen kann das allgemeine „*ilāh*" nur durch den bestimmten Artikel „*al-*" mit „*Allāh*" gleichbedeutend verwendet werden.

11 Diese Namensform darf nur in Zusammenhang mit Gott genannt werden, einem Menschen kommt es nicht zu, diesen Namen ohne Zusatz zu haben oder einen anderen damit zu benennen. (Bei Namen, die derart nur von Gott dem Erhabenen geführt werden dürfen, steht daher das Zeichen *).

12 Die Form *Quddūs* drückt hier immerwährende Stetigkeit der beschriebenen Eigenschaft aus.

13 Das Wort *Salām* stellt über die zugrundeliegende Wortwurzel auch eine Verbindung zum Wort *Salāma* (Gesundheit, Heil, Unversehrtheit) her. Dieser Gottesname ist eines der Beispiele, wo kein Adjektiv, sondern ein Substantiv verwendet wird, was zunächst etwas erstaunlich auf den wirklich Nachdenkenden wirkt. Dann aber wird klar, daß hier dadurch ein – wenn auch ganz eigener – sprachlicher Nachdruck auf die betreffende Eigenschaft gelegt wird, denn das Substantiv wirkt hier abstrakter, absoluter als das (denkbare) Adjektiv.

14 Dies, weil vor Gott alle Geschöpfe letztlich gleich sind und es keinem der Geschöpfe zukommt, sich über die anderen zu erheben: das ist dann Hochmut und eine große Sünde. Da Gott aber in der Tat höher steht als jedes Wesen außer ihm – da er der Schöpfer ist und alle anderen Wesen Geschöpfe – kommt es Gott zu, seine Größe zu verkünden und zu bezeugen. Das ist dann seitens Gottes auch kein Hochmut mehr, sondern Berechtigung: daher ist die Übersetzung „der Hochmütige" zwar wortwörtlich richtig, hier aber falsch und irreführend.

15 Niemand kann etwas erschaffen, und der Anspruch, Schöpfer zu sein, führt bei dem Wesen, das solches behauptet, zu sofortigem Unglauben und sogar *Shirk*.

16 Aus einem Koranvers (Sure *al-An'ām* [6], Vers 18), in dem dieser Gottesname benutzt wird, wird deutlich, daß hier vor allem gemeint ist, daß Gott über seinen Dienern steht und insofern alles überwindet.

17 Er, der Erhabene, gibt den Wesen alles, angefangen von Seele und Körper, bis hin zu ihren Fähigkeiten, ihrem Wissen, ihrem Lebensunterhalt. Darüber hinaus ist er freigebiger als jeder andere Schenkende – denn wer kann schon solche Geschenke machen wie Gott? Auch belohnt Gott den Menschen für Dinge, die eigentlich nur die bloße Pflicht des Menschen, nicht aber etwas Zusätzliches sind – wer ist so freigebig außer Gott?

18 Der Begriff *Tauba* kann sich auf die Reue wie auch die Vergebung beziehen; grammatisch wird das durch Verwendung der Präposition deutlich: „*yatūbu ilaihi*" heißt: „er (der Mensch) wendet sich Ihm (Gott dem Erhabenen) in Reue zu", „*yatūbu 'alaihi*" heißt: „Er (Gott der Erhabene) wendet sich ihm (dem Menschen) in Vergebung zu / vergibt ihm". „*Tawwāb*" (von der grammatischen Wortbildungsform her) bezeichnet jemanden, der stetig bzw. viel *Tauba* macht; bezogen auf einen Menschen bezeichnet

es einen Frommen, der immer bereit ist zu bereuen, bei Gott bezeichnet es dessen bis zum Jüngsten Tag (und in manchen Fällen darüber hinaus) währende Bereitschaft, dem Menschen seine Sünden zu verzeihen.

19 Dieser Hinweis bezieht sich auf die Worte Gottes im Koran: „Wahrlich das Beispiel des Jesus ist bei Gott wie das des Ādam: Er erschuf ihn aus Staub, dann sprach Er zu ihm ‚Sei', und er ward" (Sure *Āl ʿImrān* [3], Vers 59); „Wir haben den Menschen aus [*ṣalṣālin min ḥamā'in masnūn*] erschaffen" (Sure *al-Ḥijr* [15], Vers 26). Mit „*ṣalṣāl*" ist ein geformter Ton gemeint, mit „*ḥamā' masnūn*" fein formbare Tonmasse. Der Hadith ist überliefert von MUSLIM, 8/227.

20 Wörtlich: „Geist der Heiligkeit"; hier ist interessant, daß aus islamischer Sicht die Stellen, an denen in der heutigen Fassung des „Evangeliums" vom „Heiligen Geist" die Rede ist, sich im Zweifelsfall auf den Engel Gabriel beziehen müssen. Der Name „*Ruḥ al-Quds*" ist aber keine Übernahme aus irgendwelchen christlichen Texten, sondern durch die islamischen Quellen belegt.

21 Siehe dazu den entsprechenden Abschnitt über den Jüngsten Tag.

22 Siehe dazu auch den Abschnitt über *Qadr* (Vorherbestimmung, Schicksal).

23 Siehe dazu auch den Abschnitt über den Jüngsten Tag.

24 Siehe dazu den Abschnitt über den Jüngsten Tag.

25 Überliefert von MUSLIM.

26 Bei AL-BUKHĀRĪ und MUSLIM.

27 Zum Beispiel in Sure *al-Ghāfir* [40], Vers 7.

28 Überliefert bei MUSLIM und AL-BUKHĀRĪ.

29 Wenn das Wort *Shaiṭān* mit dem bestimmten Artikel „*al-*" verwendet wird (also: *der* Teufel), ist *Iblīs* gemeint. Wenn aber ohne jeden Artikel nur von einem *Shaiṭān* (also: *irgendeinem* Teufel) die Rede ist, kann zwar sowohl *Iblīs* selbst als auch ein anderes Teufelwesen gemeint sein, doch meist ist dann von einem solchen die Rede.

30 Siehe dazu entsprechend diese an entsprechender Stelle.

31 Wenngleich bestimmte Suren und Surenstellen besondere Abschreckungswirkung auf den Teufel ausüben; diese Stellen und ihre Wirkung sind aber auch bei den üblen Geistwesen bzw. Teufelswesen mit dieser Wirkung versehen.

32 Gemeint ist hier, daß man freiwillig von seinem Geld und Besitz etwas für Bedürftige und Arme fortgibt, ohne also am Besitz zu kleben.

33 Nach islamischer Auffassung sind auch den Tieren Seelen gegeben, nicht aber Unterscheidungsfähigkeit zwischen Gut und Böse, sondern Instinkt und Gehorsam gegenüber Gott, weswegen über diese Seelen am Jüngsten Tag nicht gerichtet wird. (Es gibt aber andererseits Hadithe, die aussagen, daß von Menschen ungerecht behandelte Tiere am Jüngsten Tag gegen ihre Quäler vor Gott Klage erheben)

34 Gemeint ist, daß, wenn Gott entscheidet, daß aus dem Geschlechtsverkehr ein Kind hervorgeht, dieses Kind vor dem Teufel geschützt wird, daß der Teufel ihm weder vor noch nach der Geburt schaden kann.

35 Zur Herabsendung der Thora des Gesandten Mūsā ﵇ und des Evangeliums des Gesandten ʿĪsā ﵇ siehe vor allem Sure *Āl ʿImrān* [3], Vers 1-4. (Diese Offenbarungsschriften werden auch an anderen Stellen im Koran erwähnt).

36 Zur Herabsendung des Zabūr des Gesandten Dāwūd ﵇ siehe Sure *al-Isrā'* [17], Vers 55.

37 Diese Schriftseiten des Gesandten Ibrāhīm ﵇ sind erwähnt in Sure *al-Aʿlā* [87], Vers 19. (In demselben Vers wird die Schrift des Gesandten Mūsā ebenfalls als „*suḥuf*" aufgeführt).

38 In der Sure *al-Baqara* [2], Vers 37, wird berichtet: „... darauf empfing Ādam von

seinem Herrn [das heißt Gott] Worte". Nur an dieser Stelle wird eine Herabsendung von Offenbarungsworten an Ādam beschrieben.

39 In diesem Zusammenhang ist es aufschlußreich, daß bei einem natürlichen Tod der Sterbende – wenn er nicht sehr schnell stirbt – deutlich bemerkt, wie das Leben und das Gefühl zuerst aus seinen Beinen entweicht und diese kalt werden, bis die Todeskälte sein Herz erreicht; das ist durch eigenes Bekunden vieler Sterbender – Muslime wie Nichtmuslime – weithin bekannt. Das ist nicht verwunderlich, wenn man – auf der Grundlage der oben erwähnten Hadithe – annehmen kann, daß die Seele von dem Engel, der ja am Kopf des Sterbenden Platz genommen hat, auch dort herausgezogen wird.

40 Mit Balsam ist hier eigentlich ein solcher Balsam gemeint, womit man den Körper des Toten bestreicht, um ihn zu erhalten; von welcher Art und mit welcher Funktion dieser Balsam des Paradieses genau versehen ist, weiß aber Gott allein.

41 Jeder Mensch ist, willentlich (als Gläubiger) oder gegen seinen Willen (als Ungläubiger), ein Diener Gottes des Erhabenen.

42 Das Beispiel beschreibt die feuchte Wolle, die am Stab fädenziehend hängenbleibt und sich nur schwer vom Stab, der in ihr steckt, trennen läßt, bzw. daß bei der Trennung von seiner Seele der Körper duch die Heftigkeit der Handlung leidet, zumal sich der Sünder auch gegen den Tod, gegen das Verlassen des Diesseits wehrt.

43 „*Illiyūn*" bezeichnet den *Barzakh*-Ort, der Vorgeschmack des Paradieses ist.

44 Zu Begriff und Bedeutung von „*Barzakh*" siehe weiter unten im Haupttext.

45 Weil die Seele für einen bestimmten Zeitraum im Grab ist, soll man gemäß dem islamischen Recht auch nicht über ein Grab hinwegsteigen, denn der Tote bzw. seine Seele – spürt das und wird dadurch belästigt.

46 Die folgende Beschreibung hält sich an die gesicherten Teile der betreffenden diesbezüglichen Hadithe.

47 Wörtlich: „der abgelehnt wird", wohl wegen seiner furchterregenden Erscheinung – doch Gott weiß es am besten.

48 Diese Form heißt etwa das gleiche wie die des Namens „*Munkar*".

49 Das heißt vor der Seele des Toten, die sich nach der Trennung vom diesseitigen Körper mittlerweile im Grab befindet.

50 In der Überlieferung: Das Grab wird für den Toten – das heißt: seinen im Grab bestehenden Körper – bis auf siebzig Ellen erweitert (eine Elle entspricht etwa 28 cm).

51 In der Überlieferung: mit Grünem, mit grünen Pflanzen (sprachlich auch übertragen als „Schönes" zu verstehen – aber Gott weiß es am besten).

52 Das zitierte Textstück stammt aus einem richtigen Hadith, der vom Hadith-Sammler Muslim herausgebracht wurde.

53 Wörtlich in der Überlieferung: „*Āyāt*", hier etwa in der Bedeutung: wundersame Zeichen.

54 Der Ausdruck „*hāsha li-llāh*" ist ein Ausdruck, mit dem man sein Entsetzen über eine (mögliche oder tatsächlich schon eingetretene) schlimme Vorstellung ausdrückt.

55 Die Entsprechung zum Paradies, das ja auch als Garten beschrieben wird, bzw. zur Hölle, die ja auch als Feuer beschrieben wird, ist eindeutig.

56 Gemeint ist hier der Bereich des alten Syriens (*ash-shām*), der die Gebiete des heutigen Syriens sowie Libanon, Palästina und Jordanien umfaßt.

57 Dieses in den Hadithen verwendete Wort „*minara*" heißt wörtlich „Leuchtturm", „Signalturm". Gemeint ist wahrscheinlich ein Turm, der zu Leuchtsignalen verwendet wird, wie sie auch schon in alter Zeit zur Nachrichtenübermittlung verwendet

wurden. Mit Sicherheit ist hier nicht die spätere Bedeutung „Ausruf-Turm für den *Adhān*“, „Minarett“, gemeint, da es derartige bauliche Einrichtungen bei Moscheen der Prophetenzeit nicht gab und das Wort daher mit dieser Bedeutung für die Gefährten – die Ohrenzeugen dieses Hadithes – keinen Sinn ergeben hätte. Das wird auch dadurch unterstützt, daß das Wort „*Mināra*“ in sich keinerlei Rückschluß auf einen *Adhān*-Ausruf-Turm (arab. auch: *mi'dhana*) zuläßt, sondern diese Bedeutung nur durch (nach-prophetischen) Sprachgebrauch und Ortsbrauch erhielt.

58 Weil es das Symbol für die Kreuzigung ist, die für seine Person fälschlicherweise behauptet wurde.

59 Gemeint ist: Er wird die Schweine als Tiergattung vernichten, zur Bekräftigung, daß dieses Tier niemals zum Verzehr erlaubt war, auch nicht den Christen. Tatsächlich geht ja auch die Frage des Erlaubtseins von Schweinefleisch und anderen Dingen, die in der Thora verboten waren, nicht auf Jesus, der Friede sei auf ihm, zurück, sondern auf Paulus, wie es selbst aus den heutigen Fassungen der eigentlichen Evangelien noch deutlich hervorgeht, in denen die Thora als gesetzgeberische Norm ausdrücklich bestätigt wird.

60 Die *Jizya* ist eine Steuer, die nach islamischen Recht – zum Ausgleich für Schutzrecht und Befreiung vom Militärdienst – Angehörigen der Buchreligionen auferlegt wird. Hier ist gemeint, daß die *Jizya* von Jesus – im Gegensatz zu den anderen Dingen des islamischen Rechts – nicht mehr eingesetzt wird, weil ja schon mit Beginn des Jüngsten Tages (mit dem Erscheinen des ersten Großen Zeichens) entschieden ist, daß von keiner Seele mehr ein Eintritt in den Islam angenommen wird – es ist also schon entschieden, daß die nicht im Sinne des Islams Gläubigen von diesem Moment an auch keine Möglichkeit mehr haben, ins Paradies zu gelangen. Weil nun die Sache dann entschieden sein wird, werden die Nichtmuslime in der *Sharī'a* am Jüngsten Tag keine Rolle mehr spielen, werden weder mißachtet noch aber mit einem Sonderstatus belegt; sie werden jedoch als Menschen geachtet (wie es auch dann noch Pflicht der *Sharī'a* sein wird).

61 Worin diese Hindernisse bestehen, ist nicht gesichert; nach nicht starken Hadithen wird von Mauern aus Metall gesprochen oder von noch anderem, doch das ist wie gesagt nicht gesichert. Es mag sich auch um Hindernisse anderer Art handeln, die nicht materiell sind – doch Gott weiß es am besten.

62 Hierunter kann Verschiedenes verstanden werden, vor allem aber Heimsuchung durch Krieg und damit verbundene Qualen, Entwürdigung durch Erniedrigungen und Ausübung von Zwängen auf andere Völker und Verführung der Menschen, bis sie alles Gute an Sitten und Glauben aufgeben.

63 Woraus dieser Rauch besteht oder wie er entsteht, ist nicht (bzw. nicht sicher) überliefert.

64 Hier eine kurze Beschreibung „gewöhnlicher Finsternisse“: Finsternisse entstehen, wenn der Mond zwischen Erde und Sonne tritt und sich der Schatten des Mondes auf die Sonne legt (Sonnenfinsternis/*kusūf*) oder wenn die Erde zwischen Sonne und Mond tritt und sich der Schatten der Erde auf den Mond legt (Mondfinsternis/*khusūf*). Man unterscheidet vollständige, teilweise und ringförmige Finsternisse (letztere nur bei Sonnenfinsternissen).

Teilweise Sonnenfinsternis: Diese entsteht, wenn die Bahn des Mondes die der Sonne – vom Standort des Beobachters auf der Erde aus – nur berührt. Der Schatten des Mondes legt sich dabei zeitweise und teilweise auf die Sonne, ohne sie aber ganz zu bedecken; es sieht dann so aus, als ob ein rundes Stück aus der Sonne herausgeschnitten bzw. schwarz geworden wäre. Das Tageslicht vermindert sich (je nach Größe des Mondschattens), verschwindet aber nicht ganz. Auch die Farbe der Sonne bleibt wie gewohnt.

Vollständige Sonnenfinsternis: Diese entsteht, wenn der Mond der Erde sehr nahe ist und Mond- und Sonnenbahn sich – vom Standort des Betrachters auf der Erde aus – kreuzen. Zunächst erscheint der schwarze Schatten (des Mondes) auf der Sonnenfläche, wie schon bei der teilweisen Finsternis, dann aber bedeckt der Mondschatten die Sonnenscheibe völlig: sie wird schwarz, der Himmel wird schwarz, der Tag wird für kurze Zeit (Minuten) wirklich zur Nacht. Dennoch ist die Sonne am Himmel zu erkennen, weil ihr Strahlenkranz hinter der schwarzen Scheibe hell strahlt. Auch erscheinen für diesen Moment der völligen Verdunkelung Sterne deutlich am Himmel, die Sternbilder werden in Sonnennähe zudem verzerrt. Dann gibt der Mondschatten wieder einen schmalen Rand der Sonnenscheibe preis, der Himmel wird wieder heller (wie bei der Dämmerung), die Sterne verschwinden wieder; für eine gewisse Zeit ergibt sich wieder eine teilweise Finsternis, dann verschwindet der Mondschatten ganz, und es ist wieder normaler Tag.

Ringförmige Sonnenfinsternis: Diese entsteht wie auch die vollständige Sonnenfinsternis, aber der Mond ist weiter von der Erde entfernt, und sein Schatten bedeckt die Sonnenscheibe daher so, daß ein äußerer leuchtender Ring immer verbleibt. Dabei erscheint die ringförmige Sonnenfinsternis zunächst wie eine teilweise; doch dann tritt der Mondschatten als Vollkreis in die Sonnenscheibe, verbleibt dort für Minuten und tritt dann wieder aus der Sonnenscheibe aus, wobei der Himmel sich entsprechend der Fläche des Schattens verfinstert und wieder aufhellt. Die besonderen Erscheinungen der völligen Sonnenfinsternis entstehen hier daher nicht.

Teilweise und völlige Mondfinsternis: Wenn die Erd- und Mondbahn sich – im Verhältnis zur Sonnenbahn – auf bestimmte Weise kreuzen, legt sich der Erdschatten auf die von der Sonne beleuchtete Scheibe des Mondes. Sowohl bei einer vollständigen als auch bei einer teilweisen Mondfinsternis erscheint der Erdschatten aber nicht schwarz (wie das beim Mondschatten und der Sonnenfinsternis der Fall ist), sondern kupferrot. Auch gibt es auf natürliche, normale Weise nur Mondfinsternisse, wenn der Mond am Nachthimmel steht, nicht aber, wenn Mond und Sonne gemeinsam am Taghimmel stehen – weil die Sonne gemäß ihrer (jetzigen) Natur dann keinen Erdschatten auf dem Mond bewirken kann.

65 Gemeint ist hier höchstwahrscheinlich: im Osten (und weiter unten im Haupttext: im Westen) der Welt, von der Arabischen Halbinsel aus gesehen.

66 Arab.: „*Saiha*"; die genaue Sinnwiedergabe ist hier schwierig, denn das Wort kann als „Schrei", „lautes Ertönen" und dergleichen wiedergegeben werden, während aber andererseits hier auch von dem Instrument des Engels Isrāfīl die Rede ist und damit diese Übersetzungen doch recht eigenartig und unpassend wirken. Tatsächlich haben auch alle Übersetzer des Korantextes mit diesem Wort Probleme gehabt; der Verfasser hat daher hier die neutralste Übersetzung, „gewaltiger Laut", gewählt.

67 Die genaue Übersetzung ist schwierig; welcher genauen Art dieses „*Sūr*" genannte Instrument ist, ist aus dem Wort nicht klar zu erkennen. Nur um irgend etwas als ungefähre Wiedergabe anzubieten, hat der Verfasser hier „Posaune" als Übersetzung gewählt.

68 Hier wird besonders der junge Mensch betont, weil die meisten jungen Menschen – mehr als erfahrenere Menschen – von scheinbaren Werten des Diesseits, von erlaubten wie auch (oft stärker) verbotenen Vergnügungen.

69 Hier ist speziell gemeint, daß sich jemand nicht nur für die Moschee einsetzt, sondern auch oft dort ist; insofern sind – wie die Gelehrten dazu betonen – auch die Frauen mit bei Hadithen mit eingeschlossen, wenn in allgemeiner Form „der Mann" gesagt wird. Hier ist vor allem darum die Form „Mann" gelassen worden, weil die direkte Anwesenheit der Frauen in der Moschee – anders als bei den Männern – nicht in jedem Fall als gut betrachtet wird bzw. weil es in manchen Fällen vor Gott als verdienstvoller gilt, wenn die Frauen – als Gemeinschaft – in ihren Privathäusern Gottesdienste verrichten, als wenn sie mit den Männern in der Moschee zusammensind. Damit ist aber keine Geringerschätzung der Frau gemeint.

70 Es ist so, daß auch ein Muslim, der im Diesseits sehr sündhaft gelebt hat, für bestimmte Zeit in die Hölle gelangen kann, bis er von seinen Sünden durch die dortige Bestrafung befreit ist. Durch sichere Hadithe ist sogar überliefert, daß die Stellen, auf denen der *Sujūd* im Gebet vom Menschen ausgeführt wurde, nicht vom Höllenfeuer berührt werden – ein deutlicher Beleg auch dafür, daß das Gebet allein – bei Vorhandensein sehr gewaltiger, nicht bereuter Sünden (bestimmter *kabā'ir*) – nicht immer ausreicht, um den betreffenden sündigen Muslim ganz und gar vor der Hölle zu retten.

71 Im Paradies existiert nichts Unreines, weder in oder an den Körpern der Paradiesbewohner noch sonstwie; da auch darauf geachtet wird, daß die ins Paradies Eintretenden gereinigt werden, ist diese zweite Quelle von Gott geschaffen worden.

72 Gemeint sind hier in erster Linie diejenigen, die Götzenbilder anfertigen; aber auch diejenigen, die allgemein Abbilder von Tieren oder Menschen anfertigen, sind nach den meisten Gelehrten damit gemeint.

73 Das soll hier besonders erwähnt werden, weil manche Leute ohne Wissen annehmen, daß der Teufel eine Art Gegenrolle zu Gott in der Hölle einnimmt; das ist jedoch völliger Unsinn und nichts als der Rest von heidnischen Glaubensvorstellungen, in denen es entweder mehrere Gottheiten (*a'ūdhu bi llāh*) gibt und eben eine davon eine Art Hölle beherrscht, oder es ist aus noch anderen konfusen Vorstellungen (zum Beispiel solchen aus der Dualistischen Idee der Zoroastrier) entstanden, in denen es ein Licht- und ein Dunkelheitsprinzip gibt, personifiziert durch diverse Gottheiten. All das muß der gläubige Muslim weit von sich weisen: Der Teufel (*shaiṭān*) ist von Gott geschaffen und vom Zeitpunkt der Erschaffung Ādams عليه السلام an zur Hölle verurteilt gewesen.

ZWEITER TEIL

DAS ISLAMISCHE RECHT

Einleitung

Das islamische Recht

KAPITEL 1

DIE SHARĪ'A

§ 1

DAS ISLAMISCHE RECHT UND SEINE GRUNDLAGEN FIQH UND UṢŪL AL-FIQH

Der Unterschied zwischen „Sharī'a" und „Fiqh"

Die beiden Begriffe „*Sharī'a*" und „*Fiqh*" werden oft als bedeutungsgleich betrachtet, doch es gibt deutliche Unterschiede. „*Sharī'a*" bezeichnet wortwörtlich im arabischen Sprachgebrauch den Platz rund um einen Brunnenschacht, von dem aus man an das Wasser gelangen kann; sinnbildlich steht das Wasser hier für „Lebensquelle", und so ist „*Sharī'a*" von der Sprache her gesehen das, was einem Muslim das Leben im Islam erst ermöglicht. Die *Sharī'a* ist die Art zu leben, die Gott ﷻ den Muslimen vorgezeichnet hat, die Er für die Muslime wünscht. Von daher ist *Sharī'a* mehr als bloß „Islamisches Recht", sondern das Recht und alles, was den Muslim kennzeichnet und geistig und äußerlich von Nichtmuslimen unterscheidet. Demgegenüber bezeichnet das Wort „*Fiqh*" tatsächlich das Islamische Recht. Wortwörtlich bedeutet „*fiqh*": etwas lernen, kennenlernen und dann begreifen; als Fachbegriff bedeutet „*fiqh*": Islamische Rechtswissenschaft, Islamisches Recht. *Fiqh* ist daher ein Teil der *Sharī'a*, doch die *Sharī'a* ist umfassender als *Fiqh*. Andererseits ist *Fiqh* auch eine Wissenschaft, die wiederum Unterwissenschaften hat, während *Sharī'a* keine eigentliche Wissenschaft ist, sondern alles, was zum Wesen und zur Aufrechterhaltung des Islams gehört, umfaßt.

Das Selbstverständnis des islamischen Rechts

Das islamische Recht versteht sich seinem Wesen nach als ein Recht, dessen Grundlagen von Gott selbst gesetzt und dessen wesentliche Hauptanordnungen zeitunabhängig, gewissermaßen zeitlos gültig sind. Dieses Recht hat ein ganz eigenes Rechtssystem und dazu gehörende Wissenschaften, die sich mit den Quellen beschäftigen und sie anwendbar machen.

§ 2

WISSEN (ʿILM) UND UNWISSEN (JAHL)

Was ist islamisches Wissen?

Unter „islamischem Wissen" versteht man ein Wissen, das Kenntnisse über den Islam vermittelt und sich mit Dingen beschäftigt, die islamischerseits lobenswert sind. Die wichtigsten Bereiche sind dabei die folgenden:

- Was einem Muslim/einer Muslima hilft, sich so zu verhalten, wie Gott es durch die *Sharīʿa* bestimmt hat.
- Was einen Muslim/eine Muslima davor bewahrt, Fehler zu begehen, die dem Glauben schaden (in Hinsicht der *ʿaqāʾid*).
- Was einen Muslim/eine Muslima in die Lage versetzt, in dieser Welt, an ihrem Platz, wo sie nun gerade leben – und oft leben müssen –, als Muslime leben zu können – auch wenn es mit Schwierigkeiten verbunden ist. Dabei müssen aber die Regeln der *Sharīʿa* bzw. des islamischen Rechtes soweit wie möglich befolgt werden. Es ist außerdem nicht das Recht eines Unwissenden (*jāhil*), sich nach seiner eigenen Nase zu richten, sondern er muß sich immer an solche Menschen wenden, die das meiste Wissen haben und ihn im Islam unterrichten können.

Nützliches und nutzloses bzw. schädliches Wissen

Das Wissen, das ein Mensch überhaupt in sich ansammeln kann, wird in drei Bereiche unterteilt:

„*Nützliches Wissen*": Dazu zählt das eigentliche „islamische Wissen", aber auch das, was vom islamischen Recht her gesehen nicht direkt „islamisches Wissen" (wie oben beschrieben), aber grundsätzlich doch nützlich ist. Das kann zum Beispiel sein, was auf erlaubte Weise Erträge bringt, die nicht zum unbedingt nötigen Lebensunterhalt dazugehören (Geld, Landwirtschaft usw.), oder was derzeit noch keinen direkten Nutzen bringt, dies aber in Zukunft durchaus tun kann.

„*Schädliches Wissen*" ist ein Wissen von Dingen, die zu tun verboten sind; hilft das Wissen um diese Dinge dem Lernenden auch nicht weiter, so ist auch das Erlernen und Beibringen selbst verboten, da es einzig und allein nur zu Verbotenem führen kann. Das ist zum Beispiel bei der wirklichen Zauberei (*siḥr*) der Fall: Diese dient dazu, anderen zu schaden, doch um sich vor den Auswirkungen der Zauberei zu schützen, ist keine andere Art der Zauberei erlaubt, sondern die Rezitation von bestimmten Koranversen und Bittgebeten. Daher ist sowohl die

Zauberei als auch ihr Erlernen, als auch das Beibringen dessen ohne Ausnahme verboten.

„*Nutzloses Wissen*" ist, was weder für den Lernenden noch den Lehrenden mit Schaden oder Nutzen verbunden ist. Dies ist zum Beispiel der Fall bei bestimmten grundsätzlich erlaubten Spielen, bei denen man zwar nichts lernt, durch die man aber auch nichts Verbotenes – wie zum Beispiel Unterlassen des Gebetes usw. – tut.

Schaden, der durch Unwissen entsteht

Der Schaden, der durch Unwissende (*juhhāl*) bei anderen Unwissenden angerichtet werden kann (und oft auch angerichtet wird), kann gar nicht schlimm genug eingeschätzt werden.

Zu den bedeutendsten dieser Schäden gehört,

- daß jemand von einem solchen Unwissenden (*jāhil*) in seinem Glauben verunsichert wird.
- daß jemand von anderen als Autoritätsperson angenommen wird und er ihnen Unsinn, Lügen oder Halbwahrheiten über den islamischen Glauben und das islamische Recht erzählt.
- daß jemand gar kein oder nicht genug richtiges Wissen vermittelt bekommt, aber nun der festen Meinung ist, er wisse bereits genug oder viel (das gehört ohnehin zu den dümmsten Arten der Unwissenheit).
- daß jemand auf einen solchen *Jāhil* hereinfällt und er dann – nachdem ihm klar geworden ist, um was für jemanden es sich bei seinem „Lehrer" handelte – niemandem mehr traut und/oder nichts mehr lernt.

§ 3

DER UNTERSCHIED ZWISCHEN WISSEN UND WISSENSCHAFT

Bloßes Wissen ist noch keine Wissenschaft

Manche Muslime meinen, daß sie durch bloßes Ansammeln von auswendiggelernten Koranversen und Hadithen bereits „Gelehrte" werden könnten; jedoch besteht ein ganz gewaltiger Unterschied zwischen dem „bloßen Wissen" und „Wissenschaft". Erst wenn jemand weiß, ob der betreffende Koranvers, den er erlernt hat, aufhebend bzw. aufgehoben ist, ob und welche Bedeutungen er haben kann (nach Meinung des Propheten ﷺ und seiner Gefährten – möge Allāh mit ihnen zufrieden sein – sowie nach Auffassung der anerkannten Sprachgelehrten) und ob und welche Rechtskraft dieser Vers im islamischen Recht hat, kann er sich über diesen Vers im Sinne von bloßem Wissen und Wissenschaft zugleich äußern.

Ähnliches – und noch mehr – gilt für die Hadithe: Zu dem, was bei Koranversen beachtet werden muß, kommt hier noch die Frage, ob der Hadith stark, richtig, schön, schwach usw. ist, ob er durch andere Hadithe gestützt, im Sinn erweitert oder eingeengt wird usw.

Allgemein gilt: Die beiden Grundquellen – *Qur'ān* und *Sunna* – sind zunächst, wie der Name schon sagt, Quellen – sie müssen von Gelehrten gefaßt und in jedem Fall erst durch die islamischen Wissenschaften innerhalb des *Fiqh* betrachtet werden, damit klar wird, was überhaupt für den *Fiqh* Bedeutung hat und angewandt werden darf, und innerhalb dessen, was wortwörtlich, was übertragen, was allgemein und was eingeschränkt gilt. Dies herauszuarbeiten ist die Aufgabe der *Fuqahā'* (Rechtsgelehrten), nicht aber der *Muqallidūn* (derer, die den Gelehrten folgen müssen) und nicht die der *Muttabi'ūn* (die zwischen Fatwas und Rechtsmeinungen der Gelehrten wählen können).

Die speziell-islamischen und andere Wissenschaften

Es gibt innerhalb der *Sharī'a* mehrere Bereiche; die wichtigsten sind:

- das eigentliche, islamische Recht (*'ilm al-fiqh* oder *fiqh*)
- die Theologie (*kalām*)

Beide Hauptwissenschaften haben sogenannte „Grundlagenwissenschaften" (arab.: *uṣūl*) und werden selbst dementsprechend als „abgeleitete Wissenschaften" (arab.: *furū'*) bezeichnet; außerdem gibt es „Hilfswissenschaften" bzw. vorauszusetzende Wissenschaften, die einen Muslim erst in die Lage versetzen, sich wirklich mit den Haupt- und Grundlagenwissenschaften beschäftigen zu können.[1] Das heißt: Nur wer diese Wissenschaften beherrscht, hat die Voraussetzung, Gelehrter zu sein bzw. zu werden. Hier eine Vorstellung der wichtigsten der Wissenschaften:

I. *Die vorauszusetzenden Wissenschaften* (*adab-Wissenschaften*)

(a) Wissenschaften, die einzelne Wörter betreffen

1. Lexikographie (Wesen, Gehalt und Bedeutung der Wörter) [*'ilm al-lugha*]

2. Etymologie (Verhältnis der Wörter zueinander, Ableitung der Wörter aus Wurzeln) [*'ilm al-ishtiqāq*]

3. Formenlehre (Endungssysteme, Aufbau, Struktur der Wörter) [*'ilm at-tasrīf/at-tasrīf/as-sarf*]

(b) Wissenschaften, die mehrere Wörter/ganze Sätze betreffen

1. Syntaxlehre (behandelt die Endungssysteme der Wörter in Abhängigkeit voneinander) [*'ilm an-nahuw*]

2. Rhetorik, dem Inhalt nach (über die genaue Wiedergabe eines Sinnes/einer Bedeutung durch bestimmte, verschiedene Ausdrücke) [*'ilm al-ma'ānī*]

3. Rhetorik, der Formulierung nach (Verwendung verschiedener Worte, Ausdrücke bei gleicher Bedeutung) [*'ilm al-badī'*]

4. Tropik (Verschönerung des sprachlichen Ausdrucks) [*'ilm al-bayān*]

II. *Grundlagenwissenschaften*

1. *Qur'ān-Wissenschaften*

(a) Wissenschaften, die den Wortlaut des Koran betreffen

1. Die Wissenschaft von der Lesung und Rezitation des Koran [*'ilm al-qirā'a*]

2. Die Wissenschaft von der Schreibung des Koran (Buchstabenformen, -position usw.) [*'ilm rasm al-qur'ān*]

(b)Wissenschaften, die den Inhalt des Koran betreffen; die Wissenschaft von der Auslegung des Koran [*'ilm at-tafsīr*]

2. *Usūl al-Ḥadīth* (*Grundlagen der Hadith-Wissenschaften*)

1. Die Wissenschaft vom (Erkennen des) Hadith (Erkennen der Rede und der Taten des Propheten ﷺ) [*'ilm al-ḥadīth*]

2. Die Wissenschaft von der Bewertung des Hadith (Arten, Bedingungen, Umstände der Überlieferung und Rechtsgültigkeit) [*'ilm dirāyat al-ḥadīth*]

3. Die Wissenschaft von der Kette (Stärke, Schwäche usw. der Überlieferung) [*'ilm al-isnād*]

4. Die Wissenschaft von den Überlieferern
(das Verhalten, Merkvermögen, Korrektheit usw. der Überlieferer)
[*'ilm ar-riǧāl*]

3. Uṣūl al-Fiqh (*Grundlagen der Rechtswissenschaft*)

(a) Die beiden Grundquellen

1. Der *Qur'ān*: Gemeint sind diejenigen Verse, die für das islamische Recht Bedeutung haben, die sogenannten „*Āyāt al-Ḥukm*" [2].
2. Die *Sunna*: Gemeint sind hier diejenigen Hadithe, die Rechtskraft haben.

(b) Die beiden abgeleiteten Quellen

1. *Iǧmā'*: Konsens, völlige Übereinstimmung der Rechtsgelehrten. Dinge, über die ein *Iǧmā'* besteht, gibt es nur sehr wenige; dazu zählen vor allem Dinge, die als absolute Pflicht (*rukn, farḍ 'ain*) aus bestimmten Koranversen oder – wenigen, sehr starken – Hadithen hervorgehen. Zum Beispiel die Pflicht der „fünf Säulen" oder verschiedene Anordnungen, die sich im Koran zur Aufteilung der Pflichterbteile finden.
2. *Qiyās*: Analogieschluß, der auf der Basis von entsprechenden Versen des Korans mit Rechtskraft (*āyāt al-ḥukm*) bzw. Hadithen mit Rechtskraft die ursprüngliche Rechtsanordnung auf eine neue Situation anwendbar macht.

(c) Weitere Methoden/ergänzende Quellen: [3]

1. *Istihsān*: wörtlich „das Fürguthalten"; die Abweichung von der Regel; diese Abweichung von einer Rechtsbestimmung bzw. einem Beispielfall tritt dann ein, wenn sich die Notwendigkeit dazu aus einem besonderen Rechtsumstand ergibt. *Istihsān* tritt auch als Gegenstück zum *Qiyās* auf: Wenn nach Meinung eines *Mujtahid* ein entsprechender *Qiyās* der Situation im Geist der *Sharī'a* nicht gerecht wird, greift er zum *Istihsān*. Diese Methode wurde von der frühen *Ḥanafīya* oft angewandt, wird aber von vielen anderen Schulen nicht anerkannt (wie etwa der *Shāfi'īya*, die darin ein Verlassen der Grundquellen sieht).

2. *al-Maṣāliḥ al-Mursala*: wörtlich „die (vom Gemeinwohl) bestimmten Interessen" (Einzahl: „*al-maṣlaḥa al-mursala*"). Grundsätzlich handelt

es sich hier um Rechtsbestimmungen, die aufgrund bestimmter zwingender Umstände im berechtigten Interesse der Umma bzw. einer islamischen Gesellschaft sind. Dabei gilt: Eine „*Maṣlaḥa*" (wie „*al-maṣlaḥa al-mursala*" oft abgekürzt verwendet wird) kann – in diesem Rahmen – grundsätzlich alles sein,

a. was im Sinne der *Sharīʿa* selbst gut ist,
b. was zum Guten hinführt,
c. was im Zweifelsfall, wenn eine Entscheidung zwingend getroffen werden muß, eher zum Guten als zum Schlechten hinführt.

Diese Rechtsquelle wurde ursprünglich von den Gelehrten der *Mālikīya* benutzt, wird aber heute auch von vielen Gelehrten anderer Schulen für moderne Fatwas verwendet.

Das Gegenteil von *Maṣlaḥa* (im Sinn: „was gut ist/was [im Zweifel eher] zum Guten hinführt") ist *mafsada* (also: „was schlecht ist/was [im Zweifel] eher zum Schlechten hinführt").

Das Ziel von „*al-Maṣāliḥ al-Mursala*" ist also, selbst „*mafāsid*" (Mehrzahl von *mafsada*) zu vermeiden – oder anders gesagt, Schaden von der Umma abzuwenden, der durch Benutzung der sonstigen Grundquellen allein nicht vermieden werden kann.

3. *Ma'thūrāt*: (überlieferte) Lehrmeinungen von Prophetengefährten – möge Allāh mit ihnen zufrieden sein. Mit Prophetengefährten sind hier solche Personen (auch Frauen, speziell die Ehefrauen des Propheten) gemeint, die lange Zeit mit dem Propheten ﷺ zusammengelebt haben, ihn persönlich sehr gut kannten und als Muslim starben. Unter der Lehrmeinung einer solchen Person ist nun die Äußerung zu einem speziellen Fall, einer konkreten Sache gemeint. Die Autorität und Rechtskraft dieser Meinungen ist vor allem aus folgenden Gründen umstritten:
   a. Auch die Prophetengefährten, möge Allāh mit ihnen zufrieden sein, waren sich in Rechtsfragen nicht immer einig und haben manchmal sogar bestimmte Rechtsmeinungen bestimmter Gefährten nicht akzeptiert.
   b. Die Rechtskraft einer solchen Meinung ist unbedingt davon abhängig, ob die betreffende Person bezeugtermaßen über Rechtsverstand (*fiqāha*) verfügte oder sogar Gelehrtenrang unter den Gefährten einnahm (speziell, ob sie zu einem Zeitpunkt das Richteramt ausübte).
   c. Die Muslime sind zwar verpflichtet, sich nach der *Sunna* des Propheten ﷺ auszurichten, doch die *Sunna* der Gefährten (*ṣaḥāba*), ihrer Nachfolger (*tābiʿūn*) und die deren Nachfolger (*tābiʿu t-tābiʿīn*) ist nach allgemeiner Übereinstimmung keine verpflichtende Quelle.

Diese Rechtsquelle wird daher meist in bestimmten Fällen herangezogen, in denen eine solche überlieferte Lehrmeinung (*ma'thūra*, Einzahl von *ma'thūrāt*) er-/klärend wirkt [4].

4. *Istishab*: das Fortgeltungsprinzip; damit ist gemeint, daß man an einem sicher bezeugten Tatbestand so lange festhält, bis sich ein exakter Gegenbeweis findet.

5. *Sadd adh-Dharā'i'*: wörtlich: „Abweisung der Mittel"; gemeint ist damit, daß das, was zu Verbotenem führt, ebenfalls verboten sein muß. Dies war ein ursprünglicher Rechtsgrundsatz, der aber hier auch zu einer regelrechten Rechtsquelle geworden ist.

§ 4

DIE WERTSCHÄTZUNG VON GELEHRTEN UND GELEHRSAMKEIT

Gelehrsamkeit und Wissenschaft

Das Lernen ist eine Grundpflicht (*farḍ 'ain*); das setzt natürlich auch voraus, daß es Menschen gibt, die Lehrer sein können – weil sie wissender sind als andere, und dies, weil sie schon zuvor Wissen erworben haben. In jeder Gesellschaft, in jeder Religion, gab und gibt es solche Menschen. Wichtig ist für den Islam, daß es in ihm keine Priesterklasse oder Vergleichbares – wie im Christentum – gibt, sondern die sogenannten Gelehrten. Gelehrte gab es bereits in der Frühzeit des Islam.

Einige Prophetengefährten, möge Allāh mit ihnen zufrieden sein, nahmen vor anderen einen besonderen Rang ein, weil sie mehr Wissen vom Propheten aufgenommen und mehr geistigen Nutzen daraus gezogen hatten als andere. Einige wurden auch wesentlich älteren Gefährten in Wissensdingen vorgezogen – wie zum Beispiel 'Abdullāh bin 'Abbās, möge Allāh mit ihm zufrieden sein, den der zweite der rechtgeleiteten Kalifen, 'Umar bin al-Khaṭṭāb, möge Allāh mit ihm zufrieden sein, als Ausleger des Korans den anderen Gefährten vorzog, da er sie in diesem Wissensgebiet bei weitem übertraf ('Abdullāh bin 'Abbās war beim Tod des Propheten ﷺ etwa 18 Jahre alt). Bestimmte Gefährten wiederum wurden schon zu ihrer Zeit von anderen Gefährten als Autorität in Rechtsdingen angesehen und – wie zum Beispiel Abū Musā al-Ash'arī – als Richter und Statthalter in die Provinzen des damaligen islamischen Reiches entsandt. Damals wie heute erfüllten die Gelehrten ihre Aufgabe: ihr vergleichsweise großes Wissen für die Umma einzusetzen – als Richter, als Lehrer, als Bewahrer. Aus diesem Grunde wurden aufrichtige Gelehrte auch von sündhaften Regierungen, die sich so manches Mal auch den Anschein gaben, „islamische" zu sein, verfolgt, sobald sie den Herrschenden unbequem oder einfach nicht gehorsam waren.

Die Rolle der islamischen Gelehrten in der Umma

Die Gelehrten sorgen in den islamischen Gesellschaften dafür, daß die islamische Lehre, das Wissen um die Geschichte, das islamische Recht, nicht verlorengeht. Sie sind vor Gott dafür verantwortlich, daß das Wissen ohne Verfälschung weitergegeben wird, denn: Die Pflicht des Wissenden, den Unwissenden zu unterrichten, ist (noch) größer als die Pflicht des Unwissenden, die Wissenden aufzusuchen, um von ihnen Unterricht zu bekommen.

Nach einem Hadith, der in seiner Überlieferung zur sichersten Kategorie der Hadithe gehört, wird vom Propheten gesagt: „Jemandem, der nach seinem Wissen gefragt wird und es verschweigt, soll am Jüngsten Tag Zaumzeug aus Feuer angelegt werden." So wird die große Verantwortung und Befugnis deutlich, die die Gelehrten innehaben.

Bedingungen, die Voraussetzung dafür sind, daß jemand die Stufe eines Faqīh (Rechtsgelehrten im Islam) erreicht

Es darf niemand den Anspruch eines Gelehrten (*'ālim*, Pl.: *'ulamā'*) erheben, der nicht bestimmte Voraussetzungen erfüllt. Die Stufe eines Rechtsgelehrten (*faqīh*, Pl.: *fuqahā'*) ist schon eine höhere Form der Gelehrsamkeit, und um diese Stufe zu erlangen, muß man über noch höhere Fähigkeiten verfügen als jemand, der lediglich die einfache Gelehrtenstufe erreicht hat.

Um die Stufe der Rechtsgelehrsamkeit (*fiqāha*) zu erreichen, muß man

- alle oben genannten Wissenschaften als solche kennen
- die Wissenschaften in dem, was für das islamische Recht wichtig ist (vor allem die Wissenschaftszweige *fiqh* und *uṣūl al-fiqh*), tadellos beherrschen
- die wichtigsten Gelehrten, ihre Werke und (noch gültigen) Rechtsgutachten (in allgemeiner Form)[5] kennen
- sich in der Rechtsgeschichte auskennen

Innerhalb dieser Stufe des Wissens, der Rechtsgelehrsamkeit, findet sich auch die Stufe des *Ijtihād*.

KAPITEL 2

DIE RECHTSSCHULEN (MADHĀHIB) IM ISLAMISCHEN RECHT

§ 5

WAS BEDEUTET „RECHTSSCHULE" (MADHHAB)?

Die eigentliche Bedeutung

Wortwörtlich bedeutet „*Madhhab*": „die Art, wie man geht", „die Methode, mit der man geht". Im islamischen Recht ist dieses Wort ein Fachausdruck und bedeutet „Rechtsschule", das heißt: eine bestimmte Art, das Recht zu bearbeiten, welche von bestimmten Rechtsgelehrten vertreten wird. Was heißt das jetzt genau? Im Lauf der islamischen Geschichte entstanden zwischen den Rechtsgelehrten unterschiedliche Meinungen, und dies aus zwei Gründen:

1. Weil sie unterschiedliche Methoden verwendeten, um die Quellen – *Qur'ān* und *Sunna* – zu verstehen und anzuwenden.
2. Weil sie bei gleicher Methode dennoch – aufgrund ihrer jeweils begründeten Meinung zu unterschiedlichen Bewertungen des jeweiligen Problems kamen.

Schon bei den Prophetengefährten, möge Allāh mit ihnen zufrieden sein, gab es unterschiedliche Meinungen, doch wurde eine begründete Meinung auch von den Vertretern einer anderen Ansicht akzeptiert[6].

In den nächsten zwei Generationen jedoch wurde die Anzahl der zum Teil sehr unterschiedlichen Rechtsmeinungen so groß, daß sich die Gelehrten je nach ihrer Grundhaltung zusammenschlossen, um einem Chaos vorzubeugen. So entstanden die „Meinungsgruppen"[7], die sich in ihrer Grundhaltung einig waren, etwa zur Zeit Abū Ḥanīfas. In der Zeit des Gelehrten ash-Shāfi'ī wurden die zuerst losen Gruppen dadurch fest zusammengebunden, daß sich die Gelehrten nach einem sehr hochgeschätzten Gelehrten bzw. *Mujtahid* ausrichteten und die von ihm akzeptierten Methoden der Rechtsfindung annahmen.

Die Methoden der Rechtsfindung

Die Rechtsschulen verwendeten alle gemeinsam die beiden Grundquellen *Qur'ān* und *Sunna*. Darüber hinaus stimmten sie bezüglich der Verwendung des *Ijmā'* bei den Prophetengefährten, möge Allāh mit ihnen zufrieden sein, überein, doch schon bei der Verwendung von *Qiyās* bestand keine völlige Einigkeit[8]. Der Unterschied bei den Rechtsmeinungen der *Madhāhib* kommt daher, daß sie verschiedene Methoden zur Rechtsfindung als verpflichtend, andere als möglich, wieder andere als unzulässig betrachten. Das heißt, daß die Unterschiede, die dem einfachen Muslim, dem Nicht-Gelehrten, auffallen, nicht einer willkürlichen Meinung entspringen, sondern durch diese Unterschiede begründet sind. So benutzte die frühe *Ḥanafīya* sieben verpflichtende Rechtsquellen, die *Mālikīya* dreizehn, die *Shāfiʿīya* vier und die *Ḥanbalīya* drei bis vier. Andererseits werden heute zum Beispiel manche Quellen, die zur Zeit Abū Ḥanīfas benutzt wurden, nicht mehr verwendet, während andere, früher nicht allgemein anerkannte, heute sehr weit und über alle Rechtsschulgrenzen hinweg verbreitet sind und benutzt werden.

Die Übertreibung

Vor allem nach dem Untergang der Kalifen der Abbasidendynastie (749–1258) durch die zerstörenden Feldzüge der Mongolenheere und die Zerstörung des alten Baghdad (1258) verknöcherten die Rechtsschulen. Nicht nur die Auslegung der Rechtsschuloberhäupter und frühen Gelehrten, sondern auch die der späteren großen Gelehrten wurden absolutes Maß, eine Weiterentwicklung wurde nahezu unmöglich. Das führte schließlich zu einer Selbstabschließung und Abschottung einer jeden Rechtsschule, bis hin zu regelrechten Streitereien und kleinlichen Feindseligkeiten zwischen den Vertretern verschiedener Rechtsmeinungen. Dieser Zustand bewirkte schließlich auch, daß das islamische Recht nicht nur in seinen unveränderlichen Grundlagen, sondern in allen, auch zeitbedingten, Einzelregelungen festgeschrieben wurde, stehenblieb – was es aber in der Zeit der Rechtsschulgründer nicht getan hatte. Diese hatten sogar eine derartige Versteifung, eine solche Übertreibung bezüglich ihrer Schulen untersagt.

Im letzten Jahrhundert nun entstanden daher zwei Reformbewegungen, die bis heute in verschiedenen Einzelrichtungen weiterbestehen und jeweils ganz unterschiedliche Denkrichtungen vertreten:

1. Eine Richtung, die für eine *Anpassung der Madhāhib* an die heutige gesellschaftliche Wirklichkeit und ihre Anforderungen eintritt. Diese Richtung ist naturgemäß für die *Beibehaltung der Madhāhib*, aber auch zugleich für ihre Nutzung, wie sie ursprünglich beabsichtigt war: nicht als eine Fast-Glaubensrichtung – was ja niemals richtig war –, sondern als Methode, wobei man auf die *allgemeinen, guten, immer zweckmäßigen Erkenntnisse* früherer Gelehrter zurückgreift und auf dieser Grundlage neue Fatwas und Ansätze schafft.

2. Eine andere Richtung, allgemein „*as-Salafīya*“ genannt[9], die für die völlige Abschaffung der *Madhāhib* eintrat und ausschließlich die Grundquellen – und zwar direkt – nutzen will, wobei einige Anhänger dieser Richtung nur den bloßen Wortlaut befolgen wollen, was zu unzulässigen Ergebnissen führen kann, andere aber ernsthaft die Methoden der klassischen Gelehrten benutzen wollen, ohne aber deren gesamte Systeme der Rechtsfindung bzw. deren Meinungen zwingend zu übernehmen[10].

Viele Mißverständnisse

Zwischen den Vertretern der *Madhāhib* und der *Salafīya* kam und kommt es immer wieder zu Streitigkeiten und sogar Feindseligkeiten; das liegt an verschiedenen Dingen:

1. Einige der Anhänger der Rechtsschulen vertreten die Auffassung, man müsse unbedingt einem *Madhhab* per *Taqlīd* angehören; ihre Meinung kann so zusammengefaßt werden:
• Es besteht absolute *Taqlīd*-Pflicht für jedermann.
• Kein eigenständiger *Ijtihād* – auch von heutigen Gelehrten – ist mehr zulässig.
• Wer keinem *Madhhab* angehört bzw. keinen *Taqlīd* ausübt, ist sündhaft; manche sagen sogar: ungläubig (*kāfir*)[11].

2. Einige der *Salafīya* vertreten die absolute Gegenmeinung, wobei sie sagen:
• Niemand ist gezwungen, *Taqlīd* auszuüben.
• Die *Madhāhib* sind eine völlige Fehlentwicklung und heutzutage unzulässig.
• Wer an einem *Madhhab* per *Taqlīd* festhält, begeht schon dadurch eine Sünde, weil dies *Bid'a* ist[12].
• Man müsse, ohne die Meinungen der früheren Gelehrten zu beachten, direkt zu den Quellen zurück, ohne auf die Wege der Rechtsschulen zurückzugreifen.

Beide (Extrem-)Meinungen sind aus verschiedenen Gründen abzulehnen:

Es gibt von der ersten Zeit des Islam an keine absolute Pflicht zum *Taqlīd*. Der *Taqlīd* ist nur dann zur Aufrechterhaltung des Islam notwendig, wenn ein Muslim/eine Muslimin keine Kenntnis vom islamischen Recht hat. In der Frühzeit des Islam bestand ein natürliches Verhältnis zwischen denen, die wußten, und denen, die weniger oder so gut wie nichts wußten. Die Wissenderen machten kein großes Aufheben um ihr

Wissen und unterrichteten die anderen. Niemand zerbrach sich über Fragen wie *Taqlīd* oder *Madhāhib* den Kopf.

Das Problem trat erst auf, als die Bewohner weiter Gebiete der damaligen Welt den Islam annahmen: Unter ihnen waren hervorragende Gläubige, die (etwa in der Zeit Abū Ḥanīfas) auch die Mehrzahl der Gelehrten stellten. Doch der überwiegende Teil der Muslime – eine viel größere Menschenmenge als zu Zeiten des Propheten jemals vermutet – war nun nicht mehr in der Lage, sich so selbständig wie in den ersten Generationen Wissen anzueignen und zu urteilen. Als die Meinungen zunahmen, bildeten sich die Rechtsschulen (*madhāhib*): Sie waren Methoden, nicht aber Selbstzweck[13]. Den einfachen Menschen war es – schon aufgrund mangelnder Bildung – nicht möglich, genug Wissen zu sammeln, und der *Taqlīd* wurde praktisch unausweichlich[14].

Daraus ergeben sich einige Folgerungen:

1. Wer nicht über das nötige Wissen verfügt, den Islam in allen wichtigen Lebensbereichen zu praktizieren, muß dieses Wissen notwendigerweise suchen. Sobald er jemanden gefunden hat, der ihn unterrichten kann, muß sich der Unwissende auf seinen Lehrer verlassen und *Taqlīd* machen. Ihm ist es also gar nicht möglich, keinen *Taqlīd* zu machen.

2. Wer die Pflichtenlehre und die Grundwissenschaften sowie die Grundsatzentscheidungen (*masā'il aslīya*) und die von der Systematik der Rechtsschule losgelösten Einzelentscheidungen (*masā'il far'īya*) kennt, braucht nicht mehr einfach nur nachzuahmen, sondern kann in Einzelentscheidungen auch auf Meinungen anderer Rechtsschulen ausweichen. Ausgenommen sind Grundsatzentscheidungen, bei denen man weiterhin einer einzigen Rechtsschule folgen muß. Wer glaubt, einer Meinung folgen zu müssen, die nach seiner islamwissenschaftlichen Erkenntnis nicht stark bzw. nicht zu vertreten ist, der irrt und ist für das Befolgen dieser schwachen Meinung vor Gott verantwortlich. Dies gilt für die Stufe von *Ittibā'*[15]. Daher ist die Meinung, jedermann müsse absoluten *Taqlīd* machen, gleichfalls nicht zu vertreten.

3. Wer meint, er könne die Meinungen der früheren Gelehrten außer acht lassen, weil sie Rechtsschulen angehört hatten, hat selbst den Sinn und die Rolle der Rechtsschulen nicht verstanden.

Das hieße im einzelnen, das ganze islamische Recht zugrundezurichten, weil die (zulässigen) verschiedenen Rechtsmeinungen nun einmal hauptsächlich in Form von Rechtsschulmeinungen bestehen. Es hieße weiterhin, alle Erkenntnisse, die mit verschiedenen Rechtsmethoden und Rechtsquellen gemacht wurden, umsonst wären, daß alle Schritte – gute wie schlechte – wiederholt werden müßten, um letztendlich zum gleichen Ergebnis zu kommen: Ohne Rechtsmethoden, nur mit *Qur'ān* und *Sunna* allein, läßt sich kein islamisches Rechtssystem aufbauen.

4. Wer diejenigen – egal, welchen Wissens –, die keiner Rechtsschule (ausschließlich) folgen, als Ungläubige bezeichnet, begeht mehrere Sünden:

- Der *Taqlīd* ist eine Sache des Zwecks im Recht (*fiqh*), keine Glaubenssache (Sache der *'aqā'id*). Von daher ist diese Aussage Unsinn.
- Die *Madhāhib* sind erst lange nach dem Propheten ﷺ entstanden; sie stammen weder von ihm ﷺ noch von seinen Gefährten رضي الله عنهم, noch von deren Nachfolgern, noch gibt es ihrerseits irgendwelche Aussagen, daß man der Meinung *eines einzigen* Rechtsgelehrten nachfolgen müsse. Wäre das der Fall, so wären unzählige korrekte und große Gelehrte der Frühzeit Sünder oder sogar Ungläubige geworden – eine wahnwitzige Vorstellung und natürlich Unsinn.
- Nach vielen sicheren und rechtsgültigen Hadithen gilt: Wer einen anderen Muslim als Ungläubigen bezeichnet, ohne daß dies so ist, wird selbst ungläubig. Daher sollte sich jeder hüten, solche Aussagen leichtfertig zu treffen.
- Im Fall des *Taqlīd* ist die Aussage: „Wer nicht absolut *Taqlīd* zu einem *Madhhab* macht, ist ungläubig", völlig unwahr – und wer so etwas wissentlich sagt, mag sich selbst ausrechnen, was er ist.

Aus dem Gesagten kann man daher folgern:

1. *Taqlīd* ist keine Glaubenssache; wer keiner Rechtsschule folgt, wird nicht ungläubig – aber wenn er nicht mindestens *Muttabi'* ist, wird er früher oder später schwere Fehler als Muslim begehen.

2. Wer *Muttabi'* ist, darf keinen bedingungslosen, absoluten *Taqlīd* mehr machen; allerdings ist er gezwungen, sich an zuverlässige Gelehrtenmeinungen zu halten, er kann nicht selbständig über das Recht urteilen (darf also nicht *Mujtahid*-Tätigkeit ausüben)[16].

3. Solche Anschuldigungen wie die oben erwähnten führen nur zur Zerstörung der *Umma* und sind darüber hinaus weder von den Quellen her noch geschichtlich, noch vom *Fiqh*, noch von den *'Aqā'id*, noch von der Logik her zu halten.

§ 6

ENTSTEHUNG UND ROLLE DER RECHTSSCHULEN

Die „Rechtsschulgründer"

Zur Zeit von Abū Ḥanīfa (699–767) gab es – historisch belegbar – noch keine Rechtsschulen im heutigen Sinne, sondern nur „Gesinnungsgruppen der Gelehrten"[17]: Gelehrtengruppen, bei denen jeder hochstehende Gelehrte seine eigene Rechtsmeinung vertreten konnte, sich aber mit den anderen Gelehrten seiner Gruppe in den Prinzipien der Rechtsfindung einig war. Dabei wurde aber keiner als Gründer dieser Gruppe oder Oberhaupt betrachtet.

Zur Zeit des Mālik ibn Anas (715–795) wurden diese Gesinnungsgruppen insofern geschlossener, als zum Beispiel Mālik noch keine Schule gegründet hatte, aber doch schon als einer der höchsten *Mujtahidīn* eine Sonderrolle genoß und nach seinem Tode als Verkörperung der gesamten Haltung aller Gelehrten des *Ḥijāz* – seiner Gesinnungsgruppe, der „*Ahl al-Ḥijāz*" – verstanden wurde. Eine in sich geschlossene Rechtsschule konnte damals noch nicht entstehen, weil die Wissenschaften zur Rechtsfindung, das heißt die *Uṣūl al-Fiqh*, noch nicht voll entwickelt waren.

Erst mit ash-Shāfi'ī (767–820) und anderen Gelehrten aller Richtungen seiner Zeit beginnt die Systematisierung und Festlegung der Wissenschaften – und die eigentliche Rechtsschulbildung: Die Schüler von ash-Shāfi'ī betrachten ihn als Begründer ihrer Richtung, wobei die anderen Gesinnungsgruppen, nachträglich, die größten und allgemein anerkanntesten ihrer *Mujtahidīn* ebenfalls zu Rechtsschuloberhäuptern machen (so wird Abū Ḥanīfa zum Oberhaupt der *Ḥanafīya*, das heißt den Vertretern der Gelehrten des Irak, und Mālik ibn Anas zum Oberhaupt der *Mālikīya*, der Gruppe der Gelehrten des *Ḥijāz*).

Bei Aḥmad ibn Ḥanbal (780–855) kann man dann wirklich von einem Rechtsschulgründer sprechen, denn zu seiner Zeit hatte sich bereits die Auffassung von den *Madhāhib* durchgesetzt.

Die Oberhäupter der Rechtsschulen werden bis heute allgemein „*Imāme*" (arab.: Oberhaupt, Leiter; Pl.: „*a'imma*") genannt[18].

Das Selbstverständnis der Madhāhib (Rechtsschulen)

Die wirklichen Gelehrten der *Madhāhib* haben immer begriffen, daß eine Rechtsschule nur eine Methode, nicht aber Selbstzweck ist. Die Übertreibung war bei ihnen immer verabscheuenswert und unannehmbar, so wie auch schon die Rechtsschulgründer oft genug betont hatten, daß derartiges unzulässig ist.

Die *Madhāhib* betrachten sich heute als verschiedene, aber alle gleich zulässige Wege, die *Sharī'a* anzuwenden. Gleichzeitig werden auch viele Meinungen früherer Gelehrter, die sich als nicht gut belegbar durch *Qur'ān* und *Sunna* erwiesen haben, aufgehoben und mit den Grundquellen in Übereinstimmung gebracht. Während früher das Wechseln der Rechtsmethoden (im Bereich „*uṣūl al-fiqh*" und „*fiqh*"), „*Talfīq*" genannt, als schlecht bis unannehmbar galt, wird heute der *Talfīq* in bestimmten Bereichen akzeptiert: durch Übernahme und Akzeptanz mancher Quellen anderer Schulen, Übernahme der Sichtweise einer anderen Schule in einer speziellen Frage usw. Die Unterschiede zwischen den einzelnen Rechtsschulen werden auf der Ebene der wirklichen Gelehrten angesichts der heutigen gewaltigen Probleme immer geringer; nur die „*Juhhāl*", die völlig unwissenden Leute, beharren weiter auf einem Bild der *Madhāhib*, das aus Gelehrtensicht schon längst nicht mehr existiert.

Die Rechtsschulen in den islamischen Gesellschaften

Ursprünglich gab es eine sehr große Anzahl von sunnitischen Rechtsschulen (*madhāhib*), von denen aber bis heute nur vier „überlebt" haben. Dies sind

- die hanafitische Rechtsschule (*al-ḥanafīya/al-madhhab al-ḥanafī*)
- die malikitische Rechtsschule (*al-mālikīya/al-madhhab al-mālikī*)
- die schafiitische Rechtsschule (*ash-shāfi'īya/al-madhhab ash-shāfi'ī*)
- die hanbalitische Rechtsschule (*al-ḥanbalīya/al-madhhab al-ḥanbalī*)

In manchen Ländern gehört die Bevölkerung weitgehend einem bestimmten *Madhhab* an; in solchen Fällen werden auch solche Bestimmungen, die speziell nur bei diesem *Madhhab* zu finden sind, Allgemeingut und allgemein beachteter Brauch.

Auch läßt sich in solchen Fällen oft eine starke Abwehrhaltung unter den Unkundigen (*juhhāl*) einer solchen Bevölkerung gegenüber anderen *Madhāhib* feststellen – einfach darum, weil sie keine praktische Bekanntschaft mit diesen anderen *Madhāhib* haben. Beispiele dafür sind etwa die Türkei (abgesehen von einigen Gebieten der Ost-Türkei), wo man seit der frühosmanischen Zeit fast ausschließlich der *Ḥanafīya* nachfolgt, oder Nordafrika (Marokko, Algerien, Tunesien, Libyen), wo so gut wie nur die *Mālikīya* vorherrscht.

Hier nun die wichtigsten Angaben zu den *Madhāhib*.

KAPITEL 3

EINZELVORSTELLUNG DER RECHTSSCHULEN

§ 7

DIE ḤANAFĪYA

Geschichte und Eigenarten der Ḥanafīya

Die hanafitische Rechtsschule geht auf den Imām Abū Ḥanīfa ﵀ und seine beiden Hauptschüler, die Gelehrten Abū Yūsuf und Muḥammad ﵏, zurück. Sie hatte sich zunächst im Gebiet des Irak – dem Wirkungsbereich Abū Ḥanīfas – verbreitet, dann aber auch im Gebiet des alten Syriens, „*ash-Shām*" genannt, welches sich weiter als das heutige Syrien erstreckte. Seit der Zeit der Seldschuken (der frühen Turkdynastien vom 10. bis zum 12. Jh.) wurde die *Ḥanafīya* in den syrischen und anatolischen Gebieten – neben der *Shāfi'īya* – staatlich bevorzugt. Da die *Mālikīya* in diesen Gebieten gar nicht vertreten war und die sonstigen *Madhāhib* nicht stark vertreten waren, gab diese Unterstützung der *Ḥanafīya* starken Auftrieb und sorgte für weite Verbreitung unter der Bevölkerung. Im Osmanischen Reich schließlich wurde die *Ḥanafīya* „Staats-*Madhhab*", das heißt diejenige Rechtsschule, auf die alles in Staat und Gesellschaft abgestimmt war. Die *Ḥanafīya* ist daher heute in allen Nachfolgestaaten des Osmanischen Reiches verbreitet, vor allem in der Türkei, Syrien, dem Libanon, Jordanien, Palästina und dem (Nord)Irak. Auch in den europäischen Gebieten, wo seit der Zeit des Osmanischen Reiches Einheimische Muslime waren, ist die *Ḥanafīya* vorherrschend, das heißt in den Balkangebieten (speziell Bosnien), Albanien und Griechenland. Des weiteren herrscht die *Ḥanafīya* vor in Afghanistan, Pakistan und Indien[19], Turkestan, Zentralasien, China und Südamerika.

Quellen und Methoden der Rechtsfindung bei der Ḥanafīya

In der *Ḥanafīya* wurden zur Zeit von Abū Ḥanīfa mehr Quellen benutzt als nach ihm und der Zeit seiner beiden Hauptschüler, der Gelehrten Abū Yūsuf und Muḥammad. Die wichtigen in der *Ḥanafīya* anerkannten Quellen sind: *Qur'ān*, *Sunna* (= *Sunna* des Propheten ﷺ), *Ijmā'* (Übereinstimmung der Rechtsschulen), *Qiyās* (Analogieschluß), *Istiḥsān* (Abweichung von der Regel), *Ra'y* (freie Meinungsäußerung eines *Mujtahid*).

Mit „*istiḥsān*" (wörtl.: etwas für gut erachten) ist, vereinfacht gesagt, gemeint, daß ein *Mujtahid* bei der Erarbeitung eines *Qiyās* feststellt, daß dieser *Qiyās* im Endergebnis nicht dem Sinn der *Sharīʿa* entspricht bzw. daß ein denkbarer *Qiyās* keine neue, bessere Lösung aufzeigt als die, die schon ohne *Qiyās* vorhanden sind. In dieser Lage erarbeitet der *Mujtahid* in Form des freien *Ra'y* eine bessere Lösung, die dann aber soweit wie möglich dem denkbaren *Qiyās* angenähert wird.

Anders gesagt: *Qiyās* und *Istihsān* stehen sich in der Frühform der *Ḥanafīya* als zwei gegensätzliche Lösungen gegenüber, von denen der *Mujtahid* die auswählt, die ihm aufgrund seines Wissens und seiner Erfahrung besser erscheint.

Zu den von Anfang an wichtigen Eigenarten der *Ḥanafīya* gehörte die starke Betonung von *Qiyās* und *Istihsān*, und sie waren darum so wichtig, weil in der Zeit Abū Ḥanīfas zu viele schwache und gefälschte Hadithe in Umlauf waren und noch keine wirkliche Systematik zur Bestimmung des Richtigen (*ṣaḥīḥ*) unter ihnen vorhanden war.

Nach der Lebenszeit Abū Ḥanīfas ist insofern ein wichtiger und scharfer Einschnitt in der Geschichte der *Ḥanafīya* zu beobachten, als schon Abū Yūsuf und vor allem Muḥammad stärker auf die Hadith-Grundlage eingingen und überhaupt viele Rechtsentscheidungen Abū Ḥanīfas durch neue Entscheidungen ersetzten; man kann sagen, daß im Zweifelsfall sich ihre Meinung mehr in der heutigen *Ḥanafīya* durchgesetzt hat als die Abū Ḥanīfas selbst.

So wird auch heute der *Istihsān* de facto in der Form, wie ihn Abū Ḥanīfa verwendete, nicht mehr eingesetzt; auch wird der *Ra'y* (die freie Meinungsäußerung des *Mujtahid*, die nicht in Abhängigkeit von direkten Belegen aus *Qur'ān* und *Sunna* steht und auch nicht von ihnen – wie ein *Qiyās* – abgeleitet ist) heutzutage kaum noch angewandt.

§ 8

DIE MĀLIKĪYA

Geschichte und Eigenarten der Mālikīya

Diese Rechtsschule hat sich, ausgehend vom Ḥijāz und Medina, vor allem in Oberägypten, Nordafrika und den Westen der islamischen Welt ausgebreitet. Die *Mālikīya* entstand im Ḥijāz, genauer: in der Stadt des Propheten ﷺ, Medina, und hat daher auch die dort lebendige Tradition der Nachfolger der Prophetengefährten, möge Allāh mit ihnen zufrieden sein, aufgenommen und stark verarbeitet.

Sie hat sich – im Unterschied zur *Ḥanafīya* – mehr auf die Lebenssituation der in sich geschlossenen arabischen Gesellschaften der Arabischen

Halbinsel, Ägyptens und Nordafrikas (mit den Sahel- und den klassischen Sūdān-Gebieten, die – anders als der heutige Sudan – fast der ganzen Sahara-Zone entsprechen) eingestellt, wo kaum Einflüsse anderer Völker, Gedanken oder Gesellschaften spürbar waren wie etwa im Irak oder Alt-Syrien; andererseits hat sich diese Schule zum ersten Mal systematisch mit der Überliefungswissenschaft, dem Problem der Echtheit und Beurteilung der Hadithe und ihrer themenbezogenen Anwendung beschäftigt. Dieser *Madhhab* hat daher zugleich sehr konservative Züge (starke Bevorzugung der Hadith-Wortlaute, wo möglich, weniger freie Auslegungen) als auch die am umfangreichsten ausgebildeten Methoden zur Rechtsfindung.

Die *Mālikīya* ist heute nicht mehr im *Ḥijāz* verbreitet, da sie dort später von der *Ḥanbalīya* verdrängt wurde; sie ist heute vor allem – als ausschließlicher *Madhhab* – verbreitet in Marokko (*al-maghrib*)[20], Algerien (*al-jazā'ir*), Tunesien, Libyen. Des weiteren ist sie in Oberägypten, Mauretanien, dem Sudan, Kuweit (*al-kuwait*) und Bahrain verbreitet.

Quellen und Methoden der Rechtsfindung bei der Mālikīya

Die *Mālikīya* geht vor allem von folgenden Rechtsquellen bzw. Rechtsmethoden aus:

1. *Qur'ān*
2. *Sunna* (*sunnat an-nabīy*)
3. *Ijmā'*
4. *Qiyās*
5. *Sunnat al-Aṣḥāb* (*Sunna* der Prophetengefährten, möge Allāh mit ihnen zufrieden sein)
6. *Sunnat at-Tābi'īn* (*Sunna* der Nachfolgergeneration der Prophetengefährten, möge Allāh mit ihnen zufrieden sein)
7. *Sunna Ahl al-Madīna* (*Sunna* der Bewohner von Medina)
8. *al-Maṣāliḥ al-Mursala*

Zu den Besonderheiten dieses *Madhhab* gehört, daß man nicht nur die *Sunan*, die direkt auf die Person des Propheten ﷺ zurückgehen, als zwingende Rechtsquelle betrachtet, sondern auch die *Sunan* und Rechtsauffassungen der *Aṣḥāb*, seiner Gefährten, möge Allāh mit ihnen zufrieden sein, und ihrer Nachfolger als teilweise verbindlich ansieht (eine Haltung, die so von den anderen Rechtsschulen nicht geteilt wird).

Ein besonderer Aspekt bei der *Mālikīya* ist die Bevorzugung der Rechtsquelle der „*Maṣāliḥ*" (kurz für: „*al-maṣāliḥ al-mursala*", wörtl.: „die Dinge, die [vom Nutzen der Umma] abhängen"):

Damit sind Entscheidungen, Handlungen, *Aḥkām* usw. gemeint, die

- in sich gut sind
- zu guten, im Recht anerkannten Ergebnissen führen
- dem Gemeinwesen der Muslime, der Umma, nützen bzw. Schaden von ihm abwenden.

In Einzelfällen kann es nämlich vorkommen, daß weder mit den Grundquellen noch mit weiterführenden Quellen eine auf einen konkreten Fall bezogene, zufriedenstellende Lösung gefunden werden kann. Hier greift nun die Methode der *Maṣāliḥ* ein und geht davon aus, daß das Wohl der Umma im Zweifelsfall vorrangig ist und gewahrt werden muß. Diese Methode prüft die Lage und wie dem Sinn der Grundquellen entsprochen werden kann,

- ohne daß aber ein direkter Beleg aus *Qur'ān* bzw. der *Sunna* vorhanden ist,
- ohne daß ein *Ijmā'* dazu existiert,
- ohne daß ein *Qiyās* anwendbar ist
- und ohne daß die Lage ohne Lösung belassen werden kann, weil sonst der Umma Schaden entsteht.

§ 9

DIE SHĀFI'ĪYA

Geschichte und Eigenarten der Shāfi'īya

Diese Schule entstand bereits von Anfang an als Rechtsschule im heutigen Sinne, indem sie von ihrem Begründer, ASH-SHĀFI'Ī, auf der Grundlage der malikitischen Rechtsauffassung entwickelt wurde. Dieser *Madhhab* war für bestimmte geschichtliche Zeitabschnitte offizieller *Madhhab* in Ägypten, wo er sich durch die Richtertätigkeit ash-Shāfi'īs – damals Oberrichter von Ägypten – verbreitete und festigte; auch war die *Shāfi'īya* – vor der Verbreitung der *Ḥanbalīya* – in weiten Teilen der Arabischen Halbinsel verbreitet.

Vor der Ausbreitung der 12er-Schia im Iran im 16. Jh. war die *Shāfi'īya* auch in fast ganz Iran der meistverbreitete *Madhhab*; das wird heute noch deutlich, wenn man bedenkt, daß die iranisch-sunnitischen Gelehrten der Abbasidenzeit, wie etwa der große Korankommentator ar-Rāzī, der *Shāfi'īya* angehörten. Durch indische muslimische Kaufleute der Gujerat-Provinz, in der damals mehrheitlich die *Shāfi'īya* vorherrschte, wurde der Islam stark in Indonesien und allgemein Südostasien verbreitet, weswegen bis heute die *Shāfi'īya* die ausschließliche Rechtsschule in Indonesien, den Philippinen und den angrenzenden Gebieten ist.

Heute ist die *Shāfiʿīya* verbreitet in Unterägypten, Jordanien, (Nord)-Libanon, Südarabien, Bahrain, Indonesien, auf den Philippinen, in Malaysia, Sri Lanka, Daghestan, den zentralasiatischen Gebieten, Tansania, Kenia, Somalia.

Als gering vertretene Rechtsschule ist die *Shāfiʿīya* auch in Palästina, dem Ḥijāz, Indien und dem Iran (vor allem im Süden, der Küstenregion) zu finden.

Quellen und Methoden der Rechtsfindung bei der Shāfiʿīya

Diese Rechtsschule vereinigt in sich die Strömungen der alten „Gesinnungsgruppen" des Irāq und des Ḥijāz: Sie zeigt sowohl eine gewisse konservative Haltung, indem sie viele Rechtsquellen als der Offenbarung ungemäß ablehnt (so etwa den *Istihsān* der *Ḥanafīya* oder die *Maṣāliḥ* als zwingende Rechtsquelle), als auch die unbedingte Bejahung des *Qiyās* als notwendige und zugleich auf die Grundquellen gestützte Methode zur Weiterentwicklung des Rechts.

So werden in der *Shāfiʿīya* vier Quellen bzw. Methoden ohne Vorbehalte bestätigt und bis heute angewandt:

1. *Qur'ān*
2. *Sunna* (= *Sunna* des Propheten ﷺ)
3. *Ijmā'*
4. *Qiyās*.

§ 10

DIE ḤANBALĪYA

Geschichte und Eigenarten der Ḥanbalīya

Diese Schule wurde von dem Gelehrten Aḥmad ibn Hanbal begründet, der zunächst Schüler des Gelehrten ash-Shāfiʿī war (so wie dieser seinerzeit Schüler des Mālik ibn Anas gewesen war). Diese Schule hat über den großen Gelehrten und Reformer Ibn Taimīya (1263–1328) auf den Begründer der Wahhābīya, Muḥammad bin ʿAbd al-Wahhāb (1703–1787) gewirkt, einer Denkrichtung, die als Hauptziel in ihrer Zeit die Beseitigung des wiederaufgelebten Heidentums auf der Arabischen Halbinsel und ein echtes Wiederbeleben der *Sunna* zum Ziel hatte, die aber in ihrer Strenge oft sehr weit ging. Heute ist diese Denkrichtung de facto auf der hanbalitischen Grundlage in Saudiarabien zu finden.

Die *Ḥanbalīya* ist zahlenmäßig die kleinste der sunnitischen *Madhāhib* und heute in folgenden Gebieten vertreten: Syrien, Irak. Als sehr geringe Minderheit ist sie vertreten in Ägypten, Algerien, Indien und Afghanistan.

Quellen und Methoden der Rechtsfindung bei der Ḥanbalīya

Diese Schule zeichnete sich stets durch starke Betonung der Hadith-Belegung und sehr strenger Auslegungen aus, führte aber – im Gegensatz zur *Shāfi'īya* – den *Qiyās* nur sehr ungerne aus und weitere Quellen gar nicht. Sie ist weiter gekennzeichnet durch eine starke Abwehrhaltung gegenüber dem damals zu stark ausgeübten *Ra'y*.

Die *Ḥanbalīya* benutzt also ausschließlich folgende Quellen als verbindlich:

1. *Qur'ān*
2. *Sunna* (= *Sunna* des Propheten ﷺ)
3. *Ijmā'*.

Der *Qiyās* wird nicht als verbindliche, sondern nur akzeptierte Quelle betrachtet.

KAPITEL 4

DEFINITION DER HADITH-EINTEILUNGEN

§ 11

ALLGEMEINES ZUR EINTEILUNG

Die Hadithe werden bezüglich ihrer Stärke in zweierlei Hinsicht untersucht:

- hinsichtlich der Anzahl der Überliefererketten
- hinsichtlich der Stärke und Vertrauenswürdigkeit jeder einzelnen Kette

Dann folgen Untersuchungen zum Text, zur rechtlichen Bedeutung des Hadith und zur Frage, ob er aufgehoben bzw. aufhebend ist, ob er in Zusammenhang mit Koranversen steht usw.

§ 12

DIE EINTEILUNGEN BEZÜGLICH DER ANZAHL DER KETTEN

Mutawātir

Wörtlich: „was aufeinander abfolgt“. Dies ist ein Hadith, welcher Generation um Generation, Überlieferergruppe nach Überlieferergruppe, immer jeweils von einer Einheit zur nächsten, weitergegeben wurde. Die Ketten fangen dabei immer beim Propheten ﷺ an und reichen ununterbrochen bis zum letzten Überlieferer. Dabei muß jede Gruppe und jeder einzelne Überlieferer so vertrauenswürdig sein, daß an der Aufrichtigkeit (*ʿadl*) und der Korrektheit in der Wiedergabe des Textes (*dabt*) kein Zweifel besteht. Bezüglich der Anzahl der Überlieferer (*ruwāt*, Einz.: *rāwī*) sind die meisten Gelehrten der Ansicht, daß keine genaue Zahl festgelegt werden kann.

Bei drei Generationen wird die Gruppe als Überlieferungsform als notwendig vorausgesetzt:
1. bei den Gefährten (*ṣaḥāba*)
2. bei den Nachfolgern der Gefährten (*tābiʿūn*)
3. bei den Nachfolgern der Nachfolger (*tābiʿu t-tābiʿīn*).

Was die später folgenden Generationen angeht, so wird die Überlieferung in Gruppenform bei ihnen nicht mehr als Definitionsbedingung vorausgesetzt, weil zu jener Zeit sowieso mehr Menschen als zuvor überlieferten und es daher keine besondere Schwierigkeit mehr darstellt, in dieser Generationsstufe Überlieferer in Gruppen zu finden. Die *Mutawātir-Ḥadīthe* werden von den Gelehrten als absolut sicher angesehen; wer sie leugnet, leugnet den Propheten ﷺ. Der *Mutawātir* gliedert sich auf in zwei Unterbereiche: „*Mutawātir Lafẓī*“ und „*Mutawātir Maʿnawī*“.

Mutawātir Lafẓī

Wörtlich: „was dem vollen Wortlaut nach *mutawātir* ist“. Das ist ein Hadith, der in seinem ganzen vorliegenden Wortlaut mit Sicherheit auf die direkte Aussage des Propheten ﷺ Wort für Wort zurückgeht. Als Beispiel hier der Hadith: „Wer mich vorsätzlich leugnet, soll seinen Sitzplatz im Feuer einnehmen.“

Die Zahl der Überlieferer für diesen Hadith variiert; nach an-Nawawī waren es 62 Erstüberlieferer, darunter die zehn, denen das Paradies verheißen wurde. Nach al-Bukhārī und Muslim, die diesen

Hadith auch in ihren Werken herausbrachten, sogar etwa 100 bis 200, darunter ʿAlī, Zubair, Anas und Abū Huraira.

Mutawātir Maʿnawī

Wörtlich: „was dem Sinn nach *mutawātir* ist". Ein derartiger Hadith wird in der zuvor beschriebenen Weise überliefert, wobei allerdings der Wortlaut leicht unterschiedlich sein kann, nicht aber der Sinn. Beispiel: die zahlreich überlieferten Hadithe, die sich mit dem Erheben der Hände beim *Duʿāʾ* beschäftigen.

Mutawātir-Hadithe der *Lafẓī*-Form beschäftigen sich hauptsächlich mit Dingen und Handlungen, die der Prophet ﷺ regelmäßig ausführte, wie zum Beispiel die Waschung vor dem Gebet, das Gebet, Fasten. *Mutawātir maʿnawī*-Hadithe sind meist solche von Handlungen des Propheten ﷺ, bei denen sich die Muslime absolut einig sind, daß er sie tat und befahl: wie zum Beispiel die Festlegung der genauen Gebetszeiten, die Anzahl der *Rakaʿāt* im Gebet, das Totengebet, die Festgebete, die Verschleierung der Frauen vor Männern, die nicht mit ihnen verheiratet bzw. verwandt sind, das Geben von *Ẓakāt* usw.

Al-Khabar al-Wāhid

Auch „*Khabar al-Āhād*" oder „*Ḥadīth al-Āhād*" genannt: wörtlich „einzelner Bericht, Überlieferung von Einzelpersonen". Dies ist ein Hadith, der bezüglich der Anzahl der Überlieferer nicht die Mindestgrenze des *Mutawātir* erreicht: so etwa ein Hadith mit 1, 2, 3, 4 usw. Überlieferern. Die meisten Gelehrten definieren, daß das, was nicht *Mutawātir* ist, *al-Khabar al-Wāhid* ist, wobei diese letztgenannte Gruppe noch weiter unterteilt wird.

Al-Mashhūr

Wörtlich: „der/das Berühmte". Diese Art des Hadith gehört zu den *al-Khabar al-Wāhid*, und manche Gelehrte sagten auch: was keine Überlieferungswege hat, die mehr als zwei Überlieferer beinhalten (also sehr direkt überliefert wird). Vom *Mashhūr* gibt es – genau wie vom *al-Khabar al-Wāhid* – starke (*ṣaḥīḥ*), schöne (*ḥasan*) und schwache (*ḍaʿīf*) Hadithe. Berühmt wird er genannt aufgrund seiner Klarheit und seiner weiten Verbreitung. Dies ist die Definition der Gelehrten der *Ḥanafiten*. In den anderen *Madhāhib* jedoch gibt es eine andere, und zwar eine Dreiteilung in *Mutawātir/Mashhūr/al-Khabar al-Wāhid*. Danach ist *Mashhūr* folgendes: in der Gefährten-Generation *al-Khabar al-Wāhid*, in der der Nachfolger und der Nachfolger der Nachfolger dann *Mutawātir*.

§ 13

DIE EINTEILUNG IN STÄRKEGRADE

Stärkegrade beziehen sich auf die einzelnen Ketten der Überlieferer beim einzelnen überlieferten Hadith, den *al-Khabar al-Wāhid*. Es gibt sehr viele Einteilungen, von denen die folgenden wichtig sind.

Ṣaḥīḥ li-Dhātihi

Die Kette ist durchgehend und ununterbrochen (*muttasil*), die Überlieferung des Überlieferers ist bestimmt von Aufrichtigkeit (*'adl*) und Korrektheit bzw. Treue zum Originaltext (*dabt*). Die Kette endet entweder beim Propheten ﷺ oder einem seiner Gefährten ﷺ oder einer anderen Person[21] und erfüllt die höchsten Eigenschaften, die zur Annahme eines Hadith als *ṣaḥīḥ li-dhātihi* (richtig seinem Wesen nach) erforderlich sind.

Ṣaḥīḥ li-Ghairihi

Ein Hadith, der alle vorher genannten Eigenschaften erfüllt, aber bei *dabt* (Korrektheit des Überlieferers, des *rāwī*) unvollkommen ist, jedoch auch von einer anderen Überlieferung gestützt wird, ist *ṣaḥīḥ li-ghairihi* (richtig aufgrund von etwas anderem als ihm selbst).

Ḥasan li-Dhātihi

Dieser Hadith entspricht grundsätzlich dem *ṣaḥīḥ*, allerdings ist *dabt* schwach, fehlt aber auch nicht gänzlich.

Ḥasan li-Ghairihi

Ein Hadith, bei dem ein Überlieferer eine Schwäche hat, ohne aber allzuviele Fehler zu haben oder gar sündhaft zu sein. Dazu kommt dann eine weitere, sichere Überlieferung eines anderen Überlieferers von einer anderen Seite oder vom selben Gewährsmann der Überlieferer, wodurch dieser Hadith dann gestützt wird und so *ḥasan li-ghairihi* (schön aufgrund von etwas anderem als ihm selbst) ist.

Ṣaḥīḥ al-Isnād

Wörtlich: „mit richtiger Kette". Ein Hadith, dessen Kette nach der Hadithuntersuchung zwar richtig ist, dessen Text aber irgendeinen Mangel bzw. Fehler aufweist.

Ḥasan al-Isnād

Wörtlich: „mit schöner Kette". Ein Hadith, der eine schöne (*ḥasan*) Kette besitzt, dessen Text aber irgendwie mangelhaft ist.

Ḥasan Ṣaḥīḥ

Zu diesem Begriff gibt es drei Definitionen:
1. Es gibt zu diesem Hadith zwei Ketten, die eine *ṣaḥīḥ*, die andere *ḥasan*.
2. Der Hadith ist *ḥasan li-dhātihi* und zugleich *ṣaḥīḥ li-ghairihi*.
3. *Ḥasan Ṣaḥīḥ* ist eine Stufe zwischen *ṣaḥīḥ* und *ḥasan*.

Ḥasan Ṣaḥīḥ Gharīb

Der Hadith ist nur von einer Seite überliefert, von jemandem, der in sich Korrektheit (*ḍabṭ*) und Aufrichtigkeit (*ʿadl*) vereinigt und der dann den Bericht nur an eine einzige Person weitergegeben hat.

Ḍaʿīf

Wörtlich: „schwach". Dieser Begriff umfaßt viele Unterteilungen, die von verschiedenen Gelehrten unterschiedlich aufgefaßt werden; grundsätzlich ist alles, was nicht *mutawātir*, *ṣaḥīḥ* oder *ḥasan* ist, *ḍaʿīf*.

§ 14

DAS ARBEITEN MIT SCHWACHEN ḤADĪTHEN

Diesbezüglich gibt es drei Richtungen unter den Hadith-Gelehrten:

1. *Richtung*

Sie vertritt die grundsätzliche Ablehnung, mit schwachen Hadithen zu arbeiten oder sich gar im Handeln nach ihnen zu richten. Diese Richtung vertraten zum Beispiel AL-BUKHĀRĪ und MUSLIM.

2. *Richtung*

Sie vertritt grundsätzlich die Möglichkeit, mit schwachen Hadithen zu arbeiten, auch wenn diese Hadithe nicht stark in anderen Kapiteln und Bereichen des Rechts gefunden werden. Diese Ansicht geht zurück auf AḤMAD BIN ḤANBAL, welcher meinte: „Die schwache Überlieferung ist uns (das heißt mir und meinen Anhängern) lieber als die Meinung der Männer (das heißt die private Meinung der Gelehrten)." Allerdings ging diese Gruppe von einer anderen Definition von „*ḍaʿīf*" aus: Es gab zu dieser Zeit nur die Einteilung in *ṣaḥīḥ* und *ḍaʿīf*, wobei alles, was nicht *ṣaḥīḥ* war, als *ḍaʿīf* bezeichnet wurde. Demnach war auch das, was später als *ḥasan* bezeichnet wurde, in dem Begriff „*ḍaʿīf*" mit enthalten; erst AT-TIRMIDHĪ benutzte den Begriff „*ḥasan*".

Zuvor unterteilte man die schwachen Hadithe in „*matrūk*" („was wegzulassen ist") und „*ghair matrūk*" („was nicht wegzulassen ist"). Daneben gab es noch die Begriffe „*ḍaʿīf munkar*" („was so schwach ist, daß es abgelehnt werden muß, damit zu arbeiten") und „*ḍaʿīf bāṭil*" („schwach im Sinne von ungültig"). Neben Aḥmad bin Ḥanbal gehört der Hadith-Sammler und Gelehrte Abū Dāwūd zu den bekanntesten Anhängern dieser Richtung.

3. *Richtung*

Daß man sich in seinem Handeln nach einem schwachen Hadith richtet, sofern es um Vorzüge (*faḍā'il*) im Handeln geht, um Ermahnungen, um Ansپornen und Einschüchtern (*targhīb wa tarhīb*). Hier läßt man Nachsicht walten bei solchen Ketten (*asānīd*) und Überlieferungen, die keinen klaren Beweis für Schwäche zeigen.

Wenn es jedoch um Glaubensgrundsätze (*ʿaqā'id*) wie die Eigenschaften Gottes geht, Fragen bei *Ḥalāl* und *Ḥarām* usw., wird nicht mit diesen Hadithen gearbeitet, und man richtet sich nicht nach ihnen, und in diesem Fall ist es unzulässig, bezüglich der Ketten und Überlieferungen nachsichtig zu sein – selbst wenn kein klarer Beweis für die Schwäche des betreffenden Hadith vorliegt. Dazu die Aussage des großen Hadithgelehrten an-Nawawī:

„Die Gelehrten unter den Hadith-Wissenschaftlern und Juristen sowie noch andere sagen: ‚Das Handeln bezüglich der *Faḍā'il*, des Anspornens und Einschüchterns (*at-targhīb wa-t-tarhīb*), ist nach einem schwachen Hadith zulässig (*jā'iz*) und wünschenswert (*mustaḥabb*), sofern es sich nicht um Grundlegendes handelt."

Was aber die verpflichtenden Bestimmungen (*aḥkām*) angeht – wie das Erlaubte und Verbotene (*al-ḥalāl wa-l-ḥarām*), Kauf und Verkauf (*al-bai'*)[22], Heirat (*nikāḥ*) und Scheidung (*ṭalāq*) und noch anderes, so wird diesbezüglich nicht wie mit richtigen (*ṣaḥīḥ*) Hadithen gearbeitet – es sei denn, daß man in einer Sache Vorsicht walten läßt."

Daraus ergeben sich zwei Dinge:

1. Daß bezüglich einer Sache, die mit *Aḥkām* zu tun hat, grundsätzlich nur mit dem gearbeitet wird, was „*ṣaḥīḥ*" oder „*ḥasan*" ist.
2. Daß man auch dann in *Aḥkām*-Angelegenheiten mit schwachen Hadithen arbeiten und sich danach richten kann, wenn es sich um Vorsichtsmaßnahmen handelt, wie etwa darum, daß zum Beispiel manche Kaufs- und Verkaufsarten abgelehnt werden (*makrūh* sind); aber eine solche Haltung ist nicht verpflichtend.

KAPITEL 5

DIE WICHTIGSTEN BEGRIFFE BEI DER ANWENDUNG DES ISLAMISCHEN RECHTS

§ 15

FARḌ (ABSOLUT VERPFLICHTENDES)

Rukn (unbedingt zu erfüllende Pflicht)

Rukn (wörtl.: „Säule“) bezeichnet eine Pflicht, die unverzichtbar zum Islam gehört und eine besondere Stellung einnimmt. So sind etwa die „fünf Säulen“ (*al-khamsatu arkān: shahāda, ṣalāh, zakāt, ṣaum ramaḍān, ḥajj*) solche „*Arkān*“ (Mehrzahl von „*rukn*“). Man muß diese Pflichten erfüllen und daran glauben, daß sie Pflichten sind. Wer die Dinge, deren Erfüllen „*Rukn*“ ist, ohne Entschuldigungsgrund nicht erfüllt und – ohne sein Tun zu bereuen – stirbt, muß damit rechnen, im Jenseits dafür bestraft zu werden. Die Unterlassung eines *Rukn* ohne Entschuldigungsgrund gilt als größere bis große Sünde (*kabīra*).

Farḍ bei der Ḥanafīya

„*Farḍ*“ bedeutet allgemein: „absolute Pflicht“. Bei der *Ḥanafīya* wird dieser Begriff im Unterschied zum Begriff „*wājib*“ gesehen und bedeutet: Etwas, was als absolute Pflicht erfüllt werden und woran zugleich als Pflicht geglaubt werden muß. Dies ist beispielsweise bei der Bedeckung der *'Aura* (den zu bedeckenden Körperbereich) der Fall: Man muß, wenn kein Entschuldigungsgrund vorliegt, seine *'Aura* bedecken und zugleich daran glauben, daß dies wirklich durch Gott ﷻ und Prophet ﷺ befohlen ist.

Farḍ bei den anderen Rechtsschulen

Die Definition von „*farḍ*“ ist bei der *Mālikīya, Shāfi'īya* und *Ḥanbalīya* grundsätzlich dieselbe wie bei der *Ḥanafīya* – nur wird bei ihnen „*farḍ*“ und „*wājib*“ (außerhalb des *ḥajj*) als ein- und dasselbe, nämlich als absolute Pflicht der Tat und dem Glauben nach, betrachtet.

Farḍ 'ain (Pflicht eines jeden einzelnen)

Der Ausdruck „*farḍ 'ain*“ bezeichnet eine Pflicht, die jeder einzelne erfüllen muß und die ihm von keinem anderen abgenommen werden kann (zum Beispiel das tägliche Pflichtgebet), im Unterschied zu „*farḍ kifāya*". In der Stärke der Verpflichtung entspricht „*farḍ ʿain*" dem, was allgemein über „*farḍ*" gesagt wurde.

Farḍ Kifāya
(Pflicht, die einer aus einer Gemeinschaft erfüllen muß)

Mit „*farḍ kifāya*" ist die Verpflichtung gemeint, die als solche erfüllt werden muß. Etwas, was „*farḍ kifāya*" ist, gilt als ebenso stark geboten wie etwas, was „*farḍ*" ist – nur gilt, daß, wenn mehrere in der Lage sind, diese Pflicht zu erfüllen, und einer von ihnen sie erfüllt, die anderen von dieser Pflicht entbunden sind.

Wenn zum Beispiel ein ausgesetztes Kind in einem Stadtviertel gefunden wird und alle davon unterrichtet werden, so ist es „*farḍ kifāya*" für jeden, der islamrechtlich Sorgerechte übernehmen darf, dieses Kind aufzunehmen und für es zu sorgen. Nimmt also jemand von denjenigen, die islamrechtlich das Sorgerecht übernehmen dürfen, dieses Kind auf, so entfällt diese Pflicht für die übrigen. Nimmt aber keiner von diesen Leuten das Kind auf, so kommt die Sünde für diese Nichterfüllung der Pflicht auf alle, die sie hätten erfüllen können.

„*Farḍ kifāya*" wird darum auch als „kollektive/gemeinschaftliche Pflicht" beschrieben; das Gegenstück dazu ist „*farḍ ʿain*", was oft dementsprechend als „individuelle/auf jede Einzelperson beschränkte Pflicht" beschrieben wird.

§ 16

WĀJIB (VERPFLICHTENDES)

Wājib bei der Ḥanafīya

Bei der *Ḥanafīya* wird der Begriff „*farḍ*" für die strikte Muß-Handlung verwendet, die sowohl der Überlieferung als auch dem Sinne nach durch eindeutige Belege gesichert ist. Von Mutawātir-Hadithen abgesehen, werden daher *Farḍ*-Handlungen durch *Ayāt* abgedeckt.

Wājib-Handlungen sind nach der hanafitischen Schule Dinge, die durch nicht eindeutig gesicherte Belege als verpflichtend genannt werden, und bilden daher einen Gegensatz zu den *Farḍ*-Dingen. Sie können als bedingtes Muß beschrieben werden.

Eine *Farḍ*-Handlung stellt einen Bestandteil von etwas dar. Wenn z. B. ein *Farḍ*-Element des Gebetes weggefallen ist, ist das Gebet als solches nicht vorhanden.

Eine *Wājib*-Handlung darf nicht absichtlich unterlassen werden. Wird sie jedoch vergessen, kann sie in der Regel ersetzt werden. Wer etwa beim

Gebet ein „*Wājib*" vergessen hat, kann es durch die Niederwerfungen des Vergessens ausgleichen.

Ein weiterer Unterschied ist, daß ein „*Farḍ*", an das man sich erinnert, wiederholt wird, aber ein „*Wājib*" nicht. Erinnert man sich im Gebet, daß man etwa eine *Rak'a* im Gebet vergessen hat, holt man sie nach der letzten regulären *Rak'a* nach; hat man das *Du'ā' al-Qunāt* vergessen und sich vor dem Schlußgruß daran erinnert, verrichtet man die Niederwerfung zur Entschuldigung, wiederholt aber das *Du'ā'* nicht.

Wājib bei den anderen Rechtsschulen

Bei den anderen Rechtsschulen gilt, daß „*Wājib*" dasselbe ist wie „*Farḍ*" – nur nicht beim *Ḥajj*: In diesem Falle gilt, daß eine Sache, die „*Wājib*" ist und nicht erfüllt wurde, durch ein Tieropfer wieder ausgeglichen werden kann. Wird aber ein „*Farḍ*" auf dem *Ḥajj* nicht erfüllt, ist der *Ḥajj* ungültig.

§ 17

MANDŪB (WÜNSCHENSWERTES)

Mandūb

Für „*Mandūb*" gibt es mehrere Bedeutungen; die beiden wichtigsten sind:

1. Alles, was nicht Pflicht, aber doch wünschenswert zu tun und nicht wertfrei ist. (Diese Bedeutung umfaßt alles, was „*sunna mu'akkada*" bzw. „*sunna ghair mu'akkada*" ist.)
2. Was dem Begriff „*sunna mu'akkada*" entspricht.

Sunna

Von den vielen Bedeutungen und Definitionen, die mit dem Wort „*Sunna*" verbunden werden, sind hier die folgenden wichtig:

1. Was dem Begriff „*mandūb*" entspricht, in der Bedeutung: alles, was zwischen „*farḍ*" und „*mubāḥ*" steht.
2. Was dem Begriff „*sunna ghair mu'akkada*" entspricht.

Sunna 'ain (sehr wichtige Sunna)

„*Sunna 'ain*" bezeichnet das Wichtigste bei den *Sunan*, was im Zweifelsfall immer Vorrang hat. Es ist zugleich ein Teil der „*Sunna mu'akkada*" – also das, was im Bereich der „*Sunna mu'akkada*" der Pflicht am nächsten kommt.

Sunna mu'akkada (wichtige Sunna)

„*Sunna mu'akkada*" (wichtige *Sunna*) steht zwischen „*Farḍ*" (absoluter Pflicht) und „*Sunna ghair mu'akkada*" (zusätzlicher *Sunna*) und bezeichnet das, was besser getan werden sollte, also der Pflicht nähersteht als dem „*Mubāḥ*" (Wertfreiem/Unbestimmbarem). Allerdings ist das Unterlassen einer „*Sunna mu'akkada*" zulässig und keine Sünde, im Gegensatz zu „*Farḍ*".

Sunna ghair mu'akkada (zusätzliche Sunna)

„*Sunna ghair mu'akkada*" steht zwischen „*Sunna mu'akkada*" und „*Mubāḥ*" (Wertfreiem/Unbestimmbarem); damit sind Dinge gemeint, die gut zu tun sind, aber wenn man sie unterläßt, ist das nicht schlimm. Dieser Bereich der „*Sunna ghair mu'akkada*" steht dem „*Mubāḥ*"-Bereich näher als dem Pflichtbereich.

§ 18

MUBĀḤ (WERTFREIES)

Mubāḥ

„*Mubāḥ*" bezeichnet alles, was weder Pflicht (*farḍ/wājib*) noch Verbot (*ḥarām*), noch wünschenswert (*mandūb*), noch abzulehnen (*makrūh*) ist. Das heißt: Es bezeichnet Dinge, die man tun oder lassen kann, wie man möchte, ohne daß Lohn oder Schaden im Jenseits davon zu erwarten ist. Dieser Bereich – der des „*Mubāḥ*" – wird daher als „wertfrei" oder „nicht einzuordnen" beschrieben. Er umfaßt eigentlich zwei Unterbereiche (siehe unten). Wird das Wort „*Mubāḥ*" benutzt, kann man allerdings nicht wissen, zu welchem Bereich dieses „*Mubāḥ*" nun gehört. Das ist aber auch nicht wichtig, da alle Arten von „*Mubāḥ*" in ihrer Rechtsbestimmung gleich sind.

Mubāḥ als Nicht-Erfaßtes

„*Mubāḥ* als Nicht-Erfaßtes" bedeutet, daß es in den Quellen keinen Beleg dafür gibt, wie man die betreffende Handlung einzuordnen hat, und daß es auch durch Herleitungsmethoden wie *Qiyās* usw. nicht möglich war, der Handlung eine Rechtsbestimmung zuzuweisen; daher ist sie nicht einzuordnen und daher wiederum wertfrei.

Mubāḥ als ausdrückliche Kategorie

„*Mubāḥ* als ausdrückliche Kategorie" bezeichnet die Handlungen, die durch die Quellen bzw. durch die Rechtsmethoden des *Fiqh* als ausdrücklich wertfrei erkannt wurden. In der Rechtskraft ist kein Unterschied zur vorherigen Kategorie festzustellen, wie schon oben bei „*Mubāḥ*" erklärt.

§ 19

MAKRŪH (ABZULEHNENDES)

Makrūh

„*Makrūh*" kennzeichnet Handlungen, die zwar noch nicht verboten (*ḥarām*), jedoch schon abzulehnen sind. Wird das Wort „*makrūh*" ohne Zusatz wie „*tanzīhan*" bzw. „*taḥrīman*" verwendet, ist damit der gesamte Bereich zwischen „*mubāḥ*" und „*ḥarām*" gemeint. Handlungen zu tun, die *makrūh* sind, ist zwar nicht sündhaft bzw. im islamischen Recht strafbar, doch abzulehnen, weil diese Handlungen den Muslim/die Muslimin an zweifelhaftes Verhalten gewöhnen können bzw. dazu führen, daß der Muslim/die Muslimin sich von den lobenswerten Dingen fernhält. Daher steht der *Makrūh*-Bereich zwischen dem *Mubāḥ*- und dem *Ḥarām*-Bereich[23].

Makrūh tanzīhan (in geringem Maß Abzulehnendes)

Dieser Bereich bezeichnet das, was dem *Mubāḥ*-Bereich nähersteht als dem *Ḥarām*-Bereich – was also nur geringfügig abzulehnen ist. „*Makrūh tanzīhan*" steht demnach zwischen „*mubāḥ*" und „*makrūh taḥrīman*".

Makrūh taḥrīman (in starkem Maß Abzulehnendes)

Dieser Bereich steht dem Verbot (*ḥarām*) näher als dem Wertfreien (*mubāḥ*); damit werden Handlungen bezeichnet, die unbedingt unterlassen werden sollten, da sie dem Verbot schon sehr nahe kommen – auch wenn sie noch keine verbotenen/sündhaften Handlungen sind. „*Makrūh taḥrīman*" steht zwischen „*makrūh tanzīhan*" und „*ḥarām*".

§ 20

ḤARĀM (VERBOTENES)

Ḥarām

Dieser Bereich – das Verbotene, „*Ḥarām*" – ist besonders wichtig, denn im islamischen Recht gilt: Alles, was nicht verboten ist, ist erlaubt, was aber selbst verboten ist oder mit Verbotenem verknüpft oder darauf gegründet ist, wird von Gott nicht angenommen. Dieser Bereich ist aber auch darum wichtig, weil er mit vielen Mißverständnissen – gerade im Volksverständnis – verbunden ist. Viele unwissende Leute (*juhhāl*) neigen nämlich leicht dazu, alles, was „*makrūh*" ist, oder sogar erlaubte Handlungen, die im Volksglauben verabscheut werden, ebenfalls für „*ḥarām*" zu erklären.

Das führt zu äußerst üblen Folgen:

1. Es entsteht Unterdrückung denen gegenüber, denen etwas zu Unrecht verboten wird, und der Islam wird bei ihnen zu einem System der Gängelung, der Unfreiheit. Dies ist vor Gott eine große Sünde, da dadurch die Kinder solcher unwissenden Leute oft zu Feinden des Islams werden: Sie können ja in der Regel selbst auch nicht erkennen, wie falsch diese selbsterfundenen Verbote sind, und werden – sobald sie erwachsen sind – auch keine Lust verspüren, sich mit dem nun verhaßten System zu befassen.

2. Es ist eine schwere Sünde, sich zu weigern, Wissen zu sammeln[24] und statt dessen einfach etwas zu verbieten, nur weil es bequemer ist; wer also in dieser Art anderen etwas verbietet, was in Wirklichkeit keineswegs verboten ist, begeht eine Sünde

a) gegen Gott, weil es nur ihm zukommt, etwas zu verbieten;
b) gegen den Propheten ﷺ als dem Vorbild der Muslime, wenn ihm ein solches Verbot zugeschrieben wird;
c) gegen die Umma, weil er ihr schadet, indem er ihr andere durch sein Verbot entfremdet;
d) gegen diejenigen, denen er dieses Verbot mitteilt – gleich, ob er ihnen etwas direkt verbietet oder ihnen nur allgemein davon erzählt, weil er sie dadurch irreleitet;
e) gegen sich selbst, weil er durch diese Handlung selbst eine Sünde begeht[25].

Ḥarām hurmatan ṣughrā (*was im kleineren Maß verboten ist*)

Etwas, „was im kleineren Maß verboten ist" (*ḥarām hurmatan ṣughrā*), muß unbedingt vermieden werden wie auch jeder andere Unterbereich des

„*Ḥarām*". Das Besondere in diesem Bereich ist, daß eine so begangene Handlung aus diesem Bereich durch Reue des Täters und Dinge wie das tägliche Pflichtgebet wieder vor Gott als weggewischt, als nicht getan gilt. Wer eine derart verbotene Tat begeht, wird außerdem nicht ungläubig und muß keine spezielle Sühnehandlung (*kaffāra*) erfüllen.

Ḥarām hurmatan kubrā (*was im größeren Maß verboten ist*)

Was im Bereich des „*ḥarām hurmatan kubrā*" liegt, kann als Sünde nicht durch einfache Reue, das heißt nicht ohne Sühnehandlung (*kaffāra*), vor Gott ausgelöscht werden. Eine Handlung, die mit diesem Bereich gekennzeichnet wird, gilt als im starken Maß verboten. Der Bereich von „*ḥarām hurmatan kubrā*" liegt zwischen „*ḥarām hurmatan ṣughrā*" und „*kabīra*" (große Sünde).

Kabīra (*große Sünde*)

Handlungen, die als „*Kabīra*" eingestuft werden, sind – wie auch „*Rukn*" im positiven Pflichtbereich – mit dem formalen Recht (*fiqh*) und den Glaubensgrundsätzen (*'aqā'id*) zugleich verbunden. Wer eine solche Tat begeht, muß aufrichtig bereuen und (bei manchen Arten der „*Kabīra*") bestimmte Sühnehandlungen (*kaffārāt*) erfüllen. Wer eine dieser Taten begeht, wobei er weiß, daß es sich um eine *Kabīra* handelt, wird in schweren Fällen (das heißt bei manchen der *kabā'ir*, wie *shirk*) ungläubig bzw. kann – in den anderen Fällen – nicht mehr als wirklich gläubiger oder anständiger Mensch und Muslim bezeichnet werden. Wer eine schwere „*Kabīra*", die ihren Täter ungläubig werden läßt, wissentlich und bewußt begeht, muß

- aufrichtig bereuen und Gott um Verzeihung bitten,
- eine Sühnehandlung (*kaffāra*) erfüllen, wenn vorgeschrieben,
- die Folgen der Tat – wenn vorhanden und bleibend – wieder gutmachen oder dies zu tun versuchen,
- vermeiden, diese Tat zu wiederholen.

Wer in einem solchen Fall einen dieser Punkte nicht korrekt erfüllt, muß als ungläubig gelten. Wer in diesem Fall zudem bis spätestens kurz vor seinem Tod nicht aufrichtig bereut, stirbt als Ungläubiger.

KAPITEL 6

DIE ROLLE VON BRAUCH ('URF) IM ISLAMISCHEN RECHT

§ 21

ALLGEMEINE VORSTELLUNG DER BEGRIFFE „'URF" UND „'ĀDA"

In der Rechtslehre (*fiqh*) werden *'Urf* und *'Āda* schon zur Gründungszeit der Rechtsschulen verwendet. Hier zunächst die Definition von AL-GHAZĀLĪ[26]: „*'Āda* und *'Urf* ist das, was in den Seelen seitens der Vernunft dauerhaft beharrt und von den gesunden Naturanlagen bereitwillig akzeptiert wird, oder das, was die Bewohner des islamischen Herrschaftsbereichs mit gesunden Naturanlagen sich angewöhnt haben – allerdings unter der Bedingung, daß es nicht einem rechtskräftigen Text der Grundquellen widerspricht."

'Urf, so kann man heute sagen, ist das, was von der Allgemeinheit durch stetige Wiederholung an Wort und Tat als Brauch angenommen worden ist und was in dem Denken der Leute mit gesundem Verstand als gut betrachtet wird.

§ 22

WAS VOM ISLAMISCHEN RECHT HER ALS KORREKTER BRAUCH ANERKANNT WIRD UND WAS NICHT

Mit dem Begriff „korrekter Brauch" (*'urf mu'tabar*) ist nicht alles gemeint, woran sich die Leute eines Volkes in ihrer Geschichte allgemein gewöhnt haben, sondern nur das, was davon einem erwachsenen, gesunden Denken und gesunden (nicht perversen oder völlig abwegigen) Naturanlagen entspricht[27]. Aber ein Brauch, der mit Schädigung von Menschen, ihrem Besitz und ihrer Würde verbunden ist bzw. der keinerlei (erlaubten) Nutzen[28] für den Einzelmenschen und die Gesellschaft (Familie, Nachbarn, Mitmenschen allgemein) hat, wird als islamrechtlich verbotener und damit nichtiger Brauch (*'urf fāsid*) betrachtet; auf einem solchen Brauch kann und darf kein Urteil eines islamischen Richters basieren noch irgendeine *Fatwā* (Rechtsgutachten) eines Gelehrten.

Mit „*'Urf ṣaḥīḥ*" ist also ein Brauch gemeint, der

- keiner grundsätzlichen islamrechtlichen Rechtsbestimmung (*ḥukm*) bzw. keinem klaren Rechtstext der Quellen (*Qur'ān* und echter *Sunna*) offen widerspricht oder der Tat nach entgegenwirkt,
- keiner feststehenden, von Zeit und gesellschaftlichen Verhältnissen unabhängigen, allgemein von den Gelehrten anerkannten Rechtsmeinung (*iǧmā'*) bzw. keinem rechtskräftigen Urteil eines Richters (*qāḍī*) bzw. keinem derzeit gültigen *Ḥukm* widerspricht.

Die Gültigkeitsvoraussetzungen für den Brauch als Rechtsquelle sind, zusammengefaßt und ausführlicher dargestellt, die folgenden:

1. Der Brauch muß bei denen, die ihn befolgen, in Hinblick auf ihre Rechtsgeschäfte überwiegend konstant sein. Wird er jedoch mal befolgt, ein anderes Mal gelassen – ohne daß dies als schlecht im Sinne des Brauches gilt –, so reicht der betreffende Brauch nicht als Rechtsquelle aus.
2. Ein Brauch muß zum Zeitpunkt, wo er eine entscheidende Rolle – speziell bei der Begründung von Urteilen, Rechtsgutachten (*fatāwa*) – spielen soll, im fraglichen Fall schon fest bestanden haben.

3. Es darf keine anderslautende Regelung der beteiligten Personen – speziell bei Verträgen – geben, die dem betreffenden Brauch widersprechen. Ist dies nämlich der Fall, kommt man auf einen derartigen Brauch gar nicht erst zurück.

4. Der Brauch darf keinen Rechtstext der Quellen (*qur'ān* und *sunna*) außer Kraft setzen bzw. ihm in seiner Auswirkung widersprechen.

Ein Sonderfall liegt vor, wenn während der Prophetenzeit ein Brauch als gut angesehen und vom Propheten ﷺ bestätigt wurde; in diesem Falle wird dieser Brauch gewissermaßen selbst zu einer bedingten Rechtsquelle, da der Brauch von der *Sunna* solcherart bestätigt wird.

Der Brauch an sich ist aber keine Quelle für richterliches Urteilen oder Rechtsgutachten; er dient vielmehr dem Erkennen von Wortbedeutungen und ähnlichem und der sich daraus ergebenden Folgen für die Handlungen und ihre Beurteilung[29].

So ändern sich denn auch viele Fatwas im Laufe der Zeit, weil sich ein zugrundeliegender *'Urf* bzw. eine zugrundeliegende *'Āda* änderte. Auch kann ein *Qiyās*, der von einem früher bestehenden Brauch beeinflußt wurde, durchaus von einem neuen Brauch, der den alten aufhebt, mit aufgehoben werden[30].

§ 23

UNTERSCHIEDE UND GEMEINSAMKEITEN BEI „'URF" UND „'ĀDA"

Es gibt Gelehrte, die die Begriffe „*'Urf*" und „*'Āda*" gleichsetzen. Manche unterscheiden zwischen beiden Begriffen, indem sie sagen: „*'Āda*" bedeutet einfach „Wiederholung", wie im Fall einer Gewöhnung an eine Sache, Handlung usw. seitens einer Einzelperson oder seitens einer ganzen Gruppe von Menschen. Dabei bedeutet „*'Urf*" nach dieser Ansicht „individuelle Sitte", „*'Āda*" „gesellschaftliche Sitte".

Nach einer weiteren (allgemeiner akzeptierten Definition) kann sich *'Urf* als Begriff nur auf die gesellschaftliche Sitte beziehen, denn woran sich einzelne Menschen gewöhnen bzw. gewöhnt haben, ist noch kein *'Urf*. Dieser muß sich erst aus der Gewöhnung des überwiegenden Teils oder der Gesamtheit der Bevölkerung bzw. einer Gemeinschaft verwirklichen[31].

Dabei wird kein Unterschied zwischen den einfachen (rechtsunkundigen) Leuten, Leuten mit solider Rechtsbildung (*muttabi'ūn*) und Gelehrten gemacht (welche zu selbständiger Rechtsfindung aus den Quellen fähig sind). Andererseits kann auch ein solcher Brauch anerkannt sein, der sich nur innerhalb einer bestimmten gesellschaftlichen Schicht – dort aber allgemein – durchgesetzt hat[32].

§ 24

BESONDERE DEFINITIONEN VON „'ĀDA"

„*'Āda*" bezeichnet nach manchen Definitionen eine Sitte, die eine übergreifende Bedeutung bzw. allgemeine Verbreitung in allen Ländern oder einigen von ihnen hat. Dabei ist zu beachten, daß die Rechtsgelehrten die Sitte und den Brauch nur von einem bestimmten Gesichtspunkt aus betrachten: insofern er nämlich die Regel ist, auf der die praktischen Urteile bzw. Rechtsgutachten beruhen. *'Āda* bezieht sich daher manchmal auf eine individuelle Sitte, *'Urf* auf den Brauch einer Gesellschaft.

- *'Āda* ist demnach das, was sich ohne Beziehung zum Nachdenken wiederholt, also nicht ein wiederholtes Verhältnis von Ursache und Wirkung.

- *ʿUrf* gebraucht man aber nur bei Verhalten, das sich durch Nachdenken und aus freier Entscheidung ergibt.

In sehr vielen Fällen haben die beiden Begriffe aber die gleiche Bedeutung, und wahrscheinlich ist die Unterscheidung zwischen beiden auch erst später eingesetzt worden und eher theoretischer Natur[33].

§ 25

EINTEILUNGEN BEIM BRAUCH (ʿURF)

Grundsätzlich wird zwischen dem „korrekten Brauch“ (*ʿurf ṣaḥīḥ*) bzw. dem „rechtlich anerkannten Brauch“ (*ʿurf muʾtabar*) einerseits und dem „unzulässigen, nichtigen Brauch“ (*ʿurf fāsid*) unterschieden. Man unterscheidet des weiteren innerhalb des „korrekten Brauchs“ (*ʿurf ṣaḥīḥ*) zwischen einem allgemeinen Brauch (*ʿurf ʿāmm*) und einem besonderen (*ʿurf khāss*), wobei der allgemeine sich auf ein gesamtes islamisches Gebiet bzw. auf die gesamte Umma der Muslime bezieht und der zweite nur für ein Land, eine Gegend, eine Stadt, eine Berufsgruppe usw. gilt. Auch wird unterschieden zwischen einem Brauch, der sich auf die Sprache bezieht (*ʿurf qaulī*), und einem, der auf das Handeln Bezug nimmt (*ʿurf ʿamalī*).

Wie oft sich etwas wiederholt haben muß, um als Brauch zu gelten, steht bei den Gelehrten aber nicht eindeutig bzw. nicht übereinstimmend fest.

Anmerkungen:

1 Die eigentlichen traditionell-islamischen Wissenschaften, die erst mit dem Islam entstanden, nennt man „die tradierten, abgefaßten Wissenschaften“ (*al-'ulūm an-naqlīya al-waḍ'iya*), im Unterschied zu den bekannten Naturwissenschaften wie Physik, Mathematik usw., welche die ersten Muslime durch Kontakt mit der griechischen, indischen und iranischen Kultur kennenlernten und weiterentwickelten.

2 Dies sind Verse des Koran, die bestimmte Rechtsbestimmungen (*aḥkām*, Sg.: *ḥukm*) beinhalten. Siehe dazu auch den entsprechenden Abschnitt im ersten Teil.

3 Diese Rechtsquellen bzw. Rechtsmethoden sind nicht von allen Rechtsschulen gleichermaßen anerkannt.

4 Lediglich die malikitische Rechtsschule vertritt die Auffassung, daß die Lehrmeinung der Gefährten, ihrer Nachfolger und die deren Nachfolger „zwingende Rechtsquelle“ sein kann.

5 „In allgemeiner Form“ heißt hier: daß man die Titel und den groben Inhalt kennt, so daß man bei Bedarf gezielt die Einzelheiten nachsehen kann.

6 Es war dem Propheten ﷺ wohlbekannt, daß es unter seinen Gefährten unterschiedliche Meinungen geben würde. In diesem Sinne wird das Wort des Propheten ﷺ in sicherer Überlieferung angegeben: „Das Verhältnis von mir und meinen Gefährten ist das der Sonne und der Sterne; welchem meiner Gefährten ihr auch nachfolgt, ihr werdet rechtgeleitet sein.“ Daraus und aus dem Verhalten der Gefährtengeneration wird ersichtlich, daß unterschiedliche Ansichten per se zulässig waren und keine uniforme Meinung gefordert war.

7 Etwa die Gruppe des Irak, die die freie Anwendung der Rechtsauslegung beim *Mujtahid* bevorzugte (*ta'arruq* genannt), oder die Vertreter der Meinung, die die Hadithe aus der Prophetenzeit und die Überlieferungen der *Tābi'īn* und die der Medinenser mit dem *Ra'y* verbanden (*ahl al-ḥijāz* genannt).

8 Hierzu bezog und bezieht man sich auf das gesicherte Prophetenwort ﷺ: „Meine Gemeinde wird in keinem Irrtum völlig übereinkommen.“

9 Das Wort „*Salafīya*“ bezieht sich auf den Ausdruck „*as-Salaf aṣ-ṣāliḥ*“, was „die aufrichtigen Vorgänger“, „die aufrichtigen früheren Generationen“ bedeutet. Gemeint ist hier das Vorbild der Prophetengefährten und ihr unmittelbarer Zugang zu den Grundquellen *Qur'ān* und *Sunna* – ein Vorbild, das dementsprechend auch von der „*Salafīya*“ als Vorbild aufgefaßt wird, zu dem man ohne den Vermittlungsweg der *Madhāhib* zurückkehren müsse.

10 Durch die starke Verknöcherung der *Madhāhib* gerade während der letzten Zeit des Osmanischen Reiches bildete sich unter der religiösen Bildungsschicht eine Bestrebung heraus, diese Stagnation durch einen Neubeginn im Verständnis des Fiqh aufzubrechen. Daß letztendlich die salafitische Bewegung sich meist aus nicht gelehrten Muslimen zusammensetzte, war klar, weil seinerzeit aus den traditionellen Gelehrtenzirkeln keine neuen Impulse hervortraten.

11 Diese letztgenannte Ansicht ist allerdings falsch: Da die *Madhhab*- und *Taqlīd*-Frage keine Angelegenheit der *'Aqā'id* ist, darf niemand so eine Aussage von sich geben.

12 Als „*Bid'a*“ wird im Bereich des *Fiqh* eine Handlung bezeichnet, die in die Religion eingeführt wird, ohne daß ein Beleg seitens des Korans oder der Prophetentradition vorliegt. Eine solche „unzulässige Neuerung“ gilt als eine verbotene Handlung. Andererseits ist es gerade in neo-salafitischen Kreisen üblich, diesen Begriff auf alles anzuwenden, was der eigenen Meinung nicht entspricht.

13 Zur Entstehung der *Madhāhib* siehe § 6, ➾ S. 119 f.

14 Man merkt, wie groß das Problem der Unwissenheit auch heute noch ist, wenn man zum Beispiel fragt, wer von den traditionellen Muslimen – denen, die offiziell als Muslime geboren wurden – weiß, wie das Freitagsgebet abläuft, wie der *Ḥajj* durchgeführt wird, welche Geschäftsarten es im islamischen Recht gibt: fast niemand oder nur eine verschwindende Minderheit. Und das, obwohl heutzutage ein viel größerer Anteil der islamischen Gesellschaften lesen und schreiben kann als in früheren Jahrhunderten und es viel mehr Bücher (Buchdruck!) gibt als jemals zuvor.

15 Man kann grundsätzlich zwischen drei Wissensstufen unterscheiden:

1. *Taqlīd* = daß man sich völlig und ohne Einschränkung auf die Aussage von Gelehrten und Wissenden verlassen muß, da man selbst über (so gut wie) kein Wissen verfügt, um entscheiden zu können, wie und warum eine Meinung des *Fiqh* besteht. Eine solche Person wird „*Muqallid*" genannt und kennt die Wissenschaften des Islam nicht.
2. *Ittibā'* = daß man sich grundsätzlich einem *Madhhab* anschließt, aber keinen völligen *Taqlīd* mehr ausübt. Einzelmeinungen können auf ihre Stärke hin erfaßt und bewertet werden, die Wissenschaften sind bekannt, alle wichtigen Bestimmungen des *Fiqh* und der *Uṣūl* sind bekannt. Eine solche Person wird „*Muttabi'*" genannt und darf weder gegen ihr Wissen einer schwächeren Einzelmeinung folgen, noch darf sie umgekehrt eine *Fatwā* (Rechtsgutachten) geben, noch Richteramt ausüben (*qaḍā'*).
3. *Ijtihād* = daß man die Stufe der höheren Gelehrtenschaft erreicht hat, die Wissenschaften meistert und über so viel Wissen und Erfahrung verfügt, daß man Rechtsgutachten (*fatwā*) geben darf und Richtertätigkeit ausüben kann (*qaḍā'*). Eine solche Person wird „*Mujtahid*" genannt.

16 Wie man erkennt, ist die Stufe des *Muttabi'* die eines gebildeten Muslims/einer gebildeten Muslimin, welche/r noch nicht die Stufe der eigentlichen Gelehrten erreicht hat.

17 Eine „Rechtsschule" bzw. ein fester „*Madhhab*" ist dadurch gekennzeichnet, daß er sich auf eine besonders geachtete Gelehrtenpersönlichkeit hin definiert, daß die von dieser Persönlichkeit besonders herangezogenen Quellen des *Fiqh* in diesem *Madhhab* stark herangezogen werden. Dabei spielt es letztlich keine Rolle, ob ein solcher Gelehrter eine Schule im eigentlichen Sinne begründete (wie etwa bei ash-Shāfi'ī) oder ob er im nachhinein als der herausragendste der betreffenden Gelehrten jenes *Madhhab* gilt (wie etwa bei Mālik). Als Gesinnungsgruppe hingegen gilt eine Gruppe von Gelehrten, die meist räumlich und in ihrer konkreten Auslegung weitgehend einer Auffassung sind und das auch in der Öffentlichkeit kundtun.

18 Zu weiteren Bedeutungen des Wortes siehe im „Buch über das Gebet", Kapitel 12 über „Das Vorbeten (*imāma*)", S. 363 ff.

19 Die Muslime in Pakistan und (Nord)Indien muß man als kulturelle Einheit betrachten.

20 Zur Zeit des islamischen Spaniens war auch dort die *Mālikīya* alleinig vorhandene Rechtsschule.

21 In der Regel ist mit dem Wort „Hadith" eine Überlieferung vom Propheten selbst gemeint.

22 Im klassischen Arabisch heißt „*bai'*" unter anderem: a) Verkauf, b) Kauf und Verkauf. Heutzutage wird unter „*Bai'*" meist nur „Verkauf" – und dies als Gegensatzbegriff zu „*Shirā'*", „Kauf", – verstanden.

23 Da gerade dieser Bereich bei der *Ḥanafīya* sehr umfangreich ist, wurden speziell von dieser Rechtsschule die weiter unten beschriebenen Unterbereiche „*Makrūh tanzīhan*" bzw. „*Makrūh taḥrīman*" benutzt; heute werden diese Kategorien jedoch auch von anderen *Madhāhib* des öfteren verwendet.

24 Siehe dazu auch den entsprechenden Abschnitt in der Einleitung zum zweiten Teil des Buches.

25 Wer aus Unwissenheit etwas verbietet, ohne wirklich die Gelegenheit zu haben, wissendere Muslime zu fragen, macht sich – so Gott will – nicht schuldig. Wer aber nachfragen könnte und es aus Bequemlichkeit, Hochmut oder dem Bewußtsein heraus nicht tut, wird sündig (ohne dabei ungläubig, „*Kāfir*", zu werden). Wer schließlich bewußt – ohne *Jāhil* zu sein – etwas verbietet, was Gott der Erhabene geboten hat, oder gebietet, was Gott verboten hat, wird sogar ungläubig (*kāfir*).

26 Gemeint: der ältere Gelehrte al-Ghazālī, dem Verfasser des berühmten Werkes *Iḥyā' 'Ulūm ad-Dīn* („Wiederbelebung der Religionswissenschaften"), nicht der zeitgenössische ägyptische Gelehrte Muḥammad al-Ghazālī. Es sei angemerkt, daß der ältere al-Ghazālī auch als Gelehrter der Rechtswissenschaften und der Grundlagenwissenschaften des Rechts (*fiqh* bzw. *uṣūl al-fiqh*) bedeutend ist, nicht nur als Vertreter der gemäßigten Mystik, wie viele einfache Muslime meinen – daher auch hier das Zitat.

27 Ein Brauch im Sinne des *'Urf mu'tabar* ist zwar nichts, was auf anerkannten Grundquellen (*āyāt* des *qur'ān*, korrekten Hadithen) beruht, aber er hat einen *Ḥukm* (Rechtsbestimmung):

- er ist grundsätzlich *mubāḥ*, insofern er weder *farḍ* noch *ḥarām*, weder *mandūb* noch *Sunna* noch *makrūh* ist;
- er ist in seiner Durchführung wünschenswert (*mustaḥabb*), wenn er dem Rechtsprinzip der „*Maṣāliḥ*" entspricht (wenn er zu den Dingen gehört, die in sich selbst oder in dem, was sie bewirken, nutzbringend sind und rechtlich zu guten Ergebnissen und Zuständen führen).

28 Mit erlaubtem Nutzen ist hier gemeint, daß ein Mensch aus der Durchführung eines solchen Brauches in einer Art und Weise Nutzen zieht, die vom islamischen Recht generell erlaubt ist. Wenn etwa jemand im Rahmen eines Brauches bei einer Hochzeitsfeier Sachwerte (wie elektrische Geräte, Möbel usw.) oder Geld (aus erlaubten Einnahmequellen wie korrekten Kaufgeschäften des Schenkenden) erhält, so ist das dann ein korrekter Brauch. Wenn aber im oben genannten Beispiel

- der Brauch so hohe Geschenke durch gesellschaftliche Zwänge von den Schenkenden erwartet, daß sie dadurch finanziell stark geschädigt werden, bzw.
- die Geschenke aus unerlaubten Quellen stammen (Rauschmittelverkauf, Zins- und Wuchergeschäfte, Betrügereien, Prostitution), bzw.
- der Brauch in seinem ursprünglichen Sinngehalt so verändert ist, daß er nur noch akzeptiert wird, um Besitz zu erpressen,

so ist dieser Brauch unzulässig und verboten (*ḥarām*) bzw. ein „ungültiger Brauch" (*'urf bāṭil*). Ein solcher ungültiger Brauch bedeutet und bewirkt dasselbe wie alle anderen Fälle von Ungültigkeit im Recht:

- Aus einem ungültigen Brauch abgeleitete Rechte und Pflichten (speziell finanzielle) sind islamrechtlich nicht vorhanden,
- unterlassene Handlungen im Rahmen eines solchen Brauches sind nicht einklagbar,
- bei Durchführung eines solchen Brauches erwirbt sich der Beteiligte in keinem Fall Verdienst im Jenseits, sondern begeht im Zweifelsfall eine Sünde, weil er

mit der Durchführung des Brauches gegen islamrechtlich anerkanntes Recht verstößt.

29 Das gilt besonders in Fragen des *Mahr/Ṣadāq* (Brautgabe), wobei oft „angemessene" Werte festgelegt werden, welche der Braut zu übergeben sind – gemeint: dem ortsüblichen Brauch entsprechend. So wird ein islamischer Richter (oder jemand, der seine Stelle einnimmt), der einen Ehevertrag mit den Beteiligten festhält, gegebenenfalls nachfragen, wie hoch bestimmte Werte entsprechend dem Ortsbrauch der Heimatorte von Braut und Bräutigam festgelegt sind. Das muß zwingend bei dem sogenannten „*Mahr al-Mathal*" (dem „entsprechenden *mahr*") geschehen, der ein den Ortsbedingungen entsprechend mittelhohes *Mahr* darstellt und in bestimmten Fällen von Scheidung und Eheauflösung übergeben werden muß.

30 Das ist insofern ganz natürlich, als in der islamischen wie auch in anderen Rechtsordnungen gilt: Basiert eine Rechtsbestimmung zwingend auf der Grundlage einer anderen Rechtsbestimmung und ändert sich dann die zugrundeliegende Rechtsbestimmung, so wird die erste Rechtsbestimmung – zumindest in ihrer vorliegenden Form – ungültig. Das gilt im islamischen Recht ohne Kompromiß: ein *Ḥukm* (Rechtsbestimmung) bzw. eine *Fatwā*, die auf inzwischen aufgehobenen Bräuchen oder Umständen basieren, sind ungültig und dürfen nach übereinstimmender Meinung der Gelehrten der „*Uṣūl al-Fiqh*"-Wissenschaften auf keinen Fall mehr Beachtung finden.

31 Gemeint sein kann hier sowohl

- ein ganzes Volk
- die Angehörigen einer Minderheit (zum Beispiel auch muslimische Minderheiten in weitgehend nichtmuslimischen Völkern),
- die Bewohner einer Provinz, einer Stadt, eines Dorfes.

32 Wenn etwa in (allen) Reichen eines Landes, einer Provinz oder auch einer größeren Stadt Besitzgeschenke in einer besonderen Art zu besonderen Anlässen üblich sind oder wenn allgemein innerhalb eines bestimmten Berufsstandes besondere Sitten bei Hochzeiten, Beschneidungen oder der Rückkehr der *Ḥajj*-Pilger üblich sind, so wird ein solcher Brauch auch als *'Urf mu'tabar* betrachtet – unter Beachtung der grundsätzlichen Rechtsbestimmungen der *Sharī'a* natürlich.

33 Im vorliegenden Buch soll daher an entsprechenden Stellen nur von „*'Urf*" im Sinne eines „*'Urf mu'tabar*" gesprochen werden.

I.

Buch über die Reinheit

Ṭahāra

KAPITEL I

ROLLE UND VERSTÄNDNIS VON REINHEIT (ṬAHĀRA)

§ 1

GRUNDSÄTZLICHES

In mehr als einer richtigen Überlieferung (*ḥadīth ṣaḥīḥ*) hat der Gesandte Gottes ﷺ gesagt:

„Die Reinheit (*ṭahāra*) ist die Hälfte[1] der Religion."

„Gott ist rein (*ṭāhir*) und nimmt nur Reines (*ṭāhir*) an."

Unter Reinheit werden im Islam zwei Dinge verstanden:

– a. körperliche Reinheit und – b. rituelle Reinheit.

Unter körperlicher Reinheit versteht man im Islam und im islamischen Recht, daß – außer bei echter Notwendigkeit und nur so kurz wie möglich – keine unreinen Dinge (*najāsāt*) oder ekelerregenden Substanzen vorhanden sind, weder am Körper des Menschen noch an seiner Kleidung, noch an den Dingen, die er im täglichen Leben verwendet. Dazu zählt auch die korrekte Körperpflege des Menschen (Pflege von Kopf- und Barthaar, Enthaarung der Achselhöhlen usw.).

Unter der rituellen Reinheit versteht man eine Reinheit, die es dem Muslim/der Muslimin ermöglicht, zu beten, zu fasten und allgemein gottesdienstliche Handlungen (*'ibadāt*) zu verrichten, für die rituelle Reinheit verpflichtend vorhanden sein muß.

Sofern der Muslim/die Muslimin die Möglichkeit hat, sich körperlich zu reinigen, so muß er/sie das tun; nur bei Entschuldigungsgründen ist es einem Muslim erlaubt, die körperliche Reinigung und Reinhaltung zu unterlassen. Die rituelle Reinheit ist grundsätzlich verbunden mit der körperlichen; ist es aber unmöglich, sich körperlich zu reinigen, so treten bestimmte Ersatzhandlungen (Ersatzwaschungen) in rein ritueller Form an die Stelle der konkreten Waschung. Im islamrechtlichen Sprachgebrauch wird meist nicht zwischen der nur rituellen, der nur körperlichen und der beide Aspekte verbindenden Reinheit unterschieden. Man bezeichnet die „Reinheit" (meist die rituelle und körperliche zugleich) als „*Ṭahāra*", etwas zugleich körperlich und rituell Reines als „*Ṭāhir*".

§ 2

ORT UND ART DER REINHEIT HINSICHTLICH DER ARTEN DER AUFHEBUNG DER REINHEIT

Der Zustand der Reinheit umfaßt bezüglich des Ortes:

- den Körper des Menschen
- seine Kleidung, die er am Körper trägt
- den Ort, an dem er sich befindet (besonders während einer gottesdienstlichen Handlung – *'ibāda*).

Der Muslim muß grundsätzlich immer darauf achten, daß er bezüglich dieser Orte den Zustand der Reinheit wahrt bzw. – wenn nötig – wiederherstellt,

- indem er die beiden Zustände der Unreinheit bezüglich seines Körpers (*ḥadath*) durch körperliche und rituelle Reinigung aufhebt (durch *Wuḍū'*, *Ghusl*, *Tayammum*),
- indem er äußerlich anhaftende, unreine Dinge (*najāsāt*) von seinem Körper, seiner Kleidung und dem Ort, wo er sich aufhält, (sofern und soweit wie möglich) entfernt.

§ 3

WIE REINHEIT GRUNDSÄTZLICH ERREICHT BZW. WIEDERHERGESTELLT WERDEN KANN

Um sich von rituell verunreinigenden Dingen (*najāsāt*) zu reinigen, muß man sie auf bestimmte Art entfernen; das gilt insbesondere bei der Reinigung von Kot und Urin nach dem Verrichten des Bedürfnisses (*istibrā'* bzw. *istinjā'*). Das erreicht man durch Abstreifen und durch Waschen mit (zur Waschung geeignetem) Wasser. Dies dient dazu, die körperliche Reinheit wiederherzustellen. Zur vollständigen rituellen Reinheit aber müssen besondere Waschungen vorgenommen werden, je nachdem, wie die rituelle Reinheit zuvor verlorenging. Es gibt (bei Vorhandensein von ausreichendem, reinem und reinigendem Wasser)

- die Ganzkörperwaschung (*ghusl*) sowie
- die Teilwaschung (*wuḍū'*).

Ist aber kein bzw. nicht ausreichendes reines und reinigendes Wasser vorhanden, so tritt die sogenannte

- Sandwaschung (bzw. Ersatzwaschung, *Tayammum*)

je nach den Umständen an die Stelle von sowohl *Ghusl* als auch *Wuḍū'*.

KAPITEL 2

ÜBER DIE REINHEIT DES WASSERS UND DIE REINIGUNG MIT WASSER

§ 4

DIE ALLGEMEINEN BEDINGUNGEN ZUR REINHEIT DES WASSERS

Damit Wasser grundsätzlich zu jedem Verwendungszweck, also auch zur Reinigung und zum Erreichen der *Ṭahāra*, verwendet werden kann, muß es in dreierlei Hinsicht unverändert, das heißt in seinem reinen, natürlichen Zustand, sein:

1. in seiner Farbe 2. in seinem Geruch 3. in seinem Geschmack.

Sind diese Bedingungen – oder eine davon – nicht erfüllt, so kann das Wasser nur zu bestimmten Zwecken verwendet werden (zu Einzelheiten siehe weiter unten).

§ 5

WANN MAN AN DER REINIGUNG GEHINDERT IST

Wenn die allgemeinen Bedingungen nicht erfüllt sind

Wenn die allgemeinen Bedingungen nicht erfüllt sind, kann man den Zustand der Reinheit (*ṭahāra*) nicht mehr durch Waschung mit Wasser erreichen. Diese sind:

1. Wenn überhaupt kein Wasser vorhanden ist.
2. Wenn zu wenig Wasser vorhanden ist, um die Waschung und andere (lebens)notwendige Handlungen wie Trinken, Wundwaschungen usw. durchzuführen.
3. Wenn zu wenig reines (das heißt zur Waschung ausreichend geeignetes) Wasser zur Verfügung steht.

Darüber hinaus gibt es noch weitere speziellere Bedingungen, unter denen die Waschung mit Wasser entfällt.

Wenn Gefahr für die Gesundheit besteht

Darunter ist Verschiedenes zu verstehen:

1. Daß das Verwenden von Wasser (in welcher Form auch immer) Schaden zufügt oder dies zumindest sehr wahrscheinlich ist. Wenn etwa jemand eine offene Körperwunde hat, die trockengehalten werden muß,

so kann natürlich kein Wasser daraufgetan werden. Dasselbe gilt zum Beispiel auch, wenn jemand eine bestimmte Allergie hat, die sich bei Wasserkontakt verstärkt.

2. Daß das Verwenden von kaltem Wasser Schaden zufügt. Das ist recht häufig im Winter der Fall, wenn zum Beispiel das Leitungswasser nicht durch Heizung, Boiler oder durch Erhitzen auf dem Herd erhitzt werden kann und man befürchtet, sich beim Verwenden des Wassers zu erkälten bzw. eine schon vorhandene Erkältungskrankheit dadurch noch zu verstärken. Wenn man aber – speziell in Moscheen – veranlassen kann, daß für einen das Wasser erhitzt wird, so ist die Waschung doch verpflichtend – selbst dann, wenn man eine (angemessene) Gebühr für das Erhitzen bezahlen muß.

Wenn man fürchten muß, beleidigt zu werden

Die Würde und Ehre des Menschen ist einer der Grundwerte, die in der Sicht des islamischen Rechts verteidigt und gewahrt werden müssen. Daher gilt, daß dann die Waschung für einen Muslim bzw. eine Muslimin nicht mehr verpflichtend ist, wenn das Wasser nur an einem Ort erreicht werden kann, an dem man um seine Würde und Ehre fürchten muß.

Wenn etwa jemand zu einem Wasserbecken kommen will, um dort die Waschung vorzunehmen, und dort Leute stehen, die sich durch Worte und/oder Gesten über den Islam lustig machen oder einen selbst beleidigen – sei es, weil man dem Islam angehört, oder aus einem anderem Grund –, so entfällt die Verpflichtung, sich dort zu waschen. Wenn in einem solchen Fall keine weitere Waschmöglichkeit mehr besteht, so entfällt die Verpflichtung zur Waschung absolut, und man hat das Recht, die Sand- bzw. Ersatzwaschung (*tayammum*) durchzuführen. Dasselbe gilt, wenn man zwar warmes Wasser zur Verfügung hat, aber direkt im Anschluß an die Waschung sich außerhalb des Hauses bewegen muß und dort kalter Wind bzw. Luftkälte herrscht.

Wenn man Angriffe von Feinden fürchtet

Wenn man den Angriff seitens eines Feindes fürchtet (sei er ein Mensch oder nicht), wenn man sich zur betreffenden Wasserstelle bzw. Wasserquelle begibt, so entfällt die Pflicht zur Waschung mit Wasser, und man nimmt statt dessen den *Tayammum* vor.

Das ist der Fall, wenn etwa eine oder mehrere Personen den Zugang zu einem Wasserbecken verwehren bzw. direkt feindliche Haltung zeigen oder wenn man selbst mit hoher Wahrscheinlichkeit von einem tätlichen Angriff ausgehen muß, wenn man sich in die Nähe dieser Personen begibt. Dasselbe gilt, wenn etwa ein Wachhund – oder eine entsprechende Maschine/Wachanlage – den Zugang zum Wasser verwehrt. Ebenso gilt diese Bedingung, wenn man zwar keinen Feind offen sehen kann, aber es klare Anzeichen für sein Vorhandensein gibt (Stimmen, Gebell usw.).

Wenn die Menge des geeigneten Wassers nicht ausreicht

Wenn die Menge des zu einer Waschung geeigneten Wassers nicht zur gerade nötigen Waschung ausreicht, so entfällt die Pflicht zur Wasserwaschung, und man nimmt statt dessen den *Tayammum* vor. Im Rahmen der Vorstellung von *Wuḍū'* (Teilwaschung) und *Ghusl* (Ganzkörperwaschung) werden die Mindestmengen zur Waschung vorgestellt.

KAPITEL 3

DIE ARTEN DES WASSERS, DIE ZUR REINIGUNG ERLAUBT SIND

Grundsätzlich werden beim Wasser vier Arten der Reinheit unterschieden:

1. *Ṭāhir muṭahhir* (was rein und zur Reinigung geeignet ist)
2. *Ṭāhir muṭahhir makrūh* (was in sich selbst rein und grundsätzlich zur Reinigung geeignet ist, aber zugleich zur Erlangung der *Ṭahāra* eher abgelehnt wird)
3. *Ṭāhir ghair muṭahhir* (was rein, aber nicht zur Reinigung geeignet ist)
4. *Mutanajjis* (was verunreinigt ist)

§ 6

ṬĀHIR MUṬAHHIR (WAS REIN UND ZUR REINIGUNG GEEIGNET IST)

Mit „*Ṭāhir muṭahhir*" meint man das Wasser, was in seiner reinen, natürlichen Grundform vorhanden ist, ohne daß Verunreinigungen in Farbe, Geruch oder Geschmack festzustellen sind und ohne daß man sicher weiß, daß das Wasser verunreinigt worden ist. Dieses Wasser ist weder mit Schlamm oder dergleichen vermischt, noch abgestanden.

§ 7

ṬĀHIR MUṬAHHIR MAKRŪH (WAS REIN UND GRUNDSÄTZLICH ZUR REINIGUNG GEEIGNET, ABER ZUGLEICH ABZULEHNEN IST)

Diese Art des Wassers ist dadurch gekennzeichnet, daß das Wasser sich durch Sonnenhitze in seiner Eigenschaft verändert; diese Art ist nur unter drei Bedingungen gegeben:

1. Daß der Ort des Wassers in einem Land mit heißem Klima liegt[2].
2. Daß sich das Wasser in einem Metallbehälter befindet, der weder aus Gold noch aus Silber besteht[3], sondern aus Metall wie Eisen, Kupfer usw.
3. Daß das Wasser für Menschen (analog auch für den Fall der Totenwaschung geltend)[4] oder Tiere verwendet werden soll, die durch seinen Gebrauch von Hautkrankheiten befallen werden können.

§ 8

ṬĀHIR GHAIR MUṬAHHIR (WAS REIN, ABER NICHT ZUR REINIGUNG GEEIGNET IST)

Hier werden zwei Grundarten unterschieden:

1. Daß das Wasser bereits zur Reinigung bei *Wuḍū'* bzw. *Ghusl* verwendet wurde oder die Wassermenge gering ist.

Dieses Wasser ist das, was bei den verpflichtenden Waschungen (gemeint: *wuḍū'* und *ghusl*) verwendet wurde und nach der Anwendung vom gewaschenen Körper herabgetropft ist. Es ist zwar nicht rituell unrein (*mutanajjis*), aber auch nicht so rein, daß es zu einer weiteren Reinigung verwendet werden darf; daher ist es rein (*ṭāhir*) und zugleich nicht reinigend (*ghair muṭahhir*).

2. Daß sich etwas grundsätzlich Reines unauflöslich mit dem Wasser vermischt hat.

Das ist gegeben, wenn sich eine reine Flüssigkeit – wie etwa Tee oder ein Fruchtsaft – mit völlig reinem und zuvor unvermischtem Wasser vermischt, so daß dieses Wasser seine Farbe ändert (zum Beispiel bei Tee), seinen Geschmack (wie zum Beispiel bei Fruchtsäften) oder auch seinen Geruch (wie bei Rosenessenz bzw. Rosenwasser).

§ 9

MUTANAJJIS (WAS VERUNREINIGT IST)

Unter Wasser, das als *mutanajjis* (verunreinigt, mit rituell Unreinem versehen) bezeichnet wird, versteht man Wasser, das mit etwas Unreinem (einer *najāsa*) so in Kontakt gekommen ist, daß das Wasser – offensichtlich oder der rechtlichen Bestimmung nach[5] – als mit diesem Unreinen vermischt gilt.

Hierbei werden zwei Fälle unterschieden:

1. Wenn die Menge des verunreinigten Wassers gering ist. – Damit ist gemeint, daß die fragliche Wassermenge unter dem Maß von 2 Qulla = 193 Litern liegt[6]. Dabei gilt, daß man dann, wenn die Annahme berechtigt ist, daß ein Wasserbehälter usw. mit maximal diesem Inhalt verunreinigt worden ist, dieses Wasser nicht zur Reinigung benutzen darf (2 Qulla = ein Würfel von etwa 58 cm Kantenlänge).
2. Wenn die Menge des verunreinigten Wassers groß ist. – Wenn die Wassermenge gleich groß oder größer ist als das Maß von zwei Qulla, so gilt dieses Wasser auch dann noch als rein und zur Teil- (*wuḍū'*) bzw. Ganzkörperwaschung (*ghusl*) geeignet (also als *ṭāhir muṭahhir*), wenn zwar etwas Verunreinigendes mit dem Wasser in Kontakt kam bzw. in es hineinfiel, aber keine der drei Eigenschaften der Reinheit verändert erscheint.

Wenn aber eine oder mehrere der Eigenschaften verändert erscheinen, nachdem etwas Unreines mit dem Wasser in Kontakt gekommen bzw. hineingefallen ist usw., so muß das Wasser als rituell verunreinigt (*mutanajjis*) gelten.

Zusammenfassend gilt:

Von den oben genannten Arten des Wassers ist nur die *erste* – und grundsätzlich auch die *zweite* – Art zur Durchführung des *Wuḍū'* bzw. *Ghusl* geeignet; auch ist es erlaubt, diese Arten zu anderen Zwecken (speziell dem Trinken) zu verwenden.

Die *dritte Art* ist zum *Wuḍū'* bzw. *Ghusl* nicht zulässig, kann aber grundsätzlich auch zu anderen Zwecken (Trinken) verwendet werden.

Eine *vierte Art* des Wassers aber kann keinen Zweck erfüllen: Weder ist es zulässig, dieses Wasser zur Durchführung von *Wuḍū'* und *Ghusl* noch zu anderen Zwecken (speziell dem Trinken)[7] zu verwenden.

KAPITEL 4

DIE VERUNREINIGENDEN DINGE (NAJĀSĀT)

§ 10

ALLGEMEINE VORSTELLUNG

Unter „*Najāsa*" (wörtlich: „Unreines") versteht man grundsätzlich etwas, was den Zustand der vollen körperlichen bzw. rituellen Reinheit (*ṭahāra*) aufhebt.

Eine *Najāsa* ist andererseits etwas, was äußerlich anhaftet und durch Reinigung von außen auch wieder aufgehoben wird, im Unterschied zum *Ḥadath*, bei dem es nicht um eine äußerlich anhaftende Unreinheit geht, sondern um einen Zustand bestimmter Unreinheit, der durch Austritt von bestimmten Dingen aus dem Körper entsteht.

Eine *Najāsa* (Pl.: *najāsāt*) muß beseitigt werden, damit der Muslim/die Muslimin wieder seine/ihre volle Reinheit (*ṭahāra*) erhält, die ja zur Durchführung der meisten eigentlichen *'Ibādāt* (vor allem: Gebet und Durchführung des *Ṭawāf* während des *Ḥajj*) notwendig ist.

Man unterscheidet zwei Grundarten der *Najāsa*:

1. die tatsächliche *Najāsa* (*najāsa ḥaqīqīya*)
2. die *Najāsa* der rechtlichen Bestimmung (*ḥukm*) nach: *Najāsa ḥukmīya*.

Bei beiden Arten wird in Hinsicht der Schwere der Verunreinigung unterschieden. Man unterscheidet bei *Najāsāt*

- schwere, grobe *Najāsa* (*najāsa mughallaẓa*)
- leichte, geringe *Najāsa* (*najāsa mukhaffafa*)
- mittelschwere, mittlere *Najāsa* (*najāsa mutawassiṭa*).

All diese Arten sollen nun – so Gott will – in dieser Reihenfolge dargestellt werden.

§ 11

TATSÄCHLICHE NAJĀSA (NAJĀSA ḤAQĪQĪYA)

Eine „tatsächliche" *Najāsa* ist eine als rituell und körperlich unrein betrachtete Sache, die äußerlich, in ihrer körperlichen Substanz sichtbar, an Kleidung, Körper, Ort anhaftet. Dabei spielt es keine Rolle, ob es sich um die Sache selbst handelt (beispielsweise Samenflüssigkeit, Blutklumpen, Eiter usw.) oder ob diese Sache selbst schon entfernt wurde, ihre Spuren aber durch Verfärbung, Geruch, seltenen Geschmack noch klar und deutlich sichtbar sind.

Für körperlich vorhandene *Najāsa* wird auch der Begriff „*Najāsa ʿainīya*" (der Substanz nach vorhandene *Najāsa*) verwendet. Dieser Begriff stimmt in seiner Bedeutung mit der *Najāsa ḥaqīqīya* überein.

§ 12

NAJĀSA DER RECHTLICHEN BESTIMMUNG NACH (NAJĀSA ḤUKMĪYA)

Hierunter versteht man eine Unreinheit, die mit bloßem Auge bzw. dem Geruchssinn (seltener: dem Geschmackssinn) nicht erkannt werden kann, von der man aber sicher weiß, daß sie vorhanden sein muß.

Das ist der Fall, wenn durch Kontakt mit Wasser bzw. einer Flüssigkeit sowie einer *Najāsa* diese *Najāsa* auf Körper, Kleidung und Ort übertragen wird, ohne daß aber danach äußerlich erkennbare Spuren bleiben, weil durch Wind und Austrocknung die Spuren der *Najāsa* geschwächt wurden.

Wenn etwa Urin auf die Kleidung gekommen ist (und der Urinierende das auch gesehen hat), sich die Spuren dieser Tropfen aber durch Sonnentrocknung verloren haben, so bleibt die so betroffene Kleidung dennoch der Rechtsbestimmung (*ḥukm*) nach mit der entsprechenden Verunreinigung behaftet.

Das heißt: In der Auswirkung, der Notwendigkeit, die betroffenen Orte zu reinigen, unterscheiden sich die *Najāsa ḥaqīqīya* und die *Najāsa ḥukmīya* nicht. Der Unterschied besteht lediglich in der mehr oder minder offenen Erkennbarkeit der Verunreinigung.

§ 13

ARTEN DER NAJĀSA

Wenn man von Arten der *Najāsa* spricht, meint man die Schwere der jeweiligen Verunreinigung, nicht die beiden Grundarten, weil sich – wie oben dargestellt – die *Najāsa ḥaqīqīya* und die *Najāsa ḥukmīya* in ihren Auswirkungen nicht unterscheiden. Die unreinen Dinge sind, nach ihrer Schwere geordnet, die folgenden:

Was sehr stark unrein ist (*najāsa mughallaẓa*)

Als schwere *Najāsa* (*najāsa mughallaẓa*) gilt:

1. *Das Schwein in all seinen Bestandteilen und allem, was es hervorbringt.*

Mit „Schwein“ sind hier alle Arten des Hausschweins und des Wildschweins gemeint, und alle Körperteile sowie seine Körpersäfte und Ausscheidungen (Speichel, Samenflüssigkeit, Nasenschleim, Kot, Urin) sind große *Najāsa*. Auch die Haare (Borsten) und die Haut (das Leder) des Schweins gelten als große *Najāsa*; nach manchen Meinungen jedoch gilt das Schweineleder dann nicht mehr als zur Benutzung verboten, wenn es durch korrektes Gerben bearbeitet wurde. Dennoch wird kein Muslim freiwillig Kleidung usw. aus Schweineleder tragen, weil dieses Tier selbst als die größte *Najāsa* gilt und es zumindest als verwerflich bzw. *makrūh* gilt, Dinge zu berühren oder gar zu tragen, die von dieser *Najāsa* herrühren.

2. *Der Hund in all seinen Bestandteilen und allem, was er hervorbringt.*

Nach der *Ḥanafīya* in einigen ihrer Meinungen sowie der *Mālikīya* – im Unterschied zu den anderen *Madhāhib* – gilt der Hund selbst nicht als unrein, sondern nur sein Speichel, sein Fleisch und seine Innereien, nicht aber seine Haut oder sein Haar. Auch gilt nach manchen Meinungen innerhalb der *Ḥanafīya* sein Kot nicht als sehr stark unrein (*Najāsa mughallaẓa*), sondern nur – wie der Kot eines zum Verzehr nicht erlaubten Tieres – als etwas mittelschwer Unreines (*najāsa mutawassiṭa*), weil die Ausscheidung nach dieser Meinung nicht mehr als zum Tier gehörig betrachtet wird.

Nach Ansicht anderer Rechtsmeinungen – am stärksten in der *Shāfiʿīya* ausgedrückt – gilt aber der Hund, lebend wie tot, in all seinen Bestandteilen und auch in all seinen Ausscheidungen (einschließlich seines Kots und Urins), als grobe *Najāsa*, die auch (als *najāsa ḥukmīya*) durch Feuchtigkeit im Hundehaar usw. auf reine Stoffe (Kleidung, Haut des Menschen usw.) übertragen werden kann. Es gilt ansonsten dasselbe, was auch schon zum Schwein gesagt wurde. Darüber hinaus gilt aber, im Unterschied zum Schwein:

Ein Hund kann aus der Sicht des islamischen Rechts korrekterweise von einem Muslim/einer Muslimin als Jagdhund[8] bzw. Wachhund gehalten werden, nicht aber als reines Haustier, wie das gerade in Europa häufig anzutreffen ist.

Ein Schwein jedoch kann islamrechtlich von einem Muslim gar nicht verwendet werden, bzw. wenn er das tut (zum Beispiel es als Suchtier einsetzt, wie das in manchen Ländern üblich ist), so ist diese Handlung unzulässig (nicht *jāʾiz*) und das Ergebnis daraus ebenfalls nicht als *Ḥalāl* (Erlaubtes) zu verwenden.

Was in geringem Maß unrein ist (najāsa mukhaffafa)

Als geringe *Najāsa* (*najāsa mukhaffafa*) gilt der Urin eines Kindes, das

- maximal ein Jahr alt ist bzw.

- nur und ausschließlich mit Milch gestillt wird bzw.
- noch keine Zähne hat.

Mittelschwere Najāsa (najāsa mutawassiṭa)

Als mittelschwere *Najāsa* gilt jede *Najāsa* außer der großen bzw. geringen *Najāsa*; darunter fällt eine ganze Anzahl von Dingen:

1. Alkohol und alles, was flüssig ist und berauscht.

Unter diese Kategorie fällt zunächst einmal alles, was als „*Khamr*" betrachtet wird. Als eigentliche *Najāsa* gilt aber nur,

- was berauscht (und sei es auch nur in größten Mengen) und
- was zugleich flüssig ist.

Bei Rauschmitteln in nichtflüssiger Form, die im Sinne von *Khamr* auch als Genußmittel verboten sind, gilt, daß sie im Sinne einer *Najāsa ḥaqīqīya* (das heißt, wenn sie etwa tatsächlich auf der Kleidung oder dem Körper sind) als *Najāsa* bestehen können und dann auch entfernt werden müssen – nicht aber durch Waschen, wie im Fall des flüssigen *Khamr*, sondern nur durch Abstreifen und Abklopfen.

Doch als *Najāsa ḥukmīya* kann nur der Rest, die Spur eines flüssigen *Khamr* gelten, nicht aber der einer von sich aus trockenen Art davon.

Anmerkung:

Nach manchen Gelehrten gilt etwas bereits zu Alkohol Vergorenes, das mit der Absicht vergoren wurde, zu Essig verarbeitet zu werden, nicht als *Najāsa*, sondern als rein (*ṭāhir*). Des weiteren gilt nach manchen Gelehrten, daß Alkohol, der zur Konservierung bestimmter Stoffe (bei medizinischen Instituten, Apotheken usw.) dient, nicht als *Najāsa* anzusehen ist: weil beim Alkohol, der zu Genußzwecken hergestellt wurde, der verbotene Zweck den Alkohol zu Verbotenem und Unreinem zugleich macht, aber in diesen Fällen (zur Konservierung, zu Forschungszwecken usw.) die Absicht lobenswert und in sich erlaubt ist. Da hier das Wohl und das weitere Wohlergehen der Gesellschaft und Gemeinschaft die zugrundeliegende Absicht ist, sei – nach dieser Ansicht – daher dieser alkoholische Stoff als zu diesem Zweck erlaubt und nicht als unrein anzusehen.

2. Aas (maita).

Hierunter wird der rechtlichen Bestimmung nach[9] grundsätzlich – mit bestimmten Ausnahmen, die weiter unten behandelt werden – der Körper eines jeden Tieres verstanden, das nicht korrekt vor seinem Tod geschlachtet wurde, sondern auf eine der folgenden Arten zu Tode kam:

- ohne jegliche Schlachtung, bzw.
- durch inkorrekte Schlachtung seitens eines Muslims, bzw.

- durch nicht in ihren Religionen anerkannte Schlachtung seitens eines Angehörigen der Buchreligionen (Juden oder Christen), bzw.
- durch Schlachtung, von einer Person ausgeführt, die weder Muslim noch Jude, noch Christ ist (also zum Beispiel eines vom Islam Abgefallenen (*murtadd*), oder eines Götzenanbeters (*mushrik*))[10]
- durch Opferschlachtung für irgendwelche Götzen(bilder)
- durch eine Schlachtung, bei der ein anderer Name als der Gottes genannt wurde[11].

All diese Arten des nicht geschlachteten bzw. nicht korrekt geschlachteten Tierkörpers gelten als mittlere *Najāsa* und dürfen von einem Muslim auch nicht gegessen werden[12].

Hierzu gelten folgende Ausnahmen:

a. Der Leichnam eines Menschen.

Der Mensch gilt als Ausnahme, da nur sein Leichnam nicht als etwas Unreines gilt, im Unterschied zu den Körpern aller anderen, das heißt, nicht bzw. nicht korrekt geschlachteten bzw. natürlich verstorbenen, Lebewesen. Als Beleg dient hier der Koranvers:

„Wir haben die Kinder Ādams geehrt" (Sure *al-Isrā'* [17], Vers 70).

Dieser Vers wurde – wie aus korrekten, rechtsgültigen (*ṣaḥīḥ*) Hadithen hervorgeht, von dem Propheten ﷺ so erklärt, daß der Muslim bzw. allgemein der Mensch nach seinem Tode (das heißt sein Leichnam) nicht *Najāsa* ist[13].

b. Fische.

Fische und Lebewesen, die ausschließlich im Meer bzw. im Wasser leben, sind nach ihrem Tod (an Land bzw. außerhalb des Wassers) nicht unrein und müssen nach ihrem Fang auch nicht geschlachtet werden, um keine *Najāsa* und für den Muslim eßbar zu sein[14].

c. Heuschrecken.

Für Heuschrecken gilt – wie entsprechend schon bei den Fischen –, daß sie ohne zuvor erfolgte Schlachtung als Nicht-*Najāsa* und eßbar gelten[15].

3. Aus dem Körper austretendes (fließendes) Blut.

Hiervon ist das Blut ausgenommen, was – nach korrekter Schlachtung eines erlaubten Tieres – in Leber und Milz verblieben ist.

4. Eiter.

Hiermit ist der mit oder ohne begleitendes Blut aus dem Körper (aus Wunden, Geschwüren, Rissen usw.) austretende (krankheitsbedingte) Eiter gemeint, nicht aber der gewöhnliche Schnupfenschleim, der aus der Nase austritt.

5. Kot und Urin des Menschen.

6. Kot und Urin eines Tieres.

Hierzu besteht hinsichtlich der Meinung der *Ḥanafīya* eine Verschiedenheit zur Meinung der anderen *Madhāhib*:

> *Ḥanafīya:* Die *Ḥanafīya* betrachtet den Kot derjenigen Tiere, die zu verzehren dem Muslim grundsätzlich erlaubt sind, nicht als *Najāsa*, sondern als reine Materie (*ṭāhir*).

Der Urin solcher Tiere wird nach Meinung Abū Ḥanīfas und der seines Schüler-Gelehrten Abū Yūsufs als geringe *Najāsa* (*najāsa mukhaffafa*) betrachtet, während der zweite Schüler-Gelehrte Abū Ḥanīfas, Muḥammad, den Urin dieser Tiere – wie auch schon den Kot – als rein (*ṭāhir*) ansieht; diese letztere Meinung ist heute in der *Ḥanafīya* am meisten vertreten. Der Kot und Urin all derjenigen Tiere, die der Muslim grundsätzlich nicht verzehren darf, werden aber in der *Ḥanafīya* als mittlere *Najāsa* (*najāsa mutawassiṭa*) betrachtet.

> *Die anderen Madhāhib:* Bei den anderen *Madhāhib* jedoch wird der Kot und Urin aller Tiere – außer Hund und Schwein – als mittlere *Najāsa* (*Najāsa mutawassiṭa*) betrachtet; die Ausscheidungen von Hund und Schwein gelten aber nach den meisten nicht-hanafitischen Meinungen als große *Najāsa* (*Najāsa mughallaẓa*).

7. Die Milch eines Tieres, dessen Fleisch grundsätzlich nicht von Muslimen gegessen werden darf.

Damit ist zum Beispiel die Milch von Pferden und Hauseseln gemeint. Auch hier – wie schon bezüglich von Kot und Urin – gilt, daß nach den *Madhāhib* außer der *Ḥanafīya* die Milch von Schwein und Hund überwiegend als große *Najāsa* gilt, bei der *Ḥanafīya* aber überwiegend als mittlere *Najāsa*.

Im Unterschied zur Milch der Tiere, die man nicht verzehren darf, gilt die menschliche Milch (das heißt die menschliche Muttermilch) nicht als *Najāsa*.

8. Jedes Körperteil, das von einem noch lebendigen Tier abgetrennt wird.

Hiermit sind Körperteile wie Füße, Ohren usw. gemeint, bei deren Abtrennen Blut austritt und deren Abtrennen dem Tier Schmerz bzw. offensichtliche Verletzung (ob nun für gewöhnlich tödliche, im konkreten Fall tödliche oder nicht tödliche) zufügt.

Auch wird ausgezupftes Haar eines Menschen (also nicht von selbst ausgefallenes Haar) von den meisten Gelehrten als mittlere *Najāsa* betrachtet. Unter die hier vorgestellte Kategorie fällt aber nicht die

Wolle bzw. das abzuscherende Haar oder der abzunehmende Teil des Federkleids eines grundsätzlich zum Verzehr erlaubten Tieres: All dies gilt als rein (*ṭāhir*). Das ist die Ansicht der *Madhāhib* außer der *Ḥanafīya*.

Ḥanafīya: Auch das (abgeschorene) Haar/Fell eines Hundes gilt als rein.

9. Knochen, Hufe, Hörner und Zähne von geschlachteten Tieren, die nicht zum Verzehr erlaubt sind, sowie von Tieren, die zwar grundsätzlich zum Verzehr erlaubt, aber Aas sind.

Dazu zählt nach vielen Gelehrten auch das Elfenbein von Elefanten und anderen elfenbeintragenden Tieren. Hierzu vertritt die *Ḥanafīya* eine etwas abweichende Ansicht.

Ḥanafīya: Hufe, Hörner und Sehnen von bereits toten Tieren (auch Aas (*maita*)) sind rein (*ṭāhir*).

Es ist nach Ansicht vieler Gelehrter erlaubt, die Knochen, Hufe, Hörner usw. nicht (korrekt) geschlachteter bzw. verendeter Tiere (also *maita*) zu verwenden.

10. Flüssigkeiten, die auf dem Harnweg oder dem hinteren Ausscheideweg austreten.

Dies sind vor allem drei Körperflüssigkeiten:

- Samenflüssigkeit (*maniy*)
- Erregungsflüssigkeit (*madhiy*), eine klare, leicht gelbliche und klebrige Flüssigkeit
- Erregungsflüssigkeit nach dem Austritt von eigentlicher Samenflüssigkeit (*wadiy*)

Diese werden als mittlere *Najāsa* betrachtet. Nur in der *Shāfi'īya* wird die eigentliche Samenflüssigkeit (*maniy*) nicht als *Najāsa*, sondern als rein (*ṭāhir*) betrachtet.

Wasser, das nach Reinigungen (nach dem Verrichten des Bedürfnisses) in den Körperausgang eintrat und dann kurz darauf wieder als reines (nicht-klebriges!) Wasser austritt, kann davon ausgenommen werden.

11. Wasser bzw. Flüssigkeit, die aus dem Mund eines Schlafenden austritt, wobei die Farbe verändert ist.

Davon ist aber der reine Mundspeichel und Nasenschleim ausgenommen, sofern nicht in Speichel/Nasenschleim Blut enthalten ist.

Davon weicht die Meinung der *Ḥanafīya* und *Mālikīya* etwas ab.

Ḥanafīya: Sofern die Menge des so aus dem Mund des Schlafenden austretenden Wassers nicht das Maß einer Mundfüllung erreicht, wird dieses Wasser nicht als *Najāsa* betrachtet.

Mālikīya: Wenn aus dem Mund eines Säuglings Milch austritt, ohne daß die Farbe der Milch verändert ist, so gilt das nicht als *Najāsa.*

12. Erbrochenes.

13. Der Rauch bzw. Ruß von einer Najāsa, die verbrannt wird.

§ 14

WIE NAJĀSA ÜBERTRAGEN WIRD

Vorstellung der Übertragungsarten von Najāsa

Mit der Übertragung von *Najāsa* ist gemeint, daß ein reiner (*ṭāhir*) Ort bzw. reine Materie verunreinigt wird (*mutanajjis* wird), indem sie auf bestimmte Weise mit einer *Najāsa* zusammenkommt bzw. in irgendeiner Form von Feuchtigkeit mitwirkt.

Sind aber alle Ausgangsstoffe trocken und ganz fest und ist keinerlei Feuchtigkeit vorhanden, so wird aus etwas Reinem (*ṭāhir*) durch bloße Berührung mit etwas Unreinem (*najāsa*) nichts Verunreinigtes (*mutanajjis*).

Es gibt drei Grundfälle, in denen *Najāsa* übertragen wird:

1. *Etwas Reines (ṭāhir) und etwas Unreines kommen zusammen, wobei beide Ausgangsstoffe ganz fest bzw. trocken sind, aber etwas an sich Reines, Flüssiges zusätzlich noch zwischen die beiden tritt.*

   In diesem Fall gilt: Der reine Ausgangsstoff wird dort, wo ihn die *Najāsa* unter Mitwirkung der Feuchtigkeit berührt, verunreinigt (*mutanajjis*).

   Beispiele:
   Ein trockenes, festes Kotstück von einem Rind gerät an die Kleidung, die durch vorherigen Regenfall feucht geworden ist: Die Kleidung wird mittelstark verunreinigt (im Maß der *najāsa mutawassiṭa*).

   Ein getrocknetes Stück Schweinefleisch (zum Beispiel ein fester Rauchschinken), das als Essen eines Nichtmuslims dient, wird in der direkten Nähe eines Muslims von diesem Nichtmuslim in eine Soße getunkt; dabei fällt das Stück Schweinefleisch dem Nichtmuslim aus der Hand und auf das Hemd des Muslims: Das Hemd ist – an der berührten Stelle – (im Maß einer *najāsa mughallaẓa*) grob verunreinigt.

2. *Etwas Reines (ṭāhir) und etwas Unreines kommen zusammen, wobei einer der beiden Ausgangsstoffe fest bzw. trocken, der andere nicht fest bzw. trocken ist. Dabei kann der nichtfeste Stoff flüssig oder schmierig (wie ein Fett) sein.*

   In diesem Fall gilt:

a. Ist der reine Stoff fest, so kann der unreine Stoff – also die *Najāsa* – relativ problemlos entfernt werden.

b. Ist der reine Stoff jedoch fettartig, so muß soweit das verunreinigte Fett abgetragen werden, bis man sich bezüglich des Restes sicher sein kann, daß er rein (*ṭāhir*) geblieben ist.

c. Ist der reine Stoff aber flüssig, so muß er – wenn er sehr gering in seinem Maß, seiner Menge ist – als völlig und unwiederbringlich verunreinigt gelten. Ist er dagegen in seiner Menge im Vergleich mit der *Najāsa* sehr groß (etwa mindestens im Verhältnis 1:200), kann man den Ort der Verunreinigung klar eingrenzen, und ist der reine Ausgangsstoff nach der Verunreinigung nicht bewegt worden (wie zum Beispiel durch Umrühren, Eigenbewegung der *Najāsa* usw.), so kann man von einer möglichst weit entfernten Stelle ab von einem Zustand der Reinheit ausgehen – sofern das dem Verstand und der Erfahrung nach höchstwahrscheinlich ist[16].

Beispiele:
Ein Hund hat einem Muslim das Hosenbein und auch die Hand geleckt, als er den Hund abwehren wollte: Hosenbein und Hand sind in grober *Najāsa* (*najāsa mughallaẓa*) verunreinigt.

Ein Kleinkind bzw. Säugling sitzt auf dem Schoß einer Person und hat durch die Windel hindurch auf die Hose des Sitzenden Wasser gelassen: Die Hose (bzw. der Hosenboden) des Kindes und die verunreinigte Stelle des Sitzenden sind leicht verunreinigt (mit *najāsa mukhaffafa*).

Alkohol ist an ein Kleidungsstück geraten: Die Kleidung ist mittelschwer verunreinigt (*najāsa mutawassiṭa*).

In ein Gefäß mit reinem (*ṭāhir*) Fett fällt ein Klumpen Schweinefett: Die so berührte Oberfläche und der so berührte Rand des Gefäßes gelten als stark verunreinigt (mit *najāsa mughallaẓa*), aber ein Teil des Fettes kann durch Ausschaben des von sich aus unreinen Fettes sowie des Anteils an verunreinigtem Fett und Einlagern in ein reines Gefäß als rein betrachtet und weiterverwendet werden.

Ein kleines Wassergefäß (zum Beispiel ein großer, verzierter Becher) hat einen Elfenbeinrand, und das im Gefäß befindliche Wasser schwappt so hoch, daß es diesen Elfenbeinrand erreicht: Das Wasser wird unwiederbringlich *Najāsa* und rituell mittelschwer unrein (*najāsa mutawassiṭa*).

In ein sehr großes Wasserbecken fällt ein Becher hinein, der zuvor mit Alkohol gefüllt war, und das Wasser wird danach nicht bewegt:

am Ort, wo der Becher hineinfiel, gilt das Wasser als mittelschwer verunreinigt, während es weiter entfernt (zum Beispiel am entgegenliegenden Beckenrand) noch als rein gilt.

In ein gleichgroßes Becken springt ein Hund hinein, schwimmt kurz quer durch das im Becken befindliche Wasser und springt wieder hinaus: Alles Wasser dieses Beckens gilt als schwer verunreinigt (durch *najāsa mughallaẓa*)[17].

3. *Etwas Reines (ṭāhir) und etwas Unreines kommen zusammen, wobei beide Ausgangsstoffe nicht fest sind (also fettartig oder flüssig).*

In diesem Fall gilt dasselbe, was oben zu den Fällen 2. b. bzw. 2. c. gesagt wurde: Wenn etwas fettartiges Reines mit etwas fettartigem oder flüssigem Unreinem zusammenkommt, kann man unter Umständen durch Abschöpfen/Abstreifen noch etwas von dem Reinen retten; war aber der reine Stoff flüssig, gilt, was zuletzt unter 1. c. gesagt wurde.

Anmerkung zur Stärke der Najāsa: In den oben vorgestellten drei Grundfällen gilt, daß der verunreinigte Teil des ursprünglich Reinen dem *Ḥukm* nach als genauso starke *Najāsa* gilt wie die *Najāsa*, die die Verunreinigung hervorgerufen hat.

Wenn nun nicht etwas ganz Reines (*ṭāhir*) und etwas Unreines (*najāsa*) zusammenkommen, sondern

- zwei *Najāsāt* bzw.
- etwas bereits Verunreinigtes (*mutanajjis*) und eine weitere *Najāsa*,

so gilt, daß beide der rechtlichen Bestimmung nach den stärkeren der beteiligten Verunreinigungsgrade annehmen.

§ 15

AUFHEBUNG VON UNREINEN DINGEN (NAJĀSĀT)

Eine Verunreinigung wird vollständig nur durch Waschung mit dazu geeignetem reinem Wasser entfernt und aufgehoben, wobei körperlich vorhandene Verschmutzung (*najāsa ḥaqīqīya* bzw. *ʿainīya*) zuerst abgewischt, abgestreift usw. wird. Für jede Art der Verunreinigung gibt es – entsprechend ihrer Schwere – eine besondere Art der Waschung:

Aufhebung einer schweren Verunreinigung (einer najāsa mughallaẓa)

Eine solche Verunreinigung wird durch siebenmaliges Waschen bzw. stets erneutes Aufgießen von Wasser entfernt, wobei beim ersten bzw. dritten Mal dem Wasser etwas Sand, Staub oder dergleichen hinzugefügt und so die verunreinigte Stelle leicht gerieben (nicht heftig gescheuert) werden muß. Es ist hier nicht zulässig, Seifenschaum oder flüssiges Reinigungsmittel als Ersatz für das Reibemittel zu verwenden; wenn aber kein reiner Sand bzw. Staub usw. zur Verfügung steht, kann auch zur Not grober Stoff oder dergleichen als Ersatz dienen – und Gott weiß es am besten.

Wenn die *Najāsa* vom Schwein herrührt, gehen viele Gelehrte dahin, bei jeder der sieben Waschungen das Verwenden eines Reibemittels zu empfehlen, wobei jedesmal – nach jedem Abwaschen – aufs neue das Mittel dem Wasser zugegeben werden muß. Dies darum, weil im Zweifelsfall das Schwein und was mit ihm zusammenhängt als noch unreiner und verabscheuungswürdiger angesehen wird als der Hund und was mit ihm zusammenhängt.

Aufhebung einer leichten Verunreinigung (einer najāsa mukhaffafa)

Diese Verunreinigung wird durch einmaliges Abwaschen (ohne Reiben oder Zusätze) aufgehoben.

Aufhebung einer mittleren Verunreinigung (einer najāsa mutawassiṭa)

Diese Verunreinigung wird durch dreimaliges Abwaschen (ohne Reiben oder Zusätze) aufgehoben.

In jedem Falle muß aber so viel Wasser verwendet werden, daß der verunreinigte Ort stark durchfeuchtet bzw. richtig naß wird; ein bloßes Bestreichen mit feuchter Hand und dergleichen reicht da nicht aus, sondern es muß Wasser ablaufen wie auch im Fall einer regelrechten rituellen Waschung (*wuḍū'*, *ghusl*).

Wenn aber nach ausgiebigem Waschen dennoch Farb- oder Geruchsflecken bleiben, so gilt dennoch der betreffende Ort als gereinigt, sobald er getrocknet ist.

§ 16

WAS AN NAJĀSĀT BEI DINGEN, DIE RITUELLE REINHEIT ERFORDERN, VERNACHLÄSSIGT WERDEN KANN

Kleine und kleinste Verunreinigungen, etwa Blut, das aus Pickeln, Mückenstichen und dergleichen austritt, können ohne Waschung vernachlässigt werden, wenn die Menge dieser Verunreinigungen nicht sehr groß ist. (Als groß gilt sie beispielsweise, wenn der ganze Rücken von blutenden Pickeln usw. bedeckt ist).

Auch das Blut eines Märtyrers, das noch an ihm haftet, gilt als rein, und wenn etwa beim Berühren seines Leichnams etwas – nicht große Mengen – auf die Hand, die Kleidung usw. eines anderen kommt, so darf das bei dem Berührenden vernachlässigt werden.

Entsprechendes gilt für das Blut von (größeren) Fischen oder den geringen Blutmengen, die in Adern oder der Leber bzw. der Milz eines Tieres verblieben sind und dann – beim Zerteilen des Tieres – austreten und auf Kleidung, Körper des Menschen usw. geraten. Auch gilt diese Ausnahme für Vogelkot, der von einem in der Luft fliegenden oder über dem Menschen sitzenden Vogel auf den Menschen herab ausgeschieden wird: Ist der Vogel grundsätzlich zum Verzehr erlaubt, so gilt der Kot zudem nach der *Ḥanafīya* als rein, bei den anderen *Madhāhib* als geringe *Najāsa*.

KAPITEL 5

DAS VOLLSTÄNDIGE REINIGEN NACH DEM VERRICHTEN DES BEDÜRFNISSES (ISTINJĀ') UND DAS VERRICHTEN DES BEDÜRFNISSES

§ 17

ALLGEMEINE BESCHREIBUNG VON ISTINJĀ' UND ISTIBRĀ'

Mit dem Begriff „*Istinjā'*" (wörtlich: „sich von etwas Unangenehmem losmachen") ist die Reinigung von *Najāsa* gemeint, speziell die von Kot und Urin, nachdem man sein Bedürfnis verrichtet hat. Es ist für den Muslim und die Muslimin verpflichtend, den *Istinjā'* vorzunehmen. Eigentlich unterscheidet man auch zwischen dem Ablösen der eigentlichen *Najāsa* (*istibrā'*, wörtlich: „sich von etwas (konkret) befreien") einerseits und der anschließenden eigentlichen Reinigung des betreffenden verunreinigten Körperteils (*istinjā'*); doch oft wird beides auch unter den Begriff „*Istinjā'*" zusammengefaßt.

§ 18
DAS, WOMIT MAN DEN ISTINJĀ' VORNEHMEN KANN (MUSTANJĀ BIHI)

Der *Istinjā'* kann mit geeignetem Wasser[18], aber auch grundsätzlich mit einem festen, trockenen Gegenstand, wie einem Stein, einem Holzstück oder Papier,[19] durchgeführt werden, um die *Najāsa* hinwegzunehmen.

Dabei wird man zunächst die *Najāsa*-Substanz mit einem festen Gegenstand wie einem Stein usw. oder Papier vom Körper ablösen (*istibrā'*) und anschließend die Körperstelle (speziell die beiden Ausscheidungsöffnungen, vorn und hinten) durch Reinigen mit Wasser gänzlich reinigen.

Falls die Reinigung nur mit einem einzigen Reinigungsmittel (das heißt Wasser oder etwas anderem) möglich ist[20], so ist im Zweifelsfall das Wasser vorzuziehen, weil dadurch sowohl die Substanz der *Najāsa* als auch die Spuren der *Najāsa* am Ausscheidungsort beseitigt werden können[21]. Dabei muß das Reinigungsmittel beim Ablösen der *Najāsa*-Substanz trocken sein, und man darf nicht warten, bis die *Najāsa* festgetrocknet ist, außer bei einem zulässigen Entschuldigungsgrund[22].

Auch soll man beim *Istibrā'* das Ablösen – wenn irgend möglich – dreimal durchführen, durch drei Stücke Papier bzw. drei Steine usw., und bei mehrmaligem Abstreichen (das heißt mehr als drei Malen) ist es Sunna, die Anzahl der *Istibrā'*-Handlungen in ungerader Zahl (5, 7, 9 Mal usw.) vorzunehmen.

§ 19
WOMIT MAN DEN ISTINJĀ' NICHT DURCHFÜHREN KANN

Der *Istinjā'* ist ungültig, wenn er mit den folgenden Dingen durchgeführt wird:

1. Was in sich selbst *Najāsa* ist.
2. Was sich als Essen und Nahrung für Mensch und Tier eignet, wie Brot, Obst, Fleisch usw.; auch Nahrungsreste, wie Knochen, dürfen nicht zu *Istibrā'* oder *Istinjā'* verwendet werden[23].
3. Was zu ehren oder zu würdigen ist: jedes Körperteil, das noch mit dem Körper eines Tieres (bzw. anderen Menschen[24]) verbunden ist; wenn allerdings Dinge wie Wolle (von zum Verzehr erlaubten Tieren) bzw. gegerbte Tierhaut (von den Ursprungstieren getrennt) vorhanden sind, ist es zulässig, damit den *Istinjā'* zu verrichten[25].

§ 20

WAS BEIM ISTINJĀ', ISTIBRĀ' SOWIE DEM VERRICHTEN DES BEDÜRFNISSES BEACHTET WERDEN MUSS BZW. WAS ALS GUTE SITTE EMPFOHLEN IST

Der Ort, wo man sein Bedürfnis nicht verrichten darf

Man darf sein Bedürfnis (sowohl Urin als auch Kot) nicht an folgenden Orten verrichten:

1. Auf bzw. direkt an einem öffentlichen Weg oder an einem Platz, wo sich üblicherweise Menschen hinsetzen, weil man damit den anderen Menschen Schwierigkeiten bereitet[26].
2. In ein Erdloch bzw. bei einer Wand. In ein Erdloch soll man sein Bedürfnis nicht verrichten, wenn es sich um eine natürliche Aushöhlung, eine Tierbehausung, handelt. Nähert man sich solch einem Erdloch, setzt man sich der Gefahr aus, daß ein Tier, das sich darin befindet, dem Menschen Schaden zufügt, oder der Mensch kann dem Tier schaden; und beides ist zu unterlassen.

   Direkt bei einer Wand ist das Verrichten des Bedürfnisses entsprechend untersagt, weil – speziell bei älteren Gebäuden – in dieser Wand in manchen Gegenden Tiere leben, die entweder dem Menschen Schaden zufügen können, wenn er sich der Wand nähert, oder denen von ihm Schaden zugefügt werden kann[27].
3. Unter einem früchtetragenden Baum. Dort darf man darum nicht sein Bedürfnis verrichten, weil entweder bereits abgefallene Früchte verunreinigt werden können oder zumindest den Menschen, die die Früchte ernten, durch die Verunreinigung Schwierigkeiten bereitet werden.
4. In stehendes Wasser. Dies soll man darum nicht tun, weil dadurch das Wasser verunreinigt wird und – wenn das Wasser in nur geringer Menge vorhanden ist – nicht mehr zur Reinigung und zum Trinken bzw. Kochen verwendet werden kann[28].

Das Betreten und Verlassen des Ortes, wo man sein Bedürfnis verrichtet

1. Für den, der zum Verrichten des Bedürfnisses eine Toilette oder ähnliche Orte betritt bzw. sie anschließend wieder verläßt, ist es wünschenswert (*mustaḥabb*), daß er beim Betreten den linken Fuß zuerst voransetzt und beim Verlassen des Ortes mit dem rechten Fuß voran hinausgeht[29].

2. An diesem Ort soll man weder einen Gottesnamen noch einen anderen zu ehrenden Namen nennen[30]; allgemein gehört das Sprechen in der Toilette und ähnlich unreinen Orten als sehr schlechte Sitte.
3. Es ist wünschenswert (*mustaḥabb*), vor Betreten und nach Verlassen der Toilette und entsprechender Orte bestimmte Bittgebete (*ad'iya*) zu sprechen; als Beispiel hier zwei *Du'ā'* aus sicheren Hadithen:

Beim Betreten der Toilette bzw. des Ortes, wo man sein Bedürfnis verrichtet (aber noch vor dem Ort selbst, nicht darin):

Bismi llāh ... Allāhumma innī a'ūdhu bika mina l-khubuthi wa-l-khabā'ith
„Im Namen Gottes ... O Gott, ich nehme meine Zuflucht bei dir vor den männlichen und weiblichen unreinen Jinnen".

Beim Verlassen der Toilette bzw. des Ortes, wo man sein Bedürfnis verrichtet (schon außerhalb des Ortes selbst):

Ghufrānak
al-ḥamdu li-llāhi lladhi adhhaba 'anni l-adhā wa 'āfānī,
[al-ḥamdu li-llāhi lladhī adhāqani ladhdhatah,
wa abqā fīya quwwatah,
wa dafa'a 'annī adhāh][31]

„Ich erbitte Deine Verzeihung, (o Gott), Preis sei Gott, der mich vor Schaden bewahrt und mir die Gesundheit erhalten hat,
[Preis sei Gott, der mir (zuvor) den köstlichen Geschmack (der Speise) gewährt hat, mir danach Stärke gegeben hat und von mir das Übel (von diesem Ort – oder: von dieser Speise) ferngehalten hat]".

Die Richtung, die man bei dem Verrichten des Bedürfnisses einnehmen muß bzw. nicht einnehmen darf

1. Es ist demjenigen, der gerade sein Bedürfnis verrichtet, verboten (*ḥarām*), sich so hinzusetzen bzw. zu hocken, daß er mit seiner Brust und dem gesamten Körper in *Qibla*-Richtung oder in Gegen-*Qibla*-Richtung ausgerichtet ist, sofern er sich im Freien und sich vor ihm nichts befindet, das ihn vor Blicken anderer abschirmt. Dasselbe gilt, wenn er sich währenddessen in einem Gebäude(teil) befindet, der nicht zur Verrichtung des Bedürfnisses gedacht ist (also kein Toilettenraum usw. ist)[32].

   Als Grundlage dienen hier die sicheren (*ṣaḥīḥ*) *Ḥadīthe* (bei Muslim und al-Bukhārī), in denen der Prophet ﷺ sagt:

   „Wenn ihr zum Abort geht, so nehmt, wenn ihr Urin und Kot laßt, weder die *Qibla*-Richtung ein, noch wendet euch in die Gegen-*Qibla*-Richtung, sondern wendet euch nach links oder rechts davon."
2. Derjenige, der sein Bedürfnis verrichtet, soll sich im Freien nicht in Richtung der Sonne bzw. des Mondes wenden, aus Respekt, weil diese beiden als wichtige Zeichen Gottes in Seiner Schöpfung gelten.

3. Derjenige, der gerade sein Bedürfnis verrichtet, soll, während er sein Bedürfnis verrichtet, nicht den Blick zum Himmel hinauf richten.

Verhalten beim Verrichten des Bedürfnisses

1. Daß man sich mit der linken Hand säubert, indem man mit dieser Hand das Reinigungsmittel (Wasser und/oder etwas Festes wie Papier, Stein usw.) nimmt und die Verunreinigung abstreift. Es ist diesbezüglich *makrūh*, die rechte Hand zur eigentlichen Säuberung zu benutzen.
2. Daß man während des Verrichtens des Bedürfnisses sowie beim *Istinjā'* – wenn möglich – nicht auf sein eigenes Geschlechtsteil bzw. auf das, was von dort an Ausscheidungen austritt, blickt. Auch soll man – wenn möglich – sein Geschlechtsteil währenddessen nicht anfassen. Ist das aber (zur Reinigung oder aus bestimmten medizinischen und sonstigen körperlichen Gründen usw.[33]) notwendig, so soll man den festen zur Reinigung benutzten Gegenstand mit der rechten bzw. das Körperteil mit der linken Hand festhalten und sich so reinigen.

KAPITEL 6

DIE AUFHEBUNG DER REINHEIT (DER ḤADATH)

§ 21

ALLGEMEINE BESCHREIBUNG

Wörtlich bedeutet „*Ḥadath*": „Ereignis", „Geschehen". Im Recht bedeutet *Ḥadath*, das auf einem der beiden Ausscheidungswege (Harnröhre und Darmweg) etwas aus dem Körper austritt, wodurch der Zustand der Reinheit (*ṭahāra*) aufgehoben wird.

Es gibt zwei Arten des *Ḥadath*: den größeren *Ḥadath* (*ḥadath akbar*) und den kleineren *Ḥadath* (*ḥadath aṣghar*).

§ 22

DIE BEIDEN ARTEN DER AUFHEBUNG DER REINHEIT

Art und Aufhebung des größeren Ḥadath (ḥadath akbar)

Wenn jemand im Zustand der vollen rituellen Reinheit (*ṭahāra*) ist und der größere *Ḥadath* eintritt, so befindet er sich im Zustand der großen rituellen Unreinheit (*janāba*); die Person, die sich in der *Janāba* befindet, wird *Junub* (männl. Form) bzw. *Junuba* (weibl. Form) genannt[34].

Um den Zustand der *Janāba* aufzuheben, muß er den *Ghusl* (die Vollkörperwaschung) vollziehen; um die volle rituelle Reinheit zu erreichen, muß er danach noch den *Wuḍū'* (die Teilkörperwaschung) vornehmen (bzw. als Ersatzwaschung für beide Arten des *ḥadath* den *tayammum*; diese Art der *Ṭahāra*-Wiederherstellung gilt aber nicht uneingeschränkt; siehe dazu weiter unten).

Im Zustand der *Janāba* darf man nicht nur gottesdienstliche Handlungen (*'ibādāt*), die volle *Ṭahāra* erfordern, nicht tun, sondern man muß auch bestimmte andere Dinge unterlassen (siehe dazu weiter unten). Der Zustand einer Frau während ihrer Menstruation (*ḥaiḍ*) und während der Phase, in der bei und nach der Geburt unreine Körperflüssigkeiten wie Blut und Schleim austreten (*nafās* genannt), entspricht zwar nicht in seiner Art, aber in seiner Auswirkung dem Zustand der *Janāba* (das heißt: hinsichtlich der Dinge, die man während dieses Zustandes nicht tun darf).

Art und Aufhebung des kleineren Ḥadath (ḥadath aṣghar)

Wenn sich jemand im Zustand der vollen rituellen Reinheit befindet und bei ihm der kleinere *Ḥadath* (*ḥadath aṣghar*) eintritt, so muß er den *Wuḍū'* (bzw. *Tayammum*) verrichten, um wieder in den Zustand der vollen *Ṭahāra* zu gelangen.

Für diesen Zustand – den nach dem kleineren *Ḥadath* – gibt es keinen speziellen Begriff wie im Fall der *Janāba*. Statt dessen wird üblicherweise der Begriff „*Wuḍū'*" so verwendet, daß man ihn als Zustandsbeschreibung auffaßt und sagt: „Ohne *Wuḍū'*", das heißt im Zustand der kleinen rituellen Unreinheit. In dem Zustand ohne *Wuḍū'* sind grundsätzlich nur die reinen gottesdienstlichen Handlungen, die volle *Ṭahāra* verlangen, untersagt bzw. können nicht gültig verrichtet werden.

Vergleich der beiden Arten des Ḥadath

Bei beiden Arten des *Ḥadath* wird die volle *Ṭahāra* aufgehoben, aber bei dem größeren *Ḥadath* sind die Einschränkungen größer; außerdem ist jemand, der im Zustand der *Janāba* ist, automatisch auch ohne *Wuḍū'*, und daher muß auch zur Wiederherstellung der vollen *Ṭahāra* außer dem *Ghusl* zusätzlich noch der *Wuḍū'* vorgenommen werden (bei Vornehmen der *Tayammum*-Ersatzwaschung genügt ein einmaliges Vornehmen des *Tayammum* zur Wiederherstellung der *Ṭahāra* – mit den Einschränkungen des *Tayammum*).

Durch den kleineren *Ḥadath* jedoch wird nur der *Wuḍū'* (bzw. *Tayammum*) zur Wiederherstellung der vollen *Ṭahāra* notwendig. Wird, ohne daß ein *Ḥadath akbar* vorkam, ein *Ghusl* vorgenommen, so geschieht das in diesem Fall als zusätzliche Tat, nicht aber konkret aufgrund einer zwingenden Ursache. Meist wird ein solcher freiwilliger *Ghusl* aufgrund eines Anlasses, der durch die Sunna vorgegeben ist, wie das Betreten der Stadt Medina, vorgenommen.

Grundsätzlich kann der größere *Ḥadath* nur durch *Ghusl* aufgehoben werden, der kleinere nur durch *Wuḍū'*. Nach allgemeiner Ansicht kann aber ein vollständiger Ghusl (bei dem der Geschlechtsteilbereich nicht berührt wird) beide Arten des Ḥadath aufheben, sofern der Betreffende die Absicht dazu gefaßt hatte. Nach den Hanafiten und einem Großteil der Schafiiten genügt bei *Nīya* vollständiger Erlangung der *Ṭahāra* auch das Untertauchen in frischem, vornehmlich fließendem Wasser, nach malikitischer Auffassung kann ein vollständiges Untertauchen in einem Wasserbecken mit Reiben der Körperhaare die übliche Ghusl-Form ersetzen und gegebenenfalls bei entsprechender Nīya auch beide Arten des Ḥadath aufheben.[35]

Der Unterschied zwischen Ḥadath und Najāsa

Es besteht ein wichtiger Unterschied zum Zustand, daß man mit *Najāsa* versehen ist:

Wenn man im Zustand der rituellen Reinheit (*ṭahāra*) ist und eine Art des *Ḥadath* eintritt, so wird zur Wiederherstellung der rituellen Reinheit die entsprechende dafür vorgesehene Waschung erforderlich.

Wenn aber eine äußerliche, von außen herangekommene körperliche und rituelle Unreinheit (*najāsa*) an Körper und/oder Kleidung anhaftet, so erfordert das weder *Wuḍū'* noch *Ghusl*, sondern ein ein- bis siebenmaliges Waschen und unter Umständen auch ein gleichzeitiges Reiben mit Sand und ähnlichem[36]. Zur Aufhebung von solchen äußerlichen Verunreinigungen (*najāsāt*) sind weder Teil- noch Ganzkörperwaschung gefordert; vielmehr ist es verpflichtend (!), zuerst die Verunreinigung (*najāsa*) durch die jeweils vorgeschriebene Art der Waschung aufzuheben, bevor man anschließend Ganz- (*ghusl*) und Teilkörperwaschung (*wuḍū'*) bzw. nur *Wuḍū'* zur Erlangung der völligen rituellen Reinheit vornimmt.

Wenn andererseits jemand im Zustand der vollen rituellen Reinheit (*ṭahāra*) ist und dann eine Verunreinigung (*najāsa*) an seinem Körper bzw. seiner Kleidung anhaftet, so gilt doch weiterhin, daß er weder im Zustand der „*Janāba*" noch dem „ohne *Wuḍū'*" ist; wenn er daher die Verschmutzung – wie jeweils vorgeschrieben – entfernt hat, ist die volle rituelle Reinheit ohne Einschränkungen wiederhergestellt.

Zusammengefaßt:

1. Die volle *Ṭahāra* kann unabhängig voneinander aufgehoben werden durch

a. einen oder beide *Ḥadath*
b. durch Anhaften irgendeiner *Najāsa*

2. Bei Vorhandensein von Wasser und Fehlen entsprechender Hinderungsgründe wird die *Janāba* bzw. der Zustand nach dem größeren *Ḥadath* nur durch den *Ghusl* aufgehoben. Unter entsprechenden Umständen wird der Zustand „ohne *Wuḍū'*" bzw. nach dem kleineren *Ḥadath* nur durch den *Wuḍū'* aufgehoben. Sind entsprechende Hinderungsgründe vorhanden, hebt der *Tayammum* sowohl den Zustand nach dem größeren wie auch dem kleineren *Ḥadath* auf. Dabei können, wenn beide Arten des *Ḥadath* aufgehoben werden müssen, auch beide durch einen einzigen *Tayammum* aufgehoben werden.

Eine *Najāsa* kann weder durch *Wuḍū'* noch *Ghusl*, noch *Tayammum* aufgehoben werden, sondern nur durch die jeweils vorgeschriebene Waschung bzw. Abreibung.

Die volle *Ṭahāra* wird (gegebenenfalls) nur durch *Ghusl*, *Wuḍū'* und Abwaschung bzw. Abreibung von *Najāsa* erreicht. Der *Tayammum* gilt nur auf Zeit – bis die Hinderungsgründe entfallen bzw. ein erneuter *Ḥadath* nach dem Vornehmen des *Tayammum* eintritt.

KAPITEL 7

DER ZUSTAND NACH DEM ḤADATH AKBAR (JANĀBA)

§ 23

BESCHREIBUNG DER JANĀBA

Allgemeine Vorstellung

Mit „*Janāba*" ist der Zustand nach dem Eintreten der größeren Unreinheit (*ḥadath akbar*) gemeint. Dieser Zustand kann – wenn Wasser entsprechend den allgemeinen *Ṭahāra*-Bedingungen[37] vorhanden ist – nur durch einen *Ghusl* aufgehoben werden, ansonsten – bei den beim *Tayammum* vorgestellten Gründen – genügt der *Tayammum* zur Wiedererlangung der vollen *Ṭahāra*[38]. Während des *Janāba*-Zustandes ist es untersagt, bestimmte Dinge zu tun (siehe dazu weiter unten).

Es gibt zwei Ursachen, die die *Janāba* verursachen:

1. Der Austritt von Samenflüssigkeit beim Mann bzw. entsprechender Flüssigkeit bei der Frau.

2. Eigentlicher Geschlechtsverkehr, mit oder ohne Austritt von Samenflüssigkeit.

Die erste Ursache der Janāba: Austritt von Samenflüssigkeit

Die erste Ursache, die *Janāba* verursacht, ist der Austritt von Samenflüssigkeit beim Mann bzw. der entsprechenden Flüssigkeit bei der Frau, aus welchem Grund auch immer (abgesehen vom eigentlichen Geschlechtsverkehr).

So spielt es keine Rolle, ob der Ausstoß der Samenflüssigkeit durch eine aktive Handlung des Betreffenden eintrat, wie

- Herumspielen an den Geschlechtsorganen,
- bewußt vorgenommene Selbstbefriedigung (*istimnā'*)
- bewußtes absichtliches Betrachten, Zuhören, Riechen von konkret beim Betreffenden in ihren Auswirkungen vorhandenen Dingen[39], von denen man weiß, daß sie einen sexuell erregen,

oder ob der Ausstoß der Samenflüssigkeit durch ein Ereignis eintrat, bei dem die betreffende Person keine aktive Rolle einnahm, wie

- Ausstoß von Samenflüssigkeit während eines sexuell erregenden Traumes (*iḥtilām*)
- sexuelle Erregung durch unabsichtliches (speziell durch Umstände erzwungenes)[40] Sehen, Riechen bzw. Hören von erregenden Dingen
- nicht willentliches Nachdenken über erregende Dinge.

Die zweite Ursache der Janāba: eigentlicher Geschlechtsverkehr

Der zweite Anlaß, der den *Ghusl* erforderlich macht, ist der eigentliche Geschlechtsverkehr zwischen Mann und Frau[41]. Dabei ist der *Ghusl* auch dann erforderlich, wenn kein Ausstoß von eigentlicher Samenflüssigkeit beim Geschlechtsverkehr stattfand: der bloße Geschlechtsakt, die körperliche Vereinigung der primären Geschlechtsorgane[42], genügt, um *Janāba* hervorzurufen und so den *Ghusl* erforderlich zu machen.

§ 24

WAS IM ZUSTAND DER JANĀBA VERBOTEN IST

1. Das Gebet (*ṣalāh*) zu verrichten, ob *Farḍ*, *Wājib* (bei der *Ḥanafiya*) oder *Nāfila*, ob in *Qaḍā'* oder *Adā'*-Form, als Einzelgebet oder Gemeinschaftsgebet.

2. Sich in einer Moschee aufzuhalten oder durch sie (ohne Notwendigkeit) hindurchzugehen. Wenn es aber aus irgendwelchen Gründen (zum Beispiel bei fehlenden anderen Zugängen zu bestimmten Gebäuden) notwendig ist, die Moschee zu betreten und durch sie hindurchzugehen, so ist das nicht verboten, sondern zulässig (*jā'iz*).
3. Den *Ṭawāf* (Umschreitung der *Ka'ba* während des *Ḥajj* bzw. der *'Umra*) zu verrichten, sei er *Farḍ* oder nicht.
4. Das Rezitieren von Koranversen (mit der Absicht, das als Gottesdienst zu tun, oder auch mit der Absicht des Unterrichtens bzw. Erlernens, oder auch ohne besondere Absicht). Das Rezitieren von bestimmten Versen bzw. Versstücken, die übereinstimmend islamrechtlich als *Du'ā'* bei bestimmten Gelegenheiten rezitiert werden sollen, ist nach manchen Gelehrten aber auch für einen *Junub* bzw. eine *Junuba* erlaubt bzw. zulässig (*jā'iz*).

   Übereinstimmend gilt weiter, daß es einem *Junub*/einer *Junuba* erlaubt ist, im Inneren Koranverse zu rezitieren – ohne mit den Lippen oder der Zunge (in *Isrār*- oder *Jahr*-Form) zu rezitieren. Auch ist es im Zustand der *Janāba* erlaubt, auf geschriebene Koranverse zu blicken.
5. Das Berühren des arabischen Korantextes (*muṣḥaf*).[43]

KAPITEL 8

MENSTRUATION (ḤAIḌ)

§ 25

ALLGEMEINE VORSTELLUNG VON ḤAIḌ

Mit Menstruation (*ḥaiḍ*) ist im islamischen Recht der Ausfluß des Blutes gemeint, welches im Rahmen der Menstruation auf natürliche Weise austritt. Dabei gilt aber auch, daß nur für eine bestimmte Zeit von Tagen das austretende Blut als Menstruationsblut gilt: Wenn nach dieser Frist weiterhin Blut austritt, gilt dies der rechtlichen Bestimmung nach nicht mehr als *Ḥaiḍ* (Menstruation), und die einschränkenden Bestimmungen (das heißt die Bestimmungen darüber, was man während der Menstruation nicht tun kann/darf), sind dann aufgehoben.

Die Normaldauer der Menstruation

Üblicherweise dauert bei den meisten Frauen die eigentliche Blutung sechs bis sieben Tage an. Es ist außerdem festzustellen, daß oft eine

Beziehung zwischen den Mondphasen und dem Monatsregelzyklus besteht. Besonders bei seelischer Anspannung – zum Beispiel Erwartung wichtiger Ereignisse, extreme Freude bzw. Trauer – kann die Normaldauer der Monatsregel weit über- und unterschritten werden (oft bis zu mehr als einer Woche).

Es muß aber angemerkt werden, daß nur das direkte Austreten von Blut als „*Ḥaiḍ*" gilt, nicht aber das Ausfließen von gelblicher oder klarer Flüssigkeit, was bei vielen Frauen der eigentlichen Menstruation (das heißt der Blutung) vorausgeht. Auch wenn die Regel völlig durcheinandergerät und Phasen von Blutung und solche ohne Blutung rasch einander abwechseln, gilt jede einzelne Phase der Blutung als einzelner *Ḥaiḍ* (einzelne, eigenständig zu zählende Menstruationsphase) – im Rahmen der *Madhāhib*-Meinungen, bei denen manche eine Mindest- und Maximaldauer der Menstruation festsetzen (siehe dazu weiter unten).

Allgemein gilt, daß im islamischen Recht zwischen zwei möglichen Zuständen bei einer Menstruation unterschieden wird:

1. Die Periode einer Frau dauert für gewöhnlich eine genau bestimmbare Zeit (zum Beispiel sechs Tage und fünf Nächte).
2. Die Periodendauer schwankt häufig, um jeweils mehr als einen Tag mit dazugehöriger Nacht.

Der erste Fall und die daraus folgenden Dinge:

Die Periode dauert normalerweise eine bekannte, feste Zeitdauer an. Dieser Fall tritt ein, wenn eine Frau mehr als zweimal eine gleichlange Periode hat, wobei sich die beiden Periodendauern nicht im Maß eines 24-Stunden-Tages unterscheiden dürfen.

Der zweite Fall und die daraus folgenden Dinge:

Wenn eine Frau des öfteren Änderungen ihrer Periodendauer feststellt, gilt:

1. Wenn die Dauer einer betreffenden aktuellen Periode die Dauer der vorigen Periode um mindestens einen vollen 24-Stunden-Tag über- oder unterschreitet, so gilt die neue (aktuelle) Periodendauer als vorläufige Richtgröße. Wenn die darauffolgenden Perioden (also mindestens die dritte und vierte Periode) diese vorläufige Richtdauer nicht mehr – wie beschrieben – über- bzw. unterschreiten, gilt diese Frau als Frau mit (dieser) nun regelmäßigen Periode.

2. Wenn aber keine feste Dauer für mehr als zwei Perioden hintereinander festzustellen ist (im Rahmen der 24-Stunden-Regelung), so gilt die jeweils letzte Periodendauer als vorläufige Richtgröße.

Die Bedeutung der regelmäßigen Periode bzw. der Richtgröße der Periode

Bei einer Frau mit regelmäßiger Periode gelten nach der *Mālikīya* besondere Bedingungen bezüglich der rechtlichen Bestimmung von *Ḥaiḍ* und *Istiḥāḍa*, nach den anderen *Madhāhib* aber nicht.

Des weiteren kann man nach Meinung aller Rechtsschulen bei einer solchen Frau die Wartefrist der Frau in Scheidungsfällen (*ʿidda*) sehr sicher festsetzen, und die Menstruationsdauer ist hier in diesem Fall verpflichtender Zeitmaßstab.[44]

Die Maximaldauer der Menstruation

Nach den klassischen Rechtsmeinungen der *Madhāhib* außer der *Ḥanafīya* dauert die natürliche Menstruationsdauer einer gesunden Frau bis maximal fünfzehn Tage mitsamt den dazugehörigen Nächten. Dies gilt nach Meinung der *Shāfiʿīya* und *Ḥanbalīya*.

Ḥanafīya: Nach der *Ḥanafīya* jedoch ist die Maximaldauer der Menstruation zehn Tage mit den dazugehörigen Nächten.[45]

Mālikīya: Die absolute Maximaldauer der Menstruation liegt bei fünfzehn Tagen (mit den dazugehörigen Nächten). Wenn aber die Periode einer Frau gewöhnlich bei einer bestimmten Tagesdauer liegt und diese Dauer um mehr als drei Tage (mit den dazugehörigen Nächten) überschritten wird, so gilt das dann austretende Blut ebenfalls als *Istiḥāḍa*-Blut.

Wenn etwa eine Frau normalerweise eine Periode von sechs Tagen und Nächten hat und die betreffende aktuelle Periode kurz nach Dämmerung einsetzt, beginnt die Zählung mit dieser Dämmerung, und „ein Tag der Periode" (das heißt 24-Stunden-Abschnitt) beginnt dann jeweils mit der Dämmerung. Wenn dann Blut nach der Dämmerung am Ende des neunten Perioden-Tages und weiter danach austritt, gilt dieses Blut als *Istiḥāḍa*-Blut (siehe weiter unten).

Die Mindestdauer der Menstration

Minimal dauert die natürliche Menstruation einen Tag und eine Nacht lang an; dies ist die Meinung der *Madhāhib* außer der *Ḥanafīya* und *Mālikīya*.

Ḥanafīya: Als Mindestdauer setzt die *Ḥanafīya* eine Dauer von drei Tagen mit den dazugehörigen Nächten an.

Mālikīya: Für die Mindestdauer kann keine feste Grenze angegeben werden, und grundsätzlich kann sogar eine Blutung von wenigen Augenblicken als Menstruation gelten.

Bezüglich der Wartefrist der Frau in Scheidungsfällen (*ʿidda*) gilt als Mindestdauer ein ganzer (24-Stunden-)Tag oder ein großer Teil des Tages (etwa die Hälfte, ein Drittel).

Die „Reinheit von der Menstruation" (*ṭuhr*)

Der „*Ṭuhr*" (wörtl.: „Reinheit", hier: der zeitliche Zwischenraum zwischen dem Ende der einen und Beginn der nächsten Periode) wird – wie auch die Menstruationsdauer – festgelegt. Der *Ṭuhr* hat bezüglich der Erkenntnis, ob überhaupt eine Periode als beendet anzusehen ist, bezüglich der gottesdienstlichen Handlungen (*ʿibādāt*) und bei der Scheidung bzw. der *ʿIdda* entscheidende Bedeutung.

Die Mindestdauer der „Reinheit von der Menstruation" (*ṭuhr*)

Als Mindestdauer der „Reinheit von der Menstruation" (*ṭuhr*) gilt – außer nach der Ansicht der *Ḥanbalīya* – eine Dauer von fünfzehn Tagen.

Ḥanbalīya: Nach der *Ḥanbalīya* gilt als Mindestzeitspanne zwischen zwei Menstruationszyklen eine Dauer von dreizehn Tagen.

Wenn etwa eine Frau nach drei Tagen eigentlicher Menstruation (das heißt Blutaustritt) keine weitere Blutungen mehr hat und dieser Zustand für vierzehn Tage[46] (im Sinne von 24-Stunden-Abschnitten) oder weniger andauert, bis dann wieder eine Blutung einsetzt, so gilt dieser Zwischenraum zwischen den beiden Blutungen nicht als *Ṭuhr*, sondern – der rechtlichen Bestimmung nach, im nachhinein betrachtet – als *Ḥaiḍ* (Menstruation)[47]. Dabei spielt es – außer nach Ansicht der *Shāfiʿīya* – keine Rolle, ob die beiden Blutungen Menstruationsblutungen sind oder ob die erste Blutung eine Monatsblutung nach einer Geburt (*nafās*) und die zweite eine Menstruationsblutung ist.

Shāfiʿīya: Die Mindestdauer für *Ṭuhr* ist zwar nach Ansicht der *Shāfiʿīya* – wie auch nach der der *Ḥanafīya* und *Mālikīya* – fünfzehn Tage, doch wird in der *Shāfiʿīya* als Bedingung festgelegt, daß die Zeitspanne von *Ṭuhr* zwischen zwei Menstruationsblutungen liegen muß.

Wenn aber die erste Blutung Monatsfluß nach der Geburt (*nafās*) war, die zweite Blutung Menstruationsblutung (*ḥaiḍ*), so gilt, daß es keine zeitliche Untergrenze (in Tagen gemessen) für *Ṭuhr* gibt: Wenn etwa nach *Nafās* die Blutung für einen Tag (das heißt 24 Stunden) endet und darauf wieder Blutungen (also von Menstruation) einsetzen, so gilt die Zwischenzeit als *Ṭuhr*.

Die Maximaldauer der „Reinheit von der Menstruation“ (ṭuhr)

Eine Obergrenze für *Ṭuhr* gibt es in Übereinstimmung der Rechtsschulen nicht. Wenn etwa eine Frau nach einer Blutung für Wochen, Monate, Jahre oder sogar bis an ihr Lebensende keine Blutung mehr bekommt, so gilt sie für diese ganze Zeit ohne Blutung als Frau im Zustand von *Ṭahāra*.

Bezüglich der *'Idda* aber gilt hier, daß man von Mondmonaten zur Berechnung von *Ṭuhr* und *Ḥaiḍ* ausgeht.[48]

Man geht also von praktisch sichtbaren Mondmonaten aus, die wechselnde Länge haben (28, 30, 29, 30 Tage usw.), wobei in dieser jeweiligen Monatsspanne auch die „reguläre Periode/*Ḥaiḍ*“ liegen muß. Beispiel: Eine Frau in der Menopause wird geschieden. Man geht von einer regulären theoretischen Periode aus und zählt 29+30+29=88 Tage (jeweils zu 24 Stunden von dem Moment der Scheidung an gezählt). Nach Ablauf dieser Frist wird die *'Idda* als erfüllt bzw. abgelaufen betrachtet.

Die Bestimmung von Menstruation (ḥaiḍ) und Freisein davon (ṭuhr) bei häufig unterbrochener Blutung (genannt: die „schwierige Periode“)

Hier ergeben sich nach den verschiedenen *Madhāhib* sehr verschiedene Ergebnisse. Dadurch daß Mindestdauer von *Ḥaiḍ* und *Ṭuhr* unterschiedlich gesetzt sind und zudem innerhalb der *Ḥanafīya* mehrere unterschiedliche Positionen bestehen, wird ein typischer Beispielfall nach den *Madhāhib* getrennt besprochen. Die betreffende Frau hat keine eindeutig zeitlich festgelegte Periode.

1. Blutung (1 Tag < 24 h) – Tag 1
   Keine Blutung (4 Tage) – Tag 2 bis 5
2. Blutung (4 Tage) – Tag 6 bis 9
   Keine Blutung (2 Tage) – Tag 10 bis 11
3. Blutung (3 Tage) – Tag 12 bis 14
   Keine Blutung (4 Tage) – Tag 15 bis 18
4. Blutung (1 Tag, 24 h) – Tag 19
   Keine Blutung (2 Tage) – Tag 20 bis 22
5. Blutung (1 Tag) – Tag 23

Shāfi'īya

Die erste Blutung kann nicht *Ḥaiḍ* sein (kürzer als 24 Stunden), sondern „*Dam fasād*“. Die erste Periode tritt also nach 5 Tagen (= 2. Blutung) ein und dauert 4 Tage an (Tag 6–9). Darauf folgt *Ṭuhr* (Tag 10 bis Tag 23); die dritte, vierte und fünfte Blutung gilt als „*Dam fasād*“, nicht als *Ḥaiḍ*, weil eine Nicht-Blutung von deutlich mehr als 24 Stunden als klare Trennung zwischen *Ḥaiḍ* und *Ṭuhr* gilt.

Ḥanbalīya

Wie die *Shāfi'īya* gilt die erste Blutung nicht als *Ḥaiḍ*, sondern „*Dam fasād*", erst die zweite Blutung gilt als *Ḥaiḍ*. Weil aber *Ṭuhr* bei der *Ḥanbalīya* 13 Tage sein kann, gilt *Ṭuhr* im Beispiel nur von Tag 10 bis 22, die fünfte Blutung (Tag 23) gilt wieder als *Ḥaiḍ*. Die vierte Blutung (Tag 19) gilt folglich zwingend als „*Dam fasād*".

Ḥanafīya

Allgemein gilt, daß ein Zeitraum von weniger als 15 vollen Tagen (15 mal 24 Stunden) nicht als *Ṭuhr* gilt, sondern noch als *Ḥaiḍ*. Allerdings gilt nach Abū Yūsuf, daß eine Periode bei einer Frau ohne feste Periodendauer auch ohne konkrete Blutung beginnen oder enden kann. Muḥammad hingegen lehnte dies ab, nach ihm muß eine Periode immer mit Blut enden und beginnen. Außerdem meint Muḥammad (im Unterschied zu Abū Ḥanīfa und Abū Yūsuf), daß eine Abfolge von zwei Tagen ohne Blutung unter Umständen eine Periode unterbrechen kann, nämlich wenn bei wechselnden Blutungen die ersten beiden Blutungen zusammen kürzer sind als die dazwischenliegende Nicht-Blutung. Hiervon geht man auch meist in der Fatwā aus, wenn dies zur Erleichterung für die Frau führt.

Im Beispiel: Die erste Blutung kann keine Periode sein, weil sie unter der Zeitspanne von drei vollen Tagen liegt. Somit beginnt die Periode (*ḥaiḍ*) mit der zweiten Blutung (entsprechend der Meinung der *Shāfi'īya* und Ḥanbalīya), und weil die Unterbrechung (Tag 10–11) kürzer ist als die ersten zwei Blutungen (insgesamt 4+3 = 7 Tage) und die Maximaldauer der Periode von 10 Tagen nicht überschritten wird, gilt der Zeitraum von Tag 6 bis Tag 14 (= 9 Tage) als Gesamtperiode (*ḥaiḍ*). Der gesamte Zeitraum danach muß nunmehr Ṭuhr sein (Tag 15–22), die 4. und 5. Blutung (Tag 19 und 22) gelten als „*Dam fasād*".

Mālikīya

Die erste Blutung gilt bereits als *Ḥaiḍ* (1. Tag), weil es keine Mindestdauer für *Ḥaiḍ* gibt. Da *Ṭuhr* nicht unter 15 Tagen liegen kann, dauert hier *Ṭuhr* von Tag 2 bis Tag 18, die zweite und dritte Blutung gilt als „*Dam fasād*". Die vierte Blutung (Tag 19) gilt als zweite Periode, dann muß *Ṭuhr* folgen und also die 5. Blutung (Tag 22) „*Dam fasād*" sein.

Beginn und Ende der Lebensabschnitte, in denen Menstruation (ḥaiḍ), Scheinperiode (istihāda), Fehlblutungen (dam fasād) bzw. krankheitsbedingte Blutungen (dam ʿilla) auftreten

Nach allen Gelehrten und Schulen beginnt eine Periode frühestens mit 9 Jahren, in der Regel aber mit ca. 14 Jahren. Die Schulen außer der *Shāfiʿīya* gehen von einem Alter von ca. 50 Jahren als Beginn der Menopause aus, sofern die betreffende Frau eine entsprechende Veränderung und ein klares Ausbleiben der Regelblutung feststellt.

Außerdem gilt, daß die Frau am besten um ihre Regel (*ḥaiḍ*) weiß, insbesondere, wenn es klare Zeichen vor und nach *Ḥaiḍ* für sie in ihrem Körper gibt.

Hat eine Frau ihre Menopause, kann sie weder *Ḥaiḍ* noch *Istihāda* haben, sondern nur „*Dam fasād*" (Fehlblutungen) oder „*Dam ʿilla*" (krankheitsbedingte Blutung). Besteht keine erwiesene und bekannte Krankheit, geht man bei einer Frau – ob vor oder nach der Menopause – bei vereinzelt auftretenden Blutungen von „*Dam fasād*" (Fehlblutung) aus.

Alle Blutungsarten außer *Ḥaiḍ* und *Nafās* gelten als Unterform des *Ṭuhr*-Zustandes, mit allen daraus bedingten Pflichten bezüglich Gebet und Fasten.

§ 26

DIE SCHEINPERIODE (ISTIḤĀḌA)

Wenn Blut über die längste Dauer des Austritts von Menstruationsblut hinaus austritt, so gilt dieses austretende Blut nicht mehr als Menstruationsblut (*dam al-ḥaiḍ*), sondern als solches der „scheinbaren Menstruation" (*istiḥāḍa*).

Wenn *Istiḥāḍa*-Blut austritt, wird zwar der *Wuḍūʾ* hinfällig (der dabei eintretende Zustand entspricht dem *ḥadath aṣghar*), doch der *Ghusl* wird dadurch – im Unterschied zum *Ḥaiḍ*-Blut – nicht erforderlich. In diesem Fall wäscht die betroffene Frau das Blut ab und legt eine schützende Binde an. Sie gilt nicht als *Ḥāʾiḍ* (Menstruierende) und nicht als *Junuba*, und sie unterliegt nicht den Einschränkungen der *Junuba* bzw. *Ḥāʾiḍ*.

Wenn sie beten will, sorgt sie lediglich dafür, daß das *Istiḥāḍa*-Blut abgewaschen ist, eine sichere Binde angelegt ist, und vollzieht den *Wuḍūʾ*: das genügt, um ihre volle *Ṭahāra* wiederherzustellen, und sie kann dann das betreffende Gebet verrichten.

Wenn das Blut regelmäßig austritt, gilt aber auch, daß sie – wie jemand, bei dem stetig Urin austritt – stets vor jedem Gebet neu ihren Zustand überprüfen und jedesmal den *Wuḍūʾ* neu verrichten muß.

§ 27

WAS IM ZUSTAND DER MENSTRUATION (ḤAIḌ) ZU TUN UNTERSAGT IST

1. Das Gebet (*ṣalāh*) zu verrichten (wie bei der *janāba*).

   Was ihr von den täglichen Pflichtgebeten während der Menstruation entging, wird nicht nachgeholt[49].

2. Rezitation von Koranversen und Berührung des *Muṣḥaf* (wie bei der *janāba*).

3. Betreten und Hindurchgehen durch eine Moschee.

   Grundsätzlich gilt hier für eine Menstruierende dasselbe wie für jemanden im Zustand der *Janāba*. Allerdings kommt bei der Menstruierenden noch hinzu, daß es ihr verboten ist, überhaupt die Moschee zu betreten, wenn sie nicht sicher sein kann, daß nicht etwas von dem Blut oder anderem Unreinen von ihrer Kleidung usw. auf den Moscheeboden gelangen kann. Das gilt insofern, als es generell untersagt ist, etwas Unreines (*najāsa*) in die Moschee zu bringen oder den Boden oder anderes in ihr damit zu beschmutzen.

   Wenn sie sich aber sicher ist, daß das in ihrem Fall nicht geschehen kann, so gelten bei ihr die allgemeinen, schon oben vorgestellten Bedingungen.

4. Das Verrichten des *Ṭawāf* während des *Ḥajj* und der *'Umra*.

5. Das Fasten (*ṣaum*). Es ist der Menstruierenden nicht erlaubt zu fasten, sei es ein Pflichtfasten oder ein freiwilliges, eines in *Adā'* oder in *Qaḍā'* zu verrichtendes. Dies gilt in *Ijmā'*.

   Die Tage des Pflichtfastens, die einer Menstruierenden entgehen, müssen von ihr nach dem Ende der Blutung sofort[50] nachgeholt werden, im Gegensatz zu den täglichen Pflichtgebeten. Es ist verpflichtend, daß sie – im Zweifelsfall – sofort mit dem Fasten beginnt, selbst wenn sie sich noch nicht durch einen *Ghusl* von der Unreinheit des *Ḥaiḍ* gereinigt hat.

6. Der eigentliche Geschlechtsverkehr und Berührung des engeren Aurabereichs bei der Menstruierenden; das heißt, es ist dem Ehemann einer Menstruierenden nicht erlaubt, den eigentlichen Geschlechtsverkehr zu vollziehen oder die *'Aura* und den direkt angrenzenden Bereich (das heißt das, was zwischen Nabel und Knie liegt) in Form von indirektem Geschlechtsverkehr oder Stimulation (ohne trennenden Stoff und dergleichen) mit seinem Körper zu berühren.

KAPITEL 9

BLUTUNGEN BEI DER GEBURT UND MONATSFLUSS (NAFĀS)

§ 28

ALLGEMEINE BESCHREIBUNG

Als *Nafās* wird der Ausfluß von Blut kurz vor der eigentlichen Geburt, während der Geburt und vor allem nach der Geburt bezeichnet, und eine Frau in diesem Zustand wird *Nafsā'* genannt (also „Frau im *nafās*-Zustand").

Im Deutschen gibt es keine völlig entsprechende Übersetzungsmöglichkeit des Wortes *Nafās*; aber bezüglich der Blutungen nach der Geburt gibt es den Begriff „Monatsfluß" (das heißt „Ausfluß von Blut für – mindestens – einen Monat", oder: „Ausfluß, der der Monatsregel ähnelt"), der hier wohl am besten entspricht, weil ja auch mit „*Nafās*" meist die Blutung nach der Geburt gemeint ist.

Es gilt allerdings folgende Regel:

Nach Meinung der Rechtsschulen – außer der *Shāfi'īya* – wird eine Frau nur dann als *Nafsā'* betrachtet, wenn sie ein voll ausgebildetes Kind oder zumindest – bei Frühgeburt – ein Kind in so ausgebildeter Form zur Welt bringt, daß Finger und Zehen, Gliedmaßen, Haar usw. schon erkennbar sind. Wenn aber ein nicht ausgebildeter Klumpen oder ein eindeutig noch nicht derart ausgebildeter Körper wie oben beschrieben geboren wird, so gilt das nach dieser Geburt austretende Blut nicht als *Nafās*-Blut.

Shāfi'īya: Auch wenn nur ein Klumpen oder etwas nur entfernt einem menschlichem Körper Ähnliches zur Welt kommt, so gilt das danach austretende Blut als *Nafās*-Blut.

§ 29

DIE RECHTLICHE BESTIMMUNG VON NAFĀS

Die rechtliche Bestimmung (*ḥukm*) von *Nafās* – bezüglich dessen, was eine *Nafsā'* an *'Ibādāt* und sonstigen Handlungen nicht tun darf – entspricht derjenigen von *Ḥaiḍ* (Menstruation).

§ 30

UNTERSCHIEDE VON ḤAIḌ UND NAFĀS IN RECHTLICHER UND SONSTIGER HINSICHT

Eine Blutung bei *Ḥaiḍ* ist ein einheitlicher, ununterbrochener Vorgang, das heißt, sobald die Menstruationsblutung (nach einer Mindestdauer der Blutung) aufhört, wird auch die betreffende Menstruation als beendet betrachtet.

Bei *Nafās* ist die Lage etwas schwieriger:

1. Oft hört die Blutung für einen oder mehrere Tage auf, um dann wieder einzusetzen.

2. Es läßt sich wohl eine Maximaldauer von *Nafās* festsetzen, aber bezüglich einer Minimaldauer ist das kaum möglich – wenngleich es, wie auch bei der Menstruation, eine meist zu beobachtende Dauer gibt.

3. Falls die Blutung des öfteren für mehr als einen Tag unterbrochen wird, stellt sich die Frage, ob damit die Verpflichtung zum täglichen Pflichtgebet und zum Pflichtfasten im *Ramaḍān* wieder einsetzt; dazu werden in den Rechtsschulen verschiedene Meinungen und Lösungen vertreten.

Dazu nun die wichtigsten Punkte in Einzeldarstellung.

§ 31

DIE MAXIMAL- BZW. NORMALDAUER VON NAFĀS

Die Maximaldauer von *Nāfās* wird zugleich auch als die „normale“, meist zu beobachtende, Dauer davon betrachtet und wird von den Rechtsschulen verschieden angegeben, wobei gilt: Wenn die Blutung über diese Frist hinaus weiter anhält, gilt das grundsätzlich als *Istiḥāḍa*-Blut, mit den gleichen Bestimmungen wie schon bei *Istiḥāḍa* nach der Menstruation[51].

Allgemein gilt, daß der Beginn von *Nafās* der Moment des ersten Blutaustritts ist, und von diesem Zeitpunkt an wird berechnet, so daß *Nafās* nach 40 x 24 Stunden zur selben Uhrzeit am Tag aufhört, wenn *Nafās* zu dieser Uhrzeit in der Nacht einsetzte, und daß *Nafās* umgekehrt zur entsprechenden Uhrzeit in der Nacht aufhört, wenn die Blutung am Tag einsetzte.

Ḥanafīya und Ḥanbalīya: Die Maximaldauer von *Nafās* beträgt vierzig Tage, mit den dazugehörigen Nächten.

Shāfiʿīya: Die Maximaldauer von *Nafās* beträgt sechzig Tage mit den dazugehörigen Nächten, wenngleich die übliche Dauer vierzig Tage und Nächte ist.
Mālikīya: Die maximale und zugleich übliche *Nafās*-Dauer ist sechzig Tage und Nächte.

§ 32

WENN DIE NAFĀS-BLUTUNGEN VOR ENDE DER NORMALDAUER DES ÖFTEREN AUFHÖREN

Falls innerhalb der Zeit

- vom ersten Tag nach der Geburt, bzw.
- der ersten Nacht nach der Geburt, bzw.
- vom Moment der ersten Blutung an

bis zum Maximal-Ende der *Nafās*-Zeit (das heißt nach 40 oder 60 Tagen) eine Folge von einem oder mehreren Tagen (aber weniger als fünfzehn ununterbrochen aufeinander folgenden Tagen) ohne Blutung eintritt, so gelten nach den *Madhāhib* unterschiedliche Ansichten zur Verpflichtung zum Pflichtgebet bzw. Fasten im *Ramaḍān.*

Wenn aber fünfzehn Tage (das heißt mit den dazugehörigen Nächten) ohne Blutung ununterbrochen vergangen sind, gilt in Übereinstimmung der Rechtsschulen – außer der *Ḥanbalīya* – der *Nafās* als beendet, selbst wenn danach wieder Blutungen einsetzen (solche Blutungen werden in diesem Fall übereinstimmend als Menstruationsblut, nicht aber als *Istiḥāḍa*-Blut betrachtet).

Ḥanafīya: Auch wenn innerhalb eines Zeitraumes von vierzig Tagen nach der Geburt die *Nafās*-Blutung des öfteren aussetzt, und sei es auch für fünfzehn Tage und Nächte ununterbrochen hintereinander oder mehr, so befindet sich die Frau doch weiterhin (während dieser vierzig Tage und Nächte) im Zustand von *Nafās*[52].

Dies ist die Ansicht von Abū Ḥanīfa; das heißt, selbst wenn nur der erste Tag zu Beginn der *Nafās*-Zeit Blutung aufweist und auch der letzte 40. Tag, so gilt das, was an Tagen und Nächten dazwischen liegt, als Nafās. Allerdings gilt, daß die *Nafās*-Zeit mit einer Blutung beginnen und mit einer Blutung enden muß.

Nach seinen Hauptschülern Abū Yūsuf und Muḥammad jedoch gilt, daß eine ununterbrochene *Ṭuhr*-Zeitspanne von 15 Tagen und dazugehörigen Nächten (also 15 x 24 Stunden) sehrwohl die *Nafās*-Spanne unterbricht.

Beispiel: Eine Frau hat nach der Geburt 5 Tage Blutung, dann 15 volle Tage keine, dann wieder 5 Tage Blutung, dann 15 volle Tage keine Blutung, dann wieder Blutungen. Nach Abū Ḥanīfa beginnt der *Nafās* mit den ersten fünf Tagen, setzt sich dann fort bis zum Ende der nächsten 5 Tage, ist also insgesamt 25 Tage lang. Danach kommt *Ṭuhr* (15 Tage), danach eine normale Periode (*ḥaiḍ*).

Nach Abū Yusūf und Muḥammad gelten die ersten 15 Tage als Trennung (also *Ṭuhr*), somit sind nur die ersten 5 Tage *Nafās*, dann die nächsten 5 Blutungstage eine erste Periode, die letzten Blutungstage die zweite Periode.

Mālikīya: Wenn während der Dauer eines halben (Mond-)Monats ein ständiger Wechsel von Blutung und der Unterbrechung der Blutung zu beobachten ist, so gilt die Frau nach dem Ende dieser Monatshälfte (also nach 15 Tagen)[53] als im Zustand der Reinheit befindlich, und das dann austretende Blut gilt dann als Menstruationsblut.

Wenn dieser stetige Vermischungszustand aber nicht so lange andauert (wenn also die Blutung ununterbrochen für jeweils mehrere Tage andauert)[54], so geht man von der Maximaldauer des *Nafās* aus, indem die Frau so lange als im *Nafās*-Zustand befindlich gilt, bis alle Blutungstage zusammengenommen maximal sechzig Tage (mit den dazugehörigen Nächten) ergeben: dann spätestens gilt der *Nafās* als beendet.

Wenn sich während der Zeit der Vermischung von Blutung und Nicht-Blutung an einem Tag (das heißt während 24 Stunden) keine Blutung eingestellt hat, so muß die Frau alle *'Ibādāt*-Handlungen verrichten, die sie im Reinheitszustand auch verrichten muß, nämlich Beten sowie (ggf.) das *Ramaḍān*-Pflichtfasten.

Shāfi'īya: Wenn die tatsächliche Blutung für fünfzehn Tage und den (wenn auch geringen) Teil eines weiteren Tages ununterbrochen aussetzt, wird die Frau anschließend nicht mehr als *Nafsā'* betrachtet, sondern als im Zustand der Reinheit (*ṭahāra*) befindlich; solange aber diese Unterbrechung noch keine fünfzehn Tage (mit dazugehörigen Nächten) andauerte, gilt die Frau als *Nafsā'*.

Kommt aber direkt nach der Geburt kein Blut mehr und tritt auch während der fünfzehn folgenden Tage und Nächte kein Blut aus, so gilt die Frau als im Zustand der Reinheit (*ṭahāra*) befindlich.

Kommt nach einer Zeitspanne von fünfzehn Tagen ohne Blutaustritt erneut Blut, so gilt das als Menstruationsblutung (*ḥaiḍ*), aber nicht mehr als neu einsetzende *Nafās*-Blutung.

Ḥanbalīya: Wenn die Blutung für mehr als einen Tag (das heißt während 24 Stunden) aussetzt, so muß die Frau alle Pflichten (*'ibādāt*) erfüllen, die auch eine Frau im Reinheitszustand erfüllen muß.

KAPITEL 10

DIE TEILWASCHUNG (WUḌŪ')

§ 33

ALLGEMEINE BESCHREIBUNG UND AḤKĀM DES WUḌŪ'

Allgemeine Beschreibung des Wuḍū'

Wörtlich bedeutet „*Wuḍū'*“: „Reinheit, Frische, Sauberkeit“. Als Fachbegriff im Recht bedeutet „*Wuḍū'*“ eigentlich zweierlei:

1. Das Vornehmen der kleinen rituellen Waschung[55], um den Zustand der kleineren rituellen Unreinheit (*ḥadath aṣghar*) aufzuheben und in den Zustand der rituellen Reinheit (*ṭahāra*) zu gelangen.
2. Der Zustand der Reinheit (*ṭahāra*) von der kleineren rituellen Unreinheit (*ḥadath aṣghar*)[56].

Der *Wuḍū'* verläuft grundsätzlich so[57]: Man faßt die Absicht, den Wuḍū' vorzunehmen. Dann spricht man die *Basmala* (*bismi llāh* [*ir-raḥmāni r-raḥīm*] und wäscht sich zunächst dreimal die Hände und befreit sie gegebenenfalls von jeglichem Schmutz (besonders unter den Fingernägeln); dabei spreizt man etwas die Finger und führt die Fingerspitzen der anderen Hand zwischen die so entstandenen Zwischenräume und reibt leicht das Wasser darin.

Dann schöpft man Wasser mit der rechten Hand, nimmt dieses Wasser in den Mund, spült den Mundraum damit aus und spuckt dann das verbrauchte Wasser wieder aus; dieser Vorgang heißt Mundspülung (*maḍmaḍa*) und wird dreimal wiederholt.

Darauf schöpft man mit der rechten Hand Wasser und führt das Wasser so unter die Nase und dann mit einer Bewegung in die Nasenlöcher, daß das Wasser in die Nasenlöcher hineinkommt (aber es soll nicht zusätzlich durch Hochziehen in den Nasenrachenraum hineingelangen: das ist weder angenehm noch überhaupt erwünscht), dann preßt man durch leichten Luftdruck von innen das Wasser wieder heraus; dieser Vorgang heißt Nasenreinigung (*istinshāq*) und wird ebenfalls dreimal wiederholt. Sofern bei einer oder mehreren der drei Nasenreinigungen Unreinheiten wie Rotz und feste Unreinheiten dabei herausgespült werden, entfernt man sie sofort mit der linken Hand und wäscht diese auch sofort. Spürt man außerdem, daß Unreinheiten trotz der Waschung in der Nase verblieben sind und dort mehr oder weniger fest anhaften, so nimmt man einen Finger der linken Hand zur Hilfe, um diesen

Schmutz zu entfernen, und wäscht gegebenenfalls die noch anhaftenden Schmutzteilchen von der benutzten Hand ab.

Daraufhin schöpft man mit beiden zusammengehaltenen Händen Wasser und wäscht sich das Gesicht, wobei man bei der Stirn anfängt, bei dem Kinn endet und in einer möglichst gleichmäßigen Bewegung das ganze Gesicht mit Wasser bedeckt. Dabei muß auch der Raum um die Augen sowie die Nase mitgewaschen werden. Falls man einen kräftigen Vollbart hat, kann man die Haut darunter oft nicht mitwaschen; in diesem Fall wird der Bart – wenn er wirklich dicht und kräftig ist – nur an seiner Oberfläche regelrecht gewaschen, dann aber geht man mit feuchten Fingern etwas durch die Barthaare, ohne aber das Barthaar dabei unordentlich zu zerwühlen. Diese Gesichtswaschung verrichtet man dreimal hintereinander.

Dann wäscht man dreimal hintereinander erst den rechten, dann den linken Unterarm, wobei man Wasser in die gewölbte Handfläche schöpft und dabei den Unterarm in etwa waagerecht hält; dann hebt man den Unterarm an, so daß das Wasser den ganzen Unterarm hinunterläuft, wobei man das Wasser auf der Haut durch Streichen, dann auch leichtes Reiben mit der Handfläche jeweils vom Handgelenk bis zum Ellenbogen auf ihm verteilt. Der Ellenbogen muß durch Umstreichen und Mitwaschen dabei miterfaßt werden.

Dann läßt man Wasser auf die beiden Handflächen laufen, schöpft aber nicht, sondern macht die Hände nur sehr naß, und streicht dann über den Kopf (je nach Gelehrtenansicht über den ganzen Kopfbereich, auf dem normalerweise Kopfhaar wächst, oder nur über einen Teil davon), wobei man beim Stirnteil des Kopfhaares beginnt und die Hände nach hinten streicht (bzw. erst nach hinten, dann wieder nach vorne). Dieser Vorgang heiß das Bestreichen des Kopfes (*al-masḥ ʿalā r-raʾs*) und wird nur einmal durchgeführt.

Dann bestreicht man mit neu aufgenommenem Wasser die Ohren, wobei man die Hände bzw. Finger sehr naß macht und so dreimal hintereinander die Innen- und Außenteile der Ohrmuscheln wäscht, ohne aber eine regelrechte Ohrspülung zu machen oder Wasser ins Innere des Gehörgangs zu bringen (das ist weder gemeint noch gefordert). Beide Ohrmuscheln werden dabei gleichzeitig gewaschen. Wenn in den Ohrmuscheln Schmutz – wie Staub oder nach außen gekommener fester Ohrenschmalz usw. sitzt, wäscht man diesen Schmutz mit den Fingern weg und wäscht anschließend kurz die Finger selbst.

Dann macht man beide Hände vollständig naß und führt sie gleichzeitig zum Nacken, der dann von hinten mit den Handrücken feucht bestrichen wird. Dieses Bestreichen des Nackens wird nur einmal ausgeführt.

Dann wäscht man die Füße, zuerst den rechten, dann den linken, jeweils drei Mal, wobei man beim hinteren Teil des Fußes beginnt und bei den Zehen endet[58]; dabei führt man das Wasser mit den Fingern auch zwischen die gespreizten Fußzehen[59]. Es ist wichtig, daß auch die *Fußknöchel* mitgewaschen werden.

Anschließend wäscht man gegebenenfalls noch einmal die Hände. Dann spricht man den *Tashahhud* sowie ein oder mehrere Bittgebete (*ad'iya*), am besten in der Form:

Ashhadu an-lā ilāha illā llāhu wahdahū lā sharīka lah
wa ashhadu anna Muḥammadan 'abduhū wa rasūluh
„Ich bezeuge, daß es keine Gottheit gibt außer Gott,
einzig ist Er, keiner ist ihm beigesellt,
und ich bezeuge, daß Muḥammad Sein Diener und Sein Gesandter ist".

Als *Du'ā'* spricht man darauf am besten eines oder beide der folgenden Bittgebete:

Allāhumma j'alnī mina t-tawwābina wa j'alnī mina l-mutaṭṭahhirīn
„O Gott, mache mich zu einem derer, die stetig bereuen,
und zu einem derer, die sich reinigen und rein halten".

Subḥānaka llāhumma wa bi-ḥamdik
ashhadu al-lā ilāha illā ant
astaghfiruka wa atūbu ilaik
„Gepriesen seist Du, o Gott, und Dich will ich zum Dank preisen.
Ich bezeuge, daß es keine Gottheit gibt außer Dir,
Dich bitte ich um Deine Vergebung, und Dir wende ich mich in Reue zu."

Damit ist der *Wuḍū'* beendet.

Allgemeiner Ḥukm des Wuḍū'

Der *Tawaḍḍu'* (das Vornehmen des *Wuḍū'*) ist nur dann verpflichtend (*farḍ*)[60], wenn man eine Handlung verrichten will, zu der der *Wuḍū'* notwendig ist, wobei es keine Rolle spielt, ob die betreffende Handlung, die den *Wuḍū'* als Pflicht erfordert, *mandūb*, *farḍ* usw. ist. Dies sind:

1. Das Gebet (*ṣalāh*) in all seinen Formen und Arten, ob nun *farḍ* oder *nāfila*.
2. *Sujūd at-Tilāwa* (die Niederwerfung bei der Rezitation [bestimmter *āyāt*]).
3. *Sujūd li-sh-Shukr* (die Niederwerfung zum Dank)[61].
4. Der *Ṭawāf* während der Pilgerfahrt (*ḥajj* und *'umra*), ob nun *farḍ* oder *nāfila*.
5. Das Rezitieren und Berühren des *Muṣḥaf* (des arabischen Korantextes) – ob es sich dabei um den gesamten Text, einen größeren Teil davon oder nur eine einzige *Āya* handelt.

Zu diesem letzten Punkt gibt es – in Abhängigkeit der Situation des Berührens und der jeweiligen Rechtsschule – verschiedene Ansichten und besondere Bestimmungen, die in zwei Extrapunkten behandelt werden sollen.

Die Aḥkām des Wuḍū' bezüglich des Berührens des Muṣḥaf (vollständiger, gebundener Korantext)

1. Das bloße Rezitieren aus dem Gedächtnis, ohne daß man währenddessen vom arabischen Korantext – als Gottesdienst (*'ibāda*) – abliest, erfordert keinen *Wuḍū'*.
2. Das Rezitieren von Korantext als Gottesdienst (*'ibāda*); dazu ist in absoluter Übereinstimmung sowohl der *Wuḍū'* als auch das Freisein von der *Janāba* (großen rituellen Unreinheit) vonnöten.
   Als Ausnahme ist das Rezitieren ganz bestimmter *Āyāt*-Stellen zulässig, wenn dies als *Du'ā'*-Rezitation geschieht – wo das Rezitieren dieser *Āyāt* erwünscht (*mandūb*) ist. In diesem Fall ist das Rezitieren dieser *Āyāt* auch kein eigentliches Rezitieren des Koran, da hier der *Du'ā'* – und nicht die Korantextrezitation als solche – im Vordergrund steht.
3. Das Vortragen, leise und laute Rezitieren des Korantextes; dazu ist grundsätzlich der *Wuḍū'* erforderlich, es sei denn, es geschieht im Rahmen eines Unterrichts und es ist schwierig bzw. unmöglich, bei Zunichtewerden des *Wuḍū'* den *Wuḍū'* zu erneuern. In diesem Fall ist es zulässig, auch ohne *Wuḍū'* den Korantext in Unterrichtsform vorzutragen (nicht aber als eigentliche *'ibāda*).
4. Das Tragen des *Muṣḥaf* bzw. einiger Teile des *Muṣḥaf* bzw. eines Textes, der überwiegend aus Koranversen besteht. Üblicherweise wird ein *Tafsīr* (Korankommentar), der zu mindestens der Hälfte oder mehr aus Nicht-Korantext besteht, nicht im hier gemeinten Sinn als Koran gesehen, und in diesem Fall stellt sich das Problem der *Ṭahāra* so nicht.
5. Das Berühren der Schrift (das heißt von gedrucktem, handgeschriebenem oder sonstwie festgehaltenem Korantext) selbst erfordert den *Wuḍū'*. Dabei spielt es keine Rolle, ob dieser Text innerhalb eines vollständigen *Muṣḥaf* (als Buch gebundenen Korantextes) ist oder innerhalb eines anderen Textes. Hier muß ganz klar sein, daß es sich um *Āyāt* oder zumindest Teile davon handelt (zum Beispiel durch Hervorhebung in Form von Schmuckklammern zu Beginn und am Ende des Textes, Anführungszeichen, Versendzeichen – meist kreisförmige Ornamente usw.).

Wie man sich bezüglich des Wuḍū' verhalten muß, wenn Extremsituationen bezüglich des Koranberührens eintreten

Der Koran ist das direkte, unverändete und wörtlich geoffenbarte Wort Gottes. Er und alles, was direkt mit ihm zusammenhängt – besonders seine Rezitation und seine schriftliche Form, der *Muṣḥaf* –, muß geachtet, geehrt und bewahrt werden. Jede Form von Beleidigung des Korans in Wort und Tat, jede entwürdigende Form der Aufbewahrung und des Tragens des *Muṣḥaf* muß, wenn sie absichtlich und gewollt stattfindet, beim Muslim als Unglaube (*kufr*) und Abfall vom Glauben (*ridda, irtidād*) betrachtet werden.

Geschieht es unabsichtlich, daß jemand den Koran in unwürdiger Form aufbewahrt, hält, hinstellt usw., so ist das zwar seitens des bzw. der Verantwortlichen kein Unglaube (*kufr*) oder Abfall vom Glauben (*ridda, irtidād*), aber es muß – entsprechend der Möglichkeiten desjenigen, der diese Lage vorfindet, Abhilfe geschaffen werden.

Dabei sind besonders die folgenden Fälle wichtig:

Wenn man einen gesamten Muṣḥaf oder auch Teile davon in einer Moschee bzw. einem Ort, wo Muslime das Hausrecht haben, in einer unwürdigen Lage vorfindet

Wer etwa einen *Muṣḥaf* sieht, der
- in einem Stapel von beliebigen Papieren liegt,
- auf dem flachen Boden liegt, ohne daß zum Beispiel ein Muslim oder eine Muslimin gerade darin rezitiert und im Moment den *Sujūd at-Tilāwa* ausführt (und dazu den *Muṣḥaf* eventuell auf den Boden legen muß),
- geöffnet daliegt, wobei die Seiten geknickt bzw. verknittert sind,
- bereits sehr alt und zerlesen ist und bei dem mehrere Seiten nur lose und ungeordnet aus dem Deckel ragen oder sogar aus dem Einband herausgefallen sind[62],

der muß den *Muṣḥaf* bzw. seine Teile
- so schnell wie möglich nehmen,
- gegebenenfalls lose Seiten sauber einordnen,
- den *Muṣḥaf* von Staub usw. befreien, geknickte und verknitterte Seiten vorsichtig glattstreichen bzw. zwischen anderen Seiten des *Muṣḥaf* glatt einlegen und durch das Eigengewicht der Seiten glattpressen lassen
- den *Muṣḥaf* geschlossen auf eine erhöhte, saubere Stelle legen (wie ein Schrankregalbrett, einen Schrankvorsprung und dergleichen).

Dies gilt, wenn *man den Wuḍū' noch hat*, absolut. Ist man aber *im Zustand ohne Wuḍū'*, so muß man die Lage abschätzen: Wenn man die Gefahr sieht, daß etwa ein nicht mehr korrekt gebundener *Muṣḥaf* in seine Einzelteile zerfällt oder mit anderen Papieren einfach weggetragen wird, so muß man sofort handeln.

Wenn man im Moment keinen *Wuḍū'* ausführen kann, nimmt man dann am besten den *Tayammum* vor; ist das auch nicht möglich, muß man sofort – ohne *Wuḍū'* bzw. *Tayammum* – den *Muṣḥaf* in der beschriebenen Weise schützen.

Ist man in dieser Lage jedoch *Junub* oder als Frau *im Zustand der Menstruation*, so muß man es wenn möglich vermeiden, den *Muṣḥaf* zu berühren, und zunächst jemanden, der die volle *Ṭahāra* hat bzw. weder *Junub* noch menstruierend ist, darum bitten, das Nötige zu tun. Ist aber niemand in diesem Zustand anwesend bzw. dazu bereit, das Nötige zu tun, so muß man eine Hülle aus Stoff oder dergleichen nehmen und den *Muṣḥaf* derart mittelbar tragen.

Wenn man befürchten muß, daß ein Muṣḥaf oder ein Teil davon entehrt, beleidigt, beschmutzt oder zerstört wird bzw. wenn man eine dieser Handlungen real beobachtet

Wer einen *Muṣḥaf* oder Teile davon in einer Lage sieht, die befürchten läßt, daß Schmutz bzw. *Najāsa* auf ihn kommt (zum Beispiel auf der Straße, wo Dreck, Abfall und Kot sind) bzw. daß er zerstört wird (zum Beispiel direkt in der Nähe eines Feuers oder eines Teiches oder sogar schon darin ist), der muß sofort etwas unternehmen, indem er hingeht und den *Muṣḥaf* bzw. den *Muṣḥaf*-Teil aufhebt, säubert (soweit möglich) und mitnimmt.

Das gilt absolut, sofern nicht für ihn direkte Gefahr für sein Leben besteht (zum Beispiel auf einer gerade stark befahrenen Autostraße bzw. Autobahn): Bei Gefahr muß man entsprechend der Lage alles versuchen, um den *Muṣḥaf* bzw. seine Teile zu bergen. In dieser Extremsituation ist es auch gleichgültig, ob man *Muḥdath* (im Zustand von *ḥadath*) ist oder nicht; allerdings soll man dann – wenn vorhanden – den *Muṣḥaf* in einer Hülle aus Stoff, Papier, in einer Tasche oder dergleichen transportieren. Wer jemanden sieht, der den Koran in solcher Art entehrt, muß zunächst versuchen, ihn davon abzubringen.

Wenn derjenige seinem Namen bzw. seiner Behauptung nach oder aufgrund der Zeugenaussage eines anderen Muslims Muslim ist, so wird er durch eine solche Handlung sofort *kāfir* (ungläubig) sowie *Murtadd* (einer, der vom Islam als Religion abgefallen ist).

Das gleiche gilt für einen sogenannten Muslim, der in einer solchen Lage ohne Schwierigkeiten eingreifen könnte, das aber bewußt nicht tut, sondern im Gegenteil noch durch äußere Kennzeichen deutlich macht, daß er mit dieser gotteslästerlichen Tat einverstanden ist.[63]

Die schlimmste denkbare Situation ist natürlich die, daß – was Gott verhüten möge, und zu ihm nehmen wir unsere Zuflucht davor! – jemand, der weder Gott noch Ehre oder Gewissen achtet und kennen will, den *Muṣḥaf* des ehrwürdigen Korans konkret mit *Najāsa* irgendwelcher Art beschmutzt und besudelt[64]. In diesem Fall ist es vom islamischen Recht her erlaubt, alles nur Denkbare zu unternehmen, um diesem Menschen den *Muṣḥaf* bzw. seine Teile abzunehmen, zu reinigen und mitzunehmen – die Rettung der für den Islam heiligen Schrift muß allem anderen vorangehen. In einer solchen Lage (vor allem, wenn es viele Gegner sind) muß ein Mann – sofern es ihm irgend möglich ist – im Rahmen seiner körperlichen und sonstigen Fähigkeiten (Ablenkung, Geschicklichkeit, Schnelligkeit usw.) alles nur Mögliche zur Wahrung der Würde des Islam, der hier im Kern angegriffen wird, unternehmen, was dem Ziel – der Rettung des *Muṣḥaf* – dient. In solchen Fällen muß man gegebenenfalls auch ohne *Wuḍū'* bzw. im Zustand der *Janāba* bzw. *Ḥaiḍ* (bei Frauen) den *Muṣḥaf* bzw. Teile davon fortbringen.

Von einer Frau kann hingegen eine direkte körperliche Auseinandersetzung nicht erwartet werden. Aber auch sie muß alles ihr Mögliche tun, diese schlimme Situation zu verhindern.

Wenn ein Nichtmuslim bzw. eine Nichtmuslimin einen Muṣḥaf oder einen Teil davon, der im Besitz eines Muslims ist, berühren, besitzen bzw. kaufen möchte

Nach manchen Gelehrten ist es absolut verboten (*ḥarām*), einen *Muṣḥaf* oder einen Teil davon einem Nichtmuslim auf Dauer zu übergeben, gleich, ob dies gegen einen Preis (also in Form eines Kaufgeschäfts) geschieht oder nicht, und gleich, ob es sich auch um ein Buch handelt, was den gesamten *Muṣḥaf* oder doch sehr große Teile davon enthält; dies darum, weil man nicht davon ausgehen kann, daß ein Nichtmuslim sich rituell vor dem Berühren des *Muṣḥaf* wäscht (*wuḍū'*) oder, wenn er *Junub* ist, sich einer Ganzkörperwaschung (*ghusl*) unterzieht.

Nach anderen Gelehrten ist es dann doch zulässig, einen arabischen Originaltext des *Qur'ān* (*muṣḥaf*) einem Nichtmuslim zu übergeben bzw. zu verkaufen[65], wenn der Muslim bzw. der Nichtmuslim bestimmte Bedingungen erfüllt:

Die Bedingungen bezüglich des Muslims:

1. Er darf den Koran nicht aus Geldgier verkaufen[66] oder ihn dem Nichtmuslim um eines Vorteils im Diesseits willen, den dieser Nichtmuslim ihm dafür verschaffen will, aushändigen.

2. Er muß feststellen, ob der Nichtmuslim überhaupt zum Zeitpunkt (genug) Arabisch beherrscht, um den arabischen Text des *Muṣḥaf* lesen und verstehen zu können; ist das nicht der Fall und will der Nichtmuslim zum Beispiel nur darum den *Muṣḥaf* haben, weil er schöne Schrift und Verzierungen usw. hat, so ist es in Übereinstimmung der Gelehrten nicht erlaubt, ihm den Koran auszuhändigen.

3. Er muß sicherstellen, daß der Nichtmuslim ein ehrliches und nicht islam-feindliches Ziel damit verfolgt, den arabischen Originaltext des *Muṣḥaf* zu studieren[67].

Die Bedingungen bezüglich des Nichtmuslims:

1. Es darf nicht offensichtlich erkennbar sein, daß der Nichtmuslim ein Feind des Islams ist oder der Würdigung des Korans skeptisch gegenübersteht. Es ist auch dann unzulässig, wenn berechtigte – auch nur leichte – Zweifel an der Aufrichtigkeit und Bereitschaft des Nichtmuslims bestehen, den Koran als solchen (das heißt als zu ehrende Schrift) zu würdigen.

2. Er muß nach seiner eigenen Aussage – notfalls nach entsprechender Unterrichtung durch den Muslim – bereit sein, sich im Sinne der *Ṭahāra* zu reinigen. Es ist unzulässig, ihm den *Muṣḥaf* auszuhändigen, wenn der Nichtmuslim sich dazu nicht oder nicht eindeutig einverstanden erklärt, so daß beim Muslim berechtigte Zweifel entstehen, ob dieser Nichtmuslim den Koran überhaupt mit *Ṭahāra* anfassen will.

3. Er muß genug Arabisch verstehen können, um Schrift und Wortlaut des *Muṣḥaf* bzw. Korans verstehen zu können, weil der einzige und eigentliche Erlaubnisgrund, ihm den Koran zu geben, der ist, daß er das grundsätzliche Recht hat, den Koran kennenzulernen.

Wenn ein Muslim einen Muṣḥaf bzw. Teile davon im Besitz bzw. konkret in der Hand eines Nichtmuslims bzw. einer Nichtmuslimin sieht

In solchen Fällen kommt es darauf an, ob der Muslim die betreffende nichtmuslimische Person ansprechen kann und ob er weiß, ob diese Person den Koran – gemäß dem, was oben gesagt wurde – in Würdigung behandelt. Wenn der Muslim diese Person kennt und vielleicht auch ein gutes Verhältnis zu ihr hat, ist es relativ leicht, alles Nötige zur Einstellung und Tat der Person (wie oben dargestellt: *ṭahāra* usw.) zu erfahren und gegebenenfalls auf die Person gut einzuwirken, daß sie den Koran entsprechend behandelt, wenn der *Muṣḥaf* ihr Eigentum ist.

Es kommt auch – vor allem in Bibliotheken und Buchhandlungen, die von Nichtmuslimen geführt werden bzw. die im Besitz von Nichtmuslimen sind – oft vor, daß Nichtmuslime als Leser oder eventuell interessierte Käufer einen *Muṣḥaf*, der dort vorhanden ist, in die Hand nehmen und auch erwerben möchten. In diesem Fall muß ein Muslim, der anwesend ist, abschätzen, ob er die nichtmuslimischen Personen ohne Gefahr für seine Würde und Sicherheit darauf hinweisen kann, was für das Berühren des Korans erforderlich ist. Sofern allerdings der Besitzer bzw. Verantwortliche einer solchen öffentlichen Buchhandlung resp. Bibliothek Muslim ist (und sei es nur dem Namen nach), ist der muslimische Beobachter unbedingt verpflichtet, zumindest zu versuchen, den Nichtmuslim von den religiösen Erfordernissen hinsichtlich des Korans zu unterrichten und – wenn der Nichtmuslim sich uneinsichtig zeigt – den muslimischen Büchereibesitzer in der Sache anzusprechen.

§ 34

DIE VERPFLICHTENDEN DINGE BEIM WUḌŪ'

Allgemeines

Aufgrund des Koranverses

> O ihr, die ihr glaubt, wenn ihr euch zum Gebet begebt (das heißt beten wollt), so wascht euer Gesicht und eure Hände (und Unterarme)[68] bis zu den Ellenbogen[69] und streicht (mit Wasser) über euren Kopf und (wascht)[70] eure Füße bis zu den Knöcheln." (Sure *al-Mā'ida* [5], Vers 6)

besteht Einigkeit bei allen Gelehrten, daß folgende Dinge beim *Wuḍū'* verpflichtend sind:

1. Das Waschen des Gesichts.
2. Das Waschen der Hände und Unterarme bis zu den Ellenbogen (einschließlich).
3. Das Bestreichen des Kopfes (bzw. Benetzen der Kopfhaare mit Wasser) – je nach Meinung bezogen auf den gesamten Kopfhaarbereich oder einen Teil davon.
4. Das Waschen der Füße bis zu den Knöcheln (einschließlich).

Darüber hinaus werden – je nach Rechtsschule – auch noch weitere Dinge als *Farḍ* bzw. *Rukn* betrachtet. Oft wird eine Sache, die bei einem *Madhhab Farḍ* ist, bei anderen als *Sunna* usw. betrachtet. Über den (schon oben dargestellten) Gesamtablauf des *Wuḍū'* besteht überdies Einigkeit.

Bei allen *Farḍ*-Teilen, in denen es um Waschung geht, gilt, daß zur Erfüllung der Mindestpflicht nur ein einmaliges Waschen *Farḍ* ist.

Absicht (*nīya*)

Die Absicht, den *Wuḍū'* zu vollziehen (*tawaḍḍu'*), ist nach den Rechtsschulen außer der *Ḥanafīya* und *Ḥanbalīya Farḍ*, wobei die Vertreter der *Farḍ*-Ansicht sagen, daß für den *Wuḍū'* – wie auch jede andere Art von *'Ibāda* (gottesdienstlicher Handlung) – eine *Nīya* unverzichtbar ist.

Ḥanafīya: Die *Nīya* gilt hier nicht als *Farḍ*, sondern als *Sunna mu'akkada.* Als Begründung wird von Abū Ḥanīfa angegeben, es handele sich beim *Wuḍū'* um eine so spezielle Handlung, daß eine indirekte Absicht immer vorhanden ist und eine speziell dazu gefaßte nicht nötig sei. Zum anderen wird das Fassen der Absicht bei den Befürwortern der Pflicht-Ansicht mit allgemein gehaltenen Hadithen begründet, nach denen die Taten von der jeweiligen *Nīya* abhängig sind, weswegen bei manchen Handlungen strittig ist, ob es sich hinsichtlich der Verordnung dieser Hadithe um eine Verpflichtung oder nur Empfehlung handelt[71].

Ḥanbalīya: Die *Nīya* ist zwar nicht *Farḍ*, aber Bedingung zur Gültigkeit des *Wuḍū'*. Ohne *Nīya* ist der *Wuḍū'* ungültig.

Shāfi'īya und Mālikīya: Nach der *Shāfi'īya* und *Mālikīya* muß die *Nīya* spätestens beim Beginn der Gesichtswaschung gefaßt werden, sonst ist sie nicht gültig; das darum, weil erst die Gesichtswaschung der erste *Farḍ*-Teil des *Wuḍū'* ist und spätestens dann die *Nīya* gefaßt werden muß.

Waschen des Gesichts

Das Waschen des Gesichts ist übereinstimmend *Farḍ*. Dabei wird der zu waschende Bereich so beschrieben, daß das Gesicht eines normal gewachsenen Menschen als Ausgangspunkt genommen wird und von den Haarwurzeln bis zum Kinn (ohne Halsbereich) gewaschen wird.

Wenn nun jemand eine sehr hohe Stirn hat (bzw. eine Stirn- oder vollständige Glatze), so gilt hier der zu waschende Bereich nach oben hin als durch den Haaransatz eines „normalen Gesichts" begrenzt.

Wenn andererseits der Haaransatz extrem tief an die Augenbrauen heranreicht – die Stirn bei dem betreffenden Menschen also sehr schmal ist –, so muß doch der (mit Haaren bewachsene) Stirnbereich in dem Maße gewaschen werden, wie eine normale Stirn breit und hoch gewachsen wäre.

Wenn ein Mann einen Bart trägt, so gelten zusätzlich folgende Bedingungen:

a. Wenn er einen spärlichen oder doch zumindest nicht dichten Bart hat, so muß er die Barthaare und die darunterliegende Haut waschen.
b. Hat er einen sehr dichten Bart oder einen Bart, der zumindest die darunterliegende Haut nicht mehr sehen läßt, also deckend ist, so gilt, daß Hautpartien, die entsprechend verdeckt sind, hier nicht mehr mitgewaschen werden müssen – eventuell nicht dichte Stellen aber doch. Bei den dichten Bartteilen genügt es zur Erfüllung der Pflicht, wenn der Sich-Waschende die oberen Barthaare wäscht. Hierzu setzt die *Mālikīya* noch eine Bedingung hinzu.
Mālikīya: Es ist zwar nicht verpflichtend, den Bart – wenn er sehr dicht ist – zu waschen, aber man muß die Barthaare von außen bewegen, damit das Wasser etwas in den Bart hineingerät.
c. Ist der Bart sehr lang, so muß man den Bart nicht in seiner ganzen Länge waschen, sondern es genügt zur Pflichterfüllung, den Bartteil, der das Kinn bedeckt, zu waschen, wobei die oben genannten Bedin-

gungen (ob der Bart dicht ist oder nicht) aber beachtet werden müssen).
Die *Shāfi'īya* aber vertritt eine etwas abweichende Ansicht:
Shāfi'īya: Der gesamte Bart, gleich, ob lang und über das Kinn hinausragend oder nicht, muß gewaschen werden (gemäß den oben genannten Rahmenbedingungen).

Die Rechtsschulen außer der *Ḥanbalīya* stimmen weiter darin überein, daß die Mundspülung (*maḍmaḍa*) und die Nasenreinigung (*istinshāq*) nicht zur eigentlichen Gesichtswaschung zählen und *Sunna* sind.

Ḥanbalīya: Die Mundspülung (*maḍmaḍa*) und die Nasenreinigung (*istinshāq*) gehören zur Gesichtswaschung dazu und sind daher *Farḍ* wie auch das Waschen des übrigen Gesichts.

Waschen der Arme bis zum Ellenbogen

Als *Farḍ*-Bereich der Arme gilt hier der gesamte Unterarm, von den Fingerspitzen bis zum Ellenbogen einschließlich.

Bezüglich der Waschung dessen, was an Schmutz, Ton usw. unter den Fingernägeln ist, haben die *Madhāhib* grundsätzlich die übereinstimmende Meinung, daß eigentlicher Schmutz und Dreck spätestens bei dieser Waschung entfernt werden muß.

Ḥanafīya: Grundsätzlich muß bei langen und kurzen Fingernägeln gleichermaßen Ton, Schmutz, Staub usw. entfernt werden, und das Wasser muß bis zum Nagelgrund – soweit offen für das Wasser erreichbar – hingelangen, sonst ist dieser Teil der Waschung – und damit auch der *Wuḍū'* – ungültig.

Bei kurzen Fingernägeln eines Menschen, bei dem das völlige Entfernen von Ton und Staub usw. starke Beschwerden verursacht (wie etwa jemandem, der ständig oder berufsmäßig damit arbeiten muß), ist es zulässig, daß ein Rest an Ton usw. unter den Nägeln verbleibt.

Mālikīya: Grundsätzlich besteht Übereinstimmung mit der Haltung der *Ḥanafīya*; zum Rest von Schmutz unter (kurzen) Fingernägeln wird gesagt, daß das, was nicht offen schmutzig und viel ist, beim *Wuḍū'* verbleiben kann, ohne daß der *Wuḍū'* ungültig wird.

Shāfi'īya: Es besteht Übereinstimmung mit der Haltung der *Ḥanafīya*, nur wird im einzelnen gesagt:

Es ist verpflichtend, daß der Fingernagelansatz frei von Schmutz oder irgendeinem Hindernis ist, welches das Wasser nicht an die Verbindungsstelle zwischen Fingerkuppe und Nagel gelangen läßt.

Bei Arbeitern und Handwerkern wie Töpfern, Gartenarbeitern usw., bei denen arbeitsbedingt oft Ton-, Schmutz- bzw. Farbreste an den Fingerspitzen bleiben, gilt, daß es der Gültigkeit dieser Waschung und des ganzen *Wuḍū'* keinen Schaden zufügt, wenn die Fingerspitzen (nicht stark) verschmutzt sind bzw. bleiben.

Ḥanbalīya: Kleine Verunreinigungen unter kurzen Fingernägeln können vernachlässigt werden, alles andere nicht.

Bestreichen (masḥ) eines Teils des Kopfes

Unter dem Bestreichen (*masḥ*) des Kopfes ist zu verstehen, daß man die Hände stark anfeuchtet und – je nach Ansicht der jeweiligen Rechtsmeinung – so über das Kopfhaar fährt, daß es angefeuchtet wird. Bezüglich des Mindestmaßes bei diesem Bestreichen sind die Rechtsschulen unterschiedlicher Meinung.

Ḥanafīya: Das Pflichtmaß ist hier ein Viertel des Kopfhaares, was etwa einer Handbreit entspricht. Dabei ist es nicht Bedingung, daß man mit beiden Händen ein Viertel des Kopfes bestreicht, sondern insgesamt diese Fläche durch Bestreichen anfeuchtet.

Wenn die Finger stark angefeuchtet sind, ist es grundsätzlich Bedingung, daß man mit je drei Fingern pro Hand über den Kopf streicht; dies darum, weil so die verpflichtende Fläche gut mit Feuchtigkeit bedeckt werden kann.

Wenn jemand andererseits nur – wie das einige Leute tun – zwei Finger benutzt und nur mit den Fingerspitzen das Bestreichen durchführt, dabei aber viel Wasser mitschöpft, ist es möglich, ein Viertel des Kopfes zu befeuchten, und dann gilt auch das Bestreichen mit zwei Fingern; werden aber die Hände wie gewohnt nur sehr feucht gemacht, gilt der *Masḥ* nur, wenn er mit mindestens drei Fingern ausgeführt wird (wie oben beschrieben).

Shāfi'īya: Es genügt zur Erfüllung der Pflicht, wenn auch nur der allergeringste Haarteil befeuchtet wird, und sei es (im Extremfall) auch nur ein Haar. Es ist auch nicht verpflichtend, mit einer oder beiden Handflächen den *Masḥ* durchzuführen; es genügt, wenn man es mit den Fingerspitzen einer Hand ausführt. Dieses Bestreichen gilt aber, wenn jemand längeres Haar hat, nicht in seiner Pflicht als erfüllt, wenn der vom Kopf herabhängende, nicht der direkt in Kopfnähe wachsende Haarteil bestrichen wird.

Mālikīya und Ḥanbalīya: Bei beiden *Madhāhib* gilt das Bestreichen des gesamten Kopfhaarbereichs als Pflicht.

Bei der *Mālikīya* gilt, daß das lange Haar, das frei herabhängt, ebenfalls vollständig bestrichen werden muß, während bei der *Ḥanbalīya* – bei sehr langem Haar – gilt, daß nur der Teil des Haares, der (seitlich gesehen) neben dem Kopf ist, bestrichen werden muß, das übrige aber nicht.

Die drei *Madhāhib* außer der *Ḥanbalīya* sind der Ansicht, daß das Bestreichen der Ohren keine Pflicht (*farḍ*) ist.

Ḥanbalīya: Die Ohren gehören mit zum Kopfbereich und müssen daher – wie auch das Kopfhaar – als *Farḍ* feucht bestrichen werden.

Waschen der Füße bis zu den Knöcheln

Diese Waschung reicht von den Knöcheln einschließlich bis zu den Zehen des Fußes, einschließlich der Zehenzwischenräume. In diesem Punkt gibt es keinerlei Unterschiede in den Rechtsschulauffassungen. Das Waschen muß ein vollständiges Waschen des gesamten Fußes einschließlich des Knöchels sein; auch der Bereich unter längeren Fußnägeln usw. ist zu waschen.

Bei der *Ḥanafīya* gibt es eine Erleichterung bezüglich des Falles, daß ein Waschen der Zehenzwischenräume Beschwerden bereitet.

Ḥanafīya: Wenn ein regelrechtes Waschen der Zehenzwischenräume gesundheitliche Beschwerden bereitet, so ist es zur Erfüllung des *Farḍ*-Teils zulässig, den Fuß insgesamt schnell unter Wasser zu tauchen bzw. unter fließendes Wasser zu halten und anschließend die Zehenzwischenräume mit Wasser zu bestreichen (*masḥ*).

Die ununterbrochene Abfolge der Handlungen bei der Waschung (*muwālāt*)

Mit der ununterbrochenen Abfolge der Handlungen (*muwālāt*) ist hier gemeint, daß das Wasser, das nach der Waschung auf dem Körperteil verbleibt, nicht wegtrocknet, bevor man den nächsten Teil der Waschung vornimmt.

Die *Muwālāt* ist nach der *Mālikīya* und *Ḥanbalīya Farḍ* im *Wuḍū'*, nach der *Ḥanafīya* und *Shāfi'īya* aber nur *Sunna*.

Das Reiben der Körperteile während der Waschung

Darunter versteht man, daß man, nachdem man das Wasser auf den betreffenden Körperteil gebracht hat, mit der Handfläche mehrmals darüber reibt. Dieses Reiben wird jedesmal nach einer Einzelwaschung vorgenommen; das heißt, wenn etwa das Gesicht oder ein Unterarm gewaschen wird, wird gewaschen, dann gerieben, dann wieder gewaschen und gerieben usw. (pro *Farḍ*-Handlung wird nur einmal gerieben, so wie ja auch nur ein einziges Mal pro *Farḍ* gewaschen wird).

Dies ist nur nach der *Mālikīya Farḍ* im *Wuḍū'*, während es nach den anderen *Madhāhib Sunna* ist.

Nach der *Mālikīya* gilt weiterhin, daß auch das Durchfeuchten des (Bart)Haares sowie das Befeuchten der Finger- und Zehenzwischenräume unter dieses Reiben zusammengefaßt wird und daher – bei *Farḍ*-Waschungen ebenfalls *Farḍ* ist.

Die Einhaltung der Reihenfolge der Handlungen (tartīb)

Gemeint ist die Einhaltung der Reihenfolge bei den Körperteilen, deren Waschung als *Farḍ* in der bekannten Reihenfolge im Koran genannt wird.

Dies ist nach der *Shāfi'īya* und *Ḥanbalīya Farḍ* im *Wuḍū'*; wenn jemand diese Reihenfolge verändert – zum Beispiel zuerst den Kopf bestreicht, dann das Gesicht wäscht –, so ist der *Wuḍū'* dadurch ungültig.

Die *Ḥanafīya* und *Mālikīya* jedoch betrachten die Reihenfolge (*tartīb*) nur als *Sunna* im *Wuḍū'*.

§ 35

DIE DURCH DIE SUNNA WÜNSCHENSWERTEN UND EMPFOHLENEN DINGE BEIM WUḌŪ'

Über die im folgenden vorgestellten *Sunan* beim *Wuḍū'* sowie auch die vorgestellten Dinge, die beim *Wuḍū'* abzulehnen (*makrūh*) sind, besteht unter den Gelehrten Einigkeit[72].

Sprechen der Basmala vor Beginn des Wuḍū'

Es ist *Sunna*, vor Beginn der eigentlichen Waschung – bzw. nach oder bei Fassen der Absicht (*nīya*) und vor dem Händewaschen – die *Basmala* zu sprechen.

Dreimaliges Händewaschen vor dem Hauptteil des Wuḍū'

Das Händewaschen vor dem eigentlichen *Wuḍū'* – das heißt vor dem Ausspülen des Mundes – gilt als gute *Sunna*[73] und ist insofern immer zu empfehlen, damit eventuell vorhandene Unreinheiten (*najāsāt*) bzw. unangenehme Gerüche, Fette, Essensspuren usw. vor dem eigentlichen *Wuḍū'* beseitigt werden.

Gebrauch des Zahnputzholzes (siwāk/miswāk)

Es ist *Sunna mu'akkada*, vor, während oder direkt nach dem eigentlichen *Wuḍū'* Zähne und Zahnfleisch mit dem *Miswāk* zu reinigen.

Wenn man keinen *Miswāk* zur Verfügung hat (bzw. nur noch einen unbenutzbaren Rest bzw. einen nicht mehr frischen, guten *miswāk*), so kann man statt dessen eine übliche Zahnbürste oder zumindest, wenn das auch nicht machbar ist, den Finger (das heißt die Fingerkuppe) benutzen.

Ausspülen des Mundes (maḍmaḍa) und der Nase (istinshāq)

Es ist *Sunna*, vor dem eigentlichen Pflichtteil des *Wuḍū'* den Mund auszuspülen, indem man mit der rechten Hand etwas Wasser schöpft, in den Mund nimmt, im Mund etwas durch Zunge und Backenbewegung hin- und herbewegt und dann wieder ausspuckt.

Das ist insbesondere nach dem Essen zu beachten, um noch vorhandene Essensreste, die sich zwischen den Zähnen befinden, zu entfernen, denn wenn sich Essensreste so summieren, daß sich eine Masse im Maß einer Kichererbse (das heißt einem Kügelchen von etwa 0,8 cm Durchmesser) ergibt, und man diese Masse während des Gebets hinunterschluckt, ergeben sich zwei Gefahren:

1. Schluckt man diese Masse absichtlich herunter, so gilt das als essen, und essen während des Gebets macht das Gebet ungültig.
2. Wenn man diese Masse während des *Ramaḍān*-Fastens (im Gebet oder nicht) herunterschluckt, gilt das als Fastenbrechen.

Es ist weiterhin *Sunna*, nach der Mundspülung (*maḍmaḍa*) etwas Wasser in die rechte Hand zu schöpfen, das Wasser in die Nasenlöcher einzuführen und das Wasser anschließend wieder mit etwas Luftdruck hinauszublasen (die Nasenreinigung heißt *istinshāq*).

Unreinheiten, die dabei herauskommen, werden mit der linken Hand hinweggenommen und durch Abspülen der Hand beseitigt; auch im Naseninneren hartnäckig anhaftende Unreinheiten werden mit einem Finger der linken Hand aus dem Nasenloch beseitigt und durch Handabwaschen ganz beseitigt[74].

Durchfeuchten des Bartes (takhlīl)

Das Durchfeuchten des dichten Vollbartes – als Zusatz zum oberflächlichen Waschen, das zum Pflichtbereich des Gesichtwaschens gehört – ist übereinstimmend *Sunna*.

Bestreichen des ganzen Kopfes

Es ist *Sunna,* den gesamten Bereich des Kopfhaares mit beiden stark feuchten Handflächen zu bestreichen, wobei die Handflächen von vorn (Stirnbereich) nach hinten (Nacken) geführt werden und dann wieder von hinten nach vorne. Dies gilt bei den Rechtsschulen, die nicht das Waschen des gesamten Kopfhaares bzw. des entsprechenden Bereiches als *Farḍ* vorschreiben.

Zu dieser *Sunna* gehört es auch, den Nacken mit dem Handrücken zu befeuchten; dieses Bestreichen des Nackens findet nach den meisten Meinungen (bzw. Hadithen) nach dem Bestreichen der Ohren statt, kann aber nach manchen Meinungen (bzw. Hadithen) auch direkt beim Bestreichen des Kopfes (wenn die Hände nach hinten geführt werden), mit vorgenommen werden.

Reinigen der Finger- und Zehenzwischenräume

Es ist weiterhin *Sunna,* während der Hand- und Fußwaschungen mit den Fingerkuppen in die Zwischenräume zwischen den Fingern bzw. Zehen zu gehen und das Wasser dort leicht zu verreiben[75].

Bestreichen und Reinigung der Ohren

Es ist *Sunna,* die Ohren – das heißt die Ohrmuscheln – durch Bestreichen mit feuchten Fingern zu reinigen[76].

Dreimaliges Vornehmen der einzelnen Handlungen beim Wuḍū'

Abgesehen vom Bestreichen des Kopfes, dem Bestreichen des Nackens und dem Reinigen der Ohren, das (nach den anerkanntesten Meinungen bzw. Hadithen) jeweils nur einmal vorgenommen wird, gilt es übereinstimmend als *Sunna,* die übrigen Handlungen des *Wuḍū'* nach der *Basmala* jeweils dreimal hintereinander durchzuführen[77].

Rechts vor links

Es gilt allgemein als *Sunna,* bei der Waschung von Armen und Füßen erst das rechte, dann das linke Körperteil zu waschen.

Beim Händewaschen wird das insofern beachtet, als sich zunächst beide Hände gegeneinander reinigen und dann erst links, dann rechts die Fingerzwischenräume gewaschen werden (wie dies auch zusätzlich bei der Fußwaschung beachtet wird).

Doch beim Bestreichen der Ohren werden beide Ohren gleichzeitig bestrichen, findet diese *Sunna* also keine Anwendung.

Schnelles Abfolgenlassen der Einzelhandlungen

Es ist *Sunna*, die Handlungen des *Wuḍū'* so schnell aufeinander abfolgen zu lassen, daß bei mäßiger Temperatur (weder bei Hitze noch bei Kälte) das zuerst gewaschene Körperteil nicht völlig trocken wird, bevor das nächste gewaschen wird[78].

Hinwenden in Qibla-Richtung während des Wuḍū'

Es ist übereinstimmend *Sunna*, sich während der Durchführung des *Wuḍū'* in die *Qibla*-Richtung zu wenden.

Sprechen der Shahāda-Formel und eines Du'ā's nach Ende des Wuḍū'

Es ist *Sunna*, nach vollendeter Durchführung des *Wuḍū'* das Glaubensbekenntnis (*shahāda*) und ein *Du'ā'* zu sprechen, vorzugsweise in der folgenden Form:

Ashhadu al-lā ilāha illā llāhu waḥdahū la sharīka lah,
wa ashhadu anna Muḥammadan 'abduhū wa rasūluh.
Allahūmma j'alnī mina tawwābīna wa j'alnī mina l-mutaṭṭahhirīn

„Ich bezeuge, daß es keine Gottheit gibt außer Gott,
einzig ist er, keiner ist ihm beigesellt,
und ich bezeuge, daß Muḥammad Sein Diener und Sein Gesandter ist.
O Gott, mache mich zu einem derer, die stetig bereuen,
und zu einem derer, die sich reinigen und rein halten."

§ 36

WAS BEIM WUḌŪ' ABZULEHNEN (MAKRŪH) IST

Weglassen einer Sunna bzw. einer Sunna entgegenzuhandeln

Generell gilt, daß im Maße der Empfehlung einer Sunna auch das Weglassen dieser Sunna *makrūh* ist, also daß das Weglassen einer *Sunna mu'akkada Makrūh taḥrīman* bzw. das Weglassen einer *Sunna ghair mu'akkada Makrūh tanzīhan* ist.

Wasserverschwendung

Das Verschwendung von Wasser ist absolut abzulehnen (*makrūh*), nach manchen Ansichten der Gelehrten *Makrūh taḥrīman.*

Als Verschwendung ist es beispielsweise zu betrachten, wenn man den Wasserhahn unnötig weit aufdreht und viel Wasser in einem dikken Strahl ungenutzt herausfließt, ohne daß man mehr als nur wenige Handvoll davon nutzen kann.

Abtrocknen ohne Entschuldigungsgrund (zum Beispiel Kälte)

Nach der sicheren Überlieferung des Propheten ﷺ ist es *Sunna*, sich nicht nach dem *Wuḍū'* abzutrocknen; das setzt allerdings zweierlei voraus:

1. Daß nicht starke Kälte herrscht, durch die der feuchte Körper unterkühlt werden könnte.
2. Daß nicht aufgrund gesundheitlicher Beschwerden (zum Beispiel sehr trockener und zur Austrocknung neigender Haut) bei bleibender Feuchtigkeit auf der Haut befürchtet wird, daß die Haut platzt und (auch durch Austritt von Blut an den aufgeplatzten Stellen) die Gesundheit und/bzw. die *Ṭahāra* gefährdet werden.

Wasser heftig ins Gesicht zu schleudern

Es ist abzulehnen (*makrūh*), Wasser bei der Waschung heftig ins Gesicht zu schleudern, weil das Gesicht der am meisten zu würdigende Teil des Körpers ist und eine solche Art der Gesichtswaschung als entwürdigend gilt.

Mehr als dreimal zu waschen bzw. zu bestreichen

Es ist abzulehnen (*makrūh*), einen Handlungsteil des *Wuḍū'* mehr als dreimal durchzuführen – es sei denn, man befürchtet, einmal die entsprechende Handlung nicht korrekt durchgeführt zu haben[79].

Daß ein Fastender während des Fastens mit viel Wasser den Mund ausspült

Es ist abzulehnen (*makrūh*), was zu Verbotenem hinführen kann; daher ist es abzulehnen, wenn ein Fastender während der Zeit seines Fastens die Mundwaschung (*maḍmaḍa*) mit viel Wasser durchführt, denn dann ist es leicht möglich, daß doch etwas Wasser in die Gurgel gerät und so das Fasten gebrochen wird.

Sprechen während des Wuḍū'

Es ist nach übereinstimmender Ansicht der Gelehrten *makrūh*, während des *Wuḍū'* zu sprechen.

§ 37

WAS DEN WUḌŪ' AUFHEBT (NAWĀQIḌ)

Die Dinge, die den *Wuḍū'* aufheben (*nawāqiḍ*, Sg.: *nāqiḍ*) sind die folgenden:

Daß etwas aus einem der „beiden Körperausgänge" (Harnröhre, After) austritt

Wenn etwas auf dem Weg der Harnröhre bzw. des Afters aus dem Körper austritt, sei es Kot, Urin, Blähungen, Samenflüssigkeit (*maniy*, ohne Erregung oder Stimulierung ausgetreten), Erregungssekret (*wady* usw.), Blut, Eiter, so gilt der *Wuḍū'* als zerstört, und die betreffende Person ist im Zustand des *Ḥadath aṣghar.*

Tiefer bzw. fester Schlaf

Ein tiefer und fester Schlaf macht den *Wuḍū'* zunichte, hebt ihn auf.

Als tiefer Schlaf wird ein solcher Schlaf bezeichnet, bei dem sich der Betreffende der Länge nach auf den Boden legt oder fest an eine Säule anlehnt, schnarcht oder, wenn er auf dem Boden mit untergeschlagenen Füßen sitzt, klar schlafend in sich zusammengesunken ist. Wer sich aber im Halbschlaf hält, halbschlafend blinzelt oder zwischenzeitlich im Halbschlaf versinkt, dann aber immer wieder zwischendurch aufwacht, gilt nicht in diesem Sinne (Verlust des *Wuḍū'*) als Schlafender.

Plötzlich eintretende Verstandesschwäche, Trunkenheit oder Verrücktheit

Wer plötzlich Anfälle von Geistesabwesenheit (im Sinne echten Schwachsinns oder Wahnsinns) bekommt, hat vom Moment des Eintretens dieses Zustandes an keinen *Wuḍū'* mehr. Dasselbe gilt im Fall, daß jemand betrunken wird.

Wer aber als Gesunder zwischendurch geistig abwesend ist, das heißt, intensiv an etwas denkt und währenddessen nicht ansprechbar ist, gilt nicht in diesem Sinne als verrückt oder geistig verwirrt.

Körperliche Erregung

Wer in den Zustand sexueller körperlicher Erregung gerät, so daß sich (beim Mann) das Geschlechtsglied klar aufrichtet und steif wird bzw. (bei Mann und Frau) bei dieser Erregung Samen oder Erregungsflüssigkeit ausgeschieden wird, hat den *Wuḍū'* verloren.

Wenn die Samenflüssigkeit (beim Mann) bzw. eine eindeutige Erregungsflüssigkeit (die bei der Frau beim Geschlechtsakt auftreten kann), (nach den meisten Gelehrten) durch bewußte körperliche Stimulation oder willentlich durch Sinneseindrücke von außen (Sehen, Hören usw.) herbeigeführt wurde, wird der *Janāba*-Zustand hervorgerufen und ein *Ghusl* notwendig.[80]

Berührung des Geschlechtsteils

Nach überwiegender Rechtsmeinung gilt es als eine den *Wuḍū'* aufhebende Handlung, wenn man sein Geschlechtsteil direkt berührt, ohne daß eine Trennung in Form von Stoff usw. dazwischen ist.

Nach vielen Rechtsmeinungen gilt dasselbe auch für das direkte Berühren des Afters.

KAPITEL II

DIE GANZKÖRPERWASCHUNG (GHUSL)

§ 38

ALLGEMEINE BESCHREIBUNG

Wörtlich bedeutet „*Ghusl*" schlicht: „Waschung, bei der Wasser auf etwas aufgegossen wird".

Im Recht bezeichnet man als *Ghusl* eine Ganzkörperwaschung, die vorgenommen wird, um den Zustand der vollen Reinheit (*ṭahāra*) nach Eintreten bestimmter Zustände, die die große Unreinheit (*ḥadath akbar*) bewirken, wiederherzustellen.

§ 39

DIE AḤKĀM DES GHUSL

Es besteht Übereinstimmung der Rechtsgelehrten (*ittifāq*) darüber,

- daß es *mustaḥabb* ist, den *Ghusl* durchzuführen, wenn man den Körper reinhalten möchte, ohne daß aber ein direkter Anlaß dazu vorliegt.
- daß es Pflicht ist, den *Ghusl* durchzuführen, wenn man selbst im Zustand des *Ḥadath aṣghar* (und was der rechtlichen Bestimmung des *Ḥadath aṣghar* entspricht) ist und rechtsgültige, korrekte gottesdienstliche Handlungen (*'ibādāt*) durchführen will/muß, die ja die volle Reinheit erfordern.

Des weiteren gilt, daß man von Gott Lohn dafür erhält, wenn man sich durch den *Ghusl* reinigt, weil er zu den direkten gottesdienstlichen Handlungen (*'ibādāt*) zählt.

In mehreren sicheren Hadithen (*aḥādīth ṣaḥīḥa*) hat der Gesandte Gottes ﷺ gesagt:

„Die Sauberkeit (*naẓāfa*) ist die Hälfte[81] des Glaubens (*īmān*)."
Auch hat er ﷺ in richtigen Überlieferungen gesagt:
„Gott ist rein und nimmt nur Reines[82] an."

Es besteht auch uneingeschränkte Übereinstimmung der Rechtsmeinungen (*iǧmā'*) darüber, daß zur Verrichtung von Gebet, *Ṭawāf*, Koranrezitation als direktem Gottesdienst und anderen *'Ibādāt* die volle rituelle Reinheit (*ṭahāra*) erforderlich ist.

Da andererseits die Verrichtung von Gebet (*ṣalāh*) und *Ḥaǧǧ* (zu dem ja der *Ṭawāf* gehört) zu den „fünf Säulen des Islams" zählt, ist auch die Verrichtung von *Ghusl* und *Wuḍū'* grundsätzlich notwendige *'Ibāda*, da sie zur Sauberkeit (*naẓāfa*) und Reinheit (*ṭahāra*) des Muslims führen. So sind *Ghusl* und *Wuḍū'* Handlungen, die zur Aufrechterhaltung der Religion erforderlich sind.

Außerdem ist es der Gesundheit förderlich, wenn sich der Mensch regelmäßig am ganzen Körper reinigt, und es bewirkt, daß sich der so gesäuberte Mensch besser fühlt und dadurch im täglichen Leben beweglicher wird.

Der *Ghusl* kann formalrechtlich zwei *Aḥkām* annehmen: Er kann *Farḍ / Wāǧib* sein, und er kann *Mandūb* sein.

§ 40

DER VERPFLICHTENDE GHUSL (GHUSL MAFRŪḌ) UND DIE GRÜNDE, DIE IHN ERFORDERLICH MACHEN (ASBĀB MAFRŪḌA)

Mit den „Gründen" (*asbāb*) des *Ghusl* sind die Dinge bzw. Ereignisse gemeint, die eine (korrekte) Durchführung gottesdienstlicher Handlungen im engeren Sinne nicht zulassen. Wenn diese Ereignisse eintreten, so muß man den *Ghusl*, nachdem sie ganz abgeschlossen sind, durchführen. Diese Gründe sind vier:

1. *Janāba* (Zustand nach dem *Ḥadath akbar*) – 2. Menstruation (*ḥaiḍ*)
3. Blutungen bei der Geburt und Monatsfluß (*nafās*) – 4. Tod[83].

§ 41

DIE ARKĀN BZW. PFLICHTEN BEIM GHUSL

Innerhalb der Rechtsschulen werden die Pflichtbereiche des *Ghusl* unterschiedlich gesehen. So gelten Dinge, die bei einer Rechtsschule als Pflicht gesehen werden, bei einer zweiten als *Sunna* – mit wenigen Ausnahmen. Daher hier eine Darstellung in Tabellenform:

	Ḥanafīya	*Mālikīya*	*Shāfiʿīya*	*Ḥanbalīya*
Nīya	*Sunna*	*Farḍ*	*Farḍ*	*Sharṭ*[84]
Waschung des ganzen Körpers (äußerlich)[85]	*Farḍ*	*Farḍ*[86]	*Farḍ*	*Farḍ*
Mundwaschung (maḍmaḍa)	*Farḍ*	*Sunna*	*Sunna*	*Farḍ*
Nasenwaschung (istinshāq)	*Farḍ*	*Sunna*	*Sunna*	*Farḍ*
Waschen des (erreichbaren) Inneren aller Körperöffnungen (außer Mund und Nase)[87]	- - - [88]	*Farḍ*	- - -	*Farḍ*
Reiben der Haut u. d. Körperhaares während d. Waschung (takhlīl)[89]	*Sunna*	*Farḍ*	*Sunna*	*Sunna*
Ununterbrochene Abfolge der Handlungen (muwālāt)[90]	*Sunna*	*Farḍ*	*Sunna*	*Sunna*

§ 42

DIE SUNAN DES GHUSL

Die *Sunan* des *Ghusl* sind

- die Dinge, die bei einigen *Madhāhib Farḍ*, *Sharṭ* usw. sind, bei anderen aber nur *Sunna*,
- die Dinge, die übereinstimmend von allen *Madhāhib* als (nur) *Sunna* (nicht *Farḍ* usw.) angesehen werden.

Die erste Gruppe der *Sunan* ist bereits oben dargestellt worden; die zweite besteht aus den folgenden *Sunan*:

Reinigen des Geschlechtsbereichs vor dem Ghusl

Es ist *Sunna*, den Körper vor dem *Ghusl* (bzw. vor dem dazugehörigen *Wuḍū'*) im Geschlechtsbereich (speziell das Geschlechtsorgan selbst) zu waschen und dabei eventuell anhaftende Körperflüssigkeiten abzureiben und abzuwaschen.

Direkte Samenflüssigkeit aber gilt nach Meinung der *Madhāhib* (abgesehen von der *Shāfiʿīya*) als mittlere *Najāsa* und muß daher vor dem *Ghusl* bzw. *Wuḍūʾ* abgewaschen/entfernt werden; das heißt, nach Meinung dieser *Madhāhib* handelt es sich beim Waschen des Geschlechtsbereichs in diesem Fall um etwas Verpflichtendes, nicht nur um eine (nicht-pflichtige) *Sunna*. Die *Shāfiʿīya* aber betrachtet getrocknete Samenflüssigkeit als *ṭāhir* (rein), lediglich frische Samenflüssigkeit als *Najāsa* mittlerer Art.

Vor der Reinigung des Geschlechtsteils gilt zudem das als empfohlen, was allgemein auch vor dem *Wuḍūʾ* (im Rahmen von *Istinjāʾ* und *Istibrāʾ*) als empfohlen gilt.

Vor dem Ghusl den Wuḍūʾ zu verrichten

Es ist *Sunna*, vor dem eigentlichen *Ghusl* den *Wuḍūʾ* zu verrichten. Dabei gilt aber folgendes:

1. Sofern man beim später durchzuführenden *Ghusl* davon ausgehen muß, daß das beim *Ghusl* benutzte Wasser auf die Füße fließt, soll man den *Wuḍūʾ* – nicht aber die dazugehörige Fußwaschung – durchführen und die Füße zum Schluß der *Ghusl*-Waschungen reinigen.

   Wenn aber – aufgrund der beim Waschen eingenommenen Körperhaltung oder weil man sich in einem größeren Wasserbecken usw. wäscht – nicht angenommen werden muß, daß die Füße während des *Ghusl* von benutztem Wasser benetzt werden, ist es *Sunna*, den vorherigen *Wuḍūʾ* ganz (das heißt mit Fußwaschung) durchzuführen.
2. Wenn man zunächst den *Wuḍūʾ* vor dem *Ghusl* durchgeführt hat, dann aber während des *Ghusl* der *Wuḍūʾ* wieder aufgehoben wird (zum Beispiel durch Blähung, Berühren des Geschlechtsteils), so hat das zum einen keine Auswirkung auf die Gültigkeit oder Durchführung des *Ghusl*, und zum anderen wird der *Wuḍūʾ* auch nicht wiederholt: Das Durchführen des *Wuḍūʾ* zu Beginn der Waschungen gilt dabei als ausreichende Erfüllung der *Sunna*.

Die Sunan des Wuḍūʾ

Die *Sunan* des *Wuḍūʾ* gelten auch beim *Ghusl*:

1. Bei der Durchführung des (*Sunna*-)*Wuḍūʾ* vor dem *Ghusl*.
2. Bezüglich der Durchführung des eigentlichen *Ghusl*.

Rechts vor links zu waschen

Es gilt beim *Ghusl* als *Sunna*, erst die rechte Körperseite, die rechte Hand usw. zu waschen, dann den entsprechenden linken Teil. (Das entspricht sinngemäß der *Sunna* des *Wuḍūʾ*, nur mit dem Unterschied, daß hier beim *Ghusl* mehr Körperbereiche erfaßt sind).

Von oben nach unten zu waschen

Es ist *Sunna*, beim *Ghusl* zuerst beim Kopfwaschen zu beginnen und mit dem Waschen der Füße abzuschließen.[91]

Die Füße zuletzt zu waschen

Es gilt als *Sunna*, die Füße ganz zuletzt zu waschen – es sei denn, man verrichtet den *Ghusl* durch Untertauchen in einem großen Wasserbecken, See und dergleichen.

§ 43

DIE DURCH DIE SUNNA EMPFOHLENEN ANLÄSSE (ASBĀB MASNŪNA)

Mit diesen Anlässen sind Ereignisse gemeint, vor, während bzw. nach denen es zwar nicht verpflichtend, aber durch die *Sunna* empfohlen ist, einen *Ghusl* zu vollziehen.

Die Rechtsschulunterschiede hierzu sind letztlich unerheblich, weswegen hier eine Gesamtdarstellung der *Sunan* gegeben wird[92].

Vor bestimmten Gebeten

1. *Vor dem Jum'a-Gebet (ṣalāt al-jum'a).*
2. *Vor einem Festgebet (ṣalāt al-'īd).*
3. *Vor dem Istisqā'-Gebet, dem Gebet um Regen (ṣalāt al-istisqā').*
4. *Vor dem Gebet bei Sonnenfinsternis (ṣalāt al-kusūf) bzw. dem Gebet bei Mondfinsternis (ṣalāt al-khusūf).*

Bei bestimmten Zeitpunkten während des Ḥajj (bzw. der 'Umra)

5. *Beim Iḥrām.* Dieser *Ghusl* dient zur Reinigung des Körpers zur Erlangung der Sauberkeit (*naẓāfa*), nicht zur Erlangung der vollen rituellen Reinheit (*ṭahāra*); daher ist dieser *Ghusl* auch für eine gerade Menstruierende (*ḥā'iḍ*) *Sunna* sowie auch für eine Frau, bei der der Monatsfluß nach einer Geburt (*nafsā'*) noch nicht ausgesetzt hat.

6. *Vor dem Betreten von Mekka.* Gemeint ist, daß der Pilger den *Ghusl* vornimmt, bevor er zum *Ṭawāf az-Ziyāra* Mekka betreten will. Dieser *Ghusl* dient im Zweifelsfall auch zur Erlangung der vollen *Ṭahāra* (da zum *Ṭawāf* volle *Ṭahāra* erforderlich ist), und darum wird dieser *Ghusl* nicht von einer Menstruierenden (*ḥā'iḍ*) bzw. einer Frau, die noch Monatsfluß hat (*nafsā'*), durchgeführt.

7. *Vor dem Betreten von Medina (Madīna).*
8. *Vor dem Stehen von 'Arafāt (wuqūf 'Arafāt).*
9. *Während des Aufenthalts in Muzdalifa.*
10. *Vor dem Betreten von Minā.*
11. *Vor dem Aufenthalt (wuqūf) bei al-Mash'ar al-Ḥarām.*
12. *Vor der Steinigung der drei Säulen (jimār/jamarāt), die nicht beim Opfertag (yaum an-nahr) stattfindet.*

Bei bestimmten Anlässen zu 'Ibādāt außer Gebet (ṣalāh) und Ḥajj

13. *In der Nacht nach der vollendeten ersten Hälfte des Monats Sha'bān.*
14. *Anläßlich jeder Nacht des Monats Ramaḍān.* Das heißt, es ist *Sunna*, (wenn das ohne Erschwernis und ohne daß Wasserknappheit gegeben ist,) in jeder Nacht des *Ramaḍān* (bzw. vor dem jeweiligen *Imsāk* eines Fastentages) einen *Ghusl* durchzuführen.
15. *Vor Durchführung eines I'tikāf.* Gemeint ist, daß man vor Betreten der betreffenden Moschee – zuhause oder in einem öffentlichen Bad – einen *Ghusl* durchführt.

Nach bestimmten außergewöhnlichen Ereignissen

16. *Nach dem Eintritt in den Islam.* Gemeint ist, daß jemand, nachdem er zuvor Nichtmuslim war und dann in die Religion des Islam eingetreten ist, einen *Ghusl* verrichtet, um sich körperlich und in geistiger Hinsicht zu reinigen.

    Wenn er aber zum Zeitpunkt seines konkreten Übertritts zum Islam der Tat nach *Junub* ist, so ist es für ihn verpflichtend (*farḍ*), den *Ghusl* zu verrichten, nicht aber nur *Sunna*.
17. *Nach der Totenwaschung.* Gemeint ist, daß derjenige, der gerade einen Toten (im Rahmen der Vorbereitung des Toten zum Begräbnis) gewaschen hat, sich danach selbst durch *Ghusl* reinigt[93].
18. *Nach dem Ende eines schweren Sturms bzw. nach Ende einer anhaltenden, plötzlichen, ungewöhnlichen Dunkelheit.*
19. *Nach dem Bereuen einer Sünde.*

Zur völligen Säuberung und
Erlangung der rein körperlichen Sauberkeit (naẓāfa)

20. *Nach Ende der Istiḥāḍa (Scheinperiode).* Dieser *Ghusl* dient dazu, sich von Blut und ähnlichem Ausfluß zu reinigen, ohne daß aber die betreffende Frau, die die *Istiḥāḍa* hatte, durch die *Istiḥāḍa* im Zustand ohne *Ṭahāra* gewesen wäre: Dieser *Ghusl* dient nur der körperlichen Reinigung[94].
21. *Bei (deutlich wahrnehmbarem) Schweiß, Schmutz usw.*
22. *Wenn man beabsichtigt, sich in die Gesellschaft vieler Menschen zu begeben.*

Dieser der *Sunna* gemäß erwünschte *Ghusl* gilt vor allem dann als besonders erwünscht, wenn man sich in die Gesellschaft von sehr guten, gläubigen Menschen und speziell in die Gesellschaft islamischer Gelehrter (*'ulamā', fuqahā'*) begibt.

23. *Anläßlich des Anziehens eines neuen Kleides.*

In bestimmten Zweifelsfällen
oder Sonderfällen bezüglich der Reinheit (ṭahāra)

24. *Nach dem Erwachen aus einer Ohnmacht.*

25. *Wenn man sich im Zweifel ist, ob Samenflüssigkeit (maniy) – die Ghusl zwingend erfordert – oder eine andere Erregungsflüssigkeit (zum Beispiel madhiy) – die Ghusl nicht erfordert – ausgetreten ist.*

KAPITEL 12

DIE ERSATZWASCHUNG (TAYAMMUM)

§ 44

ALLGEMEINE VORSTELLUNG

Der *Tayammum*, wörtl.: „das Sich-mit-Sand-Reinigen“, ist eine besondere Ersatzwaschung, bei der anstelle einer Waschung mit Wasser Gesicht und Hände (mit den Unterarmen) durch die Hände bestrichen werden, nachdem man zuvor die Handflächen an Staub, Stein und Sand gerieben hatte. Daher wird der *Tayammum* auch manchmal „Sandwaschung“ genannt. Diese Reinigung gilt als eine der „Ersatzwaschungen“. Der *Tayammum* darf vorgenommen werden, wenn bestimmte Entschuldigungsgründe ein Verrichten des *Wuḍū'* oder *Ghusl* verhindern.

§ 45

DIE ARTEN DER ERSATZWASCHUNG (TAYAMMUM)

Man unterscheidet bei allen Rechtsschulen

- einen verpflichtenden *Tayammum* (*tayammum mafrūḍ*)
- einen wünschenswerten *Tayammum* (*tayammum mandūb*)

Bei der *Ḥanafīya* unterscheidet man zudem nach einem

- *Wājib-Tayammum* (*tayammum wājib*).

Die Unterscheidung ist einfach: Wenn man für eine *Farḍ*-Handlung die rituelle Reinheit (*ṭahāra*) nur durch Ersatzwaschung (*tayammum*) wiederherstellen kann, muß man die Ersatzwaschung verrichten. Ist er für eine *Wājib*-Handlung (im hanafitischen Sinne) nötig, wird er auch selbst *wājib*. Ist er für eine wünschenswerte Handlung nötig, wird er selbst erwünscht (*mandūb*).

§ 46

ZUM ANWENDUNGSBEREICH DES TAYAMMUM

Wenn jemand im Zustand der *Janāba* (*ḥadath akbar*) ist, kann natürlich auch kein *Wuḍū'* angewandt werden. Daher muß dann, wenn ein *Ghusl* aus irgendwelchen Gründen nicht angewandt werden kann, der *Tayammum* – und nicht der *Wuḍū'* verrichtet werden.

Andererseits kann ein einmalig vollzogener *Tayammum* sowohl den *Ḥadath aṣghar* allein als auch beide *Ḥadath* zugleich aufheben, insofern, als durch diesen *Tayammum* dann die Verrichtung von Gebeten und Dingen, die *Ṭahāra* erfordern, erlaubt und gültig ist.

§ 47

DIE BEDINGUNGEN (SHURŪṬ) BEZÜGLICH DES TAYAMMUM

Die folgenden Dinge sind Bedingung (bzw. hier: Voraussetzung) dafür, daß ein gültiger *Tayammum* verrichtet werden kann:

1. *Das Wissen darum, daß die Zeit für ein (Farḍ-)Gebet bereits begonnen hat.* Das heißt: Ein *Tayammum*, der vor dem Eintritt einer Gebetszeit vorgenommen wurde, ist für dieses Gebet nicht gültig. Oder, anders gesagt: Ein *Tayammum* kann immer nur für das Gebet der gerade geltenden Gebetszeit gelten bzw. muß mit einer speziellen Absicht vorgenommen werden (etwa bei gelobten oder nachzuholenden Gebeten).
2. *Daß man sich bemüht, (geeignetes bzw. ausreichendes) Wasser zu finden, nachdem die Gebetszeit angebrochen war.* Wenn etwa jemand in einem Waldgebiet, das erfahrungsgemäß über mehrere Quellen verfügt, sich nicht zumindest bemüht, geeignetes Wasser zu finden, kann er keinen gültigen *Tayammum* verrichten. Als Bemühung wird hier zunächst verstanden, daß ein gesunder Mensch – im Zeitrahmen des Gebets – das Gebiet im Umfang einer Mindeststrecke von etwa 2,5 km zumindest mehrere Male durchschreitet, sofern die Umstände das zulassen. Als Entschuldigungsgrund gilt hier besonders ein Reisezustand, bei dem man mit Familie reist und Frauen und Kinder weder den Betreffenden begleiten noch alleingelassen werden können. Andererseits kann in einem trockenen oder unbekannten

Gebiet nicht verlangt werden, daß sich jemand durch eine solche Suche in wirkliche Gefahr begibt (zum Beispiel einem Moorgebiet). In solchen Fällen muß aber zumindest versucht werden, die Mindeststrecke zu erfüllen.

3. *Das Vorhandensein von sauberem Sand bzw. sauberen Steinen.* Hier wird – neben unbedeutenden und nicht genau belegbaren *Madhāhib*-Meinungen – gesagt, daß folgende Stoffe zum *Tayammum* zulässig sind: saubere Erde (ohne *najāsa*), Stein, Staub, Sand. Nur nach der *Shāfiʿīya* und *Ḥanbalīya* gilt zusätzlich, daß der *Tayammum* ungültig ist, wenn nicht auch bei Nicht-Staub-Stoffen (Stein etwa) etwas Staub darauf ist, der auf die Hände übertragen werden kann. Bei der *Ḥanafīya* und *Mālikīya* jedoch genügt auch ein Streichen über einen staublosen Stoff (dieser aufgeführten Stoffe). Ein Bestreichen von staubiger Farbe, Gips oder Mehl usw. ist aber übereinstimmend nicht gültig.

§ 48

WANN DER TAYAMMUM ANGEWENDET WIRD

Bei folgenden Umständen wird ein *Tayammum* (als *tayammum mafrūḍ*) angewandt:

1. Wenn kein Wasser bzw. nicht genug reines, zur Reinigung (*ṭahāra*) geeignetes Wasser zur Verfügung steht, aber Sand, Staub usw., und man im Zustand der *Ṭahāra* sein muß.

   Das heißt, wenn etwa das vorhandene Wasser verunreinigt (*mutanajjis*) ist oder wenn zu wenig reines Wasser vorhanden ist, um einen minimalen *Wuḍū'* bzw. *Ghusl* vorzunehmen (einmaliges Waschen der Pflichtteile), und man zum Beispiel sofort beten muß, so muß man den *Tayammum* verrichten.
2. Wenn zwar Wasser vorhanden ist, aber der Zugang dazu durch einen Menschen, ein Tier oder ein Gerät usw. verwehrt wird. Hierzu wird auch der Fall gezählt, daß man beim Hingelangen zum Wasser befürchten muß, beleidigt bzw. verfolgt zu werden. In solchen Fällen gilt das Wasser dem *Ḥukm* nach als nicht vorhanden.
3. Wenn Wasser vorhanden, aber mehr als etwa 2,5 km bzw. so weit vom Betreffenden entfernt ist, daß er bis zum Ablauf der gerade geltenden Gebetszeit es nicht mehr erreichen kann. Das heißt: Ist man mehr als 2,5 km vom Wasser entfernt, muß man nicht dorthin gehen, um die Wasserwaschung zu vollziehen, sondern kann den *Tayammum* ausführen. Aber es besteht keine Verpflichtung dazu: Der Betreffende kann – wenn er will – auch dorthin gehen und einen gültigen *Wuḍū'* verrichten. Es handelt sich hier also um eine Erlaubnis, wobei davon

ausgegangen wird, daß die Wasserstelle zu Fuß erreicht wird, während ein Reiter oder Autofahrer sicherlich nicht unter diese Regelung fällt. – Wenn aber – gleich, weswegen – der Betreffende nach bestem Wissen und Gewissen absehen kann, daß er der Zeitenge wegen nicht mehr zum Wasser gelangen kann, so muß er den *Ghusl* verrichten, darf die Gebetszeit nicht verstreichen lassen. Das gilt speziell, wenn zum Beispiel jemand als *Junub* bzw. *Junuba* aufwacht und feststellt, daß von der Gebetszeit nur noch zehn Minuten verbleiben und er/sie noch das betreffende Gebet verrichten muß: Dann ist eine Reinigung durch *Ghusl* und *Wuḍū'* sowie das Verrichten des reinen *Farḍ*-Gebets erfahrungsgemäß nicht mehr zu schaffen, und die betroffene Person muß dann den *Tayammum* verrichten.

4. Wenn durch Witterungsumstände bei einer Waschung mit Wasser Krankheit (Erkältung, Lungenentzündung usw.) befürchtet werden muß, kann man den *Tayammum* anwenden. Hierzu gilt: Wenn etwa nur eiskaltes Wasser im Winter vorhanden ist und man sich in nichtgeheizten Räumen aufhalten oder sich sogar ins Freie (in die Kälte) begeben muß, gilt diese Einschränkung; wenn aber außerhalb des Hauses, nicht aber innerhalb Kälte besteht und der Betreffende nicht bereits krank ist, so kann diese Einschränkung hier nicht gelten. Auch muß jemand die Waschung (*wuḍū'*, *ghusl*) verrichten, wenn das dazu benötigte Wasser, selbst gegen Bezahlung, erhitzt und erwärmt werden kann.

§ 49

DIE ARKĀN DES TAYAMMUM

Die Absicht (*nīya*)

Diese hat – je nach Sicht des *Tayammum* – verschiedene Formen bei den Rechtsschulen.

Mālikīya: Der *Tayammum* hebt den Zustand körperlicher Unreinheit (*ḥadath*) nicht eigentlich auf, sondern er macht nur für die Zeit seiner Gültigkeit die Dinge erlaubt, die sonst *Wuḍū'* und völlige Reinheit (*ṭahāra*) erfordern. Eine eventuelle Verunreinigung (*najāsa*) muß vorher entfernt werden[95]. Daher muß die Absicht (*nīya*) sein, das für sich durch den *Tayammum* erlaubt zu machen, was das Vorhandensein von Reinheit erfordert (etwa: „Ich beabsichtige den *Tayammum* für das Freitagsgebet").

Beabsichtigt man beim *Tayammum* die Aufhebung eines oder beider Zustände körperlicher Unreinheit (*ḥadath*), ist der *Tayammum* ungültig. Der *Tayammum* ist immer nur für ein *Farḍ*-Gebet gültig, auch wenn in

Jam' gebetet wird. Es ist zwar zulässig, außer einem *Farḍ*-Gebet auch *Nāfila*-Handlungen zu verrichten, aber der *Farḍ*-Teil muß vorangehen; wenn jemand daher erst ein *Nāfila* betet und dann ein *Farḍ*, ist das *Nāfila* gültig, das *Farḍ*-Gebet aber nicht.

Ḥanafīya: Bei der *Ḥanafīya* hebt der *Tayammum* – korrekt durchgeführt – die Zustände geringerer und größerer körperlicher Unreinheit (*ḥadath aṣghar* und *akbar*) tatsächlich auf; daher muß die Absicht eine der drei folgenden Formen haben:

1. Zu beabsichtigen, den Zustand körperlicher Unreinheit (*ḥadath*) aufzuheben, wobei es nicht nötig ist, den jeweiligen *Ḥadath* genau zu bezeichnen. Selbst wenn jemand *Junub* ist und nur die Aufhebung des kleineren *Ḥadath* beabsichtigt, wird er durch den *Tayammum* ganz rein (*ṭāhir*).
2. Zu beabsichtigen, daß für ihn ein Gebet erlaubt wird.
3. Eine andere gottesdienstliche Handlung (*'ibāda)* zu bezeichnen, die er verrichten will, zu der er rituell rein sein muß, wie etwa *Sujūd at-Tilāwa* (Niederwerfung bei der Rezitation).

Wenn er aber nur den *Tayammum* ohne Zusatz in der Absicht beabsichtigt, gilt der *Tayammum* und das mit ihm Durchgeführte nicht.

Wenn man den *Tayammum* anläßlich einer Handlung durchführt, die selbst die *Ṭahāra* nicht zwingend erfordert, so ist dieser *Tayammum* für ein anschließendes Gebet usw. unzulässig.

Najāsa aber muß vor dem *Tayammum* entfernt werden.

Shāfi'īya: Der *Tayammum* hebt bei ihnen den *Ḥadath* nicht auf, und man muß beabsichtigen, daß man für sich die Handlung (Gebet), die *Ṭahāra* erfordert, durchführen will. Dabei muß man entweder ein *Farḍ*-Gebet (bzw. *Farḍ*-Handlung) beabsichtigen oder eine *Nāfila*-Handlung oder eine spezielle *'Ibāda* wie *Sujūd at-Tilāwa.*

Im ersten Fall darf man genau ein *Farḍ*-Gebet damit verrichten, und beliebig viele *Nāfila*-Handlungen der zweiten und dritten Art.

Wenn er die Absicht zu einer Handlung der zweiten Art faßt, so darf er alles verrichten, was in der zweiten und dritten Art umfaßt ist, und hat er nur eine Absicht zur dritten Art gefaßt, so kommt ihm nur das zu.

Najāsa jedoch muß vor dem *Tayammum* entfernt werden, sonst gilt er nicht.

Ḥanbalīya: Bei der *Ḥanbalīya* umfaßt die Absicht zum *Tayammum*, sich die Dinge erlaubt zu machen, die *Ṭahāra* erfordern, wobei das auch dazu dienen kann, die Auswirkung von *Najāsa* auf dem Körper aufzuheben.

Das Bestreichen des Gesichtes
und der Arme bis einschließlich der Ellenbogen

Dabei muß zuerst mit den flachen Händen auf den Boden bzw. den Stoff geklopft werden (bzw. man muß den Reinigungsstoff mit den Handflächen bestreichen), dann werden Gesicht (gegebenenfalls einschließlich des ganzen Bartes) und, nach erneutem Aufklopfen in der beschriebenen Art, die Unterarme einschließlich der Ellenbogen bestrichen.

Ḥanafīya: Bezüglich der Stelle, die man beim Bart bestreichen muß, gilt dasselbe wie beim *Wuḍū'*.

Mālikīya und Ḥanbalīya: Das Pflichtbestreichen bei den Armen umfaßt nur die Hände bis einschließlich der Handgelenke, während das Bestreichen des ganzen Unterarms *Sunna* ist.

Trägt man einen Ring oder Armreif, so muß auch die Haut darunter bestrichen werden, und ein Bewegen des Ringes genügt hier nicht, im Unterschied zum *Wuḍū'*.

§ 50

WEITERE PFLICHTEN IN DEN RECHTSSCHULEN

Mālikīya: Als weitere Pflichtbedingung besteht *Muwālāt* (ununterbrochene Abfolge der Handlungen) wie beim *Wuḍū'*.
Ḥanbalīya: Muwālāt (ununterbrochene Abfolge) und *Tartīb* (Einhaltung der Reihenfolge der Handlungen) sind Pflicht, wenn nur ein *Ḥadath aṣghar* oder leichte *Najāsa* am Körper vorliegt. Wenn man *Junub* ist, gelten diese Bedingungen nicht.
Shāfi'īya: Bedingungen zusätzlich zu den genannten sind *Tartīb* und das Übertragen von Staub.

§ 51

WIE LANGE DER TAYAMMUM GÜLTIG SEIN KANN BZW. WAS DEN TAYAMMUM AUFHEBT

1. Was auch den *Wuḍū'* aufhebt.
2. Wenn der beim Betreffenden geltende Entschuldigungsgrund aufgehoben ist, etwa wenn wieder Wasser in genügender Menge zur Verfügung steht.

Ḥanbalīya: Zusätzlich wird hier der Fall genannt, daß die Zeit des betreffenden Gebets, für das *Tayammum* gemacht wurde, vergangen ist: dann ist der zuvor gemachte *Tayammum* sofort automatisch ungültig.

§ 52

WENN MAN WEDER WUḌŪ' NOCH TAYAMMUM VERRICHTEN KANN

Wenn man weder einen gültigen *Wuḍū'* noch einen gültigen *Tayammum* verrichten kann, so muß man dennoch das Gebet verrichten, aber dazu gibt es spezielle Bedingungen.

Ḥanafīya: In einem solchen Fall wird – kurz vor Ablauf der Gebetszeit – ein Gebet der Form nach verrichtet, wobei man den Gehorsam gegenüber Gott zum Ausdruck bringt; dabei wird aber weder rezitiert noch ein *Tasbīḥ* gemacht, noch ein *Tashahhud,* und man muß dieses „Formgebet" – obwohl es als solches angenommen wird – bei nächster Gelegenheit nachholen.

Mālikīya: In diesem Fall wird nicht gebetet, selbst wenn die Gebetszeit verstreicht, solange man keinerlei Reinheit (weder durch *Wuḍū'* noch *Tayammum*) hat, weil dann kein Gebet gültig sein kann.

Shāfi'īya: Wenn jemand in dieser Lage *Muḥdath* durch *Ḥadath aṣghar* oder *Ḥadath akbar* ist, so verrichtet er ein voll gültiges, normales Gebet mit normaler *Nīya* und normaler Rezitation (die allerdings bei *ḥadath akbar* kurz sein soll) usw. Ein solches Gebet ist zwar im Moment voll gültig, muß aber später nach entsprechender Reinigung nachgeholt werden.

KAPITEL 13

ÜBER DAS BESTREICHEN DER SCHUHE (AL-MASḤ 'ALĀ L-KHUFFAIN)

§ 53

ALLGEMEINE VORSTELLUNG

Mit dem Bestreichen der „Schuhe" (*al-masḥ 'alā l-khuffain*) ist eine rituelle Reinigung gemeint, bei der – als Ersatz für die Waschung der Füße – mit feuchter Hand über ein spezielles Schuhwerk gestrichen wird.

Dabei müssen verschiedene Bedingungen erfüllt sein, vor allem hinsichtlich der Frage, was für eine Fußbekleidung ein „*Khuff*“[96] nun eigentlich ist.[97] Die Ersatzreinigung wird vor allem bei Gründen wie Kälte usw. (wegen der Erkältungsgefahr, die gerade bei Fußwaschung mit kaltem Wasser besteht) angewandt, aber auch allgemein, weil diese Erleichterung von Gott kommt und durch die Quellen allgemein und sicher bestätigt wird.

Man unterscheidet historisch drei Arten der Fußbekleidung, soweit sie in den arabischen Quellen (einschließlich *Qur'ān* und *Sunna*) erscheint:

1. *Khuff*: eine Bekleidung des Fußes einschließlich der Knöchel, die in sich fest, klar geformt und genäht ist, wobei der Fuß ganz vom Material des Khuff umschlossen wird (meist Leder oder verfilzte Wolle).
2. *Jurāb*: eine Bekleidung des Fußes einschließlich der Knöchel, die weder geformt noch genäht ist (typischerweise aus dick verfilzter Wolle), dabei stark und allein aufrecht stehend.
3. *Na'l*: eine Fußbekleidung, die fest, klar geformt und genäht ist, auch von selbst aufrecht stehend, aber mit durchbrochenem Material oberhalb oder seitlich des Fußes (etwa eine stabile Ledersandale).

Khuff und *Jurāb* werden in den Quellen von ihrer Art her als grundsätzlich zum Bestreichen geeignet beschrieben, *Na'l* gar nicht. Trotzdem gelten nur diejenigen Arten von *Khuff* (und entsprechend *Jurāb*) als geeignet, die noch weitere Bedingungen als die allgemeinen erfüllen.

Somit ist klar, daß der Körperteil, der ersatzweise bestrichen werden soll, eben ganz bedeckt sein muß (dies gilt übrigens auch beim Bestreichen der Schiene, der *Jabīra*).

§ 54

DIE BESTE, DER SUNNA GEMÄSSE DURCHFÜHRUNG DES MASḤ

Das „Bestreichen der beiden *Khuff*“ (*al-masḥ 'alā l-khuffain*) findet in Übereinstimmung der *Madhāhib* am besten so statt:

Man vollzieht einen vollständigen *Wuḍū'* und zieht dann im Zustand des *Wuḍū'* (bei außerdem vorhandener Reinheit von *ḥadath akbar/janāba*) die beiden *Khuff* an. Sobald ein *Ḥadath aṣghar* (der *wuḍū'* erfordert) eintritt, vollzieht man alle Teile des *Wuḍū'* wie gehabt, zieht dann aber die *Khuff* nicht aus und wäscht auch nicht die Füße, sondern streicht, sobald alle anderen Teile des *Wuḍū'* erfüllt sind, mit einer stark angefeuchteten Hand – am besten mit den Kuppen dreier oder vierer Finger – über die Oberfläche eines jeden *Khuff*, das heißt über den Teil des *Khuff*, der die Oberseite des Fußes – den Spann – bedeckt, von dem Vorderteil, der Spitze des *Khuff*, bis etwas über die Höhe des Knöchelansatzes. Dabei bestreicht man in der beschriebenen Weise zuerst den rechten *Khuff* mit der rechten Hand, dann entsprechend mit der linken Hand den linken *Khuff*.

§ 55

WAS EIN FÜR DIE REINIGUNG DER BESTREICHUNG GEEIGNETER „KHUFF“ ÜBERHAUPT IST

Allgemein gilt in Übereinstimmung der *Madhāhib* außer der *Mālikīya*, daß ein „*Khuff*“ eine Fußbekleidung ist, die den ganzen Fuß mitsamt den Knöcheln umschließt und ihn bedeckt und aus Leder, Wolle, Haar bzw. Wollfellhaar oder Baumwolle gefertigt ist.

Mālikīya: Ein *Khuff* ist grundsätzlich in seinen Ober- und Unterteilen immer aus Leder gefertigt; die Seitenteile bestehen entweder auch aus Leder oder können aus Wolle oder Baumwolle sein.

Eine nur aus Wolle gefertigte Fußbekleidung ist nur dann ein *Khuff*, wenn drei Bedingungen erfüllt sind:

1. Daß die Fußbekleidung wasserdicht ist.
2. Daß die Fußbekleidung keine Bänder und dergleichen und von sich aus am Fuß festen Halt hat.
3. Daß diese Fußbekleidung sichtundurchlässig ist, das heißt: daß die Haut des Fußes nicht durch den *Khuff* hindurch sichtbar ist.

§ 56

DIE ALLGEMEINEN BEDINGUNGEN ZUR KORREKTEN DURCHFÜHRUNG DES MASḤ, DEM BESTREICHEN DER BEIDEN KHUFF

Folgende Bedingungen müssen zwingend zur Gültigkeit des Bestreichens (*masḥ*) des *Khuff* beachtet werden:

Material und Gestalt des Khuff

Der Fuß muß durch den *Khuff* ganz bedeckt sein; dabei ist es der Gültigkeit des *Masḥ* nicht abträglich, wenn ein Teil (Oberseite, Seite usw.) geknüpft, geknöpft oder auch mit Reißverschluß geschlossen wird, nur muß der *Khuff* zum Zeitpunkt des *Masḥ* geschlossen sein.

Wenn Löcher und Risse im Khuff sind

Ist ein Riß oder Loch im *Khuff* oder bedeckt der *Khuff* den Fuß nicht ganz von den Fußspitzen bis zu den Knöcheln, gilt der *Masḥ* nicht.

Ḥanafīya: Der *Masḥ* gilt nicht, wenn bei einem *Khuff* bzw. bei beiden *Khuff* ein Loch/Löcher oder Risse sind, die alle zusammengenommen eine Fläche ausmachen, die dreimal der entsprechen, die vom kleinen Finger eines erwachsenen Mannes bedeckt wird.

Mālikīya: Der *Masḥ* ist ungültig, wenn ein Drittel des Fußes (von den Spitzen bis zum Knöchel des Fußes) bei einem *Khuff* freiliegt.

Daß der Khuff festen Halt am Fuß hat

Es ist Bedingung, daß man dauerhaft, fortwährend fest darin gehen kann. Wenn der *Khuff* locker sitzt und man den Fuß größtenteils oder teilweise von oben her sehen kann, schadet das der Gültigkeit des *Masḥ* nicht.

Mālikīya: Die *Mālikīya* stimmt grundsätzlich damit überein, setzt aber fest, daß der *Masḥ* ungültig ist, wenn der Fuß keinen festen Halt hat – selbst dann, wenn man in diesem nicht fest sitzenden *Khuff* dauerhaft gehen kann.

Ḥanbalīya: Wenn ein solcher Teil des Fußes, dessen Waschung Pflicht ist, von oben gesehen werden kann, ist der *Masḥ* ungültig.

Daß die Khuff rechtmäßig erworben wurden

Ein *Masḥ* ist dann ungültig, wenn er auf solchen *Khuff* ausgeführt wurde, die der Betreffende gestohlen, ohne Erlaubnis bzw. zu Unrecht genommen/ausgeliehen hat.

Ḥanafīya und Shāfiʿīya: Ein so vorgenommener *Masḥ* ist zwar gültig, der Betreffende ist aber sündig geworden.

Ob ein Masḥ auf einem mit Najāsa versehenen Khuff gilt

Der *Khuff* muß rein (*ṭāhir*) sein. Bezüglich der Frage, ob bei Berührung eines *Khuff* mit *Najāsa* bzw. bei Anhaften von *Najāsa* der *Masḥ* noch gültig ist, sind die *Madhāhib* unterschiedlicher Auffassung.

Mālikīya: Es besteht der rechtlichen Bestimmung nach ein Unterschied zur Berührung des Körpers usw. mit *Najāsa*: Wenn ein *Khuff* von *Najāsa* berührt wird bzw. damit behaftet ist, so wird durch Ablösen oder Entfernen der *Najāsa* der *Masḥ* ungültig, gleich, um was für eine *Najāsa* es sich handelt und ob es sich um eine ansonsten zu vernachlässigende *Najāsa* handelt oder nicht.

Shāfiʿīya: Ist die betreffende *Najāsa* eine zu vernachlässigende, bleibt der *Masḥ* gültig.

Ḥanafīya: Die *Ṭahāra* ist keine Bedingung zur Gültigkeit des *Masḥ*; wenn also eine *Najāsa* an einem oder beiden *Khuff* anhaftet, bleibt der *Masḥ* gültig, aber damit man in den *Khuff* beten darf bzw. gültig beten kann, muß diese *Najāsa* entfernt werden. Nur eine zu vernachlässigende *Najāsa* braucht – wie auch allgemein – nicht vor einem Gebet entfernt zu werden.

Ḥanbalīya: Ein *Masḥ* auf einem *Khuff*, der mit *Najāsa* versehen ist, ist unter zwei Bedingungen gültig:

1. Die *Najāsa* befindet sich an der Unterseite oder an der Innenseite des *Khuff*.

2. Daß das Entfernen der *Najāsa* dem *Khuff*-Träger Schwierigkeiten bereitet. Kann er aber den *Khuff* waschen bzw. die *Najāsa* entfernen, so muß er das tun.

Der *Masḥ* bleibt aber auch mit dieser *Najāsa* unter den genannten Bedingungen gültig, der Träger der *Khuff* kann darin beten usw.

Zum Wuḍū', der vor dem Masḥ erfolgen muß

Es ist Bedingung, daß der *Khuff* nach Erlangen voller *Ṭahāra* angelegt wird (nach *Wuḍū'* bzw. *Ghusl* und *Wuḍū'*); dabei werden zuerst die Füße normal beim *Wuḍū'* (zum Schluß) gewaschen, dann die *Khuff* angelegt. Tritt ein weiterer Fall von *Ḥadath aṣghar* ein, kann beim zweiten *Wuḍū'* der *Masḥ* durchgeführt werden. Ist man aber im Zustand des *Ḥadath aṣghar*, so kann man den *Masḥ* nicht sofort durchführen.

Ḥanafīya: Es ist keine Bedingung, daß vor dem ersten *Masḥ* bereits ein vollständiger *Wuḍū'* vollzogen wird. Werden nämlich die Füße – in der Art der Fußwaschung beim *Wuḍū'* – gewaschen und wurden die *Khuff* vor einem *Ḥadath aṣghar* angezogen, und wird dann der *Wuḍū'* normal (aber mit *Masḥ*) vollzogen, so gilt der *Masḥ*.[98]

Ob und wann ein Tayammum den Wuḍū' vor dem Masḥ ersetzen kann

Der *Mash* gilt grundsätzlich nur nach einem *Wuḍū'*, nicht aber nach einem *Tayammum*, gleich, weswegen der *Tayammum* vollzogen wurde.

Shāfiʿīya: Der *Mash* ist nach einem *Tayammum* doch gültig, unter der Bedingung, daß der *Tayammum* wegen einer Krankheit usw. – nicht aber wegen Wasserknappheit – vorgenommen wurde. Wenn aber jemand auf der Grundlage eines *Tayammum* wegen Wasserknappheit einen *Masḥ* vollzieht und dann Wasser findet, so kann er keinen *Masḥ* mehr machen, sondern muß die Füße (im Rahmen eines normalen *wuḍū'*) waschen.

Zur Waschung des Fußes vor Anlegen des Khuff

Es ist Bedingung, daß kein Hindernis am Fuß ist, das das Wasser bei der Waschung vor Anlegen des *Khuff* hindert, bis an die Haut zu gelangen, wie etwa Ton, Teig, Knetmasse oder dergleichen.

Die Mindeststrecke, die mit einem Khuff zurückgelegt können werden muß

Es ist Bedingung, daß der Träger der *Khuff* grundsätzlich eine bestimmte Strecke mit den *Khuff* zu Fuß zurücklegen kann – in dem Sinne: Wenn ein *Khuff* vor dem Ablaufen der Strecke vom Fuß abfällt oder ein andauerndes normales Gehen damit unmöglich ist, so ist der *Masḥ* darauf ungültig. Die Mindeststrecke zur Gültigkeit des *Masḥ* wird bei den *Madhāhib* verschieden gesehen.

Ḥanafīya: Die Mindeststrecke beträgt einen Farsach = 3 Meilen = etwa 4,5 km.
Shāfi'īya: Für einen Reisenden (*musāfir*) gilt eine Mindeststrecke, die während dreier Tage und der dazugehörigen Nächte unter Berücksichtigung von Pausen zurückgelegt wird. Für einen Ortsansässigen bzw. Nichtreisenden (*muqīm*) gilt eine Mindeststrecke, die entsprechend während eines Tages und der dazugehörigen Nacht zurückgelegt wird.
Mālikīya: Hier wird keine feste Strecke angegeben. Es ist lediglich gefordert, daß man in den *Khuff* in der gewöhnlichen Art und Weise, fortwährend, das heißt mit sicherem Schritt, gehen kann und die *Khuff* weder so weit sind, daß sie keinen festen Halt haben, noch so eng, daß ein bequemes Gehen darin unmöglich ist.
Ḥanbalīya: Es wird keine Mindeststrecke angegeben; nur muß normales fortwährendes Gehen in den *Khuff* möglich sein.

§ 57

WEITERE BEDINGUNGEN, GEORDNET NACH DEN EINZELNEN RECHTSSCHULEN

Bei der Ḥanafīya

1. Es dürfen in den *Khuff* keine zu großen Löcher bzw. Risse sein (wie oben dargestellt).
2. Daß von oben und zugleich von außen jeder *Khuff* so bestrichen wird, daß eine Fläche im Bedeckungsmaß von dreimal einem kleinen Finger befeuchtet wird.
3. Der *Masḥ* muß mit mindestens drei Fingern (bzw. Fingerkuppen) einer Hand – zugleich – durchgeführt werden. Führt man den *Masḥ* mit nur einem Finger einmal aus, so ist er ungültig. Wenn man aber dreimal hintereinander mit jeweils neu aufgenommenem Wasser mit einem Finger über den *Khuff* streicht, so gilt der *Masḥ* auch. Es ist andererseits keine Bedingung, daß man selbst Wasser schöpft: Wenn bei genügend starkem Regenfall Wasser auf die *Khuff* kommt und man so über die

bereits feuchten/nassen *Khuff* in der beschriebenen Weise streicht, so gilt der *Masḥ* ebenfalls.

4. Der *Masḥ* muß bei einem größeren *Khuff* auf dem Teil durchgeführt werden, der den verpflichtend zu waschenden Fußteil bedeckt (also von den Knöcheln bis zu den Fußspitzen). Wird etwa bei einem hohen Schaftstiefel (das heißt einem, der als *Khuff* gelten kann) nur der Teil oberhalb der Knöchel bzw. nicht der gesamte Pflichtteil bis zu den Fußspitzen bestrichen, so gilt dieser so durchgeführte *Masḥ* nicht.

5. Daß der Fuß bei dem, der den *Masḥ* ausführen will, vollständig vorhanden ist bzw. daß mindestens noch drei Zehen am Fuß vorhanden sind[99]. Ist der Fuß mehr verstümmelt bzw. sind größere Teile abgetrennt, so gilt der *Masḥ* eines *Khuff* auf diesem Fuß nicht.

Allerdings gilt hier die Ausnahme, daß, wenn der Fuß mitsamt dem Knöchel fehlt, der *Masḥ* auf einem *Khuff* über diesem Fuß doch gültig ist[100].

Bei der Shāfi'īya

Die Bedingungen der *Ḥanafīya* gelten auch bei der *Shāfi'īya*; darüber hinaus werden noch folgende Bedingungen beschrieben:

1. Daß ein *Khuff* nicht über einer *Jabīra* (einer Schiene, einem Verband) getragen wird; wenn nämlich schon über eine *Jabīra Masḥ* (als Ersatzwaschung) gemacht und dann noch über einen darüber angezogenen *Khuff* ein *Masḥ* gemacht wurde, so ist der *Masḥ* über diesen *Khuff* ungültig.

2. Daß der Fuß, der Socken usw. im Inneren des *Khuff* rein (*ṭāhir*) ist.

3. Daß – außer an Nahtstellen – kein Wasser durch den *Khuff* hindurch an den Fuß gerät bzw. geraten kann, wenn Wasser auf den *Khuff* aufgegossen wird.

Bei der Mālikīya

Die Bedingungen der *Ḥanafīya* gelten auch bei der *Mālikīya*; darüber hinaus wird als zusätzliche Bedingung folgendes festgelegt:

1. Der gesamte *Khuff* muß grundsätzlich aus Leder bestehen (wie oben schon genauer ausgeführt).

2. Der *Khuff* muß genäht sein.

3. Der *Khuff* darf nicht ausschließlich mit der Absicht getragen werden, als Schmuck bzw. Verschönerung der Kleidungsausstattung zu dienen; er muß aus dem Wunsch heraus getragen werden, der *Sunna* des Propheten Muḥammad ﷺ zu folgen. Weitere Gründe sind Kälte, Dornen usw. auf den zu beschreitenden Wegen oder sich vor Angriffen gefährlicher Tiere wie Schlangen oder Skorpionen zu schützen.

Der *Masḥ* gilt aber nicht, wenn man die entsprechenden *Khuff* nur trägt, um sich vor lästigen, nicht gefährlichen Tieren zu schützen (wie harmlosen Hausmücken) oder sich erträgliche Bemühungen bei einer Fußwaschung (Rumpfbeugung, Hockstellung) zu ersparen.

Bei der Ḥanbalīya

Bei der *Ḥanbalīya* werden keinerlei Bedingungen zusätzlich zu denen aufgeführt, die in Übereinstimmung der *Madhāhib* gelten.

§ 58

DIE FLÄCHE, DIE BEIM MASḤ VERPFLICHTEND FEUCHT BESTRICHEN WERDEN MUSS

Bezüglich der Fläche, die man verpflichtend beim *Masḥ* über die *Khuff* bestreichen muß, sind die Rechtsschulen (*madhāhib*) unterschiedlicher Ansicht.

Bei der Ḥanafīya

Man muß die Oberseite eines jeden *Khuff* im Längenmaß eines kleinen Fingers, im Breitenmaß von dreimal der Breite eines kleinen Fingers feucht bestreichen. Dabei muß die Oberfläche des *Khuff* innerhalb des Bereichs zwischen dem Knöchel und der Fußspitze bestrichen werden.

Bei der Mālikīya

Die gesamte Oberseite des *Khuff*, das heißt das Stück des *Khuff*, das auf dem Fußspann aufliegt, muß pflichtgemäß feucht bestrichen werden. Es ist außerdem wünschenswert (*mustaḥabb*), auch die Unterfläche des *Khuff* feucht zu bestreichen.

Bei der Shāfiʿīya

Es genügt zur Erfüllung der Pflicht, wenn irgendeine Stelle der Oberseite des *Khuff* feucht bestrichen wird, selbst dann, wenn nur ein Finger feucht auf den *Khuff* gelegt wird[101]. Der *Masḥ* ist aber nicht gültig, wenn er von den Hacken her, an den Seiten oder von unten her vollzogen wird. Auch ist es ungültig, wenn der *Khuff* aus Leder mit Fell besteht und das Wasser beim feuchten Bestreichen nur auf das Fell aufgetragen wird, nicht aber bis zum darunter befindlichen Leder vordringt. Andererseits ist es zur Erfüllung der Pflicht auch gültig, wenn man nur den Knöchelbereich des *Khuff* bestreicht.

Bei der Ḥanbalīya

Der größte Teil der Oberseite muß feucht bestrichen werden; die Unterseite zu bestreichen ist *mustaḥabb*.

§ 59

DAS TRAGEN EINES KHUFF ÜBER EINEM ANDEREN KHUFF

Hierzu bestehen bei den Rechtsschulen unterschiedliche Bedingungen und Ansichten.

Bei der Ḥanafīya

Der *Masḥ* auf einem *Khuff* über einem anderen *Khuff* ist unter drei Bedingungen gültig:

1. Der äußere *Khuff* muß grundsätzlich aus Leder sein.

Ist er aus einem anderen Material, muß das Wasser durch diesen äußeren *Khuff* an den inneren *Khuff* gelangen; ist das aber auch nicht der Fall, so ist der so auf dem äußeren *Khuff* durchgeführte *Masḥ* ungültig.

2. Daß der äußere *Khuff* zum Gehen geeignet ist (wie schon weiter oben beschrieben).

3. Daß beim Anziehen des ersten, inneren, *Khuff Ṭahāra* bestand und beim Anziehen des zweiten, äußeren, *Khuff* ebenfalls.

Bei der Shāfi'īya

Grundsätzlich gilt bei der *Shāfi'īya* dasselbe, was auch bei der *Ḥanafīya* gilt; dabei gelten aber zusätzlich folgende Dinge:

1. Wenn beide *Khuff* (der innere und auch der äußere) zu schwach zum Gehen sind, gilt ein *Masḥ* auf dem äußeren nicht.

2. Ist der untere *Khuff* zu schwach, der äußere aber stark und geeignet, so gilt die verpflichtende Bestimmung (*ḥukm*) des oberen allein, und der untere gilt nicht als *Khuff*[102].

3. Ist der untere *Khuff* stark, der äußere aber nicht bzw. sind beide stark und jeder für sich genommen geeignet, so gilt der *Masḥ*, wenn sicher Wasser an den unteren *Khuff* gerät und man das auch beabsichtigt. War aber nur die Absicht zum Befeuchten des äußeren *Khuff* vorhanden, so gilt hier der *Masḥ* nicht.

Bei der Ḥanbalīya

Hier gelten folgende Bedingungen:

1. Wird ein *Khuff* über einen anderen *Khuff* angezogen und ist der Träger der beiden *Khuff* im Zustand der *Ṭahāra* (bzw. hat sich noch kein

Ḥadath ereignet), so ist nach dem Anziehen des äußeren *Khuff* und nach einem dann erfolgten *Ḥadath aṣghar* auch der *Masḥ* auf dem äußeren *Khuff* gültig.

2. Auch wenn einer oder beide *Khuff* zerrissen bzw. mit Löchern versehen sind, aber zugleich beide zusammen den Fuß ganz bedecken, ohne daß die Haut bzw. ein Socken usw. durch die *Khuff* hindurch zu sehen ist, gilt der *Masḥ*. Ebenso gilt der *Masḥ* auf einem beschädigten äußeren *Khuff*, wenn zwar die Hand beim Bestreichen auf einen Teil des unteren *Khuff* stößt (das heißt durch einen Riß, ein Loch hindurch), aber nicht auf die Haut des Fußes bzw. einen Socken.

3. Wenn in einem solchen Fall (wenn beide oder zumindest einer der *Khuff* beschädigt ist) der äußere *Khuff* ausgezogen wird, muß auch der innere ausgezogen und der Fuß danach zur Wiederherstellung der *Ṭahāra* ganz gewaschen werden.

Bei der Mālikīya

Die verpflichtende Bestimmung des äußeren *Khuff* gilt. Wird der obere *Khuff* ausgezogen, muß sofort zur Erhaltung der Gültigkeit des ursprünglichen *Masḥ* ein *Masḥ* auf den unteren *Khuff* gemacht werden[103].

§ 60

WIE LANGE EIN MASḤ ÜBER DIE KHUFF GÜLTIG SEIN KANN

Ein *Masḥ* bleibt für einen Reisenden (*musāfir*) für maximal drei Tage und die dazugehörigen Nächte (also 3 x 24 Stunden) gültig, für einen Nichtreisenden bzw. Ortsansässigen (*muqīm*) gilt, daß der *Masḥ* nur für einen Tag und die dazugehörige Nacht (das heißt für 25 Stunden) gültig ist, wobei als Beginn der Zeitpunkt angesetzt wird, an dem der *Masḥ* zum ersten Mal angewandt wurde.

Das heißt, wenn jemand einen *Wuḍū'* verrichtet und danach die *Khuff* anzieht, gilt der Zeitpunkt des Anziehens noch nicht als Beginn dieser Zeitspanne. Erst wenn derjenige, welcher *Muḥdath* wird (durch *ḥadath aṣghar*), zur Wiederherstellung der *Ṭahāra* die Waschungen des *Wuḍū'* sowie ersatzweise den *Masḥ* über die *Khuff* verrichtet, gilt diese Zeitspanne als begonnen.

§ 61

WODURCH EIN MASḤ ÜBER DIE KHUFF UNGÜLTIG WIRD

Ein *Masḥ* wird grundsätzlich durch folgende Dinge ungültig, bzw. durch folgende Dinge hat man nicht mehr die Erlaubnis, ohne vorherige Fußwaschung und neues Anziehen der *Khuff* den *Masḥ* zu verrichten:

1. Das völlige bzw. größtenteils vorgenommene Ausziehen der *Khuff.*
2. Den Ablauf der Maximaldauer für einen *Masḥ*.
3. Das Eintreten des *Ḥadath akbar* (*janāba*).

KAPITEL 14

DAS BESTREICHEN EINER SCHIENE (JABĪRA)

§ 62

ALLGEMEIN

Wenn jemand bei Knochenbruch oder Krankheit eine Schiene, einen Verband oder eine dicke Creme-Schicht tragen muß und kein Wasser an den betreffenden Körperteil gelangen kann und dieser Körperteil normalerweise bei *Wuḍū'* bzw. *Ghusl* gewaschen werden muß, so bestreicht man diese „*Jabīra*“ (worunter alles, von der Schiene bis zur Creme, verstanden wird) feucht.

Ist auch das aus gesundheitlichen Gründen unmöglich, weil jede Feuchtigkeit schadet, und wenn nur Creme usw. aufliegt, so muß man eine saubere Binde darumbinden und darauf das Bestreichen ausführen.

§ 63

BEDINGUNGEN DES BESTREICHENS AUF EINER JABĪRA

1. Daß tatsächlich der betroffene Körperteil durch Wasser geschädigt würde.

2. Der gesamte betroffene Körperteil – soweit seine Waschung sonst *Farḍ* wäre – muß bestrichen werden. Nur die *Ḥanafīya* meint, daß auch der größte Teil davon genügt.

§ 64

GÜLTIGKEIT EINES BESTREICHENS AUF EINER JABĪRA UND DER DAMIT VERRICHTETEN GEBETE

Ein Bestreichen auf einer Schiene wird ungültig, wenn die *Jabīra* ganz oder teilweise entfernt wird.

Gebete, die mit einem gültigen Bestreichen einer *Jabīra* verrichtet wurden, sind absolut gültig und werden nicht wiederholt. Nur nach der *Shāfi'īya* muß das Gebet unter der Bedingung wiederholt werden, daß ein Körperteil, das beim *Tayammum* bestrichen werden muß, nun bestrichen wird, oder daß mehr als notwendig die *Jabīra* ausgedehnt wird.

Anmerkungen

1 Wenn in Hadithen von der „Hälfte der Religion" die Rede ist, so wird damit ausgedrückt, daß es sich bei der betreffenden Sache um eine Angelegenheit von höchster Wichtigkeit handelt, eine Sache, von der die Wirklichkeit und Verwirklichung der Religion abhängt.

2 Dies ist in Mitteleuropa – und speziell Deutschland – zwar nicht gegeben, aber zum Beispiel schon in Mittel- und Südspanien sowie vielen anderen Gegenden Europas. Aus dieser Bedingung geht bereits hervor, daß diese Art des Wassers in Deutschland nicht vorkommen kann; dennoch ist sie hier der Vollständigkeit halber aufgezählt, da ja der Mensch reist und viele deutsche Muslime und Musliminnen Ehepartner haben, die aus solchen Ländern – wie hier beschrieben – stammen. Von daher kann auch ein deutscher Muslim durchaus in eine Lage kommen, in der er über diese und ähnliche Bedingungen Bescheid wissen muß.

3 Davon abgesehen, daß man kaum Wasser in Gold- oder Silbergefäßen aufbewahrt, soll diese Bedingung festlegen, daß eben bei Gold- und Silbergefäßen diese Bedingung nicht erfüllt ist, sondern in diesem Fall das Wasser grundsätzlich *ṭāhir muṭahhir* ist.

4 Die Toten im Falle der Totenwaschung gelten hier wie lebende Menschen, da hier zwar keine Krankheiten mehr auftreten können, aber der Tote mit Respekt behandelt werden muß, und es ist im Sinne der *Sharīʿa* respektlos und daher zumindest *makrūh*, wenn man zur Totenwaschung ein Wasser verwendet, was auch bei Lebenden zur Waschung *makrūh* ist. Die Respektlosigkeit muß hier so verstanden werden: Die Totenwaschung ist ja die Vorbereitung des Toten für die Zeit, die er im Grab verbringen muß, und den Toten nicht aufs beste für diesen Zeitraum vorzubereiten muß – außer bei *ʿUdhr* (Entschuldigungsgrund) – als äußerst grobe Unterlassung, Respektlosigkeit und als Sünde gewertet werden.

5 Eine offensichtliche Vermischung liegt vor, wenn das Wasser in einer der drei Eigenschaften der Reinheit – Geschmack, Geruch und Farbe – die Beimischung einer *Najāsa* erkennen läßt (zum Beispiel beim Urin). Eine Verunreinigung dem *Ḥukm* nach liegt dann vor, wenn man den drei Eigenschaften der Reinheit nach zwar nicht eine offensichtliche Vermischung mit einer *Najāsa* feststellen kann, aber sicher weiß, daß das Wasser mit einer *Najāsa* in entsprechenden Kontakt gekommen ist.

6 Im islamischen Recht wird hier das Maß „*Qulla*" verwendet, ein Hohlmaß für Flüssigkeiten, sowie das Maß des „*Raṭl*" (Hohlmaß für alle Feststoffe) bzw. „*Raṭl Baghdādī*" (das *Raṭl* nach der klassischen Norm von Baghdād); daraus ergeben sich folgende Entsprechungen: 1 *Qulla* = 250 *Raṭl Baghdādī*; 2 *Qulla* = 500 *Raṭl Baghdādī* = 192,857 kg. Unter der Voraussetzung, daß Wasser bei 20° C ein Gewicht von 0,998 g/cm^3 hat und ein Qubikdezimeter einem Liter entspricht, ergibt sich: 1000 cm^3 = 1 dm^3; 1 dm^3 = 1 l. Daraus folgt: 2 *Qulla* = 193,243 l = etwa 193 l. In Raummaß: ein Würfel von ca. 58 cm Kantenlänge.

7 Hierbei wird von der *Mālikīya* eine etwas andere Meinung vertreten: *Mālikīya:* Selbst wenn es eindeutig feststeht, daß eine *Najāsa* in ein Wasser im Maß von zwei oder mehr *Qulla* hineingeraten ist, so gilt dieses Wasser doch so lange als *ṭāhir muṭahhir*, bis eine klare Veränderung der drei Eigenschaften – Farbe, Geschmack, Geruch – festzustellen ist.

8 In diesen Bereich kann eventuell auch die Aufgabe eines Spürhundes fallen, da das Aufspüren als Teilgebiet des Jagens betrachtet werden kann. Inwieweit jedoch der Einsatz eines Hundes als Blindenhund zulässig ist, muß davon abhängen, ob es keine

gleichgute Möglichkeit ohne Hund für einen Blinden gibt, sich im Alltag bzw. auf den von ihm zu begehenden Wegen fortzubewegen: Wenn das der Fall ist, sollte der Blinde auf den Einsatz des Blindenhundes verzichten, da er sich sonst stetig der Gefahr aussetzt, sich mit *Najāsa* von seiten des Hundes zu beschmutzen.

9 Natürlich lag bei dieser Gruppe der *Najāsāt* der Gedanke eines Tieres zugrunde, das ohne irgendeine Schlachtung, allein, verendete; doch der Rechtsbestimmung (dem *Ḥukm*) nach wird das Fleisch bzw. der Körper dieses Tieres dem Körper eines nicht korrekt geschlachteten Tieres gleichgesetzt, weil es in der Auswirkung und Rechtsbetrachtung keinen wesentlichen Unterschied zwischen diesen Arten der *Najāsāt* gibt.

10 In diesem Zusammenhang sei erwähnt, daß nach Ansicht der islamischen Rechtsgelehrten das, was von einem Drusen oder einem extremen Alawiten – der die Rechtsverbindlichkeit des Korans ablehnt, der den Kalifen ʻAlī, möge Allāh mit ihm zufrieden sein, über den Propheten Muḥammad ﷺ stellt bzw. ʻAlī, möge Allāh mit ihm zufrieden sein, einen quasi-göttlichen Stellenwert zuspricht usw. – geschlachtet wurde, wie das von einem *Mushrik* Geschlachtete zu bewerten ist und ein gläubiger Muslim davon nicht essen darf; siehe zum Problem der aus dem Ur-Islam hervorgegangenen Sekten usw. auch den ersten Teil des Buches.

11 Dieser Fall ist zwar oft mit dem vorigen identisch, muß es aber nicht sein: etwa wenn ein Christ (theoretisch) beim Schlachten im Namen Jesu, der Friede sei auf ihm, schlachten würde oder wenn ein Freidenker zum Andenken an irgendeine Gottheit, eine Idee usw. schlachtet.

12 Siehe dazu auch den entsprechenden Abschnitt über die Speisevorschriften des Islam.

13 Hierzu eine wichtige Anmerkung: Der Muslim (bzw. auch ein Mensch, der allgemein nicht *Mushrik* ist) gilt sowohl in lebendigem als auch im Todeszustand als *ṭāhir* (rein), also nicht als *Najāsa*; ein *Mushrik* gilt jedoch – in lebendigem Zustand – auf gewisse Weise und bezüglich bestimmter ritueller Dinge als *Najāsa* – insofern, als es etwa einem *Mushrik* verboten ist, eine Moschee zu betreten. Der Beleg dazu ist der Koranvers: „In der Tat, die *Mushrikūn* sind *Najas* (Unreines), und sie sollen daher nach diesem ihrem (Schutzvertrags-)Jahr der Heiligen Moschee nicht nahekommen ..." (Sure *at-Tauba* [9], Vers 28). Damit ist aber keine *Najāsa* im obigen Sinne gemeint, da durch Berührung eines *Mushriks* – auf keine für die *Najāsa* gültige Weise – keine reine Sache verunreinigt wird (*mutanajjis* wird).

14 Auch sind sie ohne Schlachtung für den Muslim eßbar bzw. sie zu essen ist ihm erlaubt; siehe dazu den entsprechenden Abschnitt zu den Speiseregeln.

15 Diese Ausnahmeregel hat durchaus ihren Sinn, weil etwa bei einem Heuschreckenüberfall außer diesen Tieren kaum mehr etwas Eßbares in einer betroffenen Gegend verbleibt; diese Regel ist also eher eine Regel für Notfälle als für den Alltag – wenngleich diese Erlaubnis nicht nur auf Notfälle beschränkt ist, sondern allgemein gilt.

16 Siehe dazu auch die Abschnitte über die Arten des Wassers.

17 Hier stimmt auch die *Ḥanafīya* zu, da davon ausgegangen werden muß, daß während des Schwimmens aus dem Maul des Hundes auch Speichel austritt und der Hund eventuell auch noch Urin ins Wasser läßt; siehe zum *Ikhtilāf* der Gelehrten beim Hund auch den Abschnitt zur *Najāsa mughallaẓa* im Haupttext.

18 Das heißt mit Wasser, das *ṭāhir muṭahhir* ist.

19 Im modernen häuslichen Bereich wird zwar in der Regel immer Toilettenpapier vorhanden sein; aber man muß auch daran denken, was man tut, wenn man im Freien – etwa auf einer Reise – unterwegs ist und man weder eine geeignete Toilette noch Papier vorfindet.

20 Etwa wenn jemand zwischen zwei Toiletten wählen muß und in einer nur Papier und kein Wasser vorhanden ist, während in der anderen Wasser (zum Beispiel durch einen Wasserhahn und ein Gefäß), aber kein Papier vorhanden ist.

21 In diesem Fall muß man wohl oder übel die Finger der linken Hand zum Ablösen von Kot oder auch Flüssigkeiten, die vorn außer Urin austreten, benutzen. Wenn man das tut, so soll man darauf achten, daß man beim Reinigen von Kot die *Najāsa* (den Kot also) mit den mittleren Fingergliedern ablöst (das ist auch der *Sunna* gemäß), und wenn das nicht zur völligen Befreiung vom Kot genügt, soll man die Fingerkuppen benutzen. Im letzten Fall aber soll man zusätzlich – wenn möglich – vermeiden, daß Kot unter die Fingernägel gerät, weil diese Fingerstellen erfahrungsgemäß nach dem eigentlichen Ablösen (*istibrā'*) viel schwerer zu reinigen sind als die Haut der Fingerkuppen.

22 Zum Beispiel wenn man gewaltsam festgehalten wird bzw. Angst hat, bei Gefahr irgendwelchen Feinden aufzufallen, seien es Menschen oder Tiere oder auch entsprechende Maschinen usw.

23 Knochen dürfen darum nicht zum *Istinjā'* genommen werden, weil nach sicheren Hadithen die Knochen Nahrung der *Jinn* sind und daher – als eine Art der Nahrung – nicht zum *Istinjā'* erlaubt sind.

24 Obwohl dies eine Selbstverständlichkeit sein sollte, ist dies klar und deutlich im Recht festgelegt, damit die Sache klar geregelt ist und niemand sich – wenn er sich in dieser Hinsicht vergeht – freisprechen kann.

25 Allerdings sollte man wenn möglich darauf verzichten, wenn Stein/Papier und/oder geeignetes Wasser vorhanden sind, weil diese Stoffe auch zu anderen Nutzungen geeignet sind.

26 Sei es, daß sie sich schämen oder unangenehm berührt fühlen oder bezüglich der Verunreinigung des Ortes.

27 In heißen Gegenden leben gerade in alten Mauern (wie auch zwischen und in Felsen) Skorpione, die bei einer Annäherung wie der hier beschriebenen den Menschen sofort angreifen können, ohne daß er sich sonderlich schützen kann; in Mitteleuropa gibt es entsprechend bestimmte (auch größere) Spinnenarten, die dem Menschen auch sehr gefährlich werden können. Mit den Kleintieren, die der Mensch – wenn er sein Bedürfnis an einer Wand verrichtet – schädigen kann, sind hier keine Ungezieferarten gemeint (diese zu töten ist erlaubt), sondern Tiere wie Mäuse und ähnliche Kleintiere, die man nicht quälen darf.

28 Siehe dazu im einzelnen den Abschnitt über die Arten des Wassers.

29 Allgemein gilt, daß man Orte, die mit Dreck, *Najāsa* usw. verbunden sind, derart betreten soll (mit dem linken Fuß zuerst betreten, mit dem rechten verlassen), während man zu ehrende Orte (speziell eine Moschee) der *Sunna* gemäß in umgekehrter Folge betreten bzw. verlassen soll (also mit dem rechten Fuß betreten, mit dem linken verlassen soll).

30 In diesem Fall soll man auch keinen Gruß geben bzw. erwidern, der ja (meist) einen Gottesnamen enthält; besonders während des eigentlichen Bedürfnis-Verrichtens gilt es als ausgesprochen *makrūh*. Es ist entsprechend in mindestens einem sicheren Hadith überliefert, daß ein Mann den Propheten ﷺ – während dieser sein Bedürfnis [hinter einem Blickhindernis] verrichtete – grüßte, der Prophet aber – weil er gerade sein Bedürfnis verrichtete – nicht den Gruß erwiderte. Das ist insofern ein sehr starker Beleg dafür, daß das Sprechen in dieser Lage mindestens *makrūh*, wenn nicht sogar *ḥarām* ist, als ansonsten das Erwidern des Grußes *farḍ* ist.

31 Der Zusatz im eckigen Klammern kommt in manchen Überlieferungen vor; es genügt zur Erfüllung der *Sunna* aber auch der erste Teil, wenn man in Eile ist, auch das Wort „*Ghufrānak*" (auch dafür gibt es sichere Überlieferungen).

32 Man kann aber aus den Hadithen – wie das manche Gelehrte betonen – ein allgemeines Verbot oder doch zumindest eine starke Ablehnung bezüglich des Einnehmens der *Qibla*-Richtung bzw. Gegen-*Qibla*-Richtung beim Verrichten des Bedürfnisses erkennen, zumal in manchen Überlieferungen aus der Zeit der Gefährten deutlich betont wird, daß sie zum Beispiel in Syrien in Häusern fest gebaute Toilettenräume vorfanden, bei denen man sich von ihrer Anlage her nur in *Qibla*-Richtung bequem setzen konnte; in dieser Lage – so wird zum Beispiel bei *Ṣaḥīḥ Muslim* überliefert – wählten die Gefährten die Lösung, sich nach rechts bzw. links (seitwärts) bezüglich der *Qibla*-Richtung hinzusetzen, obwohl diese Räume zweifellos zum Verrichten des Bedürfnisses errichtet und dazu eindeutig auch ausgestattet und gedacht waren. Das ist insofern für die Lage in Deutschland interessant und wichtig, weil auch hier – naturgemäß – in vielen Fällen schmale Toilettenräume nur eine bequeme Sitzrichtung zulassen, die manchmal mehr oder minder genau der *Qibla*-Richtung entspricht, und in diesem Fall ist es sicher der *Sunna* am besten entsprechend, wenn man sich etwas seitlich umgewendet – soweit möglich – während des Verrichtens des Bedürfnisses hinsetzt. Als weitere Folgerung ergibt sich – gerade in Deutschland –, daß man sich im Zweifelsfall rechtzeitig vorher klarmachen muß, wo die *Qibla*-Richtung ist, um diese Bedingung überhaupt erfüllen zu können.

33 Dies ist vor allem bei den Männern der Fall, weil oft in der Harnröhre Reste bestimmter Körperflüssigkeiten (wie der feste Anteil der Samenflüssigkeit) festsitzen, die beim Wasserlassen erst aus der Harnröhre herausgespült werden und dann oft an der Öffnung der Eichel anhaften; da es sich dabei ganz klar um eine *Najāsa* handelt und man diese mit etwas Festem abstreifen und dazu auch das Geschlechtsteil festgehalten werden muß, ist es unumgänglich, auf das Geschlechtsteil zu sehen und es fest anzufassen. Wenn man überdies merkt, daß etwas an fester und nichtfester Restflüssigkeit in der Harnröhre festsitzt (das gilt für Mann und Frau), so ist es besser, genau den Ausscheidungsort zu betrachten, um nicht nach dem bloßen Abwaschen bzw. einfachen Abstreifen *Najāsa* zurückzulassen, welche dann an die Kleidung gerät. Wenn man nur Wasser läßt und nur reiner Urin austritt, genügt ein gründliches Waschen des Ausscheidungsortes, im Unterschied zu dem Fall, daß man Kot ausscheidet: Hier muß man – wie oben im Haupttext dargestellt – erst den Kot (die körperliche *Najāsa*) abstreifen und den Ausscheidungsort soweit wie möglich durch Abputzen säubern, dann erst mit Wasser sauberwaschen.

34 Es muß deutlich betont werden, daß der Bereich von ritueller und körperlicher Reinheit und Unreinheit – anders als im Christentum – zunächst gar nichts mit Sündhaftigkeit zu tun hat. Es geht hierbei lediglich um die Beschreibung von Körperfunktionen und ihrer Bedeutung für die Erlaubnis, bestimmte (gottesdienstliche) Dinge verrichten zu können, wie Gebete usw. Dem liegt zugrunde, daß ohne volle Reinheit gottesdienstliche Handlungen von Gott nicht angenommen werden. Das hat aber mit dem Sündenbegriff so wenig zu tun wie mit einer schmutzigen Frucht, die eben gewaschen werden muß, bevor man sie essen kann – ohne daß diese Frucht „sündhaft" usw. wäre. All dies hat seine Wurzel in der christlichen Körper- und Sexualfeindlichkeit und hat mit dem Islam und seiner positiven Haltung zum Körper und seiner Sexualität nichts zu tun.

35 Beim *Tayammum* jedoch entfällt dieses Problem; siehe dazu den entsprechenden Abschnitt zum *Tayammum* (Kap. 12).

36 Diese Waschung kann nicht durch den *Tayammum* ersetzt werden. Bei Nichtvorhandensein von Wasser und ähnlichen Hinderungsgründen gelten besondere Bedingungen, die vom *Tayammum* unabhängig sind; siehe dazu den entsprechenden Abschnitt zum Thema *Najāsāt* (Kap. 4).

37 Siehe dazu den entsprechenden Abschnitt über die *Ṭahāra*.

38 Durch Aufhebung der *Janāba* mit einem *Ghusl* ist aber die volle *Ṭahāra* nicht wiederhergestellt, sondern es ist noch ein *Wuḍū'* notwendig; im Falle des *Tayammum* genügt aber ein einziger *Tayammum* zur Wiederherstellung der vollen *Ṭahāra*. Wenn andererseits das (zur Waschung und Reinigung geeignete) Wasser nur für einen Teil der *Ghusl*-Waschungen ausreicht, aber zur Durchführung des *Wuḍū'* ganz ausreichen würde, so gilt, daß dennoch nur ein *Tayammum* ausgeführt wird, weil die Aufhebung des *Ḥadath akbar* (das heißt der *Janāba*) der Aufhebung des *Ḥadath aṣghar* vorgehen muß und weil ohne Nicht-Vorhandensein der *Janāba* durch *Ghusl* ein *Wuḍū'*, der mit Wassser vorgenommen wurde, ohnehin nicht gilt.

39 Also zum Beispiel, wenn die Dinge (Personen, ihre Bilder, ihre Geräusche usw.) nicht direkt bei der betreffenden Person anwesend sind, er aber die Auswirkungen (eben Geräusche, Gerüche usw.) wahrnehmen kann.

40 Wenn etwa jemand Geräusche hört, die beim Geschlechtsverkehr von Menschen im Nachbarraum hervorgebracht werden.

41 Dies ist der einzig erlaubte Geschlechtsverkehr, in dem Sinne, daß Geschlechtsverkehr zwischen Männern bzw. der zwischen Frauen islamrechtlich verboten ist. Aber auch alle unerlaubten Arten des Geschlechtsverkehrs – diese und weiter unten in den Fußnoten geschilderte Arten – erfordern neben entsprechender Reue den *Ghusl* bei jedem Beteiligten.

42 Jede Art des Geschlechtsverkehrs, die mit der Vereinigung der primären Geschlechtsorgane (Penis und Scheide) stattfindet, ist islamrechtlich erlaubt. Andererseits ist jede Art des Geschlechtsverkehrs, bei der nicht nur diese primären Geschlechtsorgane verwendet werden, sondern auch Mund bzw. After, unerlaubt (d. h. Oralverkehr und Analverkehr).

43 Dabei gelten die schon weiter oben beim *Wuḍū'* erwähnten *Aḥkām* zum Berühren des *Muṣḥaf* (speziell auch in Extremsituationen).

44 Siehe dazu auch die entsprechenden Abschnitte zur *'Idda* sowie die Abschnitte im Haupttext weiter unten.

45 Mit Maximaldauer der Menstruation ist nicht gemeint, daß nach dieser Frist kein Blut mehr austreten kann, sondern daß das nach dieser Maximaldauer austretende Blut kein Menstruationsblut mehr ist, sondern zur sogenannten „Scheinperiode" (*Istiḥāḍa*) gehört. Entsprechend verhält es sich bei einer Minimaldauer: Wenn diese Minimaldauer nicht erreicht wird, betrachtet man das ausgetretene Blut dem *Ḥukm* nach nicht als Menstruationsblut, sondern als irgendein anderes Blut, und die betreffende Frau gilt nicht als eine Frau, die gerade ihre Periode hinter sich hat: Sie braucht in diesem Fall auch keinen *Ghusl* zu verrichten und unterliegt nach Aufhören dieser (zu kurzen) Blutung auch keiner Einschränkung, die von einer Menstruierenden bzw. *Junuba* zu beachten sind. Siehe zu den Auswirkungen dieses *Ḥukm* auch den Abschnitt über *Istiḥāḍa*.

46 Bzw. nach ḥanbalitischer Ansicht zwölf Tage oder weniger.

47 Dies ist bei der Frage nach der *'Idda* von großer Bedeutung.

48 Siehe dazu das entsprechende Kapitel.

49 Dies, weil es eine zu große Belastung darstellte, alle so entgangenen Gebete auf einmal nachzuholen. Das gilt übereinstimmend bei allen Gelehrten. Aber einzelne,

in *Nadhr*-Form gelobte Gebete (*Ṣalawāt manẓūra*) müssen nachgeholt werden, da hier ein anderer *Ḥukm* gilt.

50 Hierzu gilt: 1. Fällt das Ende der Periode in die Zeit des *Ramaḍān*-Fastens, so muß zunächst das ja gerade anstehende *Farḍ*-Fasten in *Adā'* verrichtet werden; ansonsten gelten die üblichen Bedingungen zum Nachholen (*qaḍā'*) des *Ramaḍān*-Fastens – das heißt, es ist ihr auch erlaubt, das Nachfasten (im Extremfall) so bis vor den Beginn des nächsten *Ramaḍān* aufzuschieben, daß sie das von ihr in *Qaḍā'* Nachzuholende noch erfüllen kann. 2. Hat die Frau ein *Nadhr*-Fasten – das zeitlich in die Zeit der Periode fiel – (in *Qaḍā'*) nachzuholen, so muß das sofort nach Erreichen der Reinheit (*ṭuhr*) von der Periode getan werden.

51 Siehe dazu aber auch die weiter unten im Haupttext aufgeführten Fälle, wenn die Blutungen für bestimmte Tage aussetzen.

52 Das heißt, bei der *Ḥanafīya* wird – nachdem *Nafās* einmal begonnen hat – die Zeitdauer als geschlossener Abschnitt verstanden, unabhängig von dem tatsächlichen Austreten von Blut nach dem allerersten *Nafās*-Blut. Diese Definition unterscheidet sich demnach ganz entscheidend von der der anderen *Madhāhib*, wo im Zweifelsfall der tatsächliche Blutaustritt als *Nafās* gilt und die Maximaldauer von *Nafās* auch unter den entsprechenden *Madhhab*-Bedingungen deutlich unterschritten werden kann.

53 Um sicher zu sein, muß die Maximaldauer eines halben Mondmonats (das heißt 15 Tage) verstrichen sein.

54 Gemeint ist, daß kein täglicher Wechsel zu beobachten ist bzw. zumindest je drei Tage (das wird unter „mehreren" verstanden) ununterbrochen aufeinander abfolgen.

55 In diesem Sinne entspricht das Wort „*Wuḍū'*" dem Begriff „*Tawaḍḍu'*"; im Unterschied zu „*Wuḍū'*" ist „*Tawaḍḍu'*" jedoch ausschließlich auf diese Bedeutung festgelegt.

56 In diesem Fall ist notwendig die Reinheit von der größeren rituellen Unreinheit (*ḥadath akbar*) mit inbegriffen, den *Wuḍū'* in dem hier genannten Sinn kann man nur auf der Basis erlangen, daß man nicht im Zustand der großen Unreinheit ist – denn hier ist die vollständige *Ṭahāra* gemeint.

57 Bei dieser allgemeinen Beschreibung wird der bestmögliche Ablauf dargestellt, ohne daß dazu gesagt wird, ob die betreffende Einzelhandlung nun *Farḍ*, *Sunna mu'akkada* usw. ist oder nicht; aber die Dinge, die nach der Mehrheit der Gelehrten Pflicht sind, werden durch gesperrte Schrift hervorgehoben. Zu genaueren Beschreibungen der jeweiligen *Aḥkām* siehe weiter unten die Abschnitte im Haupttext.

58 Sofern die Waschgelegenheit das zuläßt; wenn man nämlich mit hoch oder sehr ungünstig installierten Waschbecken auskommen muß, ist das nicht jedem Menschen möglich – vor allem dann, wenn er in seiner Bewegungsmöglichkeit und seinem Gleichgewichtssinn eingeschränkt ist (das ist durchaus nicht selten).

59 Davon ist allerdings abzusehen, wenn man bestimmte Fußpilzerkrankungen hat; erfahrungsgemäß ist es in nicht-heißen Ländern sehr wichtig, die Zwischenräume zwischen den Zehen gut abzutrocknen. Tut man das nicht oder nur unzureichend, entstehen oft Feuchtigkeitspilze (leichte Pilzerkrankungen), die auch leicht übertragbar sind. In Ländern mit heißem Klima – sowie auch in sehr heißen Sommern in Mitteleuropa – trocknet das Wasser sehr schnell und vollständig weg.

60 Unter der Voraussetzung, daß nicht Hinderungsgründe vorhanden sind, die den *Tayammum* erfordern.

61 Unter Beachtung dessen, daß nicht alle Imame der *Madhāhib* dazu den *Wuḍū'* für verpflichtend halten; siehe dazu den entsprechenden Abschnitt.

62 Alle diese Fälle hat der Verfasser bereits real erlebt.

63 Diese Aussage gilt für jeden, der einer Beleidigung des Koran und des Propheten ﷺ offen zustimmt.

64 Ein derart krasser Fall, daß eine konkrete *Najāsa* wie Kot oder Urin mit dem ehrwürdigen Koran (als Beleidigung seitens Nichtmuslimen) in Kontakt gebracht wird, ist dem Verfasser – Gott sei dafür gepriesen – aus Deutschland nicht bekannt; es gibt aber in der (auch jüngeren) Geschichte Beispiele für derartiges gottloses Verhalten. Davon abgesehen handelt es sich um ein – wenn auch sehr unangenehmes – Thema des Rechts, von dem man leider annehmen muß, daß es sich auch ereignen kann. Der Verfasser hat selbst, mit eigenen Augen, mehr als ein Mal den Fall einer Entehrung des *Muṣḥaf* durch schlechte Behandlung erlebt, von denen eine als Beispiel genannt werden soll: Es gibt großformatige Blätter, auf denen in Miniaturschrift der gesamte Korantext geschrieben steht und die heutzutage auch häufig gedruckt werden; von solchen Blättern hat der Verfasser einmal einige zerknittert, mit Staub und Erdflecken oder dergleichen verschmutzt, ungeordnet auf einem Tisch liegen sehen. Daraufhin hat der Verfasser diese Blätter zunächst glattgestrichen, soweit wie es ging gereinigt und dann an Muslime übergeben, die diese Blätter sicher aufbewahren sollten.

65 Zur Frage, ob es überhaupt zulässig ist, einen *Muṣḥaf* zu verkaufen – sei es an einen Muslim oder einen Nichtmuslim –, werden vor allem zwei Hauptmeinungen vertreten:

Die Argumente für das Verbot: Das Verkaufen eines *Muṣḥaf* (handgeschrieben, gedruckt, fotografiert usw.) ist von manchen Gelehrten generell abgelehnt worden, mit der Begründung, daß es eine Pflicht (*farḍ*) ist, den Koran – im Rahmen der Möglichkeiten – kennenzulernen bzw. auf Anfrage seinen Inhalt zu vermitteln; da die schriftliche Form als Träger des geoffenbarten Wortes gilt und mit dem geoffenbarten Wort die Pflicht zusammenhängt, wird (nach dieser Meinung) auch das, was mit dem schriftlichen Wort Gottes zusammenhängt (der *Muṣḥaf* selbst, seine Verbreitung und Übergabe) zu einer Art des verpflichtenden Gottesdienstes, und für Gottesdienste darf man nach islamischem Recht kein Entgelt verlangen – also auch keinen *Muṣḥaf* verkaufen. Dies gilt nach dieser Ansicht sowohl für den Verkauf an Muslime wie Nichtmuslime.

Die Argumente für das Erlaubtsein: Die Gelehrten, die es für zulässig erachten, einen *Muṣḥaf* zu verkaufen, begründen das damit, daß dann, wenn eine Anzahl von *Masāḥif* (Pl. v. *muṣḥaf*) hergestellt wird, dies auch mit Ausgaben und Anstrengungen verbunden ist; sofern der Hersteller bzw. Verkäufer also nicht ausdrücklich die Absicht hat, seinen Besitz in dieser Art auszugeben, kann es ihm (nach dieser Ansicht) auch nicht zur Pflicht gemacht werden, seine Ausgaben nicht wieder einzunehmen. Andererseits sind auch nach dieser Ansicht bestimmte Bedingungen gefordert:

a) Der Koran darf nicht als Mittel zur Erzielung wirtschaftlichen Gewinns betrachtet werden; wer einen *Muṣḥaf* für mehr als einen der Ausführung angemessenen Preis verkauft, handelt sicherlich nicht korrekt. Dies gilt unabhängig davon, ob der *Muṣḥaf* nun an einen Muslim oder einen Nichtmuslim verkauft wird.

b) Bei Verkauf eines *Muṣḥafs* an einen Nichtmuslim müssen die oben im Haupttext genannten Bedingungen erfüllt sein.

66 Gemeint ist: daß der Nichtmuslim dem Muslim einen hohen Preis bezahlen will, der die Gewissensbisse oder Bedenken des Muslims hinwegwischen soll.

67 Etwa wenn dieser Nichtmuslim sich mit dem Koran auseinandersetzen, ihn kennenlernen will; dies ist grundsätzlich auch sein Recht, da sich der Koran an alle Menschen richtet, Muslime wie Nichtmuslime. Dies geht nach Ansicht der Sprachgelehrten, die sich mit dem Korantext befassen, aus den oft verwendeten Anredeformen hervor,

mit denen Gott sich direkt an die Nichtmuslime oder allgemein alle Menschen richtet (Bsp.: „O ihr Menschen, ...", „o ihr Leute der Schrift [das heißt Juden und Christen]"; das ist der Beginn vieler *Āyāt*). Auch die sicheren (*ṣaḥīḥ*) *Ḥadīthe* zu diesem Thema bestätigen das; sie bestätigen aber auch – wie bei dem Bericht über den Eintritt des späteren Kalifen 'Umar bin al-Khaṭṭāb, möge Allāh mit ihm zufrieden sein, in den Islam –, daß es für alle Menschen, auch Nichtmuslime, verpflichtend ist, in solchen Fällen des Kennenlernens des Korans zuvor die Waschung zur Erlangung der *Ṭahāra* vorzunehmen.

68 Das Wort im arabischen Text („*aidīkum*") ist der Plural des Wortes „*yad*", welches sowohl die Hand als auch den gesamten Bereich von den Fingerspitzen bis zum Ellenbogen bezeichnen kann; das hat sowohl in Rechtsfragen beim *Wuḍū'* Bedeutung als auch in den Hadithen zum Thema der Handhaltung während des *Qiyām* im Gebet.

69 Hier wird klar, daß im Koranvers die erweiterte Bedeutung von „*yad*" gemeint ist.

70 Die Bedeutung, daß hier ein Waschen der Füße gemeint ist, ist grammatisch eindeutig, weswegen das Wort an dieser Stelle in der Übersetzung zum Verständnis im Deutschen eingefügt werden muß.

71 Bezüglich der *Nīya* wird in der Regel immer von einer Verpflichtung (*farḍ*) bzw. zur Gültigkeit unverzichtbaren Bedingung ausgegangen; Ausnahmen gibt es jedoch, vor allem beim Vertrags- und Familienrecht, wo manchmal von der äußeren Form allein ausgegangen wird.

72 Die dabei gesehenen Unterschiede sind so minimal, daß sie hier vernachlässigt werden können.

73 Nach Ansicht der *Ḥanbalīya* gehört das Händewaschen als Bestandteil des Reinigens der Arme bereits zum Pflichtbereich des *Wuḍū'*, nicht zu den *Sunan*.

74 Nach Ansicht der *Ḥanbalīya* gehören *Maḍmaḍa* und *Istinshāq* als Bestandteile der Gesichtsreinigung zum Pflichtbereich des *Wuḍū'*, nicht zu seinen *Sunan*.

75 Dies gilt, sofern nicht aufgrund von Krankheiten (Pilzen usw.), die manchmal zwischen den Zehen bestehen können, Schaden durch Erregerübertragung befürchtet werden muß.

76 Nach der *Ḥanbalīya* gehören die Ohren zum Pflichtbereich des Kopfbestreichens dazu, und ihr Bestreichen ist daher nach ihrer Ansicht *Farḍ*, nicht *Sunna*.

77 Der Pflichtanteil wird übereinstimmend erfüllt, wenn jede Handlung des *Wuḍū'* nur jeweils einmal durchgeführt wird.

78 Diese direkte Abfolge (*muwālāt*) einzuhalten ist nach der *Mālikīya* und *Ḥanbalīya* Pflicht, nicht *Sunna*.

79 Wenn etwa jemand seinen Arm schon dreimal gewaschen hat, aber direkt nach dem dritten Waschen zweifelt, ob er beim Waschen auch den Ellenbogen korrekt mitgewaschen hatte; in diesem Fall ist es nicht *makrūh*, einmal zusätzlich zu waschen, weil es Pflicht ist, sicherzustellen, daß die Pflichtwaschung korrekt durchgeführt wurde.

80 Siehe dazu auch den entsprechenden Abschnitt über die Arten und Anlässe des *Ḥadath*.

81 In den Hadithen bedeutet „Hälfte der Religion/des Glaubens": sehr großer, unverzichtbarer Teil der Religion/des Glaubens.

82 Mit „Reinem" sind hier – wie auch im weiteren Text der Überlieferungen – speziell die *'Ibādāt* von *Ṣalāh* und *Ṭawāf* gemeint.

83 Hier ist gemeint, daß der Tote durch *Ghusl* gewaschen werden muß – abgesehen von einem Märtyrer, denn ein Märtyrer wird nach Meinung der *Madhāhib* außer der *Ḥanafīya* vor seinem Begräbnis nicht gewaschen. Siehe dazu auch den entsprechenden Abschnitt zum Begräbnis (*janāza*).

84 Da letztlich ein *Sharṭ* zur Gültigkeit erfüllt sein muß, wird hier der *Sharṭ* genauso wie ein *Farḍ* hervorgehoben.

85 Mit „äußerlich" ist hier zunächst gemeint, daß das Wasser auf die Haut gebracht wird, ohne es in die Körperöffnungen hineinzubringen. Auch ist gemeint, daß dichtes Körperhaar, das den Zugang des Wassers zur darunterliegenden Haut der Tat nach ohne Reiben (*takhlīl*) nicht zuläßt, nur äußerlich gewaschen werden muß (so wie dies dann der Fall ist, wenn jemand seinen Körper ohne sonstige Handlungen in einem Wasserbecken ganz untertaucht; das war und ist in traditionellen islamischen Bädern oft geübte Praxis).

86 Die *Mālikīya* nennt als Ausnahme den Fall, daß eine Braut bereits geschmückt und zur Hochzeitsfeier (Kopfschmuck, Frisur für die Feier unter Frauen, Parfüm usw.) vorbereitet ist, dann aber in den Zustand der *Janāba* gerät und durch den Zeitmangel zu einer erneuten Vorbereitung des Kopfes keine Zeit mehr verbleibt: In diesem Fall ist es als außergewöhnliche und nicht übertragbare Ausnahme gestattet, daß die Braut auf die Kopfwaschung – im Maß des Notwendigen zum Erhalt der Verschönerung – verzichtet, den Körper vom Hals an aber wie sonst auch üblich waschen muß.

87 Wenn ein Fastender außerhalb der Fastenzeit (also vor *Imsāk*) *Junub* wurde, aber aus irgendwelchen Gründen bis zum Beginn des Fastentages (nach *Imsāk*) sich nicht reinigen konnte und daher nun, vor dem *Fajr*-Gebet (bzw. *Ṣubḥ*-Gebet), den *Ghusl* verrichten muß, so muß er bei der Waschung von Mund, Nase und anderen Körperöffnungen vorsichtig sein, damit nicht Wasser in das eigentliche Körperinnere gerät, weil dadurch das Fasten gebrochen werden kann.

88 Es ist weder bei der *Ḥanafīya* noch bei der *Shāfiʿīya* überliefert, daß dies *Sunna* sei.

89 Gemeint ist hier, daß die Haare durch Reiben so zur Seite bewegt werden, daß das Wasser an die Haut unter dem Haar gelangen kann.

90 Hier gilt dasselbe wie schon beim *Wuḍūʾ*.

91 Wenn aber durch das Antrocknen des Wassers, der Feuchtigkeit am Kopf, die während des ganzen *Ghusl* ja verbleiben würde, Schaden befürchtet wird (zum Beispiel Erkältung oder Verschlimmerung einer Erkältung), so wartet man, bis man vom Hals an bis zu den Fußknöcheln alles gewaschen hat, und wäscht dann zunächst den Kopf, dann die Füße.

92 Hier werden alle eigenständigen Anlässe genannt, die der Verfasser als belegt hat finden können.

93 Der Verfasser kann aus eigener Erfahrung sagen, daß man sich – nachdem man einen Toten gewaschen hat, in eigenartiger Weise selbst etwas unangenehm bzw. irgendwie unsauber fühlt, und dies, obwohl der (nichtverweste) Körper eines toten Menschen islamrechtlich *nicht* als etwas rituell Unreines (*najāsa*) gilt.

94 Zur Frage von *Ḥaiḍ* (Menstruation) und *Istiḥāḍa* (Scheinperiode) und deren Verhältnis zur *Ṭahāra* siehe den entsprechenden Abschnitt zu *Ḥaiḍ*.

95 Das heißt: bei den *Madhāhib*, die diese Meinung vertreten, kann man keinen gültigen *Tayammum* verrichten, wenn man mit *Najāsa* behaftet ist und sie nicht zuvor – soweit möglich – entfernt hat.

96 *Khuff*, Pl.: *Akhfāf*, Dual (im Arabischen z. B. bei „zwei Füßen" usw. verwendet): *Khuffān*. Wenn von einer Person mit (normalerweise) zwei Füßen die Rede ist, spricht man daher auch von dem *Khuff* in Zweizahl – also *Khuffān*.

97 Die Frage ist darum wichtig, weil ein „*Khuff*" eine alte Art der Fußbekleidung ist, die zur Prophetenzeit von den Bewohnern der Arabischen Halbinsel getragen wurde; als dann andere Fußbekleidungen – durch die Verbreitung des Islam und durch die zeitli-

che Entwicklung – entstanden bzw. vermehrt getragen wurden, leiteten die Gelehrten die notwendigen Merkmale eines „*Khuff*" ab, damit diese Art der Ersatzwaschung – gemäß der *Sharī'a* – korrekt erhalten und auch auf andere passende Fußbekleidungen angewandt werden konnte.

98 Das heißt: Es kommt nach dieser Ansicht darauf an, daß alle Pflichtteile des *Wuḍū'* erfüllt werden; wenn also zunächst die Füße gewaschen und die *Khuffān* in der beschriebenen Weise angelegt worden sind, muß nicht sofort der *Wuḍū'* verrichtet werden: Diese einfache Fußwaschung genügt, um jeden späteren *Wuḍū'* mit *Masḥ* – mit oder ohne *Ḥadath aṣghar* – gültig sein zu lassen.

99 Gemeint ist, daß von Geburt an oder durch einen Unfall, Kriegsverletzungen und dergleichen ein Fuß ganz oder teilweise (speziell die Zehen) verstümmelt worden ist.

100 Das darum, weil in diesem Fall der gesamte, beim *Wuḍū'* aus Pflicht zu waschende Teil des Fußes fehlt. Hier liegt ein Rechtsprinzip zugrunde, nach dem dann, wenn ein Pflichtbereich (noch) teilweise, nicht aber mehr ganz erfüllt werden kann (hier die Fußwaschung des *Wuḍū'*), spezielle Erleichterungen nicht/nicht mehr so gelten; doch wenn der gesamte Pflichtteil nicht mehr erfüllt werden kann, so ist kein Zweifelsfall mehr gegeben, weil hier ein Fall von großer Erschwernis vorliegt und Erleichterungen ohne weiteres gelten können.

101 Im *Qiyās* (Analogieschluß) zum Bestreichen (*masḥ*) des Kopfes bzw. Kopfhaares.

102 Das heißt, ein *Masḥ* auf dem äußeren ist gültig, und nur dieser *Masḥ* allein zählt, während der untere und ein darauf gemachter *Masḥ* nicht mehr als solche gewertet werden. Außerdem muß natürlich der Träger der beiden *Khuff* im Zustand der *Ṭahāra* sein, wenn er den zweiten *Khuff* über den inneren ersten anzieht.

103 Das heißt, hier gilt – im *Qiyās* zum *Wuḍū'* –, daß, wenn man etwas vergessen hat bzw. die Waschung vervollständigen muß, man die Vervollständigung sofort (in *Muwālāt*, direkter Abfolge) verrichten muß.

II.

Buch
über das Gebet

Ṣalāh

KAPITEL 1

WAS IST DAS GEBET IM ISLAM?

§ 1

DIE BEDEUTUNG DES GEBETES IM ISLAM

Das Gebet (ṣalāh): die Verbindung zwischen Gott und Mensch

Das Wort „*Ṣalāh*", das meist mit „Gebet" übersetzt wird, kommt ursprünglich von dem Grundwort „*waṣala*" (arab.: „hingelangen zu") und heißt wörtlich „Verbindung", „das Hingelangen". Das Gebet ist also die Verbindung zwischen Gott dem Erhabenen und Mensch, direkt und ohne Vermittler.

Der Unterschied zwischen der Rolle des Gebets im Islam und im (heutigen) Christentum

Im Christentum, wie es sich heute darstellt, gibt es zwar verschiedene Arten von Bittgebeten, Sonntagsgottesdiensten und sonstigen Festgebeten, doch eine Gebetsform wie das islamische *Ṣalāh* gibt es dort nicht.

Während im Christentum heutzutage keine Originalquelle mit genauer Beschreibung eines Gebetes (das nicht Bittgebet ist) aus der Zeit des historischen Propheten Jesus ﵇ mehr existiert, ist im Islam in vielen Koranversen durch Gott die Existenz und Grundform des Gebetes und durch authentische Hadithe vom Propheten Muḥammad ﷺ die genaue Form des Gebetes – des *Ṣalāh* – überliefert.[1]

Das *Ṣalāh* ist eine Gebetsform, die jeder Muslim und jede Muslima durchführen kann und in der vom Propheten Muḥammad ﷺ vorgegebenen Form verrichten muß. Das *Ṣalāh* unterscheidet sich daher vom formfreien Bittgebet – dem *Du'ā'* – und muß täglich fünfmal verrichtet werden.[2]

Das Gebet (ṣalāh): die zweite „Säule des Islam"

Das tägliche Pflichtgebet ist nicht irgendeine Pflicht, sondern eine der wichtigsten Glaubensdinge: Es ist die zweite „Säule des Islam" (*rukn al-islām*) und bildet daher sowohl im Glaubensbereich als auch im islamischen Recht eine absolute Pflicht. Wer das Gebet nicht – oder nicht immer – verrichtet, aber daran glaubt, daß es Pflicht ist, ist nach überwiegender Meinung der Gelehrten sündhaft, aber kein Ungläubiger (*kāfir*). Leugnet er aber, daß es Pflicht ist, so ist er ohne Zweifel ungläubig – selbst wenn er trotzdem betet, weil er das Gebet in diesem Moment des Betens und allgemein nicht für verpflichtend hält.[3]

Das Gebet muß in der Form verrichtet werden, wie der Prophet ﷺ es verrichtet hat; dazu hat der Prophet ﷺ gesagt:

„Betet, wie ihr mich beten seht."

Es kommt niemandem zu, an der so festgelegten Form etwas zu ändern, weder für sich selbst noch für eine Gruppe von Muslimen, noch überhaupt.

Das gilt für alle Einzelbereiche des *Ṣalāh*: für

die körperlichen Dinge: Bewegungen und Haltungen (Stehen, Beugen, Niederwerfung, Sitzen, Schlußgruß-Bewegung);

die sprachlichen Dinge: benutzte Sprache (Arabisch in der klassischen Form), Koranrezitation (in vorgeschriebener Form), Bittgebete (während der Verbeugung, der Niederwerfung usw.).

§ 2

DER UNTERSCHIED ZWISCHEN ṢALĀH (GEBET IN FESTER FORM) UND DU'Ā' (BITTGEBET)

Der grundsätzliche Unterschied

Das *Ṣalāh* ist das in der Form genau festgelegte Gebet, das *Du'ā'* jedoch ist frei in seiner Form.

Wörtlich heißt *Du'ā'*: „Anrufung", „Bitten"; es gibt zwar für verschiedene Gelegenheiten und Anlässe in Arabisch überlieferte Bittgebete des Propheten ﷺ, und es gilt auch als gut, diese so zu verrichten, doch es ist auch möglich, in jeder beliebigen Sprache sein Bittgebet an Gott zu richten. Das *Du'ā'* ist das ganz persönliche Bittgebet des Muslims.[4]

Die jeweiligen Formen

Die Formen des Ṣalāh

Das *Ṣalāh* hat grundsätzlich immer die gleiche Form: Man beschreibt den Gebetsablauf in Einheiten von „*Rak'a*". Eine *Rak'a* besteht aus dem Stehen (mit Koranrezitation), dem Verbeugen, dem Aufrichten des Oberkörpers (in die aufrechte Anfangshaltung), der ersten Niederwerfung, dem Aufrichten des Oberkörpers (mit anschließendem Sitzen), der zweiten Niederwerfung sowie dem darauffolgenden Aufstehen bzw. Sitzen-Bleiben (und der Rezitation des *Tashahhud*). Diesen Ablauf nennt man „*Rak'a*" (sinngemäß etwa: Gebetseinheit), und dieser Ablauf ändert sich in keinem Pflichtgebet und nicht in den meisten freiwilligen Formgebeten. Die Länge der Gebete wird in diesen *Raka'āt* gemessen: So hat das Morgengebet (*ṣalāt aṣ-ṣubḥ*) zwei *Rak'a*, das Mittagsgebet (*ṣalāt aẓ-ẓuhr*) vier und das Dämmerungsgebet (*ṣalāt al-maghrib*) drei.

Dazu eine Tabelle, die die Anzahl der *Raka'āt* zu jeder Gebetszeit und den jeweiligen Verpflichtungsgrad angibt.[5]

Gebete (bzw. die ihnen zugehörigen Zeitspannen)	*Sunna ghair mu'akkada* (vor dem Pflichtteil)	*Sunna mu'akkada* (vor dem Pflichtteil)	*Farḍ* (Pflicht)	*Sunna mu'akkada* (nach d. Pflichtteil)	*Sunna ghair mu'akkada* (nach d. Pflichtteil)
Fajr		2	2		
Ḍuḥā[6]		2–8			
Ẓuhr[7]	2	2	4	2	2
'Aṣr[8]	(2–) 4		4		
Maghrib[9]	(2)		3	2	2–4
'Ishā'	2–4		4	2	
[*Tarāwīḥ*][10]				[8 bzw. 20]	
[*Qiyām al-Lail/ Tahajjud*][11]				2	2–8
Witr[12]				1–11	
insgesamt	8–12	6–12	17	9–19 [+8/+20]	6–14

Jedes Gebet beginnt mit dem „*Takbīrat al-Iḥrām*"[13] (dem ersten Aussprechen von „*Allāhu akbar*" und der Absicht zum Gebet), was als Eintritt ins Gebet gilt. Jedes Gebet wird beendet durch den „*Taslīmat al-Iḥlāl*" bzw. „*Salām*" (Schlußgruß zum Beenden des Gebets in der Form „*as-salamu 'alaikum wa raḥmatu llāh*").

Die Formen des Du'ā'

Es gibt mehrere Klassen/Arten von *Du'ā'*:

1. Solche, die nach dem Pflichtgebet oder bestimmten Gebeten in Form des *Ṣalāh* verrichtet werden; diese sind in Form und Sprache ganz frei.

2. Solche, die nach speziellen festgelegten Gebeten (*ṣalāh*) zu bestimmten Anlässen gebetet werden; diese haben oft – nicht immer – eine feste, überlieferte Form, die eingehalten werden sollte, aber nicht muß.

3. *Du'ā'*, die als solche freiwillig sind, aber so zu sprechen sind, wie der Prophet ﷺ sie gesprochen hat – im arabischen Original und zu bestimmten Gelegenheiten.

§ 3

WELCHE ARTEN VON GEBETEN ES GIBT (KURZER GESAMTÜBERBLICK)

Die täglichen Pflichtgebete (ṣalāh)

Fajr / Ṣubḥ (Frühgebet)

Dieses Gebet (*ṣubḥ*) besteht aus zwei *Rak'a*, bei denen die Koranverse laut rezitiert werden, wobei auf die erste Sure des Korans, die *Fātiḥa* (die Eröffnende), noch etwas anderes aus dem Koran rezitiert wird. Beim Morgengebet wird – sofern die Zeit reicht – gern etwas länger rezitiert.

Es gibt nur ein Sitzen am Schluß des Gebetes mit anschließendem Schlußgruß, die beiden *Rak'a* werden nicht zusätzlich durch ein Sitzen getrennt.

Vor dem eigentlichen Pflichtgebet des Morgens, *Ṣubḥ*, gibt es noch ein freiwilliges Gebet von zwei *Rak'a*, das als das wichtigste der freiwilligen Gebete angesehen wird.[14] Dieses Gebet hat – im Unterschied zu den anderen *Rātiba*-Gebeten (das heißt den freiwilligen Gebeten, die vor bzw. nach einem Pflichtgebet verrichtet werden) – einen eigenen Namen: *Fajr*. Dieser Name wird von den Muslimen aus Gewohnheit oft auch gleichbedeutend wie „*Ṣubḥ*" verwendet, doch korrekt muß es so gebraucht werden, daß man „(*Ṣalāt al-*)*Fajr*" für das freiwillige Gebet vor dem Pflichtgebet am Morgen verwendet und „(*Ṣalāt as-*)*Ṣubḥ*" als Namen für das Morgenpflichtgebet benutzt.

Ẓuhr (Mittagsgebet)

Es besteht aus vier *Rak'a*, in denen die Koranverse leise rezitiert werden. In der ersten und zweiten *Rak'a* werden nach der *Fātiḥa* – wie im Morgengebet (*ṣubḥ*) – noch Teile aus anderen Koransuren bzw. ganze, meist kleinere Suren rezitiert, in der dritten und vierten jedoch nur die *Fātiḥa*.

Nach den ersten zwei *Rak'a* folgt das erste Sitzen, dann erhebt sich der Betende zu den nächsten zwei *Rak'a*, denen das sogenannte letzte Sitzen mit anschließendem Schlußgruß folgt.

'Aṣr (Nachmittagsgebet)

Dieses Gebet (*'aṣr*) ist in seiner Form genau wie das Mittagsgebet (*ẓuhr*): vier *Rak'a*, nach zwei *Rak'a* erfolgt das erste Sitzen, die Koranrezitation während des Stehens ist leise. Auch die Art und Weise der Rezitation ist genau wie beim Mittagsgebet.

Maghrib (Dämmerungsgebet)

Das Dämmerungsgebet (*maghrib*) besteht aus drei *Rak'a*; es ist das einzige Pflichtgebet mit ungerader *Rak'a*-Anzahl. In der ersten und zweiten *Rak'a* wird – wie beim Morgengebet – die *Fātiḥa* laut rezitiert und noch etwas Zusätzliches an Koranversen, dann folgt das erste Sitzen, dann eine einzelne *Rak'a* mit leiser Rezitation der *Fātiḥa*. Darauf folgt das letzte Sitzen mit anschließendem Schlußgruß.

'Ishā' (Nachtgebet)

In seiner Form entspricht es dem Mittagsgebet (*ẓuhr*) bzw. Nachmittagsgebet (*'aṣr*), nur mit dem Unterschied, daß in der ersten und zweiten *Rak'a* laut rezitiert wird.

Andere Formen des Ṣalāh

Freitagsgebet (ṣalat al-jum'a)

Das Freitagsgebet (*ṣalāt al-jum'a*) verläuft etwas anders als die üblichen täglichen Pflichtgebete.

Es findet anstelle des Mittagsgebetes am Freitag statt. Wer das Freitagsgebet gebetet hat, kann nicht das Mittagsgebet verrichten[15], und wer das Freitagsgebet nicht verrichtet hat – zum Beispiel weil er nicht rechtzeitig eine Moschee aufsuchen konnte, in der das Freitagsgebet verrichtet wird –, muß statt dessen das Mittagsgebet ganz wie üblich verrichten[16].

Das Freitagsgebet hat die Form eines Gemeinschaftsgebetes (*ṣalāt al-jamā'a*) von zwei *Rak'a*, denen eine spezielle Predigt vorangeht. Die Muslime versammeln sich in der Moschee und sitzen, während der *Imām* (der Vorbeter) predigt; zum Gebet stellen sie sich in Reihen auf und verrichten das Freitagsgebet.

Die spezielle Freitagspredigt (*khuṭbat al-jum'a*) des *Imāms*, des Vorbeters, besteht aus zwei Teilen. Zunächst begrüßt er die Anwesenden, dann wird der Gebetsruf (*adhān*) ausgerufen (der *Imām* sitzt während dieser Zeit auf einem speziellen Stuhl auf erhöhtem Platz, *Minbar* genannt). Dann, nach dem *Adhān*, erhebt er sich und predigt stehend. Darauf beendet er diesen Teil der Predigt und setzt sich wieder auf den Stuhl des

Minbar und verrichtet leise einige Bittgebete. Dann erhebt er sich wieder und predigt im zweiten Teil weiter (die zweite Predigt), wobei sich an diese zweite Predigt ein Bittgebet für die Unterdrückten, die Reisenden, die Menschen in Bedrängnis und die Muslime allgemein anschließt.[17] Dann begibt sich der *Imām* vor die Reihen der Anwesenden und betet ihnen beim eigentlichen Freitagsgebet vor, das aus zwei *Rak'a* besteht, laut rezitiert wird und in seiner Form dem Morgengebet entspricht.

Wie auch beim Mittagsgebet gibt es vor und nach dem Freitagsgebet freiwillige Gebete (*rātiba nāfila*), die in ihrer Anzahl und Form den *Rātiba*-Gebeten des Mittagsgebetes (*ẓuhr*) entsprechen.

Die beiden Festgebete (*ṣalāt al-'īdain*)

Es gibt zwei verpflichtende Festtage im Islam: das Fest am Ende des *Ramaḍān* (*'Īd al-Fiṭr*, „Fastenbrechenfest") und das Fest zum Zeitpunkt, da die Pilger des *Ḥajj* in Mekka zum Gedenken an den Propheten Ibrāhim عليه السلام die Opfertiere schlachten (*'Īd al-Aḍḥā*, „Opferfest")[18].

An diesen Festtagen wird jeweils ein bestimmtes, spezielles Gebet verrichtet, in der Regel früh morgens, etwas nach Sonnenaufgang. Es besteht – wie auch das Freitagsgebet – aus einem Predigtteil und einem eigentlichen Gebetsteil, unterscheidet sich aber vom Freitagsgebet:

Das Gebet besteht aus zwei *Rak'a* mit lauter Koranrezitation, die aber jeweils von mehr als einem *Takbīr* eingeleitet werden und in ihrem Verlauf ebenfalls mehr als einen *Takbīr* enthalten.[19] Die Predigt wird nach dem Gebet vorgetragen; sie wird mit mehrmaligem *Takbīr* (der Aussage: „*Allāhu akbar*") eingeleitet. Wenn möglich, soll das Festgebet nicht in der Moschee, sondern im Freien stattfinden – im Unterschied zum Freitagsgebet.

Spezielle Formen

Dies sind Gebete wie das „Gebet um Regen" (*ṣalāt al-istisqā'*) oder das „Totengebet" (*ṣalāt al-janāza*), die zum Teil sehr stark von der gewohnten Form des *Ṣalāh* abweichen; diese Gebete sollen aber später im einzelnen genau besprochen und vorgestellt werden.

Die freiwilligen Gebete (*ṣalāh*)

Mit einem Pflichtgebet verbundenes, freiwilliges Gebet (*rātiba*)

Dies sind freiwillige Gebete, die (bis auf wenige Ausnahmen) immer gradzahlig sind, also jeweils entweder aus zwei oder vier *Rak'a* bestehen und vor bzw. nach dem Pflichtgebet verrichtet werden. Diese freiwilligen Gebete sind an die Pflichtgebete gebunden (daher „*rātiba*" genannt, wörtl. etwa: „anhaftend"): Sie können nur in der Zeit vor bzw. nach dem jeweiligen Pflichtgebet gebetet werden, zu dem sie gehören. Sie können auch nicht nachgebetet werden, wenn die Zeit des betreffenden *Farḍ*-Gebetes vergangen ist.[20] Diese *Rātiba-Nāfila*-Gebete können auch nicht nachgeholt werden, wenn man das zugehörige Pflichtgebet versäumt hat und es nun nachholt: Nur das reine Pflichtgebet wird nachgebetet, die freiwilligen Gebete entfallen aber in diesem Falle.

Nicht mit einem Pflichtgebet verbundenes, zeitgebundenes, freiwilliges Gebet (nāfila mauqūta)

In dieser Gruppe gibt es mehrere besondere Gebete, vor allem:

1. *Ṣalāt aḍ-Ḍuḥā (das Ḍuḥā-Gebet):*

Es ist ein Einzelgebet mit leiser Rezitation, hat zwei, vier, sechs oder acht *Raka'āt* und kann in der Zeit von Sonnenaufgang bis vor Beginn des Mittagsgebetes (*ẓuhr*) gebetet werden. Es kann mit nur einem *Takbīrat al-Iḥrām* und einem *Taslīmat al-Iḥlāl* gebetet werden (das heißt, ohne daß man es in Gruppen von mehreren *Raka'āt* betet, mit jeweils neuem Schlußgruß und neuer Absicht und neuem Eintritt ins Gebet).

Es kann aber auch in Gruppen von jeweils zwei bzw. vier *Raka'āt* gebetet werden; dabei muß man – wenn man in Vierergruppen von *Raka'āt* betet – nach je zwei Einheiten das erste Mal sitzen und den *Tashahhud* rezitieren, wie beim Mittags- bzw. Nachmittags- und Nachtgebet.[21]

2. *Ṣalāt al-Witr (das Witr-Gebet):*

Es ist ein Einzelgebet mit leiser Rezitation (außer im *Ramaḍān*, wo es auch als laut rezitiertes Gemeinschaftsgebet verrichtet werden kann) und besteht aus einer bis elf *Rak'a*, wobei die beste Zahl drei *Rak'a* ist. Es wird nach dem Nachtgebet (*'ishā'*) gebetet.

3. *Ṣalāt at-Tahajjud (das Tahajjud-Gebet):*

Dieses Gebet ist ein freiwilliges Nachtgebet, das als Einzelgebet leise verrichtet wird. Dabei legt man sich nach dem *Ṣalāt al-'Ishā'* (dem Pflichtgebet der Nacht) schlafen und steht dann vor der ersten Dämmerung – also noch in der Nacht – wieder zum *Tahajjud* auf. Dieses Gebet wird nach dem *'Īsha'*-Gebet und vor *Witr* verrichtet und hat immer eine gerade Anzahl von *Raka'āt* (mindestens zwei). Eine Höchstzahl von *Raka'āt* gibt es zwar nicht, doch empfohlen wird eine Anzahl von acht. Dabei wird immer nach zwei *Rak'a* der Schlußgruß gegeben, und so wird der *Tahajjud* immer in Gruppen von zwei *Rak'a* gebetet.

4. *Ṣalāt at-Tarāwīḥ* (*Tarāwīḥ-Gebet*):
Das *Tarāwīḥ*-Gebet wird nur in den Nächten des *Ramaḍān* gebetet. Es wird laut rezitiert und besteht aus acht (bzw. zwanzig) *Raka'āt* und wird von einer deutlichen Pause (arab. „*tarwīḥ*", Ausruhen) in der Mitte des Gesamtgebetes unterbrochen. Es setzt sich aus Gruppen von je zwei bzw. vier *Rak'a* zusammen, die jeweils durch einen Schlußgruß beendet werden.

An einen besonderen Anlaß gebundenes, freiwilliges Gebet (nāfila musabbaba)

Hier sind besonders die folgenden Gebete wichtig:
1. *Tahīyat al-Masjid* (Begrüßung der Moschee):
Dieses Gebet ist eine empfohlene *Sunna* (*sunna mu'akkada*)[22]; es besteht aus zwei *Rak'a*[23] und wird mit leiser Rezitation direkt nach dem Betreten der Moschee gebetet. Für dieses Gebet gibt es besondere Bedingungen:
(1) Daß man die Moschee nicht zu einer Zeit betreten hat, in der das Beten untersagt ist.[24]
(2) Es ist keine Bedingung, daß man ausdrücklich beabsichtigt, in der Moschee zu verbleiben: Auch für den ist das Verrichten dieses Gebetes empfohlen, der nur durch die Moschee hindurchgehen will.[25]
(3) Daß man die Moschee im Zustand des *Wuḍū'* betritt; ist das nicht der Fall, wird *Tahīyat al-Masjid* nicht gebetet.[26]
(4) Daß man die Moschee nicht in dem Moment betritt, da der *Iqāma*-Ruf das Gemeinschaftsgebet (*ṣalāt al-jamā'a*) ankündigt oder schon ein *Imām* anderen im Gemeinschaftsgebet vorbetet: In diesem Fall soll man sich den Betenden anschließen und *Tahīyat al-Masjid* nicht beten.[27]
(5) Daß der *Imām* für das Freitagsgebet noch nicht zur Freitagspredigt erschienen ist.[28]
(6) Beim Betreten der *Masjid al-Ḥarām* in Mekka gelten besondere Bedingungen bezüglich des *Tahīyat al-Masjid* (siehe dazu das Kapitel über den *Ḥajj*).

2. *Ṣalāt ash-Shukr* (Gebet zum Dank):
Dieses Gebet besteht aus zwei leise rezitierten *Rak'a*, die gebetet werden, wenn ein Muslim beabsichtigt, für etwas Besonderes, was sich ereignet hat, Gott zu danken, indem er/sie eben dieses Gebet verrichtet.

3. *Ṣalāt al-Wuḍū'* (Gebet nach der kleinen rituellen Waschung):
Dieses Gebet gilt als *Sunna mu'akkada*, wird direkt nach der kleinen rituellen Waschung verrichtet und besteht aus zwei leise rezitierten *Rak'a*.

4. *Ṣalāt al-Khurūj li-s-Safar wa-l-Qudūm minhu* (Gebet vor dem Aufbruch zu einer Reise und bei der Rückkehr von einer Reise):
Dieses Gebet ist *Sunna mu'akkada* und wird vor bzw. nach der Reise mit zwei *Rak'a* verrichtet; speziell bei der Rückkehr ist es nach authentischen Hadithen empfohlen, das Gebet in der Moschee zu verrichten.

5. *Ṣalāt at-Tauba* (Gebet zur Reue):
Dieses Gebet wird in zwei leise rezitierten *Rak'a* verrichtet, wenn man etwas vor Gott besonders bereut, ohne daß dafür aber eine spezielle *Kaffāra* (Sühnehandlung) notwendig ist.[29] Es wird nur bei kleinen Sünden verrichtet.

Absolutes, nicht zeit- oder anlaßgebundenes, freiwilliges Gebet (nāfila muṭlaqa)
Dieses Gebet besteht immer aus zwei *Rak'a* mit leiser Rezitation, die grundsätzlich immer gebetet werden können – mit Ausnahme der „verbotenen Zeiten", in denen grundsätzlich nicht gebetet werden darf.[30]

KAPITEL 2

DIE GEBETSZEITEN

§ 4

DIE GEBETE UND IHRE ZEITEN

Die Pflichtgebete und ihre Zeiten

Die Gebetszeiten: bestimmte Zeiträume
Die Gebetszeiten sind Zeiträume, die durch den Sonnenstand bzw. den Schatten und das Dämmerungslicht bestimmt werden. Ein Gebet kann von Anfang dieses Zeitraumes an bis kurz vor Ende dieses Zeitraumes verrichtet werden.

Die Gebetszeiten werden durch fünf Dinge bestimmt:

1. *Durch astronomische Berechnung der Stunden* unter Zugrundelegung der Maßstäbe der islamrechtlichen Bestimmung der Gebetszeiten. Diese Methode wird heute sehr häufig angewandt, vor allem in Form von Tabellen und speziellen Kalendern, in denen die Gebetszeiten für jedes Gebet während des ganzen Jahres verzeichnet sind.

2. Durch das Sinken der Sonne während des lichten Tages und damit *durch den Schatten*; durch den Schatten wird die Zeit des Mittags- (*ẓuhr*) und Nachmittagsgebetes (*ʿaṣr*) festgelegt.

3. *Durch den Sonnenuntergang*; durch ihn wird das Dämmerungsgebet (*maghrib*) in seinem Beginn festgelegt.

4. *Durch die „rote" bzw. „weiße Dämmerung"*; durch sie wird der Beginn des Nachtgebetes (*ʿishāʾ*) bezeichnet.

5. *Durch das Erscheinen des ersten, „weißen Frühlichts"*; dadurch wird der Beginn des Morgengebets (*ṣubḥ*) bestimmt.

Die Zeit von Fajr/Ṣubḥ (Frühgebet)

Die Zeit des Morgengebets (*ṣubḥ*) beginnt mit der „wahren Morgendämmerung" und endet mit dem Beginn des Sonnenaufgangs (das heißt mit dem Zeitpunkt, zu dem die Oberkante der Sonnenscheibe sichtbar wird). Die „wahre Morgendämmerung"[31] ist das Licht, das sich am Horizontgebiet des Sonnenaufgangs so ausbreitet, daß es sich über die ganze Horizontlinie ausbreitet und dabei in Himmelsrichtung aufsteigt.

Die sogenannte „lügnerische/falsche Morgendämmerung"[32] ist dagegen ein Licht, was sich nur als schmaler Lichtstreifen gegen den Himmel hin gerichtet ausbreitet, wobei zu beiden Seiten dieses Lichtes am Horizont noch Dunkelheit herrscht. Dieser Dämmerungsart kommt keinerlei rechtliche Bedeutung zu, nach ihr richtet sich keine Gebetszeit.

Die Zeit von Ẓuhr (Mittagsgebet)

Die Zeit für das Mittagsgebet (*ẓuhr*) beginnt unmittelbar nach dem ersten Sinken der Sonne während des lichten Tages, wenn sie sich aus dem Zenit (der genauen Mittelstellung am Himmel) herabsenkt.

Die Zeit des Mittagsgebets dauert an, bis der Schatten eines schattenwerfenden Dinges so lang geworden ist wie die Länge des Dinges selbst; dabei wird aber der Schatten, den das Objekt zum Zeitpunkt des Zenits der Sonne schon geworfen hat, nicht mitberechnet.

Beispiel: Ein Stab wirft zum Zeitpunkt des Zenits einen Schatten von einem Zentimeter und ist selbst zehn Zentimeter lang; dann beginnt die Zeit des Mittagsgebets, wenn der zusätzliche Schatten deutlich als der geringste mögliche Schatten zu erkennen ist (im Beispiel etwa ein Zentimeter), und endet, wenn der Schatten auf elf Zentimeter angewachsen ist (also 10 cm = Zuwachsschatten + 1 cm Minimalschatten).

Die Zeit von ʿAṣr (Nachmittagsgebet)

Die Zeit des Nachmittagsgebetes (*ʿaṣr*) beginnt, sobald der Schatten eines schattenwerfenden Dinges länger wird als das Ding und sein Schatten, den es beim Zenit der Sonne warf (wie oben erläutert). Die Zeit für das Nachmittagsgebet endet mit Beginn der Abenddämmerung (das heißt, spätestens wenn der Unterrand der Sonnenscheibe den Horizont berührt).

Beispiel: Der oben genannte Stab von zehn Zentimetern wirft einen Schatten von elf Zentimetern: die Zeit des Nachmittagsgebetes beginnt. Sie endet – wie oben gesagt – spätestens wenn der Unterrand der Sonne den Horizont berührt (zu diesem Zeitpunkt wächst der Schatten so sehr an, daß er nicht mehr meßbar wird, weswegen der Schatten für die Bestimmung des Endes dieser Gebetszeit unbrauchbar ist).

Nach Ansicht der *Ḥanafīya* endet die Zeit, in der das *Aṣr*-Gebet gültig verrichtet werden kann, in dem Moment, wenn der Schatten doppelt so lang ist wie der Schatten zu Beginn der *Aṣr*-Zeit zuzüglich des Zenitschattens.

Beispiel: Im Zenit wirft die Sonne über einen einen Meter langen schattenwerfenden Stab einen Schatten von zehn Zentimetern. Zu Beginn der *Aṣr*-Zeit ist der Gesamtschatten also 1 m + 10 cm lang. Das „hanafitische zweite *Aṣr*“ (wie das Ende der *Aṣr*-Gebetszeit nach hanafitischer Auffassung auch genannt wird) ist also erreicht, wenn der Schatten 2 x 1 m + 10 cm lang ist.

Die Zeit von Maghrib (Dämmerungsgebet)

Die Zeit des Dämmerungsgebetes beginnt, sobald die Sonnenscheibe ganz untergegangen ist, und endet, sobald die „rote Dämmerung“ endet.[33] Nach manchen Meinungen ist es aber auch zulässig, bis zum Beginn der *'Ishā'*-Zeit das *Maghrib*-Gebet zu verrichten.

Die Zeit von 'Ishā' (Nachtgebet)

Die Zeit des Nachtgebetes (*'ishā'*) beginnt mit dem Ende der Dämmerung und endet mit dem Erscheinen der „wahren Dämmerung“.

Die Zeiten der eigenständigen, zeitgebundenen, freiwilligen Gebete

Das Ḍuḥā-Gebet (ṣalāt aḍ-ḍuḥā)

Das *Ḍuḥā*-Gebet ist ein freiwilliges Gebet, das als *Sunna* empfohlen ist; seine Zeit beginnt, nachdem die Sonne aufgegangen und sich schon deutlich über den Horizont erhoben hat[34]; sie endet zu dem Zeitpunkt, da sich die Sonne aus dem Zenit herausbewegt und schon zu sinken beginnt (also mit Beginn des *Ẓuhr*-Gebets). Als beste Zeit, das *Ḍuḥā*-Gebet zu verrichten, gilt die Zeit nach dem ersten Viertel des lichten Tages.

Das Witr-Gebet (Ṣalāt al-Witr)

Es ist in der Zeit des Nachtgebets, nach dem *'Ishā'*-Gebet zu beten. Es ist das letzte Gebet des Tages, und zwischen dem *Witr*- und dem Morgengebet darf grundsätzlich kein anderes Gebet verrichtet werden.[35]

Das freiwillige Nachtgebet (qiyām al-lail)

Dieses Gebet (immer in je zwei Gebetseinheiten) wird zwischen dem *Rātiba-Nāfila*-Gebet nach dem *'Ishā'*-Gebet einerseits und dem *Witr* andererseits verrichtet.

Das Tahajjud-Gebet (ṣalāt at-tahajjud)

Dieses Gebet wird zur gleichen Zeit wie *Qiyām al-Lail* verrichtet (denn *Tahajjud* ist das gleiche wie *Qiyām al-Lail*, nur mit dem Unterschied, daß man sich vor *Tahajjud* schlafen legt, *Qiyām al-Lail* jedoch ohne Unterbrechung durch Schlaf an das Nachtgebet (*'ishā'*) anschließt.

§ 5

DIE ZEITEN, ZU DENEN ES VERBOTEN BZW. MAKRŪH IST ZU BETEN

Bestimmte, feste Tageszeiten

Sonnenaufgang, Sonnenuntergang, Zenit

Bei drei Zeiträumen, die durch den Sonnenstand festgelegt sind, ist das Beten überhaupt *makrūh* bzw. untersagt (je nach Rechtsmeinung):

1. *Von dem Moment an, da der Sonnenaufgang beginnt* (also die Sonnenscheibe hinter der Horizontlinie sichtbar wird und aufsteigt; dies ist zugleich auch das Ende des *Ṣubḥ*-Gebetes) *bis zum Ende des Sonnenaufgangs* (da die gesamte Sonnenscheibe sichtbar geworden ist).
2. *Von dem Moment an, wo die Sonne untergeht* (das heißt, die Sonnenscheibe mit ihrem Unterrand den Horizont berührt) *bis zum völligen Untergang der Sonne* (da die gesamte Sonnenscheibe hinter der Horizontlinie versunken ist; dies ist auch zugleich der Beginn des *Maghrib*-Gebetes).
3. *Von dem Zeitpunkt, wo die Sonne genau im Zenit steht, bis zu dem Zeitpunkt, da die Sonne sich* (meßbar am Schatten) *deutlich aus dieser Himmelsstellung herabgesenkt hat* (dies ist zugleich der Beginn des *Ẓuhr*-Gebetes).

Zeiträume vor bzw. nach Verrichtung von anderen Gebeten[36]

Zwischen dem Ṣubḥ-Gebet und Sonnenaufgang

Wenn das Morgengebet (*ṣubḥ*) verrichtet worden ist, darf bis zum Sonnenaufgang kein Gebet mehr verrichtet werden. Dies gilt für absolute, freiwillige Gebete; was aber anlaßgebundene *Nāfila*-Gebete angeht, so gibt es bei einigen von diesen Gebeten bei manchen Gelehrten und Rechtsschulen auch die Meinung, daß man sie verrichten dürfe (diese Punkte sollen an den entsprechenden Stellen behandelt werden).

Zwischen dem ʿAṣr-Gebet und Sonnenuntergang

Zwischen dem verrichteten *ʿAṣr*-Gebet und dem Sonnenuntergang darf ebenfalls kein Gebet verrichtet werden; zu den Ausnahmen gilt dasselbe wie schon oben beim Sonnenaufgang erwähnt.

Zwischen dem Witr-Gebet und dem Fajr- bzw. Ṣubḥ-Gebet

Zwischen dem *Witr*-Gebet und dem Morgengebet (*ṣubḥ*) darf ebenfalls kein Gebet mehr verrichtet werden; nur nach der Meinung der *Madhāhib*, die ein Aufschieben des *Tahajjud* gestatten sowie bei den oben schon erwähnten Ausnahmen der freiwilligen Gebete ist es möglich, noch zusätzlich Gebete zwischen *Witr* und *Ṣubḥ* einzuschieben.

KAPITEL 3

DAS VERBINDEN (JAMʿ) VON ZWEI GEBETEN IN EINER GEBETSZEIT

§ 6

WAS DAS VERBINDEN (JAMʿ) EIGENTLICH IST

Unter Verbinden kann hier grundsätzlich zweierlei verstanden werden:

Das „angrenzende Verbinden" (jamʿ ṣūrī)

Dies ist kein eigentlich echtes Verbinden. Darunter versteht man, daß der Betende jedes Gebet genau in seiner Zeit verrichtet, aber dabei das vorausgehende Gebet soweit wie nur möglich bis an die abschließende Zeitgrenze der betreffenden Gebetszeit verschiebt (es also gewissermaßen im letzten Moment noch verrichtet) und dann direkt – bei Eintritt der zweiten Gebetszeit – das zweite, nachfolgende, Gebet verrichtet.

Beispiel: Jemand, der das *Ẓuhr*-Gebet verrichten muß, wartet mit der Absicht, das „angrenzende Verbinden" durchzuführen, ab, bis die für das *Ẓuhr*-Gebet vorgesehene Gebetszeit so weit verstrichen ist, bis nur noch für das *Ẓuhr*-Pflichtgebet Zeit verbleibt, und verrichtet schnell das *Ẓuhr*; sobald er dann sicher ist, daß die Gebetszeit für das *'Aṣr* begonnen hat, verrichtet der Betende direkt das Pflichtgebet von *'Aṣr*, ohne mehr als gegebenenfalls den *Iqāma*-Ruf dazwischen abzuwarten.

Dieses *Jam'* kann grundsätzlich bei allen aneinander angrenzenden *Farḍ*-Gebeten vorgenommen werden; zwischen diesen je zwei *Farḍ*-Gebeten liegende *Nawāfil* (freiwillige Gebete) – gleich welcher Art – müssen dabei wegfallen.

Das „tatsächliche Verbinden" (jam' ḥaqīqī)

Dies ist das, was mit „*Jam'*" in der Regel gemeint ist.

Es besteht darin, daß beide Gebete, das grundsätzlich vorausgehende und das grundsätzlich nachfolgende Gebet in einer einzigen Gebetszeit verrichtet werden: Entweder werden also beide Gebete in der Zeit des ersten oder in der des zweiten Gebetes verrichtet.

Werden beide Gebete verbunden in der Zeit des vorausgehenden Gebets verrichtet, nennt man dieses Verbinden „Verbinden mit zeitlicher Vorwegnahme" (*jam' at-taqdīm*)[37]; werden beide in der zweiten Gebetszeit verrichtet, nennt man dieses Verbinden „Verbinden mit zeitlicher Zurückstellung" (*jam' at-ta'khīr*).

Das „*Jam' ḥaqīqī*" – gleich ob *Jam' at-Taqdīm* oder *Jam' at-Ta'khīr*" – kann nur mit folgenden Gebeten durchgeführt werden:

- *Ẓuhr* und *'Aṣr*
- *Maghrib* und *'Ishā'*.

Alle anderen theoretisch denkbaren Verbindungen zwischen den *Farḍ*-Gebeten sind als *Jam' ḥaqīqī* unzulässig, und so verrichtete Gebet sind in völliger Übereinstimmung aller Gelehrten aller *Madhāhib* ungültig. Das heißt, es ist ungültig,

– das *Ṣubḥ*-Gebet irgendwie zu verbinden, sei es mit dem *'Ishā'*, sei es mit dem *Ẓuhr*[38],

– das *'Aṣr*-Gebet mit dem *Maghrib*-Gebet zu verbinden.

§ 7

DIE FRAGE, OB DAS VERBINDEN ZULÄSSIG, EMPFOHLEN, VERPFLICHTEND USW. IST

Die Haltung der Ḥanafīya

Nach Ansicht der *Ḥanafīya* ist ein echtes *Jamʿ ḥaqīqī* unzulässig[39] – bis auf einen bestimmte Zeitraum während der Pilgerfahrt, wo das Verbinden des *Maghrib*- und *ʿIshāʾ*-Gebetes zulässig und sogar als der *Sunna* gemäß empfohlen wird[40].

Ein *Jamʿ ṣūrī* aber gilt als grundsätzlich zulässig, wenngleich es in der Regel als *makrūh* gilt.

Die Haltung der übrigen Rechtsschulen

Bei den drei Rechtsschulen außer der *Ḥanafīya* – also der *Mālikīya*, *Shāfiʿīya* und *Ḥanbalīya* – gelten alle Arten des *Jamʿ* als grundsätzlich zulässig, wenngleich jede Art mit bestimmten Bedingungen verknüpft ist.

Unter den entsprechenden Voraussetzungen gilt ein *Jamʿ ḥaqīqī* bei diesen *Madhāhib* sogar als stark empfohlen (*sunna muʾakkada*); sind diese Voraussetzungen aber nicht gegeben, so gilt es als *makrūh* bis *ḥarām*.

Bei dem *Jamʿ at-Taqdīm* sind manche Gelehrten dieser drei Rechtsschulen im Zweifel, ob es zulässig ist, es immer bzw. ohne zusätzliche Einschränkungen zu tun, während sie beim *Jamʿ at-Taʾkhīr* übereinstimmen, daß es unter den entsprechenden Umständen absolut zulässig ist.

§ 8

IN WELCHEN FÄLLEN DAS ECHTE VERBINDEN (JAMʿ ḤAQĪQĪ) ÜBERHAUPT MÖGLICH IST

Die *Mālikīya*, *Shāfiʿīya* und *Ḥanbalīya* sind sich einig, daß ein echtes Verbinden (*jamʿ ḥaqīqī*) nur unter bestimmten Umständen und darin nur unter bestimmten Bedingungen zulässig ist. Die wichtigsten Anlässe für dieses *Jamʿ* sind:

- Reise
- Krankheit
- heftige Kälte bzw. Regen
- bei Furcht und in Erwartung eines Kampfes

Auf der Reise

Wenn sich jemand zu einer Reise aufmacht, die eine bestimmte Mindestentfernung hat, so ist es nach Ansicht der drei *Madhāhib* zulässig und sogar *mandūb* (bzw. *Sunna mu'akkada*), die entsprechenden Gebete zu verbinden. (Das ist ein Teil des Reisegebets, *Ṣalāt as-Safar*; zum *Ṣalāt as-Safar* gehört zusätzlich noch das Verkürzen (*qaṣr*) der vier-*Raka'āt*-Gebete.)

Bei Krankheit

Wenn jemand so krank ist, daß es ihm äußerst schwerfällt, überhaupt zu beten (aufgrund von Schmerzen, die es ihm unmöglich machen, sich zu konzentrieren, oder wenn er des öfteren ohnmächtig wird), so ist es nach vielen Gelehrten zulässig, hier in der oben beschriebenen Form zu verbinden. (Dies ist aber von dem sogenannten „Gebet des Kranken", *Ṣalāt al-Marīḍ*, zu unterscheiden.)

Bei heftiger Kälte bzw. Regen

Bei anhaltendem Regen bzw. heftiger Kälte ist es, wenn sich der Betende dieser Witterung ausgesetzt sieht, zulässig, in einer bestimmten Art und Weise zu verbinden (unter Beachtung der oben genannten allgemeinen Regeln).

Bei Furcht bzw. in Erwartung eines Kampfes

Fürchtet man sich vor einem Feind, von dem man erwarten muß, daß er einen körperlich und so stark angreift, daß man ihn zur eigenen Rettung heftig abwehren muß, während man betet, so ist es zulässig, in der oben beschriebenen Weise zu verbinden (*jam' ḥaqīqī*). (Das sogenannte „Gebet bei der Furcht", *Ṣalāt al-Khauf*, ist eine Sonderform davon). Weitere Einzelheiten werden im Kapitel über das Reisegebet behandelt.

KAPITEL 4

DER GEBETSRUF (ADHĀN)

§ 9

BESCHREIBUNG DES ADHĀN

Der Wortlaut des Adhān und seine Bedeutung

Der *Adhān* hat folgenden Wortlaut:

Allāhu akbar, allāhu akbar!	Gott ist der Allergrößte[41], Gott ist der Allergrößte!
Allāhu akbar, allāhu akbar!	Gott ist der Allergrößte, Gott ist der Allergrößte!
Ashhadu al-lā ilāha illā llāh![42]	Ich bezeuge, daß es keine Gottheit gibt außer Gott!
Ashhadu al-lā ilāha illā llāh!	Ich bezeuge, daß es keine Gottheit gibt außer Gott!
Ashhadu anna Muḥammadar rasūlu llāh![43]	Ich bezeuge, daß Muḥammad der Gesandte Gottes ist!
Ashhadu anna Muḥammadar rasūlu llāh!	Ich bezeuge, daß Muḥammad der Gesandte Gottes ist!
Ḥayya ʿalā ṣ-ṣalāh!	Auf zum Gebet!
Ḥayya ʿalā ṣ-ṣalāh!	Auf zum Gebet!
Ḥayya ʿalā l-falāḥ!	Auf zum Erfolg![44]
Ḥayya ʿalā l-falāḥ!	Auf zum Erfolg!
Allāhu akbar, allāhu akbar!	Gott ist der Allergrößte, Gott ist der Allergrößte!
Lā ilāha illā llāh!	Es gibt keine Gottheit außer Gott!

Wörtlich bedeutet „*Adhān*“: „das, was zu Ohren gebracht wird“, „Ankündigung“. Im islamischen Recht bezeichnet das Wort den Gebetsruf, der den Beginn der Gebetszeit ankündigt.

Die rechtliche Bedeutung des Adhān

Die Gelehrten und Rechtsschulen stimmen darin überein, daß der *Adhān Sunna mu'akkada* ist; nur die *Ḥanbalīya* meint, daß er *Farḍ kifāya* ist, während die *Mālikīya* der Ansicht ist, daß der *Adhān* dann, wenn er innerhalb der Moschee zu den Gebetsanfangszeiten verrichtet werden kann, *Farḍ* ist, ansonsten aber *Sunna mu'akkada*. Dies alles gilt, sofern überhaupt in einem Land bzw. einer bestimmten Gegend der *Adhān* laut ausgerufen wird. Ist das aber nicht der Fall, so muß beachtet werden, daß der *Adhān* auch zu den besonderen Kennzeichen des Islam zählt (den sogenannten *Sha'ā'ir*): Wenn ein solches besonderes Element des Islam im Land vernachlässigt wird bzw. nicht offen erkennbar ist – etwa wenn er außerhalb der Moschee nicht hörbar ist bzw. es gar keine Moscheen in der Gegend gibt –, wird seine individuelle Verrichtung nach vielen Meinungen der Gelehrten zur Pflicht für den einzelnen, so gut er den *Adhān* eben in seinem privaten Rahmen verrichten kann.

§ 10

VERPFLICHTENDE BEDINGUNGEN BEI DER DURCHFÜHRUNG DES ADHĀN

Die Absicht (nīya)

Nach Ansicht der *Ḥanafīya* und der *Shāfi'īya* ist das Fassen einer Absicht (*nīya*) keine verpflichtende Bedingung zur Gültigkeit des *Adhān*; nach Meinung der *Mālikīya* und *Ḥanbalīya* jedoch ist er ohne *Nīya* ungültig.

Reihenfolge der Worte

Die Reihenfolge der Sätze des *Adhān* muß gewahrt sein, während der *Mu'adhdhin* (Gebetsausrufer) den *Adhān* ausruft. Wenn er etwa einen Fehler macht und „*Ḥayya 'alā l-falāḥ*" vor „*Ḥayya 'alā ṣ-ṣalāh*" ausruft, muß er die beiden miteinander vertauschten Sätze wiederholen, indem er (je zweimal) „*Ḥayya 'alā ṣ-ṣalāh*", „*Ḥayya 'alā l-falāḥ*" ausruft. Wenn er dann diese Sätze nicht in der richtigen Reihenfolge ausruft, wird sein *Adhān* nach Meinung der Rechtsschulen außer der *Ḥanafīya* ungültig; die *Ḥanafīya* jedoch betrachtet ein solches Vertauschen in jedem Fall als nur *makrūh*, wobei der *Adhān* durch korrektes Wiederholen des fehlenden Ausdrucks in der richtigen Reihenfolge gültig bleibt.

Daß die Worte untereinander verbunden sind und keine zeitliche Lücke auftritt

Damit ist gemeint, daß keine lange Pause oder nicht dazugehörende Worte zwischen den Einzelsätzen des *Adhān* vorkommen.

Lautes Ausrufen

Er muß – besonders von den Moscheen aus – laut und deutlich ausgerufen werden, da es ja der Hauptzweck des *Adhān* ist, zum Gebet aufzurufen.

Daß er in arabischer Sprache ausgerufen wird

Allgemein gilt, daß er in arabischer Sprache ausgerufen werden muß.[45]

Eintritt der entsprechenden Gebetszeit

Erst nach Eintritt der Gebetszeit kann der *Adhān* für das betreffende Gebet ausgerufen werden. Dabei gilt in Übereinstimmung der Rechtsschulen, daß er in seinem gesamten Wortlaut erst nach Eintritt der Gebetszeit ausgerufen werden kann, soweit es das Mittags-, Nachmittags-, Dämmerungs- und Nachtgebet angeht.

Beim Morgengebet (*ṣalāt aṣ-ṣubḥ*) aber kann nach manchen Meinungen schon vor Eintritt der Gebetszeit des Morgengebets ein *Adhān* ausgerufen werden (im letzten Teil der Nacht), um die Leute rechtzeitig aufzuwecken, wobei nach Ansicht der *Ḥanafīya* ein solcher *Adhān* nur als reiner Weckruf, nicht als eigentlicher *Adhān* gilt. Sie stimmt insofern mit der *Shāfi'īya* überein, als in diesem Falle zwei *Adhāne* ausgerufen werden: einer in einem Teil der Nacht (nach Ansicht der *Shāfi'īya* ein *Adhān*, nach der *Ḥanafīya* ein reiner Weckruf) und nach Eintritt der Gebetszeit von *Ṣubḥ* der zweite (bzw. eigentliche) *Adhān*.

§ 11

VERPFLICHTENDE BEDINGUNGEN DES MU'ADHDHIN (DES GEBETSAUSRUFERS)

Zugehörigkeit zum Islam

Der Gebetsausrufer muß dem Islam angehören, da sonst seiner Handlung – die Muslime zum muslimischen Gebet aufzurufen – nicht vertraut werden kann und darf. Diesbezüglich besteht absolute Einigkeit unter den Rechtsschulen.[46]

Unterscheidungsfähigkeit (tamyīz)

Es ist nicht notwendig, daß der *Mu'adhdhin* die volle körperliche und geistige Reife (*bulūgh*) erreicht hat; auch der *Adhān* eines Kindes mit Unterscheidungsfähigkeit (*tamyīz*) ist gültig.[47]

Verstand

Das Vorhandensein des vollen Verstandes und gesunden Bewußtseins ist notwendig zur Gültigkeit des *Adhān*; der *Adhān* eines Verrückten, eines Betrunkenen oder eines Fast-Ohnmächtigen usw. ist ungültig[48].

Daß derjenige, der den Adhān ausruft, ein Mann ist

Diese Bedingung ist zur Gültigkeit bei den Rechtsschulen außer der *Ḥanafīya* notwendig[49].

§ 12

EIGENSCHAFTEN UND SUNNA BEIM ADHĀN

Daß man in Richtung der Qibla blickt

Dies ist grundsätzlich erwünscht, wenngleich es auch zulässig ist, daß sich der *Mu'adhdhin* während des *Adhān* rundherum wendet, um alle Leute den *Adhān* hören zu lassen[50].

Daß man nicht im Zustand der großen oder kleinen rituellen Unreinheit (ḥadath) ist

Es ist übereinstimmend die Meinung der Rechtsschulen, daß es *Sunna mu'akkada* für den *Mu'adhdhin* ist, in völliger ritueller Reinheit den *Adhān* auszurufen; ist dies nicht der Fall, ist aber der *Adhān* gültig.

Daß man den Adhān stehend ausruft

Es besteht darin Einigkeit unter den *Madhāhib*, daß der *Mu'adhdhin* den *Adhān* stehend ausrufen soll, sofern er nicht durch Krankheit oder etwas derartiges (allgemein: körperliche Hinderung) davon abgehalten wird.

Daß der Mu'adhdhin an einem erhöhten Platz steht

Dies kann das Dach der Moschee, ein Minarett oder ähnliches sein[51].

Daß man sich bei dem Teil „ḥayya 'alā ṣ-ṣalāh" mit dem Kopf nach rechts und bei „ḥayya 'alā l-falāḥ" nach links wendet

Hierzu gibt es verschiedene Meinungen: Nach allen ist es *Sunna*, zumindest den Kopf bei *ḥayya 'alā ṣ-ṣalāh*" nach rechts und bei „*ḥayya 'alā l-falāḥ*" nach links zu wenden; nach manchen Meinungen müsse dabei auch der restliche Körper in Richtung *Qibla* ausgerichtet sein, und nach anderen Meinungen ist es erforderlich, sich zumindest mit dem Oberkörper bzw. dem ganzen Körper nach rechts bzw. links umzuwenden[52].

Daß man die Worte langsam und deutlich ausspricht

Dies gilt für den *Adhān* als *Sunna*, im Unterschied zur *Iqāma*, die man zwar auch laut und deutlich, aber schnell ausrufen soll.

Daß man die beiden Shahāda-Formeln zuerst leise und dann laut spricht (tarjīḥ)

Nach Meinung der *Mālikīya* und *Shāfi'īya* (im Unterschied zur Meinung der *Ḥanafīya* und *Ḥanbalīya*) ist es *Sunna* für den *Mu'adhdhin*, die Einzelsätze des *Adhān* leise für sich zu sprechen, bevor er sie für die Leute laut ausruft.

Daß man im Morgengebet nach „ḥayya 'alā l-falāḥ" ausruft: „aṣ-ṣalātu khairun mina n-naum" (tathwīb)

Dieser Einzelsatz wird beim *Adhān* zum Morgengebet (*ṣalāt aṣ-ṣubḥ*) nach dem Satz „*ḥayya 'alā l-falāḥ*" zweimal ausgerufen; wenn er weggelassen wird, gilt das übereinstimmend als *makrūh*.

Daß der Mu'adhdhin über eine kräftige, schöne, eindrucksvolle Stimme verfügt

Diese Bedingung ist zwar nicht verpflichtend, doch wenn man die Wahl zwischen zwei oder mehreren Ausrufern hat, von denen einer über diese Bedingungen verfügt und die anderen nicht, so soll man demjenigen mit der schöneren Stimme den Vorzug geben.

Daß der Mu'adhdhin als guter und aufrichtiger Mensch bekannt ist

Diese Bedingung wird nicht als verpflichtend, aber dringend empfohlen betrachtet; zumindest soll der *Mu'adhdhin* kein sündhafter Mensch sein, da das Ausrufen des *Adhān* eine verantwortungsvolle und ehrende Aufgabe ist, und beides kommt einem schlechten bzw. dauerhaft sündhaften Menschen (das heißt jemandem, der größere Sünden begeht, so daß auch seine Zeugenaussage unannehmbar wird) nicht zu.

Daß der Adhān nicht gesungen wird

Ein Ausrufen mit verschönernder Rezitation ist erwünscht, aber ein regelrechtes Singen gilt als *makrūh*[53].

Daß in einer Moschee zwei Männer den Adhān für Ṣalāt as-Ṣubḥ ausrufen

Es ist *Sunna*, daß einer der beiden den ersten *Adhān* für (die Vorbereitung auf) *Fajr* (zum Aufwecken der Leute, im letzten Teil der Nacht) und der zweite den zweiten (für das Gebet, nach Eintritt der Zeit) ausruft[54].

Daß derjenige, der dem Adhān zuhört, die jeweiligen Worte für sich wiederholt

Es ist *Sunna* für jemanden, der einem *Adhān* zuhört, die jeweiligen Worte des *Adhān* still für sich nachzusprechen. Also sagt der Zuhörer in der Sprechpause des *Mu'adhdhin* nach „*Allahu akbar*" ebenfalls „*Allahu akbar*". Nur bei den Sätzen „*ḥayya 'alā ṣ-ṣalāh*" und „*ḥayya 'alā l-falāḥ*" soll man nicht nachsprechen, sondern sagen: „*Lā ḥaula wa lā quwwata illā bi llāh*".

Nach dem Adhān das Du'ā' und den Segen für den Propheten zu sprechen

Es ist *Sunna*, nach dem *Adhān* ein bestimmtes *Du'ā'* zu sprechen und danach den Segen für den Propheten Muḥammad ﷺ zu rezitieren. Dazu gibt es verschiedene Formen und Wortlaute, von denen hier einer ausgewählt wurde:

Allāhumma rabba hādhihi d-da'wati t-tāmmati wa ṣ-ṣalāti l-qā'ima
āti Muḥammadani l-wasīlata wa r-rafī'ata
wa d-darajāta l-'āliya
wa b'athhu maqāmam-maḥmūdani lladhī wa 'adtah
wa r-zuqnā shafā'atah
yauma l-qiyāmah
innaka lā tukhlifu l-mī'ād

„O Gott, Herr dieses vollkommenen Aufrufes und des zu verrichtenden Gebetes,
gib Muḥammad das Recht, unsere Bitten [Dir] vorzutragen, und die hohe Wertstellung und die hohe Stufe
und verleihe ihm einen lobenswerten Ort [das heißt das Paradies], den Du ihm versprochen hast
und gib uns seine Fürsprache als Versorgung
am Jüngsten Tag.
Wahrlich, Du brichst Dein Versprechen nicht."

KAPITEL 5

DER DIREKTE AUFRUF ZUM GEBET (IQĀMA)

§ 13

BESCHREIBUNG DES IQĀMA-RUFES

„*Iqāma*“ bedeutet wortwörtlich unter anderem: „das Aufstehen“, „das Verrichten“. Im Recht bezeichnet es hier einen Gebetsruf, der direkt vor dem Verrichten eines Pflichtgebets ausgerufen wird und dazu dient, den Anwesenden anzukündigen, daß nun der Pflichtteil eines Gebets verrichtet wird; nach dem Ausrufen der *Iqāma* ist es nämlich unzulässig, noch *Sunna Rātiba*-Gebete vor dem *Farḍ*-Teil zu verrichten, und wer gerade ein *Nāfila Rātiba*-Gebet verrichtet, muß sich beeilen, es zu Ende zu beten, um sich dann so schnell wie möglich dem *Farḍ*-Gebet anzuschließen.

Der *Iqāma*-Ruf hat denselben Wortlaut wie der *Adhān* und zusätzlich nach dem Teil „*ḥayya ʿalā l-falāḥ*“ noch den Einschub
„*qad qāmati ṣ-ṣalāh*“
„*qad qāmati ṣ-ṣalāh*“
(wörtlich: „das Gebet hat sich erhoben, hat begonnen“, oder etwas freier: „man hat sich schon zum Gebet erhoben“).

Nach richtigen (*ṣaḥīḥ*) Hadithen soll die *Iqāma* bezüglich ihrer Einzelteile in „ungerader“ Anzahl rezitiert werden; dieser Hadith wird von der *Ḥanafīya* nicht als rechtskräftig beachtet, während die anderen *Madhāhib* das tun. Wie das genau verstanden wird und wie die Form der *Iqāma* dementsprechend aussehen kann, wird nun dargestellt.

Ḥanafīya

Die *Iqāma* hat bezüglich der Anzahl ihrer Einzelteile dieselbe Form wie der *Adhān*; nur der *Iqāma*-Zusatz unterscheidet *Iqāma*- und *Adhān*-Form. Daher lautet die *Iqāma* wie folgt:

Allāhu akbar, allāhu akbar!
Allāhu akbar, allāhu akbar!
Ashhadu al-lā ilāha illā llāh!
Ashhadu al-lā ilāha illā llāh!
Ashhadu anna Muḥammadar rasūlu llāh!
Ashhadu anna Muḥammadar rasūlu llāh!
Ḥayya ʿalā ṣ-ṣalāh!
Ḥayya ʿalā ṣ-ṣalāh!

Ḥayya ʿalā l-falāḥ!
Ḥayya ʿalā l-falāḥ!
Qad qāmati ṣ-ṣalāh.
Qad qāmati ṣ-ṣalāh.
Allāhu akbar, allāhu akbar!
Lā ilāha illā llāh!

Shāfiʿīya und Ḥanbalīya

Alle im *Adhān* zweimalig genannten Formeln werden in der *Iqāma* um eine Nennung gekürzt; der Zusatz der *Iqāma* wird jedoch zweimal hintereinander genannt. Die *Iqāma* lautet also wie folgt:

Allāhu akbar, allāhu akbar!
Ashhadu al-lā ilāha illā llāh!
Ashhadu anna Muḥammadar rasūlu llāh!
Ḥayya ʿalā ṣ-ṣalāh!
Ḥayya ʿalā l-falāḥ!
Qad qāmati ṣ-ṣalāh.
Qad qāmati ṣ-ṣalāh.
Allāhu akbar, allāhu akbar!
Lā ilāha illā llāh!

Mālikīya

Die *Mālikīya* vertritt dieselbe Auffassung wie die *Shāfiʿīya* und *Ḥanbalīya*, dehnt aber die Wirkkraft des Hadithes über das Rezitieren der Textteile in ungerader Anzahl auch auf den *Iqāma*-Zusatz aus; daher stellt sich nach der *Mālikīya* die *Iqāma* so dar:

Allāhu akbar, allāhu akbar!
Allāhu akbar!
Ashhadu al-lā ilāha illā llāh!
Ashhadu anna Muḥammadar rasūlu llāh!
Ḥayya ʿalā ṣ-ṣalāh!
Ḥayya ʿalā l-falāḥ!
Qad qāmati ṣ-ṣalāh.
Allāhu akbar!
Lā ilāha illā llāh!

§ 14

VERPFLICHTENDE BEDINGUNGEN ZUR DURCHFÜHRUNG DES IQAMA-RUFES: EIGENSCHAFTEN UND SUNAN

Grundsätzlich alle Sunan wie beim Adhān

Grundsätzlich gelten alle *Sunan*, die beim *Adhān* gelten, auch für die *Iqāma* – mit Ausnahme der *Sunan*, die sich auf das Ausrufen von einem Minarett aus (oder von außerhalb des inneren Gebetssaales aus) beziehen, denn die *Iqāma* wird nicht öffentlich ausgerufen wie der *Adhān*, sondern nur im Inneren der Moschee bzw. in direkter Anwesenheit der Betenden, im eigentlichen, zum Gebet benutzten Raum.

Daß die Iqāma schnell ausgerufen wird

Ein weiterer Unterschied zwischen *Iqāma* und *Adhān* ist, daß es der *Sunna* gemäß vorzuziehen ist, den *Adhān* langsam und getragen auszurufen, während die *Iqāma* in normalschneller bis schneller Form ausgerufen werden soll.

Daß der Ausrufer des Adhān der Mu'adhdhin ist

Eine zusätzliche *Sunna* bezüglich der *Iqāma* ist, daß derjenige, der (gegebenenfalls) schon den *Adhān* ausgerufen hat, nun auch die *Iqāma* ausruft.

KAPITEL 6

DIE BEDINGUNGEN DER VERPFLICHTUNG ZUM GEBET (SHURŪṬ AL-WUJŪB)

Hier sind diejenigen Dinge gemeint, die einen Menschen zum Gebet (*ṣalāh*) verpflichten.

§ 15

ZUGEHÖRIGKEIT ZUM ISLAM

Wenn ein Mensch Muslim ist oder Muslim geworden ist, obliegt ihm die Plicht, die fünf täglichen Pflichtgebete zu verrichten: das Morgengebet (*ṣubḥ/fajr*), das Mittagsgebet (*ẓuhr*), das Nachmittagsgebet (*'aṣr*), das Abendgebet (*maghrib)* und das Nachtgebet (*'ishā'*). Nur diese fünf Gebete sind Plicht (*farḍ*). Das ebenfalls verpflichtende Freitagsgebet (*ṣalāt al-jum'a*) tritt am Freitag an die Stelle des Mittagsgebetes, so daß man sagen kann: Nur fünf Gebete sind dem Muslim pro Tag absolut verpflichtend.

§ 16

ERREICHEN DER ALTERSGEMÄSSEN KÖRPERLICHEN REIFE (BULŪGH)

Gemäß der Überlieferung des Propheten ﷺ gilt: Sobald ein männlicher Muslim die körperliche, sexuelle Reife erreicht (speziell, den ersten Samenerguß hat) bzw. ein weiblicher Muslim die erste Periodenblutung hat, muß der jeweilige Muslim das tägliche Pflichtgebet verrichten.

§ 17

VORHANDENSEIN DES VERSTANDES

Wenn ein Muslim – Mann oder Frau – nicht bei Verstand ist, entfällt für den Zeitraum seines Verrücktseins die Verpflichtung zum Gebet. Wenn ein Muslim oder eine Muslimin also gerade die körperliche Reife (*bulūgh*) erreicht hat, aber geistig auf dem Stand eines Kleinkindes ist und Sinn, Aufbau und Praxis des Gebets nicht begreifen kann, ist dieser Mensch nicht zum Gebet verpflichtet.

Allerdings gilt auch: Wenn ein Muslim oder eine Muslimin sich berauscht (mit Alkohol, Drogen usw.) und de facto nicht mehr bei Verstand ist, entfällt die Pflicht, die täglichen Gebete zu verrichten, nicht. Wer durch solche Umstände sein Gebet versäumt, muß es sofort nachholen, sobald er wieder bei Verstand ist, und dies unabhängig davon, ob der Rauschzustand auf verbotene Weise zustande kam (durch sündhaften Alkoholkonsum etwa) oder auf erlaubte Weise (etwa hervorgerufen durch zeitweise Verstandesvernebelung durch notwendige Medikamente).

§ 18

EINTRETEN DER GEBETSZEIT

Neben der allgemeinen Verpflichtung zum Gebet gilt: Erst mit Beginn einer Gebetszeit wird ein bestimmtes Gebet auch zur Pflicht. Das heißt: Erst wenn die Sonne sich aus dem Zenit herabneigt und die Gebetszeit des *Ẓuhr*-Gebets beginnt, wird an diesem konkreten Tag auch die Verpflichtung zum *Ẓuhr*-Gebet aktiv.

§ 19

KEIN HINDERUNGSGRUND (ḤAIḌ, NAFĀS)

Das zuvor Gesagte zur Verpflichtung zum Gebet wird bei einer Muslimin dann ausgesetzt, wenn sie sich im Zustand der Monatsblutung (*ḥaiḍ*) oder der Zeit der Nachblutung nach einer Geburt befindet (*nafās*): In beiden Fällen kann bzw. darf die muslimische Frau keine Gebetshandlung verrichten, weder ein Pflichtgebet (*ṣalāh, farḍ*) noch ein freiwilliges Gebet (*nāfila*), noch ein Gott speziell gelobtes Gebet (*ṣalāh manẓūra*).

Pflichtgebete, die in der Zeit der Periode oder der Zeit der Geburtsnachblutung angefallen sind, werden nicht wiederholt und sind für die muslimische Frau auch im nachhinein keine Pflicht mehr; besonders gelobte Gebete hingegen müssen von der Muslimin aber nach Ablauf von Periode bzw. Monatsfluß nachträglich verrichtet werden.

KAPITEL 7

BEDINGUNGEN DER GÜLTIGKEIT DES GEBETS (SHURŪṬ AṢ-ṢIḤḤA)

Hier sind die Bedingungen gemeint, die erfüllt sein müssen, damit ein Mensch ein gültiges Gebet im islamischen Sinne erfüllen kann.

§ 20

ZUGEHÖRIGKEIT ZUM ISLAM

Ein islamisches Gebet (gleich, ob Pflicht-, freiwilliges oder gelobtes Gebet) kann ein Mensch erst dann gültig ausführen, wenn er sich klar und ehrlich zum Islam bekennt. Dazu gehört das Glaubensbekenntnis vor Gott und der konkrete Eintritt in die islamische Religion.

Bei muslimischen Kindern, die in das Verpflichtungsalter hineinwachsen, besteht die Verpflichtung, wenn sie über ihre Religion das Wesentliche beigebracht bekommen haben. Übereinstimmend wird seitens der Gelehrten gesagt: Wer etwa außerhalb eines islamischen Gemeinwesens aufwuchs und weder durch Eltern, Nachbarn, Freunde oder sonst jemanden, der vertrauenswürdig war, über Reinigung, Gebet im Islam usw. unterrichtet wurde und in Wirklichkeit wie ein Nichtmuslim aufwuchs, der auch keine Möglichkeit hatte, über den Islam und speziell das Gebet etwas zu erfahren, dem obliegt das Gebet für diesen Zeitraum nicht.

Wer aber als Muslim vom Gebet und der Verpflichtung wußte und sich auch informieren konnte, dann aber nicht gebetet hat, der hat die Verpflichtung, alle ihm entgangenen Pflichtgebete nachzuholen.

Wenn ein Muslim jahrelang nicht betete, dann bereut und täglich betet, aber die nachzuholenden Gebete sehr viel sind, so meinen manche Gelehrte dazu: Er muß anstelle der freiwilligen Gebete vor bzw. nach den eigentlichen, aktuellen Pflichtgebeten beabsichtigen, ein früheres Pflichtgebet nachzuholen. In diesem Fall gibt es für einen solchen Muslim/eine solche Muslimin also kein übliches freiwilliges Gebet, solange bis er/sie sicher ist, das Entgangene nachgeholt zu haben.

§ 21

VERRICHTEN DES GEBETES IN SEINER GEBETSZEIT

Grundsätzlich gilt: Erst wenn die Gebetszeit eines bestimmten Gebetes eingetreten ist, kann man dieses betreffende Gebet gültig verrichten. Sobald also der Zenit von der Sonne überschritten wurde, begann die zulässige Zeit des Mittagsgebetes (*ẓuhr*), von diesem Moment an kann man es gültig verrichten.

Eine Ausnahme zu dieser Grundsatzregel findet man, wenn zwei Gebete zusammengefaßt werden: In diesem Fall kann man die beiden Gebete gültig von Beginn der Gesamtzeit an verrichten. Wer etwa auf der

Reise Mittags- und Nachmittagsgebet zusammenfaßt, für den beginnt die zulässige Zeit mit Beginn der Mittagszeit (*ẓuhr*) und endet mit dem Ende der Nachmittagszeit (*ʿaṣr*).[55]

§ 22

REINHEIT (ṬAHĀRA)

Die vollständige rituelle und körperliche Reinheit des Körpers des Betenden, seiner Kleidung und des Platzes, auf welchem er betet, ist Voraussetzung zur Gültigkeit des Gebets.

Der Mensch muß daher noch vor dem Gebet von der *Janāba* frei sein, der großen rituellen Unreinheit (zum Beispiel nach Geschlechtsverkehr) und von der kleinen rituellen Unreinheit (geschehen durch Wasserlassen, Blähung usw.). Dazu nimmt der Muslim die entsprechende Waschung vor (Vollwaschung/*Ghusl* bzw. Teilwaschung/*Wuḍūʾ*). Außerdem müssen Körper, Kleidung und Gebetsplatz im engeren Sinne von rituell verunreinigenden Dingen (*najāsa*) frei sein.[56]

§ 23

DAS SICH-AUSRICHTEN AUF DIE QIBLA

Was die Qibla (Gebetsrichtung) genau ist

Unter der *Qibla*, wörtl. etwa: „Richtung, in die man sich hinwendet", versteht man die Richtung nach Mekka hin bzw. die Ausrichtung nach der *Kaʿba* in Mekka. In Deutschland ist die *Qibla*-Ausrichtung grundsätzlich in Südsüdost-Richtung (in Mitteldeutschland, zum Beispiel Köln, etwa 127° Abweichung, von Nord nach Südost betrachtet, in Ostdeutschland, zum Beispiel Dresden, etwa 130°).

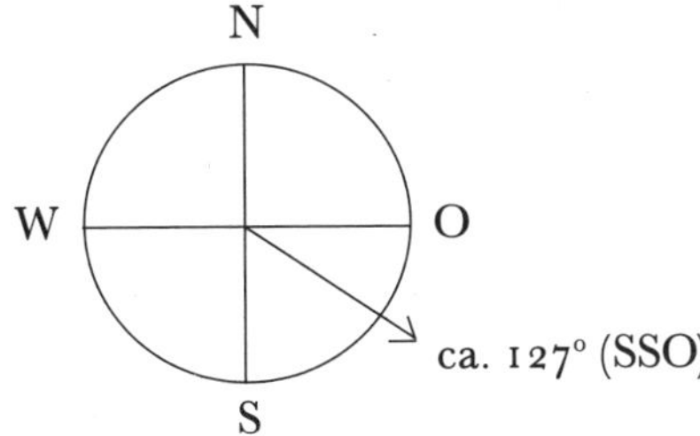

Diese Richtung muß man grundsätzlich im Gebet einnehmen, damit es gültig ist.

Nach der Auffassung der *Madhāhib* außer der *Shāfi'īya* genügt es, wenn man, je nach Möglichkeit, sich ungefähr in *Qibla*-Richtung ausrichtet. Die *Shāfi'īya* jedoch ist der Auffassung, daß bereits eine geringe Abwendung von der genauen Ausrichtung auf die *Ka'ba* – wenn sie sich belegen oder nachweisen läßt – ein Gebet, das so unter nur ungefährer Ausrichtung auf die *Qibla*-Richtung verrichtet wurde, ungültig werden läßt.[57]

Wie man die Qibla praktisch erkennen bzw. bestimmen kann

Durch Vorhandensein eines *Mihrāb* (Gebetsnische) in einer Moschee:

Wenn man sich in einer Moschee befindet, so kann man die *Qibla* einfach dadurch erkennen, wie die Gebetsnische (*mihrāb*) ausgerichtet ist bzw. Markierungen für Gebetsreihen liegen.

Bei Moscheen in Deutschland muß man allerdings insofern aufpassen, als die Gebäude, in denen die Moscheen errichtet wurden, meist nicht speziell für die Nutzung als Moschee angelegt wurden, weswegen der *Mihrāb* oft – der *Qibla* folgend – etwas schräg versetzt zu der Wand steht, in der er eingepaßt werden mußte. Meist sind aber auch dünne Schnüre oder aufgezeichnete Linien auf dem Boden bzw. dem Teppichboden als Ausrichtungshilfe vorhanden; wenn richtige Teppiche oder Kunstteppiche ausgelegt sind, sind sie meist so ausgerichtet, daß ihre Ränder der *Qibla*-Ausrichtung folgen.

Durch Aussage eines vertrauenswürdigen und kundigen Muslims

Wenn man sich an einem Platz befindet (sei es ein festes Gebäude oder ein Ort im Freien, ein öffentlicher Platz, Garten usw.), an dem man die *Qibla* nicht durch eigene Erfahrung kennt und an dem man derzeit auch keine Möglichkeit hat, die *Qibla* selbst festzustellen[58], so bietet sich an, einen vertrauenswürdigen Muslim[59] nach der *Qibla* zu fragen.

Einige Beispiele dafür:

1. In seinem Haus kennt der Hausherr/die Hausherrin am besten die *Qibla*, und es ist gute Sitte, als Hausherr einem Gast, der zum ersten Mal zu Besuch ist, vor dem Gebet die *Qibla*-Richtung zu zeigen.
2. Wenn man auf offener Straße oder in öffentlichen Gebäuden ansonsten Unbekannte, die als Muslime zu erkennen sind oder sich als solche zu erkennen geben, nach der *Qibla* fragt, muß man natürlich im Rahmen der Bedingungen zur Zeugenaussage prüfen, wie vertrauenswürdig die betreffende Person formalrechtlich sein kann.

   Wenn etwa eine nichtverschleierte – nominelle – Muslimin, die ganz offensichtlich einen Freund hat, den sie gerade küßt, etwas über die

Qibla sagt, so ist ihre Aussage grundsätzlich nicht vertrauenswürdig, weil sie öffentlich unerlaubte Handlungen tut und sie daher islamrechtlich für religiös wichtige Dinge als Zeugin unzulässig ist.

Wenn aber eine Frau, mit korrektem *Ḥijāb* bedeckt, eine Aussage zur *Qibla* macht, muß man grundsätzlich ihre Aussage annehmen, sofern es nicht Anzeichen gibt, daß ihre Aussage sachlich fehlerhaft bzw. falsch sein muß – etwa, wenn sie eindeutig in westliche Richtung zeigt.

Durch Ausrichtung nach dem Sonnenstand

Auf der nördlichen Hälfte der Erde geht die Sonne im Osten auf, erreicht die echte Mittagslinie (mit ihrem Zenit, dem Höchststand) im Süden und geht im Westen unter; auf der Südhalbkugel wandert sie von Süden aus über den Norden (!) nach Westen.

Wenn man also in Deutschland (was auf der Nordhälfte der Erde liegt) die *Qibla* grob nach dem Sonnenstand erkennen will, so muß man zwei grundverschiedene, praktische Fälle unterscheiden:

1. Man hat keinerlei Hilfsmittel und beobachtet an einem Ort die Sonne, wenn sie eindeutig steigt oder fällt, und schätzt je nach Erfahrung und Beobachtungsmöglichkeit die *Qibla*-Richtung (nach etwa SSO ausgerichtet).
2. Man hat irgendeinen einfachen schattenwerfenden Gegenstand (Stab, Flachkoffer und dergleichen) bzw. blickt auf einen festen Gegenstand (Säule, freistehender Baum usw.) und vergleicht Schatten und schattenwerfendes Objekt; danach kann man feststellen, ob und wie stark die Sonne (bei einem aufrechten Gegenstand) sich geneigt hat bzw. ob sie fällt oder steigt. Daraus leitet man dann ab, ob die Sonne noch östlich oder schon westlich von der Mittagslinie steht, und kann dann (in etwa) die Südrichtung und daraus die *Qibla*-Richtung erkennen.

Durch Ausrichtung nach dem Polarstern

Es gibt mehrere Möglichkeiten, sich bei Nacht zu orientieren und die *Qibla* – sowie auch die Himmelsrichtungen – zu erkennen. Hier die einfachste Methode[60]:

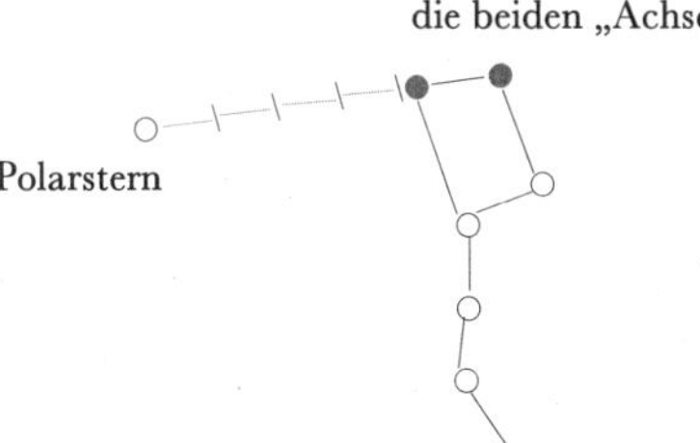

Man sucht das Sternbild des „Großen Bären“ bzw. „Großen Wagens“; von den beiden hinteren „Achsensternen“ ausgehend kann man den Polarstern finden, der die Drehachse des Himmels ist und vom Betrachter aus genau in Nordrichtung liegt[61].

Dabei verlängert man die gedachte Verbindungslinie der beiden hinteren „Achsensterne“ so lange, bis man nach etwa fünffacher Verlängerung auf einen sehr hellen Stern stößt, der deutlich aus den Sternen um ihn herum hervorragt: Dies ist der Polarstern. Mit dem Polarstern hat man dann die Nordausrichtung und kann sich so die *Qibla*-Richtung erschließen.

Durch Verwendung eines Kompasses

Bezüglich der *Qibla*-Bestimmung muß man zwei Grundarten des Kompasses unterscheiden:

- den „normalen Kompaß“ (ohne besondere Vorrichtungen und Markierungen) und
- den speziellen Gebetskompaß.

Ein „normaler Kompaß“ muß so eingerichtet werden, daß man zuerst die Nordrichtung und daraus dann die Abweichung bestimmt.

Bei einem Gebetskompaß sind rings um die Buchse (Kompaßhülse) Markierungen (Zahlen oder Buchstaben, manchmal auch Städtenamen) angebracht; durch Ausrichtung der Kompaßnadel auf die entsprechende Zahl und Beachtung des Nordanzeigers usw. kann man dann die *Qibla*-Richtung der entsprechenden Stadt feststellen. (Meist sind kleine Tabellen und Listen mit Aufschlüsselung der Randmarkierungen beigefügt.)

§ 24

DAS BEDECKEN DER ʿAURA

Allgemeine Beschreibung und Rolle der ʿAura

Unter der „*ʿAura*“ eines Menschen versteht man den Bereich seines Körpers, der vor anderen Menschen bzw. allgemein bedeckt werden muß.

Grundsätzlich muß die *ʿAura* eines Menschen immer bedeckt sein, wenn er mit anderen Menschen zusammen ist bzw. wenn er im Gebet (oder beim *Ṭawāf* und ähnlichen gottesdienstlichen Handlungen) vor Gott dem Erhabenen steht. Als Grundlage zum Verständnis der *ʿAura*-Bedeckung muß hier das Schamgefühl dienen: das Sich-Entkleiden über das zulässige Maß hinaus ruft bei einem Menschen Schamgefühl hervor.

Nur die Grenze, von der an das Schamgefühl ausgelöst wird, ist durch Erziehung und Rollen festgelegt.

Hier nun setzt der Islam klare Maßstäbe: Ein bestimmtes Schamgefühl wird von dem Muslim und der Muslimin gefordert, und daher muß auf Bewahrung bzw. Erziehung zum Bewußtsein dieses islamischen Schamgefühls hingewirkt werden.

Wenn nun ein Muslim/eine Muslimin schon vor anderen Menschen (in bestimmten Grenzen) Scham empfinden soll, so muß das erst recht vor dem erhabenen Gott gelten – was könnte sündhafter sein, als vor *Allāh ta'ālā* schamlos zu sein! Von daher hat Gott dem Muslim und der Muslimin vorgeschrieben, wie und wie sehr auf das Schamgefühl zu achten ist: vor Ihm, dem Erhabenen, und vor den Menschen.

Die 'Aura im Gebet

Im Gebet steht der Mensch direkt vor *Allāh ta'ālā*: In diesem Fall muß der Muslim/die Muslimin aus Respekt das Bedecken einer bestimmten *'Aura* beachten.

Die Auren bei Mann und Frau im Gebet sind verschieden; beim Mann unterscheidet man zwischen der Mindestaura[62] (*'aura mughallaẓa*) und der zusätzlichen Aura[63] (*'aura mukhaffafa*), bei der Frau gibt es im Gebet nur eine Aura.

Beim Mann

Die Mindestaura beim Mann – die *'Aura mughallaẓa* und die *'Aura mukhaffafa* im engeren Sinn – besteht im Gebet darin, daß er vom Nabel bis zum Knie (von vorne betrachtet) bedeckt ist[64].

Die nächstbessere Bedeckung – unter Beachtung der *'Aura mughallaẓa* und *'Aura mukhaffafa* im weiteren Sinn – besteht darin, daß der Oberkörper (das heißt der Brustbereich) und die Beine bedeckt sind.

Das beste ist (über die eigentliche Aura hinausgehend), wenn auch Arme und – im Gebet – der Oberteil des Kopfes (durch eine Kappe bzw. einen Turban) bedeckt sind[65].

Bei der Frau

Bei einer Frau ist die Aura im Gebet der gesamte Körper außer dem Gesicht und den Händen; nach manchen Gelehrten kann auch der Fuß – unterhalb des Knöchels – davon ausgenommen werden, wenn es schwer ist, ihn zu bedecken. Ferner gelten alle Kopfhaare als Aura, auch dünne Haarsträhnen, die von oberhalb der Ohren bzw. von vor den Ohren her wachsen und des öfteren aus dem Kopfschleier herausrutschen. Und auch die Ohren, der Hals und der Nacken gelten als Aura und müssen bedeckt werden[66].

Die ʿAura außerhalb des Gebets

Beim Mann

Beim Mann gilt, daß seine Mindestaura im Gebet vor anderen Männern auch als Alltagsaura gilt. Wenn aber ihm fremde Frauen anwesend sind, gelten bestimmte Bedingungen.

Ḥanafīya und Ḥanbalīya
In Anwesenheit von Frauen gilt, daß er sich in der Mindestaura zeigen darf, sofern dadurch keine Versuchung entsteht (etwa wenn der Mann sehr attraktiv ist).

Mālikīya
In Anwesenheit ihm fremder Frauen besteht die zu bedeckende Aura des Mannes in seinem ganzen Körper, abgesehen von Kopf, Hals und Nacken, Armen und Beinen.

Shāfiʿīya
In Anwesenheit ihm fremder Frauen besteht die zu bedeckende Aura des Mannes in seinem ganzen Körper; das heißt, er muß sich zumindest vom unteren Halsansatz bis zu den Füßen vollständig bekleiden (bei Beschwernis mit Ausnahme der Füße).

Bei der Frau

Die Frage der Bedeckung der Frau ist ein ständiges Diskussionsthema; daher soll hier näher auf die damit zusammenhängenden Fragen eingegangen werden.

Das, was bei der Frau der Bedeckung ihres Körpers – genauer: der Bedeckung ihrer Aura – dient, wird als „*Ḥijāb*" bezeichnet[67]. Der Frau sind – je nach dem, in wessen Anwesenheit sie sich befindet – verschiedene Mindestformen der Bedeckung vorgeschrieben.

Der teilweise *Ḥijāb* (der nicht dem *Ḥijāb* der Frau im Gebet entspricht) ist für die Zeit außerhalb des Gebets vorgeschrieben in Anwesenheit

1. eines Verwandten (sei er männlich oder weiblich), der zum „*Maḥram mu'abbad*" gehört,
2. einer fremden muslimischen Frau, die nicht sündhaft bzw. die vertrauenswürdig ist[68],
3. einer weiblichen Verwandten, die nicht zum „*Maḥram mu'abbad*" gehört und nicht sündhaft bzw. die vertrauenswürdig ist,
4. einer muslimischen Frau, von der man nicht weiß, ob sie sündhaft ist oder nicht bzw. vertrauenswürdig ist oder nicht[69].

Der vollständige *Ḥiǧāb* (der dem *Ḥiǧāb* der Frau im Gebet entspricht) ist für die Zeit außerhalb des Gebets vorgeschrieben in Anwesenheit

1. eines männlichen Verwandten, der nicht zum „*Maḥram mu'abbad*" gehört,
2. eines fremden nicht mit ihr verwandten Mannes,
3. einer fremden muslimischen Frau, die aber sündhaft bzw. nicht vertrauenswürdig ist,
4. einer nichtmuslimischen Frau, von der man nicht weiß, ob sie sündhaft ist oder nicht bzw. vertrauenswürdig ist oder nicht
5. einer nichtmuslimischen Frau, die sündhaft bzw. die nicht vertrauenswürdig ist.

Es besteht ein Zweifelsfall bei

1. einer nichtmuslimischen Frau, die nicht sündhaft bzw. vertrauenswürdig ist,[70]
2. bei Männern, die zwar zum *Maḥram mu'abbad* gehören, aber sündhaft bzw. nicht vertrauenswürdig sind.

In diesen beiden Fällen gilt, daß dann, wenn der Zweifel eher zuungunsten der betreffenden Person ausfällt, der vollständige *Ḥiǧāb* zu tragen ist.

Die Bedeutung von „Ḥiǧāb"

Mit dem Begriff „*Ḥiǧāb*" ist nicht – wie oft fälschlicherweise behauptet – ein bloßes Kopftuch gemeint, sondern eine völlige Bedeckung des Körpers, die es unmöglich macht, die Körperform bzw. -farbe zu erkennen und die nicht durch auffällige Tricks auf den Körper hinweist. Der *Ḥiǧāb* dient also dem Schutz der Frau vor Nachstellungen und davor, bei Männern (und auch manchen entsprechend veranlagten Frauen) Begierde hervorzurufen.

Des weiteren zeigt die Muslimin mit der korrekten *Ḥiǧāb*-Kleidung, daß sie als anständige und gläubige Frau erkannt werden will, und sie muß – sofern sie den *Ḥiǧāb* nicht aus offenkundiger Heuchelei trägt – auch entsprechend mehr geachtet werden als Frauen, die sich um korrekte Bekleidung nicht kümmern bzw. sich ihr offen entgegenstellen.

Mit „*Iḥtiǧāb*" ist das Sich-Bedecken mit einem *Ḥiǧāb* gemeint (das heißt, daß sich die Frau so bedeckt, daß die Bedingungen des „*Ḥiǧāb*" erfüllt sind).

Die wichtigsten Bedingungen des „Ḥiǧāb"

1. Daß der gesamte Körper der Frau bedeckt ist, außer dem, was von der Bedeckungspflicht ausgenommen ist.[71]

2. Daß die zur Bedeckung benutzten Kleidungsstücke aus undurchsichtigem Stoff bestehen, so daß weder Haut noch (Kopf)Haare von außen durch den Stoff hindurch erkennbar sind.
3. Daß die benutzten Kleidungsstücke weit geschnitten sind, also nicht eng am Körper anliegen – geschweige denn die Körperumrisse und -formen nachzeichnen bzw. betonen.
4. Daß die Kleidung, die die Frau trägt, nicht die Aufmerksamkeit der Männer auf sich zieht (durch allzu extravagante Aufmachung, zu viel auffällige Verzierungen usw.).[72]
5. Daß die Kleidung der Frau nicht durch Zurschaustellung wertvoller Schmuckverzierung, wertvoller Stoffe usw. Frauen demütigt, die sich derartige wertvolle Dinge nicht leisten können; das gilt nämlich als Hochmut und wird daher von Gott dem Erhabenen als *Ḥijāb* nicht angenommen.[73]
6. Daß die Kleidungsstücke nicht solchen Kleidungsstücken gleichen, die speziell (bzw. in der Regel nur) von Männern getragen werden.[74]

Vor Verwandten, die dem „ewigen Maḥram“ (maḥram mu'abbad[75]) angehören

Zum *Maḥram mu'abbad* (zu den Verwandten, mit denen man keine Ehe eingehen darf) zählen beispielsweise Vater und Mutter, Bruder und Schwester, Tochter und Sohn. Hier gilt, daß die Frau den teilweisen *Ḥijāb* tragen darf, dessen genaue Begrenzung aber bezüglich der Anwesenheit von Männern bzw. Frauen sowie je nach *Madhhab* etwas unterschiedlich ist.

Wenn eine Frau allein in einem abgeschlossenen Raum ist[76] oder sich in einer reinen Frauengesellschaft (das heißt, wenn nur muslimische Frauen zusammen sind) oder in Anwesenheit von ausschließlich *Maḥram-mu'abbad*-Frauen befindet, so gilt, daß ihre *Minimalaura* vom Nabelbereich bis zum Knie reicht.

Sind Männer aus dem *Maḥram mu'abbad* der Frau in ihrer Gegenwart, so gibt es nach den Rechtsschulen verschiedene Ansichten.

Ḥanafīya und Shāfi'īya

Hier ist für die betreffende Frau nur der Bereich zwischen Nabel und Knie verpflichtend zu bedecken.

Mālikīya

Der zu bedeckende Aurabereich der Frau ist in diesem Fall der gesamte Körper außer Kopf, Hals und Nacken, Armen und Händen sowie den Füßen.

Ḥanbalīya

Der zu bedeckende Aurabereich der Frau erstreckt sich in diesem Fall über den gesamten Körper außer Kopf, Hals und Nacken, Armen und Händen sowie Beinen, Knien und Füßen.

In Anwesenheit einer nichtmuslimischen Frau oder fremden Männern muß die Frau aber den vollständigen *Ḥijāb* anlegen, das heißt, hier ist ihre *'Aura* wie die im Gebet.

Ḥanbalīya

Nach Ansicht der *Ḥanbalīya* besteht hier kein Unterschied zwischen Musliminnen und Nichtmusliminnen: In beiden Fällen gilt nach dieser Meinung, was auch bei den anderen *Madhāhib* bei einer reinen Musliminnengruppe gilt.

Vor anderen als den Verwandten, die dem „ewigen Maḥram" (maḥram mu'abbad) angehören

Hier gilt, daß der vollständige *Ḥijāb* anzulegen ist, wenn männliche *Maḥram*-Angehörige anwesend sind, die nicht dem *Maḥram mu'abbad* angehören (wenn es sich also um solche Verwandte handelt, mit denen die betreffende Frau – unter bestimmten Voraussetzungen – eine Ehe eingehen kann).

Als Paradebeispiel können hier der Bruder des Ehemannes sowie der direkte Cousin der Frau (das heißt Sohn eines Onkels der Frau) sowie auch weiter entfernte Cousins (wie der Cousin, der mit der Frau über einen Großonkel verwandt ist) dienen: Diese können nach islamischem Recht von der betreffenden Frau (unter bestimmten Umständen geheiratet werden.

Die 'Aura-Bedeckung in Extremsituationen

Bei unabsichtlicher Entblößung der *'Aura*:

Wenn jemand seine *'Aura* während des Gebetes absichtlich entblößt, so besteht volle Übereinstimmung unter den Rechtsschulen und allen Gelehrten, daß das Gebet dadurch sofort ungültig wird.

Doch bezüglich des Falles, daß jemandes *'Aura* unabsichtlich – durch einen Windstoß und dergleichen – ganz oder teilweise während des Gebetes entblößt wird, werden verschiedene Ansichten vertreten. Dazu nun die Darstellung der Meinungen nach den Rechtsschulen.

Ḥanbalīya

Wenn einer der folgenden Fälle gegeben ist, wird das Gebet nicht ungültig:

• wenn ein kleiner Teil der *'Aura* ohne Absicht entblößt wird
• wenn ein Teil der *'Aura* – ob nun mehr oder weniger ausgedehnt – oder sogar die ganze *'Aura* ohne Absicht (etwa durch einen Windstoß) freigelegt wird und die Entblößung nicht längere Zeit (das heißt nur einen Augenblick) andauert und der entblößte Teil sofort wieder bedeckt wird.

Wenn aber die *'Aura* absichtlich entblößt wird oder wenn die Entblößung – dem Brauch (*'urf*) nach – längere Zeit andauert, so ist das Gebet ungültig.

Ḥanafīya
Wenn ein Teil der *'Aura mughallaẓa* im Maß eines Viertels entblößt wird[77] oder das Viertel eines Körperteils der *'Aura mukhaffafa*[78] während der Zeit entblößt wird, in der ein *Rukn* des Gebets verrichtet wird, so ist, auch wenn das nicht absichtlich geschieht (etwa durch einen Windstoß), das Gebet doch ungültig.
Geschieht aber irgendeine Entblößung absichtlich, so wird das Gebet augenblicklich ungültig.

Mālikīya
Wird auf irgendeine Weise die *'Aura mughallaẓa* entblößt, ist das Gebet sofort ungültig.

Shāfi'īya
Wenn die Aura des Betenden/der Betenden unabsichtlich durch einen Windstoß oder derartige Natureinflüsse entblößt wird, wobei er in der Lage ist, sich wieder zu bedecken, und er das auch augenblicklich tut, ist das Gebet weiterhin gültig.

Ebenso verhält es sich, wenn man sich im Gebet versehentlich im Aurabereich entblößt, sich aber augenblicklich wieder bedeckt: Auch dann gilt das Gebet noch.

Wenn aber etwas außer einem Windstoß und derartigen Natureinflüssen das Entblößen der Aura bewirkt – etwa, wenn ein Tier wie eine Katze usw. einen Schleier wegzerrt oder wenn ein Kleinkind ohne *Tamyīz* ein Kleidungsstück hochzerrt –, so wird das Gebet ungültig.

Bei Anhaften von Najāsa und Seidenkleidung

Sofern man nicht gerade beten muß, gilt, daß auch mit einer *Najāsa* verunreinigte Kleidung anbehalten werden muß, sofern man keine reine (oder zumindest reinere) bzw. erlaubte Kleidung (für Männer nicht aus Seide)[79] als Ersatz finden kann.

Kann man aber reine oder reinere Kleidung finden und hat man die Möglichkeit, die verschmutzte Kleidung abzulegen, ohne seine entsprechende Aura vor solchen Menschen entblößen zu müssen, vor denen man das nicht darf, so muß man das so bald wie möglich tun.

Findet man aber entsprechende Möglichkeiten dazu nicht (zum Beispiel weil es keine geschlossenen Räume gibt, in die man sich zurückziehen könnte) oder findet man solche, kann aber nicht sicher sein, ob nicht jemand unvermutet hereinkommt[80], vor dem man die Aura nicht entblößen darf, so muß man diese verunreinigte bzw. grundsätzlich unerlaubte Kleidung (abgesehen von den Gebeten) so lange anbehalten, bis sich eine passende Gelegenheit zum Wechseln ergibt.

Ist aber ein Gebet nicht mehr aufzuschieben, weil die betreffende Gebetszeit schon fast abgelaufen ist, und findet man nur verunreinigte (*mutanajjis*) Kleidung bzw. (bei einem Mann) nur ein Seidengewand, so gelten nach den Rechtsschulen unterschiedliche Ansichten.

Shāfiʿīya
und *Ḥanafīya*
Ist im Fall eines Mannes ein Seidengewand und zu stark verunreinigte Kleidung vorhanden oder auch nur ein Seidengewand allein, so gilt, daß er aufgrund der Notlage in dem Seidengewand beten muß, denn in stark verunreinigter (*mutanajjis*) Kleidung darf man nicht beten; das in dem Seidengewand so verrichtete Gebet ist gültig und wird auch später nicht wiederholt.

Eine Frau darf Seide im Gebet tragen, doch keine mit *Najāsa* verunreinigte Kleidung; findet sie nur mit *Najāsa* verunreinigte Kleidung vor, so gilt sie wie jemand, der gar keine Kleidung vorfindet.

Mālikīya
Man muß auch in einem stark mit *Najāsa* verunreinigten oder aus *Najāsa* bestehenden Kleidungsstück (etwa aus Schweineleder) beten; ein so verrichtetes Gebet muß auch später nicht verpflichtend wiederholt werden, wenngleich es *mandūb* ist, ein solches Gebet zu wiederholen.

Ḥanbalīya
Man muß in einer solchen Lage auch in Kleidung mit *Najāsa* beten, muß das Gebet aber später – in reiner Kleidung – wiederholen. Bei Kleidung, die aus *Najāsa* besteht, gilt aber, daß sie nicht beim Gebet getragen werden darf: Der Betende muß dann nackt beten, und das so verrichtete Gebet wird später auch nicht wiederholt.

Bei Nichtvorhandensein von Kleidung usw.

Hat man in einer Notlage gar keine Kleidung bzw. nichts oder nicht genug, um die Mindestaura zu bedecken, so sind grundsätzlich zwei Fälle zu unterscheiden:

1. Es ist zwar etwas Kleidung /etwas zur teilweisen Bedeckung der *'Aura* vorhanden.
2. Es ist überhaupt nichts zur Bedeckung der *'Aura* vorhanden, die betreffende Person ist völlig nackt.[81]

In beiden Fällen kommt es zusätzlich darauf an,

- ob es Nacht bzw. dunkel ist,
- ob noch andere Personen anwesend sind,
- ob die betreffende Person sich außerhalb eines für Blicke zugänglichen Raumes befindet oder nicht.

Dazu nun Darstellungen der Rechtsschulen:

Es gilt in Übereinstimmung, daß, wenn etwas Reines in zu geringem Maß zur Bedeckung vorhanden ist, man zunächst den Geschlechtsbereich und den After bedecken muß, dann den Bereich darum herum, dann das, was den Auraregeln entsprechend mehr, dann das, was weniger verpflichtend bedeckt werden muß.

Wenn allerdings Dunkelheit herrscht und man nur unzureichende Bedeckungsmöglichkeit hat, ist es nach Ansicht der Rechtsschulen außer der *Mālikīya* nicht verpflichtend, sich damit zu bedecken – das heißt, man kann dann auf diese unzureichende Bedeckung ganz verzichten.

Mālikīya

Nach der *Mālikīya* gilt die Dunkelheit nicht als Entschuldigungsgrund, das heißt, man muß sich auch dann soweit wie möglich bedecken. Tut man das aber in dieser Lage nicht, so hat man eine Sünde begangen, das Gebet gilt aber doch. In solchen Fällen ist es dann *mandūb*, das Gebet zu wiederholen, nicht aber verpflichtend.

Ist überhaupt gar nichts vorhanden, womit man sich bedecken kann, so soll man bis zum Ende der Gebetszeit abwarten, ob sich nicht doch noch eine Bedeckungsmöglichkeit ergibt; dieses Abwarten ist nach Ansicht der *Shāfi'īya* verpflichtend, nach den anderen Rechtsschulen *mandūb*.

Weil es verpflichtend ist, daß die Bedeckung weder von oben noch von der Seite einen Blick auf Aurateile zuläßt, weder für den Betenden selbst noch für andere, ist es auch nicht ausreichend, wenn man ein zerfetztes oder zerrissenes Gewand trägt, das Blicke auf Aurateile erlaubt: ein so verrichtetes Gebet ist selbst dann für den Betenden ungültig, wenn weder er seine *'Aura* während des Gebetes gesehen hat noch andere. Das ist die Ansicht der *Shāfi'īya* und *Ḥanbalīya.*

Ḥanafīya und Mālikīya
Für den Betenden selbst ist es in dieser Lage nicht verpflichtend, daß seine *'Aura* vor ihm selbst verborgen bleibt: Wenn etwa der oder die Betende von oben her während des Gebetes auf etwas, was *'Aura* ist, blickt, so ist das zwar *makrūh*, aber das Gebet ist doch gültig.

Alle Rechtsschulen stimmen aber darin überein, daß es nicht verpflichtend ist, die *'Aura* von unten bzw. von unter dem Gewand, der Kleidung, zu bedecken.

§ 25

DIE GEBETSPLATZBEGRENZUNG (SUTRA)

Die *Sutra* (wörtl. etwa: „Verdeckung", „Abtrennung", als Fachbegriff: „Gebetsplatzbegrenzung") dient dazu, den Betenden und anderen einen Platz klar anzuzeigen, der zum Beten benötigt wird. Da es grundsätzlich unzulässig ist, vor einem Betenden herzugehen[82] (bzw. durch seinen Gebetsplatz zu gehen), legt bzw. stellt der Betende etwas vor sich als Abtrennung und Begrenzung hin bzw. stellt sich vor ein Hindernis (Wand, Säule usw.). Grundsätzlich kann als *Sutra* alles dienen, was den Durchgang anderer durch den Gebetsbereich verhindert – in bestimmten Fällen auch der Körper eines vor dem Betenden sitzenden Menschen. Dies ist die Haltung der Schulen außer der *Shāfi'īya.*

Shāfi'īya
Es werden vier Arten der *Sutra* unterschieden, die in fester Reihenfolge aufeinander abfolgen: Erst wenn die beste Art nicht oder nur schwer zu erfüllen ist, kann man die nächste Art nehmen.

1. Feste, reine (*ṭāhir*) Dinge wie zum Beispiel Wände oder Säulen.
2. Nicht feste, aber standfeste (aufstellbare), aufrechte Dinge wie zum Beispiel ein Stab oder Möbel (Stühle usw.).
3. Ein Gebetsteppich bzw. eine entsprechend dem Gebet dienende Decke, ein Mantel usw. (nicht aber ständig ausgelegte Teppiche oder Teppichböden in Moscheen).
4. Eine Linie auf dem Boden (gezeichnet, in den Sand gezogen usw.), sei sie längs oder quer verlaufend.

Als Bedingung zur Verwendung der ersten und zweiten Art gilt, daß die Gegenstände bzw. Dinge eine Mindesthöhe von drei Ellen (etwa 86 bis 90 Zentimeter) und eine Mindestentfernung von drei Ellen vom Betenden haben müssen (genauer: von seinen Fingerspitzen[83] bzw. seinen Knien[84]).

Als Bedingung zur Verwendung der dritten und vierten Art gilt, daß die *Sutra* mindestens drei Ellen lang sein muß; zur Entfernung vom Betenden gilt dasselbe wie bei der ersten und zweiten Art.

Eine *Sutra* zu nehmen ist *mandūb.*

Auf öffentlichen Wegen eine *Sutra* zu nehmen ist aber für einen *Imām* oder *Munfarid* notwendig (*lāzim*), denn würde der Gebetsplatz von einem Menschen durchschritten, wird der Betende sündig[85].

Bezüglich der Bedingungen für die Dinge, die als *Sutra* verwendet werden, nun die Darstellung der Rechtsschulen.

Ḥanafīya

Am besten nimmt man etwas aufrecht Stehendes von einer Elle (*dhirāʿ*) Länge (etwa 28 bis 30 Zentimeter); dabei kann der Gegenstand beliebig dünn oder dick sein. Wenn das nicht möglich ist, so soll man einen Gegenstand vor sich hinlegen bzw. sich beim Beten hinter dem Rücken bzw. Körper eines vor einem Betenden hinstellen. Wenn auch das unmöglich ist, zeichnet man eine Linie auf den Boden, die besser quer als längs verlaufen soll. Hinter einer Frau oder einem Ungläubigen (*kāfir*) als *Sutra* zu beten ist ungültig (*bāṭil*).

Shāfiʿīya

Die Länge eines als *Sutra* genommenen Gegenstandes soll mindestens drei Ellen (etwa 86 bis 90 Zentimeter) lang sein, die Dicke des Gegenstandes ist dabei egal. Es ist (im Unterschied zur hanafitischen Ansicht) absolut zulässig, hinter irgendwelchen Menschen bzw. Betenden als *Sutra* zu beten. Ansonsten gilt, was auch bei der *Ḥanafīya* unter Beachtung der weiter oben schon genannten Hierarchie der *Shāfiʿīya* in der Bewertung möglicher *Sutra*-Gegenstände gilt.

Mālikīya

Es ist verpflichtend, daß zum Betenden (das heißt seinen Fingerspitzen bzw. Knien) genügend Raum sein muß, daß ein Schaf – oder, nach anderen Meinungen, eine Katze – durch den Zwischenraum hindurchgelangen kann; das entspricht etwa einer Spanne von etwas mehr als Armeslänge bis hin zu einer Handflächenlänge. Ebenfalls im Unterschied zu den anderen Schulen meint die *Mālikīya*, daß nur etwas aufrecht Stehendes, nicht aber etwas Flaches als *Sutra* geeignet ist. Außerdem muß dieser Gegenstand mindestens eine Elle (= etwa 28 bis 30 Zentimeter) lang sein und die Dicke (= Durchmesser des Schaftes) einer Lanze haben (das heißt mindestens drei Zentimeter dick sein). In der Frage, wie man einen Menschen als *Sutra* nehmen kann, stimmt die *Mālikīya* mit der *Ḥanafīya* überein.

Im Unterschied zu den anderen Rechtsschulen meint die *Mālikīya*, daß ein unreiner Gegenstand (*najāsa*) nicht als *Sutra* genommen werden kann, weil die *Sutra* dann ungültig (*bāṭil*) wird.

Ḥanbalīya

Der Gegenstand, der als *Sutra* genommen wird, muß mindestens eine Elle lang sein; die Dicke ist egal. Der Abstand zwischen dem Betenden und seinem *Sutra*-Gegenstand muß mindestens drei Ellen betragen.

Es ist zulässig, einen vor einem sitzenden/betenden Menschen als *Sutra* zu nehmen – selbst dann, wenn einem diese Person das Gesicht zuwendet (das ist so bei den anderen *Madhāhib* nicht zulässig).

Vor einem Betenden herzugehen

Vor einem Betenden herzugehen ist – je nach Rechtsschulansicht und Umständen – verboten (*ḥarām*) oder *makrūh*[86]. Dazu die Meinungen der Rechtsschulen:

Ḥanafīya und Mālikīya

Es ist verboten (*ḥarām*), vor einem Betenden herzugehen bzw. vor ihm vorüberzugehen, selbst wenn dieser Betende (unentschuldigt) keine *Sutra*-Begrenzung genommen hat. Dabei lädt der Vorübergehende aber erst Sünde auf sich, wenn es für ihn eine Ausweichmöglichkeit gegeben hätte. Es ist andererseits einem Betenden verboten (*ḥarām*), so den Gebetsplatz auszusuchen, daß die Leute gezwungen sind, an ihm vorüberzugehen (etwa bei einem öffentlichen Weg). Dabei lädt ein solcherart Betender erst dann Sünde auf sich, wenn jemand in der Tat seinen Gebetsplatz kreuzt, nicht aber durch das bloße Weglassen einer *Sutra*-Begrenzung.

Shāfi'īya

Das Vorübergehen an einem Betenden ist nur dann verboten, wenn dieser sich den Umständen und Möglichkeiten entsprechend eine *Sutra*-Begrenzung genommen hat und der Vorübergehende durch diese *Sutra* gehen würde. Andererseits ist es in jedem Falle besser, nicht vor einem Betenden herzugehen.[87] Wenn jemand auf einem Durchgangsweg oder dergleichen betet, keine *Sutra* genommen hat und jemand an ihm vorübergeht, so ist das für den Betenden *makrūh*, aber keiner der beiden hat dabei eine Sünde begangen.

Ḥanbalīya
Einen Durchgangsweg als Betender zu versperren ist *makrūh*, ob nun jemand in der Tat an diesem Betenden vorübergeht oder nicht (das in Übereinstimmung mit der *Shāfiʿīya*). Dabei ist es in erster Linie für den Betenden *makrūh*, für den Vorübergehenden aber erst dann, wenn er einen anderen Weg, eine Ausweichmöglichkeit hätte finden können.

KAPITEL 8

PFLICHTEN, EMPFOHLENES UND UNTERSAGTES IM GEBET

§ 26

DIE ERSTE PFLICHT: DIE ABSICHT (NĪYA)

Damit hängen verschiedene Fragen/Dinge zusammen:
- Die Bedeutung der Absicht
- Ihre Rechtskraft (*ḥukm*) im Gebet (*ṣalāh*)
- Ihre Art und Weise im Pflichtgebet
- Ihre Art und Weise im Nicht-Pflichtgebet
- Wann sie gefaßt werden muß
- Daß man sich bereits in einem Teil des Gebetes befindet und die damit verbundenen Bedingungen beim beabsichtigten Gebet
- Die Absicht, die der Nachbeter (*ma'mūm*) fassen muß, um einem *Imām* im Gebet nachzufolgen, und die Absicht des Vorbeters (*imām*) hinsichtlich seiner Rolle als Vorbeter.

Die Bedeutung der Absicht

Mit „Bedeutung" ist hier die innerliche Absicht gemeint: daß jemand ein Gebet für die Annäherung zu Gott und für Gott allein beabsichtigt. Wenn jemand nur mit seiner Zunge die Absicht zum Gebet faßt, nicht aber in seinem Herz, dann ist er kein Betender. Ebenso verhält es sich, wenn er nur betet, damit ihn die Leute loben, und er das Beten unterlassen würde, wenn sie es nicht täten: dann ist sein so verrichtetes Gebet ungültig.

Ebenso ist es ungültig, wenn er nur betet, um seinen Besitz oder seine gesellschaftliche Stellung herauszukehren und zur Schau zu stellen, oder wenn er das Gebet nur verrichtet, um irgendeine Begierde besser befriedigen zu können (wenn er etwa nur zur Moschee zum Gebet geht, um dabei etwas anderes an einem benachbarten Ort tun zu können).

Tatsächlich ist es sehr wichtig, daß man diese Dinge gut versteht. Insbesondere muß man sich bei der Absicht zum Gebet von allen Gedanken, die nichts mit dem Gebet an sich zu tun haben, lösen (soweit das irgend möglich ist), weil sonst das Gebet ungültig wird.

Die rechtliche Bedeutung (ḥukm)

Was die rechtliche Bedeutung der *Nīya* im Pflichtgebet angeht, so stimmen die vier Imame der Rechtsschulen darin überein, daß das Gebet ohne *Nīya* nicht gültig ist. Zwar meinten einige: die *Nīya* ist *Rukn*, andere: die *Nīya* ist *Sharṭ*, doch ob nun das Ergebnis (im ersten Fall) ist, daß ein völlig nichtiges Gebet gebetet wurde, oder (wie im zweiten Fall) ein ungültiges Gebet verrichtet wurde – im Endergebnis macht das keinen Unterschied.

Die Art und Weise, wie die Absicht (nīya) zu fassen ist

Bei der *Nīya* wird vor allem danach unterschieden, ob es sich um folgende Gebetsformen handelt:

- ein grundsätzliches Pflichtgebet, dessen Verrichtung *Farḍ ʿain* ist (wie die fünf täglichen Pflichtgebete)
- ein Gebet, dessen Verrichtung *Farḍ kifāya* ist (wie etwa das Totengebet/*Ṣalāt al-Janāza*)
- ein Gott versprochenes gelobtes Gebet (*ṣalāh manẓūra*)
- ein freiwilliges Gebet (*nāfila*)

Diesbezüglich unterscheiden sich die Rechtsschulen in ihrer Meinung.

Die Ḥanafīya

1. *Die Bedeutung der Nīya:*

Es ist für jeden, dem das Gebet als Pflicht grundsätzlich auferlegt ist, verpflichtend, anzuerkennen, daß Gott der Allmächtige ihm die

Verpflichtung der fünf täglichen Gebete auferlegt hat. Wenn er die Pflichtgebete als solche nicht (er)kennt, sind sie für ihn nämlich ungültig, selbst wenn er sie in den vorgesehenen Zeiten verrichtet – außer wenn er sie mit einem Vorbeter (*imām*) betet und dabei die Absicht des Vorbeters beabsichtigt.

Wenn er weiß, daß ihm das Pflichtgebet obliegt, aber er beim Gebet nicht zwischen Grundpflicht (*farḍ*), Pflicht (*wājib*) und *Sunna* unterscheidet/unterscheiden kann und alles mit der Absicht zum Pflichtgebet betet, ist sein Gebet gültig. Denn tatsächlich verhält es sich bei sehr vielen Leuten so, daß sie diese Unterschiede nicht machen bzw. kennen und auf ebendiese Art und Weise ihr Gebet verrichten.

2. *Die Art und Weise der Nīya:*

Im Pflichtgebet soll der Betende wissen, um welches Gebet es sich handelt, das er betet: ob es das *Ṣubḥ-*, *Ẓuhr-*, *ʿAṣr-*, *Maghrib-* oder *ʿIshāʾ-*Gebet ist.

Wenn er sich in der für das Gebet festgesetzten Zeitspanne befindet und das Gebet dieser Zeitspanne (zum Beispiel das *Ẓuhr*-Gebet in der Zeit, die dafür bestimmt ist) verrichten will, so ist das Gebet gültig, auch wenn er weiter nichts Genaueres beabsichtigt. Wenn also jemand unter diesen Bedingungen die Absicht in seinem Inneren zu einem Pflichtgebet faßt, zum Beispiel: „Ich beabsichtige das *Ẓuhr*-Gebet", ohne beispielsweise hinzuzufügen: „das *Ẓuhr*-Gebet von heute" oder „dieser *Ẓuhr*-Zeit", ist sein so beabsichtigtes Gebet gültig.

Wenn er aber noch ein in der gleichen Zeit liegendes Gebet von anderen Tagen nachzubeten hat, so muß er seine Absicht (innerlich) zum Beispiel so ausdrücken: „Ich beabsichtige das *Ẓuhr*-Gebet von heute" oder „das *Ẓuhr*-Gebet dieser Gebetszeit"; bzw. beim nachzuholenden Gebet: „Ich beabsichtige das *Ẓuhr*-Gebet von gestern" oder „das nachzuholende *Ẓuhr*-Gebet".

Befindet sich jemand außerhalb der Gebetszeit des Gebetes, das er verrichten will, und zugleich in der Gebetszeit eines anderen Tagesgebetes (zum Beispiel wenn er das *Ẓuhr*-Gebet [Mittagsgebet] in der Zeit des *ʿAṣr*-Gebetes [Nachmittagsgebetes]) nachholen will), so genügt es, das *Ẓuhr*-Gebet zu beabsichtigen. Manche Gelehrte jedoch meinen: Wenn der Betende sicher weiß, daß er sich schon außerhalb der Gebetszeit für sein Gebet befindet, muß er das Gebet des Tages von heute usw. beabsichtigen (zum Beispiel in der *ʿAṣr*-Zeit „das *Ẓuhr*-Gebet von heute"). Dies gilt besonders dann, wenn mehrere Gebete gleicher Art von verschiedenen Tagen nachgeholt werden müssen.

Zusammenfassend gesagt genügt es, wenn die Absicht zum Gebet als solchem (*Ẓuhr*, *ʿAṣr* usw.) gefaßt wird, sofern der Betende sich noch in der zugehörigen Gebetszeit befindet. Befindet er sich nicht mehr in der entsprechenden Gebetszeit und weiß nicht (oder nicht sicher), ob die Gebetszeit vergangen ist, genügt ebenfalls die bloße Absicht des Betenden zu diesem Gebet. Weiß aber der Betende genau, daß das Gebet, das er verrichten will, schon außerhalb seiner Zeit liegt, muß er nach manchen Gelehrten genauer formulieren, ob es das Gebet desselben Tages ist oder nicht. Hat er noch mehrere Gebete der gleichen Art nachzuholen, muß er ganz genau bestimmen, was er nachbetet.

Nur ein Pflichtgebet zu beabsichtigen (zum Beispiel in der *'Aṣr*-Zeit (innerlich) zu beabsichtigen: „Ich beabsichtige das Pflichtgebet"), ohne hinzuzufügen: „dieser Gebetszeit", genügt aber nicht, und ein so beabsichtigtes Gebet ist ungültig.

3. Die Nīya für das Totengebet (ṣalāt al-janāza):

Hier ist sowohl die *Nīya* für das Totengebet als auch die für ein *Wājib*-Gebet allgemein gemeint. Auch bei solchen Gebeten ist die Absicht notwendig zur Gültigkeit des Gebetes. Beim Totengebet (*ṣalāt al-janāza*) genügt es aber, das Totengebet selbst zu beabsichtigen; die (wünschenswerte,) vollständige Form ist: „Ich beabsichtige das Totengebet (*ṣalāt al-janāza*) und das Bittgebet (*du'ā'*) für den Toten" (wie dies noch im Kapitel über „*Ṣalāt al-Janāza*" genauer vorgestellt werden soll).

Die Nīya beim Freitagsgebet: Beim Freitagsgebet genügt es, „das Freitagsgebet (*ṣalāt al-jum'a)* zu beabsichtigen.

Bei den *Wājib-Gebeten* wie dem *Witr*-Gebet oder dem Zwei-*Rak'a*-Gebet beim *Ṭawāf* ist es ebenfalls nötig und zugleich ausreichend, als *Nīya* „das *Witr*-Gebet" bzw. „die zwei *Rak'a* beim *Ṭawāf*" zu beabsichtigen.

Bei *freiwilligen Gebeten* (*Nāfila-Gebeten*), die zunächst als freiwillige Gebete (allgemein innerlich) beabsichtigt wurden und die dann aus irgendeinem Grunde nicht korrekt bzw. gültig waren, gilt, daß sie wiederholt werden müssen und daß man dabei die *Nīya* (für dieses konkrete Gebet von zum Beispiel zwei *Rak'a*) genau fassen muß, weil ein solches Gebet – einmal beabsichtigt und wiederholt, beim zweiten Mal *Wājib* wird (und bei *Wājib*-Gebeten eine Absicht gefaßt werden muß).

Das gleiche gilt bei *Gebeten, die man Gott freiwillig gelobt hat* (*ṣalāt manẓūra*): Diese müssen mit der entsprechenden Absicht gebetet werden.

Zusammenfassen läßt sich das Ganze so:

Bei Pflichtgebeten (gleich, ob *Farḍ 'ain* oder *Farḍ kifāya*), *Wājib*-Gebeten und Gott gelobten Gebeten muß eine klare Absicht zum entsprechenden

Gebet gefaßt werden, damit es gültig ist, bei ganz freiwilligen Gebeten aber nicht.

Die Mālikīya:

Bei Pflichtgebeten muß eine genaue Absicht gefaßt werden, indem man ein Pflichtgebet und zudem die genaue Bezeichnung (Mittagsgebet, Nachmittagsgebet usw.) beabsichtigt, da sonst das Gebet ungültig wird.

Zu freiwilligen Gebeten siehe weiter unten.

Die Shāfi'īya:

Zur Gültigkeit eines Gebetes müssen grundsätzlich drei Bedingungen erfüllt sein:

1. Die *Nīya* muß für ein *Pflichtgebet* oder für ein *freiwilliges Gebet* gefaßt werden.
2. Die *Nīya* muß *bei Pflichtgebeten* angeben, ob zum Beispiel das *Ẓuhr-*, *'Aṣr*-Gebet usw. gemeint ist.

   Bei *freiwilligen Gebeten, die dem Pflichtgebet vorangehen oder folgen* (*rātiba*), muß beabsichtigt werden, ein dem Pflichtgebet vorangehendes oder nachfolgendes *Nāfila*-Gebet (*rātiba*) zu verrichten.

   Bei *speziellen Gebeten wie dem Witr-Gebet* muß eine entsprechende Absicht (eben das *Witr*-Gebet zu beten) gefaßt werden.

   Bei *absoluten freiwilligen Gebeten* (*nāfila muṭlaqa*) genügt die Absicht zum Gebet als solchem ohne spezielle Absicht.
3. *Der Betende muß sich bereits im ersten Teil – dem Eintritt in das Gebet, dem „Takbīrat al-Iḥrām", befinden:* Während eines Teils des *Takbīrat al-Iḥrāms* muß dann die *Nīya* des Gebetes gefaßt werden.

Das heißt, daß jemand zum Beispiel beim Pflicht-Mittagsgebet (*ẓuhr*) während des ersten *Takbīr* die Absicht fassen muß: „Ich beabsichtige das Pflichtgebet von *Ẓuhr* als Einzelbetender" bzw., wenn er es als Vorbeter im Gemeinschaftsgebet betet, „das Pflichtgebet von *Ẓuhr* als Vorbeter" bzw., wenn er Nachbeter ist, „das Pflichtgebet von *Ẓuhr* als Nachbeter".

Diese Bedingungen müssen erfüllt werden, damit das Gebet gültig ist; insbesondere darum, weil bei der *Shāfi'īya* die *Nīya* nicht nur Bedingung (*sharṭ*), sondern absolute Pflicht in jedem Fall (*rukn*) ist.

Wenn jemand als einzelner ein Pflichtgebet betet und es später in einem Gemeinschaftsgebet (*ṣalāt al-jamā'a*) wiederholen will, muß er dazu – wie vorher erläutert – die genaue Absicht fassen.

Die Ḥanbalīya:

Bei der *Nīya* zu einem Pflichtgebet – wie dem Mittagsgebet oder dem Freitagsgebet – genügt es, das „*Ẓuhr*-Gebet" zu beabsichtigen, und ein Zusatz ist hier nicht nötig.

Das Aussprechen der Nīya – zu welcher Zeit?

Die *Ḥanafīya*, *Mālikīya* und *Ḥanbalīya* stimmen darin überein, daß die *Nīya* zum Gebet dem *Takbīrat al-Iḥrām* um eine kleine Zeitspanne vorhergehen darf. Nur die *Shāfi'īya* vertritt eine andere Haltung und sagt: Die *Nīya* muß fest mit dem *Takbīrat al-Iḥrām* verbunden sein, und wenn man während der Zeitspanne des *Takbīrat al-Iḥrām* die *Nīya* nicht faßt, wird das Gebet ungültig.

Dazu die Rechtsschulen im einzelnen:

Die Ḥanafīya:

Es ist korrekt, wenn die *Nīya* dem *Takbīrat al-Iḥrām* um eine kleine Zeitspanne vorausgeht, und zwar unter der Voraussetzung, daß zwischen ihm und dem Gebet nicht etwas Trennendes eintritt, was mit dem Gebet nichts zu tun hat (wie etwa Essen, Trinken oder das Sprechen von Worten, durch die ein Gebet ungültig wird).

Wenn aber die Zeit zwischen Absicht und *Takbīrat al-Iḥrām* mit etwas überbrückt wird, was mit dem Gebet zu tun hat, wie etwa dem Gehen zum Ort des Betens, dem *Wuḍū'*, so tut das der Gültigkeit der *Nīya* keinen Abbruch.

Wenn zum Beispiel jemand die Absicht für das *Ẓuhr*-Gebet faßt, dann den *Wuḍū'* vornimmt, dann zur Moschee geht und das Gebet beginnt, ohne nochmals eine *Nīya* beim Eintritt ins Gebet zu fassen, so ist das gültig.

Tritt zwischen *Nīya* und Gebetsbeginn eine Handlung ein, die dem Gebet zwar nicht wesensfremd ist (wie oben erklärt), aber längere Zeit andauert, so ist zwar die *Nīya* bei Gebetseintritt gültig, aber er bekommt für diese Zwischenzeitspanne keinen Lohn bei Gott – im Gegensatz zu dem Fall, daß die Zwischenzeit nur kurz andauert.

Was ist nun, wenn jemand die *Nīya* zu einem Gebet bereits vor dem Beginn der entsprechenden Gebetszeit faßt? Nach Meinung von Abū Ḥanīfa selbst ist eine solche *Nīya* ungültig; doch einige Gelehrten der *Ḥanafīya* meinten, sie sei doch gültig, weil sie ein *Sharṭ* (eine Bedingung) zur Gültigkeit ist und eine Bedingung dem, worauf sie sich bezieht, vorhergeht: Das sei bei der *Nīya* soundso selbstverständlich (das heißt, daß die *Nīya* zum Gebet dem Gebet selbst vorausgehen müsse).

Andererseits stimmen die Gelehrten der *Ḥanafīya* auch darin überein, daß es das Beste ist, wenn die *Nīya* mit dem *Takbīrat al-Iḥrām* – ohne Zwischenzeitraum – verbunden ist. Dies auch darum, weil dadurch der Unterschied zwischen den Rechtsschulen vermieden wird.

Die Ḥanbalīya:

Wenn die *Nīya* dem *Takbīrat al-Iḥrām* um eine kleine Zeitspanne vorausgeht und nicht vor Eintritt der entsprechenden Gebetszeit gefaßt wurde, ist sie gültig; wird sie aber vor der Gebetszeit gefaßt, ist sie ungültig. (Dies darum, weil bei der *Ḥanbalīya* die *Nīya Rukn*/absolute Pflicht, nicht nur *Sharṭ*/Bedingung ist). Wenn aber Worte, die nicht zum Wesen des Gebets gehören, in einer Zwischenzeit zwischen *Nīya* und Gebetsbeginn gesprochen werden, ist die *Nīya* nach Meinung der *Ḥanbalīya* trotzdem noch gültig. Wie auch bei der *Ḥanafīya* gilt bei der *Ḥanbalīya*, daß am besten die *Nīya* mit dem *Takbīrat al-Iḥrām* verbunden werden soll.

Die Mālikīya:

Nach einigen malikitischen Gelehrten gilt, daß eine leichte Zwischenzeit – wenn man etwa die Absicht in unmittelbarer Nähe der Moschee faßt und dann zum Gebet dort hingeht – zulässig ist. Dies ist die meistvertretene Meinung. Einige Malikiten aber meinten, daß die *Nīya* unbedingt mit dem *Takbīrat al-Iḥrām* verbunden sein müsse. Auch gilt, daß eine Zwischenzeit ohne Notwendigkeit bzw. Entschuldigungsgrund (wie Vergessen und ähnliches) nicht zulässig ist. Tritt aber eine lange Zwischenzeit ein, so ist in Übereinstimmung innerhalb der *Mālikīya* die *Nīya* ungültig.

Die Shāfi'īya:

Wie schon in dem Abschnitt „Die Art und Weise der *Nīya*" erklärt, ist eine *Nīya* nur dann gültig, wenn sie direkt mit dem *Takbīrat al-Iḥrām* verbunden ist, nicht aber, wenn eine Zwischenzeit eintritt, gleich ob kurz oder lang.

Die Nīya eines Vorbeters (imām) und eines Nachbeters (ma'mūm)

Zur Gültigkeit des Gebets ist es notwendig, daß der Nachbeter zu Beginn des Gebetes die Absicht faßt, dem Vorbeter nachzufolgen.

Wenn jemand zunächst als Einzelbetender in das Gebet eintritt, dann aber einen Vorbeter findet und dann beabsichtigt, diesem als Nachbeter im Gebet nachzufolgen, so ist das Gebet dieses Nachbeters bei der *Ḥanafīya* und *Mālikīya* ungültig.

Zu *Shāfi'īya* und *Ḥanbalīya* nun genauer:

Die Shāfi'īya:

Wenn jemand als Einzelbetender ins Gebet eintritt und dann – im nachhinein – sich mit seiner Absicht einem Vorbeter anschließt, indem er die Absicht eines Nachbeters faßt, so ist sein Gebet gültig – außer beim Freitagsgebet, und auch nicht bei einem Gebet, das in *Jam' at-Taqdīm* wegen Regen mit einem anderen Gebet verbunden wird: Dort ist es verpflichtend, schon zu Beginn des Gebetes zu beabsichtigen, Nachbeter zu sein. Wenn man in diesen Fällen die Nachbeter-Absicht nicht zu Gebetsbeginn faßt, ist das Gebet ungültig.

Ein Vorbeter (*imām*) andererseits muß beabsichtigen, Vorbeter zu sein, außer in den im folgenden bei den Rechtsschulen einzeln erklärten Fällen:

Ḥanbalīya:

Ein *Imām* muß die Absicht, Vorbeter zu sein, unter den oben beschriebenen Einschränkungen der *Nīya* zu Beginn des Gebetes fassen.

Mālikīya:

Die *Nīya*, Vorbeter zu sein, muß bei jedem Gebet gefaßt werden, das als Gruppengebet (*ṣalāt al-jamā'a*) gebetet werden muß:

1. Beim Freitagsgebet (*ṣalāt al-jum'a*). Unterläßt es der Imam beim Freitagsgebet, die Absicht des Vorbeters zu fassen, wird sein Gebet und das eines jeden Nachbeters ungültig.
2. Bei dem *Maghrib*- und *'Ishā'*-Gebet, wenn sie bei Regen in *Jam' at-Taqdīm* zusammengefaßt werden. Unterläßt er diese Absicht bei den zusammengefaßten Gebeten von *Maghrib* und *'Ishā'* bei Regen, so wird das zweite Gebet ungültig.
3. Beim Gebet in Furcht (*ṣalāt al-khauf*). Unterläßt ein Vorbeter seine Vorbeter-Absicht beim Gebet in der Furcht (*ṣalāt al-khauf*), so wird nur das Gebet der ersten Gruppe der Nachbeter ungültig, bei dem Gebet der zweiten Gruppe aber ist es gültig für Vorbeter und Nachbeter.
4. Beim Gebet mit dem *Khalīfa* des Imams (*ṣalāt al-istikhlāf*). Wenn der *Khalīfa* im Gemeinschaftsgebet die Absicht des Vorbeters faßt, ist das Gebet für alle, die ihm nachfolgen, gültig; unterläßt er aber diese Absicht, dann ist das Gebet für ihn gültig, für alle Nachbeter aber ungültig.

Ḥanafīya:

Die *Nīya*, Vorbeter zu sein, ist nur in einem Falle absolut notwendig: Wenn ein Mann Frauen als Imam vorbetet; unterläßt er in diesem Fall die *Nīya* des Vorbeters, ist das Gebet der nachbetenden Frauen ungültig.

Shāfi'īya:

In vier Fällen ist es notwendig, daß ein Vorbeter die Absicht, Vorbeter zu sein, faßt:

1. Beim Freitagsgebet.
2. Bei einem Gebet, das wegen Regen in *Jam' at-Taqdīm* mit einem anderen Gebet verbunden wird (wie zum Beispiel *Ẓuhr*- und *'Aṣr*-Gebet); in diesem Fall muß er nur im jeweils zweiten Gebet die Vorbeter-Absicht fassen, denn das erste Gebet liegt ja in seiner normalen Zeit.
3. Beim wiederholten *Farḍ*-Gebet innerhalb der Zeit, als Gemeinschaftsgebet.
4. Bei einem Gebet, das er als Imam im Gemeinschaftsgebet zu verrichten gelobt hat; faßt er die Absicht vorzubeten darin nicht, gilt zwar sein Gebet, aber er hat damit eine Sünde auf sich genommen. (Erst wenn er danach das gelobte Gebet korrekt mit der Vorbeter-Absicht erfüllt, kann er sich von dieser Unterlassungssünde befreien.)

§ 27

DIE ZWEITE PFLICHT: DER ERÖFFNENDE TAKBĪR (TAKBĪRAT AL-IḤRĀM)

Die Form des Takbīrat al-Iḥrām

Die drei *Madhāhib* außer der *Ḥanafīya* sind der Ansicht, daß der *Takbīrat al-Iḥrām*[88] grundsätzlich mit der speziellen Form „*Allāhu akbar*" durchgeführt werden muß, damit er und das Gebet gültig (*ṣaḥīḥ*) sind.

Die *Ḥanafīya* läßt aber – statt der Form „*akbar*" – auch andere Gottesnamen zu, wenngleich die Grundform mit „*akbar*" als die beste gilt.

Die Bedingungen zum Takbīrat al-Iḥrām

Innerhalb eines jeden *Madhhab* gibt es besondere Bedingungen, wie der *Takbīrat al-Iḥrām* durchgeführt werden muß bzw. was man dabei unbedingt vermeiden muß.

Shāfi'īya

Es gibt vierzehn Bedingungen zur Gültigkeit des *Takbīrat al-Iḥrām*; wenn auch nur eine davon nicht erfüllt ist, ist das Gebet ungültig.

1. Daß er in Arabisch gesprochen wird („*Allāhu akbar*"), wenn man dazu in der Lage ist; ist der Betende jedoch außerstande, den Wortlaut des *Takbīr* zu erlernen, so ist es gültig, wenn er in einer Sprache vorgenommen wird, die der Betende beherrscht.[89]
2. Daß der *Takbīrat al-Iḥrām* durchgeführt wird, während man steht, sofern es sich um ein Pflichtgebet handelt und der ins Gebet Eintretende zum Stehen in der Lage ist.

   Handelt es sich aber um ein *Nāfila*-Gebet, so ist es auch gültig (wenn auch nicht gut), den *Takbīrat al-Iḥrām* im Sitzen durchzuführen (so wie auch ein *Nāfila* formalrechtlich ohne Stehen ausgeführt gültig ist). Wenn aber jemand in ein Pflichtgebet eintritt, indem er krumm nach vorn oder zu einer Seite schräg hingeneigt steht, so kommt es darauf an, wie stark geneigt er steht: Kommt seine Haltung einem korrekten, geraden Stehen näher, so ist sein *Takbīrat al-Iḥrām* gültig; wenn seine Haltung aber eher dem *Rukū'* entspricht, so ist der *Takbīrat al-Iḥrām* nicht gültig.

   Diese Meinung wird auch von der *Ḥanafīya* und *Ḥanbalīya* geteilt, nicht jedoch von der *Mālikīya*, die sagt:

   Nur in einem einzigen Fall ist der *Takbīrat al-Iḥrām* bei einer so stark geneigten Haltung gültig – nämlich dann, wenn der betreffende Betende einem *Imām* nachfolgt (also *Ma'mūm* ist) und sich zudem verspätet an das Gebet dieses *Imāms* angeschlossen hat (also auch zugleich *Masbūq* ist).

   Die *Shāfi'īya* jedoch hält es zur Gültigkeit von *Takbīrat al-Iḥrām* und Gebet nicht für notwendig, daß der *Masbūq* sich in einem solchen Fall dem *Imām* dann anschließt, während sich dieser im *Rukū'* befindet. Wenn der *Masbūq* sich zunächst dem *Imām* im Gebet anschließt, während dieser sich schon im *Rukū'* befindet, sich dann mit dem *Imām* wieder aufrichtet und, nachdem er den *Takbīrat al-Iḥrām* ausgesprochen hat (mit voller *Nīya*), allein (nochmals) den *Rukū'* ausführt, so ist das rechtsgültig (wie noch verdeutlicht werden soll).
3. Daß der *Takbīrat al-Iḥrām* in der Form des Gottesnamens[90] (*Allāhu*) und dem Wort „*akbar*" ausgesprochen wird.
4. Daß man das erste „A" in „*Allāhu*" nicht lang spricht; denn in der Form „*Āllāhu akbar*" wird die Aussage „Gott ist größer" zum Fragesatz „Ist Gott größer?", und Gott und seine Einzigkeit in Frage zu stellen ist zweifellos verboten. – Wenn jemand diesen Fehler unabsichtlich, aus Unachtsamkeit, begeht, führt das unbedingt zur Ungültigkeit des Gebets.[91] Wer das jedoch bewußt tut, dessen Gebet wird nicht nur ungültig – er wird darüber hinaus sofort ungläubig.

5. Daß das „B“ im Wort „*akbar*“ nicht verlängert wird, indem man sagt: „*Allāhu ak-bar*“ oder gar „*ak(a)bbar*“, weil dann die korrekte Bedeutung zunichte wird (in diesem Fall wird das Wort aufgetrennt in zwei Einzelsilben „*ak*“ und „*bar*“: Diese Silben haben im Arabischen aber in diesem Zusammenhang keine Bedeutung).

   Auch ist der *Takbīrat al-Iḥrām* ungültig, wenn das zweite „A“ in „*akbar*“ verlängert wird (also das Wort zu „*akbār*“ wird); in diesem Fall nämlich bedeutet es – als Plural – „große Trommeln“; wenn man „*Ikbār*“ spricht, kann das Wort unter anderem „Menstruation“ heißen.

   In all diesen Fällen gilt: Wer das ohne Absicht so ausspricht, dessen Gebet ist ungültig; wer dies jedoch absichtlich tut, der beleidigt Gott und wird sofort *Murtadd* (jemand, der den Islam verlassen hat).
6. Daß das „B“ im Wort „*akbar*“ nicht verdoppelt wird, indem man sagt: „*Allāhu ak(a)bbar*“, weil man dann das Wort als Frage verstehen kann, ob Gott den *Takbīr* durchführe. Wer den *Takbīrat al-Iḥrām* so ausspricht, dessen Gebet ist ungültig.
7. Daß kein „W“ in den Ausdruck des *Takbīrat al-Iḥrām* eingefügt wird, sei es als langes Ū oder „*wa* “(arab.: „und“). Wer also ausspricht: „*Allāhū akbar*“ (aus *Allāhu-u akbar*; ohne korrekte Bedeutung, mit Verfälschung des Gottesnamens) oder „*Allāhu wa akbar*“ (etwa: „Gott und [er ist] größer“), dessen Gebet ist ungültig.
8. Daß der Betende im *Takbīrat al-Iḥrām* kein „*wa* “ (arab.: „und“) vor den Ausdruck setzt, indem er sagt „ *Wa llāhu akbar*“[92], sonst ist das Gebet ungültig.
9. Daß weder eine lange noch kurze Pause zwischen den beiden Worten des Gesamtwortlautes des *Takbīrat al-Iḥrām* gemacht wird. Wenn also jemand beim *Takbīrat al-Iḥrām* zuerst „*Allāh(u)*“ sagt, dann ein wenig schweigt und darauf „*akbar*“ sagt, ist sein Gebet ungültig. Entsprechend muß diese Regel erst recht bei einer langen Sprechpause gelten.

   Wenn hingegen jemand im Ausdruck den bestimmten Artikel „*al-*“ zum Wort „*akbar*“ hinzufügt, also sagt: „*Allāhu l-akbar*“ (Gott ist der Größte“), so schadet das der Gültigkeit des *Takbīrat al-Iḥrām* nicht – er ist also auch dann voll gültig (*ṣaḥīḥ*). Ebenso verhält es sich, wenn innerhalb des Ausdruck ein weiterer Gottesname eingefügt wird. Wenn zum Beispiel jemand sagt: „*Allāhu l-ʿaẓīmu akbar*“ („Gott der Allgewaltige ist größer“) oder: „*Allāhu r-raḥmānu r-raḥīmu akbar*“ („Gott, der Allerbarmer, der Barmherzige, ist größer“), so ist das gültig.

   Allerdings wird der *Takbīrat al-Iḥrām* ungültig, wenn mehr als zwei weitere Gottesnamen in den ursprünglichen Ausdruck eingefügt werden – wenn also jemand im *Takbīrat al-Iḥrām* sagt: „*Allāhu l-ʿaẓīmu r-raḥmānu r-raḥīmu akbar*" („Gott, der Allgewaltige, der Allerbarmer, der Barmherzige, ist größer"), so ist das Gebet ungültig.

Der *Takbīrat al-Iḥrām* wird auch ungültig, wenn zwischen dem Gottesnamen („*Allāhu*") und dem Wort „*akbar*" als Trennung ein Pronomen oder eine Silbe mit weiterem Gottesnamen zur Anrede eingefügt wird. Wenn also jemand sagt: „*Allāhu huwa akbar*" („Gott, er ist größer") oder: „*Allāhu yā raḥmānu akbar*" („Gott – o Allerbarmer – ist größer"), so sind der *Takbīrat al-Iḥrām* und das Gebet ungültig.

10. Daß der, der in das Gebet eintritt, sich beim Aussprechen des *Takbīrat al-Iḥrām* selbst hören kann.[93] Wenn man sie im stillen – nur innerlich – rezitiert, ohne sich selbst dabei die Laute aussprechen zu hören, so ist das Gebet ungültig. Dies gilt aber nicht bei einem Tauben bzw. Stummen oder bei jemandem in der Nähe von starkem Lärm oder Getöse: In einer solchen Lage entfällt diese Bedingung. Bei einem Tauben jedoch gilt, daß er sich im Rahmen seiner körperlichen Möglichkeiten bemühen muß, den *Takbīrat al-Iḥrām* auszusprechen, indem er zum Beispiel Zunge und Lippen wie beim Aussprechen des *Takbīrat al-Iḥrām* bewegt.
11. Daß die für das Gebet – auf das sich der *Takbīrat al-Iḥrām* bezieht – vorgesehene Zeit eingetreten ist: Bei einem Pflichtgebet, einer zeitgebundenen *Nāfila* (*nāfila mu'aqqata*) oder einer anlaßgebundenen *Nāfila* (*Nāfila musabbaba*) – wie oben vorgestellt.
12. Daß man sich während des *Takbīrat al-Iḥrām* in Richtung der *Qibla* wendet – sofern die Bedingung, sich in *Qibla*-Richtung zu wenden, nicht aus bestimmten Gründen entfällt.[94]
13. Daß man als Nachbeter seinen *Takbīrat al-Iḥrām* zeitlich etwas nach dem des *Imām* durchführt.
14. Daß der *Takbīrat al-Iḥrām* nur an einer solchen Stelle (im Gebet) durchgeführt wird, an der Koranrezitation gültig sein kann.

Ḥanafīya

Folgende Bedingungen müssen zur Gültigkeit des *Takbīrat al-Iḥrām* erfüllt sein:

1. Das Eintreten der Zeit, die für das Gebet vorgeschrieben ist, auf das sich der *Takbīrat al-Iḥrām* bezieht; verrichtet man den *Takbīrat al-Iḥrām* vor dieser Zeit, ist er ungültig.
2. Daß sich der Betende ganz sicher ist, daß die Zeit für sein Gebet bereits begonnen hat.
3. Daß die *'Aura* bedeckt ist. Wenn nun jemand den *Takbīr* (für den *Takbīrat al-Iḥrām*) macht, wobei seine *'Aura* entblößt ist, und er dann anschließend seine *'Aura* korrekt bedeckt, ist sein *Takbīrat al-Iḥrām* ungültig.

4. Daß man weder im Zustand des *Ḥadath aṣghar* noch des *Ḥadath akbar* ist sowie rein von *Najāsa* – und sich dessen auch sicher ist. Daher gilt weder *Takbīrat al-Iḥrām* noch Gebet, wenn Körper, Kleidung und/oder Ort des Betenden mit einer solchen *Najāsa* beschmutzt sind, die nicht vernachlässigt werden darf. Wenn nun jemand den *Takbīrat al-Iḥrām* durchführt und dabei zum Beispiel vermutet, daß an seinem Körper eine solche *Najāsa* ist, ist er ungültig – selbst dann, wenn sich im nachhinein herausstellt, daß er voll und ganz im Zustand der *Ṭahāra* war.
5. Daß der *Takbīrat al-Iḥrām* im Stehen durchgeführt wird, wenn ein Gebet verrichtet werden soll, was *Farḍ*, *Wājib* oder die *Sunna* von *Fajr* ist. Bei den übrigen *Nāfila*-Gebeten aber ist das Stehen keine Bedingung: Bei diesen Gebeten kann man den *Takbīrat al-Iḥrām* auch im Sitzen durchführen.

   Wenn man den *Takbīrat al-Iḥrām* schräg (nach vorn) geneigt durchführt, die Haltung aber dem Stehen (das heißt *Qiyām*) ähnlicher ist als dem *Rukū'*, so schadet das der Gültigkeit des *Takbīrat al-Iḥrām* nicht. Wenn die Haltung aber mehr dem *Rukū'* ähnelt, so ist der *Takbīrat al-Iḥrām* also ungültig. All dies gilt natürlich für den Normalfall, daß der betreffende Betende zum aufrechten Stehen in der Lage ist.

   Wenn nun jemand sich einem bereits begonnenen Gebet und dem *Imām* dieses Gebets anschließt, wenn dieser *Imām* bereits im *Rukū'* ist, so soll der *Masbūq* den *Takbīrat al-Iḥrām* hinter diesem *Imām* verrichten. Wenn er ihn stehend verrichtet, so sind er und sein Gebet gültig. Wenn er aber nur steht, während er das Wort „*Allāhu*" spricht, aber – während er sich im *Rukū'* beugt – „*akbar*" spricht, so ist der *Takbīrat al-Iḥrām* des *Masbūq* ungültig.

   Wenn man sich als Nachbeter (*ma'mūm*) vom Anfang des Gebets an einem *Imām* anschließt, aber das Wort „*Allāhu*" beim *Takbīrat al-Iḥrām* ausspricht, bevor der *Imām* das seinerseits bei seinem *Takbīrat al-Iḥrām* getan hat, so ist der *Takbīrat al-Iḥrām* des *Ma'mūm* ungültig.
6. Daß man beim *Takbīrat al-Iḥrām* auch das Gebet als solches (zum Beispiel als *Farḍ*-Gebet) beabsichtigt.
7. Daß man zum *Takbīrat al-Iḥrām* vor einem *Farḍ*-Gebet die Absicht genau faßt, indem man zum Beispiel die *Nīya* zum *Farḍ* des *Ẓuhr*, des *'Aṣr* usw. faßt. Wenn nun jemand in so einem Fall den *Takbīrat al-Iḥrām* ohne genaue *Nīya*-Form durchführt, ist er ungültig.
8. Daß man vor einem *Wājib*-Gebet in der *Nīya* die Art des Gebets genau faßt: etwa indem man zwei *Rak'a* des *Ṭawāf*, das Festgebet (*'īd al-fiṭr*), das *Witr*-Gebet, ein gelobtes Gebet (*ṣalāt manẓūra*) oder das Nachholen (*qaḍā'*) eines bestimmten *Nāfila*, das ungültig oder verpaßt wurde, beabsichtigt. All diese Arten des *Wājib*-Gebetes müssen beim

Takbīrat al-Iḥrām genau bezeichnet werden. Bei den übrigen *Nawāfil* jedoch ist diese genaue Nennung zur Form und Art des Gebetes nicht verpflichtend.[95]

9. Daß man sich – beim Aussprechen/Formulieren des Wortlauts des *Takbīrat al-Iḥrām* – die Worte selbst sprechen hört. Wenn man nun flüstert, (so daß auch für einen selbst kein Wort klar hörbar ist), oder man die Worte nur im Herzen formuliert, so ist der *Takbīrat al-Iḥrām* ungültig. Genauso verhält es sich auch bei jeder anderen Formulierung während des Gebets (Lobpreisung Gottes, *Ta'awwudh*, *Basmala*, Rezitation (*qirā'a*), *Tasbīḥ*, Segen für den Propheten ﷺ: [96] All das gilt bei der *Ḥanafīya* nur dann, wenn es zumindest für einen selbst hörbar ausgesprochen wurde. Wurde es nur (undeutlich) geflüstert oder rein innerlich (also unhörbar) formuliert, gilt es – ganz allgemein in allen diesbezüglichen Rechtsfragen – nicht.
10. Daß der Wortlaut des *Takbīrat al-Iḥrām* ein *Dhikr* sein muß, in der (auch besten) Grundform „*Allāhu akbar*" oder in einer sonst zulässigen Form – wie zuvor schon vorgestellt.
11. Daß sich die Formulierung des *Takbīrat al-Iḥrām* ausschließlich auf Gott bezieht. Wenn sich diese Formulierung auch auf ein Bedürfnis des Betenden bezieht – wie im Fall des *Istighfār* oder dergleichen[97] –, so ist der *Takbīrat al-Iḥrām* ungültig – wie schon vorgestellt.
12. Daß man nicht die *Basmala* als *Dhikr* des *Takbīrat al-Iḥrām* nimmt; in diesem Fall ist der *Takbīrat al-Iḥrām* ungültig.
13. Das das „*H*(*u*)" im Gottesnamen „*Allāhu*" nicht bei der Formulierung wegfällt (also „*Allāhu*" zu „*Allā*" wird[98]) – sonst wird der *Takbīrat al-Iḥrām* ungültig.
14. Daß das zweite, verdoppelte, „L" in „*Allāh*" deutlich verdoppelt gesprochen wird[99]. Für den Fall, daß das nicht geschieht, herrschen unterschiedliche Meinungen innerhalb der *Ḥanafīya*, ob der *Takbīrat al-Ihrām*[100] gültig ist. Aus einer gewissen Vorsichtshaltung heraus wird es als besser vertreten, wenn man die Länge deutlich ausspricht.
15. Daß man das erste, anlautende „A" in „*Allāhu*" nicht verlängert, indem man „*Āllāhu akbar*" sagt. Wenn das geschieht, gilt neben dem *Takbīrat al-Iḥrām* auch das ganze Gebet nicht (!), weil ein Infragestellen der absoluten Größe Gottes zur sofortigen Ungültigkeit des Gebetes führt. Wer das absichtlich tut, wird ungläubig, wer das aus Unachtsamkeit, aber ohne Absicht tut, begeht einen gefährlichen, verwerflichen Fehler. In diesem Punkt stimmt die *Ḥanafīya* mit der *Shāfi'īya* völlig überein.
16. Daß das zweite „A" in „*akbar*" nicht verlängert wird. Wer sagt: „*Allāhu akbār*" (oder auch: *Ikbār*), dessen *Takbīrat al-Iḥrām* und Gebet (!) sind in jedem Falle ungültig, weil das Wort „*Akbār*" „Große Trommeln" bedeutet (*Ikbār* bedeutet unter anderem „Menstruation"). Sagt

er das mit Absicht, wird er ungläubig; auch hier stimmen *Ḥanafīya* und *Shāfiʿīya* überein.

17. Daß zwischen der *Nīya* und dem *Takbīrat al-Iḥrām* keine Trennung durch etwas dem Gebet „Fremdes"[101] eintritt. Wenn jemand etwa die Absicht zum Gebet faßt, dann aber eine Handlung vornimmt, die außerhalb des Gebets liegt, wie Essen[102] usw., Trinken oder (freies, alltägliches) Sprechen oder – ohne *ʿUdhr* – sich zu räuspern/Hm-Laute von sich zu geben, und dann den *Takbīrat al-Iḥrām* ohne erneute *Nīya* vornimmt, dessen Gebet ist ungültig.

   Dahingegen macht eine Trennung zwischen *Nīya* und *Takbīrat al-Iḥrām* wie das Gehen zur Moschee, ohne zu sprechen oder etwas Konkretes anderes (als eben das Gehen) zu tun, den *Takbīrat al-Iḥrām* nicht ungültig, und das Gebet ist dann voll gültig.[103]

18. Daß der *Takbīrat al-Iḥrām* der *Nīya* nicht vorausgeht. Wenn jemand den *Takbīrat al-Iḥrām* zuerst durchführt und dann erst die *Nīya* zum Gebet faßt, so ist der *Takbīrat al-Iḥrām* ungültig.

19. Es ist (nach Ansicht der *Ḥanafīya*) keine zwingende Bedingung zur Gültigkeit des *Takbīrat al-Iḥrām*, daß er in Arabisch gesprochen wird, doch gilt es als *makrūh taḥrīman*, wenn dies jemand tut, der des Arabischen ausreichend mächtig ist.[104]

Mālikīya

Die folgenden Bedingungen müssen beim *Takbīrat al-Iḥrām* erfüllt sein:

1. Daß der *Takbīrat al-Iḥrām* in Arabisch gesprochen wird, sofern der Betende dazu in der Lage ist.

2. Daß der *Takbīrat al-Iḥrām* stehend durchgeführt wird, sofern der Betende dazu körperlich in der Lage ist. Wenn nun jemand gebeugt den *Takbīrat al-Iḥrām* verrichtet, ohne daß ein Entschuldigungsgrund vorhanden ist, so ist der *Takbīrat al-Iḥrām* ungültig, gleich, wie stark der Betende gebeugt ist.

   Wenn man andererseits als *Masbūq* sich einem *Imām* anschließen will, der sich bereits in den *Rukūʿ* gebeugt hat, und ihm noch rechtzeitig nachfolgen will und darum den *Takbīrat al-Iḥrām* etwas gebeugt verrichtet, so sind der *Takbīrat al-Iḥrām* und das Gebet doch gültig. Andererseits gilt diese *Rakʿa* für ihn dann als nicht mehr erreicht, und er muß sie nach dem *Salām* des *Imām* nachholen.

3. Die Reihenfolge der Worte „*Allāhu*" und „*akbar*" muß gewahrt bleiben. Wenn man sie vertauscht und sagt „*Akbaru llāh*"[105], so ist der *Takbīrat al-Iḥrām* ungültig.

4. Daß das anlautende A in „*Allāhu*" nicht verlängert wird (weil damit eine Frage ausgedrückt wird). Tut man es aber unabsichtlich, so schadet es der Gültigkeit des *Takbīrat al-Iḥrām* bei der *Mālikīya* nicht.[106]

5. Daß nach dem B in „*Akbar*" kein langes A gesprochen wird. Tut man das absichtlich, wird der *Takbīrat al-Iḥrām* ungültig, tut man es aber unabsichtlich, so bleibt der *Takbīrat al-Iḥrām* doch gültig.[107]
6. Daß die Länge des zweiten A in „*Allāhu*" auch deutlich lang gesprochen wird, wie das dem Wort – korrekt gesprochen – entspricht.[108]
7. Daß man das „*-h(u)*" in „*Allāhu*" nicht wegfallen läßt (was der dialektarabischen Aussprache entspricht), daß man also nicht „*Allā akbar*" sagt, denn im klassischen Arabisch wird das als „daß/damit er nicht größer ist" verstanden.

   Hierüber besteht bei allen Gelehrten und *Madhāhib* Einigkeit. Wenn aber das U in „*Allāhu*" sehr lang – also das Wort als „*Allāhū*" – gesprochen wird, so schadet das der Gültigkeit des *Takbīrat al-Iḥrām* bei der *Mālikīya* nicht.[109]
8. Daß keine (dem Brauch, *'Urf*) gemäß längere Sprechpause zwischen den beiden Ausdrücken des *Takbīrat al-Iḥrām* eintritt, weil sonst der *Takbīrat al-Iḥrām* ungültig wird. Eine kürzere Pause aber schadet der Gültigkeit des *Takbīrat al-Iḥrām* nicht.[110]
9. Daß zwischen den beiden Worten des *Takbīrat al-Iḥrām* keine Trennung durch einen Einschub entsteht, indem man etwa sagt: „*Allāhu l-akbar*" oder „*Allāhu huwa l-akbar*" (Gott, er ist der Größte).[111]
10. Daß der Betende beim Eintritt in das Gebet, während des Sprechens des *Takbīrat al-Iḥrām*, seine Zunge bewegt. Dabei gilt, daß ein lautes Aussprechen des Wortlautes des *Takbīrat al-Iḥrām* bei der *Mālikīya* keine Bedingung ist. Wird aber die Zunge beim *Takbīrat al-Iḥrām* nicht bewegt, ist der *Takbīrat al-Iḥrām* ungültig – es sei denn, der Betende ist stumm oder taubstumm: In diesem Fall genügt es ihm, den *Takbīrat al-Iḥrām* mit der bloßen *Nīya*, ohne Zungenbewegung, zu verrichten.[112]
11. Alles, was beim Gebet allgemein Bedingung zu dessen Gültigkeit ist, wie Einnehmen der *Qibla*-Richtung und Bedecken der *'Aura*, Reinheit (*ṭahāra*) usw., ist auch Bedingung zur Gültigkeit des *Takbīrat al-Iḥrām*.

Ḥanbalīya

Folgende Bedingungen müssen beim *Takbīrat al-Iḥrām* erfüllt sein:

1. Der Wortlaut des *Takbīrat al-Iḥrām* muß unbedingt „*Allāhu akbar*" sein. Jede Einfügung oder Verwendung anderer Gottesnamen usw. macht den *Takbīrat al-Iḥrām* ungültig, und auch die Einhaltung der Reihenfolge dieser beiden Worte ist verpflichtend zur Gültigkeit.

   Wenn andererseits ein weiterer indirekter Gottesname zusäzlich angehängt wird, etwa in der Form: „*Allāhu akbar wa 'aẓam*" (Gott ist größer und gewaltiger), so ist das zwar gültig, aber *makrūh*.
2. Daß man den *Takbīrat al-Iḥrām* – wenn körperlich möglich – stehend verrichtet. Wenn man dabei leicht gebeugt steht, aber so, daß die

Haltung dem *Qiyām* näher ist als dem *Rukū'*, so ist der *Takbīrat al-Iḥrām* noch gültig.

3. Daß das anlautende A in „*Allāhu*" nicht gelängt wird.
4. Daß das zweite A in „*akbar*" nicht verlängert wird.
5. Daß der *Takbīrat al-Iḥrām* in Arabisch verrichtet wird.
6. Daß das U in „*Allāhu*" nicht so lang gesprochen wird; tut man das, wird der *Takbīrat al-Iḥrām* damit ungültig.
7. Daß man weder sagt: „*Allā akbar*" noch: „*Allāū-akbar*".[113]
8. Daß zwischen den korrekt gesprochenen beiden Worten des *Takbīrat al-Iḥrām* kein „*wa*" („und") eingefügt wird (*Allāhu wa akbar*); ansonsten wird der *Takbīrat al-Iḥrām* ungültig.
9. Daß keine Sprechpause zwischen den beiden Worten des *Takbīrat al-Iḥrām* eintritt, die so ausgedehnt ist, daß sie zum Sprechen eines auch nur kleinen anderen Wortes ausreichen würde.
10. Alle Bedingungen des Gebets, wie Einnehmen der *Qibla*, Reinheit usw., sind auch Bedingung zur Gültigkeit des *Takbīrat al-Iḥrām*.

§ 28

DIE DRITTE PFLICHT: DAS STEHEN (QIYĀM)

Die Rechtsschulen stimmen überein, daß der *Qiyām* in jeder *Rak'a* eines *Farḍ*-Gebetes ebenfalls *Farḍ* ist – unter der Bedingung, daß der Betende dazu körperlich in der Lage ist. Wenn er das nicht ist – aufgrund einer Krankheit und dergleichen –, so entfällt diese Pflicht für ihn, und er muß in der Haltung beten, die er einnehmen kann.[114]

Aber in Gebeten, die *Sunna* (= *Sunna ghair mu'akkada*), *mandūb* usw. (also Nicht-Pflicht) sind, ist der *Qiyām* nicht verpflichtend, sondern es ist auch zulässig, ihn im Sitzen auszuführen[115] – selbst wenn der Betende zum *Qiyām* in der Lage ist.

Dieser *Ḥukm* gilt übereinstimmend. Allerdings gibt es in der *Ḥanafīya* diesbezüglich eine Unterscheidung bei den Nicht-Pflichtgebeten.

Ḥanafīya

Außer in den *Farḍ*-Gebeten gilt der *Qiyām* auch beim *Witr*, bei gelobten Gebeten (*Ṣalawāt manẓūra*) und bei den zwei *Rak'a* des *Fajr* als Pflicht, und ein Sitzen anstelle des *Qiyām* – ohne Entschuldigungsgrund, *'Udhr* – ist ungültig.

Der *Qiyām* gilt während des Gebetes so lange als *Farḍ*, wie der Betende aus dem Koran rezitiert – sei es die verpflichtende Rezitation (*qirā'a mafrūḍa*), die der *Sunna* (*ghair mu'akkada*) nach empfohlene (*qirā'a masnūna*) oder die, die *mandūb* ist (*qirā'a mandūba*).

Das Maß dessen, in dem der *Qiyām* verpflichtend (*farḍ*) ist, wird von den *Madhāhib* unterschiedlich gesehen:

Bei der *Shāfi'īya* und *Ḥanbalīya* erstreckt sich die Pflicht lediglich auf den Bereich des Gebets, in dem Pflicht-Rezitation (*qirā'a mafrūḍa*) vorgetragen wird, während alles andere freiwillig ist.

Die *Ḥanafīya* und *Mālikīya* jedoch haben dazu – je nach Umstand – spezielle Ansichten:

Ḥanafīya

Das verpflichtende Maß des *Qiyām* erstreckt sich über die Zeit, in der die Pflicht-Rezitation (*qirā'a mafrūḍa*) durchgeführt wird, welche sich auf eine längere bzw. drei kurze *Āyāt* bezieht.

Was aber darüber hinausgeht, ist als *Qiyām* entweder *wājib* oder *mandūb*: *wājib*, wenn etwas währenddessen rezitiert wird, was *wājib* ist – die *Fātiḥa* etwa, und entsprechend *mandūb*, wenn etwas, was *mandūb* ist, währenddessen rezitiert wird (zum Beispiel weitere *Āyāt* in den jeweils ersten zwei *Rak'a* eines Pflichtgebets).

Dabei gilt aber, daß dieser *Ḥukm* vor dem eigentlichen Eintritt der Sache besteht[116]: Wenn nun jemand seine Rezitation über den reinen Pflichtteil hinaus ausdeht, so wird währenddessen der *Qiyām* im Ausmaß der Verlängerung[117] allerdings zu *Farḍ*. Das geht so weit, daß jemandes Gebet ungültig ist, wenn er im Extremfall den Text etwa eines Dreißigstels des Korans rezitiert, aber nur am Anfang steht (im Maß einer längeren *Āya* usw.) und sich dann setzt und so im Sitzen die Rezitation im Gebet vollendet.

Mālikīya

Der *Qiyām* ist verpflichtend (*farḍ*) während des Pflichtgebets vom Moment des *Takbīrat al-Iḥrām* an sowie während der Rezitation der *Fātiḥa* und während des Moments, in dem sich der Betende gerade in den *Rukū'* senkt.

Was aber den Zeitraum während der Rezitation einer weiteren Sura – oder einzelner *Āyāt* davon – angeht, so ist der *Qiyām* währenddessen *Sunna* (also Nicht-Pflicht). Wenn sich zum Beispiel ein Betender während dieses Zeitraumes aus dem *Qiyām* heraus auf etwas stützt[118] – und selbst wenn dieser Stützgegenstand umfällt, verschwindet usw. und der Betende dadurch hinfällt –, so wird das Gebet dadurch nicht ungültig. Wenn er sich aber während der Rezitation der *Fātiḥa* bzw. während er sich aus dem *Qiyām* in den *Rukūʿ* beugt, so aufstützt, so ist das Gebet für ihn ungültig.

Ansonsten stimmen die *Madhāhib* darin überein, daß ein eigentliches Hinsetzen und Sitzen (*julūs*) während der Rezitation einer (weiteren) Sure das Gebet ungültig macht, auch wenn der entsprechende *Qiyām* nicht von sich aus *Farḍ* ist: weil nämlich ein solches Verhalten die Form des Gebetes verändert.[119]

§ 29

DIE VIERTE PFLICHT: DAS REZITIEREN DER FĀTIḤA (QIRĀʾAT AL-FĀTIḤA)

Bei diesem Thema ergibt sich zunächst eine wichtige Frage: Ob die Rezitation der *Fātiḥa* (*qirāʾat al-fātiḥa*)[120] in allen *Rakaʿāt* eines jeden Gebets *Farḍ* ist, gleich ob das Gebet selbst *Farḍ*-Gebet oder *Nāfila*-Gebet ist. In dieser Frage stimmen die drei Rechtsschulen außer der *Ḥanafīya* insofern überein, als die Rezitation der *Fātiḥa* (*qirāʾat al-fātiḥa*) in jeder *Rakʿa* eines jeden Gebets *Farḍ* ist.

Wenn nun nach dieser Ansicht der Betende im Gebet auch nur in einer *Rakʿa* vorsätzlich die *Fātiḥa* wegläßt – nicht rezitiert –, so ist sein Gebet ungültig. Dabei besteht kein Unterschied zwischen *Farḍ*-Gebeten und solchen, die nicht *Farḍ* sind. Wenn aber jemand die *Fātiḥa* aus Versehen, Vergeßlichkeit nicht rezitiert, so muß er die *Rakʿa*, in der er sie weggelassen hatte, wiederholen, in der Art und Weise, wie es im Abschnitt über „*Sujūd li-s-Sahuw*" beschrieben wird.

Die *Ḥanafīya* hingegen vertritt diesbezüglich die Meinung, daß die Rezitation der *Fātiḥa* im Gebet nicht *Farḍ* ist, sondern *Wājib*, oder anders ausgedrückt: *Sunna muʾakkada*[121]. Wenn also nach dieser Meinung jemand die Rezitation der *Fātiḥa* vorsätzlich unterläßt, so wird sein Gebet nicht ungültig. Dazu im einzelnen die Darstellung der *Ḥanafīya*.

Ḥanafīya

Das Verpflichtende ist die Rezitation (*qirāʾa*) als solche, nicht aber die Rezitation der *Fātiḥa* (*qirāʾat al-fātiḥa*) im besonderen; dies gemäß dem Wort Gottes: „... Also rezitiert, was euch vom Koran [zu rezitieren] leichtfällt" (Sure *al-Muzzammil* [73], Vers 20) sowie dem, was in den beiden *Ṣaḥīḥ-Ḥadīth*-Werken von AL-BUKHĀRĪ und MUSLIM vom Propheten ﷺ überliefert wird:

„Wenn du dich zum Gebet begeben willst, so führe zunächst den *Wuḍū'* aus, dann wende dich in Richtung *Qibla*, dann [beginne das Gebet und] rezitiere [im Gebet], was dir vom Koran [zu rezitieren] leichtfällt“.

Was dazu noch die Aussage des Gesandten Gottes ﷺ angeht: „[Es gibt] kein Gebet außer dem mit der *Fātiḥa*“[122], so ist mit all dem insgesamt gemeint, daß es sich um das Rezitieren [von Koranversen] in zwei *Rak'a* des *Farḍ*-Gebetes handelt und es zugleich *Wājib* ist, daß dies in den ersten beiden *Rak'a* des Gebets geschieht, und daß es *Wājib* ist, daß die *Fātiḥa* dabei rezitiert wird. Wenn nun nach dieser Ansicht jemand in den ersten beiden *Rak'a* eines Vier-*Rak'a*-Gebets nicht rezitiert, so muß er in den verbleibenden *Rak'a* rezitieren – dann ist sein Gebet gültig. Jedoch hat er in diesem Fall ein *Wājib* unterlassen, und daher – wenn er dies aus Versehen tat – muß er am Ende des Gebets den *Sujūd li-s-Sahuw* verrichten; falls er den *Sujūd li-s-Sahuw* nicht verrichtet, muß er das Gebet wiederholen. Ebenso muß er das Gebet wiederholen, wenn er das *Wājib* absichtlich unterlassen hat. Wiederholt der Betende aber in diesen Fällen sein Gebet nicht, so ist es formalrechtlich zwar gültig, jedoch hat der Betende dann Sünde auf sich geladen.[123] In den übrigen *Raka'āt* des *Farḍ*-Gebets gilt die Rezitation der *Fātiḥa* jedoch bei der *Ḥanafīya* als *Sunna*.[124]

In den *Nāfila*-Gebeten jedoch ist das Rezitieren der *Fātiḥa* in allen *Raka'āt Wājib*, weil (formalrechtlich) je zwei Einheiten der *Nawāfil* als eigenständiges Gebet betrachtet werden können – selbst dann, wenn man zwei Zweiergruppen zu einem Vier-*Rak'a*-Gebet zusammenfaßt (also die vier *Raka'āt* mit einem einzigen *Takbīrat al-Iḥrām* beginnt und – ohne Trennung oder Unterbrechung – erst am Ende der vierten *Rak'a* das Ganze mit dem *Salām* beschließt).

Entsprechend wird auch beim *Witr* – das hier in dieser Frage als ein *Nāfila* dieser Art gilt – die *Fātiḥa* in allen *Rak'a* des Gebetes als *Wājib* betrachtet. Als Maß der verpflichtenden Rezitation (*qirā'a mafrūḍa*) gelten in der *Ḥanafīya* – abgesehen von der *Fātiḥa* – drei kurze *Āyāt* bzw. eine längere *Āya*.

Die Rechtsschulen außer der *Ḥanafīya* – die *Mālikīya*, *Shāfi'īya* und *Ḥanbalīya* – nehmen einen bei AL-BUKHĀRĪ und MUSLIM überlieferten Hadith vom Propheten ﷺ als Beleg, daß das Rezitieren der *Fātiḥa Farḍ* ist. Der Hadith lautet: „Es gibt kein Gebet für jemanden, der nicht die *Fātiḥa* des Buches [Gottes des Erhabenen] rezitiert.“

Zur Frage, ob das Rezitieren der *Fātiḥa* im Gemeinschaftsgebet (*ṣalāt al-jamā'a*) sowohl für den *Imām* als auch für den *Ma'mūm Farḍ* ist, haben die *Madhāhib* unterschiedliche Meinungen.

Shāfiʿīya

Das Rezitieren der *Fātiḥa* ist für den *Ma'mūm* hinter dem *Imām* verpflichtend (*farḍ*), außer wenn er sich als *Masbūq* erst später dem *Imām* anschließt und ihm so die Rezitation der ganzen *Fātiḥa* oder ein Teil davon entgangen ist.

Sofern der *Imām* nicht offensichtlich *Muḥdath* ist bzw. sofern er nicht gerade eine zusätzliche *Rakʿa* betet, übernimmt er in diesem Fall für den *Masbūq* die Verpflichtung der Rezitation – das heißt, in diesem Fall genügt die Rezitation des *Imām*.

Ḥanafīya

Das Rezitieren des *Ma'mūm* hinter dem *Imām* ist *makrūh taḥrīman*, sowohl bei einem Gebet mit offener Rezitation (*ṣalāt jahrīya*) als auch bei einem stiller Rezitation (*ṣalāt sirrīya*), gemäß dem Hadith des Gesandten Gottes ﷺ: „Wer [im Gebet] einen *Imām* hat, für den ist die Rezitation des *Imāms* seine Rezitation.“[125]

Mālikīya

Die Rezitation hinter dem *Imām* ist in leisen Gebeten für den *Ma'mūm mandūb*, in laut rezitierten *makrūh*[126] – außer im Fall, daß man Meinungsverschiedenheiten (zwischen Anhängern verschiedener Auffassungen) vermeiden will: dann ist es – mit dieser *Nīya* – ebenfalls *mandūb*.

Ḥanbalīya

Es ist für den *Ma'mūm* bei leisen Gebeten *mustaḥabb*, hinter dem *Imām* zu rezitieren, sowie auch in den Rezitationspausen[127] des *Imāms* bei laut vorgetragenen Gebeten. Wenn der *Imām* bei laut vorgetragenen Gebeten rezitiert, ist es allerdings *makrūh*, als Nachbeter zu rezitieren.[128]

Des weiteren stellt sich die Frage, wie sich jemand verhalten soll, der des Arabischen nicht mächtig ist und die *Fātiḥa* nicht rezitieren kann.

Shāfiʿīya und Ḥanbalīya

Wer nicht in der Lage ist, die *Fātiḥa* im Gebet zu rezitieren, aber *Āyāt* des Korans beherrscht im Maß der *Fātiḥa* – in dem Sinne, daß die Anzahl der Buchstaben, Silben und *Āyāt* übereinstimmt –, so muß er diese anstelle der *Fātiḥa* rezitieren.[129]

Wer nur eine *Āya* – oder einige wenige *Āyāt*, in jedem Fall aber weniger als das Maß der *Fātiḥa* – beherrscht, der muß das, was er auswendig kann, anstelle der *Fātiḥa* so oft wiederholen, bis das so Vorgetragene dem Maß der *Fātiḥa* entspricht.

Wer überhaupt nichts vom Korantext auswendig beherrscht bzw. im Gebet rezitieren kann, muß ein *Dhikr* bezüglich Gottes rezitieren, indem er etwa im Mindestfall den Gottesnamen „*Allāh*" im Maß der *Fātiḥa* spricht.

Wer auch dazu außerstande ist[130], der muß zwischen dem *Takbīrat al-Iḥrām* und dem *Rukū'* im Zeitmaß der *Fātiḥa* schweigend im *Qiyām* stehen; wenn er das nicht tut, so ist sein Gebet ungültig.

Bei beiden Rechtsschulen gilt außerdem, daß es unzulässig ist, die *Fātiḥa* anders als in Arabisch zu rezitieren.

Ḥanafīya

Wer außerstande ist, Arabisch zu sprechen, kann ersatzweise in einer anderen Sprache rezitieren, wobei sein Gebet dann gültig ist.[131]

Mālikīya

Wer die *Fātiḥa* nicht gut und schön rezitieren kann, dem obliegt es verpflichtend, dies zu erlernen, wenn ihm das möglich ist; ist es ihm aber nicht möglich, ist es für ihn verpflichtend, im Gebet jemandem nachzufolgen, der die *Fātiḥa* gut rezitieren kann.

Wenn er niemanden findet, auf den das zutrifft, so muß er zwischen dem *Takbīrat al-Iḥrām* und dem *Rukū'* eine Trennung (zumindest in Form von Schweigen) vornehmen[132]. Es ist *mandūb*, in dieser Trennungszeit ein *Dhikr* zu rezitieren.

Es ist darüber hinaus nur für denjenigen verpflichtend, sich einem anderen als *Ma'mūm* anzuschließen, der nicht stumm ist. Einem Stummen aber obliegt das nicht, und er kann in der beschriebenen Form auch als Einzelbetender das Gebet verrichten, muß nicht nach einem anderen suchen, der als *Imām* geeignet ist.

Drei der Rechtsschulen – die *Ḥanafīya*, *Shāfi'īya* und *Ḥanbalīya* – stimmen darin überein, daß, wenn sich jemand bei der Rezitation nicht selbst hört, er nicht als ein Rezitierender gilt; nur die *Mālikīya* vertritt hier eine andere Ansicht.

Mālikīya

Es ist nicht verpflichtend, daß sich ein Rezitierender selbst hört; es genügt, wenn er seine Zunge bewegt. Dennoch ist es vorzuziehen, daß er sich selbst hört, um Uneinigkeiten bei unterschiedlichen Rechtsmeinungen vorzubeugen.

§ 30

DIE FÜNFTE PFLICHT: DAS SICH-VERBEUGEN (RUKŪʿ)

Der *Rukūʿ* (die Verbeugung) ist in jedem Gebet für jeden Pflicht, der dazu in der Lage ist. Es besteht keinerlei Zweifel, daß der *Rukūʿ* als solcher *Farḍ* ist. Jedoch bestehen bei den Rechtsschulen unterschiedliche Ansichten über das Maß, in dem der *Rukūʿ* durchgeführt werden muß.

Ḥanafīya

Der *Rukūʿ* ist als solcher (in seinem Minimalpflichtbereich) erfüllt, wenn der Betende seinen Kopf so stark herabneigt, bis der Zustand des Betenden dem einer vollständigen Verbeugung näher ist als einem aufrechten Stehen; falls der Betende so den *Rukūʿ* vollzieht, ist sein Gebet gültig.

In seiner vollendeten, besten Form jedoch besteht der *Rukūʿ* darin, daß man sich in der Hüfte so herabbeugt, daß der Kopf auf gleicher Höhe ist wie das Hinterteil (wobei man sich mit den Händen, mit denen man die Kniegelenke umfaßt, abstützt).

Dies ist die Form, in der ein Stehender den *Rukūʿ* ausführt; bei jemandem, der den *Rukūʿ* aus dem Sitzen heraus ausführt, besteht er aus einem Neigen des Kopfes bei starker Neigung des Rückens; in diesem Fall ist der *Rukūʿ* erst dann erfüllt, wenn die Stirn (senkrecht gesehen) auf der Höhe des Platzes vor den Knien ist.

Ḥanbalīya

Der *Rukūʿ* eines stehend Betenden besteht darin, daß er seinen Rücken so beugt, daß er mit seinen Händen seine Knie umfassen kann – sofern er von seiner naturgegebenen Gestalt her normallange Arme hat, weder extrem lange noch außergewöhnlich kurze. Wenn jemand nicht normallange Arme hat, so soll er den *Rukūʿ* mit einer solchen Beugung des Rückens verrichten, als ob er normal mittellange Arme hätte.

Die vollständige, beste Form des *Rukūʿ* ist, daß der Rücken ganz gerade und gestreckt gehalten wird und der Kopf gerade in Richtung des Rückens gehalten wird (das heißt, daß der Kopf weder höher noch niedriger als der Rücken ist, von der Seite her betrachtet).

Bei einem Betenden, der sitzend betet, gilt, daß er sein Gesicht beim *Rukūʿ* so weit vorbeugen muß, bis es (senkrecht gesehen) auf der Höhe des Platzes vor seinen Knien ist, wobei er sich soweit wie möglich dem Boden zuneigen soll. So ist der *Rukūʿ* in diesem Falle auf das Vollständigste durchgeführt.

Shāfi'īya

Die mindeste Form des *Rukū'* ist bei einem stehend Betenden, daß er sich so beugt, daß er mit seinen Händen – wenn er seiner Gestalt nach normallange Gliedmaßen hat – die Knie umfaßt, ohne zu einer Seite, rechts oder links, hinzuneigen[133], wobei als Bedingung gilt, daß er den *Rukū'* beabsichtigen muß.

Die vollständige Form des *Rukū'* ist beim Stehenden, daß Rücken und Nacken gerade sind und (seitlich betrachtet) eine Linie bilden, auf gleicher Höhe sind.

Beim Sitzenden besteht die Mindestform des *Rukū'* darin, daß er sich so weit verbeugt und nach vorne beugt, bis seine Stirn (senkrecht betrachtet) vor seinen Knien ist. Die vollständige Form des *Rukū'* beim Sitzenden ist, daß das ganze Gesicht (senkrecht betrachtet) vor seinen Knien ist.

Mālikīya

Die verpflichtende Mindestform des *Rukū'* besteht darin, daß der Betende sich so beugt, daß er sich mit seinen Händen – wenn seine Arme mittellang bzw. normallang sind – auf den Oberschenkeln abstützt, und zwar in der direkten Nähe der Kniegelenke bzw. am Ende der Oberschenkel, wo sie in die Kniegelenke übergehen.

Es ist andererseits *mandūb*, die Hände beim *Rukū'* auf die Kniegelenke selbst zu legen und die Knie mit den Handflächen zu umfassen sowie den Rücken gerade zu machen.

§ 31

DIE SECHSTE PFLICHT: DIE NIEDERWERFUNG (SUJŪD)

Der *Sujūd* (die Niederwerfung) ist in völliger Übereinstimmung der Gelehrten *Farḍ*. Dabei ist es für alle Betenden *Farḍ*, daß sie den *Sujūd* zweimal in jeder *Rak'a* ausführen; lediglich in der Art und Weise, wie das zu geschehen hat – das heißt bezüglich bestimmter Einzelheiten – bestehen bei den Rechtsschulen unterschiedliche Ansichten.

Mālikīya

Es ist verpflichtend, daß der *Sujūd* auf dem geringsten Teil der Stirn ausgeführt wird. Wenn aber jemand den *Sujūd* auf einer der beiden

Schläfen ausführt, so ist das als *Sujūd* ungültig. Es ist *mandūb*, daß der *Sujūd* – neben der Stirn – zugleich auch auf der Nase ausgeführt wird. Wenn man andererseits den *Sujūd* nur auf der Nase, nicht aber auch zugleich auf einem Teil der Stirn ausführt, so ist das zu einem gültigen *Sujūd* nicht ausreichend.

Wer zum *Sujūd* – in der beschriebenen Art und Weise – außerstande ist, muß zumindest durch ein Hinweisen, ein leichtes Neigen usw. (im Maß seines Vermögens) auf den *Sujūd* hinweisen. Es ist *Sunna* (das heißt nicht *Farḍ*), den *Sujūd* auf den beiden Händen, Knien und Fußspitzen auszuführen[134], und es ist *mandūb*, die gesamte Stirn auf den Boden aufzulegen und dort fest anzuschmiegen.

Wer den *Sujūd* nicht im Gebet verrichtet, muß das Gebet wiederholen.

Ḥanafīya

Der *Farḍ*-Teil des *Sujūd* besteht darin, daß man einen Teil der Stirn – selbst, wenn es nur ein sehr kleiner Teil ist – auf den Untergrund/ Boden legt, auf dem man gültig einen *Sujūd* ausführen kann. Nur einen Teil der Nase beim *Sujūd* – ohne Stirn – auf den Boden aufzulegen, genügt hingegen nur dann, wenn es bei Vorhandensein eines Entschuldigungsgrundes (*'udhr*) geschieht. Allerdings genügt es zur Erfüllung der Pflicht in keiner Weise, Wange oder Kinn (bzw. den unteren Gesichtsteil) auf den Boden als *Sujūd* aufzulegen, weder mit noch ohne Entschuldigungsgrund.

Auch muß bei jemandem, der den *Sujūd* ausführt, mindestens eine Hand, ein Knie sowie ein Teil der (Zehen-)Spitzen eines Fußes währenddessen auf dem Boden aufliegen; dabei ist die Pflicht erfüllt, wenn mindestens ein Zeh noch den Boden berührt.

Andererseits ist es *wājib*, den größeren Teil der Stirn beim *Sujūd* auf den Untergrund aufzulegen.

Shāfi'īya und Ḥanbalīya

Der Pflichtteil des *Sujūd* besteht darin, daß jeweils ein Teil eines jeden der sieben überlieferten Körperteile auf den Untergrund aufgelegt wird[135]. Nach Ansicht der *Shāfi'īya* muß dabei je der Innenflächenbereich der Hände bzw. Fußzehen auf dem Boden aufliegen.

Die *Ḥanbalīya* sagt darüber hinaus, daß auch die Nase verpflichtend während des *Sujūd* auf den Boden aufgelegt werden muß.

Es ist zur Gültigkeit des *Sujūd* Bedingung, daß er auf etwas Trockenem, Festem ausgeführt wird, auf dem die Stirn fest aufliegen kann, wie etwa Steinboden oder Teppichen – im Gegensatz etwa zu gekrempelter

Baumwolle (die ja flockig, dick in ihrer Ausdehnung und nicht fest ist)[136], auf welcher die Stirn nicht fest aufliegen kann: In solchen Fällen gilt der *Sujūd* nicht. Ebenso gilt der *Sujūd* nicht, wenn er auf Stroh, Reis, Mais und dergleichen[137] ausgeführt wird – also auf einem Untergrund, auf dem der Kopf nicht fest aufliegen kann.

Es ist weiter Bedingung, daß beim *Sujūd* die Stirn nicht auf den Händen aufliegt; wenn das geschieht, ist das Gebet nach den *Madhāhib* außer der *Ḥanafīya* ungültig (*bāṭil*).

Ḥanafīya

Wenn jemand beim *Sujūd* die Stirn auf die Hände legt, so ist das für die Gültigkeit des *Sujūd* nicht schädlich, sondern ist lediglich *makrūh*.

Es schadet der Gültigkeit des *Sujūd* nicht, wenn die Stirn während des *Sujūd* auf ein Kleidungsstück (bzw. ein Stück davon) gelegt wird[138] oder auf etwas, was der Betende trägt und sich durch seine Bewegung so vor ihn gelegt hat[139]; allerdings gilt das nach den Rechtsschulen außer der *Shāfiʿīya* als *makrūh*.

Shāfiʿīya

Es ist Bedingung, daß die Stirn beim *Sujūd* nicht auf einem Stoffstück wie oben beschrieben aufliegt. Damit ist gemeint, daß das Gebet ungültig ist, wenn während des *Sujūd* ein Stoffstück vor der Stirn ist, das sich nicht selbst – durch die Bewegung des Betenden – mitbewegt. Wenn das Stoffstück aber lang ist und sich so auch mitbewegt, ist die Gültigkeit des *Sujūd* nicht beeinträchtigt. Genauso verhält es sich etwa, wenn jemand beim Gebet und *Sujūd* ein Taschentuch in der Hand hält[140], weil ein solches Tuch als nicht mit dem Körper bzw. der Kleidung des Betenden verbunden gilt.[141]

Es schadet nicht, wenn der *Sujūd* auf einem (zur Umwicklung des Turbans gehörenden) Stoffteil eines Turbans gemacht wird[142]. Wenn (zum anderen) etwa jemand einen Turban anlegt, der mit einem langen Schalstück versehen ist[143], dieses freie Stoffstück einen Teil der Stirn bedeckt und der Betende dann darauf den *Sujūd* ausführt, so ist das Gebet dieser Person nach Meinung der *Madhāhib* außer der *Shāfiʿīya* gültig.

Shāfiʿīya

Es schadet der Gültigkeit des *Sujūd*, wenn er auf einem (zur Umwindung gehörenden) Stoffstück des Turbans – das vor der Stirn aufliegt – ausgeführt wird. Ebenso verhält es sich grundsätzlich bei einem Verband, der – ohne Notwendigkeit – das gesamte Gesicht bedeckt.

Wenn nun jemand mit voller Absicht und im Wissen um diese Angelegenheit und ohne Entschuldigungsgrund (*'udhr*) den *Sujūd* nicht auf dem von Stoff freien Gesicht ausführt, so ist sein *Sujūd* und Gebet ungültig (*bāṭil*).

Als Entschuldigungsgrund (*'udhr*) gilt hier beispielsweise eine Verwundung, wobei man fürchtet, daß das Ablösen des Verbandes ernsthaften Schaden zufügen könnte: In diesem Fall ist der *Sujūd* mit vollem Gesichtsverband gültig (*ṣaḥīḥ*).

Es ist weiter Bedingung, daß der Platz, auf dem die Stirn während des *Sujūd* aufliegt, nicht höher ist als der Platz der Knie im *Sujūd*. In der Frage, bei welcher Höhe bzw. bei welchem Unterschied in der Höhe der *Sujūd* ungültig wird, gibt es bei den *Madhāhib* unterschiedliche Ansichten.

Ḥanafīya

Ein Höhenunterschied, der in dieser Lage der Gültigkeit schadet, liegt bei einer halben *Dhirā'* (etwa 14 cm). Hier wird eine Ausnahme gemacht: Wenn man aus der Notwendigkeit heraus, bei sehr großer Enge, keinen Platz vor sich zum *Sujūd* findet[144], ist es unter drei Bedingungen gültig, den *Sujūd* auf dem Rücken des Betenden vor einem durchzuführen:

1. Daß man wirklich keinen freien Platz vor sich findet, um die Stirn auf den Boden zu legen.
2. Daß beide *Sujūd* derart innerhalb eines einzigen Gebets ausgeführt werden.
3. Daß während des *Sujūd* die beiden Knie auf dem Boden sind.

Wenn eine dieser drei Bedingungen nicht erfüllt ist, sind der *Sujūd* und das Gebet ungültig.

Ḥanbalīya

Die zusätzliche Erhöhung bzw. der Höhenunterschied, der das Gebet ungültig macht, ist der, bei dem sich der Betende in seinem Gebet ganz aus dem Rahmen der Form des Gebets herausbegibt.[145]

Shāfi'īya

Wenn der Platz der Stirn im *Sujūd* höher liegt als der, auf dem die Knie aufliegen, sind der *Sujūd* und das Gebet ungültig – außer wenn Hinterteil und der das Hinterteil umgebende hintere Körperbereich des Betenden (seitlich betrachtet) höher ist als sein Kopf und seine Knie: in diesem Fall ist das Gebet gültig.

Der Gesichtspunkt bei der *Shāfi'īya* ist, daß beim *Sujūd* die Körperteile, die normalerweise am höchsten sind, am niedrigsten liegen, und umgekehrt die niedrigsten am höchsten sind. Dies gilt, sofern kein Entschuldigungsgrund vorhanden ist; wo das aber gegeben ist – wie im Fall einer Schwangeren, die durch eine solche Körperhaltung Schaden für sich und/oder das Kind befürchtet –, gilt das nicht als Bedingung und obliegt dementsprechend auch nicht zur Gültigkeit des *Sujūd*.

Mālikīya

Wenn die Erhöhung bzw. der Höhenunterschied bezüglich des Bodens/des Untergrundes sehr groß ist, so ist der darauf ausgeführte *Sujūd* ungültig. Wenn er hingegen nur gering ist – wie im Fall, daß man den *Sujūd* auf einem Schlüssel, einer Schutzhülle usw. ausführt, so ist der *Sujūd* – darauf ausgeführt – gültig, wenngleich dies nicht das Beste/Vorzuziehende ist.

§ 32

DIE SIEBTE PFLICHT: DAS SICH-AUFRICHTEN NACH DER VERBEUGUNG (AR-RAF' MIN AR-RUKŪ') DIE ACHTE PFLICHT: DAS SICH-AUFRICHTEN NACH DER NIEDERWERFUNG (AR-RAF' MIN AS-SUJŪD) DIE NEUNTE PFLICHT: DAS SICH-GERADE-MACHEN BEIM AUFRICHTEN (I'TIDĀL) DIE ZEHNTE PFLICHT: DAS INNEHALTEN UND VÖLLIGE RUHIGWERDEN DER KÖRPERGLIEDER NACH DER NIEDERWERFUNG USW. (ṬAMĀ'NĪNA)

Diese vier Pflichten sind miteinander verbunden. Dabei stimmen die drei Rechtsschulen außer der *Ḥanafīya* darin überein, daß alle vier *Farḍ* sind.
Die *Ḥanafīya* hingegen meint, daß

- das Sich-Aufrichten nach der Verbeugung (*ar-raf' min ar rukū'*),
- das Sich-Gerade-Machen beim Aufrichten (*i'tidāl*) sowie
- das Innehalten und völlige Ruhigwerden der Körperglieder nach der Niederwerfung usw. (*ṭamā'nīna*)

Wājibāt des Gebets, nicht *Furūḍ* sind; in dem Sinn, daß, wenn man diese Dinge unterläßt, das Gebet nicht automatisch ungültig wird, sondern damit eine kleine Sünde begeht. Bezüglich des Sich-Aufrichtens nach der Niederwerfung (*ar-raf' min as-sujūd*) jedoch meint auch die *Ḥanafīya*, daß es *Farḍ* ist.

Dazu die Meinungen der Rechtsschulen im einzelnen:

Ḥanafīya

Das Sich-Aufrichten nach der Verbeugung (*ar-raf' min ar-rukū'*), das Sich-Gerade-Machen beim Aufrichten (*i'tidāl*) sowie das Innehalten und völlige Ruhigwerden der Körperglieder nach der Niederwerfung usw. (*ṭamā'nīna*) sind *Wājibāt* des Gebets, nicht aber *Farḍ*-Teile davon.

Allerdings wird in der *Ḥanafīya* doch bei diesen Dingen ein Unterschied in manchen Aspekten gemacht: Unter der *Ṭamā'nīna* wird das Innehalten und völlige Entspannen der Körperglieder verstanden, wobei alle Körperglieder mindestens für die Dauer einer *Tasbīḥa*[146] an ihrem Platz ruhig verharren.

Die *Ṭamā'nīna* ist *Wājib* während des *Rukū'* und des *Sujūd*, und ebenso in jedem *Rukn*, der in sich eigenständig ist.

Beim Erheben aus dem *Rukū'* bzw. aus dem *Sujūd* ist das verpflichtende Maß des Sich-Gerade-Machens (*i'tidāl*), daß die Haltung dem Aufrechtsein beim Sitzen bzw. Stehen näher ist als dem Gebeugtsein. Daß man sich völlig in eine gerade Haltung begibt, gilt dabei als *Sunna*.

Shāfi'īya

Wenn sich der Betende zum Beispiel nicht so aufrichtet – sei es aus dem *Sujūd* oder aus dem *Rukū'*, daß er sich ganz gerade aufrichtet und so lange verharrt, bis seine Körperglieder sich ganz entspannt haben und auf ihrem Platz bleiben – und sei es auch nur für einen Moment –, so gilt das nicht als Erfüllung der *Ṭamā'nīna*, und das Gebet ist ungültig, selbst dann, wenn seine Haltung dem Sitzen bzw. Stehen näher ist als das Gebeugtsein.

Das heißt, das verpflichtende Maß beim *I'tidāl* ist das völlige Sich-Gerade-Machen. Weiter ist beim *I'tidāl* Bedingung, daß diese Haltung nicht zu lange andauert. Verbleibt man so lange im *I'tidāl*-Zustand, daß die so verstrichene Zeit ausreichen würde, die *Fātiḥa* zu rezitieren oder ein überliefertes (mittellanges) *Dhikr* bzw. den geringsten Teil des *Tashahhud* zu rezitieren, so ist das Gebet ungültig.

Beim Erheben aus dem *Rukū'* bzw. dem *Sujūd* ist es weiter Bedingung, daß man dabei diese Handlung und nichts anderes beabsichtigt. Wenn man sich aus diesen gebeugten Haltungen etwa nur erhebt, weil man gerade vor etwas bzw. jemandem Angst hat, so genügt das zur Gültigkeit nicht. In diesem Fall muß der Betende in den Zustand des *Sujūd* bzw. *Rukū'* zurückkehren, also diese Handlung noch einmal mit richtiger Absicht ausführen, und ebenso obliegt dem Betenden das, wenn er den *Sujūd* bzw. *Rukū'* ohne *Ṭamā'nīna* ausgeführt hat.

Mālikīya

Das verpflichtende Maß beim Sich-Aufrichten aus dem *Rukū'* ist, daß der Rücken aus der gebeugten Haltung in eine klar aufgerichtete Haltung übergeht, bei vollständigem *I'tidāl.* Beim Sich-Aufrichten aus dem *Sujūd* allerdings genügt es, wenn der Betende die Stirn vom Boden erhebt – selbst wenn dabei seine Hände noch auf dem Boden bzw. Untergrund bleiben. Der *I'tidāl* – gemeint: daß man vollständig in seine (aufgerichtete, gerade) Ausgangshaltung zurückkehrt – ist ein *Rukn* und verpflichtend nach dem *Rukū'*, dem *Sujūd*, während des *Salām* am Ende des Gebets und auch zu Beginn, beim *Takbīrat al-Iḥrām.*

Die *Ṭamā'nīna* ist ein *Rukn*, der unbedingt während aller *Arkān* des Gebets ausgeführt werden bzw. gewährleistet sein muß. Das Pflichtmaß dabei ist, daß man nach dem *I'tidāl* bzw. vor einem Beugen länger verharrt, als zur Durchführung dieser *Arkān* selbst nötig ist.

Ḥanbalīya

Das verpflichtende Maß beim Sich-Erheben aus dem *Rukū'* ist, daß man sich so aus der *Rukū'*-Haltung erhebt, daß die Hände nicht mehr auf den Knien liegen. Der *I'tidāl* meint allerdings ein völliges Sich-Gerade-Machen, bis jedes Körperglied in die (aufrechte) Anfangshaltung (vor dem *Rukū'* bzw. *Sujūd*) zurückgekehrt ist.

Beim Sich-Erheben aus den *Sujūd* ist der verpflichtende Teil, daß man die Stirn vom Boden erhebt. Der nachfolgende *I'tidāl* allerdings macht ein völliges, aufrechtes Sitzen bzw. Aufrichten notwendig.

Im übrigen stimmt die *Ḥanbalīya* mit der *Mālikīya* und *Shāfi'īya* überein, daß alle vier hier behandelten Dinge (*ar-Raf' min ar-Rukū', ar-Raf' min as-Sujūd, I'tidāl* und *Ṭamā'nīna*) *Farḍ* und *Rukn* im Gebet sind.

§ 33

DIE ELFTE PFLICHT: DAS LETZTE SITZEN (AL-QU'ŪD AL-'AKHĪR)

Alle *Madhāhib* stimmen darin überein, das das letzte Sitzen (*al-qu'ūd al-'akhīr*) eine Pflicht (*farḍ*) im Gebet ist. Nur im Maß dieses Sitzens bestehen Meinungsunterschiede.

Ḥanafīya

Das verpflichtende Maß, das beim letzten Sitzen erfüllt sein muß, ist die Dauer der Rezitation des *Tashahhud.*

Mālikīya

Das Sitzen ist verpflichtend im Zeitmaß des Schlußgrußes (*salām*) gemeinsam mit der für den *I'tidāl* benötigten Zeit, während das Erweitern dieser Zeitdauer im Maß des *Tashahhud Sunna* und im Maß des Segens für den Propheten ﷺ *mandūb* ist, so wie auch das Erweitern im Maß eines *Du'ā's mandūb* ist, wenn der *Du'ā'* selbst *mandūb* ist. Ein Erweitern des letzten Sitzens im Maß eines *Du'ā's*, das selbst *makrūh* ist, ist auch entsprechend *makrūh* – wie etwa das zusätzliche, eigene Bittgebet eines *Ma'mūm* nach dem *Salām* des *Imām*.

Shāfi'īya

Das Sitzen während des *Tashahhud*, des Segens für den Propheten ﷺ und des ersten *Salāms* (nach rechts) ist *Farḍ*, weil es während *Farḍ*-Teilen stattfindet. Hierbei verhält es sich wie im Fall des Stehens während der *Fātiḥa*-Rezitation, welches im Maß eben dieser Rezitation *Farḍ* ist, weil die Rezitation *Farḍ* ist und beide untrennbar miteinander verbunden sind. Wenn das Sitzen um das Zeitmaß erweitert wird, in dem ein *Du'ā'* bzw. der zweite *Salām* (Schlußgruß nach links) durchgeführt wird, so ist das *mandūb*.

Ḥanbalīya

Das verpflichtende Zeitmaß für das letzte Sitzen ist das Maß des *Tashahhud* und der beiden *Salām* (des Schlußgrußes nach rechts sowie nach links).

§ 34

DIE ZWÖLFTE PFLICHT: DER LETZTE TASHAHHUD

Der letzte *Tashahhud* ist bei der *Shāfi'īya* und *Ḥanbalīya Farḍ*.

Bei der *Ḥanafīya* und *Mālikīya* aber ist die Meinung dazu anders: Für die *Ḥanafīya* ist der letzte *Tashahhud Wājib*, nicht *Farḍ*, während die *Mālikīya* ihn für *Sunna* hält.

Des weiteren gibt es verschiedene gleichermaßen belegte Formen des *Tashahhud*, wobei bestimmte Formen von bestimmten *Madhāhib* bevorzugt werden und daher von ihnen jeweils ausgewählt wurden – wenngleich es auch als zulässig und der *Sunna* entsprechend betrachtet wird, eine der anderen überlieferten Formen zu wählen.

Ḥanafīya

Die (in der *Ḥanafīya* bevorzugte) Form des *Tashahhud* ist:

at-taḥīyātu li-llāhi wa ṣ-ṣalawātu wa ṭ-ṭaīyibāt
as-salāmu ʿalaika aīyuha n-nabīyu wa raḥmatu llāhi wa barakātuh
as-salāmu ʿalainā wa ʿalā ʿibādi llāhi ṣ-ṣāliḥīn
ashhadu al-lā ilāha illā llāh[147]
wa ashhadu anna Muḥammadan ʿabduhū wa rasūluh

„Die Begrüßungen, Gebete und guten Taten sind für Gott.
Friede sei mit dir, Prophet Gottes, und die Barmherzigkeit und Segen Gottes!
Friede sei mit uns und den aufrichtigen Dienern Gottes!
Ich bezeuge, daß es keine Gottheit gibt außer Gott,
und ich bezeuge, daß Muḥammad sein Diener und Gesandter ist."

Mālikīya

Die in der *Mālikīya* bevorzugte Form ist:

at-taḥīyātu li-llāh az-zākiyātu li-llāh aṭ-ṭaiyyibātu ṣ-ṣalawātu li-llāh
as-salāmu ʿalaika aīyuha n-nabīyu wa raḥmatu llāhi wa barakātuh
as-salāmu ʿalainā wa ʿalā ʿibādi llāhi ṣ-ṣāliḥīn
ashhadu al-lā ilāha illā llāhu waḥdahū lā sharīka lah
wa ashhadu anna Muḥammadan ʿabduhū wa rasūluh

„Die Begrüßungen, die reinen Taten, die guten Taten und Gebete sind für Gott.
Friede sei mit dir, Prophet Gottes, und die Barmherzigkeit und Segen Gottes!
Friede sei mit uns und den aufrichtigen Dienern Gottes!
Ich bezeuge, daß es keine Gottheit gibt außer Gott, er ist ein Einziger, niemand ist ihm beigesellt,
und ich bezeuge, daß Muḥammad sein Diener und Gesandter ist."

Diese Form zu nehmen ist *mandūb*. Wenn der Betende den *Tashahhud* nicht rezitiert, ist dennoch das Gebet gültig, aber das zu tun ist *makrūh*.

Shāfiʿīya

Die in der *Shāfiʿīya* bevorzugte Form lautet:

at-taḥīyātu l-mubārakātu ṣ-ṣalawātu ṭ-ṭaīyibātu li-llāh
as-salāmu ʿalaika aīyuha n-nabīyu wa raḥmatu llāhi wa barakātuh
as-salāmu ʿalainā wa ʿalā ʿibādi llāhi ṣ-ṣāliḥīn
ashhadu al-lā ilāha illā llāh
wa ashhadu anna Muḥammada r-rasūlu llāh[148]

„Die Begrüßungen, gesegneten Taten, Gebete und guten Taten sind für Gott.
Friede sei mit dir, Prophet Gottes, und die Barmherzigkeit und Segen Gottes!
Friede sei mit uns und den aufrichtigen Dienern Gottes!
Ich bezeuge, daß es keine Gottheit gibt außer Gott,
und ich bezeuge, daß Muḥammad der Gesandte Gottes ist."

Der *Farḍ*-Teil des *Tashahhud* ist dabei erfüllt, wenn der *Tashahhud* mindestens[149] die Worte umfaßt:

at-taḥīyātu li-llāh
salāmun ʿalaika aīyuha n-nabīyu wa raḥmatu llāhi wa barakātuh
salāmun ʿalainā wa ʿalā ʿibādi llāhi ṣ-ṣāliḥīn
ashhadu al-lā ilāha illā llāh
wa ashhadu anna Muḥammadar rasūlu llāh[150]

„Die Begrüßungen sind für Gott.
Friede sei mit dir, Prophet Gottes, und die Barmherzigkeit und Segen Gottes!
Friede sei mit uns und den aufrichtigen Dienern Gottes!
Ich bezeuge, daß es keine Gottheit gibt außer Gott,
und ich bezeuge, daß Muḥammad sein Diener und Gesandter ist."

Zur Gültigkeit des *Tashahhud* als *Farḍ* ist es notwendig,
- daß er in Arabisch rezitiert wird, wenn der Betende dazu in der Lage ist;
- daß der Betende keine Unterbrechung/Pause zwischen den Worten eintreten läßt (*muwālat*);
- daß der Betende – wenn kein Hindernis diesbezüglich besteht – sich selbst während der *Tashahhud*-Rezitation hören kann;
- daß die Worte in der richtigen Reihenfolge rezitiert werden. Wenn die Worte absichtlich verwechselt werden und dadurch der Sinn verändert wird, ist das Gebet ungültig, wenn nicht, dann nicht.

Außerdem ist der Segen für den Propheten ﷺ nach dem letzten *Tashahhud* ein *Rukn* in der Mindestform:

Allāhumma ṣalli ʿalā Muḥammad
„O Gott, segne Muḥammad!"
oder
Allāhumma ṣalli ʿalā n-nabiyy
„O Gott, segne den Propheten!"

Ḥanbalīya

Der von der *Ḥanbalīya* bevorzugte Wortlaut ist:

at-taḥīyātu li-llāh wa ṣalawātu wa ṭ-ṭaiyibāt
as-salāmu ʿalaika aiyuha n-nabīyu wa raḥmatu llāhi wa barakātuh
as-salāmu ʿalainā wa ʿalā ʿibādi llāhi ṣ-ṣāliḥīn
ashhadu al-lā ilāha illā llāhu waḥdahū lā sharika lah
wa ashhadu anna Muḥammadan ʿabduhū wa rasūluh

„Die Begrüßungen, Gebete und guten Taten sind für Gott.
Friede sei mit dir, Prophet Gottes, und die Barmherzigkeit und Segen Gottes!
Friede sei mit uns und den aufrichtigen Dienern Gottes!
Ich bezeuge, daß es keine Gottheit gibt außer Gott, er ist ein Einziger, niemand ist ihm beigesellt,
und ich bezeuge, daß Muḥammad sein Diener und Gesandter ist."

Danach muß noch der Segen für den Propheten ﷺ genannt werden, in der Mindestform

Allāhumma ṣalli ʿalā Muḥammad
„O Gott, segne Muḥammad!"

Das verpflichtende Mindestmaß des *Tashahhud* (einschließlich des Segens für den Propheten ﷺ) ist:

at-taḥīyātu li-llāh
salāmun ʿalaika aiyuha n-nabīyu wa raḥmatu llāhi wa barakātuh
salāmun ʿalainā wa ʿalā ʿibādi llāhi ṣ-ṣāliḥīn
ashhadu al-lā ilāha illā llāh
wa ashhadu anna Muḥammada r-rasūlu llāh
Allāhumma ṣalli ʿalā Muḥammad

„Die Begrüßungen sind für Gott.
Friede sei mit dir, Prophet Gottes, und die Barmherzigkeit und Segen Gottes!

Friede sei mit uns und den aufrichtigen Dienern Gottes!
Ich bezeuge, daß es keine Gottheit gibt außer Gott,
und ich bezeuge, daß Muḥammad sein Gesandter ist."

Es ist andererseits auch zulässig, eine andere eindeutige und in sich zulässige und korrekte Segensformel für den Propheten ﷺ zur Erfüllung dieser Pflicht zu benutzen – ähnlich, wie es auch die *Shāfi'īya* sieht.

§ 35

DIE DREIZEHNTE PFLICHT: DER SCHLUSSGRUSS (SALĀM)

Die Rechtsschulen außer der *Ḥanafīya* stimmen darin überein, daß man nach Vollendung des Gebets nur mit dem Begriff „*as-salāmu* [*'alaikum wa raḥmatu llāh*]" aus dem Gebet austreten kann – wenn das nicht geschieht, wird das Gebet nach dieser Ansicht ungültig.

Hierin ist die *Ḥanafīya* insofern anderer Ansicht, als sie sagt, daß man durch jede Handlung (zwangsläufig) aus dem Gebet austritt, die dem Gebet entgegengesetzt ist bzw. es unmöglich macht, selbst wenn es sich dabei um das Ungültigwerden des *Wuḍū'* handelt. Andererseits ist es nach dieser Meinung *Wājib* (wenn auch nicht *Farḍ*), mit dem Begriff „*as-salāmu* [*'alaikum wa raḥmatu llāh*][151]" aus dem Gebet auszutreten.

Über die unbedingt nötige Formel des *Salām* (das heißt des Schlußgrußes des Gebets) gibt es unterschiedliche Meinungen:

Ḥanafīya

Mit der *Salām*-Form aus dem Gebet auszutreten, ist *Wājib*, nicht *Farḍ*. Zur Erfüllung des *Wājib* genügt es, wenn der Betende nur das Wort „*as-salām*" sagt, ohne den Teil „*'alaikum*"; wenn der Betende ohne den *Salām* zu geben aus dem Gebet austritt, nachdem er am Ende der Pflichtteile und deren Erfüllung angelangt ist, ist sein Gebet dennoch gültig (selbst dann, wenn er in dieser Lage durch *Ḥadath* austritt), aber in diesem Fall hat der Betende eine Sünde begangen (weil er das *Wājib* des *Salām* nicht erfüllt hat), und es obliegt ihm als *Wājib*, das Gebet zu wiederholen. Tut er das nicht, ist sein voriges Gebet formal gültig, doch hat er durch die Nichtwiederholung eine Sünde begangen.

Ḥanbalīya

Es ist *Farḍ*, daß der Betende durch zweimaliges (!) *Salām*-Geben – das heißt Sprechen der *Salām*-Formel – aus dem Gebet austritt. Dabei muß er den Wortlaut „*as-salāmu ʿalaikum wa raḥmatu llāh*" in dieser Wortreihenfolge verwenden. Tut er das nicht, ist das Gebet ungültig.

Shāfiʿīya

Der Betende muß mit dem einmaligen *Salām*-Geben (mit „*as-salāmu ʿalaikum*" als *Farḍ*-Mindestform) aus dem Gebet austreten. Dabei ist die Wortreihenfolge aber keine zwingende Bedingung:
Wenn er etwa sagt: „*ʿalaikumu s-salām*", ist das gültig, allerdings auch *makrūh.*

Mālikīya

Es ist unbedingt als *Farḍ* nötig, daß der Betende mit dem einmaligen *Salām* in der Mindestform und Wortreihenfolge „*as-salāmu ʿalaikum*" aus dem Gebet austritt.

§ 36

DIE VIERZEHNTE PFLICHT: DIE REIHENFOLGE DER ABSOLUTEN PFLICHTEN (TARTĪB AL-ARKĀN)

Damit ist gemeint, daß der Betende die *Arkān* des Gebets in der richtigen, vorgeschriebenen Reihenfolge erfüllt: den *Qiyām* vor dem *Rukūʿ*, den *Rukuʿ* vor dem *Sujūd* usw.

Die Einhaltung dieser Reihenfolge (*tartīb al-arkān*) ist für den Betenden unbedingt notwendig (*lāzim*): Wenn er die Reihenfolge irgendwie vertauscht, wird sein Gebet ungültig (*bāṭil*).

Die *Ḥanafīya* sagt dazu: Diese Reihenfolge ist nicht *Rukn*, sondern *Sharṭ* (Bedingung) zur Gültigkeit des Gebets; daher gilt das Gebet bei Nichterfüllung des *Tartīb* als *bāṭil*, in manchen Fällen aber gelten noch andere spezielle Regeln.

Ḥanafīya

Auch wenn nach Ansicht der *Ḥanafīya* der *Tartīb al-Arkān Sharṭ* zur Gültigkeit, nicht aber *Farḍ* ist, so muß doch der *Tartīb* unbedingt eingehalten werden.

Allerdings gilt dazu: Wenn jemand den *Rukūʿ* vor dem *Qiyām* verrichtet, danach den *Sujūd* verrichtet und dann wieder zum *Qiyām* aufsteht, so gilt sein *Rukūʿ* als nicht getan. Wenn er in dieser Lage, wo ja der erste *Rukūʿ* nicht galt, nach dem nun korrekt verrichteten *Qiyām* den *Rukūʿ* und den *Sujūd* (wieder) verrichtet, so gilt diese *Rakʿa*, aber er muß anschließend den *Sujūd li-s-Sahuw* verrichten. Dies gilt unter der Bedingung, daß der Betende diesen Fehler aus Vergeßlichkeit tat; wenn er das aber absichtlich tat, so ist sein Gebet ungültig.

Wenn der Betende jedoch in einem *Qiyām* (im Pflichtgebet) nicht (*Fātiḥa* und/oder die weiteren *Āyāt*) rezitiert, dann den *Rukū'* verrichtet usw., so ist sein Gebet doch gültig, weil das Rezitieren nicht in allen *Raka'āt* (des Pflichtgebets) *Farḍ* ist, sondern nur in zweien. Allerdings muß der Betende in diesem Fall als *Farḍ* die Rezitation in den zwei anderen *Raka'āt* verrichten und anschließend den *Sujūd li-s-Sahuw* ausführen.[152]

§ 37

DIE FÜNFZEHNTE PFLICHT: DAS SITZEN ZWISCHEN DEN BEIDEN NIEDERWERFUNGEN (AL-JULŪS BAINA AS-SAJDATAIN)

Die drei *Madhāhib* außer der *Ḥanafīya* stimmen darin überein, daß das Sitzen zwischen den beiden Niederwerfungen (*al-julūs baina as-sajdatain*[153]) *Farḍ* ist, und zwar zwischen allen Zweiergruppen des *Sujūd* im Gebet.

Wenn nun jemand einmal den *Sujūd* (in Form einer *Sajda*) ausführt, dann nur den Kopf erhebt, sich dann aber nicht setzt (im *Julūs*) und wieder eine *Sajda* ausführt, so ist sein Gebet nicht gültig.

Die *Ḥanafīya* jedoch vertritt eine andere Ansicht.

Ḥanafīya

Das Sitzen zwischen den beiden Niederwerfungen ist nach Meinung der gesamten *Ḥanafīya* nicht *Farḍ*. Des weiteren herrschen aber innerhalb der *Ḥanafīya* zwei Meinungsgruppen bezüglich des *Julūs*: Manche sagen, er sei *Wājib* (dies ist die stärkere Meinung), andere meinen, es handele sich dabei lediglich um eine *Sunna ghair mu'akkada*.

§ 38

BEDINGTE PFLICHTEN (WĀJIBĀT) UND SUNAN MU'AKKADA IM GEBET

Die Wājibāt

Wie schon an mehreren Stellen erwähnt, betrachten die *Shāfi'īya* und *Ḥanbalīya* übereinstimmend die Begriffe und *Aḥkām* von „*Farḍ*" und

„*Wājib*" – außerhalb der Bereiche des *Ḥajj*[154] – als bedeutungsgleich, das heißt als „absolute Verpflichtung". Von daher gibt es nach Ansicht dieser beiden Rechtsschulen keine *Wājibāt* im Gebet; doch gibt es solche *Wājibāt* des Gebets bei der *Ḥanafīya* und *Ḥanbalīya*.

Ḥanafīya

Wenn etwas, was im Gebet *Wājib* ist, nicht vom Betenden erfüllt wird, so wird das Gebet dadurch nicht ungültig, aber der Betende muß in diesem Fall den *Sujūd li-s-Sahuw* verrichten. Dies gilt, wenn der Fehler versehentlich geschah. Tut ein Betender aber das Gegenteil eines *Wājib* vorsätzlich, so ist sein Gebet ungültig.

Diese *Wājibāt* sind:

1. Das Rezitieren der *Fātiḥa*. Dabei gilt, daß man den *Sujūd li-s-Sahuw* verrichten muß, wenn man im Pflichtteil in den ersten beiden Gebetseinheiten bzw. beim *Nāfila* in irgendeiner der *Raka'āt* die Rezitation vergißt. Außerdem muß man den *Sujūd li-s-Sahuw* verrichten, wenn man die *Fātiḥa* nach der Rezitation der sonstigen *Āyāt* rezitiert.
2. Das Rezitieren einer Sure (dreier *Āyāt*) nach der *Fātiḥa* in der ersten und zweiten *Rak'a* des *Farḍ*-Gebets, in allen *Raka'āt* der *Nāfila*-Gebete sowie beim *Witr*. Dabei genügt es zur Erfüllung des *Wājib*, eine sehr kurze vollständige Sure oder drei kurze *Āyāt* oder eine längere *Āya* zu rezitieren. Als drei kurze *Āyāt* können die drei folgenden Verse dienen (Sure *al-Mudaththir* [74], Vers 21–23):
   Thumma naẓar
   thumma 'abasa wa basar
   thumma adbara wa stakbar
   Dies sind zehn Wörter bzw. dreißig Buchstaben, wobei verdoppelte Konsonanten als jeweils zwei Buchstaben gezählt werden. Auch das Rezitieren einer längeren *Āya* bzw. eines Stücks einer langen *Āya*, was diesem Maß entspricht, genügt zur Erfüllung des *Wājib* bei jeder entsprechenden *Rak'a*. So genügt beispielsweise der erste Teil des „Thronverses" (*Āyat al-kursī*, Sure *al-Baqara* [2] Vers 255):
   Allāhu lā ilāha illā huwa l-ḥayyu l-qayyūm
   lā ta'khudhuhū sinatun wa lā naum
3. Daß man die Anzahl der jeweiligen Handlungen einer Art (zum Beispiel die der *Sajdas* während des *Sujūd*) nicht erhöht. Verrichtet man doch mehr als vorgeschrieben, so ist das zusätzlich Verrichtete ohne Bedeutung, und der Betende muß den *Sujūd li-s-Sahuw* verrichten.
4. Das völlige Ruhigwerden der Körperglieder (*ṭamā'nīna*) in den grundsätzlichen absoluten Pflichten (*furūḍ*), wie *Rukū'* und *Sujūd*.
5. Das erste Sitzen (*al-qu'ūd al-awwal*) in jedem Gebet, auch einem *Nāfila*.

6. Das Rezitieren des *Tashahhud*-Wortlautes. Auch ist es *Wājib*, sofort nach Ende des eigentlichen *Tashahhud*-Textes während des ersten Sitzens beim vier bzw. drei *Rak'a*-Gebet zur dritten *Rak'a* – zum *Qiyām* – aufzustehen. Wenn man nach diesem ersten *Tashahhud* (in einem Gebet mit zwei *Tashahhud*) versehentlich noch den Segen für den Propheten ﷺ hinzufügt, muß man den *Sujūd li-s-Sahuw* verrichten, wenn man das aber vorsätzlich tut, muß man das Gebet wiederholen.
7. Das zweimalige Aussprechen des Schlußgrußes (*salām*) am Ende des Gebetes.
8. Das Rezitieren des *Qunūṭ* (das nicht das *Qunūṭ an-Nāzila* ist) nach der *Fātiḥa* und einer nach ihr rezitierten Sure in der dritten (letzten) *Rak'a* des *Witr*-Gebetes.
9. Die *Takbīre* bei den beiden Festgebeten (*takbīrāt al-'īdain*). Dies sind drei *Takbīrāt* – außer dem *Takbīrat al-Iḥrām*.
10. Das laute Rezitieren (*jahr*) des Vorbeters (*imām*) beim *Fajr*, den beiden Festgebeten, dem Freitagsgebet (*jum'a*), dem *Tarāwīḥ*- und *Witr*-Gebet im *Ramaḍān* sowie in den jeweils ersten beiden *Rak'a* von *Maghrib* und *'Ishā'*.

   Der Einzelbetende kann auswählen, ob er die Gebetsteile, in denen beim Gemeinschaftsgebet (*ṣalāt al-jamā'a*) laut rezitiert wird, nun selbst laut (in *Jahr*-Form) oder leise (in *Isrār*-Form) rezitiert. Dies gilt für alle derartigen laut zu rezitierenden Gebete. Andererseits ist es besser, wenn der Einzelbetende laut rezitiert. Der *Imām* allerdings muß – als *Wājib* – in solchen Gebeten an den Gebetsstellen in *Jahr*-Form, also laut, rezitieren, wo dies vorgeschrieben ist, und entsprechend auch da leise (in *Isrār*-Form), wo dies vorgeschrieben ist.
11. Das leise Rezitieren (*isrār*) des Vorbeters (*imām*) und Einzelbeters (*munfarid*) bei *Nāfila*-Gebeten am Tag, beim *Ẓuhr* und *'Aṣr*, bei der dritten *Rak'a* von *Maghrib* und den beiden letzten *Rak'a* von *'Ishā'*, bei dem Gebet anläßlich von Sonnen- und Mondfinsternis (*Ṣalāt al-Kusūf* und *Ṣalat al-Khusūf*) sowie beim Gebet um Regen (*istisqā'*).
12. Daß ein Nachbeter (*ma'mūm*), während der Vorbeter (*imām*) im *Qiyām* rezitiert, nichts rezitiert.
13. Den Bereich zwischen Nase und Stirn im *Sujūd* fest auf den Boden aufzulegen.
14. Das Gebet mit der speziellen Form des *Takbīrat al-Iḥrām* „*Allāhu akbar*" zu eröffnen[155].
15. Der *Takbīr* des *Rukū'* in der zweiten *Rak'a* des Festgebetes, weil dieser *Takbīr* mit den *Wājib-Takbīrāt* des *'Īd* verbunden ist und so auch selbst *Wājib* wird.
16. Dem, was der Imam tut, bezüglich der Dinge zu folgen, bei denen es zulässig und gültig ist.[156]

17. Das Erheben aus dem *Rukū'* und das Sich-Gerade-Machen bei den entsprechenden Pflichthandlungen, wie bereits vorgestellt.

Ḥanbalīya

Die *Wājibāt* im Gebet stehen unterhalb der *Furūḍ*. Allerdings gilt, daß, wenn man ein *Wājib* vorsätzlich unterläßt, das Gebet dadurch ungültig (*bāṭil*) wird. Es wird nicht ungültig, wenn ein *Wājib* durch Vergessen oder Unwissenheit nicht erfüllt wurde. In diesem Fall muß man den *Sujūd li-s-Sahuw* verrichten.

Es gibt acht *Wājibāt*:

1. Alle *Takbīrāt* des Gebets, außer dem *Takbīrat al-Iḥrām* (der *Farḍ* ist), und außer dem *Takbīr* eines *Masbūq*, der sich dem Gebet eines *Imām* im *Rukū'* anschließt (dieser *Takbīr* ist *Sunna*).
2. „*Sami'a llāhu li-man ḥamidah*" zu sagen, für dem *Imām* und für den Einzelbetenden (*Tasmī'* genannt).
3. „*Rabbanā wa laka l-ḥamd*" zu sagen, für jeden Betenden.
4. Einmal während des *Rukū'* zu sagen: „*Subḥāna rabbiya l-'aẓīm*".
5. Einmal während des *Sujūd* zu sagen: „*Subḥāna rabbiya l-a'lā*".
6. Der erste *Tashahhud* (*at-tashahhud al-awwal*).
7. Den *Tashahhud*-Wortlaut – wie beim letzten *Tashahhud* – zu rezitieren, abgesehen vom Segen für den Propheten ﷺ, der im ersten *Tashahhud* nicht rezitiert wird.
8. Das Sitzen (*julūs*) während dieses *Tashahhud*.

Die Sunan mu'akkada

Die Rolle, die die *Wājibāt* des Gebets bei *Ḥanafīya* und *Ḥanbalīya* einnehmen, haben die *Sunan mu'akkada* im Gebet bei *Shāfi'īya* und *Mālikīya* inne.

Shāfi'īya

Die *Sunan* bei der *Shāfi'īya* werden in zwei Teile eingeteilt: die *Sunan mu'akkada*, *Ab'ād* genannt (Sg.: *Ba'd*, etwa: Teilbereich), und die *Sunan ghair mu'akkada*, *Hai'āt* genannt (Sg.: *Hai'a*, hier: wünschenswerte Form). Die *Ab'ād* erfordern bei Nichterfüllung den *Sujūd li-s-Sahuw*, die *Hai'āt* nicht. Die *Ab'ād* sind:

1. Der erste *Tashahhud* (*at-tashahhud al-awwal*).
2. Der Segen für den Propheten ﷺ nach dem ersten *Tashahhud*. (Hier darf der Segen für die Familie des Propheten nicht genannt werden, sonst muß man anschließend den *Sujūd li-s-Sahuw* verrichten).
3. Das erste Sitzen (*al-julūs al-awwal*) während des ersten *Tashahhud* und des Segens für den Propheten ﷺ.

4. Der Segen für die Familie des Propheten ﷺ nach dem letzten *Tashahhud* und dem Segen für den Propheten selbst. (Dabei ist der letzte *Tashahhud* und der Segen für den Propheten ﷺ selbst *Rukn*).
5. a) Das Verrichten des *Qunūṭ* (das nicht das *Qunūṭ an-Nāzila* ist) nach dem Sich-Aufrichten aus dem *Rukū'* im *Fajr*-Gebet bzw. (in der zweiten Hälfte des *Ramaḍān*) in der letzten *Rak'a* des *Witr*.
   b) Das *Qunūṭ an-Nāzila*, nach dem Sich-Erheben aus dem letzten *Rukū'* irgendeines (*Farḍ*-)Gebetes.

Mālikīya

Die *Sunan mu'akkada* im Gebet (bei der *Mālikīya* nur *Sunna* genannt) sind folgende:

1. Das Lesen von etwas Zusätzlichem aus dem Koran, zusätzlich zur *Fātiḥa* in der ersten und zweiten *Rak'a* eines *Farḍ*-Gebetes, sofern dazu die notwendige Zeit bleibt.
2. Das Stehen (*qiyām*) währenddessen.
3. *Jahr* im Gebet, wo *Jahr* vorgesehen, und *Isrār*, wo *Isrār* vorgesehen ist.
4. Alle *Takbīrāt* außer dem *Takbīrat al-Iḥrām* (denn dieser ist *Farḍ*).
5. Jeder *Tasmī'*.
6. Jeder *Tashahhud*.
7. Jedes Sitzen (*julūs*) während jedes *Tashahhud*.
8. Der Segen für den Propheten ﷺ nach dem letzten *Tashahhud*.
9. Den *Sujūd* auf den Fußspitzen, den Knien und den Handknöcheln (und Handflächen) gestützt auszuführen.
10. Daß der *Ma'mūm* den *Salām* (Schlußgruß) des *Imāms* erwidert sowie eines jeden, der neben ihm sitzt.
11. Den (ersten) *Salām* nach rechts bzw. die erste *Taslīma* in *Jahr* zu verrichten.
12. Daß der *Ma'mūm* bei *Jahr*-Rezitation des *Imāms* schweigt.
13. Daß man die *Ṭamā'nīna* über das Pflichtmaß hinaus ausdehnt.

Über das Qunūṭ

Es werden zwei Arten von *Qunūṭ* (wörtl.: „Frömmigkeit"; eine Art von *Du'ā'*) unterschieden:

1. Das „einfache *Qunūṭ*".
   Dieses *Qunūṭ* wird – je nach Rechtsmeinung – in der letzten *Rak'a* des *Witr* oder in der letzten *Rak'a* des *Ṣubḥ-Farḍ*-Gebetes verrichtet. Dabei wird das *Qunūṭ* entweder nach dem Sich-Aufrichten aus dem *Rukū'* oder direkt nach der Rezitation im *Qiyām* gesprochen.
2. Das sogenannte „*Qunūṭ an-Nāzila*" (etwa: „das *Qunūṭ* [zur Bitte um] Herabsendung [von Hilfe seitens Gottes])".

Dieses *Qunūṭ* kann in seinem Text mit dem ersten *Qunūṭ* identisch sein, kann aber auch erweitert werden. Dieses *Qunūṭ* wird nach dem Sich-Erheben aus dem *Rukūʿ* in der letzten *Rakʿa* in irgendeinem *Farḍ*-Gebet verrichtet. Es wird nur in Notlagen, bei Heimsuchungen oder bei Katastrophen gesprochen.

Es gibt mehrere überlieferte *Qunūṭ*-Texte; der unter anderem von der *Ḥanafīya* bevorzugte lautet:

Allāhumma innā nastaʾīnuka wa nastaghfiruk(a)[157]
wa nastahdīka wa nuʾminu bik(a)
wa natūbu ilaika wa natawakkalu ʿalaik(a)
wa nuthnī ʿalaika l-khairu kullah(ū)
nashkuruka wa lā nakfuruk(a)
wa nakhlaʾu wa natruku man yafjuruk.
Allāhumma īyāka naʿbudu wa laka nusallī wa nasjud(u)
wa ilaika nasʾa wa nahfid(u)
narjū raḥmataka wa nakhshā ʿadhābak(a)
inna ʿadhābaka bi l-kuffāri mulḥiq.

„O Gott, Dich flehen wir um Hilfe an,
und Dich bitten wir um Vergebung,
Dich bitten wir um Rechtleitung, und an Dich glauben wir.
Dir wenden wir uns in Reue zu, und auf Dich allein vertrauen wir,
Dir allein verdanken wir alles Gute,
Dir danken wir, und wir leugnen Dich nicht im Unglauben.
Wir ziehen uns von dem zurück und lassen den allein,
der gegen Dich sündigt.
O Gott, Dich allein beten wir an, und für Dich beten wir
und werfen uns nieder,
zu Dir eilen wir hin und folgen Dir,
wir erbitten Deine Barmherzigkeit und fürchten Deine Strafe,
wahrlich, Deine Strafe wird sicherlich
gegen die Ungläubigen ergehen."

Der unter anderem von der *Shāfiʿīya* bevorzugte Text lautet:

Allāhumma hdinī fī-man hadait(a)
wa ʿāfinī fī-man ʿāfait(a)
wa tawallanī fī-man tawallait(a)
wa bārik lī fī-mā aʿṭait(a)
wa qinī sharra mā qaḍait(a)
fa-innaka taqḍī wa lā yuqḍā ʿalaik(a)

wa innaka lā tudhillu man wālait(a)
wa lā tuʿizzu man ʿādait(a)
tabārakta llāhumma wa taʿālait(a)
wa ṣallā llāhu ʿalā n-nabīyi Muḥammad(in wa ʿalā ālihī wa ṣaḥbihī wa sallim)

„O Gott, lasse mich zu denen gehören, die Du rechtleitest,
und zu denen, die Du gesund machst,
und zu denen, denen Du Würde verleihst,
und segne mich in dem, was Du [mir] gibst,
und bewahre mich vor dem Übel, das Du [mir] bestimmt hast,
denn Du entscheidest schließlich, und über Dich
wird nicht entschieden.
Du erniedrigst nicht den, den Du mit Würde ausstattest,
und Du erhebst nicht den, der sich Dir widersetzt.
Gesegnet bist Du, o Gott, und hoch erhaben.
Und segne den Propheten Muḥammad (und seine Familie
und seine Gefährten) und schenke ihnen Frieden.“

Es gilt als besser (wenn auch nicht als verpflichtend), in dieser *Qunūṭ*-Form die Einzahlformen (mir, mich usw.) durch Mehrzahl (wir, uns usw.) zu ersetzen, wenn der *Imām* dieses *Duʿā'* vorträgt:

Allāhumma hdinā fī-man hadait(a)
wa ʿāfinā fī-man 'āfait(a)
wa tawallanā fī-man tawallait(a)
wa bārik lanā fī-mā aʿṭait(a)
wa qinā sharra mā qaḍait(a)
fa innaka taqḍī wa lā yuqḍā ʿalaik(a)
wa innaka lā tudhillu man wālait(a)
wa lā tuʿizzu man ʿādait(a)
tabārakta llāhumma wa taʿālait(a)
wa ṣallā llāhu ʿalā n-nabīyi Muḥammad(in wa ʿalā ālihī wa ṣaḥbihī wa sallim)

„O Gott, lasse uns zu denen gehören, die Du rechtleitest,
und zu denen, die Du gesund machst,
und zu denen, denen Du Würde verleihst,
und segne uns in dem, was Du [uns] gibst,
und bewahre uns vor dem Übel, was Du [uns] bestimmt hast,
denn Du entscheidest schließlich, und über Dich
wird nicht entschieden.
Du erniedrigst nicht den, den Du mit Würde ausstattest,
und Du erhebst nicht den, der sich Dir widersetzt.

Gesegnet bist Du, o Gott, und hoch erhaben.
Und segne den Propheten Muḥammad (und seine Familie und seine Gefährten) und schenke ihnen Frieden.“

KAPITEL 9

EINZELVORSTELLUNGEN DER WICHTIGSTEN SUNAN

§ 39

DAS ERHEBEN DER HÄNDE BEIM TAKBĪRAT AL-IḤRĀM

Es ist übereinstimmend *Sunna* für den Betenden, beim Eintritt in das Gebet – das heißt beim *Takbīrat al-Iḥrām* – die Hände zu erheben. Darüber, dies bei anderen Positionen des Gebets zu tun, herrschen aber unterschiedliche Ansichten.

Ḥanafīya

Der Mann erhebt beim *Takbīrat al-Iḥrām* seine Hände so, daß sie auf der Höhe seiner Ohren sind und die Finger etwas gespreizt sind. Die Frau erhebt beim *Takbīrat al-Iḥrām* ihre Hände bis auf Schulterhöhe. Wie auch beim *Takbīrat al-Iḥrām* werden die Hände erhoben bei den *Takbīrāt* der beiden Festgebete und beim *Qunūt*, sonst aber nicht.

Shāfi'īya

Die Hände werden so erhoben, daß die Fingerspitzen auf Höhe der Oberränder der Ohren sind und die Daumenspitzen an die Ohrläppchen heranreichen. Das gilt sowohl für Männer als auch für Frauen. Am besten werden die Hände erhoben beim *Takbīrat al-Iḥrām*, beim *Rukū'*, dem Erheben aus dem *Rukū'* sowie beim Sich-Erheben aus dem ersten *Tashahhud* in den *Qiyām*.

Mālikīya

Die Hände werden (bei Mann und Frau) so erhoben, daß sie bis auf die Schulterhöhe reichen und – nach der verbreitetsten Aussage innerhalb der *Mālikīya* – der Handrücken etwas zum Himmel hin geneigt ist, das Innere der Hand aber zur Erde hin. Es ist *mandūb*, die Hände beim *Takbīrat al-Iḥrām* zu erheben. Die Hände aber ansonsten zu erheben ist *makrūh*.

Ḥanbalīya

Es ist für Mann und Frau *Sunna*, die Hände beim *Takbīrat al-Iḥrām*, beim *Rukū'* und dem Sich-Erheben aus dem *Rukū'* auf Schulterhöhe zu erheben.

§ 40

DER TA'MĪN („ĀMĪN" ZU SAGEN)

Es ist *Sunna*, daß der Betende – ob nun *Munfarid*, *Imām* oder *Ma'mūm* – nach Ende der *Fātiḥa*-Rezitation „*Āmīn*" spricht. Es herrscht aber Meinungsverschiedenheit bei den Rechtsschulen, wann und ob dieses Wort „*Āmīn*" laut gesprochen wird.

Shāfi'īya und Ḥanbalīya

In den *Raka'āt* mit *Jahr*-Rezitation (laut) wird der *Ta'mīn* vom *Imām*, *Ma'mūm* und *Munfarid* in *Jahr* durchgeführt, ansonsten in *Isrār* (leise).

Ḥanafīya

Der *Ta'mīn* wird immer nur leise gesprochen, gleich ob von *Imām*, *Munfarid* oder *Ma'mūm*.

Mālikīya

Der *Ta'mīn* ist *mandūb*, nicht nur *Sunna* (*ghair mu'akkada*). In den *Raka'āt* mit *Jahr*-Rezitation wird der *Ta'mīn* vom *Ma'mūm* und *Munfarid* in *Jahr* durchgeführt, vom *Imām* aber in *Isrār*.

§ 41

DIE RECHTE HAND[158] (BZW. DEN RECHTEN UNTERARM) AUF DIE LINKE HAND (BZW. DEN LINKEN UNTERARM) ZU LEGEN

Ḥanafīya

Beim Mann gilt: Die rechte Hand wird auf die linke Hand gelegt, wobei beide Hände unterhalb des Nabelbereichs gehalten werden.

Bei der Frau wird die rechte auf die linke Hand gelegt, wobei aber die Hände auf den Brustbereich gelegt und die Arme nicht vom Körper abgespreizt werden.

Es gilt beim Mann, daß der Daumen der rechten Hand auf dem linken Armgelenk liegt und der rechte kleine Finger die untere linke Handkante umschließt.

Bei der Frau jedoch ist es *Sunna*, mit keinem Finger der rechten Hand die linke Hand zu umfassen, sondern die rechte Hand nur flach auf die linke zu legen.

Shāfiʿīya

Es ist für Mann und Frau *Sunna*, die rechte Hand und den rechten Unterarm auf die linke Hand und den linken Unterarm zu legen, und zwar oberhalb des Nabelbereichs und unterhalb des Brustbereichs.

Es ist innerhalb des *Madhhab* möglich, diese *Sunna* in zwei Formen durchzuführen: entweder indem man die rechte Hand und den rechten Unterarm ganz deckend auf die linke Hand und den linken Unterarm auflegt oder indem man die rechte Hand nur so auf den linken Unterarm auflegt, daß die Finger der rechten Hand etwa die Mitte des linken Unterarmes umfassen und etwas unterhalb der Herzgegend gehalten werden.

Mālikīya

Es ist *mandūb* (nicht nur *Sunna ghair mu'akkada*), daß Mann und Frau die rechte Hand und den rechten Unterarm auf die linke Hand und den linken Unterarm legen[159]. Das ist im *Farḍ*-Gebet aber nur dann *mandūb*, wenn der Betende damit beabsichtigt, der *Sunna* zu folgen – wenn er das aber nur zur Abstützung der Arme oder ohne diese *Sunna*-Absicht tut, ist es *makrūh*.

In *Nāfila*-Gebeten aber ist das Legen der Hände und Unterarme aufeinander auch ohne spezielle Absicht *mandūb*.

Auch gibt es die anerkannte Tradition, die Hände ganz glatt an den Seiten herabhängen zu lassen.

Ḥanbalīya

Es ist *Sunna* für Mann und Frau, unterhalb des Nabelbereichs die rechte Handfläche auf die linke zu legen.

§ 42

DER TAḤMĪD („RABBANĀ WA LAKA L-ḤAMD" ZU SAGEN) UND DER TASMĪʿ („SAMIʿA LLĀHU LI-MAN ḤAMIDAH" ZU SAGEN)

Es gilt in Übereinstimmung, daß es nach dem Erheben aus dem *Rukūʿ* eine *Sunna* ist zu sagen: *Samiʿa llāhu li-man ḥamidah* – „Gott möge den erhören, der Ihn preist" (*tasmīʿ*). Dann, während des Stehens vor dem ersten *Sujūd*, ist es *Sunna* zu sagen: *Rabbanā wa laka l-ḥamd* – „Unser Herr, Dir gebührt der Lobpreis" (*taḥmīd*).

Wenn man Einzelbetender (*munfarid*) ist, spricht man *Tasmīʿ* und *Taḥmīd* selbst. Ist man *Imām*, spricht man nur den *Tasmīʿ* allein, nicht aber der *Ma'mūm*, während der *Taḥmīd* von *Imām* und *Ma'mūm* gesprochen wird. Dabei wird der *Tasmīʿ* im Gemeinschaftsgebet (*ṣalāt al-jamāʿa*) immer vom *Imām* laut (in *Jahr*) gesprochen und der *Taḥmīd* immer leise (in *Isrār*), unabhängig davon, ob die betreffende *Rakʿa* von ihm ansonsten laut oder leise rezitiert wird.

§ 43

DASS DER IMĀM TAKBĪR, TASMĪʿ UND SALĀM (SCHLUSSGRUSS) LAUT (IN JAHR-FORM) AUSSPRICHT

Der *Imām* spricht in jedem Gebet, ob er nun leise (in *Isrār*) oder laut (in *Jahr*) rezitiert, jeden *Takbīr* einschließlich des *Takbīrat al-Iḥrām*, *Tasmīʿ* und *Salām* (Schlußgruß) laut – das heißt in *Jahr*. Das ist für den *Imām* eine sehr starke *Sunna* (*mandūb* bzw. *Sunna mu'akkada*).

Der Nachbeter (*ma'mūm*) spricht jedoch *Takbīr*, *Tasmīʿ* und *Salām* leise, in lauten Gebeten spricht er den *Tasmīʿ* laut.

Der *Munfarid* kann in leisen Gebeten wählen, ob er *Takbīr*, *Tasmīʿ* und *Salām* leise (in *Isrār*) oder laut (in *Jahr*) rezitiert.

§ 44

WANN DER NACHBETER DIE WORTE DES IMĀM LAUT NACHSPRICHT

Tablīgh eines Nachbeters (*ma'mum*) bedeutet, daß der Nachbeter bestimmte Formeln im Gebet laut ausspricht, um andere weiter vom

Imām entfernt stehende Nachbeter über den Beginn neuer Gebetsteile zu unterrichten, wenn nämlich der *Imām* von diesen nicht gehört wird: Wenn die Menge der Nachbeter so groß ist, daß manche Nachbeter die Stimme des *Imām* nicht hören können (sie dadurch also den jeweiligen Teil des Gebets nicht erkennen können), so ist es *Sunna*, daß – je nach Umständen – ein oder mehrere Nachbeter, die in Hörweite des *Imām* stehen, alle *Takbīrāt*, den *Taḥmīd* (nicht aber den *Tasmīʿ*) und den *Salām* laut wiederholen.

Üblicherweise wird der betreffende Nachbeter, der diese Verdeutlichung (hier: *tablīgh*) ausführt, „*Muballigh*“ genannt (hier: „Verdeutlicher“) und schon vor dem Beginn des Gebetes bestimmt; er stellt sich dann – entsprechend seiner Aufgabe – an passender Stelle auf und verändert seine Stellung auch nicht, wenn sich die Reihen der Betenden bilden bzw. auffüllen.

§ 45

DIE TAKBĪRĀT DES GEBETS, DIE SUNNA SIND

Die *Takbīrāt* bzw. das Aussprechen derselben – beim *Rukūʿ*, vor dem ersten *Sujūd*, dem Aufrichten aus dem ersten *Sujūd*, vor dem zweiten *Sujūd* und dem Aufrichten daraus (bzw. Aufrichten in den *Qiyām*) – außer dem *Takbīrat al-Iḥrām* sind nach Ansicht von *Shāfiʿīya* und *Mālikīya Sunna*.

Ḥanafīya

Die *Ḥanafīya* stimmt mit der *Shāfiʿīya* und *Mālikīya* überein, daß alle *Takbīrāt* außer dem *Takbīrat al-Iḥrām* eine *Sunna* sind – außer dem *Takbīr* des *Rukūʿ* in der zweiten *Rakʿa* des Festgebetes, der *Wājib* ist.

Ḥanbalīya

Grundsätzlich ist jeder *Takbīr* außer dem *Takbīr* des *Masbūq* ein *Wājib*. Beim *Masbūq* gilt, daß sein Gebet auch gültig ist, wenn der *Imām* bereits im *Rukūʿ* ist und er selbst nur den *Takbīrat al-Iḥrām* macht, bevor er sich auch in den *Rukūʿ* beugt, er also gegebenenfalls sonstige *Takbīrāt* ersatzlos fortläßt.

§ 46

DAS REZITIEREN EINER SURE USW. NACH DER REZITATION DER FĀTIḤA

Nach den Rechtsschulen außer der *Ḥanafīya* ist es *Sunna ghair mu'akkada*, grundsätzlich nach der *Fātiḥa* eine weitere Sure bzw. weitere *Āyāt* zu rezitieren.

Ḥanafīya

Wie schon beim *Wājib* im Gebet vorgestellt, ist es nach Ansicht der *Ḥanafīya* ein *Wājib*, drei kürzere oder eine längere *Āya* nach der *Fātiḥa* zu rezitieren.

Dabei wird in Übereinstimmung in *Farḍ*-Gebeten nur nach der *Fātiḥa* der ersten beiden *Rak'a* Zusätzliches aus dem Koran rezitiert, während in *Nāfila*-Gebeten nach jeder *Fātiḥa*, in jeder *Rak'a*, als *Sunna* weitere Verse rezitiert werden.

Ḥanafīya

Bei *Nāfila*-Gebeten ist das zusätzlich Rezitierte in jeder *Rak'a* ein *Wājib*.

Dies gilt für den *Munfarid* und den *Imām*; für einen *Ma'mum* aber bestehen unterschiedliche Ansichten.

Ḥanafīya

Es ist für einen *Ma'mūm* ein *Makrūh taḥrīman*, hinter dem *Imām* aus dem Koran zu rezitieren.

Mālikīya

In lauten Gebeten (*jahr*) ist es *makrūh* für den *Ma'mūm*, hinter dem *Imām* zu rezitieren, gleich, ob er den *Imām* hört oder nicht oder der *Imām* gerade schweigt.

Shāfi'īya und Ḥanbalīya

Hier gilt generell, daß es für Nachbeter (*ma'mūm*) im *Farḍ*-Gebet *Sunna* ist, hinter dem *Imām* Zusätzliches zu rezitieren, sofern sie den *Imām* nicht hören (können) – also vor allem in leisen Gebeten (*isrār*) und wenn sie sehr weit vom *Imām* entfernt stehen.

§ 47

DAS DU'Ā' DER ERÖFFNUNG (DU'Ā' AL-ISTIFTĀḤ)

Hier ist ein spezielles *Du'ā'* gemeint, das nach dem *Takbīrat al-Iḥrām* und vor dem *Ta'awwudh* gesprochen wird.

Außer der *Mālikīya*, die in ihrer Hauptmeinung ein *Du'ā'* zur Eröffnung des Gebets für *makrūh*, nach anderen Gelehrten aber auch für *mandūb* hält, ist es nach Ansicht der anderen *Madhāhib* übereinstimmend *Sunna*.

Es gibt vor allem zwei berühmte Formen dieses Eröffnungs-*Du'ā's*, die auch grundsätzlich von allen akzeptiert werden.

Der „*Subḥanaka-Du'ā'*“:

Subḥānaka llāhumma wa bi ḥamdika wa tabāraka smuka wa lā ilāha ghairuk.
„Gepriesen bist Du, o Gott, Dein Lobpreis (spreche ich), gesegnet ist Dein Name, und es gibt keine Gottheit außer Dir.“

Der „*Tawajjuh-Du'ā'*“:

Wajjahtu wajhī li-llādhī fatara s-samāwāti wa-l-arḍa hanīfan muslimā
wa mā ana mina l-mushrikīn
inna ṣalātī wa nusukī wa maḥyāyā wa mamātī li-llāhi rabbi l-'ālamīn
lā sharīka lah
wa bi-dhālika umirtu wa ana mina l-muslimīn.

„Ich wende mein Angesicht aufrichtig und als Muslim Dem zu,
der die Himmel und die Erde erschaffen hat,
und ich bin kein Götzendiener.
Wahrlich mein Gebet, mein Opfer, mein Leben und Sterben
sind für Gott, den Herrn der Welten.
Er hat keinen Teilhaber [in Seiner Göttlichkeit],
das ist mir befohlen, und ich bin einer der Muslime
(der Gottergebenen).“

Nach der *Ḥanafīya* wird das *Subḥānaka* bei *Farḍ*-Gebeten als eigentliches *Iftitāḥ-Du'ā'* rezitiert, während das *Tawajjuh* bei *Farḍ*-Gebeten vor der *Nīya* zum Gebet bzw. nach der *Nīya* und vor dem *Takbīrat al-Iḥrām* rezitiert wird. In *Nāfila*-Gebeten aber kann auch das *Tawajjuh* als regelrechtes *Iftitāḥ-Du'ā'* genommen werden.

Nach der *Shāfi'īya* wird als *Iftitāḥ-Du'ā'* das *Tawajjuh* bevorzugt, unabhängig von *Farḍ*- oder *Nāfila*-Gebeten.

Nach der *Ḥanbalīya* werden beide *Du'ā'*-Formen gleichermaßen verwendet.

Nach denjenigen Gelehrten der *Mālikīya*, die ein *Iftitāḥ-Du'ā'* überhaupt für *mandūb* halten, wird vorzugsweise zuerst das *Subḥānaka*, dann das *Tawajjuh* rezitiert.

§ 48

DER TA'AWWUDH (ZU SAGEN: „A'ŪDHU BI LLĀHI MINA SH-SHAIṬĀNI R-RAJĪM")

Es ist *Sunna*, vor der Rezitation der *Fātiḥa* (bzw. der der *Basmala*) den *Ta'awwudh* zu rezitieren, in der Form:

A'ūdhu bi llāhi mina sh-shaiṭāni r-rajīm
„Ich nehme meine Zuflucht bei Gott vor dem verfluchten Teufel".

Nach der *Ḥanbalīya* wird die folgende Form bevorzugt:

A'ūdhu bi llāhi s-samī'i l-'alīmi mina sh-shaiṭāni r-rajīm
„Ich nehme meine Zuflucht bei Gott, dem Allhörenden, Allwissenden, vor dem verfluchten Teufel".

Nach der *Ḥanafīya* wird der *Ta'awwudh* nur in der ersten *Rak'a* eines Gebetes, nach dem *Iftitāḥ-Du'ā'*, gesprochen.

Nach der *Shāfi'īya* ist es *Sunna*, den *Ta'awwudh* in jeder *Rak'a*, vor der *Fātiḥa*, zu rezitieren.

Nach der *Mālikīya* ist es in einem *Farḍ*-Gebet *makrūh*, den *Ta'awwudh* zu sprechen, gleich ob es ein lautes (*jahr*) oder leises (*isrār*) Gebet ist. In einem *Nāfila*-Gebet jedoch ist es – in *Isrār*-Form gesprochen – zulässig, den *Ta'awwudh* zu sprechen.

Nach der *Ḥanbalīya* ist der *Ta'awwudh* in der oben genannten Form in der ersten *Rak'a Sunna*.

§ 49

DAS SPRECHEN DER BASMALA IM GEBET

Das Sprechen der *Basmala* bei der *Fātiḥa*-Rezitation ist grundsätzlich nach der *Ḥanafīya* und *Ḥanbalīya Sunna*, nach der *Shāfi'īya Farḍ*, nach der *Mālikīya Makrūh*.

Nach der *Shāfi'īya* gehört die *Basmala* zur eigentlichen *Fātiḥa* fest dazu, nach den anderen *Madhāhib* nicht.

Ansonsten gelten verschiedene Bedingungen und Ansichten.

Ḥanafīya

Imām und *Munfarid* rezitieren die *Basmala* in jeder *Rak'a* leise (in *Isrār*), gleich, ob das Gebet selbst leise (in *Isrār*) oder laut (*jahr*) rezitiert wird. Der *Ma'mum* jedoch rezitiert gar nicht und also auch nicht die *Basmala*. Wenn nun *Imām* oder Einzelbetender (*munfarid*) die *Basmala* sprechen, dann aber feststellen, daß sie den *Ta'awwudh* vergessen haben, so wird der *Ta'awwudh* gesprochen und dann die *Basmala* wiederholt. Wenn sie aber die *Basmala* nicht gesprochen haben und schon mit der Rezitation der *Fātiḥa* begonnen wurde, so macht man mit der *Fātiḥa*-Rezitation weiter und läßt in diesem Fall die *Basmala*.

Wenn man die *Basmala* nach dem *Ta'mīn* und der zusätzlichen Sure usw. rezitiert, so ist das nicht *makrūh*, aber die bessere Möglichkeit ist hier doch, die *Basmala* nicht zu sprechen.

Das gilt unabhängig davon, ob das betreffende Gebet laut oder leise rezitiert wird.

Mālikīya

In einem *Farḍ*-Gebet ist das Sprechen bzw. Rezitieren der *Basmala makrūh*, sowohl bei lauten (*jahr*) als auch bei leisen Gebeten (*isrār*) – es sei denn, man möchte die unterschiedlichen Meinungen der Rechtsschulen respektieren, wenn Nachbeter anderer Rechtsschulen mitbeten und dergleichen: In diesem Fall ist es nur bei *Isrār-Farḍ*-Gebeten *mandūb*, die *Basmala* vor der *Fātiḥa* zu rezitieren, ansonsten auch weiterhin *makruh*.

In *Nāfila*-Gebeten aber ist es zulässig (*jā'iz*), vor der *Fātiḥa* die *Basmala* zu rezitieren.

Shāfi'īya

Weil die *Basmala* als fester Bestandteil der *Fātiḥa* betrachtet wird, ist ihre Rezitation *Farḍ* und unterliegt denselben Bedingungen wie auch die Rezitation der sonstigen *Fātiḥa*-Verse im Gebet.

Ḥanbalīya

Es ist *Sunna*, daß die *Basmala* bei jeder *Fātiḥa* rezitiert wird. Wird vor ihrem Rezitieren der *Ta'awwudh* nicht gesprochen, so muß der *Ta'awwudh* wegfallen und wird nicht wiederholt. Entsprechend gilt auch bei der *Basmala*, daß sie nicht wiederholt wird, wenn man bereits mit der Rezitation der *Fātiḥa* begonnen hat.

§ 50

DIE STELLUNG DER FÜSSE UND DER BETENDEN ZUEINANDER ALLGEMEIN WÄHREND DES QIYĀM

Es besteht Einigkeit darüber, daß sich die Betenden beim Gemeinschaftsgebet eng zusammenstellen und in gerade Reihen ausrichten sollen, so daß sich die (Ober)Arme in Schulterhöhe berühren.

Hierzu besteht insofern Meinungsverschiedenheit, als manche Gelehrte diejenigen Hadithe für verpflichtend halten, nach denen sich nicht nur die Schultern, sondern auch die Füße berühren sollen.

Manche halten diese Überlieferungen bezüglich des Berührens der Füße (an den Knöcheln) für verpflichtend; andere setzen als gewünschte (Mindest)Entfernung der Füße voneinander – sowohl im Gemeinschaftsgebet als auch allgemein – die Breite einer Hand fest.

§ 51

DER TASBĪḤ WÄHREND DES RUKŪ' UND SUJŪD (ZU SAGEN: „SUBḤĀNA RABBIYA L-'AẒĪM" BZW. „SUBḤĀNA RABBIYA L-A'LĀ")

Es gilt übereinstimmend bei allen Rechtsschulen als *Sunna*, während des *Rukū'* mindestens dreimal „*Subḥāna rabbiya l-'aẓīm*" (Gepriesen sei mein gewaltiger Herr!) zu sprechen und im *Sujūd* mindestens dreimal „*Subḥāna rabbiya l-a'lā*" (Gepriesen sei mein allerhöchster Herr!) zu sprechen.

Ḥanafīya

Wenn man nicht mindestens dreimal die entsprechende Formel nennt, ist die *Sunna* nicht erfüllt.

Ḥanbalīya

Mindestens einmal die entsprechende Formel zu sagen ist *Wājib*, was darüber hinausgeht, ist *Sunna*.

Shāfi'īya

Der *Sunna* nach genügt irgendeine Formel, wobei die oben gegebene die beste ist.

Dabei ist eine Wiederholung der Formel bis zu elf Mal noch im Rahmen der *Sunna* gut. Wenn ein *Imām* jedoch mehr als elf Mal die entsprechende Formel rezitieren will (und entsprechend *Rukū'* bzw.

Sujūd ausdehnt), ist zur *Sunna* erforderlich, daß die Nachbeter damit zufrieden sind.

Mālikīya

Es gibt keine festgelegte Form oder genau bestimmte Zahl der Formeln, aber es ist gut, die oben genannten Formeln zu nennen und sie mindestens dreimal zu wiederholen.

§ 52

DIE HALTUNG DER HÄNDE WÄHREND DES RUKŪʿ

Hier gilt es übereinstimmend als der *Sunna* nach am besten, wenn die Hände auf die Knie gelegt werden und die Finger dabei gespreizt sind.

Der Mann soll dabei die Arme etwas von seinen Körperseiten abspreizen, die Frau aber nicht.

§ 53

DASS DER BETENDE IM RUKŪʿ NACKEN UND RÜCKEN GERADE HÄLT

Es ist übereinstimmend *Sunna*, daß der Betende während des *Rukūʿ* den Kopf weder tief senkt noch steil erhebt, damit Kopf- und Nackenlinie mit dem Rücken insgesamt eine gerade Linie ergeben (seitlich gesehen).

§ 54

WIE MAN IN DEN SUJŪD GEHT BZW. SICH DARAUS WIEDER ERHEBT

Am besten ist es der *Sunna* nach, wenn man beim *Sujūd* zuerst mit den Knien den Boden berührt, dann mit den Händen, dann mit der Stirn; beim Erheben soll dann am besten die umgekehrte Reihenfolge eingehalten werden, indem zuerst Stirn, dann Hände und schließlich Knie erhoben werden.

Shāfi'īya

Es ist *Sunna*, die Knie beim *Sujūd* vor den Händen zu erheben, unabhängig davon, ob der Betende ein Mann oder eine Frau ist oder ob er stark oder schwach ist.

Mālikīya

Es ist *mandūb*, wenn man sich in den *Sujūd* begibt, zuerst die Hände, dann die Knie auf den Boden zu setzen, und beim Sich-Erheben aus dem *Sujūd* die Knie etwas auf dem Boden zu lassen (also kurz im Sitzen zu verweilen), ehe man sich wieder ganz zum Stehen erhebt.

§ 55

DIE HALTUNG DER HÄNDE WÄHREND DES SITZENS (JULŪS)

Es ist übereinstimmend *Sunna*, daß die Hände des Betenden während des Sitzens (*julūs*) nicht zwischen die Oberschenkel, sondern flach ausgestreckt auf die Oberschenkel gelegt werden, wobei die Fingerspitzen an den Kniebereich heranreichen und die Daumen nach vorn gerichtet sind.

§ 56

DIE HANDSTELLUNG WÄHREND DES SUJŪD

Es ist *Sunna*, daß während des *Sujūd* (von oben gesehen) die Handflächen auf Schulterhöhe sind, die Finger zusammengehalten, nicht gespreizt sind und die Fingerspitzen in *Qibla*-Richtung gerichtet sind. Das ist die Haltung der *Shāfi'īya* und *Ḥanbalīya.*

Ḥanafīya

Die *Sunna* ist bereits erfüllt, wenn die Hände (von oben gesehen) auf Schulterhöhe sind, doch am besten ist es, wenn sie neben dem Gesicht auf dem Boden aufgelegt sind.

Mālikīya

Es ist *mandūb*, die Hände beim *Sujūd* (von oben betrachtet) in Ohrenhöhe auf den Boden aufzulegen.

§ 57

DIE KÖRPERHALTUNG IM SUJŪD

Der Mann soll der *Sunna* gemäß den *Sujūd* so ausführen, daß er dabei den Bauch von den Oberschenkeln entfernt hält, die Arme etwas von den Körperseiten abgespreizt hält und seine Unterarme vom Boden entfernt hält. Dabei darf er die Arme und Ellenbogen aber nur dann von den Körperseiten abgespreizt halten, wenn er damit nicht seinen Mitbeter neben ihm belästigt.

Die Frau aber soll ihren Bauch eng an die Oberschenkel halten und die Arme nicht von den Körperseiten abspreizen, um ihre Verschleierung und Bedeckung besser zu gewährleisten.

§ 58

LAUTES REZITIEREN (JAHR) UND LEISES REZITIEREN (ISRĀR) IM GEBET

Das Jahr-Rezitieren allgemein

In *Jahr* zu rezitieren wird von den *Madhāhib* außer der *Mālikīya* als *Sunna* betrachtet, von der *Mālikīya* als *mandūb*. In *Jahr* wird von einem *Imām* an besonderen Stellen bestimmter Gebete rezitiert:

1. In der ersten und zweiten *Rak'a* des *Fajr*-, des *Maghrib*- und *'Ishā'*-Gebetes.
2. Die beiden *Rak'a* des Freitagsgebetes und der beiden Festgebete.
3. Alle *Raka'āt* des *Tarāwīḥ*-Gebetes während des *Ramaḍān*.

Bei den *Nāfila*-Gebeten bestehen, im Gesamtüberblick, zur *Jahr*-Rezitation unterschiedliche Ansichten.

Ḥanafīya

Jahr ist *Wājib* für den *Imām* in jeder *Rak'a* des *Witr*-Gebets des *Ramaḍān*, bei den beiden Festgebeten, beim *Tarāwīḥ*. *Isrār* ist *Wājib* für *Imām* und *Munfarid* beim *Kusūf*, *Istisqā'* und den *Nawāfil* des lichten Tages. Bei den Nacht-*Nawāfil* kann man jedoch zwischen *Jahr* und *Isrār* wählen.

Mālikīya

Bei allen in der Nacht verrichteten *Nawāfil* ist *Jahr mandūb*, bei allen am Tag verrichteten ist *Isrār mandūb*. Auch ist *Jahr* bei allen Gebeten *mandūb*, die eine Predigt (*khuṭba*) aufweisen: *Jum'a*, *Istisqā'*, Festgebete.

Ḥanbalīya

Jahr ist *Sunna* beim Festgebet, *Istisqā'*, *Kusūf*, *Tarāwīḥ*, *Witr* im *Ramaḍān* (wenn es sofort nach dem *Tarāwīḥ* verrichtet wird). Sonst ist *Isrār Sunna*.

Shāfi'īya

Jahr ist *Sunna* bei den beiden Festgebeten, bei *Kusūf* und *Istisqā'*, *Tarāwīḥ*, *Witr* im *Ramaḍān*, den zwei *Rak'a* anläßlich des *Ṭawāf* nachts oder zur *Ṣubḥ*-Zeit. Bei den reinen *Nawāfil* der Nacht soll man die Mitte zwischen lautem *Jahr* und *Isrār* halten. Ansonsten ist *Isrār Sunna*.

Des weiteren gilt folgendes: Ein hinter einem Imām Betender (*ma'mūm*) rezitiert nicht laut (in *Jahr*); ein Einzelbetender (*munfarid*) aber kann wählen, ob er gegebenenfalls laut oder leise rezitiert. Es ist aber für den *Munfarid Sunna*, in gemäßigtem *Jahr* zu rezitieren.

Wie bzw. wie laut Jahr- und Isrār-Rezitation sein sollen

Allgemein gilt, daß die Beschreibungen unter dem Rahmen betrachtet werden müssen, daß weder Lärm noch Schallschutz usw. als Hörhindernisse vorhanden sind. Die Beschreibungen der Rechtsschulen sind darin übereinstimmend, daß mindestens ein Nachbar im Gebet beim *Jahr* den so Rezitierenden hören können muß.

Ḥanafīya

Die geringste Form des *Jahr* ist, daß man von jemandem gehört werden kann, der nicht in direktester Nähe steht. Dabei genügt es nicht, wenn nur ein oder zwei Personen aus der ersten Reihe etwa den *Imām* hören können. Es gibt andererseits keine Obergrenze für *Jahr*.

Die geringste Form des *Isrār* ist, daß man sich selbst hören kann, bzw. ein oder zwei Personen in unmittelbarer Nähe. Ein Bewegen der Zunge und leichtes Ausformen der Laute genügt jedoch bei *Isrār* nicht. Grundsätzlich besteht auch kein Unterschied zwischen Mann und Frau bei *Jahr* – unter der Bedingung, daß sie in ihrer Stimmgebung sich nicht betont begehrenswert oder begierdeerweckend gibt (hinsichtlich dessen, was die so gestaltete Stimme an Begierde bei Männern hervorruft). Wenn dem nämlich so ist, darf sie nicht in *Jahr* rezitieren, sonst ist ihr Gebet ungültig.

Shāfi'īya

Die niedrigste Form des *Jahr* ist, daß der Nachbar im Gebet – und sei es bei mehreren Anwesenden auch nur ein einziger – einen im

Gebet hören kann, wobei dies für Männer und Frauen zugleich gilt – es sei denn, ein fremder Mann ist anwesend: dann führt die Frau kein *Jahr* aus.

Die geringste Form des *Isrār* ist, daß man sich selbst hört.

Malikīya

Die geringste Form des *Jahr* beim Mann ist, daß ihn sein Nachbar im Gebet hört, eine Höchstform davon gibt es nicht.

Die geringste Form des *Isrār* ist das Bewegen der Zunge, die höchste, daß er sich selbst hört.

Bei der Frau wird beim *Jahr* nur eine Form beschrieben: daß sie sich selbst hören kann; ihr *Isrār* ist das Bewegen der Zunge.

Ḥanbalīya

Bei *Jahr* ist die geringste Form, daß man von dem unmittelbaren Nachbarn im Gebet gehört wird – und sei es auch nur einer.

Die geringste Form des *Isrār* ist, daß man sich selbst hören kann.

Für die Frau ist *Jahr* jedoch keine *Sunna*; andererseits kann sie – wenn kein fremder Mann zuhört, zulässigerweise in *Jahr* rezitieren. Hört jedoch ein fremder Mann zu und sie weiß das, so ist ihr *Jahr* untersagt.

§ 59

ARTEN DES SITZENS (JULŪS) IM GEBET

Grundsätzlich gilt: Wenn jemand die der *Sunna* entsprechenden Formen des Sitzens nicht durchführen kann oder es ihm schwerfällt, so soll er nach übereinstimmender Meinung der *Madhāhib* so (mit untergeschlagenen Beinen, in der üblichen Hockstellung des *Julūs*) sitzen, wie es ihm möglich ist.

Ansonsten werden zwei Grundformen des Sitzens (bei den Männern) unterschieden:

1. *Tawarruk* (von „*wirk*", „Hüfte", wörtl.: „sich in Hüftneigung setzen"). Diese Form besteht darin, daß der Sitzende mit untergeschlagenen Beinen auf dem Boden sitzt, den rechten Fuß mit den Zehenspitzen aufstützt, so daß die Zehenspitzen nach vorn in *Qibla*-Richtung weisen, den linken Unterschenkel aber so weit schräg nach rechts bringt, bis der linke ausgestreckte Fuß unter dem rechten (etwas erhöhten) Unterschenkel zu liegen kommt. Dabei sitzt der Betende notwendigerweise etwas nach links geneigt.

2. *Iftirāsh* (wörtl.: „sich (mit den Unterschenkeln) ausgestreckt halten"). Dabei bleibt der linke Unterschenkel flach in Längsrichtung ausgesteckt, daß man mit dem Hinterteil auf dem ausgestreckten linken Fuß (bzw. der Fußsohle davon) zu sitzen kommt. Der rechte Fuß und der rechte Unterschenkel sind etwas rechts neben dem Hinterteil, nicht darunter gehalten, und der rechte Fuß ist auf den Zehen aufgestützt, die nach vorn in *Qibla*-Richtung gerichtet sind.

Für die Frau gibt es bei der *Ḥanafīya* eine spezielle Form des *Tawarruk*, bei der die Frau die beiden Oberschenkel so annähert, daß der rechte Unterschenkel etwas auf dem linken liegt, sie auf dem linken Fuß sitzt und der rechte Fuß – ohne Aufstützen – etwas nach rechts schräg seitlich des Hinterteils zu liegen kommt.

Bei den anderen Schulen wird keine spezielle Form für die Frauen vorgegeben, wenngleich das Aufstützen des rechten Fußes für Frauen allgemein keine *Sunna* darstellt.

Ḥanafīya

Für Männer ist während eines jeden Sitzens die *Iftirāsh*-Form die bevorzugte *Sunna*; für die Frau ist die spezielle *Tawarruk*-Form für Frauen *Sunna*.

Mālikīya

Für Männer ist die *Tawarruk*-Form bei jedem Sitzen *Sunna*, wobei aber nur der rechte große Zeh, nicht alle Zehen des rechten Fußes, aufgestützt werden.

Shāfiʿīya

Iftirāsh ist für jedes Sitzen des Mannes im Gebet *Sunna*, nur beim letzten Sitzen soll man als bevorzugte *Sunna* die *Tawarruk*-Form wählen. Wenn man zum zweiten Mal sitzt, aber schon die Absicht zum *Sujūd li-s-Sahuw* gefaßt hat, sitzt man in *Iftirāsh*-Form und nimmt dann – nach der Durchführung des *Sujūd li-s-Sahuw* – die *Tawarruk*-Form ein.

Ḥanbalīya

Allgemein ist für Männer die *Iftirāsh*-Form *Sunna*, außer im letzten Sitzen in Drei- und Vier-*Rakʿa*-Gebeten: dort ist *Tawarruk* die beste Sitzform.

§ 60

DIE HINWEISENDE GESTE WÄHREND DES TASHAHHUD

Hierzu bestehen unterschiedliche Überlieferungen, die von den verschiedenen *Madhāhib* jeweils vertreten werden.

Ḥanafīya

Sobald man an den Teil der *Shahāda* im *Tashahhud* (... *lā ilāha illā llāh* ...) angelangt ist, erhebt man den Zeigefinger der rechten Hand, indem man ihn leicht gekrümmt hält, so als wäre er gebrochen (das heißt er wird nicht gerade ausgestreckt), und die anderen Finger – außer dem Daumen – unter die Handfläche bringt. Direkt nach der *Shahāda* wird der Finger wieder gesenkt und die Hand flach auf den Oberschenkel gelegt.

Shāfi'īya

Bei der *Shahāda* im *Tashahhud* wird der rechte Zeigefinger gerade ausgestreckt, und man blickt während des *Tashahhud* auf den ausgestreckten Zeigefinger, wobei alle anderen Finger außer dem Daumen unter die Handfläche gelegt werden. Der Zeigefinger wird so lange ausgestreckt gehalten, bis der *Tashahhud* zu Ende ist und man sich in den *Qiyām* erhebt bzw. den *Salām* gibt. Dabei ist es am besten, wenn der Daumen zugleich auch dicht an die Handkante angedrückt wird.

Mālikīya

Bei der *Shahāda* im *Tashahhud* wird der rechte Zeigefinger ausgestreckt, und ansonsten wird er während des gesamten *Tashahhud* mittelschnell hin- und herbewegt, von rechts nach links bzw. in leicht kreisenden Bewegungen bewegt, wobei alle anderen Finger fest unter der Handfläche zusammengehalten werden.

Ḥanbalīya

Rechter Daumen und Mittelfinger werden bei der *Shahāda* zusammengetan, daß etwa eine Kreisform von den beiden Fingern gebildet wird, und der Zeigefinger wird während des *Shahāda*-Teils und (gegebenenfalls) des *Du'ā's* danach gerade gestreckt gehalten, ohne Bewegung. Die übrigen Finger werden währenddessen unter den Handballen gebracht.

§ 61

WIE MAN DEN SCHLUSSGRUSS (SALĀM) GIBT

Nach der *Ḥanbalīya* ist der beiderseitige *Salām* eine *Farḍ*-Handlung, nach den anderen Schulen ist der *Farḍ*-Teil nur der *Salām* nach rechts, der andere *Sunna*. Dabei wendet sich der Betende jeweils so weit nach rechts bzw. links, daß man seine Wange gut von hinten her betrachtet sehen kann. Der Betende wendet sich in einem Mal zuerst nach rechts, dann nach links, ohne zwischendurch den Blick bzw. die Kopfbewegung anzuhalten.

Mālikīya

Der Betende wendet den Blick zunächst in *Qibla*-Richtung, dann nach rechts, dann wieder in *Qibla*-Richtung, dann nach links.

Ḥanafīya

Nach der *Ḥanafīya* vollzieht der *Ma'mūm* etwa gleichzeitig mit dem *Imām* den *Salām*.

Nach den anderen *Madhāhib* jedoch wartet der *Ma'mūm*, bis der *Imām* auch den zweiten *Salām* gegeben hat, bevor er selbst den eigenen ersten Schlußgruß vollzieht.

§ 62

DIE ABSICHT (NĪYA) DES BETENDEN BEIM SCHLUSSGRUSS

Ḥanafīya

Es ist *Sunna*, daß der Betende, wenn er *Imām* ist, beim Schlußgruß (*salām*) in dem Teil „*aṣ-Ṣalāmu 'alaikum*" (der Friede sei mit euch) beabsichtigt, die anwesenden betenden Menschen, Engel und (muslimischen) *Jinn* zu grüßen.

Betet er hinter dem *Imām* (*ma'mūm*), ist es für ihn *Sunna*, die Betenden und den *Imām* in den Gruß einzuschließen; ist er *Munfarid*, die Schutzengel zu grüßen.

Shāfi'īya

Es ist *Sunna*, beim *Salām* zu beabsichtigen, die gläubigen Menschen, *Jinn* und die Engel zu begrüßen und zu beabsichtigen, eines jeden Gruß zu erwidern, sei er Mitbeter oder *Imām* oder sonstwer.

Ḥanbalīya

Es ist *Sunna*, beim *Salām* den Austritt aus dem Gebet zu beabsichtigen. Wenn er dabei auch den Gruß für die Schutzengel und die anwesenden Gläubigen mitbeabsichtigt, ist das in Ordnung und zulässig, doch ist es keine *Sunna*, eben nur das Letztgenannte zu beabsichtigen.

Malikīya

Es ist *mandūb*, daß der Betende bei dem ersten *Salām* beabsichtigt, aus dem Gebet auszutreten und die Engel zu grüßen, falls er kein *Imām* ist.

Ist er *Imām*, ist es *mandūb*, den Austritt aus dem Gebet, das Grüßen der Engel und das Grüßen der Nachbeter zu beabsichtigen.

§ 63

DAS BITTEN UM SEGEN FÜR DEN PROPHETEN ﷺ NACH DEM TEXT DES LETZTEN TASHAHHUD

Sofern es nach der jeweiligen Ansicht der Rechtsschule nicht schon zum Pflichtbereich des *Tashahhud* dazugehört, wird es als *Sunna* betrachtet, nach dem letzten *Tashahhud* den Segen für den Propheten ﷺ in folgender Formen zu sprechen:

Allāhumma ṣalli ʿalā Muḥammadin wa ʿalā āli Muḥammad
kamā ṣallaita ʿalā Ibrāhīma wa ʿalā āli Ibrāhīm
wa bārik ʿalā Muḥammadin wa ʿalā āli Muḥammad
kamā bārakta ʿalā Ibrāhīma wa ʿalā āli Ibrāhīm
innaka ḥamīdun majīd

O Gott, segne Muḥammad und die Familie Muḥammads,
wie Du auch Ibrāhīm gesegnet hast und die Familie Ibrāhīms,
und gib Segenskraft Muḥammad und der Familie Muḥammads,
wie Du Ibrāhīm Segenskraft gegeben hast und der Familie Ibrāhīms.
Wahrlich, Du bist lobenswert, rühmenswert.

Ḥanafīya

Die bevorzugte Form des Segens ist:

Allāhumma ṣalli ʿalā Muḥammadin wa ʿalā āli Muḥammad
kamā ṣallaita ʿalā Ibrāhīma wa ʿalā āli Ibrāhīm

innaka ḥamīdun majīd
wa bārik ʿalā Muḥammadin wa ʿalā āli Muḥammad
kamā bārakta ʿalā Ibrāhīma wa ʿalā āli Ibrāhīm
innaka ḥamīdun majīd

O Gott, segne Muḥammad und die Familie Muḥammads,
wie Du auch Ibrāhīm gesegnet hast und die Familie Ibrāhīms.
Wahrlich, Du bist lobenswert, rühmenswert.
Und gib Segenskraft Muḥammad und der Familie Muḥammads,
wie Du Ibrāhīm Segenskraft gegeben hast und der Familie Ibrāhīms.
Wahrlich, Du bist lobenswert, rühmenswert.

Shāfiʿīya und Ḥanbalīya

Der Segen für den Propheten ﷺ ist nach dem letzten *Tashahhud Farḍ*, nicht nur *Sunna*.

§ 64

DAS DUʿĀʾ NACH DEM LETZTEN TASHAHHUD

Sobald der letzte *Tashahhud* einschließlich des Segens für den Propheten ﷺ beendet ist, ist es noch *Sunna*, passende Koranverse als *Duʿāʾ* zu rezitieren. Üblicherweise werden die folgenden Stücke gewählt:

Rabbanā ātinā fi d-dunyā ḥasanatan
wa fi l-ākhirati ḥasanatan
wa qinā ʿadhāba n-nār.

„O unser Herr, gib uns im Diesseits Gutes
und im Jenseits Gutes
und behüte uns vor der Strafe des [Höllen-]Feuers."

Rabbi ghfir lī wa li-wālidayya
wa li-l-muʾminīna
yauma yaqūmu l-ḥisāb.

„Mein Herr, vergib mir und meinen Eltern
und den Gläubigen
am Tag, an dem die Abrechnung [des Jüngsten Tages] stattfindet."

KAPITEL 10

EINZELVORSTELLUNGEN DER WICHTIGSTEN MAKRŪHĀT (DER DINGE, DIE IM GEBET MAKRŪH SIND)

§ 65

IN SEINEM BART, SEINEM GESICHT ODER IN SEINER KLEIDUNG HERUMZUFINGERN

Das heißt, die Finger durch Haarsträhnen oder Tuchfalten zu ziehen, in seinem Gesicht herumzuwischen usw. Wenn das aber aufgrund einer Notwendigkeit geschieht, ist das nicht *makrūh*: etwa, um Staub oder Schweiß abzuwischen.

§ 66

WÄHREND DES GEBETES MIT DEN FINGERN ZU KNACKEN ODER SIE INEINANDER ZU VERSCHRÄNKEN

Dies ist allgemein *makrūh*.

§ 67

DIE HAND AN DIE HÜFTE ZU LEGEN

Dies ist allgemein *makrūh*.

§ 68

DEN BLICK ODER SICH IM GANZEN VON DER QIBLA-RICHTUNG ABZUWENDEN

Allgemein ist es *makrūh*, im Gebet ohne Notwendigkeit den Blick von der *Qibla*-Richtung abzuwenden.

Ḥanafīya

Sich mit dem Nacken und dem Blick abzuwenden ist *makrūh*; den Blick durch bloße Augenwendung nach rechts oder links abzuwenden ist aber nicht *makrūh*, sondern *mubāḥ*. Wendet man sich mit der Brust für die Dauer eines ganzen *Rukn* aus der *Qibla*-Richtung ab, so wird dadurch das Gebet zunichte.

Shāfi'īya

Sich mit dem Gesicht abzuwenden ist *makrūh*, sich aber mit der Brust von der *Qibla* abzuwenden macht das Gebet zunichte.

Mālikīya

Solange nur die Füße in *Qibla*-Richtung gewandt bleiben, bleibt das Gebet gültig – selbst wenn man sich mit der Brust abwendet.

Ḥanbalīya

Ein Abwenden des Blickes aus der *Qibla*-Richtung ist absolut *makrūh*, ein Abwenden mit dem Oberkörper macht das Gebet zunichte.

§ 69

DIE ÄRMEL ZURÜCKZUSTREIFEN

Dies ist allgemein *makrūh*. Lediglich die *Mālikīya* nimmt hier den Fall aus, daß jemand vor dem Eintritt ins Gebet das bereits getan hat:

In diesem Fall ist das Zurückstreifen der Ärmel nach der *Mālikīya* nicht *makrūh*.

§ 70

HINWEISENDE GESTEN IM GEBET

Eine hinweisende Geste mit Auge, Augenbraue oder Handfläche usw. ist nur dann nicht *makrūh*, wenn es aufgrund einer Notwendigkeit geschieht, wie der Erwiderung eines Grußes. Dies ist so nach Ansicht der *Shāfi'īya* und *Ḥanbalīya*.

Ḥanafīya

Die hinweisende Geste – selbst zur Erwiderung des Grußes – ist *makrūh*, außer wenn es getan wird, um einen Vorübergehenden am Durchgehen durch die *Sutra* zu hindern.

Mālikīya

Die Erwiderung des Grußes mit Kopfnicken oder leichtem Handzeichen ist im Gebet *wājib*, aber ein großes Zeichengeben ist verboten. Ein Zeichen bei Niesen eines anderen aber ist *makrūh*.

§ 71

ZURÜCKSTREICHEN DES HAARES

Wenn jemand das beim Eintritt in das Gebet tut oder während des Gebetes, so ist das *makrūh*. Wenn es aber dauernd geschieht, wird dadurch nach Meinung der *Madhāhib* außer der *Mālikīya* das Gebet zunichte. Die *Mālikīya* hält das Zurückstreichen des Haares allgemein für *makrūh*, solange es nicht zur Herabsetzung des Gebetes geschieht.

§ 72

ANHEBEN ODER RAFFEN VON KLEIDUNG WÄHREND DES GEBETES

Dies gilt allgemein als *makrūh*. Allerdings muß hier die Notwendigkeit bei dichter Menschenansammlung ausgenommen werden, wenn befürchtet wird, daß jemand sich so auf das Kleidungsstück stellt, daß man selbst nicht mehr aufstehen kann usw.

§ 73

EINSEITIGES TRAGEN VON KLEIDUNG AUF NUR EINER SCHULTER

Das ist *makrūh*; etwa bei Kleidung, die so gearbeitet ist, daß eine Schulter frei bleibt, die andere bedeckt, oder wenn man absichtlich eine andere Kleidung so – etwa mit einem Schal oder Mantel – anzieht.

Ausgenommen ist hier das entsprechende Tragen des Pilgergewandes beim männlichen Pilger während des *Ḥajj* bzw. der *'Umra*.

Ausgenommen ist hier des weiteren nach Meinung der *Mālikīya* und *Shāfi'īya* ein regelrechter Mantel. Bei einem solchen meint die *Mālikīya*, daß ein einseitiges Überlegen auf eine Schulter – meist am Halsbereich befestigt – für einen *Imām* im Gebet *Sunna* und *mandūb* ist.

Die *Shāfi'īya* erwähnt schlicht gar nicht, daß daran etwas *makrūh* sein sollte.

§ 74

BEDECKEN DES MUNDES

Das ist allgemein bei Männern im Gebet *makrūh*, ausgenommen, daß ein Entschuldigungsgrund vorliegt (etwa, wenn sich ein Tuch gelöst und vor den Mund gelegt hat).

§ 75

EINE SURE WÄHREND DES RUKŪ' ZU ENDE ZU REZITIEREN

Das ist übereinstimmend *makrūh* bei einer Sure außer der *Fātiḥa*. Bezüglich der *Fātiḥa* meinen die Rechtsschulen außer der *Ḥanafīya*, daß dadurch, daß sie im *Rukū'* rezitiert wird, das ganze Gebet ungültig wird. Die *Ḥanafīya* jedoch hält das nur für *makrūh*, da es sich ihrer Ansicht nach bei der *Fātiḥa*-Rezitation nicht um einen *Farḍ*-Teil, sondern um ein *Wājib* handelt.

§ 76

WENN EIN TAKBĪR ODER DU'Ā' AN FALSCHER STELLE GESPROCHEN WIRD

Nach allgemeiner Ansicht ist das *makrūh*; etwa, wenn jemand nach dem Sich-Aufrichten aus dem *Ruku'* „*Allāhu akbar*" sagt.

Nach der *Ḥanbalīya* macht das, wenn es absichtlich geschieht, das Gebet ungültig und erfordert einen *Sujūd li-s-Sahuw*, wenn es versehentlich geschah.

§ 77

DIE AUGEN ZU SCHLIESSEN

Das ist dann in Übereinstimmung der Gelehrten *makrūh*, wenn kein Entschuldigungsgrund vorliegt (Staub im Auge usw.).

§ 78

DEN BLICK ZUM HIMMEL ZU ERHEBEN

Dies ist absolut *makrūh* nach Ansicht von *Ḥanafīya* und *Shāfi'īya.*

Mālikīya

Wenn dies zur Ermahnung und als Hinweis bei *Āyāt* geschieht, die sich mit dem Himmel (*Samā'*) beschäftigen, ist das nicht *makrūh.*

Ḥanbalīya

Wenn man dazu körperlich gezwungen ist, weil man zum Beispiel aufstoßen muß, ist das nicht *makrūh.*

§ 79

REZITATION IN ANDERER REIHENFOLGE ALS DER NORMALEN DER SUREN IM QUR'ĀN

Wenn jemand etwa zuerst „*al-Kāfirūn*" und dann „*al-'Aṣr*" rezitiert (also in der umgekehrten Reihenfolge, wie sie im *Muṣḥaf* stehen), so gilt das als *makrūh*; ebenso ist es bei *Farḍ*- und *Nāfila*-Gebeten *makruh*, wenn eine einzige Sure in einer oder mehr *Raka'āt* desselben Gebetes wiederholt wird.

Ḥanafīya

Eine Wiederholung einer Sure ist in der beschriebenen Art in *Nāfila*-Gebeten nicht *makrūh.*

Ḥanbalīya

Eine bloße Wiederholung einer Sure ist nicht *makrūh*; nur die *Fātiḥa* innerhalb einer *Rak'a* zu wiederholen ist *makrūh.*

§ 80

DAS GEBET IN RICHTUNG EINES FEUERS ODER FEUERBECKENS USW.

Das ist *makrūh*, weil dadurch eine gewisse Ähnlichkeit zu den Gottesdiensten der Zoroastrier entsteht.

Shāfiʿīya

Das wird nicht als *makrūh* angesehen bzw. als solches aufgeführt. (Wahrscheinlich weil eine derartige bewußte Handlung ohnehin *Kufr* ist und eine derartige unbeabsichtigte Handlung als wertfrei betrachtet wurde).

§ 81

DAS GEBET AN EINEM ORT, WO SICH ABBILDUNGEN BEFINDEN

Gemeint sind hier Abbildungen von Menschen und Tieren (auch Fabelwesen, die „lebensecht" dargestellt sind).

Bei *Shāfiʿīya* und *Mālikīya* ist ein Gebet an einem Ort, wo solche Bilder sind, dann *makrūh*, wenn sie sich vor dem Betenden befinden und er dadurch vom Gebet abgelenkt wird, sonst nicht.

Ḥanafīya

Das Gebet in einem Raum usw. mit Abbildungen ist generell und absolut *makrūh*, selbst dann, wenn man dadurch nicht im Gebet abgelenkt wird. Dabei spielt es auch keine Rolle, ob diese Abbildungen über, neben, vor oder hinter dem Betenden sind.

Am meisten ist es *makrūh*, wenn eine Abbildung vor dem Betenden ist, dann, wenn sie über ihm, dann, wenn sie unterhalb seines Kopfes ist, dann, wenn sie rechts von ihm, dann, wenn sie links von ihm ist, und schließlich, wenn sie hinter ihm ist.

Wenn eine Abbildung sehr klein ist (etwa auf einer Münze), so daß man bewußt hinsehen muß, um sie als solche zu erkennen, so schadet die Anwesenheit jenes Bildes nicht; auch ist es nicht *makrūh*, wenn die betreffende Abbildung keinen Kopf mehr hat.

Ḥanbalīya

Ist eine Abbildung vor dem Betenden, so ist das *makrūh*, auch wenn die Abbildung extrem klein ist; ist diese Abbildung aber hinter oder neben oder über dem Betenden, so spielt das keine Rolle.

§ 82

DAS GEBET HINTER EINER GEBETSREIHE, IN DER NOCH EINE LÜCKE IST

In Übereinstimmung der Rechtsschulen außer der *Ḥanbalīya* ist das Gebet hinter einer Reihe, in der eine Lücke ist, in die sich der *Ma'mūm* noch einfügen könnte, *makrūh*.

Ḥanbalīya

Wenn es sich nur um eine einzige Person handelt, die einzeln hinter der betreffenden Reihe betet, so ist das Gebet dieses *Ma'mūm* ungültig; ist er aber noch mit anderen in Form einer Reihe hinter dieser Reihe mit Lücke vor ihm, so ist für jeden der betreffenden Nachbeter der dahinterliegenden Reihe das Nicht-Auffüllen der Reihe im Gebet *makrūh*.

§ 83

DAS GEBET AN ORTEN ZU VERRICHTEN, WO SCHMUTZ ODER MENSCHENANSAMMLUNGEN SIND

Es ist nach Ansicht der *Ḥanafīya* und *Shāfi'īya* ein *Makrūh*, an folgenden Orten zu beten:

- an Orten, wo Müll gelagert wird bzw. sich befindet
- mitten auf einer (vielbegangenen) Straße
- in einem öffentlichen Bad
- an einem Lager- und Tränkplatz von Lastkamelen[160]
- an und in Schlachthäusern bzw. -plätzen
- und derartigen Orten, wo man mit Schmutz und *Najāsa* rechnen muß.

Dies auch dann, wenn man nach oberflächlichem Betrachten sicher sein kann, daß keine *Najāsa* (sichtbar) vorhanden ist.

Mālikīya

An diesen Orten ist das Beten ohne *Makrūh* zulässig, wenn man sicher sein kann, daß keine *Najāsa* vorhanden ist.

Hat man aber die Gewißheit oder auch die starke Vermutung, daß dort *Najāsa* vorhanden ist, so ist ein dort durchgeführtes Gebet ungültig (*bāṭil*).

Wenn an diesen Orten (abgesehen von der Mitte eines Weges, einer Straße, wenn dort wegen Enge und Überfüllung einer Moschee gebetet wird) ein Gebet verrichtet wird und man nur leicht im Zweifel ist, ob *Najāsa* vorhanden ist, so muß das Gebet nicht wiederholt werden.

Ein an Tränk- und Verpflegungsplätzen der Kamele jedoch verrichtetes Gebet soll innerhalb der Gebetszeit wiederholt werden (weil ein solches Gebet an diesem Ort, wo fast überall *Najāsa* ist, zu verrichten *makrūh* ist). An den reinen Rastplätzen der Kamele jedoch ist das Beten nicht *makrūh*, wenn man sich sicher ist, daß am betreffenden Gebetsort keine *Najāsa* vorhanden ist.

Ḥanbalīya

Ein Beten an diesen Orten ist *ḥarām* und ungültig (*bāṭil*) – es sei denn, daß ein Entschuldigungsgrund (*'udhr*) vorliegt, etwa, wenn jemand dort festgehalten wird oder eingeschlossen ist.

§ 84

DAS BETEN AUF EINEM FRIEDHOF ODER BEI GRÄBERN

Das Beten auf einem Friedhof oder bei Gräbern wird je nach Umständen und Rechtsschulen verschieden beurteilt.

Ḥanafīya

Es ist dann *makrūh*, bei einem Grab zu beten, wenn der Betende dieses Grab vor sich hat; wenn er sich aber neben, über oder unter (bei Katakomben, Gruften usw.) diesem Grab befindet, so ist das nach der vorherrschenden *Madhhab*-Meinung nicht *makrūh*.

Das Gebet bei Gräbern der Propheten ist aber allgemein nicht *makrūh*.

Ḥanbalīya

Das Gebet auf Friedhöfen (das heißt an Orten, die mehr als drei Gräber aufweisen) ist *makrūh*. Wenn aber nur ein oder zwei Gräber vorhanden sind – und der Betende sich nicht bei Einnehmen der *Qibla*-Richtung direkt vor eines der Gräber stellt, ist das Gebet gültig, und selbst wenn er sich vor das Grab stellt, ist das Gebet *makrūh*, aber gültig.

Shāfi'īya

Das Gebet bei Friedhöfen mit Abdeckung der Gräber ist *makrūh*, egal, wo sich der Betende bezüglich des Grabes nun befindet: davor, dahinter, daneben usw.

Das Gebet bei den Gräbern der Propheten aber ist nicht *makrūh*, unter der Bedingung, daß die damit verbundene Würdigung des Grabes (bzw. des darin Bestatteten) nicht mit dessen Anbetung verbunden ist. In einem solchen Fall wäre das Gebet *ḥarām*.

Das Verrichten von Gebeten bei nicht abgedeckten Gräbern ist aber ungültig (*bāṭil*), weil dabei die Möglichkeit von *Najāsa* nicht ausgeschlossen ist.

Mālikīya

Das Gebet bei Gräbern ist ohne *makrūh* zu sein gültig, wenn man die Möglichkeit von *Najāsa* ausgeschlossen hat. Im übrigen gilt, was schon weiter oben zum Gebet an unreinen Orten gesagt wurde.

KAPITEL 11

WAS DAS GEBET UNGÜLTIG WERDEN LÄSST UND WAS NICHT (MUBṬILĀT AṢ-ṢALĀH)

§ 85

ABSICHTLICHES SPRECHEN VON WORTEN, DIE NICHT ZUM GEBET GEHÖREN

Allgemein

Grundsätzlich gilt, daß jegliches Sprechen, das nicht zum Wortlaut des Gebets gehört, das Gebet ungültig macht (ein *Mubṭil aṣ-Ṣalāh* ist). Als Maß wird hier das Sprechen zweier Konsonanten (wie Ha-Ha) genommen.

Hier werden aber bestimmte Fälle besonders betrachtet, etwa, wenn man einen *Imām* vor einem Fehler im Gebet warnen will, und anderes.

Das richtige Hinweisen seitens eines Ma'mūm für den Imām

Dies kommt dem *Ma'mūm* unter verschiedenen Bedingungen zu:

1. Wenn der *Imām* in der Rezitation Fehler macht oder steckenbleibt und unvermittelt mit der Rezitation aufhört – er die betreffende *Āya* oder Versstelle laut ausspricht. Dabei muß der *Ma'mūm* aber die Absicht fassen, nicht selbst zu rezitieren, sondern dem *Imām* zu helfen, und der *Ma'mūm* darf dabei nicht in der regelrechten Rezitationsstimmlage rezitieren, sondern muß die Stellle wie einen normalen Aussagesatz sprechen. Das kommt grundsätzlich Männern und Frauen zu, aber wenn möglich sollen Männer diese Sprechhilfe übernehmen.
2. Wenn der *Imām* einen Fehler außerhalb der Rezitation macht, etwa einen *Rukū'* ausläßt bzw. vergißt, dann soll der *Ma'mūm* laut „*Subḥāna llāh*" sagen. (Dies wird *Tasbīḥ* des *Ma'mūm* genannt).

Frauen sollen statt dessen aber einmal in die Hände klatschen.

Hinweisende Worte, um das Gebet gültig bleiben zu lassen

Wenn man bemerkt, daß der *Imām* einen Fehler macht bzw. gerade gemacht hat, und man als *Ma'mūm* sagt: „Du hast gerade das und das vergessen", so wird – außer nach der *Mālikīya* – das Gebet ungültig.

Mālikīya

Grundsätzlich wird das Gebet dadurch weder vor noch nach dem *Salām* ungültig.

Unter zwei Bedingungen wird dadurch das Gebet nicht ungültig:

1. Daß es nicht viele Worte sind (gemäß dem *'Urf*).
2. Daß der *Imām* den Hinweis durch einen *Tasbīḥ* („*subḥāna llāh*") nicht versteht.

Sprechen zur Rettung aus einer Notlage

Wenn man etwas spricht oder ruft, um jemanden zu retten – etwa einen Blinden, der in eine Grube zu stürzen droht usw. –, so wird dadurch das Gebet zunichte. In einer solchen Lage muß man natürlich das Gebet unterbrechen und später wiederholen.

Unabsichtliches Sprechen

Bei *Ḥanafīya* und *Ḥanbalīya* ist auch versehentliches Sprechen von nicht zum Gebet Gehörendem im Gebet *Mubṭil aṣ-Ṣalāh* (macht das Gebet ungültig).

Shāfi'īya

Wenn versehentlich sechs oder mehr kurze Worte im Gebet gesprochen werden, wird das Gebet nicht ungültig, ob das nun vor oder nach dem ersten *Salām* geschieht.

Mālikīya

Die Meinung ist hier wie die der *Shāfi'īya*, nur wird keine feste Wortanzahl festgelegt: die Worte sollen aber sehr kurz und insgesamt nur wenige sein, gemäß dem jeweiligen *'Urf*-Verständnis.

Wenn man aus fehlerhaftem Versehen ein dem Gebet fremdes Wort sagt, was nicht zur Rezitation im *Qiyām* bzw. zum *Du'ā'* gehört, so wird das Gebet – außer nach Ansicht der *Ḥanafīya* – nicht zunichte. Nach der *Ḥanafīya* aber macht bereits ein einziges Wort dieser Art das Gebet zunichte.

Laute hervorbringendes Gähnen oder Stöhnen

Wenn jemand im Gebet laut gähnt oder stöhnt usw. und dabei regelrechte Konsonanten herauszuhören sind, so ist das Gebet ungültig. Davon ist der Fall ausgenommen, daß jemand das wegen Krankheit oder wegen Ergriffenheit im Gebet tut, ohne es als solches zu wollen und ohne zugleich es verhindern zu können.

Dies gilt bei *Ḥanafīya* und *Ḥanbalīya.*

Mālikīya

Das Stöhnen aus Ergriffenheit usw. macht das Gebet generell nicht zunichte. Doch ein langanhaltendes Stöhnen wegen Schmerzen – bei dem Laute, Konsonanten – zu hören sind, macht das Gebet ungültig. Wenn das aber aus Versehen oder ohne Bewußtsein dessen geschieht, bleibt das Gebet doch gültig.

Shāfi'īya

Wenn man diese Laute nicht unterdrücken kann und davon überwältigt wird, die Anzahl der Laute aber gering ist, bleibt das Gebet gültig. Wenn man aber durch diese Laute überwältigt wird, obwohl man sie hätte unterdrücken können, sind auch wenige Laute *Mubṭil aṣ-Ṣalāh.*

Das Sprechen eines Du'ā's, das der Sprache außerhalb des Gebets entspricht

Wenn man kein überliefertes Bittgebet spricht, sondern im *Sujūd* zum Beispiel ein *Du'ā'*, in dem man um den Segen Gottes, Versorgung der Familie und Rechtleitung bittet, ist das korrekt. Wenn man aber um Dinge wie Heirat, Genüsse im Diesseits bittet bzw. allgemein in der Form des *Du'ā'* von den überlieferten und empfohlenen Grundformen abweicht, wird dadurch das Gebet zunichte.

Dem Niesenden die Genesung und Barmherzigkeit Gottes zu wünschen (tashmīt)

In Übereinstimmung gilt: Wenn man in direkter Ansprache im Gebet als Betender ein Niesen hört und sagt: „*Raḥimaka llāh*" („Gott sei dir barmherzig"), so wird dadurch das Gebet ungültig.

Nach der *Shāfi'īya* und *Ḥanbalīya* bleibt das Gebet aber gültig, wenn der Betende einem Niesenden in der Form „*Raḥimahu llāh*" („Gott sei ihm barmherzig") oder „*Raḥimanā llāh*" („Gott sei uns barmherzig") Genesung wünscht.

Nach der *Ḥanafīya* und *Mālikīya* jedoch wird durch ein solches Aussprechen das Gebet des Sprechers ungültig.

Erwiderung des Salāms im Gebet

Im Gebet durch die Worte „*as-Salāmu 'alaikum*" bzw. „*wa 'alaikumu s-Salām*" einen *Salām* zu erwidern, macht das Gebet zunichte.

Auch wird nach den *Madhāhib* außer der *Mālikīya* hier von einem Betenden kein Erwidern des Grußes überhaupt erwartet oder gefordert.

Nach der *Mālikīya* muß jedoch der Gruß – am besten durch ein Kopfnicken oder leichtes Handzeichen – erwidert werden.

§ 86

VIEL HANDELN IM GEBET, WAS NICHT ZUR ART DES GEBETS GEHÖRT

Durch solches Handeln wird das Gebet zunichte: etwa mehrere Schritte zu gehen, viel hin- und herzublicken oder dergleichen.

§ 87

ABWENDEN VON DER QIBLA-RICHTUNG

Allgemein wird das Gebet ungültig, wenn sich der Betende von der *Qibla*-Richtung abwendet. Doch die genaue Grenze bei derartigen Handlungen ist unterschiedlich.

Mālikīya

Erst wenn die Füße nicht mehr in *Qibla*-Richtung weisen, ist das Gebet ungültig.

Ḥanbalīya

Erst das Abwenden des ganzen Körpers macht das Gebet zunichte.

Ḥanafīya

Wenn sich jemand ohne Entschuldigungsgrund (*'udhr*) mit seiner Brust für die Dauer eines *Rukn* von der *Qibla* abwendet, ist das Gebet ungültig.

Shāfi'īya

Wenn jemand sich aus der *Qibla*-Richtung mit seiner Brust abwendet, ist das Gebet ungültig – es sei denn, die Abweichung ist minimal und man richtet sich sofort wieder in *Qibla*-Richtung aus.

§ 88

ABSICHTLICHES ESSEN UND TRINKEN

Wenn jemand etwas in den Mund bringt oder etwas frei im Mund behält und es dann im Gebet verschluckt, gilt das als absichtliches Essen, sei es viel oder wenig.

Wenn man aber ins Gebet eintritt, zwischen den Zähnen etwas Essensreste verblieben sind und sich während des Gebetes ohne Einwirkung und Absicht des Betenden lösen, so wird das Gebet dadurch nicht ungültig; erst wenn diese im Mund gelösten und verschluckten Reste etwa die Größe und Masse einer Kichererbse (etwa 0,8 cm Durchmesser) erreichen, gilt das Gebet als ungültig.

Nach manchen Gelehrten (speziell denen der *Ḥanafīya* und *Ḥanbalīya*) gilt aber bei Zucker- oder Honigresten zwischen den Zähnen, deren Geschmack sich im Mund verbreitet, daß sie das Gebet ungültig machen, weil es hier auf den Geschmack als Nutzen, nicht die Nahrungsmenge ankommt.

§ 89

WENN DER WUḌŪ' IM GEBET ZUNICHTE WIRD

Allgemein gilt, daß durch Ungültigwerden des *Wuḍū'* während des Gebets (sowie des *Tayammum*, des *Masḥ* auf den *Khuff* usw.) auch das Gebet ungültig wird.

Ḥanafīya

Wenn das vor dem Abschluß des letzten Sitzens und des letzten *Tashahhuds* geschieht, ist das Gebet ungültig; nach dem letzten *Tashahhud* jedoch macht nach der in der *Ḥanafīya* bevorzugten Aussage auch der Verlust des *Wuḍū'* das Gebet nicht mehr ungültig.

§ 90

WENN DER MA'MŪM DEM IMĀM UM EINEN RUKN ZUVORKOMMT

Dadurch wird das Gebet zunichte, wenn es absichtlich geschieht. Geschah das aus Versehen, so kehrt der *Ma'mūm* zur Haltung des *Imāms* zurück, und sein Gebet wird dadurch, nach Ansicht der *Mālikīya* und *Ḥanbalīya*, nicht ungültig.

Ḥanafīya

Es ist unerheblich, ob das mit oder ohne Absicht geschieht: Wichtig ist, daß der *Ma'mūm* zur Haltung des *Imāms* zurückkehrt und mit ihm das Gebet korrekt weiter durchführt – sonst ist das Gebet für den *Ma'mūm* ungültig.

Shāfi'īya

Erst wenn der *Ma'mūm* ohne Entschuldigungsgrund und ohne es aus Vergessen getan zu haben, dem *Imām* um zwei *Rukn* im Gebet zuvorkommt, ist das Gebet des *Ma'mūm* ungültig.

§ 91

WENN MAN SICH IN EINEM GEBET AN EIN ANDERES, IHM ENTGANGENES GEBET ERINNERT

Sofern der Betende der Ansicht anhängt, daß alle nachzuholenden Gebete in der richtigen – das heißt ursprünglichen – Reihenfolge nachgeholt werden müssen, gilt ein solches Gebet als ungültig. Das ist etwa der Fall, wenn jemand sich beim Beten des *ʿAṣr* erinnert, daß er noch das *Ẓuhr* nachholen muß.

Wenn er aber die Reihenfolge nicht als zwingend erachtet, so bleibt für ihn das gerade gebetete Gebet gültig.

§ 92

WENN DER MAʾMŪM VOR DEM IMĀM DEN SALĀM GIBT

Wenn der *Maʾmūm* das absichtlich tut, ist sein Gebet ungültig; tut er das unabsichtlich bzw. versehentlich und wartet dann, ohne bzw. ohne viel – im bereits erläuterten Sinn – zu sprechen oder zu tun, bis der *Imām* das Gebet beendet, so bleibt das Gebet gültig.

KAPITEL 12

DAS VORBETEN (IMĀMA)

§ 93

ALLGEMEINES ZUR IMĀMA

„*Imāma*“ bedeutet bezüglich des Gebetes das „Vorbeten“, „*Imām*“ bedeutet hier „Vorbeter“ und „*Maʾmūm*“ „Nachbeter“.

Hier ist gemeint, daß ein Betender sein Gebet als „Nachbeter“ mit dem Gebet eines anderen (dem des „Vorbeters“) in dieser Absicht verbindet. Dann ist das Gebet des ersten (des Nachbeters) und das des Vorbeters eine Einheit und wird als ein gemeinsames Gebet – als „Gemeinschaftsgebet“ (*ṣalāt al-jamāʿa)* – betrachtet.

Dabei ist die Absicht entscheidend: Der Vorbeter faßt die Absicht, als Vorbeter zu beten, die anderen (die Nachbeter) fassen entsprechend die Absicht, das Gebet als Nachbeter zu verrichten bzw. beabsichtigen das Gebet des Vorbeters. Während des Gemeinschaftsgebets müssen sich die Nachbeter nach dem Vorbeter richten, hinsichtlich der Bewegungen und der sprachlichen Teile des Gebets.

Der Vorbeter wiederum ist verantwortlich für das Gebet aller: Ist sein Gebet ungültig, ist es das auch für alle, die sich ihm als Nachbeter angeschlossen haben. Der *Imām* vereinigt gewissermaßen alle Pflichten des Gebets in sich: seine *Sutra*, seine Aura, seine Rezitation müssen korrekt sein, und daher muß als *Imām* auch jemand gewählt werden, der zur korrekten Erfüllung des Gebetes imstande ist.

In seiner Form ist das Gebet dem Einzelgebet grundsätzlich gleich, nur mit dem Unterschied, daß die Schnelligkeit der Bewegungen und die Auswahl der (lauten) Rezitation ausschließlich beim *Imām* liegt.[163]

Im einzelnen sollen nun die Dinge, die zum Gemeinschaftsgebet und zur *Imāma* gehören, vorgestellt werden.

§ 94

DIE GENAUE DEFINITION DER IMĀMA IM GEBET

Wenn also jemand sein Gebet mit dem eines anderen verbindet, wobei er (der *Ma'mūm*) und der Vorbeter (der *Imām*) eine entsprechende Absicht fassen und die Bedingungen bezüglich des *Imām* und *Ma'mūm* erfüllt sind, so handelt es sich bei dem Gebet um ein Gemeinschaftsgebet (*ṣalāt al-jamā'a)*.

Das Gebet als Gemeinschaftsgebet hängt in seiner Gültigkeit nur vom *Imām* ab. Wird das Gebet des Vorbeters ungültig, ist das Gebet für ihn und alle Nachbeter ungültig. Ist das Gebet eines Nachbeters ungültig, so ist nur für diesen das Gebet ungültig und muß von ihm nachgeholt werden, doch für den *Imām* und die anderen Nachbeter gilt das Gebet.

Ein Gebet gilt bereits als Gemeinschaftsgebet, sobald ein Muslim einem anderen als Nachbeter folgt. Beim Freitagsgebet jedoch, das ja eine spezielle Art des Gemeinschaftsgebets ist, gibt es unter den Rechtsschulen teilweise Bedingungen zu einer höheren Zahl von Nachbetern.[162]

Grundsätzlich kann ein Mann Vorbeter für Männer und Frauen sein, eine Frau Vorbeterin für Frauen. Ist ein Kind, das bereits über *Tamyīz* (Unterscheidungsfähigkeit) verfügt, der einzige Nachbeter, ist die *Imāma* nach Meinung der *Ḥanafīya* und *Shāfi'īya* gültig, nicht aber nach der *Mālikīya* und der *Ḥanbalīya*, nach deren Ansicht zumindest ein erwachsener Mann bzw. eine erwachsene Frau Nachbeter sein muß.[163]

§ 95

RECHTLICHE BEDEUTUNG DER IMĀMA UND DER FORM DES GEMEINSCHAFTSGEBETS INNERHALB DER FÜNF PFLICHTGEBETE

Die Rechtsschulen stimmen darin überein, daß die *Imāma* bei den fünf Pflichtgebeten sehr erwünscht ist. Es kommt dem einzelnen Betenden daher nicht zu, daß er ohne einen bestimmten Entschuldigungsgrund allein betet, wenn er die Möglichkeit hat, sein Gebet gemeinsam mit anderen zu verrichten. Die *Ḥanbalīya* geht sogar darüber hinaus und meint, daß die Form des Gemeinschaftsgebets grundsätzlich (unter bestimmten Bedingungen) bei den fünf Pflichtgebeten *Farḍ ʿain* ist, doch diese Ansicht wird von den übrigen Rechtsschulen abgelehnt.

Mālikīya

Innerhalb der *Mālikīya* werden zwei Meinungen vertreten: die erste, daß das Gebet mit *Imāma* eine *Sunna mu'akkada* ist, die zweite, daß es *Farḍ kifāya* ist. Das heißt, daß einige Betende innerhalb der jeweiligen Gegend bzw. innerhalb des jeweiligen Landes das Gebet als Gemeinschaftsgebet beten müssen, so daß diese Verpflichtung, die *Sunna* des Propheten ﷺ aufrechtzuerhalten, erfüllt wird. Auch ist es nach der *Mālikīya* ein *Mandūb*, daß jeder Einzelbetende sich zu der Gebetszeit, in der er sich befindet, in grundsätzlich jeder beliebigen Moschee einem Pflichtgebet, das als Gemeinschaftsgebet verrichtet wird, anschließt. Außerdem ist sowohl das unentschuldigte als auch das völlige Unterlassen des Gemeinschaftsgebets nach der *Mālikīya* eine schwere Sünde (gemeint ist: daß jemand niemals das Gemeinschaftsgebet ausübt).

Ḥanafīya

Nach der *Ḥanafīya* ist die *Imāma* im Pflichtgebet *Sunna ʿain* bzw. *mu'akkada* bzw. – nach Definition der *Ḥanafīya* – *Wājib*. Grundsätzlich stimmen Ḥanafiten und Mālikiten darin überein, daß das Unterlassen des Gemeinschaftsgebets ohne Entschuldigung sündhaft ist, doch meint die *Ḥanafīya*, daß es sich dabei um eine geringere Sünde handelt als die, das Gemeinschaftsgebet völlig zu unterlassen.

Shāfiʿīya

Die Ansicht, die bei ihnen vorzugsweise vertreten wird, ist, daß die *Imāma* im Pflichtgebet *Farḍ kifāya* ist – wie auch bei der *Mālikīya*. Nach anderen Gelehrten der *Shāfiʿīya* wird jedoch auch gesagt, die *Imāma* sei *Sunna muʾakkada*.

§ 96

RECHTLICHE BEDEUTUNG DER IMĀMA UND DER GEMEINSCHAFT BEIM FREITAGSGEBET (ṢALĀT AL-JUMʿA), DEM TOTENGEBET (ṢALĀT AL-JANĀZA) UND DEN ÜBRIGEN FREIWILLIGEN GEBETEN (NAWĀFIL)

Mālikīya

Nach der *Mālikīya* ist die *Imāma* beim Freitagsgebet als Bedingung unerläßlich, damit es gültig sein kann.

Beim *Ṣalāt al-Kusūf*, dem *Istisqāʾ* und den beiden Festgebeten ist die Gemeinschaftsform (*jamāʿa*) Bedingung zur Erfüllung der *Sunna* bei diesen Gebeten.

Beim *Tarāwīḥ*-Gebet ist die Gemeinschaftsform (*jamāʿa*) *mustaḥabb*.

Bei den übrigen freiwilligen Gebeten ist die Gemeinschaftsform – je nach Umstand – *makrūh* oder *jāʾiz*:

- *makrūh*, wenn in der Moschee oder in großer Gemeinschaft oder an einem von den Menschen vielbesuchten, öffentlichen Platz gebetet wird;
- *jāʾiz*, wenn dies in Privaträumen oder an abgelegenen Orten geschieht[164].

Ḥanafīya

Die *Ḥanafīya* sagt dazu, daß die Gemeinschaftsform (*jamāʿa*) notwendig erfüllt sein muß, damit das Freitagsgebet und die beiden Festgebete gültig sind.

Beim *Tarāwīḥ* und dem Totengebet ist die Gemeinschaftsform *Sunna kifāya*[165].

Bei den *Nawāfil* gilt die *Imāma* grundsätzlich als *makrūh*, ebenso wie beim *Witr*-Gebet außerhalb des *Ramaḍān*. Dabei gilt, daß die Gemeinschaftsform dann *makrūh* wird, wenn die Zahl der Nachbeter über drei hinausgeht. Beim *Witr* gibt es andererseits zwei als korrekt angesehene Meinungen:

- daß die Gemeinschaft beim *Witr*-Gebet *mustaḥabb* sei

• daß sie nicht *mustaḥabb*, aber zulässig sei (dies gilt als angesehenere Meinung).

Shāfiʿīya

Die *Shāfiʿīya* sagt: In der ersten *Rakʿa* des Freitagsgebets ist die Gemeinschaftsform (*jamāʿa*) *Farḍ ʿain*, in der zweiten *Sunna*. Wenn der *Imām* in der ersten *Rakʿa* eine Gemeinschaft von Betenden leitet und das Freitagsgebet beabsichtigt, dann in der zweiten *Rakʿa* aber innerhalb des Gebets[166] die Absicht faßt, sich von der Gemeinschaft zu trennen und gewissermaßen ein Einzelgebet zu verrichten, so gilt das von ihm begonnene Freitagsgebet dennoch.

In noch fünf weiteren Fällen ist die Gemeinschaftsform im Gebet (*jamāʿa*) *Farḍ ʿain*:

1. Bei jedem Pflichtgebet, das innerhalb der entsprechenden Zeit nochmals – zum zweiten Mal – gebetet wird, ohne daß es *Qaḍāʾ* ist. Wenn zum Beispiel jemand das *Ẓuhr*-Gebet einzeln oder in Gemeinschaft verrichtet hat, dann aber das Gebet noch einmal beten will, so darf er das nur in einem Gemeinschaftsgebet tun.
2. Bei in *Jamʿ*-Form mit *Taʾkhīr* zusammengefaßten Gebeten aufgrund von Regen[167]; dabei besteht die Pflicht zur Gemeinschaftsform (*jamāʿa*) nur beim zweiten Gebet darin. Wenn es etwa zu Beginn der *Ẓuhr*-Zeit heftig regnet, dann kann jemand in dieser Lage das *Ẓuhr*-Gebet allein verrichten, muß aber das *ʿAṣr*-Gebet in Gemeinschaftsform beten – sonst ist sein gesamtes zusammengefaßtes Beten ungültig.
3. Bei einem Gebet, bei dem jemand Gott gegenüber das Gelöbnis (*nadhr*) getan hat, es als Gemeinschaftsgebet zu verrichten. Betet er diese Gebet dann doch als Einzelbetender, ist das *Nadhr* nicht erfüllt.
4. Wenn zwei Personen ein Pflichtgebet verrichten wollen und außer ihnen beiden niemand dieses bestimmte Gebet verrichtet (zum Beispiel das *Ẓuhr*-Gebet in einer Moschee, wo das Gebet bereits verrichtet wurde), so müssen sie zusammen – in Gemeinschaftsform (*jamāʿa*) als *Farḍ* – beten.
5. Sobald jemand ein Gebet verrichten muß und (in der Moschee oder einer entsprechenden Räumlichkeit) sieht, wie sich zwei oder mehr Personen in den *Rukūʿ* beugen usw. – und damit weiß, daß hier ein Gemeinschaftsgebet verrichtet wird –, muß er sich dem Vorbeter anschließen.

Bei den beiden Festgebeten, dem *Istisqāʾ*, dem *Kusūf*, *Tarāwīḥ* und *Witr* des *Ramaḍān* gilt, daß hier die Gemeinschaftsform (*jamāʿa*) *mandūb* ist. Ebenso ist es bei einem außerhalb der vorgesehenen Zeit (*qaḍāʾ*) verrichteten Gebet. Wenn jemand etwa das *Ẓuhr*-Gebet nachbeten muß, ist es für ihn *mandūb*, es in Gemeinschaft – hinter einem *Imām* – als *Qaḍā'* zu verrichten.

Wenn jemandem das Freitagsgebet – bei Vorhandensein einer Entschuldigung – entgeht, so ist es für ihn *mandūb*, statt dessen als Ersatz das Mittagsgebet in Gemeinschaftsform zu verrichten.

Bei Gebeten, die in einem *Nadhr* gelobt worden sind, ist es zulässig, sie auch in Gemeinschaftsform zu beten.

Es ist hingegen *makrūh*, ein gewöhnlich verrichtetes Gebet innerhalb der vorgesehenen Zeit (in *Adā'*) hinter einem *Imām* bzw. mit einer Gemeinschaft zu verrichten, die das Gebet außerhalb der vorgesehenen Zeit (in *Qaḍā'*) betet, und umgekehrt ist es *makrūh*, in *Qaḍā'* hinter einem Imam bzw. in einer Gemeinschaft zu beten, die in *Adā'* betet.

Ebenso ist es *makrūh*, ein *Farḍ*-Gebet mit Leuten zu beten, die ein *Nāfila*-Gebet in *Jamā'a* beten[168] (und umgekehrt), und *Witr* zu beten hinter Leuten, die *Tarāwīḥ* beten (und umgekehrt).

Ḥanbalīya

Die *Ḥanbalīya* sagt: Für das Freitagsgebet ist die Gemeinschaftsform erforderlich, und wenn Pflichtgebete außerhalb der vorgesehenen Zeit (als *Qaḍā'*) verrichtet werden, ist es für Männer, die frei und dazu in der Lage sind, *Sunna*, so wie auch beim Totengebet die Gemeinschaftsform *Sunna* ist.

Bei *Nāfila*-Gebeten aber gibt es solche, bei denen die Gemeinschaftsform *Sunna* ist (wie beim *Istisqā'*, dem *Tarāwīḥ* und den beiden Festgebeten), und andere, wo die Gemeinschaftsform unzulässig ist (wie beim *Tahajjud* und den *Rātiba*-Gebeten vor bzw. nach den Pflichtgebeten).

§ 97

DIE BEDINGUNGEN ZUR IMĀMA

Zugehörigkeit zum Islam

Die Zugehörigkeit zum Islam ist bei völliger Übereinstimmung der Gelehrten notwendige Bedingung, damit die *Imāma* eines *Imām* gültig sein kann.

Wenn also zum Beispiel ein Mann behauptet, Muslim zu sein, und es zunächst keinen Grund gibt, daran zu zweifeln, und man hinter ihm als *Imām* ein Gebet verrichtet, später aber deutlich wird, daß er ein Ungläubiger im Sinne des Islam ist, ist das Gebet, das er und diejenigen hinter ihm gebetet haben, ungültig. In diesem Fall muß von den Nachbetern das Gebet wiederholt werden.

Körperliche und geistige Reife (bulūgh)

Das Vorhandensein der körperlichen und geistigen Reife (*bulūgh*) ist notwendig, damit die *Imāma* gültig ist. So ist die *Imāma* eines Kindes, das über Unterscheidungsvermögen (*tamyīz*) verfügt, im Pflichtgebet vor einem Erwachsenen (im Sinne von *Bulūgh*) nach Meinung der Rechtsschulen außer der *Shāfi'īya* ungültig.[169]

Bei *Nāfila*-Gebeten hingegen ist es nach den Rechtsschulen außer der *Ḥanafīya* für einen Erwachsenen (*bāligh*) zulässig, daß er Nachbeter hinter einem Kind mit Unterscheidungsfähigkeit ist.[170]

Andererseits besteht zwischen allen Rechtsschulen Einigkeit darüber, daß es gültig ist, wenn ein Kind mit Unterscheidungsfähigkeit als *Imām* anderen Kindern wie ihm selbst vorbetet.

Imāma von Frauen

Bezüglich der *Imāma* der Frauen sind mehrere Fälle zu unterscheiden:

Handelt es sich bei dem Nachbeter oder den Nachbetern um Männer bzw. Männer und Frauen gemeinsam, so ist es ungültig, daß eine Frau Vorbeterin ist.[171]

Wenn die Nachbeter ausschließlich Frauen sind, ist die *Imāma* einer Frau zulässig und voll gültig, ohne jegliche Einschränkung.[172]

Zwar ist auch die *Imāma* eines Mannes vor einer reinen Frauengruppe voll gültig, doch in diesem Fall ist seine *Imāma* nicht der *Imāma* einer Frau vorzuziehen, sondern beide Arten der *Imāma* sind islamrechtlich hier völlig wertgleich.

Dies gilt in Übereinstimmung der *Ḥanafīya, Shāfi'īya* und *Ḥanbalīya*; die *Mālikīya* vertritt hingegen (nach einer klassischen Ansicht) auch eine andere Meinung.[173]

Verstand ('aql)

Wie auch bei den anderen Formen der *Wilāya* – zu denen ja auch die *Imāma* zählt – ist das Vorhandensein von Verstand Voraussetzung zur Gültigkeit der *Imāma* im Gebet.

Ist jemand dauerhaft verrückt, so kann er selbstverständlich keine *Imāma* ausüben. Ist der Zustand der Verrücktheit aber nur zu bestimmten Gelegenheiten da, so ist es zulässig, ihn als *Imām* zu nehmen: Ist er dann während des Gebetes bei Verstand, gilt das Gebet, fällt er aber während des ganzen Gebetes oder eines Teils davon in seine Verrücktheit zurück, ist das Gebet (für ihn und alle seine Nachbeter) ungültig.

Daß jemand, der den Qur'ān rezitieren kann (qārī'), von einem der Rezitation Unkundigen (ummī) im Gebet geleitet wird

Wenn der Nachbeter – oder einer der Nachbeter – der Koranrezitation kundig ist, darf kein dessen Unkundiger Vorbeter sein, da die Kenntnis der Rezitation Pflichtvoraussetzung zur Gültigkeit der *Imāma* wird.

Außerdem ist es Bedingung, daß der *Imām* die Rezitation schön – im Sinne der Rezitationsregeln[174] – vortragen kann; ohne das ist die Bedingung zur *Imāma* grundsätzlich nicht erfüllt.

Wenn zum Beispiel der *Imām* eines Dorfes oder kleinen Ortes schön und korrekt rezitiert, ist es auch für einen islamisch ausgebildeten, gut rezitierenden Gelehrten zulässig, hinter ihm zu beten.

Ist aber ein *Imām* dessen unkundig, so darf er nur Unkundigen (*ummī*) wie ihm selbst als *Imām* vorbeten, gleichgültig, ob sich nun ein wirklicher, gut Rezitierender findet oder nicht.

Dies gilt übereinstimmend zwischen den Rechtsschulen außer der *Mālikīya*. Nach dieser ist es ungültig, daß ein *Ummī* einem anderen nachbetet, der über genausowenig Fähigkeiten in der Rezitation verfügt wie er selbst, falls sich ein *Qārī'* findet.

Findet sich ein *Qārī'*, so müssen im Beispiel beide, die *Ummī* sind, ihm als Nachbeter folgen – sonst ist ihr beider Gebet ungültig.

Wenn nun jemand die *Fātiḥa* korrekt, nicht aber schön rezitieren kann, so darf er nur jemandem nachbeten, der über genausoviel bzw. -wenig Fähigkeiten wie er selbst verfügt.

Ist aber tatsächlich kein *Qārī'* zu finden, ist die *Imāma* eines *Ummī* vor einem anderen *Ummī* gültig.

Daß der Imām frei ist von Dingen, die als Entschuldigungsgrund ('udhr)[175] für das Verlassen des Gebets gelten – wie etwa das Austreten von Urin

Es ist auch als Bedingung für die Gültigkeit der *Imāma* festgelegt, daß er im Sinne der *A'dhār* (Entschuldigungsgründe) gesund ist – also nicht durch körperliche Beschwerden beeinträchtigt wird wie Ausfluß von Urin, fortwährenden Durchfall, Blähungen, Nasenbluten und ähnlichem.

Daher ist die *Imāma* einer Person, die an derartigen Krankheiten bzw. Beschwerden wie den genannten leidet, vor einem Gesunden ungültig. Vor einem, der von derselben Krankheit betroffen ist, ist die *Imāma* eines solchen Kranken zulässig. Haben sie aber unterschiedliche Krankheiten bzw. Beschwerden – wie etwa im Fall, daß einer über ständiges Nasenbluten klagt und der andere über Ausfluß von Urin –, so ist es ungültig, daß einer dieser beiden dem anderen vorbetet.

Darin stimmen die *Ḥanafīya* und die *Ḥanbalīya* überein, während *Shāfiʿīya* und *Mālikīya* anderer Meinung sind.

Mālikīya

Wenn die Beschwerden so gering sind, daß sie ein zu vernachlässigendes Maß erreichen, ist seine *Imāma* zulässig. Das gilt auch, wenn *Imām* und *Ma'mūm* über unterschiedliche Beschwerden verfügen, die aber den *Wuḍū'* nicht zunichte machen, weil sie so gering sind. Andererseits ist es *makrūh*, daß jemand, der über solche Beschwerden klagt, einem Gesunden als *Imām* vorbetet.

Shāfiʿīya

Wenn der *ʿUdhr* stetig beim *Imām* vorhanden ist, muß das Gebet – das man mit ihm verrichtete – nicht wiederholt werden; seine *Imāma* ist also gültig, selbst wenn die Nachbeter gesund sind.

Daß der Imām weder im Zustand der rituellen Unreinheit (ḥadath) ist noch durch etwas Unreines an Körper, Kleidung usw. verunreinigt ist (khabath)

Es besteht allgemeine Einigkeit darüber, daß zu den Bedingungen der Gültigkeit der *Imāma* gehört, daß der *Imām* rituell rein ist (*ṭāhir*), also frei von *Ḥadath*[176] oder *Khabath*[177].

Wenn nun eine Person hinter jemandem betet, der *Muḥdath*[178] ist oder an dessen Kleidung eine *Najāsa* ist, so ist das Gebet dieser Person – wie auch das Gebet des *Imāms* – ungültig (*bāṭil*), unter der Bedingung, daß der *Imām* darum weiß, daß er im Zustand von *Ḥadath* ist [bzw. an seiner Kleidung *Najāsa* haftet], und trotzdem mit vollem Bewußtsein das Gebet verrichtet.

Ist er sich dessen aber nicht bewußt, so ist das Gebet grundsätzlich gültig, wobei die einzelnen Rechtsschulen dazu folgendes meinen:

Mālikīya

Die *Imāma* eines *Muḥdath* ist nicht gültig, wenn er sich über den *Ḥadath* bewußt ist, und das Gebet derer, die durch ihn im Gebet geleitet werden, ist ebenfalls ungültig.

Ist er sich dessen aber nicht bewußt, indem er in das Gebet eintritt und den *Ḥadath* vergißt oder ihn der *Ḥadath* überkommt, während er bereits im Gebet ist, und betet er mit den Nachbetern weiter, obwohl er nun weiß, daß er *Muḥdath* ist bzw. nachdem ihn der *Ḥadath* überkam, so ist das Gebet aller ungültig. Ebenso ist das Gebet ungültig, wenn ihm die anderen nachbeten, obwohl sie wissen, daß er *Muḥdath* ist – auch wenn der *Imām* selbst dies nicht weiß.

Wenn aber weder *Imām* noch Nachbeter vor oder während des Gebetes davon wissen bzw. dies erkennen, sondern erst nach Ende des Gebets, so ist das so verrichtete Gebet für die Nachbeter rechtsgültig (*ṣaḥīḥ*), für den *Imām* aber in jedem Fall ungültig (*bāṭil*), weil die rituelle Reinheit (*ṭahāra*) Bedingung zur Rechtsgültigkeit des Gebetes ist.

Wenn dem *Imām* eine *Najāsa* anhaftet, so ist die Rechtsbestimmung (*ḥukm*) des Gebets eines *Imāms* und seiner Nachbeter gleich der eines Gebetes, in dem der *Imām Muḥdath* ist – abgesehen davon, daß das Gebet für den *Imām* dann auch rechtsgültig ist, wenn er bis nach dem Ende des Gebets nicht von dieser *Najāsa* wußte: dies darum, weil die rituelle Reinheit (*ṭahāra*) von *Khabath* gemäß dem eigenen Wissen eine Bedingung zur Gültigkeit des Gebets ist (wie das schon zuvor erklärt wurde).

Shāfiʿīya

Es ist unzulässig, daß ein Nachbeter, wenn er davon weiß, einem *Muḥdath* im Gebet nachfolgt. Weiß der Nachbeter nun während des Gebetes davon bzw. erkennt das, so muß er die „*Nīya* der Trennung" (*nīyat al-mufāraqa*) fassen[179] und so sein Gebet bis zu Ende verrichten. Dann genügt dies zur Gültigkeit seines Gebets.

Weiß nun ein Nachbeter erst nach Ende des Gebetes, daß der *Imām Muḥdath* war, so ist doch das Gebet des Nachbeters gültig, und er erhält den Lohn dafür, daß er in Gemeinschaft (*jamāʿa*) gebetet hat. Das Gebet des *Imāms* jedoch ist ungültig, da die *Ṭahāra* nicht vorhanden war, und er muß das Gebet wiederholen.

Das Gebet ist für einen Nachbeter auch ungültig, wenn er einer Person nachbetet, obwohl er weiß, daß dieser Vorbeter mit einer – und sei es auch nur leichten – *Najāsa* behaftet ist wie etwa getrocknetem Urin. Weiß er jedoch davon nicht, so ist sein Gebet gültig – abgesehen vom Freitagsgebet (*ṣalāt al-jumʿa*).

Beim Freitagsgebet verhält es sich so, daß es gültig ist, wenn die Anzahl der Betenden außer dem Nachbeter, der *Muḥdath* bzw. mit *Najāsa* behaftet ist, zur Gültigkeit des Freitagsgebets groß genug ist. Ist dies aber nicht der Fall, weil erst durch den *Muḥdath*-Nachbeter die Zahl vollständig wäre, so ist das Gebet für alle Betenden ungültig, weil dann eine notwendige Bedingung zum Freitagsgebet nicht erfüllt ist.

Wenn nun ein *Imām* von einer äußeren *Najāsa* behaftet ist, so daß sie von anderen auch erkannt werden kann, so ist es absolut ungültig, ihm nachzubeten, auch wenn er selbst seinen Zustand (noch) nicht erkannt hat.

Ḥanbalīya

Die *Imāma* eines *Muḥdath* ist ungültig, gleich ob es sich dabei um *Ḥadath akbar* oder *aṣghar* handelt. Dasselbe gilt für jemanden, der weiß, daß er mit einer *Najāsa* behaftet ist. Wissen jedoch der *Imām* und der Nachbeter bis nach dem Ende des Gebets nicht davon, so ist nur das Gebet des Nachbeters gültig, unabhängig davon, ob es sich bei dem Gebet um ein Freitagsgebet oder ein sonstiges handelt.

Beim Freitagsgebet muß allerdings die Zahl der Nachbeter erfüllt sein, die außer dem *Imām* beim Freitagsgebet anwesend sein müssen (nämlich vierzig), und wenn das nicht gegeben ist – indem etwa einer von nur vierzig Nachbetern während des Gebetes *Muḥdath* ist/wird –, ist das Freitagsgebet für alle ungültig.

Ḥanafīya

Die *Imāma* eines *Imāms*, der *Muḥdath* ist bzw. mit *Najāsa* behaftet, ist ungültig, da das Gebet als solches in diesem Falle ungültig wird. Das Gebet der Nachbeter ist aber unter der Bedingung gültig, daß sie nichts vom Zustand des Vorbeters wußten.

Wenn sie nun durch Zeugenaussage von vertrauenswürdigen Menschen davon erfahren oder ein aufrichtiger *Imām* (der in diese Lage geriet) ihnen dies von sich aus sagt, so ist ihr Gebet ungültig und muß wiederholt werden.

Ist aber ein *Imām*, der ihnen in dieser Lage die Ungültigkeit des Gebetes bestätigt, nicht vertrauenswürdig, so wird seine Aussage nicht angenommen. Es ist dann aber doch *mustaḥabb*, das Gebet zu wiederholen – aus der Vorsicht heraus, es könnte doch ungültig gewesen sein.

Die Imāma eines Imām, der einen Sprachfehler hat

Zu den Bedingungen der Gültigkeit der *Imāma* gehört, daß der *Imām* in dem Sinne gesund ist, als er keinen Sprachfehler hat: daß er nicht die Aussprache von Lauten vertauscht, etwa daß er das *Rā'* („gerolltes" R) mit *Ghā'* („nicht-gerolltem" R) vertauscht oder *Sīn* („scharfes" S) mit *Thā'* (engl. stimmlosem Th), oder *Dhāl* (engl. stimmhaftem Th) mit *Ẓāy* („weichem" S), oder *Shīn* (Sch) mit *Sīn* („scharfem" S) usw[180]. Jemand, der solche Sprachfehler aufweist, wird „*Althagh*" genannt.

Einem Menschen, der unter diesem Sprachfehler leidet, obliegt es hinsichtlich des Gebets, sich so sehr zu bemühen, daß er so deutlich und korrekt ausspricht, wie es ihm eben möglich ist. Ist er dennoch trotz seiner Bemühungen außerstande, korrekt auszusprechen, so ist seine *Imāma* nur gültig, wenn er solchen Leuten vorbetet, die gleich schwere

Probleme mit ihrer Aussprache haben. Wenn er (der *Imām*) sich aber überhaupt keine Mühe gibt, nicht einmal versucht, seine Aussprache zu verbessern, so ist sein Gebet als solches von Grund auf ungültig, und besonders im Falle der *Imāma*.

In dieser Rechtsbestimmung (*ḥukm*) stimmen *Ḥanafīya*, *Shāfi'īya* und *Ḥanbalīya* überein, abgesehen davon, daß die *Ḥanafīya* weiter sagt: Wenn jemand etwas aus dem Koran außer der *Fātiḥa* korrekt rezitieren kann und dies im Gebet auch tut, so ist sein Gebet doch gültig (dies darum, weil das Rezitieren der *Fātiḥa* bei der *Ḥanafīya* nicht *Farḍ* ist).

Dazu insgesamt vertritt die *Mālikīya* eine ganz andere Meinung:

Mālikīya

Die *Imāma* (eines *Althagh*) ist absolut gültig (wie das noch im folgenden dargestellt werden soll), und wie beim *Althagh* verhält es sich auch bei jemandem, der fälschlicherweise Laute angleicht[181], etwa daß er beim Wort „*mustaqīm*" das *Sīn* dem *Tā'* angleicht und „*muttaqīn*" rezitiert[182].

Doch ist es für ihn Pflicht, sich im Sinne der Verbesserung seiner Aussprache zu verbessern bzw. so gut wie nur möglich auszusprechen. Wenn er das nicht tut, sind sein Gebet und seine *Imāma* ungültig.

Die *Imāma* einer Person, die in ihrer Rede fälschlicherweise und fortwährend ein *Fā'* einfügt[183] oder fälschlicherweise stetig ein *Tā'* in ihre Rede einfügt[184], ist für jemanden, der dieselben Sprachfehler aufweist oder auch nicht, nach der *Shāfi'īya* und *Ḥanbalīya makrūh*, aber gültig.

Nach der *Mālikīya* gilt die *Imāma* in diesem Falle absolut, ohne *makrūh* zu sein, als gültig. (Aus dem, was insgesamt seitens der *Mālikīya* gesagt wurde, geht auch hervor, daß bei ihr die korrekte Aussprache keine grundsätzliche Bedingung zur Gültigkeit der *Imāma* ist.)

Die *Ḥanafīya* sagt dazu: Die *Imāma* einer solchen Person wird wie die eines *Althagh* betrachtet, das heißt, sie gilt unter der oben schon geschilderten Bedingung nur für seinesgleichen.

Daß jemand einer anderen Person nachbetet, die selbst Nachbeter (ma'mūm) ist

Zu den Bedingungen zur Gültigkeit des Gebets gehört, daß der *Imām* nicht *Ma'mūm* (Nachbeter) eines anderen *Imāms* ist.

Ein Beispiel: Eine Person A schließt sich dem *Imām* einer Moschee in den letzten beiden *Rak'a* des *'Aṣr*-Gebets als Nachbeter an, dann spricht der *Imām* den Schlußgruß (*salām*) und diese Person steht dann auf und betet die restlichen beiden *Rak'a* nach; währenddessen kommt eine andere Person B hinzu, beabsichtigt das *'Aṣr*-Gebet als Nachbeter eben jener Person A, die ja nachbetet, was ihr als Nachbeter vom Gemeinschaftsgebet entgangen ist[185]: Ist in diesem Fall das Gebet der später hinzugekommenen Person B gültig oder nicht?

Oder, als weiteres Beispiel: Die Moschee ist ganz mit dichtgedrängten Betenden angefüllt und es kommt eine Person hinzu und stellt sich in die letzte Reihe, kann aber den *Imām* nicht hören[186] und folgt daher den Bewegungen eines Nachbeters, der hinter dem *Imām* betet: Ist das Nachbeten dieser Person gültig oder nicht?

In diesen Fragestellungen haben die Rechtsschulen folgende Meinungen:

Mālikīya

Wenn eine Person einem *Masbūq* nachbetet, der seinerseits mindestens eine vollständige *Rak'a* mit dem *Imām* zusammen gebetet hat, ist ihr Gebet ungültig, gleich, ob diese Person (das heißt der zweite Nachbeter) ursprünglich Nachbeter des ersten *Imāms* war oder nicht.

Wenn aber ein *Masbūq* einen anderen *Masbūq* (in den Gebetsbewegungen) nachahmt, dergestalt, daß dadurch nach dem Schlußgruß (*salām*) des *Imāms* das Gebet vervollständigt werden soll, ohne daß dabei die Absicht gefaßt wird, daß der eine *Masbūq* dem anderen nachbetet, so ist das Gebet des nachahmenden *Masbūq* voll gültig.

Ebenso ist es, wenn ein *Masbūq* keine vollständige *Rak'a* mit dem *Imām* gemeinsam gebetet hat: wenn er zum Beispiel erst in das Gebet eingetreten ist, als sich die anderen bereits im letzten *Tashahhud* befanden. In diesem Falle ist es zulässig, einem solchen *Masbūq* nachzubeten (wenn er sein Gebet vervollständigt)[187].

Ḥanafīya

Einem *Masbūq* nachzubeten ist nicht rechtsgültig, gleich ob dieser *Masbūq* zuvor mindestens eine vollständige *Rak'a* mit dem *Imām* zusammen verrichtet hatte oder weniger als das.

Wenn zum Beispiel zwei Personen einem *Imām* nachbeten, dann beide *Masbūq* werden (weil ihnen etwas vom Gemeinschaftsgebet entgangen ist), und dabei – nach dem Schlußgruß des *Imām* – einer der beiden die Absicht faßt, dem anderen als Nachbeter zu folgen, so ist das Gebet dieses „Nachbeters" ungültig.

Wenn aber ein *Masbūq* einem anderen *Masbūq* in seinen Gebetsbewegungen nachfolgt – etwa, damit er so daran erinnert wird, was ihm vom Gebet entgangen ist und er noch nachzubeten hat, wenn sie sich beide zum gleichen Zeitpunkt dem Gemeinschaftsgebet anschlossen –, ohne daß der so Nachfolgende aber beabsichtigt, Nachbeter zu sein, so ist das Gebet beider rechtsgültig.[188]

Shāfiʿīya

Solange ein *Ma'mūm* (Nachbeter) noch *Ma'mūm* ist, ist es ungültig, ihm als Nachbeter nachzufolgen. Wenn er aber als *Masbūq* nach dem Schlußgruß des *Imāms* weiterbetet oder aber – noch während des Gemeinschaftsgebet – die *Nīya* der Trennung (*nīyat al-mufāraqa*) vom *Imām* beabsichtigt hat[189], ist es zulässig, ihm nachzubeten.

Dies gilt für die Gebete außer dem Freitagsgebet; bei diesem Gebet ist ein solches Nachbeten ungültig.

Ḥanbalīya

Solange ein *Ma'mūm Ma'mūm* ist, ist es ungültig, ihm nachzubeten. Sobald er aber *Masbūq* geworden ist, kann sich ihm ein anderer *Masbūq* als Nachbeter anschließen, außer beim Freitagsgebet, wo es unzulässig ist, daß sich ein *Masbūq* einem anderen *Masbūq* als Nachbeter anschließt.

Daß der Nachbeter dem Imām in den Gebetsbewegungen zuvorkommt, auch wenn er in der Lage ist, sich genau nach dem Imām zu richten

Zu den Bedingungen der Rechtsgültigkeit des Gebets gehört, daß der Nachbeter (*ma'mūm*) dem *Imām* in den Bewegungen des Gebets nicht zuvorkommt. Wenn er das tut, werden die *Imāma* und das Gebet ungültig. Diese Rechtsbestimmung (*ḥukm*) gilt übereinstimmend bei den *Madhāhib* außer der *Mālikīya*:

Malīkīya

Es ist für die Gültigkeit des Nachbetens keine Bedingung, daß der Nachbeter dem *Imām* nicht zuvorkommt. Nach dieser Meinung gilt das Gebet sogar, wenn nicht nur ein Nachbeter oder mehrere, sondern auch wenn alle Nachbeter dem *Imām* zuvorkommen. (Jedoch ist bei der *Mālikīya* ein solches Zuvorkommen ohne Notwendigkeit oder Zwangslage *makrūh*).

Von der beschriebenen rechtlichen Bestimmung ausgenommen ist das Gebet rund um die *Kaʿba* herum. Dazu wird gesagt: Bei diesem Gebet ist es zulässig (*jā'iz*), daß der *Ma'mūm* dem *Imām* bei den Gebetsbewegungen zuvorkommt, wobei die *Shāfiʿīya* hier genauere Bestimmungen beschreibt:

Shāfiʿīya

Es ist ungültig, daß ein Nachbeter (*maʾmūm*) dem *Imām* zuvorkommt, wenn sie beim Gebet direkt bei bzw. um die *Kaʿba* beten, aber doch eine einzige Richtung einnehmen.

Ist aber der Nachbeter räumlich vom *Imām* entfernt und blickt daher der Nachbeter nicht in dieselbe Richtung wie sein *Imām*, so ist es für den Nachbeter doch zulässig, dem *Imām* zuvorzukommen.

Es gilt (ganz allgemein, nicht nur für das Gebet um die *Kaʿba*) als *makrūh*, wenn der Nachbeter dem Vorbeter, ohne daß dazu Notwendigkeit bestünde, zuvorkommt. (Eine wirkliche Zwangslage ist etwa gegeben, wenn die Moschee dicht gedrängt und mit Betern gefüllt ist, ohne daß der betreffende Nachbeter den *Imām* sehen bzw. ihm ohne Schwierigkeiten folgen kann. In solchen Fällen ist ein Zuvorkommen des *Maʾmūm* nicht *makrūh*).

Das Zuvorkommen bezieht sich auch auf Körperhaltungen, nicht nur auf Bewegungen: Wenn der Nachbeter und der *Imām* stehen (im *Qiyām* sind), so soll der hintere Teil seines Fußes (das heißt die Ferse) nicht der Ferse des *Imāms* vorangehen[190].

Wenn man sich im Sitzen (*julūs*) befindet, so soll das Hinterteil des Nachbeters dem des *Imām* nicht zuvorkommen (in dem Sinne, wie das schon beim *Qiyām* weiter oben erläutert wurde).

Wenn der Nachbeter dem Vorbeter bezüglich dieser Körperhaltungen zuvorkommt, ist sein Gebet ungültig, stehen sie jedoch auf gleicher Höhe, so ist das Gebet gültig, ohne daß dies *makrūh* ist.

Dies ist übereinstimmend die Meinung der Rechtsschulen außer der *Shāfiʿīya*, welche meint, daß es doch *makrūh* ist, wenn beide – *Imām* und Nachbeter – auf gleicher Höhe sind.

Zum Thema gehört auch, daß der Nachbeter in der Lage ist, sich in seinen Handlungen genau nach denen des *Imāms* auszurichten, sei es durch Sehen oder Hören, und sei es, daß er das nur zum Teil kann.

Wenn nun der Nachbeter die genauen Handlungen des *Imāms* nachvollziehen kann, ist sein Gebet rechtsgültig – außer wenn sie sich an unterschiedlichen (Stand)Orten befinden: dann nämlich ist das Gebet des Nachbeters ungültig. Dies gilt in unterschiedlichen Betrachtungen der Rechtsschulen:

Shāfiʿīya

Wenn sich *Imām* und *Maʾmūm* in einer Moschee aufhalten und darin an einem einzigen Platz – gleich, ob zwischen ihnen beiden maximal eine Entfernung von etwa hundert Metern liegt[191] – und wenn der

Imām im hinteren Teil der Moschee steht und der *Ma'mūm* im vorderen, so ist doch das Nachbeten des Nachbeters gültig. Dies gilt unter der Bedingung, daß vor Beginn des Gebets zwischen den beiden kein Hindernis ist, das verhindert, daß der eine zum anderen hingelangen könnte (wie etwa eine feste, durch Nägel usw. befestigte Tür).

Wenn nun der Weg zwischen ihnen während des Gebets ge- oder versperrt wird oder – wie im obigen Beispiel – eine Zwischentür geschlossen wird, so schadet das der Gültigkeit des Gebets für den Nachbeter nicht. Es spielt auch keine Rolle, ob der *Ma'mūm* [grundsätzlich] unter Beibehaltung der *Qibla*-Richtung zum *Imām* gelangen kann oder nicht.

Dies gilt im eigentlichen Innenbereich der Moschee; beten jedoch *Imām* und *Ma'mūm* beide außerhalb der Moschee, so ist ihr Gebet gültig, solange eine Entfernung von etwas hundert Metern zwischen ihnen nicht überschritten wird. Das Gebet des Nachbeters gilt in diesem Falle auch dann, wenn ein (nicht leicht zu überwindendes) Hindernis zwischen ihm und dem *Imām* liegt (etwa ein großer, schiffbarer Fluß oder ein stark begangener bzw. befahrener Weg), unter der Bedingung, daß sich zwischen ihnen beiden kein Hindernis befindet, das es unmöglich macht, daß der Nachbeter zum *Imām* hingelangen kann, ohne sich dabei von der *Qibla*-Richtung abzuwenden.[192]

Wenn nun einer der beiden innerhalb der Moschee ist und der andere außerhalb, so gilt das Gebet des Nachbeters unter der Bedingung, daß zwischen ihm und dem ihm nächsten Teil des Moscheegebäudes (Mauer, Ecke, Stufe usw.) nicht mehr als etwa hundert Meter liegen. Auch hier gilt das, was bezüglich des Hindernisses zwischen beiden für den Fall genannt wurde, daß sich beide außerhalb der Moschee befinden.

Ḥanafīya

Wenn *Imām* und *Ma'mūm* sich nicht am selben Ort befinden, ist das Nachbeten des *Ma'mūm* (und damit sein Gebet) ungültig, wobei es keine Rolle spielt, ob sich der *Ma'mūm* über den Zustand des *Imāms* im unklaren ist oder nicht[193].

Wenn etwa jemand sich in seinem Haus befindet und als Nachbeter einem *Imām* folgt, der in der Moschee betet, und Haus und Moschee etwa durch einen Weg oder ähnliches getrennt sind, so ist das Nachbeten des *Ma'mūm* (und sein Gebet) ungültig, weil dies als Unterscheidung im Ort betrachtet wird.

Befindet sich aber im Beispiel nur eine Mauer bzw. Trennwand zwischen dem Haus und der Moschee, so ist das Gebet des Nachbeters gültig unter der Bedingung, daß er sich über den Zustand des

Imāms im Gebet nicht im unklaren befindet. Ebenso verhält es sich, wenn der *Ma'mūm* auf dem Dach seines Hauses betet und dieses sich an das Dach der Moschee anschließt[194], weil in diesen beiden Fällen (Angrenzen von Mauer bzw. Dach) keine Unterscheidung im Ort besteht.

Handelt es sich nämlich nur um einen gemeinsamen Platz – und sei er auch sehr ausgedehnt, wie zum Beispiel bei einer großen Moschee, so sind das Nachbeten des *Ma'mūm* und sein Gebet gültig, wenn er sich zugleich auch über den Zustand des *Imāms* im klaren ist, sei es, daß er einen *Muballigh*[195] hört bzw. sieht oder Nachbeter (in einer bestimmten Gebetsphase) sieht.

Allerdings ist es ungültig, sich als Nachbeter nach einem *Muballigh* zu richten, wenn dieser beim *Takbīrat al-Iḥrām* nur beabsichtigt, den *Takbīr* klar und deutlich (und laut) auszusprechen[196]: dann ist das Gebet eines solchen laut rufenden Nachbeters ungültig und das Gebet eines jeden, der sich nach ihm und seiner „Verdeutlichung" (*tablīgh*) der Rufe des *Imāms* ausrichtet.

Das Nachbeten eines *Ma'mūm* ist nur gültig, wenn – im Fall einer weit ausgedehnten Moschee (und angrenzenden Plätzen) – kein Hindernis zwischen *Imām* und *Ma'mūm* liegt, wie ein vielbegangener Weg, ein schiffbarer Fluß, eine vielbefahrene Autostraße usw.

Im Falle, daß in der Wüste gebetet wird, ist das Nachbeten des *Ma'mūm* nur gültig, wenn zwischen ihm und dem *Imām* nicht mehr Zwischenraum ist, als von zwei hintereinander befindlichen Reihen von Betenden eingenommen werden kann. Das gleiche gilt für sehr große Moscheen mit weit ausgedehnten Gebetsplätzen (wie etwa beim *Bait al-Maqdīs*[197]).

Mālikīya

Befinden sich *Imām* und *Ma'mūm* an unterschiedlichen Orten, so wird dadurch das Nachbeten und das Gebet des Nachbeters nicht ungültig.

Liegt etwa ein Fluß, ein Weg, eine Mauer usw. zwischen *Imām* und *Ma'mūm*, so ist das Gebet des *Ma'mūm* gültig, solange er zugleich auch die Gebetshandlungen des *Imāms* genau erkennen kann – und sei es dadurch, daß er dies durch Hören einer Person (das heißt eines *Muballigh*) wahrnimmt.

Betet allerdings jemand als Nachbeter beim Freitagsgebet (*ṣalāt al-jum'a*) in einem der Moschee benachbarten Haus, wobei er dem *Imām* (des Freitagsgebets) nachbetet, so ist das Gebet dieses *Ma'mūm* ungültig, weil es zu den Bedingungen zur Gültigkeit des Freitagsgebets gehört, daß man sich in der Freitagsmoschee versammelt befindet (wie dies beim Kapitel über das Freitagsgebet vorgestellt wurde).

Ḥanbalīya

Befinden sich Vorbeter (*imām*) und Nachbeter (*ma'mūm*) an verschiedenen Orten bzw. liegt zwischen ihnen ein trennendes Hindernis (Fluß, Straße usw.), so ist das Nachbeten des *Ma'mūm* und sein Gebet *sowie auch das des Imāms* ungültig; dies darum, weil sein Gebet mit dem einer Person verknüpft ist, deren Nachbeten ungültig ist.[198]

Wenn sich nun zwischen ihnen beiden ein Weg als Hindernis erstreckt und es sich bei dem betreffenden Gebet der beiden um ein solches Gebet handelt, das man bei Beengung der Menschen, die auf dem Weg gehen müssen, auf öffentlichen Wegen nicht rechtsgültig verrichten kann[199] (und bei dem sich normalerweise nicht viele Menschen versammeln), ist das Nachbeten des Nachbeters ungültig – auch wenn die Gebetsreihen bis zum Weg hinreichen.[200]

Gehört nun das Gebet zu den Gebeten, die man bei Beengung auf (öffentlichen) Wegen nicht rechtsgültig verrichten kann und bei dem sich üblicherweise viele Menschen versammeln, wie dem Freitagsgebet und dergleichen, und wenn dabei die Reihen der Betenden bis an den Weg reichen, ist das Nachbeten des Nachbeters gültig – auch wenn dabei der *Imām* und dieser Nachbeter (durch diesen Weg) getrennt sind.

Reichen in diesem Fall aber die Reihen der Betenden nicht bis an den Weg, so ist das Nachbeten (und das Gebet) des Nachbeters ungültig, wenn er sich jenseits dieses Weges befindet.

Befinden sich *Imām* und Nachbeter in einer Moschee und ist ein Hindernis zwischen ihnen, so ist das Nachbeten des *Ma'mūm* dennoch gültig, wenn der *Ma'mūm* den *Takbīrat al-Iḥrām* hört.

Befindet sich aber der *Imām* in der Moschee und der *Ma'mūm* nicht bzw. umgekehrt der *Imām* außerhalb und der *Ma'mūm* innerhalb[201], so ist doch das Nachbeten (des *Ma'mūm*) gültig unter der Bedingung, daß der *Ma'mūm* den *Imām* sieht oder jemanden, der hinter dem *Imām* steht, und sei es nur während eines Teils des Gebets oder daß er den *Imām* bzw. einen hinter diesem stehenden Nachbeter durch eine Fensterscheibe hindurch sieht.

Ist dies gewährleistet, ist das Nachbeten rechtsgültig, auch über eine Entfernung von mehr als etwa hundert Metern.

Die Absicht des Nachbeters (ma'mūm), nachzubeten, und die Absicht des Imāms, Vorbeter zu sein

Zur Gültigkeit des Gebets ist es notwendig, daß der Nachbeter als *Nīya* beabsichtigt, dem *Imām* im Gebet nachzufolgen. Dies gilt für alle Gebete (ob *Farḍ* oder nicht) in Übereinstimmung der Rechtsschulen außer der *Ḥanafīya*.

Ḥanafīya

Die *Nīya* des Nachbeters, sich dem Gebet des *Imām* anzuschließen, ist in allen Gebeten Bedingung zur Gültigkeit, außer bei den Festgebeten und dem *Jum'a*-Gebet; dies darum, weil das Vorhandensein einer Gruppe (*jamā'a*) von Betenden bei diesen beiden Gebeten zu deren spezieller Gültigkeit ohnehin erforderlich ist und daher eine spezielle *Nīya* der Nachbeter, sich dem *Imām* als Nachbeter anzuschließen, überflüssig wird.

Dieser Teil der *Nīya* bezüglich des Nachbetens muß mit dem *Takbīrat al-Iḥrām* verbunden werden, wie schon im Abschnitt über die *Nīya* usw. beschrieben.

Wenn nun jemand ein Einzelgebet beabsichtigt und dann – nach seinem Eintritt in das Gebet – einen *Imām* findet und nun zusätzlich beabsichtigt, diesem als *Ma'mūm* nachzufolgen, so ist das Gebet dieses Beters ungültig, weil dieser Teil der *Nīya* von Beginn des Gebets an vorhanden sein muß und es für den Einzelbetenden nicht zulässig (*jā'iz*) ist, sein Gebet nachträglich an eine *Jamā'a* anzuschließen, so wie es umgekehrt auch für einen Nachbeter unzulässig ist, die *Nīya* der Trennung vom *Imām* (*mufāraqa*) zu fassen – abgesehen von echter Notwendigkeit, wie etwa wenn der *Imām* sehr lange rezitiert und der *Ma'mūm* das – vom Stehen her – nicht durchhalten kann.

Dies gilt in Übereinstimmung zwischen den *Madhāhib* außer der *Shāfi'īya*, wobei die *Ḥanafīya* besondere Bedingungen festlegt.

Shāfi'īya

Es ist keine zwingende Bedingung, daß ein Nachbeter die Absicht nachzubeten bereits zu Beginn des Gebetes faßt. Es ist – wenn auch mit *Makrūh* – zulässig, wenn er das während des Gebetes tut, außer beim *Jum'a*-Gebet, wo diese Absicht, Nachbeter zu sein, von Anfang an – vom Zeitpunkt des *Takbīrat al-Iḥrām* an – vorhanden sein muß.[202]

Es ist weiter für einen Nachbeter zulässig, daß er im Gebet beabsichtigt, sich (vom Gebet bzw. der *Nīya*) seines Vorbeters zu trennen, selbst dann, wenn kein Entschuldigungsgrund (*'udhr*) dafür vorliegt (in diesem Fall ist diese Trennung aber *makrūh*).

Während der ersten *Rak'a* des *Jum'a*-Gebets jedoch ist es verpflichtende Bedingung für den Nachbeter (*ma'mūm*), sich nicht in seiner *Nīya* von dem Vorbeter zu trennen. Ebenso verhält es sich bei Gebeten, die jemand wiederholt, um sie nun in Gemeinschaft (in *Jamā'a*-Form) (noch einmal) verrichten zu können: In einem solchen Fall ist es nicht zulässig, während irgendeines Teils dieses Gebets sich in seiner *Nīya* vom Vorbeter zu trennen.[203] Ebenso verhält es sich bei einem zeitlich vorgezogenen Gebet (*Taqdīm*-Form) usw. – speziell bei zusammengefaßten Gebeten (*jam'*).

Ḥanafīya

Wenn ein *Ma'mūm* vom Gemeinschaftsgebet (*Jamā'a*-Form) zum Einzelgebet (*Infirād*-Form) übergeht, sich also von der *Nīya* seines Vorbeters trennt, wird sein Gebet ungültig, es sei denn, er tut das während des letzten Sitzens, nachdem er dieses Sitzen bereits im Maß des letzten *Tashahhud* durchgeführt hat.

Wenn sich der Nachbeter dann aufgrund einer Notwendigkeit aus dem Gebet herausbegeben will, so muß er den *Salām* geben und den *Imām* verlassen. Wenn er den *Imām* jedoch ohne Entschuldigungsgrund (*'udhr*) derart alleinläßt, so ist sein (des *Ma'mūms*) Gebet zwar gültig (*ṣaḥīḥ*), aber gleichzeitig hat der Nachbeter dann Sünde auf sich genommen.

Die *Nīya* des *Imāms* zur *Imāma* ist aber zur Gültigkeit der *Imāma* an sich keine Bedingung, wobei sich dabei die Rechtsschulen in verschiedenen Fällen unterscheiden.

Ḥanbalīya

Damit die Absicht, einem *Imām* in Gebet nachzufolgen, gültig ist, ist es notwendige Bedingung, daß der *Imām* die *Imāma* in seinem Gebet beabsichtigt; dies gilt für jedes Gemeinschaftsgebet.

Shāfi'īya

Es ist verpflichtende Bedingung zur Gültigkeit, daß der *Imām* die *Imāma* bei solchen Gebeten beabsichtigt, die ohne Gemeinschaftsform (*jamā'a*) ungültig sind: wie das *Jum'a*-Gebet, das Gebet, das zwei Gebete wegen Regen in sich vereinigt, und wiederholte Pflichtgebete (die zuvor als Einzelgebete verrichtet wurden).

Ḥanafīya

Die Absicht des *Imāms* zur *Imāma* ist Bedingung (*sharṭ*) zur Gültigkeit des Gebets des *Ma'mum*, wenn der *Imām* ein Mann ist, der einer reinen Frauengruppe vorbetet. Wenn er in diesem Fall die *Imāma* nicht beabsichtigt, so ist das Gebet für die Frauen ungültig (*bāṭil*), während sein eigenes (Einzel-)Gebet für ihn gültig ist.

Mālikīya

Nur in bestimmten Fällen ist es Bedingung zur Gültigkeit des Gebets des *Ma'mūm*, daß der *Imām* die *Imāma* beabsichtigt:

1. Beim *Jum'a*-Gebet. Wenn hier der *Imām* die *Imāma* nicht in seiner Absicht miteinbindet, ist das Gebet für ihn und den *Ma'mūm* ungültig.
2. Bei zwei aufgrund von Regen verbundenen Gebeten. Hier muß zu Beginn des ersten sowie auch des zweiten Gebets bereits die *Nīya* zur *Imāma* gefaßt werden. Wenn diese Absicht im zweiten der beiden Gebete unterlassen wird, wird dieses für *Imām* und *Ma'mūm* ungültig, das erste aber gilt. Wenn aber im ersten Gebet die Absicht zur *Imāma* fehlte, so gilt weder das erste noch das zweite Gebet.

   Einige Gelehrte der *Mālikīya* jedoch meinen, daß das erste der beiden so zusammengefaßten Gebete in keinem Fall ungültig wird (selbst ohne Absicht der *Imāma*), weil es in seiner ursprünglichen Zeit verrichtet wurde.
3. Beim Gebet in der Furcht (*ṣalāt al-khauf*), in der folgenden Form: Daß der *Imām* die Gruppe der Muslime[204] in zwei gleichgroße Halbgruppen teilt und dann – nacheinander – einer jeden Gruppe als *Imām* vorbetet. Wenn dabei der *Imām* die Absicht zur *Imāma* unterläßt, so ist nur das Gebet der ersten Gruppe ungültig (*bāṭil*), das der zweiten aber gilt.
4. Beim Gemeinschaftsgebet hinter einem *Mustakhlif* (einem Vorbeter, der die Stelle des ersten, ursprünglichen Vorbeters aufgrund eines *'Udhr* eingenommen hat). Dabei ist die *Nīya* dieses *Mustakhlif*, *Imām* zu sein, notwendige Bedingung für die Gültigkeit des Gebets eines jeden *Ma'mūm*.

   Wenn der *Mustakhlif* nun diese *Nīya* zur *Imāma* nicht faßt, so ist das Gebet der Nachbeter ungültig, während sein eigenes Gebet jedoch gültig ist.

Abgesehen von diesen Fällen gilt jedoch, daß jemand nicht die *Nīya* zur *Imāma* fassen muß, um den Lohn für ein Gemeinschaftsgebet zu erhalten: Wenn etwa jemand einer Gruppe von Leuten vorbetet, ohne diese Absicht gefaßt zu haben, erhält er trotzdem den Lohn für das so verrichtete Gemeinschaftsgebet, und sowohl sein Gebet als auch das der Nachbeter gilt.

Daß ein Nachbeter, der ein Pflichtgebet (farḍ) verrichtet, einem Imām nachfolgt, der ein freiwilliges Gebet (nāfila) verrichtet

Zu den Bedingungen der *Imāma* gehört es auch, daß der *Imām* nicht in seinem Gebet eine niedrigere Stufe einnimmt als sein Nachbeter. Daher ist es (nach Meinung der Rechtsschulen außer der *Shāfi'īya*) ungültig, wenn jemand ein *Farḍ*-Gebet als Nachbeter hinter jemandem verrichtet, der nur ein freiwilliges, *Nāfila*-Gebet verrichtet.

Shāfiʿīya

Es ist gültig, wenn auch *makrūh*, wenn ein *Ma'mūm* hinter einem *Imām*, der ein *Nāfila*-Gebet verrichtet, ein *Farḍ*-Gebet ausführt.

Ebenso ist es ungültig, wenn ein völlig oder genügend Gesunder, der den *Rukūʿ* usw. vollziehen kann, jemandem nachbetet, der dazu nicht in der Lage ist.

Das gleiche gilt bei der *Ḥanafīya* und *Ḥanbalīya* für einen Bekleideten (bzw. jemanden, dessen *ʿAura* bedeckt ist), der einem Nackten (bzw. einem in seiner Aura Entblößten) nachbetet, im Unterschied zur *Shāfiʿīya* und *Mālikīya*.

Shāfiʿīya und Mālikīya

Es ist zulässig, wenn ein voll Bekleideter hinter jemandem betet, der seine Aura nicht bedeckt hat und auch nichts findet, womit er sie bedecken könnte. Dabei sagt die *Mālikīya*: Es ist gültig, aber *makrūh*, während die *Shāfiʿīya* dies als gültig, ohne *makrūh* zu sein, betrachtet.

Dasselbe gilt bei einem *Ma'mūm* mit *Ṭahāra*: Für ihn ist es ungültig, daß er einem *Imām*, der *Junub* ist, nachbetet – außer bei der *Mālikīya*.

Mālikīya

Es ist zulässsig, wenn auch *makrūh*, daß ein Betender im Zustand der *Ṭahāra* einem *Junub* nachbetet, sofern der *Junub* sich nicht reinigen kann.

Ebenso ist das Nachbeten eines *Qārī'* (der korrekt rezitieren kann) hinter einem *Ummī* (der nicht bzw. nicht korrekt rezitieren kann) ungültig (wie bereits vorgestellt).

Andererseits ist es zulässig, daß jemand, der stehen kann, hinter jemandem nachbetet, der nicht stehen kann und im Sitzen betet. Dazu die Meinungen der Rechtsschulen:

Mālikīya

Es ist ungültig, daß jemand, der stehen kann, jemandem nachbetet, der außerstande ist, im *Qiyām* zu stehen – selbst dann, wenn das betreffende Gebet ein *Nāfila* ist. Allerdings ist es zulässig, wenn jemand als Nachbeter freiwillig hinter einem solchen *Imām*, der nicht stehen kann, ein *Nāfila* sitzend ausführt.

Ist aber der *Ma'mūm* außerstande, die absoluten Pflichten (*arkān*) zu erfüllen, so ist es dann gültig, daß er einem *Imām* nachbetet, der im gleichen Maße wie er außerstande ist, die *Arkān* zu erfüllen – speziell: im *Qiyām* zu stehen.

Hiervon wird aber der Betende ausgenommen, der lediglich durch Hinweisen, Nicken und ähnliches (also nur andeutungsweise durchgeführte *Arkān*) beten kann: Er darf auch nicht einem anderen vorbeten, der im gleichen Maß wie er selbst in seiner Bewegungsfähigkeit eingeschränkt ist. Wenn sie in verschiedener Hinsicht körperlich stark eingeschränkt ist – etwa wenn der *Imām* den *Sujūd* nicht ausführen kann, der *Ma'mūm* aber zum Ausführen des *Rukū'* außerstande ist –, so ist die *Imāma* ungültig.

Ḥanafīya

Das Nachbeten eines *Ma'mūm*, der stehen kann, hinter einem *Imām*, der sitzend betet, aber *Sujūd* und *Rukū'* doch durchführen kann, ist gültig. Wenn andererseits jemand, der stehen kann, jemandem nachbetet, der weder *Sujūd* noch *Rukū'* duchführen kann, so ist das ungültig.

Wenn aber weder *Imām* noch *Ma'mūm* dazu fähig sind und sie beide in Form von bloßem Andeuten der Bewegungen beten, so ist das Nachbeten gültig – gleich, ob beide dabei sitzen oder liegen, ob sie sich nebeneinander befinden oder etwas voneinander entfernt, unter der Bedingung, daß der *Imām* sich in einem stärkeren körperlichen Zustand als der *Ma'mūm* befindet (also seine Bewegungen den eigentlich geforderten Bewegungen näher sind: zum Beispiel wenn der *Imām* sitzt und der *Ma'mūm* liegt).

Shāfi'īya

Es ist zulässig, wenn ein Stehender hinter einem Sitzenden bzw. Liegenden betet, der weder stehen noch sitzen kann.

Ḥanbalīya

Es ist unzulässig, daß jemand, der stehend beten kann, einem *Imām* nachfolgt, der nicht stehen kann, es sei denn, ein solcher *Imām* ist *Imām* in einem freiwilligen (nicht *Farḍ*-)Gebet und er ist zur vollständigen Bewegung aufgrund einer Krankheit usw. unfähig, von der man erwarten kann, daß sie nicht andauert.

In welchen Dingen und wie ein Nachbeter (ma'mūm) einem Imām nachfolgen muß

Es ist Bedingung zur gültigen *Imāma*, daß der Nachbeter seinem Vorbeter in den Handlungen des Gebets nachfolgt. Dazu die Rechtsschulmeinungen:

Ḥanafīya

In drei Dingen muß der Nachbeter dem *Imām* nachfolgen:

1. Der *Ma'mūm* muß sich der jeweiligen Handlung des *Imāms* (*rukū'*, *sujūd*) anschließen, darf nicht in einer anderen Handlung des Gebets sein als der *Imām* (abgesehen vom später Hinzukommenden (*masbūq*), der sich bei seinem *Iḥrām* natürlich nicht unbedingt in derselben Haltung befindet wie der *Imām*).
2. Das Nachfolgen in den Einzelhandlungen; das heißt, der *Ma'mūm* muß dem *Imām* nachfolgen, darf ihm weder in einer Handlung zuvorkommen (etwa sich vor dem *Imām* aus dem *Rukū'* erheben), noch sich beim Nachfolgen verspäten.
3. Das zeitliche Versetztsein; das heißt, der *Ma'mūm* muß so lange warten, bis der *Imām* eine Handlung vollständig verrichtet hat (etwa das Hineinbeugen in einen *Rukū'*), bevor er selbst diese Handlung verrichtet. Dabei darf sich aber der *Ma'mūm* nicht so verspäten, daß er die Handlung des *Imām* verpaßt.

In folgenden vier Handlungen muß der Nachbeter dem *Imām* nicht folgen:

1. Wenn der *Imām* (absichtlich) eine zusätzliche *Sajda* (außer dem *Sujūd li-s-Sahuw*) hinzufügt.
2. Wenn der *Imām* mehr als die überlieferte Anzahl der *Takbīrāt* beim Festgebet (*ṣalāt al-'īd*) hinzufügt.
3. Wenn der *Imām* bei einem Totengebet (*ṣalāt al-janāza*) zum vierten Mal einen *Takbīr* spricht bzw. vornimmt.
4. Wenn der *Imām* nach dem – ansonsten korrekten – Gebet und dem letzten Sitzen nochmals aufsteht. Hier bleibt der *Ma'mūm* zunächst sitzen und wartet: Setzt sich der *Imām* wieder und verrichtet weder *Rukū'* noch *Sajda*, so wartet der *Ma'mūm* ab und folgt dem *Imām* anschließend in dessen *Salām*. Wenn der *Imām* aber – bekräftigend durch einen *Rukū'* und eine *Sajda* – eine neue *Rak'a* meint, gibt der *Ma'mūm* allein den *Salām* und tritt so aus dem Gebet aus.

Wenn der *Imām* aber noch vor dem letzten Sitzen zu einer weiteren (zusätzlichen) *Rak'a* aufsteht und das durch eine *Sajda* bekräftigt, ist das Gebet aller dadurch ungültig.

Mālikīya

Grundsätzlich besteht Übereinstimmung mit der *Ḥanafīya*. Jedoch gilt: Der *Ma'mūm* muß dem *Imām* insofern bei den Gebetshandlungen nachfolgen, als er sie nicht gleichzeitig mit dem *Imām* ausführt, sich aber auch nicht so verspätet, daß dadurch eine Pflichthandlung des *Imām* dem *Ma'mūm* entgeht.

Auch darf der Nachbeter beim *Takbīrat al-Iḥrām* dem *Imām* nicht zuvorkommen, darf weder vor diesem damit beginnen noch vor dem *Imām* damit fertig sein, sonst ist das Gebet des *Ma'mūm* ungültig. Entsprechendes gilt für den *Salām* des *Imām*. Wird der *Salām* vom *Ma'mūm* gleichzeitig oder nachträglich verrichtet, gilt sein Gebet, kommt er aber darin dem *Imām* zuvor, ist sein (des *Ma'mūm*) Gebet ungültig.

Wenn der *Ma'mūm* sich beim *Rukū'* oder *Sujūd* schon vor dem *Imām* beugt, so gilt: Tat er das unabsichtlich, so wartet er, bis sich der *Imām* auch in die Haltung begibt, und begleitet den *Imām* dann voller Bewußtsein im *Rukū'* bzw. *Sujūd*. In diesem Fall ist das Gebet des *Ma'mūm* noch gültig. Hebt der *Ma'mūm* aber absichtlich den Kopf, weil der *Imām* noch nicht in dieser Haltung ist, so ist das Gebet des *Ma'mūm* ungültig. Hebt der Nachbeter aber versehentlich den Kopf, so muß er abwarten und sich dann mit dem *Imām* zusammen erneut in diese Haltung begeben.

Andererseits folgt der Nachbeter dem *Imām* nicht in den Dingen, die nach Ansicht der *Mālikīya* zusätzlich und nicht gerechtfertigt sind (wie den *Takbīrāt* des *'Īd* usw.). Auch wenn sich der *Imām* zu einer zusätzlichen *Rak'a* erhebt, folgt ihm der *Ma'mūm* darin nicht nach.

Ḥanbalīya

Beim *Takbīrat al-Iḥrām* darf der *Ma'mūm* nicht gleichzeitig mit dem *Imām* den *Takbīr* verrichten, sonst ist das Gebet ungültig. Ansonsten gilt beim *Takbīrat al-Iḥrām*, daß er dem *Imām* direkt nachfolgen muß und nicht abwarten darf, bis der *Rukn* bereits vorbei ist.

Allgemein muß der *Ma'mūm* dem *Imām* in den Gebetshandlungen direkt nachfolgen. Nur wenn der *Ma'mūm* aus einem Entschuldigungsgrund heraus nicht sofort mit dem *Imām* in den *Rukū'* oder das Erheben daraus gehen kann, ist dadurch das Gebet noch gültig.

Wenn der *Ma'mūm* aber von der Handlung des *Imāms* um zwei *Arkān* des Gebets entfernt ist, so ist das Gebet des *Ma'mūm* in jedem Fall ungültig.

Shāfi'īya

Im *Takbīrat al-Iḥrām* darf der Nachbeter dem *Imām* weder gleichzeitig folgen noch ihm zuvorkommen, sonst ist das Gebet für den *Ma'mūm* ungültig.

Auch beim *Salām* darf der *Ma'mūm* dem *Imām* nicht zuvorkommen. Der Nachbeter darf dem *Imām* nicht um zwei *Rukn* verspätet nachfolgen (etwa indem der *Ma'mūm* noch bei der *Fātiḥa*-Rezitation ist, während der *Imām* sich bereits aus dem *Rukū'* erhebt), sonst ist das Gebet für den *Ma'mūm* ungültig.

Daß jemand, der den Rücken gerade halten kann, jemandem nachbetet, der sich schief hält, indem er den Rücken krümmt

Zu den Bedingungen einer gültigen *Imāma* zählt des weiteren, daß der *Imām* nicht den Rücken so sehr krümmt, daß seine Haltung mehr dem *Rukū'* als dem *Qiyām* ähnelt: In diesem Fall ist es ungültig, daß ein Gesunder, der sich und seinen Rücken gerade halten kann, einem solchen Beter nachbetet.

Andererseits ist die *Imāma* – nach Ansicht der Rechtsschulen außer der *Shāfi'īya* – eines solchen *Imām*, der mit gekrümmtem Rücken während des *Qiyām* usw. betet, zulässig, wenn der bzw. alle Nachbeter ebenso gekrümmt das Gebet verrichten (müssen).

In dieser Frage meint andererseits die *Shāfi'īya*, daß auch in diesem Fall – wenn der *Imām*, nicht aber der Nachbeter mit gekrümmtem Rükken im Maß des *Rukū'* betet – die *Imāma* und das Gebet des Vor- und Nachbeters gültig sind.

Daß Imām und Ma'mūm – wenn sie ein Farḍ-Gebet verrichten – das gleiche Farḍ-Gebet beten

Es ist Bedingung, daß *Imām* und *Ma'mūm* dasselbe *Farḍ*-Gebet beten, wenn sie ein *Farḍ*-Gebet verrichten. So ist es ungültig, wenn jemand zum Beispiel das *Ẓuhr*-Gebet als *Ma'mūm* hinter einem *Imām* verrichtet, der selbst aber das *'Aṣr*-Gebet verrichtet, oder wenn jemand das aktuelle *Ẓuhr*-Gebet in seiner entsprechenden Zeit hinter einem *Imām* verrichtet (als *Adā'*), der ein anderes *Ẓuhr* als von ihm nachzuholendes Gebet betet (als *Qaḍā'*).

Dies gilt bei *Ḥanafīya* und *Mālikīya*, während *Shāfi'īya* und *Ḥanbalīya* anderer Meinung sind.

Shāfi'īya und Ḥanbalīya

Es ist zulässig und gültig, in allen genannten Fällen dem *Imām* als Nachbeter nachzufolgen; nur sagt die *Ḥanbalīya*: Ein *Ẓuhr*-Gebet hinter einem *Imām* zu verrichten, der gerade ein *'Aṣr*-Gebet betet, ist ungültig, und entsprechend auch der umgekehrte Fall (*'Aṣr* hinter einem *Imām* eines *Ẓuhr*) und dergleichen[205].

Die *Shāfi'īya* sagt weiter: Das Gebet des *Ma'mūm* und das des *Imām* müssen in ihrer Gestalt und Art einander entsprechen; daher ist etwa ein *Ẓuhr*-Gebet hinter einem Totengebet (*ṣalāt al-janāza*) ungültig oder auch das *Ṣubḥ*-Gebet hinter einem Gebet bei Sonnenfinsternis (*ṣalāt al-kusūf*).[206]

Andererseits ist es zulässig, wenn jemand ein *Nāfila* hinter einem *Imām* verrichtet, der selbst gerade ein *Farḍ*-Gebet verrichtet. Dasselbe gilt, wenn jemand ein bestimmtes gelobtes Gebet (*ṣalāh manẓūra*) hinter einem *Imām* betet, der ein anderes Gebet zu verrichten gelobt hat und das gerade tut: etwa wenn jemand als *Nadhr* gelobt hat, nach dem Mittag eines Tages zwei *Rak'a* zu beten, und dieses Gebet nun als Nachbeter hinter einem *Imām* verrichtet, der selbst dieses Gebet zuvor als absolutes, nicht näher bestimmtes Zwei-*Rak'a*-Gebet gelobt hat.

Ebenso ist es zulässig, daß ein Reisender (*musāfir*) hinter einem Ansässigen bzw. Nichtreisenden (*muqīm*) betet, sowohl innerhalb der Zeit als auch außerhalb derselben[207]; in diesem Fall ist es für den Reisenden notwendig (*lāzim*), das entsprechende Gebet vollständig mitzubeten (also in Form von vier bzw. drei *Rak'a*).

Dies gilt übereinstimmend außer bei der *Ḥanafīya*.

Ḥanafīya

Wenn jemand im *Nadhr* gelobt hat, ein bestimmtes Gebet zu verrichten, so ist es unzulässig, hinter einem *Imām* zu beten, der nicht genau dasselbe Gebet im *Nadhr* für sich gelobt hat: Wenn etwa jemand zwei *Rak'a nāfila* zu verrichten gelobt hat und hinter einem *Imām* betet, der genau dasselbe gelobt hat, ist das zulässig.

Wenn jemand als *Ma'mūm* sein gelobtes *Nāfila* (*nāfila manẓūra*) hinter einem *Imām* verrichten will, der ebenfalls ein *Nāfila* gelobt hat und seine Absicht so gefaßt hatte, daß er gelobte: „Ich gelobe, das Zwei-*Rak'a*-Gebet zu verrichten, das X gelobt hat", so ist dieses Nachbeten für diesen *Ma'mūm* rechtsgültig.

Weiter sagt die *Ḥanafīya*: Es ist ungültig, daß ein Reisender (*musafir*) hinter einem Nichtreisenden (*muqīm*) ein Vier-*Rak'a*-Gebet (also *Ẓuhr*, *'Aṣr* oder *'Ishā'*) außerhalb der dafür vorgesehenen Zeit[208] betet, weil bei diesen Gebeten für den Reisenden zwei *Rak'a Farḍ* sind und daher das erste Sitzen zugleich das letzte Sitzen und damit für ihn Pflicht ist, während beim *Imām* – der ja vier *Rak'a* verrichten muß – das erste Sitzen nur *Sunna* ist. Dadurch würde jemand, der einen *Farḍ*-Teil verrichtet, als *Ma'mūm* jemandem nachfolgen, der entsprechend nur einen *Sunna*-Teil verrichtet, und das ist nicht rechtsgültig.

Weitere bzw. spezielle Bedingungen zur Imāma

Darüber hinaus gibt es noch weitere, innerhalb der *Madhāhib* gültige Bedingungen.

Ḥanafīya

Es ist eine zusätzliche Bedingung, daß zwischen dem *Imām* (bei einem *Jamā'a*-Gebet, in dem Männer und Frauen nachbeten) und dem einzigen bzw. allen männlichen Nachbetern keine Reihe von Frauen als Unterbrechung steht[209]. Wenn nun drei Frauen als Reihe eine derartige Trennung bilden, so wird das Gebet von drei Männern in jeder Reihe hinter ihnen – von der ersten hinter der Frauenreihe bis zur letzten Reihe – ungültig, bei einer Zwischenreihe von zwei Frauen entsprechend das von je zwei Männern von jeder Reihe, und wenn eine Frau inmitten einer Reihe von Männern betet, so wird das Gebet des links und das des rechts direkt neben ihr stehenden Mannes und das eines einzelnen Mannes hinter ihr – in jeder Reihe – ungültig.

Ḥanbalīya

Zu den Bedingungen zur Gültigkeit des Nachbetens gehört folgendes:

1. Daß der *Ma'mūm* – wenn er der einzige *Ma'mūm* ist – zur Rechten des *Imāms* steht. Wenn er links oder hinter dem *Imām* steht – und wenn die nachbetende Person ein Mann ist, wird das Gebet des *Ma'mūm* ungültig. Wenn die nachbetende Person eine Frau ist, so wird das Gebet aber nicht ungültig, wenn sie hinter (bzw. rechts neben) dem *Imām* betet, wohl aber, wenn sie links von ihm steht.
2. All das gilt, sofern der betreffende *Ma'mūm* bereits eine vollständige *Rak'a* verrichtet hat. Wenn aber jemand an einem nicht korrekten Platz beim *Imām* steht und noch vor Ende der ersten *Rak'a* – vor dem *Rukū'* – sich an den korrekten Platz begibt, so wird das Gebet nicht ungültig.
3. Daß der *Imām* aufrichtig und anständig (*'ādil*) ist. Daher ist die *Imāma* eines sündhaften Menschen (*fāsiq*)[210] ungültig, selbst wenn er einem ihm gleichen sündhaften Menschen als *Imām* vorbetet und selbst wenn seine allgemein bekannte Sündhaftigkeit nicht offen von ihm gezeigt wird. Wenn nun ein anständiger Mensch hinter einem solchen *Imām* betet – in Unkenntnis dessen Sündhaftigkeit – und erst im nachhinein feststellt, wer sein *Imām* war, so obliegt es ihm, das hinter diesem *Imām* verrichtete Gebet zu wiederholen (außer im Fall des *Jum'a*-Gebets und der beiden Festgebete, denn diese gelten auch ohne Wiederholung hinter einem *Fāsiq*, sofern es allerdings nicht leichtfällt, als *Imām* einen anständigen *Imām* (*'ādil*) zu finden).

Shāfiʿīya

Es obliegt dem *Ma'mūm*, mit dem *Imām* in bestimmten *Sunan* innerhalb des Gebets übereinzustimmen und ihm darin nachzufolgen:

1. Die einzelne Niederwerfung während der Koranrezitation (*sajdat at-tilāwa*) beim *Ṣubḥ*-Gebet am Freitag, *Yaum al-Jumʿa*, dem Tag des *Jumʿa*-Gebets: Wenn der *Imām* diese Niederwerfung im *Ṣubḥ*-Gebet verrichtet, muß dies der *Ma'mūm* ebenfalls, wenn der *Imām* dies nicht tut, muß der *Ma'mūm* ihm darin ebenfalls folgen.
2. Die Niederwerfung bei Vergessen (*sujūd li-s-sahuw*): Wenn der *Imām* diese Niederwerfung verrichtet, muß ihm der *Ma'mūm* darin folgen. Wenn der *Ma'mūm* andererseits einen entsprechenden Fehler beim Gebet des *Imāms* feststellt, der eigentlich den *Sujūd li-s-Sahuw* erfordert, und der *Imām* diese Niederwerfung nicht verrichtet, so ist es *Sunna*, daß der *Ma'mūm* selbst nach dem *Salām* des *Imām* eigenständig diese Niederwerfung verrichtet.
3. Der erste *Tashahhud*[211]: Wenn der *Imām* diesen *Tashahhud* unterläßt, muß der *Ma'mūm* ihm hierin folgen. Es ist für den *Ma'mūm* aber andererseits keine Pflicht, diesen *Tashahhud* zu verrichten, auch wenn dies der *Imām* tut, aber den *Tashahhud* mitzuverrichten ist in diesem Fall *Sunna* für den *Ma'mūm*.[212]
4. Daß der *Imām* ein Gebet verrichtet, was nicht wiederholt werden muß: Wenn der *Imām* zum Beispiel nicht rein (*ṭāhir*) von den beiden Arten des *Ḥadath* ist, so muß es wiederholt werden, und das Nachbeten des *Ma'mūm* ist ungültig.

Dem *Imām* in Punkt des *Qunūṭ* (des *Duʿā'* im *Ṣubḥ*-Gebet) nachzufolgen ist aber für den Nachbeter nicht verpflichtend, gleichgültig ob der *Imām* den *Qunūṭ* nun ausführt oder nicht.

Mālikīya

Zur Gültigkeit des Nachbetens müssen noch folgende weitere Bedingungen erfüllt sein:

1. Daß der *Imām* nicht gerade ein Gebet wiederholt. So ist es ungültig, wenn jemand als Nachbeter ein *Farḍ*-Gebet hinter einem *Imām* verrichtet, der selbst gerade ein Gebet wiederholt.
2. Daß der *Imām* soweit über die Bedingungen des Gebets Bescheid weiß, daß er es korrekt verrichten kann, und auch die Vorbedingungen zur Gültigkeit kennt wie das Verrichten von *Wuḍū'* und *Ghusl* – in ihrer korrekten und gültigen Form –, selbst wenn er zwischen den *Arkān* (und übrigen Bedingungen) nicht recht unterscheiden kann.

3. Daß der *Imām* frei ist von *Fisq* (erheblicher Sündhaftigkeit). Wenn aber seine Sündhaftigkeit nicht direkt mit dem Gebet zusammenhängt (etwa wenn bekannt ist, daß er Alkohol trinkt), so gilt das Gebet für den *Ma'mūm*, aber es ist für ihn doch zugleich *makrūh*, diesem *Imām* nachzubeten.
4. Daß der *Imām* nicht in Pflichtteilen und notwendigen Bedingungen zur Gültigkeit des Gebets nachlässig ist. So ist die *Imāma* eines *Imāms* (besonders für den *Ma'mūm*) ungültig, wenn dieser *Imām* aufgrund bestimmter Anzeichen verdächtigt wird, ohne *Wuḍū'* zu beten, oder wenn der *Imām* die Rezitation der *Fātiḥa* unterläßt.

Wer als Imām vorzuziehen ist

Zunächst einmal muß jemand im Rahmen der verpflichtenden Bedingungen zur *Imāma* geeignet sein. Wenn also jemand gar nicht korrekt die arabischen Laute aussprechen kann, darf er auch nicht Vorbeter für andere sein. Wenn jemand besser rezitieren kann als ein anderer, so muß der besser Rezitierende vorgezogen werden; dabei ist es unerheblich, wieviel jeder der beiden auswendig vom Koran beherrscht: entscheidend ist, daß jemand

1. korrekt im Sinne der klassisch-arabischen Aussprache rezitieren kann,
2. schön(er) im Sinne der Rezitationskunst rezitieren kann.

Erst danach folgen die weiteren (wichtigsten) Entscheidungskriterien[213]:

1. Das Wissen um die Rechtsdinge beim Gebet.
2. Allgemeines Rechtswissen.
3. Das Alter.
4. Daß jemand „ständiger *Imām*" in einer Moschee ist.

Daß jemand mit Wuḍū' jemandem mit Tayammum nachbetet

Es ist zulässig, daß jemand, der sich im Zustand des *Wuḍū'* befindet, einem Beter als Nachbeter (*ma'mūm*) nachfolgt, der (als *Imām*) die rituelle Reinheit (*ṭahāra*) nur durch den *Tayammum* erreicht hat. Entsprechendes gilt für jemanden, der den *Wuḍū'* mit Fußwaschung vorgenommen hat und jemandem im Gebet nachfolgt, der in seinem *Wuḍū'* das Bestreichen der Schuhe (*masḥ 'alā l-khuffain*) oder des Verbandes (*jabīra*) durchgeführt hat.

Dies ist nach Ansicht der *Ḥanafīya* und *Ḥanbalīya* ohne *makrūh* zu sein gültig, während *Shāfi'īya* und *Mālikīya* dies etwas anders sehen.

Shāfiʿīya

Eine solche *Imāma* ist dann gültig, wenn es dem *Imām* nicht von seiner Lage aus obliegt, sein Gebet zu wiederholen (etwa wenn er auf einer *Jabīra* einen *Masḥ* ausgeführt hat, die aber nicht ausreichend bedeckt).

Mālikīya

Eine solche *Imāma* ist zwar gültig, aber *makrūh*.

KAPITEL 13

DAS FREITAGSGEBET (ṢALĀT AL-JUMʿA)

§ 98

ALLGEMEINE BESCHREIBUNG

Das Freitagsgebet gehört zu den Dingen, die als *Farḍ ʿain* (elementare, absolute Pflicht) gelten. Diese Verpflichtung muß jeder Muslim erfüllen, der die – weiter unten beschriebenen – Bedingungen in seiner Person erfüllt. Darüber hinaus ist das Freitagsgebet das äußere Zeichen für die Einheit aller Muslime, die Umma; es hat daher eine ganz besondere innere Bedeutung, die weit über den Bereich des Rechts hinausgeht.

Das Freitagsgebet (*ṣalāt al-jumʿa*) selbst besteht aus zwei Gebetseinheiten (*rakʿatayn*), denen zwei Predigten (*khuṭbatayn*) vorausgehen[214]. Dabei begibt sich zunächst der *Imām* und Prediger des Freitagsgebets auf den *Minbar* der Moschee, wo er sich auf dem Sitz des *Minbar* niederläßt. Dann ruft der *Mu'adhdhin* den *Adhān* für das Freitagsgebet. Danach erhebt sich der *Imām* und predigt (die erste *Khuṭba*), wobei er (üblicherweise auf der obersten bzw. einer der oberen Stufen des *Minbar*) stehen muß.

Dann beendet er die erste *Khuṭba* und setzt sich kurz auf den Sitz des *Minbar*. Dann erhebt er sich zur zweiten *Khuṭba*. Sobald er diese beendet hat, ruft der *Mu'adhdhin* die *Iqāma* aus, während gleichzeitig der *Imām* den *Minbar* verläßt und sich vor die Reihen der beim *Jumʿa* versammelten Muslime begibt.

Dann werden die Reihen zum Gebet ausgerichtet, und der *Imām* verrichtet mit den anwesenden Betenden gemeinschaftlich das Freitagsgebet (*ṣalāt al-jumʿa*), wobei die Absicht zum Freitagsgebet vorhanden sein muß. Dieses Gebet selbst nun besteht – wie oben schon erwähnt – aus zwei Gebetseinheiten und folgt ansonsten allen üblichen *Arkān*, *Shurūṭ* (Bedingungen) usw. des Gebets. Auch die *Sunan*, wie *Tasbīḥ*, *Du'ā'* usw., sind bei Freitags- und sonstigem Gebet identisch.

Allerdings gibt es auch beim Freitagsgebet einige spezielle *Arkān*, *Shurūṭ* usw., auf die hier nun eingegangen werden soll.[215]

§ 99

DIE RECHTLICHE BEDEUTUNG DES FREITAGSGEBETS

Grundsätzlich ist das Verrichten des Freitagsgebets für jeden Muslim, der die Bedingungen dazu erfüllt, *Farḍ 'ain*. Diese rechtliche Bestimmung (*ḥukm*) ist in Übereinstimmung der Rechtsschulen (*ijmā'*) seit der Zeit der Prophetengefährten (*ṣaḥāba*) رضي الله عنهم bis heute gültig.

§ 100

DIE ZEIT FÜR DAS FREITAGSGEBET

Ḥanafīya und Shāfi'īya

Nach Auffassung der *Ḥanafīya* und *Shāfi'īya* ist die Zeit für das Freitagsgebet (*ṣalāt al-jum'a*) mit der Zeit des *Ẓuhr*-Gebets gleich. Das Freitagsgebet gilt daher nicht, wenn es vor dem Beginn dieses Zeitabschnitts – oder danach – begonnen bzw. beendet wird: es muß genau in dem für das *Ẓuhr* bestimmten Zeitraum liegen.[216]

Ḥanbalīya

Nach der *Ḥanbalīya* beginnt die Zeit für das *Ṣalāt al-Jum'a*, sobald sich die Sonne – nach ihrem Aufgang – bereits deutlich erhoben hat[217] (also noch beträchtliche Zeit vor Beginn von *Ẓuhr*) und endet mit Ende der *Ẓuhr*-Zeit bzw. mit Beginn der *'Aṣr*-Zeit.

Dabei gilt jedoch auch:

- Es ist *zulässig* (*jā'iz*), das Freitagsgebet vor Beginn der *Ẓuhr*-Zeit zu beginnen bzw. (ganz) zu verrichten, doch es ist *besser*, das Gebet erst mit Beginn der *Ẓuhr*-Zeit zu beginnen.
- Erst mit Beginn der *Ẓuhr*-Zeit wird das Verrichten des Freitagsgebets *Pflicht*.[218]

Mālikīya

Die Zeit, innerhalb der man das Freitagsgebet verrichten kann, reicht von Beginn der *Ẓuhr*-Zeit bis zum Sonnenuntergang (also dem Beginn der zum Beten verbotenen Zeit vor Beginn des *Maghrib*-Gebets).

Dabei gilt: Wenn – im Extremfall – die zum Freitagsgebet Versammelten erst am Ende dieser Zeitspanne beten können und feststellen, daß nach dem Ende der *Khuṭba* und bis zu Beginn des Sonnenunterganges nur noch die Zeit für eine *Rak'a* bleibt, so kann kein gültiges Freitagsgebet mehr verrichtet werden, und sie müssen statt dessen *Ẓuhr* beten.

Befinden sich die Versammelten gerade im eigentlichen Zwei-*Rak'a*-Gebet und endet die Zeit für das Freitagsgebet noch vor dem Schlußgruß (*salām*) des Gebets, so vertreten die Rechtsschulen unterschiedliche Meinungen bezüglich dessen, ob das Freitagsgebet gültig ist oder nicht.

Ḥanafīya

Das Gebet ist ungültig, wenn die für das *Ṣalāt al-Jum'a* bestimmte Zeit noch vor Gebetsende endet. Das gilt auch, wenn das Ende der Gebetszeit eintritt, nachdem die Gläubigen das „letzte Sitzen" (*al-qu'ūd al-akhīr*) in der zeitlichen Ausdehnung des letzten *Tashahhud* schon verrichtet haben, also nur noch der Segen für den Propheten ﷺ und der Schlußgruß (*salām*) fehlen.

Shāfi'īya

Wenn sich die Versammelten bereits im eigentlichen Gebet befinden und – an sich – die Zeit durchaus noch ausreicht, um zwei *Rak'a* zu verrichten, das Gebet dann aber doch länger als die Zeit andauert[219], so ist das, was von dem *Ṣalāt al-Jum'a* gebetet wurde, gültig; doch das, was innerhalb der Zeit (von den zwei *Rak'a*) nicht mehr verrichtet wurde, muß dann wie ein *Ẓuhr*-Gebet – direkt verbunden mit ihrem Freitagsgebet – vervollständigt werden, ohne daß dabei die Absicht zum *Ẓuhr*-Gebet gefaßt wird. Dabei muß der *Imām* im verbleibenden Gebetsteil leise rezitieren.[220]

Auch ist es verboten, in diesem Fall das Gebet zu unterbrechen und ersatzweise das *Ẓuhr* von Anfang an zu beten. Wenn sich die Versammelten aber erst dann zum eigentlichen Gebet begeben, wenn die Zeit bereits knapp geworden ist, und sie es in der Annahme beginnen, daß die Zeit noch ausreichen könnte, und wenn dann die Zeit doch nicht mehr für das gesamte (Zwei-*Rak'a*-)Gebet ausreicht, ist ihr Freitagsgebet ungültig (*bāṭil*) und kann nicht mehr in ein gültiges *Ẓuhr*-Gebet umgewandelt werden.

Ḥanbalīya

Wenn die Versammelten das eigentliche Freitagsgebet noch innerhalb der dafür vorgesehenen Zeit begonnen haben, dann aber das Gebet noch über das Ende dieser Zeit hinausreicht, so sollen sie es weiterbeten und als *Jum'a* so vervollständigen.

Mālikīya

Wenn die Versammelten das eigentliche Zwei-*Rak'a*-Gebet am Ende der vorgesehenen Zeit in der Annahme beginnen, daß sie es in der verbleibenden Zeit noch verrichten können, sie das aber bis zum Ende der Zeit nicht schaffen – wobei sie aber die zwei *Sajda* der ersten *Rak'a* bereits verrichtet haben –, so vervollständigen sie das *Jum'a*-Gebet (ohne Unterbrechung). Haben sie aber bei Ende der eigentlichen Gebetszeit noch nicht die zwei *Sajdas* der ersten *Rak'a* verrichtet, so vervollständigen sie ihr Gebet als *Ẓuhr*-Gebet.

§ 101

WANN MAN SICH ZUM FREITAGSGEBET BEGEBEN MUSS, UND ZUM VERBOT VON HANDELSGESCHÄFTEN WÄHREND DES FREITAGSGEBETS

Zum „ersten Adhān"

Es wird für den Gläubigen verpflichtend, sich zum Freitagsgebet aufzumachen und zur Moschee zu gehen, sobald derjenige *Adhān* ausgerufen wird, der in Anwesenheit des Predigers (der auf dem *Minbar* sitzt) ausgerufen wird. Von diesem Moment an ist der Handel als solcher verboten gemäß dem Wort Gottes:

„O ihr, die ihr glaubt, wenn zum Gebet am Tage des *Jum'a* gerufen wird, so begebt euch rasch zum Gedenken Gottes[221] und laßt den Handel" (Sure *al-Jumu'a*, Vers 9).

Von daher ist klar, daß Gott befohlen hat, sich bei (diesem) *Adhān* zum Gebet zu begeben. Zur Zeit des Propheten ﷺ war nur dieser eine *Adhān* (in Anwesenheit des bereits anwesenden Predigers) bekannt: und zwar pflegte der *Mu'adhdhin*, sobald der Prophet ﷺ den *Minbar* hinaufgestiegen war und sich auf den *Minbar*-Sitz niedergelassen hatte, den *Adhān* auszurufen. Dies wird von AL-BUKHĀRĪ, ABŪ DĀWŪD, AN-NASĀ'Ī und AT-TIRMIDHĪ (sicher) überliefert.

Später hat dann ʻUthmān, möge Allāh mit ihm zufrieden sein, einen *Adhān*-Ruf vor diesem (ersten) *Adhān* hinzugefügt, da die Zahl der Menschen groß geworden war. Dazu wird von as-Sāʻib bin Yazīd überliefert:

> „Der *Adhān* zur Zeit des Propheten ﷺ wurde erst dann ausgeführt, wenn der *Imām* auf dem *Minbar* Platz genommen hatte, und so blieb es auch zur Zeit von Abū Bakr und ʻUmar ‎رضي الله عنهما.
>
> Als jedoch die Zeit des Kalifats von ʻUthmān ‎رضي الله عنه kam und die Zahl der Menschen groß geworden war, ließ er [das heißt ʻUthmān, möge Allāh mit ihm zufrieden sein] einen zweiten *Adhān* [noch vor dem ursprünglich vorhandenen] ausrufen, um die Besucher [von Madīna, die etwas von der Moschee entfernt wohnten] zum Gebet zu rufen."

Es kann von daher kein Zweifel bestehen, daß der zweite *Adhān* der *Sharīʻa* gemäß ist, weil das Ziel, der Zweck des zweiten *Adhān* hier die Ankündigung des *Jumʻa*-Gebets ist, und als seinerzeit die Anzahl der Menschen zunahm, wurde eine besondere Ankündigung des Freitagsgebets erforderlich. Zudem gehörte der Kalīf ʻUthmān, möge Allāh mit ihm zufrieden sein, zu den großen Prophetengefährten, möge Allāh mit ihnen zufrieden sein, denjenigen, die als *Mujtahidīn* gelten, welche die Grundlagen der Religion genau kannten und sie von dem Propheten ﷺ her überlieferten.

Drei der Imame der *Madhāhib* (außer der *Ḥanafīya*) stimmen darin überein, daß der Gang zum *Ṣalāt al-Jumʻa* für den grundsätzlich dazu verpflichteten Muslim konkret verpflichtend wird, sobald er denjenigen *Adhān* hört, der in Anwesenheit des Predigers bzw. *Imāms* durchgeführt wird, weil es dieser *Adhān* ist, der in dem oben genannten Koranvers gemeint ist.

Die *Ḥanafīya* jedoch ist anderer Ansicht und sagt dazu:
Sobald der *Adhān* (das heißt grundsätzlich irgendein *Adhān*) zum *Jumʻa*-Gebet nach Beginn der zulässigen Zeit ausgerufen wird, so wird es für den Muslim verpflichtend, sich zum Gebet zu begeben. Der heute dazu bekannte *Adhān*, der von einem Minarett usw. aus (vor dem eigentlichen Beginn der *Jumʻa-Khuṭba*) ausgerufen wird, verpflichtet dazu, weil dieser (zusätzliche *Adhān*) der *Sharīʻa* gemäß ist – wie oben dargestellt – und der entsprechende Koranvers in seinem Sinngehalt allgemein gehalten ist, nicht aber speziell Bezug nimmt auf den *Adhān* in Anwesenheit des Predigers, wie es die anderen Rechtsschulen sehen.

Die Frage des Handels[222]

Ḥanafīya und Shāfi'īya

Ḥanafīya und *Shāfi'īya* stimmen darin überein, daß ein Handelsgeschäft während des *Adhān* zum *Jum'a* verboten ist – selbst dann, wenn der fragliche Handel (ansonsten) rechtsgültig (*ṣaḥīḥ*) ist.

Dabei gilt aber, daß die *Shāfi'īya* unter dem *Adhān* zum *Jum'a* den in Anwesenheit des Predigers versteht, die *Ḥanafīya* hingegen den vor Beginn des gesamten *Jum'a* (wie oben dargestellt) und das Verbot bei ihr vom *Adhān* bis zum Ende des eigentlichen Freitagsgebets gilt.

Mālikīya

Wenn der fragliche Handel während des *Adhān* geschlossen wird, so ist dieser Handel ungültig (*fāsid*) und wird aufgehoben (durch *Faskh*)[223] – außer wenn sich der Verkaufsgegenstand verändert hat (zum Beispiel daß ein gekauftes Tier geschlachtet und gegessen wurde), oder daß sich der Markt(wert) des Verkaufsgegenstandes in der Zwischenzeit verändert hat (indem etwa der Preis für die betreffende Ware gesunken oder gestiegen ist) oder ähnliches, wie es im Teil der Kaufverträge beschrieben wird.

Wenn also irgendeine der oben beschriebenen Veränderungen in der Zwischenzeit eingetreten ist, so besteht der Vertrag doch (bezüglich der Rückgabe- und Rücknahmerechte) weiter, wobei als Warenwert der des Datums der konkreten Entgegennahme der Ware seitens des ursprünglichen Verkäufers gilt, nicht aber der zum Datum des (danach ungültigen bzw. aufzuhebenden) Vertragsschlusses.

Ḥanbalīya

Wenn ein Handelsgeschäft während des *Adhān* abgeschlossen wird, so ist es von Anfang an nicht rechtskräftig.

§ 102

DIE BEDINGUNGEN (SHURŪṬ) DES JUM'A

Für das *Jum'a*-Gebet gelten grundsätzlich (auch) dieselben Bedingungen wie für das Gebet im allgemeinen (*Ṣalāh*, zum Beispiel *Ẓuhr*), wie es schon zuvor in den entsprechenden Kapiteln vorgestellt wurde.

Darüber hinaus gibt es für das *Jum'a*-Gebet aber noch zusätzliche Bedingungen, die zunächst nach den *Madhāhib* geordnet vorgestellt werden.

Dann soll das Gemeinsame und das, worüber Uneinigkeit besteht, noch einmal gesammelt dargestellt werden (so Gott will).

Die zusätzlichen Bedingungen des Jum'a (bezüglich des normalen Gebets)

Ḥanafīya

Die zusätzlichen Bedingungen des *Jum'a* werden in zwei Bereiche eingeteilt:
• Bedingungen der Verpflichtung (*shurūṭ al-wujūb*)[224]
• Bedingungen der Gültigkeit (*shurūṭ aṣ-ṣiḥḥa*).

Bedingungen der Verpflichtung (shurūṭ al-wujūb)

Diese Bedingungen sind insgesamt sechs:

1. Die Zugehörigkeit zum männlichen Geschlecht. Das Freitagsgebet (*ṣalāt al-jum'a*) obliegt daher nicht den Frauen. Wenn aber eine Frau beim *Jum'a* anwesend ist, es mit durchführt und das *Jum'a*-Gebet verrichtet, so ist das für sie gültig (*ṣaḥīḥ*). In diesem Fall ersetzt das *Jum'a*-Gebet, das sie mitgebetet hat, das *Ẓuhr*-Gebet, welches sie sonst beten müßte.
2. Die Freiheit. Für jemanden, der diese Bedingung nicht erfüllt, ist das Freitagsgebet zwar nicht verpflichtend, doch wenn er dabei anwesend ist und es mitbetet, ist es für ihn gültig.
3. Daß man gesund ist. Daher ist das Freitagsgebet für einen Kranken nicht verpflichtend, dem es medizinisch gesehen Schaden zufügen würde, wenn er sich zu Fuß gehend zum Freitagsgebet begeben würde. Ist es nun so, daß der Kranke derart außerstande ist, zum *Jum'a* zu gehen, so entfällt für ihn die Verpflichtung, zum *Jum'a* zu erscheinen – selbst dann, wenn sich jemand fände, der ihn dorthin (mit dem Auto und dergleichen) transportieren könnte. Darüber besteht innerhalb der *Ḥanafīya* Einigkeit.

   Bezüglich eines Blinden, der von sich aus – das heißt ohne fremde Hilfe – nicht zum *Jum'a* gehen kann, sagt der *Imām* Abū Ḥanıfa selbst:

   > *Das Freitagsgebet entfällt als Pflicht für diese Person, selbst dann, wenn es eine Person gibt, die freiwillig und ohne Entgelt – das der Blinde aufbringen kann – bereit ist, diesen Blinden zum Jum'a hinzubringen.*

   Die beiden Hauptschüler Abū Ḥanīfas, Abū Yūsuf und Muḥammad, haben hingegen dazu gesagt:

   > *Wenn ein Blinder außerstande ist, selbst zum Jum'a zu gehen, aber jemanden findet, der ihn entweder ganz und gar freiwillig oder auch gegen ein Entgelt – das der Blinde aufbringen kann – dorthin bringt, so ist es für den Blinden verpflichtend, zum Jum'a zu gehen.*

Von daher ist es für einen Blinden zulässig, sich nach einer der beiden Ansichten zu richten. Jedoch ist es vorzuziehen, daß er sich nach der der beiden Hauptschüler Abū Ḥanīfas richtet, da – in völliger Übereinstimmung innerhalb der Rechtsschule – sein Freitagsgebet voll gültig ist, wenn er es verrichtet.

4. Daß man sich ständig an dem Ort aufhält (das heißt *Muqīm* ist), an dem das *Jum'a*-Gebet durchgeführt wird. Wenn sich jemand nun fern von diesem Ort befindet, so ist das Freitagsgebet für ihn nicht verpflichtend. Dabei wird die entscheidende Entfernung hier mit einem „*Farsakh*" (etwa 5040 m) angegeben[225]; dieses Maß wird allgemein für die Bildung eines Rechtsgutachtens (*fatwā*) herangezogen. Von manchen Gelehrten aber wird die entscheidende Entfernung des Gläubigen vom Gebetsort des *Jum'a* mit nur vierhundert „*Adhru*'" (etwa 112 m) angegeben; dabei wird diese Strecke mit „*Ghulwa*" bezeichnet. Daraus läßt sich entnehmen, daß das Freitagsgebet für den Reisenden nicht verpflichtend ist, es sei denn, er hat die Absicht gefaßt, sich am Ort, wo das Freitagsgebet stattfindet, mindestens fünfzehn Tage aufzuhalten.[226]
5. Daß er Verstand besitzt (*'āqil* ist).
6. Daß man im Zustand der vollen körperlichen und geistigen Reife (*bulūgh*) ist.

Die Bedingungen zur Gültigkeit (ṣiḥḥa) des Ṣalāt al-Jum'a:

Dies sind insgesamt sieben:

1. Daß das *Jum'a* in einer Stadt durchgeführt wird. Daher ist auch das Freitagsgebet für jemanden, der (weit entfernt von einer größeren Stadt) in einem kleinen Dorf lebt, nicht verpflichtend. Dabei beruft sich die *Ḥanafiya* in dieser Meinung auf eine Überlieferung und eigene Äußerung[227] des vierten Kalifen, 'Alī, möge Allāh mit ihm zufrieden sein, der danach aussagte:

   Es gibt kein *Jum'a*(-Gebet), kein *Tashrīq*[228], kein *Fiṭr*-Gebet (anläßlich des *'Īd al-Aḍḥā*) und kein (Gebet anläßlich des *'Īd al-*)*Aḍḥā*, außer in einer Stadt, wo sich eine *Jāmi'*-Moschee[229] befindet, oder in einer großen Stadt".[230]

Ḥanafiya

Als Unterscheidungsmerkmal zwischen Stadt und Dorf wird dabei angegeben, daß bei einer Stadt in der Hauptmoschee nicht alle zum *Jum'a* verpflichteten Männer Platz finden, selbst wenn sie in der Tat nicht zum Gebet gehen. Dies ist die Mehrheitsmeinung der hanafitischen Gelehrten. Des weiteren darf zwischen einem größeren Dorf, das diese Bedingung doch erfüllt, und der nächsten größeren Stadt nicht weniger Entfernung als ein *Farsakh* (eine Großmeile = 5040 m) liegen.

2. Ein islamischer legitimer Herrscher bzw. sein legitimer Stellvertreter muß den Imam bzw. Prediger (*khaṭīb*) des *Jum'a* ernennen. Es ist zulässig, daß ein solcherart ernannter Imam andere Imame für weitere Moscheen, in denen lokal das *Jum'a* verrichtet werden soll, ernennt. (Dies ist der eigentliche Grund, warum heutzutage gemäß der hanafitischen Meinung das nachträgliche *Ẓuhr*-Gebet nach dem *Jum'a*-Gebet verrichtet wird: weil an der Gültigkeit des *Jum'a*-Gebetes ohne derartige Ernennung des Imams Zweifel bestehen.)

   Diese Bedingung gilt nur bei der *Ḥanafīya*, nicht bei den anderen Rechtsschulen.
3. Daß die korrekte Gebetszeit des *Ẓuhr* eingetreten ist. Ist die Gebetszeit bereits vorüber, während das *Jum'a*-Gebet noch nicht ganz fertig verrichtet ist, so wird das ganze *Jum'a*-Gebet ungültig – selbst wenn dies während des letzten *Taschahhud* passiert.
4. Die Predigt (*khuṭba*), wie es noch genauer weiter unten dargestellt wird.
5. Daß die *Khuṭba* vor dem eigentlichen Zwei-*Rak'a*-Gebet des *Jum'a* gehalten wird.
6. Die Gemeinschaft mehrerer Betenden. Nach hanafitischer Meinung sind mindestens drei zum *Jum'a* verpflichtete Männer außer dem Imam dazu erforderlich.
7. Daß das *Jum'a*-Gebet an einem Ort durchgeführt wird, der dazu von dem legitimen örtlichen islamischen Herrscher freigegeben ist (speziell bei Lokalmoscheen und Privathäusern wurde diese Erlaubnis in der Regel verweigert).

   Grundsätzlich – unter Beachtung des oben Gesagten – ist es aber zulässig, das *Jum'a*-Gebet im Freien zu verrichten. Auch diese Bedingung gilt speziell für die *Ḥanafīya*.

Mālikīya

Bedingungen der Verpflichtung (*shurūṭ al-wujūb*)

Diese sind wie die allgemein oben schon benannten Bedingungen zum allgemeinen Gebet, und zusätzlich gilt folgendes:

1. Das *Jum'a* ist nur für Männer verpflichtend, doch wenn eine Frau es in der Gemeinschaft mitbetet, ist das für sie gültig, und sie braucht kein Mittagsgebet (*ẓuhr*) für den Freitag mehr zu verrichten.
2. Die Freiheit.

3. Das Freisein von Entschuldigungsgründen, zum Gebetsplatz zu kommen und dort zu beten, wie Krankheit. Kann ein Kranker zu Pferd bzw. mit Verkehrsmitteln zum *Jum'a* gelangen – und sei es gegen Geld –, so muß er dies aus Pflicht tun, doch ist er dazu nicht imstande, entfällt die Pflicht für ihn.
4. Daß man sehen kann. Kann ein Blinder auf sich allein gestellt nicht zum *Jum'a* gelangen, entfällt für ihn grundsätzlich die Pflicht dazu. Doch hat ein Blinder einen Führer, der ihn zur Moschee bringt, muß er dies nutzen und beim *Jum'a* teilnehmen.
5. Wenn man aus Altersgründen nicht anwesend sein kann, weil das Sitzen usw. zu anstrengend wird (bei starker Gebrechlichkeit), entfällt die Verpflichtung zum *Jum'a*.
6. Daß weder sehr starke Hitze noch Kälte, noch sehr starke Regenfälle usw. (Unwegsamkeiten) herrschen, unter denen man sich zum *Jum'a* begeben müßte.
7. Daß man nicht fürchten muß, zu Unrecht eingesperrt, seiner Freiheit beraut, geschlagen zu werden usw.
8. Daß man nicht befürchten muß, beraubt oder getötet zu werden, wenn es dazu bereits Vorkommnisse gab (allgemeine Unsicherheit).
9. Daß man in der betreffenden Gegend, wo das *Jum'a* stattfindet, derzeit kein Reisender oder ortsansässig ist. Hat ein Reisender beabsichtigt, an jenem Ort mindestens vier Tage zu verweilen, wird das *Jum'a* für ihn hier zur Pflicht.
10. Daß das *Jum'a* in einem Haus oder zuminndest in einer festgebauten Unterkunft stattfindet. Das Vorhandensein einer Stadt ist nicht Voraussetzung zur Verpflichtung bzw. Gültigkeit. In Zelten Lebende sind aber nicht verpflichtet, in ihren Behausungen das *Jum'a* zu verrichten.

Die Bedingungen zur Gültigkeit (*shurūṭ ṣiḥḥa*):

1. Die Ortsansässigkeit.
2. Daß außer dem Imam mindestens zwölf verpflichtete Männer anwesend sind.
3. Der Imam, unter zwei besonderen Bedingungen: (a) Daß er – der Imam – selbst ortsansässig ist oder ein Reisender, der einen viertägigen Aufenthalt vor Ort beabsichtigt hat, (b) daß er zugleich der Prediger (*khaṭīb*) ist.
4. Die Durchführung der beiden *Khuṭba*-Teile.
5. Daß das *Jum'a* in einer Moschee durchgeführt wird. Zur Moschee gilt: (a) das Gebäude muß fest errichtet sein; (b) das Gebäude darf keinen Behelfscharakter haben und muß im Erscheinungsbild zumindest im

Mittelmaß dem genügen, was die Ortsansässigen an Gebäuden erwarten; (c) daß es im betreffenden Einzugsgebiet oder in direkter Nähe der Wohngebiete der Betenden liegt; (d) daß das *Jum'a* nur in einer bzw. der ältesten, ursprünglichen Moschee der Gegend stattfindet (unter Einschränkung gemäß dem, was anderenorts zum Vorhandensein mehrerer Freitagsmoscheen gesagt wurde).

Shāfi'īya

Bedingungen der Verpflichtung (shurūṭ al-wujūb)

Diese zusätzlichen Bedingungen entsprechen denen der *Mālikīya*, lediglich genügt es – im Unterschied zur *Mālikīya* – der *Shāfi'īya*, wenn die Furcht vor Beraubung und Behelligung an Leib und Leben besteht, daß die Verpflichtung entfällt, auch wenn es eventuell noch keinen echten Präzedenzfall in der Gegend gab.

Die Bedingungen zur Gültigkeit (shurūṭ ṣiḥḥa):

1. Die Ortsansässigkeit. Gemeint ist, daß der Betreffende den *Adhān* von seinem Wohnplatz her hören kann. Sollten aber vierzig oder mehr Männer als Ortsansässige so weit von der nächsten Freitagsmoschee entfernt wohnen, daß sie den *Adhān* nicht mehr hören können, müssen sie selbst eine solche Moschee für ihr Jum'a errichten.
2. Daß man kein Reisender ist bzw. als Reisender mindestens vier Tage vor Ort bleiben will.
3. Daß das *Jum'a*-Gebet gemäß den oben bereits erwähnten korrekten Vorgaben verrichtet wird.
4. Daß mindestens vierzig zum Jum'a verpflichtete Männer – ohne Imam gezählt – beim *Jum'a* vorhanden sind.
5. Daß in der betreffenden *Jum'a*-Moschee das Gebet als erstes zeitlich ausgeführt wird. Sollte in mehreren Moscheen das *Jum'a* verrichtet werden (ohne Entschuldigungsgrund zum Vorhandensein mehrerer Moscheen), so gilt nur das zuerst verrichtete als korrekt.

Ḥanbalīya

Die Bedingungen zur Gültigkeit (shurūṭ ṣiḥḥa):

Hier gilt das, was schon bei den anderen Rechtsschulen aufgezählt wurde.

Die Bedingungen zur Gültigkeit (shurūṭ ṣiḥḥa):

Dies sind vier:
1. Daß das Gebet nur innerhalb der zulässigen Zeit durchgeführt wird. Dabei beginnt bei der *Ḥanbalīya* diese Zeit in dem Moment, da das Fest-Gebet (*ṣalāt al-ʿīd*) gültig verrichtet werden kann – also noch vor *Ẓuhr*-Zeit-Beginn, und endet mit dem Ende der *Ẓuhr*-Zeit.
2. Die Ortsansässigkeit. Auch gilt das *Jumʿa* – im Unterschied zur hanafitischen Meinung – nicht im Freien, außerhalb jeglichen Gebäudes (Wüste, freies Feld usw.).
3. Daß es mindestens vierzig Männer sind, die sich einschließlich des Imams versammeln.
4. Die Durchführung der beiden *Khuṭba*-Teile, wie schon anderenorts vorgestellt.

Die Anwesenheit von Frauen beim Jumʿa

Wie schon vorgestellt, ist das Freitagsgebet (*ṣalāt al-jumʿa*) im Sinne der *Shurūṭ al-Wujūb* (den Bedingungen der Verpflichtung) nur für Männer verpflichtend, nicht aber für Frauen. Andererseits ist das Freitagsgebet für Frauen voll und ganz rechtsgültig, wobei sie es in diesem Fall anstelle des *Ẓuhr*-Gebets verrichtet.

Dabei erhebt sich dann die Frage, ob es für die Frau (rechtlich gesehen) besser ist, das *Jumʿa* oder – in ihrem Haus – das *Ẓuhr* zu verrichten. In dieser Frage soll die Meinung der *Madhāhib* im einzelnen vorgestellt werden.[231]

Ḥanafīya

Es ist besser, wenn die Frau das *Ẓuhr*-Gebet in ihrem Haus betet, gleich, ob es sich bei ihr um eine alte/ältere oder junge Frau handelt.

Mālikīya

Wenn es sich bei der Frau um eine alte/ältere Frau handelt, so daß ihr Ablick bei den Männern keine Begierde hervorruft, so ist es für sie – ohne daß das irgendwie *makrūh* ist – zulässig, beim *Jumʿa* anwesend zu sein.

Ist diese Frau aber jung und schön bzw. attraktiv, so daß bei ihrer Anwesenheit befürchtet werden muß, daß ihr Anblick auf dem Weg zur Moschee[232] bei den Männern Begierde erweckt, so ist es ihr verboten (*ḥarām*), beim *Jumʿa* anwesend zu sein.

Shāfi'īya

Grundsätzlich ist es für die Frau *makrūh*, sich zu einer Gemeinschaft von Männern – wie im Fall des *Jum'a* – hinzuzubegeben, wenn sie attraktiv ist und Begierde bei Männern hervorrufen kann, selbst dann, wenn sie korrekt verdeckende Kleidung trägt.

Dasselbe gilt für eine Frau, die nicht derart attraktiv ist, daß Männer sie begehren, die aber Schmuck trägt, sich äußerlich auffallend schön kleidet bzw. schminkt usw. oder sich parfümiert.

Wenn es sich bei einer Frau um eine ältere/alte Frau handelt bzw. eine nicht attraktive Frau und sie weder durch äußerlichen Schmuck noch durch Parfüm auf sich aufmerksam macht (und so auch bei den beim *Jum'a* anwesenden Männern keine Aufmerksamkeit bzw. Begehren erwecken kann), so ist es für sie voll und ganz rechtsgültig und keineswegs *makrūh*, am *Jum'a* teilzunehmen.

Dazu gibt es hier noch zwei weitere Bedingungen:

1. Daß der *Walī* der Frau ihr die Erlaubnis gibt, am *Jum'a* teilzunehmen, gleich, ob es eine alte oder junge Frau ist. Wenn er es ihr nicht erlaubt, ist es ihr verboten, beim *Jum'a* anwesend zu sein.
2. Daß dadurch, daß sie sich zu der Gemeinschaft der versammelten Männer begibt, keine *Fitna* befürchtet werden muß. Wenn das nämlich der Fall ist, ist es ihr verboten, dorthin zu gehen.

Ḥanbalīya

Es ist für eine Frau *mubāḥ*, beim *Jum'a* anwesend zu sein, unter der Bedingung, daß sie nicht schön bzw. attraktiv ist. Ist das aber der Fall, so ist es für sie *makrūh*, am *Jum'a* teilzunehmen.

Wenn es mehrere Moscheen gibt, in denen das Jum'a-Gebet verrichtet wird

Zu den Zielen des *Jum'a* gehört es, daß sich die Gläubigen an einem einzigen Ort versammeln und so in Demut vor Gott versammelt sind, die Brüderlichkeit unter den Menschen verstärkt wird, der Stärkere den Schwächeren unterstützt, der Reichere den Ärmeren hilft und sich alle bewußt werden, daß sie allesamt Diener Gottes sind, ohne daß sich einer über den anderen in Hochmut erheben darf.

Um das zu erreichen, ist es von der *Sharī'a* vorgesehen, daß sich alle im Gottesdienst (*'ibāda*) versammeln. So besteht natürlich auch kein Zweifel, daß, wenn ohne Grund und Notwendigkeit die Anzahl der Moscheen erhöht wird, dies diesen Zielsetzungen zuwiderläuft, weil sich dann die Muslime auf diese vielen Moscheen verteilen und sich so voneinander trennen, so daß das Ziel der Vereinigung der Gemeinschaft der Gläubigen so auch nicht erreicht werden kann. Daher haben einige Gelehrte gesagt:

Im Fall, daß das Freitagsgebet in einer ganzen Anzahl von Moscheen verrichtet wird, ohne daß zum Bestehen so vieler Moscheen eine wirkliche Notwendigkeit besteht, ist nur das Freitagsgebet in derjenigen Moschee gültig (*ṣaḥīḥ*), in der das eigentliche *Jum'a*-Gebet den *Jum'a*-Gebeten in den anderen Moscheen zeitlich vorausgeht.

Dabei gilt das Gebet in dieser einen Moschee, in der es zuerst verrichtet wurde, als *Jum'a*-Gebet, während das jeweilige Gebet in den anderen Moscheen als *Ẓuhr* gilt. Dazu nun die genauen Ansichten der *Madhāhib*:

Shāfi'īya

Man muß nach zwei Fällen unterscheiden: ob die konkrete Anzahl der Moscheen, in denen das *Jum'a* verrichtet wird, aufgrund einer Notwendigkeit besteht – etwa wegen der hohen Bevölkerungszahl der betreffenden Gegend –, oder ob zu einer Mehrzahl von Moscheen bzw. zu dieser genauen Anzahl keine Notwendigkeit besteht.

1. Fall: Wenn zu der (oder dieser) erhöhten Anzahl keine Notwendigkeit besteht:

Wenn nun die Anzahl der Moscheen nicht aufgrund einer wirklichen Notlage, einer echten Erfordernis gegeben ist, so gilt, daß nur das Gebet als *Jum'a*-Gebet gilt, das zeitlich den anderen Gebeten in den anderen Moscheen vorausgeht – und das unter der Bedingung, daß es ganz klar und sicher ist, daß das zeitlich erste Gebet den anderen Gebeten durch den *Takbīrat al-Iḥrām* vorausgeht.

Wenn es aber im Gegenteil klar wird, daß alle Gebete in allen Moscheen zur selben Zeit durch den *Takbīrat al-Iḥrām* begonnen wurden, oder wenn Zweifel besteht, ob nun ein Gebet wirklich den anderen zeitlich vorausgegangen ist, so sind alle *Jum'a*-Gebete (als *Jum'a*) ungültig (*bāṭil*). In diesem Fall ist es für alle, die das *Jum'a* grundsätzlich verrichten müssen, verpflichtend, daß sie sich versammeln und das *Jum'a*-Gebet wiederholen – wenn das möglich ist. Ist das aber nicht möglich – wegen fehlender Räumlichkeiten usw. –, so haben sie ihr jeweiliges Gebet als *Ẓuhr* verrichtet.

2. Fall: Wenn die (konkrete) erhöhte Anzahl aufgrund einer wirklichen Notwendigkeit besteht:

Wenn die (konkrete) Anzahl der Moscheen zu Recht besteht, so ist das *Jum'a*-Gebet in allen Moscheen insgesamt (als *Jum'a*) gültig. Es ist aber in diesem Fall *mandūb*, daß man dann nach dem eigentlichen *Jum'a*-Gebet noch das *Ẓuhr*-Gebet verrichtet.

Mālikīya

Wenn es mehrere Moscheen in einer einzigen Gegend gibt, so gilt das *Jum'a* nur in derjenigen Moschee, in der es zuerst verrichtet wird. Das gilt auch, wenn es innerhalb einer Gegend mehrere Moscheen gibt, die in einem zeitlichen Abstand voneinander erbaut wurden: auch hier ist nur das *Jum'a*-Gebet rechtsgültig, das zuerst verrichtet wurde. Dabei müssen aber bestimmte Bedingungen erfüllt sein:

1. Daß die Leute, die das *Jum'a* verrichten müssen, nicht die ältere Moschee verlassen bzw. sie nicht mehr zum *Jum'a* aufsuchen, nur um die neuere aufzusuchen, ohne daß ein Entschuldigungsgrund vorliegt.[233]
2. Daß die ältere Moschee eng ist und es unmöglich ist, sie zu erweitern, so daß eine neue Moschee notwendig wird. Dabei ist mit dem Begriff „enge Moschee" gemeint, daß für die beim *Jum'a* üblicherweise anwesenden Menschen die Moschee eng wird, auch wenn für diese üblicherweise Anwesenden das *Jum'a* nicht verpflichtend ist.
3. Ein Zusammenkommen aller Bewohner einer bestimmten Gegend in einer einzigen Moschee darf nicht dazu führen, daß sich Auseinandersetzungen bis hin zu Unglücken ereignen. Wenn etwa zwischen zwei Volksgruppe de facto Feindschaft oder Uneinigkeit besteht und man befürchten muß, daß sich die Angehörigen beider Gruppen beim Zusammentreffen streiten oder sich noch Schlimmeres ereignet, so ist es zulässig, daß jede Gruppe für sich eine spezielle Moschee aufsucht.

Ḥanbalīya

Wenn die Anzahl der Moscheen, in denen das *Jum'a* verrichtet wird, aufgrund einer echten Notwendigkeit besteht – wenn etwa eine Moschee zu eng wird für alle diejenigen, von denen das *Jum'a*-Gebet rechtsgültig verrichtet werden kann, auch wenn es für diese Personen nicht verpflichtend ist und sie in der Tat nicht beten –, so ist das zulässig (*jā'iz*), und das *Jum'a* ist gültig, gleich, ob der *Walī al-Amr*[234] zur erhöhten Anzahl der Moscheen seine Erlaubnis gegeben hat oder nicht. In diesem letzteren Fall ist es aber vorzuziehen, daß man zusätzlich – nach dem *Jum'a*-Gebet – noch das *Ẓuhr*-Gebet verrichtet.

Wenn jedoch die erhöhte Anzahl der Moscheen ohne echte Notwendigkeit besteht, so gilt nur das *Jum'a*-Gebet in derjenigen Moschee, in der das *Jum'a* mit Erlaubnis des *Walī al-Amr* durchgeführt wird. In den anderen Moscheen gilt das *Jum'a* als solches selbst dann nicht, wenn das *Jum'a*-Gebet in einer dieser anderen Moscheen zeitlich vor dem der Moschee mit *Jum'a*-Erlaubnis gebetet wurde. Hat aber der

Walī al-Amr mehreren Moscheen oder überhaupt keiner ausdrücklich die Erlaubnis zur Durchführung des *Jum'a*-Gebets gegeben, so gilt dasjenige *Jum'a*-Gebet, das mit seinem *Takbīrat al-Iḥrām* den anderen Gebeten zeitlich vorausgeht.

Wenn es aber mit Sicherheit erwiesen ist, daß das Gebet bei allen Moscheen zur selben Zeit mit dem *Takbīratu-l-Iḥrām* begonnen wurde, so ist es überall – für alle Durchführenden in allen der fraglichen Moscheen – ungültig. Wenn es in dieser Lage möglich ist, es als *Jum'a* zu wiederholen, so sollen sie es wiederholen. Wenn das nicht möglich ist, sollen sie das Gebet als *Ẓuhr*-Gebet wiederholen.

Wenn hingegen nicht genau bekannt ist, welches der *Jum'a*-Gebete nun den anderen zeitlich vorausging, so ist irgendeines – nicht näher bezeichnet – gültig. In diesem Fall wird das *Jum'a*-Gebet nicht wiederholt, doch ist es dann für alle verpflichtend, anschließend das *Ẓuhr*-Gebet zu verrichten.

Ḥanafīya

Grundsätzlich ist es für die Gültigkeit des *Jum'a* nicht schädlich, wenn es an mehreren Orten (das heißt Moscheen) zugleich verrichtet wird, selbst dann, wenn ein *Jum'a*-Gebet in einer Moschee den Gebeten in den anderen Moscheen vorausgeht.

Wenn jemand, der in einer Moschee das *Jum'a*-Gebet gebetet hat, jedoch mit Sicherheit weiß, daß in einer anderen Moschee das Gebet eher verrichtet wurde, so ist es für ihn verpflichtend (*wājib*), nach dem eigentlichen *Jum'a*-Gebet vier *Raka'āt*, direkt aufeinander abfolgend und nicht in Einheiten von je zwei *Rak'a* getrennt, zu verrichten – mit der Absicht, dies als „*Ākhir aẓ-Ẓuhr*" (wörtlich etwa: das nach dem *Ẓuhr* verrichtete [Gebet]) zu beten. Dabei ist es das Beste, wenn er dieses Gebet in seiner Wohnung verrichtet, damit nicht die übrigen Leute annehmen, er bete dieses Gebet als Pflichtgebet.[235] Dies ist darum wichtig, weil ja – wie schon vorgestellt – *Wājib* bei der *Ḥanafīya* einen geringeren Verpflichtungsgrad hat als *Farḍ*. Oder, anders gesagt: Bei dem *Wājib* der *Ḥanafīya* handelt es sich in der Regel um das, was bei den anderen Rechtsschulen als *Sunna mu'akkada* gilt.

Wenn nun jemand zweifelt, ob ihm andere Beter in einer anderen Moschee mit dem *Jum'a*-Gebet zeitlich zuvorgekommen sind, so ist es für ihn lediglich *mandūb*, nach seinem *Jum'a*-Gebet vier *Raka'āt* mit der Absicht von *Ākhir aẓ-Ẓuhr* zu verrichten. In diesem Fall ist es für ihn verpflichtend, in jeder dieser vier *Raka'āt* nach der *Fātiḥa* mindestens drei kurze *Āyāt* (usw., gemäß der üblichen diesbezüglichen Regel) zu rezitieren[236], da es möglich ist, daß dieses Vier-*Rak'a*-Gebet als *Nāfila* gilt, und wie schon zuvor vorgestellt, ist es bei der *Ḥanafīya Wājib*, bei

Nāfila-Gebeten in allen *Raka'āt* noch etwas weiteres außer der *Fātiḥa* zu rezitieren.

Es stellt sich weiter noch die Frage: Soll man diese vier *Raka'āt* (das heißt *Ākhir aẓ-Ẓuhr*) gegebenenfalls vor den vier *Sunna-Raka'āt* des *Jum'a* (das heißt den vier *Raka'āt*, die als *Rātiba-Nāfila* dem *Jum'a* folgen,) beten oder danach?

Die Antwort ist: Man sollte sie anschließend – nach dieser *Rātiba* im Anschluß an den *Farḍ*-Teil des *Jum'a* – verrichten. Betet jemand die vier *Raka'āt* des *Ākhir aẓ-Ẓuhr* davor, so hat er lediglich die bessere Lösung unterlassen.[237] Dabei soll man nach dem eigentlichen *Jum'a*-Gebet vier *Raka'āt Sunna* (das heißt *Rātiba*) beten, dann vier *Raka'āt* mit der Absicht des *Ākhir aẓ-Ẓuhr*, dann zwei (oder vier) *Raka'āt* mit der Absicht der *Sunna* des *Ẓuhr*[238] – wie das im Teil über die *Sunna*-Gebete vorgestellt wurde.

Ob das im Freien verrichtete Jum'a-Gebet gültig ist

Die Rechtsschulen außer der *Mālikīya* stimmen darin überein, daß das *Jum'a*-Gebet im Freien zulässig ist (*jā'iz*). Die *Mālikīya* hingegen meint, daß das *Jum'a* nur in der Moschee gültig ist.

Dazu im einzelnen die Meinungen der Rechtsschulen.

Mālikīya

Das *Jum'a* ist innerhalb irgendwelcher Privathäuser bzw. im Freien ungültig. Es kann nur innerhalb eines *Jāmi'* (das heißt einer Moschee, in der das Freitagsgebet grundsätzlich gültig verrichtet werden kann) durchgeführt werden.

Ḥanbalīya

Das *Jum'a* ist im Freien durchgeführt gültig, wenn der entsprechende Platz in der Nähe des Moscheegebäudes liegt. Dabei wird der Begriff der „Nähe“ durch den Brauch (*'urf*) bestimmt.

Liegt der entsprechende Platz jedoch nicht in der Nähe der Moschee, so ist das Gebet ungültig.

Shāfi'īya

Das *Jum'a* ist im Freien zulässig, wenn der Platz des Gebets in der Nähe des Moscheegebäudes liegt. Dabei wird die „Nähe“ bei der *Shāfi'īya* so beschrieben: Wenn ein Reisender von der Moschee aus diesen Platz (geradlinig) erreicht, darf er (noch) nicht das Gebet durch *Qaṣr* verkürzen.[239]

Ḥanafīya

Es ist zur Gültigkeit des *Jum'a*-Gebets keine Bedingung, daß es innerhalb der Moschee stattfindet, sondern es ist auch im Freien zulässig. Es ist aber Bedingung, daß der entsprechende Platz von der Stadt (in der sich die Moschee befindet) nicht weiter als einen *Farsakh* (eine „Großmeile", etwa 5040 m) entfernt ist und daß der *Imām* die Erlaubnis gibt, daß dort das *Jum'a* durchgeführt wird – wie schon oben dargestellt.

Die Anzahl der versammelten Muslime, die zum Jum'a mindestens notwendig ist

Die Imame der Rechtsschulen stimmen überein, daß das *Jum'a* nur bei Anwesenheit einer bestimmten Anzahl von Muslimen – das heißt nicht bei Anwesenheit eines *Imāms* und eines Nachbeters allein – gültig ist. Jedoch sind sie unterschiedlicher Meinung bezüglich der genauen Anzahl.

Mālikīya

Die Mindestanzahl zur Gültigkeit des *Jum'a* besteht aus zwölf Männern außer dem *Imām*, wobei diese zwölf in sich Bedingungen erfüllen müssen:

1. Daß sie zu denen gehören, die das *Jum'a* verpflichtend verrichten müssen. Daher darf unter diesen zwölf weder ein Junge sein, der noch nicht *bāligh* ist, noch eine Frau.
2. Daß sie am Ort des *Jum'a* beheimatet sind. So ist es zum Beispiel unzulässig, wenn sich unter diesen zwölf jemand befindet, der sich (nur) in der Gegend aufhält, um Handel zu treiben, oder ein Reisender, der die Absicht gefaßt hat, sich vier Tage lang in der Gegend aufzuhalten.
3. Daß sie vom Beginn der zwei *Khuṭbas* bis zum Abschluß des eigentlichen *Jum'a*-Gebets anwesend sind. Wenn das Gebet eines von ihnen ungültig wird – sei es vor oder nach dem *Salām* des *Imām* –, so ist es für alle ungültig.
4. Daß diese zwölf Leute Mālikiten oder Ḥanafiten sind.[240] Wenn aber unter ihnen Schāfi'iten bzw. Ḥanbaliten sind, die im Rahmen ihrer Rechtsschule meinen, ein *Jum'a* ohne mindestens vierzig Anwesende sei nicht gültig, so ist für sie dieses *Jum'a* nicht gültig, sofern sie sich (in dieser Frage) nicht der Meinung der *Mālikīya* bzw. *Ḥanafīya* anschließen.[241]

Wenn in einem Dorf bzw. kleinem Ort die *Iqāma* zum Beginn des *Jum'a* ausgerufen wird, ist es nicht erforderlich, daß die gesamten

Bewohner des Dorfes bzw. Ortes anwesend sind, sondern es genügen auch dann zwölf Männer.

Bezüglich des *Imāms* beim *Ṣalāt al-Jum'a* muß als Bedingung erfüllt sein, daß er zu denen gehört, die das *Jum'a* verpflichtend verrichten müssen. Wenn er ein Reisender (*musāfir*) ist, so beabsichtigt er in diesem Fall, sich am Ort des *Jum'a* (mindestens) vier Tage lang aufzuhalten – das aber unter der Bedingung, dies nicht nur mit der Absicht zu tun, die *Khuṭba* des *Jum'a* auszuführen: wenn er nämlich das tut, ist es ungültig, daß er *Imām* bei diesem *Jum'a* wird.

Ḥanafīya

Zur Gültigkeit des *Jum'a* müssen drei Muslime außer dem *Imām* versammelt sein – und selbst dann ist das *Jum'a* gültig, wenn nicht alle dieser Leute die *Khuṭba* mitbekommen. Wenn etwa der *Imām* in der Anwesenheit eines Mannes die *Khuṭba* beginnt und predigt, sich dann nach der *Khuṭba* vor den *Mihrāb* begibt, sich vor Beginn des Gebets umwendet (um sich innerlich auf das Gebet vorzubereiten und zu warten, bis der oder die Nachbeter sich zum Gebet aufgestellt haben), und in diesem Moment zwei weitere Männer hinzukommen und der *Imām* den nun drei Männern vorbetet, ist das *Ṣalāt al-Jum'a* gültig, ohne daß für die zuletzt Hinzugekommenen die *Khuṭba* wiederholt werden muß.

Es ist Bedingung, daß die Anwesenden Männer seien müssen, wobei es ohne Belang ist, ob sie krank, auf der Reise, *Ummīyūn* oder Stumme sind, denn sie machen die *Imāma* des *Imāms* beim *Jum'a* rechtsgültig, und dadurch wird das *Jum'a* auch für jeden Anwesenden gültig, ob dieser nun an einem Mangel wie Stummheit usw. leidet oder nicht. Dabei muß aber jemand, der von diesen Mängeln frei ist, die *Khuṭba* gehalten haben.

Es ist andererseits keine Bedingung zur Gültigkeit des *Jum'a*, daß Prediger (*khaṭīb*) und *Imām* des *Jum'a*-Gebets ein- und dieselbe Person sind. Dabei ist es aber besser, wenn Leuten, die an den oben genannten Mängeln leiden, jemand beim *Jum'a* als *Imām* vorbetet, der von diesen Mängeln frei ist.[242]

Es ist zur Gültigkeit des *Jum'a* auch notwendig, daß die Nachbeter dem *Imām* weiter nachfolgen, sobald er die erste *Sajda* (Niederwerfung) der ersten *Rak'a* vollführt hat. Wenn sie ihm als Vorbeter nicht weiter nachfolgen, (indem sie etwa das Gebet ganz unterbrechen), so ist das *Jum'a* für sie ungültig (*bāṭil*), während der *Imām* das Gebet als *Jum'a* (gültig) vollendet. Wenn sie ihm als *Imām* nicht mehr nachfolgen, bevor er die erste *Sajda* ausgeführt hat, so ist das Gebet für alle gleichermaßen ungültig (*bāṭil*).

Als Bedingung für den *Imām* gilt auch, daß er *Walī al-Amr* ist, über dem kein anderer Befehlshaber steht bzw. dem niemand übergeordnet ist, der ihm die Durchführung des *Jum'a* legitim abnehmen kann.[243] Diese Bedingung muß zur Gültigkeit des *Jum'a* erfüllt sein. Ist der jeweilige *Imām* jedoch weder der eigentliche *Walī al-Amr* noch dessen Vertreter, ist das *Jum'a* nicht rechtsgültig[244], und das so von den Leuten verrichtete Gebet gilt als *Ẓuhr*.

Es ist andererseits rechtsgültig, daß der *Imām* einem Vertreter ausdrücklich die Erlaubnis gibt, das Recht zur Durchführung des *Jum'a*-Gebets seinerseits an einen Vertreter weiterzugeben.

Shāfi'īya

Zur Gültigkeit des *Jum'a* muß folgendes erfüllt sein:

1. Daß – notfalls einschließlich der Person des *Imāms* – mindestens vierzig Männer anwesend sind. Ohne diese Anzahl ist das *Jum'a* nicht gültig zu verrichten.

Wenn diese Anzahl nicht erreicht wird, ist es auch zulässig, daß die Nachbeter – wenn sie diese Rechtsschulmeinung für sich nicht als zwingend beibehalten wollen – einem *Imām* nachfolgen, nach dessen Ansicht diese Anzahl nicht zwingend erreicht werden muß.[245] Dies kann der Nachbeter vornehmen unter der Bedingung, daß er von einer Vereinheitlichung der Rechtsvorschriften (*Talfīq*) Abstand nimmt, d. h. sich nicht auch in anderen Fragen wie etwa der des *Wuḍū'* automatisch der Rechtsschule des *Imāms* anschließt.[246]

2. Daß die Anwesenden zu denen gehören, denen die Verrichtung des *Jum'a* verpflichtend obliegt. Auch, daß sie das Gebet so durchgehend mit dem *Imām* gemeinsam verrichten, daß sie das Gebet nicht – außer bei einem Entschuldigungsgrund – wiederholen müssen (also bis zur vollendeten ersten *Rak'a* des Gebets).[247]
3. Aber während der zweiten *Rak'a* ist das Vorhandensein einer Gemeinschaft (*jamā'a*) keine Bedingung in dem Sinne: Wenn die anwesenden Nachbeter in der zweiten *Rak'a* beabsichtigen, sich in ihrem Gebet vom Gebet des *Imām* zu trennen und so das Gebet bis zu Ende verrichten und für sich vervollständigen, so ist ihr *Jum'a*-Gebet rechtsgültig.[248] Ebenso ist diese Trennung dem *Imām* möglich, wenn er beabsichtigt, sich von den Nachbetern zu trennen.
4. Wenn das Gebet eines der Nachbeter oder des *Imām* ungültig wird, bevor der *Imām* den *Salām* gegeben hat oder auch danach (wenn sie sich in ihrer *Nīya* vom *Imām* getrennt hatten), so ist das Gebet aller ungültig: dies darum, weil es notwendige Bedingung ist, daß die ursprüngliche Anzahl der Betenden von Beginn der *Khuṭba* bis zur Vollendung des eigentlichen *Jum'a*-Gebets erhalten bleibt.

Wenn nun die Zeit ausreicht, daß sie in einem solchen Fall das *Jum'a* wiederholen können, so müssen sie das verpflichtend tun. Wenn das wegen Zeitenge unmöglich ist, müssen sie das Gebet als *Ẓuhr* beten.

5. Daß die Nachbeter in ihr Gebet (beim gemeinsamen *Jum'a*-Gebet) eintreten, nachdem der *Imām* in sein Gebet eingetreten ist. Dabei darf zwischen den beiden *Taslīmat al-Iḥrām* keine längere Zeitspanne liegen (das heißt: diese Zeitspanne darf nicht ausreichen, die *Fātiḥa* zu rezitieren). Auch darf der *Rukū'* der Nachbeter nicht erst dann erfolgen, wenn der *Imām* sich bereits aus seinem *Rukū'* erhebt und sich gerade aufrichtet.

   Auch wenn die Nachbeter nun eine Zeitspanne zwischen dem *Takbīrat al-Iḥrām* des *Imām* sowie seinem Erheben aus dem *Rukū'* und ihrem *Takbīrat al-Iḥrām* verstreichen lassen, die nicht ausreicht, die *Fātiḥa* zu rezitieren und ihrerseits einen *Rukū'* auszuführen, ist das *Jum'a* ungültig.
6. Wenn der *Imām* gemeinsam mit den Nachbetern die Anzahl der vierzig erfüllt (also außer ihm nur 39 Männer als Nachbeter vorhanden sind), so muß er alle Bedingungen erfüllen, die auch den Nachbetern obliegen. Wenn jedoch mindestens vierzig Nachbeter vorhanden sind, ist es zulässig und gültig, daß der *Imām* ein Junge[249] (*bāligh*) oder Reisender ist.
7. Daß der *Imām* die *Imāma* beabsichtigt und daß die Nachbeter beabsichtigen, Nachbeter zu sein. Das gilt auch, wenn der *Imām* ein Junge oder ein Reisender ist. Wenn nun der *Imām* oder die Nachbeter das nicht tun, ist das *Jum'a* nicht rechtsgültig.

Ḥanbalīya

Zur Gültigkeit des *Jum'a* muß folgendes erfüllt sein:

1. Daß die Anzahl der Anwesenden nicht unter vierzig (notfalls einschließlich der Person des *Imāms*) liegt.
2. Daß sie zu denjenigen gehören, denen selbst das *Jum'a*-Gebet zu verrichten obliegt.
3. Daß die Männer, die das *Jum'a* verrichten, während der *Khuṭba* und des eigentlichen Gebets anwesend sind, wobei es aber nicht zur Bedingung gehört, daß sie während des gesamten Gebets anwesend sind.

Wenn etwa vierzig Männer während der *Khuṭba* und einem Teil des Gebets anwesend sind, dann aber einige Männer aus dem Gebet hinausgehen (indem sie vorzeitig *Salām* geben, wegen Ungültigkeit des *Wuḍū'* usw.), doch zugleich bzw. vorher weitere Männer zum Gebet hinzukommen, so daß die Mindestanzahl der Nachbeter immer erreicht wird, so ist das *Jum'a*-Gebet gültig. Ist das aber nicht der Fall, so ist das Gebet ungültig und muß – wenn möglich – wiederholt werden. Das gilt aber in einem Ausnahmefall nicht:

Wenn sich unter den anwesenden Muslimen solche befinden, nach deren Rechtsschule bzw. Rechtsmeinung eine Anzahl von zwölf Männern beim *Jum'a* zur Gültigkeit ausreicht, und wenn kurz vor bzw. während des Gebets die Anzahl der Anwesenden unter vierzig sinkt, die Anzahl von zwölf aber nicht unterschritten wird, so muß der *Imām* in Form von *Istikhlāf* einen dieser Muslime als seinen Vertreter – als *Imām* beim Gebet – bestimmen, der dann für die Nachbeter das *Jum'a*-Gebet vervollständigt.

Dabei ist für den *Imām* selbst – in jedem Fall[250] – das *Jum'a*-Gebet ungültig, sofern er die Meinung der vierzig vertritt. Wenn nun die Nachbeter allesamt die Meinung der vierzig vertreten, der *Imām* aber nicht, dann die Anzahl der Nachbeter unter vierzig sinkt, so ist das *Jum'a* für alle ungültig.

§ 103

DIE ARKĀN DER BEIDEN KHUṬBAS VOM JUM'A

Die *Arkān* für die *Khuṭbas* bei den beiden Festgebeten sind grundsätzlich mit denen beim *Jum'a*-Gebet identisch – abgesehen von der Eröffnung der *Khuṭba* bei einem Festgebet (*ṣalāt al-'īd*), denn die *Khuṭba* zum Festgebet muß mit dem *Takbīr* beginnen, die des *Jum'a* aber mit dem *Ḥamd* (das heißt „*al-ḥamdu li-llāh*").

Die *Khuṭba* des *Jum'a* mit dem *Ḥamd* zu eröffnen, ist bei der *Shāfi'īya* und *Ḥanbalīya* ein *Rukn*; die *Ḥanafīya* und *Mālikīya* aber sagen: Weder bei der *Khuṭba* zu einem Festgebet noch bei der *Khuṭba* zum *Jum'a* handelt es sich um einen *Rukn*.

Ḥanafīya

Die *Khuṭba* hat nur einen einzigen *Rukn*: daß – in kürzerer oder längerer Form – überhaupt Gottes gedacht wird. Dabei genügt es zur Verwirklichung und Erfüllung des Pflichtteils der *Khuṭba*, wenn in ihr (mindestens) ein *Taḥmīd*[251] oder ein *Tasbīḥ*[252] oder ein *Tahlīl*[253] vorkommt. Es ist *Makrūh tanzīhan*, daß man sich in der *Khuṭba* kurz faßt (wie weiter unten bei den *Sunan* der *Khuṭba* erwähnt).

Die verpflichtende *Khuṭba* ist bei der *Ḥanafīya* die erste *Khuṭba*; die zweite *Khuṭba* gilt als *Sunna*.

Shāfiʿīya

Die *Khuṭba* hat fünf *Arkān*:

1. Das *Ḥamd* („*al-ḥamdu li-llāh*") zu sagen. Dabei ist die Bedingung, daß man eine Form des *Ḥamd* benutzt[254] sowie den eigentlichen Gottesnamen (*Lafdh al-jalāla*, das heißt: *Allāh*).[255] Es genügt aber nicht, zu sagen: „*ashkuru llāh*" (ich danke Gott) oder „*athna llāh*" (ich preise Gott) oder „*al-ḥamdu li-r-raḥmān*" (ich preise den Allerbarmer) oder ähnliches. Es ist andererseits zulässig zu sagen: „*aḥmidu llāh*" (ich preise Gott), oder „*innī ḥāmidun li-llāh*" (ich preise Gott).

   Dieser *Rukn* muß unbedingt sowohl in der ersten als auch der zweiten *Khuṭba* erfüllt werden.
2. Der Segen für den Propheten ﷺ (*aṣ-ṣalātu ʿalā n-nabī*), wobei der Begriff „*aṣ-Ṣalātu*" (bzw. eine Wortableitung davon) vorkommen muß."[256] Es genügt auch nicht zu sagen: „*Raḥima llāhu Sayyidanā Muḥammad ṣallā llāhu ʿalaihi wa sallam*", weil bei einer solchen Formel kein unverwechselbarer Ausdruck zu finden ist, der auf die Prophetenschaft hinweist, daß also nicht irgendein Muḥammad gemeint ist, sondern der Prophet und Gesandte Gottes, Muḥammad ﷺ.[257] Es ist aber ausreichend, wenn ein eindeutiger Name des Gesandten Gottes, Muḥammads ﷺ, genannt wird, während es wiederum nicht genügt, seinen Namen durch ein Pronomen zu ersetzen (also etwa zu sagen: „*Ṣallā llāhu ʿalaihi wa sallam*", ohne „Muḥammad" oder „*ʿalā rasūli llāhi Muḥammad*" usw. zu sagen).
3. Die Anwesenden zur Frömmigkeit (speziell: zur *Taqwā*) zu ermahnen. Dies kann in der überlieferten Form „*usīkum bi-taqwā llāh*" (etwa: ich hinterlasse euch [als mein Testament], euch zur *Taqwā* gegenüber Gott zu ermahnen) geschehen oder auch in sinnentsprechender Form wie: „*Utīʿu llāh*" (Gehorcht Gott!).

   Es genügt aber nicht, vor dem Diesseits und den Versuchungen (allgemein) zu warnen, die darin bestehen, Gott und der *Sharīʿa* des Islam nicht zu folgen, ohne eine der oben genannten Formeln zu nennen.
4. In einer der beiden *Khuṭbas* mindestens eine *Āya* des Koran zu rezitieren. Dabei gilt es als besser, diese in der ersten *Khuṭba* zu rezitieren. Wenn die *Āya* kurz ist, muß sie ganz rezitiert werden, und ist sie lang, muß ein (größerer) Teil davon vorgetragen werden.

   Außerdem muß der Inhalt dieser *Āya* einen klaren Inhalt haben, der sich auf Ermahnung bezieht oder auf das, wovor Gott warnt, auf einen *Ḥukm*, eine bestimmte Erzählung bzw. ein Gleichnis oder einen Bericht (zum Beispiel über geschichtliche Ereignisse). Ein Ausdruck wie das Wort Gottes: „*Thumma nadhar*" (sodann blickte er [auf]) –

genügt aber nicht, um diesen *Rukn* zu erfüllen (auch wenn es sich dabei um eine vollständige *Āya* handelt).

5. Ein *Du'ā'* für die gläubigen Männer und gläubigen Frauen in einem besonderen Teil der zweiten *Khuṭba* – bzw. gesondert und als solches hervorgehoben – vorzutragen. Dabei gilt, daß das *Du'ā'* sich nicht nur auf diesseitige Dinge beschränkt, sondern sich auf solche des Jenseits zu beziehen hat, wie daß ihnen von Gott vergeben wird oder daß sie von Gott beschützt werden.

   Wenn das jedoch nicht so erfüllt wird, genügt (im Notfall) zur Erfüllung des *Rukn* auch ein *Du'ā'*, das sich nur auf das Diesseits bezieht. Außerdem sollen die beim *Jum'a* Anwesenden nicht von diesem *Du'ā'* in seinem Sinn und Inhalt ausgeschlossen sein, indem etwa nur auf eindeutig andere Personen als die Anwesenden im *Du'ā'* Bezug genommen wird.

Mālikīya

Die *Khuṭba* hat nur einen einzigen *Rukn*: daß in ihr Ermahnung der Menschen und Ansporn durch die Verheißungen Gottes im Koran enthalten sind. Es ist nicht notwendig, in der *Saj'*-Form vorzutragen (das heißt der typischen Vortragsform des *Qur'ān*); wenn in normaler Prosa-Form (*nathr*) oder auch in Dichtungsform (*nadhm*) vorgetragen wird, ist das rechtsgültig.[258]

Es ist *mandūb*, die *Khuṭba* zu wiederholen, wenn der Segen für den Propheten ﷺ nicht vorkam.

Ḥanbalīya

Es gibt für die *Khuṭba* vier *Arkān*:

1. Mit der Form „*al-ḥamdu li-llāh*" die erste *Khuṭba* zu beginnen; eine andere Form des *Ḥamd* wie „*Aḥmidu llāh*" ist nicht zulässig.
2. Der Segen für den Propheten ﷺ, wobei der Begriff „Segen" (*ṣalāt*, *ṣallā* usw.) klar genannt werden muß.
3. Das Rezitieren (mindestens) einer *Āya* des Koran, die konkret einen eigenständigen Sinn oder einen *Ḥukm* enthält; eine *Āya* wie etwa das Wort Gottes: „*Mudhāmmatān*" [*Sura ar-Raḥmān* (55), Vers 64] – genügt hingegen nicht zur Erfüllung des *Rukn*.
4. Die Menschen zur *Taqwā* zu ermahnen. Die geringste und mindeste Form dabei ist: „*Ittaqu llāh*" („Seid Gott in *Taqwā* gehorsam", „zeigt Gott gegenüber *Taqwā*").

§ 104

DIE BEDINGUNGEN DER BEIDEN KHUṬBAS DES JUMʿA

Zur Gültigkeit der *Khuṭba* gibt es mehrere Bedingungen (*shurūṭ*):

1. Daß die *Khuṭba* – bzw. die beiden *Khuṭbas* – dem eigentlichen *Ṣalāt al-Jumʿa* (*Jumʿa*-Gebet) vorausgeht. Werden sie nach dem Gebet vorgetragen, gelten sie nicht[259], in Übereinstimmung der Rechtsschulen außer der *Mālikīya*.

Mālikīya

Wenn die beiden *Khuṭbas* erst nach dem eigentlichen *Jumʿa*-Gebet durchgeführt werden, so wird nur das Gebet wiederholt, während die *Khuṭbas* gültig sind und nicht wiederholt werden. Dies ist aber nur dann möglich, wenn die Leute noch nicht die Moschee verlassen (das heißt sich bereits zerstreuen und stark in Richtung des Ausganges drängen, so daß nur noch wenige auf ihren Plätzen verblieben sind). Auch darf zwischen dem Ende der letzten *Khuṭba* und dem Beginn des – zu wiederholenden – Gebets keine deutliche Verzögerung (gemäß dem Brauch/*ʿUrf*) eintreten. Tritt aber genau das ein, bevor das Gebet wiederholt werden kann, so müssen beide *Khuṭbas* und das Gebet zusammen noch einmal verrichtet werden.

2. Die Absicht (*nīya*) zur *Khuṭba*. Wenn der *Khaṭīb* ohne diese *Nīya* predigt, so ist seine *Khuṭba* nach Meinung der *Ḥanafīya* und *Ḥanbalīya* ungültig

Die *Shāfiʿīya* und *Mālikīya* sagen dazu: Die *Nīya* ist keine Bedingung zur Gültigkeit der *Khuṭba*. Allerdings macht die *Shāfiʿīya* zur Bedingung, daß sich der *Khaṭīb* während der *Khuṭba* nicht von ihr abwendet und sich einer anderen Sache widmet: Selbst wenn er zum Beispiel nur niest und „*al-ḥamdu li-llāh*" spricht (das heißt, sich vom eigentlichen Thema der *Khuṭba* abwendet, indem er auf das Niesen Bezug nimmt), so wird seine *Khuṭba* ungültig (*bāṭil*). Diese Meinung wird aber von keiner anderen Rechtsschule unterstützt.

3. Daß die *Khuṭba* in Arabisch gehalten wird.[260] Dazu eine genaue Darstellung der Rechtsschulen:

Ḥanafīya

Die *Khuṭba* kann zulässigerweise auch in einer nichtarabischen Sprache gehalten werden, selbst wenn der *Khaṭīb* in der Lage ist, sie in Arabisch zu halten. Dabei ist es auch gleichgültig, ob die Anwesenden Araber bzw. Arabischsprachige sind oder nicht.

Ḥanbalīya

Die *Khuṭba* ist ausschließlich in Arabisch gehalten rechtsgültig, wenn der *Khaṭīb* des Arabischen mächtig ist. Ist er das aber nicht, dann kann er sie in einer anderen Sprache so halten, wie es in dieser Sprache gut und sprachlich schön ist, wobei es keine Rolle spielt, ob die Anwesenden Araber bzw. Arabischsprachige sind oder nicht.

Die Koranverse jedoch – die ein *Rukn* der beiden *Khuṭbas* sind – nicht in Arabisch vorzutragen, ist nicht zulässig (nicht *jā'iz*). Wenn der *Khaṭīb* dazu außerstande ist, soll er ein beliebiges *Dhikr*[261] in Arabisch vortragen, und wenn er auch dazu außerstande ist, soll er während der *Khuṭba* im Maß der Rezitation einer *Āya* schweigen.[262]

Shāfi'īya

Es ist Bedingung, daß die sprachlichen *Arkān* der beiden *Khuṭbas* in Arabisch durchgeführt werden,[263] und die *Khuṭba* in einer nichtarabischen Sprache vorzutragen ist nicht ausreichend, wenn es dem *Khaṭīb* möglich ist, Arabisch zu erlernen.[264] Das gilt, wenn die Anwesenden Araber bzw. Arabischsprachige sind. Wenn sie jedoch nicht Araber sind bzw. Menschen, die Arabisch nicht beherrschen, so gilt absolut, ohne jegliche Einschränkung, daß es keine Verpflichtung gibt, die sprachlichen *Arkān* der *Khuṭba* in Arabisch durchzuführen – selbst wenn es dem *Khaṭīb* möglich ist, Arabisch zu erlernen.

Dies gilt aber nicht für die Koranverse: diese dürfen nur auf Arabisch rezitiert werden[265] – sofern der *Khaṭīb* dazu imstande ist. Wenn nicht, soll er statt dessen ein *Dhikr* oder *Du'ā'* in Arabisch rezitieren. Wenn er auch dazu nicht in der Lage ist, obliegt es ihm, im Maß der Rezitation einer *Āya* zu schweigen, und in diesem Fall darf nicht als Ersatz eine Übersetzung genommen werden.[266]

Außerhalb der *Arkān* der *Khuṭba* aber ist es keine Bedingung, daß die arabische Sprache benutzt wird; es ist dann hingegen lediglich *Sunna* (*Sunna ghair mu'akkada*).

Mālikīya

Bei der *Khuṭba* ist es Bedingung, daß sie in Arabisch gehalten wird, selbst wenn die Anwesenden Nichtaraber sind und sie Arabisch nicht verstehen. Wenn es niemanden gibt, der das Arabische gut genug beherrscht, um die *Khuṭba* in Arabisch zu halten, entfällt für diese Leute das *Jum'a*.[267]

4. Daß die beiden *Khuṭbas* innerhalb der dafür vorgesehenen Zeit liegen. Predigt der *Khaṭīb* nun vor Eintritt dieser Zeit und betet er das eigentliche *Jum'a*-Gebet in dieser Zeit, so gilt in Übereinstimmung der Rechtsschulen all das als nicht rechtsgültig.

5. Daß der *Khaṭīb* so laut predigt, daß die Anwesenden ihn hören können. Dazu im einzelnen die Ausführungen der Rechtsschulen:[268]

Ḥanafīya

Mit der Lautstärke des *Khaṭīb* ist hier gemeint, daß er so laut spricht, daß ihn jeder Anwesende hören kann, sofern es nicht ein echtes Hindernis gibt, das ein Hören verhindert. Wenn also jemand unter den Anwesenden taub ist, durch irgend etwas Entsprechendes außerstande ist zuzuhören oder sehr entfernt vom Prediger sitzt, so ist es keine Bedingung, daß dieser Betreffende den *Khaṭīb* hört.

Nach Meinung der *Ḥanafīya* genügt es zur formalen Gültigkeit, wenn als Text der *Khuṭba* gesagt wird: „*Lā ilāha illā llāh*" oder: „*al-ḥamdu li-llāh*", oder: „*subḥāna llāh*". Falls der Prediger dies laut ausspricht, so wird das formalrechtlich als *Khuṭba* gewertet, selbst wenn niemand der Anwesenden das konkret hört.

Andererseits ist es *makrūh*, daß der *Khaṭīb* die Rede kurz hält. Die beiden Hauptschüler von Abū Ḥanīfa meinen dazu: Die kleinste Form der *Khuṭba* besteht darin, daß der *Khaṭīb* ein *Dhikr* rezitiert, das in seiner Länge dem *Tashahhud* entspricht, von der Stelle des *Tashahhud* „*at-tahiyyātu li-llāhi ...*" bis hin zu der Stelle „*...'abduhū wa rasūluh.*"

In jedem Fall muß aber, damit die *Khuṭba* gültig ist, mindestens ein Muslim anwesend sein, um der *Khuṭba* zuzuhören,[269] der wiederum in sich die Bedingungen erfüllt, damit durch ihn und für ihn das *Jum'a* gültig sein kann: indem er männlichen Geschlechts ist, *bāligh*, und im Zustand des vollen Verstandes (*'āqil*) – wobei es hier auch genügt, wenn es sich bei diesem Muslim um jemanden handelt, der wegen eines Entschuldigungsgrundes (*'udhr*)[270] nicht verpflichtend zum *Jum'a* erscheinen muß, wie einen Reisenden (*musāfir*) oder einen Kranken.

Shāfi'īya

Es ist Bedingung, daß der *Khaṭīb* die *Arkān*-Teile der *Khuṭba* so laut vorträgt, daß ihn die zur Gültigkeit der *Khuṭba* notwendigen vierzig Anwesenden grundsätzlich hören können.

Andererseits ist es nicht Bedingung, daß diese vierzig ihn tatsächlich hören; es genügt, wenn sie ihn auch nur dann hören können, wenn er mit Kraft und Nachdruck spricht[271], in dem Sinne, daß sie allesamt in der Nähe des *Khaṭīb* sitzen und grundsätzlich fähig sind, ihn zu hören, selbst wenn sie aufgrund von Müdigkeit oder dergleichen im Moment gerade nicht aufmerksam sind und nicht zuhören.

Wenn es ihnen aber grundsätzlich nicht möglich ist, ihn zu hören, weil sie taub sind, sich im Tiefschlaf befinden oder weit von ihm entfernt sitzen, so daß sie auch bei kräftig vorgetragener Rede nicht verstehen können, so gelten die beiden *Khuṭbas* nicht.

Ḥanbalīya

Es ist zur Gültigkeit der *Khuṭba* notwendige Bedingung, daß die gesamte Anzahl der Anwesenden, durch die das *Jum'a* erst rechtsgültig wird, den *Khaṭīb* hören können und konkret hören, daß sie also weder taub noch unaufmerksam sind usw.

Wenn nun diese Anwesenden den *Khaṭīb* nicht hören, weil er entweder seine Stimme in der Rede zu leise hält oder sie sich – in irgendeiner Weise – von der Rede abwenden, so ist die *Khuṭba* ungültig, weil das eigentlich bezweckte Anliegen der *Khuṭba* dann nicht erfüllt wird.[272]

Mālikīya

Zu den Bedingungen zur Gültigkeit der *Khuṭba* gehört, daß sie laut vorgetragen wird. Wenn der *Khaṭīb* sie leise vorträgt, wird sie nicht gewertet, gilt sie nicht als *Khuṭba*.

Es ist aber keine Bedingung, daß die Anwesenden konkret zuhören bzw. aufmerksam sind – wenngleich es an sich für die Anwesenden verpflichtend ist, aufmerksam zu sein.

§ 105

OB ES ZULÄSSIG IST, ZWISCHEN DEN BEIDEN KHUṬBAS BZW. ZWISCHEN DEN KHUṬBAS UND DEM GEBET EINE UNTERBRECHUNG EINTRETEN ZU LASSEN

Der *Khaṭīb* muß darauf achten, daß er zwischen der *Khuṭba* und dem eigentlichen *Jum'a*-Gebet keine längere Unterbrechung eintreten läßt. In der genauen Bemessung und Art dieser „(längeren) Unterbrechung" sind die *Madhāhib* verschiedener Ansicht.

Shāfi'īya

Es ist Bedingung, daß zwischen den beiden *Khuṭbas* verbunden wird (*muwālāt*) – gemeint ist: zwischen den *Arkān* dieser beiden – sowie auch zwischen den *Khuṭbas* und dem eigentlichen Gebet.

Unter der Verbindung, der Verbundenheit (*muwālāt*), wird hier verstanden, daß keine Trennung der Dauer zweier *Raka'āt* eintritt, die so schnell und kurz wie möglich gehalten würden. Wenn eine Trennung eintritt, die länger andauert als die oben beschriebene, wird die *Khuṭba* ungültig – es sei denn, eine darüber hinausgehende Verzögerung würde zur Ermahnung genutzt.[273]

Mālikīya

Es ist Bedingung, die *Khuṭbas* mit dem Gebet zu verbinden, so wie auch die beiden *Khuṭbas* miteinander verbunden werden müssen, wobei eine kurze Unterbrechung („kurz" gemäß dem Brauch) nachgesehen werden kann und der Gültigkeit keinen Abbruch tut.

Ḥanafīya

Es ist Bedingung, daß der *Khaṭīb* zwischen den beiden *Khuṭbas* einerseits und dem eigentlichen Gebet andererseits keine Trennung durch etwas dem *Jum'a* „Fremdes" eintreten läßt, wie etwa Essen oder ähnliches.[274]

Aber eine Trennung, die dem *Jum'a* nicht „fremd" ist – wie das Verrichten zuvor versäumter Gebete – und zwischen der *Khuṭba* und dem *Jum'a*-Gebet eintritt, macht die *Khuṭba* nicht ungültig, auch wenn es in einem solchen Fall besser ist, sie zu wiederholen.

Entsprechend verhält es sich, wenn das eigentliche *Jum'a* (das heißt das Gebet) ungültig wird. In diesem Fall braucht die *Khuṭba* nicht zwingend wiederholt zu werden.

Ḥanbalīya

Zur Gültigkeit der beiden *Khuṭbas* müssen beide miteinander sowie diese beiden mit dem Gebet ohne Trennung verbunden sein (*muwālāt*). Als Verbindung bzw. Verbundenheit (*muwālāt*) gilt es, wenn nach Auffassung des Brauchs (*'urf*) keine lange Trennung eintritt.

Abschließend sollen in Kurzform noch einmal alle Bedingungen zur Gültigkeit der *Khuṭbas* vorgestellt werden.[275]

Ḥanafīya

Es gibt sechs Bedingungen zur Gültigkeit der *Khuṭba*:

1. *Daß sie vor dem eigentlichen Gebet gehalten wird.*
2. *Daß sie mit der Absicht zur Khuṭba gehalten wird.*
3. *Daß sie innerhalb der dafür vorgesehenen Zeit liegt.*
4. Daß zumindest ein Muslim während der *Khuṭba* anwesend ist und daß dieser Muslim zu denjenigen gehört, denen die Verrichtung des *Jum'a* verpflichtend obliegt.

5. *Daß keine dem Wesen des Jum'a* „fremde" *Unterbrechung zwischen den beiden Khuṭbas bzw. zwischen den Khuṭbas einerseits und dem Gebet andererseits eintritt.*
6. *Daß der Khaṭīb die Khuṭba so laut vorträgt, daß jeder der Anwesenden ihn hören kann, sofern nicht ein Hindernis besteht (wie bereits vorgestellt).*

Es ist aber zur Gültigkeit keine Bedingung, daß die *Khuṭba* in Arabisch gehalten wird: nach Ansicht des Imām Abū Ḥanīfa selbst dann, wenn der *Imām* ausreichend Arabisch beherrscht, nach Ansicht seiner beiden Schüler Abū Yūsuf und Muḥammad gilt das unter einschränkender Bedingung, wie bereits vorgestellt.

Shāfi'īya

Die Bedingungen zur Gültigkeit der *Khuṭba* sind fünfzehn:

1. *Daß sie vor dem eigentlichen Gebet gehalten wird.*
2. *Daß sie innerhalb der dafür vorgesehenen Zeit liegt.*
3. Daß sich der *Khaṭīb* nicht von der *Khuṭba* abwendet (indem er innerhalb der *Khuṭba* etwas tut, was nicht zu ihr gehört).
4. *Daß sie in Arabisch gehalten wird (abhängig von speziellen Bedingungen).*
5. *Daß der Khaṭīb zwischen den beiden Khuṭbas einerseits und zwischen ihnen und dem Gebet andererseits verbindet (das heißt keine deutliche längere Trennung eintreten läßt).*
6. Daß der *Khaṭīb* rein (*ṭāhir*) ist von den beiden Arten des *Ḥadath* sowie auch von *Najāsa*, die nicht vernachlässigt werden darf (wenn sie erheblich ist).
7. Daß die *'Aura* des *Khaṭīb* während der beiden *Khuṭbas* bedeckt ist.
8. Daß er stehend predigt, falls er dazu in der Lage ist. Wenn er dazu außerstande ist, ist die *Khuṭba* auch gültig, wenn er sitzend predigt.
9. Daß sich der *Khaṭīb* zwischen den beiden *Khuṭbas* zumindest so lange (auf den Stuhl des *Minbar*) setzt, daß die Glieder während des Sitzens völlig entspannt sind (das heißt die *Tamā'nīna* eintritt).

   Wenn der *Khaṭīb* aufgrund eines Entschuldigungsgrundes sitzend predigt (so daß also kein weiteres Setzen durchgeführt bzw. deutlich gemacht werden kann), so ist er verpflichtet, zwischen den beiden *Khuṭbas* zu schweigen, und zwar länger, als ein Schweigen während des Luftholens dauert. Dasselbe gilt, wenn er stehend predigt, aber außerstande ist, sich hinzusetzen.
10. *Daß er so laut predigt, daß ihn* „grundsätzlich die vierzig" *Pflichtanwesenden während der Arkān-Teile der beiden Khuṭbas hören, durch die das Jum'a rechtsgültig wird.*
11. *Daß die Anwesenden hören (können), und sei es auch nur unter stimmlicher Kraftanstrengung des Khaṭīb.*

12. Daß die beiden *Khuṭbas* an einem Ort stattfinden, an dem das *Jum'a* rechtsgültig durchgeführt werden kann bzw. darf.
13. Daß es sich bei der Person, die die Predigt durchführt (das heißt den *Khaṭīb*), um einen Mann handelt.
14. Daß die *Imāma* dieser Person bezüglich der Anwesenden rechtsgültig ist bzw. sein kann.[276]
15. Daß der *Khaṭīb* den *Rukn* bewußt als *Rukn* ausführt (und vergegenwärtigt), die *Sunna* entsprechend als *Sunna*, wenn er zu denjenigen gehört, die Gelehrte sind oder zumindest über einiges Wissen verfügen. Wenn er nicht zu diesen gehört, so darf er zumindest doch nicht einen *Farḍ*-Teil für eine *Sunna* (im Sinne von *Sunna ghair mu'akkada*) halten – selbst wenn das grundsätzlich hinsichtlich der Gesamtdurchführung zulässig (*jā'iz*) ist.[277]

Ḥanbalīya

Es gibt neun Bedingungen, die zur Gültigkeit der beiden *Khuṭbas* erfüllt werden müssen:

1. *Daß sie innerhalb der (dafür vorgesehenen) Zeit liegt.*
2. Daß der *Khaṭīb* selbst zu denen gehört, denen das *Jum'a* verpflichtend obliegt. Daher gilt etwa die *Khuṭba* eines Reisenden in diesem Falle nicht – selbst dann nicht, wenn ein sorlcher Reisender beabsichtigt hat, sich an dem Ort des *Jum'a* so lange aufzuhalten, daß dadurch der Reisezustand unterbrochen wird.
3. Daß in jeder der beiden *Khuṭbas* die Formel „*al-ḥamdu li-llāhi (ta'ālā)*" enthalten ist.
4. *Daß die beiden Khuṭbas in Arabisch gehalten werden (unter den entsprechenden Bedingungen).*
5. Daß in beiden *Khuṭbas* die Anwesenden (mit den dafür vorgesehenen Ausdrucksformen) zur *Taqwā* ermahnt werden.
6. Daß in ihnen der Segen für den Propheten Muḥammad ﷺ vorkommt und mindestens eine vollständige (kurze) *Āya* in jeder *Khuṭba* rezitiert wird.
7. *Daß der Khaṭīb zwischen den beiden Khuṭbas einerseits und ihnen und dem Gebet andererseits verbindet (also Muwālāt besteht).*
8. *Daß der Khaṭīb die beiden Khuṭbas mit entsprechender Absicht (nīya) verrichtet.*
9. *Daß der Khaṭīb in den Arkān-Teilen der Khuṭbas so laut predigt, daß ihn die zum Jum'a notwendige Anzahl der Anwesenden* konkret hört – *dergestalt, daß diese Anwesenden* (auch nicht einige dieser Anwesenden) *weder schlafen* noch unachtsam, noch taub sind.

Mālikīya

Es gibt neun Bedingungen zur Gültigkeit der beiden *Khuṭbas*:

1. *Daß die beiden Khuṭbas vor dem eigentlichen Gebet durchgeführt werden.*
2. *Daß der Khaṭīb die Khuṭbas miteinander verbindet (muwālāt).*
3. *Daß der Khaṭīb die Khuṭbas miteinander sowie mit dem Gebet verbindet (muwālāt).*
4. *Daß die beiden Khuṭbas in Arabisch gehalten werden (unter entsprechenden Bedingungen).*
5. *Daß der Khaṭīb die Khuṭbas laut genug vorträgt.*
6. Daß die *Khuṭbas* innerhalb der Moschee vorgetragen werden.
7. Daß sie so vorgetragen werden (das heißt mit Ermahnung, *Ḥamd*, Segen für den Propheten usw.), daß man von einer *Khuṭba* sprechen kann[278].
8. Daß die Anzahl von Muslimen während der *Khuṭbas* anwesend ist, durch die erst das *Jum'a* rechtsgültig wird (d. h. zwölf Männer, wie oben dargestellt), selbst wenn sie in der Tat nicht konkret zuhören.
9. *Daß der Khaṭīb während der Khuṭbas steht.*[279]

§ 106

DAS NACHHOLEN VON GEBETSTEILEN DES FREITAGSGEBETES

Hierzu gilt übereinstimmend folgendes:

Wenn jemand die Freitagspredigt (*khuṭba)* nicht mehr erreicht, sondern gerade zu Beginn des Gebets sich den anderen anschließt, die Absicht zur Teilnahme am *Jum'a*-Gebet als Nachbeter faßt, braucht er – nach Abschluß des eigentlichen Zwei-*Rak'a*-Gebetes – nichts nachzuholen, sein Freitagsgebet ist soweit vollständig.

Wer zumindest die erste Verbeugung (*rukū'*) in der ersten Gebetseinheit (*rak'a*) noch mitmachen kann, der braucht ebenfalls nichts nachzuholen. (Dies gilt *nur* beim Freitagsgebet – und in Analogie bei den Festgebeten –, nicht aber bei sonstigen Gebeten, in denen er sich als Nachbeter verspätet – als *Masbūq* – anschloß.

Wer aber die erste Verbeugung der ersten *Rak'a* des Freitagsgebets nicht mehr erreicht, der muß eine *Rak'a* nachbeten, sobald der *Imām* den ersten Schlußgruß des Gebets gesprochen hat.

Wer das Rezitieren in der zweiten *Rak'a* des Freitagsgebets noch mitmachen kann, wiederholt ebenfalls nur die erste *Rak'a*. Dies darum, weil das Rezitieren und Stehen als erster Pflichtteil (*rukn*) der zweiten *Rak'a* gilt.

Wer aber auch die Rezitation der zweiten *Rak'a* nicht mehr mitbekommen hat (also sich erst dem *Imām* als Nachbeter im Freitagsgebet anschließt, wenn dieser sich bereits verbeugt oder verbeugt hat), der muß vier *Rak'a* nachbeten (da in diesem Fall er so betrachtet wird, als hätte er das Mittagsgebet nachzuholen).

Das Gebet eines Nachbeters, der sich erst verspätet dem Freitagsgebet anschließt, gilt für ihn immer noch als Freitagsgebet hinsichtlich des Segens (*baraka*). Erst wenn jemand sich so spät anschließt, daß er nicht einmal das letzte Sitzen und den letzten *Tashahhud* rezitieren kann, gilt sein Gebet nicht mehr als vollwertiges Freitagsgebet, weil er in diesem Falle nicht einmal eine Elementarpflicht (*rukn*) des *Jum'a* vor dem Schlußgruß (*salām*) vollständig erfüllt hat.

KAPITEL 14

DAS GEBET DER BEIDEN FESTE (ṢALĀT AL-'ĪDAIN)

§ 107

ALLGEMEINE VORSTELLUNG DER BEIDEN FESTE UND IHRER GEBETE

Mit den „beiden Festen" sind die zwei Feste gemeint, die es religiöserseits anerkannt im Islam gibt (abgesehen von Festen gemäß diverser Traditionen)[280]:

1. Das „*'Īd al-Fiṭr*" („Fest des Fastenbrechens"), das Fest am Ende des Fastenmonats *Ramaḍān* (das heißt nach dem 29. oder 30. Tag des Monats *Ramaḍān*).
2. Das „*'Īd al-Aḍḥā* („Opferfest"), das Fest, das während der Zeit der Pilgerfahrt (*ḥajj*), am 10. *Dhu l-Ḥijja*, gefeiert wird und mit dem Tieropfer während des *Ḥajj* zusammenfällt.

Diese Festtage werden jeweils durch ein besonderes Gebet eingeleitet, das „Festgebet" (*ṣalāt al-'īd*) genannt wird. Im Recht werden beide Festgebete in der sprachlichen Form „*Ṣalāt al-'Īdain*" (Gebet der beiden Feste) zusammengefaßt, da für beide Festgebete dieselben Regeln gelten. Im folgenden wird aber immer von einem Festgebet gesprochen, um die Sachlage besser darstellen zu können; wenn aber nur eines der beiden Gebete gemeint ist, wird es genau benannt.

§ 108

RECHTLICHE BESTIMMUNG DES FESTGEBETES (ṢALĀT AL-ʿID)

Shāfiʿīya

Das Festgebet (*ṣalāt al-ʿīd*) ist *Sunna ʿain muʾakkada* für alle, denen die Pflicht zu beten obliegt. Die *Jamāʿa*-Form (die Form des Gemeinschaftsgebets) ist *Sunna* – außer für einen *Ḥajj*-Pilger, der der *Sunna* gemäß das Gebet als *Munfarid* beten soll.

Mālikīya

Das Festgebet (*ṣalāt al-ʿīd*) ist *Sunna ʿain muʾakkada* und folgt bezüglich seines Stellenwertes bei den *Sunna*-Gebeten direkt dem *Witr*-Gebet. Es ist *Sunna* für alle, die zum *Jumʿa* verpflichtet sind – außer den *Ḥajj*-Pilgern.

Ḥanafīya

Das Festgebet (*ṣalāt al-ʿīd*) ist *Wājib* für alle, denen das *Jumʿa* gemäß den Bedingungen (*shurūṭ*) des *Jumʿa* obliegt – abgesehen von den Bedingungen zur *Khuṭba* des *Jumʿa* bzw. der Anzahl der Anwesenden, denn beim Festgebet (*ṣalāt al-ʿīd*) genügt ein Anwesender außer dem *Imām* (im Unterschied zum *Jumʿa*).

Das Vorhandensein einer *Jamāʿa* (also mehrerer Betender) ist beim Festgebet ein *Wājib*, dessen Unterlassen die Verantwortlichen sündig werden läßt[281] – auch wenn das Festgebet, im Unterschied zum *Jumʿa*, auch ohne *Jamāʿa* gültig ist.

Ḥanbalīya

Das Festgebet (*ṣalāt al-ʿīd*) ist *Farḍ kifāya* für jeden, dem das *Jumʿa* obliegt, und es findet unter den Bedingungen des *Jumʿa* statt, abgesehen von der *Khuṭba*, die beim Festgebet (*ṣalāt al-ʿīd*) *Sunna* ist.

Wem das Gebet mit dem *Imām* entgangen ist, der kann es (als *Munfarid*, Einzelbetender) zu jeder beliebigen Zeit verrichten, so wie weiter unten beschrieben.

§ 109

DIE ZEIT FÜR DAS FESTGEBET (ṢALĀT AL-ʿID)

Shāfiʿīya

Die Zeit für das Festgebet reicht vom Beginn des Sonnenaufgangs – selbst wenn sich die Sonne noch nicht beträchtlich oder stark erkennbar erhoben hat – bis zum Zeitpunkt des Zenits der Sonne.

Es ist *Sunna*, das Gebet nach dem ersten deutlichen Erheben der Sonne in der unten beschriebenen Weise zu verrichten.

Mālikīya

Die Zeit für das Festgebet reicht von dem Zeitpunkt an, da das Verrichten einer *Nāfila* zulässig ist (das heißt nach der zum Beten verbotenen Zeit des eigentlichen Sonnenaufgangs), bis zur Zenitstellung der Sonne. Es ist *Sunna*, das Gebet so früh wie möglich zu verrichten.

Ḥanbalīya

Der Zeitbereich ist wie der bei der *Mālikīya*. Wenn man das Gebet am ersten Tag verpaßt hat, wird es am folgenden Tag nachgeholt, selbst wenn es noch am ersten Tag möglich wäre, es nachzuholen.
Auch später, nach dem Verstreichenlassen von mehr als zwei Tagen (bei Vorhandensein eines Entschuldigungsgrundes) wird es nachgeholt.

Ḥanafīya

Der Zeitbereich ist wie der bei der *Mālikīya*. Wenn man allerdings noch im Gebet ist, während die Sonne schon den Zenit überschritten hat (das heißt, bevor noch das letzte Sitzen des Gebets beendet ist), so ist das Gebet als solches, als *Wājib*, ungültig und unerfüllt, gilt aber als (beliebiges, als solches gültiges) *Nāfila*-Gebet.[282]

§ 110

WIE DAS FESTGEBET (ṢALĀT AL-ʿID) VERRICHTET WIRD

Ḥanafīya

Man beabsichtigt im Herzen die Verrichtung des jeweiligen Festgebetes (*ṣalāt al-ʿīd*); mit der Zunge spricht man bei der *Nīya*: „Ich bete das *ʿĪd*-Gebet für Gott." Ist man Nachbeter (*maʾmūm*), beabsichtigt man zusätzlich noch, dem *Imām* im Gebet nachzufolgen.

Dann verrichtet man den *Takbīrat al-Iḥrām* und legt dann die Hände – wie schon beschrieben – aufeinander.

Dann rezitieren der *Imām* und der *Ma'mūm* das Eröffnungs-*Du'ā'* (*thanā'*), dann macht der *Imām* die zusätzlichen *Takbīrāt*, worin ihm die Nachbeter nachfolgen. Diese zusätzlichen *Takbīrāt* sind drei außer dem *Takbīrat al-Iḥrām* und dem *Takbīr* zum *Rukū'* (insgesamt also fünf *Takbīrāt*). Nach jedem *Takbīr* soll man im Zeitmaß dreier *Takbīrāt* schweigen. Während der Schweigepausen (das heißt, wenn man nicht in *Jahr* etwas sagt oder rezitiert) ist es zulässig, ein *Dhikr* zu sagen wie zum Beispiel:

Subḥāna llāh
wa l-ḥamdu li-llāh
wa lā ilāha illā llāhu wa llāhu akbar

Gepriesen sei Gott
und Preis sei Gott.
Es gibt keine Gottheit außer Gott, und Gott ist größer.

Es ist *Sunna*, daß *Imām* und *Ma'mūm* bei jedem *Takbīr* die Hände erheben. Danach spricht der *Imām* leise den *Ta'awwudh* und die *Basmala*, danach liest er in *Jahr* die *Fātiḥa*, dann eine weitere Sure. Es ist *mandūb*, daß als weitere Sure in der ersten *Rak'a* „*al-A'lā*" (Sure 87) rezitiert wird.

Dann verrichten *Imām* und *Ma'mūm* wie gewohnt *Rukū'* und *Sujūd*. Dann, nach dem Aufstehen in die zweite *Rak'a*, rezitiert der *Imām* erst – wie beschrieben – die *Basmala*, dann die *Fātiḥa*, dann eine weitere Sure. Es ist *mandūb*, daß in der zweiten *Rak'a* als weitere Sure „*al-Ghāshiya*" (Sure 88) rezitiert wird.

Dann machen der *Imām* und die anderen die drei zusätzlichen *Takbīrāt* – außer dem *Takbīr* des *Rukū'* (insgesamt also vier *Takbīrāt*). Auch bei all diesen *Takbīrāt* werden von allen die Hände erhoben. Dann wird das Gebet wie gewohnt vervollständigt. In dieser Form ist das Gebet am besten verrichtet. Es ist aber auch zulässig,

- wenn zu diesen *Takbīrāt* noch weitere *Takbīrāt* hinzugefügt werden,
- wenn in der zweiten *Rak'a* die zusätzlichen *Takbīrāt* vor der Rezitation verrichtet werden.

Wenn der *Imām* mehr *Takbīrāt* als vorgesehen macht, müssen ihm die Nachbeter darin nachfolgen (bis der *Imām* insgesamt sechzehn *Takbīrāt* verrichtet hat); danach aber ist ein Nachfolgen bei weiteren *Takbīrāt* nicht mehr verpflichtend.

Wenn sich ein Nachbeter als *Masbūq* dem *Imām* während des *Qiyām* und nach den zusätzlichen *Takbīrāt* anschließt, macht er die ihm entgangenen

Takbīrāt allein nach. Wenn er sich dem *Imām* erst mit Verspätung einer vollen *Rak'a* anschließt, steht der *Masbūq* nach dem Schlußgruß (*salām*) des *Imāms* auf, rezitiert allein und macht allein die zusätzlichen *Takbīrāt*, den *Rukū'* usw. Wenn der *Masbūq* den *Imām* erst im *Rukū'* erreicht, so macht er den *Takbīrat al-Iḥrām* und danach die zusätzlichen *Takbīrāt* (stehend). Wenn der *Masbūq* aber befürchtet, daß der *Imām* sich schnell aus dem *Rukū'* erhebt,[283] macht er nur stehend den *Takbīrat al-Iḥrām*, geht darauf sofort in den *Rukū'* und macht ohne Erheben der Hände die zusätzlichen *Takbīrāt* in seinem *Rukū'*.

Falls sich der *Masbūq* in das Gebet einfügen will, der *Imām* sich aber schon aus dem *Rukū'* erhebt bzw. gerade erhoben hat, entfallen für den *Masbūq* die zusätzlichen *Takbīrāt* ganz.

Shāfi'īya

Das Festgebet wird grundsätzlich wie ein *Nāfila* von zwei *Rak'a* betrachtet, abgesehen von folgendem:

Nach dem *Takbīrat al-Iḥrām* und dem *Iftitāḥ*, aber noch vor dem *Ta'awwudh*, werden sieben *Takbīrāt* verrichtet, und bei jedem *Takbīr* werden die Hände bis auf Schulterhöhe erhoben.

Es ist *Sunna*, zwischen zwei aufeinanderfolgenden *Takbīrāt* jeweils eine Pause im Maß einer mittleren *Āya* zu lassen.

Es ist *mustaḥabb*, während dieser Pause das folgende *Du'ā'* zu sprechen:

Subḥāna llāh
wa l-ḥamdu li-llāh
wa lā ilāha illā llāhu wa llāhu akbar

Gepriesen sei Gott
und Preis sei Gott.
Es gibt keine Gottheit außer Gott, und Gott ist größer.

Auch ist es *Sunna*, die Hände und Unterarme zwischen den *Takbīrāt* rechts auf links – wie schon beschrieben – aufeinanderzulegen. In der zweiten *Rak'a* werden nach dem *Takbīr* zum *Qiyām* fünf zusätzliche *Takbīrāt* gemacht, und was in der ersten *Rak'a* bezüglich der Pausen usw. gilt, gilt auch in der zweiten. Diese zusätzlichen *Takbīrāt* sind *Sunna ghair mu'akkada* bzw. eine „*Hai'a*" genannte *Sunna*.[284]

Werden sie weggelassen, macht man keinen *Sujūd li-s-Sahuw* – auch wenn es *makrūh* ist, eine *Hai'a* wegzulassen. Wenn man sich über die Zahl der schon gemachten zusätzlichen *Takbīrāt* unsicher ist, geht man von der geringeren Anzahl aus, über die man sich sicher ist, sie verrichtet zu haben.

Es ist *mustaḥabb*, die zusätzlichen *Takbīrāt* vor dem *Taʿawwudh* zu machen. Wenn aber bereits rezitiert wird – auch aus Versehen –, fallen die zusätzlichen, noch nicht gemachten, *Takbīrāt* weg, da sie nur vor der Rezitation gemacht werden können.

In allen erwähnten Dingen sind *Imām* und *Maʾmūm* gleich. Wenn der *Maʾmūm* als *Masbūq* sich dem *Imām* erst in der zweiten *Rakʿa* anschließt, so macht er nach dem *Imām* nur fünf zusätzliche *Takbīrāt* außer dem *Takbīrat al-Iḥrām*, und wenn der *Imām* mehr *Takbīrāt* macht, folgt ihm der *Maʾmūm* darin nicht nach.

Wenn dann der *Masbūq* nach dem *Salām* des *Imām* aufsteht, um das Gebet zu vervollständigen, so macht er – außer dem *Takbīr* zum *Qiyām* – fünf zusätzliche *Takbīrāt*. Wenn der *Imām* einen oder mehrere der zusätzlichen *Takbīrāt* wegläßt, muß ihm der Nachbeter darin folgen.

Macht der Nachbeter aber allein diese *Takbīrāt*, so ist sein Gebet ungültig, wenn er dabei seine Hände dreimal hintereinander erhebt; wenn er sie aber nur ein- oder zweimal erhebt, so ist es doch gültig.

Der *Imām* rezitiert laut (in *Jahr*-Form), der *Maʾmūm* leise (in *Isrār*), außer bei den *Takbīrāt*, wo *Jahr* für alle *Sunna* ist.

Es ist *Sunna*, in der ersten *Rakʿa* nach der *Fātiḥa* die Sure „*Qāf*" (Sure 50), „*al-Aʿlā*" (Sure 87) oder „*al-Kāfirūn*" (109) zu rezitieren, in der zweiten *Rakʿa* „*al-Qamar*" (54), „*al-Ghāshiya*" (88) oder „*al-Ikhlāṣ*" (112).

Ḥanbalīya

Die Absicht (*nīya*) zum *ʿĪd*-Gebet wird gefaßt als eine zu einem Gebet von zwei *Rakʿa Farḍ kifāya*. Danach ist es *mandūb*, das *Iftitāḥ-Duʿāʾ* zu machen, und weiter ist es *mandūb*, danach sechs *Takbīrāt* zu verrichten, bei denen alle – ob *Imām* oder *Maʾmūm* – die Hände erheben.

Während der Pause zwischen zwei *Takbīrāt* ist es *mandūb* zu sagen:

Allāhu akbar kabīrā
wa l-ḥamdu li-llāhi kathīrā
wa subḥāna llāhi bukratan wa asīlā
wa ṣallā llāhu ʿalā n-nabīyi Muḥammadin wa ʿālā ālihī wa ṣallama taslīmā

Gott ist größer (als alles andere),
Preis sei Gott vielfach.
Gepriesen sei Gott am Morgen und am Abend[285],
und Gott segne den Propheten Muḥammad und seine Familie und schenke ihnen Frieden.

Man kann aber auch ein beliebiges anderes *Duʿāʾ* nehmen. Nach dem letzten *Takbīr* allerdings kommt dann kein *Duʿāʾ* mehr. Darauf folgt der *Taʿawwudh*, dann die *Basmala*, dann die *Fātiḥa*, dann die

Sure *„al-A'lā"* (Sure 87), danach der *Ruku'* und die Vervollständigung der *Rak'a.* Dann nach dem *Qiyām* werden in der zweiten *Rak'a* fünf zusätzliche *Takbīrāt* – außer dem *Takbīr* zum *Qiyām* – gemacht (insgesamt also sechs).

Bezüglich der Pause zwischen den *Takbīrāt* gilt hier auch, was schon bei der ersten *Rak'a* galt.

Dann kommt (als *mandūb*) die *Basmala,* dann die *Fātiḥa,* dann die Sure *„al-Ghāshiya"* (Sure 88), dann der *Rukū'* usw. bis zum Ende des Gebets.

Wenn ein verspäteter Beter (*masbūq*) sich dem Gebet während oder nach den zusätzlichen *Takbīrāt* anschließt, macht er sie nicht mehr. Dasselbe gilt, wenn ein Betender rezitiert, ohne alle *Takbīrāt* gemacht zu haben: auch dann fallen die nicht verrichteten *Takbīrāt* weg. Dasselbe gilt entsprechend für den *Ta'awwudh* und die *Basmala,* wenn bereits die *Fātiḥa* rezitiert wird: sie werden in diesem Falle nicht mehr gemacht.

Mālikīya

Das Festgebet entspricht grundsätzlich einem *Nāfila*-Gebet von zwei *Rak'a,* abgesehen von bestimmten Besonderheiten.

In der ersten *Rak'a* werden nach dem *Takbīrat al-Iḥrām* und vor der *Fātiḥa* sechs *Takbīrāt* hinzugefügt und in der zweiten *Rak'a* nach dem *Takbīr* zum *Qiyām* und vor der *Fātiḥa* fünf *Takbīrāt.* Diese zusätzlichen *Takbīrāt* vor die Rezitation der *Fātiḥa* vorzuversetzen ist *mandūb,* wenngleich es auch gültig ist, sie nach der Rezitation zu machen.

Es ist *makrūh,* die Hände bei den zusätzlichen *Takbīrāt* zu erheben; sie werden – wie bei anderen Gebeten auch – nur beim *Takbīrat al-Iḥrām* erhoben.

Es ist *mandūb,* beim Festgebet als *Imām* bzw. *Munfarid* laut (in *Jahr*) zu rezitieren; auch ist es *mandūb,* nach der *Fātiḥa* in der ersten *Rak'a* *„al-A'lā"* (Sure 87) und in der zweiten *„ash-Shams"* (Sure 91) bzw. diesen Suren entsprechend lange andere Suren zu rezitieren.

Wenn jemand einem *Imām* nachfolgt, der die genannte Anzahl der *Takbīrāt* vermehrt oder vermindert bzw. sie nach der Rezitation verrichtet, so folgt der *Ma'mūm* dem *Imām* hier in keiner Sache davon nach.

Es ist *mandūb,* die *Takbīrāt* direkt hintereinander abfolgen zu lassen – nur für den *Imām* gilt das nicht: Für ihn ist es *mandūb,* so lange abzuwarten, bis die Nachbeter den jeweiligen *Takbīr* ausgeführt haben. In den Sprechpausen zwischen den *Takbīrāt* soll man schweigen; ein *Dhikr* oder *Du'ā'* währenddessen zu sprechen ist *makrūh.* Jeder zusätzliche *Takbīr* ist dabei *Sunna mu'akkada.* Wenn man einen *Takbīr* vergessen hat und sich vor dem *Rukū'* daran erinnert, macht man ihn nach. Als *mandūb* wiederholt man darauf noch einmal die Rezitation und macht dann nach dem *Salām* – in diesem Fall – *Sujūd li-s-Sahuw.*

Wenn man sich aber daran erinnert, daß man einen oder mehrere *Takbīrāt* vergessen hat, und man bereits zu diesem Zeitpunkt den *Rukū'* verrichtet hat, so werden diese *Takbīrāt* nicht wiederholt. Wiederholt man in diesem Fall diese *Takbīrāt*, wird dadurch das Gebet ungültig. Wenn man sich an zuvor vergessene *Takbīrāt* erinnert und sie – wie auch immer – nicht nachgeholt hat, macht man am Ende des Gebetes *Sujūd li-s-Sahuw.* Dies gilt andererseits nicht, wenn sich nur der *Ma'mūm*, nicht aber der *Imām* daran erinnert: In diesem Fall wird vom *Ma'mūm* allein kein *Sujūd li-s-Sahuw* ausgeführt. Wenn der *Ma'mūm* die *Takbīrāt* des *Imām* nicht hört, so soll er versuchen, in etwa durch Anzeichen bzw. Zeitschätzung den geeigneten Zeitpunkt für seinen *Takbīr* abzupassen und so den jeweiligen *Takbīr* zu machen.

Wenn sich jemand während eines *Takbīr* als verspäteter Beter (*masbūq*) einem *Imām* anschließt, so macht er die *Takbīrāt*, die noch verbleiben; sobald der *Imām* mit seinen *Takbīrāt* fertig ist, vervollständigt der *Masbūq* seine *Takbīrāt* anzahlmäßig. Wenn der *Masbūq* während der Rezitation des *Imām* ins Gebet eintritt, so macht er nach seinem *Takbīrat al-Iḥrām* diejenigen *Takbīrāt*, die ihm entgangen sind, nach, gleichgültig, ob er sich in der ersten oder zweiten *Rak'a* dem Gebet anschloß.

Wenn der *Masbūq* nach dem *Salām* des *Imām* dann aufsteht, macht er die ihm entgangene *Rak'a* mit sechs zusätzlichen *Takbīrāt.* Wenn der *Masbūq* aber keine vollständige *Rak'a* mehr mitgemacht hatte, so steht er nach dem Schlußgruß (*salām*) des *Imām* auf und verrichtet alles außerhalb der vorgesehenen Zeit (in *Qaḍā'*), mit sechs zusätzlichen *Takbīrāt* in der ersten bzw. fünf in der zweiten *Rak'a.*

§ 111

DAS VORHANDENSEIN EINER GRUPPE VON BETENDEN (JAMĀ'A) BEIM FESTGEBET (ṢALĀT AL-'ID)

Ḥanafīya

Eine Gemeinschaft (*jamā'a*) ist Bedingung für die Gültigkeit des Festgebets, wie auch beim *Jum'a.* Wenn man das Gebet mit dem *Imām* verpaßt, wird nicht verpflichtend vom einzelnen gefordert, das Gebet außerhalb der vorgesehenen Zeit (in *Qaḍā'*) nachzuholen.

Wenn man es als Einzelbetender (*munfarid*) nachholen will, tut man das, indem man es in vier *Raka'āt* – ohne zusätzliche *Takbīrāt* – verrichtet.[286] Dabei rezitiert man dann in der ersten *Rak'a „al-A'lā"* (Sure 87), in der zweiten *„aḍ-Ḍuḥā"* (Sure 93), in der dritten *„al-Inshirāḥ"* (Sure 94), in der vierten *„at-Tīn"* (Sure 95).

Ḥanbalīya

Die *Jamā'a*-Form ist Bedingung für die Gültigkeit des Gebets, wie beim *Jum'a* auch – abgesehen davon, daß es *Sunna* ist, daß jemand, dem das Festgebet entgangen ist, es in der oben beschriebenen Weise zu irgendeiner beliebigen Zeit nachholt.[287]

Shāfi'īya

Die *Jamā'a*-Form ist beim Festgebet *Sunna* (*ghair mu'akkada*), außer für den *Ḥajj*-Pilger, für den es *Sunna* ist, es als Einzelbetender (*munfarid*) zu verrichten.

Wer (abgesehen vom *Ḥajj*-Pilger) das Festgebet mit dem *Imām* verpaßt hat, für den ist es *Sunna*, es in der oben beschriebenen Art und Weise zu irgendeiner beliebigen Zeit nachzuholen. Wenn das Festgebet mit oder ohne *Imām* nach dem Zeitpunkt durchgeführt wurde, zu dem die Sonne ihren Zenitstand erreichte, so wird es nachgeholt.

Mālikīya

Die Form der *Jamā'a* ist Bedingung beim Festgebet.

Wem es entgangen ist, der kann es nachholen, solange die Sonne noch nicht im Zenit steht; nach dem Zeitpunkt des Sonnenzenits aber wird das Festgebet nicht mehr nachgeholt.

§ 112

SUNAN DES FESTGEBETS (ṢALĀT AL-'ID)

1. Die beiden *Khuṭbas.* Sie zu verrichten ist *Sunna ghair mu'akkada* nach den Rechtsschulen außer der *Mālikīya*, nach welcher sie beide *mandūb* sind.
2. Es ist – nach der *Mālikīya* und *Ḥanbalīya* – *mandūb*, daß bei den beiden *Khuṭbas* die Zuhörer die *Takbīrāt* mit den *Takbīrāt* des *Imām* laut mitsprechen – dies im Unterschied zur *Khuṭba* des *Jum'a*, wo das (laute) Sprechen (in *Jahr*) während der *Khuṭba* untersagt ist.

   Nach der *Shāfi'īya* ist bei den *Khuṭbas* des Festgebetes lautes (*jahr*) Sprechen – auch *Dhikr* und *Du'ā'* – *makrūh.*

   Nach der *Ḥanafīya* ist das Sprechen eines *Dhikr* bzw. *Du'ā'* nicht *makrūh*, also zulässig (*jā'iz*).

3. Es ist *mandūb*, in der Nacht vor dem jeweiligen Fest viel *Dhikr*, *Du'ā'*, Gebet, Koranrezitation zu verrichten. Man hat diese *Sunna* in ihrer Mindestform erfüllt, wenn man *'Ishā'*- und *Ṣubḥ*-Gebet, die beide vor dem Festgebet liegen, in *Jamā'a*-Form betet.
4. Es ist nach den Rechtsschulen außer der *Ḥanafīya mandūb*, vor dem *Ṣalāt al-'Īd* eine Ganzkörperwaschung (*ghusl*) vorzunehmen. Nach der *Ḥanafīya* ist dies *Sunna ghair mu'akkada*.
5. Es ist nach den *Madhāhib* außer der *Ḥanafīya mandūb*, sich zu parfümieren und schöne, gute Kleidung anzuziehen. Diese Verschönerung gilt und wird vorgenommen zu Ehren des Festtages, nicht aber nur für das eigentliche Festgebet. Nach der *Ḥanafīya* gilt das als *Sunna ghair mu'akkada*.
6. Es ist beim *'Īd al-Fiṭr mandūb*, etwas zu essen, bevor man zum Gebetsplatz, wo das Festgebet verrichtet werden soll, geht, und daß man dabei Datteln in ungerader Zahl (eine, drei, fünf ...) ißt.

   Beim *'Īd al-Aḍḥā* ist es hingegen *mandūb*, das Essen aufzuschieben, bis man vom Gebet zurückkehrt.

   Des weiteren ist es im Rahmen dieser Sache bei der *Ḥanafīya* und *Ḥanbalīya mandūb*, daß man – wenn beim *'Īd al-Aḍḥā* ein entsprechendes Tier geschlachtet worden ist – einen Teil von diesem geschlachteten Tier zubereitet und ißt. Wenn man aber nicht selbst geschlachtet hat, so kann man im Sinne dieses *Mandūb* wählen, ob man vor oder nach dem Gang zum Gebet essen will.

   Nach der *Mālikīya* und *Shāfi'īya* aber ist es in jedem Fall beim *'Īd al-Aḍḥā mandūb*, das Essen bis nach dem Gebet zurückzustellen, gleich, ob man nun selbst geschlachtet hat oder nicht.
8. Es ist *mandūb*, sich frühzeitig, nach dem *Ṣubḥ*-Gebet, zum Gebetsplatz aufzumachen, selbst wenn das vor Sonnenaufgang geschieht.

   Nach Ansicht der *Mālikīya* gilt dieses *Mandūb* für alle, außer dem *Imām*: daß man sich nämlich nach Sonnenaufgang aufmacht, sofern die Wohnung in der Nähe des Gebetsplatzes liegt. Wenn nicht, soll man sich so aufmachen, daß man das Gebet mit dem *Imām* gemeinsam verrichten kann.

Allgemein gilt im Rahmen dieses *Mandūb*, daß es für den *Imām* gut ist, sich erst spät zum Gebetsplatz aufzumachen. Sobald er dort angekommen ist, betet er das Gebet mit den anderen dort bereits Versammelten und wartet nichts ab.

9. Es ist *mandūb*, sich körperlich für den Festtag zu pflegen und zu verschönern, durch Schneiden der Fingernägel und Fußnägel, Entfernen des Körperhaares im Schambereich und in den Achseln sowie (bei Bartträgern) Kürzen des Schnurrbartes.

Dies ist die Ansicht der Rechtsschulen außer der *Ḥanbalīya*. Die *Ḥanbalīya* hingegen hält diese Handlungen für grundsätzlich *mandūb* vor jedem Gebet.

10. Es ist *mandūb*, während des Ganges zum Gebet laut (*jahr*) *Takbīrāt* zu sprechen und das bis zum Gebetsbeginn beizubehalten.

Nach der *Ḥanafīya* macht man, wie beschrieben, diese *Takbīrāt* leise (*isrār*).

Nach der *Mālikīya* macht man diese *Takbīrāt*, bis der *Imām* auf dem Gebetsplatz angekommen ist bzw. bis sich der *Imām* zum Gebet erhebt (falls er sich nach seiner Ankunft kurz, um auszuruhen, hingesetzt hatte).[288]

11. Es ist *mandūb*, auf einem anderen Weg als dem Hinweg vom Gebetsplatz zurückzukehren.
12. Es ist *mandūb*, die gläubigen Muslime, die einem begegnen, anzulächeln und Freude zu zeigen.
13. Es ist *mandūb*, an den Festtagen viel freiwillige Spende (*ṣadaqa*) zu geben.
14. Es ist, sofern man dazu verpflichtet ist, *mandūb*, *Ṣadaqat al-Fiṭr* vor dem *'Īd al-Fiṭr* und zugleich vor dem *Ṣubḥ*-Gebet (das heißt demjenigen vor dem Festgebet) zu geben.

KAPITEL 15

DAS REISEGEBET (ṢALĀT AS-SAFAR)

§ 113

ALLGEMEINE VORSTELLUNG

Das „Reisegebet" (*ṣalāt as-safar*), auch „Gebet des Reisenden" (*ṣalāt al-musāfir*) genannt, bezeichnet ein Pflichtgebet (*Farḍ*-Gebet), das zur Erleichterung für den Betenden, der sich auf einer Reise befindet, in seiner *Rak'a*-Anzahl gekürzt bzw. mit einem anderen Gebet zusammengelegt, verbunden wird.

Dabei bestehen bestimmte Bedingungen zum Kürzen (*qaṣr*) bzw. Verbinden (*jam'*). Auch ist hier – wie schon zu Beginn des Buches über das Gebet – zu bemerken, daß die *Ḥanafīya* im Unterschied zu den anderen Rechtsschulen, der *Mālikīya*, *Shāfi'īya* und *Ḥanbalīya*, der Auffassung ist, daß nur am Tag von *'Arafāt* ein echtes Verbinden möglich ist, sonst aber nicht.[289]

Auch ist zunächst wichtig festzustellen, was genau unter einer Reise im Zusammmenhang mit dem Reisegebet verstanden wird.

§ 114

WAS EINE REISE IST, DIE DAS REISEGEBET ERMÖGLICHT

Das islamische Recht geht davon aus, daß eine Reise grundsätzlich Beschwernisse hervorruft bzw. – bei den Gebeten und ihrer Einhaltung – Probleme auftauchen können, weil der Reisende (*musāfir*) im Gegensatz zum Nichtreisenden bzw. Ortsansässigen (*muqīm*) zeitlich viel gebundener ist: Wenn er etwa durch Verabredungen gebunden ist und lange Fahrten unternehmen muß, kann er oft das Gebet nur unter Ungewißheit verrichten, weil er den jeweiligen Ort nicht kennt, vielleicht Nahrung und Wasser besorgen muß und nicht weiß woher, weil sich unerwartete Schwierigkeiten ergeben (etwa der Unfall eines anderen, der ihn aufhält, oder Hindernisse anderer Art) oder weil er sich beeilen muß und sich in der Eile kein geeigneter Ort zum Beten findet usw.

Andererseits ist vom islamischen Recht auch festgelegt, daß eine Mindestentfernung zwischen Aufbruchsort und Zielort der betreffenden Person gegeben sein muß, damit man von einer Reise sprechen kann, die das Reisegebet (das heißt das verkürzte oder verbundene *Farḍ*-Gebet) erlaubt macht und nicht das normale *Farḍ*-Gebet erfordert.

(Das Hin- und Zurückreisen wird nicht zusammengerechnet, sondern es gilt nur die reine Distanz zwischen Aufbruchsort und Zielort.)

Hier nun ist deutlich festzustellen, daß mindestens drei Stufen von Entfernungen unterschieden werden:

1. Eine Entfernung, bei der man zwar den eigenen Wohnort verläßt, aber bei Erreichen des Zielortes noch nicht weit genug entfernt ist, als daß man von einer Reise sprechen kann. Diese Entfernung ist mindestens etwas wie das Verlassen des eigenen Hauses und ein kleiner Spaziergang im Wohnviertel und dergleichen.
2. Eine Entfernung, bei der man nach manchen Meinungen einiger Prophetengefährten und Hadith-Belegen von einer Reiseentfernung sprechen kann, ohne daß diese Entfernung aber allgemein als Reiseentfernung anerkannt ist.

   Hier herrscht beträchtliche Meinungsvielfalt unter den Gelehrten der Frühzeit. So haben manche Prophetengefährten in eigenem *Ijtihād* in den damaligen großen Städten des Orients (zum Beispiel Syriens), wenn sie in deren Innerem größere Entfernungen zurücklegen mußten, das Reisegebet verrichtet und für zulässig gehalten.

Es gibt in diesem Bereich auch keine ganz genau festsetzbare Grenze, doch kann man unter bestimmten Umständen für eine Minimalentfernung dieser Art etwa 25 km ansetzen, für die Maximalentfernung dieser Art etwas weniger als etwa 80 km (eine mittlere Entfernung, die in drei langsamen Tagestouren unter mittelschweren Umständen erreichbar ist).

Da diese Art der Entfernung in der späteren Gelehrtenzeit nicht allgemein als das Reisegebet erlaubend angesehen wurde, wird in den meisten späteren Rechtswerken diese Art der Entfernung ganz ausgelassen.

3. Eine Entfernung, die so beträchtlich ist, daß hier in absoluter Übereinstimmung von einer Reise gesprochen werden kann.

Eine Entfernung von mindestens drei Tagesreisen (nach manchen Schulmeinungen etwa 80 km, nach anderen etwa 100 km, nach den strengsten etwa 120 km) wird als Mindestentfernung für eine Reisedistanz, die das Reisegebet erlaubt macht, allgemein anerkannt. Für diese Art der Entfernung gibt es logischerweise keine feste Obergrenze räumlicher Art.

Zusammenfassend lassen sich aber folgende allgemein anerkannte Grundsätze erkennen:

1. Man muß auf der „Reise" den eigenen bzw. den als vertraut bekannten Lebensraum verlassen.
2. Wenn es sich bei der Reiseentfernung um die mittlere Art handelt, muß sich eine praktische Notwendigkeit ergeben, das Reisegebet zu verrichten. Wenn aber nach bestem Wissen und Gewissen diese „Reise" in eine einzige Gebetszeit fällt und zudem jederzeit unterwegs das betreffende Gebet ohne Erschwernis verrichtet werden kann, so muß man zwingend vom Reisegebet Abstand nehmen, darf es hier nicht als „Reisegebet" verrichten.
3. Wenn die Entfernung die allgemein als Reisedistanz anerkannte ist, so ist es unerheblich, ob die betreffende Reise voraussichtlich angenehm wird oder nicht, mit Hindernissen behaftet sein wird oder nicht: die Entfernung selbst ist hier ausschlaggebend, nichts anderes.
4. Wenn das Reisegebet möglich ist, sollte es auch verrichtet werden, weil es eine gestattete Erleichterung Gottes für die Menschen ist. Man kann hier durch Unterlassen der Erleichterungen des Reisegebets vor Gott nicht mehr Lohn bekommen, als wenn man das Reisegebet verrichtet.

§ 115

DAS KÜRZEN (QAṢR)

Das Kürzen der Anzahl der *Raka'āt* bei Vier-*Raka'āt*-Gebeten ist in Übereinstimmung der *Madhāhib* eine Erleichterung des Reisegebets. Dabei werden die vier *Raka'āt* des *Ẓuhr-*, *'Aṣr-* und *'Ishā'*-Gebetes auf zwei *Rak'a* gekürzt, wobei diese zwei *Rak'a* wie das *Ṣubḥ*-Gebet verrichtet werden: mit einem einzigen Sitzen (*julūs*) und *Tashahhud.*

Nicht gekürzt werden dabei das Ṣubḥ- und das Maghrib-Gebet.

Das Kürzen (*qaṣr*) eines dieser drei *Farḍ*-Gebete ist erst dann erlaubt, wenn man den eigenen *'Umrān* (das heißt den eigenen Lebensbereich[290]) bereits verlassen hat. Das heißt, selbst wenn man zu einer sehr langen Reise aufbricht, aber noch innerhalb seines „*'Umrān*“ ist, darf man noch nicht kürzen, sondern muß so lange warten, bis man den *'Umrān* verlassen hat.

§ 116

DAS VERBINDEN (JAM')

Allgemein

Abgesehen von der *Ḥanafīya*-Meinung – die hier nicht betrachtet werden soll, weil nach der *Ḥanafīya* ja das echte *Jam'* ohnehin unzulässig ist – gilt, daß das Verbinden grundsätzlich bei einer Reise ein „tatsächliches Verbinden“ (*jam' ḥaqīqī*) ist.[291]

Dabei wird derart verbunden, daß das *Ẓuhr-* mit dem *'Aṣr*-Gebet und das *Maghrib-* mit dem *'Ishā'*-Gebet zusammen gebetet wird, ohne daß dabei eine Unterbrechung zwischen den jeweils zwei Gebeten eintritt.

Es ist – unter jeweils bestimmten Umständen – möglich, die so verbundenen zwei Gebete innerhalb der gesamten Gebetszeit beider Gebete zu verrichten, das heißt, man kann das *Ẓuhr* und *'Aṣr* sowohl in der *Ẓuhr*-Zeit als auch in der *'Aṣr*-Zeit verrichten.

Werden beide in *Jam'* verbundenen Gebete in der Zeit des ersten Gebets verrichtet, so spricht man von einem „Verbinden mit (zeitlichem) Vorziehen“ (*jam' taqdīm*), betet man beide Gebete in der Zeit des zweiten Gebets, spricht man von einem „Verbinden mit (zeitlichem) Verzögern“ (*jam' ta'khīr*).

Bezüglich der *Nāfila-Rātiba*-Gebete bei *Farḍ*-Gebeten, die in *Jam'* verbunden werden, gilt, daß alle vorherigen im Zweifelsfall vor das erste beider *Farḍ*-Gebete kommen müssen, die nachherigen *Nawāfil* beider *Farḍ*-Gebete müssen entsprechend nach dem letzten *Farḍ*-Gebet verrichtet werden.

Bedingungen zum „Verbinden mit (zeitlichem) Vorziehen" (jam' taqdīm)

Wenn man eine Reise beabsichtigt und auch beabsichtigt, das Reisegebet mit „Verbinden mit (zeitlichem) Vorziehen" (*jam' taqdīm*) zu verrichten, muß der Reisende folgende Bedingungen beachten:

1. Er muß nach bestem Wissen und Gewissen davon ausgehen, daß die Reise sich voraussichtlich über mehr als die betreffende erste Gebetszeit erstrecken wird.
2. Er verrichtet so früh wie im Rahmen der Reisebedingungen möglich, auf jeden Fall aber erst nach Verlassen seines Lebensbereichs (*'umrān*), beide Gebete innerhalb der Zeit des ersten Gebets, wobei er zuerst das erste, dann das zweite Gebet verrichten muß. Dabei darf kein zeitlicher Abstand zwischen den beiden Gebeten eintreten; nur die *Iqāma* darf dazwischentreten (nach manchen Meinungen sollte auch die *Iqāma* in diesem Falle weggelassen werden).
3. Wenn er die Absicht des *Jam' taqdīm* faßt, aber die Reise beendet ist, noch bevor die erste Gebetszeit beendet ist und bevor er noch gebetet hat, muß er das betreffende erste Gebet innerhalb der normalen Zeit – wie ja dann auch möglich – verrichten und darf nicht mehr verbinden. Hat er hingegen bereits beide Gebete in *Jam' taqdīm* verrichtet, ist aber noch innerhalb der ersten Gebetszeit wieder zurückgekehrt, und die Reise beendet, so gilt das erste, aber er muß das zweite nochmals innerhalb der betreffenden Zeit beten.

Bedingungen zum „Verbinden mit (zeitlichem) Verzögern" (Jam' ta'khīr)

Wenn man eine Reise beabsichtigt mit dem Vorsatz, das Reisegebet durch „Verbinden mit (zeitlichem) Verzögern" (*jam' ta'khīr*) zu verrichten, gilt:

1. Die Reise muß aller Voraussicht nach länger andauern als die erste Gebetszeit.
2. Der Reisende wartet in diesem Fall, bis die erste Gebetszeit bereits verstrichen ist; dann verrichtet er innerhalb der zweiten Gebetszeit beide Gebete ohne Trennung dazwischen (wie oben schon dargestellt).
3. Sollte wider Erwarten die Reise beendet sein, nachdem die erste Gebetszeit schon verstrichen war, bevor aber der Reisende noch gebetet hat, so muß er (ohne daß das hier als Unterlassungssünde gilt) das erste Gebet in *Qaḍā'*-Form nachholen und das zweite in gewohnter Weise

verrichten, darf die beiden Gebete also nicht mehr mit der Absicht des Reisegebets verrichten.

§ 117

WENN EIN REISENDER (MUSĀFIR) IMĀM EINES NICHT-REISENDEN (MUQĪM) IST UND UMGEKEHRT

Wenn ein Reisender (musāfir) Imām eines Nichtreisenden (muqīm) ist

In diesem Fall gilt:

Der Reisende – auch als *Imām* – kürzt und verbindet, sofern er das Verbinden als für ihn korrekt erachtet.

Der Reisende (*musāfir*) muß als *Imām* dem Nichtreisenden (*muqīm*) als dem Nachbeter klar vor dem Gebet sagen, daß er selbst Reisender ist. In diesem Fall muß nämlich der Nichtreisende (der *Ma'mūm*) nach dem (gekürzten) *Farḍ*-Gebet des Reisenden (des *Imām*) – das heißt nach dem ersten *Salām* des *Musāfir-Imām* – aufstehen und die restlichen zwei *Raka'āt*, die der *Imām* ja nicht verrichtete, allein beten und so das Gebet für sich – als *Muqīm* – vervollständigen.

Wenn *mehrere Reisende unter den Nachbetern* anwesend sind, gilt:

Verbinden die Reisenden zwei Gebete innerhalb der ersten Gebetszeit (*jam' taqdīm*), sollen sie in den ersten Reihen stehen, damit die Nichtreisenden an ihrem Platz stehend das Gebet vervollständigen können, während die Reisenden sich zum zweiten Gebet aufstellen und die Reihen so auch geschlossen halten können.

Verbinden die Reisenden zwei Gebete innerhalb der zweiten Gebetszeit (*jam' ta'khīr*), so bilden die Reisenden zunächst eine eigene Gruppe von Betenden und verrichten das erste Gebet (das ja von den Nichtreisenden in diesem Moment nicht verrichtet wird). Dann – beim zweiten Gebet – schließen sich die Nichtreisenden mit der ersten Gruppe zu einer gemeinsamen Gruppe zusammen und verrichten mit ihnen das zweite Gebet. In diesem Fall ist es unerheblich, wo Reisende und Nichtreisende in welchen Gebetsreihen stehen, weil – anders als im ersten Fall – keine neuen, geschlossenen Gebetsreihen durch die Reisenden gebildet werden müssen und die Nichtreisenden – einzeln – die restlichen ihnen obliegenden *Raka'āt* zusätzlich verrichten können.

Falls sich jedoch Probleme ergeben, weil Reisende und Nichtreisende sich nicht über das praktische Vorgehen einigen können (gerade wenn sie es nicht gewohnt sind, kann das leicht geschehen), so sollten die Reisenden gegebenenfalls als einzelne Gruppe beten.

Wenn ein Nichtreisender (muqīm) Imām eines Reisenden (musāfir) ist

Wenn ein Nichtreisender (*muqīm*) *Imām* eines Reisenden (*musāfir*) ist, gilt:

In diesem Fall darf der Reisende als Nachbeter wohl verbinden, nicht aber kürzen: Er muß also gegebenenfalls alle vier *Raka'āt* – wie im Normalfall – mitbeten.

Sind *mehrere Reisende in der Gesamtgruppe der Betenden anwesend*, so gilt:

Wenn die Reisenden verbinden und innerhalb der ersten Gebetszeit sind, so sollen sie sich so stellen, daß sie – ohne die Nichtreisenden zu stören – nach dem Ende des ersten Gebets (das sie hinter dem *Muqīm-Imām* verrichteten) getrennt von den Nichtreisenden eine eigene Gebetsgruppe bilden können, mit korrekten Gebetsreihen, wobei ein Reisender ihnen beim zweiten Gebet vorbetet und dieses zweite Gebet auch gekürzt gebetet wird.

Wenn sie aber innerhalb der zweiten Gebetszeit verbinden, so verrichten sie zunächst als eigene Gruppe das erste Gebet (mit Kürzen, beim *Ẓuhr*-Gebet) und schließen sich mit den Nichtreisenden im direkten Anschluß daran zur Verrichtung des zweiten Gebets zusammen (dieses zweite Gebet – hinter einem *Muqīm-Imām* – darf dabei nicht gekürzt werden).

Sollten sich dabei aber praktische Probleme ergeben – etwa, daß die Nichtreisenden nicht abwarten wollen, bis die Reisenden das erste Gebet verrichtet haben, sei es, daß sie zwar warten, aber – durch *Nāfila*-Gebete usw. – eine deutliche Trennung zwischen den beiden Gebeten für die Reisenden zu entstehen droht, so sollen die Reisenden für sich das Reisegebet getrennt verrichten, weil sonst ihr erstes Gebet ja ungültig würde.

Eine weitere Möglichkeit besteht wiederum darin, daß innerhalb der zweiten Gebetszeit sich die Reisenden mit der Absicht, das erste Gebet in *Jam'* zu verrichten, sofort dem *Muqīm-Imām* anschließen und dann, nach Ende dieses Gemeinschaftsgebets, eine weitere *Jamā'a* von nur Reisenden bilden und so das zweite Gebet direkt – ohne Probleme – anschließen können (auch in diesem Fall darf kein Reisender beim ersten Gebet kürzen).

KAPITEL 16

ÜBER DAS NACHHOLEN (QAḌĀ') EINES VERSÄUMTEN GEBETES (FĀ'ITA)

§ 118

ALLGEMEINES

Nachgeholt werden müssen nur *Farḍ*-Gebete bzw. an bestimmte Zeiten gebundene, gelobte Gebete. Das Beten eines Gebetes innerhalb seiner zugehörigen Zeit wird „*Adā'*" genannt, das Nachholen versäumter Gebete „*Qaḍā'*". Versäumte Gebete werden „*Fā'ita*" genannt (Pl.: „*fawā'it*").

Die *Iqāma* wird bei *Fā'ita*-Gebeten wünschenswert mit wiederholt, nach manchen Gelehrten auch der *Adhān* des betreffenden *Fā'ita*-Gebetes.

Freiwillige Gebete müssen nicht nachgeholt werden, wenn sie nicht in ihrer Zeit verrichtet wurden, und es ist auch nicht möglich, *Sunna*-Gebete, die zeitgebunden sind, nach ihrer Zeit nachzuholen. Als Ausnahme wird hier von vielen Gelehrten das Zwei-*Rak'a*-Gebet von *Fajr* genannt. Wenn man dieses Gebet nicht verrichtet hat, so kann man es – nach diesen Meinungen – nach Sonnenaufgang nachholen.

Wenn man jedoch ein sonstiges *Farḍ*-Gebet (zum Beispiel *Ẓuhr*) versäumt, so kann man die dazugehörigen *Rātiba-Sunna*-Gebete nicht mehr nachbeten.

Allgemein gilt: Wenn man ein *Farḍ*-Gebet nicht verrichtet hat, so gilt als Entschuldigungsgrund Vergessen, Verschlafen, Ohnmacht. Versäumte *Farḍ*-Gebete müssen so schnell wie möglich – sobald man sich bewußt wird, sich erinnert, sie noch nachholen zu müssen (in *Qaḍā'*) – nachholen. In diesem Fall ist keine sonstige Sühnehandlung (*kaffāra*) vonnöten, das Nachholen genügt.

§ 119

WIE VERSÄUMTE GEBETE (FAWĀ'IT) GENAU NACHGEHOLT WERDEN

Zur Absicht bei Fawā'it-Gebeten

Bei *Fawā'it*-Gebeten muß man in der Absicht mit formulieren, daß es sich um ein in *Qaḍā'* verrichtetes Gebet handeln soll und um welches genau.

Wenn man mehrere Gebete gleicher Art (zum Beispiel *Ẓuhr* von gestern und vorgestern) nachholen muß, so muß nach vielen Gelehrten auch das in die *Nīya* miteingebracht werden.

Nachholen versäumter Reisegebete

Wenn jemand als Reisender (*musāfir*) ein *Farḍ*-Gebet (gekürzt) auf der Reise versäumt hat und es als Nichtreisender (*muqīm*) nachholen muß, so besteht Uneinigkeit darüber, ob er es mit vier oder zwei *Raka'āt* verrichten und nachholen muß.

Ḥanafīya und *Mālikīya* sagen, daß ein versäumtes Zwei-*Rak'a*-Gebet auch mit zwei *Rak'a* nachgeholt wird, selbst, wenn der Betreffende schon wieder Nichtreisender ist.

Shāfi'īya und *Ḥanbalīya* aber meinen, daß der derzeitige Zustand des Nachholenden entscheidend ist: Auf der Reise werden alle versäumten Vier-*Raka'āt*-Gebete gekürzt nachgeholt, im Nichtreisezustand werden alle (auch bei der Reise) versäumten und als Zwei-*Raka'āt*-Gebete vorgesehenen Vier-*Raka'āt*-Gebete als vier *Raka'āt* verrichtet.

Nachholen in Jamā'a-Form (Gemeinschaftsgebetsform)

Es ist möglich, daß sich derjenige, der ein Gebet nachholen muß, mit anderen Betenden zusammenschließt und mit spezieller Absicht, sein Gebet außerhalb der vorgesehenen Zeit (als *Qaḍā'*) zu beten, das Gebet mitmacht.

Es gilt andererseits als am besten, wenn sich mehrere, die dasselbe Gebet versäumt haben, zu einem besonderen Gemeinschaftsgebet (*jamā'a*) zusammenschließen, mit der Absicht, das Versäumte in *Qaḍā'* und als Gemeinschaftsgebet nachzuholen.

Ẓur lauten (jahr) bzw. leisen (isrār)
Rezitation bei versäumten Gebeten

Ḥanafīya und *Mālikīya*

Wenn das versäumte Gebet in seiner Zeit laut (in *Jahr*) zu rezitieren war (wie *Maghrib* zum Beispiel), so wird es auch außerhalb der vorgesehenen Zeit (in *Qaḍā'*) als *Jahr*-Gebet rezitiert.

Wenn das betreffende Gebet leise (in *Isrār*) zu rezitieren war, wird es später (in *Qaḍā'*) auch leise (in *Isrār*) rezitiert. Das gilt auch dann, wenn man ein versäumtes *Isrār*-Gebet nachts nachholt oder ein versäumtes *Jahr*-Gebet in einer *Isrār*-Zeit.

Shāfiʿīya und Ḥanbalīya

Die derzeitige Gebetszeit, in der man das versäumte Gebet nachholt, gibt den Ausschlag: So wird etwa ein versäumtes *Ẓuhr*-Gebet tagsüber leise (in *Isrār*), nachts laut (in *Jahr*) rezitiert, ein versäumtes *Maghrib*-Gebet wird tagsüber in *Isrār*, nacht in *Jahr* wiederholt usw.

§ 120

DIE FRAGE, OB UND WIE EINE REIHENFOLGE DER VERSÄUMTEN UND AUCH NICHT VERSÄUMTEN GEBETE EINZUHALTEN IST

Allgemein ist es notwendig, sowohl bei den versäumten Gebeten die Reihenfolge des Nachholens einzuhalten (also ein versäumtes *Ẓuhr* vor einem versäumten *ʿAṣr* zu verrichten), als auch die Reihenfolge von *Fawāʾit* und noch aktuellen Gebeten einzuhalten (also ein versäumtes *Ẓuhr* vor dem noch korrekt zu verrichtenden *ʿAṣr* nachzuholen). Wenn man aber nur noch Zeit hat, ein noch innerhalb der vorgesehenen Zeit (in *Adāʾ*) zu verrichtendes Gebet zu beten, so muß man das zuerst tun und das Versäumte (*fāʾita*) zurückstellen, weil es unzulässig ist, ohne Entschuldigungsgrund (*ʿudhr*) ein Gebet wissentlich und willentlich nicht innerhalb der vorgesehenen Zeit zu beten. Wenn die Anzahl der versäumten Gebete aber sehr groß ist und man nicht mehr die genaue Anzahl weiß, so muß man so viel nachholen, bis man sich über die Mindestanzahl ungefähr sicher ist.

KAPITEL 17

DAS GEBET DES MASBŪQ (DER SICH VERSPÄTET DEM GEBET ANSCHLIESST)

§ 121

ALLGEMEINE VORSTELLUNG

Wörtlich bedeutet „*sabaqa*“: „zeitlich vor etwas kommen“, „jemandem zeitlich vorausgehen“. Ein „*Masbūq*“ ist wörtlich jemand, der „zeitlich zurückgelassen wurde“.

Im Recht bezeichnet „*Masbūq*" eine Person, die sich als Nachbeter (*ma'mūm*) einem Vorbeter (*imām*) in einem Gebet anschließt, wobei er aber erst verspätet – nicht vom Zeitpunkt des Gebetsbeginns mit dem *Takbīrat al-Iḥrām* an – in das Gebet eintritt.

Wenn etwa schon eine *Rak'a* von einer Gruppe von Betenden in Form eines Gemeinschaftsgebets (*ṣalāt al-jamā'a*) verrichtet wurde und dann jemand kommt, mitbeten will, sich an eine Reihe von Betenden anschließt und mit der Absicht (*nīya*) eines *Ma'mūm* in das Gebet eintritt, so muß er – sobald der *Imām* den ersten Teil des Schlußgrußes (die erste *Taslīma*) gegeben hat – aufstehen, ohne aber selbst auch den Schlußgruß zu geben, und das, was ihm vom Gebet entgangen ist, nachbeten. Dabei gilt bezüglich der *Nīya* des *Masbūq*, daß sie nach seinem Aufstehen – wenn er ja als Einzelbetender das Entgangene nachbetet – auch weiterhin gültig bleibt und nicht extra neu gefaßt werden muß.

§ 122

WAS DER MASBŪQ ZU BESTIMMTEN PHASEN DES GEBETS TUN MUSS

Es gilt außerdem, daß der *Masbūq* sich zunächst einer Reihe der Betenden anschließt, stehend seinen *Takbīrat al-Iḥrām* ausführt und sich dann in die jeweils vom *Imām* durchgeführte Gebetsstellung begibt:

- Steht der *Imām*, bleibt er stehen,
- ist der *Imām* im *Rukū'*, beugt er sich nach dem *Takbīrat al-Iḥrām* auch in den *Rukū'*,
- ist der *Imām* gerade in der *Sujūd*-Haltung, wirft sich der *Masbūq* sofort nach dem *Takbīrat al-Iḥrām* auch in den *Sujūd* nieder,
- sitzt der *Imām*, setzt sich der *Masbūq* auch sofort hin.

Das Verhalten des *Masbūq* im weiteren Verlauf des Gebets folgt verschiedenen Bedingungen bzw. wird nach verschiedenen Fällen unterschieden. Dazu nun Beispiele und die notwendigen Regeln:

1. Der *Imām* steht im *Qiyām* und rezitiert; der *Masbūq* schließt sich an und kann den *Qiyām* noch so lange mitmachen, daß diese Zeit zur Rezitation der *Fātiḥa* reicht. In diesem Fall gilt übereinstimmend, daß diese *Rak'a* nach dem Ende des ersten *Taslīms* des *Imāms* von dem *Masbūq* nicht nachgeholt werden muß.
2. Der *Imām* steht noch im *Qiyām*, beugt sich aber so früh in den *Rukū'*, daß der *Masbūq* nur noch wenig von dem *Qiyām* mitbekommt, jedenfalls weniger, als zur *Fātiḥa*-Rezitation in Normaltempo erforderlich ist. Hier gelten unterschiedliche Ansichten:

Nach allen *Madhāhib* gilt eine *Rak'a* als erreicht (und muß nicht wiederholt werden), wenn man sich dem Imam und dem Gebet noch im *Rukū'* angeschlossen hat. Nach der *Shāfi'īya* ist das Rezitieren der *Fātiḥa* immer *Farḍ* (auch für den Nachbeter), und darum soll der Nachbeter – der *Masbūq* – wenn möglich die Rezitation der *Fātiḥa* fortsetzen, wenn nur wenig von ihr (1–2 *Āyāt*) noch fertig zu rezitieren ist, und sich erst dann dem *Rukū'* des Vorbeters anschließen.

3. Der *Imām* hat sich bereits in den *Rukū'* gebeugt, als der *Masbūq* in das Gebet eintritt; hier gilt in Übereinstimmung, daß diese *Rak'a* nachgeholt werden muß. Dasselbe gilt grundsätzlich auch für jede andere Stellung des *Imām* außer dem eigentlichen *Qiyām*.
4. Der *Masbūq* erreicht das Gebet in einem *Tashahhud*, wobei er genug Zeit findet, den *Tashahhud*-Text selbst zu rezitieren; dann ist es für den *Masbūq* gleichgültig, ob es sich um den ersten oder gegebenenfalls um den zweiten *Tashahhud* des *Imām* handelt: In jedem Fall rezitiert der *Masbūq* den *Tashahhud*-Text, nicht aber die Segensformel für den Propheten ﷺ; dann wartet der *Masbūq*, bis der *Imām* entweder aufsteht oder den Schlußgruß gibt.

   Wenn der *Imām* sich zur nächsten (das heißt dritten) *Rak'a* erhebt, erhebt sich auch der *Masbūq* und betet ganz wie schon beschrieben weiter mit der Gemeinschaft (*jamā'a*); er weiß dann, daß ihm zwei *Raka'āt* entgangen sind.

   Wenn der *Imām* jedoch den Schlußgruß gibt, muß der *Masbūq* nach der ersten *Taslīma* des *Imām* alle *Raka'āt* des betreffenden Gebets nachholen, wobei aber die ursprünglich beim verspäteten Gebetseintritt gefaßte Absicht weiter gilt.
5. Der *Masbūq* erreicht das Gebet erst dann, wenn der *Imām* bereits im *Tashahhud* ist und die Zeit nicht mehr für den *Masbūq* ausreicht, um den *Tashahhud*-Text selbst ganz zu rezitieren. In diesem Fall gilt das Gebet als noch erreicht (insofern, als der *Masbūq* den Lohn für das Gemeinschaftsgebet erhält), doch hier steht der *Masbūq* – auch bevor er seinen *Tashahhud*-Text vollendet hat – auf und beginnt die erste nachzuholende *Rak'a*.
6. Der *Masbūq* hat sich stehend während des letzten *Tashahhud* dem Gebet eines *Imām* angeschlossen und die Absicht (*nīya*) eines *Ma'mūm* gefaßt, hat sich aber noch nicht gesetzt, bevor der *Imām* bereits die erste *Taslīma* gibt. In diesem Fall gilt das Gemeinschaftsgebet für den *Masbūq* als nicht mehr erreicht, und er muß aufstehen, eine neue *Nīya* fassen und das betreffende Gebet neu beginnen und durchführen.

§ 123

WAS DER MASBŪQ TUT, WENN ER SICH NICHT IN DIE LETZTE REIHE DER BETENDEN EINGLIEDERN KANN

Wenn der *Masbūq* sich einem Gemeinschaftsgebet anschließt, so können sich – bezüglich des Gebetsplatzes und der Reihen der Betenden – verschiedene Situationen ergeben. Grundsätzlich gilt:

Wenn der *Masbūq* feststellt, daß er sich nicht der letzten Reihe der Betenden anschließen kann, soll er – sofern er zu einem Zeitpunkt ins Gebet eintritt, zu dem die anderen aufrecht stehen – einen Betenden aus der letzten Reihe durch vorsichtiges Am-Arm-Nehmen oder ein Tippen an den Arm usw. auf sich aufmerksam machen und ihn gegebenenfalls am Arm langsam nach hinten führen, so daß beide hinter der bisherigen letzten Reihe eine neue Reihe bilden. Damit dabei keine Lücke in der vorherigen letzten Reihe entsteht, ist es am besten, wenn der *Masbūq* den letzten, ganz außen links oder rechts in der Reihe Stehenden auf diese Weise zur Bildung einer neuen Gebetsreihe herausnimmt – wenn das möglich ist und Platz und Situation das erlauben. Auch muß der so herausgeholte Betende weiterhin in Richtung *Qibla* gewandt bleiben, wie auch der *Masbūq* selbst.

Sollte der so Angesprochene sich aber beharrlich weigern, indem er den Arm freischüttelt oder dergleichen tut (weil er aus Unerfahrenheit mit dem islamischen Recht nicht weiß, wie er sich hier zu verhalten hat), so soll der *Masbūq* auf diese Person zur Bildung einer neuen Reihe verzichten und gegebenenfalls einen anderen in seiner Nähe stehenden Betenden aus der Reihe herausnehmen.

Wenn der *Masbūq* jedoch die Betenden in der Haltung des *Rukū'* bzw. *Sujūd* bzw. *Julūs* antrifft, so soll er sofort – hinter der letzten Reihe stehend – in das Gebet eintreten, ohne jemanden aus der Vorreihe herauszuholen, und warten, bis gegebenenfalls die neue *Rak'a* beginnt und die Betenden in den *Qiyām* aufstehen: dann soll er aber jemanden aus der Vorreihe herausholen (wie beschrieben).

Hier nun die wichtigsten Situationen:

1. *Der Masbūq findet nur den Imām und einen einzigen Nachbeter (ma'mūm) vor.*

Wenn keine Extremsituation vorliegt bezüglich des Gebetsplatzes, muß sich der *Masbūq* neben den *Ma'mūm* setzen (wenn der *Imām* nicht im *Qiyām* steht) bzw. muß den Einzelbeter mit sich hinter den *Imām* führen und so eine (erste) Reihe hinter dem *Imām* bilden.

Wenn es aus Platzgründen nicht möglich ist, daß sich der *Masbūq* gegebenenfalls neben den ersten *Ma'mūm* setzt, so soll er sich links neben den *Imām* setzen; ist auch das nicht möglich, hinter *Imām* und ersten *Ma'mūm*.

2. *Der Masbūq findet den Imām und mindestens eine hinter ihm stehende Reihe vor, in der noch Platz für einen Mitbeter ist.*

In diesem Fall muß sich der *Masbūq* zwingend in die Lücke der Reihe eingliedern.

3. *Der Masbūq findet den Imām und mindestens eine hinter ihm stehende Reihe vor, in der aber kein Platz mehr für einen Mitbeter ist.*

In diesem Fall muß der *Masbūq* – wie oben schon beschrieben – versuchen, einen Beter aus der Reihe vor ihm herauszunehmen. Sollte ihm das aber nicht gelingen, obwohl es grundsätzlich möglich wäre – weil der so angesprochene Beter der Vorreihe aus Unwissenheit nicht aus der Reihe herausgehen will –, so bleibt der *Masbūq* allein hinter der letzten Reihe stehen und verrichtet dort sein Gebet.

KAPITEL 18

GEBET DES KRANKEN (ṢALĀT AL-MARĪḌ)

Ein Kranker soll das Gebet so verrichten, wie er dazu körperlich in der Lage ist:

1. Wenn der Kranke sich nicht in den *Rukū'* oder den *Sujūd* beugen kann, so muß er das im Rahmen seiner Möglichkeit durch leichtes Vorbeugen andeuten.
2. Wenn jemand nicht stehen kann, so soll er das Gebet im Sitzen verrichten. Ist auch das nicht möglich, so soll er es liegend verrichten, wobei es am besten ist, wenn er auf seiner rechten Seite liegend in *Qibla*-Richtung blickt.

   Es besteht Meinungsunterscheidung für den Fall, daß jemand mit Hilfe einer Stütze oder eines Stockes doch stehen kann. *Ḥanbalīya* und *Ḥanafīya* sagen für diesen Fall, daß der so Kranke sich dann auf den Stock usw. aufstützen muß, während die *Mālikīya* und *Shāfi'īya* andere Meinungen vertreten.

   Mālikīya

   Wenn der Kranke gut sitzen kann, aber nur unter Schwierigkeiten stehen kann, soll er sitzend beten; wenn er aber auch nicht gut sitzen kann, aber mit Stütze stehen kann, so muß er eine Stütze benutzend stehen.

Shāfiʿīya

Wenn jemand stehen kann, wobei er für kurze Zeit (weniger als die Dauer des gesamten *Rukn*) sich an eine andere Person beim Stehen anlehnt, so soll er das tun; muß er sich aber dauerhaft anlehnen und kann andererseits mit Stütze bzw. Stock stehen, so muß er das tun. Ist auch das nicht gut möglich, so soll er sich setzen und so beten.

3. Wenn jemand nur liegend beten kann, so soll er das so verrichten. Im Extremfall genügt ein Hinweisen mit Augen oder Augenlidern, wenn man ganz und gar zu weiterer Bewegung unfähig ist bzw. eine Bewegung Schaden bewirken könnte.

Des weiteren gilt: Wenn jemand an verschiedenen Krankheiten wie Urinausfluß und dergleichen leidet und sich durch Beten ohne Stehen vermeiden läßt, daß Urin austritt und so der *Wuḍū'* zunichte wird, so muß so gebetet werden.

Auch gilt allgemein: Wenn jemand nur einen kurzen Moment stehen bzw. sich irgendwie erheben kann (zum Beispiel den Oberkörper bei einem Bettlägerigen), so soll der Kranke zumindest den *Takbīrat al-Iḥrām* so verrichten, weil hier das Stehen grundsätzlich Pflicht ist.

KAPITEL 19

DIE NIEDERWERFUNG WEGEN VERGESSENS (SUJŪD LI-S-SAHUW)

§ 124

BESCHREIBUNG DES SUJŪD LI-S-SAHUW

Unter der sogenannten „Niederwerfung wegen Vergessens" (*sujūd li-s-sahuw*) versteht man eine zweimalige Niederwerfung (das heißt zwei *Sajdas*), wobei man diese zwei *Sajdas* in der Regel vor dem *Salām* des Gebetes[292] direkt hintereinander ausführt, ohne sie oder das Sitzen dazwischen lang auszudehnen. Die Regeln der Körperhaltung sind dabei dieselben wie beim normalen *Sujūd* im Gebet. Vor jedem der beiden *Sajdas* wird der *Takbīr* gesprochen; während der *Sujūd*-Haltung gilt es als gut zu rezitieren:

Subḥāna lladhī lā yanāmu wa lā yashū
„Gepriesen sei der [das heißt Gott], der weder schläft noch vergißt."

Aber man muß nach überwiegender Meinung vor der ersten und zweiten *Sajda* die Absicht fassen, sie als *Sujūd* „wegen des Vergessens" (*sujūd li-s-sahuw*) durchzuführen, sonst wird das betreffende Gebet ungültig. Dieser zweimalige *Sujūd* wird ausgeführt, wenn dem Betenden irgendein Fehler bei der Verrichtung des Gebets bewußt wird (er also vergessen hat, etwas korrekt durchzuführen) oder er das nur vermutet, sich der Korrektheit seines Gebetes nicht ganz sicher ist (er also den tatsächlich durchgeführten Ablauf seines Gebetes nicht mehr im Gedächtnis hat, vergessen hat).

Wenn ein *Imām* den *Sujūd li-s-Sahuw* durchführt, muß ihm der *Ma'mūm* darin nachfolgen – selbst wenn der *Imām* dies nur aus einem Verdacht heraus tut, das Gebet des *Ma'mūm* aus dessen Sicht aber völlig korrekt ist.

§ 125

RECHTLICHE BEDEUTUNG DES SUJŪD LI-S-SAHUW

Hier müssen drei grundsätzliche Fälle unterschieden werden:

1. Es ist für den Betenden im Gebet sicher, daß etwas zur Gültigkeit Notwendiges bzw. eine zwingende Regel weggelassen bzw. inkorrekt erfüllt wurde. Dann muß der Betende den *Sujūd li-s-Sahuw* verpflichtend durchführen, sonst ist sein Gebet ungültig.
2. Der Betende macht einen Fehler (im oben genannten Sinn), weiß das aber im Gebet gar nicht, wird aber noch im Gebet, vor dem *Salām*, durch ein Zeichen seitens eines Nachbeters bzw. eines Außenstehenden darauf hingewiesen. Dann muß er ebenfalls den *Sujūd li-s-Sahuw* verpflichtend durchführen, sonst ist sein Gebet ungültig.
3. Der Betende macht einen Fehler (im oben genannten Sinn), weiß das aber im Gebet gar nicht, wird jedoch direkt nach dem *Salām* darauf hingewiesen. In diesem Fall kann er das Versäumte (bei sofortigem Aufstehen) anschließen, das Gebet vervollständigen und anschließend innerhalb des nachgeholten Gebetsteils den *Sujūd li-s-Sahuw* verrichten, sonst ist das ganze Gebet ungültig.
4. Der Betende vermutet, daß er einen Fehler gemacht hat. In diesem Fall soll er den *Sujūd li-s-Sahuw* machen, um für den Zweifelsfall sein Gebet gültig sein zu lassen. Wenn er dabei vermutet, daß er zum Beispiel eine oder mehrere *Raka'āt* im Gebet ganz weggelassen hat, so soll er im Zweifelsfall eher eine *Rak'a* mehr als eine weniger verrichten. Wenn

er eine derartige Vermutung – eine oder mehr *Raka'āt* weggelassen zu haben – nur sehr vage hat, soll er sich mit weniger begnügen.

§ 126

DIE MÖGLICHEN ANLÄSSE ZUM SUJŪD LI-S-SAHUW

1. Das Weglassen von *Wājibāt* bzw. *Sunan mu'akkada* innerhalb des Gebets oder der Zweifel, ob man es verrichtet hat. In diesem Fall genügt es, den *Sujūd li-s-Sahuw* zu verrichten, doch ohne Nachholen des betreffenden *Wājib* bzw. der betreffenden *Sunna mu'akkada.*
2. Der Zweifel, ob man zwei oder mehrere Pflichten in der richtigen Reihenfolge verrichtet hat. Überwiegt der Verdacht, daß dies geschah, muß der betreffende Teil des Gebets – notfalls die ganze *Rak'a* – wiederholt, dann der *Sujūd li-s-Sahuw* verrichtet werden. Überwiegt jedoch die Gewißheit, daß dem nicht so ist, daß alles in korrekter Form verlief, genügt der bloße *Sujūd li-s-Sahuw.*
3. Wenn man eine Pflicht mit Sicherheit ausgelassen hat bzw. der starke Verdacht davon. In diesem Fall muß noch vor dem Ende des Gebets der betreffende Teil – notfalls auch mehrere Teile, in der richtigen Reihenfolge – wiederholt werden, im Extremfall auch die ganze *Rak'a.* Dann muß zusätzlich der *Sujūd li-s-Sahuw* verrichtet werden.
4. Ist ein nur vager Verdacht vorhanden, daß ein Pflichtteil ausgelassen worden ist, so genügt der bloße *Sujūd li-s-Sahuw.*

Und Gott weiß es am besten, wie korrekt das Gebet der Gläubigen ist.

§ 127

DIE GENAUE DURCHFÜHRUNG EINES SUJŪD LI-S-SAHUW

Die genaue Durchführung und die damit verbundenen Bedingungen des *Sujūd li-s-Sahuw* sind bei den Rechtsschulen (*madhāhib*) unterschiedlich.

Ḥanafīya

Der *Sujūd li-s-Sahuw* wird verrichtet, nachdem der letzte *Tashahhud*, der Segen für den Propheten ﷺ und der erste *Salām* nach rechts durchgeführt wurden. Dann erst faßt der Betende die Absicht zum *Sujūd li-s-Sahuw* und führt ihn in Form zweier *Sajdāt* durch. Dann, nach der zweiten *Sajda*, richtet sich der Betende zum Sitzen auf, und es werden erneut der letzte *Tashahhud*, der Segen für den Propheten ﷺ und dann beide *Taslīmāt* nach rechts und links ausgeführt.

Wenn der Betende jedoch beide *Taslīmāt* – nach rechts und links – ausführt, bevor der *Sujūd li-s-Sahuw* verrichtet wird, so entfällt der *Sujūd li-s-Sahuw*.

Auch entfällt der *Sujūd li-s-Sahuw* generell, wenn er vergessen wird.

Wenn jemand ein *Wājib* im Gebet nicht erfüllt hat bzw. das stark vermutet, dann aber den *Sujūd li-s-Sahuw* nicht verrichtet, so gilt das Gebet dennoch. Handelt es sich beim Anlaß des *Sujūd li-s-Sahuw* aber um einen *Rukn* und wird der *Sujūd li-s-Sahuw* unterlassen, so ist das Gebet ungültig.

Die ausdrückliche Absicht (*nīya*) zum *Sujūd li-s-Sahuw* ist dabei für den *Imām* und Einzelbetenden (*munfarid*) notwendig.

Shāfi'īya

Der *Sujūd li-s-Sahuw* wird nach dem letzten *Tashahhud* und dem Segen für den Propheten ﷺ ausgeführt. Dabei muß die entsprechende Absicht zum *Sujūd li-s-Sahuw* kurz vor dem *Sujūd li-s-Sahuw* von *Imām* und *Munfarid* gefaßt werden. Wenn die Absicht (*nīya*) dabei bewußt unterlassen wird, ist der *Sujūd li-s-Sahuw* ungültig.

Ein gültiger *Sujūd li-s-Sahuw* kann nur und ausschließlich nach dem Segen für den Propheten ﷺ bzw. vor der ersten *Taslīma* verrichtet werden. Im Unterschied zur Meinung der *Ḥanafīya* wird auch kein Teil des Gebetes im Rahmen des *Sujūd li-s-Sahuw* wiederholt.

Mālikīya

Vor dem letzten *Tashahhud* werden die zwei *Sajdas* des *Sujūd li-s-Sahuw* durchgeführt. Dann fällt zudem der Segen für den Propheten ﷺ und ein zusätzliches *Du'ā'* danach weg.

Wenn der *Sujūd li-s-Sahuw* erst nach dem *Salām* verrichtet wird, ist das gültig, sofern danach der letzte *Tashahhud* wiederholt und noch einmal darauf der *Salām* verrichtet wird.

Im Unterschied zur Haltung von *Shāfi'īya* und *Ḥanafīya* muß nach der *Mālikīya* von keinem Betenden beim *Sujūd li-s-Sahuw* eine spezielle Absicht gefaßt werden, sofern der *Sujūd li-s-Sahuw* vor dem *Salām* verrichtet wird: weil in diesem Fall der *Sujūd li-s-Sahuw* in der Gesamt-*Nīya* des Gebets mit inbegriffen ist. Wird der *Sujūd li-s-Sahuw* aber nach dem *Salām* verrichtet, muß eine gesonderte *Nīya* dazu gefaßt werden, weil der *Sujūd li-s-Sahuw* in diesem Fall schon außerhalb des eigentlichen Gebets ist.[293]

Ḥanbalīya
Es ist zulässig, den *Sujūd li-s-Sahuw* sowohl vor als auch nach dem *Salām* zu verrichten. Wird er vor dem *Salām* verrichtet, wird er so verrichtet wie bei der *Shāfi'īya*; wird er nach dem *Salām* verrichtet, wird er wie bei der *Ḥanafīya* verrichtet (das heißt mit Wiederholung des *Tashahhud* usw. und anschließendem *Salām*).

KAPITEL 20

DER SUJŪD BEI DER LESUNG (SUJŪD AT-TILĀWA)

Damit ist ein einzelner *Sujūd* gemeint, der an bestimmten Stellen des Korantextes durchgeführt werden muß. Diese Stellen sind im *Muṣḥaf* besonders gekennzeichnet, in der Regel durch Überstreichung der betreffenden Stelle und ein Anmerkungszeichen am Rand der Seite.

Bei der Herabsendung dieser Verse wurde dem Gesandten Gottes ﷺ und allen Muslimen auferlegt, sich in den *Sujūd* niederzuwerfen; daher ist es an diesen Stellen bis heute verpflichtend, daß sich jemand, der diese Stelle gerade rezitiert, ohne Abschlußformel in der Rezitation innehält und sich in den *Sujūd* niederwirft. Dieser *Sujūd* soll in sich genau denselben Regeln folgend durchgeführt werden wie ein einzelner *Sujūd* in einem Gebet: bezüglich der Handhaltung, der gesamten Körperhaltung usw. Dabei muß man außerdem die Absicht fassen, den *Sujūd* anläßlich dieser *Āya* durchzuführen. Auch muß man dabei im Zustand der vollen rituellen Reinheit sein; gegebenenfalls auch durch *Tayammum*.

Allerdings gilt im Unterschied zum *Sujūd* im Gebet, daß der *Sujūd at-Tilawa*, das Niederwerfen anläßlich der Rezitation, weder zu kurz ausfallen noch zu lange ausgedehnt werden soll.

Wenn man gerade eine betreffende *Āya* im Gebet inmitten einer Rezitation während des *Qiyām* rezitiert, so spricht man den *Takbīr*, wirft sich sofort einmal in den *Sujūd* nieder und erhebt sich in denselben *Qiyām*, um weiterzurezitieren. Auch hier ist – seitens des *Imām* bzw. *Munfarid* – eine spezielle Absicht vonnöten, wie oben dargestellt.

Wenn man gerade eine solche *Āya* auswendiglernt und sie daher meist mehrmals wiederholen muß, genügt es, die Absicht zu fassen, den *Sujūd* anschließend, nach der letzten Wiederholung, durchzuführen. Wenn man allerdings zwischen der wiederholten Rezitation einer solchen *Āya* auch andere Verse bzw. Versstücke rezitiert, muß man zwischendurch doch diesen *Sujūd* durchführen. Diese Regeln gelten, wenn man selbst rezitiert oder eine tatsächlich vorhandene Person rezitieren hört; hört man aber eine Rezitation per Tonband, so gilt nach übereinstimmender Meinung, daß hier diese Niederwerfung nicht verpflichtend ist.

Im Falle, daß man grundsätzlich diesen *Sujūd* durchführen muß, sich aber etwa auf einer öffentlichen Straße oder in einer ähnlichen ungünstigen Lage befindet bzw. im Zustand des *Ḥadath aṣghar* oder *akbar* ist und weder *Wuḍū'* noch *Tayammum* usw. durchführen kann, so ist es möglich, den *Sujūd* so lange aufzuschieben, bis man den *Ḥadath aṣghar* bzw. *Ḥadath akbar* aufheben kann und in vollständiger ritueller Reinheit (*ṭahāra*) ist.

Solche Versstellen kommen in folgenden Suren des Koran vor (15 *Sajdāt* in 14 Suren):

al-A'rāf (7, Vers 206)
ar-Ra'd (13, Vers 15)
an-Naḥl (16, Vers 50)
al-Isrā' (17, Vers 107)
Maryam (19, Vers 58)
al-Ḥajj (22, Vers 18 und 77)
al-Furqān (25, Vers 60)
an-Naml (27, Vers 25)
as-Sajda (32, Vers 15)
Ṣād (38, Vers 24)
al-Fussilat (41, Vers 37)
an-Najm (53, Vers 62)
al-Inshiqāq (84, Vers 21 und 77)
al-'Alaq (96, Vers 19).

Nach Imām ash-Shāfi'ī ist die Versstelle in *Ṣād*, Vers 24, keine *Āyat as-Sajda*, sondern *Āyat ash-Shukr*. Daher darf gemäß der *Shāfi'īya* bei Rezitation dieser *Āya* keine Niederwerfung im Gebet vollzogen weren, weil ansonsten das Gebet ungültig werde.

KAPITEL 21

BESONDERE, ANLASSGEBUNDENE SUNNA-GEBETE

§ 128

DAS GEBET ZUR SONNENFINSTERNIS (ṢALĀT AL-KUSŪF) UND DAS GEBET ZUR MONDFINSTERNIS (ṢALĀT AL-KHUSŪF)

Das *Kusūf*-Gebet (*ṣalāt al-kusūf*) wird anläßlich einer Sonnenfinsternis durchgeführt, das *Khusūf*-Gebet (*ṣalāt al-khusūf*) anläßlich einer Mondfinsternis. Beide sind in ihrer Form gleich und unterscheiden sich nur durch die Art der anlaßgebenden Finsternis. Nach manchen Meinungen innerhalb der *Ḥanafīya* ist das *Kusūf Wājib*, nicht nur *Sunna*.

Dabei beginnt die zum Gebet zulässige Zeit mit dem Beginn der Verfinsterung und endet mit dem völligen Freiwerden des verdeckten Himmelskörpers. Es ist *Sunna*, vor dem Verrichten dieser Gebete einen *Ghusl* durchzuführen. Das Gebet wird normalerweise in Gemeinschaftsform verrichtet, kann aber auch von den einzelnen in ihren Wohnungen verrichtet werden. Wenn es als Gemeinschaftsgebet verrichtet wird, gelten die Bedingungen zum Festgebet bezüglich der Durchführung. Auch werden die einzelnen Phasen des Gebets wie *Qiyām*, *Rukū'* und *Sujūd* sehr lange ausgedehnt.

Es gibt bei diesen Gebeten nach Meinung der *Madhāhib* außer der *Shāfi'īya* keine Predigt (*khuṭba*); die *Shāfi'īya* jedoch hält eine *Khuṭba* nach diesem Gebet für gegeben und setzt für sie auch die Bedingungen des *Jum'a* fest.

§ 129

DAS GEBET UM REGEN (ṢALĀT AL-ISTISQĀ')

Das Gebet um Regen (*ṣalāt al-istisqā'*) ist ein Gebet, das aus zwei *Rak'a* besteht und wenn möglich in Gemeinschaft (*jamā'a*) verrichtet wird. Es wird verrichtet, wenn man unter großer Dürre und Trockenheit leidet und Gott um Erbarmen und Herabsendung von Regen bitten will. Dabei ist es zuvor gewünscht, daß die Menschen aufrichtig ihre Sünden bereuen, den Armen Spenden (*ṣadaqa*) geben und drei bis vier Tage lang vorher ununterbrochen fasten.

Das Gebet soll im Freien verrichtet werden. Ein *Imām* betet mit den Menschen zwei *Rak'a*, wie das Festgebet. Dann predigt der *Imām* wie bei den Predigten des Festgebets; nach der *Ḥanafīya* aber gibt es keine Predigt.

Dann steht der *Imām* in *Qibla*-Richtung, die Leute sitzen hinter ihm, und er bittet Gott im *Du'ā'* um Mitleid und Herabsendung von Regen. Für den *Imām* – und nach vielen Gelehrten auch für die Nachbeter – ist es *Sunna*, einen Mantel oder dergleichen zu tragen, wobei vor dem *Du'ā'* der Mantel von innen nach außen umgewendet wird sowie von rechts nach links, um vor Gott Demut und Zeichen der Niedrigkeit Ihm gegenüber zu zeigen.

Es ist auch *Sunna*, zu diesem Gebet und dem Gebetsplatz alte Menschen, Kinder und Tiere mitzubringen, weil diese die schwachen Wesen darstellen und Gott sich ihnen oft barmherzig zeigt, wenn er den anderen Wesen nicht leicht verzeiht.

§ 130

DAS GEBET UM RICHTIGE EINGEBUNG (ṢALĀT AL-ISTIKHĀRA)

Das *Istikhāra*-Gebet (*ṣalāt al-istikhāra*, wörtl.: „Gebet um richtige Eingebung") ist ein besonderes Gebet, das aus zwei *Rak'a* und einem anschließenden *Du'ā'* bestimmter Form besteht. Es wird verrichtet, wenn man in einer schwierigen Lage von Gott die beste Eingebung wünscht.

Dazu betet man zunächst wie gewohnt zwei *Rak'a*, und zwar mit der Absicht des Gebets von *Istikhāra*. Dann nach dem *Salām* bleibt man sitzen und spricht das spezielle *Du'ā'*, dann spricht man: *al-ḥamdu li-llāh* (Preis sei Gott) und den Segen für den Propheten Muḥammad ﷺ.

Der Text des *Du'ā' al-Istikhāra* lautet:

Allāhumma innī astakhīruka bi 'ilmika
wa astaqdiruka bi qudratika
wa as'aluka min faḍlika l-'aẓīm
fa innaka taqdiru wa lā aqdiru
wa ta'lamu wa lā a'lamu
wa anta 'allāmu l-ghuyūb.
Allāhumma in kunta ta'lamu anna hādha l-amra khairun
lī fī dīnī wa ma'āshī wa 'āqibati amrī (bzw.: 'ājili amrī wa ājilih),
fa-qdurhu lī wa yassirhu lī
thumma arḍinī bih

wa in kunta ta'lamu anna hādha l-amra sharrun
lī fī dīnī wa ma'āshī wa 'āqibati amrī (*bzw.*: *'ājili amrī wa ājilih*),
fa-srifhu 'annī wa-srifnī 'anhu
wa-qdur liya l-khaira ḥaithu kān
thuma arḍinī bih.

„O Gott, ich bitte Dich um rechte Eingebung durch Dein Wissen
und bitte Dich um Beistand mit Deiner Macht
und bitte Dich um Deine gewaltige Güte,
denn Du bist [aller Dinge] mächtig, ich aber nicht,
und Du weißt [alle Dinge], ich aber nicht,
und Du weißt ganz und gar um die verborgenen Dinge.
O Gott, wenn Du in Deinem Wissen meinst, daß *diese Sache* gut ist
für meine Religion, mein Leben und den Ausgang meines Lebens
(bzw.: für Beginn und Ende meiner Existenz),
so bestimme mir diese Sache und erleichtere sie mir
und mache mich dann damit zufrieden.
Und wenn Du in Deinem Wissen meinst, daß *diese Sache* schlecht ist
für meine Religion, mein Leben und den Ausgang meines Lebens
(bzw.: für Beginn und Ende meiner Existenz),
so wende sie von mir und mich von ihr ab
und bestimme mir das Beste, von wo auch immer es kommt,
und dann mache mich damit zufrieden."

Man muß natürlich beim Sprechen dieses *Du'ā's* die fragliche Angelegenheit genau im Kopf haben und beabsichtigen, wenn „diese Sache" genannt wird. Auch kann man nur eine mit Ja oder Nein zu beantwortende Angelegenheit beabsichtigen. Nachdem man dieses *Du'ā'* gesprochen hatte – wobei man den Teil „diese Sache" auch konkreter formulieren kann, aber nicht muß –, sollte man sich mit dem *Wuḍū'* dieses Gebetes schlafen legen (und daher ist klar, daß man dieses Gebet am besten nach dem *'Ishā'*-Gebet und allen *Sunna*-Gebeten außer dem *Witr* verrichtet, das *Witr* dann gegebenenfalls danach.

Dann muß man auf einen besonderen Traum warten. Dieser Traum wird in der Regel in der Nacht oder auch manchmal nachmittags – wenn man sich nach dieser Nacht wieder etwas hinlegt und einschläft – erscheinen. In diesem Traumbild – dem sogenannten *Istikhāra*-Traum (*ru'yat al-istikhāra*) wird dann die Antwort gegeben, sei sie gut oder schlecht, das heißt befürwortend oder ablehnend bezüglich der gefragten Sache.

Wenn der Traum nicht in derselben Nacht erscheint, kann man wahlweise das Gebet mit *Du'ā'* wiederholen oder auch nicht (dann eben nur abwarten). Wenn sich aber in jedem Fall nicht innerhalb einer Woche, sieben Tagen, ein klarer Traum eingestellt hat, muß die Sache auch als abgelehnt gelten.

Es sei nur der Vollständigkeit halber erwähnt, daß diese Entscheidung letztlich von Gott kommt und unbedingt beachtet werden muß. Tut man das nicht, so ist man selbst für alle sich aus der anderen Entscheidung ergebenden Dinge und Probleme allein verantwortlich.

Manche Traumbilder sind einfach zu deuten, andere schwierig. Allgemein ist zu sagen, daß dunkle Farben schlecht sind, vor allem Schwarz, helle aber gut, besonders Weiß. Aber helle Farben vor dunklem Hintergrund sind ebenfalls günstig. Hitze (Wüste, Sand, Staub) ist ein gutes Zeichen, Kälte (vor allem Schnee) meistens ein schlechtes.

Bei dem Träumenden bekannten Personen können die Namen wichtige, gute oder schlechte Zeichen sein: etwa wenn eine dem Träumenden bekannte konkrete Person namens ʻAbdullāh im Traum erscheint.

Einen *Istikhāra*-Traum sieht man auch oft am Ende eines gewöhnlichen Traumes. Der *Istikhāra*-Traum bleibt jedoch dem Aufwachenden immer klar im Gedächtnis, während andere Träume – ob gut oder schlecht – meist ohne schriftliche Aufzeichnung in der Erinnerung stark verblassen. Auch sieht der Träumende im *Ru'yat al-Istikhāra* scheinbar viel klarer als im gewöhnlichen Traum, so als ob eine trübe Scheibe, durch die er schaut, plötzlich gesäubert wird – das ist ein klares Zeichen, daß dieser Traum ein *Istikhāra*-Traum ist.

Wenn sich ein Traum eingestellt hat, der Fragende aber nicht sicher ist, ob das die *Istikhāra*-Traumantwort war, kann er noch einmal das Gebet in derselben Sache verrichten.

Wenn der Träumende selbst keine Erfahrung in der Traumdeutung hat, so ist es das Beste, wenn er sich an eine gläubige, erfahrene Person wendet, die bekanntermaßen in diesen Dingen Erfahrung und Wissen hat. Es kann sonst nämlich passieren, daß der Träumende meint, der Traum habe keinen Sinn, bezogen auf seine Angelegenheit, während der Traum vielleicht ganz eindeutig ist, aber eben einer kundigen Auslegung bedarf.

§ 131

DAS GEBET WEGEN EINER NOTLAGE (ṢALĀT AL-ḤĀJA)

Dieses Gebet wird sofort, so schnell wie möglich verrichtet, wenn eine Notlage oder Zwangslage für den Betreffenden besteht.

Dabei betet er zwei *Rak'a Sunna* mit der Absicht des Gebets wegen einer Notlage (*ṣalāt al-ḥāja*); dann bleibt er nach dem *Salām* anschließend sitzen und bittet Gott in seinem eigenen *Du'ā'*, ihm in der entsprechenden Weise zu helfen, ihm aus der Notlage herauszuhelfen.

KAPITEL 22

BEGRÄBNIS (JANĀZA) UND TOTENGEBET (ṢALĀT AL-JANĀZA)

§ 132

GESAMTVORSTELLUNG

Im Falle des Todes sieht das islamische Recht eine Reihe besonderer Handlungen vor, die mit folgenden Punkten zusammenhängen:

- Die Phase, während der der Mensch stirbt.
- Die Phase, die vom Moment des tatsächlichen Todes bis zum Totengebet reicht und die Vorbereitung des Toten auf das Begräbnis beinhaltet.
- Die Phase, während der das Totengebet (*ṣalāt al-janāza*) verrichtet wird.
- Die Phase, während der der Tote begraben wird.

Diese Punkte sollen nun – so Gott will – der Reihe nach vorgestellt werden.

§ 133

WIE MAN SICH GEGENÜBER EINEM STERBENDEN VERHÄLT

Hier lassen sich zwei Ausgangslagen unterscheiden:

- Wie sich der Sterbende verhalten soll.
- Wie sich die beim Sterbenden Anwesenden verhalten sollen.

Wie sich der Sterbende verhalten soll

Der Sterbende soll folgende Dinge tun:

1. Er soll sich klarmachen, daß er bald die Welt des Jenseits betreten wird. Er soll – solange es noch möglich ist – Gott bitten, ihm seine Sünden zu vergeben; er soll aufrichtig die *Shahāda* sprechen und nur dann andere Dinge außer der *Shahāda* sprechen und regeln, wenn er sich dazu noch kräftig genug fühlt. Besonders wenn er bereits ein Gefühl der Taubheit, Gefühllosigkeit in seinen Füßen oder Beinen spürt, soll er alles andere außer der *Shahāda* beiseitelassen, weil das ein besonders starkes Anzeichen für Todesnähe ist.

   Dies gilt, wenn er langsam stirbt; wenn jedoch der Tod schlagartig (besonders in bestimmten Krankheitsfällen) zu erwarten ist, soll er nur noch die *Shahāda* sprechen.
2. Er soll – falls er das noch nicht getan hat – je nach seiner Lage vor Zeugen ein Testament verfassen; kann er das nicht mehr schriftlich darlegen, soll er seine Anordnungen vor Zeugen aussagen.

   Besonders wenn sein Testament für ihn verpflichtend ist (zum Beispiel wegen Schuldenbegleichungen), muß er ein Testament verfassen.

Wie sich die beim Sterbenden Anwesenden verhalten sollen

1. Man soll den Sterbenden nicht mit viel Weinen und unwichtigen Fragen belästigen; hysterische Schreierei oder eine Totenklage, verbunden damit, daß man sich die Haare rauft, sich an die Brust schlägt oder Kleidungsstücke in wilder Trauer zerreißt oder sich das Gesicht zerkratzt, ist strengstens verboten (*ḥarām*).[294]
2. Jemand soll den Sterbenden stets durch Vorsagen an die *Shahāda* erinnern – vor allem dann, wenn der Tod offensichtlich schon sehr nahe ist.
3. Es ist *Sunna*, im Raum oder in Hörweite des Sterbenden die Sure „*Yāsīn*" zu rezitieren, ohne das aber so laut zu tun, daß der Sterbende damit zu sehr bedrängt wird. Diese Rezitation soll nach übereinstimmender Meinung so lange andauern bzw. wiederholt werden, bis der Tod eingetreten ist. Sobald der Tod eingetreten ist, wird die Rezitation zunächst eingestellt. Nach manchen Meinungen – insbesondere der klassisch schafiitischen Ansicht – wird nach der Grablegung nochmals für den bereits Bestatteten die Sure *Yāsīn* rezitiert, nach anderen Meinungen unterbleibt hingegen diese Grabrezitation.[295]

§ 134

DIE VORBEREITUNG DES TOTEN ZUM BEGRÄBNIS

Was direkt nach dem Tod von den Anwesenden zu tun ist

Diese Phase beginnt, sobald der Sterbende endgültig gestorben ist. Direkt danach sind verschiedene Dinge zu tun:

1. Dem Toten sollen die Augen durch behutsame Bewegung geschlossen werden; wenn möglich soll ein naher Verwandter (*Maḥram*-Angehöriger) das tun.
2. Wie schon oben erwähnt, sollen keine der verbotenen Klagearten stattfinden.
3. Die Rezitation der Sure „*Yāsīn*" wird beendet bzw. eingestellt.
4. Es ist nach vielen Gelehrten empfohlen, den Unterkiefer mit einem Band, das um den Kopf gebunden wird, am Oberkiefer festzuhalten, da es als schlecht gilt, wenn der Mund des Verstorbenen offen stehenbleibt; wenn der Mund jedoch von sich aus geschlossen bleibt, ist das nicht vonnöten.
5. Nach dem Tod entstehen oft im Bauch des Toten Gase, die – wenn sie bei der späteren Waschung austreten, diese Waschung ungültig machen; daher sollte man auf den Bauch ein angemessenes Gewicht legen (zum Beispiel in Form einer flachen, mit einem Gewicht beschwerten Schale), um eine Aufblähung des Bauches zu verhindern.[296]
6. Die Gelenke des Körpers eines Verstorbenen bleiben zunächst noch biegsam, dann – nach einer gewissen Zeit – tritt die sogenannte Totenstarre ein. Da eine starre, verkrampfte Haltung des Körpers des Verstorbenen die Totenwaschung zumindest erschwert, oft sogar sehr behindert, ist es ratsam, dem entgegenzuwirken, indem man sofort nach Eintritt des Todes die Gelenke sanft bewegt und anwinkelt und biegt. Ist das nicht möglich bzw. in der Situation nicht angebracht, soll man das aber unterlassen. Ansonsten soll man die Unterarme durch Anwinkeln an die Oberarme heranführen und die Arme an die Körperseiten legen, und man soll die Ober- und Unterschenkel durch Beugen zusammenbringen und gegen den Bauch legen, da auch das der Versteifung und einer zu starken Erstarrung des Körpers entgegenwirkt.[297]
7. Der Oberkörper soll leicht angehoben und der Tote mit seinem Körper so ausgerichtet werden, daß er in Richtung *Qibla* blickt, indem er mit seinem Kopf geradeaus „blickt" oder indem man – wenn das nicht möglich ist – seinen Kopf bei liegendem bzw. halbaufgerichtetem Oberkörper nach rechts wendet und er so in Richtung der *Qibla* ausgerichtet ist.

8. Danach wird der Tote – abgesehen von einem Märtyrer (*shahīd*) – ausgekleidet und statt dessen mit einem Tuch, das den ganzen Körper bedecken soll, zugedeckt, bis später die eigentliche Waschung einsetzt.

Was nach den ersten Schritten – nach dem Tod und den ersten Vorbereitungen des Toten – zu geschehen hat

1. Möglichst viele Leute – zumindest aber seine Verwandten, Nachbarn, Freunde und Arbeitskollegen – sollen sofort vom Tod des Verstorbenen benachrichtigt werden. Das dient auch dazu, Schulden, Versprechen und besondere Umstände (wie Pfanddinge, anvertraute Güter usw.) und die entsprechenden Berechtigten ausfindig machen zu können, falls diesbezüglich keine deutlichen Hinweise bzw. Anweisungen des Verstorbenen existieren.
2. Man muß – sofern das irgend möglich ist – Schulden, die der Tote bei anderen Menschen hatte, begleichen; denn nicht beglichene Schulden stellen in den Augen Gottes ein ernsthaftes Hindernis im Weg selbst einer gläubigen, für das Paradies zugelassenen Seele dar, und aufgrund der richtigen (*ṣaḥīḥ*) Hadithe zu diesem Thema haben die Rechtsgelehrten folgern müssen, daß die Bezahlung der Schulden sogar den (weiter unten beschriebenen) Vorbereitungen des Toten zum Begräbnis vorgehen muß.
3. Man soll sich soweit wie möglich beeilen, den Toten zu waschen, mit den Totengewändern einzukleiden und zu begraben.[298]

§ 135

DIE TOTENWASCHUNG UND EINKLEIDUNG DES TOTEN

Allgemeines zur Bedeutung der Totenwaschung und Einkleidung des Toten

Im islamischen Recht wird der Tod als etwas angesehen, was in etwa – dem *Ḥukm* nach – dem *Ḥadath akbar* entspricht und daher auch eine Totenwaschung fordert.

Hierzu bestehen bestimmte Ausnahmen:

1. Ein Märtyrer (*shahīd*), der um seines Glaubens willen getötet wurde, wird nicht gewaschen, sondern so, wie er starb, in seinen Kleidern und mit seinem Blut (sofern es äußerlich erkennbares Blut an seinem Körper gibt) begraben.[299] Allerdings werden alle Wertsachen entfernt

und fortgenommen sowie auch Gürtel, Umhängetaschen und alles Zusätzliche außer den eigentlichen Kleidern.

2. Ein totgeborenes Kind bzw. eine Frühgeburt wird dann nach den Regeln der Totenwaschung gereinigt und in ein Tuch eingewickelt begraben, wenn man die menschliche Gestalt zumindest teilweise erkennen kann. Ein Fötus, der noch nicht entwickelt ist, wird aber nicht gewaschen, wohl aber begraben (meist, indem man ihn einem erwachsenen Toten mit ins Grab legt).

Abgesehen von sehr wenigen, sehr frommen Menschen und den Märtyrern aber ist das Grab für die Zeit bis zur Auferstehung auch eine Aufenthaltsstätte für die Seele. Darum gilt es als *Farḍ kifāya*, den Toten gebührend darauf vorzubereiten, indem man ihn zuerst durch die Waschung gänzlich reinigt und dann neu einkleidet.

Die Bedingungen (shurūṭ)
bezüglich der Totenwaschung (ghusl al-mayyit)

Dies sind die Bedingungen, unter denen eine Totenwaschung zur Pflicht (*farḍ kifāya*) wird:

1. Daß der Verstorbene Muslim ist. Bei einem *Kāfir* ist es nicht nur nicht Pflicht (*farḍ*), sondern verboten (*ḥarām*), ihn in Form der islamischen Totenwaschung zu reinigen. Das ist die Meinung der Rechtsschulen außer der *Shāfi'īya,* welche sagt: Es ist nicht verboten, weil die Totenwaschung zur körperlichen Reinigung (*naẓāfa*) dient, nicht aber ein Gottesdienst im engeren Sinne ist.
2. Daß es sich nicht um eine Frühgeburt handelt; dazu sind die *Madhāhib* unterschiedlicher Ansicht.

Shāfi'īya

Das zu früh geborene Kind, das grundsätzlich gewaschen werden kann, ist eines, das jünger ist als sechs Monate und einen Augenblick.[300] In diesem Fall wird danach unterschieden, ob das Kind lebendig oder tot geboren wurde: Wird es lebendig geboren, so muß es wie ein erwachsener Mensch gewaschen werden. Wird es tot geboren, so kommt es darauf an, ob man es von seiner Gestalt her bereits als Mensch ausgeformt erkennt oder nicht. Ist die Gestalt bereits ausgebildet, so muß es gewaschen werden, aber es wird dann kein Totengebet für es verrichtet, und ist die Gestalt noch nicht als menschlich zu erkennen, ist die Waschung keine Pflicht.

Wird aber ein Kind nach sechs Monaten und mindestens einem Augenblick geboren und stirbt, so muß es unbedingt gewaschen werden, gleich, ob es bereits tot zur Welt kam oder erst nach seiner Geburt starb.

Außerdem ist es *Sunna*, einem lebendig geborenen Kind, das sofort nach der Geburt starb, noch nachträglich einen Namen zu geben.

Ḥanafīya

Wenn eine Frühgeburt noch lebend zur Welt kam, und selbst wenn dieses Kind bereits während des Austritts aus dem Körper der Mutter stirbt, ist es Pflicht, es zu waschen, ob nun die Schwangerschaftsdauer vollendet wurde oder nicht.

Wenn aber ein Kind bereits tot zur Welt kommt, so kommt es darauf an, ob seine Gestalt bereits voll menschlich ausgebildet ist: Ist das der Fall, wird es ebenfalls gewaschen, ist das aber nicht – oder noch nicht vollständig – der Fall, so wird bei dem Kind nicht die übliche Totenwaschung vorgenommen, sondern es wird nur Wasser auf es aufgegossen. Dann wird es in eine Stoffhülle gebracht und so begraben. In jedem Fall aber wird es mit einem Namen benannt.

Ḥanbalīya

Wenn ein Kind im Mutterleib volle vier Monate geblieben ist und dann tot geboren wird bzw. geboren wird und kurz darauf stirbt, muß es gewaschen werden. Wird es aber vor dieser Zeit geboren, ist seine Waschung nicht Pflicht.

Mālikīya

Wenn ein Kind als lebende Frühgeburt zur Welt kommt und kurz darauf stirbt, so muß es gewaschen werden, wenn nicht, dann nicht.

3. Daß von dem Körper des Toten etwas noch vorhanden ist[301], und sei es auch nur wenig; das ist übereinstimmend gültig bei *Shāfiʿīya* und *Ḥanbalīya*.

Ḥanafīya

Eine Totenwaschung ist nur dann verpflichtend, wenn zumindest der größere Teil des Körpers bzw. die obere Hälfte mit dem Kopf vorhanden ist.

Mālikīya

Nur wenn zumindest zwei Drittel des Körpers vorhanden sind (mit Einberechnung des Kopfes), ist die Waschung verpflichtend, ansonsten aber ist sie *makrūh*.

4. Daß es sich nicht um einen wirklichen Märtyrer (*shahīd*) handelt, der um seiner islamischen Religion willen getötet wurde. Das gilt aber nicht

bei solchen Menschen, die von Muslimen zu Unrecht (aus religiösen oder nicht-religiösen Gründen) getötet wurden oder von Nichtmuslimen zwar zu Unrecht, aber nicht aus religiösen Gründen getötet wurden: Diese werden auch zu den „indirekten" Märtyrern gezählt, nicht aber zu den Märtyrern im engeren Sinne.

Wenn aber ein formeller Muslim de facto als Ungläubiger (*kāfir*), Abweichler (*mulḥid*) oder Abtrünniger (*murtadd*) gelten muß und in diesem Zustand einen wirklich gläubigen Muslim (*mu'min*) zu Unrecht tötet, so gilt der Getötete doch als Märtyrer.

Dies gilt bei allen Rechtsschulen außer bei der *Ḥanafīya*.

Ḥanafīya

Der wirkliche Märtyrer wird genauso wie andere gewaschen bzw. kann gewaschen werden. Hier besteht bezüglich der Begründung zu dieser Meinung dasselbe Überlieferungsproblem wie beim Aspekt des Totengebets (siehe weiter unten).

In welchen Fällen man aufgrund von Entschuldigungsgründen (a'dhār) von einer Wasserwaschung absieht

In folgenden Fällen sieht man von einer Totenwaschung mit Wasser ab und nimmt eine Ersatzwaschung vor:

Einen Tayammum muß man vornehmen, wenn entweder nicht genug Wasser vorhanden ist oder zwar Wasser vorhanden ist, es aber dringend zum Trinken benötigt wird, oder wenn ein Aufgießen des Wassers (mit und ohne Reiben) den Körper auflösen bzw. zerstören kann.

Das ist etwa der Fall, wenn ein Toter äußerlich verbrannt ist und man eine Auflösung des Körpers oder zumindest ein Ablösen der Hautreste befürchten muß. Wenn aber durch ein bloßes Aufgießen von Wasser keine Schädigung des Körpers des Toten zu befürchten ist, *darf man keinen Tayammum vornehmen, sondern muß – ohne Reiben – Wasser aufgießen.*

Außerdem wird nach manchen Auffassungen ein *Tayammum* anstelle einer Wasserwaschung eingesetzt, wenn eine fremde Frau einen fremden Mann waschen muß und umgekehrt.[302]

Wer die Totenwaschung durchführt

Zunächst muß festgestellt werden, wer die Totenwaschung durchführt. Generell gilt, daß ein Mann nur von Männern, eine Frau nur von Frauen gewaschen werden darf, mit der Ausnahme des Ehepartners, dem es ebenfalls erlaubt ist, seinen verstorbenen Ehegatten zu waschen.

Nur Muslime werden in der Form der Totenwaschung gewaschen.

Da die Totenwaschung *Farḍ kifāya* ist, muß sich irgendein geeigneter und zulässiger Muslim finden, der diese Waschung – notfalls unter

Anleitung – durchführt. Erfüllt jemand diese Pflicht, entfällt sie für die übrigen, wird der Tote aber nicht gewaschen, so kommt die Sünde für diese Unterlassung auf alle Muslime, die von diesem Toten wußten und zu ihm hätten gelangen und die Waschung durchführen können bzw. die jemanden hätten unterrichten können, die Waschung durchzuführen.[303]

Wenn es keinen Ehegatten gibt, so soll zunächst ein direkter Angehöriger des *Maḥram* des Verstorbenen die Waschung vollziehen; ist das nicht möglich, weil ein solcher nicht vorhanden ist oder sich dazu nicht in der Lage sieht, so soll irgendein Angehöriger desselben Geschlechts die Waschung vollziehen.

Wenn Frauen ihnen fremde verstorbene Männer bzw. Männer ihnen fremde verstorbene Frauen waschen müssen

Falls neben fremden Menschen auch mindestens ein *Maḥram*-Angehöriger oder Ehepartner einen andersgeschlechtlichen Verstorbenen waschen können, so wird es für diese Ehepartner und *Maḥram*-Verwandten zur absoluten Pflicht (*farḍ 'ain*).

Wenn etwa in einer Reisegruppe nur eine Frau unter Männern mitreist und einer der Männer ihr leiblicher Bruder ist, die anderen aber weder durch Heirat noch *Maḥram*-Verwandtschaft mit der Verstorbenen verbunden sind, so muß der Bruder die Waschung vollziehen. Wenn er sich in diesem Fall weigert, die Totenwaschung vorzunehmen (und sei es unter Anleitung eines erfahrenen Totenwäschers), so ist das für ihn eine größere Sünde.

Auch müssen, wenn nur fremde Männer fremde Frauen und umgekehrt waschen können, zunächst alte Menschen, die keine geschlechtliche Begierde mehr haben, als Wäscher vorgezogen werden. Ist das nicht möglich (etwa bei Gebrechlichkeit der betreffenden alten Menschen), so muß irgendeine geeignete Person – unter Abwendung des Blickes von der *'Aura* bzw. unter Abschirmung durch Stoff usw. – die Totenwaschung vornehmen.

Wenn in Extremfällen nur ein einziger Muslim da ist, der allein eine ihm fremde, das heißt nicht verwandte verstorbene Muslimin waschen kann, oder wenn umgekehrt nur eine Frau da ist, die einen ihr fremden, das heißt nicht verwandten Muslim waschen kann, so muß die betreffende Person das aus absoluter Pflicht heraus (*farḍ 'ain*) tun. In diesem Fall müssen der Wäscher bzw. die Wäscherin ebenfalls darauf achten, durch Abdeckung mit Tüchern oder Abwenden des Blickes, Geschlossenhalten oder Verbinden der Augen die *'Aura* zu wahren.

Nach Meinung der *Ḥanafīya* und *Mālikīya* muß – wenn nicht durch *Maḥram* Verwandte bzw. Ehepartner einander waschen – eine normale

Waschung vollzogen werden, wobei der Wäscher bzw. die Wäscherin die waschende Hände mit dickem Stoff oder dergleichen trennenden Materialien umwickeln müssen, damit kein Gefühl bei Berührung des Körpers empfunden werden kann.

Nach Meinung der *Shāfi'īya* und *Ḥanbalīya* hingegen ist in solchen Extremfällen die Waschung mit Wasser zwingend durch eine Waschung mit Sand (*tayammum*) zu ersetzen.

Auch bei einem Toten gelten die allgemeinen Regeln zur *'Aura* außerhalb des Gebets. Daher gilt auch in Normalfällen der Waschung, daß der engere Aurabereich nicht freigelegt sein darf. Außerdem muß man – notfalls durch Aufpasser – darauf achten, daß nicht fremde Männer der Waschung einer Frau bzw. fremde Frauen der Waschung eines Mannes beiwohnen.

Was von einem Menschen, der die Totenwaschung durchführt, gewünscht ist

Es ist *mandūb*, daß der Wäscher eine vertrauenswürdige, aufrichtige Person ist, damit man sicher sein kann, daß die Waschung nicht – aus Unzuverlässigkeit und Faulheit – nur teilweise oder mangelhaft durchgeführt wird. Auch muß diese Person entweder in der Lage sein, die Waschung eigenständig durchzuführen (weil sie über die nötigen Mindestkenntnisse verfügt), oder sie muß soviel Kenntnis haben, daß ihr eine einfache und schnelle Anleitung genügt, um die Waschung korrekt auszuführen.

Auch wird von einem Wäscher gewünscht, daß er verbirgt, was er an unangenehmen Dingen bei dem Toten und seiner Waschung erkennt, und daß er andererseits das offen darlegt, was er an Schönem dabei erkennt.

Wenn etwa der Wäscher einen ruhigen, fast leuchtenden Glanz oder freudige Entspanntheit auf dem Gesicht des Toten sieht oder einen angenehmen Geruch wahrnimmt, so soll er das auch den Anwesenden sagen; das ist *mustaḥabb*. Wenn er andererseits einen unangenehmen Geruch wahrnimmt oder etwas Unangenehmes sieht, so ist es für ihn unzulässig, davon zu erzählen.

Außerdem ist es *mandūb*, daß er den Körper des Toten nach vollendeter Waschung sehr sorgfältig abtrocknet, damit die Tücher nicht feucht und unansehnlich werden.

Was bezüglich der Vorbereitung des Toten makrūh ist

Nach Meinung der Rechtsschulen außer der *Shāfi'īya* gilt ein Kämmen von Kopf- und Barthaar als *makrūh*. Die *Shāfi'īya* jedoch meint, daß bei längerem Bart- und Kopfhaar ein Kämmen *mandūb* ist, ansonsten (bei kurzem Haar) sei es *mubāḥ*.

Außerdem ist es *makrūh*, Finger- und Fußnägel zu schneiden, den Schnurrbart zu stutzen, die Achselhaare auszuziehen bzw. zu schneiden, weil – im Gegensatz zum Lebenden – der Tote bezüglich dieser Haare in seinem Todeszustand verbleiben soll. Sogar wenn etwas von diesen Körperteilen (Haar bzw. Nägeln) ausfällt, soll es dem Toten wieder beigegeben und mit ihm zusammen begraben werden. Das gilt bei *Ḥanafīya* und *Shāfi'īya*.

Ḥanbalīya

Außer bei jemandem, der als Pilger im Zustand des *Iḥrām* gestorben ist (einem *Muḥrim*/einer *Muḥrima*) ist es *Sunna ghair mu'akkada*, diese Haare oder Nägel zu schneiden bzw. zu entfernen, wobei die abgeschnittenen bzw. entfernten Teile dem Toten mit beigegeben und mit ihm begraben werden. Das Scheren des Kopfhaares ist aber verboten (*harām*) ebenso wie das Schneiden oder Entfernen des Schamhaares (weil dabei die *'Aura* der toten Person berührt werden müßte).

Mālikīya

Was zu Lebzeiten an Scheren und Entfernen von Haaren verboten ist, ist auch im Tod verboten: dazu zählen das Scheren von Kinnbart und Schnurrbart.[304] Was umgekehrt im Leben geschoren und entfernt werden darf, darf auch beim Toten entfernt werden.

Was bezüglich des Wassers gilt, das bei der Waschung verwendet wird

Dem Wasser, das zu den ersten Waschungen (zur körperlichen Reinigung) verwendet wird, etwas Reinigendes wie Seife oder dergleichen zuzusetzen, gilt als *mandūb*. Die *Mālikīya* jedoch hält das Einbringen von Seife – im Sinne der *Ṭahāra* des Wassers – für nicht zulässig.

Bei der letzten Waschung soll etwas Parfümierendes wie Kampfer oder Duftwasser zugefügt werden – es sei den, der Tote ist *Muḥrim/Muḥrima*. Dies gilt nach *Shāfi'īya* und *Ḥanbalīya*.

Nach der *Ḥanafīya* und *Mālikīya* jedoch gilt diese Einschränkung für Tote, die als Pilger im *Iḥrām* starben, nicht: Auch sie sollen mit parfümiertem Wasser gereinigt werden.

Zur Frage, ob erwärmtes Wasser verwendet werden soll

Nach Ansicht der *Ḥanafīya* ist es *mandūb*, das Wasser etwas aufzuwärmen, um so besser reinigen zu können.

Die *Mālikīya* sieht keinen rechtlichen Unterschied, ob das Wasser nun erhitzt wird oder nicht.

Nach Auffassung von *Shāfi'īya* und *Ḥanbalīya* ist es *mandūb*, daß das Wasser nur dann erhitzt wird, wenn das aufgrund großer Außenkälte oder zum besseren Entfernen von *Najāsāt* usw. notwendig ist.

Die eigentliche Waschung

Die Waschung folgt grundsätzlich den allgemeinen Regeln des *Ghusl* und des *Wuḍū'*.

Zunächst sorgt man für gute Belüftung, Blickabschottung und Aufstellung von Duftstoffen in der Nähe des Toten, um unangenehme Gerüche nicht merklich werden zu lassen; dazu können Duftkegel, Parfümständer, Duftspender und auch mit Parfüm besprengte Stoffstücke dienen sowie alles, was einen entsprechenden Effekt hervorruft.

Bevor man mit der eigentlichen Waschung beginnt, soll man sich aber vergewissern, daß die Waschgelegenheiten und der eigentliche Waschtisch – auf dem der Körper der verstorbenen Person gewaschen wird – den Anforderungen der islamischen Waschung entspricht.

Zur Not kann auch ein reiner Holztisch zur Wachung dienen, besser ist es aber, wenn ein Tisch aus völlig wasserundurchlässigem Material (Email, Stein usw.) benutzt wird, bei dem ein fester Wasserabfluß vorhanden ist.

Das gilt für offizielle Waschgelegenheiten und Totenwaschräume (auf Friedhofsanlagen), bei denen auch genug Wasserhähne, Wasserbecken sowie Kachelböden vorhanden sind.

Wenn – in welcher Lage auch immer – nur in Privaträumen bzw. in keinem fest eingerichteten Raum die Totenwaschung vorgenommen wird (etwa wenn bei kleineren Orten kein Waschraum für die Toten beim örtlichen Friedhof besteht), so muß man selbst – als Wäscher bzw. Wascherhelfer – rechtzeitig für Notbehelfe sorgen:

- Durch Aufstellung von Plastikwannen oder zumindest mehreren Eimern und Kannen, wenn kein Waschbecken im Raum ist. Dabei müssen, wenn Helfer dem Totenwäscher zur Seite stehen, diese, sonst im Extremfall der Totenwäscher selbst[305], vorher den Raum vorbereiten, indem Kannen, Eimer (zum Auffangen des abgeflossenen Wassers) in Reichweite aufgestellt werden, ohne daß sie den Totenwäscher behindern, wenn er sich neben dem Waschtisch bewegen muß.
- Durch Aufstellen eines Tisches, der zumindest mit einer wasserundurchlässigen Plane versehen ist. Dabei sollte man durch Unterlegen einiger Holzscheiben für eine leichte Schräglage sorgen, damit das Wasser gut vom Kopf her abfließen kann. Das gilt, wenn der Boden

gekachelt bzw. glatt betoniert ist – oder anders gesagt: in jedem Fall das Wasser nicht in den Boden eindringen kann und anschließend der Boden auch wieder leicht gereinigt werden kann.

Wenn das aber nicht der Fall ist, so muß man sich behelfen, indem man etwa in einer großen Plastikwanne mit Abfluß oder einer Badewanne die Waschung vornimmt, wobei aber der Körper von Zeit zu Zeit angehoben und das gebrauchte Wasser durch Nachspülen unter ihm beseitigt werden kann.

• Durch Aufstellen von Hockern, Stühlen, kleinen Behelfstischen, auf denen alle nötigen Dinge in Reichweite trocken und sauber liegen: die ständig zu wechselnden Stoffstücke (oder Plastikhandschuhe), die zum direkten Abwaschen des Körpers dienen; die Parfüme und Salben; Seifen und Reinigungsmittel, die direkt und zwischendurch gebraucht werden; die später bei der Einkleidung des Toten benötigten Tücher und Bänder zum Festbinden der Tücher; Unterlegtücher und vorläufige Lendentücher[306].

Dann werden alle unreinen Dinge – speziell austretende Unreinheiten wie Kot oder ausfließende Flüssigkeiten – entfernt[307].

Allgemein muß man – je nach der Einrichtung des Waschraumes, dem Waschtisch usw. – darauf achten, daß das bereits verwendete und vom Körper des Verstorbenen abgelaufene Wasser auch ganz abläuft, sei es, indem es in einen besonderen Abfluß geleitet wird, sei es, indem es irgendwie vom Waschtisch abläuft (in diesem letzteren Falle sollte man als Wäscher eine dichte Schürze oder dergleichen tragen, um das so verwendete Wasser nicht an die eigene Kleidung gelangen zu lassen).

Es ist vorzuziehen, das Wasser vom Kopfbereich zu den Füßen hin abfließen zu lassen, weil dadurch die Reihenfolge der zu waschenden Körperteile gemäß der *Sunna* eingehalten bzw. ermöglicht wird. Wie beim *Ghusl* des Lebenden gilt auch hier bei der Totenwaschung: von oben nach unten zu waschen ist *Sunna*.

Um auch noch im Körper befindliche Unreinheiten soweit wie möglich austreten zu lassen, wird leicht auf den Bauch des Toten gedrückt – außer wenn es sich bei der toten Person um eine Schwangere handelt oder um einen Toten, der einige Zeit unentdeckt (zum Beispiel mehrere Tage lang oder noch länger) und unbegraben blieb.

Darauf wird mit feuchten Fingern zunächst der Mundraum, dann die Nase gereinigt (als Ersatz für Mundwaschung und Nasenspülung beim *Wuḍū'*), darauf wird ein *Wuḍū'* wie üblich vorgenommen. Das gilt nach der *Ḥanafīya* und *Ḥanbalīya*, während nach der *Shāfi'īya* und *Mālikīya* eine regelrechte Mundspülung und Nasenspülung (mit gleichzeitiger

Reinigung durch die Finger des Wäschers) unter fließendem Wasser vorgenommen werden soll.

Dann wird mindestens einmal, besser aber mindestens dreimal ein *Ghusl* durchgeführt, maximal aber – der *Sunna* nach – siebenmal, wobei es vorzuziehen ist, die Anzahl der Waschungen ungerade zu halten.

Jede Waschung wird entsprechend den üblichen Regeln durchgeführt, wobei das Wasser für die Waschungen vor der letzten Waschung – je nach Ansicht des jeweiligen Rechtsschule – klares Wasser oder mit Seife und dergleichen versetztes Wasser sein soll. Das Wasser für die letzte Waschung aber soll in voller Übereinstimung aller *Madhāhib* mit einer parfümierenden Substanz versetzt sein.

Wenn nach einem *Ghusl* Unreinheiten oder Gase austreten, so wird die Waschung (*Wuḍū'* und *Ghusl*) wiederholt. Wenn aber die Unreinheit offenkundig austritt, nachdem der/die Tote schon in die Totentücher fest eingekleidet bzw. ins Grab gelegt wurde, wird die Waschung nicht mehr wiederholt, aber man entfernt soweit wie irgend möglich die Unreinheit.

Ḥanafīya

Auch wenn nach der Waschung eine *Najāsa* austritt, schadet das der Gültigkeit eines nachfolgenden Gebets nicht, auch dann nicht, wenn dabei Körper und/oder Tücher beschmutzt werden. Allerdings soll der Tote der körperlichen Reinlichkeit (*naẓāfa*) wegen doch noch gewaschen werden.

Ḥanbalīya

Wenn irgendeine *Najāsa* nach einer Waschung (*ghusl*) austritt, muß die *Najāsa* entfernt und eine neue Waschung verpflichtend vorgenommen werden, bis zu sieben Mal. Wenn dann immer noch *Najāsa* austritt, wird diese nur noch entfernt und die verschmutzte Stelle gewaschen, aber kein neuer *Ghusl* vorgenommen.

Ist die eigentliche Waschung vollendet und abgeschlossen, werden folgende Dinge als *mandūb* getan:

1. Man entfernt alle verschmutzen, als Unterlage usw. verwendeten Tücher.

2. Der Körper des Toten wird abgetrocknet.

3. Eine parfümierende Substanz außer Safran (am besten Kampfer) wird auf Kopf, Bart und die Körperstellen verteilt, auf die sich der Mensch im Gebet (während des *Sujūd*) stützt: Stirn, Nase, Handinnenflächen, Knie, Füße bzw. Fußspitzen, sowie auch auf die Augen, Ohren und unter die Achselhöhlen.

Dabei besteht bezüglich des Parfümierens von Kopf und Bart bei den Rechtsschulen eine gewisse Meinungsverschiedenheit, da die *Mālikīya* das nicht als *mandūb* ansieht, wohl aber das Parfümieren der anderen Stellen.

Einigkeit besteht aber insofern, als ein *Muḥrim*/eine *Muḥrima* nicht derart parfümiert werden darf.

Darauf folgt die Einkleidung des Toten.

Die Vorbereitung zur Einkleidung des Toten und Fragen zur Bekleidungsart

Zunächst wird die Einkleidung vorbereitet, indem man verunreinigte Unterlegtücher und Lendentücher endgültig entfernt, neue Tücher zur Aurabedeckung auflegt und alle eventuell feuchten Stellen am Körper des Toten abtrocknet.

Wenn man bei Entfernung eines verschmutzten Lendentuches oder Unterlegtuches feststellen sollte, daß eine *Najāsa* am Körper anhaftet, ohne daß aber gesagt werden kann, daß diese *Najāsa* nach der letzten erfolgten Waschung aus dem Körper austrat, so wird diese *Najāsa* lediglich als äußerlich betrachtet und gemäß den üblichen Regeln entfernt.

Wenn aber stark vermutet werden muß, daß diese *Najāsa* nach der letzten Waschung aus dem Körper austrat, so muß die gesamte Waschung wiederholt werden.

Ist dann der Körper des Verstorbenen sauber und abgetrocknet, wird er in die Tücher eingewickelt. Hierbei unterscheiden sich ein weiblicher und ein männlicher Toter bezüglich des Tuchmaterials und bezüglich der Art der Totenbekleidung.

Das Material der Leichentücher

Als Material darf nur vorhanden sein, was der betreffende verstorbene Mensch auch im Leben tragen durfte. So sind den Männern Tücher aus Seide oder Seidenbeimengung untersagt; auch sind – gerade bei reichen Leuten – Bestickungen aus Gold usw. verboten, da ja auch derartige Dinge den Männern im Leben untersagt sind. Auch Safrangelb gefärbte Kleider sind den Männern nach den meisten Gelehrten untersagt, nach manchen auch rote[308].

Sowohl bei Männern wie auch bei Frauen gilt zudem, daß der Stoff nicht auffällig gemustert sein darf und undurchsichtig sein muß; so ist ein Gazetuch als Totenbekleidung unzulässig.

Das Tuch soll bei Männern und Frauen weiß oder zumindest hellfarbig sein; wenn kein neues weißes Tuch zur Verfügung steht, kann man auch gewaschene weiße Laken verwenden. Allgemein gilt es nach allen *Madhāhib* nämlich als *makrūh*, bei den Tüchern eine andere Farbe als Weiß zu verwenden.

Das Tuch muß natürlich in sich selbst und auch von außen her rein (*ṭāhir*) sein, darf keinerlei *Najāsa* aufweisen, weder tatsächliche *Najāsa* (*najāsa ḥaqīqīya*) noch solche dem *Ḥukm* nach (*najāsa ḥukmīya*).

Art und der Anzahl der Einzelteile der Totenbekleidung

Bei einem Mann

Ein Mann, der nicht *Muḥrim*[309] ist, muß im Normalfall mindestens in ein einziges, weißes, reines (*ṭāhir*) Leichentuch haben, in das er ganz eingewickelt wird, so daß von seinem Körper nichts mehr zu sehen ist.

Am besten ist es, wenn ein Mann in drei Leichentücher nacheinander eingewickelt wird, wobei die Tücher so groß sein sollen, daß ein jedes Tuch sich mit seinen Seiten überlappt.

Nach den Rechtsschulen außer der *Ḥanafīya* ist es *makrūh*, den Kopf des Toten mit einem Turban (oder etwas, was so ähnlich aussieht) zu bedecken oder den Mann mit einem regelrechten Hemd zu bekleiden.

Bei einem *Muḥrim* gilt aber – nach Ansicht von *Shāfi'īya* und *Ḥanbalīya* –, daß sein Kopf frei bleiben muß, daß also sein Kopf – vom Halsansatz bis zum Haar – unbedeckt bleiben muß.

Ḥanafīya und *Mālikīya* jedoch sehen – wie schon in der Frage der Parfümierung – hier keinen Unterschied zwischen dem *Muḥrim* und Nicht-*Muḥrim* bzw. *Muḥrima* und Nicht-*Muḥrima*: In allen Fällen wird nach ihrer Ansicht auch der Kopf ganz in die äußeren Tücher mit eingewickelt.

Bei einer Frau

Eine Frau, die nicht *Muḥrima* ist, muß im Normalfall – wie auch der Mann – in mindestens ein einziges, weißes, reines (*ṭāhir*) Leichentuch eingewickelt werden, das den gesamten Körper bedeckt.

Am besten ist es, wenn die Frau mit den folgenden fünf Tuchstücken bekleidet wird:

1. Mit einem Lendentuch, das vom Nabel bis zu den Füßen reicht.
2. Mit einem Hemd bzw. hemdartigen Obergewand, das den Oberkörper vom Hals bis zum Nabel bedeckt. Ersatzweise kann auch ein Tuchstück entsprechend verwendet werden.
3. Ein Kopftuch, das die Haare bedeckt und das Gesicht freiläßt.
4. Zwei Leichentücher, die – wie die drei großen Tücher beim Mann – den ganzen Körper bedecken und ganz umschließen. Bei einer *Muḥrima* aber gilt, daß die beiden großen Tücher – wie beim Mann – nur vom Halsansatz bis zum Fußende reichen, so daß das Gesicht

freibleibt (das Haar und alles außer dem Gesicht ist ja bereits durch ein separates Kopftuch bedeckt worden.

Was bei Mann und Frau gleichermaßen gilt

Wenn mehrere Tote zu bestatten sind und man nicht genug Leichentücher zur Verfügung hat, ist es rechtlich auch zulässig, zwei in einem Tuch und einem Grab zu bestatten[310].

Der Ablauf der eigentlichen Einkleidung des Toten

Bemerkung zur Verwendung eines Sarges

Es ist wichtig, ob der Tote in einem Sarg oder auf einer Bahre liegend zum Grab befördert werden kann.

Der *Sunna* gemäß soll der Tote in keinem Sarg beerdigt werden. Da aber speziell in Deutschland die Friedhofs- und Bestattungsgesetze vorschreiben, daß ein freies Begräbnis des Körpers – abgesehen von Sonderbestimmungen einzelner Gemeinden – ohne Einsargung unzulässig ist, soll man sich bei den zuständigen Behörden zumindest dafür einsetzen, daß der Tote nicht in einem geschlossenen Sarg, also nur mit dem Sargunterteil versehen, bestattet wird.

Wenn nämlich ein zumindest geöffneter Sarg vorgeschrieben ist, fällt es – anders als bei einer flachen Bahre – enorm schwer, den Toten wieder herauszuheben und unter ihn neue Tücher zu legen oder die alten neu zu wenden – was manchmal geschehen muß, wenn der Tote nicht gut liegt oder die Tücher oder die Schließbänder der Tücher sich öffnen.

Wenn zudem der Sarg laut Verordnung geschlossen zum Grab befördert werden muß, so muß darauf verzichtet werden, während der Einkleidung Stoffbänder um die äußeren Tücher zur Befestigung zu binden, denn diese Bänder, so sie gebunden werden, müssen im Grab wieder von den äußeren Tüchern gelöst werden.

Zunächst werden auf der Bahre bzw. dem unteren Sargteil die äußeren Tücher ausgelegt; dabei sollen sie zur Verwendung bereits richtig der Länge nach ausgebreitet und geöffnet sein.

Wenn überhaupt kein Sarg verwendet wird bzw. der Sarg nicht verschlossen ins Grab gelegt wird, werden zudem unter das äußere große Tuch die Stoffstreifen korrekt ausgelegt, die zum Schluß um die geschlossenen Tücher (leicht) verknotet werden; sie müssen aber noch zu öffnen sein, weil sie im Grab wieder gelöst werden müssen: nach Absetzen des Körpers bzw. vor der Grablegung – wenn das Grab zu eng ist, um als Begräbnishelfer hinabzusteigen.

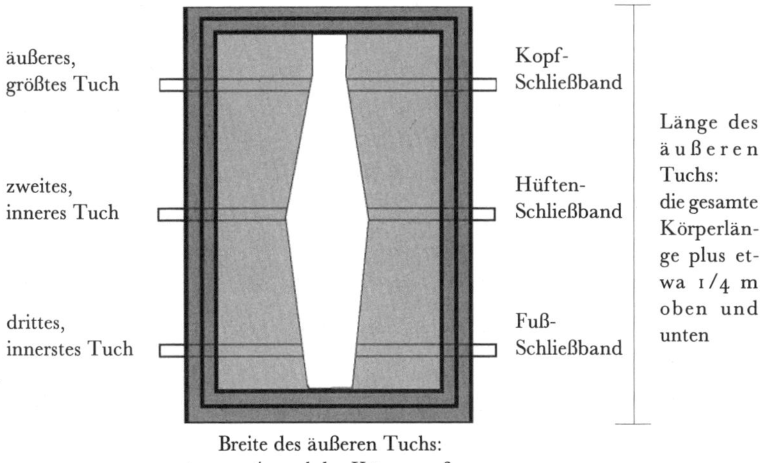

Darstellung der Tücher und Maße bei einem Mann (Nicht-*Muḥrim*)

Dann wird der Tote wird je nach Möglichkeit von dem Wäscher und mehreren Helfern angehoben und auf diese Tücher gelegt, wobei vor dem Verschließen der äußeren Tücher der Kopf zur rechten Seite umgewendet werden soll, sofern das möglich ist, ohne ein bereits starres Gelenk (speziell: Halswirbel) zu brechen, denn das gilt als *ḥarām*[311].

Ist der Tote aber sehr schwer und hat man den Toten versehentlich schon in den Sargteil gelegt, ohne daß die großen Tücher unter ihm liegen, so muß man den Körper umwenden und den Stoff unterschieben, bis der Tote doch eingehüllt ist. Ist das aber – gerade bei einem engen Sargunterteil – nicht möglich, so muß er in jedem Fall – ob nun schwer oder nicht – noch einmal herausgeholt werden.

Sofern es sich um eine Frau handelt, müssen aber, wenn die speziellen Bekleidungsstücke vorhanden und geeignet sind, diese der Toten erst angelegt werden, bevor sie auf die großen, äußeren Tücher gelegt wird.

Falls es sich bei der toten Person um einen *Muḥrim* oder eine *Muḥrima* handelt (die im Zustand des *Iḥrām*, als Pilger, gestorben ist), muß man die Tücher entsprechend so legen, daß der Kopf beim Mann ganz unbedeckt bleibt und bei der Frau das Gesicht und das Kopftuch zu sehen bleiben.

Die Tücher werden zunächst mit wohlriechenden Dingen (Parfüm, Duftstoffen, Kampfer usw.) parfümiert und dann um den Toten gelegt, erst das innerste, dann das mittlere (bei der Frau fehlt dieses), dann das äußere Tuch. Dabei soll das äußerste etwas größer als die anderen, inneren, Tücher sein.

Jedes Tuch, angefangen mit dem innersten, wird dabei so um den Toten gelegt, daß zunächst ein Rand des Tuches auf die rechte Seite des Toten gelegt und dann die andere Randseite überlappend auf die linke Körperseite des Toten gelegt wird.

Anschließend werden gegebenenfalls die Stoffbänder um den Halsbereich, den Hüftbereich und den Fußbereich herumgebunden und so verknotet, daß sie im Grab wieder ohne Probleme zu lösen sind. Wenn die Tücher nur knapp um den Körper herumreichen und weitere Bänder zur Befestigung nötig sind, werden sie gegebenenfalls zwischen die anderen eingefügt.

Es ist aber aus Mitleid mit den Angehörigen heraus gut, die äußeren Tücher erst dann um den Kopf ganz zu schließen, nachdem – wie es in vielen Gebieten der islamischen Welt Brauch ist – die Angehörigen zum letzten Mal das Gesicht des Toten hatten betrachten und ihm über das Haar hatten streichen wollen.

Wenn aber befürchtet werden muß, daß dabei – vor allem von den Frauen – laut geklagt wird oder andere nicht erlaubte Sitten über dem Toten begangen werden, so müssen die Tücher vom Wäscher sofort geschlossen werden.

Nun ist der Tote bekleidet und für das Totengebet (*ṣalāt al-janāza*) und das Begräbnis vorbereitet.

Was zu tun ist, wenn keine (oder nicht ausreichende) Tücher vorhanden sind

Wenn die Tücher nicht ausreichen bzw. nicht groß genug sind, daß eines allein den ganzen Körper bedecken kann, so kann man auch mehrere Tücher so zusammenlegen, daß sie den Körper bedecken.

Ist auch das nicht möglich, so muß zumindest die Mindestaura soweit wie möglich bedeckt werden, selbst wenn das mit reinen (*ṭāhir*) Dingen geschieht, die nicht Stoff sind, wie Blätter, reine Tierhäute usw.

Unreine Stoffe – seien es Tücher oder andere Dinge – dürfen aber nicht verwendet werden. Dasselbe gilt für verbotene Stoffe wie Seide.

§ 136

DAS EIGENTLICHE TOTENGEBET (ṢALĀT AL-JANĀZA)

Grundsätzliches zur Rolle des Totengebets

Das Totengebet, *Ṣalāt al-Janāza*, wörtlich: „Begräbnisgebet", manchmal auch „*Ṣalāt al-Mayyit*", wörtlich: „Totengebet", genannt, ist ein besonderes Gebet, bei dem es weder *Rukū'* noch *Sujūd*, noch ein Sitzen gibt. Es hat die Funktion, bei Gott für den Toten zu bitten, und ist übereinstimmend von der *Sunna* vorgeschrieben.

Nach der *Mālikīya* gilt das Totengebet aber nicht als eigentliches Gebet, sondern als eine Art *Du'ā'* – wenngleich die Voraussetzungen wie *Ṭahāra* usw. erforderlich sind.

An einem Totengebet teilzunehmen gilt als sehr verdienstvoll bei Gott. Jeder, der sich noch vor dem *Salām*, dem Schlußgruß des Gebetes, dem *Imām* des Totengebets anschließt, hat an dem Lohn Teil. Es soll nach Möglichkeit als Gruppengebet (*ṣalāt al-jamā'a*) verrichtet werden.

Das Totengebet wird grundsätzlich über einem jeden Muslim verrichtet, mit wenigen Ausnahmen:

1. Es wird nicht über einem Sünder verrichtet, der durch seine Sünden ungläubig (*kāfir*) wurde und nachweislich vor seinem Tod nicht bereut hat. Hierzu zählt auch ein Selbstmörder.

2. Es wird nach Meinung der *Madhāhib* außer der *Ḥanafīya* auch nicht über einem wirklichen Märtyrer (*shahīd*) verrichtet, weil das Totengebet eine Art der Fürbitte darstellt und der Märtyrer ohnehin vor Gott den höchstmöglichen Rang einnimmt und unmittelbar ins Paradies gelangt. Hierzu werden bestimmte Hadithe als Beleg herangezogen, nach denen der Prophet ﷺ nach der Schlacht von Uḥud über den gefallenen Muslimen – die als Märtyrer galten und gelten – kein Totengebet verrichtete.

Ḥanafīya

Über einem wirklichen Märtyrer (*shahīd*) wird ebenfalls ein Totengebet verrichtet. Dazu werden bestimmte andere Hadithe herangezogen, die entweder aussagen, daß der Prophet ﷺ nach der Schlacht von Uḥud doch noch für die gefallenen Muslime ein Totengebet verrichtete, oder die aussagen, er habe es direkt nach der Schlacht noch nicht verrichtet, aber später – nach gewisser Zeit – nachträglich für sie gebetet.

Was vor dem Beginn des Totengebets zu beachten ist

Der Tote muß während des Gebets so ausgerichtet liegen, daß er mit seinem Körper der Länge nach quer zur *Qibla* liegt, das heißt seine rechte Körperseite der *Qibla* zugewandt ist und er – bei nach rechts gewandtem Kopf – in Richtung *Qibla* „blickt".

Der *Imām* stellt sich so, daß – in *Qibla*-Richtung gesehen – der Tote sich noch vor dem *Imām* befindet, dann der *Imām* kommt, dann die Nachbeter.

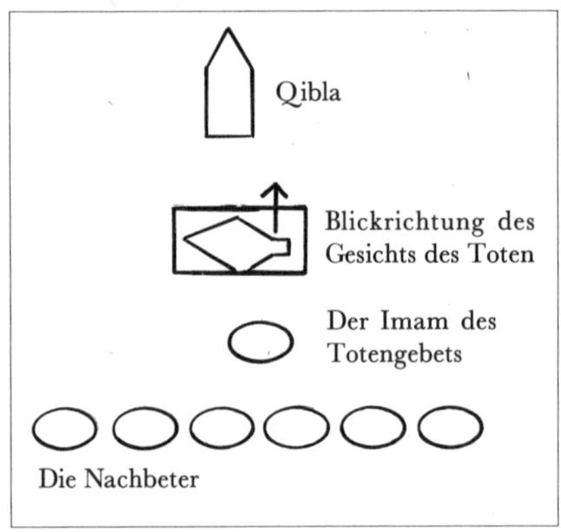

Darstellung der Standorte beim Totengebet
Ṣalāt al-Janāza

Wie der Imām oder Munfarid hinsichtlich des Aufbahrungsortes des Toten steht

Nach den Rechtsschulen steht der Vorbeter (*imām*) oder Einzelbeter (*munfarid*) während des Totengebets (*ṣalāt al-janāza*) folgendermaßen beim Toten:

Ḥanafīya

Der *Imām* oder *Munfarid* steht in Höhe der Brust des Verstorbenen, ob es sich bei dem Verstorbenen um einen Mann oder eine Frau handelt.

Shāfiʿīya

Der *Imām* oder *Munfarid* steht bei einem Verstorbenen in Höhe des Kopfes, bei einer Verstorbenen in Höhe des Beckens.

Mālikīya

Der *Imām* oder *Munfarid* steht in Höhe der Körpermitte, wenn die verstorbene Person ein Mann ist; handelt es sich um eine Verstorbene, so steht der *Imām* oder *Munfarid* in Schulterhöhe der Verstorbenen.

Ḥanbalīya

Der *Imān* bzw. *Munfarid* steht in Brusthöhe, wenn die verstorbene Person ein Mann ist, und in Höhe der Körpermitte, wenn es sich um eine Verstorbene handelt.

Verlauf und Eigenschaft des Totengebets

Obwohl der grundsätzliche Verlauf bei allen *Madhāhib* gleich ist, gibt es doch im einzelnen einige Unterschiede.

Einigkeit herrscht darüber, daß das Gebet aus vier *Raka'āt* besteht, von denen jede aus einem einleitenden *Takbīr*, dem *Qiyām* und einer Rezitation besteht.

Sofern nichts anderes erwähnt wird, ist mit einem *Du'ā'* ein freies *Du'ā'* (in arabischer Sprache) bzw. ein überliefertes *Du'ā'* gemeint. Dieses *Du'ā'* muß auf das Jenseits gerichtet sein und für den oder die anwesenden Toten gesprochen werden. Zusätzlich kann man auch für die Gläubigen unter den Muslimen und die eigene Familie bitten.

Bezüglich der *Imāma* gelten die allgemein üblichen Regeln.

Ḥanafīya

Man steht hinter der Bahre und beabsichtigt, die Pflicht des Totengebets (*ṣalāt al-janāza*) als Gottesdienst (*'ibāda*) für Gott zu verrichten. Dann verrichtet man den *Takbīrat al-Iḥrām* bei gleichzeitigem Erheben der Hände, dann rezitiert man das Eröffnungs-*Du'ā'* (*thanā'*)[312] (erste *Rak'a*).

Dann spricht man einen weiteren *Takbīr* ohne Erheben der Hände und spricht den Segen für den Propheten ﷺ: *Allāhumma ṣalli 'alā Muḥammad* ... (zweite *Rak'a*).

Dann spricht man einen weiteren *Takbīr* ohne Erheben der Hände und rezitiert ein *Du'ā'* für den Verstorbenen und alle Muslime. Am besten ist es dabei, wenn man das dazu überlieferte *Du'ā'* spricht (dritte *Rak'a*).

Dann spricht man einen weiteren *Takbīr* ohne Erheben der Hände und bleibt kurz – ohne etwas zu rezitieren – im *Qiyām* stehen (vierte *Rak'a*).

Dann spricht man den ersten Schlußgruß, *Salām*, nach rechts und beabsichtigt dabei, die zu grüßen, die sich zur eigenen Rechten befinden. Dann verrichtet man den zweiten *Salām* nach links und beabsichtigt dabei entsprechend, die zu grüßen, die sich zur eigenen Linken befinden. Bei den beiden *Salām* soll man aber nicht beabsichtigen, den Verstorbenen zu grüßen. Außerdem soll das gesamte Gebet, abgesehen von den *Takbīrāt*, leise, in *Isrār*-Form, verrichtet werden.

Mālikīya

Man beabsichtigt, das Gebet für alle anwesenden toten Muslime zu verrichten.

Dann verrichtet man den *Takbīrat al-Iḥrām* bei gleichzeitigem Erheben der Hände, dann spricht man ein *Du'ā'* für die Toten und Lebenden der Muslime (erste *Rak'a*).

Dann spricht man einen weiteren *Takbīr* ohne Erheben der Hände und spricht ein *Du'ā'*, wie bereits vorgestellt (zweite *Rak'a*).

Dann spricht man einen weiteren *Takbīr* ohne Erheben der Hände und spricht ein *Du'ā'*, wie bereits vorgestellt (dritte *Rak'a*).

Dann spricht man einen weiteren *Takbīr* ohne Erheben der Hände und spricht ein *Du'ā'* (vierte *Rak'a*).

Dann verrichtet man den *Salām* mit einer einzigen *Taslīma* nach rechts hin, wobei man den Austritt aus dem Gebet beabsichtigt.

Shāfi'īya

Man beabsichtigt im Herzen, das heißt ohne es, und sei es auch nur leise, auszusprechen, vier *Raka'āt* für die anwesenden Toten der Muslime als *Farḍ kifāya* für Gott zu verrichten.

Bei jedem der dann folgenden *Takbīrāt* soll man die Hände erheben und sie anschließend – wie beim *Qiyām* in jedem normalen Gebet – unterhalb der Brust übereinanderlegen.

Man verrichtet nach dem Fassen der Absicht den *Takbīrat al-Iḥrām*, wobei die Hände erhoben werden. Darauf spricht man den *Ta'awwudh*, dann das *Iftitāḥ-Du'ā'*. Danach rezitiert man die *Fātiḥa* (mit *Basmala*), aber rezitiert darüber hinaus keine weitere Sure bzw. weitere Koranverse (erste *Rak'a*).

Dann spricht man einen weiteren *Takbīr* mit Erheben der Hände und rezitiert im Anschluß daran den Segen für den Propheten wie im letzten *Tashahhud*: *Allāhumma ṣalli 'alā Muḥammad* ... (zweite *Rak'a*).

Dann spricht man einen weiteren *Takbīr* mit Erheben der Hände und bittet für den oder die anwesenden Toten in Form eines auf das Jenseits gerichteten *Du'ā's*. Am besten spricht man das dazu überlieferte *Du'ā'* (dritte *Rak'a*).

Dann spricht man einen weiteren *Takbīr* mit Erheben der Hände, dann spricht man das *Du'ā'*:

Allāhumma lā taḥrimnā ajrah, wa lā taftinnā ba'dah.

„O Gott, verwehre uns nicht den Lohn dafür [für das Gebet] und führe uns danach nicht mehr in Versuchung."

Dann rezitiert man die *Āya*:

„*Alladhīna yaḥmilūna l-'arsha wa man ḥaulahū yusabbiḥūna bi-ḥamdi rabbihim*" (Sure „*Ghāfir*" [40], Vers 7) – (vierte *Rak'a*).

Dann spricht man den Schlußgruß (*salām*), erst nach rechts, dann nach links, wobei man beabsichtigt, diejenigen zu seiner Rechten bzw. Linken zu grüßen.

Ḥanbalīya

Man beabsichtigt das Totengebet für die anwesenden Toten der Muslime. Bei jedem *Takbīr* werden die Hände erhoben.

Nach dem Fassen der *Nīya* verrichtet man den *Takbīrat al-Iḥrām*. Darauf spricht man den *Ta'awwudh*, dann rezitiert man die *Fātiḥa* (mit *Basmala*), ohne aber darüber hinaus eine weitere Sure bzw. weitere Koranverse zu rezitieren (erste *Rak'a*).

Dann spricht man einen weiteren *Takbīr* und rezitiert im Anschluß daran den Segen für den Propheten wie im letzten *Tashahhud*: *Allāhumma ṣalli 'alā Muḥammad* ... (zweite *Rak'a*).

Dann spricht man einen weiteren *Takbīr* und bittet für den oder die anwesenden Toten in Form eines auf das Jenseits gerichteten *Du'ā's*, wie schon vorgestellt (dritte *Rak'a*).

Dann spricht man einen weiteren *Takbīr* und verharrt eine kurze Weile schweigend ohne irgendeine Rezitation im *Qiyām* und schließt das Gebet mit einer *Taslīma* nach rechts. Es schadet aber nichts, wenn auch nach links eine *Taslīma* gegeben wird (vierte *Rak'a*).

Die Form des Totengebets (ṣalāt al-janāza)

Dazu gehören die folgenden Dinge:

1. Die Absicht (*nīya*). Sie ist *Rukn* nach der *Mālikīya* und *Shāfi'īya*, aber *Sharṭ* nach der *Ḥanafīya* und *Ḥanbalīya*. In jedem Fall muß sie zur Gültigkeit des Totengebets korrekt gefaßt werden. – Zu der genauen Form bestehen bei den Rechtsschulen unterschiedliche Ansichten:

Ḥanafīya

Es genügt, das Totengebet (*ṣalāt al-janāza*) selbst als *Farḍ* (*kifāya*) in allgemeiner Form zu beabsichtigen bzw., wenn es als Gemeinschaftsgebet verrichtet wird, es als das Gebet des *Imāms* zu beabsichtigen.

Nach manchen Gelehrten der *Ḥanafīya* jedoch muß man aber zusätzlich auch das Gebet für einen Mann, eine Frau, einen Jungen, ein Mädchen usw. beabsichtigen, je nachdem, wer der/die Tote ist[313].

Auch gilt nach manchen Gelehrten der *Ḥanafīya*, daß man das *Du'ā'* für den Toten in der Absicht mitfassen muß.

Mālikīya

Es genügt, das Gebet für den anwesenden Toten zu beabsichtigen, aber man muß nicht wissen und in der Absicht formulieren, daß es für einen Mann, eine Frau usw. ist. Auch muß man das Gebet nicht als *Farḍ* (*kifāya*) beabsichtigen.

Es schadet nicht, wenn man es für einen Mann beabsichtigt und sich später herausstellt, daß es sich bei der verstorbenen Person um eine Frau handelte usw.

Shāfi'īya

Man muß das Totengebet (*ṣalāt al-janāza*) als solches beabsichtigen und daß man es als *Farḍ* (*kifāya*) verrichten will.

Es ist nicht verpflichtend, es für einen Mann, eine Frau usw. (die man als die tote Person vermutet oder weiß) zu beabsichtigen. Wenn sich aber herausstellt, daß man das Gebet für eine Frau beabsichtigte und die verstorbene Person ein Mann war, so ist das Gebet für diesen Betenden, der die falsche *Nīya* faßte, nicht gültig.

Ḥanbalīya

Man muß pflichtgemäß das Gebet für „diesen" bzw. „diese Toten" fassen, ob man nun ihre genaue Anzahl kennt oder nicht.

2. Die *Takbīrāt*. Es sind vier *Takbīrāt*, wobei jeder *Takbīr* gewissermaßen die Stelle einer *Rak'a* einnimmt. Diese *Takbīrāt* sind in Übereinstimmung *Rukn*.

3. Das Stehen (*qiyām*) während des gesamten Gebets bis zum Schlußgruß (*salām*) einschließlich. So ist das Gebet ungültig, wenn es ohne Entschuldigungsgrund (*'udhr*) im Sitzen (*qu'ūd*) verrichtet wurde.

4. Das *Du'ā'* für die verstorbene Person bzw. die verstorbenen Personen. Dazu bestehen genauere, verschiedene Beschreibungen bei den *Madhāhib*. Hier soll eine beispielhaft ausgewählt werden, die allgemein anerkannt ist.

Nach jedem *Takbīr* muß ein *Du'ā'* verrichtet werden, wobei die geringste Form ist: *Allāhumma-ghfir lah* (*lahā*). „O Gott, vergib ihm (ihr)." Am besten spricht man es in der folgenden Form:

Für einen Mann:

Al-ḥamdu li-llāhi rabbi l-'ālamīn!
Allāhumma ṣalli 'alā Muḥammad ...

*

Allāhumma innahū 'abduka wa bnu 'abdika wa bnu amatik[314]
kāna yashhadu al-lā ilāha illā anta waḥdaka lā sharīka lak[315]
wa anna Muḥammadan 'abduka wa rasūluk, wa anta a'lamu bih.
Allāhumma in kāna muḥsinan fa-zid fī iḥsānih
wa in kāna musī'an fa-tujāwiz 'an sayyi'ātih.
Allāhumma lā taḥrimnā ajrah
wa lā taftinnā ba'dah.

„Preis sei Gott, dem Herrn der Welten!
O Gott, segne Muḥammad ...
O Gott, er war Dein Diener und der Sohn Deines Dieners und Deiner Dienerin,
er pflegte regelmäßig zu bezeugen, daß es keine Gottheit gibt außer Dir,
daß Du einzig bist, Dir niemand beigesellt ist,
und daß Muḥammad Dein Diener und Gesandter ist,
und Du weißt am besten über ihn (den Verstorbenen) Bescheid.
O Gott, wenn er (der Verstorbene) seine Handlungen in bester Form verrichtete
und sich in bester Art verhielt, so vermehre das Vortreffliche,
welches (dem Verstorbenen) zukommen soll,
und falls er (der Verstorbene) übel handelte, so erlasse ihm
ganz und gar (die Vergeltung) für seine schlechten Taten.
O Gott, verwehre uns nicht den Lohn für (dieses Totengebet)
und setze uns hernach nicht Heimsuchungen aus."

Die folgende Form wird bei einer verstorbenen Frau verwendet:

Allāhumma innahā amatuka wa bintu 'abdika wa bintu amatik
kānat tashhadu al-lā ilāha illā anta waḥdaka lā sharīka lak
wa anna Muḥammadan 'abduka wa rasūluk, wa anta a'lamu bihā.
Allāhumma in kānat muḥsinatan fa-zid fī iḥsānihā
wa in kānat musī'atan fa-tujāwiz 'an sayyi'ātihā ...

„O Gott, sie war Deine Dienerin und die Tochter Deines Dieners und Deiner Dienerin,
sie pflegte regelmäßig zu bezeugen, daß es keine Gottheit gibt außer Dir,
daß Du einzig bist, Dir niemand beigesellt ist,

und daß Muḥammad Dein Diener und Gesandter ist,
und Du weißt am besten über sie (die Verstorbene) Bescheid.
O Gott, wenn sie (die Verstorbene) ihre Handlungen in bester Form verrichtete
und sich in bester Art verhielt, so vermehre das Vortreffliche,
welches (der Verstorbenen) zukommen soll,
und falls sie (die Verstorbene) übel handelte, so erlasse ihr
ganz und gar (die Vergeltung) für ihre schlechten Taten ...“

Die folgende Form wird bei einer Gruppe von mindestens drei Männern oder Männern und Frauen gemeinsam verwendet:

Allāhumma innahum ʿabīduka wa abnāʾu ʿabīdik
kānū yashhadūna al-lā ilāha illā anta wahdaka lā sharīka lak
wa anna Muḥammadan ʿabduka wa rasūluk, wa anta aʿlamu bihim.
Allāhumma in kānū muḥsinīna fa-zid fī iḥsānihim
wa in kānū musīʾīna fa-tujāwiz ʿan sayyiʾātihim ...

„O Gott, sie waren Deine Diener und die Kinder Deiner Diener,
sie pflegten regelmäßig zu bezeugen, daß es keine Gottheit gibt außer Dir,
daß Du einzig bist, Dir niemand beigesellt ist,
und daß Muḥammad Dein Diener und Gesandter ist,
und Du weißt am besten über sie (die Verstorbenen) Bescheid.
O Gott, wenn sie (die Verstorbenen) ihre Handlungen in bester Form verrichteten
und sich in bester Art verhielten, so vermehre das Vortreffliche,
welches (den Verstorbenen) zukommen soll,
und falls sie (die Verstorbenen) übel handelten, so erlasse ihnen
ganz und gar (die Vergeltung) für ihre schlechten Taten ...“

Die folgende Form wird bei einer Gruppe von mindestens drei Frauen verwendet:

Allāhumma innahunna ʾimāʾuka wa banāt ʿabīdik
kunna yashhadna al-lā ilāha illā anta waḥdaka lā sharīka lak
wa anna Muḥammadan ʿabduka wa rasūluk, wa anta aʿlamu bihinna.
Allāhumma in kunna muḥsinātin fa-zid fī iḥsānihinna
wa in kunna musīʾātin fa-tujāwiz ʿan sayyiʾātihinna ...

„O Gott, sie waren Deine Dienerinnen und die Töchter Deiner Diener,
sie pflegten regelmäßig zu bezeugen, daß es keine Gottheit gibt außer Dir,
daß Du einzig bist, Dir niemand beigesellt ist,
und daß Muḥammad Dein Diener und Gesandter ist,
und Du weißt am besten über sie (die Verstorbenen) Bescheid.

O Gott, wenn sie (die Verstorbenen) ihre Handlungen in bester Form verrichteten
und sich in bester Art verhielten, so vermehre das Vortreffliche,
welches (den Verstorbenen) zukommen soll,
und falls sie (die Verstorbenen) übel handelten, so erlasse ihnen
ganz und gar (die Vergeltung) für ihre schlechten Taten ...“

Die folgende Form wird bei genau zwei Männern bzw. einem Mann und einer Frau verwendet:

Allāhumma innahumā ʿabdāka wa bnā ʿabīdik
kānā yashhadāni al-lā ilāha illā anta waḥdaka lā sharīka lak
wa anna Muḥammadan ʿabduka wa rasūluk, wa anta aʿlamu bihimā.
Allāhumma in kānā muḥsinaini fa-zid fī iḥsānihimā
wa in kānā musīʾaini fa-tujāwiz ʿan sayyiʿātihimā ...

„O Gott, sie waren Deine Diener und die Kinder Deiner Diener,
sie beide pflegten regelmäßig zu bezeugen, daß es keine Gottheit gibt außer Dir,
daß Du einzig bist, Dir niemand beigesellt ist,
und daß Muḥammad Dein Diener und Gesandter ist,
und Du weißt am besten über sie (die Verstorbenen) Bescheid.
O Gott, wenn sie beide (die Verstorbenen) ihre Handlungen in bester Form verrichteten
und sich in bester Art verhielten, so vermehre das Vortreffliche,
welches (den beiden Verstorbenen) zukommen soll,
und falls sie (die beiden Verstorbenen) übel handelten, so erlasse ihnen
ganz und gar (die Vergeltung) für ihre schlechten Taten ...“

Die folgende Form wird bei genau zwei Frauen verwendet:

Allāhumma innahumā ʿamatāka wa bintā ʿabīdik
kānatā tashhadāni al-lā ilāha illā anta waḥdaka lā sharīka lak
wa anna Muḥammadan ʿabduka wa rasūluk, wa anta aʿlamu bihimā.
Allāhumma in kānatā muḥsinataini fa-zid fī iḥsānihimā,
wa in kānatā musīʾataini fa-tujāwiz ʿan sayyiʿātihimā ...

„O Gott, sie waren Deine Dienerinnen und die beiden Töchter Deiner Diener,
sie beide pflegten regelmäßig zu bezeugen, daß es keine Gottheit gibt außer Dir,
daß Du einzig bist, Dir niemand beigesellt ist,
und daß Muḥammad Dein Diener und Gesandter ist,
und Du weißt am besten über sie (die beiden Verstorbenen) Bescheid.
O Gott, wenn sie (die Verstorbenen) ihre Handlungen in bester Form verrichteten

und sich in bester Art verhielten, so vermehre das Vortreffliche, welches (den beiden Verstorbenen) zukommen soll,
und falls sie (die beiden Verstorbenen) übel handelten, so erlasse ihnen ganz und gar (die Vergeltung) für ihre schlechten Taten ...“

5. Der Schlußgruß (*salām*) nach dem vierten *Takbīr*. Dieser ist außer bei der *Ḥanafīya* ein *Rukn*, während die *Ḥanafīya* ihn für *Wājib* hält wie auch den *Salām* beim üblichen Gebet, weswegen bei ihr ein Gebet durch Weglassen des *Salām* nicht ungültig wird.

6. Der Segen für den Propheten ﷺ. Dieser ist nach der *Shāfiʿīya* und *Ḥanbalīya Rukn.*

Ḥanafīya

Der Segen für den Propheten ﷺ ist *Sunna ghair muʾakkada*, nicht *Rukn.*

Mālikīya

Der Segen für den Propheten ﷺ ist, nach jedem *Takbīr* und noch vor jedem *Duʿāʾ*, *mandūb.*

7. Das Rezitieren der *Fātiḥa*. Dazu besteht unter den Rechtsschulen Uneinigkeit.

Ḥanafīya

Die *Fātiḥa* mit der Absicht der Rezitation im Gebet zu sprechen ist *makrūh tanzīhan*, aber sie als *Duʿāʾ* zu sprechen ist zulässig (*jāʾiz*).

Shāfiʿīya

Das Rezitieren der *Fātiḥa* im Totengebet ist *Rukn*. Am besten wird sie nach dem ersten *Takbīr* gelesen, ansonsten kann sie aber auch nach jedem anderen *Takbīr* rezitiert werden. Sobald man aber die *Fātiḥa* in irgendeiner *Rakʿa* begonnen hat, muß man sie auch zu Ende rezitieren, und es ist weder zulässig, sie zum Beispiel nach einigen *Āyāt* abzubrechen, noch, sie über mehr als eine *Rakʿa* verteilt zu rezitieren – wenn das geschieht, wird das Gebet dadurch ungültig. Hierin unterscheidet sich der verspätete Beter (*masbūq*) nicht von anderen Betern.[316]

Ḥanbalīya

Das Rezitieren der *Fātiḥa* im Totengebet ist Pflicht, und sie muß in der ersten *Rakʿa* verrichtet werden.

Mālikīya

Das Rezitieren der *Fātiḥa* ist im Totengebet *makrūh tanzīhan.*

§ 137

DAS BEGRÄBNIS

Der Gang vom Gebetsplatz des Totengebets bis zum Grab

Beim Gang zum Begräbnis sollen diejenigen, die den Toten begleiten, ruhig gehen und weder laut klagen noch singen oder dergleichen Dinge tun. Allenfalls kann man – nicht sehr laut – ein *Du'ā'* oder passende Koranstellen für sich rezitieren.

Es gilt als unzulässig, beim Gang zum Gebet Gesänge oder auch Rezitationsgesänge mit religiösem Inhalt anzustimmen und abzuhalten, wenn sie einen musikalischen Charakter haben. Am besten schweigt man während des ganzen Ganges.

Es ist – wenn möglich – sehr wünschenswert, daß mehrere Männer die Bahre abwechselnd tragen, wobei zunächst vier oder mehr Männer die Bahre auf einer Schulter abgestützt tragen, dann andere von der Seite hinzutreten und ihre Vorgänger ablösen.[317]

Sowohl durch das Tragen als auch dadurch, daß man einem Toten bis zu dessen Grab nachfolgt, erwirbt man sich großen Lohn – weswegen man sich beim Tragen abwechseln soll, damit sich möglichst viele oder sogar jeder Lohn bei Gott erwerben kann.

Andererseits ist dann das Tragen des Toten auf den Schultern der Mitgehenden – sei es mit oder ohne Sarg – als *ḥarām* anzusehen, wenn eindeutig – bei zu großem Gewicht von Leichnam und/oder Sarg – klar befürchtet werden muß, daß der Tote nicht gehalten werden kann und zu Boden stürzen wird. In diesem Fall soll der Tote auf einer Hilfsvorrichtung getragen werden.[318]

Art des Grabes

Hier sind drei Aspekte zu beachten:

- Die Vorbereitung des Grabes unter Beachtung der jeweiligen Erdbeschaffenheit.
- Die eigentliche Grablegung.
- Das Grab und seine Gestaltung nach dem Begräbnis.

Die Vorbereitung des Grabes

Wenn das Grab ausgehoben wird, soll es mindestens so tief sein, daß der Tote von einer guten Erdschicht bedeckt ist und vor allem Tiere keine Möglichkeit haben, an den Leichnam zu kommen[319] und daß kein Geruch des Körpers später durchdringen kann; außerdem soll der Tote in Richtung der *Qibla* blickend ausgerichtet sein.[320]

Am besten ist es, wenn das Grab so tief ist, daß ein Mann von mittlerer Statur, in dem Grab aufrecht stehend und seinen Arm gerade hochhaltend, mit seiner Hand gerade an den Grabesrand gelangen kann, und wenn das eigentliche Grab ohne die Grabnische[321] so breit ist, daß es in seiner Breite einer Elle (*dhirāʿ*) und einer Handbreit entspricht.

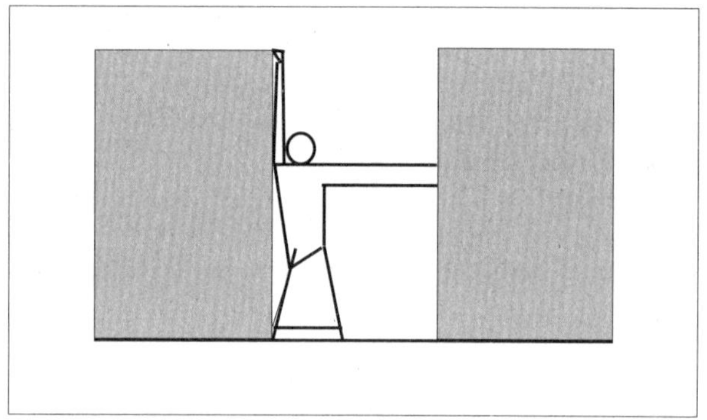

Darstellung der wünschenswerten Breite und Tiefe des Grabes

Daß die Länge des Grabes der des Toten entsprechen muß, ist selbstverständlich. Nur in absoluten Notsituationen ist es gestattet, den Toten nicht lang ausgestreckt liegend zu begraben. Es ist grundsätzlich bei der Ausrichtung des Grabes darauf zu achten, daß die von der Fußseite des Grabes aus gesehen linke Seitenwand in Richtung *Qibla* liegt.

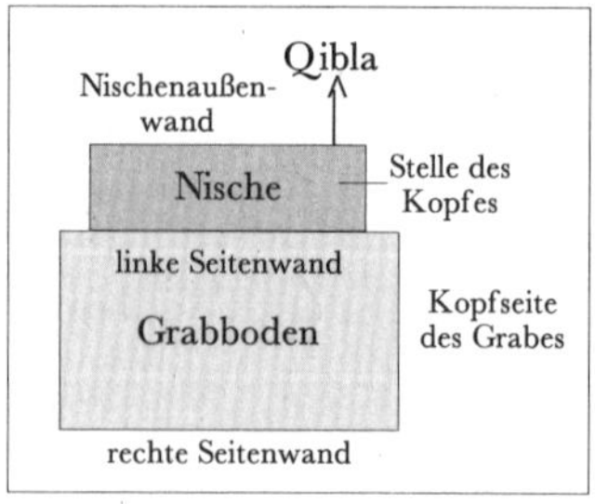

Grundriß eines korrekt vorbereiteten Grabes

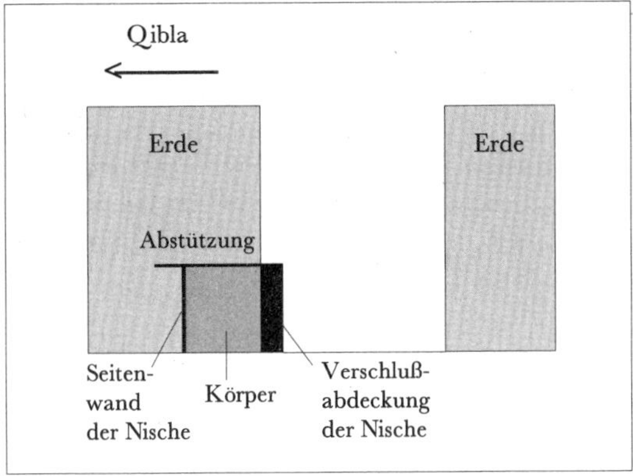

Querschnittsansicht eines korrekt vorbereiteten Grabes (von der Fußseite her)

Beim Ausheben des Grabes soll, wenn irgend möglich, in diese linke Seitenwand des ausgehobenen Grabes zusätzlich eine Art „Nische" eingegraben werden.[322]

Wenn die Erde sehr feucht, locker oder sandig ist (bzw. ein glattes, sicheres Ausgraben nicht möglich ist), soll man versuchen, noch während des Ausgrabens diesen Nischenraum durch Bretter abzustützen.

Ist es aber, aus welchen Gründen auch immer, nicht möglich, eine Nische vorzubereiten, soll der Tote etwas unterhalb des Grundes des eigentlichen Grabbodens in einer zusätzlich dort ausgehobenen Bodennische bestattet werden. Dabei wird diese Ersatznische mit kleineren Steinen (Kieseln) vorsichtig abgedeckt.

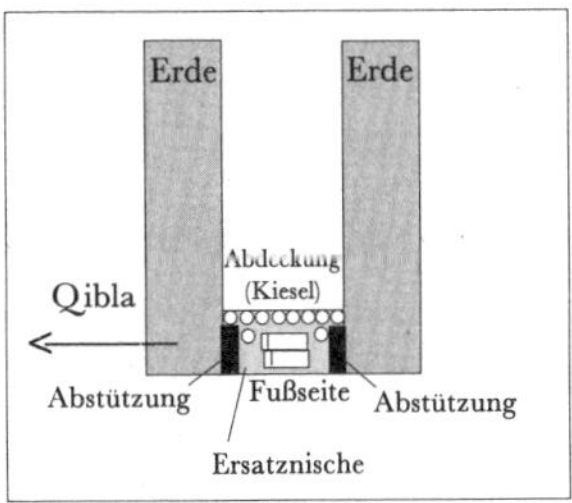

Ansicht eines Grabes mit Ersatznische

In jedem Fall soll diese Nische von an- bzw. ausfüllender Erde freigehalten werden. Dazu soll man, je nach Umstand und Möglichkeit, kleinere Steine oder auch Bretter zur Seitabstützung verwenden.

Sollte es aber durch die Gegebenheiten des Friedhofs oder der jeweiligen Natur des Begräbnisplatzes nicht möglich sein, das Grab in

Qibla-Richtung ausgerichtet anzulegen, so gelten folgende abgestufte Verhaltensregeln:

1. Ist das Grab zwar nicht in Quer-, aber in Längsrichtung nach der *Qibla* ausgerichtet aushebbar, so tut man das. Dann wird bei der Grablegung dafür gesorgt, daß der Kopf bzw. Oberkörper und Kopf leicht angehoben wird, damit der Tote gewissermaßen in Längsrichtung in die *Qibla*-Richtung „blicken" kann.[323] (Zur Anlage einer Nische gilt das schon Gesagte.)

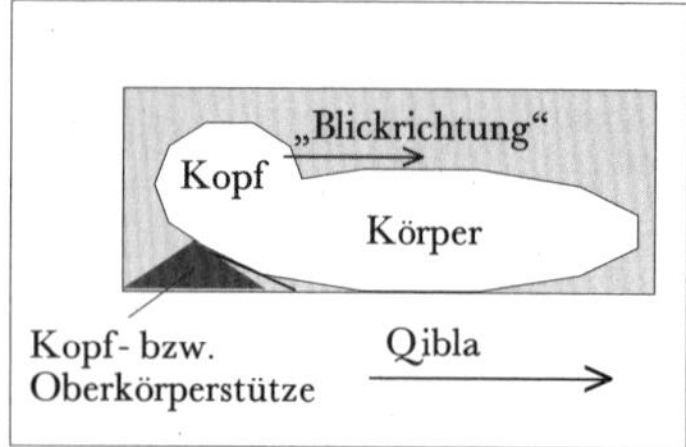

Queransicht eines quer in Qibla-Richtung angelegten Grabes

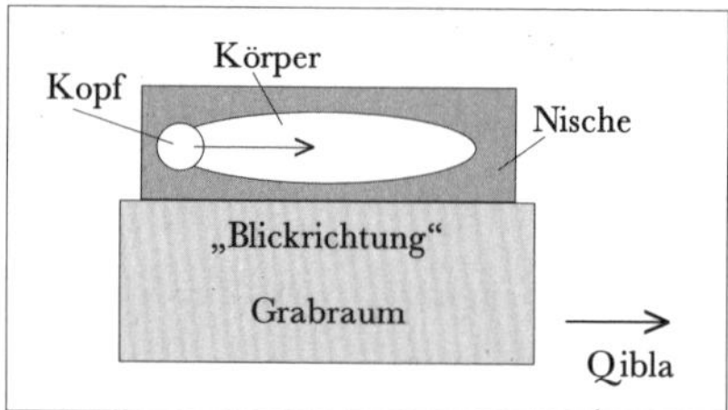

Grundriß eines quer in Qibla-Richtung angelegten Grabes

2. Wenn weder quer noch längs die *Qibla*-Richtung ganz gerade als Grabausrichtung möglich ist, so soll man sie eben soweit wie möglich einhalten – notfalls, indem man den Toten etwas quer in das Grab legt oder indem man den Kopf anders, nämlich zur linken Seite hin, umwendet.
3. Ist aber die Grablage und die *Qibla*-Ausrichtung in keiner Weise – auch nicht durch geringfügige Querlage des Toten usw. – zu erreichen, bleibt nichts anderes übrig, als die andere Ausrichtung zu nehmen.

Die eigentliche Grablegung

Je nachdem, ob mit oder ohne Sarg, ob mit oder ohne Nische begraben wird, und je nachdem, ob man sich als Privatperson (nicht Friedhofspersonal) durchsetzen kann, soll jemand in das Grab hinabsteigen und – wenn der Tote hinabgereicht wird – ihn in die richtige Lage bringen.

Ist der Tote ohne Sarg bzw. ohne Sargdeckel zu bestatten, so soll man im Grab – wie oben geschildert – die Totenbänder von dem äußeren Leichentuch lösen.

Die korrekte Richtung, in der der Tote hinabzureichen ist, muß vor dem Hinablassen des Leichnams bestimmt werden, denn im Grab selbst ist keine Möglichkeit zum Umwenden mehr, und es ist sowohl verwerflich als auch praktisch meist unmöglich, den Toten wieder aus dem Grab heraufzuziehen und erneut hinunterzulassen.[324]

Dann wird der Tote in die Nische gelegt und diese Nische etwa mit Brettern oder flachen Tonstücken verschlossen.

Darauf wird das eigentliche Grab mit Erde aufgefüllt, wobei sich, wie schon beim Tragen des Toten, die Leute abwechseln sollen, weil auch diese Tätigkeit mit Lohn bei Gott verbunden ist.

Die äußere Gestaltung des Grabes nach Verschluß des Grabes

In diesem Bereich sind sowohl in Deutschland als auch anderswo – auch in der islamischen Welt – sehr viele unzulässige Neuerungen (*Bida'*) und unzulässige Dinge zu beobachten. Daher soll hier zunächst die zulässige, korrekte Form der Grabgestaltung beschrieben werden, dann – zur Vermeidung – sollen die häufigsten der verbotenen Dinge bei der Grabgestaltung vorgestellt und erläutert werden – so Gott will.

Die korrekte Gestaltung

Die Oberfläche des Grabes – im Ausmaß des ausgehobenen Grabraumes – wird eingeebnet. An den Rändern des Grabes bzw. an den Ecken des Grabes werden Markierungen gesetzt, zum Beispiel in Form von quadratischen Steinen.

Zur Markierung des Kopfendes verwendet man zunächst ein hochkant stehendes Brett, ohne Beschriftung. Später kann man – wenn das Kopfende durch Nachbargräber nicht deutlich genug wird – einen mittelgroßen, nicht beschrifteten oder gravierten Stein setzen.

Zweifelhafte oder zumindest nicht vorzuziehende Gestaltungsarten

Es ist nicht die beste Art der Gestaltung, aber nicht direkt verboten, wenn über dem Grab Sand bzw. Erde spitz zulaufend, einem flachen Spitzdach ähnlich, angehäuft wird. Das ist in mehreren Ländern eine zu beobachtende Gestaltungsart muslimischer Gräber.

Einen Grabstein zu setzen ist grundsätzlich nicht empfehlenswert, da es der Tradition der Frühmuslime nicht entspricht, und wird daher von mehreren Gelehrten als *Bid'a* betrachtet. Es ist aber wohl dann zulässig, einen mit dem Namen des Toten beschrifteten einfachen, ansonsten schmucklosen Stein von geringer Größe am Kopfende aufzustellen, wenn sonst befürchtet werden muß, daß das Grab als solches nicht mehr erkannt und als normale Erde betrachtet wird.[325]

Absolut verbotene Grabgestaltung

Absolut verboten sind Gestaltungsarten, die in Sitte oder gar gottesdienstlicher Hinsicht den Gräbern und der Grabgestaltung der christlichen, jüdischen oder sonst noch anderen Religionen folgen. Dazu gehört:

- das Aufstellen von Leuchtern bzw. in Glas usw. geschützen Dauerlichtern (sogenannten „ewigen Lichtern", wie sie auf christlichen Gräbern aufgestellt werden);
- das Einrichten von gemauerten Gebäuden in Form von Gruftbauten;[326]
- das Aufstellen von Statuen oder Grabsteinen mit Figuren bzw. Statuenschmuck.
- das ständige Bepflanzen des Grabes selbst mit Blumen, Sträuchern oder dergleichen sowie das Aufstellen von Schnittblumen als Grabschmuck. Dazu gehört entsprechend auch das Aufstellen von festen – oft beim Grab eingelassenen – Blumenvasen.
- das Ausschmücken des Grabes mit Goldbeschriftung, feinem Marmor und dergleichen.

Besuch der Friedhöfe und Gräber

Der Besuch der Friedhöfe – nach der Bestattung – ist unter bestimmten Umständen erlaubt (*jā'iz*), unter anderen aber *makrūh* bis *ḥarām*. Wenn man die Friedhöfe allgemein aufsucht, um über den Tod, das Jenseits, die Lage der Toten bis zum Tag der Auferstehung und über den Jüngsten Tag nachzudenken, so ist das zulässig oder wünschenswert.

Wenn man ein bestimmtes Grab aufsuchen will, um dort für den Verstorbenen zu bitten oder seiner zu gedenken, so ist das zulässig. Der Prophet ﷺ selbst hat oft die Gräber besucht und dort gebetet, und es gilt als verdienstvoll, der Sunna des Propheten auch hier zu folgen. Der Besuch von Gräbern durch Frauen ist dann *makrūh*, wenn sie unzulässige Handlungen, wie lautes Klagen, Haareausraufen, sich auf das Grab zu stürzen, beabsichtigen könnten.

Anmerkungen:

1 Dabei ist klar, daß die genaue Form des *Ṣalāh* dem Propheten Muḥammad ﷺ von Gott eingegeben wurde. Siehe zum Glaubensbereich in diesem Zusammenhang den Teil I über das Prophetentum des Propheten Muḥammad ﷺ.

2 Außer in bestimmten Fällen, in denen Mittag- und Nachmittagsgebet bzw. Dämmerungs- und Nachtgebet jeweils direkt hintereinander gebetet werden können (*jamʿ*); diese Form des Zusammenziehens ist aber von bestimmten Umständen abhängig. Die traditionelle *Ḥanafīya* lehnt dieses *Jamʿ* (Zusammenziehen/Verbinden von zwei Gebeten) allgemein ab, während es von den anderen Rechtsschulen unter manchen Umständen sehr empfohlen und in manchen Fällen sogar fast zur Pflicht gemacht wird.

3 Einzelheiten zum Glaubensbereich beim *Ṣalāh* werden in Teil I erläutert.

4 Es gibt mehrere Klassen/Arten von *Duʿā'*:
   1. Solche, die nach dem Pflichtgebet oder bestimmten Gebeten in Form des *Ṣalāh* verrichtet werden; diese sind in Form und Sprache ganz frei.
   2. Solche, die nach speziellen *Ṣalāh*-Gebeten zu bestimmten Anlässen gebetet werden; diese haben oft – nicht immer – eine feste, überlieferte Form, die eingehalten werden sollte, aber nicht muß.
   3. Solche *Duʿā'*, die als solche freiwillig sind, aber wenn, dann so gesprochen werden sollen, wie der Prophet sie sprach – im arabischen Original und bei bestimmten Gelegenheiten.

5 Der Verpflichtungsgrad „*Farḍ*" ist grau unterlegt, besonders wichtige *Sunan mu'akkada* bzw. *Wājibāt* sind ebenfalls hervorgehoben.

6 Das *Ḍuḥā* kann in Form von 2, 4, 6 oder 8 *Rakaʿāt* verrichtet werden, wobei auch bei einem *Ḍuḥā* von mehr als zwei *Rakʿa* jeweils nach zwei *Rakʿa* ein Schlußgruß (*salām*) gegeben wird. Zu Beginn einer jeden Zwei-*Rakʿa*-Gruppe wird dieselbe Absicht (*nīya*) zum *Ḍuḥā* gefaßt.

7 Die je zwei *Rakaʿāt* der *Sunna mu'akkada* und *Sunna ghair mu'akkada* (sowohl die vor dem *Farḍ* als auch die danach) können getrennt oder vereinigt (in vier, mit nur einem *Takbīrat al-Iḥrām*, einer *Nīya* und einem *Salām*) verrichtet werden.

8 Nach manchen Rechtsmeinungen gibt es nur vier *Rakaʿāt Sunna ghair mu'akkada* vor dem *Farḍ* von *ʿAṣr*, nicht aber die Möglichkeit, nur zwei *Rakaʿāt* zu verrichten. Außerdem wird nach einigen Rechtsmeinungen eine Trennung der vier *Rakaʿāt* in je zwei *Rakʿa* abgelehnt, nach anderen Gelehrten aber für zulässig oder sogar vorzuziehen gehalten.

9 Nach manchen Überlieferungen scheint es so zu sein, daß es zulässig ist, vor *Maghrib* zwei *Rakʿa Sunna ghair mu'akkada* zu verrichten, weswegen manche Gelehrten dies für zulässig halten; das ist aber keineswegs allgemein anerkannt.

10 *Tarāwīḥ* wird nur während des Monats *Ramaḍān* verrichtet. Wenn man das *Tarāwīḥ*-Gebet verrichtet, so wird der *Sunna* gemäß kein anderes Nachtgebet (*Qiyām al-Lail/Tahajjud*) verrichtet – wenngleich es zulässig ist, das zu tun. Das *Tarāwīḥ* wird üblicherweise in acht oder in zwanzig *Rakaʿāt* verrichtet (siehe zur Anzahl der *Rakaʿāt* im *Tarāwīḥ* auch den Anmerkungstext weiter unten).

11 Wenn man – außerhalb der Zeit des *Ramaḍān* – zwischen der *Rātiba* des *ʿIshā'* und dem *Witr* weitere *Nāfila*-Gebete verrichtet, ohne sich nach dem *ʿIshā'* und der nachfolgenden *Rātiba* schlafen zu legen, so nennt man diese Gebete „*Qiyām al-Lail* (das Verbringen der Nacht [im Gebet]). Wenn man sich zunächst hinlegt und extra für diese zusätzlichen Nachtgebete wieder aufsteht, werden sie „*Tahajjud*" (wörtl.: „das wache Verbringen der Nacht") genannt. Für beide Arten des freiwilligen Nachtgebets

gilt, daß es keine genaue festgelegte Anzahl von *Raka'āt* dazu gibt. Andererseits ist es der Überlieferung (das heißt den Hadithen) zu entnehmen, daß eine Anzahl von mehr als zehn *Raka'āt* seitens der persönlichen Praxis des Propheten ﷺ nicht konkret belegt werden kann, wenn auch eine höhere Anzahl voll und ganz zulässig (*jā'iz*) ist. Entsprechendes gilt insofern auch für das *Tarāwīḥ*, als die Zahl von zwanzig *Raka'āt* als konkrete Anzahl erst auf die Zeit des zweiten Kalifen 'Umar bzw. des dritten Kalifen 'Uthmān ؓ zurückgeht, aber aus der Lebenszeit des Propheten ﷺ mehr als acht *Raka'āt* nicht belegbar sind.

12 Das *Witr* kann in drei Formen gebetet werden:
1. Mit nur einer einzigen *Rak'a* (diese Form ist nur nach einigen Rechtsmeinungen zulässig).
2. Mit drei *Raka'āt.* In diesem Fall gibt es zwei Möglichkeiten:
   a) Man verrichtet zunächst zwei *Rak'a* (diese werden „*ash-Shaf' wa-l-Watr*", „Gerade und Ungerade", genannt und müssen hier auch getrennt beabsichtigt werden), dann eine einzige *Rak'a* (diese wird hier als „*Witr*", das eigentliche *Witr* also, bezeichnet und muß auch als „*Witr*" beabsichtigt werden).
   b) Man verrichtet das *Witr* in drei *Raka'āt*, mit einem einzigen *Takbīrat al-Iḥrām* und einem einzigen *Salām* (die Absicht ist hier nur die zum „*Witr*").

13 Wörtlich heißt „*Taslīmat al-Iḥrām*": das einmalige Aussprechen der Formel „*Allāhu akbar*" (*taslīma*), durch die man in das Gebet eintritt und sich die Dinge, die im Gebet zu tun untersagt sind (wie Essen und Trinken zum Beispiel), verwehrt (*iḥrām*). Entsprechend ist der *Taslīmat al-Iḥlāl*": das je nach rechts und links gerichtete einmalige Aussprechen der Formel „*aṣ-Ṣalāmu 'alaikum wa raḥmatu llāh*" (*taslīm*), durch die man aus dem Gebet austritt und sich die Dinge, die im Gebet unerlaubt sind (wie Essen und Trinken zum Beispiel), wieder erlaubt macht (*iḥlāl*).

14 Zu den verschiedenen Arten der freiwilligen Gebete siehe im einzelnen.

15 Manche Gelehrte vertreten die Ansicht, daß dennoch – unter bestimmten Umständen und Voraussetzungen – das Mittagsgebet zu beten ist; siehe dazu weiter unten.

16 Zu den eigentlichen Fragen bezüglich des Freitagsgebetes selbst siehe Kapitel 13.

17 Dieses Bittgebet muß nach einigen Rechtsschulen laut und deutlich vernehmbar sein, damit das Freitagsgebet voll gültig ist. (Vgl. Kap. 13).

18 Über das Gebet der beiden Feste siehe Näheres in Kapitel 14. Über *Ḥajj* und *'Umra* siehe ferner im Buch über die Pilgerfahrt.

19 Dabei gibt es leichte Unterschiede bei den Rechtsschulen.

20 Nur bei dem *Fajr-Nāfila*-Gebet sind viele Gelehrte der Auffassung, daß es auch nach seiner Zeit unter Umständen nachgebetet werden kann.

21 Bei allen Rechtsschulen außer der *Mālikīya* gilt: Wenn man mehr als die zulässige Anzahl an *Raka'āt* aus Vergeßlichkeit oder ohne wirkliche Absicht dazu betet, gelten die zusätzlichen Gebetsteile als „absolutes *Nāfila*". Hat man aber eine solche Absicht, mehr als diese Höchstzahl als *Ḍuḥā* zu beten, so ist das zusätzlich Gebetete ungültig.

Bei der *Ḥanafīya* kann die Gesamtanzahl der *Raka'āt* beim *Ḍuḥā*-Gebet maximal sechzehn betragen. Es ist zwar möglich, alles in einem einzigen Mal – ohne *Salām* zwischendurch – mit einem Eintritt ins Gebet und einem *Salām* zu beten, doch gilt es als *makrūh*, mehr als vier *Raka'āt* in einem Mal zu beten.

Nach Meinung der *Mālikīya* ist es möglich, auch mehr *Raka'āt* als gültiges *Ḍuḥā* zu beten, ohne daß ein Hinausgehen über acht bzw. sechzehn *Raka'āt makrūh* oder ungültig wäre.

22 Nach der *Mālikīya* ist „*Taḥīyat al-Masjid*" *Sunna mu'akkada*, nicht nur *Sunna ghair mu-'akkada*.

23 Nach der *Ḥanafīya* kann „*Taḥīyat al-Masjid*" aus zwei oder auch vier *Raka'āt* bestehen, nicht aber aus mehr; dabei sind zwei *Rak'a* die beste Anzahl.

Nach Ansicht der *Mālikīya* darf „*Taḥīyat al-Masjid*" nur mit zwei *Rak'a* verrichtet werden; nach Meinung der *Shāfi'īya* und *Ḥanbalīya* kann man mit der Absicht von „*Taḥīyat al-Masjid*" auch mehr *Raka'āt* als vier beten, ohne daß dies *makrūh* bzw ungültig wäre.

24 Siehe dazu den entsprechenden Abschnitt § 5.

25 Dies vertreten alle Rechtsschulen außer der *Mālikīya*, bei der es ohne Absicht des Verbleibens in der Moschee nicht als empfohlene *Sunna* betrachtet wird.

26 Die *Shāfi'īya* sagt dazu: Wenn jemand nicht im Zustand des *Wuḍū'* ist, aber in der Moschee in sehr kurzer Zeit die Waschung zum Gebet vornehmen kann, dann ist es doch empfohlen, dieses Gebet zu beten.

27 Nur die *Mālikīya* ist etwas anderer Meinung: Wenn ein *Imām* vorbetet, der ständig der Gemeinde vorbetet, soll man auf *Taḥīyat al-Masjid* verzichten. Ist es aber ein fremder, nicht ständig in dieser Moschee tätiger *Imām*, ist *Taḥīyat al-Masjid* auch zulässig, wenn das Gemeinschaftsgebet bereits begonnen hat.

28 Nach Meinung der *Shāfi'īya* und *Ḥanbalīya* kann jemand noch *Taḥīyat al-Masjid* verrichten, wenn er die Moschee betreten hat, bevor der *Imām* sich auf den *Minbar* gesetzt hat und der *Adhān* in der Moschee ausgerufen wird.

29 Zum Bereich „*Kaffāra*" siehe „Das islamische Recht", § 20.

30 Siehe dazu hier § 5.

31 Arab.: „*al-Fajr as-Ṣādiq*".

32 Arab.: „*al-Fajr al-Kādhib*".

33 Man unterscheidet nach dem völligen Untergang der Sonnenscheibe drei Stufen der Dämmerung: zuerst die „rote" (*ash-shafaq al-aḥmar*), dann die „weiße" (*ash-shafaq al-abyaḍ*) und darauf die „schwarze Dämmerung" (*ash-shafaq al-aswad*).

34 In klassischen Texten: im Maß einer Lanze.

35 Nach Ansicht der *Ḥanafīya* jedoch ist es unter bestimmten Umständen möglich, auch zwischen dem *Witr*- und dem Morgengebet noch freiwillige Nachtgebete zu verrichten.

36 Diese Zeiträume haben eines gemeinsam: sie sind in ihrer Länge veränderlich, im Unterschied zu den verbotenen Zeiträumen, die vom Sonnenstand abhängen und die zuvor besprochen wurden. Die Zeiträume, die nun besprochen werden, können im Höchstfall fast die gesamte Gebetszeit ausmachen, in der sie liegen (wenn nämlich das Pflichtgebet der betreffenden Zeit sofort verrichtet wird), oder sie können auch in der Tat so gut wie nicht vorhanden sein (wenn das Pflichtgebet der betreffenden Zeit am Ende der Gebetszeit verrichtet wird).

37 Weil dann das zweite Gebet gewissermaßen in der ersten Gebetszeit vorweggenommen wird.

38 Letztere Möglichkeit ist ohnehin unzulässig, weil

1. die Gebetszeit des *Ṣubḥ* an die des *Ẓuhr* gar nicht direkt angrenzt, sondern an die des *Ḍuḥā*, und
2. das *Ḍuḥā* kein *Farḍ*-Gebet ist, aber nur mit *Farḍ*-Gebeten *Jam'* überhaupt zulässig sein kann.

39 Die Belege der *Ḥanafīya* müssen hier danach unterschieden werden, ob sie aus der Zeit des *Imāms* Abū Ḥanīfa ﷺ, der seiner Hauptschüler Abū Yusuf und Muḥammad ﷺ oder der der Gelehrten nach ihnen stammten; speziell in dieser Frage sind die

Belege der *Ḥanafīya* nicht so stark wie die der anderen drei Rechtsschulen. Dabei gilt aber, daß die Quellenlage (bezüglich der Hadithe und des Erkennens ihrer Echtheit) zur Zeit von Abū Ḥanīfa und auch noch zur Zeit des *Imāms* Mālik bin Anas ﷺ noch sehr unsicher war, so daß in jedem Fall die Rechtsansichten von Abū Ḥanīfa und seiner beiden Hauptschüler anders betrachtet werden müssen als die Meinungen der späteren Gelehrten.

40 Dieses Verbinden während dieses speziellen Tages des *Ḥajj* wird von allen *Madhāhib* als korrekt und der echten *Sunna* gemäß betrachtet.

41 Wortwörtlich heißt *„Allāhu akbar“*: „Gott ist größer“. Damit ist gemeint: Gott ist größer als alles andere außer Ihm. Im Arabischen ist die hier verwendete Form des Wortes sehr wirkungsvoll, was sich im Deutschen nur schwer nachübersetzen läßt. Wie allgemein in diesem Buch hat der Verfasser das Wort *„Allāh“* mit „Gott“ wiedergegeben. Zur Frage, ob und welche Übersetzung es für *„Allāh“* geben kann, siehe die Einleitung zum *Aqā'id*-Teil.

42 Man kann auch aussprechen: *Ashhadu an lā* ..., das heißt, ohne daß das N von *„an“* an das L vom *„lā“* angeglichen wird.

43 Man kann auch – ähnlich wie schon oben bei der ersten *Shahāda* erwähnt – ohne Angleichung der Laute sagen: *Ashhadu anna Muḥammadan rasūlu llāh.*

44 Mit „Erfolg“ ist hier der Erfolg im Jenseits gemeint, wenn der Betende dafür, daß er das Gebet verrichtet hat, belohnt wird.

45 Zwar haben außer der *Ḥanbalīya* alle Schulen das Ausrufen des *Adhān* in einer nichtarabischen Sprache dann für zulässig erklärt, wenn die Muslime im betreffenden Gebiet die arabischen Worte nicht verstehen, doch das galt zur Frühzeit. Heute weiß jeder Muslim, der den *Adhān* hört, was die *Shahāda* bedeutet und daß der *Adhān* zum Gebet aufruft. Darum ist der ursprüngliche Grund dieser Erleichterung nicht mehr gegeben, und darum versuchten in der jüngeren Vergangenheit nur extreme Nationalisten, den *Adhān*-Wortlaut zu übersetzen.

Man darf auch nicht vergessen, daß der arabische Originalwortlaut des *Adhān* überall als *Adhān* erkannt wird. Wenn aber in jedem Gebiet „andere“ *Adhāne* ertönen, weiß zum Beispiel ein Ortsfremder, der die Sprache nicht kennt, nicht mehr, daß das der *Adhān* sein soll. Insofern ist dieses *Fatwā* der Frühzeit de facto heute nicht mehr akzeptiert.

Die *Ḥanbalīya* hingegen lehnt jegliche nichtarabische Form des *Adhān* ab; nach ihrer Meinung ist der *Adhān* nur in seiner arabischen Originalform gültig.

46 Bei der *Ḥanafīya* gilt: Der *Adhān* eines Ungläubigen ist zwar formal gültig – im Unterschied zur Meinung der anderen Rechtsschulen, bei denen ein solcher *Adhān* als solcher ungültig ist –, aber ihm kann nicht vertraut werden. Insofern ist im Ergebnis hier doch Übereinstimmung zwischen den Rechtsschulen, da in jedem Fall der *Adhān* wiederholt werden müßte.

47 Die *Mālikīya* setzt die volle körperliche und geistige Reife jedoch als verpflichtende Bedingung beim *Mu'adhdhin* voraus.

48 Bei der *Ḥanafīya* ist zwar der *Adhān* eines Verrückten, Betrunkenen usw. gültig, doch ist der *Adhān* nicht vertrauenswürdig und daher in diesem Falle wertlos, da auf die Handlungen und Aussagen solcher Leute nicht vertraut werden kann und auch nicht darf.

49 Bei der *Ḥanafīya* ist dies nicht zwingend, und es kann nach dieser Auffassung zum Beispiel auch eine Frau den *Adhān* ausrufen. Dies gilt aber nur unter der Bedingung, daß dadurch keine Versuchung durch die Stimme der Frau hervorgerufen wird. Da

ja der *Adhān* getragen rezitiert wird, besteht diese Gefahr, und daher wird auch in der *Ḥanafīya* auf diese Möglichkeit nur verwiesen, wenn kein Mann für diese Aufgabe in Frage kommt bzw. sie erfüllt.

50 Nach der *Mālikīya* ist es *Sunna mu'akkada*, sich während des *Adhān* rundherum zu wenden, um die Leute den *Adhān* hören zu lassen; nur wird gesagt, daß der *Mu'adhdhin* zu Beginn des *Adhān* sich in Richtung der *Qibla* wenden soll.

Die *Shāfi'īya* meint: Die *Qibla*-Richtung einzunehmen ist *Sunna ghair mu'akkada* – basierend auf dem Brauch (*'urf*), wenn es sich bei dem betreffenden Ort, in dem der *Adhān* ausgerufen wird, um einen kleinen oder ein kleines Dorf handelt. Wenn es jedoch schon eine große Ortschaft ist, so ist es im Gegenteil *Sunna ghair mu'akkada*, sich während des *Adhān* rundherum zu wenden, damit die Stimme des *Mu'adhdhin* überall gleichmäßig vernommen wird. Liegt die Ortschaft weitgehend in Richtung der *Qibla*, so soll ausschließlich die *Qibla*-Richtung während des *Adhān* eingehalten werden.

Nach der *Ḥanafīya* ist die Einhaltung der *Qibla*-Richtung während des *Adhān Sunna ghair mu'akkada* – es sei denn, der *Mu'adhdhin* ruft von einem Minarett aus: In diesem Fall soll er sich gleichmäßig ringsum wenden, damit er überall gleichermaßen gehört wird. Falls der *Mu'adhdhin* reitet, ist es ebenfalls *Sunna ghair mu'akkada*, daß er sich ringsherum wendet, im Gegensatz zum Fall, daß er im Gehen den *Adhān* ausruft (und zwischendurch stehenbleibt) und er die *Qibla*-Richtung einnehmen soll.

51 Ursprünglich gab es keine Minarette bei der Moschee von Medina und den ersten Moscheen allgemein. Man stellte sich zum *Adhān* auf den höchsten erreichbaren Punkt der Moschee. Die Errichtung von Minaretten ist erst in der Umayyadenzeit aufgekommen.

52 Dies ist abhängig davon, ob das Einnehmen der *Qibla*-Richtung überhaupt im betreffenden Fall erwünscht/notwendig ist.

53 Bei der *Ḥanafīya* wird ein getragenes Singen mit Würde als gut angesehen, aber unter der Bedingung, daß die Deutlichkeit der Worte und auch der einzelnen ausgesprochenen Buchstaben in keiner Weise beeinträchtigt wird. Ist nämlich dies der Fall, ist ein solcher *Adhān* verboten (*ḥarām*), und es ist dann auch verboten (*ḥarām*) einem solchen *Adhān* überhaupt (bewußt bzw. mit Respekt, wenn man dem Zuhören nicht ausweichen kann) zuzuhören.

Die *Shāfi'īya* meint dazu: Das Singen ist hier gemeint als Wechsel der Tonlagen, und beim *Adhān* ist es *Sunna*, eine einzige Tonlage beizubehalten.

Die *Mālikīya* ist der Auffassung, daß das Singen als solches beim *Adhān* schon *makrūh* ist; ist die Art und Weise des Singens jedoch sündhaft oder bewirkt Sündhaftigkeit – dem Brauchverständnis gemäß –, so ist es verboten (*ḥarām*).

Bei der *Ḥanbalīya* ist das Singen beim *Adhān makrūh*.

54 Das hängt natürlich davon ab, ob die jeweilige Rechtsmeinung überhaupt zwei *Adhāne* bevorzugt; siehe dazu den Abschnitt über das *Jum'a*-Gebet.

55 Näheres dazu im Kapitel über das echte Zusammenfassen.

56 Näheres zu den Waschungen und der Frage der *Najāsa* siehe im Buch über die Reinheit (*ṭahāra*).

57 Das bedeutet auch, daß Gebete, bei denen das im nachhinein festgestellt wird, nach dieser Auffassung auch nachgeholt werden müssen.

58 Etwa bei Bewölkung, nicht sichtbarer Sonnenscheibe, Sichtbehinderung durch Nebel oder höhere Gebäude.

59 Wer in Deutschland die *Qibla* kennt, der ist auch in den allermeisten Fällen ein praktizierender, betender und damit vertrauenswürdiger Muslim.

60 Es kann bei dem einfachen Muslim keine umfassende astronomische Ausbildung vorausgesetzt werden; daher werden auch die vielfältigen Methoden zur *Qibla*-Bestimmung weggelassen, da dazu viele Sternbilder und Einzelsterne bekannt sein müssen. Das Sternbild des „Großen Bären" bzw. „Großen Wagens" aber ist auch volkstümlich und weit bekannt.

61 Die Abweichung des Polarsterns vom geographischen Himmelsnordpol ist derzeit geringer als ein Grad.

62 Wörtlich heißt *'Aura mughallaẓa* etwa: „als grob zu betrachtende *'Aura*"; damit ist beim Mann an der Vorderseite des Körpers der Schambereich gemeint, an der Körperrückseite der After und das, was direkt darum herum ist (also neben dem Geschlechtsteil der obere Schambereich und beim After das Gesäß).

63 Wörtlich heißt *'Aura mukhaffafa* etwa: „als leicht zu betrachtende *'Aura*"; damit ist grundsätzlich alles gemeint, was nicht zur *'Aura mughallaẓa* zählt.

64 In den *Madhāhib* werden verschiedene Meinungen vertreten, ob dabei Kniescheiben und Bauchnabel mit eingeschlossen werden müßten oder nicht. Doch dazu gibt es letztlich keine eindeutig stärkeren Belege, weswegen dieses Thema hier fortgelassen wird; im Zweifelsfall empfiehlt der Verfasser, Nabel und Kniebereich mit einzuschließen, da auch bei den Meinungen, bei denen der Nabel- und Kniebereich die äußerste Grenze bilden, ohne aber mit eingeschlossen zu sein, immer hinzugefügt wird, man solle sie doch bedecken, um beim Verrutschen der Minimalkleidung eine unzulässige Entblößung zu vermeiden. Insofern sind diese Fragen kaum von Bedeutung und hier nicht näher dargestellt.

Es muß aber noch erwähnt werden, daß nach der klassischen Meinung der *Mālikīya* die Oberschenkel beim Mann nicht zur *'Aura mukhaffafa* im engeren Sinn dazugehören. Allerdings gilt diese Mindestaura nur dann als zulässig, wenn der Mann sich dabei nicht – ohne klaren Entschuldigungsgrund – vor Frauen zeigt, die nicht seinem *Maḥram mu'abbad* angehören.

65 Das Bedecken des Kopfes wird beim Mann der *Sunna* gemäß als *mustaḥabb* bewertet; das Entblößen der Arme – durch Hochschieben der Ärmel – zählt beim Mann, wenn es ohne Entschuldigungsgrund geschieht, bei vielen Gelehrten als *makrūh*.

66 Von daher ist eine seit geraumer Zeit verbreitete Bedeckungsform bei Frauen, bei der ein Tuch nur schräg – wie ein Turban – um dem Haupthaarteil des Kopfes gewunden wird und bei dem in jedem Fall Hals und manchmal auch Nacken und Ohren offen sichtbar bleiben, im Gebet und außerhalb des Gebetes als „vollständiger *Ḥijāb*" ungültig. Daß ein halboffener oder irgendwie tieferer Kleidausschnitt nicht nur ungültig, sondern auch sehr sündhaft ist, sollte eigentlich klar sein, wird aber hier ausdrücklich erwähnt, weil in derlei Dingen der Verstand leider oft abwesend ist.

67 In diesem Zusammenhang sei darauf hingewiesen, daß die Stimme der Frau grundsätzlich nicht zu ihrer *'Aura* gehört; davon ist allerdings folgendes ausgenommen:

Wenn die Frau schön singt bzw. rezitiert oder bewußt und absichtlich in aufreizender Art spricht, so daß dadurch bei Männern Begierde entstehen kann, so gilt ihre Stimme vor fremden Männern (die nicht zu ihrem *Maḥram mu'abbad* gehören) doch als *'Aura*. Das ist auch der Grund, warum laute Koranrezitation und das Ausrufen des *Adhān* von Frauen in der Öffentlichkeit – das heißt eben auch in Anwesenheit fremder Männer – allgemein als unzulässig gilt.

68 Nach Ansicht der *Ḥanbalīya* besteht kein Unterschied zwischen der Muslimin und der Nichtmuslimin hinsichtlich der *Ḥijāb*-Regeln. Mit „sündhaft" ist hier zweierlei gemeint:

1. Daß eine Frau Geheimnisse – und hier speziell unangenehme, normalerweise vor Blicken verborgene Eigenschaften des Körpers einer anderen Frau – vor anderen Frauen oder sogar Männern darstellt, ohne dazu die Erlaubnis der beobachteten Frau zu haben.
2. Daß eine Frau die körperlichen Eigenheiten (Schönheit, Größe von bestimmten Körperteilen usw.) ausspionieren will, um entweder ihre eigenen unerlaubten (lesbischen) Begierden zu befriedigen oder um die (voyeurhafte) Begierde eines femden Mannes, der von der beobachteten Frau diese Eigenschaften erfahren will, mit ihrem Bericht zu befriedigen.

Mit „vertrauenswürdig" ist hier gemeint, daß eine Frau sich nicht über körperliche Eigenschaften und Besonderheiten in Anwesenheit der beobachteten Frau lustig macht bzw. diese Eigenschaften deutlich in Wort oder Tat hervorhebt, andere Frauen darauf hinweist und ähnliches. Derartige Verhaltensweisen sind häufig bei Frauen zu beobachten, zum Beispiel mit Bemerkungen bei Abnehmen des Kopfschleiers: „Na, sie hat ja doch schon etliche graue Haare ..." Speziell bei nichtmuslimisch eingestellten Frauen, die mit dem Begriff der Brüderlichkeit bzw. Schwesterlichkeit nichts anzufangen wissen, kann ein solches Verhalten auffallend oft beobachtet werden.

69 Unter der Bedingung, daß es keine deutlichen Anzeichen für Sündhaftigkeit bzw. fehlende Vertrauenswürdigkeit gibt – sonst ist in Anwesenheit dieser Art der Frauen einer anständigen Muslimin der vollständige *Ḥijāb* vorgeschrieben.

70 Bei einer nichtmuslimischen Frau geht man grundsätzlich nicht von einer gegebenen Vertrauensbasis aus, daher die unterschiedliche Bewertung im Vergleich zur Muslimin, deren Vertrauenswürdigkeit man nicht kennt. Andererseits muß hier betont werden, daß eine Frau (und entsprechendes gilt auch beim Mann), die nicht offen sündhaft, aber nur dem Namen nach Muslimin ist, in Wirklichkeit hingegen eine Ungläubige ist, genauso wie die Nichtmuslimin behandelt werden muß.

71 Das bezieht sich sowohl auf den vollständigen wie auch den teilweisen *Ḥijāb*. Umgekehrt beziehen sich die weiter aufgeführten Bedingungen nicht nur auf den vollständigen, sondern auch auf den teilweisen *Ḥijāb*.

72 Hier sind vor allem solche Kleider gemeint, die durch ihren Zuschnitt und/oder durch ihre Farbgebung bzw. Musterung die Aufmerksamkeit in unzulässiger Weise auf sich lenken. Hier muß allerdings die Rolle der Kleidung in einer Gesellschaft bzw. einer bestimmten Gegend, einer bestimmten Stadt usw. mitberücksichtigt werden: Wenn es zum Beispiel allgemein in einer Gegend verbreitet ist, buntgemusterte Kleidung zu tragen, wirkt das im Einzelfall auch nicht mehr bemerkenswert, nicht mehr auffällig, und fällt daher nicht mehr unter diese Regel – es sei denn, die betreffende Mode würde in sich selbst unzulässig sein, wie eine Mode, in der durch geschicktes Stoffraffen die Aufmerksamkeit auf Brust und Beine gerichtet wird, ohne diese Körperteile direkt durch Anschmiegen zu betonen.

73 In diesem Zusammenhang muß auch erwähnt werden, daß, sich in der Öffentlichkeit – das heißt vor fremden Männern – mit Schmuck zu behängen, den „*Ḥijāb*" als solchen rechtlich ungültig macht. In der Frage, ob auch bei einer reinen Frauengemeinschaft gilt, daß das offen erkennbare Tragen von viel Gold- und Silberschmuck, Juwelen usw. zulässig ist, haben die meisten Gelehrten – in Form von allgemeingültigen Rechtsgrundsätzen – die Meinung vertreten, daß es zumindest dann sündhaft ist, wenn sich eine oder mehrere anwesende Frauen derartiges nicht leisten können und damit eine Entwürdigung und gesellschaftliche Herabsetzung verbunden ist, denn das ist mit dem Brüderlichkeitsprinzip (*ukhuwwa*) im Islam unvereinbar und daher rechtlich

auch verboten. Besteht diese Gefahr nicht, dann ist ein derartiges Schmucktragen (von großen Schmuckgehängen oder sehr großen Ringen usw.) dennoch zumindest sehr zweifelhaft, wenn dadurch Neid und der Wunsch, die andere zu übertrumpfen, hervorgerufen wird. Gegen das Tragen nicht zu großer und nicht zu vieler Schmuckstücke (wie eines Armreifs, mehrerer kleiner Ringe und dergleichen) ist aber nach den meisten diesbezüglichen Gelehrtenmeinungen weder in der Öffentlichkeit noch in einer reinen Frauengesellschaft etwas einzuwenden.

74 Hierbei muß nach drei Punkten unterschieden werden:
1. Ob die betreffende Kleidungsart von ihrer Verwendung und Art her nur für Männer bestimmt ist und genau darum (als Modeerscheinung) von Frauen als Kleidungsart gewählt wird, oder
2. Ob die betreffende Kleidungsart zwar ursprünglich nur von Männern getragen wurde, aber sich mittlerweile auch bei vielen Frauenkleidern durchgesetzt hat – wobei aber durchaus noch erkennbar und gewollt ist, daß man in dieser Kleidung Männerkleidung sieht.
3. Ob die betreffende Kleidung seit jeher von Frauen und Männern gleichermaßen getragen wurde.

Im ersten und zweiten Fall gilt eindeutig, daß die betreffende Kleidung unter das entsprechende Verbot fällt; im dritten und letzten Fall aber kann das nicht gesagt werden (das heißt, eine solche Kleidung müßte als wertneutral und damit als grundsätzlich zulässig gelten).

75 Zur genauen Definition des *Maḥram mu'abbad* und der anderen *Maḥram*-Formen siehe den entsprechenden Abschnitt beim Eherecht (Voraussetzungen zur Eheschließung).

76 Allgemein gilt, daß man, auch wenn man allein in abgeschlossenen, nicht von außen einsehbaren Räumen ist, den Aurabereich zwischen Nabel und Knie nicht entblößen soll – außer bei Notwendigkeiten wie dem Verrichten des Bedürfnisses, Körperreinigung wie Duschen oder Baden, Umziehen usw.

77 Das heißt: Geschlechtsbereich, After und der engere, direkt benachbarte Bereich.

78 Etwa ein Viertel des Armes (betrachtet von den Fingerspitzen bis zum Ellenbogen) oder ein Viertel des Kopfhaares.

79 Es ist grundsätzlich einem Mann verboten, in ein Seidengewand gekleidet zu beten; tut er es doch, gilt das Gebet nicht – außer in manchen Notfällen, die weiter unten im Haupttext genannt sind, sowie auch dann, wenn jemand dieses Seidengewand aufgrund einer Hautkrankheit und dergleichen trägt. – Siehe zum Seidenverbot für die Männer auch den entsprechenden Abschnitt über die Kleidungsvorschriften.

80 Dies gilt besonders hierzulande in Schulen, Universitäten und öffentlichen Gebäuden allgemein. Nur wenn eine vertrauenswürdige Person sich bereit erklärt, vor einem nicht abschließbaren und daher für Fremde zugänglichen Raum „Wache zu stehen", und wenn diese Person auch dazu wirklich in der Lage ist, so kann man die Kleidung wechseln. Wenn aber eine Autoritätsperson (wie ein Lehrer, Dozent, Beamter usw.) von einer untergeordneten Person (wie einem Studenten, einer Privatperson usw.) nicht gehindert werden kann, einen öffentlich zugänglichen Raum – der auch für die betreffende Person nicht abschließbar ist – zu betreten, so ist es unzulässig, in einem solchen Raum die Kleidung zu wechseln – es sei denn, man hat sich zuvor vergewissert, daß solche Autoritätspersonen gerade nicht in der Nähe sind und daß der Wechsel der verunreinigten Kleidung schnell bewältigt werden kann.

81 Eine solche Situation kann leider öfter eintreten, als man gemeinhin denkt: Man befindet sich in einem Bad (in der Schule, einem Krankenhaus, einem Sanatorium

usw.) und die Kleider werden – aus einem dummen Scherz oder einem Irrtum von Angestellten heraus – weggenommen.

82 Siehe dazu den Abschnitt über das Hergehen vor einem Betenden.

83 Gemeint: im Stehen (*qiyām*).

84 Gemeint: im Sitzen (*julūs*).

85 Siehe dazu aber auch die Einzeldarstellung im Abschnitt über das Durchqueren der *Sutra*.

86 Aber durch eine bereits genommene *Sutra* hindurchzugehen ist absolut verboten – es sei denn, es besteht eine dringende Notwendigkeit dazu. Wenn etwa jemand auf einer ausreichend großen Fläche seinen Gebetsplatz mit *Sutra*-Begrenzung einrichtet und also Ausweichmöglichkeit genug besteht, gibt es nur eine Entschuldigung für jemanden, der durch diese *Sutra* hindurchgeht: daß er das unabsichtlich, aus Versehen, tat. Ist aber die Lage zwingend, etwa wenn jemand vor dem ungünstig gewählten Gebetsplatz eines Betenden steht und von hinten Menschenmassen drängen, so muß er ja durch die *Sutra* hindurchgehen, um nicht umgeworfen zu werden.

87 Also auch dann, wenn dieser Betende eine *Sutra* errichtet hat.

88 Wörtlich bedeutet „*Takbīr*": „*Allāhu akbar* sagen", „bezeugen, daß Gott größer ist (als alles andere)". „*Iḥrām*" bedeutet wörtlich: sich etwas untersagen, es zu etwas machen, was für einen in dieser Lage „*Ḥarām*" ist (siehe dazu auch den *Iḥrām* während des *Ḥajj*). „*Takbīra*" ist ein „konkreter, spezieller *Takbīr*". Also ist ein „*Takbīrat al-Iḥrām*" ein spezieller *Takbīr*, mit dem man in das Gebet eintritt und sich so von allen anderen Dingen trennt, sich diese Dinge währenddessen untersagt, „*ḥarām*" macht.

89 Hier ist gemeint, daß jemand, in dessen Sprache die Laute des *Takbīr* in dieser Anreihung nicht vorkommen (etwa bei einem Muslim, der eine Sprache spricht, die keine Unterschiede zwischen Vokallängen kennt und Konsonanten weder verdoppelt noch ohne Zwischenvokal aussprechen kann), von der Aussprache des Arabischen befreit ist. Das ist bei manchen afrikanischen Sprachen sowie bei manchen Sprachen im asiatisch-pazifischen Raum so, aber im Falle eines deutschsprachigen Muslims mit Sicherheit nicht: Ein Deutschsprachiger kann alle Laute des *Takbīrat al-Iḥrām* problemlos aussprechen, weil es sie auch im Deutschen gibt, und die Unterscheidung von Vokallängen gibt es genauso im Deutschen. Das heißt: Für einen deutschsprachigen Muslim kann diese Einschränkung nicht zutreffen, für ihn bleibt sie theoretisch.

90 Hier wird der Fachbegriff „*Lafdh al-Jalāla*", „Ausdruck der Majestät", benutzt; gemeint ist damit als Fachbegriff meist das Wort „*Allāh*". Im Ausdruck „*Allāhu akbar*" ist das U im klassischen Arabisch grammatisch notwendig, darum wird es hier in der Definition auch beschrieben. Zur Frage des Wortes „*Allāh*" siehe auch die Einleitung zum *'Aqā'id*-Teil.

91 Dies gilt dann, wenn jemand die arabische Sprache beherrscht bzw. diese Regel begreift. Ansonsten aber gilt, daß jemand, der nicht (ausreichend) Arabisch versteht, dennoch verpflichtet ist, diesen wichtigen Ausdruck korrekt auszusprechen. Wer aber das Arabische nicht (ausreichend) kennt, aber sich über diese Dinge kundig machen kann – etwa in Büchern zum Islamischen Recht (wie auch diesem hier) – oder einen Kundigen fragen kann, der ist verantwortlich wie jemand, der genug Arabisch beherrscht.

92 In diesem Fall ist der Ausdruck nur als Zusatz einer weiteren Aussage sinnvoll; das aber verdirbt den absolut zu haltenden Sinn des Ausdrucks „*Allāhu akbar*", „Gott ist größer [als alles andere]".

93 Gemeint: Wenn jemand als Einzelbetender ins Gebet eintritt.

94 Siehe dazu den Abschnitt „Einnehmen der *Qibla*-Richtung".

95 Siehe dazu auch die Abschnitte zur Absicht (*nīya*).

96 Und ebenso bei Scheidung (*ṭalāq*), Eid (*yamīn*) und dergleichen.

97 Das heißt, wenn der Betende Gott im *Takbīrat al-Iḥrām* anruft, damit Er ihm – dem Betenden – verzeiht, während der Betende zugleich auch die Absicht zum Eintritt ins Gebet faßt.

98 Denn „*Allā*" wird als Zusammensetzung von „*al-lā*" (entstanden aus: „*an-lā*") verstanden, was heißt: „daß nicht", „damit nicht"; dadurch verschwindet der Gottesname „*Allāh*" ganz und gar aus dem *Takbīrat al-Iḥrām* – und der gesamte Ausdruck wird unsinnig, was notwendig zur völligen Ungültigkeit führen muß.

99 Also: daß man ein langes Aussprechen von „L" in „*Allāh*" hört.

100 Und entsprechend auch eine Tierschlachtung, wo ja auch der Gottesname „*Allāh*" genannt werden muß, wenn ein Muslim schlachtet.

101 Wie auch in verschiedenen Fragen beim *Jum'a* gilt: Mit „Fremdes" ist hier etwas gemeint, was dem Wesen des Gebets fremd ist, wie Essen, Trinken, Reden von Worten, die nicht Arabisch sind bzw. nicht zum Gebet oder irgendeinem Teil davon gehören.

102 Selbst wenn das Gegessene etwas ist, was zwischen den Zähnen von einer vorherigen Mahlzeit verblieben ist – unter der Bedingung, daß es das Ausmaß bzw. die Masse einer Kichererbse erreicht (das heißt ein Klümpchen von etwa 0,8 cm Durchmesser).

103 Wie bei dem Abschnitt zur *Nīya* schon vorgestellt.

104 Zu dieser Frage wird in verschiedenen Abschnitten dieses Buches Stellung genommen, wo sich das Thema auf das Arabische bezieht; dort ist auch dargestellt, daß man als Deutschsprachiger mit gesundem Sprach- und Sprechvermögen im Sinne dieser und ähnlicher Definitionen nicht als entschuldigt gilt.

105 Das U und der Wegfall des anlautenden A in *Allāh* sind in der klassisch-arabischen Form bei der Wortanbindung gegeben.

106 Darüber besteht ohnehin bei allen Rechtsschulen Einigkeit und Übereinstimmung.

107 Diese Auffassung wird nur von der *Mālikīya* vertreten, denn nach den anderen Rechtsschulen macht eine solche Verdopplung/Verlängerung des B in „*akbar*" den *Takbīrat al-Iḥrām* in jedem Fall ungültig, gleich ob mit oder ohne Absicht.

108 Gemeint ist, daß der Gottesname nicht verändert wird. Darüber besteht bei allen Gelehrten Einigkeit.

109 Die *Ḥanafīya* ist derselben Auffassung, nicht aber die *Shāfi'īya* und *Ḥanbalīya*.

Shāfi'īya: Wenn der Betende nur der volksarabischen (Dialekt-)Aussprache mächtig ist, kann dieser Fehler vergeben werden, und der *Takbīrat al-Iḥrām* ist dann doch für diese Person gültig. Ist diese Person aber nicht so unkundig, daß sie diesen Fehler machen muß, so ist ihr *Takbīrat al-Iḥrām* ungültig.

Ḥanbalīya: In jedem Fall wird der *Takbīrat al-Iḥrām* durch diesen Fehler ungültig.

110 Die anderen Rechtsschulen machen eine schädliche Sprechpause nicht vom Brauch (*'urf*) abhängig, sondern von anderen Erwägungen.

Shāfi'īya: Schon eine sehr kurze Sprechpause, die, um Luft zu holen, gemacht wird und deutlich zu hören ist, macht den *Takbīrat al-Iḥrām* ungültig.

Ḥanafīya und *Ḥanbalīya*: Diejenige Sprechpause im *Takbīrat al-Iḥrām*, die ihn ungültig macht, ist eine solche, die so lang ist, daß man währenddessen mehr als ein ganzes sinntragendes kleines Wort in Normalgeschwindigkeit sagen könnte (also mehr als ein Wort mit mindestens zwei Konsonanten und einem Vokal).

111 Dem stimmt die *Ḥanbalīya* zu, während die *Ḥanafīya* eine Einfügung des bestimmten Artikels, des „*al-*", wie in „*Allāhu* l-*akbar*", für noch zulässig und den so verrichteten

Takbīrat al-Iḥrām noch für gültig hält. Die *Shāfi'īya* wiederum sagt, es ist noch zulässig, unter bestimmten Bedingungen weitere Gottesnamen zwischen den beiden Worten des *Takbīrat al-Iḥrām* einzufügen. Siehe dazu die Einzeldarstellung der *Shāfi'īya* dazu weiter oben im Haupttext.

112 Nach Ansicht der *Ḥanafīya* und *Ḥanbalīya* ist aber Bedingung, daß der Betende sich selbst hört, sonst ist der *Takbīrat al-Iḥrām* ungültig; nur beim Stummen oder Taubstummen wird das nicht verlangt. Nach Ansicht der *Shāfi'īya* ist das Bewegen von Zunge und Lippen verpflichtend.

113 Das kann bei Dialektarabisch Sprechenden durchaus vorkommen.

114 Wie im Abschnitt über das „Gebet des Kranken" (*ṣalāt al-marīḍ*) näher vorgestellt.

115 Dies ist vor allem auf der Reise wichtig, wo es – auch ohne Notlage, Bedrängnis usw. – zulässig ist, reitend, sitzend usw. die *Nawāfil* zu verrichten – nur zum Pflichtgebet (*farḍ*) muß man in solchen Fällen auch den *Qiyām* beachten, sofern kein Entschuldigungsgrund vorliegt.

116 Gemeint ist: Von vornherein – noch vor Beginn des Gebets bzw. einer neuen *Rak'a* – hat der Betende die Pflicht zu dem *Farḍ*-Teil, muß er das jeweilige *Wājib* entsprechend erfüllen. Aber er muß den *Qiyām* und die Rezitation nicht über diesen Pflichtbereich hinaus ausdehnen.

117 Da *Qiyām* und Koranrezitation miteinander verbunden sind, gilt, daß sie voneinander auch nicht getrennt werden dürfen: Insofern wird auch ein grundsätzlich völlig freiwilliger *Qiyām* solange verpflichtend, wie rezitiert wird.

118 Dadurch wird grundsätzlich der *Qiyām* ungültig.

119 Generell gilt als Rechtsgrundsatz, daß die Gebetsformen und die eigentlichen Gottesdienste unbedingt in ihrer von Gott geoffenbarten und vorgeschriebenen und vom Propheten ﷺ überbrachten Form bewahrt werden müssen, und dieser Rechtsgrundsatz muß – wenn kein außergewöhnlicher Entschuldigungsgrund (*'udhr*) vorhanden ist, auch gewahrt werden. Hier gilt natürlich das Gesagte unter der Voraussetzung, daß der Betende gesund ist und nicht durch Furcht um Leben, Gesundheit usw. von vornherein die Gebetsform des *Qiyām* eingeschränkt ist.

120 Das soll heißen: Die Rolle, die eine *Sunna mu'akkada* im Gebet bei den drei anderen Rechtsschulen einnimmt, entspricht der Rolle eines *Wājib* im Gebet bei der *Ḥanafīya*.

121 Hier einmal der Wortlaut der *Fātiḥa* in Umschrift: (1) *Bismi llāhi r-raḥmāni r-raḥīm* (2) *al-ḥamdu li-llāhi r-rabbi l-'ālamīn* (3) *ar-raḥmāni r-raḥīm* (4) *māliki yaumi d-dīn* (5) *iyyāka na'budu wa iyyāka nasta'īn* (6) *ihdinā ṣ-ṣirāṭa l-mustaqīm* (7) *ṣirāṭa lladhīna an'amta 'alaihim ghairi l-maghḍūbi 'alaihim wa lā ḍ-ḍāllīn.*

122 Dieser Hadith wird von den anderen *Madhāhib* als Beleg dafür genommen, daß die Rezitation der *Fātiḥa* absolute Pflicht ist, ohne die in keinem Fall ein Gebet gültig sein kann.

123 Hier liegt der wichtige Unterschied zu der Meinung der anderen Rechtsschulen: Ohne Rezitation der *Fātiḥa* und ohne *Sujūd li-s-Sahuw* (bei Vergessen usw.) ist das Gebet bei ihnen ungültig. Wer aber die *Fātiḥa* absichtlich wegläßt, dessen Gebet ist nach ihrer Ansicht von Grund auf ungültig und auch nicht mehr durch *Sujūd li-s-Sahuw* gültig zu machen: Es muß dann in jedem Fall wiederholt werden.

124 Nunmehr ganz im Gegensatz zu den anderen Rechtsschulen, bei denen die Rezitation der *Fātiḥa* beim Einzelbetenden in jeder *Rak'a* Pflicht ist. Beim Gemeinschaftsgebet gilt hingegen, daß die *Shāfi'īya* hier das Rezitieren der *Fātiḥa* für Vorbeter und Nachbeter gleichermaßen in jeder *Rak'a* als *Farḍ* betrachtet, während die *Mālikīya* und *Ḥanbalīya* nur für den *Imām* die Rezitation der *Fātiḥa* als *Farḍ* betrachten, für den *Ma'mūm* als

Sunna bzw. *mandūb*. Siehe dazu auch weiter den Haupttext. Bei den Rechtsschulen außer der *Ḥanafīya* jedoch gilt, daß kein Unterschied zwischen *Farḍ*- und Nicht-*Farḍ*-Gebeten gesehen wird, sofern es um die Pflicht der *Fātiḥa*-Rezitation geht.

125 Von den anderen Rechtsschulen außer der *Ḥanafīya* wird dieser Hadith insofern anders verstanden, als er im Zusammenhang mit dem oben genannten Hadith „Es gibt kein Gebet ohne die *Fātiḥa* des Buches [Gottes]“ betrachtet wird. Da die *Fātiḥa* grundsätzlich bei den drei Rechtsschulen als *Farḍ* gilt, wird dieser zweite Hadith als eingeschränkt betrachtet – indem es dem Nachbeter (*ma'mūm*) in manchen Fällen zumindest erlaubt, in anderen es wünschenswert ist zu rezitieren, vor allem dann, wenn das fragliche Gebet eines mit lauter Rezitation ist. Nur in der *Shāfi'īya* bleibt der *Farḍ*-Charakter der *Fātiḥa*-Rezitation – auch in Anbetracht des zweiten Hadithes – voll erhalten. Siehe dazu weiter unten.

126 Generell gilt bei allen Rechtsschulen, daß der Nachbeter (*ma'mūm*) der Rezitation des *Imām* aufmerksam folgen soll, auch um ihm im Falle eines Fehlers in der Rezitation behilflich sein zu können. Daher ist es bei den laut vorgetragenen Gemeinschaftsgebeten grundsätzlich für den *Ma'mūm makrūh*, ebenfalls zu rezitieren (nach Ansicht mancher Gelehrter ist es lediglich dann *makrūh*, wenn der *Ma'mūm* so laut rezitiert, daß ihn auch andere als er selbst hören können).

127 Es ist grundsätzlich zur Vermeidung von Unzufriedenheit bei Anhängern verschiedener Rechtsmeinungen zu diesem Thema für einen *Imām* besser, bei lauten Gebeten, während er die *Fātiḥa* rezitiert, zwischen den einzelnen *Āyāt* Sprechpausen zu lassen, die so lang sind, daß ein Nachbeter, der die *Fātiḥa* nach seiner eigenen Rechtsmeinung rezitieren will bzw. muß, auch die Gelegenheit dazu hat, ohne daß er – der Nachbeter – dabei mit seiner (leisen) Rezitation in die Rezitation des *Imāms* „hineingerät“, sich also die Worte „überlappen“.

128 Diese letzte Aussage wird generell von allen Rechtsschulen geteilt.

129 Zum Problem der arabischen Sprache und dem Rezitieren in Arabisch, soweit es Deutschsprachige ohne Arabischvorkenntnisse betrifft, vgl. auch Anm. 89.

130 Dies trifft sicherlich für Deutschsprachige mit gesundem Sprachvermögen nicht zu.

131 Dies gilt nur unter der Bedingung, daß sich der Betreffende ständig bemüht, die Aussprache des Arabischen soweit zu erlernen, daß er das Nötigste in Arabisch rezitieren kann, sonst gilt diese Bedingung nicht.

132 Das heißt: Er darf sich nicht sofort nach dem *Takbīrat al-Iḥrām* in den *Rukū'* beugen.

133 Vgl. auch „*inkhinās*“ (wörtl. etwa: „sich zurückziehen“). Hiermit ist gemeint, daß der Betende während des *Rukū'* mit seinem Körper so nach vorn strebt, daß das Hinterteil niedriger ist (seitlich betrachtet) als der Rücken, die Brustfläche nicht ganz zum Boden hin gerichtet ist, sondern – teilweise – nach vorn, und daß dabei der Kopf (seitlich betrachtet) deutlich erhoben ist.

134 Ausgangspunkt aller *Madhāhib* zur Frage, ob der *Sujūd* verpflichtend auf den genannten Körperteilen ausgeführt werden muß, ist der Hadith vom Propheten ﷺ: „Mir wurde befohlen, den *Sujūd* auf sieben Körperteilen (wörtl.: Knochen) auszuführen: der Stirn, den Händen, den Knien und den Fußspitzen.“ (In manchen Überlieferungen heißt es, daß der Gesandte Gottes ﷺ bei der Erwähnung der Stirn auf seine Nase deutete – daher wird bei manchen Rechtsschulen die Nase als einer der Körperteile bestimmt, die im *Sujūd* beteiligt werden sollen bzw. müssen). Da – wie in vielen Rechtsbeispielen durch Urteile der Gefährten und des Propheten selbst ﷺ bekannt – nicht jeder Hadith, der

formal eine Befehlsform enthält, auch rechtlich ein Befehl ist, sondern in bestimmten Fälllen auch nur Empfehlung usw. sein kann, sind in solchen Fällen die Rechtsschulen oft verschiedener Ansicht: so auch hier, wo die *Mālikīya* de facto nur den geringsten Teil der Stirn im *Sujūd* zur Pflicht macht. Das heißt: Wenn jemand während seines *Sujūd* eine Hand, einen Fuß (oder beide) oder – praktisch seltener – ein Knie (und theoretisch: beide Knie) anhebt, ist nach dieser Ansicht der *Sujūd* dennoch gültig – im Unterschied zur shāfi'itischen, ḥanbalitischen oder hanafitischen Ansicht (siehe dazu weiter den Haupttext).

135 Das heißt: Wenn jemand während des *Sujūd* zum Beispiel einen Fuß anhebt (was manchmal aus Versehen geschehen kann), so ist der *Sujūd* nach dieser Ansicht ungültig.

136 Entsprechend muß man bestimmte dick gesteppte Decken und dergleichen vermeiden, worin der Kopf nur einsinkt, ohne aber wirklich fest – ohne künstlichen Druck des Körpers – aufliegen zu können.

137 Solche Situationen sind etwa bei Ernten und bei Arbeiten in Lagerhäusern denkbar.

138 Wenn man etwa bei einem Gemeinschaftsgebet (*ṣalāt al-jamā'a*) in einer Reihe hinter einer anderen Reihe von Betenden betet und während des *Sujūd* das Gewand einer Person, die vor einem betet, lang ist, so daß die eigene Stirn auf ein Stück dieses Gewandes zu liegen kommt. Es kommt gerade bei Platzmangel in Moscheen ab und zu vor, daß man dem nicht ausweichen kann.

139 Das kann speziell dann von Zeit zu Zeit passieren, wenn ein Mann einen Turban oder eine andere, aus breitem Tuch bestehende Kopfbedeckung trägt bzw. wenn eine Frau einen langen und ausgedehnten Kopfschleier trägt. Zum Turban siehe auch weiter den Haupttext.

140 Das kann bei jemandem der Fall sein, der stark verschnupft ist und verhindern möchte, daß während seines Gebetes Schleim aus seiner Nase austritt und auf den Boden – speziell: den Platz seines *Sujūd* – tropft.

141 Das heißt: Nur wenn ein solches Stoffstück mit der Kleidung des Betenden verbunden ist – und sei es als bloßer *Ḥukm* –, so schadet das nach dieser Ansicht grundsätzlich nicht.

142 Gemeint ist: daß jemand einen Turban trägt – der in der Regel aus einem oder mehreren Stoffteilen besteht, mindestens aber aus einem längeren Stoffstreifen, der (in verschiedenen Formen, je nach Geschmack und Sitte) um den Kopf bzw. ein gestärktes oder genähtes Stoffteil gewunden wird. Dabei kann der Unterrand eines solchen Turbans – eine gewundene Stoffbahn – gerade während des *Sujūd* herunterrutschen, bis diese Stoffbahn vor einem Teil der Stirn sitzt, so daß die Stirn beim *Sujūd* zwangsläufig auf dieser Stoffbahn aufliegt und nicht mehr direkt auf dem eigentlichen Untergrund (Teppich, Stein, Erdboden usw.).

143 Wenn man sich ein längeres Stoffstück als Turban anlegt, wird oft – was auch der *Sunna* des Propheten ﷺ in Kleidungsfragen entspricht – das schließlich freie Stoffende durch Hineinziehen zwischen festen Stoffbahnen so am Turban befestigt, daß das freie Ende lose über den Rücken hängt bzw. über eine Schulter gelegt wird.

144 Das ist gerade in Deutschland durch die Enge der Moscheen durchaus nicht selten: Der Verfasser hat es selbst mehrfach erlebt, daß bei *Jum'a*-Gebeten und speziell bei den Festgebeten zum *'Īd al-Fiṭr* bzw. *'Īd al-Aḍḥā* wirklich kaum Platz war, um den *Rukū'* auszuführen, geschweige denn den *Sujūd*: Bei diesen Gelegenheiten wurde von den meisten – auch dem Verfasser – notgedrungen der *Sujūd* auf den Füßen, von manchen

Betern auch auf dem Rücken der vor einem Betenden ausgeführt, vor allem in den vorderen Reihen, wo das Gedränge besonders stark war.

145 Das heißt: wenn die Haltung, die der Betende in dieser Lage einnimmt, nicht mehr der ansonsten vorgeschriebenen Gebetshaltung ähnlich ist.

146 Das heißt: während man mit normaler Sprechgeschwindigkeit einmal die Formel „*subḥāna llāh*" (Gepriesen sei Gott) ausspricht. Die Form „*Tasbīḥa*" mit auslautendem „-a" meint das konkrete einmalige Aussprechen der Formel und ist die Einzahl des Wortes „*Tasbīḥ*", womit das Preisen Gottes als solches – ohne konkrete Zahl – gemeint ist.

147 Auch die Form „*ashhadu an lā ilāha illā llāh*" ist richtig. Zur Angleichung des N in „*an lā*" siehe die Anmerkungen zum *Adhān*.

148 Auch die Form „*Muḥammada r-rasūlu llāh*" ist korrekt. Siehe dazu die Anmerkungen zum *Adhān*.

149 Zur Abkürzung bei Zeitmangel, speziell bei einem schnell betenden *Imām*.

150 Auch die Form „*Muḥammada r-rasūlu llāh*" ist korrekt. Siehe dazu die Anmerkungen zum *Adhān*.

151 Diese Form des *Salām* „*as-salāmu ʿalaikum wa raḥmatu llāh*" ist die beste und vollständigste, die man vorzugsweise auch immer in dieser Form verwenden sollte.

152 Siehe dazu auch den Abschnitt zur Rezitation im *Qiyām* bei der *Ḥanafīya*.

153 Der Begriff „*Sujūd*" bezeichnet die Niederwerfung als solche, der Begriff „*Sajda*" die einzelne, konkrete Niederwerfung.

154 In dem Sinne, daß ein nicht erfüllter bzw. nicht korrekt erfüllter *Farḍ* des *Ḥajj* den *Ḥajj* völlig ungültig macht, während ein verletztes *Wājib* durch ein Tieropfer wieder ausgeglichen werden kann.

155 Siehe dazu auch den entsprechenden Abschnitt über den *Takbīrat al-Iḥrām*.

156 Siehe dazu die entsprechenden Abschnitte über die *Imāma* im Gebet.

157 Die Vokale in Klammern werden nur gelesen, wenn man ohne Unterbrechung über das Satzende hinaus weiterliest.

158 Da das in den Hadithen verwendete Wort „*Yad*" sowohl die „Hand" im engeren Sinne bezeichnen kann als auch den gesamten Bereich von den Fingerspitzen bis zum Ellenbogen, besteht bezüglich der genauen Form der Durchführung dieser *Sunna* Meinungsverschiedenheit.

159 Wenn es andererseits bei vielen Mālikiten üblich ist, die Hände frei und längs der Körperseiten herabhängen zu lassen, so geht das darauf zurück, daß der Imām Mālik bin Anas, das Oberhaupt der *Mālikīya*, seinerzeit von dem Statthalter von Medina gefoltert wurde und danach – wegen der Ausrenkung und Brechung der Arme – außerstande war, diese *Sunna* des Aufeinanderlegens der Hände durchzuführen.

160 Darum, weil die Kamele – anders als etwa Pferde – oft herumstreifen und ihr Kot und Urin so über den Platz verstreut sein kann. Dies gilt vor allem für die Tränkplätze, weil man dort die Tiere freiläßt und sie sich in Nähe der Tränkstellen ganz frei bewegen; doch an reinen Rastorten gilt das nur eingeschränkt, weil die Kamele sich dann zum Schlafen bzw. Ruhen die ganze Rastzeit über hinhocken und nicht frei herumlaufen, auch währenddessen durch Fußfesseln niedergehalten werden.

Entsprechend zum Lager- und Tränkplatz der Kamele müssen aber auch Tiermärkte und derartige Orte, wo Tiere frei herumlaufen oder weit herumgeführt werden, gezählt werden.

161 Zur Frage des Rezitierens eines Nachbeters hinter einem *Imām* siehe besonders den Abschnitt zur Rezitation der *Fātiḥa* sowie den Abschnitt zu *Jahr*- und *Isrār*-Rezitation.

162 Siehe dazu den entsprechenden Abschnitt zur Mindestzahl der Betenden im Teil über das Freitagsgebet (*ṣalāt al-jum'a*).

163 Erwachsen im Sinne von „*Bulūgh*".

164 Dies darum, damit diese Art des Betens sich nicht verbreitet oder gar *Bid'a* wird.

165 Also eine Form der *Sunna mu'akkada*, die von einigen unbedingt erfüllt werden sollte – also innerhalb der *Sunna mu'akkada* und darüber hinaus bei der *Sunna 'ain* besondere Bedeutung hat, aber noch nicht Pflicht ist.

166 Bei der *Shāfi'īya* ist es in bestimmten Fällen möglich, seine Absicht innerhalb des Gebets zu ändern bzw. neu zu fassen; das daher, weil die Absicht bei der *Shāfi'īya* eine andere Rolle spielt und anders definiert wird als bei den übrigen Rechtsschulen. Siehe dazu auch den Abschnitt zur *Nīya* im Gebet.

167 Zum Bereich des Zusammenfassens von Gebeten siehe die Grundvorstellung des Gebets zu Beginn des „Buches über das Gebet".

168 Dies geht in der *Shāfi'īya* aufgrund der Absichtsfassung.

169 Nach der *Shāfi'īya* ist es zulässig, daß ein Kind mit Unterscheidungsfähigkeit als Imam das Pflichtgebet eines Erwachsenen leitet, abgesehen vom Freitagsgebet.

170 Nach der *Ḥanafīya* ist es in keinem Fall zulässig, daß ein Kind – bzw. ein nicht im Sinne von *Bulūgh* Erwachsener – einen Erwachsenen im Gebet als Imam leitet, gleich ob in einem Pflichtgebet (*farḍ*) oder einem freiwilligen Gebet (*nāfila*).

171 Das gleiche gilt auch, wenn es sich um einen Transsexuellen (*khunthā*) handelt.

172 Das heißt, eine Frau kann Vorbeterin für eine andere Frau – oder auch einen Transsexuellen – sein.

173 Diesbezüglich meint die (klassische) Ansicht der *Mālikīya*, daß eine Frau bzw. ein Transsexueller (*khunthā*) in keinem Fall *Imām* vor einem Mann sein kann, weder im Pflicht- noch im freiwilligen Gebet, doch diese Meinung ist aufgrund der Überlieferungslage seitens der sicheren Hadithe sehr schwach und letztlich nicht zu halten.

174 Mit den Rezitationsregeln ist nicht ein ausschweifender Sington gemeint, der bei vielen sogenannten Imamen heutzutage korrektes Vortragen ersetzt, sondern:
1. Korrekte Aussprache der arabischen Laute und Vermeiden von Umdeutung der Laute; hiermit sind speziell bei manchen türkischen Imamen Vokaländerungen von U zu Ü (bei Vokalen) oder Ḍ zu Z (bei Konsonanten) usw.
2. Kenntnisse darüber, wie und wann Pausen zwischen und in den Versen zu setzen sind.
3. Kenntnisse über die Arten der Nasalierungen und Lautangleichungen, die speziell bei der Koranrezitation und nur dort vorkommen.

175 *'Udhr*, Pl. *A'dhār*, heißt wörtlich nur Entschuldigung, hat hier aber diese spezielle Bedeutung.

176 Zustand der kleinen oder großen rituellen Unreinheit.

177 Rituell verunreinigende Dinge.

178 Jemand, der sich im Zustand von *Ḥadath aṣghar* bzw. *Ḥadath akbar* befindet.

179 Das heißt, seine Absicht des Nachbetens aufzugeben und statt dessen das Verrichten eines Einzelgebets zu beabsichtigen; in diesem Falle folgt der Nachbeter – um keine Verunsicherung bei den anderen Nachbetern hervorzurufen, den Bewegungen der übrigen, aber immer im Bewußtsein, daß dies kein Nachfolgen im Gebet sein soll. (Siehe zu dieser Besonderheit die Darstellung der *Shāfi'īya* im Bereich der *Nīya*.)

180 Siehe zu den arabischen Buchstaben, ihrer Schrift, Lautentsprechung und was an Schwierigkeiten damit zusammenhängt, die Einleitung.

181 So jemand wird „*Arat*" genannt.

182 Das ist eine extreme Position, da sich ja speziell in diesem Beispiel der Sinngehalt völlig ändert: „*Mustaqīm*" ist ein Substantiv bzw. Adjektiv in der Einzahl und heißt grundsätzlich „aufrecht", „gerade", während „*Muttaqīn*" ein Substantiv bzw. Adjektiv im Genitiv oder Akkusativ Plural ist und grundsätzlich bedeutet: „der Gottesfürchtigen" bzw. „den Gottesfürchtigen".

183 So jemand wird „*Fa'fā'*" genannt.

184 So jemand wird „*Tamtām*" genannt.

185 Jemand, der nachbetet, was ihm von einem Gemeinschaftsgebet an Gebetseinheiten (*raka'āt*) entgangen ist, wird als „*Masbūq*" bezeichnet.

186 Das heißt die Worte, die die Bewegungen einleiten, wie „*Allāhu akbar*" usw.

187 Ein solcher *Masbūq* gilt dann als Einzelbetender, wenn er nicht mindestens eine vollständige *Rak'a* mit dem *Imām* gebetet hat (unabhängig davon, daß er doch den Lohn für das Gemeinschaftsgebet erhält, auch wenn er erst direkt vor dem Schlußgruß des *Imām* zur Gemeinschaft der Betenden hinzugekommen ist). Da er nach seinem Aufstehen – nach dem Schlußgruß des *Imāms* – als Einzelbetender gilt, kann ihm ein anderer nun nachbeten.

188 Denn beide hängen in diesem Fall trotzdem nur von dem vorigen *Imām* ab, nicht voneinander: weil sie das nachbeten, was ihnen im Anschluß an das Nachbeten nach dem vorigen *Imām* an Gebetsteilen noch obliegt. (Hier erkennt man, daß die *Ḥanafīya* – im Unterschied zur *Mālikīya* – jeden *Masbūq* als vollgültigen Nachbeter betrachtet, sowohl im *Ḥukm* als auch bezüglich des Lohnes für das Gemeinschaftsgebet.)

189 Was ja bei der *Shāfi'īya* zulässig ist und wodurch der Nachbeter automatisch Einzelbetender wird.

190 In dem Sinne: Würde man eine waagerechte Linie auf dem Boden – wirklich oder nur gedacht – als Ausrichtungslinie nehmen, um sich nach der *Qibla* auszurichten, und stellten sich nun der *Imām* und ein Nachbeter mit ihren Fersen so an diese Linie, daß ihre Fersen sie berühren oder die Fersen des Nachbeters dahinter zu liegen kommen, so ist die Gebetsstellung der beiden korrekt. Stellen sich – abgesehen von Ausnahmefällen – zwei oder mehr Nachbeter zu einem *Imām*, so stellen sie sich ja ohnehin hinter den *Imām*, und dieses besondere Problem des Zuvorkommens beim Stehen erübrigt sich von selbst.

191 Wörtl.: „dreihundert Ellen" (*dhirā'*). Eine Elle mißt durchschnittlich 28 bis 32 Zentimeter, das heißt 300 Ellen entsprechen etwa 90 Metern (300 x 0,3 m). Das sind natürlich nur ungefähre Werte, und daher habe ich hier einen guten und den meisten alten Maßen entsprechenden Mittelwert von hundert Metern für dreihundert Ellen genommen.

192 Bezüglich des Hindernisses außerhalb der Moschee spielt es keine Rolle, ob es sich zum Beispiel um eine festgenagelte bzw. geschlossene Tür oder etwas anderes handelt.

193 Das heißt, welchen Teil, welche Bewegung des Gebets der *Imām* im Moment verrichtet.

194 Hierbei muß man sich Flachdächer vorstellen, die als Wohn- bzw. Nutzfläche vorgesehen sind, wie Dachterrassen angelegt sind.

195 Ein *Muballigh* ist jemand, der die Rufe „*Allāhu akbar*", „*rabbanā wa laka l-ḥamd*" und „*as-salāmu 'alaikum wa raḥmatu llāh*" während des Gebets ausruft, nachdem der *Imām* dies bzw. Entsprechendes ausgerufen hat. Das ist vor allem bei größeren Moscheen beim Freitagsgebet und den Festgebeten üblich, um den weiter vom *Imām* entfernten Nachbetern – die den *Imām* nicht mehr sehen oder hören können – die Phase des Gebets zu verdeutlichen. Siehe dazu auch den entsprechenden Abschnitt über *Tablīgh* (*Muballigh* zu sein).

196 Wie das nach manchen Hadithen – nicht aber nach der klassisch-hanafitischen Meinung – möglich ist; in diesem Fall ist der so laut nachsprechende Nachbeter auch kein *Muballigh* in dem Sinne, der offiziell oder halboffiziell – wie oben beschrieben – den anderen Nachbetern helfen soll.

197 Das heißt hier: dem eigentlichen Zentralbezirk um die *Ka'ba* innerhalb des *Ḥarām* (des eigentlichen Heiligtums um die *Ka'ba*), das in der Tat viele Tausende und Zehntausende von Betenden aufnehmen kann.

198 Das heißt, das Gebet des *Imāms* ist ungültig, weil er ja als *Imām* betet, nicht als Einzelbetender, und ohne gültig nachbetenden Nachbeter kann er auch korrekterweise nicht *Imām* sein.

199 Hierunter ist folgendes zu verstehen: Daß es – nach der *Ḥanbalīya* und auch nach Gelehrten anderer Rechtsschulen – grundsätzlich unzulässig ist, auf (öffentlichen) Wegen zu beten, weil dadurch die Menschen, die auf diesem Weg reisen, behindert werden. Dabei werden aber meist solche Gebete verstanden wie das Freitags- bzw. größere Gemeinschaftsgebete.

200 Und also keine große Trennung zwischen dem *Imām* und einem Nachbeter auf der anderen Seite des Weges besteht.

201 Das kann der Fall sein, wenn der *Imām* in *Qibla*-Richtung auf einem Platz steht, der neben oder vor dem Moschee-Gebetsraum liegt.

202 Weil sonst das *Jum'a*-Gebet für diesen Nachfolger ungültig ist, da die *Jamā'a*-Gebetsform in der ersten *Rak'a* des *Jum'a* auch für den Nachbeter zur Gültigkeit verpflichtend ist.

203 Dies darum nicht, weil nur aufgrund dessen, daß der *Ma'mūm* nun in Gemeinschaftsform betet, es überhaupt zulässig ist, dieses (Pflicht-)Gebet zu wiederholen: würde er sich nun doch in seiner *Nīya* vom Vorbeter trennen, wäre das Gebet zwingendermaßen ungültig.

204 Eigentlich die Gruppe der Kämpfenden, weil diese Gebetsart ursprünglich vorgesehen war, um einer kämpfenden Truppe, die sich vor Angriffen eines Feindes in acht nehmen muß, zu schützen; doch kann diese Gebetsform auch ohne weiteres von einer Gruppe von nicht kämpfenden, einfach sich fürchtenden Muslimen durchgeführt werden.

205 Damit sind in erster Linie das *Maghrib*- und *'Ishā'*-Gebet gemeint, aber auch alle Gebete, die durch bestimmte Merkmale zusammengehören (wie Gebete, die nur am Tag bzw. nur nachts verrichtet werden).

206 Das heißt, daß nach Ansicht der *Shafi'īya* – im Unterschied zu der der *Ḥanbalīya* – jedes *Farḍ*-Gebet hinter einem *Farḍ*-Gebet bzw. jedes *Farḍ* hinter einem *Nāfila* bzw. umgekehrt verrichtet werden kann.

207 Das soll heißen: Es ist zulässig, wenn beide ein bestimmtes Gebet gemeinsam in der entsprechenden Zeit beten bzw. wenn beide ein Gebet nachholen müssen.

208 Das heißt als nachzuholendes Gebet, in *Qaḍā'*-Form verrichtet.

209 Beim Gemeinschaftsgebet müssen – wenn Männer und Frauen nachbeten – nach übereinstimmender Gelehrtenansicht hinter dem *Imām* zunächst die Reihen der Männer kommen, danach die der Frauen.

210 Als *Fāsiq* gilt hier jemand, der eine große Sünde – ohne nachfolgend bekannt gewordene Reue – begangen hat bzw. regelmäßig und gewohnheitsmäßig kleinere Sünden begeht.

211 Gemeint ist: in Gebeten, die mehr als zwei *Rak'a* haben; beim *Ṣubḥ*-Gebet jedoch ist der erste auch zugleich der letzte *Tashahhud* und damit *Farḍ*.

212 Das ist eher eine formaljuristische – wenn auch im Zweifelsfall gültige – Bestimmung, da ja im Fall, daß der *Ma'mūm* diesen *Tashahhud* nicht mit dem *Imām* ausführte, er dem *Imām* durch das Aufstehen aus dem ersten Sitzen oder ähnlichem zuvorkäme: das kommt aber real (so gut wie) nie vor.

213 Über die Frage, ob und inwiefern der (muslimische) Herrscher bzw. sein autorisierter Statthalter hier vorzuziehen sind, besteht zwar nicht völlige Einigkeit, doch das ist in nicht-islamischen Staaten sowieso eine rein theoretische Frage.

214 Oder, wie andere Beschreibungen sagen: aus einer Predigt, die in zwei Teile untergliedert wird.

215 Besondere Aufmerksamkeit muß noch weiter unten den zahlreichen *Bida'* (unzulässigen Neuerungen) im Freitagsgebet gewidmet werden.

216 Das heißt: Von dem Moment an, da die Sonne sich aus der Zenitstellung heraus neigt und zu sinken beginnt (Beginn von *Ẓuhr*) bis zu dem Zeitpunkt, da der Schatten eines schattenwerfenden Gegenstandes so lang ist wie der Gegenstand selbst, plus dem Schatten, den der Gegenstand schon bei der Zenitstellung der Sonne hatte (Ende von *Ẓuhr* bzw. Beginn von *'Aṣr*). Siehe dazu auch den Abschnitt über die Gebetszeiten.

217 Wörtlich: „in der Höhe einer Lanze".

218 Das bezieht sich auf das konkrete, gerade zu verrichtende Freitagsgebet, nicht aber auf die generelle, immer bestehende Pflicht, das Freitagsgebet als solches zu verrichten.

219 Durch langes Rezitieren, Ausdehnen der *Sujūd* usw. Als „ausreichende Zeit" muß hier natürlich diejenige Zeitspanne verstanden werden, die dem *Imām* zur Verrichtung zweier *Rak'a* ohne lange Rezitation normalerweise genügt: Wenn der *Imām* etwa aufgrund seines Alters oder eines körperlichen Gebrechens oder schlicht wegen seiner – auch sonst längerdauernden – Rezitationsart mehr Zeit zum Verrichten zweier *Rak'a* benötigt als die meisten oder allgemein irgendwelche anderen Betenden, so ist doch seine Zeit – die des *Imāms* – hier entscheidend.

220 Im Beispiel: Von Anfang an sind für das eigentliche Gebet nur noch etwa fünf Minuten übrig. Der *Imām* hatte bereits vorher die Versammelten auf die Möglichkeit aufmerksam gemacht, daß das Gebet vielleicht als *Ẓuhr*-Gebet vervollständigt werden muß und er dann leise weiterrezitiert; dann stellt der *Imām* nach der ersten *Rak'a* nach bestem Ermessen fest, daß die Zeit gerade vergangen sein muß, und rezitiert in der zweiten *Rak'a* leise.

221 Gemeint: das Gebet.

222 Damit ist jede Art von Kauf, Verkauf und sonstigen Finanzgeschäften gemeint, wie sie im Teil über „*Mu'āmalāt*" und „*Sharika*" vorgestellt werden.

223 Das heißt, er ist in diesem Fall nicht nur ungültig, sondern hat auch – anders als manche andere Verträge – keinerlei Folgen in Form von Rechten, abgesehen von der Verpflichtung, schon gegebene Ware(n) bzw. Gegenwerte zurückzugeben.

224 Nur Personen, bezüglich derer diese Bedingungen erfüllt sind, sind überhaupt verpflichtet, am Freitagsgebet (*ṣalāt al-jum'a*) teilzunehmen.

225 Ein „*Farsakh*" entspricht drei „*Amyāl*" (arabischen Meilen), diese entsprechen hier 6000 „*Adhru'*" (arabischen Ellen), und so entspricht ein „*Farsakh*" 5040 Metern. Dies ist das Maß für einen *Farsakh*, das für die Rechtsgutachten (*Fatāwā*) bevorzugt herangezogen wird. Zusammengefaßt sind die üblicherweise festgesetzten klassischen Maße folgende:
1 *Dhirā'* (Pl.: *adhru'*/arab. Elle) = etwa 0,28 m
1 *Mail* (Pl.: *amyāl*/arab. Meile) = 6000 *Adhru'* = etwa 1680 m
1 *Farsakh* (Pl.: *farāsikh*/arab. „Großmeile") = 3 *Amyāl* = etwa 5040 m.

226 Siehe dazu die entsprechenden Abschnitte über das Reisegebet.

227 Wörtlich: „*mauqūf*"; das heißt, es ist eine eigenständige Rechtsmeinung des Kalifen 'Alī, möge Allāh mit ihm zufrieden sein, nicht aber eine Aussage, die er von dem Propheten ﷺ her überliefert.

228 Das bezieht sich auf die Pilgerfahrt (*ḥajj*).

229 Üblicherweise werden Moscheen, in denen die Menschen zum Freitagsgebet zusammenkommen (arab. *al-jam'* = Zusammenkommen), „*jāmi'*" (wörtl. etwa: „der Versammelnde [Ort]") genannt, während der Begriff „*Masjid*" allgemein ist und jede Art von Moschee bezeichnen kann.

230 Überliefert von Ibn Abī Shaiba in dessen *Musannaf*-Werk sowie auch überliefert von dem klassischen Hadith-Sammler 'Abd ar-Razzāq.

231 Diese Meinungen gehen von einem bestimmten Fall aus:
- daß es sich bei der fraglichen Moschee um ein Gebäude handelt, bei dem Männer und Frauen sich notgedrungen begegnen müssen, weil weder getrennte Eingänge noch getrennte und sichtgeschützte Räumlichkeiten für die Frauen vorhanden sind,
- und daß die Frauen keinen Gesichtsschleier tragen.

Wenn diese beiden Bedingungen jedoch gegeben sind (und die Frauen – wie dies ja ohnehin Pflicht ist – sich so bekleidet haben, daß ihr Körper im Sinne der *Ḥijāb*-Regel korrekt bedeckt ist), so ist es ohne Einschränkung zumindest zulässig, daß die Frauen zum *Jum'a* kommen, denn: Bei vollständiger Bedeckung des Körpers und des Gesichts und Beachtung der übrigen *Ḥijāb*-Regeln ist es schlichtweg unmöglich, daß ein Mann, der zufällig oder absichtlich auf eine so bedeckte Frau blickt, irgend etwas sehen kann, was Begehrlichkeit usw. erwecken kann. Wenn getrennte Eingänge sowie getrennte und sichtgeschützte Räumlichkeiten speziell für Frauen vorhanden sind, ist es ebenfalls unmöglich, daß ein Sichtkontakt von den Männern zu den Frauen hin bestehen kann; den Sichtkontakt von den Frauen zu den Männern her unmöglich zu machen, gehört überdies nicht zu den verpflichtenden Bedingungen bezüglich der *Ḥijāb*-Regeln, weder beim *Jum'a* noch sonst. (Siehe dazu auch den Abschnitt zum *Ḥijāb* im Kapitel über die *'Aura*.)

232 Und entsprechend auf einem Hof usw., wo sie offen von allen Hinein- und Hinausgehenden gesehen und angeblickt werden kann.

233 Ein solches Verhalten ist ja auch nur dann in der geschilderten Weise denkbar, wenn es eben doch noch die Möglichkeit gibt, in der alten/älteren Moschee das *Jum'a* zu verrichten, und in diesem Fall ist ja offensichtlich auch keine echte Notwendigkeit zum Vorhandensein einer weiteren Moschee gegeben. Eine Ausnahme – sprich: ein Entschuldigungsgrund – ist aber zum Beispiel Baufälligkeit oder Bedrohungen bezüglich des Lebens, des Besitzes, der Ehre, denen jemand auf dem Weg zur älteren Moschee ausgesetzt ist. Generell gilt dazu auch, daß, wenn bei einer bestimmten Moschee ein Hindernis vorliegt, durch das das Gehen zum *Jum'a* gar nicht mehr verpflichtend ist, man natürlich nachforschen muß, ob das bei einer anderen Moschee auch gegeben ist. Findet aber jemand, für den grundsätzlich das *Jum'a* Pflicht ist, eine Moschee, zu der er problemlos gehen kann (im Sinne der *Shurūṭ al-Wujūb*), so muß er die erste Moschee sein lassen und zur zweiten gehen. Siehe dazu auch die Bedingungen der Verpflichtung (*shurūṭ al-wujūb*).

234 Damit ist hier ein Beauftragter einer islamischen Regierung – speziell ein Statthalter – gemeint.

235 Das heißt: als Ersatz für das *Jum'a*-Gebet, das ja den Platz des *Ẓuhr* einnimmt, wenn es gültig ist. Betet nun jemand in diesem Falle diese vier *Raka'āt*, und andere

vermuten, er bete es als Pflicht – seiner Meinung nach sei also das *Jum'a* ungültig –, so kann das Unruhe und Unsicherheit bei den anderen verbreiten. Im geschilderten Fall gilt natürlich, daß es die persönliche Überzeugung des einzelnen ist, daß das *Jum'a* ungültig sei, und in solchen Fällen ist es besser, wenn man keinen Beweis dafür hat, der auch andere überzeugen kann, andere nicht mit seiner eigenen Überzeugung zu verunsichern. Davon abgesehen hat es sich aber heute – speziell bei den türkischen hanafitischen Muslimen – aus verschiedenen Gründen durchgesetzt, daß generell nach dem *Jum'a*-Gebet zwölf *Raka'āt* – von allen Versammelten in allen Moscheen – verrichtet werden, wobei die je vier *Raka'āt* zu Beginn und am Ende dieser zwölf *Raka'āt* als *Sunna* vor und nach dem „*Ākhir aẓ-Ẓuhr*" gelten und die mittleren vier *Raka'āt* (also von der fünften bis zur achten *Rak'a* einschließlich) als eigentliches Hauptgebet des *Ākhir aẓ-Ẓuhr*. Inwiefern jemand die – weiter unten vorgestellte – klassische Rechtsschullösung durchführt, nämlich zuerst die *Rātiba* des *Jum'a* mit vier *Raka'āt*, dann das *Ākhir aẓ-Ẓuhr* und dann zwei (oder vier) *Raka'āt* als *Sunna*-Gebet zum *Ẓuhr* betet, bleibt dahingestellt. Dabei fällt natürlich auch die klassische Argumentation der *Ḥanafīya* fort, wonach der einzelne – wenn er sich seine Meinung über die Gültigkeit des *Jum'a* bildet – möglichst im geheimen, in seiner Wohnung, nicht vor den Augen der anderen *Jum'a*-Betenden, das *Ākhir aẓ-Ẓuhr* beten soll. Das heißt allerdings weder, daß die oben gegebene Darstellung heute nicht mehr gültig ist – im Gegenteil –, noch, daß der einzelne sich nicht über die Gültigkeit seines *Jum'a*-Gebets Gedanken machen müßte.

236 Also in der Tat gemäß dem *Ḥukm* eines *Sunna*-Gebets, nicht dem eines *Farḍ*-Gebets.

237 Das heißt: Auch so ist es gültig.

238 Eigentlich: als *Sunna*-Gebet aus der Zeit des *Ẓuhr*.

239 Das heißt, der Platz muß noch im *'Umrān*-Bereich der Moschee liegen. Siehe dazu die Definitionen zum Thema „Reisegebet" (*Ṣalāt as-Safar* bzw. *Ṣalāt al-Musāfir*).

240 Damit ist hier gemeint: Leute, die davon ausgehen, daß ein *Jum'a* mit weniger als zwölf Anwesenden ungültig ist

241 Das hier angesprochene Problem bezieht sich nicht darauf, daß sich eine Rechtsschule über die andere stellen will, sondern hier handelt es sich um ein formalrechtliches Problem: Wenn jemand in einer bestimmten Lage nicht davon überzeugt ist, daß das, was er tut, für ihn rechtsgültig ist – er also für seine Person seine Handlung in Frage stellt oder sogar überzeugt ist, daß seine Handlung ungültig ist –, dann ist sie in diesem Moment für ihn ungültig. Das wird klarer bei einem Beispiel, in dem Einigkeit zwischen den Rechtsschulen besteht, etwa dem *Wuḍū'*: Wenn jemand ernsthaft zweifelt, ob sein *Wuḍū'* noch gültig ist, so genügt dieser Zweifel, damit der *Wuḍū'* für ihn – dem *Ḥukm* nach – ungültig ist. Er muß dann tatsächlich – verpflichtend – den *Wuḍū'* wiederholen. Im obigen Beispiel zur Anzahl der Anwesenden beim *Jum'a* ist es vergleichbar: Für die, die von einer Mindestanzahl von zwölf ausgehen, müssen zugleich auch alle diese zwölf von der Gültigkeit dieser Meinung für sich selbst überzeugt sein. Ist das bei einem oder mehreren dieser zwölf nicht der Fall, so ist für sie hier kein gültiges *Jum'a* möglich, und damit wäre das *Jum'a* mit ihnen so, als würden weniger als zwölf gültig das *Jum'a* durchführen. Diese Bedingung der *Mālikīya* ist also eine formale Schutzbedingung. Wenn nun jemand die Meinung vertritt, daß ein *Jum'a* mit zwölf oder sogar weniger Anwesenden gültig ist, wenn er ansonsten

1. der *Shāfi'īya* oder *Ḥanbalīya* zugehört oder
2. keiner der vier Rechtsschulen im absoluten *Taqlīd* nachfolgt (s. dazu die Einleitung),

so gilt im Sinne dieser Bedingung, daß das *Jum'a* auch bei Anwesenheit dieser Muslime gültig ist.

Die Bedingung ist also nicht gegen Schafiiten oder Hanbaliten gerichtet, weil sie der *Shāfiʿīya* oder *Ḥanbalīya* in ihren Rechtsansichten nachfolgen, sondern es wird nur eine Bedingung aufgestellt, die verhindern soll, daß jemand mit einer abweichenden Meinung – bezüglich der Anzahl als Einzelrechtsfrage – das *Jumʿa* für sich, und damit auch für die anderen, ungültig macht, wenn tatsächlich nur zwölf Personen anwesend sein sollten. Das ist aber heute – auch in Deutschland – so gut wie nie der Fall; im Gegenteil ist die Anzahl der Leute, die beim *Jumʿa* anwesend sind, meist auch in kleinen Moscheen höher als hundert. Von daher ist diese Frage weder theoretisch noch praktisch von entscheidender Bedeutung – und in jedem Fall auch kein Beispiel für irgendeine „Feindschaft" zwischen den *Madhāhib*, die ja nur von den *Juhhāl* (den absolut Unwissenden) behauptet bzw. unter ihnen allein künstlich hervorgerufen wird.

242 Das muß auch im Rahmen der allgemeinen Bedingungen zur *Imāma* an sich gesehen werden. Siehe dazu auch die entsprechenden Bedingungen zur *Imāma*.

243 Gemeint ist gemäß der klassischen Rechtsmeinung, daß es ein islamisches Staatsoberhaupt geben muß, dem naturgemäß niemand übergeordnet ist. Dieses Oberhaupt muß grundsätzlich das *Jumʿa*-Gebet – zumindest in einer Moschee – leiten, wobei es auch Vertreter ernennen kann, die dann berechtigt sind, in seinem Auftrag das *Jumʿa*-Gebet anderswo auszuführen. Diese Statthalter können ihrerseits die Erlaubnis zur Durchführung des *Jumʿa* an andere Personen weitergeben, die dann als Imame bzw. Vertreter des Statthalters handeln usw.

244 Genau diese Frage ist für Hanafiten – seitdem es kein sunnitisches Kalifat bzw. kein islamisches Staatsoberhaupt eines islamischen Staates mehr gibt – insofern eine schwierige Angelegenheit, als sich ja als Folge die Frage stellt, ob es dann – nach hanafitischer Auffassung – überhaupt noch ein gültiges *Ṣalāt al-Jumʿa* geben könne.

Dazu gibt es mehrere Auffassungen: Eine sagt, es sei so, daß in dieser Lage die Wichtigkeit des *Ṣalāt al-Jumʿa*, die Funktion, die Muslime zu versammeln, noch wichtiger sei als früher und von daher es der *Sharīʿa* widerspreche, auch noch dieses letzte Verbindende zwischen den Mitgliedern der Umma fortfallen zu lassen. Aufgrund der früher nicht gegebenen, ja für undenkbar gehaltenen Lage, daß es eine Umma ohne ein echtes Oberhaupt gebe, müsse diese Meinung insofern erweitert werden, als sowohl die Pflicht als auch die Gültigkeit grundsätzlich gegeben sein müßten – wenn auch unter Beachtung der oben bereits vorgestellten Einschränkungen zur erhöhten Anzahl der Moscheen usw.

Eine andere Meinung sagt hingegen, es sei tatsächlich so, daß aufgrund des Fehlens eines islamischen Staatsoberhauptes grundsätzlich kein gültiges *Jumʿa* verrichtet werden könne. In dieser Notlage müsse zunächst das *Jumʿa* als Pflicht (die ja nicht entfalle) verrichtet und aufrechterhalten werden, doch sei es ungewiß, ob das *Jumʿa* von Gott in dieser Lage angenommen werde. Daher müsse – ungeachtet dessen, was oben zum Bereich des „*Ākhir aẓ-Ẓuhr*" gesagt wurde – schon allein deswegen immer dieses *Ẓuhr* im Anschluß an jedes *Jumʿa* verrichtet werden, um im Zweifelsfall wenigstens die individuelle Pflicht zu erfüllen, wenn schon die kollektive – das *Jumʿa* – nicht mehr (gültig) erfüllt werden kann.

245 Bei der *Mālikīya* sind mindestens zwölf Männer außer dem Imam notwendig, bei der *Ḥanafīya* müssen drei Männer außer dem Imam versammelt sein.

246 Speziell bezüglich der hanafitischen Rechtsschulmeinung bezüglich der Absicht zum *Wuḍūʾ*.

247 Gemeint ist: wenn die Nachbeter sich während des Gebets nicht nach dem *Imām* richten (siehe dazu auch weiter unten im Haupttext) und das zu einem Zeitpunkt vor

Vollendung der ersten *Rak'a* geschieht, so gilt das eigentliche *Ṣalāt al-Jum'a* als nicht rechtsgültig verrichtet und muß wiederholt werden.

248 Dies ist dann gegeben, wenn etwa die Nachbeter feststellen, daß der *Imām* nicht gut genug rezitiert (im Sinne der Bedingungen, die ein *Imām* des *Ṣalāt al-Jum'a* erfüllen muß), so ist es im Sinne der *Shāfi'īya* möglich und durchaus gerechtfertigt, sich von diesem *Imām* innerlich – in der Absicht zum Gebet – zu trennen.

249 Gemeint ist: ein Junge, der über Unterscheidungsfähigkeit (*tamyīz*), aber noch nicht über Reife (*bulūgh*) verfügt.

250 Ist er ein Vertreter der Meinung der „vierzig", so ist sein Gebet in dem Moment für ihn selbst ungültig, sobald die Anzahl der Nachbeter unter vierzig sinkt. Dann muß er – nach hanbalitischer Meinung – sofort durch *Istikhlāf* seinen *Imām*-Nachfolger bestimmen, das heißt, jemanden als Iman bestimmen, der eine Meinung vertritt, die weniger Nachbeter erfordert. Wartet er nämlich und führt unter diesen Umständen das Gebet weiter, ist es naturgemäß für alle – ihn und alle nachfolgenden – ungültig. Ist es aber so, daß er einen Nachfolger korrekt durch *Istikhlāf* einsetzt, tritt er ja logischerweise aus dem Gebet aus – denn ein *Imām*, der einen anderen als *Imām* in *Istikhlāf*-Form einsetzt, hat ja selbst das Gebet verlassen, und dieses Gebet kann bis zu dem Punkt, da er es schon verrichtet hatte, dann für ihn nicht mehr gültig sein. Auch kann er nicht wieder neu in das Gebet eintreten, das nun von dem neuen *Imām* geleitet wird, weil dann ja dessen Gebet wiederum ungültig wird (denn die *Imāma* des neuen Imams ist ausschließlich auf die Aufgabe der alten *Imāma* gegründet). Das heißt, das Gebet des Imams kann für ihn selbst in diesem Falle aus logischen und formalrechtlichen Gründen unmöglich gültig sein.

251 Hier: das Aussprechen der Formel: „*al-ḥamdu li-llāh* [*rabbi l-'ālamīn*]".

252 Hier: das Aussprechen der Formel: „*subḥāna llāh*".

253 Hier: das Aussprechen der Formel: „*lā ilāha illā llāh*".

254 Hierbei sei erwähnt, daß man diese Formen in Arabisch sprechen muß. Das ist auch von daher erklärlich und logisch, als die feinen Bedeutungsunterschiede der Lobes- und Dankesformulierungen kaum ins Deutsche übertragbar sind.

255 Zu den Gottesnamen siehe auch den entsprechenden Abschnitt im ersten Teil des Buches, § 4 Der Glaube an die Eigenschaften Gottes.

256 Zum Thema der Gesandten und Propheten Gottes ﷺ vgl. Kap. 4 im ersten Teil des Buches.

257 Wenn es auch zunächst übertrieben erscheint, so hat dies doch erhebliche Bedeutung: Nicht wenige Sekten, die aus dem ursprünglichen reinen Islam hervorgegangen sind, pflegen nämlich mit derartigen Tricks – das heißt, unverbindliche oder mehrdeutige Ehrentitel zu benutzen – ihre Zugehörigkeit zu ebendiesen Sekten zu verschleiern. Was aber den Titel „*Sayyid*" in diesen Lobes- und Segensformeln für den Propheten Muḥammad ﷺ angeht, so handelt es sich um einen guten und an sich korrekten Ehrentitel. Aber dieser Titel kann sich nicht nur auf den Propheten Muḥammad ﷺ beziehen, sondern auch auf einen anderen der Propheten, ja auch auf die rechtgeleiteten Kalifen oder beliebige der Prophetengefährten. Er ist auch ein traditioneller Ehrentitel für Nachkommen des Propheten Muḥammad ﷺ und hat noch andere, untergeordnete, weitere Bedeutungen.

Zurück zur Formel, die im Haupttext als nicht ausreichend bezeichnet wird: Würde sie so umgeformt werden, daß nicht „*raḥima*" (er möge barmherzig sein) als Hauptverb und eigentliche Aussage zu Beginn der Formel stünde, sondern „*ṣallā* ..." (er möge segnen), so wäre die Formel im Sinne dieses *Rukn* doch schon erfüllt; dann lautete sie: „*ṣallā llāhu 'alā sayyidinā Muḥammad*", und dann könnte auch der Titel „Sayyid" nicht mehr als mehrdeutig erscheinen. *Raḥima*" (er möge barmherzig sein) ist darum im genannten Beispiel problematisch, weil diese Formel sich auf jeden Menschen beziehen kann, sei er nun irgendein Prophet, Prophetengefährte, Prophetennachfolger, Kalif, Gelehrter oder sonst jemand, und darum ist mit diesem oder einem ähnlich mehrdeutigen Begriff der *Rukn* nicht zu erfüllen.

258 Das heißt: der *Khaṭīb* hat die freie Wahl zwischen allen möglichen Vortragsarten. Dabei muß ergänzt werden: Will der *Khaṭīb* nur dem Sinn nach aus dem Koran vortragen und nicht wortwörtlich rezitieren, darf er seinen entsprechenden Redeteil auch nicht mit den Eingangsformeln der Koranrezitation beginnen wie dem *Ta'awwudh* oder der *Basmala*. Auch sollte aus der Rede jeweils hervorgehen, daß hier nicht wortwörtlich rezitiert wird, wenn etwa das *Saj'* benutzt wird, damit der Unterschied zwischen Rede des Koran und der des *Khaṭīb* auch für diejenigen klar wird, die sich so gut wie nicht im Koran auskennen bzw. unwissend (*juhhāl*) sind.

259 Das bedeutete, das gesamte *Jum'a* müßte dann wiederholt werden, da ohne gültige *Khuṭba* auch das gesamte *Jum'a* ungültig ist.

260 In diesem Punkt hat sich heute bezüglich der meisten der nichtarabischsprachigen Völker die Meinung derjenigen *Madhāhib* und Schulen durchgesetzt, die es für zulässig erklären, daß die *Khuṭba* in einer nichtarabischen Sprache gehalten wird. Die hier dargestellten klassischen Meinungen sind also insofern durch moderne Auffassungen der heutigen Gelehrten noch etwas angepaßt worden (zusätzlich zu dem, was ohnehin schon an diesbezüglichen Sonderbestimmungen in den klassischen Meinungen bestand). Dies aus zwei Gründen:

1. Es gibt keinen eindeutigen Beleg – gemeint: Koranvers oder Hadith –, der übereinstimmend bei den *Madhāhib* bezüglich der Verpflichtung zur arabischen Sprache herangezogen wird. Es sind nur formalrechtliche Gründe, die bei Nichtarabern dafür sprechen, die arabische Sprache in der *Khuṭba* zu benutzen, aber keine klaren Äußerungen des Propheten ﷺ, die eine Verpflichtung belegen.
2. Der Zweck der *Khuṭba* ist, den anwesenden Muslimen bestimmte Dinge zu verdeutlichen – das geht aus der Art und Weise der *Khuṭba* sowie der authentischen *Sunna* einwandfrei hervor. Dies kann aber schlechterdings nicht erreicht werden, wenn die Anwesenden außerstande sind, Arabisch (genug) zu verstehen, um einem *Khaṭīb*, der arabisch predigt, folgen zu können. Es muß aber hinzugefügt werden, daß in einem Punkt nur der Gebrauch des Arabischen zulässig ist – sowohl in der Sicht der früheren als auch der heutigen Gelehrten: beim Vortragen der Koranverse, die zudem bei vielen Schulen als *Rukn* der *Khuṭba* gelten (wobei eine anschließende Übersetzung hingegen zulässig ist).

261 Hier ist mit *Dhikr* ein in authentischen Hadithen überlieferter arabischer Text gemeint.

262 Gemeint ist: daß der *Khaṭīb* so lange schweigt, als ob er diese *Āya* gerade rezitieren würde.

263 Hier wird es sehr klar, daß die Frage der arabischen Sprache eine formalrechtliche ist.

264 Das ist eine der wichtigsten Fragen, die auch beim täglichen Pflichtgebet des einzelnen von großer Wichtigkeit ist: Wenn jemand (das heißt jemand, dessen Muttersprache nicht Arabisch ist) über genügend Zeit und geistige Fähigkeit verfügt, eine ihm fremde Sprache im allgemeinen und Arabisch im besonderen zu erlernen, er es aber dennoch nicht tut und nur darum außerstande ist, sein Pflichtgebet bzw. – im Extremfall – die *Khuṭba* zu halten, so ist das nicht korrekt, nicht rechtsgültig (*ṣaḥīḥ*). Aber viele Menschen

können tatsächlich weder die Zeit noch die geistige Konzentration aufbringen, eine Fremdsprache zu erlernen (speziell ältere Menschen haben damit Probleme). In diesen Fällen gelten bestimmte Sonderegeln beim täglichen Pflichtgebet.

265 Dies gilt dann, wenn eine *Āya* zur Erfüllung des *Rukn* rezitiert wird. Eine anschließende Übersetzung – als solche deutlich gemacht – ist jedoch im Sinne der *Khuṭba*, wenn die Anwesenden Nichtaraber oder Nichtarabischsprachige sind.

266 Hier kann und darf eine Übersetzung der *Āya* nicht benutzt werden, um so den *Rukn* der *Khuṭba* zu erfüllen; das heißt, daß in einem solchen Extremfall – wie er hier dargestellt wird – die *Āya* ganz wegfallen muß.

267 Diese Meinung kann durchaus als Extremmeinung gelten, die nur aus formaljuristischen Gründen denkbar ist. Siehe dazu weiter oben die Ausführungen des Verfassers in den Anmerkungen.

268 Bei den nachfolgenden Ausführungen wird von dem Fall ausgegangen, daß wirklich nur die absolute Mindestzahl von Anwesenden, die zur Gültigkeit des *Jum'a* notwendig ist, vorhanden ist.

269 Das heißt, daß es mindestens einem der Anwesenden grundsätzlich möglich sein muß zu hören; das wiederum heißt, daß die Anwesenheit von allesamt tauben Muslimen zur Erfüllung dieser Bedingung nicht genügen kann.

270 Eine Person, die wegen eines Entschuldigungsgrundes (*'udhr*) von der Erfüllung einer bestimmten Pflicht bzw. bestimmter Bedingungen befreit ist, wird „*Ma'dhūr*" (der/die mit *'Udhr*) genannt.

271 Das heißt: Es genügt, wenn diese vierzig Muslime grundsätzlich in ihrer Hörfähigkeit so gesund sind, daß sie hören können, selbst dann ist die Bedingung erfüllt, wenn sie – klar gesagt – etwas schwerhörig sind (zum Beispiel aufgrund von Alterserscheinungen). Auch ist die Bedingung erfüllt, wenn von den vierzig manche unaufmerksam sind, dem Schlaf nahe sind usw. – jedenfalls nicht wirklich zuhören.

272 Das heißt: Bei der *Ḥanbalīya* muß jeder einzelne der mindestens vierzig Anwesenden den *Khaṭīb* konkret hören. Wenn also nach dieser Meinung auch nur einer nicht zuhört, einnickt usw., ist die *Khuṭba* ungültig.

273 Damit ist speziell gemeint, daß der *Imām* die Anwesenden vor dem Gebet davor warnt, die Reihen des Gebets nicht gerade auszurichten oder Lücken in ihren Reihen zu lassen, da dies der Gültigkeit des Gebets Schaden zufügen kann. Auch gilt dies allgemein vor Gemeinschaftsgebeten (*salāwāt al-jamā'a*) als wünschenswert – nur bei manchen Gelehrten – besonders bei der *Ḥanafīya* – wird das speziell beim *Jum'a*-Gebet für nicht gut gehalten.

274 Dies muß – wie auch beim Gebet – so verstanden werden: Etwas „Fremdes" ist hier alles, was dem Wesen des Gebets fremd ist bzw. durch das das Gebet unterbrochen wird. Dazu zählt vor allem: Essen, Trinken und das Sprechen von Worten, die nicht zum Gebet gehören. Hier ist vor allem der dritte Punkt wichtig: Da jegliches Sprechen im Sinne dieser Definition zwischen dem Schlußwort des *Khaṭīb* (wenn er von dem *Minbar* herabsteigt) und dem Beginn des eigentlichen Gebets als unerlaubte Trennung – eben Trennung durch etwas dem *Jum'a* „Fremdes" – gilt und nur die *Iqāma* vor dem *Takbīrat al-Iḥrām* des *Ṣalāt al-Jum'a* nach dieser Meinung zulässig ist, kann weder der *Imām* noch ein anderer durch Worte die Anwesenden ermahnen, die Reihen gerade zu machen. Es ist aber wünschenswert bis notwendig (vor allem, wenn die Anwesenden aus Unwissenheit darin oft Fehler machen), von vornherein „Ordner" an bestimmten Stellen der Moschee in den Reihen der zum Gebet Versammelten einzusetzen, die ohne Worte die Leute in Reihen ordnen und vor dem Gebet – ohne Worte – dafür

sorgen, daß die Reihen geordnet und geschlossen sind, damit auch ohne Ermahnung des *Imāms* bzw. *Khaṭībs* alles korrekt und zum Gebet bereit ist.

275 Zum besseren Erkennen der Gemeinsamkeiten sind Bedingungen, die bei mindestens zwei *Madhāhib* gleich sind, kursiv geschrieben, während sehr ähnliche, aber nicht ganz identische Bedingungen durch Anführungszeichen gekennzeichnet sind.

276 Hier treten die allgemein geltenden Bedingungen für die *Imāma* in Kraft, wie sie auch allgemein bei allen Arten des Gemeinschaftsgebets (*ṣalāt al-jamā'a*) gelten.

277 Damit ist gemeint, daß jemand, solange er alles korrekt erfüllt, keinen Unterlassungsfehler begehen kann; daß er aber, wenn er einen erforderlichen Teil für nur untergeordnet hält und ihn daher wegläßt, seine Handlung ungültig macht. Konkret heißt das: Wenn ein *Imām* einen *Rukn* der beiden *Khuṭbas* bzw. des eigentlichen *Jum'a*-Gebets nicht korrekt erfüllt, sind die beiden *Khuṭbas* und meist auch das ganze *Jum'a* ungültig – für ihn und alle, die ihm zuhören bzw. nachbeten. Daher ist diese Bedingung eine sogenannte Vorsichtsbedingung.

278 Wörtlich: was im arabisch-islamischen Sinne eine *Khuṭba* ist; gemeint: was nicht eine bloße Spielerei mit Definitionen oder ein Streitgespräch oder ein Unterricht ist.

279 Nach manchen Meinungen innerhalb der *Mālikīya* handelt es sich dabei um eine *Sunna* (das heißt etwas, was *Sunna ghair mu'akkada* ist), doch die andere Meinung, daß es sich um eine Pflichthandlung handele, wird vorgezogen.

280 Einige der traditionellen Feste, die in „islamischen" Gesellschaften bzw. Ländern gefeiert werden, haben keine religiöse Bedeutung, wie etwa Hochzeits- oder Beschneidungsfeiern. Bezüglich des *Maulids* (Feier aus Anlaß des Geburtstags des Propheten ﷺ) wird es von der Mehrzahl der Gelehrten klassischer Art dann als positiv angesehen, wenn es der Würdigung der Person des Propheten ﷺ gilt.

281 Gemeint ist, daß jemand oder mehrere sich nicht zu einer Gruppe von Betenden (*jamā'a*) zusammentun, sondern einzeln beten bzw. daß sich jemand nicht einer schon bestehenden *Jamā'a* anschließen will.

282 Das heißt, man hat die eigentlich beabsichtigte Handlung, dieses Festgebet zu verrichten, nicht erfüllt, sondern nur irgendein beliebiges freiwilliges Gebet verrichtet; zum Nachholen des Gebetes siehe weiter unten im Haupttext.

283 Ein solches Wissen kann der *Masbūq* etwa dann haben, wenn er den *Imām* und seine übliche Gebetsschnelligkeit kennt.

284 Zum Namen und seiner Bedeutung siehe den entsprechenden Abschnitt zu den *Sunan* im Gebet bei der *Shāfi'īya*.

285 Gemeint: immerzu.

286 Das heißt: das Gebet wird mit der Absicht, es als Einzelbetender in vier *Raka'āt* in *Quḍū'* zu beten, verrichtet.

287 Gemeint ist hier das Zwei-*Rak'a*-Festgebet mit allen zusätzlichen *Takbīrāt.*

288 Beide Aussagen werden innerhalb der *Mālikīya* als gleichwertig vertreten.

289 Siehe dazu auch die allgemeine Vorstellung des Gebets zu Beginn dieses Buches.

290 Von der klassischen Grundbedeutung her ist gemeint, daß man das eigene Haus und die Nachbarschaft verläßt und sich danach so lange entfernt, bis die letzten Ausläufer der einem bekannten Kulturfläche (Ackerfelder, Baumgärten usw.) hinter einem bleiben. Bei alten Orten und Städten dienten dazu Stadtmauern und die Umgrenzungen der daran sich anschließenden Bebauungsflächen – was danach kam, war eben „außerhalb des eigenen, bekannten Lebensraumes". Bei modernen Städten ist damit entsprechend das weitere Wohnviertel (mit den direkt angrenzenden Wohnvierteln) gemeint.

291 Siehe dazu auch die Vorstellung des Gebets am Anfang des Buches über das Gebet.

292 Das gilt in unterschiedlicher Meinung der *Madhāhib*, wobei die *Ḥanafīya* den *Sujūd li-s-Sahuw* in der Regel nach dem ersten *Salām* ausführt. Siehe dazu weiter unten im Haupttext.

293 Wie weiter oben bei den Pflichten im Gebet gesagt, ist die erste *Taslīma* beim *Salām* bereits das absolute und unbedingte Beenden des Gebets bei der *Mālikīya* (und *Shāfi'īya*).

294 Diese Art der Totenklage ist bei den Arabern der *Jāhilīya*-Zeit als „*Niyāha*" bekannt gewesen. Ähnliche Formen der Trauer sind bis heute vor allem bei den christlichen Arabern, aber auch allgemein rings um das Mittelmeergebiet zu beobachten.

295 Der Prophet ﷺ sagte in gesicherter Überlieferung: „Rezitiert sie [die Sure *Yāsīn*] für eure Toten (*mautākum*)." Der hier zur Begründung herangezogene Hadith gibt sprachlich und in Zusammenhang mit anderen Belegen beide Möglichkeiten, da der arabische Ausdruck „*Mautākum*" heißen kann: diejenigen, die sich im Zustand des Sterbens befinden, oder: diejenigen, die bereits verstorben sind. Davon abgesehen gilt es bei den muslimischen Theologen als gesichert, daß auch die Seelen der Verstorbenen in den Gräbern zu bestimmten Zeiten hören können, was in der Welt der Lebenden über ihrem Grab gesprochen wird, genauso wie es bezeugte Sunna ist, für die Toten am Grab Bittgebete zu verrichten, beim Betreten des Friedhofes ein besonderes *Du'ā'* in Form eines Grußes an sie zu richten usw.

296 Es ist aber möglich – speziell bei der hierzulande, in Deutschland, vorgeschriebenen Aufbahrung –, daß der Tote scheinbar, sobald er und seine Bahre angehoben werden, eine Art Seufzen oder Hauchlaut von sich gibt. Dieses sogenannte „Totenseufzen" ist bei Leuten, die sich beruflich mit der Totenbetreuung befassen, gut bekannt und kommt daher, daß sich manchmal im Tod die Lunge noch mit Luft füllt, die dann bei einem Druckabfall (wie er eben bei Anheben einer Totenbahre leicht möglich ist) austritt. Der Verfasser erwähnt dieses Phänomen darum, weil viele Leute durch diese Laute in Schrecken versetzt werden, was aber hier völlig unbegründet ist.

297 Im Zusammenhang mit der Totenstarre sei noch ein besonderes Phänomen erwähnt, das oft die Anwesenden erschreckt: Wenn die Totenstarre nachläßt, kann es in seltenen Fällen geschehen, daß erhöht liegende Körperteile (wie ein nicht zur Seite geneigter Kopf) durch ihr Eigengewicht „umfallen", sich scheinbar von selbst umwenden und bewegen – was begreiflicherweise für damit nicht vertraute Leute sehr erschreckend ist, zumal auch in manchen Fällen Laute dabei zu hören sind (etwa durch Halswirbelreibung).

298 In Deutschland existiert ein spezielles Gesetz, welches vorschreibt, daß ein Toter – nach Ausstellung eines amtlichen Totenscheines und im Fall einer natürlichen Todesursache – noch drei Tage aufgebahrt bleiben muß; das hat seinen Grund in dem Umstand, daß man das Begraben eines Scheintoten vermeiden und ausschließen will. Insofern kann man auch in Deutschland verstorbene Muslime erst nach diesen drei Tagen endgültig begraben. Der Verfasser empfiehlt, den Toten zumindest so früh wie möglich zu waschen, und wenn das (etwa mit Sondererlaubnis) unmittelbar möglich ist, sollte das auch geschehen.

299 Abgesehen von der *Ḥanafīya*, nach der auch ein wirklicher *Shahīd* gewaschen wird, ist das die Ansicht der anderen Rechtsschulen.

300 Auch ein Kind von exakt sechs Monaten gilt nach der *Shāfi'īya* noch als Frühgeburt.

301 Vor allem bei Unfällen, bei Verstümmelungen in Kriegen durch Minen, Explosionen usw. ist diese Frage heute aktueller als noch in klassischer Zeit.

302 Siehe dazu weiter unten im Haupttext.

303 In Deutschland ist dabei zu beachten, daß nach der Freigabe des Toten durch die zuständige Behörde der Tote (bei Friedhöfen, die einen Waschtisch für Tote und entsprechende Einrichtungen für Muslime haben – in Großstädten meist der Fall) nur für eine bestimmte Zeit den Angehörigen oder Gemeindemitgliedern einer islamischen Gemeinde zur Waschung überlassen wird, in der Regel wenige Stunden. Wenn aber bis zum Ablauf der Frist der Tote noch nicht gewaschen wurde, wird das Begräbnis mehr oder weniger erzwungen ohne Waschung durchgeführt, weswegen man sich als Totenwäscher mit Pünktlichkeit und allen notwendigen Dingen rechtzeitig auf die Waschung vorbereiten soll.

304 Viele verstehen die entsprechenden Hadithe zum Barttragen und dem Stutzen des Schnurrbartes falsch, denn das dort beim Schnurrbart verwendete Wort kann zwar sowohl abschneiden wie auch stutzen heißen, aber die Gelehrten sind aufgrund der historischen und Hadith-Umstände einhellig der Meinung, daß ein völliges Abschneiden des Schnurrbartes zumindest *makrūh*, nach manchen sogar *ḥarām* ist.

305 Wenn jemand einem Wäscher helfen kann, es aber aus nichtigen Gründen nicht tun will, wird er mit Sicherheit sündig: denn der Totenwäscher hat die größte Verantwortung und kann fast gar nicht zugleich für die Totenwaschung, das Anheben des Toten, das mehrmalige Händewaschen, Abtrocknen, Säubern der Tücher und Unterlegen von neuen Tüchern usw. allein Sorge tragen. Erst wenn jemand ihm hilft – und sei es, indem er ihm die Hände stetig wäscht oder neue Stoffumwicklungen oder Einweghandschuhe usw. bereitlegt –, kann eine Totenwaschung schnell und problemlos durchgeführt werden. Daher erhält neben dem Totenwäscher auch jeder seiner Helfer großen Lohn vor Gott.

306 Während der Waschung muß die Minimalaura ja immer bedeckt bleiben: die dazu – während der Waschung – benutzten Tücher werden aber meist durch Unreinheiten oder gebrauchtes Wasser verunreinigt und müssen später gegen saubere, trockene Lendentücher ausgewechselt werden. Insbesondere wenn ein Lendentuch sehr mit *Najāsa* verschmutzt ist, sollte es sofort entfernt werden, solange noch ein Ersatztuch da ist – ansonsten muß man so lange warten, bis der betreffende Körperteil endgültig gewaschen und abgetrocknet wird.

307 Es empfiehlt sich aus praktischen Gründen, vor der Waschung entweder stabile Einweghandschuhe aus Plastik oder (traditionell vorgeschrieben) Stoffstücke, die man dick und mehrmals um die Hand wickelt, anzuschaffen. Des weiteren muß man rechtzeitig folgendes besorgen:

- Kampfer, Weihrauch bzw. parfumierende Stoffe, die in den Raum gebracht werden sollen (und entsprechend ihrer Art nur auf Tücher aufgetragen oder durch Verbrennung ihren Duft verbreiten sollen)
- wohlriechende flüssige Substanzen wie Rosenwasser usw., die dem letzten Waschungswasser zugegeben werden
- die Tücher für die spätere Einkleidung des Toten (damit sind neben den drei bis fünf großen Laken auch schmale Stoffbänder gemeint, die man zum zwischenzeitlichen Verschnüren der Tücher verwendet)
- kleinere Gefäße zum Übergießen mit Wasser
- Seife bzw. Reinigungsmittel, die zum Entfernen direkter Unreinheiten dienen
- mehrere Tücher, die zum Unterlegen und Abtrocknen des Körpers dienen
- Tücher, die während der Waschung zum Auffangen eventuell austretender Unreinheiten dienen müssen und zugleich den engeren Aurabereich verdecken sollen.

308 Siehe dazu auch die allgemeinen Kleidungsvorschriften.

309 Der also nicht während seines *Iḥrām*-Zustandes, während seines *Ḥajj* bzw. seiner *'Umra*, verstorben ist. Wenn aber jemand während des *Tahallul*-Zustandes oder noch vor seinem Eintritt in den *Iḥrām* verstirbt, gilt er nicht im oben im Haupttext gemeinten Sinn als *Muḥrim*, und es gelten dann alle normalen Regeln. Für eine Frau gilt bezüglich ihres *Iḥrām* dasselbe wie für einen Mann.

310 Das gilt besonders bei Unfällen und Notsituationen außerhalb von Deutschland und in Gegenden, wo man keine Friedhofsbehörden hat (etwa in reinen, ausgedehnten Naturgebieten.

311 Jede Verletzung des Körpers des Toten – ob Brechen, Abschneiden, Verbrennen usw. – gilt als *ḥarām*.

312 Das heißt dasjenige *Du'ā'*, was im Gebet vor dem *Ta'awwudh* und der *Fātiḥa* rezitiert wird.

313 Unter dem hier angesprochenen Problem muß man folgendes verstehen: daß sich jemand einem Totengebet anschließt, wobei er gerade hinzukam und nicht weiß, ob die betreffende verstorbene Person ein Mann, eine Frau, ein Kind ist usw. Da aber das Totengebet seinem Wesen nach eine Fürbitte ist, entsteht hier die rechtliche Frage, ob eine Fürbitte für eine nicht genau oder sogar falsch bezeichnete Person gültig ist, daher die folgenden Untersuchungen zu dieser Frage.

314 Diese Form wird bei einem männlichen Toten verwendet.

315 Im Arabischen ändern sich die Formen der Verben usw. entsprechend der Bezugsperson.

316 Das heißt: Wenn ein *Masbūq* sich gerade dem Gebet angeschlossen hat und noch mit der Rezitation der *Fātiḥa* beschäftigt ist, während der *Imām* schon den nächsten *Takbīr* verrichtet, so muß doch der *Masbūq* zunächst die *Fātiḥa* vervollständigen. Gleiches gilt auch entsprechend für den einfachen Nachbeter (*ma'mūm*), wenn der Vorbeter sehr schnell zum nächsten *Takbīr* übergeht, so daß zur Rezitation der *Fātiḥa* nicht genug Zeit bleibt, wenn man sich direkt dem *Takbīr* des Imams anschließt.

317 In manchen Fällen wird dies von deutschen Friedhofsbehörden erschwert oder sogar untersagt, wenn nämlich (zumindest als vorgeschobener Grund) behauptet wird, dabei bestünde generell immer die Gefahr, daß der Sarg abrutscht. Es liegt hier nicht zuletzt in der Hartnäckigkeit der betreffenden Angehörigen bzw. Muslime, ein Tragen des Sarges bzw. Sargteiles – nicht ein Fahren auf einem Anhängerwagen der Friedhofsverwaltung – zu verlangen und durchzusetzen. Wieweit man dabei erfolgreich sein wird, ist aber nicht sicher vorherzusehen – und Gott weiß es am besten.

318 In diesem Fall besteht volle Übereinstimmung mit dem in Deutschland üblichen Vorgehen, den Sarg mit einem kleinen Wagen – auf einem fahrbaren Anhänger gelagert – zum Grab zu bringen.

319 Dies gilt natürlich in erster Linie bei Bestattungen ohne Sarg. Aber auch bei Sargbestattungen soll man das Grab zumindest so tief anlegen, als wäre keine Sarghülle vorhanden.

320 Siehe dazu auch weiter unten im Haupttext genauere Angaben, wie das praktisch bewerkstelligt werden kann.

321 Siehe dazu weiter unten den Haupttext.

322 Darum werden korrekt angelegte islamische Gräber bei den allgemeinen Religionswissenschaftlern auch als „Nischengräber" (ihrer besonderen Art nach) genannt.

323 Es versteht sich von selbst, daß in diesem Fall von vornherein der Tote bei der Vorbereitung mit seinem Kopf entsprechend ausgerichtet werden muß: daß er

gewissermaßen nach vorne bzw. oben „blickt" bzw. daß sein Kopf nicht zur Seite umgewendet wird. Daß überhaupt eine genaue Information und Vorbereitung der muslimischen Bestatter auf die jeweiligen Gegebenheiten erforderlich ist, um – gerade in Deutschland und Europa – sich nicht im letzten Moment mit unerwarteten und dann meist unlösbaren Schwierigkeiten konfrontiert zu sehen, dürfte ohnehin bereits deutlich geworden sein.

324 Der Verfasser weist ausdrücklich auf diese Gefahr hin, weil meist weder bei einem in bloßen Tüchern bestatteten Toten noch bei einem im Sarg Bestatteten Kopf- und Fußende deutlich unterscheidbar sind – eine Verwechslung (Verdrehung des Toten) ist also leichter möglich als für gewöhnlich angenommen! Daher ist es mehr als ratsam, direkt bei der Einkleidung des Toten bzw. Sarglegung ein unauffälliges, aber wiedererkennbares Zeichen zur Unterscheidung von Kopf- und Fußende anzubringen (bei Tüchern einen zusätzlich am Verschlußband angebrachten dicken Faden, bei Särgen eine kleine Kerbe oder einen winzigen Farbpunkt).

325 Das ist insbesondere dann wichtig, wenn – wie in Deutschland üblich – die Grabstelle nicht auf ewig im Besitz der Hinterbliebenen bleibt. Wenn dann aber ein Grabstein vorhanden ist, der verrät, daß im Grab ein Muslim bestattet ist, kann man (zum Beispiel seitens der Hinterbliebenen oder einer muslimischen Gemeinde) rechtzeitig vor Ablauf der Frist das Grab erhalten. Das muß hier sicher als besser betrachtet werden, als daß das Grab mit den Überresten des Toten von einem neuen Grab verdrängt wird.

326 Gemeint sind hier feste, in Häuserform gebaute Gruften, bei denen die Särge und die Toten darin – ohne Verbindung zur Erde – in Mauervorrichtungen, wie in „Schachteln", gelegt werden, wonach dann die Öffnung nach außen zugemauert und versiegelt wird. Das ist vor allem in Südeuropa bei bestimmten christlichen Friedhöfen Sitte.

327 Siehe dazu den Abschnitt über „*Makrūhāt* im Gebet".

III.

Buch
über die Armensteuer

Zakāt

KAPITEL 1

ALLGEMEINE VORSTELLUNG

Mit dem Begriff und Verständnis der *Zakāt* sind viele Mißverständnisse verbunden. Das ist insofern nicht verwunderlich, als das Wort nur schwer mit einem einzigen Wort in einer anderen Sprache korrekt wiederzugeben ist und andererseits die *Zakāt* zu den elementarsten Dingen des Islams, den „fünf Säulen des Islams", gehört.

Die *Zakāt* ist weder als „Almosen" zu beschreiben noch als eine gewöhnliche Steuer. Die *Zakāt* ist eine Abgabe eines – je nach Besitzart unterschiedlichen – Anteils, der für bestimmte Empfängergruppen verwendet werden muß und keinen anderen Verwendungszwecken dienen darf. Diese möglichen Empfängergruppen sind aber nicht nur Arme, sondern auch andere, weswegen die *Zakāt* auch keine reine Armenunterstützung ist.

Die *Zakāt* obliegt nicht jedem zu jeder Zeit, sondern sie wird unter besonderen Bedingungen von allen Muslimen und Musliminnen gefordert, die über eine bestimmte Frist hinaus ein bestimmtes Vermögen, einen bestimmten Besitz bei sich behalten bzw. aufbewahrt, gehortet haben.

Andererseits ist die *Zakāt* kein Almosen, denn Almosen sind freiwillige milde Gaben, die zu den freiwilligen Spenden (*ṣadaqāt*) gehören, während die *Zakāt* eine Pflichtabgabe als *Farḍ*-Handlung ist.

Auch ist die *Zakāt* keine eigentliche Steuer – weder nach islamischem Recht noch nach westlichem Rechtsverständnis –, denn obwohl ein (korrekter) islamischer Staat das Recht hat, durch das staatliche Schatzamt (*bait al-māl*) die *Zakāt* einzuziehen und von dort aus zu verteilen, ist es auch grundsätzlich zulässig, daß die *Zakāt* von dem einzelnen gegeben wird, ohne daß der Staat als Handelnder dazwischentritt. Steuern aber sind ganz eindeutig reines Recht eines Staates.

Auch kann die *Zakāt* in ihrer Festsetzung und in ihren Einzelbemessungen der jeweiligen Anteile weder erhöht noch verringert werden, und weder ein einzelner noch ein islamisches Schatzamt kann und darf derartiges tun – aus welchen Beweggründen auch immer das geschehen könnte. Hingegen können Steuern jederzeit nach Umständen und Beweggründen in ihrer Festsetzung verändert werden, was auch zu den Staatsrechten gehört.

„*Zakāt*" bedeutet, von der Wortwurzel „*zakkā*", „(etwas) reinigen", bzw. „*tazakkā*", „sich (selbst) reinigen", her „Reinigung"; dies darum, weil das Übergeben, Abgeben des als *Zakāt* zu bezeichnenden Anteils des Besitzes eine Pflichthandlung ist, die Gott als Glaubensbeweis fordert:

Das Geben der *Zakāt* ist auch ein direkter Gottesdienst (*'ibāda*), weswegen das Geben der *Zakāt* sowohl das „Recht der Menschen" (*ḥaqq an-nās*) als auch das „Recht Gottes" (*ḥaqq Allāh*) umfaßt.[1]

Daher wird der Besitz eines Menschen gewissermaßen durch Geben der *Zakāt* „gereinigt", weil einem dieser Anteil – nach Gottesrecht – ohnehin nicht zusteht, sondern den Empfängergruppen der *Zakāt*.

KAPITEL 2

RECHTLICHE BEDEUTUNG DES ZAKĀT-GEBENS

Die *Zakāt* zu geben gehört zu den „fünf Säulen" des Islams. Es ist absolute Pflicht (*farḍ 'ain*), wenn man über entsprechend viel Besitz von bestimmter Art verfügt, die *Zakāt* zu geben, und es ist zugleich von den Glaubensgrundlagen (*'aqā'id*) her absolute Pflicht, zu bestätigen und zu glauben, daß die *Zakāt* zu geben eine absolute Pflicht ist, von der grundsätzlich niemand ausgenommen ist.

Es besteht in Übereinstimmung der Rechtsschulen (*ijmā'*) Einigkeit unter den Gelehrten, seit der Zeit der Prophetengefährten, möge Allāh mit ihnen zufrieden sein, bis heute, daß dies so Pflicht ist und daß jemand, der die Verpflichtung zur *Zakāt* leugnet – sei es für sich oder für bestimmte Menschen oder allgemein –, sofort ungläubig (*kāfir*) bzw. *Murtadd* ist, also jemand, der vom Islam abfällt.

Auch besteht absolute Einigkeit darüber, daß jemand, der gemäß der *Zakāt*-Bedingungen *Zakāt* geben müßte und sie trotzdem nicht gibt, sondern vorenthält, aber auch nicht leugnet, daß die *Zakāt* Pflicht ist, zwar nicht ungläubig (*kāfir*), aber offen und schwer sündhaft (*fāsiq*) wird.

KAPITEL 3

UNTER WELCHEN BEDINGUNGEN ES OBLIEGT, DIE ZAKĀT ZU GEBEN

Wenn die folgenden Bedingungen erfüllt sind, muß man *Zakāt* zahlen:

§ 1

ZUGEHÖRIGKEIT ZUM ISLAM

Nur ein Muslim bzw. eine Muslimin ist zum Zahlen der *Zakāt* verpflichtet.

Insofern ist das Zahlen der *Zakāt* auch – neben dem Gebet – das wichtigste Kennzeichen des Gläubigen (*mu'min*), und so wird daher auch sehr oft in Koranversen das Geben der *Zakāt* mit dem Verrichten des Gebets gemeinsam genannt (zum Beispiel in Sure *al-Baqara* [2], Vers 43).

§ 2

VOLLBESITZ (MILK) UND VOLLE VERFÜGUNGSGEWALT (MILKĪYA) ÜBER BESITZ, DAS ENTSPRECHEND SEINER ART DIE VERPFLICHTENDE JÄHRLICHE ABGABEGRENZE ZUM ZAKĀT-GEBEN (NIṢĀB) ERREICHT

Damit ist gemeint, daß von bestimmten Gütern[2] während des Verlaufs eines vollen Mondjahres bzw. für die Dauer eines *Hijra*-Jahres[3] eine so große Menge ununterbrochen im Vollbesitz eines Muslims verbleibt, daß die für dieses Gut festgelegte Bemessungsgrenze (*niṣāb*) mindestens erreicht oder überschritten ist. In dieser Bedingung sind also folgende Unterbedingungen enthalten:

1. Verstreichen eines vollen Mondjahres (*Hijra*-Jahres), wobei die Berechnung an dem Datum beginnt,
   - da zum ersten Mal die Bemessungsgrenze (*niṣāb*) (wieder) überschritten wurde[4] bzw.
   - da die letzte *Zakāt* fällig war bzw. gegeben wurde – wenn die Grenze auch nach dem Geben der vorigen *Zakāt* noch überschritten oder zumindest erreicht war.

Bei landwirtschaftlichen Erträgen jedoch gilt das Mondjahr (*Hijra*-Jahr) nicht als feste verbindliche Grenze, sondern entweder das Sonnenjahr – wegen des Erntezyklus – oder der tatsächliche Zeitpunkt der Reife.

2. Ununterbrochener Verbleib einer bestimmten Art von Gut im Vollbesitz des Muslims/der Muslimin; das heißt:
   - Erst wenn zu keinem Zeitpunkt während der Dauer eines Mondjahres (*Hijra*-Jahres) die *Niṣāb*-Grenze des betreffenden Besitzes unterschritten wird, wird *Zakāt* fällig.
   - Wenn zu irgendeinem Zeitpunkt *nach dem letzten Erreichen des Niṣāb* und noch *vor Ablauf einer vollen Mondjahr-Dauer* das tatsächlich im Vollbesitz befindliche Gut so verringert wurde bzw. wird, daß der betreffende *Niṣāb* unterschritten (also nicht zumindest erreicht) wird, gilt, daß erst wieder zur *Zakāt* berechnet wird, wenn nach diesem Besitzabfall das Gut für ein volles Mondjahr zugehörig war.

   Wenn das äußerlich im Besitz des Muslims verbliebene Gut den betreffenden *Niṣāb* erreicht, aber sich in diesem Besitz
   - Pfandgegenstände (im Rahmen noch nicht abgelaufener Pfandverträge)
   - Besitz bzw. Beträge, die der Besitzer noch als Schuld (*dain)* zu bezahlen hat, aber konkret noch nicht ausgezahlt hat,
   - Besitz bzw. Beträge, die im Rahmen von *Muḍāraba*-Geschäften schon festgelegt, aber dem Handelstätigen noch nicht ausgezahlt/übergeben worden sind,

   befinden (also Besitzarten, die nicht uneingeschränkter Vollbesitz sind), so werden diese Beträge bzw. Besitzanteile nicht in die Berechnung zur *Zakāt*-Abgabe miteinbezogen.[5]

KAPITEL 4

DIE DINGE, AUF DIE ZAKĀT ERHOBEN WIRD

§ 3

ALLGEMEINE REGEL

Grundsätzlich läßt sich sagen, daß *Zakāt* nur auf die Dinge – das heißt Besitztum und Erträge – erhoben wird, die in irgendeiner Weise in Zahl bzw. Wert zunehmen können. Dazu gehören bestimmte Unterarten von Grundarten:

- Gold und Silber (von den Edelmetallen)
- Kamele, Rinder, Schafe und Ziegen (von den Nutztieren)

- Früchte und Getreide (von landwirtschaftlichen Erträgen)
- in reinen Kauf- und Verkaufgeschäften erworbene bzw. zu investierende Handelsgüter (von den Handelsgütern)
- Bodenmetalle und verborgene Metallschätze sowie nach einigen Meinungen Erdöl und dergleichen (von den Bodenschätzen).

§ 4

GOLD UND SILBER

Auf Gold und Silber wird *Zakāt* erhoben, weil diese beiden Edelmetalle zu jeder Zeit als Geld- und Zahlungswert gegolten haben. Es besteht nach überwiegender Meinung kein Unterschied hinsichtlich der *Zakāt*-pflicht, ob das Gold bzw. Silber

- in Form von reinem Rohmetall in Klumpenform (Nuggets),
- in Staubform,
- in geprägter Münzenform oder auch in anderen Formen, die als örtliches Zahlungsmittel gelten,
- in Form von Zier- und Schmuckgegenständen, ganz oder zerbrochen,

vorkommt. Nach Meinung moderner, zeitgenössischer Gelehrter und islamischer Wirtschaftswissenschaftler gilt außerdem, daß auch durch Gold in Staatsbanken gedecktes (offizielles) Geld sowie auch ein jederzeit in Gold konvertierbares, offizielles Zahlungsmittel der *Zakāt*-Pflicht unterliegt. Das darum, weil im Unterschied zu früheren Zeiten in so gut wie keinem Land der Welt Gold- und Silbergeld mehr in normalem Geschäftsverkehr üblich und gebraucht wird, sondern nur andere Geldmittel, die aber letztlich auf Gold- und Silberwährung zurückgehen[6].

Das heißt konkret, daß auch Geldbesitz, der in derzeit gültiger, offizieller, staatlich anerkannter Währung vorliegt, voll zakātpflichtig ist. Das ist erfahrungsgemäß heutzutage der Normalfall, sowohl in Deutschland als auch anderswo.

Dennoch bleiben im islamischen Recht Gold und Silber die einzigen „Leitwährungen", weil – selbst bei Wertschwankungen – Gold und Silber immer einen besonderen Wert haben und daher das vergleichsweise wertbeständigste Geldmittel darstellen[7].

Andererseits ist es unzulässig, als *Zakāt* auf Gold und Silber (bzw. entsprechende Währungen) etwas anderes als Gold, Silber oder deren Gegenwerte in entsprechenden Währungen abzugeben, wie etwa:

- Sachwerte
- direkte Handelsgüter
- Schuldscheine und Schuldverschreibungen (bzw. Hypotheken)
- Nutzungsrechte.

Als Berechnungsgrundlage der *Zakāt* dienen außerdem hier immer der Gold- bzw. Silberwert, nicht aber diverse Börsenwerte oder Leitwährungen (bei Währungen, die entsprechend den genannten Regeln als Gold- und Silberersatz dienen können).

Wenn Gold und Silber in nicht reiner Form vorliegt – zum Beispiel mit Nickel oder Kupfer vermischt –, so obliegt die *Zakāt* erst dann, wenn der darin enthaltene reine Goldanteil den *Niṣāb* ausmacht.

Ḥanafīya

Wenn Gold und Silber miteinander vermischt vorliegen, so zählt der größere Anteil als ausschlaggebend für die *Zakāt*-Bemessung.

Ist Gold bzw. Silber mit niedriger gesetzten Anteilen von Nickel, Kupfer usw. (speziell in Münzen) vorhanden, gilt die rechtliche Bestimmung (*ḥukm*) des größeren Anteils. Wenn andererseits auch bei niedrigerem Anteil von Gold bzw. Silber Münzen als vollwertige Währung betrachtet werden, gilt bei ihnen der *Ḥukm* von Gold bzw. Silber, je nachdem, wie hoch ihr Anteil ist.

Mālikīya

Wenn bei vermischten Anteilen von Gold bzw. Silber und anderen Materialien solche Münzen als vollwertige Zahlungsmittel angenommen werden, ohne daß dabei Betrug beabsichtigt ist, so müssen solche Zahlungsmittel auch mit entsprechender *Zakāt* auf Gold bzw. Silber belegt werden.

§ 5

NUTZTIERE

Es werden nur folgende Nutztierarten als zakātpflichtig betrachtet:

- Kamele
- Rinder
- Schafe und Ziegen (in einer Klasse zusammengefaßt).

Hier fällt auf, daß die genannten Tiere genutzt werden können

- hinsichtlich ihrer Milch
- hinsichtlich ihrer Nachkommenschaft (Zucht)
- hinsichtlich ihres Körpers (als eßbare Tiere).

Die sonstigen, allgemein in der Welt verbreiteten, Nutztiere wie (domestizierte, nicht wildlebende) Pferde, Esel (sowie Maultiere und Mulis) unterscheiden sich insofern von den oben genannten Nutztieren, als sie nicht bzw. nicht uneingeschränkt als Nahrung erlaubt sind.

Die Bemessungsgrenzen werden ab einer bestimmten Mindestzahl an Tieren festgesetzt. Es ist – wenn es den Empfängergruppen nicht möglich ist, die konkreten Tiere in Besitz zu nehmen – auch zulässig, den derzeit gültigen Gegenwert in offizieller Währung (im Sinne von Gold und Silber usw.) als *Zakāt* zu geben.

§ 6

FRÜCHTE UND GETREIDE

Unter „Früchten" wird hier die Gesamtheit aller landwirtschaftlichen Erträge verstanden, die nicht Getreide sind. Also fallen sowohl Früchte im engeren Sinne als auch Gemüsesorten und Nutzpflanzenerträge darunter, die von Pflanzen hervorgebracht und im Sinne von „Feldfrüchten" geerntet werden.

Unter Getreide wird hier, im üblichen Sinne, die Gesamtheit der Getreidearten – Weizen, Hirse, Gerste usw. – verstanden, das heißt die Feldfrüchte, die letztlich in Kornform vorliegen und so auch regelmäßig als Saatgut verwendet werden müssen, da die Getreidepflanzen – im Unterschied zu Bäumen und Büschen, die als Nutzpflanzen hier in Betracht kommen – nicht ständig fortbestehende Pflanzen sind.

Solche Erträge sind zakātpflichtig,

- sobald bei Früchten ein Teil der betreffenden Ernte reif geworden ist bzw.
- sobald bei Getreide die gesamte Ernte reif geworden ist.

Diese Regel besteht darum, weil Früchte bereits in teilgereiftem Zustand als Nahrung bzw. Wirtschaftswert gelten, aber unreifes Korn bzw. Getreide nicht.

§ 7

HANDELSGÜTER
BZW. GEGENSTÄNDLICHE HANDELSWERTE

Hier sind in reinen Kauf- und Verkaufgeschäften erworbene bzw. zu investierende Handelsgüter gemeint, das heißt: konkrete Gegenstände, die im Vollbesitz einer Person sind.

Außerdem muß die Absicht bestehen, daß diese Dinge als Handelsgüter verwendet werden sollen; wenn man aber beabsichtigt, diese Dinge dauerhaft in seinem Besitz zu halten, werden sie nicht als Handelsgüter im Sinne von *Zakāt* betrachtet.

Hier sind keine indirekten Besitzverhältnisse oder Besitzrechte anderer Art gemeint wie

- als Pfand gegebene Gegenstände (*rahn*)
- Nutzungsrechte (*manāfi'*)
- anvertraute Handelsgüter in *Muḍāraba*-Verträgen
- ererbte Dinge und Besitzwerte.

Andererseits werden auch folgende Besitzarten an Handelsgütern mit in die *Zakāt*-Regeln miteinbezogen:

- Handelsgüter, die gemeinsamer Besitz sind (zum Beispiel auch bei bestimmten *Mushāraka*-Verträgen)
- Schulden bzw. Güter, deren Bezahlung man dem Verkäufer noch schuldet[8]
- Erträge aus Mietverträgen und dergleichen Nutzverträgen.

Es gilt außer bei der *Mālikīya*, daß Gold und Silber nicht – in keiner Weise – bei der *Zakāt*-Berechnung unter die Handelsgüter fallen.

Mālikīya

Wenn Gold und Silber nicht in geprägter Form vorliegen, wird auf sie die *Zakāt* nach der Bemessung von Handelsgütern erhoben.

§ 8

IM BODEN VERBORGENE EDELMETALLE UND SCHÄTZE (RAKKĀZ)

Unter „*Rakkāz*“ versteht man entweder Bodenschätze oder einen von Menschenhand verborgenen Schatz aus Gold und/oder Silber, der zu irgendeinem Zeitpunkt in der Erde vergraben und nun von dem betreffenden Finder ausgegraben und in seinen Besitz genommen wurde.

Dabei gilt aber auch, daß – in Ländern bzw. Gebieten, die völlig oder mehrheitlich islamisch sind – unterschieden wird, ob ein *Rakkāz* vor der Islamisierung des Gebietes vergraben wurde oder danach.

Wurde er nachweislich nach der Islamisierung des betreffenden Gebietes vergraben, so gilt er als sogenanntes „verlorenes Gut", und man muß eine bestimmte Zeit (nach Umständen unterschiedlich, in der Regel ein Jahr) abwarten, ehe man die ersten Nutzungsrechte daran haben kann – unter Beachtung zusätzlicher Einschränkungen, die von nichtislamischen Staatsrechten diesbezüglich gemacht werden.[9]

In Ländern bzw. Gegenden, wo es hingegen gar keine vollständige Islamisierung auch nur sehr begrenzter Gebiete gegeben hat – wie in Deutschland –, gilt in jedem Fall die rechtliche Bestimmung (*ḥukm*) eines *Rakkāz* aus der vorislamischen Zeit. Auf einen solchen muß – im Unterschied zu einem, der in islamischer Zeit vergraben wurde – *Zakāt* gegeben werden.

Auf bestimmte geförderte Bodenschätze muß aber in jedem Fall *Zakāt* bezahlt werden. Dazu insgesamt die Rechtsschulen:

Ḥanafīya

Es wird bei der *Ḥanafīya* nicht zwischen *Rakkāz* und natürlichen Bodenschätzen unterschieden. Es werden bei natürlichen Bodenschätzen drei Arten unterschieden:

1. Was durch Feuer bearbeitet werden kann.
2. Was flüssig bzw. nicht fest ist.
3. Was weder durch Feuer bearbeitet werden kann noch flüssig ist.

Das erste ist zum Beispiel Gold, Silber, Kupfer, Eisen usw.
Das zweite ist etwas wie Erdöl, Erdgas usw.
Das dritte sind Dinge wie Edelsteine und Mineralien.

§ 9

DIE FRAGE DER ZAKĀT AUF MAHR / ZAKĀT

Allgemein gilt: Wenn das *Mahr* bereits im Vollbesitz der Frau ist, muß davon *Zakāt* nach den üblichen Regeln gegeben werden. Ist das *Mahr* aber noch nicht konkret gegeben, so muß, wenn es bei einer anderen Person vorhanden ist, diese die *Zakāt* abführen.

§ 10

DIE FRAGE DER ZAKĀT AUF PRIVATEN SCHMUCK

Nach Auffassung der Rechtsschulen außer der *Ḥanafīya* wird auf privaten Schmuck keine *Zakāt* gezahlt; dabei gelten allerdings auch bestimmte Bedingungen.

Allgemein gilt aber, daß der Gewichtswert des Goldes bzw. Silbers zur *Zakāt*-Bemessungsgrenze (*niṣāb*) herangezogen wird, nicht aber der künstlerische oder historische Wert, der ja den reinen Materialwert zuweilen mehrfach übersteigt.

Zur Haltung der Rechtsschulen außer der Ḥanafīya

Auf privaten Schmuck wird unter folgenden Bedingungen keine *Zakāt* gezahlt:

1. Daß der Schmuck auch seitens des islamischen Rechts zur Nutzung als Schmuck erlaubt ist. So ist etwa privat zu tragender Goldschmuck, der auch real von einem Mann getragen wird, nicht als „Schmuck, der von *Zakāt* befreit ist", zu betrachten.
2. Daß der betreffende Schmuck nicht zu Handelszwecken aufbewahrt bzw. gehortet wird. So gelten Gold- und Silberschmuck eines Goldhändlers, eines Silberhändlers bzw. allgemein eines Schmuckhändlers (der auch andere Waren als den betreffenden Schmuck führt) als Handelsgüter, die unter die entsprechende rechtliche Bestimmung (*ḥukm*) fallen.

Zur Haltung der Ḥanafīya

Generell wird auch Privatschmuck dann mit *Zakāt* belegt, wenn er die *Niṣāb*-Grenze erreicht, also wenn entweder der betreffende Schmuck mit anderen Gold- und Silberwerten zusammen den *Niṣāb* erreicht oder wenn der betreffende Schmuck schon allein von sich aus so viel ist, daß er den *Niṣāb* erreicht.

§ 11

DIE FRAGE DER ZAKĀT AUF SCHULDEN

Wenn man zwar grundsätzlich bei einer Art von Besitz den *Niṣāb* erreicht, aber Schulden von diesem Guthaben abgezogen (abgerechnet) werden müssen, so stellt sich die Frage: Muß hier der *Niṣāb* als erfüllt betrachtet werden (und muß also auch *Zakāt* fällig werden) oder nicht?

Dies gilt, wenn unter Einberechnung von Werten, die man von anderen erhalten hat und ihnen nun schuldet (als *Dain*), man ohne sie den zutreffenden *Niṣāb* nicht erreichen würde. Erreicht man den *Niṣāb* aber auch ohne Beachtung (Abzug) dieser Schulden, so stellt sich die Frage nicht. Die *Zakāt* ist dann in völliger Übereinstimmung der Gelehrten und Rechtsschulen zu zahlen. Diese Frage wird unterschiedlich betrachtet; dazu die Rechtsschulmeinungen:

Ḥanafīya

Bezüglich einer solchen Schuld (*dain*) werden bei der *Ḥanafīya* drei Arten unterschieden:

1. Schulden bezüglich reinen Gottesrechtes (*ḥaqq Allāh*)[10].
2. Schulden an vermischtem Recht mit Anteilen an Gottesrecht (*ḥaqq Allāh*) und Recht der Menschen, der Diener Gottes (*ḥaqq an-nās*)[11].
3. Schulden an reinem Recht der Diener Gottes (*ḥaqq an-nās*)[12].

Hier gilt, daß das reine Recht der Menschen (*ḥaqq an-nās*) und das vermischte Recht die Abgabe der *Zakāt* verhindern. Bei der ersten Art jedoch – dem reinen Gottesrecht (*ḥaqq Allāh*) – gilt, daß dadurch die *Zakāt*-Pflicht nicht verhindert wird: Man muß diese Schuld als Vollbesitz mit einplanen und einberechnen.

Shāfi'īya

Damit die *Zakāt* verpflichtend wird, ist es nicht Bedingung, daß man soweit von Schulden frei ist, daß der betreffende *Niṣāb* erreicht wird. Wer also Schulden betreffs einer Besitzart hat, so daß er unter Berücksichtigung dieser Schuldenbeträge den *Niṣāb* nicht erreichen würde, muß trotzdem die *Zakāt* zahlen – unter solcher Berechnung, als ob diese Schuldenbeträge als Guthaben zu bewerten seien.

Mālikīya

Wenn jemand eine solche Schuld hat, die er zur Aufrechterhaltung lebensnotwendiger Dinge braucht (Wohnrechterhaltung bei einem Mieter zum Beispiel), so wird dieser Betrag nicht bei der *Zakāt*-Berechnung mit einbezogen, und wird dann der *Niṣāb* nicht erreicht, obliegt die *Zakāt* nicht.

Dies gilt für die *Zakāt* auf Gold und Silber, nicht aber auf andere Arten des Besitzes: Wenn bei Besitzarten außer Gold und Silber Schulden entstehen, so wird dadurch die Verpflichtung zur *Zakāt* nicht aufgehoben (der so verschuldete Besitz muß also voll in die *Zakāt*-Berechnung einbezogen werden).

Ḥanbalīya

Wenn Schulden bestehen, die das Erreichen des betreffenden *Niṣāb* verhindern, so entfällt die *Zakāt*-Pflicht. Das gilt sowohl für Gold und Silber als auch für alle anderen Vollbesitzarten (einschließlich der Bodenschätze).

§ 12

DIE FRAGE DER ZAKĀT AUF WOHNUNG, TATSÄCHLICH GETRAGENE KLEIDER, MOBILIAR USW.

Es besteht Einigkeit der Rechtsschulen (*madhāhib*) und Gelehrten darüber, daß auf (tatsächlich genutzte) Wohnhäuser, benötigte und tatsächlich auf dem Körper getragene Kleider, auf Mobiliar (Stühle, Tische, Schränke usw.) keine *Zakāt* gezahlt werden muß.

Auch Produktionseinrichtungen (besonders Instrumente bzw. Maschinen zur Herstellung) sind von der *Zakāt* ausgenommen, ob nun Spuren ihrer Tätigkeit offen am Produkt sichtbar ist (etwa eine Einfärbung, Einkerbung usw.) oder nicht.

Ḥanafīya

Wenn Spuren der Herstellungsinstrumente bzw. Herstellungsmittel am Produkt verbleiben, muß auf diese Instrumente usw. *Zakāt* gezahlt werden, wenn nicht, dann nicht.

Auf Bücher bzw. Wissensquellen (im *Qiyās*: Medienmittel zum Wissenserwerb) obliegt keine *Zakāt* – es sei denn, sie werden zum Handel benutzt, indem sie als Ware dienen.

Ḥanafīya

Wenn der Besitzer der Bücher zu den Leuten des Wissens im weiteren Sinne gehört, so wird auf seine Bücher keine *Zakāt* erhoben. Bei anderen Besitzern von Büchern wird aber *Zakāt* auf ihre Bücher erhoben.

KAPITEL 5

DIE BEMESSUNGSGRENZEN DER ZAKĀT

§ 13

ALLGEMEINE REGELN

Jede der Besitzarten, auf die *Zakāt* erhoben wird, hat jeweils ihre eigene Bemessungsgrenze (*niṣāb*, Pl.: *anṣiba*).

Als „Bemessungsgrenze" wird dabei die unterste Grenze verstanden: Sobald diese jeweilige sachbezogene, artbezogene Grenze erreicht ist, muß auf die betreffende Art *Zakāt* gezahlt werden.

§ 14

DIE BEMESSUNGSGRENZE (NIṢĀB) FÜR GOLD UND SILBER

Zakāt wird auf Gold erhoben, sobald ein Gewicht von 20 *Mithqāl* erreicht wird. Auf Silber wird *Zakāt* erhoben, sobald ein Gewicht von 200 *Dirham* erreicht wird.

Bezüglich der offiziellen, jederzeit in Gold und Silber konvertierbaren Staatswährung – die ja meist in Papierform besteht, aber nicht in Gold oder Silber – gilt, daß man vom *Niṣāb* des Goldes auszugehen hat, also dem Wert, der durch 20 *Mithqāl* Gold vertreten wird.

§ 15

DIE MASSEINHEITEN MITHQĀL UND DIRHAM

Zum Mithqāl

Es gibt zwei aus der klassischen Zeit seinerzeit verbreitete und bekannte Maße für das *Mithqāl* (wörtl.: „Gewicht"):

1. Das „*Mithqāl 'ajamī*" (nichtarabisches *Mithqāl*). Dieses entspricht vier Gramm plus acht Zehntel Gramm (4,8 g). Daher entsprechen zwanzig *Mithqāl 'ajamī* einem Gesamtgewicht von 96 Gramm.
2. Das „*Mithqāl 'irāqī*" (irakische *Mithqāl*). Dieses *Mithqāl* entspricht fünf Gramm. Daher entsprechen zwanzig *Mithqāl 'iraqī* einem Gesamtgewicht von hundert Gramm.

Da das Wohlergehen der Bedürftigen im Vordergrund des *Zakāt*-Sinnes steht, wird von dem geringeren Wert (das heißt 96 Gramm) als *Niṣāb* für das Gold ausgegangen.

Nach anderen *Mithqāl*-Maßen sind zwanzig *Mithqāl* 85 Gramm.

Zum Dirham

Es besteht Einigkeit darüber, daß zehn *Dirham* im Gewicht sieben *Mithqāl* entsprechen. Gemäß einer weiteren Berechnung per Hadith sind jedoch: 200 *Dirham* = 5 *Awāq* = 595 g.

§ 16

BEMESSUNGSGRENZEN (ANṢĪBA) UND ZAKĀT AUF TIERE

Zakāt von Kamelen

Bemessungsgrenze (*niṣāb*) und die verpflichtend zu entrichtende Menge

5 bis 9	ein Schaf[13]
10 bis 14	zwei Schafe
15 bis 19	drei Schafe
20 bis 24	vier Schafe
25 bis 35	ein (mindestens) zweijähriges Kamel[14]
36 bis 45	ein (mindestens) dreijähriges Kamel[15]
46 bis 60	eine (mindestens) vierjährige Kamelkuh[16]
61 bis 75	eine (mindestens) fünfjährige Kamelkuh[17]
72 bis 90	zwei (mindestens) dreijährige Kamele
91 bis 120	zwei (mindestens) vierjährige Kamelkühe

Zakāt von Rindern bzw. Kühen

Bemessungsgrenze (*niṣāb*) und die verpflichtend zu entrichtende Menge

3 bis 39	ein männliches oder weibliches einjähriges Rind[18]
40 bis 59	ein zweijähriges Rind[19]
60 bis 69	zwei einjährige Rinder
70 bis 79	ein zweijähriges und ein einjähriges Rind
80 bis 89	zwei zweijährige Rinder
90 bis 99	drei einjährige Rinder
100 bis 109	ein zweijähriges Rind und zwei einjährige Rinder
110 bis 119	zwei zweijährige Rinder und ein einjähriges Rind

Zakāt von Kleinvieh (Schafe und/oder Ziegen)

Bemessungsgrenze (*niṣāb*) und die verpflichtend zu entrichtende Menge

40 bis 120	ein einjähriges Schaf bzw. eine zweijährige Ziege
121 bis 200	zwei Schafe
201 bis 300	drei Schafe

§ 17

ZAKĀT AUF LANDWIRTSCHAFTLICHE ERTRÄGE

Allgemein gilt: Wenn man landwirtschaftliche Erträge (wie vorgestellt) von unbewässertem Land erzielt hat, so beträgt die *Zakāt* ein Zehntel (zehn Prozent) des Gesamtertrages. Wenn das betreffende Land bzw. die betreffenden Nutzpflanzen aber bewässert wurden, so gilt eine *Zakāt* von einem Zwanzigstel (fünf Prozent).

§ 18

ZAKĀT DER HANDELSGÜTER

Grundsätzlich gilt hier in Übereinstimmung, daß als *Niṣāb* der *Niṣāb* von Gold bzw. Silber angesetzt wird.

Gilt nach Landesbrauch eine Bevorzugung (etwa Gold vor Silber), so gilt das. Ansonsten soll nach überwiegender Ansicht die nach Ortswert geringere Bemessungsgrenze gewählt werden.

§ 19

ZAKĀT VON RAKKĀZ UND BODENSCHÄTZEN

Grundsätzlich wird auf *Rakkāz* wie auch Bodenschätze ein Fünftel an *Zakāt* erhoben, und zwar grundsätzlich sofort – unabhängig von dem Verstreichen eines Mondjahres.

Ḥanafiya

Bei geförderten Metallen (auch gefördertem Rohgold bzw. Rohsilber), das heißt, was durch Feuer bearbeitet werden kann, wird als *Niṣāb* ein Fünftel des Gesamtertrages veranschlagt und festgesetzt.

Der Rest kommt dem Finder zu, sofern es weder ein Kennzeichen des Vorbesitzers (bei *Rakkāz*) gibt, noch der *Rakkāz* aus der Zeit nach einer Islamisierung stammt – wenn das nämlich der Fall ist, wird der *Rakkāz* als „verlorenes Gut“ betrachtet und gar keine *Zakāt* erhoben. Auf flüssige Bodenschätze wird grundsätzlich keinerlei *Zakāt* erhoben.

Auch auf Edelsteine und Mineralien wird keine *Zakāt* erhoben, genausowenig wie auf Rohstoffe, die aus dem Meer stammen, wie Perlen oder Perlmutt – es sei denn, diese werden als Handelsgüter verwendet: Dann werden sie mit dem *Niṣāb* der Handelsgüter belegt.

Mālikīya

Wird Gold und Silber abgebaut, so wird *Zakāt* im Maß von einem Vierzigstel (2,5 Prozent) erhoben, sofern der *Niṣāb* von Gold bzw. Silber beim reinen Geförderten erreicht wird.

Auf Bodenerze und Bodenschätze außer Gold und Silber wird nur dann *Zakāt* erhoben, wenn sie als Handelsgüter verwendet werden: Dann obliegt als *Zakāt* die *Zakāt* auf Handelsgüter, das heißt ein Vierzigstel (2,5 Prozent).

Auf Gold und Silber als gefördertes Rohmetall wird in reiner, das heißt Nugget-Form, ein Fünftel als *Zakāt* erhoben, wenn es leicht abzubauen war und keine Schächte usw. angelegt werden mußten – sonst, bei großem Arbeitsaufwand, wird von Nuggets nur ein Vierzigstel (2,5 Prozent) *Zakāt* erhoben.

Auf *Rakkāz*, das in der vorislamischen Zeit vergraben wurde, wird ein Fünftel als *Zakāt* erhoben.

Ḥanbalīya

Auf alle Bodenschätze – einschließlich Gold und Silber sowie auch Edelsteine und Erdöl – wird ein Vierzigstel (2,5 Prozent) *Zakāt* erhoben, sobald der *Niṣāb* von Gold und Silber erreicht ist.

Nur bei Gold und Silber gilt, daß diese beiden unterschiedlichen Arten gemeinsam zur *Niṣāb*-Berechnung herangezogen werden – sonst muß jede Art der Bodenschätze in sich den *Niṣāb* erfüllen.

Auf Meeresschätze wird keinerlei *Zakāt* erhoben.

Shāfi'īya

Nur auf Gold und Silber, nicht aber auf andere Bodenschätze wird *Zakāt* erhoben, nämlich ein Vierzigstel (2,5 Prozent), wobei es unerheblich ist, ob der Rohstoff flüssig ist oder nicht. Als *Niṣāb* dient hier der von Gold und Silber.

Auch auf Stiftungsgrundstücken gefördertes Gold und Silber wird durch *Zakāt* erfaßt.

Es ist aber für den Förderer nicht verpflichtend, die *Zakāt* zu bezahlen, bevor die (konkrete, tägliche) Förderungsarbeit nicht beendet ist. Auf *Rakkāz* aber wird unmittelbar nach Förderung ein Fünftel erhoben.

KAPITEL 6

WIE DER ABGABETERMIN DER ZAKĀT BESTIMMT WIRD

Die Rechtsschulen außer der *Ḥanafīya* gehen von folgendem aus:

Wenn man noch niemals zuvor *Zakāt* zu bezahlen hatte, so gilt der erste Termin, bei dem man den betreffenden *Niṣāb* einer Besitzart erreicht, als erstes Datum (Termin „eins"), von dem ab die *Zakāt*-Dauerberechnung angestellt wird. Hatte man aber bereits *Zakāt* bezahlt, so gibt es zwei Möglichkeiten:

1. Auch nach Abzug der fälligen *Zakāt* verbleibt soviel an Besitz, daß darauf grundsätzlich *Zakāt* bezahlt werden muß. In diesem Fall beginnt die Berechnung der neuen *Zakāt* mit Zahlung bzw. Fälligkeit der alten.
2. Nach Abzug bzw. Zahlung der alten *Zakāt* ist der Besitz nicht mehr so hoch, daß der betreffende *Niṣāb* erreicht wird. In diesem Fall beginnt ein neuer Termin erst dann, sobald der *Niṣāb* wieder neu erreicht wird.

Wenn der Vollbesitz zum Termin „eins" den *Niṣāb* erreicht bzw. innerhalb eines Tages sogar überschritten hat, so wird der Termin festgehalten und gilt als Anfang der Berechnung, die ein *Hijra*-Jahr umfaßt (abgesehen von landwirtschaftlichen Erträgen).

Wenn dann aber – zum Termin „zwei" noch vor Ablauf des Jahres – dieser *Niṣāb* wieder unterschritten wird, so gilt der zweite Termin (Termin „zwei") als Beginn der *Zakāt*-Berechnung, und der erste Termin (Termin „eins") ist damit nichtig geworden.

Dasselbe gilt, wenn mehrmals innerhalb eines Mondjahres der betreffende *Niṣāb* über- und wieder unterschritten wird: Nur der allerletzte Termin gilt als Stichdatum, und von diesem Datum aus wird die Dauer eines Mondjahres abgewartet.

Erst dann, wenn der Vollbesitz in der beschriebenen Weise ununterbrochen zumindest auf der *Niṣāb*-Grenze lag, so wird zum Termin X (nach Ablauf des Mondjahres nach dem letzten Termin der *Niṣāb*-Erreichung) die *Zakāt* fällig.

Ḥanafīya

Bezüglich des allerersten Termins, von dem an jemand für seinen Vollbesitz *Zakāt*-Berechnung anstellen muß, ist die *Ḥanafīya* mit den anderen Rechtsschulen einig. Bei der Terminberechnung weiterer *Zakāt*-Zahlungen aber geht man dann wie folgt vor:

Sobald – ausgehend von dem letzten Zahlungstermin der *Zakāt* – ein *Hijra*-Jahr vergangen ist, ist der mögliche Abgabetermin für die *Zakāt* gekommen. Hat zu diesem Zeitpunkt der Betreffende aber an dem Besitz nicht den fraglichen *Niṣāb* erreicht, so wird die *Zakāt* für dieses Jahr nicht fällig, wenn aber doch, dann doch. Das heißt, im Unterschied zur oben genannten Ansicht der anderen *Madhāhib*:

Wird innerhalb dieses laufenden Mondjahres (ausgehend vom Termin „eins") der *Niṣāb* (mindestens) einmal (zum Termin „zwei") unterschritten und danach – noch vor Ablauf des Mondjahres – am Termin „drei" wieder erreicht, so wird die *Zakāt* nach dem Termin „eins" berechnet, während sie nach der ersten Ansicht vom Termin „drei" an mit neuem Anfang hätte berechnet werden müssen.

Ist aber nach Ablauf des fraglichen Mondjahres (254 Tagen) bezüglich des fraglichen Besitzes der *Niṣāb* am Stichtag nicht mehr erreicht, so spielt es nach hanafitischer Ansicht keine Rolle, ob zwischenzeitlich schon einmal der *Niṣāb* erreicht war: In diesem Fall ist die *Zakāt* für das vergangene Mondjahr nicht gültig.

Allgemein gilt allerdings auch, daß von dieser *Zakāt*-Berechnung die Bereiche *Rakkāz*/verborgene Edelmetalle sowie Ernteerträge ausgenommen sind: Hier gilt der bloße Besitz über den Zeitraum eines *Hijra*-Jahres bzw. der Zeitpunkt der Ernte und der anschließenden Bemessung am zuständigen *Niṣāb*.

KAPITEL 7

DIE EMPFÄNGERGRUPPEN DER ZAKĀT

Dies sind folgende Personengruppen:

1. Die absolut Armen/*Fuqarā'* (Sg. *faqīr*): Das sind nach der üblichen Definition Menschen, die gar nichts besitzen, auch nicht einmal das absolute Existenzminimum: Nahrung, Kleidung, Wohnung.

2. Die Armen bzw. Bedürftigen (*masākīn*, Sg. *miskīn*): Das sind Menschen, die zwar das absolute Existenzminimum haben, aber auch nicht mehr. Auch solche sind damit gemeint, die etwas mehr als das Minimum haben, aber derzeit wirklich mehr brauchen, etwa durch ungewollte Verschuldung, Unglücksfälle usw.

   Auch das Ermöglichen einer Eheschließung kann hier nach vielen Gelehrten zu den Mindestbedürfnissen gezählt werden.

3. Diejenigen, die mit der Sammlung und Verteilung der *Zakāt* beschäftigt sind: Diese dürfen aber nur im Maße ihrer Ausgaben und ihrer tatsächlichen Leistung etwas von den *Zakāt*-Einnahmen bekommen.

4. Die, deren Herzen gewonnen werden sollen (*mu'allafa qulūbuhum*); damit sind solche Menschen gemeint, die neu in den Islam eintreten wollen, aber im Falle ihres Eintritts durch Verfolgung in ihrem nichtmuslimischen Volk Verluste an (nötigem Besitz) erleiden bzw. bei denen man annehmen muß, daß sie Verluste erleiden werden. In diesem Fall ist es zulässig, ihnen von *Zakāt*-Einnahmen zu geben. Allerdings wird ihnen nach Auffassung vieler Gelehrter nur dann von der *Zakāt* etwas gegeben, wenn die Muslime ihren Beistand nötig haben, sonst nicht.

5. Die Sklaven und Unfreien: Damit waren geschichtlich die Menschen gemeint, die entweder als Muslime in Sklaverei geraten waren oder nach ihrer Versklavung Muslime geworden waren und so durch *Zakāt*-Geld freigekauft werden sollten. Diese Gruppe existiert heute nicht mehr.

6. Diejenigen, die durch Schuldenaufnahme (zu erlaubten Zwecken und aus Notwendigkeit) bedrückt werden.

7. Diejenigen, die auf dem Wege Gottes (*fī sabīli llāh*) kämpfen: Damit sind die gemeint, die die Muslime gegen Angriffe in echtem Kampf verteidigen.

8. Der Sohn des Weges (*ibn as-sabīl*), der Reisende: Damit sind alle diejenigen gemeint, die sich auf Reisen befinden, welche zu erlaubten oder sogar guten Zwecken stattfinden.

Nur diesen Gruppen darf *Zakāt* gegeben werden, niemand anderem.

KAPITEL 8

WIE DIE ZAKĀT GEGEBEN WIRD

1. Findet man Angehörige aller Gruppen, so muß ihnen allen etwas von der *Zakāt* gegeben werden, ohne einen Berechtigten auszulassen. Das gilt für den Fall, daß *Zakāt* von einem islamischen Staat organisiert gesammelt wird; ansonsten muß der einzelne nach bestem Wissen und Gewissen seine *Zakāt* abgeben.
2. Allen Gruppen steht der jeweils gleiche Grundanteil zu. Allerdings bildet die Gruppe der mit der *Zakāt* Beschäftigten hier eine Ausnahme.
3. Es ist nicht notwendig, innerhalb einer Gruppe allen einzelnen gleich viel zu geben, sondern es soll nach echtem Bedürfnis entschieden werden.

Ein wichtiger Hinweis zur Zakāt-Entrichtung

Zakāt wird gemäß der klassischen Pflichtenlehre nicht von dem einzelnen Muslim aus Eigeninitiative entrichtet, wie das bei der rein freiwilligen Spende, der *Ṣadaqa*, der Fall ist, sondern von den dazu Beauftragten eines legitimen islamischen Herrschers eingenommen.

Lediglich in der Frage der zakātpflichtigen Güter, die nicht offen erkennbar sind, bestehen unterschiedliche Ansichten.

Die Rechtsschulen der *Ḥanafīya*, *Shāfiʿīya* und *Ḥanbalīya* sind der Auffassung, daß grundsätzlich nur die offen erkennbaren zakātpflichtigen Güter pflichtgemäß den legitimen Beauftragten eines islamischen Herrschers zu übergeben sind, wenn diese bei dem betreffenden Muslim anfragen: Hierzu zählen Tiere, landwirtschaftliche Erzeugnisse und allgemein offen nach außen erkennbare Zuwachsgüter, wie oben dargestellt. Lediglich die in den Privathaushalten gelagerten Geldwerte – und in Analogie auch die an sicherem Ort gespeicherten Geldwerte usw. – dürfen von den Privatleuten selbst entrichtet werden.

Die malikitische Schule aber ist der Meinung, daß sämtliche zakātpflichtigen Güter nur von den legitimierten Beauftragten des islamischen Herrschers eingezogen werden können und dürfen, daß also *Zakāt* ohne die Einrichtung des Herrschers und seiner Beauftragten nicht korrekt entrichtet werden kann, selbst wenn sie – in der Erfordernis des derzeitigen Zustandes – de facto wie *Ṣadaqa* gegeben wird.

Auch kommt es keiner nichtmuslimischen Herrschaft zu, *Zakāt* einzufordern, da *Zakāt* eben auch islamischer Gottesdienst und keine Steuern im engeren Sinne sind. Steuern als solche sind natürlich ein grundsätzliches Recht eines jeden Staatenwesens.

Anmerkungen:

1 Ein Recht, das Menschen an Menschen haben (gemeint sind rechtliche Verpflichtungen), wird von Menschen eingefordert; ein „Gottesrecht" aber wird von Gott selbst direkt eingefordert, und jeder einzelne Mensch ist allein und individuell dadurch angesprochen, und im Zweifelsfall kann die Verpflichtung zur Erfüllung eines Gottesrechtes auch nicht übertragen oder stellvertretend von anderen erfüllt werden.
2 Nur auf bestimmte Arten von Besitz wird *Zakāt* erhoben, wobei jede Art ihre jeweils eigene Bemessungsgrenze (*niṣāb*) hat. Siehe dazu weiter unten im Haupttext.
3 Gemeint ist die Dauer eines nach dem islamischen Mondkalender bestimmten Jahres, das in der Regel um etwa elf Tage kürzer ist als ein normales Sonnenjahr; gemeint ist also eine Zeitspanne von 365 – 11 = 354 Tagen. Zur genauen Berechnung siehe weiter den Haupttext.
4 Das ist der Fall,
- wenn jemand zum ersten Mal in seinem Leben – abzüglich seiner Schulden und sonstigen Verpflichtungen – so viel Besitz von einer zakātpflichtigen Art angesammelt hat oder
- wenn jemand schon mindestens einmal zuvor *Zakāt* in seinem Leben bezahlt hatte, aber während einer ganzen Zeit so wenig Besitz hatte, daß er die Bemessungsgrenze nicht erreichte – nun aber doch (zum ersten Mal nach dieser Zeit geringen Einkommens, Besitzes) für die Dauer eines vollen *Hijra*-Jahres stetig den *Niṣāb* erreichte und jetzt also wieder *Zakāt* geben muß.

5 Siehe hierzu aber auch die Frage, ob Schulden mit in die *Zakāt*-Berechnung einbezogen werden müssen.
6 Seit mindestens fünfzig Jahren werden zwar nicht mehr bzw. nicht mehr nur die Goldreserven als staatliche Grundwährung verwendet, sondern man hat bestimmte Weltwährungen als „Währungshalter" festgesetzt. Doch die Golddeckung ist nach wie vor Grundsatz der Währungsdeckungen. Daher wird heute – im *Qiyās* – eine solche offizielle, jederzeit und weltweit konvertierbare Währung als zakātpflichtig betrachtet,
- die offiziell durch Goldreserven des jeweiligen Staates gedeckt bzw. garantiert wird
- und die auf Verlangen jederzeit in reales, auch als offizielles Zahlungsmittel verwendbares Gold (in Münzform) umzutauschen ist.

7 Hier darf man nicht die Begriffe „Wertbeständigkeit" und „Wertzuwachs" verwechseln: Gerade im heutigen abendländischen Wirtschaftsdenken spielt der Wertzuwachs – durch Zinsgeschäfte, Anlagen- und Börsenhandel, Spekulationsgeschäfte usw. – eine ungleich größere Rolle als das Erhalten eines stabilen, aber nicht so rasch zu steigernden Grundwertes in der Wirtschaft. Das ist insofern nicht verwunderlich, als die oben genannten Geschäfte auf kurzfristige Privat- und Staatsinteressen zurückgehen, aber keineswegs – wie im Fall des islamischen Rechts – eine möglichst andauernde Wert*erhaltung* – im Gegensatz zu einer stetigen Wert*steigerung* – gewünscht wird.
8 Diese Frage wird nicht von allen Rechtsschulen gleich betrachtet; das soll – so Gott will – noch weiter unten im Haupttext behandelt werden.
9 Speziell bei derartigen Schätzen, die ja meist auch von historischem Forschungsinteresse sind, herrschen bei den meisten Staaten sehr hohe Auflagen. Nach den meisten Staatsrechten steht dem Finder entweder nur eine Entschädigung oder ein geringer Anteil an einem solchen Schatz zu, während der Hauptteil dem zuständigen Kulturministerium unterstellt wird.

10 Hierunter werden vor allem gottesdienstliche Handlungen und was damit zusammenhängt verstanden.

11 Das ist etwa die *Zakāt*: Sie ist Gottesdienst, aber auch ein Recht, das die Bedürftigen (also die Menschen) haben. Auch *Kaffārāt* (Sühnehandlungen, die manchmal Besitzübergaben beinhalten), die *Ṣadaqat al-Fiṭr* usw. sind damit gemeint.

12 Das sind Schulden aus Kaufverträgen und dergleichen.

13 Unter „Schaf" wird hier entweder ein einjähriges Schaf (*jadha'a da'n*) oder eine zweijährige Ziege (*thanīya*) verstanden.

14 Bint Makhād.

15 Bint Labūn.

16 *Hiqqa*.

17 *Jadha'a*.

18 *Tabī'*, männliches einjähriges Rind, bzw. *Tabī'a*, weibliches einjähriges Rind.

19 *Musinna*.

IV.

Buch
über das Fasten

Ṣiyām

KAPITEL 1

ALLGEMEINE BESCHREIBUNG

Sprachlich bedeutet „*Ṣiyām*" „von etwas Abstand nehmen", „eine Handlung nicht mehr tun", „mit etwas aufhören".

Rechtlich bedeutet es, davon ausgehend: „Abstand nehmen von allen Dingen, die ein Fasten brechen (*mufṭirāt*)", von Beginn des *Fajr* bis zum Beginn des *Maghrib*.

KAPITEL 2

BESONDERHEITEN UND INNERLICHKEIT DES FASTENS

Das Fasten hat bei Gott eine besondere Stellung: Einerseits ist es, genau wie das Gebet, eine gottesdienstliche Handlung (*ʿibāda*), bei der der Mensch unmittelbar mit Gott verbunden ist. Aber im Unterschied zum Gebet kann man in der Regel nicht von außen feststellen, ob jemand fastet.

Daher hat das Fasten, das der Gläubige verrichtet, damit Gott mit ihm zufrieden ist und ihn dafür belohnt, eine ganz eigene Funktion: Es ermöglicht dem Muslim, ohne Zurschaustellung, unabhängig von anderen Menschen, eine Art des Gottesdienstes zu verrichten, von der, wenn der Gläubige es will, nur Gott allein weiß.[1]

Zum anderen bewirkt das Fasten bei dem, der es durchführt, ein wirkliches Verständnis für die Armen und Mittellosen, die so oft unfreiwillig auf Nahrung und Genußmittel verzichten müssen; auch die Bereitschaft, eben diesen Armen zu helfen, wird dadurch gestärkt.

Insbesondere wird die Brüderlichkeit durch das Fasten – besonders das gemeinsame Fasten im Monat *Ramaḍān* – gestärkt: durch den gemeinsamen Verzicht (das Fasten) und das gemeinsame Fastenbrechen (*fiṭr*) und die besonderen Nachtgebete (*tarāwīḥ*), in denen die geistige, jenseitsgerichtete Seite des Islams bewußt wird.

Das Fasten – und dabei speziell das Fasten im *Ramaḍān* – wird außerdem von Gott besonders belohnt. Viele Sünden, die man ja regelmäßig begeht, werden durch das Fasten ganz und gar bei Gott durch den Lohn für das Fasten ausgelöscht, und daher ist das freiwillige Fasten eine der besten und einfachsten Möglichkeiten des Gläubigen, seine Stellung und sein Ansehen bei Gott zu verbessern.

Die gesundheitliche Seite nicht zu vergessen: Für einen gesunden Menschen, der normalerweise an keinerlei Mangelerscheinungen leidet bzw. eine Krankheit hat, die ein Fasten seinerseits verbieten, ist das Fasten eine hervorragende Methode, neben der geistigen Erholung auch eine körperliche zu erreichen.

KAPITEL 3

DIE ARTEN DES ISLAMISCHEN FASTENS (ṢIYĀM)

Das Fasten im Islam besteht grundsätzlich darin, daß man die Absicht zum Fasten in der Zeit der Nacht – noch vor Beginn der *Fajr*-Zeit – faßt und dann, von der ersten Morgendämmerung (dem *Fajr*-Beginn) bis zum Beginn der Abenddämmerung (dem Beginn des *Maghrib*) nichts ißt, nichts trinkt, keinen Geschlechtsverkehr mit dem Ehepartner hat und sich noch einigen weiteren Verhaltensregeln entsprechend verhält. Das Fastenbrechen muß des weiteren so bald wie möglich nach Ende des Fastentages (also wenn möglich bei Beginn des *Maghrib*) vorgenommen werden. Dies ist das Fasten, wie es im Islam vorgeschrieben ist.

Ein Verbinden von zwei oder mehr Fastentagen (indem man etwa tagsüber und anschließend auch nachts fastet, mit voller Absicht dazu) ist unzulässig und ist nicht die Art des Fastens im Islam, genausowenig, daß man etwa – wie dies nach vielen christlichen Kirchen verläuft – viele Tage bzw. Tage und Nächte lang sehr wenig ißt.

Als verpflichtendes Fasten gibt es grundsätzlich im islamischen Recht das Fasten im Monat *Ramaḍān*; dieses Fasten ist eine der „fünf Säulen des Islam" und obliegt absolut jedem Muslim und jeder Muslimin, außer bei Vorhandensein eines Entschuldigungsgrundes (*ʿudhr*).

Doch außer diesem für alle verpflichtenden Fasten während des *Ramaḍān* gibt es noch andere Arten des Fastens:

- Ein Gott gelobtes Fasten (*ṣaum mandhūr*). Dieses Fasten wird für die Person, die dieses Gelöbnis (*nadhr*) vor Gott abgelegt hat, zu einem für sie verpflichtendem Fasten (*farḍ*).[2]

• Ein freiwilliges Fasten (*ṣaum nafl mu'aqqat*), das an einem bestimmten Tag durchgeführt wird.
• Ein absolutes, freiwilliges Fasten (*ṣaum nafl muṭlaq*).

Insgesamt betrachtet kann jedes Fasten danach eingeordnet werden,
• ob es in der für es vorgesehenen Zeit verrichtet wird (in *Adā'*-Form) oder als nachzuholendes Fasten (in *Qaḍā'*-Form);
• ob es ein Pflichtfasten oder ein freiwilliges Fasten ist;
• ob es an eine bestimmte Zeit, einen bestimmten Anlaß gebunden ist oder nicht;
• ob es in sich *Farḍ* bzw. *Wājib*, *Mandūb* bzw. *Sunna mu'akkada* bzw. *Sunna ghair mu'akkada*, *Makrūh* oder *Ḥarām* ist.[3]

KAPITEL 4

DER ḤUKM DES FASTENS IM RAMAḌĀN (ṢAUM RAMAḌĀN)

Es ist absolute Pflicht (*farḍ*),

• das Fasten im *Ramaḍān* zu vollziehen (es sei denn, man ist durch einen im islamischen Recht vorgesehenen Entschuldigungsgrund entschuldigt),
• für sich selbst und für andere als Glaubensgrundsatz zu bestätigen, daß es *Farḍ* ist, als Muslim im *Ramaḍān* zu fasten (außer bei Vorhandensein eines Entschuldigungsgrundes).

Ohne islamrechtlich annehmbaren Entschuldigungsgrund (*'udhr*) im *Ramaḍān* nicht zu fasten, ist eine der großen Sünden (*kabā'ir*) und erfordert eine spezielle Sühnehandlung (*kaffāra*). Wer diese Grundpflicht für seine eigene Person oder andere leugnet oder auch nur als Pflicht in Frage stellt – und selbst, wenn er sie der Tat nach vollzieht –, muß als *Kāfir* (Ungläubiger) betrachtet werden, solange er nicht wieder davon Abstand nimmt und die *Shahāda* spricht.

KAPITEL 5

DIE METHODEN ZUR BESTIMMUNG DES RAMAḌĀN-BEGINNS

§ 1

VORSTELLUNG DES PROBLEMS DER BESTIMMUNG VON MONDMONATEN IM ALLGEMEINEN

Der islamische Mondkalender

Der islamische Mondkalender hat folgende Monate:

1. *(al-)Muḥarram*
2. *Ṣafar*
3. *Rabīʿ al-awwal*
4. *Rabīʿ ath-thānī*
5. *Jumāda l-ūlā*
6. *Jumāda l-ākhira*
7. *Rajab*
8. *Shaʿbān*
9. *Ramaḍān*
10. *Shawwāl*
11. *Dhu l-Qaʿda (Dhu l-Qiʿda)*
12. *Dhu l-Ḥijja.*

Um den Monatsbeginn zu bestimmen, gibt es mehrere Möglichkeiten, wobei folgendes grundsätzlich beachtet werden muß:

Die Monate des islamischen Mondjahres beginnen mit der ersten Sichtbarkeit und Sichtung des Neumondes. Weiterhin beginnt jeder Mondmonat mit der Dämmerung (*Maghrib*-Beginn) der Nacht vor dem ersten Tag des Mondmonats.[4]

Eine astronomische Neumondberechnung hingegen beschreibt den absoluten Nullpunkt, den Moment vor der Sichtbarkeit des Neumondes. Daher rühren auch viele Schwierigkeiten, die sich in der rechnerischen Bestimmung des Neumondes bzw. *Ramaḍān*-Beginns in Unsicherheiten niederschlagen.

Über menschliche Manipulation der korrekten Datumsbestimmung des Ramaḍān-Beginns

Es besteht seitens vieler – sogenannter „islamischer“ – Staaten aus bestimmten, meist nationalistischen, Beweggründen heraus eine starke

Einflußnahme, zum Beispiel derart, daß schlichtweg der *Ramaḍān*-Beginn staatlicherseits festgelegt wird – ohne auch nur Berechnungen oder Augenzeugenberichte von vertrauenswürdigen Muslimen zuzulassen, die den Mond zum Zweck der *Ramaḍān*-Bestimmung beobachten. Daß ein solches Verhalten nichts mit dem islamischen Recht zu tun hat, sondern reine Willkür ist und seitens des islamischen Rechts keinerlei Achtung und Beachtung erfahren darf, steht außer Frage.

§ 2

SICHTUNG DES NEUMONDS ZU BEGINN DES MONATS RAMAḌĀN

Allgemeine Fragestellungen

Mit der konkreten Sichtung des Neumondes im allgemeinen und dem des Monats *Ramaḍān* im besonderen hängen einige Grundfragen zusammen, durch die erst eine ausreichende Beantwortung möglich wird:

1. Ob der Himmel klar ist und gute Beobachtungsbedingungen zuläßt oder nicht (aufgrund von Wolken, Staub, Niederschlägen wie Regen und Schnee usw.)
2. Ob der bzw. die Augenzeugen aufrichtig sowie körperlich in der Lage sind, den Neumond zum fraglichen Zeitpunkt und in der fraglichen Gegend zu beobachten.
3. Wer als Zeuge hierbei zulässig ist und wieviel Zeugen zur Verpflichtung zum Fasten notwendig sind.
4. Ob die Sichtung in einem Land bzw. einem Ort der Welt das Fasten für alle anderen Gegenden oder bestimmte Gegenden verpflichtend macht (siehe dazu weiter unten).

Sichtung durch Augenzeugen und die damit verbundenen Bedingungen

Die sicherste Methode ist, daß mindestens ein vertrauenswürdiger und als Zeuge zulässiger Muslim bezeugt, den Neumond gesehen zu haben. Dazu im einzelnen die Meinungen der Rechtsschulen:

Ḥanafīya

Wenn es kein Sichthindernis gibt, so muß der Neumond (*hilāl*) von einer ganzen Gruppe von Menschen gesehen werden. Dabei ist die genaue Zahl nicht festgelegt, aber die Aussage muß vom (möglichst höchsten islamischen) Richter bzw. der Versammlung der (islamischen Richter) bestätigt werden.

Es ist notwendige Bedingung, daß die Zeugen ausdrücklich ihre Aussage mit dem Wortlaut „ich bezeuge" (*ashhadu*) formulieren.

Wenn Sichthindernisse wie die oben erwähnten bestehen, so genügt die Aussage eines einzigen Augenzeugen, sofern er
- Muslim ist,
- aufrichtig (*'ādil*) ist,
- bei vollem Verstand (*'āqil*) ist,
- geistig und körperlich reif (*bāligh*) ist.

In diesem Fall ist weder die Formulierung in der Form „ich bezeuge" (*ashhadu*) noch die richterliche Bestätigung erforderlich.

In diesem Fall (bei schlechter Sicht) ist es gleichermaßen gültig, wenn der einzelne Zeuge ein Mann oder eine Frau ist. In diesem letzteren Fall ist die Zeugenaussage auch gültig, wenn der erste Zeuge es einer zweiten Person sagt, deren Zeugenaussage – wie auch die des ersten Zeugen – angenommen werden kann, und diese zweite Person dann zu einem (islamischen) Richter geht, um ihre Aussage offiziell werden zu lassen.[5]

Wie die Aussage eines aufrichtigen Einzelzeugen ist auch die Aussage eines solchen Zeugen zulässig, der momentan nicht in der Lage wäre, die fragliche Sache (Erscheinen des Neumonds) zu bezeugen.[6] Der Zeuge muß in diesem Fall zu einem (islamischen) Richter (bzw. einer stellvertretenden Stelle) gehen und dort seine Zeugenaussage machen, unter der Bedingung, daß er in einer Stadt bzw. einem Ort ist, wo er diese Stelle erreichen kann. Kann er das aber nicht (wenn er sich zum Beispiel in einem abgeschnittenen Dorf befindet), so muß er seine Zeugenaussage in der Moschee des Ortes vor den versammelten Muslimen des Ortes machen.[7] Es ist für den Zeugen selbst und für jeden, der seine Aussage als wahr annimmt, Pflicht, die Absicht zu fassen und das Fasten sobald wie möglich zu beginnen.[8]

Falls in einem solchen Fall der Richter die Zeugenaussage aber ablehnt, so ist es doch für den Augenzeugen und den, der seiner Aussage vertraut, Pflicht, selbst zu fasten. Wenn sie beide im Fall, daß der Richter die Zeugenaussage ablehnt, nicht fasten bzw. das Fasten brechen, so müssen sie diesen Tag wiederholen (*qaḍā'*), ohne aber *Kaffāra* geben zu müssen.

Shāfi'īya

Es genügt zur Bestätigung des *Ramaḍān*-Beginns, wenn ein zulässiger Zeuge (im Sinne des islamischen Rechts) den Neumond als von ihm selbst gesehen bestätigt, selbst dann, wenn er zum Zeitpunkt nicht derart Zeuge sein könnte (also *Mastūr al-Hāl* ist).

Dabei ist aber die Aussage von Frauen (ohne Bestätigung von männlichen Zeugen) oder von Kindern ohne Unterscheidungsfähigkeit (*tamyīz*) nicht ausreichend. Auch ist es zur Annahme dieser Zeugenaussage gleich, ob der Himmel zur fraglichen Beobachtungszeit bedeckt oder frei ist oder ob die Beobachtung für diesen Zeugen schwer war bzw. ist oder nicht.

Es genügt des weiteren, daß der Zeuge vor dem (islamischen) Richter in allgemeiner Form die Sichtung des Neumonds bezeugt, in der Form: „Ich habe den Neumond gesehen", ohne daß er bekräftigend hinzusetzen muß: „und morgen ist demnach nach meiner Überzeugung der Fastenbeginn des *Ramaḍān*".

Wenn aber der Richter diese Aussage nicht hört und als richtig und rechtsgültig bestätigt oder sagt: „Was mich angeht, so ist der Beginn des Monats *Ramaḍān* sicher/bestätigt", so ist diese Zeugenaussage für die übrigen Menschen nicht verpflichtend. Andererseits ist es für den, der den Neumond mit eigenen Augen gesehen hat, verpflichtend, das *Ramaḍān*-Fasten zu beginnen. Dabei spielt es keine Rolle, ob der Richter seine Aussage gehört hat oder sie, nachdem er sie gehört hat, abgelehnt hat. Es gilt in diesem Zusammenhang zur Bezeugung des Neumonds die Aussage eines Muslims, einer Muslimin, eines Kindes (mit *Tamyīz*), auch die eines offenen Sünders (*fāsiq*) oder auch Ungläubigen (*kāfir*)[9].

Mālikīya

Der Neumond wird bestätigt durch die direkte Sichtung. Diese Sichtung wird in drei Bereiche unterteilt:

1. Daß der Neumond von zwei (gemäß den üblichen Regeln der Zeugenaussage annehmbaren) männlichen Zeugen gesichtet wird, die, um annehmbar zu sein, weder eine große Sünde (*kabīra)* noch fortlaufend kleinere Sünden (*ṣaghā'ir*) tun dürfen[10], noch Taten, die mit der Würde eines Mannes unvereinbar sind.[11]
2. Daß viele Menschen den Neumond sichten, so daß ihre Aussage als unbestreitbares Wissen angenommen werden kann, sofern alle betreffenden Leute sicher, ohne der Lüge verdächtig zu sein, und zugleich den Neumond bezeugen. In diesem Fall ist es aber nicht verpflichtend, daß sie alle in vollem Maß (wie es beim Einzelzeugen gefordert wird) aufrichtig (*'ādil*) sowie Männer sind.
3. Daß nur ein einziger Zeuge den Neumond sichtet. Aber von einem einzigen Zeugen allein genügt die Aussage nur für ihn selbst sowie für jemanden, der von ihm gegebenenfalls direkt (persönlich) benachrichtigt wird und den Neumond nicht selbst gesehen hat. Beim Einzelzeugen ist es nicht Pflicht, daß es sich um einen Mann handelt.

Sofern diese Person nur nicht dafür bekannt ist, daß sie lügt, ist ihre Aussage für jeden zum Beginn des Fastens verpflichtend, den sie benachrichtigt, sofern der Benachrichtigte dem Zeugen glaubt.

Ebenso wird das Fasten für jeden, der von der Zeugenaussage hört, Pflicht, wenn als Überbringer der Zeugenaussage nicht der Zeuge selbst, sondern zwei in sich korrekte Zeugen auftreten. Wird aber eine solche Bezeugung eines Einzelzeugen nur von einem Zeugen weitergetragen, so ist für den, der sie eben nur von diesem einen Zeugen hört, nicht verpflichtend.[12]

Wenn aber ein einzelner aufrichtiger Zeuge (selbst jemand, der „*Mastūr al-Hāl*" ist[13]) den Neumond sieht bzw. jemand den Bericht vom Sichten des Neumonds von einer Gruppe von bezeugenden Menschen bringt, so muß er verpflichtend dieses Ereignis vor dem Richter bezeugen, damit der Neumondaufgang und Ramadanbeginn offen bekanntgegeben werden kann; denn eine solche Aussage genügt, um sich über den Ramadanbeginn sicher zu sein.

Damit die Zeugenaussage eines einzelnen allgemeine Gültigkeit als Zeugenaussage zum Neumond gewinnt, muß sie andererseits vor den Richter gebracht und von ihm bestätigt werden, denn es ist immerhin möglich, daß die Meinung dieses einzelnen von der Sichtung eines anderen oder der Sichtung einer zur Zeugenschaft nicht geeigneten Gruppe von Menschen abhängig ist.

Ḥanbalīya

Der Neumond muß direkt von einen Augenzeugen gesichtet werden, der nach außen und innen hin aufrichtig (*'ādil*) ist.[14]

Die Aussage eines Kindes, das über *Tamyīz* verfügt, ist aber nicht zulässig, um den sicheren Beginn des Monats *Ramaḍān* festzustellen, genausowenig wie die einer Person, die „*Mastūr al-Hāl*" ist.[15]

Andererseits spielt es bei einem Zeugen keine Rolle, ob es ein Mann oder eine Frau ist oder ob in der Zeugenaussage der Begriff „ich bezeuge" (*ashhadu*) vorkommt. Wer einen aufrichtigen Menschen als Zeugen hört, daß er den Neumond als Beginn des *Ramaḍān* selbst gesehen hat, für den ist es verpflichtend zu fasten – selbst wenn der Richter diese Aussage darum abgelehnt hat, weil er den entsprechenden Zustand (Tauglichkeit) dieses Zeugen zum fraglichen Zeitpunkt nicht (von anderswo her) bestätigen lassen konnte.

Wer selbst den Neumond als Beginn des Monats *Ramaḍān* mit eigenen Augen sieht, dem obliegt es nicht als Pflicht, mit seiner Aussage zum Richter oder zu einer Moschee zu gehen, so wie es für ihn auch nicht verpflichtend ist, die muslimischen Leute allgemein zu benachrichtigen.

Verpflichtung zum Fasten, wenn in einer Weltgegend der Neumond gesehen wurde

Sobald in einer Weltgegend der Neumond (*hilāl*) als Beginn des Monats *Ramaḍān* gesichtet wird, wird – nach der Meinung der Rechtsschulen außer der *Shāfi'īya* – auch den Bewohnern der anderen Weltgegenden das Fasten verpflichtend, sobald sie davon erfahren, und dabei spielt es keine Rolle, ob die Gegend, in der der Neumond gesehen wurde, weit von den anderen Gegenden entfernt oder ihnen nah ist; auch wird dem Zeitunterschied bezüglich des jeweiligen Aufgangsortes des Mondes nach dieser Meinung keine Bedeutung zugemessen.

Shāfi'īya

Wenn in einer Weltgegend der Neumond gesichtet wird, so wird damit auch für die Bewohner einer nahgelegenen Gegend das Fasten verpflichtend, gleich, in welcher Himmelsrichtung diese zweite von der Ausgangsgegend liegt, sofern die Bewohner der zweiten Gegend von einer sicheren Sichtung des Neumonds ausgehen. Dabei wird die „Nähe" so festgelegt, daß beide Gegenden den gleichen Aufgangsort des Mondes haben und zwischen ihnen eine geringere Entfernung liegt als 24 Farsakh (Großmeilen). Wer sich aber in einer Gegend befindet, die weit von der Gegend der Mondsichtung entfernt liegt, so ist für ihn das Fasten nicht verpflichtend, weil in diesem Fall der jeweilige Aufgangsort des Mondes unterschiedlich ist.

§ 3

VOLLENDUNG DES DREISSIGSTEN TAGES DES MONATS SHA'BĀN

Die Grundsatzhaltung

Grundsätzlich gilt: Wenn der Monat *Sha'bān* bereits den dreißigsten Tag vollendet hat, muß der folgende Tag als Fastentag betrachtet und entsprechend an ihm gefastet werden. Dies ist darum so, weil die Mondmonate dem realen, von der Erde aus sichtbaren Mond und seinen Phasen folgen und eine Mondphase – bei allen Unregelmäßigkeiten, sofern nicht ein Wunder auf Befehl Gottes eintritt – nicht eine Dauer von mehr als dreißig (lichten) Tagen erreichen kann.

Hierzu sind die entsprechenden sicheren Hadithe eindeutig; so wird in sicheren (*ṣaḥīḥ*) Überlieferungen von Muslim und al-Bukhārī vom Propheten ﷺ gesagt:

„Fastet gemäß seiner (des Neumondes) Sichtung und brecht das Fasten gemäß seiner Sichtung; und falls euch Wolken (von seiner Sichtung) abhalten, so vervollständigt den *Sha'bān* in Form von dreißig Tagen."

Dies ist andererseits davon abhängig, daß – bei Neumondsichtung des *Sha'bān* bzw. *Ramaḍān* – aufrichtige Zeugen unter ausreichend guten Wetterbedingungen den Neumond gesehen haben.

Wenn sich nun aber der Tat nach herausstellt, daß ein Fehler von einem Tag oder sogar mehr vorliegen *muß*, so muß – ungeachtet dessen, wer nun welchen Fehler wissentlich, aus Unachtsamkeit oder bösartiger Berechnung begangen hat – eine Lösung auch dazu gefunden werden (siehe dazu weiter unten).

Wie man sich bezüglich des Fastens am „Tag des Zweifels" (yaum ash-shakk) verhält

Grundsätzlich wird der letzte (mögliche) Tag des *Sha'bān* – also der dreißigste – als Tag des Zweifels (*yaum ash-shakk*) bezeichnet, weil es, wenn der *Ramaḍān*-Neumond nach *Maghrib*-Beginn am Ende des 29. *Sha'bān*-Tages nicht gesichtet wurde, unsicher ist, ob der auf diese Nacht folgende Tag noch zum Monat *Sha'bān* oder schon zum Monat *Ramaḍān* gehört.

Der Zweifel kann sich bezüglich des Tages des Zweifels einstellen,

- wenn der Richter die Aussage von Zeugen ablehnt, sie hätten den Neumond zum *Ramaḍān*-Beginn gesehen,
- wenn der Himmel wegen Sichthindernissen keine Mondbeobachtung zuließ,
- wenn mehrere Leute davon berichten, daß man den Neumond zum *Ramaḍān*-Beginn gesehen hätte, ohne daß es dafür aber klare Belege gibt bzw. ohne daß jemand den Neumond wirklich selbst gesehen hat.

Zur Bestimmung, was bezüglich des Tages des Zweifels genau zu tun ist und zum damit zusammenhängenden Gesamtproblem nun die Meinungen der Rechtsschulen:

Ḥanafīya

Je nach Umstand kann das Fasten an dem „Tag des Zweifels" *makrūh taḥrīman, makrūh tanzīhan, mandūb* oder *bāṭil* (ungültig) sein:

1. Das Fasten an dem „Tag des Zweifels" ist dann *makrūh taḥrīman*, wenn man ihn bewußt und ganz klar mit der Absicht fastet, daß er ein Tag des Monats *Ramaḍān* sei.
2. Das Fasten an dem „Tag des Zweifels" ist dann *makrūh tanzīhan*, wenn man die Absicht faßt, ein *Wājib*-Fasten aufgrund eines Ge-

löbnisses (*nadhr*) zu erfüllen, das ja nicht direkt mit dem *Ramaḍān*-Fasten zu tun hat.

Ebenso ist es *makrūh tanzīhan*, wenn derjenige in seiner Absicht eine Möglichkeit bzw. Unsicherheit läßt, ob er das Fasten nun als *Farḍ* bzw. *Wājib* verrichten will, etwa indem er beabsichtigt: „Wenn der nächste Tag zum *Ramaḍān* gehört, beabsichtige ich das Fasten als *Ramaḍān-Farḍ*, wenn nicht, als ein anderes *Wājib*-Fasten, das ich noch zu erfüllen habe."

Ebenso ist es *makrūh tanzīhan*, wenn er in seiner Absicht eine Möglichkeit bzw. Unsicherheit läßt, ob er das Fasten nun als *Farḍ* bzw. *Nafl* (hier: freiwilliges Fasten) verrichten will, etwa, indem er beabsichtigt: „Wenn der folgende Tag zum *Ramaḍān* gehört, beabsichtige ich das *Ramaḍān*-Fasten, wenn er aber noch zum *Sha'bān* gehört, beabsichtige ich das Fasten als freiwilliges Fasten."

3. Diesen Tag zu fasten ist dann für jemanden *mandūb*, wenn der fragliche Tag auf einen Wochentag bzw. festes Datum fällt, an dem diese Person üblicherweise freiwillig fastet und er die *Nīya* entsprechend – wie für ihn üblich – faßt.
4. Sein Fasten an diesem Tag ist ungültig (*bāṭil*), wenn dieser Tag nicht von ihm üblicherweise gefastet wird und er in seiner Absicht zwischen Fasten (*ṣaum*) und Fastenbrechen (*iftār*) verbindet, indem er etwa beabsichtigt: „Wenn der folgende Tag zum *Ramaḍān* gehört, beabsichtige ich hiermit das Fasten, wenn er kein *Ramaḍān*-Tag ist, beabsichtige ich das Fastenbrechen an diesem Tag."

Wenn sich herausstellt, daß der Tag des Zweifels doch ein *Ramaḍān*-Tag war, so genügt es jemandem, an diesem Tag gefastet zu haben, unabhängig davon, ob sein damaliges Fasten ursprünglich *makūh taḥrīman*, *makrūh tanzīhan* oder *mandūb* war.

War sein ursprüngliches Fasten aber ungültig (*bāṭil*), so muß er diesen ersten *Ramadān*-Tag (den ursprünglichen Tag des Zweifels) wiederholen.

Shāfi'īya

Das Fasten am Tag des Zweifes ist verboten (*ḥarām*), wobei es keine Rolle spielt, ob der Himmel zum Zeitpunkt des *Maghrib* am vorigen Tag gute Sichtverhältnisse aufweist oder bewölkt usw. ist.

Wenn nun die Leute nicht berichten, man hätte den Neumond des *Ramaḍān*-Beginns gesichtet, so ist fest davon auszugehen, daß der fragliche Tag noch zum *Sha'bān* gehört. Wenn aber auch nur ein einziger als Zeuge zulässiger Mann aussagt und bezeugt, den Neumond des *Ramaḍān* gesehen zu haben, so ist fest davon auszugehen, daß der fragliche Tag bereits ein *Ramaḍān*-Tag ist.

Von dem sonst unbedingt gültigen Fastenverbot an dem Tag des Zweifels ist folgendes ausgenommen:

- Wenn jemand einen Fastentag nachholen muß (*qaḍā'*),
- ein Fasten als gelobtes Fasten – als *Nadhr* – verrichten muß oder
- an diesem Tag (zum Beispiel einem bestimmten Wochentag wie Donnerstag) üblicherweise fastet und dieser Tag auf den Tag des Zweifels fällt,

so ist das Fasten am Tag des Zweifels nicht verboten, sondern

- im Falle eines verpflichtenden Fastens (*qaḍā', nadhr*) verpflichtend,
- im Falle eines freiwilligen Fastens (Gewohnheitsfasten) *mandūb.*

Wenn nun jemand den Tag des Zweifels als Nichtfastender beginnt, ihm dann aber offenbar wird, daß es sich um einen Fastentag des *Ramaḍān* handelt, so muß er den verbliebenen Rest des Tages (bis *Maghrib*) fasten und nach Ende des *Ramaḍān* (und den Festtagen) diesen Tag sofort nachfasten (*qaḍā'*).

Wenn nun jemand das Fasten am Tag des Zweifels als *Ramaḍān*-Fasten beabsichtigt und sich herausstelt, daß der betreffende Tag ein *Sha'bān*-Tag ist, so gilt das Fasten nicht.

Wenn es aber ein *Ramaḍān*-Tag ist und der Fastende seine Absicht selbst auf die Aussage einer Person stützte, die nicht als Zeuge zulässig ist, so gilt das Fasten dennoch; hatte der Fastende aber seine Absicht ohne irgendeine Nachricht bzw. eigene Sicht des *Ramaḍān* gefaßt, so gilt sein Fasten hier doch nicht.

§ 4

ASTRONOMISCHE BERECHNUNGEN ZUR ABSICHERUNG

Hier sind folgende Punkte zu beachten:

1. Durch die *Sunna* und die Astronomie gleichermaßen wird bestätigt, daß manchmal der Neumond in einer Weltgegend einen Tag früher zu sehen ist als in anderen (an einer festen Datumsgrenze gemessen). Auch wird aus der Gefährtenzeit und auch aus späterer Zeit bestätigt, daß in weiter entfernten Städten wie Medina und Damaskus nicht am selben Tag gefastet wurde.

2. Ein Unterschied von mehr als zwei Tagen ist schlechterdings nicht möglich (wenn zuvor die Mondmonate korrekt bestimmt wurden) und deutet auf einen Fehler in der Berechnung bzw. Festlegung früherer Monddaten hin. Dieser Fall ist heutzutage leider nicht völlig auszuschließen, weil die meisten Muslime – zu ihrer eigenen Schande – weder das Mondjahr noch seine Festlegung kennen und so durch wissentlich falsche

Zeugenaussagen sowie unkorrekte staatliche und sonstige Berechnungen leicht irregeführt werden können.

3. Andererseits sind die astronomischen Berechnungen zum *Ramaḍān* – nach Ansicht auch der vorsichtigeren unter den heutigen Gelehrten – zu mehreren Dingen in der Lage:

a) Es läßt sich durch Beobachtung feststellen, ob der Mondhimmelskörper zumindest schon im völligen Schatten der Erde steht; ist das nicht der Fall, kann auch eine Zeugenaussage[16] zur Mondsichtung nicht korrekt sein.

b) Es läßt sich weiterhin feststellen, wo nach dieser Nullstellung, dem astronomischen Neumond, wo von der Erde aus in keinem Fall etwas zu sehen ist, am nächsten sowie dem übernächsten Tag usw. der Mond theoretisch zu sehen war. Wenn der Mond, durch Beobachtung des Himmelskörpers und Berechnungen bestätigt, am ersten Tag nach dem astronomischen Neumond zum Beispiel nachweislich hinter dem Horizont von Medina eine Stunde vor dem *Fajr* unterging, so ist es unmöglich, daß er den Neumond dort nach *Fajr*-Beginn gesehen haben kann.

c) Auch durch unabhängige, allgemein beobachtete Umstände wie Wolken, Staub und Nebel (etwa in Wüsten- oder Meeresnähe), die eine Sicht in der Höhe des Horizonts unmöglich machen, kann heutzutage – etwa durch Anrufe usw. – im negativen Sinne geprüft werden: Es kann also bei guten Wetterbedingungen nicht sicher gesagt werden, *ob* jemand den Neumond gesehen hat, aber es kann bei entsprechend schlechtem ausgeschlossen werden, *daß ihn jemand gesehen hat.*

KAPITEL 6

DIE ARKAN DES FASTENS

Nach Ansicht der *Ḥanafīya* und *Ḥanbalīya* besteht für das Fasten nur eine einzige absolute Pflicht (*rukn*): das Sich-Enthalten (*imsāk*) von Dingen, die das Fasten brechen (*mufṭirāt*). Nach Ansicht der *Shāfi'īya* und *Mālikīya* gibt es aber noch weitere *Arkān*.

Mālikīya

Innerhalb der *Mālikīya* werden zwei Hauptmeinungen vertreten: Nach einer Meinung ist die Absicht (*nīya*) neben dem Sich-Enthalten (*imsāk*) absolute Pflicht (ein *Rukn*), in dem Sinne, daß es kein Fasten ohne sie geben kann. Nach der anderen Meinung ist die *Nīya* jedoch nur eine Bedingung (*shart*), in dem Sinne, daß das Fasten ohne *Nīya* doch existiert.

Shāfi'īya

Für das Fasten gibt es drei absolute Pflichten (*Arkān*):
1. Die Absicht (*nīya*).
2. Das Sich-Enthalten (*imsāk*) von fastenbrechenden Dingen (*mufṭirāt*).
3. Der Fastende (*ṣā'im*) selbst.[17]

KAPITEL 7

DIE BEDINGUNGEN ZUM FASTEN (SHURŪṬ AṢ-ṢAUM)

Es werden mehrere Arten von Bedingung unterschieden:

- Bedingungen zur Verpflichtung des Fastens (*shurūṭ wujūb aṣ-ṣaum*)
- Bedingungen zur Gültigkeit des Fastens (*shurūṭ ṣiḥḥat aṣ-ṣaum*)
- Bedingungen zur Verpflichtung und Gültigkeit des Fastens zugleich (*shurūṭ li-l-wujūb wa ṣ-ṣiḥḥa*)
- Bedingungen zur Verpflichtung der Verrichtung des Fastens (*shurūṭ li-wujūb adā' aṣ-ṣaum*)
- Bedingungen zur Gültigkeit der Verrichtung des Fastens (*shurūṭ li-ṣiḥḥat adā' aṣ-ṣaum*)

Zur Verdeutlichung nun einige Darstellungen (* = vorhanden).

§ 5

WELCHE BEDINGUNGEN VON WELCHER RECHTSSCHULE ZUR BESCHREIBUNG VERWENDET WERDEN

Bedingungen	*Ḥanafīya*	*Mālikīya*	*Shāfi'īya*	*Ḥanbalīya*
zur Verpflichtung des Fastens	*	*	*	*

Bedingungen	*Ḥanafīya*	*Mālikīya*	*Shāfiʿīya*	*Ḥanbalīya*
zur Gültigkeit des Fastens		*	*	*
zur Verpflichtung und Gültigkeit des Fastens u. zugleich		*		*
zur Verpflichtung der Verrichtung des Fastens	*			
zur Gültigkeit der Verrichtung des Fastens	*			

§ 6

ÜBERSICHT ÜBER DIE VERSCHIEDENEN BEDINGUNGEN BEI DEN RECHTSSCHULEN

1. Bedingungen zur Verpflichtung des Fastens

	Ḥanafīya	*Mālikīya*	*Shāfiʿīya*	*Ḥanbalīya*
Islam	*[18]		*	*
Die Reife (*bulūgh*)	*	*	*	*
Verstand (*ʿaql*)	*		*	
Fähigkeit, zu fasten		*	*	*

2. Bedingungen zur Gültigkeit des Fastens

	Mālikīya	*Shāfiʿīya*	*Ḥanbalīya*
Islam	*	*	
Unterscheidungsfähigkeit (*tamyīz*)		*	
Freisein von *Ḥaiḍ*, *Nafās*, *Wilāda* (falls noch kein Blut aufgetreten ist)		*	*
Daß die fragliche Zeit zum Fasten erlaubt ist	*	*	
Nīya	*	*	*

3. Bedingungen zur Verpflichtung und Gültigkeit des Fastens zugleich

	Mālikīya	*Ḥanbalīya*
Verstand (*'aql*)	*	*
Unterscheidungsfähigkeit (*tamyīz*)		*
Freisein von *Ḥaiḍ* und *Nafās*	*	
Daß die Zeit des Monats *Ramaḍān* eingetreten ist	*	
Islam		*

4. Bedingungen der Verpflichtung zur Verrichtung des Fastens

	Ḥanafīya
Gesundheit	*
Nichtreisezustand (*iqāma*)	*

5. Bedingungen der Gültigkeit zur Verrichtung des Fastens

	Ḥanafīya
Reinheit von *Ḥaiḍ* und *Nafās*	*
Nīya	*

KAPITEL 8

DIE BEDINGUNGEN, DURCH DIE DAS FASTEN (ṢAUM) VERPFLICHTEND BZW. GRUNDSÄTZLICH GÜLTIG WIRD

Um einen besseren Überblick und bessere praktische Anwendung zu ermöglichen, sollen die Bedingungen zum Fasten hier zusammengefaßt dargestellt werden, zumal in der Praxis bezüglich der wichtigsten Bedingungen Übereinstimmung bei den *Madhāhib* besteht.

§ 7

DER ISLAM

Das Fasten eines Ungläubigen (*kāfir*) ist nicht rechtsgültig, in dem Sinne, daß von ihm im Diesseits – solange er nicht zum Islam übergetreten ist – kein Fasten gefordert wird. Im Jenseits jedoch wird der Ungläubige nicht nur für seinen Unglauben bestraft, sondern auch dafür, daß er die Dinge unterließ, die ihm der Islam als Muslim auferlegt hätte.

Andererseits ist es zur Gültigkeit des Fastens auch notwendig, daß der Fastende zum Zeitpunkt des Fastens Muslim ist. Wird jemand etwa während des Fastens zum Ungläubigen (*kāfir*) bzw. Abtrünnigen (*murtadd*) oder Abweichler (*mulḥid*) – *wa aʿūdhu bi llāh* –, so gilt sein Fasten für diese Zeitspanne, in der er kein Muslim mehr war, nicht, und er muß dieses Fasten nachholen.

Ebenso ist es, wenn ein Nichtmuslim aus Sympathie, Interesse oder anderen Gründen nach den Regeln des islamischen Fastens formal korrekt fastet: Auch in diesem Falle gilt sein Fasten islamrechtlich nicht.

§ 8

DER TAKLĪF – VERPFLICHTUNG AUFGRUND DES VORHANDENEN VERSTANDES (ʿAQL) UND VORHANDENER REIFE (BULŪGH)

Mit *Taklīf* ist hier gemeint, daß der Muslim reif (*bāligh*) und geistig gesund (*ʿāqil*) ist. Wenn eine dieser beiden Eigenschaften nicht erfüllt ist, entfällt auch die Verpflichtung (*taklīf*) zum Fasten[19].

Andererseits ist auch die Reife (*bulūgh*) sowie der Verstand Voraussetzung zur Gültigkeit des Fastens; so kann ein Kind, das noch nicht reif (*bāligh*) ist, auch noch kein islamrechtlich gültiges Fasten verrichten.[20]

§ 9

DIE ABSICHT (NĪYA) UND IHRE BEDINGUNGEN

Die Nīya selbst

Ḥanafīya

Es genügt, wenn der Fastende die Absicht (*nīya*) in seinem Herzen faßt, indem er das Fasten als eine gottesdienstliche Handlung (*ʿibāda*) für

Gott den Allmächtigen beabsichtigt. Es ist dabei *Sunna*, daß er diese Absicht auch konkret ausspricht.

Mālikīya

Die *Nīya* muß zumindest den Willen zum Fasten beinhalten; es tut der Gültigkeit der *Nīya* keinen Abbruch, wenn man nach ihrem Fassen – während der Nacht – noch ißt, trinkt, mit dem Ehepartner Geschlechtsverkehr hat oder schläft, doch wenn man nach Fassen der *Nīya* ohnmächtig wird oder verrückt usw., so gilt diese *Nīya* nicht mehr und muß wiederholt werden.

Ḥanbalīya

Für die Gültigkeit des Fastens ist die *Nīya* als Bedingung (*sharṭ*) notwendig.

Shāfi'īya

Die *Nīya* ist absolute Pflicht (*rukn*); sie muß bei einem Pflichtfasten genau gefaßt werden, wobei es wünschenswert ist, wenn sie auch laut ausgesprochen wird. Ein bloßes Vornehmen des Essens vor dem Fastenbeginn (*saḥūr*), kann aber die konkrete *Nīya* nicht ersetzen.

Die Absicht (nīya) in einem Teil der Nacht zu fassen (tabyīt)

Shāfi'īya und Ḥanbalīya

Es ist bei jedem Fasten verpflichtend, die *Nīya* in einem Teil der Nacht zu fassen.

Mālikīya

Es ist verpflichtend, die *Nīya* in einem Teil der Nacht zu fassen, wobei es am besten ist, wenn sie im letzten Teil der Nacht gefaßt wird. Aber eine *Nīya*, die während des lichten Tages gefaßt wird, ist für keine Art des Fastens gültig, auch nicht für freiwilliges Fasten.

Ḥanafīya

Es ist zulässig, ein Fasten für einen *Ramaḍān*-Tag (*ṣaum ramaḍān*), ein bestimmtes gelobtes Fasten (*ṣaum mandhūr*) bzw. ein freiwilliges Fasten (*ṣaum nafl*) mit einer *Nīya* zu verrichten, die in einem Teil der Nacht oder – nach *Fajr* – bis spätestens vor der Hälfte des lichten Tagesabschnitts des gemeinten Tages gefaßt wird. Es ist aber besser, die *Nīya* nur während der Nacht zu fassen.

Wenn der Fastende aber ein Fasten außerhalb der vorgesehenen Zeit (in *Qaḍā'*-Form), als Gelöbnis (*nadhr*) oder als Sühnehandlung (*kaffāra*) verrichten muß, so muß er die *Nīya* zwingend in einem Teil der Nacht – vor *Fajr* – fassen.

Die genaue Kennzeichnung der beabsichtigten Fastenart (ta'yīn)

Ḥanafīya

Es ist zulässig, daß man ein Fasten für einen *Ramaḍān*-Tag (*ṣaum ramaḍān*), ein bestimmtes gelobtes Fasten (*ṣaum mandhūr*) sowie ein freiwilliges Fasten (*ṣaum nafl*) mit einer absoluten, nicht näher bestimmten *Nīya* verrichtet; es ist aber *Sunna*, die Form des Fastens genau zu fassen (*ta'yīn*).

Wenn der Fastende aber ein Fasten außerhalb der vorgesehenen Zeit (in *Qaḍā'*-Form), als Gelöbnis (*nadhr*) oder als Sühnehandlung (*kaffāra*) verrichten muß, so muß er die Art des entsprechenden Fastens genau in der Absicht (*nīya*) nennen.

Shāfi'īya und Ḥanbalīya

In jedem Fall muß die genaue Fastenart genannt werden.

Mālikīya

Man muß genau in der Absicht (*nīya*) formulieren, ob man ein Pflicht- (*farḍ*) oder freiwilliges (*nāfila*) Fasten will; ist man sich darüber nicht sicher bzw. ist das nicht genau in der *Nīya* gefaßt, gilt das Fasten als *Nāfila*-Fasten.

Weiß man aber nicht mehr mit Sicherheit, ob man ein Fasten innerhalb oder außerhalb der vorgesehenen Zeit (in *Adā'* oder *Qaḍā'*) beabsichtigte, so gilt das Fasten in keinem Fall.

Die Wiederholung der Absicht (nīya): Tikrār

Shāfi'īya und Ḥanbalīya

Die Absicht (*nīya*) muß für jeden *Ramaḍān*-Fastentag – in der vorausgehenden Nacht – einzeln gefaßt werden, oder anders gesagt: Die *Nīya* zum Fasten muß vor jedem Tag des *Ramaḍān* wiederholt werden.

Ḥanafīya

Die *Nīya* muß für jeden Tag wiederholt werden, wobei aber das Essen beim *Saḥūr* als *Nīya* schon genügt.

Mālikīya

Bei einem ununterbrochen andauernden Fasten wie dem Fasten während des *Ramaḍān* oder einem andauernden Fasten als Sühnehandlung (*kaffāra*) genügt eine einmalige *Nīya*; sonst aber muß man in jeder Nacht die *Nīya* zum Fasten neu fassen.

§ 10

FREISEIN VON ḤAIḌ, NAFĀS, WILĀDA (FALLS NOCH KEIN BLUT AUFGETRETEN IST)

Es ist übereinstimmend verpflichtend, daß eine Frau, die fasten will bzw. grundsätzlich muß, frei ist von *Ḥaiḍ* (Menstruation), Monatsfluß (*nafās*) und Blutaustritt vor der Geburt (*wilāda*). Ist das aber der Fall, dann kann und darf sie nicht fasten. Fastet sie dennoch, muß sie dies sühnen (*Kaffāra* geben) und das Fasten nachholen. Ansonsten gilt, daß sie das Fasten in diesem Zustand unterläßt und es nach Ende der Blutungen nachholt (*Qaḍā'*, ohne *Kaffāra*).

§ 11

DASS DIE FRAGLICHE ZEIT ZUM FASTEN ERLAUBT IST

Hier ist gemeint, daß es sich bei dem fraglichen Tag nicht um einen solchen handelt, an dem man allgemein nicht fasten darf.

§ 12

DIE GRUNDSÄTZLICHE FÄHIGKEIT ZU FASTEN

Hier ist gemeint, daß die betreffende Person nicht durch Alter, Krankheit oder besondere Entschuldigungsgründe am Fasten gehindert ist.

§ 13

DASS DIE ZEIT DES MONATS RAMAḌĀN EINGETRETEN IST

Gemeint ist, daß es sicher ist, daß der Monat *Ramaḍān* bereits begonnen hat, gemäß den schon vorgestellten Bedingungen.

§ 14

DASS KEIN ENTSCHULDIGUNGSGRUND VORLIEGT, DER DAS FASTEN VERBIETET (ʿUDHR MĀNIʿA MIN AṢ-ṢAUM), BZW. KEINER, DER DAS FASTENBRECHEN ERLAUBT (ʿUDHR MUBĪḤ LI-L-FIṬR)

Entschuldigungsgründe, die das Fasten verbieten (aʿdhār māniʿa min aṣ-ṣaum)

Wenn sich eine Frau im Zustand von Ḥaiḍ (Menstruation) bzw. Monatsfluß (nafās) befindet

Wenn sich die Frau während eines Abschnitts eines lichten Tages des *Ramaḍān* im Zustand der Menstruation oder des Monatsflusses befindet[21], ist sie nicht zum Fasten verpflichtet – und darf auch nicht fasten.

Wenn man während des lichten Tages ohnmächtig wird

Wenn man während des lichten Tages ohnmächtig wird bzw. verrückt wird, ist man während der Zeitspanne der Ohnmacht bzw. des Verrücktseins nicht zum Fasten verpflichtet; erwacht man jedoch vor der Dämmerung (*maghrib*) aus diesem Zustand – und sei es auch nur für einen Moment –, so entfällt für diese Zeitspanne der Entschuldigungsgrund, und die ursprüngliche Verpflichtung zum Fasten wird für ebendiese Zeitspanne voll gültig.

Entschuldigungsgründe, die das Fastenbrechen erlauben (aʿdhār mubīḥa li-l-fiṭr)

Krankheit

Es gibt nach Ansicht der meisten Gelehrten keine bindende Grenze für die Schwere der Krankheit, ab der es erlaubt ist, nicht während eines *Ramaḍān*-Tages zu fasten, oder anders gesagt: Auch eine nicht schwere Krankheit kann es erlauben, das Fasten im *Ramaḍān* an einem solchen Krankheitstag nicht zu verrichten.

Andererseits gilt, daß dann, wenn jemand an einer schweren Krankheit leidet und ihm – nach Meinung von vertrauenswürdigen muslimischen Ärzten – vom Fasten abgeraten wird oder es für ihn selbst und/oder andere offensichtlich ist, daß seine Gesundheit bei Fasten ernsthaft gefährdet ist, es diesem Muslim untersagt ist (*ḥarām*) zu fasten.

Folgendes kann aber nicht als Grund zum Fastenbrechen gelten:

- wenn jemand nur leichte, aber doch erträgliche Beschwerden während des Fastens hat, aber keine wirkliche Krankheit.

• wenn jemand eine Verwundung hat, zu deren Ertragen bzw. Verheilung ein Fastenbrechen aber der Tat nach nicht erforderlich ist (wenn er zum Beispiel keine Medizin zur Schmerzlinderung braucht).

Reise

Wenn jemand auf eine Reise geht und die Reisestrecke so lang ist, daß sie das Kürzen der Vier-*Rak'a*-Gebete erlaubt, so ist es ihm vor Reiseantritt und vor Beginn der Reise erlaubt auszuwählen, ob er fasten will oder nicht.

Ist er aber nach dem Beginn der *Fajr*-Zeit noch nicht auf Reisen (*muqīm*) und hat er zu diesem Zeitpunkt noch nicht die Absicht gefaßt, wegen der Reise das Fasten zu brechen, sondern zuvor (schon während der Fastenzeit, dem lichten Tag) gefastet, so darf er das Fasten grundsätzlich nicht mehr brechen.

Hierbei gilt folgende Ausnahme:

Wenn jemand auf eine Reise zu gehen und dabei zu fasten beabsichtigt, aber sich während des Tages und während seiner Reise außerstande sieht, das Fasten einzuhalten, so ist es für ihn – je nach seiner Verantwortung auf der Reise – für die Dauer dieses Zustandes erlaubt bis geboten, nicht zu fasten.[22] Dies wird entsprechend dem gesehen, was unter dem Aspekt der Krankheit auch gilt.

Folgendes kann aber nicht als Grund zum Fastenbrechen gelten:

• wenn jemand nur so kurze Strecken zurücklegt, daß sie nicht als Reise betrachtet werden können.

• wenn jemand andauernd auf Reisen ist, ohne aber dabei ernsthafte Beschwerden zu haben, die ein Reisen (speziell eigenes Fahren von Verkehrsmitteln) unmöglich oder gefährlich machen.

Unfähigkeit zu fasten
aufgrund von Alter oder eines schweren körperlichen Gebrechens

Wer aufgrund seines Alters oder eines schweren, andauernden körperlichen Gebrechens außerstande ist zu fasten, dem obliegt das Fasten auch nicht.

Hierbei muß aber der Tat nach – durch eigene Erfahrung bzw. Attest eines vertrauenswürdigen muslimischen Arztes – erwiesen sein, daß das Fasten der betreffenden Person ernsthaften Schaden zufügen würde.

Im Fall der bloßen Erfahrung muß dieser Zustand bereits eine längere Zeit – also ein Jahr oder zumindest mehrere Monate – andauern, ohne daß sich zu irgendeinem Zeitpunkt eine wesentliche Verbesserung des Zustandes eingestellt hätte.

Im Falle des Attestes genügt es, wenn nach bestem medizinischen Wissen und Gewissen des Arztes klar ist, daß die betreffende Person nicht fasten kann; dabei muß das Attest aber so kurz wie möglich vor Beginn des *Ramaḍān*-Fastens erstellt werden, um sicher sein zu können, daß der Zustand sich vor Fastenbeginn – soweit ein Mensch das vorausahnen kann – nicht mehr ändern wird.

Wenn das Attest aber für eine Person erstellt wird, bei der es nicht äußerlich erkennbar ist, ob sie fasten kann oder nicht, und wenn auch die Person selbst nicht das Risiko abschätzen kann (etwa im Fall komplizierter innerer Krankheiten, von Geschwüren usw.) und der Krankheitsverlauf nicht eindeutig bestimmbar ist, so genügt die Erfahrung dieser Person über sich selbst nicht aus, und der Zustand des Schwerkranken muß vor Fastenbeginn ärztlich untersucht werden.

Allerdings muß jemand, der aufgrund seines Alters unfähig ist zu fasten, für jeden entgangenen Tag einen Armen speisen (siehe dazu unten). Das gilt bei den *Madhāhib* außer der *Mālikīya*, die in diesem Fall eine solche Speisung nicht als *Farḍ*, sondern nur als *Mustaḥabb* ansieht.

Wenn ein Kranker dauerhaft nicht imstande ist zu fasten, muß er nach Ansicht der *Madhāhib* außer der *Ḥanbalīya* keine Armenspeisung für jeden Tag durchführen, nach der *Ḥanbalīya* aber doch.

§ 15

SICH VON DINGEN, DIE DAS FASTEN BRECHEN (MUFṬIRĀT), VON FAJR- BIS MAGHRIB-BEGINN ZU ENTHALTEN (IMSĀK), UND DIE DAMIT VERBUNDENEN BEDINGUNGEN

Mit den Dingen, die das Fasten brechen (*mufṭirāt*), sind folgende Dinge gemeint:

1. Absichtliches Essen und Trinken, gleich, ob wenig oder viel.

Hierunter fällt auch das Einnehmen von Medizin sowie das Einatmen von Rauch. Wenn aber jemand versehentlich, ohne sich dessen bewußt zu werden, daß er Fastender ist, etwas ißt oder trinkt – egal, ob die Menge groß oder klein ist –, so gilt er weiterhin als Fastender.

2. Wenn etwas durch eine dauernd offene Körperöffnung in das Innere des Körpers eindringt.

Von daher gilt: Dringt mit Absicht oder aus grober Fahrlässigkeit zum Beispiel etwas Wasser in Mund, Ohren, Hinterteil, Geschlechtsorgane ein und gelangt ins Körperinnere, so ist das Fasten gebrochen. Aber wenn etwas Wasser in die Augen eindringt, so bricht das das Fasten nicht. Wenn aber etwas Essen zwischen den Zähnen usw. hängenbleibt und sich während der Fastenzeit löst, so gilt das erst dann als Fastenbrechendes, wenn die Masse absichtlich gegessen wurde; hat sie sich aber mit Speichel gelöst, so gilt das nicht als fastenbrechend.

3. Absichtliches Erbrechen.

4. Absichtlicher Geschlechtsverkehr.

Dabei gilt auch der Geschlechtsverkehr ohne Austritt von Samenflüssigkeit als fastenbrechend. Hat aber ein Ehepaar vergessen, daß die Fastenzeit schon angebrochen ist und hat Geschlechtsverkehr, so wird gesagt, daß im *Qiyās* zum Essen und Trinken das Fasten dadurch nicht gebrochen wird. Weiß aber einer der beiden, daß die Fastenzeit schon angebrochen ist und schweigt dazu, so ist die Sühnehandlung (*kaffāra*) und das Nachholen des Fastentages dafür verpflichtend.

5. Selbstbefriedigung (*istimnā'*).

Hier ist eine Stimulierung in irgendeiner Weise gemeint, bei der der Fastende absichtlich versucht, einen Samenerguß bzw. (bei der Frau) eine entsprechende Erregung herbeizuführen. Kann die betreffende Person sich aber noch rechtzeitig vor dem Samenerguß fangen und beherrschen, so ist das Fasten nicht gebrochen.

6. Das Eintreten von Menstruation (*ḥaiḍ*) oder Monatsfluß (*nafās*).

Bei Eintreten von *Ḥaiḍ* und *Nafās* während eines Fastentages gilt der betreffende Tag als nicht gefastet und muß nachgeholt werden.

7. Eintreten von Verrücktheit oder Abfall vom Glauben (*ridda*).

In diesem Fall gilt das Fasten als gebrochen.

KAPITEL 9

DAS NACHHOLEN DES RAMAḌĀN (QAḌĀ' RAMAḌĀN)

In manchen Fällen muß das Fasten nachgeholt werden, ohne daß man eine *Kaffāra* gibt, in anderen muß man zusätzlich eine *Kaffāra* geben.

Als *Kaffāra* (Sühnehandlung) gilt hier eine Handlung, die besonderer Form folgt und dann erfüllt werden muß, wenn man das Fasten absichtlich gebrochen hat oder unerlaubt gefastet hat (siehe dazu weiter unten).

Wenn man mit Vorhandensein eines Entschuldigungsgrundes nicht gefastet hat und das Fasten noch vor dem Verstreichen eines Jahres bzw. noch vor Beginn des neuen *Ramaḍān* nachholen kann und das auch tut, so genügt das.

Wenn man nun ohne Grund zu lange wartet und der neue *Ramaḍān* bereits anbricht, ohne daß man das Entgangene des alten *Ramaḍān*-Fastens nachgeholt hat, so muß man zusätzlich eine *Kaffāra* geben.

Wenn man aber entschuldigterweise auch nach Anfang eines neuen *Ramaḍān* noch nicht alles Entgangene nachgeholt hat, so muß man zusätzlich die dafür vorgesehene *Kaffāra* geben.

Außerdem ist es nicht möglich, versäumte Fastentage als *Qaḍā'* innerhalb eines gerade aktuellen Fastens (das in *Adā'* verrichtet wird) gültig nachzuholen.

Ḥanafīya

Ein solch nachgeholtes Fasten ist gültig, doch muß man dann die so entgangenen Tage des gerade laufenden *Ramaḍān*s nachholen.

Ebenso ist es nicht möglich, an Tagen, an denen das Fasten grundsätzlich verboten ist, versäumte Fastentage nachzuholen.

KAPITEL 10

DIE KAFFĀRA FÜR FEHLER ODER VERGEHEN BEIM FASTEN

Hier wird unterschieden zwischen verschiedenen Fällen:

§ 16

ABSICHTLICHES FASTENBRECHEN OHNE ENTSCHULDIGUNGSGRUND (‘UDHR)

Wer absichtlich – ohne zulässigen Entschuldigungsgrund – in der *Ramaḍān*-Zeit das Fasten gebrochen hat, muß gemäß dem klassischen Recht entweder einen muslimischen Sklaven befreien (das heißt einen Muslim, der in Sklaverei geriet bzw. einen Sklaven, der während seiner Sklaverei Muslim wurde) oder zwei (Mond-)Monate ununterbrochen fasten (das heißt in der Länge zweier durchschnittlicher Mondmonate), oder er muß für sechzig Arme Speise besorgen (das heißt sowiel Essen besorgen, daß sich sechzig Arme – jeder für sich genommen – sattessen können. Das geschieht in der Regel durch eine Nahrungsmenge, die ein erwachsener Mensch mit beiden geöffneten und aneinander gelegten Handflächen aufnehmen kann).

Außerdem muß aufrichtige Reue dieser Sühnehandlung (*kaffāra*) vorausgehen und ehrliches Bemühen, sonst wird die *Kaffāra* vor Gott nicht gültig sein.

Die erste Möglichkeit besteht heute wegen des Nichtvorhandenseins der Sklaverei de facto nicht mehr, weswegen nur die zwei folgenden Möglichkeiten verbleiben. Auch gilt: Wer für die Dauer von zwei Monaten in der Lage ist zu fasten, darf nicht einfach auf die Armenspeisung ausweichen: Er muß zumindest – nach bestem Wissen und Gewissen – versuchen, die zwei Monate durchzufasten. Nur wer von vornherein weiß, daß er dazu nicht in der Lage ist, oder wer das Fasten versucht und nicht durchhalten kann, kann und muß auf die Armenspeisung ausweichen.

Nur die *Mālikīya* ist der Ansicht, daß hier eine freie Wahlmöglichkeit besteht, wobei auch die Reihenfolge und Wertung bei ihr anders ist: Zuerst kommt bei ihr die Speisung der Armen, dann (theoretisch) das Freilassen eines gläubigen Sklaven, dann das Fasten der zwei ununterbrochen abfolgenden Monate.

Wenn das, was diese Sühnehandlung (*kaffāra*) bewirkte, mehrmals an verschiedenen Tagen vorkam, so muß diese *Kaffāra* auch entsprechend oft gegeben werden (also zum Beispiel für drei unentschuldigt gebrochene *Ramaḍān*-Fastentage dreimal hintereinander die beschriebene *Kaffāra*). Das ist die Ansicht von *Shāfi'īya* und *Mālikīya*.

Ḥanafīya

Die Tage werden in solchen Fällen nicht mehrmals *Kaffāra* bedingen, weder wenn es innerhalb eines *Ramaḍān* noch in mehreren geschah. Nur wenn für ein oder mehrere Vergehen *Kaffāra* gegeben wurde und dann erneut ein oder mehrere Vergehen *Kaffāra* erfordern, wird eine neue *Kaffāra* fällig.

Ḥanbalīya

Hat sich mehrmals hintereinander ein Vergehen ereignet, das eine Sühnehandlung erfordert, so genügt ein einmaliges Erfüllen der *Kaffāra*, wenn die alten Vergehen noch nicht erfüllt wurden. Wenn aber eine alte Schuld schon durch *Kaffāra* ausgeglichen wurde, muß eine neue auch erneut durch eine *Kaffāra* getilgt werden.

§ 17

UNENTSCHULDIGTES VERZÖGERN DES NACHHOLENS (QAḌĀ') VON NICHT GEFASTETEN RAMAḌĀN-TAGEN

Wer ohne Entschuldigungsgrund die von ihm nachzuholenden Tage eines *Ramaḍān* so lange nicht nachholt, bis ein neuer *Ramaḍān* eintritt, muß nicht nach dem Abschluß des zweiten *Ramaḍān* nur die Tage des ersten *Ramaḍān* nachholen, sondern er muß zusätzlich für jeden Tag, den er noch vom ersten *Ramaḍān* her nachholen mußte und verzögerte, ein Opfer geben. Dieses Opfer besteht darin, daß er für jeden der betreffenden Tage einen Armen speist, und zwar so, wie ein Armer bei der sonstigen *Kaffāra* (siehe oben) gespeist wird. Dies ist die Haltung der Rechtsschulen außer der *Ḥanafīya*.

Ḥanafīya

Es ist kein Opfer nötig, wenn der zweite *Ramaḍān* schon erreicht wurde und noch Tage nachgeholt werden müssen, gleich, ob nun ein Entschuldigungsgrund für die Verspätung vorliegt oder nicht.

Weiter sind die *Madhāhib* außer der *Shāfi'īya* der Ansicht, daß ein über Jahre hinweg nicht erfülltes Nachholen (*qaḍā'*) des Versäumten keine Vermehrung der Opfer-*Kaffāra* bewirkt.

Shāfi'īya

Die *Shāfi'īya* ist überdies der Ansicht, daß dieses Opfer auch mit weiterem Verstreichen der Jahre entsprechend vermehrt wird.

Das heißt, wenn jemand auf diese Weise für zehn Tage (also zehn Armen) Speise geben muß und das drei Jahre lang weiter verzögert, muß er dreißig Armen Speise geben.

KAPITEL 11

AḤKĀM DES FASTENS

§ 18

DAS VERPFLICHTENDE FASTEN (AṢ-ṢAUM AL-MAFRŪḌ)

Dies sind grundsätzlich folgende Arten des Fastens:

Das Fasten während des Monats Ramaḍān selbst (ṣaum shahr ramaḍān)

Dies umfaßt sowohl das in *Adā'* (also im gerade laufenden *Ramaḍān*) zu fastende als auch das in *Qaḍā'* (durch Nachholen) zu fastende, zuvor nicht gefastete, *Ramaḍān*-Fasten.

Gelobtes Fasten (ṣaum mandhūr)

Damit ist jedes Fasten gemeint, das als solches (als *Nadhr*[23]) gelobt worden ist.

Dabei kann auch ein freiwilliges *Sunna*-Fasten, also ein Fasten, das *mandūb* ist, Gott gelobt werden: In diesem Falle wird die Durchführung des betreffenden Fastens von *Mandūb* zu *Farḍ*.

Als Fasten darf aber kein Tag gelobt werden, den zu fasten grundsätzlich *makrūh* oder gar *ḥarām* ist.

§ 19

DAS EMPFOHLENE FASTEN (AṢ-ṢAUM AL-MANDŪB)

Das Fasten von Tāsū'ā und 'Āshūrā'

Dies sind der 9. *Muḥarram* (*tāsū'ā'*) und der 10. *Muḥarram* (*'āshūrā'*). Diese zu fasten ist generell *mandūb*. Nur die *Ḥanafīya* hält es für *makrūh tanzīhan*, den *'Āshūrā'* zu fasten, wenn er nicht mit dem *Tāsū'ā'* oder dem 11. *Muḥarram* verbunden gefastet wird.

Das Fasten der vier „zu ehrenden Monate" (al-ashhur al-ḥurum) und das Fasten des Rajab mit dem des Sha'bān

Die vier „zu ehrenden Monate" (*al-ashhur al-ḥurum*) sind drei, die aufeinander abfolgen, und ein einzelner:

Dhu l-Qaʿda, *Dhu l-Ḥijja* und *al-Muḥarram* folgen direkt aufeinander, der Monat *Rajab* steht dagegen isoliert im Mondjahr.

Zur besseren Übersicht hier eine Darstellung der Mondmonate, wobei die vier „zu ehrenden Monate" markiert sind und der Monat *Ramaḍān* extra hervorgehoben ist, um seine Stellung innerhalb des Mondjahres in bezug zu diesen Monaten zu zeigen:

1. *(al-)Muḥarram*
2. *Ṣafar*
3. *Rabīʿ al-Awwal*
4. *Rabīʿ ath-Thānī*
5. *Jumāda l-Ūlā*
6. *Jumāda l-Ākhira*
7. *Rajab*
8. *Shaʿbān*
9. *Ramaḍān*
10. *Shawwāl*
11. *Dhu l-Qaʿda* [*Dhu l-Qiʿda*]
12. *Dhu l-Ḥijja*

Nach Ansicht der *Ḥanafīya* und *Mālikīya* ist es grundsätzlich *mandūb*, die Monate *Rajab* und *Shaʿbān* (ganz) zu fasten. Die *Shāfiʿīya* jedoch hält das Fasten in der zweiten Hälfte des *Shaʿbān* für verboten, während die *Ḥanbalīya* meint: Wenn man den *Rajab* einzeln (als ganzen Monat) fastet, ist das *makrūh*, es sei denn, man unterbricht für ein oder mehrere Tage innerhalb des Monats das Fasten.

Allgemein bei den Rechtsschulen gilt das Fasten der gesamten „zu ehrenden Monate" (*al-ashhur al-ḥurum*) als *mandūb*; die *Ḥanafīya* jedoch hält grundsätzlich in allen Monaten und so auch speziell in den Monaten *Dhu l-Qaʿda*, *Dhu l-Ḥijja* und *Muḥarram* drei Tage zu fasten für *mandūb*, abgesehen von der Frage des *Tāsūʿāʾ* und *ʿĀshūrāʾ*, während ja den *Rajab* ganz zu fasten ohnehin *mandūb* ist.

Das Fasten der Ayyām al-Bīḍ

Diese Tage (wörtlich übersetzt: „die hellsten Tage") fallen auf den 13. bis 15. Tag eines jeden *Hijra*-Monats. Sie werden darum so genannt, weil in den Nächten dieser Tage (das heißt den diesen Tagen vorausgehenden Nächten) der Mond seine größte Sichtbarkeit und Helligkeit erreicht.

Außer der *Mālikīya* – die das Fasten an diesen Tagen mit der entsprechenden Absicht, sie als diese Tage zu fasten, als *makrūh* ansieht – ist die allgemeine Ansicht, daß es *mandūb* ist, die *Ayyām al-Bīḍ* als solche zu fasten.

Das Fasten am Tag von ʿArafāt (ṣaum yaum ʿarafāt)

Dies ist der 9. des *Dhu l-Ḥijja*, der Tag, an dem die Pilger des *Ḥajj* den Stehritus, *Wuqūf ʿArafāt*, ausführen. Für Nichtpilger ist dieser Tag übereinstimmend als Fastentag *mandūb*; für *Ḥajj*-Pilger ist die Ansicht der Rechtsschulen geteilt.

Ḥanbalīya

Für den Pilger ist es *mandūb*, wenn er den *Wuqūf* (hauptsächlich bzw. von kurz vor dem *Maghrib*) bei Nacht und nicht am lichten Tag ausführt, sonst ist dieses Fasten für ihn *makrūh*.

Ḥanafīya

Am Tag von *ʿArafāt* und am 8. *Dhu l-Ḥijja* ist das Fasten für den Pilger *makrūh*, wenn es ihn deutlich schwächt.

Mālikīya

Am Tag von *ʿArafāt* und am 8. *Dhu l-Ḥijja* ist das Fasten für den Pilger generell *makrūh*.

Shāfiʿīya

Wenn der Pilger in Mekka ortsansässig ist (*muqīm*), dann am Tag nach *ʿArafāt* geht und fastet, ist das nicht das Beste, also *makrūh*; geht er aber nachts dorthin, ist das Fasten für ihn zulässig (*jāʾiz*).

Ist der Pilger jedoch Reisender (*musāfir*), so ist für ihn das Fastenbrechen absolut *Sunna*.

Das Fasten am Montag und Donnerstag (ṣaum yaum al-ithnain wa-l-khamīs)

Es ist übereinstimmend *mandūb*, in jeder Woche den Montag und Donnerstag zu fasten.

Das Fasten von sechs Tagen im Monat Shawwāl

Diese Tage zu fasten, ist ohne weitere Bedingung bei den Rechtsschulen außer der *Mālikīya* lobenswert (*mandūb*).

Mālikīya

Unter den folgenden Bedingungen ist das Fasten dieser sechs Tage *makrūh*:

1. Wenn befürchtet werden muß, daß der Fastende von dem Pflichtcharakter dieses Fastens überzeugt wird oder ist.
2. Wenn sie direkt nach dem Festtag des *ʿĪd al-Fiṭr* verrichtet werden.

3. Wenn sie ununterbrochen hintereinander gefastet werden.
4. Wenn der Fastende sein Fasten nach außen hin deutlich erkennen läßt.

Nach Ansicht der *Shāfiʿīya* und *Ḥanbalīya* gilt es als das Beste, wenn sie ununterbrochen hintereinander gefastet werden; das ist nach der *Mālikīya makrūh.* Nach der *Ḥanafīya* gilt hierzu: Es ist allgemein *mandūb* – und so auch, wenn in jedem Monat drei Tage – am besten hintereinander Freitag, Samstag, Sonntag – gefastet werden.

Das Fasten während eines Tages und das Nichtfasten am darauffolgenden Tag

Dies gehört zu dem, was unter den als *mandūb* geltenden Fastenarten in Übereinstimmung der Gelehrten als das Beste angesehen wird.

§ 20

DAS VERBOTENE FASTEN (AṢ-ṢAUM AL-ḤARĀM)

Dies sind folgende Tage:

Die beiden Festtage des ʿĪd al-Fiṭr (Fastenbrechenfest) und des ʿĪd al-Aḍḥā (Opferfest)

Das Opferfest (*ʿīd al-aḍḥā*) fällt auf den 9. *Dhu l-Ḥijja*, das Fastenbrechenfest (*ʿīd al-fiṭr*) folgt auf den 29. oder 30. *Ramaḍān.*

An diesen beiden Tagen darf nicht absichtlich gefastet werden; das heißt, wer weiß, daß an einem bestimmten Tag eines der beiden Feste sein muß, darf an diesem Tag nicht fasten. Auch gilt, daß jemand, der das nicht weiß und es während des Tages erkennt, sofort mit dem Fasten aufhören muß.

Auch sind nach Ansicht der Rechtsschulen außer der *Ḥanafīya* und *Mālikīya* die drei Tage nach dem *ʿĪd al-Aḍḥā* zu fasten untersagt; die *Ḥanafīya* hält das Fasten dieser drei Tage lediglich für *Makrūh taḥrīman*, während die *Mālikīya* nur zwei Tage nach diesem Fest für verboten hält.

Das Fasten am Tag des Zweifels

Das ist der dreißigste Tag des Monats *Shaʿbān*; er ist darum so genannt worden, weil vor diesem Tag die Frage auftaucht, ob der folgende Tag schon der erste *Ramaḍān* sein wird oder nicht. Da eventuell im nachhinein festgestellt werden kann, daß an diesem betreffenden Tag doch der erste *Ramaḍān* war (etwa wenn jemand keine Nachricht erhielt und selbst den

Mond nicht sah), ist dieser Tag vom Propheten ﷺ als Fastentag für verboten erklärt worden.

Das Fasten der Ehefrau ohne Erlaubnis des Ehemannes

Allgemein gilt: Wenn der Ehemann bei der Ehefrau anwesend ist und beide in der Lage sind, Geschlechtsverkehr oder andere Handlungen, die das Fasten brechen, zu unternehmen, so muß die Ehefrau die Erlaubnis des Ehemannes zum Fasten haben.

Wenn der Ehemann nicht anwesend ist (zum Beispiel wenn er auf der Pilgerfahrt ist) oder nicht mit ihr Geschlechtsverkehr oder gemeinsam mit ihr Dinge unternehmen kann, die das Fasten brechen, ist es der Ehefrau nach Ansicht der *Shāfi'īya* und *Mālikīya* erlaubt.

Ḥanafīya

Das Fasten der Ehefrau ohne ausdrückliche Erlaubnis ihres Ehemannes ist *makrūh*.

Ḥanbalīya

Selbst wenn der Ehemann nicht anwesend ist oder nicht in der Lage ist, mit ihr den Geschlechtsverkehr oder andere fastenbrechende Handlungen zu vollziehen, ist ihr ohne seine ausdrückliche Erlaubnis das Fasten untersagt.

§ 21

DAS ZU UNTERLASSENDE FASTEN (AṢ-ṢAUM AL-MAKRŪH)

Das Fasten an den drei Tashrīq-Tagen

Dies sind die drei Tage nach dem 9. *Dhu l-Ḥijja* (dem Tag des Opfers, des Opferfestes), also der 10., 11. und 12. *Dhu l-Ḥijja*.

Dieses Fasten ist bei der *Shāfi'īya* nicht nur *makrūh*, sondern untersagt.

Das Fasten am Tag von Nurūz bzw. Neujahr und dergleichen allein

Weil diese Feste wichtige vorislamische Feiertage sind, ist es *makrūh*, sie allein – ohne weiteren Tag davor oder dahinter angehängt – zu fasten.

Das Fasten von Freitag, Samstag oder Sonntag allein

Dies ist *makrūh*, weil Freitag und Sonntag auch bei vielen christlichen Kirchen wichtige Fastentage sind bzw. das Fasten hier eine – nicht islamrechtlich abgesicherte – Würdigungsart dieser Tage darstellt. Samstag hingegen ist der wichtigste jüdische Feiertag der Woche. Wenn man aber mindestens einen Tag davor oder danach hinzufastet, ist das Fasten an diesen Tagen nicht *makrūh*.

Das Fasten an ein oder zwei Tagen vor dem sicheren Ramaḍān-Beginn

Wenn man nur ein oder zwei Tage vor dem sicheren *Ramaḍān*-Beginn fastet, ist das nach der *Ḥanafīya* und *Ḥanbalīya makrūh.*

Nach der *Mālikīya* ist das nicht *makrūh.*

Nach der *Shāfi'īya* ist das verboten (*ḥarām*), so wie auch das Fasten der gesamten letzten Hälfte des *Sha'bān* nach der *Shāfi'īya* als *ḥarām* gilt.

Sonstige Fastentage, die entweder makrūh oder ḥarām sind

Ḥanafīya

Makrūh taḥrīman ist das Fasten an den beiden Festtagen und den drei dem Opferfest folgenden Tagen (*Tashrīq*-Tagen). *Makrūh tanzīhan* ist das Fasten des *'Āshūrā'*, ohne mit dem 9. Muḥarram, *Tāsū'ā'*, oder dem 11. *Muḥarram* verbunden zu sein. Ebenso ist das alleinige Fasten von *Nurūz* oder dem Neujahr *makrūh tanzīhan.*

Das andauernde Fasten über das ganze Jahr ist *makrūh tanzīhan.* Ebenso ist das Fastenverbinden (*wisāl aṣ-ṣaum*) – also andauerndes Fasten über *Maghrib* hinaus bis zum neuen *Imsāk* – *makrūh tanzīhan.*

Makrūh tanzīhan ist das Fasten eines Reisenden, wenn ihn das Fasten anstrengt.

Mālikīya

Es ist *makrūh*, am Geburtstag des Propheten zu fasten, weil dadurch der Eindruck entsteht, dieses Fasten sei in diesem Fest begründet. Weiter ist es *makrūh*, daß ein Gast ohne Erlaubnis seines Gastgebers bzw. des Hausherrn fastet, weil im Rahmen der Gastfreundschaft der Gast bewirtet werden muß und normalerweise die Hausbewohner etwas zu essen und trinken vorbereiten.

Es ist *makrūh*, freiwilliges Fasten zu verrichten, wenn man noch Pflichtfasten nachholen muß.

Das Fastenverbinden (*wisāl aṣ-ṣaum*) ist aber *ḥarām*, nicht nur *makrūh.*

Wenn ein Reisender das Fasten leicht ertragen kann, ist das für ihn besser, als nicht zu fasten; bereitet es ihm Beschwerden, ist für ihn das Fastenbrechen besser.

Shāfiʿīya

Das Fasten eines Reisenden ist *makrūh*, ebenso das einer Schwangeren, einer Stillenden, eines alten Menschen (sofern für ihn große Beschwernis erwartet werden muß).

Das Fasten ist allgemein *ḥarām*, wenn dadurch der Körper geschwächt oder geschädigt wird.

Wenn an einem Freitag, Samstag, Sonntag oder dergleichen Tagen, die allgemein *makrūh* sind, aufgrund eines *Nadhr* gefastet wird, ist das nicht *makrūh*.

Andauerndes Fasten (immerwährend) ist *makrūh*.

Wenn man noch *Farḍ*-Fasten nachholen muß, ist freiwiliges Fasten generell *makrūh*.

Ḥanbalīya

Das *Wisāl*-Fasten (das heißt das Fasten während der gesamten Nacht bis zum neuen *Imsāk*) ist *makrūh*. Nur den gesamten Monat *Rajab* – als einzelnen Monat – zu fasten, ist *makrūh*.

Anmerkungen:

1 Es gilt allgemein, daß gottesdienstliche Handlungen (*'ibādāt*), die man nicht öffentlich verrichtet, vor Gott mehr gelten, wenn man sie nicht offen bekannt gibt oder gar zur Schau stellt; als klares Beispiel dafür wird von den Gelehrten immer das Fasten sowie auch das Geben von Almosen (*ṣadaqa*) angeführt.

2 Es gibt einige Gelehrte innerhalb der *Ḥanafīya*, die ein solches Fasten nur als *Wājib* (im hanafitischen Sinne), nicht aber als *Farḍ* betrachten.

3 *Mubāḥ*, „wertfrei" erlaubt, kann ein Fasten grundsätzlich nicht sein, weil der Fastende für ein Fasten – wenn es nicht in sich verboten ist – Lohn bei Gott bekommt, weil das Fasten an sich immer bei Gott eine lobenswerte, gute Sache ist. Hier nun Beispiele für verschiedene Arten des Fastens:

- Das Fasten im Monat *Ramaḍān* ist *Farḍ*.
- Das Fasten eines gelobten Fastens (*ṣaum mandhūr*) ist nach Meinung mancher hanafitischer Gelehrter *wājib*.
- Das Fasten am Montag und Donnerstag ist *mandūb*.
- Das Fasten eines einzelnen Freitags (ohne anschließendes Fasten des Samstags bzw. vorheriges Fasten des Donnerstags) ist zumindest *makrūh*.
- Das Fasten am Tag des *'Īd al-Fiṭr* (Fastenbrechenfest) ist *ḥarām*.

4 Allgemein gilt, daß in der islamischen Kalenderrechnung die Nacht vor dem Tag kommt, der Tag also der Nacht folgt; daher ist der astronomische Beginn der Nacht (festgelegt als der Beginn der *Maghrib*-Zeit) zugleich auch Beginn eines jeden Mondmonats.

5 Wenn es in einem Land keinen islamischen Richter gibt bzw. keinen, der diese Funktion aufgrund seines Gelehrtenranges (in Sinne des islamischen Rechts) ausüben darf, so muß seine Stelle von solchen Stellen übernommen werden, die

- unter der *Wilāya* (hier: Machtbefugnis) von korrekten Muslimen stehen (also nicht nur solchen, die dem Namen nach Muslime sind, ihren Taten nach aber *Kuffār* bzw. Befehlsempfänger von Nichtmuslimen, da dann ihrer offiziellen Stellungnahme nicht vertraut werden kann und auch nicht darf);
- über die Mittel bzw. das nötige Ansehen unter den ortsansässigen Muslimen verfügen, um die so eintreffende Zeugenaussage allgemein bekannt und anerkannt werden zu lassen.

6 Eine solche Person wird „*Mastūr al-Ḥāl*" genannt, etwa: „derzeit (an dem fraglichen Zeugnis) gehindert"; das ist etwa bei jemandem der Fall, der zum Zeitpunkt, zu dem der Mond sichtbar war, nach seiner eigenen Aussage fähig war zu sehen, im Moment (*ḥāl*) aber – zum Beispiel durch eine (vorübergehende) Sehstörung – nicht in der Lage dazu wäre.

7 In Deutschland gibt es zwar viele Moscheen, aber nicht in jeder Stadt bzw. jedem Ort. In diesem Fall bleiben letztlich nur zwei Möglichkeiten, wenn jemand den Mond mit eigenen Augen gesehen hat und gemäß den Bedingungen als Zeuge/Zeugin in Frage kommt:

1. Daß diese Person sich persönlich (nicht telefonisch!) zu einer als Zeugen ebenfalls geeigneten Gemeinschaft von Muslimen begibt und dort die Zeugenaussage macht. Telefonische Benachrichtigung allein ist darum hier nicht ohne weiteres annehmbar, weil im Rahmen der Bedingungen zur Zeugenaussage (*shahāda*) eine mittelbare Aussage (in Schrift oder Ton) ohne weitere Bestätigung, daß diese mittelbare Aussage wirklich von dem fraglichen Zeugen stammt, unannehmbar ist.

2. Wenn das aus verschiedenen Gründen nicht möglich ist, so muß man auf anderen Wegen (auch telefonisch) versuchen, mit einer solchen Gemeinschaft in Verbindung zu kommen; dabei muß aber – sei es durch vorherige Vereinbarung, sei es durch verschiedene Erkennungszeichen – sichergestellt sein, daß die fragliche Person in ihrer Identität wirklich die ist, die sie zu sein vorgibt.

8 Das heißt, wenn jemand das Erscheinen des Neumonds (*hilāl*) noch in der Nacht von einem Zeugen – oder auch einem übermittelnden Zeugen – erfährt und es als wahr annimmt, so muß er die Absicht zum Fasten des *Ramaḍān* entsprechend der dafür geltenden Bedingungen fassen und vom Zeitpunkt des *Imsāk* an sofort fasten. Wenn jemand diese Benachrichtigung aber tagsüber erhält und zur Überzeugung gelangt, daß der Tag, den er gerade erlebt, doch ein *Ramaḍān*-Tag ist, so muß er sofort fasten – auch wenn seine gesamte Umgebung nicht fastet und ihm und seinem Gewährsmann nicht glaubt, daß der Neumond gesehen wurde. (Zu weiteren Einzelheiten, speziell zur Absicht (*nīya*), siehe weiter im Haupttext.)

9 Bei einem Sünder (*fāsiq*) oder Ungläubigen (*kāfir*) unter der Voraussetzung, daß ihre Aussage doch in diesem Fall als vertrauenswürdig gelten kann.

10 Hier sind kleinere Sünden gemeint, die öffentlich getan werden oder allgemein bekannt werden.

11 Etwa in der Öffentlichkeit alberne Lieder zu singen oder regelrechten Blödsinn zu machen, der allgemein bei noch nicht erwachsenen Jugendlichen erwartet wird.

13 Dies ist in der *Uṣūl al-Ḥadīth*-Wissenschaft das Prinzip desjenigen Hadith, der zwar formal ganz korrekt (*ṣaḥīḥ*), aber auch ungewöhnlich ist (*gharīb*), weil er immer nur von einer Einzelperson zur nächsten Einzelperson (das heißt Überlieferer) überliefert wird und darum auch von den meisten Hadith-Gelehrten als eine bestimmte Art des „schwachen Hadithes" betrachtet wird; siehe dazu auch die Einleitung zum zweiten Teil des Buches.

13 Siehe dazu die oben aufgeführte Meinung von *Ḥanafīya* und *Shāfi'īya*, wo der Begriff erklärt ist.

14 Gemeint ist damit, daß die fragliche Person nicht im Privatrahmen – wo es nicht von allen Menschen beobachtet werden kann – sündhaft ist.

15 Siehe dazu die oben aufgeführte Meinung von *Ḥanafīya* und *Shāfi'īya*, wo der Begriff erklärt ist.

16 Heutzutage werden oft Zeugenaussagen irgendwelcher Leute, die angeblich außerhalb Deutschlands den Mond gesehen haben sollen, als Beleg herangezogen, ohne daß sich die Vertrauenswürdigkeit und Zeugeneignung dieser Zeugen irgendwie vom hier lebenden Muslim nachprüfen läßt; in solchen Fällen darf der hier lebende Muslim dieser Aussage solange keine Beachtung schenken, wie sie nicht durch einen sicheren Bericht aus anderer Quelle bestätigt wird.

17 Nach manchen Meinungen in der *Shāfi'īya* aber wird der Fastende nicht zu den *Arkān* gezählt.

18 Nach Ansicht der *Mālikīya* ist auch ein Ungläubiger (*kāfir*) zum Fasten verpflichtet – auch wenn es von ihm nicht angenommen wird; das darum, weil den Menschen vor dem Erscheinen des Islam (in engeren Sinne) das Fasten auferlegt worden war (dadurch, daß alle Propheten und Gesandten das Fasten ihren Gemeinschaften auf Befehl Gottes des Erhabenen auferlegten) und sich die ursprüngliche Form durch menschliche Manipulation änderte.

19 Dies darum, weil dann, wenn eine Eigenschaft des *Taklīf* entfällt, auch nicht die Erfüllung der Verpflichtungen des Diesseits vorliegt. Siehe dazu auch die Einleitung zum zweiten Teil des Buches.

20 Wenngleich es erzieherisch für muslimische Eltern ratsam ist, auch ein Kind, das noch nicht Unterscheidungsfähigkeit (*tamyīz*) erreicht hat, durch Verzicht auf Kleinigkeiten auf das Fasten als solches sanft vorzubereiten, damit es sich einerseits nicht von den eigentlichen Fastenden ausgeschlossen fühlt und andererseits merkt, daß das Fasten letztendlich auch ihm obliegen wird und es sich Schritt für Schritt daran gewöhnt.

21 Normalerweise dauert der Zustand von Menstruation (*ḥaiḍ*) oder Monatsfluß (*nafās*) mehrere Tage lang an; hier ist gemeint, wenn sie entweder den gesamten 24-Stunden-Tag in diesem Zustand verbringt oder – am Ende der Periode bzw. von *Nafās* – nur für einen Teil des lichten Tages in diesem Zustand ist. Im letzteren Fall muß sie sich – entsprechend den Regeln von *Ḥaiḍ* bzw. *Nafās* – durch die Ganzkörperwaschung (*ghusl*) reinigen und danach für den verbliebenen Rest des lichten Tages bis vor Anbruch der *Maghrib*-Zeit direkt die Fastenregeln einhalten. Das heißt: Es ist unzulässig, aus Bequemlichkeit usw. die Reinigung auf die Zeit nach *Maghrib* zu verschieben und unter dem Vorwand, man habe sich noch nicht „offiziell" aus dem Zustand von *Ḥaiḍ/Nafās* herausbegeben, den Rest des lichten Tages nicht zu fasten. – Dies gilt, wenn bei einer Frau die Zeit von *Ḥaiḍ* bzw. *Nafās* mit einem plötzlichen Ende abschließt, man also genau erkennen kann, wann der Moment des Rein-Seins gekommen ist. Aber andererseits ist es in vielen Fällen – gerade bei *Nafās* – nicht genau festzustellen, ob das Ende der entsprechenden Zeit schon gekommen ist, weil Tage vermeintlichen Rein-Seins mit solchen abwechseln, wo ein Ausfluß stattfindet; in solchen Fällen kann das oben Gesagte nicht in seiner vollen Schärfe gelten, und dazu gelten besondere Bedingungen, die bei den entsprechenden Abschnitten über *Ḥaiḍ/Nafās* zu finden sind.

Lediglich wenn sich die betreffende Frau nach wie vor schwach und nicht in der Lage fühlt, zu fasten, hat sie das Recht, den Rest des lichten Tages abzuwarten: dann aber aufgrund von „Krankheit", nicht mehr aufgrund von *Ḥaiḍ* bzw. *Nafās*.

22 Hier sind körperliche Gründe gemeint, zum Beispiel:

- Jemand ist in einer sehr heißen Gegend unterwegs bzw. muß hart körperlich arbeiten (oder derart anstrengende Tätigkeiten wie Bergwandern auf einer Reise usw. bewältigen) und fürchtet – nach den ersten Anzeichen der Erschöpfung, nach seiner Einschätzung der Lage und seinem besten Wissen und Gewissen – ohne Trinken die notwendige Tätigkeit nicht bewerkstelligen zu können. In diesem Fall ist es ihm erlaubt, das Fasten zu brechen. Sofern er aber nach einer Weile tatsächlich feststellt, daß er doch zum Fasten (bzw. wieder) in der Lage ist, muß er das Fasten wieder für den Rest des lichten Tages fortsetzen.
- Jemand ist mit einem Verkehrsmittel unterwegs, und es überkommt ihn starker Brechreiz, und klare Zeichen einer Krankheit erscheinen: Hier ist es ihm erlaubt, das Fasten zu brechen, wenn die Notlage dies erfordert (etwa wenn er sich absichtlich erbrechen muß, um diesem Zustand abzuhelfen).
- Jemand ist als aktiver Fahrer eines Verkehrsmittels unterwegs (Auto, Bus, Lastwagen, Flugzeug, Bahn usw.) und es überkommt ihn starkes Schwindelgefühl, ohnmachtsähnliche Beschwerden oder starker Brechreiz: In diesen Fällen ist es, wenn der Zustand nach seinem besten Wissen und Gewissen durch Essen, Trinken bzw. Medizineinnahme beendet werden kann und niemand mit ihm reist, der seinen Platz übernehmen könnte – zumindest erlaubt, das Fasten im notwendigen Zeitmaß zu brechen, wobei aber bei Weggehen der Beschwerden die Fastenpflicht wieder voll einsetzt.
- Wenn man aber in einer derartigen Lage als Fahrer für Passagiere verantwortlich ist und kein Ersatzfahrer vorhanden ist, muß man das Fasten brechen, um die

anderen nicht zu gefährden. Auch hier gilt aber, daß bei Wegfall des Entschuldigungsgrundes (*'udhr*) auch die ursprüngliche Fastenpflicht für den Rest des lichten Tages wieder einsetzt.

In all diesen und anderen derartigen Fällen besteht ein wichtiger Unterschied zu den im Haupttext erwähnten Entschuldigungsgründen (*a'dhār*) der Krankheit (allgemein) und der Reise:

- Bei den hier dargestellten besonderen Entschuldigungsgründen (*a'dhār*) hatte man zunächst die Absicht zum Fasten gefaßt (bzw. galt die allgemeine Absicht zum *Ramaḍān*-Fasten), doch dann hat man während dieser Fastenzeit – ohne entsprechende Absicht – eine Notlage vorgefunden und so das Fasten gebrochen;
- bei den oben im Haupttext genannten *A'dhār* hatte man noch vor Beginn des (grundsätzlichen) Fastentages die Absicht gefaßt, nicht zu fasten.

Daher gilt bei den außergewöhnlichen *A'dhār*, daß das Fasten an diesen Tagen sofort nach Wegfall des Grundes wieder einsetzt, während bei den anderen *A'dhār* den ganzen Tag nicht gefastet wird – selbst wenn man sich zeitweise zum Fasten in der Lage fühlen sollte. (Das ist also in Abhängigkeit zur Absicht (*nīya*) zu sehen.)

23 Siehe dazu auch den entsprechenden Abschnitt über die Gelöbnisse (*nudhūr*).

V.

Buch
über die Pilgerfahrt

Ḥajj

KAPITEL 1

ALLGEMEINE BESCHREIBUNG UND VORSTELLUNG VON ḤAJJ UND ʿUMRA

Unter dem *Ḥajj*, wörtlich etwa: „das Hinstreben zu einem Ziel", versteht man das Verrichten der genau festgelegten Pilgerfahrt des Muslims und der Muslimin zu den Pilgerstätten des Islam: Mekka (Makka) mit der Kaaba (*kaʿba*), den Hügeln *aṣ-Ṣafā* und *al-Marwa*, Medina (Madīna), Muzdalifa, Minā, ʿArafāt und den Orten, wo man den *Iḥrām*, den rituellen Eintritt in den Weihezustand zum *Ḥajj*, einnimmt.

Der *Ḥajj* ist in seiner Form genau festgelegt und muß den entsprechenden Regeln gemäß durchgeführt werden, in Abhängigkeit von Ort (*Iḥrām* und Pilgerstätten) und Zeit (Zeitraum, der nach dem *Hijra*-Jahr zur Durchführung des *Ḥajj* erlaubt ist).

Der *Ḥajj* wird – um ihn im Unterschied zur *ʿUmra* zu beschreiben – im Deutschen und anderen nichtarabischen Sprachen oft auch als „große Pilgerfahrt" bezeichnet, während man die *ʿUmra* „kleine Pilgerfahrt" nennt.

Die *ʿUmra* und der *Ḥajj* sind zwar in ihrer Grundform gleich, doch gibt es im Unterschied zum *Ḥajj* bei der *ʿUmra* bestimmte Riten nicht, und es ist als Beginn der Durchführung (zeitlicher *Mīqāt*) der *ʿUmra* kein bestimmter Zeitraum festgesetzt.

§ 1

DER ḤUKM DES ḤAJJ BZW. DER ʿUMRA

Der *Ḥajj* ist absolute Pflicht für den, der ihn – gemäß bestimmter Bedingungen – verrichten kann, und zählt zu den fünf Säulen des Islam. Wer die grundsätzliche Pflicht zum *Ḥajj* leugnet, sei es für sich oder andere, wird ungläubig.

Die *ʿUmra* ist nach Ansicht der *Ḥanafīya* und *Mālikīya* eine gesicherte Sunna, nach Meinung der *Shāfiʿīya* und *Ḥanbalīya* eine Pflicht (*farḍ*).

§ 2

ZUR ʿUMRA

Die *ʿUmra* oder kleine Pilgerfahrt ist der Besuch der heiligen Stätten in Mekka, den man unternimmt, um dort eine individuelle Pilgerfahrt durchzuführen. Die bei der *ʿUmra* vorzunehmenden Riten sind im Vergleich zu denen des *Ḥajj*, der großen Pilgerfahrt, etwas gekürzt.

Die *ʿUmra* ist, allgemein betrachtet, keine absolute Pflicht (*farḍ*), sondern eine fast verpflichtende *Sunna* für diejenigen, welche die Mittel zu ihrer Durchführung besitzen.

Für die Hanbaliten und Schafiiten ist sie zwar *Farḍ*, für die Hanafiten und Malikiten jedoch ist sie (lediglich) eine sichere *Sunna* (*sunna mu'akkada*), deren Durchführung sehr empfohlen wird.

Ihre Abschnitte/Teilhandlungen sind wie die der großen Pilgerfahrt (*ḥajj*).

Die Bedingungen für den *Muʿtamir* (den, der die *ʿUmra* durchführt):

1. Er muß geistig gesund sein.
2. Er muß geistig und körperlich reif (*bāligh*) sein.
3. Er muß frei sein.
4. Er muß geistig gesund sein.
5. Er muß körperlich und materiell in der Lage sein, die *ʿUmra* durchzuführen.

Die *ʿUmra* ist im Unterschied zum *Ḥajj* an keine feste Zeit bzw. keinen zeitlichen Ausgangspunkt (*mīqāt zamānī*) gebunden; man kann sie daher grundsätzlich zu jedem Zeitpunkt des Jahres durchführen.

Die *Ḥanafīya* nimmt von dieser Regel allerdings die ersten fünf Pflichttage der großen Pilgerfahrt aus:

- den Tag des Stehens in ʿArafāt
- den Tag des Opferfestes und
- die folgenden drei Tage des *Tashrīq* in Minā.

Nach Ansicht der *Ḥanafīya* kann man die *ʿUmra* nicht zwischen dem 9. und 13. *Dhu l-Ḥijja* durchführen.

Die Basisriten (*arkān*) der *ʿUmra* und des *Ḥajj* sind aber nicht ganz identisch; nach der *Ḥanafīya* hat die *ʿUmra* nur einen Basisritus (*rukn*), nach der *Mālikīya* und *Ḥanbalīya* drei, nach der *Shāfiʿīya* fünf.

Ḥanafīya

Nur der Hauptteil des *Ṭawāf al-Ifāḍa* (vier Umrundungen) sind absolute Pflicht (*rukn*).

Der *Iḥrām* ist hier Bedingung (*sharṭ*); der Lauf (*sa'y*) zwischen *aṣ-Ṣafā* und *al-Marwa* ist *Wājib*, wie es beim *Ḥajj* erläutert ist. Auch das Kopfscheren bzw. Haarkürzen ist *Wājib*.

Mālikīya und Ḥanbalīya

Rukn der *'Umra* sind:
- der *Iḥrām*,
- der *Ṭawāf al-Ifāḍa*,
- der Lauf (*sa'y*) zwischen *aṣ-Ṣafā* und *al-Marwa*.

Shāfi'īya

Rukn sind die drei von der *Mālikīya* und *Ḥanbalīya* aufgeführten Dinge; es gilt aber hier auch als *Rukn*:
- das Scheren bzw. Kürzen des Haupthaares,
- die Einhaltung der Reihenfolge zwischen den Basisriten (*arkān*).

§ 3

DIE RITEN DER GROSSEN PILGERFAHRT (ḤAJJ)

Vom 1. Shawwāl bis zum 8. Dhu l-Ḥijja

1. Eintritt in den Weihezustand (*iḥrām*), der an zeitliche und örtliche Bedingungen (*mīqāt*) gebunden ist.
2. Umwanderung der *Ka'ba* bei der Ankunft (*ṭawāf al-qudūm*).
3. Lauf des Pilgers zwischen *aṣ-Ṣafā* und *al-Marwa* (*sa'y baina ṣ-ṣafā wa-l-marwa*).

Am 8. Dhu l-Ḥijja

4. Abmarsch nach Minā; Auffüllen bzw. Anlegen der Wasservorräte (*tarwīya*); Verbringen der Nacht in Minā.

Am 9. Dhu l-Ḥijja

5. Abmarsch nach 'Arafāt; *Das Stehen bei 'Arafāt* (*wuqūf 'arafāt*).
6. Aufbruch (*ifāḍa*) von 'Arafāt vor Sonnenuntergang und Abmarsch nach Muzdalifa; Verrichtung des *Maghrib*- und *'Ishā'*-Gebets in *Jam'*-Form bei der Ankunft in Muzdalifa; Sammeln der 49 bzw. 70 Steine für die Steinigung der Säulen, die am nächsten Tag in Minā stattfindet; Verbringen der Nacht in Muzdalifa.

Am 10. Dhu l-Ḥijja (dem ersten Tag des Tashrīq)

7. Stehen vor dem heiligen Gebetsplatz (*al-mash'ar al-ḥarām*) im Morgengrauen; *Abmarsch nach Minā vor Sonnenaufgang.*
8. Ankunft in Minā; *Werfen von sieben Steinen auf die große Säule* (*al-'aqaba*).
9. *Opfern* (*nahr*) *eines Tieres* (beim *ḥajj* in *ifrād*-Form nicht verpflichtend).
10. *Rasieren des Kopfes bzw. symbolisches Abschneiden der Haare*; teilweise Aufhebung des *Iḥrām*.
11. Abmarsch zum *al-Ḥarām ash-sharīf*, dem ehrwürdigen Heiligtum in Mekka, zur dortigen *Durchführung des Ṭawāf al-Ifāḍa*, der Umwanderung der Ka'ba zur völligen Aufhebung des *Iḥrām*.
12. Rückkehr nach Minā; *Verbringen der Nacht in Minā.*

Am 11. Dhu l-Ḥijja (dem zweiten Tag des Tashrīq)

13. *Steinigung der drei Säulen im Verlauf des Nachmittags; Verbringen der Nacht in Minā.*
14. *Verbringen des Tages in Minā; Steinigung der drei Säulen im Verlauf des Nachmittags*; mögliche Rückkehr nach Mekka.

Am 12. Dhu l-Ḥijja (dem dritten Tag des Tashrīq)

15. Letzter Tag in Minā für die, die den *Tashrīq* bis zu Ende durchführen wollen; Ende des Aufenthalts in Minā und Rückkehr nach Mekka; Ende der eigentlichen Pilgerfahrt.
16. Umwanderung zum Abschied (*ṭawāf al-wadā'*), bevor man Mekka verläßt.

§ 4

BESCHREIBUNG DER KAABA

Beschreibung der Kaaba selbst und ihrer Geschichte

Grundsätzliches: Die Kaaba (*ka'ba*) ist ein würfelförmiges Bauwerk mit einer Höhe von etwa fünfzehn Metern und einer Grundfläche von etwa dreizehn mal dreizehn Metern.

Die Kaaba wird von einem großen Tuch bedeckt, Kiswa genannt, das – abgesehen von bestimmten Ausnahmen – schwarz ist und mit Gold- und Silberfäden bestickt ist: mit verschiedenen Koranversen und vereinzelten Ornamenten. Diese Schrift läuft in Bändern und kleinen Feldern rings um die Mitte der Kaaba.

Die *Kiswa* wird jedes Jahr anläßlich des *Ḥajj* neu gefertigt und wird „das Kleid der Kaaba" genannt, und dementsprechend sagt man auch: „Die Kaaba wird neu bekleidet", wenn die neue *Kiswa* über die Kaaba gebreitet wird.

Die *Kiswa* wurde in früheren Jahrhunderten in Kairo (*al-qāhira*) angefertigt und mit einem besonderen Geleit mit einer Karawane nach Mekka entsandt; in Mekka bekleidete man dann die Kaaba mit dieser *Kiswa*. Diese Sitte der *Kiswa*-Karawane wurde später im Rahmen der Bereinigungen, die bei den alten Sitten seitens der Wahhābiten vorgenommen wurden, aufgegeben. Heutzutage werden die neuen *Kiswas* in Saudi-Arabien selbst angefertigt.

Es gibt einen Eingang zur Kaaba, der von zwei großen Torflügeln verschlossen wird. Die heutige Eingangstür ist mit Gold- und Silbermetallarbeiten gearbeitet und wurde in ihrer heutigen Form (im Rahmen von damaligen Restaurationsarbeiten) in der osmanischen Zeit eingesetzt. In der Zeit Abrahams ﷺ und einige Jahrhunderte danach diente die Kaaba als Gebetsraum, während sie heute in ihrem Inneren für keinen Ritus mehr benutzt wird. Von Zeit zu Zeit wird einem Monarchen, Staatschef, Minister oder Gelehrten aus der islamischen Welt erlaubt, das Innere der Kaaba zu betreten. Dies wird als großes Privileg empfunden.

Der innere Bereich des Heiligtums um die Kaaba

Die Kaaba ist das heilige Zentrum des Islam, ebenso wie ihre unmittelbare Umgebung. Der zentrale Bezirk wird „*al-Mash'ar ash-sharīf*" (wörtlich etwa: „der zu ehrende, edle Versammlungsplatz") genannt. Er wurde schon seit jeher durch optische Zeichen von dem gewöhnlichen Stadtgebiet abgegrenzt, doch erst in späterer Zeit – nach den ersten Jahrhunderten des Islam – erbaute man (bescheidene) Mauerwerke und einfache Gänge als klare Abgrenzung um diesen Platz.

Der heilige Bezirk wurde erst in jüngerer Zeit völlig neu restauriert und erweitert, weil die damals schon großen Menschenmassen, die zur Zeit des *Ḥajj* in diesem Bezirk den *Ṭawāf* vollzogen, im Vergleich zu früheren Jahrhunderten und sogar Jahrzehnten gewaltig angewachsen waren und der alte Gebäudekomplex diesem Ansturm nicht mehr gewachsen war.

Dabei wurden auch die beiden Hügel *aṣ-Ṣafā* und *al-Marwa* – die bei der Pilgerfahrt eine wichtige Rolle spielen – in den riesigen Gebäudekomplex miteinbezogen.

Der schwarze Stein (*al-ḥajar al-aswad*)

Der schwarze Stein ist ein Stein von ovaler Form und in der Mitte etwa achtzehn Zentimetern Durchmesser. Er wurde seit der Zeit vor der Entsendung des Propheten Muḥammad ﷺ in eine Ecke der *Ka'ba* in etwas weniger als normaler Mannshöhe (etwa 1,5 Metern) eingelassen. Er befindet sich in dem Winkel – bzw. der Ecke – der Kaaba, der zwischen der *al-Multazam*-Seite der Kaaba und der jemenitischen Ecke liegt (die jemenitische Seite wird darum so genannt, weil sie dem Jemen zugewandt ist). Er befindet sich also auf der Seite der *Ka'ba*, die dem *Hijr Ismā'īls*, dem Refugium Ismails, gegenüberliegt, das sich früher innerhalb der Kaaba befand und heute – nach bereits alten Erneuerungen wohl vor der *Hijra* – außerhalb liegt.

Der *Hijr Ismā'īl* ist von einer etwa eineinhalb Meter hohen, halbkreisförmigen Mauer geschützt, und dieses Stück darf während des *Ṭawāf* – auch wenn theoretisch ein Entlanggehen an der *Ka'ba*-Mauer möglich wäre – nicht von den Pilgern betreten werden.

Der schwarze Stein liegt heute in einem Netz von Silberdraht, der sogar zum Teil durch ihn hindurchgeführt wurde, um seine Form zu bewahren und ihn nicht zerbröckeln zu lassen[1].

Es gibt – abgesehen von dem eigentlichen schwarzen Stein – einen schmalen, länglichen Stein, der in die jemenitische Ecke eingelassen ist. Er wird in den Rechtstexten meist nicht als eigenständiger Stein erwähnt, aber es ist doch deutlich, daß er und sein Berühren zum Ritus des *Ṭawāf* dazugehören: Es ist nämlich nach manchen Rechtsschulen beim *Ṭawāf Sunna*, die jemenitische Ecke zu berühren (also eigentlich diesen zusätzlichen Stein, der zudem auch genau so hoch in die Ecke eingelassen ist, daß es einem normalgroßen Menschen möglich ist, ihn zu berühren).

Der Ursprung des schwarzen Steins ist ungeklärt, auch der des zweiten Steins, der aber nicht die Wichtigkeit des schwarzen Steins hat und in den entsprechenden Überlieferungen nach Wissen des Verfassers gar nicht auftaucht. Aber in manchen Hadithen wird von Steinen der höchsten Berge berichtet, die der Engel Gabriel, der Friede sei auf ihm, zusätzlich zum schwarzen Stein dem Ibrāhīm ﵇ übergeben hat.

Nach einigen Berichten hat Ismā'īl ﵇ den schwarzen Stein aus den *Abū Qubais*-Bergen herbeigebracht. Nach dieser Überlieferung habe er ihn seinem Vater Ibrāhīm ﵇ gegeben, damit er – der schwarze Stein – in einer der Ecken der *Ka'ba*, die sie wiederaufbauen wollten, seinen Platz finde.

Nach anderen Überlieferungen hat der Engel Jibrīl/Gabriel ﵇ ihn Ādam ﵇ im Paradies gegeben. Ādam ﵇ soll ihn dann aufbewahrt und weitergegeben haben, bis er nach der Sintflut in die Hände der Nachkommen von Nūḥ/Noah عليه السلام kam und von dort zu Ibrāhīm عليه السلام.

Aus den Berichten über die Lebenszeit des Propheten Muḥammad, Allāh segne ihn und schenke ihm Heil, vor seiner Entsendung als Prophet und Gesandter wird andererseits etwas berichtet, was zwar nichts mit dem Ursprung oder der Beschaffenheit des Steins, aber mit seiner Rolle zu tun hat.

Als die Kaaba (*ka'ba*) im Jahr 605 christlicher Zeitrechnung baufällig geworden war, die Quraisch sie danach fast wieder neu errichtet und die Steine schon bis etwa auf Mannshöhe aufgebaut hatten, entstand unter den Stämmen der Quraisch ein ernster Streit darüber, wer den schwarzen Stein wieder an seinen ursprünglichen, ihm zugeteilten Platz einfügen dürfe – dies darum, weil mit dieser Handlung ein außerordentliches Ansehen verbunden war.[2] Der Streit ging so weit, daß die Clan-Oberhäupter bereits bereit waren, mit der Waffe gegeneinander zu kämpfen. Schließlich einigte man sich darauf, daß der erste Mann, der vom Zeitpunkt des Entschlusses an den heiligen Bezirk betreten würde, entscheiden solle. Dies war Muḥammad, der spätere Gesandte Gottes ﷺ.

Schon bevor Gott ihn mit dem Prophetentum auszeichnete, war Muḥammad ﷺ als „*al-Amīn*", der Vertrauenswürdige, bekannt; so waren alle Oberhäupter der Quraisch einverstanden, daß er eine Lösung bringen sollte. Muḥammad ﷺ nun befahl ihnen, einen Teppich zu bringen, in den er den schwarzen Stein hineinlegte. Dann wies er die Vertreter einer jeden Clangruppe der Quraisch an, den Saum des Stoffes zu ergreifen und so gemeinsam den Stein zum vorgesehenen Platz im erst halb wiederaufgebauten Kaaba-Bauwerk zu tragen. Dann nahm er selbst den schwarzen Stein und legte ihn in die dafür vorgesehene Ecke des Bauwerks; darauf bauten die Handwerker der Quraish über dem Stein weiter.

So fand der Stein seinerzeit in der wiederaufgebauten Kaaba seinen Platz. Doch in den darauffolgenden Jahrzehnten und Jahrhunderten wurde der Bau der Kaaba beschädigt bzw. teilweise zerstört, so daß jeweils eine bauliche Erneuerung und ein Herausnehmen des schwarzen Steins nötig wurde; auch durch andere Ereignisse bedingt verließ der schwarze Stein seinen Platz.

Insgesamt wurde der schwarze Stein bei drei historisch belegten Ereignissen – nach dem Wiederaufbau zur Lebenszeit des Propheten Muḥammad ﷺ – von seinem Platz in der Ecke der Kaaba entnommen:

1. Im Jahre 693 n. Chr. verschanzten sich der Gegenkalif 'Abdallāh ibn az-Zubair und seine Mitstreiter in dem Heiligtum und leisteten den Truppen des umayyadischen Kalifen Yazīd ibn Mu'āwiyas erbitterten

Widerstand; dabei scheute sich der Statthalter und Heerführer des umayyadischen Heeres, Ḥajjāj ibn Yūsuf, nicht, Widersacher samt Heiligtum mit Katapultgeschossen unter Beschuß zu nehmen.

Dabei wurde die *Ka'ba* stark zerstört; bei den anschließenden Wiederaufbauten wurde der schwarze Stein – wie schon zur Zeit des Propheten, Allāh segne ihn und schenke ihm Heil – dem zerstörten Mauerwerk entnommen und dann wieder an seinen angestammten Platz eingesetzt.

2. Der schwarze Stein wurde herausgenommen und wieder eingesetzt, als man im Jahre 757 n. Chr. in der Regierungszeit des Abbasiden-Kalifen al-Mansūr Risse in den Wänden entdeckte und die *Ka'ba* mit Silberplatten verstärkt wurde.
3. Der schwarze Stein wurde im Jahr 938 von Angehörigen der extremen Sekte der Qarmaten aus dem Bauwerk entwendet, gestohlen und in ihren Hauptsitz entführt; dort behielten sie ihn acht Jahre lang in ihrer Gewalt, bis er dann wieder nach Mekka zurückgebracht und an seinen Platz wieder eingesetzt wurde.

Zeichnerische Darstellung der Kaaba
und der für den Ḥajj bzw. die 'Umra wichtigen Orte

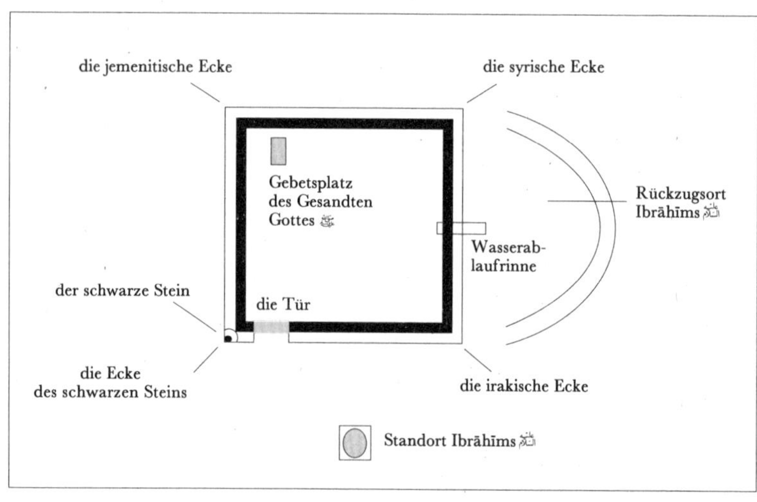

Grundriß der Kaaba (Querschnitt und Inneres)

Arabische Bezeichnungen mit deutscher Entsprechung:

Rukn al-Ḥajr al-aswad	Ecke des schwarzen Steins
ar-Rukn al-ʿirāqī	irakische Ecke
ar-Rukn ash-shāmī	syrische Ecke
ar-Rukn al-yamānī	jemenitische Ecke
Ḥijr Ismāʾīl عليه السلام	Rückzugsort Ismāʾīls عليه السلام
al-Ḥajar al-aswad	der schwarze Stein
al-Multazam (*bāb al-kaʿba*)	*al-Multazam* (Tür der Kaaba)
Maqām Ibrāhīm عليه السلام	der Standort Ibrāhīms عليه السلام
al-Mīzāb	die Wasserabflußrinne (am Dach der Kaaba)

Tabellarische Übersicht
über die wichtigsten Bereiche des Ḥajj bzw. der ʿUmra
und ihrer Aḥkām (bezüglich der zu verrichtenden Dinge)

Die Rechtsschulen (*madhāhib*)

Themenbereich	*Ḥanafīya*	*Shāfiʿīya*	*Mālikīya*	*Ḥanbalīya*
Der *Ḥajj* selbst	*Farḍ**	*Farḍ***	*Farḍ**	*Farḍ**

* unmittelbar zu erfüllen
** kann aufgeschoben werden

Der *Iḥrām* zum *Ḥajj*	*Sharṭ* bzw. *Rukn*	*Rukn*	*Rukn*	*Rukn*
Die *ʿUmra*	*Sunna muʾakkada*	*Farḍ***	*Sunna muʾakkada*	*Farḍ**

* unmittelbar zu erfüllen
** kann aufgeschoben werden

Themenbereich	*Ḥanafīya*	*Shāfiʿīya*	*Mālikīya*	*Ḥanbalīya*
Der *Iḥrām* zur *ʿUmra*	*Sunna ghair muʾakkada*	*Sunna ghair muʾakkada**	*Sunna ghair muʾakkada*	*Sunna ghair muʾakkada*
* (nach manchen Gelehrten innerhalb des *Madhhab*: *Wājib*)				
Das Sprechen der *Talbīya* während des *Iḥrām*	*Sharṭ**	*Rukn*	*Rukn*	*Rukn*
* (nach manchen Gelehrten innerhalb des *Madhhab*: *Rukn*)				
Den *Iḥrām* beim *Mīqāt* einzunehmen	*Wājib*	*Wājib*	*Wājib*	*Wājib*
Der *Ghusl* anläßlich des *Iḥrām*	*Sunna ghair muʾakkada*	*Sunna ghair muʾakkada*	*Sunna ghair muʾakkada*	*Mustaḥabb*
Die *Talbīya*	*Sunna ghair muʾakkada*	*Sunna ghair muʾakkada*	*Wājib*	*Sunna ghair muʾakkada*
Ṭawāf al-Qudūm	*Sunna ghair muʾakkada*	*Sunna ghair muʾakkada*	*Wājib*	*Sunna ghair muʾakkada*
Die *Nīya* zum *Ṭawāf*	*Sharṭ*	*Sharṭ*	*Wājib*	*Sharṭ*
Den *Ṭawāf* beim schwarzen Stein (*al-ḥajar al-aswad*) zu beginnen	*Wājib*	*Sharṭ*	*Wājib*	*Sharṭ*

Themenbereich	*Ḥanafīya*	*Shāfiʻīya*	*Mālikīya*	*Ḥanbalīya*
Die *Kaʻba* beim *Ṭawāf* stets zu seiner Linken zu haben	*Wājib*	*Sharṭ*	*Sharṭ*	*Sharṭ*
Während des *Ṭawāf* nicht im Zustand der beiden *Ḥadath* zu sein	*Wājib*	*Sharṭ*	*Sharṭ*	*Sharṭ*
Den *Ṭawāf* in Form von sieben Umrundungen (*ashwāt*) zu verrichten	*Wājib*	*Sharṭ*	*Sharṭ*	*Sharṭ*
Die zwei *Rakʻa* anläßlich des *Ṭawāf*	*Wājib*	*Sunna ghair muʼakkada**	*Wājib*	*Sunna ghair muʼakkada*
Der *Ṭawāf* bei der *ʻUmra*	*Rukn*	*Rukn*	*Rukn*	*Rukn*
Der *Saʻy* zwischen *aṣ-Ṣafā* und *al-Marwa* in *Ḥajj* und *ʻUmra*	*Wājib*	*Rukn*	*Rukn*	*Rukn*
Den *Saʻy* nach dem *Ṭawāf* durchzuführen	*Wājib*	*Sharṭ*	*Wājib*	*Sharṭ*

* (nach manchen Gelehrten innerhalb des *Madhhab*: *Wājib*)

Themenbereich	*Ḥanafīya*	*Shāfi'īya*	*Mālikīya*	*Ḥanbalīya*
Die *Nīya* zum *Sa'y* zu fassen, den *Sa'y* bei *aṣ-Ṣafā* zu beginnen und ihn bei *al-Marwa* zu beenden	*Wājib*	*Sharṭ*	*Sharṭ*	*Sharṭ*
Den *Sa'y* – wenn möglich – gehend zu verrichten	*Wājib*	*Sunna ghair mu'akkada*	*Wājib*	*Sharṭ*
Während aller sieben Schreitwege (*ashwāt*) zu gehen	*Wājib*	*Sharṭ*	*Sharṭ*	*Sharṭ*
Die sieben Schreitwege (*Ashwāt*) des *Sa'y* ununterbrochen aufeinander abfolgen zu lassen (*muwālāt*)	*Sunna ghair mu'akkada*	*Sunna ghair mu'akkada*	*Wājib*	*Sharṭ*
Den *Sa'y* direkt, ohne Unterbrechung, nach dem *Ṭawāf* erfolgen zu lassen (*muwālāt*)	*Sunna ghair mu'akkada*	*Sunna ghair mu'akkada*	*Wājib*	*Sunna ghair mu'akkada*
Rasieren bzw. Kürzen des Kopfhaares während der *'Umra*	*Wājib*	*Wājib*	*Wājib*	*Wājib*
In der Nacht vor *'Arafāt* in Minā zu übernachten	*Wājib*	*Sunna ghair mu'akkada*	*Wājib*	*Mustaḥabb*

Themenbereich	*Ḥanafīya*	*Shāfiʿīya*	*Mālikīya*	*Ḥanbalīya*
Das Stehen bei ʿArafāt (*wuqūf ʿarafāt*)	*Rukn*	*Rukn*	*Rukn*	*Rukn*
Die (zulässige) Zeit für das Stehen bei ʿArafāt (*wuqūf ʿarafāt*)	*Von dem Moment nach dem Zenit der Sonne an (Beginn von Ẓuhr) bis zum Fajr am Tag des Opferns (yaum an-nahr)*			
Noch vor dem Sonnenuntergang am Tag von ʿArafāt den *Wuqūf* durchzuführen	*Wājib*	*Wājib*	*Rukn*	*Wājib*
Bei Muzdalifa zwischen dem *Maghrib*- und dem *ʿIshāʾ*-Gebet in echter *Jamʿ*-Form zu verbinden	*Wājib*	*Sunna ghair muʾakkada*	*Sunna ghair muʾakkada*	*Sunna ghair muʾakkada*
In Muzdalifa die Nacht zu verbringen	*Wājib*	*Wājib*	*Wājib*	*Wājib*
Von Muzdalifa aus rechtzeitig zum *al-Mashʿar al-ḥarām* aufzubrechen	*Wājib*	*Wājib*	*Sunna ghair muʾakkada bzw. Mustaḥabb*	*Wājib*
Die große Säule (*jamrat al-ʿaqaba*) am Tag des Opferns (*yaum an-nahr*) zu steinigen	*Wājib*	*Wājib*	*Wājib*	*Wājib*

Themenbereich	*Ḥanafīya*	*Shāfiʿīya*	*Mālikīya*	*Ḥanbalīya*
Das Rasieren bzw. Kürzen des Kopfhaares beim *Ḥajj*	*Wājib*	*Rukn*	*Wājib*	*Wājib*
Das Einhalten der Reihenfolge/ Abfolge (*tartīb*) Steinigen der großen Säule, Opfern eines Tieres und Rasieren des Kopfhaares	*Wājib*	*Sunna ghair muʾakkada*	*Sunna ghair muʾakkada*	*Sunna ghair muʾakkada*
Daß das Rasieren des Kopfhaares innerhalb des *Ḥarām* (des *Kaʿba*-Bezirks) und an den zulässigen Tagen des Opferns (*ayyām an-nahr*) stattfindet	*Wājib*	*Sunna ghair muʾakkada*	*Sunna ghair muʾakkada*	*Sunna ghair muʾakkada*
Der *Ṭawāf al-Ifāḍa* * für den größten Teil, d. h. vier Umrundungen/*Ashwāt*	*Rukn**	*Rukn*	*Rukn*	*Rukn*
Den *Ṭawāf al-Ifāḍa* während der zulässigen Tage des Opferns (*ayyām an-nahr*) durchzuführen	*Wājib*	*Rukn*	*Wājib* (*beim Ḥajj*)	*Sunna ghair muʾakkada* (am Tag des Festes)
Den *Ṭawāf al-Ifāḍa* nach der Steinigung der großen Säule durchzuführen	*Sunna ghair muʾakkada*	*Sunna ghair muʾakkada*	*Wājib*	*Sunna ghair muʾakkada*

Themenbereich	*Ḥanafīya*	*Shāfiʿīya*	*Mālikīya*	*Ḥanbalīya*
Das Steinigen aller drei Säulen (*al-jamarāt*) an den Tagen des *Tashrīq*	*Wājib*	*Wājib*	*Wājib*	*Wājib*
Die Steinigung aller drei Säulen (*al-jamarāt*) nicht bis zur Nacht aufzuschieben	*Sunna ghair muʾakkada*	*Sunna ghair muʾakkada*	*Wājib*	*Sunna ghair muʾakkada*
Während der Tage des *Tashrīq* in Minā zu übernachten	*Sunna ghair muʾakkada*	*Wājib*	*Wājib*	*Wājib*
Der *Ṭawāf al-Wadāʾ*	*Wājib*	*Wājib*	*Mustaḥabb*	*Wājib*

Tabellarische Übersicht
über die wichtigsten Bereiche des Ḥajj bzw. der ʿUmra
und ihrer Aḥkām (bezüglich der im Iḥrām zu vermeidenden Dinge)[3]

Die Rechtsschulen (*madhāhib*)

Themenbereich

Genähte Kleidung zu tragen:
Alle Rechtsschulen: Erfordert das Opfern eines Schafes.

Bedecken des Kopfes (beim Mann) bzw. Bedeckung des Gesichtes mit einem Gesichtsschleier (bei der Frau):

Ḥanafīya: Erfordert das Opfern eines Schafes.
Shāfiʿīya: Erfordert von dem, der das absichtlich tut, das Opfern eines Schafes; bei Zwang oder Vergessen aber muß nichts als Ausgleich getan werden.
Mālikīya: Erfordert das Opfern eines Schafes.
Ḥanbalīya: Erfordert von dem, der das absichtlich tut, das Opfern eines Schafes; bei Zwang oder Vergessen aber muß nichts als Ausgleich getan werden.

Ausreißen bzw. absichtliches Entfernen von Körperhaaren:

Alle Rechtsschulen: Wenn weniger als zwölf Haare ausgezupft bzw. entfernt wurden, so muß eine Handvoll Weizen (bzw. Entsprechendes an Nahrung) gespendet werden, wenn aber mehr Haare entfernt wurden, muß ein Schaf geopfert werden.

Schneiden von Finger- bzw. Fußnägeln:

Alle Rechtsschulen: Wenn ein oder zwei Nägel geschnitten wurden, muß entsprechend ein- oder zweimal im Maß eines *Mudd* (das heißt der Menge, die mit zwei aneinandergelegten Händen geschöpft werden kann) Nahrung gespendet werden; wenn mehr Nägel geschnitten wurden, muß ein Schaf geopfert werden.

Verwendung von Parfüm:

Alle Rechtsschulen: Erfordert ein Tieropfer (mindestens ein Schaf).

Ein Landtier auf irgendeine Weise zu jagen bzw. es zu jagen und zu erlegen:

Alle Rechtsschulen: Es muß als Ersatz: (1) Ein Schaf oder Kleinviehtier im Maß des getöteten Wildtieres gegeben werden oder (2) einem jeden Armen der bei *Kaffārāt* vorgeschriebenen Anzahl der zu speisenden Armen Nahrung im Maß eines halben *Ṣā'* gespendet werden (das heißt soviel, daß sich ein Mensch davon sattessen kann) oder (3) anstelle der Speisung eines jeden dieser Armen ein Tag gefastet werden.

Abtrennen, Töten, Abhacken von lebenden Pflanzen im Bereich des *Ḥarām*:

Alle Rechtsschulen: Erfordert ein Tieropfer (mindestens ein Schaf).

Geschlechtsverkehr mit dem Ehepartner oder geschlechtliche Stimulation mit diesem:

Ḥanafīya: Macht den *Ḥajj* bzw. die *'Umra* zunichte und vollends ungültig.
Shāfi'īya: Macht den *Ḥajj* bzw. die *'Umra* zunichte und vollends ungültig – es sei denn, der Betreffende ist dazu gezwungen worden oder tat es versehentlich (das heißt ohne zu bedenken, daß er im *Iḥrām* war).
Mālikīya: Macht den *Ḥajj* bzw. die *'Umra* zunichte und vollends ungültig.
Ḥanbalīya: Macht den *Ḥajj* bzw. die *'Umra* zunichte und vollends ungültig.

KAPITEL 2

DIE BEDINGUNGEN ZUR VERPFLICHTUNG ZUM ḤAJJ

§ 5

DASS MAN IN DER LAGE IST, SICH ZUM ḤAJJ AUFZUMACHEN/DIE FRAGE DES ḤAJJ BEZÜGLICH EINER FRAU UND DER EINES BLINDEN

Alle Rechtsschulen sind sich darin einig, daß die Durchführung der Pilgerfahrt keine Pflicht für jemanden ist, der nicht dazu in der Lage ist; aber die Rechtsschulen definieren die Art des Könnens, des Imstandeseins unterschiedlich, so wie auch bei den Rechtsschulen unterschiedliche Ansichten bezüglich dessen herrschen, wann und unter welchen Umständen eine Frau islamrechtlich in der Lage bzw. verpflichtet ist, die Pilgerfahrt zu vollziehen.

Entsprechendes gilt auch für einen blinden Menschen.

Es werden zwei grundsätzliche Fälle bezüglich der Reise unterschieden:

1. Daß jemand mehr als drei Tagesreisen von Mekka entfernt wohnt/lebt.
2. Daß jemand weniger als diese Entfernung von Mekka entfernt lebt.

Zum ersten Fall:

Das Vermögen, den *Ḥajj* durchzuführen, bezieht sich auf die Versorgung/den Unterhalt und die Reise, unter der Bedingung, daß es sich bei diesen beiden Dingen um zusätzliche Belastungen zu den grundsätzlichen Erfordernissen handelt, die zum fraglichen Zeitpunkt auf der betreffenden Person lasten – wie zum Beispiel

- eine finanzielle Schuld (*dain*),
- Wohnungsmiete bzw. Unterhalt, Instandhaltung usw. der Wohnung,
- Kleidung,
- Versorgung von Nutztieren, die für ihn notwendig sind,
- Kauf, Instandhaltung von Berufsgeräten,
- Waffen (zu seiner Verteidigung und der seiner Familie und der ihm anvertrauten Personen) bzw. Bezahlung von Wachpersonal usw. im Falle von öffentlicher Unsicherheit auf dem Reiseweg.

Außerdem gilt hierbei als Bedingung, daß die zusätzlichen Belastungen hinsichtlich der Reise und des Unterhalts von ihm den Mitteln hinzugefügt werden müssen, die er – noch vor Reiseantritt – für den Zeitraum seiner Abwesenheit (für Familie und von ihm zu unterhaltende Verpflichtungen usw.) bereitstellen muß.[4]

Zu den Reiseerfordernissen zählt man alles, was mit der Person nach Gewohnheit (*'āda*) und Gewohnheitsrecht (*'urf*) damit zusammenhängt. Hierzu zählen heutzutage – im *Qiyās* zu den im klassischen Recht behandelten Problemen bezüglich der Reittiere – Fragen zu Auto, Reisebus, Flugzeug und Schiff.

Im Falle einer Person, die mit Schiff oder Flugzeug zum *Ḥajj* reisen will, stellt sich kaum das Problem, daß man als Privatperson ein solches Verkehrsmittel besitzt und für dessen Unterhalt, Treibstoff usw. selbst aufkommen müßte, sondern es stellt sich lediglich die Frage, ob man die Reisegebühren der Reiseunternehmen bezahlen kann.

Wenn aber jemand mit einem Auto – speziell Reisebussen – fährt, so ist es durchaus möglich, daß sich mehrere theoretisch zusammenschließen und die Kosten teilen könnten (abgesehen davon, daß gemietete oder im Dienst von Reiseunternehmen stehende Wagen und Busse unter den obigen Fall zählen).

Dann stellt sich – wie schon bei den Reittieren – die Sache so dar:

Die Sache muß in Abhängigkeit von dem Zustand der Person betrachtet werden: Ist etwa jemand weder in der Lage, ein Fahrzeug zu führen, noch, einen Fahrer gegen Lohn anzustellen, noch, sich von einer nichtprivaten Reisefirma per Flug oder mit einem Bus zu den heiligen Stätten bringen zu lassen, so ist der *Ḥajj* für ihn nicht verpflichtend. In diesem Fall wird er als „nicht in der Lage seiend" eingestuft.

Entsprechendes gilt auch, wenn die Person in einer bestimmten Zwangslage nur die Möglichkeit hat, als Einzelperson ein Schiff, ein Privatflugzeug oder einen Mietwagen für die Pilgerreise zu mieten: Ist die Person dazu unter Beachtung der oben erwähnten anderen Bedingungen finanziell außerstande, ist sie zum *Ḥajj* nicht verpflichtet.

Im klassischen Recht wird auch der folgende Fall betrachtet:

Wenn jemand mit einem Reisegefährten reisen und mit diesem einen Vertrag schließen könnte, wonach beide nur ein einziges Reittier benutzen und mal der eine, mal der andere nebenher zu Fuß gehen müßte, so ist die betreffende Person islamrechtlich trotzdem nicht verpflichtet: das heißt, man ist in einem solchen Fall nicht verpflichtet, den *Ḥajj* unter diesen erschwerten Bedingungen durchzuführen.

Wenn Autos und andere Verkehrsmittel dieser Art benutzt werden, ist dies nicht analog zum klassischen Recht im *Qiyās* zu betrachten und daher wirklich nur auf den Fall beschränkt, daß jemand mit Tieren reist.

Zum zweiten Fall:
Lebt bzw. wohnt jemand weniger als drei Tagesreisen von Mekka entfernt, so ist ihm die Verrichtung des *Ḥajj* verpflichtend auferlegt, selbst wenn er weder Reittier noch Verkehrsmittel hat oder sich leisten kann, unter der Bedingung, daß er fähig ist, zu Fuß zu gehen.

Im Vergleich zum weiter oben beschriebenen Fall bleiben hier nur die Bedingungen bezüglich des Lebensunterhaltes und der übrigen zuvor erwähnten Ausgaben.

§ 6

DAS WISSEN DARUM, DASS DER ḤAJJ PFLICHT IST

Zu den Bedingungen, durch die erst der *Ḥajj* zur Pflicht wird, gehört, daß jemand von dieser Pflicht weiß. Das wird dann wichtig, wenn jemand in einem nichtislamischen Land aufwächst, Muslim ist und ihn nicht mindestens zwei Männer – oder ein Mann und zwei Frauen – darüber unterrichten, daß das Durchführen des *Ḥajj* eine verpflichtende Sache ist: Weiß die Person aber nicht von der *Ḥajj*-Pflicht, ist der *Ḥajj* für diese Person nicht Pflicht (*farḍ*).

Hierzu muß aber folgendes hinzugefügt werden: Dies kann nicht für diejenigen Weltgegenden gelten, in denen es möglich ist, sich durch Bücher und vor allem dort vorhandene islamische Gemeinden über den Islam zu informieren.

Gemeint sein können im obigen Sinne heutzutage nur noch sehr einsam gelegene Inseln oder das Innere von Urwäldern – in Südamerika, Asien –, wo weder (wissende) Muslime leben noch (Minimal)Wissen über den Islam vorhanden ist.

Lebt aber jemand in einem islamischen Land bzw. islamisch geprägten Gebiet, so ist ihm der *Ḥajj* als Pflicht auferlegt, gleichgültig, ob er momentan über den Pflichtcharakter des *Ḥajj* Bescheid weiß, und gleichgültig, ob er als Muslim aufgewachsen ist oder nicht.[5]

Diese Bedingungen werden bei der *Ḥanafīya* als „*Shurūṭ Wujūb al-Ḥajj*“, Bedingungen der Verpflichtung zum *Ḥajj*, bezeichnet. Daneben gibt es noch weitere, die man „*Shurūṭ al-Adā’*“, Bedingungen zur Durchführung, nennt.[6] Diese Bedingungen, das heißt *Shurūṭ al-Adā’*, sind vier:

1. Körperliche Gesundheit

Bei fehlender Gesundheit ist die Durchführung des *Ḥajj* nicht verpflichtend; daher ist etwa jemand nicht verpflichtet,

- der nur sitzen bzw. hocken kann,
- der gelähmt ist,
- der bereits sehr alt ist, so daß er eine Reise und dergleichen Beschwerden nicht ertragen und aushalten kann.

Außerdem obliegt es ihm nicht, jemanden an seiner Stelle zum *Ḥajj* zu entsenden. Ihm gleichgesetzt wird diesbezüglich

- jemand, der eingesperrt ist bzw. gefangengehalten wird,
- jemand, der sich vor seinem Herrscher fürchtet, welcher den Menschen in seinem Machtbereich den *Ḥajj* verbietet,
- ein Blinder, der für Unterhalt, Verpflegung und Reisekosten für sich selbst wohl aufkommen kann, aber niemanden findet, der in der Lage (fähig, willens) ist, ihn als Führer und Helfer zu begleiten; falls er aber jemanden findet, der ihm als Führer dienen kann und dazu auch bereit und willens ist, ist er verpflichtet, entweder selbst zum *Ḥajj* zu reisen oder jemanden an seiner Stelle zum *Ḥajj* zu entsenden.

2. Sicherheit des Reiseweges

Unter Sicherheit des Reiseweges wird hier verstanden, daß der zu bewältigende Weg zum größten Teil sicher ist, gleich, ob er über Wasser oder Land führt.

3. Daß – wenn eine Frau die Pilgerfahrt durchführen will – ein Ehegatte bzw. ein Maḥram-Angehöriger der Frau vorhanden ist

Diese Bedingung gilt unabhängig davon, ob die Frau nun jung oder alt ist, falls sie drei Tagesreisen oder mehr von Mekka entfernt lebt bzw. wohnt. Wohnt sie jedoch näher bei Mekka als drei Tagesreisen, so muß sie den *Ḥajj* ausführen, gleichgültig ob nun ein Ehemann oder *Maḥram*-Angehöriger[7] vorhanden ist oder nicht.

Bezüglich dieser männlichen Begleitperson gilt außerdem, daß sie vertrauenswürdig (*ma'mūn*), geistig gesund (*'āqil*) und körperlich und geistig reif (*bāligh*) sein muß.

Es ist aber keine Bedingung, daß dieser Mann Muslim ist.[8]

4. Daß eine Frau nicht in der 'Idda ist

Solange sich eine Frau, die grundsätzlich den *Ḥajj* vollziehen kann und will, aufgrund einer Scheidung (*ṭalāq*) oder wegen des Todes des Ehemannes in der Wartefrist (*'idda*) befindet, darf sie nicht zum *Ḥajj* aufbrechen.[9]

KAPITEL 3

DIE BEDINGUNGEN ZUR GÜLTIGKEIT DES ḤAJJ

Zur Gültigkeit des *Ḥajj* ist das Zugehören zum Islam Bedingung, gleichgültig, ob nun die betreffende Person den *Ḥajj* selbst durchführt oder durch jemanden in der Durchführung vertreten wird.

Der *Ḥajj* eines im Sinne des Islam Ungläubigen (*kāfir*) ist dementsprechend nicht rechtsgültig, genausowenig wie der *Ḥajj* eines Vertreters eines Ungläubigen.

Auch Unterscheidungsfähigkeit (*tamyīz*) ist Bedingung zum *Ḥajj*. Wenn nun ein Kind mit *Tamyīz* zum *Ḥajj* geht und die damit verbundenen Handlungen des *Ḥajj* durchführt, so ist das für es rechtsgültig wie auch im Fall des Gebets (*ṣalāh*). Dies gilt in Übereinstimmung von *Ḥanafīya*, *Shāfi'īya* und *Ḥanbalīya*; die *Mālikīya* sagt dazu, daß *Tamyīz* Bedingung zur Gültigkeit des Weihezustands (*iḥrām*) ist, nicht aber zur Gültigkeit des *Ḥajj* als solchem (das ist aber insofern einfach zu verstehen, als ja in jedem Falle ein gültiger *Iḥrām* für einen *Ḥajj* notwendig ist, wenn der *Ḥajj* auch gültig sein soll[10]).

Der *Ḥajj* ist aber seitens eines Kindes ohne Unterscheidungsfähigkeit (*tamyīz*) bzw. seitens eines Verrückten für sie ungültig, weder der Weihezustand (*iḥrām*) noch eine andere Handlung des *Ḥajj* gilt von ihnen, wenn sie sie selbst durchführen. In diesem Falle obliegt es dem Verantwortlichen (*walī*) dieser Personen, an ihrer Statt den *Iḥrām* vorzunehmen, sich mit ihnen an den vorgeschriebenen Orten aufzuhalten, mit ihnen gemeinsam *Ṭawāf* und *Sa'y* durchzuführen, sie nach 'Arafāt mitzunehmen usw.

Zu den Bedingungen der Gültigkeit des *Ḥajj* gehört auch, daß der Pilger die Handlungen zu den zugehörigen besonderen Zeiten verrichtet. Wenn er sie zu anderen Zeiten durchführt, wird sein *Ḥajj* ungültig (*bāṭil*). Hinsichtlich dieser Zeitpunkte bzw. -abschnitte sind die Rechtsschulen unterschiedlicher Ansicht.

Ḥanafīya:

Die Zeitpunkte, deren Einhaltung zur Gültigkeit des *Ḥajj* Bedingung ist, sind:

– die Zeit der Umrundung der Kaaba (*ṭawāf az-ziyāra*),
– die Zeit des Stehens von 'Arafāt (*wuqūf*).

Was die Zeit während des *Wuqūf* (das Stehen von 'Arafāt) angeht, so reicht sie von dem Moment, wo sich die Sonne aus dem Zenit heraus neigt (das heißt nach dem Mittag) am Tag von ʿArafāt bis zum Anbruch des *Fajr* am Tag des Opferns (*nahr*).

Was die Zeit des *Ṭawāf az-Ẓiyāra* (der Umrundung zum Besuch der Kaaba) angeht, so reicht sie vom Tag des Opferns (*nahr*) bis zu irgendeinem Zeitpunkt während der Pilgerfahrtszeit. Das heißt, das Durchführen des *Ṭawāf* (*az-ziyāra*) ist zu jeder dafür ansonsten vorgesehenen Zeit nach dem *Wuqūf* von ʿArafāt gültig. Hat man aber den *Wuqūf* von ʿArafāt nicht in seiner Zeit vor dem *Ṭawāf* verrichtet, so ist der *Ṭawāf* ungültig.

Die Zeitspanne (auch: die Monate des *Ḥajj*), vor der keine der eigentlichen[11] Handlungen des *Ḥajj* gültig verrichtet werden können, umfaßt
– den Monat *Shawwāl*,
– den Monat *Dhu l-Qaʿda* sowie
– die ersten zehn Tage des Monats *Dhu l-Ḥijja*.

Wenn also jemand vor diesem Zeitraum die Kaabaumrundung (*ṭawāf*) oder den Lauf zwischen *aṣ-Ṣafā* und *al-Marwa* (*saʿy*) durchführt, so ist das ungültig. Davon wird freilich der Weihezustand (*iḥrām*) ausgenommen, insofern als das Eintreten in den *Iḥrām* vor den Monaten des *Ḥajj* *makrūh*, aber gültig ist.

Zusätzlich zählt die *Ḥanafīya* folgendes als Gültigkeitsbedingungen auf:
– den besonderen Ort (das Gebiet von ʿArafāt) für den *Wuqūf*,
– *al-Masjid al-ḥarām* (die *Kaʿba* und die gesamte Moscheeanlage um sie herum) zur Durchführung des *Ṭawāf az-Ẓiyāra*,
– den Eintritt in den Weihezustand (*iḥrām*) zur Durchführung der zentralen Riten des *Ḥajj*.

Überdies werden bei der *Ḥanafīya* nur drei grundsätzliche Bedingungen zur Gültigkeit aufgezählt:
1. der *Iḥrām* (der Weihezustand),
2. die Zeit, die für den *Ḥajj* festgelegt ist
3. der Ort, an dem jeweils ein Bestandteil des *Ḥajj* verrichtet werden muß.

Was die Zugehörigkeit zum Islam angeht, so ist sie zugleich Bedingung zur Verpflichtung zum *Ḥajj* als auch zur Gültigkeit desselben.

KAPITEL 4

DER ERSTE RUKN DES ḤAJJ: DER IḤRĀM

Mit „*Iḥrām*" ist im Recht gemeint: Die Absicht, in den Zustand des *Ḥajj* bzw. der *ʿUmra* einzutreten und nun, im „Weihezustand", besonderen Ge- und Verboten unterstellt zu sein. Um den *Iḥrām* wirklich und korrekt vorzunehmen, ist es nach Ansicht der *Rechtsschulen außer der Ḥanafīya* nicht verpflichtend, den *Iḥrām* mit dem Sprechen der Formel: „*Labbaika llāhumma labbaik* ...“ (*talbīya*) oder dem Schlachten eines Opfertiers zu verbinden, sondern es handelt sich dabei lediglich um nach der *Sunna* empfohlene Dinge: indem man die Absicht (*nīya*) zum *Ḥajj*/zur *'Umra* faßt und die *Talbīya* ohne Unterbrechung spricht.

Nach der *Ḥanafīya* wird der *Iḥrām* erst durch zwei Dinge wirklich erfüllt:

- die *Nīya* (zum *Ḥajj*/zur *'Umra*) und
- das Verbinden des *Iḥrām* mit der *Talbīya*.

Dabei kann ein beliebiges *Dhikr* oder ein Tieropfer den Platz der *Talbīya* einnehmen. Faßt der Pilger jedoch die Absicht zum *Ḥajj* bzw. zur *'Umra*, ohne die *Talbīya* – oder was ihren Platz einnehmen kann – damit zu verbinden, gilt er nicht als *Muḥrim*, das heißt als jemand, der sich im *Iḥrām* befindet.

§ 7

DIE ORTE, AN DENEN MAN IN DEN WEIHEZUSTAND EINTRITT (MAWĀQĪT AL-IḤRĀM)

Beschreibung von „Mīqāt“

„*Mīqāt*“ (Pl.: *mawāqīt*) bezeichnet sprachlich den Ort, an dem man den *Iḥrām* zum *Ḥajj* annimmt – was auch mit der islamrechtlichen Bedeutung übereinstimmt. Man unterscheidet zwei Arten des *Mīqāt*, die beim *Iḥrām* zu beachten sind:

a) den „örtlichen *Mīqāt*“ (*mīqāt makānī*) und
b) den „zeitlichen *Mīqāt*“ (*mīqāt zamānī*).

Der „zeitliche *Mīqāt*“ ist bereits oben dargestellt worden. Der „örtliche *Mīqāt*“ ist unterschiedlich, je nachdem von woher der jeweilige Pilger kommt. Die klassischen Gebiete sind: Pilger aus Ägypten, *Shām*[12], dem *Maghrib* (im weiteren Sinne)[13] sowie dem Gebiet von *al-Andalus*[14] und dem Gebiet von *ar-Rūm*[15].

Der Ort *al-Juḥfa* (*Rabī'*), zweihundert Kilometer nördlich von Mekka, gilt für Pilger aus:

1. Nordeuropa, 2. dem ehemaligen Jugoslawien, 3. der Türkei, 4. dem *Maghrib*, 5. Libyen, 6. Ägypten, 7. Syrien, 8. Libanon, 9. Palästina, 10. Jordanien.

Der Ort *Dhū l-Ḥalīfa* (*Ābār 'Alī*), elf Kilometer südlich von Medina, gilt für Pilger aus Medina.

Der Ort *Dhāt al-'Irq*, vierundneunzig Kilometer nordöstlich von Mekka, gilt für Pilger aus:

1. den ehemaligen UdSSR-Republiken mit hohem muslimischen Bevölkerungsanteil, vor allem aus: Tatschikistan, Usbekistan, Tataristan, Azerbaidschan (Nordteil, nicht-iranisch), Turkmenistan, Kirgisistan, Kasachstan, Baschkiristan
2. dem Iran, 3. dem Irak, 4. Afghanistan
5. Pakistan, 6. China, 7. Japan.

Der Ort *Qarn al-Manāzil*, vierundneunzig Kilometer östlich von Mekka, gilt für Pilger aus:

1. Kuwait, 2. dem Najd, 3. den arabischen Emiraten,
4. einschl. Qatar, Bahrain, 5. Oman.

Der Ort Yalamlam, zwischen Mekka und dem Jemen gelegen, gilt für Pilger aus:

1. dem Jemen, 2. Indien, 3. Sri Lanka
4. Birma, 5. Malaysia, 6. Indonesien.

§ 8

DIE ARTEN DES IHRĀM BZW. DER DURCHFÜHRUNG DER PILGERFAHRT

Es gibt verschiedene Möglichkeiten, *Ḥajj* bzw. *'Umra* durchzuführen, wobei man auch *Ḥajj* und *'Umra* miteinander in der Durchführung verbinden kann. In jeder der Möglichkeiten muß der *Iḥrām* und die im *Iḥrām* gefaßte Absicht entsprechend gefaßt sein.

Man unterscheidet diesbezüglich drei Formen:

• *Ifrād* • *Tamattu'* • *Qirān.*

Der Ifrād

Wörtlich bedeutet „*Ifrād*" etwa: „etwas allein sein lassen", „etwas als einzelnes zu tun". Hier bei der Pilgerfahrt kann es zweierlei bedeuten:

– beim *Iḥrām* nur die Absicht zum *Ḥajj* zu fassen und dann entsprechend nur den Pflichtteil des *Ḥajj* zu verrichten, ohne die *'Umra* mit dem *Ḥajj* zu verbinden bzw.

– zuerst als einzelne Handlung den Pflichtteil des *Ḥajj* zu verrichten, mit nur darauf bezogenem *Iḥrām* bzw. eigener Absicht (*nīya*), dann aber, mit wiederum eigenem *Iḥrām* bzw. eigener *Nīya*, nach dem Abschluß des *Ḥajj* die *'Umra* anzuschließen.

Wer den *Ḥajj* in *Ifrād*-Form verrichtet, für den ist das Tieropfer am Tag des Opferns (*yaum an-nahr*) nicht zwingend.

Der Tamattu'

Wörtlich bedeutet „*Tamattu'*" etwa: „sich mit etwas Angenehmem versorgen".

Bei der Pilgerfahrt bedeutet es, zunächst beim *Iḥrām* (unter Beachtung des örtlichen *Mīqāt*) nur die *'Umra* zu beabsichtigen und diese bis spätestens vor dem achten *Dhu l-Ḥijja* durchzuführen. Sofern der Pilger einige Tage vor dem achten *Dhu l-Ḥijja* die *'Umra* vollendet hat, ist der *Iḥrām* von da an bis zum Beginn des *Ḥajj* aufgehoben. Diese Zeitspanne wird als „*Tahallul*" („sich etwas erlaubt machen" bzw. „für sich den *Iḥrām* aufheben") bezeichnet.

Am achten *Dhu l-Ḥijja* begibt man sich dann wieder in den Zustand des *Iḥrām* mit der Absicht (*nīya*), den *Ḥajj* durchzuführen, wobei man aber den örtlichen *Mīqāt* nicht (mehr) aufzusuchen braucht. Dann wird der *Ḥajj* – wie das auch bei der *Ifrād*-Form geschieht – durchgeführt.

Wer den *Tamattu'* vollführt, muß in Minā am Tag des *Nahr* verpflichtend ein Tier opfern – anders als im Fall des *Ifrād*, wo das Tieropfer ja nicht verpflichtend ist.

Der Qīrān

Wörtlich heißt „*Qīrān*" etwa: „das Verbinden", „das Verknüpfen". Bei der Pilgerfahrt wird damit eine Verbindungsform von *Ḥajj* und *'Umra* bezeichnet, wobei der Pilger am *Mīqāt* beim Einnehmen des *Iḥrām* die Absicht (*nīya*) faßt, *Ḥajj* und *'Umra* miteinander verbunden bzw. ohne Unterbrechung zwischen ihnen auszuführen.

Er verrichtet zunächst nach seiner Ankunft in Mekka die *'Umra*, bleibt dann im Zustand des *Iḥrām*, bis der *Ḥajj* beginnt, und verrichtet so auch diesen, ohne zuvor – wie beim *Tamattu'* – den *Iḥrām* durch *Tahallul* unterbrochen zu haben.

§ 9

WAS JEMAND, DER IN DEN IḤRĀM EINTRETEN WILL, TUN SOLL

Wer in den Weihezustand (*iḥrām*) eintreten will, sollte einige Dinge tun: einige davon sind *Sunna*, andere wünschenswert (*mandūb*).

Eine Ganzkörperwaschung (ghusl) vorzunehmen

Daß der Pilger eine Ganzkörperwaschung (*ghusl*) vornimmt, dies ist *Sunna mu'akkada*. Hier kann auch ein *Wuḍū'* den *Ghusl* ersetzen, um (zumindest) grundsätzlich die *Sunna* zu erfüllen, doch der *Ghusl* ist besser. Dieser *Ghusl* dient allerdings nur der Sauberkeit als solcher, nicht aber dazu, die rituelle Reinheit (*ṭahāra*) zu erlangen.

Auch von einer Frau, die gerade ihre Regel hat, und von einer Frau mit Monatsfluß (die *Nafsā'* ist) wird der *Ghusl* (als *Sunna*) gefordert.

Wenn aber kein zur Reinigung geeignetes bzw. überhaupt Wasser vorhanden ist, fällt der *Ghusl* fort und darf in diesem Fall auch islamrechtlich nicht durch den *Tayammum* ersetzt werden – dies darum, weil durch den *Tayammum* die körperliche Reinheit nicht erreicht werden kann.

Das Schneiden der Finger- und Fußnägel

Dies ist – wie auch außerhalb des *Ḥajj* – bestätigte Sunna (*sunna mu'akkada*).

Das Haarschneiden

Dies bezieht sich auf das Schneiden desjenigen Haares, das zu schneiden bzw. nachzuschneiden erlaubt ist, wie Kopfhaar und Schnurrbarthaare. Dies ist erwünscht (*mustaḥabb*), zudem wird das Haarschneiden vor dem *Ghusl* vorgenommen werden.

Mit dem Ehegatten zu schlafen

Dazu gehört, daß der Pilger vor Eintritt in den Weihezustand (*iḥrām*) mit seiner Ehefrau schläft, sofern diesbezüglich kein Hindernis besteht; dies darum, damit der Zeitraum, in dem kein Geschlechtsverkehr zulässig ist, nicht zu lange andauert und es nicht geschieht, daß die Ehepartner sich während des *Iḥrām* nicht beherrschen können und dann der *Iḥrām* ungültig wird. Dieser Geschlechtsverkehr ist empfehlenswert (*mustaḥabb*).

Das Anziehen von Izār und Riḍā'

Der *Izār* ist ein Gewandteil, der alles zwischen Nabel und Knie bedeckt; das *Riḍā'* ist ein Gewandtteil, der Brust, Rücken und die Schultern bzw. nur die rechte Schulter bedeckt[16]. Diese Kleidung anzulegen ist wünschenswert (*mustaḥabb*)[17].

Es ist *mustaḥabb*, daß *Izār* und *Riḍā'* neu bzw., wenn sie bereits gebraucht wurden, gewaschen und rein sind. Außerdem ist es *mustaḥabb*, daß sie beide weiß sind[18].

Parfümieren von Kleidung und Körper

Dies soll so geschehen, daß nach dem Eintritt in den *Iḥrām* von der Parfümessenz bzw. der parfümierenden Masse selbst nichts auf Körper bzw. Kleidung verbleibt[19].

Bleibt so nur der Duft erhalten, ist dieses Parfümieren beliebt (*mustaḥabb*), wenn doch etwas von der Parfümmasse verbleibt, ist dies nicht beliebt.

Das Beten von zwei Rak'a Nāfila bei der Ankunft am örtlichen Mīqāt

Diese zwei *Rak'a* soll der Pilger verrichten, wenn nicht gerade eine Zeit ist, in der das Beten zu vermeiden (*makrūh*) ist – in diesem Falle soll er dieses freiwillige Gebet (*nāfila*) nicht beten. Dieses Gebet gilt als *Sunna* (*ghair mu'akkada*). Am besten rezitiert man in diesem Gebet in der ersten *Rak'a* die *Fātiḥa* und die Sure „*al-Kāfirūn*", dann in der zweiten *Rak'a* die *Fātiḥa* sowie die Sure „*al-Ikhlāṣ*".

Wenn der Pilger direkt nach einem Pflichtgebet in den *Iḥrām* eingetreten ist, nimmt dieses Pflichtgebet für ihn die Stelle des *Nāfila*-Gebetes ein, und das *Nāfila*-Gebet entfällt.

Die Absicht (nīya) zum Iḥrām auch auszusprechen, zusätzlich zur Nīya im Herzen

Dies geschieht, indem er sagt:

Allāhumma innī urīdu l-ḥajja fa-yassirhu lī wa taqabbalhu minnī
O Gott, ich will den *Ḥajj* durchführen,
so mache ihn mir leicht und nimm ihn von mir an.

Das Sprechen der Talbīya bei verschiedenen Anlässen

Danach – nach dem Aussprechen der Absicht zum *Iḥrām* – soll er die *Talbīya* sprechen; die Form der *Talbīya* ist:

Labbaika llāhumma labbaik
labbaika lā sharīka laka labbaik
inna l-ḥamda wa n-ni'mata laka wa-l-mulk
lā sharīka lak
Zu Dir begebe ich mich, o Gott, zu Dir begebe ich mich,
zu Dir begebe ich mich, niemand ist Dir beigesellt,
zu Dir begebe ich mich.

Wahrlich, Dir kommt der Lobpreis zu, und von Dir kommt
die schöne Gnadengabe, und Dein ist die Herrschaft,
niemand ist Dir beigesellt.

Dann, nach dem Sprechen der *Talbīya*, soll er mit leiser bzw. nicht lauter Stimme in einer der überlieferten Formen den Segen für den Propheten ﷺ erbitten.

Das häufige Sprechen der Talbīya nach jedem Pflichtgebet

Der Pilger soll sooft, wie ihm das möglich ist, nach jedem Pflichtgebet, das er vor Eintritt in den Weihezustand (*iḥrām*) verrichtet, die *Talbīya* aussprechen. Dies gilt als *Sunna*[20].

Außerdem ist es *Sunna*, die *Talbīya* zu sprechen, wenn der Pilger einem Reiter[21] begegnet, von einer Anhöhe herabsteigt oder in ein Wadi hinabsteigt.

Auch soll er die *Talbīya* häufig wiederholen, wenn er sich in der Nähe von Bäumen aufhält, wenn er aus dem Schlaf erwacht, beim Reiten bzw. beim Absteigen vom Reittier.

Es ist auch wünschenswert (*mustaḥabb*), beim Aussprechen der *Talbīya* die Stimme – ohne starke Anstrengung allerdings – anzuheben.

§ 10

DIE DINGE, DIE ZU TUN DEM PILGER UNTERSAGT SIND, SOBALD ER IN DEN IḤRĀM EINGETRETEN UND SOMIT MUḤRIM GEWORDEN IST

Einige Dinge sind dem Pilger, der in den Weihezustand eingetreten ist (*muḥrim*), ganz verboten, andere Dinge sind für ihn nur zu vermeiden (*makrūh*).

Eine Ehe einzugehen

Dem *Muḥrim* ist es verboten, einen Ehevertrag zu schließen; tut es dies dennoch, so ist der Vertrag ungültig (*bāṭil*)[22].

Geschlechtsverkehr zu haben

Auch ist dem *Muḥrim* der Geschlechtsverkehr verboten und alles, was dazu führen kann, wie ein Kuß, Berührungen usw.

Zu streiten

Es ist ihm verboten, mit seinen Mitreisenden, Dienern oder anderen Streit anzufangen bzw. zu streiten.

Auf die Jagd zu gehen

Es ist dem *Muḥrim* auch untersagt, auf dem Land zur Jagd zu gehen oder ein Tier zu schlachten – das gilt auch für Anzeichen oder Vorbereitungen dazu, die der *Muḥrim* deutlich sichtbar trifft, oder für nicht offen sichtbare Belege, die aber eindeutig darauf hinweisen, daß jemand dies tun will.

Bei der *Shāfi'īya* und *Ḥanbalīya* ist es zulässig (*jā'iz*), wilde Tiere zu jagen, die nach den Speisevorschriften nicht gegessen werden dürfen, während dies bei wilden Tieren, die zu essen erlaubt ist, unzulässig ist.

Nach Ansicht der *Ḥanafīya* und *Mālikīya* aber gilt das Jagdverbot für die Jagd auf wilde Tiere allgemein und absolut, gleich ob die Tiere grundsätzlich eßbar sind oder nicht.

Die Jagd auf Meerestiere ist aber – *nach allen Rechtsschulen* – erlaubt.

Als Landtier gilt – *außer nach der Shāfi'īya*[23] – hierbei ein Tier, das an Land geboren wird und sich dort fortpflanzt, selbst wenn es ansonsten bzw. zeitweise im Meer lebt. Ein Meerestier ist das entsprechende Gegenteil davon.

Sich zu parfümieren

Es ist dem *Muḥrim* untersagt, Parfüm bzw. irgendwelche Duftstoffe zu verwenden, sei es an seiner Kleidung oder an seinem Körper.

Finger- bzw. Fußnägel zu schneiden

Dem *Muḥrim* ist es verboten, seine Finger- bzw. Fußnägel zu schneiden.

Das Tragen von genähter bzw. gesäumter Kleidung

Es ist dem *Muḥrim* verboten, an seinem gesamten Körper oder auch nur einem Teil seines Körpers etwas Genähtes (*mukhayyaṭ*) oder etwas Gesäumtes (*mukhayyaṭ*) zu tragen: wie zum Beispiel ein Hemd, weite Hosen, Turban, Mantel und dergleichen[24]. Auch sind ihm Schuhe außer ungenähten Sandalen (*na'lān*) verboten, es sei denn, er kann keine solchen Sandalen finden. Es ist andererseits aber zulässig, Schuhe (*khuffān*) zu tragen, sofern sie gegebenenfalls so durch Schneiden verkürzt wurden, daß die Knöchel von ihnen nicht bedeckt werden.

Ḥanafīya und Mālikīya

Es ist dem männlichen *Muḥrim* untersagt, sein Haupt zu bedecken und sein Gesicht – sei es ganz oder nur zum Teil – zu verschleiern.

Shāfi'īya und Ḥanbalīya

Es ist dem Mann im *Iḥrām* nicht verboten, sein Gesicht zu bedecken.

Gesichtsverschleierung und Kopfbedeckung bei der Frau im Iḥrām

Für die in den Weihezustand eingetretene Frau (*muḥrima*) ist es zulässig (*jā'iz*), Gesicht und Hände zu verschleiern, wenn sie damit die Verschleierung vor fremden Männern beabsichtigt – unter der Bedingung, daß vor ihrem Gesicht ein entsprechender Schleier so herabhängt, daß er ihr Gesicht nicht (fest) berührt.

Diese Ansicht wird von der *Ḥanafīya* und *Shāfi'īya* vertreten; *Ḥanbalīya* und *Mālikīya* aber vertreten andere Meinungen:

Ḥanbalīya:

Es kommt der Frau zu, ihr Gesicht zu verschleiern, wenn sie gezwungen ist, sich in der Nähe von Fremden zu bewegen; dabei schadet es der Rechtsgültigkeit ihres *Iḥrāms* nicht, wenn der Schleier fest am Gesicht anliegt, weil es sich hier (bei der Verschleierung und dem eventuellen festen Anliegen des Gesichtsschleiers) um eine Notwendigkeit handelt und durch diese Erlaubnis Beschwernis genommen werden soll.

Mālikīya:

Es kommt der Frau im *Iḥrām* zu, Gesicht und Hände zu verschleiern, wenn sie beabsichtigt, sich vor dem Blick fremder Männer zu schützen, und in der Tat solche Fremden, die sie anblicken (könnten), auch vorhanden sind bzw. es sich bei ihr um eine wirklich schöne Frau handelt – weil man in diesem Falle immer davon ausgehen kann, daß fremde Männer sie gegebenenfalls anblicken werden.

Dies unter der Bedingung, daß der Schleier oder ein Teil davon weder genaht noch (irgendwie) festgebunden ist – wenn dies doch der Fall ist, ist es verboten, und sie muß ein Tieropfer bringen. Das gleiche gilt für die Bedeckung der Hände: Auch hier darf weder Naht noch Band usw. vorhanden sein, und insofern sind regelrechte Handschuhe untersagt.

Es ist ihr aber nicht untersagt, etwa ihre Hände in einem Obergewand zu verbergen; ebenso ist es ihr erlaubt, einen Teil ihres Gesichts zu bedecken, indem sie dies zum Beispiel mit einem Teil ihrer Kopfbedeckung tut, welcher sich dann als „Gesichtsschleier" vor ihrem Gesicht befinden darf.

Das Tragen von Kleidung, die mit etwas Parfümierendem gefärbt wurde

Grundsätzlich ist das Tragen von solcherart gefärbter Kleidung untersagt bei unterschiedlicher Meinung der Rechtsschulen.

Ḥanafīya:

Es ist verboten (*ḥarām*), Kleidung zu tragen, die mit parfümierenden Stoffen wie bestimmten Blütenstoffen gefärbt wurden, wonach ein Duft am Gewand verbleibt.

Wird aber ein so gefärbtes Gewand gewaschen, so daß kein Parfüm bzw. Duft mehr offen wahrzunehmen ist, darf es im *Iḥrām* getragen werden.

Absichtliches Einatmen von Parfümduft und Parfümieren im Iḥrām

Es ist für den *Muḥrim* zu vermeiden (*makrūh*), einen Parfümduft – sei es ein tatsächliches Parfüm oder den schönen, parfümähnlichen Duft von Pflanzen – durch Riechen aufzunehmen bzw. sich mit dergleichen zu parfümieren. Dies gilt in Übereinstimmung der Gelehrten.

Ḥanafīya und Mālikīya

Im Falle, daß sich der *Muḥrim* an einem Ort aufhält, an dem ein Parfümduft oder ein ähnlicher natürlicher Duft vorherrscht, so ist dieser Aufenthalt dort zu vermeiden (*makrūh*), gleich, ob er dies beabsichtigt oder nicht.

Shāfiʿīya und Ḥanbalīya

Wenn der *Muḥrim* beabsichtigt, den Duft bewußt einzuatmen – etwa indem er sich eine Rosenblüte zum Schnuppern unter die Nase hält –, so ist dies für ihn verboten (*ḥarām*), gleich, ob er die Quelle des Duftes bei sich trägt oder sich an einem Ort aufhält, wo ein solcher Duft vorherrscht.

Wenn er einen Duft einatmet, dies jedoch nicht beabsichtigt, so ist das für ihn nicht *ḥarām*.

KAPITEL 5

DER ZWEITE RUKN DES ḤAJJ: ṬAWĀF AL-IFĀḌA

§ 11

ALLGEMEINE VORSTELLUNG

Man kann bezüglich des rechtlichen Verpflichtungscharakters (*ḥukm*) vier Arten von *Ṭawāf* unterscheiden:

1. Den *Ṭawāf*, der absolute Pflicht (*rukn*) ist; dies ist der „*Ṭawāf al-Ifāḍa*". Wer ihn nicht durchführt, dessen *Ḥajj* ist ungültig (*bāṭil*).
2. Den *Ṭawāf*, der verpflichtend (*wājib*) ist; dies ist der „*Ṭawāf az-Ziyāra*", auch *Ṭawāf as-Sadr* genannt.
3. Den *Ṭawāf*, der *Sunna* (*masnūn*) ist; dies ist der „*Ṭawāf al-Qudūm*", der schon oben vorgestellt wurde.
4. Den *Ṭawāf*, der rein freiwillig ist; dieser wird „*Ṭawāf Tatawwu'*" genannt.

Jede der drei Hauptarten des *Ṭawāf* soll nun vorgestellt werden. Die Form des *Ṭawāf* ist dabei gleich, nur gibt es bei manchen Formen des *Ṭawāf* besondere *Sunna*-Handlungen oder Bedingungen. Dabei soll als erstes der „*Ṭawāf al-Ifāḍa*" vorgestellt werden, der als *Rukn* des *Ḥajj* gilt.

§ 12

DEFINITION DES ṬAWĀF AL-IFĀḌA

Der „*Ṭawāf al-Ifāḍa*" – auch: „*Ṭawāf az-Ziyāra*" genannt – ist einer der vier *Arkān* des *Ḥajj*, bezüglich deren Pflichtcharakter sich die Rechtsschulen einig sind und die oben aufgezählt wurden. Wenn dieser *Rukn* von dem Pilger nicht durchgeführt wird, wird sein *Ḥajj* ungültig.

Der *Ṭawāf* als *Rukn* besteht aus sieben Umrundungen (*ashwāt*), die so durchgeführt werden wie unten dargestellt.

Die *Ḥanafiya* hingegen sagt: Der *Ṭawāf* als *Rukn* besteht aus vier Umrundungen (*ashwāt*), in dem Sinne, daß der Pilger, sobald er vier Umrundungen durchgeführt hat, auch den *Rukn* des *Ṭawāf* erfüllt hat. Nach dieser Definition werden die übrigen drei Umrundungen als *Wājib*, nicht *Rukn*, betrachtet: dies darum, weil der größte Teil des *Ṭawāf* in Form von vier *Ashwāt* bereits erfüllt ist und der größte Teil der Sache hier in seinem *Ḥukm* wie die gesamte Sache betrachtet wird.

§ 13

DIE ZEIT FÜR DIE DURCHFÜHRUNG DES ṬAWĀF AL-IFĀḌA

Bezüglich der Zeit, wann man den *Ṭawāf al-Ifāḍa* durchführen soll, sind die Rechtsschulen unterschiedlicher Ansicht.

Ḥanafīya:

Die Zeit für den *Ṭawāf al-Ifāḍa* reicht vom *Fajr* des „Tages des Opferns" (*yaum an-nahr*) bis zum Ende des Lebens. Sobald der Pilger den *Wuqūf* bei ʿArafāt durchgeführt hat, soll er den *Ṭawāf al-Ifāḍa* durchführen. Führt der Pilger aber den *Wuqūf* nicht zu der dazu bestimmten Zeit aus (wie noch weiter unten dargestellt), so ist für ihn der *Ṭawāf al-Ifāḍa*, wenn er ihn in dieser Lage verrichtet, nicht gültig, und sein *Ḥajj* als Ganzes ist ungültig.

Es ist des weiteren Bedingung, daß der *Ṭawāf* in den *Ḥajj*-Monaten durchgeführt wird – das heißt: *Shawwāl*, *Dhu l-Qaʿda* und *Dhu l-Ḥijja*. Wenn daher der Pilger den *Wuqūf* bei ʿArafāt im Monat *Dhu l-Ḥijja* durchgeführt hat, darauf bis vor dem Ende des Monats *Dhu l-Ḥijja* den *Ṭawāf al-Ifāḍa* nicht verrichtet, so muß er zur Vervollständigung seines *Ḥajj* den *Ṭawāf* in den *Ḥajj*-Monaten eines folgenden Jahres verrichten.

Malikīya:

Die Zeit für den *Ṭawāf al-Ifāḍa* reicht vom Festtag des „Tages des Opferns (*yaum ʿīd an-nahr*[25]) bis zum Ende des Monats *Dhu l-Ḥijja*. Wenn der Pilger diese Frist verpaßt und sich diesbezüglich verspätet, muß er ein Tier opfern – wobei danach sein *Ḥajj* gilt.

Der *Ṭawāf* ist ungültig, wenn er vor dem Festtag (*ʿīd al-aḍḥā*) durchgeführt wird. Weiter ist der *Ṭawāf* ungültig, wenn er vor dem *Wuqūf* bei ʿArafāt oder nach diesem durchgeführt wird[26] – wie noch weiter unten beschrieben werden soll.

Shāfiʿīya:

Die Zeitspanne für den *Ṭawāf al-Ifāḍa* bzw. *Ṭawāf az-Ziyāra*, welcher *Rukn* des *Ḥajj* ist, beginnt ab der zweiten Hälfte der Nacht vor dem Tag des Opferns[27]. Als beste Zeit für ihn gilt der Tag des Opferns selbst, nicht aber, ihn erst am Ende der zulässigen Zeit durchzuführen. Aber letztlich kommt es dem Pilger zu, den *Ṭawāf* zu jedem beliebigen Zeitpunkt innerhalb der zulässigen Zeit zu verrichten.

Dem Pilger ist der Geschlechtsverkehr usw. vor dem *Ṭawāf* nicht erlaubt. Wenn er dann den *Ṭawāf* verrichtet hat, tritt er in den *Tahallul*-Zustand nach dem *Iḥrām* ein, und ihm ist der Geschlechtsverkehr usw. wieder erlaubt.

Ḥanbalīya:

Die Zeit für den *Ṭawāf al-Ifāḍa* beginnt nach Anbruch der zweiten Hälfte der Nacht vor dem Opfertag – für diejenigen, die schon den *Wuqūf* bei ʿArafāt durchgeführt haben.

Vor dem *Wuqūf* durchgeführt, gilt der *Ṭawāf* als absolut ungültig, und wer den *Ṭawāf* derart – vor dem *Wuqūf* – verrichtet hat, dessen *Ḥajj* ist ungültig – wie es auch von der *Ḥanafīya* vertreten wird.

Ein Ende der Zeitspanne für den *Ṭawāf* wird aber – wie auch bei der *Ḥanafīya* – nicht festgesetzt, sondern die Erfüllung dieser Pflicht obliegt dem Pilger, solange er sie noch nicht erfüllt hat, notfalls bis zum Lebensende. Der Unterschied zur Meinung der *Ḥanafīya* liegt also darin, daß der Beginn der für den *Ṭawāf* zulässigen Zeit anders festgesetzt wird.

§ 14

DIE BEDINGUNGEN (SHURŪṬ) DES ṬAWĀF

Für den *Ṭawāf* bestehen – unabhängig davon, um was für eine Art von *Ṭawāf* es sich nun handelt – bestimmte Bedingungen, die zu seiner Gültigkeit erfüllt sein müssen und sich bei den Rechtsschulen unterscheiden.

Shāfiʿīya:

Für den *Ṭawāf* an sich bestehen neun Bedingungen:

1. Die Bedeckung der *ʿAura*, die während des Gebets verpflichtend bedeckt werden muß. Wenn nun jemand den *Ṭawāf* durchführt, während seine *ʿAura* ganz oder teilweise entblößt ist, so ist sein *Ṭawāf* und damit sein *Ḥajj* ungültig (*bāṭil*).
2. Daß der Pilger während des *Ṭawāf* rein ist (*ṭāhir*) von ritueller Unreinheit (durch *ḥadath*) bzw. von Verunreinigendem (*khabath*), wie dies auch im Gebet obliegt.
3. Daß der Pilger den *Ṭawāf* so beim schwarzen Stein beginnt, daß sich sein ganzer Körper dem schwarzen Stein oder doch einem Teil von ihm gegenüberbefindet – wobei der Pilger dem schwarzen Stein seine

linke Seite zuwendet. Doch in Richtung der Umrundung gesehen darf sich der Körper des Pilgers bei *Ṭawāf*-Beginn nicht vollends vor dem schwarzen Stein – in Umrundungsrichtung – befinden.

Sollte der Pilger dennoch in der beschriebenen Weise von vor dem schwarzen Stein aus seinen *Ṭawāf* begonnen haben, so gilt diese Umrundung (*shaut*) nicht, sondern die Umrundungen werden erst von dem Punkt an gezählt, wenn der Pilger wieder vor dem schwarzen Stein anlangt.

4. Daß er die Kaaba stets zu seiner Linken hat, während er – wie oben beschrieben – sie im *Ṭawāf* umwandert; dabei muß sich der Pilger mit seinem ganzen Körper außerhalb der *Ka'ba*-Mauern[28] und außerhalb des *Hijr Ismā'īl* befinden.

   Wenn der Pilger nun so die *Ka'ba* umrundet, daß er dabei die Mauern berührt oder so durch die beiden Öffnungen bzw. Durchgänge des *Hijr* hindurchgeht, daß er durch eine der Öffnungen den *Hijr* betritt und ihn durch die zweite wieder verläßt, ist sein so verrichteter *Ṭawāf* nicht gültig.

   Ebenso ist sein *Ṭawāf* ungültig, wenn er sich beim *Ṭawāf* mit seinem Körper bzw. Oberkörper zur Kaaba hinwendet bzw. sich mit seinem Körper bzw. Oberkörper in die entgegengesetzte Richtung hin von ihr abwendet oder den *Ṭawāf* so durchführt, daß er – im Uhrzeigersinn gehend – die Kaaba zur Rechten hat[29] oder sie zur Linken hat, aber dabei rückwärts geht[30].

5. Daß der verrichtete *Ṭawāf* mit Sicherheit aus sieben Umrundungen (*ashwāt*) besteht; wenn eine der Umrundungen bzw. ein Teil davon unterlassen wird, ist der *Ṭawāf* nicht erfüllt.

6. Daß sich der Pilger, wenn er den *Ṭawāf* durchführt, innerhalb des Geländes der Moschee selbst befindet. Solange das erfüllt ist, gilt der *Ṭawāf*, auch wenn ihn der Pilger im Freien oder auf dem Dach des Gebäudes verrichtet, und auch wenn er sich höher als das Dach der Kaaba befindet oder zwischen ihm und der Kaaba Trennwände des Moscheegebäudes liegen.

7. Daß der Pilger durch nichts vom *Ṭawāf* abgelenkt wird; geschieht das, so wird der *Ṭawāf* dadurch unterbrochen und muß wiederholt werden.

8. Die Absicht zum jeweiligen *Ṭawāf* zu fassen. Diese Bedingung gilt jedoch nur für einen *Ṭawāf* außerhalb desjenigen *Ṭawāf*, der *Rukn* ist, das ist der *Ṭawāf al-Ifāḍa*, und des *Ṭawāf al-Qudūm*, weil bei diesen beiden Arten des *Ṭawāf* die *Nīya* bereits dadurch als gefaßt gilt, daß man den Ritus durchführt[31]: Es ist ja eine Absicht (*nīya*) unabdingbar, wenn man sich dem schwarzen Stein zuwendet, denn wenn man die *Nīya* erst nach dem Vorbeigehen am schwarzen Stein faßt, ist die

darauf folgende Umrundung ja ungültig, und ein solcher *Ṭawāf* wird erst dann gültig, wenn sich der Pilger dem schwarzen Stein korrekt zuwendet und rechtzeitig dabei die *Nīya* faßt.

9. Eine neunte Bedingung wird zusätzlich beim *Ṭawāf al-Qudūm* gefordert: daß er vor dem *Wuqūf* bei 'Arafāt durchgeführt wird. Denn dieser *Ṭawāf* wird nicht von dem gefordert, der Mekka nach dem *Wuqūf* bei 'Arafāt betritt, bzw. nach Verbringen der Hälfte der Nacht des Opfertages, wenn die Zeit für den *Wuqūf* (die Stehzeremonie) beginnt.

Des weiteren gibt es für den *Ṭawāf Wājibāt*:

1. Daß sich der Pilger davor schützt, den *Ṭawāf* in einer anderen als der vorgesehenen Zeit zu verrichten.
2. Daß sich der Pilger davor schützt, das zu verachten bzw. gering zu achten, was er während des *Ṭawāf* sieht[32].
3. Daß sich der Pilger an gute Sitten und Umgangsformen hält[33].
4. Daß der Pilger seine Hand und seinen Blick von jeder sündhaften Handlung zurückhält[34].

Mālikīya:

Zur Gültigkeit des *Ṭawāf* müssen sieben Bedingungen erfüllt sein:

1. Daß er aus sieben Umrundungen (*ashwāt*) bestehend durchgeführt wird. Wenn ein Teil dieser sieben Umrundungen nicht verrichtet wurde, genügt dies zur Erfüllung der Bedingung nicht, und dieser Mangel kann dann auch durch kein Tieropfer ausgeglichen werden.

   Wenn der Pilger zweifelt, ob er schon sieben Umrundungen durchgeführt hat, so vervollständigt er – da man sich hierin gewiß sein muß – die sieben Umrundungen, indem er die Anzahl an Umrundungen vermehrt. Falls der Pilger in einem solchen Fall nämlich zusätzliche Umrundungen ausführt, schadet das nichts, da es sich bei überzähligen Dingen um Bedeutungsloses handelt, was nicht zählt.

2. Daß der Pilger von großer und kleiner ritueller Unreinheit (*ḥadath aṣghar* bzw. *akbar*) sowie von verunreinigenden Dingen (*khabath*) frei, also rituell rein (*ṭāhir*) ist.

   Wenn der Pilger während des *Ṭawāf* durch *Ḥadath* rituell unrein wird bzw. an seinem Körper oder seiner Kleidung eine *Najāsa* entdeckt, ist sein *Ṭawāf* ungültig (*bāṭil*).

   Wenn er nach dem *Ṭawāf*, aber noch vor dem Zwei-*Rak'a*-Gebet nach dem *Ṭawāf* durch *Ḥadath* rituell unrein wird, wiederholt er den *Ṭawāf* – weil dieses Gebet wie ein Teil des *Ṭawāf* betrachtet wird.

   Dies tut er nur dann nicht, wenn er Mekka bereits verlassen hat und es ihm beschwerlich ist, nach dem *Wuqūf* bei 'Arafāt dorthin zurückzukehren. In diesem Falle genügt für ihn der zuvor schon verrichtete *Ṭawāf*, und er wiederholt nur die zwei *Rak'a*, nicht aber den *Ṭawāf*. Es obliegt ihm dann, ein Tieropfer zu bringen, und die rechtliche Bestimmung (*ḥukm*) dieser zwei *Rak'a* ist die Verpflichtung (*wujūb*), nach dem *Ṭawāf al-Ifāḍa* und dem *Ṭawāf al-Qudūm*. Beim *Ṭawāf al-Wadā'* aber wird sowohl die Meinung vertreten, daß diese zwei *Rak'a* verpflichtend (*wājib*) sind, als auch die, daß sie *Sunna* sind: beide sind korrekte, richtige Aussagen innerhalb der Rechtsschule.

Es ist *mandūb*, daß in der ersten *Rak'a* dieses Gebets nach der *Fātiḥa* die Sure „*al-Kāfirūn*" rezitiert wird und entsprechend die Sure „*al-Ikhlāṣ*" in der zweiten.

Außerdem ist es wünschenswert (*mandūb*), diese beiden *Rak'a* hinter dem *Maqām Ibrāhīm* zu beten und das anschließende *Du'ā'* beim *Multazam* (der Tür der *Ka'ba*) zu sprechen.

Auch ist es *mandūb*, das Gebet nach dem *Maghrib*-Gebet und vor der dazugehörigen *Nāfila* (das heißt dem *Rātiba*-Gebet von *Maghrib*) zu verrichten, falls der *Ṭawāf* nach dem *'Aṣr*-Gebet durchgeführt wurde.

3. Die Bedeckung der *'Aura*, wie im Gebet (*ṣalāh*).
4. Daß der Pilger die *Ka'ba* beim *Ṭawāf* zu seiner Linken hat.
5. Daß der ganze Körper des Pilgers außerhalb des *Hijr Ismā'īl* bleibt.
6. Das ununterbrochene Aufeinanderabfolgen der *Ṭawāf*-Handlungen (*muwālāt*). Wenn etwa der Pilger zwischen den Umrundungen viel zeitlichen Zwischenraum läßt, so ist der *Ṭawāf* ungültig; ein kurzer zeitlicher Zwischenraum zwischen den Umrundungen schadet aber der Gültigkeit nicht.
7. Daß sich der Pilger während des *Ṭawāf* innerhalb des Geländes der Moschee befindet, doch ist der *Ṭawāf* auf dem Dach der Moschee oder außerhalb von ihr ungültig.

Der *Ṭawāf* muß zwingend beim schwarzen Stein begonnen werden. Wenn der Pilger nun vor dem schwarzen Stein beginnt, muß er diese mangelhafte Umrundung nach der letzten Umrundung vervollständigen[35]. Falls er das nicht tut und dann – nach der letzten Umrundung – eine deutliche Unterbrechung folgt oder der *Wuḍū'* des Pilgers zunichte wird, so muß er den *Ṭawāf* wiederholen, es sei denn, daß er in sein Land zurückkehrt: dann kann ihm dieser *Ṭawāf* genügen, und er muß ein Tieropfer bringen[36].

Ḥanbalīya:

Zur Gültigkeit des *Ṭawāf* müssen folgende Bedingungen erfüllt sein:

1. Die Absicht (*nīya*) zum *Ṭawāf*.
2. Daß die Zeit für den *Ṭawāf az-Ziyāra* bereits eingetreten ist; und diese beginnt mit Beginn der zweiten Hälfte der Nacht vor dem Opferfest – bezüglich derer, die das Stehen (den *Wuqūf*) bei 'Arafāt

bereits durchgeführt haben. Vor dem *Wuqūf* ist der *Ṭawāf* (*az-Ziyāra*) nicht gültig, wobei andererseits kein Ende für die für ihn gültige Zeit festgesetzt ist.

3. Die Bedeckung der *'Aura*, wie im Gebet (*ṣalāh*).
4. Daß sich der Pilger im Zustand der Reinheit (*ṭahāra*) befindet, was *Khabath* (das heißt *najāsa*) angeht.
5. Daß sich der Pilger im Zustand der Reinheit (*ṭahāra*) befindet, was *Ḥadath akbar* (das heißt *janāba*) bzw. *aṣghar* (das heißt Ungültigkeit/Nichtvorhandensein des *wuḍū'*) angeht.
6. Dies ist aber keine Bedingung, wenn der Pilger ein Kind ohne *Tamyīz* ist; dann ist sein *Ṭawāf* gültig – also auch, wenn er dabei *Muḥdath* und/oder mit *Najāsa* versehen ist.
7. Daß der *Ṭawāf* aus sieben *Ashwāt* besteht und der Pilger den *Ṭawāf* beim schwarzen Stein beginnt. Wenn er an einer anderen Stelle den *Ṭawāf* beginnt, wird die so begonnene Umrundung (*shaut*) nicht gezählt.
8. Daß der Pilger den *Ṭawāf* gehend durchführt, wenn er dazu in der Lage ist.
9. Daß die *Ashwāt* ununterbrochen aufeinander abfolgen (in *muwālāt*). Wenn der Pilger während des *Ṭawāf Muḥdath* wird, ist der *Ṭawāf* ungültig.
10. Daß der *Ṭawāf* in der Moschee durchgeführt wird; außerhalb von ihr ist der *Ṭawāf* ungültig, aber auf ihrem Dach durchgeführt ist er gültig.
11. Daß der Pilger während des *Ṭawāf* die *Ka'ba* zu seiner Linken hat und nicht in den *Hijr*-Bereich kommt.

Bei der *Ḥanbalīya* gibt es zum *Ṭawāf* keine *Wājibāt*.

Ḥanafīya:

Zur Rechtsgültigkeit des *Ṭawāf* müssen zwei Bedingungen erfüllt sein[37]:

1. Daß sich der Pilger – während er den *Ṭawāf* verrichtet – innerhalb des Bereichs der heiligen Moschee (*al-masjid al-harām*) befindet, selbst wenn er ihn so durchführt, daß er dabei hinter der Quelle *Zamzam* hergeht oder hinter den Säulen, die den *Ṭawāf*-Bereich (*maṭāf*) eingrenzen oder sich allgemein innerhalb des Moscheegebäudes befinden. Wenn er den *Ṭawāf* aber außerhalb der Moschee verrichtet, so ist der *Ṭawāf* ungültig.
2. Daß er frühestens nach Anbruch des *Fajr* am Tag des Opferns den *Ṭawāf az-Ziyāra* bzw. *al-Ifāḍa* verrichtet, wie dies schon oben vorgestellt wurde.

Handelt es sich bei dem *Ṭawāf* aber um den *Ṭawāf al-Qudūm*, so soll er frühestens beim Betreten von Mekka und spätestens bis vor dem

Wuqūf (Stehen) von ʻArafāt verrichtet werden. Hat der Pilger aber den *Wuqūf* bereits durchgeführt, so kann er diesen *Ṭawāf* nicht mehr verrichten. Hat er den *Ṭawāf* aber zu Beginn der Zeit für den *Wuqūf* noch nicht durchgeführt, so endet die Zeit für den *Ṭawāf al-Qudūm* mit Anbruch des *Fajr* des Opfertages.

§ 15

SUNAN UND WĀJIBĀT DES ṬAWĀF

Die Anzahl und genaue Sicht der *Wājibāt* und *Sunan* im *Ṭawāf* sind bei den einzelnen Rechtsschulen unterschiedlich.

Shāfiʻīya:

Für den *Ṭawāf* gibt es acht *Sunan*:

1. Daß sich der Pilger zu Beginn des *Ṭawāf* der Kaaba mit seinem Gesicht und seinem gesamten Körper zuwendet und sich so hinstellt, daß er sich neben dem schwarzen Stein in Richtung der jemenitischen Ecke – und zugleich rechts vom schwarzen Stein – befindet und seine rechte Schulter in die Richtung des schwarzen Steins weist (siehe Abbildung).

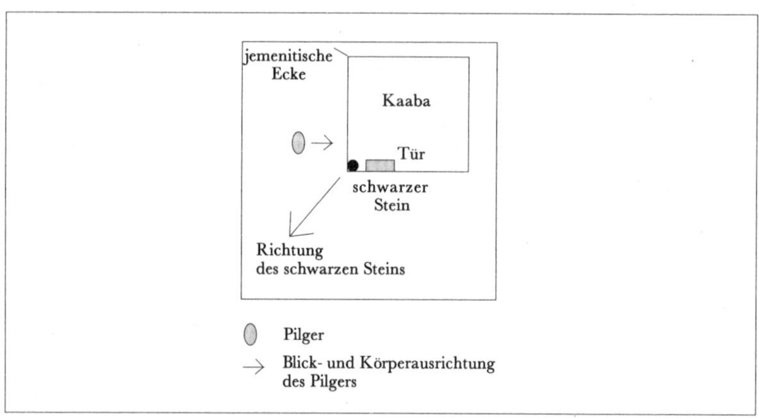

Danach geht er, den Stein anblickend und sich ihm mit dem Gesicht bzw. dem Oberkörper zuwendend, in Richtung der Tür der *Kaʻba*; sobald er in Höhe des schwarzen Steins ist[38], wendet er sich so um, daß er die *Kaʻba* zu seiner Linken hat. (Die Handlung, so zu gehen, daß man die *Kaʻba* zu seiner Linken hat, nennt man „*Tayāmun*".) Das hier Gesagte gilt nur – als Besonderheit – zu Beginn des *Ṭawāf*, nur der *Tayāmun* muß während des ganzen *Ṭawāf* eingehalten werden und gilt demnach auch in den weiteren Umrundungen.

2. Daß der Pilger den *Ṭawāf* zu Fuß gehend verrichtet, sofern er körperlich dazu in der Lage ist; dies gilt auch für eine Frau.

Falls ein Entschuldigungsgrund vorliegt, ist es durchaus zulässig, daß der Pilger sich (in einer Sänfte von Trägern) beim *Ṭawāf* tragen läßt[39]; auf einem Reittier reitend den *Ṭawāf* zu verrichten ist aber abzulehnen, aus Respekt gegenüber der Moschee bzw. da sich dort keine Reittiere aufhalten sollen[40].

Am besten ist es, wenn der Pilger den *Ṭawāf* barfüßig durchführt, sofern ihm dies keine Beschwernis bzw. Schmerzen bereitet[41], und es ist erstrebenswert (*mandūb*), daß der Pilger seine Schritte eng setzt – also viele kleine Schritte beim *Ṭawāf* macht –, um möglichst viel Lohn zu erhalten[42].

Auch ist es *mandūb*, den schwarzen Stein bei Beginn des *Ṭawāf* mit der Hand zu berühren und ihn (nur) leicht zu küssen; dies ist andererseits für die Frau keine *Sunna*, es sei denn, der *Ṭawāf*-Bereich (*maṭāf*) ist (von Massen von Menschen und entsprechend auch Männern) frei, tagsüber oder nachts.

Es ist für die Männer wünschenswert (*mustaḥabb*), die Stirn an den schwarzen Stein zu legen und den Stein jeweils dreimal mit der Hand zu berühren bzw. ihn zu küssen.

Wenn der Pilger nicht in der Lage ist[43], ihn mit der Hand zu berühren, soll er ihn mit einem Stock oder dergleichen berühren und das, womit er den Stein berührt hat, küssen; wenn er auch dazu außerstande ist, soll er ihn aus der Entfernung durch einen Wink, ein Zeichen, ein Zuwinken mit der Hand – oder dem, was er in ihr hält – grüßen, wobei die rechte Hand zu benutzen besser ist. Das soll er bei jeder Umrundung des *Ṭawāf* tun.

3. Das überlieferte *Du'ā'* zu sprechen; und zwar soll er beim Berühren des schwarzen Steins zu Beginn einer jeden Umrundung sagen:
Bismi llāh wa-l-llāhu akbar
„Im Namen Gottes, und Gott ist der Größte".

4. Daß der männliche Pilger die ersten drei Umrundungen schnell, ohne aber dabei Sprünge zu machen, verrichtet, die übrigen vier hingegen in aller Ruhe durchführt. Dieses schnellere Gehen, das etwas schneller als das gewöhnliche Gehen ist, ohne aber ein Dahineilen zu sein, wird „*Ramal*" genannt.

Dies gilt aber nicht für die Frau: Sie verrichtet die Umrundungen in der Schnelligkeit, wie sie es gewohnt ist.

5. „*Al-Idtibā'*" beim Mann und auch beim Jungen; damit ist gemeint, daß der Pilger den Mittelteil des oberen Gewandtteils (*riḍā'*) unterhalb seiner rechten Schulter anlegt und dabei die beiden Enden des *Riḍā'* über seine linke Schulter legt (siehe die folgenden Abbildungen A und B).

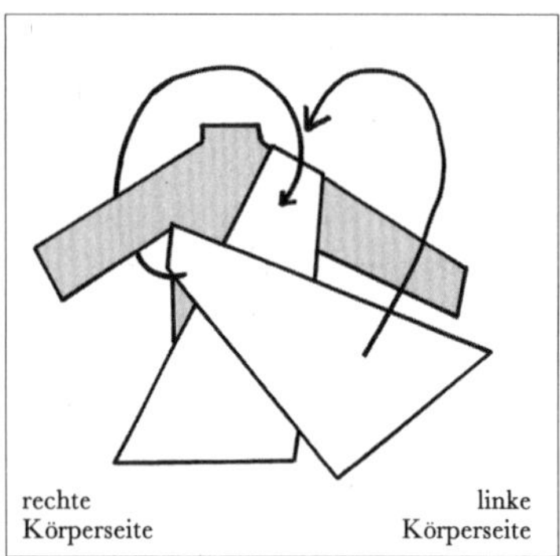

Abb. A:
al-Idtibā': Anlegen des *Ridā'* unterhalb der rechten Schulter, wobei das vordere Stoffende durch das nach hinten umzuschlagende Stoffstück gehalten wird.

Abb. B:
Überwerfen des freien Endes des *Ridā'* über die linke Schulter, wobei das übergeworfene Stoffende frei hängt und das vordere Stoffende Bauch und Ansatz des unteren Gewandteils (*izār*) verdecken kann.

6. Daß der männliche Pilger – auch der Junge – beim *Ṭawāf* nahe bei der *Ka'ba* bleibt, sofern kein Gedränge herrscht und dadurch keine Beschwernis bzw. Belästigung entsteht[44]; dies im Gegensatz zu dem, was für die Frau wünschenswert ist, weil es von der Frau nicht zur Ehrung der *Ka'ba* gefordert wird, daß sie sich während des *Ṭawāf* nahe am *Ka'ba*-Gebäude aufhält[45].

7. Die ununterbrochene Abfolge der Handlungen (*muwālāt*) beim *Ṭawāf*. Wenn etwa jemand während des *Ṭawāf Muḥdath* wird – selbst wenn er das absichtlich wird[46] –, so reinigt er sich, um wieder im Zustand der *Ṭahāra* zu sein, und vervollständigt anschließend, was er von den *Ṭawāf*-Handlungen noch durchführen muß. Doch es ist besser, auch das vor dem *Ḥadath* Verrichtete noch einmal zu wiederholen und so alles zusammenhängend durchzuführen. Ebenso verhält es sich, wenn der *Iqāma*-Ruf zum Gebet ausgerufen wird: In diesem Fall betet der Pilger zunächst und verrichtet im Anschluß an das Gebet das, was er vom *Ṭawāf* noch verrichten muß. Auch hier ist es aber besser, alles insgesamt nach dem Gebet zusammenhängend durchzuführen.

8. Daß der Pilger nach dem *Ṭawāf* ein Gebet von zwei *Rakʿa* verrichtet; gegebenenfalls genügt dem Pilger zur Erfüllung dieser *Sunna*, daß er ein Pflichtgebet mitbetet oder ein anderes *Nāfila*-Gebet[47] anstelle dieser zwei *Rakʿa* verrichtet.

Es ist wünschenswert (*mandūb*), daß der Pilger dieser zwei *Rakʿa* unmittelbar nach Durchführung seines *Ṭawāf* betet, so wie es auch *mandūb* ist, direkt nach diesen zwei *Rakʿa* den schwarzen Stein zu berühren, und daß der Pilger nach dem Berühren des Steins den *Saʿy* durchführt (falls er den *Saʿy* zu diesem Zeitpunkt noch durchführen muß).

Bezüglich des Ortes, wo der Pilger die zwei *Rakʿa* – wenn möglich – verrichten soll, gilt folgende Reihenfolge:

- Am besten führt man diese zwei *Raʾa* hinter dem *Maqām Ibrāhīm* stehend aus – ansonsten beim bzw. im *Ḥijr Ismāʿīl*,
- ansonsten zumindest in der direkten Nähe des *Kaʿba*-Gebäudes.

Dieses *Nāfila*-Gebet von zwei *Rakʿa* ist eine stark geforderte *Sunna*, selbst dann, wenn es erst mit deutlicher bzw. großer Verspätung nach dem Ende des *Ṭawāfs* verrichtet werden kann.

Zu den Dingen, die beim *Ṭawāf makrūh* sind, zählt:

- die Hände hinter den Rücken zu tun;
- die Hände bzw. eine Hand auf den Mund zu legen (falls das nicht geschieht, um ein Gähnen zu unterdrücken und den dabei geöffneten Mund zu bedecken);
- mit den Fingern zu knacken;
- den *Ṭawāf* ohne Grund zu unterbrechen;
- zu spucken – selbst wenn man in sein Gewand spuckt, wenn es ohne Grund ist. (Ein Grund ist es zum Beispiel, etwas, was im Mund unangenehm ist oder Reiz verursacht, loszuwerden.)
- Ebenso ist es zu vermeiden (*makrūh*), den *Ṭawāf* dann durchzuführen, wenn der Pilger dabei den Drang, sein Bedürfnis zu verrichten, unterdrücken muß[48].

Mālikīya:

Für den *Ṭawāf* gibt es zwei *Wājibāt* und mehrere *Sunan*.

Die beiden *Wājibāt*:

1. Das *Nāfila*-Gebet von zwei *Rakʿa* nach dem *Ṭawāf*, wie bereits vorgestellt.
2. Daß der Pilger zu Fuß geht, sofern er dazu körperlich in der Lage ist.

Die *Sunan* des *Ṭawāf*:
1. Das Küssen des schwarzen Steins, wie bereits oben dargestellt.
2. Die jemenitische Ecke der *Ka'ba* während der ersten Umrundung mit der Hand zu berühren und die Hand dann an den Mund zu legen.
3. Das *Du'ā'* während des *Ṭawāf*; diesbezüglich gibt es keinerlei Einschränkung: Der Pilger kann im *Du'ā'* sprechen, was er möchte.
4. *Ar-Ramal* (das schnelle Gehen, das etwas schneller ist als das gewöhnliche) in den ersten drei Umrundungen; der *Ramal* ist *Sunna* (das heißt *Sunna ghair mu'akkada*) für die Männer, nicht aber für die Frauen.

   Der *Ramal* ist außerhalb des *Ṭawāf al-Ifāḍa Sunna ghair mu'akkada*; beim *Ṭawāf* jedoch ist er *mandūb* (das heißt *Sunna mu'akkada* – wie noch dargestellt werden soll).

Die *Mandūbāt* des *Ṭawāf* (*al-Ifāḍa*) sind:
1. Der *Ramal* bei den ersten drei Umrundungen des *Ṭawāf al-Ifāḍa* für diejenigen, die den *Ṭawāf al-Qudūm* nicht durchgeführt haben.
2. Das Küssen des schwarzen Steins (wie oben dargestellt) bei der ersten Umrundung.
3. Das Berühren der jemenitischen Ecke bei der ersten Umwanderung.
4. Sich in der Nähe der *Ka'ba*-Mauern zu halten. Das gilt für die Männer; für die Frauen ist es entsprechend *mandūb*, den *Ṭawāf* – wie im Gebet – hinter den Männern gehend durchzuführen.

Ḥanbalīya:

Die *Sunan* des *Ṭawāf* sind:
1. Die jemenitische Ecke bei jeder Umrundung zu berühren.
2. Den schwarzen Stein in jeder Umrundung zu berühren und ihn zu küssen, sofern das dem Pilger leichtfällt, und ihn mit der Hand zu grüßen, wenn man sich ihm gegenüber befindet und es dem Pilger schwerfällt, zu ihm hinzugelangen.
3. Der Eintritt (*al-ibtidā'*) beim Ankunfts-*Ṭawāf* (*ṭawāf al-qudūm*).
4. Beschleunigtes Gehen (*ar-ramal*); es ist *Sunna* in den ersten drei Umrundungen des *Ṭawāf al-Qudūm*, außer für denjenigen, der nicht zu Fuß geht (das heißt in einer Sänfte getragen wird), oder den, der entschuldigt ist, (weil er nur langsam gehen kann), oder den, der seinen Weihezustand (*iḥrām*) in Mekka bzw. in der Nähe von Mekka angenommen hat. Außerdem ist der *Ramal* beim *Ṭawāf* keine *Sunna* für die Frauen, außer bei der Ankunftsumrundung (*ṭawāf al-qudūm*).
5. Das dazu überlieferte Bittgebet (*du'ā'*).
6. Der *Dhikr*[49].
7. Sich möglichst in der Nähe der *Ka'ba* aufzuhalten.
8. Zwei freiwillige Gebetseinheiten (*rak'a nāfila*) nach dem *Ṭawāf* zu beten.

Ḥanafiya:

Beim *Ṭawāf* gibt es verschiedene *Wājibāt* und *Sunan.*

Die *Wājibāt:*

1. Daß der Pilger den *Ṭawāf* beim schwarzen Stein beginnt; wenn er das nicht tut, muß er den *Ṭawāf* wiederholen, wenn er noch nach dem *Ṭawāf*-Ende in Mekka bleibt. Wiederholt er den *Ṭawāf* unter diesen Umständen nicht und kehrt in sein Land zurück, muß er ein Tieropfer bringen.

   Am besten ist es, wenn der Pilger seinen *Ṭawāf* so beim schwarzen Stein beginnt, daß er mit seinem ganzen Körper vor ihm steht, ohne daß er einen Teil des schwarzen Steins hinter sich läßt[50]. (Im übrigen deckt sich die Beschreibung dieser *Sunna* und ihrer Durchführung, die die *Ḥanafiya* gibt, mit der der *Shāfiʿīya.*)

   Die *Kaʿba* soll der Pilger darum stets zu seiner Linken haben, weil sie beim *Ṭawāf* die Stelle einnimmt, die beim Gebet der *Imām* innehat und der Nachbeter sich zur Rechten des *Imāms* aufstellen soll.

   Führt der Pilger den *Ṭawāf* so durch, daß er die *Kaʿba* zu seiner Rechten hat, so muß er zum Ausgleich für diesen Fehler ein Tieropfer bringen.
2. Die Reinheit (*ṭahāra*) von Kleidung, Körper und Ort bezüglich von Unreinem (*khabath*) ist *Sunna mu'akkada*; das bedeutet, daß selbst dann, wenn er den *Ṭawāf* durchführt und seine gesamte Kleidung mit *Najāsa* verunreinigt ist, sein *Ṭawāf* gültig ist und er keinen Ausgleich durch ein Tieropfer zu geben hat, sondern er hat – nach der als richtig anerkannten Meinung der *Ḥanafiya* – lediglich eine *Sunna* nicht erfüllt.
3. Das Bedecken der *ʿAura*-Körperteile, die im Gebet zu bedecken *Wājib* ist. Wenn nun ein Viertel eines solchen Körperteils, das als *Wājib* im Gebet bedeckt sein muß, entblößt wird bzw. ist, so hat der Pilger/die Pilgerin das *Wājib* nicht erfüllt und muß entweder den *Ṭawāf* wiederholen oder ein Tieropfer bringen.

   Hierzu muß aber bemerkt werden, daß das Bedecken der *ʿAura* als solches *Farḍ* ist. Hier bedeutet die Tatsache, daß es beim *Ṭawāf* als *Wājib* betrachtet wird, nur, daß der *Ṭawāf* nicht durch das Unterlassen oder nicht korrekte Erfüllen der *ʿAura*-Bedeckung ungültig wird. Genauer: Der *Ṭawāf* ist in diesem Fall gültig – mit sündhaftem Verschulden (*ithm*)[51]. In diesem Fall muß der *Ṭawāf* wiederholt werden oder ein Tieropfer gegeben werden, damit der *Ḥajj* gültig ist.
4. Das Gehen zu Fuß für diejenigen Pilger, die dazu in der Lage sind. Wenn sich jemand aber – ohne daß ein Entschuldigungsgrund vorliegt

– in einer Sänfte tragen läßt oder reitet, oder am Boden kriecht[52], so muß er den *Ṭawāf* wiederholen oder ein Tieropfer geben. Hat er aber einen Entschuldigungsgrund, so obliegt ihm weiter nichts, und sein *Ṭawāf* ist demnach gültig.

5. Daß er hinter dem *Hatīm*[53] – gemeint: dem *Hijr Ibrāhīm* – den *Ṭawāf* durchführt, weil ein Teil davon zur *Ka'ba* dazuzählt (siehe Abb.).

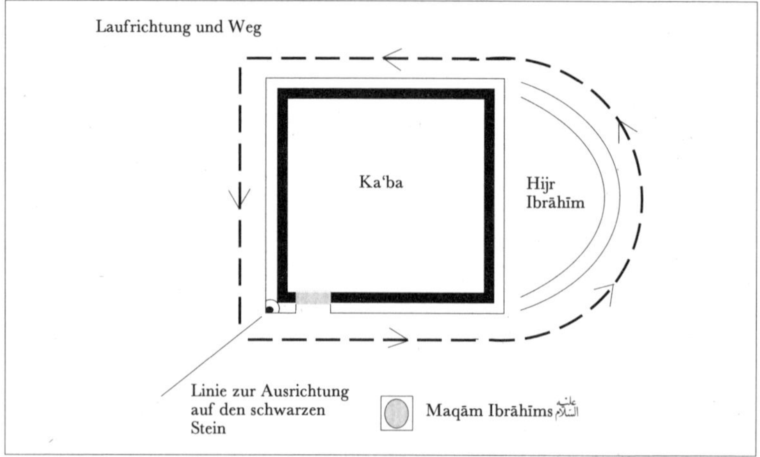

Darstellung des Weges und der Laufrichtung, die der Pilger beim *Ṭawāf* einnehmen muß. Der *Ṭawāf* bzw. jede Umrundung beginnt an der Linie zur Ausrichtung auf den schwarzen Stein.

6. Daß der vom Pilger durchgeführte *Ṭawāf* aus sieben Umrundungen (*ashwāt*) besteht. Jede Umrundung beginnt beim schwarzen Stein und endet auch dort. Jede dieser sieben Umrundungen gilt jeweils verpflichtend (*wājib*) für den Ankunfs- (*ṭawāf al-qudūm*) bzw. den Abschieds-*Ṭawāf* (*ṭawāf al-wadā'*).

Dabei gilt: Unterläßt der Pilger beim *Ṭawāf al-Wadā'* die Mehrheit der Umrundungen (das heißt: vier der sieben), so muß er ein Tieropfer bringen, unterläßt er weniger als diese vier, muß er für jede unterlassene Umrundung eine Spende (*ṣadaqa*) geben. Dies ist beim „*Ṭawāf al-Qudūm*“ anders: Hier obliegt es dem Pilger nicht, für unterlassene Umrundungen etwas als Sühnehandlung (*kaffāra*) zu geben, gleichgültig, ob er die Mehrheit der Umrundungen oder auch wenige Umrundungen unterlassen hat. Es obliegt ihm lediglich die Reue, den *Ṭawāf* nicht korrekt durchgeführt zu haben, weil dieser *Ṭawāf* seinem Wesen nach *Sunna* ist. Verpflichtend (*wājib*) ist es in Zusammenhang mit diesem *Ṭawāf* nur, daß man ihn grundsätzlich – wie auch eine

Nāfila – beachten muß und versuchen soll, ihn durchzuführen. Doch von seiner eigentlichen rechtlichen Bestimmung (*ḥukm*) her ist der Ankunfs-*Ṭawāf* (*ṭawāf al-qudūm*) nicht *Wājib*.

Was aber den *Ṭawāf al-Ifāḍa* bzw. *Ṭawāf az-Ziyāra* angeht, so ist er verpflichtend, und die Mehrheit seiner Umrundungen ist elementare Pflicht (*rukn*). Das heißt: Werden vier Umrundungen beim *Ṭawāf al-Ifāḍa* nicht erfüllt, ist der *Ṭawāf* ungültig.

Die übrigen drei Umrundungen werden (wie oben schon vorgestellt) als *Wājib* betrachtet. Hier darf das, was *Wājib* ist (das heißt eine jede der letzten drei Umrundungen), überhaupt nur dann unterlassen werden[54], wenn der Pilger bereits Mekka verlassen hat. Wenn sich der Pilger noch in Mekka aufhält, wird von ihm die Durchführung dieser Umrundungen gefordert, denn ohne ausreichenden Entschuldigungsgrund darf er den *Ṭawāf* nicht so unvollständig belassen.

7. Daß er nach dem *Ṭawāf* ein freiwilliges Gebet aus zwei Einheiten (*rak'a nāfila*) betet, gleichgültig, ob der betreffende *Ṭawāf Farḍ*[55], *Wājib*[56], *Sunna*[57] oder *Nafl* (*nāfila*)[58] war. Das Beste ist, diese zwei *Rak'a* direkt nach Ende des *Ṭawāf* zu verrichten, es sei denn, der Pilger hat den *Ṭawāf* so durchgeführt, daß sein Ende in eine Zeit fällt, in der zu beten *makrūh* ist. Andererseits entgeht dem Pilger auch in diesem Fall nicht die Möglichkeit, diese zwei *Rak'a* zu beten, denn er kann sie grundsätzlich in jeder beliebigen Zeit verrichten, sogar nach der Rückkehr in seine Heimat (wenngleich das speziell als *makrūh* gilt). – Bezüglich des Ortes, wo man nach Möglichkeit dieses Gebet verrichten soll, gibt es – wie auch bei der *Shāfi'īya* – eine bestimmte Reihenfolge:

Es ist zu wünschen (*mustaḥabb*), dieses freiwillige Gebet (*nāfila*)
- hinter dem *Maqām Ibrāhīm* stehend zu beten,
- ansonsten in der *Ka'ba*[59],
- ansonsten im *Ḥijr Ismā'īl* unterhalb der Dachrinne der Kaaba (*mīzāb*),
- ansonsten in der unmittelbaren Nähe des *Ḥijr*, bei der *Ka'ba*,
- ansonsten innerhalb der Moschee,
- ansonsten innerhalb des heiligen Bezirks (*ḥarām*).

Wenn er diese *Nāfila* aber außerhalb des *Ḥarām* verrichtet, gilt dies als schlecht.

In der ersten *Rak'a* dieser speziellen *Nāfila* soll der Pilger nach der *Fātiḥa* die Sure „*al-Kāfirūn*" rezitieren und in der zweiten *Rak'a* – nach der *Fātiḥa* – „*al-Ikhlāṣ*".

Die *Sunan* des *Ṭawāf*:

1. Der Eintritt in den *Ṭawāf* (*al-ibtidā'*); dies soll der Pilger bei jedem *Ṭawāf* tun, dem ein *Sa'y* folgt, wie dem Ankunfts-*Ṭawāf* (*ṭawāf al-qudūm*).

2. Das beschleunigte Gehen (*ar-ramal*); es soll nur in den ersten drei Umrundungen ausgeführt werden. Wenn der Pilger etwas sieht bzw. bemerkt, was ihn an der Durchführung des *Ramal* hindert, so soll er anhalten, bis er den *Ramal* wieder aufnehmen kann.
3. Den schwarzen Stein zu berühren und ihn am Ende einer jeden Umrundung zu küssen und die Absicht (*nīya*) zum *Ṭawāf* in der ersten und der letzten Umrundung zu bekräftigen[60].

   Bezüglich des Küssens und Berührens des schwarzen Steins gelten dieselben Regeln wie auch bei den anderen Rechtsschulen, nur bei dem reinen Grüßen des Steins gilt,
   - daß man die Hände wie beim *Takbīr* erhebt, so daß das Innere der Handflächen dem Stein zugewandt ist,
   - man soll den *Takbīr* sprechen (*allāhu akbar*),
   - dann den *Takhlīl* (*lā ilāha illā llāh*),
   - dann Gott preisen mit „*al-ḥamdu li-llāhi* (*rabbi l-ʿālamīn*)" und
   - den Segen für den Gesandten Gottes ﷺ sprechen (zum Beispiel: *Allāhumma ṣalli ʿalā n-nabīyi Muḥammadin wa ʿalā ālihī wa sahbihī wa sallam*)[61].

   In dieser Form ist das Grüßen des schwarzen Steins erstrebenswert (*mustaḥabb*).
4. Entsprechend ist das Berühren der jemenitischen Ecke *mustaḥabb*, es ist aber nicht *Sunna* (*sunna muʾakkada*).
5. Es ist *mustaḥabb*, daß der Pilger nach dem *Nāfila*-Gebet von zwei *Rakʿa*, das seinerseits nach dem *Ṭawāf* verrichtet wird, ein Bittgebet (*duʿāʾ*) spricht, wobei er hinter dem *Maqām Ibrāhīm* steht.

   In diesem *Duʿāʾ* kann er Gott um alles das bitten, was er im Diesseits und Jenseits benötigt oder erstrebt.
6. Daß der Pilger nach dem Gebet der zwei *Rakʿa* und bevor er zu *aṣ-Ṣafā* geht, die Quelle *Zamzam* besucht, von ihr trinkt, sich (das heißt seine Kleidung und einen Teil seines Körpers) mit *Zamzam*-Wasser benetzt, dann den Rest dessen, was er (in seinem Schöpfgerät an *Zamzam*-Wasser noch) zurückbehalten hat, in den Brunnen zurückgibt und spricht:

   Allāhumma innī asʾaluka rizqan wāsiʿā
   wa ʿilman nāfiʿā
   wa shafāʾan min kulli dāʾ.
   O Gott, ich bitte Dich um eine umfangreiche Versorgung
   und nützliches Wissen
   und Heilung von jeder Krankheit.

   Dann geht er zur Tür der Kaʿba (*al-multazam*), bevor er sich schließlich nach *aṣ-Ṣafā* begibt.

KAPITEL 6

DER DRITTE RUKN DES ḤAJJ: DER LAUF (SA'Y) ZWISCHEN DEN BEIDEN HÜGELN AṢ-ṢAFĀ UND AL-MARWA

§ 16

ALLGEMEINE DEFINITION

Der Lauf (*sa'y*) zwischen *aṣ-Ṣafā* und *al-Marwa* ist eine elementare Pflicht (*rukn*) des *Ḥajj*; wer ihn nicht vollzieht, dessen *Ḥajj* ist ungültig (*bāṭil*).

Diese Ansicht wird von der *Mālikīya*, *Shāfi'īya* und *Ḥanbalīya* vertreten. Die *Ḥanafīya* jedoch sagt: Der *Sa'y* ist *Wājib*, nicht *Rukn*: Wer ihn also unterläßt, dessen *Ḥajj* wird nicht ungültig, aber der Pilger muß als *Kaffāra* ein Tieropfer bringen.

§ 17

DIE BEDINGUNGEN FÜR DEN SA'Y ZWISCHEN AṢ-ṢAFĀ UND AL-MARWA SOWIE ART UND WEISE, WIE ER DURCHGEFÜHRT WIRD, UND DIE MIT IHM VERBUNDENEN SUNAN

Die Bedingungen – *Shurūṭ*, *Wājibāt*, *Sunan* usw. – des *Sa'y* werden bei den *Madhāhib* unterschiedlich dargestellt.

Ḥanafīya

Für den *Sa'y* zwischen *aṣ-Ṣafā* und *al-Marwa* gibt es *Wājibāt*, *Sunan* und einen *Sharṭ*.

Die *Wājibāt:*

1. Daß der Pilger den *Sa'y* nach dem *Ṭawāf* (*al-Ifāḍa*) durchführt.
2. Daß der vom Pilger durchgeführte *Sa'y* aus sieben Laufstrecken (*ashwāt*) besteht[62]; dabei gilt jede Laufstrecke (*shaut*) als *Wājib*.
3. Das Gehen bzw. schnelle Gehen, für diejenigen, die dazu körperlich in der Lage sind. Wenn der Pilger diese Strecke anders als zu Fuß (speziell im Rollstuhl, oder in einer Trage usw.)[63] bewältigt, ohne daß er einen Entschuldigungsgrund dafür hat, so muß er den *Sa'y* entweder wiederholen oder ein Tieropfer bringen.

4. Daß der Pilger die erste Laufstrecke (*shaut*) und den *Sa'y* insgesamt bei *aṣ-Ṣafā* beginnt und entsprechend der *Sa'y* bei *al-Marwa* endet.
   Der erste *Shaut* endet also korrekterweise bei *al-Marwa*. Wenn er aber bei *al-Marwa* angefangen wird, so wird er nicht als *Shaut* gezählt[64].

Die *Sunan*:

1. Daß der Pilger den *Sa'y* unmittelbar an den *Ṭawāf* (*al-Ifāḍa*) anschließt. Wenn er zwischen *Ṭawāf* und *Sa'y* eine Zeitspanne verstreichen läßt – und sei es eine längere –, so hat er diese *Sunna* unterlassen, wenngleich ihm dann keine Sühnehandlung (*kaffāra*) usw. obliegt.
2. Daß sich der Pilger im Zustand der Reinheit (*ṭahāra*) befindet und frei ist von der großen und kleinen Unreinheit (*ḥadath*).
   Der *Sa'y* einer Frau, die gerade ihre Periode hat, oder der einer Frau, die *Nafsā'* ist, ist, ohne *makrūh* zu sein, gültig, da hier ein Entschuldigungsgrund vorliegt (und ja diese *Sunna* nun nicht erfüllt werden kann).
3. Daß der Pilger während seines *Sa'y* auf die eigentlichen Hügel von *aṣ-Ṣafā* und *al-Marwa* steigt.
4. Daß er auf der Strecke des Platzes, auf dem der *Sa'y* durchgeführt wird (*mas'ā*), diejenige Teilstrecke mit schnellem Gang bewältigt, die durch Markierungen begrenzt wird[65].
5. Daß er den *Takbīr* und *Takhlīl* ausspricht, den Segen für den Propheten ﷺ spricht und im *Du'ā'* rezitiert, was und wie er will.
6. Daß er sich in Richtung der *Ka'ba* hinwendet, wenn er auf den Hügeln *aṣ-Ṣafā* bzw. *al-Marwa* steht.
7. Daß der Pilger den schwarzen Stein mit seiner Hand berührt, bevor er sich zum *Sa'y* begibt. Sollte er das nicht tun können, so gilt dazu das, was schon bei den „Bedingungen zum *Ṭawāf*" gesagt wurde.
   Am besten ist es, wenn der Pilger den *Ṭawāf*-Bereich (*maṭāf*) durch das Tor von *aṣ-Ṣafā* gehend verläßt (dieses Tor wird auch das „Tor der *Banī Makhzūm*" genannt) und daß er beim Verlassen des *Maṭāf* den linken Fuß zuerst voransetzt.
8. Es ist *mandūb*, daß der Pilger, wenn er auf *aṣ-Ṣafā* bzw. *al-Marwa* steht, seine Hände im *Du'ā'* gen Himmel hält[66]. Wenn der *Iqāma*-Ruf zum Gebet ertönt, während der Pilger noch seinen *Ṭawāf* bzw. *Sa'y* durchführt, so verrichtet der Pilger sein Gebet und fährt dann bei seinem *Ṭawāf* bzw. *Sa'y* da fort, wo er vor dem Gebet seine Handlung unterbrochen hatte.
9. Während des *Ṭawāf* bzw. *Sa'y* ist es *makrūh*, Gespräche über Kauf, Verkauf und dergleichen zu führen.

Der *Shart* (die Bedingung):

Daß der *Sa'y* nach dem *Ṭawāf* durchgeführt wird. Wenn nun der Pilger den *Sa'y* vor dem *Ṭawāf* ausführt, so wird der *Sa'y* nicht gezählt, und es obliegt dem Pilger, den *Sa'y* zu wiederholen, solange es ihm noch möglich ist.

Mālikīya

Der *Sa'y* als grundlegende Pflicht (*rukn*) des *Ḥajj* hat *Shurūṭ*, *Sunan*, *Mandūbāt* und ein *Wājib*.

Die Bedingungen (*shurūṭ*) zur Gültigkeit des *Sa'y*:

1. Daß er aus sieben Läufen (*ashwāt*) besteht. Wenn der Pilger weniger als das ausführt, genügt das nicht, und er muß die fehlenden Läufe zur Vervollständigung des *Sa'y* hinzufügen – es sei denn, zwischen dem Ende des unvollständigen *Sa'y* und den hinzugefügten Läufen ist eine – wie es dem Brauch gemäß aufgefaßt wird – längere Pause eingetreten: Dann muß der *Sa'y* erneut – von Anfang an – durchgeführt werden.
2. Daß der *Sa'y* bei *aṣ-Ṣafā* beginnt. Eine erste Laufstrecke (*shaut*), die bei *al-Marwa* beginnt, wird nicht gezählt. Sowohl das Hingehen – von *aṣ-Ṣafā* nach *al-Marwa* – als auch das Zurückkommen – von *al-Marwa* nach *aṣ-Ṣafā* – wird jeweils als ein vollständiger *Shaut* gezählt (das heißt Hin- und Zurücklaufen wird als zwei Laufstrecken gewertet).
3. Daß die Läufe unmittelbar aufeinander abfolgen (*muwālāt*). Werden zwei oder mehr Läufe durch eine größere Unterbrechung getrennt, so muß der *Sa'y* wiederholt werden, wohingegen eine leichte – nicht lange – Unterbrechung entschuldigt wird, und in diesem Fall gilt der *Sa'y*.

   Als eine kurze Unterbrechung gilt etwa, wenn der Pilger während des *Sa'y* sich kurz über Dinge unterhält, die mit Kauf und Verkauf zu tun haben und – nach allgemeinem Verständnis – nicht lange andauern.
4. Daß der *Sa'y* nach einem *Ṭawāf* durchgeführt wird – gleich, ob dieser *Ṭawāf* zur elementaren Pflicht (*rukn*) gehört oder eine andere rechtliche Bestimmung (*ḥukm*) hat.

   Wenn der Pilger nun den *Sa'y* nicht nach einem *Rukn* durchführt, so ist er ungültig, wenn er hingegen nach einem *Ṭawāf* durchgeführt wird, gilt er.

   Wenn der *Sa'y* nach dem *Ṭawāf al-Ifāḍa* (*ṭawāf*, der *rukn* ist) oder dem *Ṭawāf al-Qudūm* (*ṭawāf*, der *wājib* ist) folgt, gilt er und muß auch nicht wiederholt werden. Wird aber der *Sa'y* an einen *Ṭawāf* angeschlossen, der *mandūb* ist – wie der *Ṭawāf* zur Begrüßung der Moschee („*ṭawāf taḥiyyat al-masjid*“[67]) –, so ist vom Pilger gefordert, den *Sa'y* nach dem *Ṭawāf al-Qudūm* nachzuholen, sofern er noch nicht das Stehen (*wuqūf*) bei 'Arafāt durchgeführt hat.

Hat er den *Wuqūf* aber bereits durchgeführt, wiederholt er den *Sa'y* nach dem *Ṭawāf al-Ifāḍa*, weil die Möglichkeit, den *Ṭawāf al-Qudūm* zu vollziehen, durch den *Wuqūf* unmöglich wird.

Der Pilger wiederholt den *Sa'y* aber nur dann unter Beachtung dieser obigen Darstellungen, wenn er sich noch in Mekka oder doch in der Nähe von Mekka befindet: In diesem Fall kehrt er zum *Mas'ā* zurück und wiederholt den *Sa'y*.

Befindet sich der Pilger jedoch schon entfernt von Mekka, so bringt er ein Tieropfer und kehrt nicht zurück.

Ebenso muß der Pilger in der oben geschilderten Weise zurückkehren, wenn der *Sa'y* nach einem *Rukn-Ṭawāf* verrichtet wurde, der (im nachhinein) nicht als *Rukn* gewertet wird bzw. bei dem nicht (bzw. nicht korrekt) die Absicht zur Durchführung eines *Rukn-Ṭawāf* gefaßt wurde, oder entsprechend nach einem *Wājib-Ṭawāf*, bei dem keine Verpflichtung (*wujūb*) beabsichtigt wurde.

Die *Sunan*:

1. Das Küssen des schwarzen Steins, bevor man sich zum *Sa'y* aufmacht und den *Ṭawāf*-Bereich (*maṭāf*) verläßt sowie nach dem *Ṭawāf* und den zwei *Rak'a Nāfila*.
2. Den *Sa'y* direkt nach dem *Ṭawāf* zu verrichten, indem er direkt nach dem Ende des *Ṭawāf* und den anschließenden zwei *Rak'a* verrichtet wird.
3. Bei jeder Laufstrecke (*shaut*), bei jedem Ankommen, auf *aṣ-Ṣafā* bzw. *al-Marwa* zu steigen. Es ist außerdem gefordert, daß der Pilger sein Stehen auf diesen beiden Hügeln nicht zu lange ausdehnt bzw. übertreibt – wie dies viele Menschen tun.

   Es ist *Sunna* für Männer wie auch für Frauen, diese beiden Hügel zu ersteigen, wenn dies den Männern keine Beschwernis bereitet[68]; wird das den Männern beschwerlich, so sollen die Frauen nicht auf die Hügel steigen.
4. Das *Du'ā'* auf den beiden Hügeln; dieses *Du'ā'* ist nicht irgendwie eingeschränkt oder festgelegt.
5. Daß sich die männlichen Pilger auf der Teilstrecke des *Mas'ā* zwischen den beiden grünen Säulen mit Schnelligkeit vorwärtsbewegen, und zwar etwas schneller als in der Form des *Ramal*, die oben beim *Ṭawāf* beschrieben wurde. Dabei gilt, daß sich der Pilger auf dieser Teilstrekke beeilen soll, wenn er jeweils in Richtung *al-Marwa* läuft; auf dem

Rückweg davon soll er sich – nach der am besten vertretenen Meinung innerhalb der *Mālikīya* – nicht in der oben erwähnten Weise beeilen.

Die *Mandūbāt*:

Reinheit (*ṭahāra*) von dem *Ḥadath al-akbar* sowie dem *Ḥadath al-aṣghar* sowie von äußerer Unreinheit (*najāsa*). Auch die Dinge, die darüber hinaus im Gebet *mandūb* sind, sind auch hier beim *Sa'y* wünschenswert, soweit ihre Durchführung dabei möglich ist.

Die beim *Sa'y* nicht möglichen Dinge sind entsprechend nicht *mandūb*: wie die *Qibla*-Richtung einzunehmen, weil das unangemessene Erschwernis bedeutete.

Wājib des *Sa'y*:

Dies ist, daß derjenige, der dies körperlich vermag, zu Fuß geht und so den *Sa'y* vollzieht.

Ḥanbalīya

Es gibt sieben Bedingungen (*shurūṭ*) für den *Sa'y*:

1. Die Absicht (*nīya*).
2. Der Verstand.
3. Das unmittelbare Abfolgen (*muwālāt*) der einzelnen Läufe des *Sa'y*.
4. Das Gehen zu Fuß für denjenigen, der körperlich dazu fähig ist.
5. Daß der *Sa'y* nach einem *Ṭawāf* durchgeführt wird, und sei es ein *Mandūb-Ṭawāf*.
6. Daß der *Sa'y* sieben vollständige Läufe umfaßt; dabei wird der Lauf von *aṣ-Ṣafā* nach *al-Marwa* als ein Mal betrachtet, der Weg von *al-Marwa* nach *aṣ-Ṣafā* als ein weiteres Mal. Auf diese Weise müssen sieben Male vollzogen werden.
7. Daß die gesamte Strecke zwischen *aṣ-Ṣafā* und *al-Marwa* jeweils zurückgelegt wird, derart, daß der untere Teil (der „Fuß") des jeweiligen Hügels zumindest von den Fußzehen des Pilgers am Ende eines jeden Laufs (*shaut*) berührt wird.
   Der *Sa'y* muß bei *aṣ-Ṣafā* beginnen und bei *al-Marwa* enden; beginnt der *Sa'y* bei *al-Marwa*, so wird dieser *Shaut* – der erste – nicht gezählt.

Die *Sunan*:

1. Daß der Pilger im Sinne von *Ṭahāra* rein ist von *Ḥadath* und *Khabath*.
2. Daß der Pilger seine *'Aura* bedeckt hat.
3. Daß der Pilger den *Sa'y* unmittelbar an den *Ṭawāf* anschließt.

Shāfiʿīya

Für den *Saʿy* gibt es *Shurūṭ*, *Mandūbāt* und *Makrūhāt.*

Die *Shurūṭ*:

1. Daß der *Saʿy* bei *aṣ-Ṣafā* beginnt und bei *al-Marwa* endet. Dabei wird der Lauf von *aṣ-Ṣafā* nach *al-Marwa* als ein *Shaut* bewertet, der von *al-Marwa* nach *aṣ-Ṣafā* als ein weiterer usw.
2. Daß er mit Sicherheit aus sieben *Ashwāt* besteht.
   Ist sich der Pilger über die Anzahl derjenigen Läufe, die er bereits verrichtet hat, im Zweifel, so muß er sich nach der Mindestanzahl richten.[69]
   Es ist notwendig, daß er die gesamte Strecke des *Saʿy*-Geländes (*masʿā*) mit jedem *Shaut* abläuft (wie schon bei der *Ḥanbalīya* vorgestellt). Auch ist es gefordert, daß er sich ganz auf den Ritus konzentriert: Wenn er sich hinreißen läßt, die anderen nur überholen zu wollen wie bei einem Wettrennen (und so der Würde und dem Sinn des Ritus Abbruch tut), ist sein *Saʿy* ungültig.
3. Daß der *Saʿy* im Anschluß an den *Ṭawāf al-Ifāḍa* oder den *Ṭawāf al-Qudūm* verrichtet wird, unter der Bedingung, daß zwischen *Saʿy* und dem jeweiligen *Ṭawāf* nicht das Stehen (*wuqūf*) dazwischenkommt.
   Wenn der Pilger etwa den *Ṭawāf al-Qudūm* verrichtet und dann den *Wuqūf* bei ʿArafāt, so verrichtet er den *Saʿy* nicht direkt im Anschluß an den *Wuqūf*, sondern verzögert ihn, bis er ihn schließlich nach dem *Ṭawāf al-Ifāḍa* verrichtet.

Die *Mandūbāt*:

1. Daß der Pilger sich zum *Saʿy* begibt, indem er den *Ṭawāf*-Bereich (*maṭāf*) durch das Tor von *aṣ-Ṣafā* verläßt.
2. Daß er so hoch auf den Hügel *aṣ-Ṣafā* steigt, bis er die *Kaʿba* sehen kann[70]. Dies ist nicht *Sunna* für Frauen, es sei denn, der Platz ist von für sie fremden Männern frei[71].
3. Der *Dhikr*, der für den Moment des Stehens auf den beiden Hügeln überliefert ist. Dies besteht darin, daß er sich der *Kaʿba* zuwendet – gleich, ob er nun auf den Hügel *aṣ-Ṣafā* hinaufgestiegen ist oder nicht – und dreimal den *Takbīr* ausspricht (*Allāhu akbar*). Dann sagt er:

   Wa li-llāhi l-ḥamd
   Allāhu akbar ʿalā mā hadānā
   wa l-ḥamdu li-llāhi ʿalā mā aulānā
   lā ilāha illā llāhu waḥdahū lā sharīka lah
   lahu l-mulku wa lahu l-ḥamd

yuḥyī wa yumīt
bi yadihi l-khair
wa huwa ʿalā kulli schay'in qadīr
lā ilāha illā llāhu waḥdahū lā sharīka lah
anjaza waʿdah,
wa naṣara ʿabdah,
wa hazama l-aḥzāba waḥdah
lā ilāha illā llāh
wa lā naʿbuda illā iyyāh
mukhliṣīna lahu-d-dīn
wa lau karīha l-kāfirūn.

Und Gott gebührt der Lobpreis,
Gott ist größer (als alles außer Ihm an Macht und Herrlichkeit)
 und hat in Seiner Allmacht uns rechtgeleitet,
und Preis sei Gott um dessentwillen, worin er uns Schutz verlieh.
Es gibt keine Gottheit außer Ihm, Er ist einzig,
 Ihm ist niemand beigesellt,
Sein ist die Herrschaft, und Ihm gebührt die Lobpreisung,
Er gibt Leben und Tod,
in Seiner Macht liegt alles Vortreffliche,
und Er ist aller Dinge mächtig.
Es gibt keine Gottheit außer Ihm, Er ist einzig,
 Ihm ist niemand beigesellt,
Er hat seine Ankündigung wahrgemacht,
und Seinem Diener (Muḥammad ﷺ) zum Sieg verholfen
und die verbündeten Feinde ganz allein in die Flucht geschlagen.
Es gibt keine Gottheit außer Gott,
und wir beten Ihn allein nur an,
aufrichtig in der Hingebung unserer Religion an Ihn,
auch wenn es den Ungläubigen zuwider ist.

Danach rezitiert der Pilger im *Duʿā'*, was er will, und wiederholt den *Dhikr* und das *Duʿā'* dreimal.

4. Daß er rein ist (*ṭāhir*) von *Ḥadath* und *Khabath* und seine *ʿAura* bedeckt hat.
5. Daß er nicht den *Saʿy* anders als zu Fuß vollzieht, außer aufgrund eines Entschuldigungsgrundes.
6. Daß der Pilger die durch die zwei grünen Säulen gekennzeichnete Strecke schnell läuft; die Anfänge und Enden eines jeweiligen Laufs (*shaut*) jedoch soll der Pilger gehen, wie es seine Gewohnheit ist. Die Frau hingegen soll beim *Saʿy* gar nicht schnell laufen.

7. Daß der Pilger während seines *Sa'y* sagt:
Rabbi ghfir wa rḥam – Herr, vergib und erbarme dich
wa tajāwaz 'ammā ta'lam – und sieh darüber hinweg, wovon du Wissen hast,
innaka anta l-a'azzi l-akram – wahrlich du bist der über die Maßen Hohe und Freigebige.
8. Daß der *Sa'y* sich direkt an den *Ṭawāf* anschließt und daß zwischen den einzelnen *Ashwāt* untereinander keine Trennung auftritt.

Makrūhāt des *Sa'y*:

1. Während des *Sa'y* ohne Entschuldigungsgrund stehenzubleiben.
2. Den *Sa'y* zu wiederholen[72].
3. Nach dem *Sa'y* zwei *Rak'a* zu beten mit der Absicht, sie als *Sunna* nach dem *Sa'y* zu verrichten.

Hinweis: Da heute *aṣ-Ṣafā* und *al-Marwa* innerhalb des *Ḥarām*-Komplexes liegen, gehen viele zeitgenössische Gelehrte dahin, in Analogie (*qiyās*) zu dem, was für Moscheen gilt, von den Besuchern Reinheit (*ṭahāra*) von jedem *Ḥadath* zu fordern, also auch von einer Frau, die *Ḥā'iḍ* bzw. *Nafsā'* ist.

KAPITEL 7

DER VIERTE RUKN DES ḤAJJ: DIE ANWESENHEIT IM GEBIET VON 'ARAFĀT SOWIE DIE ART UND WEISE DES WUQŪF

§ 18

ALLGEMEINE DEFINITION DES WUQŪF

Die vierte elementare Pflicht (*rukn*) des *Ḥajj* ist, im Gebiet von 'Arafāt beim Stehen (*wuqūf*) anwesend zu sein.
Dabei spielt es keine Rolle, in welcher Lage sich der Pilger dabei befindet[73]: ob er dabei wach ist oder schläft, ob er sitzt oder steht, ob er stillsteht oder umhergeht. Dies gilt in Übereinstimmung der Schulen und Gelehrten.

Allgemein gilt, daß das Stehen bei 'Arafāt zumindest einen Teil des lichten Tages und einen Teil der Nacht umfassen soll, das heißt, zumindest bis kurz nach *Maghrib* andauert.

Weiter gibt es für den *Wuqūf* Bedingungen, die in den *Madhāhib* unterschiedlich sind.

§ 19

SHURŪṬ UND SUNAN DES WUQŪF ʿARAFĀT

Shāfiʿīya

Für den *Wuqūf* gibt es *Shurūṭ* und *Sunan*, die hier zusammengefaßt werden sollen.

Die Shurūṭ des Wuqūf:

1. Daß der Pilger beim *Wuqūf* in der für ihn vorgesehenen Zeit anwesend ist. Die Zeit für den *Wuqūf* reicht von dem Mittag des 9. *Dhu l-Ḥijja* bis zum *Fajr* des Tags des Opferns (*yaum an-nahr*). Es genügt zur Erfüllung des *Rukn*, wenn der Pilger innerhalb dieser Zeitspanne anwesend ist, und sei es auch nur einen Augenblick lang.
2. Daß der *Ḥajj*-Pilger zu diesem Zeitpunkt islamrechtlich in der Lage ist, gültige *ʿIbādāt* zu verrichten: daß er also weder verrückt ist, noch im Rauschzustand aufgrund alkoholischer Getränke bzw. Rauschmittel ist, daß er außerstande ist, seinen Verstand zu gebrauchen. Ist aber ein solcher Fall gegeben, dann genügt diese Art seiner Anwesenheit nicht, die Pflicht zu erfüllen.

   Was den Ohnmächtigen angeht, so wird er – wie auch allgemein – bezüglich des *Ḥukm* wie ein Verrückter eingestuft, solange er nicht aus seiner Ohnmacht wieder erwacht; wenn nicht, bleibt er so lange *Muḥrim*, bis er erwacht.[74]

Die Sunan des Wuqūf:

1. Daß er während des *Wuqūf* ungefähr dort steht, wo auch der Prophet ﷺ stand: bei den größeren Felsen am Fuß des *Jabal ar-Raḥma* (Berges der Barmherzigkeit) – wenn das dem Pilger leichtfällt.

   Wenn es jedoch dem Pilger schwerfällt, so genügt es, wenn er – soweit er es eben kann – sich in der Nähe dieses Ortes aufhält.

   Dies gilt für die männlichen Pilger; was die weiblichen Pilger angeht, so ist es für sie empfehlenswert (*mandūb*), sich seitlich des Standortes des Propheten ﷺ aufzuhalten – sofern es für sie keine Kamelsänften oder dergleichen gibt[75]: In diesem Fall ist es für sie besser, darin sitzend zu reiten.
2. Viele *Duʿā'*, *Dhikr* und *Takhlīl* zu sprechen, indem der Pilger etwa sagt:

Lā ilāha illā llāhu waḥdahū lā sharīka lah
lahu l-mulku wa lahu l-ḥamd
wa huwa ʿalā kulli schayʾin qadīr
Allāhumma-jʾal fī qalbī nūran wa fī basarī nūrā
Allāhumma-shraḥ lī ṣadrī
wa yassir lī amrī
Allāhumma laka l-ḥamd
ka lladhī naqūl
wa khairan mimmā naqūl
Es gibt keine Gottheit außer Gott, einzig ist Er, keiner ist Ihm beigesellt,
Er hat die Herrschaft inne, und Ihm gebührt der Lobpreis,
und Er ist aller Dinge mächtig.
O Gott, fülle mein Herz mit Licht und meinen Blick mit Licht.
O Gott, weite mir meine Brust (für den Islam und *Īmān*)
und erleichtere mir meine Angelegenheit (das heißt die Durchführung des *Ḥajj*).
O Gott, Dir gebührt das Lob,
so wie wir Dich mit unseren Worten (lobpreisen)
und noch besser als das, was wir (zu Deinem Lob) sprechen.

Auch andere Bittgebete (*adʿiya*) als dieses *Duʿāʾ* können rezitiert werden, wobei alle diese als empfehlenswert (*mandūb*) gelten.
Auch ist es *mandūb*,
- ein Bittgebet (*duʿāʾ*) dreimal zu wiederholen,
- es mit *Taḥmīd*[76], *Tamjīd*[77] und *Tasbīḥ*[78] zu eröffnen,
- den Segen für den Propheten ﷺ zu erbitten,
- solche Bittgebete (*adʿiya*) mit „*Āmīn*" zu schließen (*taʾmīn*),
- viel zu weinen,
- aus der Sure „*al-Ḥashr*" zu rezitieren.

3. Daß sich der Pilger besonders bemüht, nur Erlaubtes (*ḥalāl*) zu verzehren, seine Absicht (*nīya*) ganz und gar rein zu fassen, sich ganz und gar in Demut und Hingabe Gott zu widmen.
4. Die Hände beim *Duʿāʾ* zu erheben, ohne daß sie aber so hoch erhoben werden, daß sie in Kopfhöhe gelangen.
6. Sich der Sonne auszusetzen (das heißt im Freien, nicht im Schatten zu stehen, zu sizen, sich aufzuhalten), außer, man hat einen Entschuldigungsgrund.
7. Daß der Pilger sein Herz und Inneres freimacht von allen Dingen, die ihn sonst beschäftigen (und vom reinen, ausschließlichen Gedenken Gottes abhalten), bevor er den *Wuqūf* beginnt.

8. Das Stehen auf einem Weg, einer Straße (im Gebiet von 'Arafāt) zu vermeiden.
9. Daß er rituell rein (*ṭāhir*) ist, frei von *Ḥadath* und *Khabath*, daß seine *'Aura* bedeckt und er der *Qibla* zugewandt ist.
10. Daß er (zum *Wuqūf*) hin reitet, wenn ihm das möglich ist.
11. Daß er dem um eine milde Gabe Bittenden *Ṣadaqa* nicht verweigert, daß er keinem Geschöpf Gottes etwas zufügt und Streit und Zwiespalt vermeidet.
12. Daß er bei 'Arafāt bis zum Sonnenuntergang (*ghurūb*) das Stehen (*wuqūf*) verrichtet, um so Nacht und Tag zu verbinden.

Ḥanafiya

Wenn er das Stehen (*wuqūf*) bis in die Nacht hinein ausdehnt, so hat er nichts, was *wājib* ist, außer acht gelassen (und muß also keine Sühnehandlung, *Kaffāra*, geben).

Wenn er hingegen nur während des lichten Tages beim *Wuqūf* bleibt und dann noch vor Sonnenuntergang (*ghurūb*) 'Arafāt verläßt, so muß er ein Tieropfer geben.

Die Sunan des Wuqūf:

1. Einen *Ghusl* vorzunehmen.
2. Daß der *Imām* (bei den Gemeinschaftsgebeten) zwei *Khuṭbas* hält.
3. Daß der Pilger das *Ẓuhr*- und *'Aṣr*-Gebet in *Jam'*-Form zusammenfaßt unter Beachtung der Bedingungen, die schon im „Buch über das Gebet" vorgestellt wurden.
4. Daß der Pilger nach diesen so zusammengefaßten Gebeten schnell zum *Wuqūf* übergeht.
5. Daß er nicht fastet (*Mufṭir* ist).
6. Daß er den *Wuḍū'* verrichtet hat (also *mutawaḍḍa'* ist).
7. Daß er auf seinen Beinen stehend den *Wuqūf* durchführt.
8. Daß der Pilger (beim Gemeinschaftsgebet) möglichst nah hinter dem *Imām* steht.
9. Daß er mit seinem Herz anwesend ist und, während er Gott im *Du'ā'* anruft, sich von allen anderen Dingen freimacht.
10. Daß er bei den „schwarzen Felsen" den *Wuqūf* durchführt (dies war der Ort, wo der Prophet ﷺ den *Wuqūf* seinerzeit durchführte). Wenn das nicht möglich ist, so soll er nach seinem Vermögen möglichst nahe an diesem Ort zu stehen kommen.
11. Daß er die Hände so beim *Du'ā'* erhebt, daß sie flach ausgestreckt und mit der Handinnenfläche nach oben hin geöffnet sind und daß er nach dem „*Ḥamd*"[79], dem *Tahlīl*[80], dem *Takbīr*[81] und dem Segen

für den Propheten ﷺ ein (möglichst längeres) *Du'ā'* spricht und dann an dem Ort, wo er den *Wuqūf* durchführt, die *Talbīya*[82] spricht.

12. Daß er für sich selbst, für seine Eltern sowie für die gläubigen Männer und gläubigen Frauen viel um Vergebung bittet.
13. Daß er ständig *Talbīya*[83], *Tahlīl*[84], *Tasbīḥ*[85] und (allgemein) Lobesformen für Gott verrichtet, in Form von *Khushū'*[86], Bescheidenheit und *Ikhlāṣ*[87].
14. Daß er allgemein viel Segen für den Propheten ﷺ erbittet (*Allāhumma ṣalli 'alā n-nabīy Muḥammad* ...).
15. Daß man bis Sonnenuntergang im *Du'ā'* Gott darum bittet, daß die eigenen Bedürfnisse und Belange erfüllt werden, wobei man aber keine spezielle Form gebrauchen muß, sondern jede beliebige Form verwenden kann.
16. Der *Sunna* entsprechend soll man die Stimme während des *Du'ā'* senken.

Ḥanbalīya

Für den *Wuqūf 'Arafāt* gibt es *Shurūṭ*, *Wājibāt* und *Sunan*.

Die Shurūṭ:

1. Daß man sich freiwillig am *Wuqūf* beteilig und bei 'Arafāt aufhält; wenn man dazu gezwungen wird bzw. ist, ohne es zu wollen, ist der *Wuqūf* nicht rechtsgültig.
2. Daß man in der Lage ist, gültige gottesdienstliche Handlungen (*'ibādāt*) zu erfüllen; wer verrückt, berauscht oder ohnmächtig ist, dessen *Wuqūf* ist ungültig.
3. Daß man sich in der rechtlich zulässigen, dafür vorgesehenen Zeit dort aufhält – das heißt vom *Fajr* des neunten *Dhu l-Ḥijja* bis zum *Fajr* des zehnten *Dhu l-Ḥijja*, dem Tag des Opferns, *Yaum an-Nahr*. Wenn man andererseits nicht genau weiß, ob der Ort, wo man sich gerade aufhält, noch zum Ort des *Wuqūf* zählt bzw. ob die Zeit, zu der man sich gerade am Ort aufhält, die Zeit für den *Wuqūf* ist, und sich herausstellt, daß der Ort bzw. die Zeit korrekt war bzw. ist, so gilt der *Wuqūf*, auch wenn sich der Betreffende während des ganzen *Wuqūf* darüber unsicher war bzw. dessen unwissend war.

Das Wājib des Wuqūf:

Daß man noch einen Teil der Nacht im Gebiet von 'Arafāt verbringt, nachdem man bereits den vorausgegangenen Tag dort verbracht hat. Wer aber nachts zum „Berg der Barmherzigkeit" (*Jabal ar-Raḥma*) kommt, dem genügt zur gültigen Erfüllung des *Wuqūf* seine Anwesenheit in der erwähnten Zeit, das heißt während des lichten Tages des neunten *Dhu l-Ḥijja*[88].

Die Sunan:

1. Den *Wuqūf* stehend zu verbringen.
2. Sich in *Qibla*-Richtung zu wenden.
3. Daß man sich bei den Felsen – wo sich der Prophet seinerzeit aufhielt – bzw. beim *Jabal ar-Raḥma* aufhält, es ist aber im Rahmen dieser *Sunna* nicht gefordert, den Berg regelrecht zu besteigen.
4. Daß man seine Hände während des *Du'ā'* erhebt.
5. Daß man viel *Du'ā'* macht, Gott viel um Verzeihung bittet, sich demütig und gottesfüchtig vor Gott zeigen will. Man soll das *Du'ā'* inständig durchführen, nicht lange auf die Antwort der im *Du'ā'* Mitbittenden warten[89] und jedes *Du'ā'* dreimal wiederholen.

Mālikīya

Die beiden Shurūṭ des Wuqūf:

1. Daß man weiß, daß der betreffende Ort, wo man sich befindet, 'Arafāt ist.
2. Daß man, während man sich zum Ort des *Wuqūf* aufmacht und dorthin geht, auch beabsichtigt, sich dort zur Durchführung des *Wuqūf* aufzuhalten; wenn man nur dorthin bzw. durch das Gebiet hindurchgeht, genügt das zur Erfüllung der Pflicht des *Wuqūf* nicht.

Andererseits genügt die bloße Anwesenheit am Ort des *Wuqūf*, selbst wenn man währenddessen schläft oder ohnmächtig ist. Zur Erfüllung des *Rukn* des *Wuqūf* genügt es, wenn man – und sei es nur einen Augenblick von der Nacht dort verbringt, das heißt vom *Maghrib* des neunten *Dhu l-Ḥijja* bis zum *Fajr* des zehnten *Dhu l-Ḥijja*.

Die Wājibāt des Wuqūf:

1. Daß man innerlich ganz und gar ruhig und zufrieden ist mit seiner Anwesenheit beim *Wuqūf*; ist das nicht der Fall, muß man ein Tieropfer bringen.
2. Daß man vom Moment des *Ẓuhr*-Beginns am neunten *Dhu l-Ḥijja* bis zum *Maghrib*-Beginn desselben Tages beim *Wuqūf* anwesend ist. Unterläßt man das ohne Entschuldigungsgrund (*'udhr*), so muß man ein Tieropfer bringen.

Die Mandūbāt (bzw. Sunan):

1. Sich bereits direkt nach dem Sonnenaufgang des neunten *Dhu l-Ḥijja* nach 'Arafāt aufzumachen.
2. Einen *Ghusl* anläßlich des *Wuqūf* (vorher) vorzunehmen.
3. Sich Gott ganz und gar im *Du'ā'* zu widmen.

4. Sich von jedem *Ḥadath*, dem Zustand körperlicher Unreinheit, reinzuhalten.
5. Zum Ort des *Wuqūf* hinzureiten (für Männer gültig, gilt nur bei einem zulässigen Entschuldigungsgrund (*'udhr*) nicht als *mandūb*).
6. Das Stehen (*wuqūf*) außer bei einem Entschuldigungsgrund stehend zu verbringen (für Männer geltend). Dies gilt für Frauen nicht als *mandūb*.
7. Es ist *Sunna*, am Tag von 'Arafāt das *Ẓuhr*- und *'Aṣr*-Gebet in *Jam' bi-t-Ta'khīr* (Verbinden in der zweiten Gebetszeit) zusammenzufassen.

   Dabei ist es *Sunna*, daß der dortige *Imām* zu den Leuten predigt, wobei er in zwei *Khuṭbas* die Leute über das unterrichtet, was am Tag von 'Arafāt bis hin zum Ende des *Ḥajj* zu tun ist. Dabei sollen die beiden *Khuṭbas* unmittelbar bei Beginn der *Ẓuhr*-Zeit beginnen, dann soll man den *Adhān* ausrufen, dann soll die *Iqāma* ausgerufen werden, wobei der *Imām* noch auf der Kanzel (*minbar*) steht. Dann steigt der *Imām* vom *Minbar* herab und betet den Anwesenden beim *Ẓuhr*-Gebet vor; dann wird der *Adhān* (für *'Aṣr*) verrichtet und die *Iqāma* für *'Aṣr*, dann betet der *Imām* den Anwesenden beim *'Aṣr*-Gebet vor.

   Sollte der Tag von 'Arafāt auf einen Freitag fallen, so wird an diesem Tag kein *Jum'a* durchgeführt, sondern es wird wie dargestellt gebetet: Dann sollen sich die Menschen vom Gebet her dem *Wuqūf* zuwenden, bis die Sonne untergeht.

   Sobald dann die Sonne völlig untergegangen und die Nacht angebrochen ist, ist der *Rukn* erfüllt; das *Wājib* des *Wuqūf* ist andererseits durch das alleinige Anwesendsein bei 'Arafāt während des ganzen lichten Tages erfüllt.

KAPITEL 8

STEINIGUNG DER JAMARA-SÄULEN, ÜBERNACHTEN IN MUZDALIFA UND MINA UND SONSTIGE WĀJIB-HANDLUNGEN DES ḤAJJ

Hier sind die eigenständigen Handlungen des *Ḥajj* gemeint, die *Wājib* sind.

Diese Handlungen müssen zwar grundsätzlich zur Vollständigkeit des *Ḥajj* verrichtet werden, aber wenn sie nicht oder nicht korrekt getan wurden, kann man dies durch ein Tieropfer ausgleichen, und der *Ḥajj* ist dann vollends korrekt.

Allgemein gilt *bei der Steinigung der Säulen* (*Jamra*, Mehrzahl: *Jamarāt*):

a. Man muß die Absicht zur Steinigung der Säulen fassen.

b. Man wirft mit der Hand jeweils einen Stein pro Wurf. Wirft man mehrere Steinchen gleichzeitig, so gilt dies wie der Wurf eines einzigen Steins.

c. Auf jede Säule wirft man jeweils siebenmal mindestens einen Stein. Die Steine sollen grundsätzlich nicht zu winzig sein (also nicht wie Erbsen), aber auch nicht zu groß, das heißt etwa wie Fingerspitzen oder wie Kichererbsen groß. Am Tag des Opferns bewirft man nur die große Säule (*'Aqaba*), am ersten, zweiten und dritten *Tashrīq*-Tag alle drei Säulen, zuerst die kleinste, dann die mittlere, dann die große Säule. Daher benötigt man mindestens 49 Steinchen, wenn man den dritten *Tashrīq*-Tag nicht mehr bei Minā verbringt (1 x 7 + 3 x 7 +3 x 7 = 49), ansonsten mindestens 70 (1 x 7 + 3 x 7 + 3 x 7 + 3 x 7 = 70).

d. Man muß sicher sein, die Säule oder ihre Basis getroffen zu haben. Nach manchen Meinungen genügt es, wenn der geworfene Stein zumindest nicht außerhalb des Bereichs um die Säule landet (das heißt nicht außerhalb der Ummauerung rund um die Säulen). Im Zweifelsfall muß man erneut werfen und sollte daher auch etwas mehr als die Mindestzahl der Steinchen mit sich tragen.

Beim Haareschneiden / Haarkürzen gilt allgemein:

Der Mann kann sich mit Kürzen der Haare als Pflichterfüllung begnügen, aber besser ist es, den Kopf zu rasieren. Das Rasieren wird erst auf der rechten Kopfhälfte, dann auf der linken durchgeführt. Hat ein Mann eine Vollglatze, so ist es der *Sunna* gemäß wünschenswert, wenn das Messer dennoch über die Kopfhaut geführt wird.

Der Frau ist ein gänzliches Abrasieren der Kopfhaare untersagt (*ḥarām*); statt dessen wird das symbolische Kürzen (bzw. gänzliches Abschneiden an der Wurzel) zumindest dreier Haarsträhnen genannt.

Nun die Einzeldarstellung der Rechtsschulen (*madhāhib*):

Shāfiʿīya

Folgende eigenständige *Wājib*-Handlungen werden unterschieden:

1. Den *Iḥrām* in der bekannten Art und Weise vorzunehmen.
2. Sich bei Muzdalifa aufzuhalten.
3. Die Steinigung der *Jamarāt*-Säulen.
4. Das Verbringen der Nacht in Minā.
5. Sich von verbotenen Dingen während des *Iḥrām* soweit wie möglich fernzuhalten.

Besonderheiten:

Der Aufenthalt in Muzdalifa: Es genügt, wenn dieser Aufenthalt nur einen kurzen Moment lang andauert, und zwar von der zweiten Nachthälfte an nach dem Stehen von ʻArafāt.

Die Steinigung der Jamarāt-Säule: Das Bewerfen der Säulen muß mit Steinen vorgenommen werden. Beachtet der Pilger nicht die Reihenfolge der Steinigung (an den Tagen, an denen alle drei Säulen gesteinigt werden müssen), so muß die gesamte Steinigung wiederholt werden.

Das Verbringen der Nacht in Minā: Verläßt man Minā noch vor der dritten Nacht, so ist das zwar zulässig, doch man muß in diesem Falle auch die Absicht fassen, Minā bewußt vor der dritten Übernachtung zu verlassen. Faßt man diese Absicht nicht, so muß man nach Minā wieder zurückkehren.

Die erste und zweite Nacht muß aber in Minā stattfinden. Das Steinigen der Säulen darf dementsprechend während des ersten und zweiten *Tashrīq*-Tages nicht entfallen.

Ḥanafīya

Die eigenständigen *Wājib*-Handlungen sind folgende:

1. Der *Saʻy* zwischen Ṣafā und Marwa.
2. Der Aufenthalt in Muzdalifa.
3. Die Steinigung der *Jamarāt*-Säulen.
4. Das Rasieren des Kopfes bzw. das Haarkürzen.
5. Die verpflichtende Kaaba-Umkreisung *Ṭawāf as-Sadr*.
6. Das Einhalten der Reihenfolge: Steinigung der Säulen – Rasieren des Kopfes – Schlachtung des Opfertieres.

Besonderheiten:

Steinigung der Säulen: Sie ist mit allem erlaubt, was beim *Tayammum* auch als Reinigungsmaterial erlaubt ist. Ersatzweise kann auch statt eines Steins eine Handvoll Staub geworfen werden, wobei ein Wurf mit Staub wie der Wurf mit einem Steinchen gilt.

Die Steinigung der großen Säule (*ʻAqaba*) soll am besten zwischen Sonnenaufgang und Zenitstand der Sonne stattfinden.

In der Zeit von Mittag bis Sonnenuntergang ist die Steinigung zulässig (*jāʼiz*), in der Zeit von Sonnenuntergang bis *Fajr* abzulehnen (*makrūh*), aber gültig. Die Steinigung aller drei Säulen am zweiten und dritten *Tashrīq*-Tag findet von Mittag bis *Maghrib* statt. Vor Mittag ist diese Steinigung ungültig, nachts (das heißt nach *Maghrib* bis *Fajr*) *makrūh*.

Einhaltung der Reihenfolge der Wājib-Handlungen: Wird diese Reihenfolge verändert, so sollten die Handlungen wiederholt werden, geschieht dies nicht, ist die Handlungen trotzdem gültig.

Ḥanbalīya:

Folgende *Wājib*-Handlungen werden aufgeführt:

1. Den *Iḥrām* vom bekannten *Mīqāt* aus vorzunehmen.
2. Das Stehen bei Arafa bis deutlich nach *Maghrib* (also in einen Teil der Nacht) auszudehnen.
3. Die Nacht in Muzdalifa zu verbringen.
4. Während der *Tashrīq*-Tage die entsprechenden Nächte in Minā zu verbringen.
5. Die Steinigung der Säulen.
6. Das Rasieren/das Haarkürzen.
7. Den *Ṭawāf al-Wadā'* (den *Ṭawāf* anläßlich der Verabschiedung von Mekka) durchzuführen.

Besonderheiten:

Steinigung der Säulen: Die Steinigung allgemein ist nur mit Steinchen zulässig. Der Stein muß bei der Säule auftreffen. Es ist andererseits auch zulässig, wenn ein Stein zuerst auf die Randmauer rund um die Säule oder – unabsichtlich (!) – sogar auf einen gegenüber stehenden Pilger aufprallt und dann erst auf die Säule oder in ihre Nähe oder auf ihre Basis fällt.

Als Zeitraum zur Steinigung ist nur der Bereich nach dem Zenitstand der Sonne zulässig, auch beim Steinigen der großen Säule am Opfertag.

Mālikīya

Hier werden folgende *Wājib*-Handlungen unterschieden:

1. Anwesenheit während der Nacht in Muzdalifa (außer bei Entschuldigung: wenn man durch Verpflichtungen gezwungen ist, früher aufzubrechen).
2. Die Steinigung soll vor dem Rasieren/Haarekürzen und dem *Ṭawāf al-Ifāḍa* stattfinden.
3. Steinigung der Säulen.
4. Verbringen der Nacht in Minā.

5. Rasieren/Haarkürzen.
6. Tieropfer (bei *Qirān-/Tamattu'*-Form).

Besonderheiten:

Steinigung der Säulen: Es ist *mandūb*, nach Sonnenaufgang bis zum Zenitstand der Sonne die Steinigung der großen Säule (*'Aqaba*) durchzuführen; danach wird das Steinigen *makrūh*.

An den anderen Tagen soll das Steinigen aller drei Säulen von Zenitstand der Sonne an bis zum Sonnenuntergang erfolgen. Vor dem Zenitstand ist das Steinigen an diesen Tagen ungültig. Nach Sonnenuntergang ist das Steinigen der Säulen an den *Tashrīq*-Tagen zwar gültig, erfordert aber ein Tieropfer. Es ist *mandūb*, an diesen Tagen das Mittagsgebet vor der Steinigung zu verrichten. Die Reihenfolge der Säulen muß bei der Steinigung eingehalten werden. Größere Steine dabei zu verwenden ist abzulehnen (*makrūh*), aber gültig.

Das Rasieren der Haare/Haarekürzen: Die Frau schneidet ihre Haare auf ganzem Umfang nicht kürzer, noch rasiert sie ihre Haare ganz ab; statt dessen werden mehrere Haarsträhnen (mindestens drei) im Maß einer Fingerkuppe gekürzt.

Anmerkungen:

1 Zumal der schwarze Stein – nach manchen Berichten der islamischen Historiker – bereits nach etwa vier Jahrhunderten nach der *Hijra* in drei Teile zerbrochen war.

2 Die Grundmauern der *Ka'ba* sind aber – soweit dies berichtet wird – bei diesem Wiederaufbau von den Quraisch nicht angetastet worden; sie wurden bei dem Wiederaufbau allerdings sichtbar und wurden beschrieben als „gerundete Steine, in ihrer Form Kamelhöckern ähnlich". Auch sollen damals Aufschriften gefunden worden sein. Siehe dazu *Das Leben des Propheten* (*as-sīra an-nabawiyya*) von Ibn Isḥāq sowie Beschreibungen bei anderen islamischen Historikern (wie etwa at-Tabarī).

3 Gemeint ist, daß diese Dinge absichtlich oder fahrlässig getan werden; siehe jedoch im einzelnen auch die entsprechenden Stellen zu diesen im Weihezustnad (*iḥrām*) untersagten Dingen im Haupttext bei dem entsprechenden Abschnitt zum *Iḥrām*.

4 Hierzu muß man auch geschäftliche Verpflichtungen bestimmter Art zählen: etwa wenn die Person, die den *Ḥajj* durchführen will, anvertraute Handelsgüter (*amānat*) hat und deren korrekte Aufbewahrung (auch gegen einstweilige Lagerungskosten) gewährleisten muß. In diesem Falle kann man die anfallenden Kosten nicht einfach vernachlässigen, und wenn man ohne die so auszugebenden Beträge den *Ḥajj* nicht durchführen kann, so kann die Pflicht zum *Ḥajj* nicht bestehen. Andererseits kann man solche Kosten, die aufgrund von *Amānat* entstehen, auch als eine Art von Schuld (*dain*) betrachten. Siehe hierzu im „Buch über den Kaufvertrag" über *Amānat* und dergleichen.

5 Dies darum, weil es sich bei der Frage des *Ḥajj* um eine Sache handelt, die in islamischen Gebieten wirklich jedem – auch den dortigen Christen, Polytheisten usw. bestens bekannt ist.

6 Dies, weil bei der *Ḥanafīya* nach „*Wujūb*" und „*Adā'*" unterschieden wird.

7 Unter dem *Maḥram* der Frau versteht man diejenigen Männer, die mit dieser Frau aufgrund von Blutsverwandtschaft (*qarāba*) oder Verschwägerung (*muṣāhara*) oder Milchverwandtschaft (*riḍā'*) keine Ehe eingehen dürfen. Zu diesen Verwandtschaftsarten siehe den entsprechenden Abschnitt im „Buch über die Ehe".

8 Dieser Punkt ist ein wichtiger Unterschied zum Bereich des *Walī* in der Ehe; siehe dazu das entsprechend Gesagte im „Buch über die Ehe"; dennoch ist diese Erleichterung heutzutage praktisch wertlos, da in Saudi-Arabien – speziell zum *Ḥajj* – in das Gebiet von Mekka und Medina kein Nichtmuslim ohne weiteres einreisen darf.

9 Zu *'Idda* und *Ṭalāq* siehe das Entsprechende im „Buch über die Ehe".

10 Es handelt sich – wie auch schon bei anderen Themen – eher um eine theoretische Unterscheidung bzw. Besonderheit, die nur in Extremfällen Bedeutung erhalten kann.

11 Damit sind die Pflichtteile des *Ḥajj* gemeint. Es ist aber durchaus möglich – und auch gängige Praxis –, daß die von außerhalb der Arabischen Halbinsel kommenden Pilger schon einige Zeit zuvor nach Mekka bzw. Medina kommen; dabei wird die Gültigkeit des *Ḥajj* nicht berührt, sofern bezüglich des *Iḥrām* und der sonstigen Pflichtteile alles korrekt erfüllt wird.

12 Der Begriff „*ash-Shām*" umfaßt die Länder des alten Syrien: das heutige Syrien, Jordanien, Libanon und Palästina.

13 Der alte Begriff „*al-Maghrib*" umfaßt ganz Nordafrika bis zu den Grenzen Ägyptens: den heutigen *Maghrib* (klassischer Name: *al-maghrib al-aqṣā*, „äußerster Westen"), Algerien, Tunesien und Libyen.

14 Das heißt: das Gebiet, welches seinerzeit auf der spanischen Halbinsel unter muslimischer Herrschaft gestanden hatte.

15 Eigentlich: die Gebiete, die geschichtlich und kulturell zum römischen bzw. oströmischen Reich zählten; heute werden alle Süd-, Mittel- und Nordeuropäischen Länder hinzugezählt, sofern sie nicht anderweitig durch islamrechtliche Regelungen erfaßt sind.

16 Zur Beschreibung der Kleidung siehe ⇒ Abb. S. 630.

17 Heutzutage wird diese Kleidung immer angelegt, da sie jederzeit – auch an den Orten von *Ḥaǧǧ* und *'Umra* selbst – jederzeit erhältlich ist.

18 Auch diese Bedingungen werden heute de facto immer und nur so angewandt.

19 Siehe dazu weiter unten die Verbote im *Iḥrām*.

20 Im Gegensatz zum Aussprechen der *Talbīya* beim Eintritt in den *Iḥrām* und danach, denn in diesem Fall ist – nach der *Ḥanafīya* – das Sprechen der *Talbīya* verpflichtende Bedingung zur Gültigkeit des *Iḥrām*, nicht aber *Sunna*.

21 Analog zum Reiter kann man heutzutage einen Auto- bzw. Motorradfahrer usw. betrachten.

22 Nach der *Ḥanafīya* ist es dem *Muḥrim* doch erlaubt, einen Ehevertrag zu schließen; lediglich der Geschlechtsverkehr mit einer so geheirateten Frau ist verboten – aufgrund dessen, daß sich der Mann (und eventuell auch die Frau) im *Iḥrām* befinden. In diesem Fall wird der Zustand eines *Muḥrim*/einer *Muḥrima* so betrachtet wie im Fall, daß die Frau zum Zeitpunkt des Ehevertragsschlusses ihre Regel hat oder *Nafsā'* ist.

23 Nach der *Šāfi'īya* jedoch ist ein Landtier ein solches Tier, das ausschließlich an Land lebt bzw. an Land und im Wasser zugleich (also zu den Amphibien gehört, wie etwa eine Wasserschildkröte). Ein Meerestier ist nach dieser Auffassung ein Tier, das ausschließlich im Wasser und niemals auf Land lebt.

24 Dieses Verbot dient dazu, daß sich niemand durch seine Kleidung vor anderen hervortun kann, und sei es nur durch hervorragende Qualität der Verarbeitung (Naht, Saum!). Tatsächlich bleiben aufgrund dieser Einschränkungen nur einfachste Bedeckungen als erlaubte Kleidung übrig – wie etwa die empfohlene Form von *Riḍā'* und *Izār*.

25 Entspricht dem *'Īd al-Aḍḥā*.

26 Gemeint ist: Wenn der *Ṭawāf* vor dem *Wuqūf* (Stehen auf der Ebene von 'Arafāt) durchgeführt wird, ist er sowieso ungültig; wird er des weiteren nach dem *Wuqūf*, aber vor dem Festtag des Opfertages durchgeführt, ist er ebenfalls ungültig.

27 Eigentlich: ... der Nacht des Tages des Opferns: weil nach islamischer Zeit- und Kalenderberechnung die Nacht jeweils dem ihr zugehörigen Tag vorausgeht; daher ist die „Nacht des Tages X" stets die Nacht vor dem Tag X.

28 Grundsätzlich ist es zwar möglich, die *Ka'ba* zu betreten und in ihrem Inneren den *Ṭawāf* zu vollziehen, doch praktisch kommt dies heute nicht in Betracht; es handelt sich also um eine mehr theoretische Bestimmung.

29 Das ist heutzutage eine rein theoretische Betrachtung, da zur *Ḥaǧǧ*-Zeit die Pilgermassen so gewaltig sind, daß sich niemand dem Strom derer entgegensetzen kann, die gerade den *Ṭawāf* verrichten.
Dies gilt beim *Ḥaǧǧ*, nicht aber bei der *'Umra*, da außerhalb der *Ḥaǧǧ*-Zeit dies theoretisch möglich wäre; praktisch aber würde man so stark auffallen, daß eine Durchführung dieser Art undenkbar ist.

30 Das ist – aufgrund des Gedränges – nicht unmöglich; auch ist dies denkbar, wenn etwa jemand Angehörige vermißt und sich – rückwärts laufend – nach ihnen umsehen will, während er den *Ṭawāf* vollführt.

31 Beim *Ṭawāf al-Ifāḍa*, weil er durch seinen absoluten Pflichtcharakter ohnehin die Konzentration des Pilgers erfordert und ein unabsichtliches Handeln kaum wahrscheinlich ist, und entsprechend auch beim *Ṭawāf al-Qudūm*, weil der erste Besuch der *Ka'ba* und

der damit verbundene *Ṭawāf* ohnehin der reine Ausdruck der Absicht des Pilgers ist, die Pilgerfahrt zu beginnen. In diesem Falle besteht interessanterweise eine ähnliche Argumentation wie die der *Ḥanafīya* bezüglich der *Nīya* beim *Wuḍū'*.

32 Dies muß man so verstehen, daß ja beim *Ṭawāf* alle Arten von Menschen zusammenkommen, auch körperlich Unansehnliche, Entstellte, Häßliche usw. Wenn aber der Mensch auch nur eine Spur von Hochmut während des *Ṭawāf* leistet, wird er mit Sicherheit nicht von Gott angenommen, wie aus sicheren Überlieferungen hervorgeht. (Ähnliches gilt auch allgemein für jede Art von Gottesdienst).

33 Dies ist bei den heutigen Menschenmassen um so wichtiger, als sich viele Pilger geradezu rücksichtslos benehmen – obwohl in solchen Fällen der *Ṭawāf* sicherlich nicht ohne weiteres angenommen wird (und wie hier sogar ein Tieropfer als Sühne verlangt werden kann): daß etwa ein Pilger andere grob zur Seite drängt, wenn es beim *Ṭawāf* darum geht, dem schwarzen Stein nahezukommen oder ihn zu brühren bzw. zu küssen.

34 Dies ist wichtig, weil es beim Gedränge des *Ḥajj* einem Menschen möglich ist, Männer wie auch Frauen unsittlich zu berühren, zu belästigen oder auch nur in unzulässiger Art und Weise anzusehen; daß in solchen Fällen der *Ḥajj* ungültig ist oder doch – in geringeren Fällen – die Gefahr dazu besteht, liegt auf der Hand.

35 Das heißt: die erste – mangelhafte – Laufstrecke (*shaut*) wird nicht gezählt, und der Pilger muß einen *Shaut* zusätzlich verrichten.

36 Wörtlich: entsenden; doch heutzutage wird aufgrund der Pilgermassen und der dadurch bewirkten Massen der Opfertiere Fleisch in andere Länder außerhalb Saudi-Arabiens entsandt. Daher ist es heute – nach Ansicht verschiedener Gelehrter – in solchen Fällen besser, das Fleisch an Ort und Stelle an Arme zu verteilen.

37 Das, was über die hier aufgezählten Bedingungen hinaus von den anderen Rechtsschulen als absolute Pflicht bzw. *Wājib* aufgeführt wird, findet sich bei der *Ḥanafīya* unter den *Sunan mu'akkada* bzw. *Mandūbāt* wieder.

38 Das heißt auf der Linie der Direktrichtung des schwarzen Steins. Diese Linie ist heutzutage als steinerne Einlegearbeit im Marmorboden des heutigen *Ṭawāf*-Bereichs (*maṭāf*) – im wahrsten Sinne des Wortes – verdeutlicht und festgehalten. Es gibt viele Pilger, die trotz des Gedränges versuchen, kurz vor bzw. genau am Beginn dieser Linie anzuhalten und dann erst bewußt weiterzugehen, was aber das Gedränge nur vermehrt und manchmal auch zur echten Belästigung oder Bedrohung für andere Pilger und Pilgerinnen führt. Da ein solches Verhalten zur Ungültigkeit des *Ṭawāf* führen kann – eine solche Belästigung der anderen Pilger ist mindestens *makrūh* und in manchen Fällen *ḥarām* –, sollte der Pilger davon absehen zu stoppen, aber seitens anderer Pilger darauf gefaßt sein.

39 Das ist nach wie vor üblich; oft gibt es speziell dazu angestellte Träger, die jeweils zu viert den Pilger bzw. die Pilgerin in einfachen Holzgestellen, die als Sänften dienen, tragen. Das ist auch praktisch notwendig, da es aufgrund der Menschenmenge, die sich im *Ṭawāf* um die *Ka'ba* bewegt, unmöglich ist, daß ein Mensch, der sich nicht in dem vorgegebenen Minimaltempo bewegen kann, nicht früher oder später angerempelt oder sogar überrannt wird.

40 Das ist eine grundsätzliche Rechtsaussage, wobei sich das angesprochene Problem heute aber nicht konkret stellt.

41 Heutzutage ist der *Ṭawāf*-Bereich (*maṭāf*) mit geglätteten Steinplatten bedeckt, so daß im Unterschied zu früheren Zeiten das barfüßige Gehen kaum noch Beschwerden bei einem gesunden, gehfähigen Menschen hervorrufen dürfte.

42 Das heißt, wie entsprechend auch beim Gang zum Freitagsgebet, erhält der Mensch, der bewußt, langsam oder doch geruhsam beim *Ṭawāf* geht, für jeden Schritt Lohn. Ähnliches gilt auch für andere *'Ibādāt*: Wenn man zu einem gottesfürchtigen Zweck bzw. zu einer *'Ibāda* geht, erhält man für jeden Schritt Lohn von Gott, daher hier diese speziele Erwähnung zur Anzahl der Schritte.

43 Besonders, wenn er sich von dem Stein durch viele Menschen getrennt sieht und ohne Drängen nicht zu ihm gelangen kann.

44 Das ist aber heutzutage fast immer der Fall.

45 Um sie eben keiner körperlichen Belastung auszusetzen.

46 Etwa, wenn jemand sich durch Blähungen unwohl fühlt und absichtlich diese Blähungen abläßt oder wenn er Urin lassen muß und daher den *Ṭawāf* unterbricht und dergleichen.

47 Gemeint ist: Wenn ein solches Pflicht- oder *Nāfila*-Gebet dann verrichtet wird, wenn der Pilger seinen *Ṭawāf* gerade beendet hat; im Falle des Pflichtgebets ist gemeint, daß sich der Pilger dem *Jamā'a*-Gebet eines Pflichtgebetes (zum Beispiel *Ẓuhr*) anschließt, während es im Falle einer *Nāfila* auch so sein kann, daß die Menschen in der heiligen Moschee die *Nāfila-Rātiba* vor einem Pflichtgebet verrichten: Dann fällt ja die Zeit für diese *Nāfila-Rātiba* (zum Beispiel vor *Ẓuhr*) zeitlich mit der speziellen *Nāfila* des Pilgers zusammen, und dann genügt es dementsprechend, wenn der Pilger diese *Rātiba* anstelle der speziellen *Nāfila* verrichtet.

48 Dies ist logischerweise so, denn da man ohne *Ṭahāra* den *Ṭawāf* nicht gültig durchführen kann, muß man auch das, was zum Verlust der *Ṭahāra* führen kann, als *makrūh* betrachten, nach dem allgemeinen Grundsatz: Was unter Umständen – wenn auch nicht zwingend – zu einem schlechten Ergebnis führt, ist zwar nicht direkt verboten (*ḥarām*), aber doch *makrūh*.

49 Das heißt: frei formulierte Anrufungen Gottes bzw. Gedenken Gottes beim *Ṭawāf*.

50 Das heißt, wenn man von der Linie ausgeht, die die direkte Gegenüberstellung vor dem schwarzen Stein bezeichnet und heutzutage auch offen sichtbar im *Ṭawāf*-Bereich (*maṭāf*) verzeichnet ist.

51 Das heißt, wenn der *Ṭawāf* nicht wiederholt wird und also der so durchgeführte *Ḥajj* auf der Grundlage dieses so vollzogenen *Ṭawāf* beendet wird, ist der *Ḥajj* zwar gültig, doch der Pilger hat eine gewisse Sünde auf sich geladen, weil er den Fehler, den er beim *Ṭawāf* machte, nicht ausgeglichen hat. Wird aber der *Ṭawāf* wiederholt oder ein Tieropfer gegeben, so wird die Sünde wieder ausgeglichen, aufgehoben.

52 Dies sind eher theoretische Bedingungen; andererseits ist es möglich, daß jemand stolpert und durch das Gedränge der Menschenmassen für einige Momente nicht aufstehen kann, sondern nur halb aufrecht oder kriechend vorwärtskommt – speziell dann, wenn er sich gestoßen und Prellungen auf dem Boden zugezogen hat: In all diesen Fällen muß er sicherlich als entschuldigt gelten, und sein *Ṭawāf* ist im Rahmen der oben gegebenen Definition gültig – und Gott weiß es am besten.

53 Wörtlich heißt *Haṭīm*: „zerschmettert", „zerstört"; damit ist hier speziell die Schutzmauer gemeint, die ungefähr als Halbkreis den Bereich des *Hijr* umschließt. Der *Hijr* – bzw. ein Teil davon – hat ursprünglich zur ältesten Form der *Ka'ba* gehört und muß darum auch vom *Ṭawāf* Vollziehenden gemieden weren, da der *Ṭawāf* nur außerhalb der *Ka'ba* gültig ist, wie weiter oben bei den „Bedingungen zur Gültigkeit des *Ṭawāf*" schon erläutert. Zur Beschreibung der *Ka'ba* siehe auch § 4.

54 Gemeint: daß der Pilger versäumte bzw. nicht korrekt erfüllte Umrundungen nicht sofort an Ort und Stelle nachholt.

55 Das heißt *Ṭawāf al-Ifāḍa*.

56 Das heißt *Ṭawāf al-Wadāʾ* oder ein durch *Nadhr* (Gelöbnis) Gott versprochener *Ṭawāf*, oder der Teil eines *Ṭawāf* bzw. ein ganzer *Ṭawāf*, der nachgeholt werden muß.

57 Das heißt *Ṭawāf al-Qudūm*.

58 Das heißt ein zusätzlicher, frei vom Pilger durchgeführter *Ṭawāf*.

59 Heutzutage kaum möglich; siehe dazu auch „Beschreibung der *Kaʿba*", § 4.

60 In dem Sinne, daß man sich den Beginn und das Ende des *Ṭawāf* ganz bewußt macht.

61 Auch andere Segensformeln in diesem Sinne sind *Sunna*.

62 Das Wort „*Shaut*", Pl. „*Ashwāt*" wird sowohl beim *Ṭawāf* als auch beim *Saʿy* verwendet; beim *Ṭawāf* muß – aus seiner Art heraus – „*Shaut*" mit „Umrundung" wiedergegeben werden, während das Wort beim *Saʿy* ja das schnelle Begehen einer geraden Strecke bezeichnet und also mit „Laufstrecke" übersetzt werden kann.

63 Wörtlich: reitend; das ist aber heute nicht mehr gegeben, im Gegensatz zum Rollstuhlfahren, was ja durchaus bei dem Umbau des Heiligtums berücksichtigt wurde und also eine reale Möglichkeit darstellt. Siehe dazu die „Beschreibung der *Kaʿba*", § 4.

64 In diesem Fall ist die Lage ähnlich wie beim *Ṭawāf*.

65 Die eine steht unterhalb des Minaretts des ʿAlī-Tores, die zweite gegenüber des „*Ribāt ʿAbbās*" (das ist die Beschreibung der Orte vor dem letzten Umbau des *Ḥarām*).

66 Wie allgemein im *Duʿāʾ*, mit der Besonderheit, daß der Pilger hier – die Handinnenflächen nach oben gerichtet – die Hände sehr hoch hält.

67 Dies ist ein freiwilliger *Ṭawāf*, der bei Betreten der heiligen Moschee verrichtet wird und in seiner Art und Bedeutung etwa dem *Nāfila*-Gebet „*Taḥiyyat al-Masjid*" entspricht.

68 Entweder, indem die Frauen von ihren Männern begleitet werden müssen, oder, indem es durch die Menschenmengen und den Andrang schwierig wird, daß sich fremde Männer und Frauen auf den Hügeln ausreichend Platz verschaffen bzw. finden können, um – anständig getrennt – dort stehen zu können. Denn im Unterschied zur Ebene von ʿArafāt beispielsweise ist ja der Platz bei *aṣ-Ṣafā* und *al-Marwa* sehr begrenzt.

69 Hier ist gemeint: daß er von der Zahl ausgeht, über die er sich ganz sicher ist, daß er sie verrichtet hat.

70 Dies ist heutzutage so nicht mehr möglich, weil *aṣ-Ṣafā* und *al-Marwa* fest in den neuen Gebäudekomplex des *Ḥarām* mit einbezogen und gewissermaßen eingebaut wurden. Früher lag die *Kaʿba* jedoch solcherart in einer kleinen Talsenke, von den beiden Hügeln überragt, daß man von dem Hügel *aṣ-Ṣafā* herab leicht über die – damals noch niedrigen – Umfassungsmauern der heiligen Moschee hinweg die *Kaʿba* sehen konnte.

71 Das ist während der *Ḥajj*-Zeit wohl kaum der Fall.

72 Gemeint ist: einen eindeutig gültigen *Saʿy* zu wiederholen bzw. in diesem Fall einen zweiten *Saʿy* durchzuführen.

73 Gemeint ist: während des gesamten bzw. eines Teils des *Wuqūf*.

74 Erst durch den *Wuqūf* wird der *Iḥrām* als solcher aufgehoben. Wenn daher jemand vor seiner Anwesenheit bei ʿArafāt ohnmächtig wird, dann nach ʿArafāt gebracht wird (beispielsweise mit einer Reisegruppe, die mit dem Bus dorthin reist), dort aber noch eine Weile ohnmächtig bleibt und dann wieder zu Bewußtsein kommt, so gilt er bis zum Zeitpunkt seines Aufwachens als *Muḥrim* – und direkt danach nicht mehr.

75 Gemeint ist: keine derart abtrennbaren und zugleich beweglichen Aufenthaltsplätze; dies darum, weil es zwar vorzüglich ist, auf den *Jabal ar-Raḥma* zu steigen, aber eine Frau auch beachten soll, möglichst nicht mit fremden Männern eng zusammenkommen zu müssen.

76 *Taḥmīd*: „*al-ḥamdu li-llāhi* (*rabbi l-ʿālamīn*)" zu sagen.
77 *Tamjīd*: Lobpreisung Gottes allgemein.
78 *Tasbīḥ*: hier: „*subḥāna llāh*" zu sagen.
79 Gemeint hier: „*al-ḥamdu li-llāhi rabbi l-ʿālamīn*" zu sprechen.
80 Gemeint hier: „*lā ilāha illā llāh*" zu sprechen.
81 Gemeint hier: „*Allāhu akbar*" zu sprechen.
82 Das heißt: daß der Pilger während seines *Wuqūf* mindestens einmal, besser aber sehr oft die *Talbīya* („*Labbaika llāhumma labbaik* ...) spricht.
83 Das heißt, das schon vorgestellte *Duʿā'*: „*Labbaika llāhumma labbaik* ..."
84 Das heißt die Formel: „*lā ilāha illā llāh*" (bzw. eine erweiterte Form davon).
85 Hier zunächst die eigentliche *Tasbīḥ*-Formel „*subḥāna llāh*".
86 Gottesfurcht, reine Ergebenheit und Gottesfurcht.
87 Völlige Reinheit in Absicht und Tat.
88 Das heißt: Wenn man sich nach Ende der *Maghrib*-Zeit an irgendeinem Ort bei der Ebene von ʿArafāt aufhält, muß er zur Erfüllung des *Wājib* einen Teil der Nacht (also eine echte Zeitspanne wie ein Drittel, ein Viertel usw.) bei ʿArafāt verbleiben. Wer aber – sofort oder nach einem Teil der Nacht – zum *Jabal ar-Raḥma* geht und dort angekommen ist, hat vom Moment seines Ankommens am Berg das *Wājib* erfüllt.
89 Beim *Wuqūf ʿArafāt* stehen oft mehrere Pilger gemeinsam an einem Ort, und einer spricht laut und deutlich verschiedene Bittgebete (*adʿiya*), worauf die Umstehenden „*Āmīn*" sagen als Bestätigung dessen (bzw. hier: Antwort auf das), was der Sprecher im *Duʿā'* von Gott für sich und alle Anwesenden und Abwesenden der Gläubigen erfleht.

Hier ist genau gemeint, daß sich schnell *Duʿā'* an *Duʿā'* reiht, ohne daß man – wenn die Bestätigung durch die anderen Anwesenden ausbleibt – abwartet und eine Pause entstehen läßt.

VI.

Buch
über das Gelöbnis

Nadhr

KAPITEL 1

ALLGEMEINE VORSTELLUNG

Ein „Gelöbnis" (*nadhr*, Pl. *nudhūr*) besteht darin, daß eine Person, der Gelobende, *Nādhir*, eine besondere Handlung oder Leistung als *'Ibāda* für Gott zu tun gelobt. Das Gelobte heißt *Mandhūr*. Es gilt der Fall, daß der Gelobende

- Gott um die Erfüllung eines Wunsches bittet oder
- ein Gelöbnis in absoluter Form leistet, um sich in seinem Glauben zu stärken.

Ein *Nadhr* ist also eine Sache, die ein besonderes Band zwischen Gott und Mensch, dem Gelobenden, darstellt: Wenn das *Nadhr* von Gott dem Erhabenen angenommen wird bzw. wenn es zu erfüllen ist, ist das zugleich auch eine Prüfung für den Gelobenden – ob er aufrichtig ist und wie gewissenhaft er sein *Nadhr* erfüllt.

Für aufrichtig erfüllte *Nadhr* erhält der Gläubige mehrfachen Lohn, für nicht oder nicht korrekt erfüllte aber muß er damit rechnen, von Gott zur Rechenschaft gezogen zu werden, denn Gott der Erhabene rechnet nicht das an, was aus Versehen gelobt oder geschworen wurde, doch was bewußt gelobt wird (und das ist ja beim *Nadhr* immer der Fall), wird genau als gute bzw. bei sündhafter Nichterfüllung sehr üble Tat und größere Sünde gewertet.

Daher gilt bei den meisten Gelehrten, daß es zunächst besser ist, keine *Nudhūr* zu machen, wenn es nicht unbedingt nötig ist; denn es ist möglich, daß die anschließende Erfüllung des *Nadhr* dem Muslim/der Muslimin schwerfällt und dadurch die Versuchung besteht, bei der Erfüllung nachlässig zu sein.

Außerdem muß man sich davor hüten, ein absolutes *Nadhr* unter falschen Voraussetzungen zu machen. Wer glaubt, sich Gott dem Allmächtigen näherbringen zu können, indem er sich das Leben schwerer macht, der irrt: das ist nach der *Sunna* gerade umgekehrt, denn der Gesandte Gottes ﷺ pflegte unnötige Erschwernis zu vermeiden.

Wenn aber eine entsprechende Notlage besteht oder der Betreffende sich aufrichtig innerlich dazu bereit fühlt, ist ein *Nadhr* – wenn es korrekt erfüllt wird – eine sehr gute und verdienstvolle Tat, die die ursprüngliche *'Ibāda* noch verdienstvoller bei Gott dem Erhabenen werden läßt.

Ein *Nadhr* muß so erfüllt werden, wie es abgefaßt wurde; dabei gelten auch die genannten Bedingungen, die einschränken, genauer fassen usw.[1]

§ 1

DIE RECHTLICHE BESTIMMUNG (ḤUKM) EINER GELOBTEN SACHE/HANDLUNG (MANDHŪR)

Allgemein

Wenn aber eine zulässige Handlung als *Nadhr*-Handlung gelobt wurde, gibt es zur rechtlichen Bestimmung (*ḥukm*) dieser Handlung danach mehrere Möglichkeiten:

I. Das *Nadhr* ist an das Eintreten einer gewünschten Handlung gebunden:
   1. Das im Gelöbnis (*nadhr*) erbetene Ereignis ist eingetreten. In diesem Fall wird die gelobte Sache/Handlung (*mandhūr*) von einer freiwilligen zu einer verpflichtenden Sache: bei der *Ḥanafīya* meist als *Wājib* betrachtet, bei den anderen Rechtsschulen grundsätzlich als *Farḍ*.
   2. Das im Gelöbnis (*nadhr*) erbetene Ereignis ist nicht eingetreten. In diesem Fall bleibt die gelobte Sache/Handlung für den Gelobenden (*nādhir*) weiterhin eine freiwillige Sache.

II. Das *Nadhr* ist absolut gehalten und nicht an das Eintreten einer gewünschten Handlung gebunden.

Darstellung und Beispiele für den Fall eines bedingten Nadhr (nadhr mashrūṭ)

Jemand befindet sich in einer Notlage oder zumindest einer Lage, die ihm aussichtslos erscheint (er steht vor einer schwierigen Lebenssituation, er fürchtet sich vor einer Person oder einem möglichen, für ihn unglücklichen Ereignis, oder er wünscht sich umgekehrt das Eintreten einer für ihn glücklichen Lage).

In dieser Ausgangslage[2] wendet er sich in einem persönlichen *Du'ā'* (am besten nach Verrichten von zwei *Rak'a Nāfila*) an Gott und gelobt Ihm eine bestimmte gottesdienstliche Handlung, die als solche zumindest wünschenswert sein muß, aber nicht ohnehin verpflichtend sein darf – falls Gott ihm in dieser konkreten Sache in der von ihm gewünschten Form hilft, ihm etwas gibt oder von ihm fernhält, was der Gelobende ausformulieren muß.

Wenn dann das Gewünschte so eintritt, muß der Gelobende auch so schnell wie möglich sein *Nadhr* (Gelöbnis) erfüllen.

Darstellung und Beispiele
für den Fall eines absoluten Nadhr (nadhr muṭlaq)

Jemand stellt – zu Recht oder zu Unrecht – bei sich selbst fest, daß man in der letzten Zeit zuwenig gute Dinge getan hat und/oder daß man zu träge ist, sich zu freiwilligen gottesdienstlichen Handlungen (*ʿibādāt*) aufzuraffen, und faßt ein *Nadhr*, um sich so – durch den nun gegebenen Zwang – zu der gelobten Tat und damit zu einer wünschenswerten *ʿIbāda* zu zwingen.

In diesem Fall muß er das *Nadhr* grundsätzlich sofort verrichten, sofern nicht besondere zeitliche oder sonstige auf ein Ereignis bezogene Bedingungen genannt wurden.

§ 2

BEDINGUNGEN FÜR DEN GELOBENDEN (NĀDHIR)

1. Der Gelobende muß in der Lage sein, das Gelöbnis (*nadhr*) nach bestem Wissen und Gewissen zu erfüllen. Wenn etwa jemand das Geben von soundso viel Geld als *Ṣadaqa* gelobt, das Geld aber zum derzeitigen Moment noch gar nicht besitzt, oder zu laufen gelobt, obwohl er an den Beinen gelähmt ist und nicht gehen kann, ist dieses *Nadhr* unzulässig.

2. Er muß geistig gesund/bei Verstand sein (*ʿāqil*).

3. Er muß *Bāligh* sein bzw. muß zu denen gehören, die gültig gottesdienstliche Handlungen verrichten können. Im Falle von Geld- und Besitzausgaben gilt zudem, daß der Gelobende (*nādhir*) zu denen gehören muß, die rechtlich solche Ausgaben tätigen dürfen.

§ 3

BEDINGUNGEN ZUM GELOBTEN / ZUR GELOBTEN HANDLUNG (MANDHŪR)

Als zu Gelobendes (*mandhūr*) kommt nur eine als solche freiwillige, als Gottesdienst (*ʿibāda*) geltende Handlung in Frage:

- ein *Nāfila*-Gebet, was dann als „gelobtes Gebet“ (*ṣalāt manẓūra*) gilt;
- ein freiwilliges Fasten („gelobtes Fasten“, *ṣaum manẓūra*);
- eine freiwillige Gabe (*ṣadaqa*)[3]
- das Auswendiglernen von Koranversen
- Rezitieren von Koranversen, Bittgebeten (*adʿiya*) und *Adhkār*

- allgemein vom Islam her gesehen positive Handlungen, wie alten Menschen zur Hand zu gehen usw.

Eine Handlung,
- die als solche nicht freiwillig ist, etwa wie ein Fastentag des kommenden *Ramaḍān* oder ein Fastentag, der vom letzten *Ramaḍān* noch nachzuholen ist (in *Qaḍā'*-Form zu leisten ist), oder
- die keine *'Ibāda*-Handlung ist, wie das bloße Verkaufen eines Gegenstandes, oder
- die keine fromme Handlung oder sogar eine unerlaubte Handlung ist, wie das Gelöbnis, etwas zu stehlen,

wird nicht als *Nadhr* angenommen.

§ 4

BEDINGUNGEN FÜR DAS GELÖBNIS (NADHR) IN SEINER FORM

Grundsätzliche Bedingung

Es muß – in der Formulierung – klar sein, daß man ein echtes *Nadhr* beabsichtigt. Daher muß der Begriff „*Nadhr*" bzw. „Gelöbnis" oder irgendein davon abgeleitetes bzw. sinngemäßes Wort, wie „ich gelobe", „ich verspreche", das Gelöbnis verdeutlichen.

Es muß außerdem klar sein,
- was gelobt wird – im Sinne der Bedingungen zum *Mandhūr*,
- was von Gott erwünscht wird.

Als Grundform dient folgendes:
„O Gott, ich gelobe als *Nadhr* (Gelöbnis):
Wenn Du es erlaubst/zuläßt und mir in dieser Lage hilfst
und (das Betreffende eintritt/nicht eintritt)[4],
dann tue ich (das und das)[5]."

Zusätzliche Bedingungen, die das Gelobte (Mandhūr) festlegen

Es ist möglich, das *Nadhr* genau festzulegen. Wenn etwa eine als solche theoretisch unendlich mögliche Handlung gelobt wird, sollte sie genauer eingeschränkt werden.

Wenn etwa ein Fasten gelobt wird, so sollte man die Zahl der Tage genau benennen, um nicht in einen Zweifelsfall zu geraten. Tut man das nicht, sondern formuliert nur: „gelobe ich zu fasten", so muß man von mindestens einem vollen Fastentag ausgehen, der aber weder ein schon als solcher verpflichtender ist, wie

- ein *Ramaḍān*-Tag, der in *Adā'* verrichtet werden muß,
- ein *Ramaḍān*-Tag, der in *Qaḍā'* nachgeholt werden muß,
- ein weiterer, in *Nadhr*-Form gelobter Fastentag[6].

Wenn jemand – ohne genauere Formulierung – gelobt, ein *Nāfila* zu beten, so ist das *Nadhr* erfüllt, wenn er irgendein Nicht-*Farḍ* bzw. Nicht-*Wājib*-Gebet verrichtet, gleich ob er sich anderen bei einem *Jamā'a*-Gebet anschließt oder nicht, und gleich, ob diese ein *Farḍ*-Gebet beten, er sich ihnen aber freiwillig mit der *Nīya* eines *Nāfila* anschließt[7], und gleich, ob die anderen in *Qaḍā'* oder *Adā'* beten.

Wenn der Gelobende (*nādhir*) aber in seinem *Nadhr* etwas Spezielleres gelobt hat, etwa, daß er das *Ḍuḥā*-Gebet drei Tage lang oder einmal das *Tahajjud*-Gebet verrichten will, so ist er an diese Bedingung gebunden, und er kann diese *Nāfila* dann nicht durch Verrichten anderer freiwilliger Gebete (*nawāfil*) erfüllen.

Wenn jemand in allgemeinster Form gelobt, etwas als *Ṣadaqa* (Geld bzw. Besitz) für die Armen zu spenden, so muß er zumindest so viel spenden, daß das Gespendete als echte Hilfe anzusehen ist: etwa für ein einfaches Kleidungsstück reicht, dessen ein Armer bedarf, oder zumindest dafür reicht, daß sich ein Armer eine gut ausreichende Mahlzeit damit leisten kann, die zu seiner vollen Sättigung genügt.

Wenn jemand aber gelobt, eine bestimmte Summe als *Ṣadaqa* zu spenden, so muß er das genauso erfüllen[8].

Zusätzliche Bedingungen, die bezüglich des von Allāh des Erhabenen Gewunschten festgelegt werden

Es ist möglich, das, was man von Gott dem Erhabenen erwünscht, genauer zu fassen, hinsichtlich der Zeit, der Art und Weise und – gegebenenfalls – der Zahl.

So kann man etwa geloben, etwas als *'Ibāda* zu tun, falls Gott der Allmächtige einem beisteht und innerhalb einer benötigten Zeit die ersehnte Hilfe gibt; in diesem Fall muß diese Zeit im *Nadhr* aber auch genau genannt werden.

Auch ist es möglich, wenn man etwa etwas Bestimmtes, von einer bestimmten Qualität gebrauchen kann und benötigt, das ins *Nadhr* mit einzubringen, und dann muß die betreffende Sache auch genau benannt werden.

Wenn man in einer bestimmten Lage eine genaue (Mindest-)Anzahl von etwas benötigt und man das ins *Nadhr* einbringen will, so ist das ebenfalls zulässig.

KAPITEL 2

KONKRETE BEISPIELE

Beispiele, bei denen Gebete gelobt werden

„O Gott, wenn Du mich aus dieser Gefahr, daß ich schwer erkranke, errettest, gelobe ich Dir, zwei *Rak'a Nāfila*[9] zu beten."

„O Gott, wenn Du mich aus dieser Gefahr, daß ich schwer erkranke, errettest, gelobe ich Dir, vier *Raka'āt Nāfila* nach einem *Ẓuhr-Farḍ*-Gebet[10] zu beten."

„O Gott, wenn Du mich aus dieser Gefahr, daß ich schwer erkranke, errettest, gelobe ich Dir, zwanzig *Raka'āt Nāfila*[11] zu beten."

„O Gott, wenn Du mich aus dieser Gefahr, daß ich schwer erkranke, errettest, gelobe ich Dir, zehn *Raka'āt Nāfila* als *Qiyām al-Lail*[12] zu beten."

„O Gott, wenn Du mir in dieser Lage hilfst, gelobe ich Dir hiermit, das *Ḍuḥā*-Gebet zu verrichten."

„O Gott, wenn Du mir in dieser Lage hilfst, gelobe ich Dir hiermit, an drei Tagen[13] das *Ḍuḥā*-Gebet zu verrichten."

„O Gott, wenn Du mir in dieser Lage hilfst, gelobe ich Dir hiermit, an drei aufeinanderfolgenden Tagen das *Ḍuḥā*-Gebet zu verrichten."

„O Gott, wenn Du mir in dieser Lage hilfst, gelobe ich Dir hiermit, morgen das *Ḍuḥā*-Gebet zu verrichten."

„O Gott, wenn Du mir in dieser Lage hilfst, gelobe ich Dir hiermit, einmal das *Ḍuḥā*-Gebet mit acht *Raka'āt* zu verrichten."

„O Gott, wenn Du mir diese Schmerzen nimmst, gelobe ich Dir, am darauffolgenden Tag das *Tahajjud* zu verrichten, so Du es erlaubst[14]."

Beispiele, bei denen ein Fasten gelobt wird

„O Gott, wenn Du mich in dieser Prüfung unterstützt, so daß ich erfolgreich bin, gelobe ich Dir hiermit, einen Tag zu fasten."

„O Gott, wenn Du mich in dieser Prüfung unterstützt, so daß ich erfolgreich bin, gelobe ich Dir hiermit, zwei Tage zu fasten."

„O Gott, wenn Du mich in dieser Prüfung unterstützt, so daß ich erfolgreich bin, gelobe ich Dir hiermit, vier aufeinanderfolgende Tage zu fasten."

„O Gott, wenn Du mich in dieser Prüfung unterstützt, so daß ich erfolgreich bin, gelobe ich Dir hiermit, einen Sonnenjahr-Monat[15] lang zu fasten."

„O Gott, wenn Du mich in dieser Prüfung unterstützt, so daß ich erfolgreich bin, gelobe ich Dir hiermit, einen *Hijra*-Monat lang zu fasten."

„O Gott, wenn Du mich in dieser Prüfung unterstützt, so daß ich erfolgreich bin, gelobe ich Dir hiermit, den Montag und Donnerstag in einer Woche zu fasten."

„O Gott, wenn Du mich in dieser Prüfung unterstützt, so daß ich erfolgreich bin, gelobe ich Dir hiermit, einen Monat lang jeden Montag und Donnerstag zu fasten."

Beispiele, bei denen eine Ṣadaqa gelobt wird

„O Gott, wenn Du mich vor der Verfolgung durch diese Person rettet, gelobe ich, den Armen zweihundert Euro zu schenken."

„O Gott, wenn Du mich vor der Verfolgung durch diese Person rettet, gelobe ich, innerhalb des folgenden Monats den Armen zweihundert Euro zu schenken."

„O Gott, wenn Du mich vor der Verfolgung durch diese Person rettet, gelobe ich, dem Bruder X und der Familie Y je vierhundert Euro zu schenken."

„O Gott, wenn Du mich vor dieser Gefahr durch diese Person rettest, gelobe ich, dem X bei seiner Behördenangelegenheit zu helfen."

„O Gott, wenn Du mich vor dieser Gefahr durch diese Person rettet, gelobe ich, dem X während seiner Krankheit[16] mit meinen Fähigkeiten beim Hausbau zu helfen."

Beispiele bezüglich des Auswendiglernens von Koransuren bzw. -versen

„O Gott, wenn Du mir in dieser Prüfung zum Erfolg verhilfst, gelobe ich Dir, zehn Koranverse auswendig zu lernen[17]."

„O Gott, wenn Du mir in dieser Prüfung zum Erfolg verhilfst, gelobe ich Dir, die Sure X auswendig zu lernen[18]."

„O Gott, wenn Du mir in dieser Prüfung zum Erfolg verhilfst, gelobe ich Dir, den *Juz'* X auswendig zu lernen."

Anmerkungen

1 Siehe dazu weiter unten im Haupttext.

2 Es ist auch möglich, daß er sich gerade in einer schlimmen Lage befindet, in der er zum Beispiel vor einem Gewalttäter, einem gefährlichen Tier usw. flüchten muß; in diesem Fall gilt das in dieser Lage gesprochene *Nadhr* auch als *Nadhr* im rechtlichen Sinne, auch ohne *Ṭahāra*, ohne vorheriges *Nāfila*-Gebet.

3 Hier sei daran erinnert, daß auch bestimmte fromme Handlungen, wie Bedürftigen bei Dingen des täglichen Lebens zu helfen, indem man Zeit und Mühe aufwendet, als *Ṣadaqa* gelten. Zum Begriff und zur Definition der *Ṣadaqa* siehe auch den entsprechenden Abschnitt im Buch über die Armensteuer (*zakāt*).

4 Statt „das Betreffende" soll man konkret sagen, was man als erwünschte Sache im *Nadhr* einsetzt. Formuliert man das aber nicht, so muß man zumindest im Inneren sich genau das Gemeinte verinnerlichen.

5 Statt „das und das" muß man genauestens formulieren, was man als *Nadhr*-Einsatz (als Gelobtes, *mandhūr*) Gott dem Erhabenen anbietet.

6 Das heißt, wenn jemand zweimal hintereinander – in zwei verschiedenen Angelegenheiten – gelobt zu fasten, so muß man – wenn nichts genaueres ausgemacht und formuliert wurde, von zwei verschiedenen Tagen ausgehen.

7 Wenn etwa der Gelobende (*nādhir*) bereits das *Ẓuhr*-Gebet verrichtet hat und gerade eine Gruppe (*jamāʿa*) im Gebet sieht, so kann er sich dieser *Jamāʿa* anschließen, mit der *Nīya*, das Gebet als *Nāfila* und als Erfüllung des *Nadhr* zu verrichten.

8 Daß eine Summe, die so gering ist, daß sie zu nichts Vernünftgem an Nahrung und Kleidung ausreicht, nur als Geiz zu betrachten ist, steht dabei außer Frage. Ein *Nadhr*, bei dem der Gelobende (*nādhir*) nichts einsetzen will, ist ohnehin kein korrektes *Nadhr*, weil dabei die Absicht unaufrichtig ist.

9 Hier kann irgendeine *Nāfila* von zwei *Rakʿa* verrichtet werden, ob nun anstelle einer *Sunna mu'akkada*, *Sunna ghair mu'akkada*, einer *Nāfila musabbaba* oder einer *Nāfila muṭlaqa*, und gleich, ob er es in *Jamāʿa* verrichtet oder nicht.

10 Hier kann das *Nadhr* erfüllt werden, indem man bei den vier *Rakaʿāt* nach *Ẓuhr* die Absicht faßt, es als *Nadhr*-Erfüllung zu beten, oder indem man nach den *Rakaʿāt* der *Rātiba* nach *Ẓuhr* zusätzlich noch die gelobten vier *Rakaʿāt* verrichtet.

11 Bei Nennungen von Zahlen zwischen vier und mehr ist es nicht zwingend, alle in einem einzigen Mal zu verrichten, sondern man kann sie nach und nach bei verschiedenen Gelegenheiten verrichten, aber auch so schnell wie möglich – sofern nicht eine Bedingung zur Zeit der Erfüllung und dergleichen im *Nadhr* genannt wurde.

12 In diesem Fall ist die Art der freiwilligen Gebete (*nawāfil*) zeitlich und in der Art festgelegt.

13 Mit den drei Tagen müssen hier nicht aufeinanderfolgende gemeint sein.

14 Da der Mensch nicht über seinen Schlaf gebieten kann – also, nachdem er sich hingelegt hat, nicht weiß, ob und wann er wieder aufwacht –, empfiehlt sich beim *Tahajjud* dieser Zusatz.

15 Es muß hier – der unterschiedlichen Tageszahl wegen und weil hierzulande beide Zeitrechnungen (*Hijra* und Sonnenjahr) wichtig sind – genau genannt werden, was gemeint ist; sonst muß der normalerweise längere Monat (der Sonnenjahr-Monat zu dreißig Tagen) angenommen werden.

16 Vorausgesetzt, daß nicht abzusehen ist, daß die Krankheit in allerkürzester Zeit verschwinden wird – sonst ist das *Nadhr* wohl nicht sehr aufrichtig.

17 Hier sind auch die kleinsten Verse zur Erfüllung des *Nadhr* zulässig.
18 Hier gilt, daß die ganze Sure auswendigzulernen ist, wobei aber kein Zeitmaß gilt, sondern die Erfüllung an der Möglichkeit des Gelobenden (*nādhir*) gemessen werden muß.

VII.

Buch über die Speisevorschriften

KAPITEL 1

DIE BEDEUTUNG DER SPEISEREGELN IM ISLAM

Ursprünglich kennt jede Religion verschiedene Speiseregeln bzw. -gesetze. Gemeint sind mit „Speiseregeln" Anordnungen, die dem Angehörigen einer Religion vorschreiben, was er essen und trinken bzw. nicht essen und nicht trinken darf.

Grundsatz ist in allen Offenbarungsreligionen, daß es Gott selbst ist, der den Menschen der von ihm geoffenbarten Religion Speiseregeln vorschreibt. Dabei wurde aber – wie auch im Koran bestätigt[1] – den früheren Glaubensgemeinschaften mehr an Regeln auferlegt als später den Muslimen (im engeren Sinne, das heißt denen, die dem Gesandten Muḥammad ﷺ nachfolgen).

Doch in den Religionen außer dem Islam wurden die jeweiligen von Gott gegebenen Speiseregeln historisch nachweisbar in zweierlei Weise durch menschliche Einflußnahme verändert:

1. Durch *Hinzufügung*. Das ist besonders beim Judentum der Fall, wo die Rabbiner den Menschen im Laufe der Zeit besondere Einschränkungen auferlegten, die so zur Zeit des Moses, der Friede sei auf ihm, noch nicht existierten.
2. Durch *Fortlassen*. Das ist im Extrem in den meisten heutigen Richtungen des Christentums[2] der Fall, wo man oft soweit geht, keine allgemeinen – zeitunabhängigen – Speiseregeln mehr anzunehmen, das heißt, anzunehmen, daß alles zu essen und zu trinken erlaubt sei – abgesehen von verschiedenen, mehr oder minder beachteten Fasteneinschränkungen, die aber keine echten Speisegebote im ursprünglichen Sinne mehr sind.

Das islamische Recht – als formale Verkörperung des göttlichen Gesetzes (*sharī'a*) und des Islams – kennt jedoch eine Reihe von Speiseregeln, die immer und zeitunabhängig gelten und gelten werden. Sie sind nicht von gesellschaftlichen Bedingungen abhängig, sondern erfüllen – wie auch früher bei den anderen Religionen – folgende Zwecke:

1. Den Menschen vor gesundheitlichem Schaden zu bewahren.
2. Einen Unterschied zu setzen zwischen denen, die der Religion folgen, und denen, die das nicht tun – ob diese nicht Nachfolgenden nun formelle Muslime und in Wirklichkeit Sünder bzw. Ungläubige sind

oder konkret Angehörige anderer Religionen, für die ja diese Gebote gar nicht gelten.

3. Die Muslime zu prüfen: ob sie diese Regeln beachten und damit Gott gehorchen wollen oder nicht; denn diese Regeln sollen absolut beachtet werden, weil sie eben von Gott kommen, und sie zu befolgen heißt, Gott zu gehorchen, und sich ihnen zu entziehen heißt, Gott ungehorsam zu sein.

KAPITEL 2

WAS AN GRUNDSÄTZLICH ESSBAREM/FESTEN SPEISEN (AṬʿIMA) UND GETRÄNKEN (ASHRIBA) ERLAUBT UND WAS NICHT ERLAUBT IST

Grundsätzlich gilt, daß an festen Speisen und Getränken das erlaubt ist,

1. was unter Beachtung der sonstigen Regeln nicht verboten ist.
2. was durch eine grundsätzliche Regel ausdrücklich erlaubt wird.
3. was durch eine spezielle Regel erlaubt wird (das heißt, durch Ausnahme von einem generellen Verbot).

Außerdem gilt folgendes:

1. Wenn etwas zum Verzehr nicht geeignet ist (zum Beispiel ein grundsätzlich erlaubtes, aber nicht korrekt geschlachtetes Tier), so ist bei zubereiteten Speisen nicht nur der Bestandteil des Tieres untersagt, sondern auch erlaubte Eßwaren (wie Reis, Pflanzen, erlaubte Fleischstücke), die mit dem Untersagten mitgekocht bzw. vermischt wurden.
2. Wenn es sich bei dem betreffenden unerlaubten Speiseteil um etwas rituell Unreines (*najāsa*) handelt – zum Beispiel Schweinefleisch, Schweinefett usw. –, so wird auch das bei der Zubereitung und dem Servieren benutzte Instrument – wie Kochtopf, Kessel, Pfanne, bzw. Teller und Tasse sowie Besteck – rituell verunreinigt (*mutanajjis*). Wenn dann ganz und gar erlaubte, korrekt zubereitete Speisen darin zubereitet wurden oder damit so in Berührung kommen, daß es unmöglich ist, das Verunreinigte vom (noch) Reinen zu trennen[3], so gilt alles als verunreinigt (*mutanajjis*) und damit zum Verzehr verboten[4].

§ 1

GRUNDSÄTZLICH ERLAUBTE BZW. NICHT ERLAUBTE FESTE SPEISEN (AṬʿIMA)

Die nachdrücklich zum Verzehr erlaubten Tiere

1. Geflügeltiere, gleich ob es Haustiere oder wildlebende Tiere sind: Huhn, Gans, Ente usw.
2. Rinderarten, ob als Haustiere oder wild lebend: Kühe, Büffel usw.
3. Schafe und Ziegen, als Wild- oder Haustiere.
4. Kamele.
5. Fische und reine Meerestiere, die nur im Meer bzw. in Süßwasser (Teich, Flüssen) leben.

Die nachdrücklich zum Verzehr verbotenen Tiere

1. *Das Schwein, in all seinen Bestandteilen und all seinen Arten.*

Dabei spielt es keine Rolle, ob es sich um ein Hausschwein oder ein Wildschwein handelt. Alle Bestandteile dieses Tieres sind dem Muslim und der Muslimin zu verzehren untersagt, das Fleisch selbst, die Haut, der Darm (bei Würsten), Innereien usw. Da das Schwein und all seine Bestandteile auch zur stärksten *Najāsa* gehören, ist auch automatisch alles, was damit in Berührung kommt (im Sinne der *Najāsa*-Regeln), zum Verzehr verboten, sofern das so Verunreinigte nicht noch durch Abschneiden des Verunreinigten usw. gereinigt werden kann[5].

2. *Der Hund, in all seinen Arten*[6].

Auch der Hund und alle seine Bestandteile zählen als starke *Najāsa*, und ansonsten gilt dasselbe, was auch schon zum Schwein gesagt wurde.

3. *Raubtiere, die als Landtiere Reißzähne wie der Löwe haben bzw. als Vögel Fänge wie ein Adler.*

Darunter fallen Raubtiere bzw. Tiere, die andere Tiere jagen und reißen, wie Löwe, Tiger, Leopard und alle Landtiere, die wie die oben genannten Tiere derartige Reißzähne besitzen. Bei der Gruppe der Vögel sind entsprechend jagende Tiere und Raubvögel gemeint, wie etwa Adler, Habicht, Sperber und derartige Tiere, aber auch allgemein – wie bei den Landtieren – Tiere, die über solche Fänge verfügen wie Raubvögel. Der Grund für die Beschreibung „was Krallen wie der Löwe bzw. Fänge wie ein Adler hat“, ist, daß derartige Tiere üblicherweise Tiere sind, die andere Tiere reißen, und solche sind grundsätzlich zu essen untersagt[7].

Tiere, die zwar grundsätzlich verzehrt werden dürfen, aber aufgrund bestimmter Umstände zum Verzehr verboten sind

Dies sind entweder Tiere, die nicht korrekt geschlachtet wurden, oder Tiere, die ohne Schlachtung und ohne korrekte Jagd im Sinne des Islam zu Tode kamen.

1. Aas. Gemeint sind hier allgemein Tiere, die von selbst starben bzw. bereits tot sind, ohne daß sie geschlachtet wurden. Hierunter fallen auch solche Tiere, die von Muslimen derart inkorrekt geschlachtet wurden, daß die Schlachtung als unzulässig betrachtet werden muß.
2. Tiere, die für eine Gottheit außer Gott geschlachtet wurden. Das geschieht etwa, wenn ein Hindu für eine seiner Gottheiten ein Tier schlachtet und das durch Namensnennung der Gottheit deutlich macht.
3. Erwürgtes. Damit sind Tiere gemeint, die durch einen Draht, ein Seil oder dergleichen stranguliert werden, bis sie ersticken, oder indem ihnen etwas in das Maul oder die Luftröhre eingeführt wird.
4. Erschlagenes. Damit ist etwa ein Tier gemeint, das zu Tode geprügelt wurde.
5. Herabgestürztes. Damit ist ein Tier gemeint, das mit Absicht von einer Anhöhe hinuntergestoßen wurde oder durch einen Unfall hinunterfiel und dadurch zu Tode kam.
6. Aufgespießtes. Damit ist ein Tier gemeint, das durch den Hornstoß eines anderen Tieres umkam.
7. Angefressenes. Damit ist ein Tier gemeint, das von anderen Tieren bereits angefressen wurde und dadurch starb bzw. das von Tieren erjagt wurde, dann aber auch angefressen wurde. Diese Arten können aber – abgesehen von den Gottheiten geweihten Tieren – durch korrekte Schlachtung erlaubt gemacht werden, sofern das betreffende Tier noch ein Lebenszeichen von sich gibt.

Die Tiere, die nur unter bestimmten Bedingungen verzehrt werden dürfen

Nutztiere, die als Reittiere und Lasttiere zugleich dienen können und von großer Bedeutung für den Menschen sind, dürfen nur unter bestimmten Bedingungen verzehrt werden. Dies sind vor allem Pferde und Hausesel bzw. Maultiere und Mulis. Diese Tiere dürfen nur dann geschlachtet und gegessen werden,

- wenn sie tödlich oder so stark verwundet sind (zum Beispiel Beinbruch beim Pferd), daß es unmöglich ist, sie zu heilen.
- wenn kein anderes zum Verzehr erlaubtes Tier vorhanden ist und die Notwendigkeit besteht, sich bzw. andere mit Fleisch bzw. Nahrung zu versorgen[8].

§ 2

GRUNDSÄTZLICH ERLAUBTE BZW. NICHT ERLAUBTE GETRÄNKE (ASHRIBA)

Nicht erlaubte Getränke und Flüssigkeiten sind:

1. Alkoholische und berauschende Getränke (*khamr*).

   Hier gilt als erster Grundsatz: Alles, was berauscht, ist „*Khamr*", und alle Arten von *Khamr* sind *Ḥarām*. Als zweiter Grundsatz gilt: Alles, was in größten Mengen berauscht, ist auch in kleinsten verboten. In diesem Sinne ist jegliche Art von berauschenden Getränken untersagt, gleich ob Wein, Bier, Schnäpse oder sonstige Rauschmittel.

2. Flüssigkeiten, die *Najāsa* sind.

   Hierunter fallen zwar bei näherem Hinsehen auch *Khamr*-Getränke, doch sind hier Dinge wie Blut usw. gemeint, die bereits bei den flüssigen *Najāsāt* vorgestellt wurden.

KAPITEL 3

WELCHE BEDINGUNGEN BEZÜGLICH DER BEHANDLUNG VON GRUNDSÄTZLICH ERLAUBTEN SPEISEN BESTEHEN

§ 3

WENN ETWAS VON MUSLIMEN GESCHLACHTET BZW. ZUBEREITET WURDE

Wenn ein Muslim etwas an Essen zubereitet bzw. geschlachtet hat, muß man vom Erlaubtsein des Geschlachteten bzw. der Speise ausgehen, sofern bestimmte Bedingungen erfüllt sind:

1. Weiß man mit Sicherheit, daß es sich bei der fraglichen Sache um Verbotenes handelt, darf man nicht essen und auch nicht schweigen, sondern muß auf die Wahrheit hinweisen.
2. Ist der betreffende Muslim vertrauenswürdig in dem Sinne, daß er zumindest keine offenen Sünden begeht – wie Alkoholverkauf –, so muß man von der Unbedenklichkeit der Sache ausgehen; tut er aber

offen sündhafte Dinge, so ist weder seiner Aussage noch der Sache zu trauen, und wer dann davon ißt, begeht eine zweifelhafte Handlung und muß sich vor Gott im Zweifelsfall dafür verantworten.

3. Ist der betreffende Muslim zwar aufrichtig, aber nicht ausreichend informiert, um entscheiden zu können, ob eine Speise erlaubt ist oder nicht, so kommt es auf den Betrachter an: Kann er Anzeichen entdecken, die klar auf Verbotenes hinweisen, so muß er davon ausgehen, wobei er auch den Betreffende fragen muß, um die nötigen Informationen zu bekommen. Gibt es aber keinerlei Anzeichen, so soll er vom Erlaubtsein ausgehen und nicht weiter nachforschen.

§ 4

WENN ETWAS VON NICHTMUSLIMEN GESCHLACHTET BZW. ZUBEREITET WURDE

Hier gelten wiederum Bedingungen:

1. Ist der betreffende Nichtmuslim Christ oder Jude, so ist ein von ihm geschlachtetes Tier grundsätzlich nicht verboten[9]. Ist es aber ein *Mushrik* – wie etwa ein Hindu oder ein Buddhist –, so muß das Geschlachtete als grundsätzlich untersagt betrachtet werden.
2. Hat ein Nichtmuslim eine Speise zubereitet und sagt, die tierischen Zutaten seinen von einem Tier, das von einem Muslim oder Juden oder Christen geschlachtet wurde, so muß man unterscheiden, ob der betreffende Nichtmuslim vertrauenswürdig ist oder nicht.

Anmerkungen

1 Beispielsweise in den beiden letzten Versen der Sure *al-Baqara*.

2 Es gibt allerdings einige – meist nach der Reformationszeit – entstandene kleinere christliche Religionsgruppen, die auch Speisegebote – wie das Verbot von bestimmten Tierarten – und Alkohol- und Rauschmittelverbot kennen und beachten.

3 Wenn etwa eine ganz reine, korrekte, erlaubte Speise auf einen Teller aufgetragen wird, der als verunreinigt (*mutanajjis*) gelten muß, so kann – wenn nicht eine Flüssigkeit (Soße!) alles miteinander verbindet – das noch Reine abgeschöpft/abgetragen und noch als Erlaubtes verzehrt werden (etwa bei trockengebratenen Reisgerichten).

4 Das ist in Deutschland und Mitteleuropa, wo es keine öffentliche Beachtung der islamischen Speisegesetze gibt, wichtig, weil das allgemeine Wissen über die Speiseregeln des Islam zu wenig bekannt ist, als daß den Versicherungen verschiedener Restaurants usw., es werde kein Schweinefleisch verwendet, Beachtung geschenkt werden darf – anders als etwa in Ungarn (als Beispiel für Osteuropa) oder den USA, wo seit langem nicht-christliche Religionsgemeinschaften bezüglich ihrer Speisegesetze öffentlich respektiert werden und die Einhaltung ihrer Reinheitsgebote auch garantiert wird.

5 So ist etwa Rinderfleisch, das korrekt geschlachtet und grundsätzlich erlaubt ist, aber mit einem Schneidegerät (Drehwolf, Hackbeil) weiterbearbeitet wurde, das zuvor für die Bearbeitung von Schweinefleisch benutzt wurde, so verunreinigt, daß es zum Verzehr für Muslime ungeeignet ist. Dieser Fall muß bei den meisten „christlichen" Metzgern im Einzelhandel (das heißt in den Verkaufsläden, nicht unbedingt in den Schlachtereien) in Deutschland als Regelfall angenommen werden – darum, weil in den Großschlachtereien ganz unterschiedliche Filialen für die jeweiligen Tiere zuständig sind, im Einzelhandelsgeschäft (der Metzgerei im hiesigen Verständnis) aber jede Fleischart mit denselben Instrumenten bearbeitet und von denselben Händen (die zuvor das Schweinefleisch fest zur Bearbeitung anfassen mußten) berührt wird.

6 Das ist in Deutschland zwar nur Theorie, aber es gibt Länder und Völker, in denen Hunde verzehrt werden (zum Beispiel in manchen Regionalküchen Chinas und in manchen anderen Ländern Südostasiens).

7 Siehe dazu aber weiter unten im Haupttext die Bemerkungen und Ausnahmen.

8 Hier ist aber die Notwendigkeit nicht so hoch anzusetzen, daß man dem Hungertod usw. nahe sein muß, wie das bei der Frage von Hund und Schwein der Fall ist; siehe dazu im Haupttext weiter unten die Ausnahmen zu den allgemeinen Verboten.

9 Hier gilt allerdings, daß jemand, der nur dem Namen nach Christ oder Jude, in Wirklichkeit aber ohne jede Religion ist, nicht hierunter fällt.

VIII.

Buch über Kleidung und Schmuck

KAPITEL 1

ERLAUBTE UND VERBOTENE KLEIDUNG

Allgemein gilt, daß der Muslim sich in seiner Kleidung von dem Nichtmuslim unterscheiden soll, oder anders gesagt: Er soll sich dem Nichtmuslim nicht in der Kleidung gleichmachen.

Der Muslim muß bei seiner Kleidung folgende Dinge beachten:

1. Die Kleidung muß die *'Aura* bedecken. Absichtlich solche Kleidung zu tragen, die die *'Aura* freiläßt bzw. nicht bedeckt, ist verboten.
2. Kleidung aus Seide ist den Männern untersagt, den Frauen erlaubt. Von dieser allgemeinen Regel sind bei Männerkleidung Säumungen aus Seide, die maximal vier Fingerbreit breit sind, ausgenommen.
3. Kleidung, die speziell nur von *Mushrikīn*, von Christen, Juden oder sonstigen Nichtmuslimen getragen wird. Hier ist speziell so etwas wie Priesterkleidung gemeint oder Trachten, die nicht allgemein bei Muslimen und Nichtmuslimen verbreitet sind.
   Hierunter fällt aber nicht Kleidung, die von Muslimen wie auch Nichtmuslimen gleichermaßen getragen wird.
4. Männer dürfen keine typische Frauenkleidung bzw. ausschließlich Frauen vorbehaltene Kleidung tragen und Frauen umgekehrt auch keine speziell Männern vorbehaltene Kleidung.

KAPITEL 2

ERLAUBTER UND VERBOTENER SCHMUCK

Hier gelten sehr einfache Regeln:

1. Goldschmuck ist den Männern verboten, den Frauen erlaubt; Silberschmuck ist beiden Geschlechtern erlaubt.

Hierbei gelten aber bestimmte Ausnahmen bzw. Einschränkungen: So ist eine nicht selbständige Goldverzierung, die fest in einen Griff eingearbeitet ist (etwa bei einem Stock) kein dem Mann verbotener Goldschmuck; andererseits ist übertriebene Zurschaustellung von Gold- oder sonstigem Schmuck sowohl Männern wie auch Frauen untersagt.

2. Schmuck in Form von Schminke und dergleichen ist Frauen nur innerhalb des häuslichen Bereiches, nicht aber in der Öffentlichkeit erlaubt, wenn fremde Männer sie ansehen können.

IX.

Buch über den Kaufvertrag

Buyūʿ

KAPITEL 1

GENERELLES ZUM VERTRAG

Ein Vertrag wird im islamischen Recht in verschiedener Hinsicht definiert. Hier soll zunächst die Einteilung der grundsätzlichen Vertragsarten betrachtet werden.

KAPITEL 2

BETRACHTUNGSWEISEN BEIM VERTRAG

§ 1

HINSICHTLICH DER BEDEUTUNG DER WIRKSAMKEIT:

1. *Nāfidh*: „wirksam", voll rechtlich gültig: Wenn man sofort in den Genuß des Besitzes kommt, man sofort den vollen Nutzen aus dem Besitz ziehen kann.
2. *Mauqūf*: „festgelegt", unter einer Auflage gültig bzw. „gestiftet": Wenn man mit Erlaubnis eines anderen den Nutzen ziehen kann.
3. *Fāsid*: „verdorben", nur eingeschränkt gültig: Wenn man erst durch tatsächliche Inbesitznahme (*qabd*) den Nutzen ziehen kann.
4. *Bāṭil*: „nichtig", rechtlich ungültig: Wenn man überhaupt keinen Nutzen ziehen kann.

§ 2

HINSICHTLICH DER KENNZEICHNUNG DER ART:

1. *Muqāyada*, wörtlich: „gegenseitige Festlegung": Austausch von Sachsubstanz (*'ain*) gegen Sachsubstanz, Ware gegen Ware, ohne Einsatz von Metall/Geld (*naqd*); dabei kann jede der beiden Sachsubstanzen als Verkaufsgegenstand bzw. Preis betrachtet werden.

2. *Sarf,* wörtlich: „Wechsel“: Austausch von Metall gegen Metall oder Geld gegen Geld, auch Austausch von Schuldverpflichtung gegen Schuldverpflichtung (*dain bi-dain*) genannt.
3. *Salam,* wörtlich: „Übergabe“: Austausch von Metall oder Geld gegen Sachsubstanz/Ware (meist Ernteerträge), unter besonderen Bedingungen.
4. *Bai' muṭlaq,* wörtlich: „absoluter Vertrag“: Austausch von Sachsubstanz gegen Metall oder Geld, sei es sofort gezahlt oder nachträglich. Dies ist das, was am häufigsten unter „Kaufvertrag“ verstanden wird.

§ 3

HINSICHTLICH DES PREISES:

1. *Tauliya*: Wenn eine Ware ohne Erhöhung oder Erniedrigung des ursprünglichen Einkaufspreises weiterverkauft wird.
2. *Murābaha*: Wenn eine Ware zu einem höheren Preis als dem Einkaufspreis weiterverkauft wird.
3. *Dai'a*: Wenn eine Ware zu einem niedrigeren als dem ursprünglichen Preis weiterverkauft wird.
4. *Musāwama*: Wenn die Ware verkauft wird, ohne daß man sich um den Ursprungspreis in irgendeiner Weise kümmert, unter Übereinstimmung der derzeitigen Vertragspartner.

KAPITEL 3

DIE ARKĀN BEIM VERTRAG

§ 4

ASPEKTE DER ARKĀN

Folgende Punkte sind entscheidend zur Gültigkeit eines Vertrages:

1. Die Formulierung (*ṣīgha*)
   - als Angebot zum Vertragsschluß (*ījāb*)
   - als Annahme des Vertragsschlusses (*qabūl*)
2. Der Vertragspartner (*'āqid*)

- als Verkäufer (*bā'i'*)
- als Käufer (*mushtarī*)

3. Der Vertragsgegenstand (*ma'qūd 'alaihi*)
   - als Preis (*thaman*)
   - als Kaufgegenstand (*muthamman*).

§ 5

DIE FORMULIERUNG (ṢĪGHA)

Unter der Formulierung wird beim Vertrag all das verstanden, was auf eine beiderseitige Zufriedenheit der Vertragsparteien – des Verkäufers und des Käufers – hindeutet. Dies kann in zwei Formen vorliegen[1]:

1. Eine konkrete mündliche Äußerung bzw. etwas, was anstelle dessen verwendet werden kann, wie ein Bote oder eine schriftliche Bestätigung.[2]
   Wenn etwa jemand einem Abwesenden schreibt: „Hiermit verkaufe ich Dir mein Haus für soundso viel" oder ihm einen Boten mit einer entsprechenden Botschaft schickt und der Empfänger der Botschaft dies während des Zusammentreffens (*majlis*) akzeptiert, so gilt der Vertrag und ist rechtsgültig. Dabei kann aber eine Trennung zwischen Angebot und Annahme nicht entschuldigt werden, abgesehen von dem, was während der Anwesenheit eines Sprechers beim Verkauf entschuldigt werden kann.

2. Die reine Übergabe (*mu'ātāt*): Gemeint damit ist das konkrete Übergeben und Annehmen ohne (begleitende) Worte.
   Dies ist etwa der Fall, wenn jemand eine Sache kauft, deren Preis bekannt ist, indem er sie vom Verkäufer annimmt, ihm den Preis dafur übergibt und durch konkrete Inbesitznahme (*qabd*) an sich nimmt. Dabei ist es ohne Bedeutung, ob der Verkaufsgegenstand nur von geringem Wert ist wie zum Beispiel ein Brot, Eier oder dergleichen, bei denen dem Brauch gemäß solche Geschäfte üblich sind, oder ob es sich um wertvollere Güter wie zum Beispiel Kleider handelt.

Was die mündliche Aussage angeht, so muß sie eine Formulierung haben, die ein Übereignen und Inbesitznehmen bezeichnet, wie etwa „hiermit verkaufe ich" bzw. „hiermit kaufe ich". Das, was seitens des Verkäufers geäußert wird, nennt man im islamischen Verkaufsrecht „*Ījāb*", Angebot, was seitens des Käufers geäußert wird, „*Qabūl*", Annahme.

Bei der *Ḥanafīya* jedoch gilt im Unterschied dazu, daß das, was zuerst von einem der Vertragspartner geäußert wird, als Angebot betrachtet wird, das andere als Annahme – gleichgültig, ob der erste der Verkäufer oder Käufer ist. Wenn etwa der Käufer sagt: „Hiermit kaufe ich das von dir für soundsoviel" und der Verkäufer bestätigt: „Hiermit verkaufe ich es dir", ist das erste nach Meinung der *Ḥanafīya* ein Angebot (*īǧāb*), da es als erste Aussage erfolgte.

Hinsichtlich der Art, wie die Ausdrücke bei *Īǧāb* und *Qabūl* die Übereignung der Ware wiedergeben müssen, haben die Rechtsschulen unterschiedliche Meinungen.

Alle sind sich einig, daß die Begriffe „kaufen" und „verkaufen" eindeutig, klar und rechtskräftig sind.

KAPITEL 4

GRUNDVORSTELLUNG DER AḤKĀM BEI KAUFVERTRÄGEN

§ 6

RECHTE UND VERPFLICHTUNGEN, DIE SICH AUS KAUFVERTRÄGEN ERGEBEN

Hinsichtlich der Kaufverträge haben die Rechtsgelehrten außergewöhnliche Anstrengungen unternommen, da die Menschen mit diesem Rechtsgebiet innerhalb des Großgebietes „Gegenseitige Handlungen" (*mu'āmalat*) immerzu zu tun haben.

Die Gelehrten stimmen alle darin überein, daß bei Kaufverträgen die zu verkaufende Ware sowie der Preis bekannt sein müssen. Ebenso stimmen sie darin überein, daß, wenn der Vertrag vollkommen und geschlossen ist, das Besitzrecht an der Ware auf den Käufer übergeht und das Besitzrecht an der Kaufsumme – sofern sie genau bestimmt ist – auf den Verkäufer. Das heißt: Der Verkäufer ist verpflichtet, dem Käufer die Ware auszuhändigen, und der Käufer muß dem Verkäufer die Kaufsumme übergeben; nur so kann die gegenseitige Verpflichtung (grundsätzlich) erfüllt werden.

Was aber fällt unter den Begriff der Ware, bzw. was muß unbedingt mit der Ware zusammen übergeben werden?

Und verpflichtet jeder Kaufvertrag den Käufer bezüglich des gesamten Preises, der ausgemacht wurde?

Und kann ein Vertrag nur durch tatsächliche Übergabe der Kaufsumme erfüllt werden?

Um diese Fragen beantworten zu können, müssen folgende Bereiche untersucht werden:

1. Was den Verkäufer verpflichtet, dem Käufer zu übergeben, was im Kaufvertrag bindend ausgemacht wurde.

2. Welche rechtliche Bestimmung erfolgt, wenn ein Fehler bei der Ware verschwiegen bzw. verheimlicht wird, und welche Folgen dies hat.

3. Die rechtliche Bestimmung hinsichtlich eines Vertrages, sofern eventuelle Fehler beseitigt werden.

4. Welche rechtliche Bestimmung gilt, wenn bei einem *Murābaha*-Vertrag gelogen wird, und welche Folgen dies hat.

5. Wie man sich von einer Verpflichtung befreit, die durch einen *Salam*-Vertrag verursacht wird.

So Gott will, werden diese Aspekte der Reihe nach untersucht werden.

§ 7

WAS DEN VERKÄUFER VERPFLICHTET, DEM KÄUFER ZU ÜBERGEBEN, WAS IM KAUFVERTRAG BINDEND AUSGEMACHT WURDE

Heutzutage kann man die vielen Arten der Waren und zum Verkauf geeigneten Gegenstände und Dinge nicht zählen. In diesem Abschnitt jedoch wollen wir uns vorstellen, daß es sich bei der zu verkaufenden Sache um ein Haus handelt und beim Verkauf ein Zimmer davon ausgenommen wird: Dennoch wird man beim Verkauf von einem Haus sprechen. Oder daß jemand ein Auto verkauft, aber die Batterie vom Verkauf ausschließt: Dennoch wird man beim Vertrag von einem Auto sprechen, und es besteht auch keinerlei Zweifel, daß sich der Begriff „Auto“ hier auf alles erstreckt, was an übrigen Bestandteilen vom Auto existiert.

Oder stellen wir uns vor, daß ein Buch – das heißt ein Werk – verkauft wird, das aus mehreren Bänden besteht, wobei ein Band ausgenommen wird: So wird man unter dem Wort „Buch“ das Verbleibende des Gesamtwerkes verstehen.

Muß nun der Käufer jeden einzelnen Bestandteil der Ware im Vertrag nennen, damit er das Recht erwirbt, alle Teile übergeben zu bekommen?

Und kommt es dem Verkäufer zu, daß er das, was er will, zurückhält, wenn eben nicht alle Einzelteile der Ware genannt wurden, indem er als Beleg anführt, daß alles, was mit dem Namen der Ware bezeichnet wird, nicht auch das umfaßt, was übrigbleibt?

Da einerseits der Handel und die Bewegungsmöglichkeit der Menschen eingeschränkt wären, wenn dies so wäre, und es den Menschen große Mühe und Beschwernis bereiten würde, und andererseits durch ein solches Recht des Verkäufers große Streitigkeiten entstehen würden, hat die *Sharī'a* das Tor zu diesen Problemen verschlossen.

Aus den oben genannten Gründen haben die Rechtsgelehrten einige wichtige Waren ihrer Zeit aufgeführt und erläutert, was bei absoluter Nennung des entsprechenden Namens darunter mitverstanden wird. Doch das genügt nicht, um alle Warenarten zu erfassen, und auch nicht, um das zu beschreiben, was bei all diesen Arten miterfaßt wird. Darum haben die späteren Rechtsgelehrten Regeln aufgestellt, die die Fragestellungen zu den wichtigen Warenarten regeln. So werden wir hier zunächst das wiedergeben, was die früheren Gelehrten beschrieben haben, und dann die Regeln angeben, welche die späteren Gelehrten ausformuliert haben.

Was die früheren Rechtsgelehrten verfaßt haben

1. Grundstücke/Grund und Boden

Wenn jemand sagt: „Hiermit verkaufe ich dir dieses Grundstück", und auf diesem Grundstück Gebäude und Bäume stehen, so muß folgendes betrachtet werden:

Wenn er sagt: „Ohne die darauf stehenden Bäume und Gebäude", so sind diese nicht im Vertrag mit inbegriffen; wenn er ausdrücklich sagt: „Mit allem, was auf dem Grundstück steht", ist es mit inbegriffen, und wenn nur der Begriff des Grundstücks genannt wird, sind sie ebenfalls mit inbegriffen. Dies gilt in Übereinstimmung der *Ḥanafīya*, *Mālikīya*, *Shāfi'īya* und *Ḥanbalīya*.

Wenn auf dem Grundstück aber Saatpflanzen wachsen und diesbezüglich nichts im Vertrag ausgesagt wird, so muß unterschieden werden, ob es sich um etwas handelt, was nur einmalig geerntet werden kann, wie zum Beispiel Hirse, oder etwas, was immer wieder geerntet werden kann, wie zum Beispiel Pfefferminze.

Was das erste angeht, so ist es in keinem Fall im Vertrag mit inbegriffen; im Falle des zweiten ist das, was bereits abgeerntet wurde und zum Zeitpunkt des Vertrages schon als Ergebnis in der Hand des Verkäufers ist, nicht im Vertrag eingeschlossen, während hingegen die Wurzeln bzw. Stämme der Pflanzen mit dem Grundstück automatisch mitverkauft werden – auch dies in Übereinstimmung aller vier Rechtsschulen.

2. Nutz- und Ziergärten

Wenn der Verkäufer sagt: „Hiermit verkaufe ich dir diesen Ziergarten" oder „diesen Nutzgarten", so ist im Vertrag mit inbegriffen: das Grundstück, die Bäume, die Mauern und Stützgestelle für Kletterpflanzen, da all das im Begriff „Ziergarten" bzw. „Nutzgarten" eingeschlossen ist; diese Rechtsbestimmung gilt in Übereinstimmung aller Rechtsschulen.

3. Häuser

Wenn der Verkäufer sagt: „Hiermit verkaufe ich dir dieses Haus", sind automatisch Grundstück, Gebäude und was sich an festen Einrichtungen und Dingen im Haus befindet (wie Bad und Bäume), mit eingeschlossen – abgesehen von abgetrennten, eigenständigen Gärten. Ebenfalls ist alles mit inbegriffen, was sich im Haus an solchen Dingen, Geräten und solchem Material befindet, was von seinem Bestimmungszweck her dauerhaft darin bleiben soll: wie Dächer, Türen und darin befindliche, fest eingebaute Riegel und Schlösser, ebenso Regale oder feste Leitern. Dies gilt ebenfalls in Übereinstimmung der vier Rechtsschulen.

Wenn sich aber im verkauften Haus oder auf dem Grundstück ein Schatz (zum Beispiel aus Gold und Silber oder anderem) findet, der einen beträchtlichen Wert darstellt, so liegt ein Fall vor, den wir – so Gott will – bald vorstellen werden.

4. Bäume

Wenn jemand in absolutem Wortlaut (ohne besondere Bedingungen) Bäume verkauft, so sind damit Stämme, Zweige und Blätter mit inbegriffen. Was aber ist in dem Fall, wenn Früchte am Baum vorhanden sind? Darüber sind die Gelehrten uneins, und – so Gott will – sollen ihre Meinungen bald vorgestellt werden.

Die (abgeleiteten) Grundprinzipien, welche verdeutlichen, was ein absolut abgefaßter Vertrag umfaßt

1. *Alles, was durch den Namen/Begriff der Ware sprachlich umfaßt wird – insofern als etwas einen realen, tatsächlichen Bestandteil der Ware darstellt –, wird durch Nennung des Warennamens als zur Ware gehörig betrachtet.*

So sind beim Kauf eines „Hauses"[3] Küche, Räume, feste Treppen und fest angebrachte Leitern, die sich im Haus selbst befinden, mit inbegriffen wie auch die Mauern.

Beim Kauf eines Gartens ist jeder darin befindliche Baum mit inbegriffen sowie auch die Umzäunungen, ob dies nun feste Mauern, Stricke bzw. Drähte, Dornhecken oder ähnliches sind.

Beim Kauf eines Autos sind automatisch Räder, Reifen und Felgen, Batterie usw. inbegriffen.

2. *Alles, was von der Ware nicht (ab)getrennt werden kann, ohne den üblichen, natürlichen Sinn des Kaufs zunichte zu machen*[4], *ist im Vertrag enthalten.*

Alles, was dazu vorhanden sein muß, ist automatisch im Vertrag mit inbegriffen. So ist etwa beim Kauf eines Vorhänge- oder Sicherheitsschlosses auch der dazu passende Schlüssel mit inbegriffen und bei einer Armbanduhr auch das Armband neben der eigentlichen Uhr.

In islamrechtlicher Hinsicht gilt hier, daß alles, was mit dem Kauf in der oben dargestellten Weise beabsichtigt ist und als solches auch bekannt ist und vorausgesetzt werden muß, beim Kauf der Ware mit ihr im Vertrag mit inbegriffen ist – selbst dann, wenn das fragliche Teil nicht körperlich mit der Ausgangsware verknüpft ist.

3. *Alles, was mit der Ware (körperlich) fest verbunden ist, ist im Vertrag mit inbegriffen.*

Damit ist gemeint: Alles, was mit der Ausgangsware so verbunden ist, daß die Verbindung auf Dauer hin angelegt ist und das so verbundene Teil weder von der Ausgangsware weg durch Hochheben entfernt noch frei um sie herumgedreht werden kann[5].

So sind im Kaufvertrag eines Hauses auch die in den Türen fest angebrachten Schlösser und die dazugehörenden Schlüssel inbegriffen sowie fest installierte Safes und Sicherheitsschränke, Regale, Wasserleitungen, fest installierte Lampen sowie allgemein elektrische Leitungen und Anschlüsse, Wasserbecken und Wasserhähne und feste Blumenkästen und -becken.

Bei einem Grundstückskauf sind lebende Bäume, Hecken, Sträucher usw. – wie oben verdeutlicht – mit inbegriffen, die zur Hervorhebung und Kennzeichnung der Grundstücksgrenzen gepflanzt worden sind.

4. *Alles, was nach dem Ortsbrauch (ʿurf) und gemäß der üblichen Praxis (ʿāda) der Ware des Vertrages natürlicherweise mit der Ausgangsware mitverkauft wird – sofern das fragliche Teil nicht schon durch die oben aufgeführten Regeln erfaßt ist.*

Bei Reittieren sind Zügel und Zaumzeug, bei Nutztieren wie Kühen der Zugstrick usw. mit inbegriffen – wie vom Ortsbrauch (*ʿurf*) festgelegt[6].

Bei einem Auto sind entsprechend Hebegerät (zum Reifenwechsel) und Ersatzreifen mit inbegriffen, sofern der Ortsbrauch das vorsieht.

5. *Alles, was der Ausgangsware insofern folgt, als im Vertrag in ganz allgemeiner Form Rechte und Nutzungen erwähnt werden.*

Wenn etwa ein Grundstück verkauft wird und der Wortlaut des Vertrages aussagt: „... mit allen Rechten und Nutzungen", so ist das Recht, Wasserquellen zum Trinken und Tränken sowie Bewässern zu nutzen mit inbegriffen, sowie auch das Recht, Wasserrinnen zu nutzen, sowie das Durchgangsrecht[7] zum Besitz sowie allgemein alles, was zur Nutzung zwar nicht unbedingt notwendig ist, aber doch eindeutig zu den Nutzungen des Grundstücks gehört.

Das gilt auch dann, wenn es im Vertrag nicht klar und deutlich ausgesagt wird.

Was aber durch die genannten fünf Prinzipien nicht erfaßt wird, ist in einem Vertrag nicht mit inbegriffen, sofern es nicht im Vertragstext ausdrücklich als Bedingung festgelegt ist.

So ist beim Kauf eines Pferdes etwa der Sattel nicht mit inbegriffen, bei einem Haus nicht die Möbel wie Stühle, (bewegliche) Schränke, Kisten, beim Kleiderkauf nicht die Bügel usw.

Bemerkungen:

1. Diese Regeln gelten bei absoluten Verträgen – das heißt, solange die Vertragspartner nicht festlegen, was beim Kauf mit inbegriffen ist und was nicht. Wenn aber etwas derartiges im Vertrag genannt ist, so muß die genannte Bedingung verwirklicht und befolgt werden, gleich, ob dabei etwas einbezogen wird, was sonst – nach den üblichen Regeln – nicht mit einbezogen ist, oder umgekehrt etwas ausgeschlossen wird, was nach diesen Regeln sonst mit einbezogen ist.
2. Als Einschränkung gilt hier, daß nicht jede Bedingung seitens der Vertragsschließenden zulässig ist: Es gilt, daß alles, was einzeln und in sich selbständig verkauft werden kann, vom Kauf im Vertrag ausgenommen und ausgeschlossen werden kann.

Es gibt weiter noch zwei Fragestellungen, die sehr wichtig sind:

1. *Wenn sich in einem Haus bzw. auf einem Grundstück nach dem Kauf ein Schatz oder Wertvolles findet*

Wenn ein Haus oder ein Grundstück verkauft wird und sich nach dem vollendeten Kauf klar herausstellt, daß darin bzw. darauf ein Schatz bzw. eine einzelne, wertvolle Sache versteckt, vergraben, verborgen wurde, so ist dieser Wertgegenstand, dieser Schatz nicht im Vertrag mit inbegriffen, in Übereinstimmung aller Rechtsschulen. Dies, weil es sich dabei um etwas handelt, was dort niedergelegt wurde, um später von dort fortbewegt/fortgebracht zu werden.

Wenn derjenige, der es dort abgelegt/verborgen hatte, der damalige Besitzer (das heißt, der Verkäufer) des Hauses ist, gehört diese Sache ihm und muß ihm zurückgegeben werden; wenn nicht, wird diese Sache als „abgelegte Sache" (*laqta*) betrachtet, mit der spezielle Vorschriften und Regeln verbunden sind.

2. *Ob beim Kauf eines Baumes die Früchte bzw. Erträge des Baumes im Kaufvertrag mit inbegriffen sind*

Dabei muß danach unterschieden werden, ob diesbezüglich etwas im Vertrag als Bedingung festgelegt wurde oder nicht, und es wird zwischen der Dattelpalme[8] (befruchtet bzw. nicht befruchtet) und anderen früchtetragenden Bäumen unterschieden.

Wenn etwas bezüglich der Erträge als Bedingung ausgemacht wurde, so gilt das, unabhängig von allen anderen oben genannten Umständen, in jedem Fall. Wenn nichts als Bedingung genannt wurde, so gilt bei Bäumen – außer der Palme –, daß nach dem Kauftermin der Baum selbst dem Käufer gehört sowie auch die Ernteerträge.

Bei einer Palme, die gerade fruchttragend ist, gilt: Wurden die Fruchthülsen vom Vorbesitzer durch Befruchtung mit den Fruchtständen einer anderen Palme befruchtet, so gehören die Erträge in völliger Übereinstimmung aller Rechtsschulen diesem Vorbesitzer. Wurde sie aber auf natürlichem Weg – ohne Einwirkung eines menschlichen Helfers – befruchtet, so gehören die Fruchterträge nach Meinung der Rechtsschulen außer der *Ḥanafīya* dem Käufer, während sie nach Ansicht der *Ḥanafīya* auch hier dem Verkäufer gehören.

KAPITEL 5

DER SALAM-VERTRAG

§ 8

GRUNDBESCHREIBUNG DES SALAM-VERTRAGES

Wörtlich bedeutet *Salam*: „Übergabe", „Übereignung". Rechtlich bezeichnet der *Salam*-Vertrag einen Vertrag, bei dem ausgemacht wird, daß eine bestimmte, genau bezeichnete Ware nach dem Termin des Vertragsschlusses gegen einen sofort zu übergebenden (*qabd*) Preis verkauft wird[9].

Diese Vertragsart unterscheidet sich von der Mehrheit der Kaufverträge insofern, als bei den meisten Kaufverträgen die Ware bereits tatsächlich bei den Vertragsschließenden vorhanden sein muß, im Unterschied zum *Salam*-Vertrag, weswegen die Gelehrten diese spezielle Vertragsart als Ausnahme und Erleichterung für die Menschen bezeichnen.

Meist bedürfen Bauern und in der Landwirtschaft Tätige dieser Vertragsart, weil sie darauf angewiesen sind, frühzeitig die Erträge zu verkaufen, um so Kapital zur weiteren Bewirtschaftung ihrer Felder und Nutzgärten erhalten zu können, und zugleich von den Ernte- und Aussaatzeiten abhängig sind.

§ 9

BEDINGUNGEN DES SALAM-VERTRAGES

Da hier – wo die eigentliche Ware in der Regel nicht vorhanden ist – die Gefahr der Auseinandersetzungen und Rechtsstreitigkeiten besteht, müssen besondere Bedingungen beim *Salam*-Vertrag erfüllt sein:

1. Daß der Verkaufsgegenstand des *Salam*-Vertrags (*muslam fihi*) etwas ist, was in solchen Eigenschaften (im Vertrag) klar festgelegt werden kann, die offenkundig einen Preisunterschied bewirken (können)[10].
2. Daß der Verkaufsgegenstand (*muslam fihi*) auch tatsächlich genau in solchen offenen/offen erkennbaren und nachprüfbaren Eigenschaften festgelegt wird, die offenkundig einen Preisunterschied bewirken (können)
3. Daß der Verkaufsgegenstand (*muslam fihi*) seiner Masse oder seinem Gewicht nach bekannt ist, wenn er danach meßbar ist, oder seiner konkreten Zahl nach, wenn er zählbar ist.
4. Daß die Zeit der Warenübergabe und vollen Vertragserfüllung bekannt ist.
5. Daß die Ware (*muslam fihi*) in allgemeiner Form zum Zeitpunkt der vollen Vertragserfüllung vorhanden ist[11].
6. Daß der Verkäufer den Preis für die Ware während des Zusammenseins der Vertragsschließenden (*majlis*) tatsächlich an sich nimmt (*qabd*).

Wenn der Vertrag voll abgeschlossen wird, obliegt es verpflichtend dem *Salam*-Verkäufer (*muslam ilaihi*), daß er die *Salam*-Ware (*muslam fihi*) dem *Salam*-Käufer (*muslim/rabb as-salam*[12]) gemäß den im *Salam*-Vertrag genannten Bedingungen übergibt.

§ 10

WENN DIE SALAM-WARE (MUSLAM FĪHI) ZUNICHTE WIRD

Die vier Rechtsschulen stimmen darin überein, daß dem Käufer im *Salam*-Vertrag (dem „*rabb as-salam*") das Rückgaberecht (der *khiyār*) zukommt, falls die *Salam*-Ware (*muslam fīhi*) nicht zur festgelegten Zeit der vollen Vertragserfüllung zur Verfügung steht: Wenn er will, wartet er ab, bis die *Salam*-Ware doch vorhanden ist, ansonsten kann er den Vertrag auflösen (*faskh*) und den Kaufpreis wieder an sich nehmen.

Falls der Käufer (*rabb as-salam*) abwartet, obliegt es dem Verkäufer (*muslam ilaihi*) entsprechend den Vertragsbedingungen, die Ware bereitzustellen; falls der Käufer aber den Vertrag auflöst, muß der Verkäufer dem Käufer entweder den ursprünglichen Kaufpreis oder einen entsprechenden Gegenwert übergeben.

KAPITEL 6

DER PFANDVERTRAG ('AQD AR-RAHN)

§ 11

ALLGEMEINE DARSTELLUNG DES PFANDES (RAHN) UND PFANDVERTRAGES ('AQD AR-RAHN)

Mit Pfand (*rahn*) ist rechtlich gemeint, daß eine Sachsubstanz (*'ain*) als Sicherheit hinterlegt wird, falls eine Vertragserfüllung (durch Bezahlung einer Schuld, *dain*) entschuldigterweise nicht geleistet werden kann.

Dies muß so verstanden werden, daß eine Person einer anderen etwas schuldet und man befürchten muß, daß der Schuldner außerstande ist bzw. sein wird, die ihm obliegende Schuld (*dain*) zu bezahlen.

In diesem Fall wird zur eventuellen Deckung dieses Schuldbetrages ein Pfand (*rahn*) gefordert, worauf der Schuldner dem Gläubiger eine Sachsubstanz aus seinem Besitz übergibt, welche der Gläubiger solange bei sich festhalten darf, bis die Schuld pünktlich zum im Vertrag ausgemachten Termin voll eingelöst wird.

Wenn nun der Termin der Schuldeinlösung gekommen ist, ohne daß die Schuld bezahlt wurde, hat der Schuldiger das Rückgaberecht (*khiyār*): Er kann entweder seine Schuld bezahlen und so das Pfand auslösen, oder er kann das Pfand selbst verkaufen lassen und mit dem so erzielten Erlös die Schuld begleichen.

Dieses Übereinkommen ist ein voller islamrechtlicher Vertrag und wird als Pfandvertrag (*'aqd ar-rahn*) bezeichnet; der das Pfand gibt, ist der Pfandgeber (*rāhin*); der es annimmt, der Pfandinhaber (*murtahin*); der Wertgegenstand, der als Gegenwert der Schuld (*dain*) als Pfand gegeben wird („*marhūn*" ist), wird als das Pfand (*rahn*) bezeichnet.

Im Rahmen dieses Pfandvertrages ergeben sich folgende Fragestellungen:

1. Ob der Pfandgeber (*rāhin*), wenn der Inhaber des Pfandes (*murtahin*) etwas zum Erhalt des Pfandes ausgeben muß, für diese Ausgaben einen Gegenwert zu leisten hat.

2. Ob der Pfandinhaber (*murtahin*), wenn er aus dem Pfand (*rahn*) Nutzen zieht, dem Pfandgeber (*rāhin*) im Maß des Nutzens per Gegenwert schuldverpflichtet ist.

3. Ob die Verpflichtung des Pfandgebers (*rāhin*), sein Pfand auszulösen, ganz oder teilweise aufgehoben wird, wenn das Pfand (*rahn*) zunichte wird.

§ 12

DIE FRAGE DES UNTERHALTS FÜR EINE ALS PFAND GEGEBENE SACHE (MARHŪN)

Alle vier Rechtsschulen stimmen überein, daß der Unterhalt für eine als Pfand gegebene Sache (*marhūn*), wenn diese zum Erhalt dieser Sache notwendig (*lāzim*) ist, dem Pfandgeber (*rāhin*) obliegt, weil das Pfand ja sein Besitz ist.

Wenn der Pfandgeber diesen Unterhalt aufbringt, besteht kein Problem; tut er das aber nicht, so muß der Pfandinhaber (*murtahin*) für den Unterhalt dieser als Pfand gegebenen Sache aufkommen, mit der Absicht, diesen Unterhalt zurückerstattet zu bekommen.

Diese Ausgabe seitens des Pfandinhabers (*murtahin*) sowie die Rückerstattung seitens des Pfandgebers (*rāhin*) sollen grundsätzlich unter der Aufsicht bzw. mit jeweiliger Erlaubnis eines (islamischen) Richters geschehen.

Wenn das aber nicht möglich ist, so müssen vertrauenswürdige Zeugen die Ausgaben des Pfandinhabers sowie dessen Absicht bezeugen, dies zurückerstattet bekommen zu wollen; auch in diesem Fall muß der Pfandgeber die Unterhaltsausgaben des Pfandinhabers erstatten. Sind keine Zeugen dafür vorhanden, herrschen unterschiedliche Ansichten:

Ḥanafīya, Shāfiʿīya und Ḥanbalīya

Wenn entsprechend keine Zeugen vorhanden sind, so gilt der Pfandinhaber (*murtahin*) als jemand, der diese Ausgaben freiwillig getätigt hat, und der Pfandgeber (*rāhin*) hat in diesem Fall nicht die Pflicht zur Rückerstattung des Unterhalts.

Mālikīya

In jedem Fall muß der Pfandgeber (*rāhin*) die Unterhaltskosten für die als Pfand hinterlegte Sache (*marhūn*) zurückerstatten: Es gibt dabei keinen Unterschied, ob ein Richter dazu die Erlaubnis gibt oder nicht; diese Ansicht wird auch von einigen Gelehrten innerhalb der *Ḥanbalīya* vertreten. Auf diese Ansicht gründet sich die Rechtsprechung in der *Mālikīya*, und zwar wird gesagt: Es besteht keine Schuldhaftung (*ḍamān*), wenn eine richterliche Erlaubnis dazu fehlt.

Dem Ganzen liegt ein Rechtsgrundsatz zugrunde, der besagt: Alles, was mit dem Recht bzw. Rechtsanspruch einer anderen Person zusammenhängt, ist unabhängig zu sehen von richterlicher Erlaubnis bzw. jeglicher, auch richterlicher, *Wilāya*[13].

§ 13

OB MAN AUS EINER ALS PFAND GEGEBENEN SACHE (MARHŪN) NUTZEN ZIEHEN DARF

Die Rechtsgelehrten sind sich nicht einig, ob es für den Pfandinhaber (*murtahin*) zulässig (*jāʾiz*) ist, aus einigen Arten von als Pfand gegebenen Sachen ohne Erlaubnis des Pfandgebers (*rāhin*) Nutzen zu ziehen.

Auch besteht in der Frage Uneinigkeit, ob es zulässig ist, daß der Pfandinhaber für diese Nutzung dem Pfandgeber nichts notwendigerweise (*lāzim*) als Entgelt übergeben muß, falls die Nutzung ohne Erlaubnis des Pfandgebers stattfand.

Des weiteren ist man sich uneins in der Frage, ob es unzulässig ist, aus einer als Pfand gegebenen Sache einen solchen Nutzen zu ziehen, der normalerweise dem Pfandgeber (*rāhin*) zukommt. In diesem Fall ist es ohnehin unumgänglich, daß der Pfandgeber um seine Erlaubnis und Zustimmung gebeten wird bzw. man ihm einen entsprechenden Gegenwert für den erhaltenen Nutzen übergibt.

Grundsätzlich muß darauf hingewiesen werden, daß in Übereinstimmung der Gelehrten die Nutznießung aus als Pfand gegebenem Gut (*marhūn*) zum Besitzrecht des Pfandgebers (*rāhin*) gehört, und zwar während der Gesamtdauer der Verpfändung (*irtihān*), weil durch die Verpfändung das Pfand ja doch nicht aus dem Besitzrecht des Pfandgebers herausgeht.

Bei der Frage der Nutznießung nun und ihrer Zulässigkeit muß unterschieden werden,

1. ob das als Pfand gegebene Gut geritten (bzw. zur Fortbewegung der Person des Pfandinhabers genutzt) werden kann oder
2. ob es gemolken (bzw. aus dem, was die Sache hervorbringt, Nutzen gezogen) werden kann oder
3. weder zur ersten noch zur zweiten Kategorie gehört.

Bezüglich der dritten Kategorie sind sich alle Rechtsschulen einig, daß eine Nutznießung aus der als Pfand gegebenen Sache (*marhūn*) ohne Erlaubnis des Pfandgebers (*rāhin*) unzulässig ist.

Ebenso ist man sich unter den Gelehrten allgemein einig, daß eine entsprechende Nutznießung mit Erlaubnis des Pfandgebers (*rāhin*) zulässig ist; allerdings gibt es innerhalb der *Ḥanafīya* und *Mālikīya* nach einigen Meinungen doch bestimmte Einschränkungen bzw. Auflagen dazu.

Ḥanafīya

Nach einer anderen Meinung innerhalb der *Ḥanafīya* als der Hauptmeinung wird gesagt, daß selbst bei vorhandener Erlaubnis der Nutzziehung, die der Pfandgeber dem Pfandinhaber erteilt, die Nutzziehung unzulässig ist, weil dadurch eine Art von Zins (*ribā*) entsteht – besonders dann, wenn diese Nutzziehung speziell im eigentlichen Pfandvertrag (*'aqd ar-rahn*) bzw. in dem gegenseitigen Übereinkommen festgesetzt wird.

Mālikīya

Die *Mālikīya* sagt dazu, daß eine Bedingung im Pfandvertrag festgesetzt werden muß, durch die die Nutznießung zeitlich begrenzt bzw. festgelegt wird. Außerdem muß im Vertrag festgelegt sein, daß das Pfand als reine Geschäftsschuld aufgrund eines Kaufes (*dain al-bai'*) gilt, nicht aber als Darlehen (*qard*)[14].

Bezüglich der ersten und zweiten Kategorie gilt bei den Rechtsschulen außer der *Ḥanbalīya* dasselbe wie bei der dritten, wenngleich es auch bei der *Ḥanbalīya* eine entsprechende Rechtsmeinung des Imām Aḥmad gibt.

Ḥanbalīya

Die bedeutendste und meistvertretene Meinung innerhalb der *Ḥanafīya* sagt, daß eine Nutznießung des Pfandinhabers (*murtahin*) an der als Pfand gegebenen Sache (*marhūn*) in dem Maße der Ausgaben zulässig ist, die der Pfandinhaber zum Erhalt des Pfandes aufbringen mußte.

Dabei spielt es keine Rolle, ob dazu die Erlaubnis des Pfandgebers besteht oder nicht.

§ 14

WENN DAS PFAND (RAHN) IN DER HAND DES PFANDINHABERS (MURTAHIN) ZUNICHTE WIRD

Es stellt sich weiter die Frage, ob die Verpflichtung des Schuldners bzw. Pfandgebers (*rāhin*) erlischt, wenn das Pfand (*rahn*) in der Hand des Pfandinhabers (*murtahin*) zunichte wird.

Diesbezüglich wird ein Unterschied gemacht, ob das Pfand durch schuldhafte Nachlässigkeit bzw. Kürzung der notwendigen Versorgung, des notwendigen Unterhalts seitens des Pfandinhabers zugrundeging oder nicht.

Die Rechtsgelehrten sind sich beim ersten Fall – bei schuldhaftem Verhalten des Pfandinhabers – einig, daß der Pfandinhaber schuldverpflichtet (*ḍamīn*) ist – wie sich das in jedem Fall entsprechend verhält, wenn jemand etwas ihm Anvertrautes (*amāna*) durch Unterlassung oder schädigendes Verhalten zugrundegehen läßt.

Dabei ist die Schuldverpflichtung (*ḍamān*) grundsätzlich so hoch anzusetzen wie der Wert des Pfandes (*rahn*). Wenn aber der tatsächliche Wert des Pfandes – das heißt, des als Pfand gegebenen Gegenstandes (*marhūn*) – höher ist als der eigentlich dem Pfand zugrundeliegende Schuldwert (*dain*), so ist der Pfandinhaber lediglich gezwungen, im Maß des Schuldwertes zu haften[15].

Wenn aber keinerlei Verschulden am Zugrundegehen des Pfandes beim Pfandinhaber festzustellen ist, so sind die Gelehrten verschiedener Meinung bezüglich der Schuldverpflichtung (*ḍamān*) des ehemaligen Pfandinhabers.

Shāfi'īya und Ḥanbalīya

Der Pfandinhaber ist in diesem Fall nicht schuldverpflichtet, und zum anderen ist auch sein Anrecht auf das, was ihm der Pfandgeber ursprünglich als Schuld (*dain*) schuldet, dadurch nicht geringer geworden.

Ḥanafīya

Der Pfandinhaber ist in diesem Fall im Maß des mindestmöglichen Teils der Schuld – dem Wert des Pfandes entsprechend – schuldverpflichtet. Dabei ergibt sich folgendes:

1. Ist der Wert des als Pfand gegebenen Gegenstandes dem Wert der Schuld gleich, so ist der Schuldner und Pfandgeber von seiner Verschuldung frei, und weder muß er etwas als Schuld zurückzahlen noch der Pfandinhaber die zugrundegegangene Sache (*marhūn*) ersetzen.
2. Ist der Sachwert des als Pfand gegebenen Gegenstandes höher als die dem Pfandvertrag zugrundeliegende Schuld, so ist der Schuldner und Pfandgeber von seiner Rückzahlverpflichtung frei, aber der Pfandinhaber ist nicht verpflichtet, dem Pfandgeber die Wertdifferenz auszuzahlen.
3. Wenn der Wert des als Pfand gegebenen Gegenstandes geringer ist als die im Pfandvertrag als Pfandwert festgelegte Schuld, so wird der Pfandgeber nur im Maße des Wertes der zunichte gewordenen Sache von seiner Schuld frei, muß aber den verbleibenden Rest der zugrundeliegenden Schuld noch zurückbezahlen.

Mālikīya

Der Pfandinhaber ist unter drei Bedingungen für das Pfand bzw. den als Pfand gegebenen Sachwert schuldverpflichtet:

1. Daß es sich in seiner Hand befindet, das heißt, in seinem unmittelbaren Besitz.
2. Daß es sich bei dem als Pfand gegebenen Sachwert um etwas handelt, was man verbergen und verborgen aufbewahren kann, wie zum Beispiel Schmuck, Kleider und Bücher.
3. Daß er keinen Eid (*bayyina*) darauf ablegt (bzw. ablegen kann), daß das Pfand zugrundeging[16].

Es ist also gemeint, daß der Pfandinhaber dann als schuldverpflichtet (*damīn*) gilt, wenn er einer unkorrekten Handlungsweise verdächtigt wird.

§ 15

WENN FEHLER BEI DER WARE VERSCHWIEGEN BZW. VERBORGEN WERDEN

Es besteht zwischen allen Rechtsmeinungen Übereinstimmung darin, daß es für den Verkäufer einer Ware nicht zulässig (*jā'iz*) ist, Fehler in seiner Ware, die er kennt, zu verschweigen oder zu verbergen.

Wenn nun ein Händler eine Ware verkauft, so hat er erst dann seine Pflicht gegenüber dem Käufer erfüllt, wenn er ihm gegenüber diese Fehler klar und offen erklärt hat[17].

Wenn der Verkäufer das nicht tut, also die Fehler der Ware verbirgt, so stimmen alle Rechtsschulen darin überein, daß es dem Käufer zukommt, die Ware zurückzugeben, wenn er diesen Fehler vor dem Kauf nicht erkannt hatte.

Anders gesagt: Der Käufer hat hier das „Wahl- und Rücktrittsrecht aufgrund des Vorhandensein eines Fehlers“ (*khiyār al-ʿaīb*): er kann entweder

- die Ware im ganzen zurückgeben oder
- die Ware, wie sie ist, behalten.

§ 16

BEDINGUNG, DASS EINE WARE VON FEHLERN FREI IST (SHARṬ AL-BARĀʾA MIN AL-ʿUYŪB)

Wenn eine Ware unter der Bedingung gekauft wird, daß sie zum Zeitpunkt des Kaufs von jeglichen Fehlern frei ist[18] (*sharṭ al-barāʾa min al-ʿuyūb*), so sind die *Madhāhib* sich nicht einig in der Frage, ob dadurch dem Käufer jegliches Recht zur Rückgabe verlorengeht, falls sich nach dem Kauf doch Fehler zeigen.

Ḥanafīya

Wenn der Kauf mit *Sharṭ al-Barāʾa min al-ʿUyūb* getätigt wird, so ist der Verkäufer nicht mehr verantwortlich zu machen, und der Käufer hat kein Rückgaberecht mehr. Dabei spielt es dann keine Rolle, ob der Fehler alt oder neu und vor der konkreten Entgegennahme der Ware (*qabd*) entstanden ist, und gleich, ob dieser Fehler dem Verkäufer nun vor bzw. während des Kaufs bekannt war oder nicht.

Mālikīya

Dem Verkäufer nützt diese Bedingung insofern nicht, als er sich dadurch nicht von jeglicher Verantwortung für seine Ware befreit, das heißt, der Käufer hat doch bei Auftauchen von Fehlern ein Rückgaberecht.

Shāfiʿīya

Nach der in der *Shāfiʿīya* bevorzugten und verbreiteten Ansicht dazu gilt, daß der Verkäufer, wenn diese Bedingung festgesetzt wurde, für Fehler, die bei Tieren vor dem Kauf verborgen waren (speziell: Krankheiten in Form von Erregern) und die er nicht kannte, nicht verantwortlich ist, aber für alle anderen Arten von Fehlern.

Ḥanbalīya
Innerhalb dieses *Madhhab* herrschen unterschiedliche Ansichten dazu. Nach der bevorzugten Ansicht gilt, daß der Verkäufer, wenn der *Sharṭ al-Barā'a min al-'Uyūb* im Vertrag festgesetzt wurde, nur für solche Fehler nicht verantwortlich ist, die er vor dem Verkauf nicht kannte.

§ 17

DAS RÜCKGABERECHT (KHIYĀR), WENN BEI EINEM MURĀBAHA GELOGEN WIRD

Unter einem *Murābaha*-Geschäft wird ein solches verstanden, bei dem eine Ware zu einem Preis verkauft wird, der dem ursprünglichen Erwerbspreis zuzüglich eines bestimmten und bekannten Zugewinns (*ribh*) entspricht.

Das *Murābaha* läuft so ab, daß zunächst der Verkäufer eine Ware für einen bestimmten Preis A (zum Beispiel hundert Euro) kauft und anschließend zum Käufer sagt: „Ich verkaufe dir diese Ware für meinen Einkaufspreis plus einer Gewinnrate von X Prozent (zum Beispiel zehn Prozent)“[19].

Dann muß während des Zusammenseins (*majlis*) der beiden Vertragsschließenden festgestellt werden, wie hoch der Grundwert der Ware ist, und dann wird der Vertrag gegebenenfalls vollständig geschlossen, wenn der Käufer mit dem Gesamtpreis einverstanden ist.

Die Rechtsschulen stimmen darin überein, daß derartige Geschäfte grundsätzlich unter Beachtung der entsprechenden Grundsätze zulässig und rechtsgültig sind. Wenn bei einem solchen Vertragsschluß aber nicht der Grund- bzw. Einkaufspreis genannt wird, so gilt der Kaufvertrag nicht.

Allgemein gilt zu den genannten Vertragsarten, daß der zweite, also der Endpreis, auf dem ersten, dem Grundpreis, basiert und daß der erste Preis wiederum vom Käufer nur darum angenommen wird, weil er dem Verkäufer vertraut. Daher ist die Vertrauenswürdigkeit eine wichtige Voraussetzung zur korrekten Durchführung des *Murābaha* und ähnlicher Verträge, die daher auch „*Buyū' al-Amāna*“ (Verträge auf Vertrauen) genannt werden[20].

Beim *Murābaha* ist es Bedingung, daß der Verkäufer aufrichtig und zugleich sehr genau in der Verdeutlichung des ursprünglichen Preises ist. Es ist ihm (natürlich) verboten, in dieser Sache zu lügen.

Wenn der Verkäufer beim *Murābaha* bezüglich des ersten Preises lügt, dann aber bereut und das Recht des Käufers wiederherstellen will, so muß er dem Käufer gegenüber den tatsächlichen ursprünglichen Preis nennen und das, was er zusätzlich aufgrund seiner Lüge erhandelt hatte, dem Käufer zurückgeben.

In einem solchen Fall sind die Rechtsschulen bezüglich der Gültigkeit des Vertrages unterschiedlicher Ansicht.

Ḥanafīya

Der Vertrag ist rechtsgültig und der Käufer hat das Wahl- und Rückgaberecht (*khiyār*): Wenn er will, erhält er den Vertrag in seinem gesamten genannten Preis aufrecht[21], und wenn er will, hebt er den Vertrag auf (durch *faskh*) und gibt die Ware zurück. Dies kommt dem Käufer zu, weil sein Einverständnis mit dem Preis auf der Grundlage geschah, daß der Verkäufer aufrichtig ist – doch weil dem nicht so war, kann auch das ursprüngliche Einverständnis des Käufers nicht mehr als rechtsgültig und damit bindend angesehen werden.

Mālikīya

Wenn der Verkäufer den Grundpreis um den Zusatz wieder herabsetzt – sowie entsprechend auch den Anteil aus dem Gewinnertrag (*ribh)* –, so wird der Verkauf zwingend (*lāzim*), und es kommt dann dem Käufer nicht mehr zu, den Vertrag (durch *faskh*) aufzulösen.[22]

Wenn der Verkäufer aber den überhöht angesetzten Grundpreis nicht nachträglich – wie oben beschrieben – herabsetzt, kommt dem Käufer der *Khiyār* zu: Entweder muß er die Ware zum gesamten (überhöhten) Preis nehmen oder den Vertrag auflösen und die Ware zurückgeben.

Shāfiʿīya und Ḥanbalīya

Diese beiden Rechtsschulen (sowie Abū Yūsuf von der *Ḥanafīya*) meinen, daß der Vertrag rechtsgültig ist und der Verkäufer zugleich den überhöht angesetzten Grundpreis sowie entsprechend den Gewinnanteil zwingend (*lāzim*) um den unzulässigen Zusatz herabzusetzen hat.

KAPITEL 7

ÜBER DEN ZINS (RIBĀ)

§ 18

ALLGEMEINE DEFINITION UND VORSTELLUNG VON RIBĀ

Der Begriff „*Ribā*" bedeutet wörtlich „Anwachsen", „Zuwachs".

Im Recht wird mit „*Ribā*" jeglicher Gewinnertrag bzw. Zuwachs an Kapital bezeichnet, bei dem keine eigentliche Eigenleistung des Gewinnenden bzw. Nutznießers besteht.

§ 19

ALTE UND NEUE ARTEN VON RIBĀ

Es ist interessant festzustellen, daß letztlich alle in alter Zeit vorhandenen Arten des *Ribā* auch heute noch bestehen. Dazu kommen heutzutage aber noch neue Arten, die durch neue Wirtschaftsmethoden – in offener oder versteckter Form – vorkommen.

Hier nun die wichtigsten Grundarten des *Ribā*, über die unter den Gelehrten Einigkeit besteht, daß es verboten ist, sie zu geben oder anzunehmen – es sei denn, man wird dazu gezwungen, um das absolute Existenzminimum zu erhalten, also in absoluten Extremsituationen, wenn es zugleich keine – wenn auch beschwerlichere – Möglichkeit dazu ohne *Ribā* gibt, das heißt, wenn es absolut keine andere Möglichkeit gibt, seine Nahrung, seine Kleidung und seine Wohnung zu erhalten.

Doch um irgendwelche Luxusdinge oder nicht absolut notwendige Dinge zu erwerben, darf man darauf niemals zurückgreifen.

Der *Ribā* wird dadurch gekennzeichnet, daß der Verleiher bzw. Geldgeber durch den bloßen Umstand des Besitzausleihens sicheren bzw. anteilmäßig genau festgesetzten Gewinn erhält, „erwirtschaftet", ohne daß er aber eine eigene, eigenständige Leistung beisteuert.

Wucher und Wucherzins

Wucher ist die offenste Art des *Ribā*: daß jemand etwas Geld oder sonstigen Besitz an einen anderen mit der Bedingung verleiht, bei der Rückgabe das Doppelte – oder sogar noch höhere Anteile – mehr zu bekommen. Der Wucher bzw. Wucherzins ist also – aufgrund der Notsituation des Leihenden – ein schamloses Ausnutzen mit enormer Gewinnspanne des sündhaften Verleihers.

Dabei gibt es solchen Wucher, der aufgrund des Zeitfaktors arbeitet: „Nach einem Jahr gibst du mir statt der verliehenen tausend Euro zweitausend zurück", auch „Wucherzins" genannt, und solchen, der durch die bloße Tatsache der Rückzahlung bewirkt wird: „Wenn du mir das Geld, egal wann, zurückgibst, mußt du es mir verdoppelt zurückgeben".

Zinsertrag durch Zeit

Ribā ist auch regelmäßiger Zins, der aufgrund der Zeit bewirkt wird. Dabei spielt es zum Verbot dieser *Ribā*-Art keine Rolle, ob es absolut gesehen wenig oder viel ist.

Dieser *Ribā* ist von der Art, daß ein prozentualer Anteil eines entliehenen Wertes in regelmäßigen Zeitabständen auf den Grundwert aufgeschlagen wird, bis schließlich – aufgrund der verstrichenen Zeit – mehr als der ursprüngliche Grundwert zurückgegeben werden muß (Beispiel: „Der Kredit wird rückzahlbar mit einem Jahreszins von sieben Prozent: das heißt, der Grundwert mit einem regelmäßig ansteigenden Zuschlag, der innerhalb eines Jahres jeweils sieben Prozent erreicht").

Zinsertrag durch bestimmte Nutzungsrechte

Bei dieser Art des *Ribā* wird dem Verleiher ein garantiertes Nutzungsrecht an bestimmten Dingen zugesprochen, die durch den bloßen Tatbestand seines Ausleihens begründet sind.

Die klassische Form dieses *Ribā* ist das Sparkonto: Durch das „Nutzungsrecht" der Bank, das eingelegte Geld zu verwenden, damit zu arbeiten, wird dem Einleger ein regelmäßiger Zinsertrag aus seinem dort eingezahlten Geld (dem Grundwert sowie bereits errechneten Zinsen) gegeben.

Dies ist darum *Ribā* und für den Muslim verboten, weil dabei keine Erwirtschaftung, keine Leistung seitens des Einlegers vorliegt, die feste Gewinnausschüttung durch Zinsen aber unabhängig von Gewinn oder Verlust der Bank geschieht.[23]

Weitere Beispiele:

Wenn diese Nutzungsrechte etwa darin bestehen, daß jemand als Pfand (*qard*) ein Auto hinterlegt und der Verleiher dieses Auto zu eigener, gewinnbringender Tätigkeit nutzt, ohne dafür dem Hinterlegenden nach der Rückgabe einen Ausgleich zu zahlen (abzüglich der Instandhaltungskosten), und dieser Umstand auch im Pfandvertrag festgehalten wird (etwa: „der Verleiher hat für die Verleihzeit das volle Recht, das Auto zu eigener Gewinnerwirtschaftung zu verwenden"), so ist das ein unzulässiger Vorgang, wenn nur unter dieser Bedingung der Grundbetrag ausgeliehen wurde[24].

Zinsertrag durch „Risiko-Ausgleich"

Wenn ein einziger Vertrag vorsieht, daß eine Ware einen in Raten zu zahlenden Grundpreis X hat, aber – wenn der Käufer nicht sehr sichere Einkommensverhältnisse hat – ein Aufschlag von Y Prozent pro Jahr hinzukommt, so ist das eine der verbotenen Gewinnarten „zum Risikoausgleich" bzw. *Ribā*.

Auch wenn bei einer Ware ein Grundpreis X besteht, aber – wenn sie auf Raten gekauft werden soll – ein Aufschlag in Form von Y Prozent oder einem Gesamtanteil Y hinzukommt, um „das Risiko, den Preis nicht ganz zu bekommen", auszugleichen, ohne daß die Ware aber an Wert gleichzeitig zunimmt, so ist das eindeutig *Ribā* und verboten.

Verdeckte Zinsen

Allgemein sind heute viele Geschäftsarten ganz neu entwickelt worden, bedingt durch neue Medien, Waren und Zahlungsarten.

Auch die Möglichkeiten, dementsprechend auf neue *Ribā*-Arten zu kommen, werden mittlerweile reichlich genutzt. Dazu gehören bestimmte Gebühren oder feste Gewinnanteile, die von Geldinstituten und Banken gefordert bzw. gegeben werden, ohne daß wirkliche Gegenleistungen dafür gegeben werden – etwa, wenn ein bloßes Übertragen von Geldbeträgen Zahlungen erfordern soll.

§ 20

DER UNTERSCHIED ZWISCHEN ZINS (RIBĀ) UND (ERLAUBTEN) HANDELSGEWINNEN (RIBH)

Um allgemeingültig zu fassen, was Zins (*ribā*) alles sein kann, muß bestimmt werden, was der Unterschied zwischen *Ribā* und erlaubtem Gewinn

- als eigenständige Handelsleistung bzw.
- als Gewinnertrag bzw.
- als Nutznießung

im islamischen Handelsrecht ist.

Hinsichtlich der eigenständigen Handelsleistung

Wenn jemand, etwa bei *Muḍāraba*-Geschäften (vgl. S. 719 ff.), Geldgeber ist, besteht zwar seine Leistung nur in dem Zur-Verfügung-Stellen des Grundkapitals; doch hat er – wie auch der Handelstätige (*muḍārib*) – keinen festen Gewinnanteil, weder in prozentualem Zuwachs durch verflossene Zeit noch durch prozentualen gesicherten Gewinn, noch absoluten Gewinn: Er – wie auch der *Muḍārib* – werden nach anteilmäßigem Schlüssel an Gewinn und Verlust beteiligt, wobei bei Gesamtverlust beide den Verlust tragen müssen.

Im nichtislamischen Handelsverfahren (mit *ribā*) hat der Geldgeber aber immer Gewinn, sei es prozentual oder in Form eines Festanteils. Dadurch wird der mit dem Geld Arbeitende aber übervorteilt, weil er im Gesamtverlustfall den gesamten Verlust tragen muß.

Hinsichtlich ihrer Art als Gewinnertrag

Wenn ein islamisches Geschäft Gewinn abwirft, so müssen Geldgeber und Handelnde ihrer Leistung gemäß – bzw. in vorher vereinbartem Verhältnis – Gewinn- und Verlustanteile teilen.

Bei festen Gewinnanteilen aber ist der Gewinnertrag nicht gerecht zu teilen, weil hier das Geschäft zu Lasten eines der beiden gehen muß: zu Lasten des Geldgebers, wenn der Gesamtgewinn sehr groß, der vereinbarte feste Anteil aber relativ geringer ist, oder zu Lasten des mit dem Geld Arbeitenden, wenn der Gesamtgewinn sehr klein ist und vom Restbetrag noch der vereinbarte Gewinnbetrag des Geldgebers abgeht – wodurch dem Arbeitenden möglicherweise gar Schulden entstehen, nicht aber dem Geldgeber.

Hinsichtlich der auf Ribā aufbauenden Nutznießung und ihrer Folgen

Wenn jemand durch *Ribā* Geld erhält, so daß er keine eigene – produktive – Arbeit zu leisten braucht, während andere wiederum durch Zinslasten und feste, immer weiter wachsende Anteile immer höhere Schulden zu begleichen haben bzw. das wegen der ständig steigenden Schuldenlast nicht mehr vermögen, entstehen Ungerechtigkeit, finanzielle Not und Ausweglosigkeit (weil es dem Schuldner – gerade bei Wucherzins – niemals mit legalen Mittel möglich sein wird, von seinen Schulden wieder frei zu werden).

Gerade heutzutage lassen sich in der Welt – wo überall mit Zinsen und Wucher der obigen Arten, mit „*Ribā*" eben, gehandelt wird – die schlimmen Folgen davon feststellen: Schuldner werden zu Gewalttaten oder Verbrechen erpreßt oder fallen in ausweglose Armut, ihr Besitz wird gepfändet und fortgenommen usw.

Hier bleibt nur ein Wort zu sagen: *Ribā* – in allen Formen – ist dem Muslim von Gott und dem Propheten ﷺ her untersagt, und das ist gut so.

Anmerkungen

1 Nach Ansicht der *Šāfiʿīya* gilt: Ein Vertrag, der durch mündliche Formulierung oder etwas Entsprechendes in Briefform oder durch einen Gesandten zum Abschluß gebracht wird, gilt, auch durch im Sinn bekanntes Hinweisen eines Stummen, nicht aber durch reines Übergeben und Annehmen (*muʿāṭāt*) des Verkaufsgegenstandes. Nur bei einigen kleineren Dingen, die üblicherweise durch Brauch derart verkauft werden, ist es – nach Meinung mancher – zulässig.

2 Es muß darauf hingewiesen werden, daß im islamischen Recht generell die (mündliche) Zeugenaussage bzw. die konkrete, an bestimmte Formen gebundene mündliche Aussage einer Sache Rechtskraft verleiht. Etwas Schriftliches allein – ohne bestätigende mündliche Aussage – kann hingegen nicht ohne weiteres als Beleg/Beweis dienen.

3 Die Anführungszeichen sollen andeuten, daß im Vertrag sowohl das Wort „Haus" für die Ware gebraucht wird, als auch der fragliche Kaufgegenstand tatsächlich ein Haus im üblichen Wortsinn ist (also nicht etwa eine Baracke, Hütte, ein Zelt oder eine Notunterkunft wie Container usw.).

4 Hierbei gilt der natürliche, übliche Sinn des Kaufes. Wenn etwa jemand ohne genauere Bedingungen einen Wagen kauft und dabei die Absicht hat, den Wagen anschließend „auszuschlachten" und dann das Verbleibende verschrotten zu lassen, so gilt aufgrund des reinen Kaufvertrages dennoch, daß der Verkäufer nichts zurückbehalten darf, um das behaltene Teil dann zum Beispiel extra zu verkaufen – dies, weil hier als rechtliche Bestimmung (*ḥukm*) gilt, daß der Wagen grundsätzlich fahrbereit sein muß, wenn er als „normaler", fahrtüchtiger Wagen verkauft wird. Es muß – anders gesagt – selbst dann, wenn der Wagen momentan wegen eines Kurzschlusses usw. nicht fahrbereit ist, doch jedes notwendige Einzelteil des Wagens vorhanden sein, so daß man außer Minimalstteilen wie Drähten keine wirklichen Teile – wie Motor usw. – zusätzlich erwerben muß, weil sie schlichtweg fehlen.

5 Abgesehen von bestimmten technischen Geräten, wo diese Verbindung dies zuläßt und zulassen soll.

6 Das heißt, wenn etwa der Ortsbrauch ausdrücklich festlegt, daß kein Zugstrick usw. mitgeliefert wird (etwa wenn ein Viehtransport im Transportlastwagen auch ohne das auskommt), so gilt natürlich der Brauch. Wenn aber der Brauch nicht eindeutig ist, muß gelten, daß der Käufer das Tier mit Zügel, Strick usw. selbst – ohne Helfer – wegführen kann.

7 Wenn etwa das verkaufte Haus nur über einen Weg zu erreichen ist, der über ein anderes bzw. nicht näher definiertes Grundstück des Vorbesitzers verläuft.

8 Das bezieht sich auf die Befruchtung der Pflanze – bei einer Pflanzenart, die eben ohne derartige Befruchtung von Menschenhand nicht bzw. so gut wie gar nicht Früchte tragen kann.

9 Üblicherweise geschieht dies im landwirtschaftlichen Bereich, wo Ernteerträge verkauft und erst nach Vertragsschluß – zu festgesetztem, späterem Termin – geliefert werden.

10 Mit dem Satzteil „... Eigenschaften ..., die einen Preisunterschied bewirken können", sind zunächst einmal Eigenschaften wie Gewicht und Masse gemeint – also objektiv meßbare Eigenschaften; des weiteren können damit aber auch solche warenspezifische und durch handelsübliche Normen festgelegte Eigenschaften gemeint sein, die eindeutig nachprüfbar sind.

11 Das soll heißen, daß etwa ein landwirtschaftliches Erzeugnis im Laufe der vorgesehenen Erntezeit – nach menschlichem Ermessen – nach bestem Wissen der Vertragschließenden vorhanden sein kann.

12 Da die Form „Muslim“ zwar von *Salam*, aber auch von „*Islām*“ abgeleitet werden kann, wird auch der Begriff „*Rabb as-Salam*“ benutzt (wörtlich: „Herr des *Salam*-Vertrages“, also: der Käufer, dem das Recht auf Vertragserfüllung zukommt).

13 Diese Meinung muß in Deutschland insofern bevorzugt betrachtet werden, als derzeit in ganz Deutschland niemand vorhanden ist, der – nach den Maßstäben des islamischen Rechts – den Rang eines islamischen Rechtsgelehrten (*faqīh*) im Sinne eines Richters (*qādī*) beanspruchen kann.

14 Weil sonst der zusätzlich für den Zeitraum festgelegte Nutzen ein Gewinnzuwachs ohne Eigenleistung des Pfandinhabers ist, also auch *Ribā*.

15 Dies darum, weil das Pfand (*rahn*) in seinem Wert durch den Pfandvertrag (*'aqd ar-rahn*) festgelegt wird und der als Pfand gegebene Gegenstand (*marhūn*) ja lediglich eine aus Notwendigkeit gegebene Absicherung dieser Schuld ist, nicht aber der eigentliche Vertragsgegenstand, und der Vertragszweck sich nicht auf die Haftung für den als Pfand gegebenen Gegenstand (*marhūn*), sondern die Haftung des Gegenwertes des Schuldbetrages (*dain*) bezieht (auch wenn die bloße Erhaltung des Pfandes notwendig und für den Pfandinhaber verpflichtend ist).

16 Gemeint ist: Wenn er etwa verdächtigt wird, das Pfand weiterverkauft zu haben, und später bei der Auseinandersetzung nicht wagt, einen Eid bei Gott zu schwören, daß er das Pfand korrekt verwahrt hat und es bei ihm ohne Verschulden zugrundeging.

17 Dies alles bezieht sich auf nicht offenkundige Fehler, etwa Fehler in der Verarbeitung eines Kleides (wie etwa Ausbesserungen, die so geschickt ausgeführt wurden, daß sie nicht leicht ins Auge fallen). Aber Fehler, die jedem Käufer auffallen müssen, wenn er die Ware auch nur oberflächlich betrachtet (wie etwa braune bzw. Fäulnisstellen bei Obst), gelten nur dann als solche verborgenen Fehler, wenn zum Beispiel der Verkäufer darauf besteht, die Früchte selbst in eine Tüte zu packen und dabei diese Fehlerstellen verbirgt, oder wenn er die fehlerhaften Früchte geschickt unter solche von guter Qualität versteckt und dabei weiß, daß diese Fruchtart üblicherweise nur in größerer Menge gekauft wird und daher jede einzelne Frucht kaum untersucht werden kann.

18 Gemeint ist: daß sowohl Käufer wie auch Verkäufer die Ware geprüft haben und übereinstimmend feststellen, daß die Ware derzeit keinen (erkennbaren) Fehler hat und unter dieser Bedingung der Kauf abgeschlossen wird.

19 An dieser Stelle kann natürlich der Käufer versuchen, die Prozentrate herunterzuhandeln. In diesem Fall gilt der schließlich in Übereinkunft festgestellte Prozentwert. Formalrechtlich setzt eigentlich nach der Einigung erst ein neuer *Murābaha*-Vertrag ein, weil der erste Versuch des Verkäufers als Beginn eines Vertrages gewertet werden muß und das zweite Angebot (auf der Basis des ausgehandelten Wertes) als Beginn eines zweiten *Murābaha*-Vertrages. – *Beispiel:* Der Verkäufer will zunächst einen Aufschlag (Zugewinn) von 15 Prozent (formaler Beginn des ersten Vertrages), der Käufer will nur 7 Prozent zugestehen, und dann einigen sie sich auf 10 Prozent (formaler Beginn des zweiten Vertrages). – Dann verläuft der Vertragsschluß weiter so, wie im Haupttext beschrieben.

20 Die übrigen derartigen Verträge sind: *Tauliya-Vertrag:* daß jemand eine Ware zum Einkaufspreis bzw. mit dem Grundwert, ohne Gewinnzuwachs, weiterverkauft; *Ishrāk-Vertrag:* daß jemand einen Teil einer Ware zu einem Teilbetrag des ursprünglichen

Einkaufspreises bzw. Grundwertes weiterverkauft. *Wadī'a-Vertrag* (Gegenteil des *Murābaha*): daß jemand eine Ware zu einem geringeren als dem Einkaufspreis bzw. Grundwert, also mit einem gewissen Verlust, weiterverkauft.

21 Das heißt dem überhöhten Preis, wobei in diesem Fall der unzulässige Verlust des Käufers durch die Rückgabe des Preisüberschusses wieder ausgeglichen wird.

Hier wird ein Prinzip der *Ḥanafīya* bei Verträgen deutlich: Entweder muß der Käufer den Vertrag so akzeptieren, wie er ist, oder ihn – samt Warenrückgabe – ganz auflösen.

22 Das heißt: in diesem Fall entfällt das Rückgaberecht (der *khiyār*).

23 Zum Unterschied zu *Mushāraka* und *Muḍāraba*-Geschäften siehe die entsprechenden Abschnitte im Teil der *Sharikāt*, dem Buch über den Gemeinschaftsvertrag, und auch hier weiter unten im Haupttext.

24 Siehe dazu auch den Abschnitt über Pfandverträge.

X.

Buch über den Gemeinschaftsvertrag

Sharika

KAPITEL 1

ÜBER MUḌĀRABA

§ 1

ALLGEMEINE DEFINITION

Der *Muḍāraba*-Vertrag ist hinsichtlich des Vertragsgegenstandes der beiden Vertragspartner eine Handelsgemeinschaft, um Gewinn (*ribḥ*) zu erwirtschaften. Dabei handelt es sich insofern um eine Gemeinschaft, als das Geld seitens des Geldbesitzers gegeben wird und die Arbeit seitens des Handelnden (*muḍārib*) eingesetzt wird, indem er mit dem Geld Handelsgeschäfte betreibt, um sich dann nach Abschluß dieser Geschäfte mit dem Geldgeber den Gewinn zu teilen. Das Ziel dieser Art der Handelsgemeinschaft ist also eine gemeinsame Gewinnbeteiligung.

Neben der mehr verbreiteten Bezeichnung „*Muḍāraba*" wird auch die Form „*Qirāḍ*" verwendet.

„*Qirāḍ*" leitet sich wörtlich her von: „*qarḍ*", das heißt „das Zerschneiden", „Trennen"; dies darum, weil der Geldbesitzer etwas von seinem Geldbesitz abtrennt und dem Handelstätigen übergibt, damit er es in Handelsgeschäften investiert.

Im islamischen Recht bedeuten beide Begriffe: Vertrag über eine Handelsgemeinschaft (*'aqd sharika*) zur Erwirtschaftung von Gewinn, wobei das Geld von einer Seite und die Handelstätigkeit von einer anderen her kommt. Dieser Vertrag wird daher „*Muḍāraba*" genannt, weil er wörtlich von „*aḍ-ḍarb fi-l-arḍ*" hergeleitet wird, was in diesem Zusammenhang heißt: „Das (Umher)Reisen (auf der Erde)", nach dem Wort Gottes:

> „... Und andere (gibt es unter euch), die auf der Erde umherreisen[1], um das Wohlwollen Gottes zu erlangen ..."
> (Sure *al-Muzzammil* [73], Vers 20)

Die Gelehrten des Irāq sind es, die diese Vertragsform *Muḍāraba* nennen, während die Gelehrten des *Ḥijāz* sie *Muqārada* nennen. Die Form dieses Vertrages ist, daß jemand einer anderen Person Geld gibt, damit diese damit Handelsgeschäfte treibt, unter der Bedingung, daß dem Handelstätigen ein bestimmter Anteil am Gewinnertrag zukommt.

Dies ist in völliger Übereinstimmung der Rechtsgelehrten (*ijmā'*) zulässig unter den Muslimen, wobei als Beleg dafür herangezogen wird, daß die Araber in der vorislamischen Zeit auf diese Weise Handel zu treiben pflegten und der Islam dies bei seinem Erscheinen bestätigt hat.

Zudem ist es bekannt, daß der Gesandte Gottes ﷺ vor seiner Entsendung als Prophet und Gesandter als *Muḍārib* mit dem Handelsgeld Khadījas ausgezogen und auf die Reise gegangen war.

§ 2

DER ḤUKM BEZÜGLICH DES HANDELSTÄTIGEN IN DEN VERSCHIEDENEN SITUATIONEN DER MUḌĀRABA – IN ÜBERSICHT –

- Der *Muḍārib* ist (grundsätzlich) eine Vertrauensperson (*amīn*),
- falls er Geld ausgibt, ist er Vertreter des Geldgebers (*wakīl*),
- falls er Gewinn erwirtschaftet, ist er Teilhaber (*sharīk*),
- falls er sich vertragswidrig verhält, ist er jemand, der das Geld zu Unrecht an sich genommen hat (*ghāsib*),
- falls ihm per Vertragsbedingung aller Gewinn zukommen soll, ist er (*mustaqrid*), alleiniger *Qard*-Nutznießer,
- falls dem Geldgeber der gesamte Gewinn zukommen soll, ist er jemand, der einen Verkauf im Auftrag tätigt (*mustab'iḍ*),
- falls der *Muḍāraba*-Vertrag ungültig wird, wird er ein zu entlohnender Dienstleistender (*ajīr*); dem *Muḍārib* kommt dann ein entsprechender Lohn zu, gleich ob seine Handelstätigkeit Gewinn ergibt oder nicht.

§ 3

DIE BEDINGUNGEN (SHURŪṬ) VON MUḌĀRABA HINSICHTLICH DES HANDELSTÄTIGEN (MUḌĀRIB)

Es gibt allerdings verschiedene Ausgangslagen bezüglich des *Muḍārib*, bei deren Bestehen sich jeweils der *Ḥukm* der *Muḍāraba* verändert; daher spricht man auch von mehreren Arten von *Muḍāraba*. Folgende Fälle sind zu unterscheiden:

1. Daß der *Muḍārib* bei Entgegennahme des Geldes und noch vor Inangriffnahme der Geschäfte als vertrauenswürdig (*amīn*) bezeichnet werden kann; diese Rechtsbestimmung ist darum erforderlich, weil das Geld in der Hand des *Muḍārib* als anvertrautes Gut (*amāna*) gilt und

er dementsprechend verpflichtet ist, es zu bewahren[2] und auf Fordern des Geldgebers zurückzugeben. Andererseits ist der *Muḍārib* nicht verpflichtet, eine Schuldverpflichtung/Schutzhaftung (*ḍamān*) auf sich zu nehmen, wenn ihm das Geld (bei korrekten Geschäften) verlorengeht.

2. Daß der *Muḍārib* bei Beginn der Handelsgeschäfte (und auch im Verlauf derselben) als Vertreter (*wakīl*) des Geldgebers gilt; dabei wird seine Vertreterrolle (*wikāla*) hier rechtlich so verstanden, daß er die Stelle dessen einnimmt, der ihn als Vertreter eingesetzt hat (das heißt des *muwakkil*) – bezüglich der Dinge, für die er eingesetzt worden ist.

Dabei wird man bezüglich der Dinge, die mit finanziellen Vertragsschlüssen zusammenhängen, welche der Vertreter im Rahmen seiner *Wikāla* schloß, auf den Geldgeber zurückkommen.

Zu den rechtlichen Bestimmungen (*aḥkām*) gehört hier auch, daß ein Vertreter im Rahmen dessen, wozu er eingesetzt wurde, nicht zu einer (bestimmten) Handlung gezwungen werden kann[3], außer zur Bezahlung eines hinterlegten Gutes/Depositum (*wadī'a*); etwa daß ein Mann zu einem anderen sagt: „Hiermit setze ich dich als (meinen) Vertreter ein, damit du die bei mir hinterlegte Kleidung bei X bezahlst“: Wenn dieser, der *Muwakkil*, der die Vertretung seiner Person veranlaßt hat, verschwindet, ist sein Vertreter gezwungen, die Kleidung zu bezahlen.

Abgesehen davon ist die Vertretung (*wikāla*) nicht zwingend, und es kommt jedem der beiden Beteiligten zu, sich auch ohne Erlaubnis des anderen von dieser Vertretung zu befreien.

3. Sobald sich Gewinn (*ribh*) ergibt, ist die Rechtsbestimmung des *Muḍārib* wie die des Teilhabers (*sharīk*) bei Finanzteilhabergeschäften (*mushāraka*); das heißt, daß dann einem jeden der zwei beteiligten Teilhaber ein ganz bestimmter Anteil am erwirtschafteten Gewinn zukommt, welcher aus dem gegebenen Geld heraus gewonnen wurde.

Jedoch bildet das *Muḍāraba*-Geschäft eine spezielle Unterart des *Mushāraka*-Geschäfts – insofern, als bei den anderen Arten von *Mushāraka* von beiden beteiligten Geschäftspartnern her Kapital in das Geschäft eingebracht wird.

4. Wenn der *Muḍāraba*-Vertrag zunichte bzw. ungültig wird, so ist die rechtliche Bestimmung des *Muḍārib* wie die des zu entlohnenden Dienstleistenden (*ajīr*), in dem Sinne, daß der gesamte Gewinn bzw. Verlust auf seiten des Geldgebers liegt und dem *Muḍārib* ein entsprechender Lohn zukommt.

Dabei ist unter den hierzu vertretenen Rechtsmeinungen diejenige richtig, die sagt, daß im Falle, daß der *Muḍārib* eine ungültige (*fāsid*) *Muḍāraba* tätigt, ihm kein Lohn zukommt, falls er dabei auch keinen Lohn erwirtschaftete. Dies darum, weil er ja dann keinen Lohn bzw. Anteil erhält, wenn er in einem rechtsgültigen (*ṣaḥīḥ*) *Muḍāraba*-Geschäft ohne Gewinn hervorgeht: Wie soll er dann Lohn bei Verlust in einer ungültigen *Muḍāraba* erhalten!

5. Verletzt der *Muḍārib* eine der Bedingungen seiner Aufgabe, so wird er als jemand betrachtet, der unrechtmäßig Besitz an sich genommen hat (*ghāsib*); in diesem Falle ist er sündig geworden und muß das Gut, das zu Unrecht in seinem Besitz ist, zurückgeben sowie gegebenenfalls durch Schuldverpflichtung (*damān*) dafür aufkommen.

Wie schon bei Punkt 3 und 4 tritt dieser Fall hier (5) erst ein, wenn der *Muḍāraba*-Vertrag ungültig wird (hier durch Verletzung der Vertragsbedingungen).

6. Wird als Bedingung ausgemacht, daß der Gewinnertrag (*ribh*) allein dem *Muḍārib* zukommen soll, so wird das dem *Muḍārib* übergebene Geld als Pfand (*qard*) betrachtet.

Wenn nun der *Muḍārib* dieses Geld in seinen Besitz nimmt und gemäß der ihm auferlegten Bedingungen damit arbeitet, so ist er allein dafür verantwortlich: Ihm kommt der gesamte Gewinn bzw. der gesamte Verlust zu, und sollte ihm das Geld verloren gehen, so ist er schuldverpflichtet (*damīn*) und muß dem Geldgeber das Geld zurückerstatten.

7. Wenn als Bedingung ausgemacht wird, daß der gesamte Ertrag dem Geldbesitzer zukommen soll, so ist die rechtliche Bestimmung wie beim *Bidā'a*-Vertrag: daß nämlich der Geldbesitzer jemanden mit seiner Vertretung beauftragt – in einem Erwerbsgeschäft (*bidā'a*) –, ohne daß dem Vertreter dabei ein Lohn zukommt.

In diesem Fall gehört dem Geldgeber alles, was gekauft wird, und er muß alle Ausgaben, die entstehen, auch selbst tragen (zum Beispiel Transportkosten), doch der Käufer (der Vertreter) erhält dafür keinen Lohn.

§ 4

DIE GEWINNANTEILSBEMESSUNG BEI DER MUḌĀRABA

Zu dem Anteil des Handelstätigen (*muḍārib*) am Gewinn, der per Bedingung festgelegt wird, wird nichts hinzugefügt[4]. Er wird nicht im Sinne einer Schuldverpflichtung (*damān*) für das Geld verantwortlich gemacht.

Die *Muḍāraba* ist nur rechtsgültig, wenn es mit Besitz getätigt wird, das bei Handelsgemeinschaften zulässig ist[5].

Wenn der Geldgeber einen Gegenstand gibt und sagt: „Verkaufe das und arbeite mit dem Preis davon in *Muḍāraba*-Form" oder wenn er sagt: „Nimm, was (an Geld von mir) bei X liegt und arbeite damit", so ist das auch zulässig.

§ 5

WAS EINE MUḌĀRABA BZW. EINE DER VERTRAGSBEDINGUNGEN UNGÜLTIG MACHT

Jede Bedingung, die ein Nichtwissen des Gewinn(anteils) voraussetzt, macht den Vertrag zunichte und ungültig, die Bedingungen, die das nicht tun, bewirken entsprechend keine Ungültigkeit des Vertrages.

Eine Bedingung kann ungültig werden, wie etwa die Bedingung des hinterlegten Gutes gegen den *Muḍārib*[6].

§ 6

DIE AḤKĀM VON MUḌĀRABA

Die die rechtlichen Bestimmungen (*aḥkām*) bezüglich einer *Muḍāraba* sind von bestimmten Umständen abhängig und in verschiedenen Hinsichten mit besonderen Bedingungen versehen. Bei einer *Muḍāraba* sind daher zu betrachten:

1. Die Handelstätigkeiten, die der in *Muqārada* Handelstätige – der *Muḍārib* – betreiben muß.
2. Die Handlungen, die der *Muḍārib* bei Vertragsungültigkeit verrichten muß.
3. Die Grenzen der Verfügungsgewalt, die der *Muḍārib* über das Geld ausüben kann, und was daraus folgt.
4. Womit der Handelstätige seine Ausgaben für seine eigene Person (während des *Muḍāraba*-Geschäfts) bestreitet.

Die Handelstätigkeiten, die der in Muḍāraba Handelstätige – der Muḍārib – betreiben muß

Dieser Bereich geht in seiner Rechtsbestimmung auf den Brauch (*ʿurf*) zurück; und zwar hat der *Muḍārib* jede Art von Handelstätigkeit auszuüben, auf der der Handel als solcher beruht (wie zum Beispiel den Handel, den man – ohne Vertretung – selbst abschließt).

Die Handlungen, die der Muḍārib bei Vertragsungültigkeit verrichten muß

Es besteht keinerlei Meinungsverschiedenheit unter den Gelehrten aller Rechtsschulen, daß es zulässig ist, wenn beide Seiten übereinkommen, den Vertrag für aufgehoben zu erklären bzw. die Handelstätigkeit zu beenden. Üblicherweise folgt im Handelsbereich einer solchen Vertragsbeendigung eine entsprechende Abrechnung sowie Rückforderung von Schulden aus dem Geschäft: Ist dies nun für den Handelstätigen im *Muḍāraba* verpflichtend?

Hierin sind die Gelehrten verschiedener Ansicht; im folgenden ihre Meinungen:

A. Die *Mālikīya*, *Shāfiʿīya* und *Ḥanbalīya* gehen in ihrer Auffassung dahin, daß Schulden aus dem *Muḍāraba*-Geschäft nach Vertragsaufhebung (*faskh*) vom Handelstätigen her (seitens des Geldgebers) verpflichtend eingefordert werden können, wobei es keine Rolle spielt, ob die Handelstätigkeit nun gewinnbringend war oder nicht.

B. Die *Ḥanafīya* geht dahin, daß dem Handelstätigen eine Begleichung der Schulden nur dann obliegt, wenn auch Gewinnertrag (*ribh*) erzielt wurde, nicht aber, wenn sich Verlust eingestellt hat.

Jede Gruppe der Gelehrten zieht jeweils einen verstandesmäßigen Beleg heran:

A. Die erste Gruppe argumentiert, daß die *Muḍāraba* korrekt erfüllt und beendet wird durch Rückgabe des Kapitals, so wie es ursprünglich übergeben wurde. Schulden (das heißt fehlende Beträge des ursprünglichen Kapitals) stimmen damit nicht überein, und so muß das Kapital (anschließend) wieder (durch Schuldbegleichung) vervollständigt werden. Dasselbe gilt auch, wenn sich Gewinn einstellt sowie wenn das Kapital aus Gegenständen bzw. Waren – jedenfalls keinem direkten Geld – besteht.

B. Die *Ḥanafīya* hingegen meint, daß der Handelstätige im Falle, daß sich Gewinnertrag ergeben hat, als zu entlohnender Dienstleistender (*ajīr*) zu betrachten ist, wobei ihm erst dann Lohn zusteht, wenn seine Tätigkeit abgeschlossen ist, und zum Abschluß dieser Handelstätigkeit gehört auch die Begleichung der Schulden.

Im Falle von Verlust im Handelsgeschäft jedoch ist der Handelstätige ein Vertreter des Geldgebers im eigentlichen Sinne. Ein Vertreter wiederum ist jemand, der frei und ohne Zwang über das verfügen kann und darf, worüber er als Vertreter eingesetzt wurde. Daher kann ihm nicht verpflichtend (*lāzim*) auferlegt werden, das (an Verlusten) zu vervollständigen, worüber er frei verfügen durfte.

Die Grenzen der Verfügungsgewalt, die der Muḍārib über das Geld ausüben kann, und was daraus folgt

Die Tätigkeit, durch die der *Muḍārib* das Recht an einem Anteil des Gewinnertrages erhält, ist der Handel, und die Handelstätigkeiten wiederum können hinsichtlich der Zahl ihrer Unterarten und auch hinsichtlich ihrer Zeitabhängigkeit kaum gezählt werden.

In der Frage, welche Grenzen der Handelstätige nicht überschreiten darf und was daraus folgt, sind sich die Gelehrten in folgendem einig:

1. Bei absoluter Abfassung des Vertrages[7] ist es das Recht des Handelstätigen, so über das Geld zu verfügen, es so einzusetzen, wie es der Brauch (*ʿurf*) bestimmt.
2. Wenn der Geldbesitzer dem Handelstätigen eine Art, über das Geld zu verfügen, untersagt, kommt es diesem nicht zu, die entsprechende Verfügungsgewalt in dieser Art des Geldeinsatzes auszuüben.
3. Wenn der Handelstätige dem, was an Bedingungen bereits festgelegt wurde, zuwiderhandelt, ist er schuldverpflichtet (*ḍāmin*) für das, was mit dem Geld geschieht.

Womit der Handelstätige seine Ausgaben für seine eigene Person (während des Muḍāraba-Geschäfts) bestreitet

Zu dieser Problemstellung bestehen viele Fragen; dies, weil der Handelstätige des öfteren mit dem Geld auf der Reise ist und sich von seiner Familie trennen muß, um etwa auf dem Markt seine Aufgabe erfüllen zu können. So stellt sich die Frage: Kommt es ihm zu, seinen Lebensunterhalt bzw. seine Ausgaben vom *Muḍāraba*-Geld zu bestreiten? Und wenn er das tut, muß er Entsprechendes zum *Muḍāraba*-Geld zurückerstatten? Diese Gesamtfrage muß nach zwei Fällen unterschieden werden:

Erster Fall:

Daß der Handelstätige sich in einem Land bzw. einer Gegend als Nichtreisender (*muqīm*) bzw. ständig aufhält: In diesem Fall stimmen alle vier Rechtsschulen überein, daß er seine Ausgaben von seinem eigenen Geld zu bestreiten hat. Die *Mālikīya* hat darüber hinaus jedoch gesagt: Wenn die *Muḍāraba* im Land/der Gegend des dort ansässigen *Muḍārib* unterbrochen wird, so kann er seine Ausgaben – sich im Land, in der Gegend befindend – aus dem *Muḍāraba*-Geld bestreiten, wenn das *Muḍāraba*-Geld dies tragen kann[8].

Zweiter Fall:

Daß der Handelstätige Reisender (*musāfir*) ist aufgrund seiner Handelstätigkeit für die *Muḍāraba*: In diesem Fall besteht Uneinigkeit zwischen den Gelehrten, ob es zulässig ist, vom *Muḍāraba*-Geld Ausgaben zu decken.

Im folgenden die Meinungen und Belege:

a. Die *Ḥanafīya* ist der Ansicht, daß die Ausgaben (Lebensunterhalt) vom *Muḍāraba*-Geld gedeckt werden dürfen; Ausgaben für Medizin aber gehört nicht zu diesen Ausgaben.

b. Die *Mālikīya* vertritt grundsätzlich die gleiche Ansicht wie die *Ḥanafīya*, aber mit der zusätzlichen Bedingung, daß der Betrag des *Muḍāraba*-Geldes groß ist, damit diese Ausgaben des Handelstätigen im Vergleich zum Gesamtbetrag verschmerzt werden können.

c. Die *Shāfi'īya* vertritt – in der bei ihr bevorzugt vertretenen Aussage – die Meinung, daß der Handelstätige in jedem Fall seine nötigen Ausgaben für seinen Lebensunterhalt usw. selbst tragen muß. Sollte eine entsprechende Bedingung im Vertrag vorhanden sein (daß seine Ausgaben vom *Muḍāraba*-Geld bestritten werden können), so ist der Vertrag ungültig (*fāsid*). In einer anderen Aussage innerhalb der *Shāfi'īya* wird andererseits zugegeben, daß der Handelstätige diejenigen Ausgaben vom *Muḍāraba*-Geld bezahlen darf, die über seine normalen Lebenshaltungskosten hinaus aufgrund von Reisen entstehen.

d. Die *Ḥanbalīya* vertritt eine Meinung, die der der *Shāfi'īya* ähnelt, aber dabei wird gesagt: Falls die Deckung der Ausgaben des *Muḍārib* als Bedingung festgesetzt wird, kommt es ihm zu, diesbezüglich im akzeptablen Maß (nach guter Sitte, *bi l-ma'rūf*) *Muḍāraba*-Geld auszugeben; es ist aber vorzuziehen, daß ihm ein bestimmtes Maß an Spesen für diese Ausgaben festgesetzt wird. Auch kommt ihm zu, daß er seine Ausgaben (aus *Muḍāraba*-Geld) bestreitet, wenn der ortsübliche Brauch (*'urf*) dies so vorsieht.

Diejenigen, nach deren Ansicht dem Handelstätigen seine Ausgaben ersetzt werden müssen, wenn dies im Vertrag als Bedingung festgesetzt wurde oder der Brauch (*'urf*) das bestätigt, belegen dies wie folgt:

1. Jemand, der für irgendeinen Aspekt des Wohlergehens anderer (*maṣlaḥa*) verantwortlich ist, muß auch seine Ausgaben (*nafaqa*) im Rahmen dieses Aspekts tätigen können, wie etwa die Ausgaben für die Ehefrau dem Ehemann obliegen. Der Handelstätige nun ist, wenn er zu Handelszwecken Reisen unternimmt, für diese Handelstätigkeit verantwortlich, und also muß ihm diesbezüglich auch das Recht zukommen, entspechende Ausgaben zu tätigen.

2. Wenn der *Muḍārib* das *Muḍāraba*-Geschäft tätigt, kommt ihm ja kein festgesetzter Lohn zu, und er tut dies andererseits auch nicht als freiwillige, unentgeltliche Tätigkeit, mal erzielt er Gewinn, mal nicht: Wenn er daher die Reisekosten tragen soll und zusätzlich keinerlei Gewinn erzielen kann, trägt er Schaden davon[9].

3. Nach dem *Qiyās* wird zwar gesagt, daß dem *Muḍārib* keine Ausgaben zur Deckung seiner Unkosten zukommen, da er entweder zu entlohnender Dienstleistender (*ajīr*), Vertreter (*wakīl*) oder Teilhaber (*sharīk*) ist und ihm dies grundsätzlich in keinem dieser Fälle (im sonstigen Recht) zukommt, doch da bei solchen Handelsverträgen wie dem vorliegenden der geübte und akzeptierte Brauch (*'āda*) beachtet wird, läßt man hier den *Qiyās* zur Seite, da der Brauch bei der *Muḍāraba* vorsieht, daß der Handelstätige von der *Muḍāraba* auf der Reise entsprechende Ausgaben tätigen kann.

4. Die *Muḍāraba*-Tätigkeiten beschäftigen den *Muḍārib* so und halten ihn von anderem ab, daß er gehindert ist, ausreichend für seinen eigenen Lebensunterhalt zu sorgen; daher sind ihm entsprechende Ausgaben erlaubt.

Diejenigen, die der Ansicht sind, daß es dem *Muḍārib* nicht zukommt, seine Ausgaben mit Beträgen vom *Muḍāraba*-Geld zu decken, belegen dies wie folgt:

1. Dem Handelstätigen kommt ein Anteil am Gewinnertrag zu, aber nichts anderes.

2. Manchmal kann der Betrag, der für die Ausgaben ausgegeben wird, dem Betrag des Gewinnanteils gleichkommen, so daß der *Muḍārib* letztlich den Hauptgewinn hätte, und das widerspricht dem Vertragssinn[10].

3. Die Ausgaben, die er für sich selbst tätigt, gehen nur ihn selbst an, und diese muß er tragen, sei er auf der Reise oder nicht; es kommt ihm aber nicht zu, dies aus *Muḍāraba*-Geld zu bezahlen.

4. Die Vertreter dieser Meinung sehen die Sache so, daß der Handelstätige sich zu eigenem Nutzen und Vorteil beim Handel bemüht, und daher muß er seine Ausgaben selbst tragen.

Was dem Muḍārib zukommt, wenn der Vertrag ungültig wird

Grundsätzlich wird ein Vertrag so abgeschlossen, daß man von der Gültigkeit des Vertrages ausgeht. Was aber ist die rechtliche Bestimmung (*ḥukm*), wenn eine zur Vertragsgültigkeit erforderliche Bedingung, und damit auch der Vertrag selbst, hinfällig bzw. nichtig wird und das den beiden Vertragspartnern erst dann deutlich wird, wenn der Handelstätige schon etwas vom *Muḍāraba*-Geld ausgegeben hat?

Dies ist, was hier im Rahmen des Themas (*muḍāraba*) untersucht werden soll, mit Meinungen und Belegen der Rechtsgelehrten:

1. Die *Ḥanafīya*, *Shāfiʿīya* und *Ḥanbalīya* meinen, daß, wenn der *Muḍāraba*-Vertrag ungültig wird, der gesamte Gewinnertrag dem Geldbesitzer zukommt, weil es sich dabei um Zuwachs seines eigenen Besitzes ist, und dem Handelstätigen muß er eine entsprechende Entlohnung (*ajr al-mathal*) geben.

Die *Ḥanafīya* aber macht zur Bedingung, daß der Lohn nicht den Betrag übersteigt, der ihm – dem *Muḍārib* – im Falle von Gewinnertrag zukommt.

2. Bei der *Mālikīya* hingegen wird zwischen vielen Formen von Vertragsungültigkeit unterschieden (siehe dazu weiter unten). In manchen dieser Fälle muß ein entsprechender Lohn (*ajr al-mathal*) gegeben werden, in einigen tritt die „Bedingung der Entsprechung" (*sharṭ al-mathal*) in Kraft. Mit Bedingung der Entsprechung ist der Gewinnanteil des *Muḍārib* gemeint, den dieser erhalten würde, wenn der Vertrag rechtsgültig (geblieben) wäre.

In anderen Fällen beschrieben Gelehrte den Anteil so: daß der Geldbesitzer alles, was er dem Handelstätigen als Bedingung festgesetzt hat, ihm nach seinem Ermessen kürzen kann bzw. sich selbst einen Zuwachs festlegen kann.

Auch gilt, daß er dem *Muḍārib* den entspechenden Lohn gibt (falls der seinen Anteil sich selbst festsetzte) – wenn nicht, tritt der Fall von *Qirāḍ al-Mathal* in Kraft (etwa: daß man von einem entsprechenden gültigen Vertrag bei der Entlohnung konstruiert).

§ 7

DIE ARKĀN DES MUḌĀRABA-VERTRAGES

Dies sind:

- Angebot (*ījāb*) und
- Annahme (*qabūl*) des Vertrages

Dies wird vorgenommen durch sprachliche Ausdrücke, die auf den beabsichtigten Sinn hinweisen.

Wenn etwa jemand zu einer Person sagt: „Nimm dieses Geld in *Muḍāraba*" oder „*Muqārada*" oder „*Muʿāmala*", oder wenn er sagt: „Nimm dieses Geld in *Muḍāraba*, unter der Bedingung, daß der Gewinnertrag, den Gott uns bestimmt, zwischen uns jeweils zur Hälfte (oder: in der Form eines Drittels für dich und zweier Drittel für mich usw.) aufgeteilt wird", und der *Muḍārib* sagt: „Hiermit nehme ich (diesen Anteil) an" oder „Damit bin ich einverstanden" oder „Hiermit nehme ich (diesen Vertrag) an", so ist der Vertrag gültig.

Wenn nun (der Geldgeber) sagt: „Nimm dieses Geld an unter der Bedingung, daß du vom Ertrag die Hälfte (ein Drittel usw.) erhältst", und der *Muḍārib* dazu schweigt und nichts dagegen erwidert, gilt der *Muḍāraba*-Vertrag ebenfalls.

§ 8

DIE BEDINGUNGEN ZUR RECHTSGÜLTIGKEIT EINES MUḌĀRABA-VERTRAGES

Erste Bedingung

Daß das Kapital aus den beiden Geldmetallen Gold bzw. Silber besteht, in bearbeiteter (geprägter) Form; dies in Übereinstimmung der Gelehrten der hanafitischen Rechtsschule.

Ebenfalls ist es zulässig und rechtsgültig, wenn das Kapital aus einem Zahlungsmittel besteht, das rechtlich als solches anerkannt ist und womit Handel und Geschäfte getätigt werden, wie etwa Nickel- oder Kupfermünzen. Nicht zulässig ist es, *Muḍāraba*-Geschäfte mit geldähnlichen Zahlungswerten außer Gold und Silber zu tätigen, wenn sie nicht durch Prägung (oder entsprechende offizielle Kennzeichnung) als Zahlungsmittel ausgewiesen sind.

Hinsichtlich der Frage, ob *Muḍāraba*-Geschäfte mit ungeprägtem Gold und Silber zulässig sind, herrscht Uneinigkeit bei den Gelehrten, und ebenso verhält es sich bei Goldstaub, wenn er anstelle von geprägten Gold- und Silbermünzen als Zahlungsmittel anerkannt und verwendet wird. Manche Gelehrte stimmen dafür, daß es zulässig sei, andere lehnen dies ab; die Ablehnung überwiegt jedoch.

Entsprechend ist ein *Muḍāraba*-Geschäft mit Handelswaren unzulässig.

Wenn etwa jemand einer anderen Person Baumwolle oder ein Kleidungsstück übergibt (zum Beispiel im Wert von mehreren Hundert Euro) und zu dieser Person sagt: „Verkaufe das in *Muḍāraba*, unter der Bedingung, daß der Ertrag zwischen uns aufgeteilt wird", so ist das Geschäft ungültig. Wenn im genannten Beispiel der *Muḍārib* die Ware verkauft und Verlust erwirtschaftet, so ist er nicht dafür verantwortlich zu machen, falls er ausdrücklich und speziell mit dem Geldgeber ausgemacht hatte, daß er, der *Muḍārib*, ihm, dem Geldgeber, bei einem Verlustgeschäft das Geld ohne Verlust zurückzuerstatten habe: denn bei diesem (ungültigen) *Muḍāraba*-Geschäft ist diese Ausgleichsregelung nicht anzuwenden.

Es besteht Uneinigkeit darüber, ob der Handelstätige – der *Muḍārib* – im Falle, daß Verlust entsteht, eine Entlohnung für die Dienstleistung zu erhalten habe[11].

Wenn andererseits der Handelstätige (der *Muḍārib*) zunächst einen Preis für die Ware – in Form eines *Biḍā'a*-Geschäftes – erwirtschaftet hat und mit diesem Betrag nun weiterarbeitet, so wird das an Bedingungen aktiv und gültig, was zu Anfang zwischen Geldgeber und *Muḍārib* vereinbart wurde, denn nun ist das Geschäft ein gültiges *Muḍāraba*-Geschäft geworden.

Solange sich daher der Handelstätige noch in der ersten Phase des Geschäfts (nämlich dem Verkaufen der Ware) befand, konnte er nicht für die Ware schuldverpflichtet werden, da es sich (zu jenem Zeitpunkt noch) nicht um eine gültige *Muḍāraba* handelte – und es im Sinne von *Wikāla* nicht als vertrauenswürdig eingestuft wurde.

In der zweiten Phase jedoch, während der der Handelstätige nun mit dem aus der Ware erwirtschafteten Betrag Handel treibt, handelt es sich beim laufenden Geschäft um eine gültige *Muḍāraba*, und alle ausgemachten Bedingungen diesbezüglich gelten dann.

Zweite Bedingung

Daß der Betrag des Kapitals, das beim *Muḍāraba*-Geschäft verwendet werden soll, (in seiner Höhe) klar und allen (Beteiligten) bekannt ist, damit nicht zwischen den beiden Vertragsschließenden ein Streit entsteht.

Dritte Bedingung

Daß das (konkrete) Kapital klar gekennzeichnet und beim Geldgeber vorhanden ist. Dementsprechend ist eine *Muḍāraba* mit einem Kapital in Form einer Schuld (*dain*), welche dem „Geldgeber" noch seitens des *Muḍārib* zukommt, ungültig.

Wenn etwa der Geldgeber sagt: „Nimm von dem, was an Kapital (als Schuld deinerseits noch ausstehend) bei dir ist und arbeite damit in Form von *Muḍāraba*, unter der Bedingung, daß dir die Hälfte des Ertrages (*ribḥ*) zukommt", so ist dies rechtsungültig.

Wenn nun der Verschuldete in einem solchen Fall mit dem Geldbetrag, den diese auf ihm lastende Schuld ausmacht, Handel treibt und so Gewinn bzw. Verlust erzielt, so kommt ihm sowohl der Gewinn zugute, wie auch der Verlust zu seinen Lasten geht; in beiden Fällen aber bleibt die (ursprüngliche) Schuld weiter bestehen.

Nach einer anderen Meinung befreit sich der Verschuldete von der Schuld, wobei Gewinn und Verlust zugunsten bzw. zulasten des

Geldbesitzers gehen und der *Muḍārib* einen entsprechenden Lohn zu bekommen hat.

Wenn aber die Schuld auf einer anderen Person als dem *Muḍārib* lastet – zugunsten des Geldgebers – und der Geldgeber zum *Muḍārib* sagt: „Mir kommt noch von einer Person X Geld zu (zum Beispiel tausend Euro); nimm diese Summe von dieser Person und arbeite in *Muḍāraba*-Form damit", worauf dann der *Muḍārib* dies tut, so ist das rechtsgültig, wenn auch zugleich *makrūh*.

Ebenso verhält es sich, wenn der *Muḍārib* nur einen Teil der Schuldsumme (von der verschuldeten Person) an sich nimmt und anschließend mit diesem Teil arbeitet; in diesem Fall ist die *Muḍāraba* ebenfalls rechtsgültig.

Wenn aber der Geldgeber sagt: „Nimm den Betrag meiner Schuld (die bei der Person X liegt) von dieser Person X und arbeite dementsprechend damit in *Muḍāraba*" bzw. „darauf arbeite damit in *Muḍāraba*", und nimmt der *Muḍārib* daraufhin tatsächlich nur einen Teil dieses geschuldeten Betrages an sich und arbeitet damit in Form von *Muḍāraba*, so ist das nicht rechtsgültig, weil durch die Formulierung des Geldgebers „arbeite dementsprechend" bzw. „darauf damit" deutlich ist, daß der *Muḍārib* nur den Gesamtbetrag nehmen kann bzw. soll.

Wenn jemand bei einer anderen Person einen Betrag hinterlegt und zu dieser Person sagt: „Arbeite mit dem, was (von meinem Geld) bei dir ist, in *Muḍāraba*", so ist das rechtsgültig.

Ebenso verhält es sich, wenn jemand einem anderen einen Betrag gibt, damit er für ihn – den Geldgeber – in Form eines *Bidā'a*-Kaufgeschäfts etwas kauft, und dann sagt: „Arbeite damit in *Muḍāraba*-Form", so ist auch dies rechtsgültig.

Vierte Bedingung

Daß das Kapital tatsächlich dem Handelstätigen (*muḍārib*) übergeben wird, so daß der *Muḍārib* davon in alleiniger Person Ausgaben tätigen kann. Falls aber zwischen den beiden Beteiligten als Bedingung ausgemacht wurde, daß der Geldgeber gemeinsam mit dem *Muḍārib* Handel treiben solle, so ist der Vertrag rechtlich ungültig (*fāsid*).

In dieser Sache spielt es keine Rolle, ob nun der Geldgeber selbst die Formulierung beim Vertragsschluß vornimmt oder ein anderer. Wenn etwa der Geldgeber noch klein ist (das heißt noch nicht *bāligh*) und sein *Walī* an seiner Stelle den Vertragsschluß vornimmt, unter der Bedingung, daß der noch nicht allein vertragsfähige Minderjährige mit dem *Muḍārib* zusammenarbeitet, so ist der *Muḍāraba*-Vertrag ungültig, und wenn er ungültig wird, kommt dem *Muḍārib* ein entsprechender Lohn von dem fürs Geschäft abgezweigten Geld zu.

Wenn nun eine andere Person in Vertretung eingesetzt wird, um mit einer anderen Person (als *Muḍārib*) bezüglich des *Muḍāraba*-Geldes einen *Muḍāraba*-Vertrag anzuschließen und dabei der Vertreter (des Gelgebers) als Bedingung festlegt, daß er mit dem Handelstätigen (*muḍārib*) gegen einen Anteil des Gewinnertrages zusammenarbeitet, so ist der Vertrag ungültig. Dies darum, weil der Vertreter hier den Platz des Geldgebers in dem Rahmen einnimmt, für den er eingesetzt wurde, und da es auch für den Geldgeber selbst unzulässig ist, sich per Vertragsbedingung am Handel gemeinsam mit dem *Muḍārib* zu beteiligen, gilt dies auch für den Vertreter des Geldgebers.

Fünfte Bedingung

Daß die Gewinnbeteiligung des *Muḍārib* als klarer Anteil bekannt ist (wie zum Beispiel die Hälfte, ein Drittel usw.).

Wenn nun ein spezieller Betrag ausgemacht wird, etwa wenn der Geldgeber sagt: „Arbeite mit diesem Geld in *Muḍāraba*, und du sollst vom Gewinnertrag zweihundert Euro erhalten", so ist der Vertrag ungültig.

Ebenso verhält es sich, wenn der Geldgeber zusätzlich zum Gewinnanteil eine bestimmte Summe hinzufügen will, etwa indem er dem *Muḍārib* sagt: „Arbeite in *Muḍāraba*, und du erhälst zusätzlich zur Hälfte des Gewinnertrages zweihundert Euro", so ist das rechtlich ungültig. Dasselbe gilt, wenn der Gewinnanteil abzüglich einer bestimmten Summe ausgemacht wird (zum Beispiel die Hälfte des Gewinnertrages abzüglich zweihundert Euro): gleich, wieviel hinzugefügt oder abgezogen werden soll, der Vertrag ist in solchen Fällen ungültig.

Wenn andererseits als Bedingung festgelegt wird, der *Muḍārib* solle den Gewinnanteil, der aus einer Hälfte des Geldes oder einem Drittel usw. davon erwirtschaftet wird, erhalten, ohne daß diese Hälfte, dieses Drittel usw. genau und speziell festgelegt wird, so ist das rechtsgültig.

Sechste Bedingung

Daß das, was dem *Muḍārib* per Bedingung zukommen soll, von dem Gewinnertrag genommen wird, nicht aber vom Kapital selbst. Wenn etwa der Geldgeber sagt: „Arbeite mit diesem Geld in *Muḍāraba*, und dir soll eine Hälfte (oder: ein Drittel oder soundsoviel Euro) des Kapitals zukommen", so ist der Vertrag ungültig.

Ebenso verhält es sich, wenn der Geldgeber sagt: „Dir soll die Hälfte (bzw. irgendein Anteil) des Kapitals zusätzlich zu einem Anteil am Gewinnertrag zukommen", so ist das nicht rechtsgültig.

Wenn nun für den *Muḍārib* eine Bedingung festgelegt wird, daß er zusätzlich zu seinem Gewinnanteil einen zum Beispiel monatlichen

Lohn erhalten solle, so ist zwar diese Bedingung ungültig, der Vertrag selbst aber bleibt gültig.

Arbeitet nun der *Muḍārib* auf der Basis dieser Bedingung, so kommt ihm nur der reine Anteil am Gewinnertrag zu.

Wenn andererseits der Geldgeber dem *Muḍārib* einen Geldbetrag übergeben hat, um damit *Muḍāraba*-Geschäfte zu tätigen, unter der Bedingung, daß dem *Muḍārib* dafür eine Wohnung gegeben wird, um darin (unentgeltlich) zu wohnen, oder ein Stück Land gegeben wird, um darauf Landwirtschaft zu betreiben, so wird der Vertrag dadurch gänzlich ungültig.

§ 9

WAS DAS RECHT SOWOHL DES GELDGEBERS ALS AUCH DES HANDELSTÄTIGEN (DES MUḌĀRIB) IST

Die Rechte des Geldgebers

1. *Das Recht auf Festlegung der Zeit*

Es kommt dem Geldgeber zu, den *Muḍāraba*-Vertrag hinsichtlich der Zeit festzulegen. So ist es zum Beispiel für ihn rechtsgültig, daß er als Bedingung festsetzt, daß der *Muḍārib* nur zu einer bestimmten Erntesaison (Gemüse, Baumwolle zum Beispiel) tätig wird oder daß er nur im Winter bzw. im Sommer tätig wird, oder daß er nur für die Dauer eines Jahres tätig wird usw.

2. *Das Recht auf Festlegung des Ortes*

Es kommt dem Geldgeber zu, die *Muḍāraba* hinsichtlich des Ortes festzulegen. So ist es zum Beispiel für ihn rechtsgültig, als Bedingung festzulegen, daß der *Muḍārib* nur in einem bestimmten Land oder einer bestimmten Stadt tätig wird.

3. *Das Recht auf Festlegung der Art der Ware*

Es kommt dem Geldgeber zu, die *Muḍāraba* hinsichtlich der Art der Ware festzulegen. So ist es zum Beispiel für ihn rechtsgültig, dem *Muḍārib* als Bedingung festzulegen, nur mit einer bestimmten Art von Baumwolle, Getreide, Kleinvieh usw. Handel zu treiben.

4. *Das Recht auf Festlegung der Person*

Es kommt dem Geldgeber zu, die *Muḍāraba* hinsichtlich der Person festzulegen. So ist es zum Beispiel für ihn rechtsgültig, dem *Muḍārib* als

Bedingung vorzuschreiben, nur mit einer bestimmten Person Geschäftsbeziehungen zu unterhalten: Dann darf der *Muḍārib* nur jener Person etwas verkaufen bzw. von jener Person etwas kaufen.

In diesen Fällen kommt es dem *Muḍārib* nicht zu, einer Bedingung zuwiderzuhandeln, die der Geldgeber festgelegt hat.

Wenn er dennoch Bedingungen zuwiderhandelt, wird der *Muḍārib* als jemand betrachtet, der unrechtmäßigerweise Besitz an sich genommen hat (*ghāsib*).

Falls der *Muḍārib* etwas vom *Muḍāraba*-Geld kauft, so tut er das auf eigene Rechnung. Der Geldgeber hat in diesem Fall keine Rechte an dem Eingekauften. Andererseits ist dann der *Muḍārib* schuldverpflichtet und erhält keinen Lohn.

Wenn der *Muḍārib* einer Bedingung zunächst zuwiderhandelt, dann aber von dieser nicht vertragsgemäßen Handelsweise Abstand nimmt und die ihm vorgeschriebenen Bedingungen erneut erfüllt, wird der *Muḍāraba*-Vertrag wieder erneut gültig.

Das ist beispielsweise der Fall, wenn ein *Muḍārib* etwas aus einem Gebiet kauft, das ihm als Handelsgebiet per Bedingung vom Geldgeber untersagt worden war: Die *Muḍāraba* ist in dieser Zeit ungültig, wird aber erneut rechtsgültig, wenn der *Muḍārib* darauf nur noch im per Bedingung festgelegten Gebiet Handel treibt.

Dem Geldgeber kommt es nicht zu, eine Bedingung festzulegen, die in keiner Weise nützlich ist.

Etwa wenn der Geldgeber untersagt, einen Kauf zu tätigen, bei dem der Preis sofort vom Verkäufer (dem *Muḍārib*) entgegengenommen wird: Diese Bedingung wird nicht beachtet, weil sie zur Schädigung hinsichtlich des Gewinnertrages führt und der Handelstätige auch Handelspartner ist (also auch Anrecht auf lohnendes Geschäft hat).

Wenn es aber so ist, daß der fragliche Kauf termingebunden und mit Schuldverpflichtung sowie Preiserhöhung verbunden sein kann (und damit gegenüber dem Geschäft mit einfachem, entgegenzunehmendem Preis vorteilhafter ist), so hat der Geldbesitzer das Recht, den Kauf mit einfachem, direkt entgegenzunehmendem Preis (der hier geringer ausfiele) zu untersagen – denn nun hat eine solche Bedingung einen Nutzen.

Wenn der Geldgeber dem *Muḍārib* nun eine Bedingung festsetzt, in der ein geringer Nutzen liegt, etwa wenn er ihm vorschreibt, auf einem bestimmten Markt einer bestimmten Gegend tätig zu werden (indem er zum Beispiel sagt: „Werde auf dem Markt X tätig"), so braucht man sich nach dieser Einschränkung nur dann zu richten, wenn zugleich eine Handelstätigkeit auf anderen Märkten klar untersagt wurde (etwa wenn der Geldgeber sagt: „Arbeite auf dem Markt X, nicht aber auf dem

Markt Y"); dies, weil der Geldbesitzer die *Wilāya* über sein Geld hat, und wenn er daher dem Handelstätigen etwas diesbezüglich verbietet, muß dieses Verbot auch rechtskräftig und beachtet werden.

Die Rechte des Handelstätigen (muḍārib)

Wenn der Geldgeber die *Muḍāraba* nicht hinsichtlich der Zeit, des Ortes usw. festgelegt hat – in diesem Fall spricht man von einer „absoluten *Muḍāraba*" (*muḍāraba muṭlaqa*) –, so werden die Rechte des Handelstätigen hinsichtlich der Verfügungsgewalt über den Besitz (*tasarrufāt*) in drei Bereiche eingeteilt:

Der erste Bereich

Daß ihm das Recht zukommt, mit irgendwelchen Dingen bzw. Waren gemäß dem bloßen Wortlaut des Vertrages Handel zu treiben, ohne auf mögliche Einflußnahme des Geldgebers oder eine ausdrückliche Erlaubnis desselben angewiesen zu sein.

Dies tritt etwa ein, wenn der Geldgeber dem *Muḍārib* sagt: „Handele ganz nach deiner Meinung"; daraus ergeben sich mehrere Rechte:

1. Das Recht, von jedem zu kaufen und jedem zu verkaufen – sogar, wenn es sich dabei um jemanden handelt, dessen Zeugenaussage (*shahāda*) in Verwandtschafts-, Ehe- und Besitzangelegenheiten nicht angenommen wird.

   Des weiteren ist es für den *Muḍārib* zulässig (*jā'iz*), etwas seinem Kind oder auch seinem Ehegatten[12] zu verkaufen.

   Es ist allerdings rechtlich ungültig, daß er mit großer Übervorteilung verkauft (das gilt sowohl für einen Verkauf an Verwandte wie an Fremde): Wenn er nämlich das tut, handelt er dem Vertrag zuwider (ist *mukhālif*) – sogar wenn ihm der Geldbesitzer zuvor sagte: „Handele ganz nach eigenem Ermessen"[13]. Was nun Kauf und Verkauf mit leichter Übervorteilung angeht, so ist dies etwas, was leider sehr häufig und regelmäßig bei den Leuten anzutreffen ist und wovon sich nicht jeder freimachen kann. Daher wurde von manchen Gelehrten gesagt, ein solches Geschäft sei (noch) rechtsgültig, während andere Gelehrte dazu meinten, so etwas zu tätigen sei nicht erlaubt, also auch nicht rechtsgültig.

2. Daß der *Muḍārib* das verkauft, was er (zuvor) an Handelswaren für den Geldbesitzer gekauft hat. In diesem Fall hat der Geldbesitzer die Wahl, ob er den Preis bezahlt und so die *Muḍāraba* fortbesteht oder ob er nicht bezahlt, das (bei ihm verbliebene) Kapital festhalten will und so die *Muḍāraba* unterbrochen wird.

   Wenn jedoch der *Muḍārib* vom Geldgeber Handelswaren vom Geldeinsatz der *Muḍāraba* kauft, so wird die *Muḍāraba* ungültig (*fāsid*).

3. Daß der *Muḍārib* etwas gegen einen sofort zu zahlenden Preis (*thaman hāl*) oder später zu übergebenden – termingebundenen – Preis (*thaman mu'ağğal*) kauft, wobei der Termin gegebenenfalls bei den Handelsleuten gegenseitig bekannt sein muß. Wenn er etwas bei langlaufendem Termin kauft, so wird von manchen Gelehrten gesagt, das sei rechtsgültig, andere Gelehrte lehnen das jedoch als rechtsungültig ab.
4. Daß der *Muḍārib*, wenn er eine Ware verkauft und dann beim Käufer klar wird, daß sie einen Fehler (*'aīb*) hat, dann auf die Ware einen Preisnachlaß in dem Maße des Fehlers geben kann (wie dies üblicherweise[14] gehandhabt wird). Wenn aber der *Muḍārib* einen größeren Preisnachlaß gewährt, als der Fehler an Wert ausmacht, so tut er das auf eigene Rechnung, wenn auch die *Muḍāraba* dadurch nicht zunichte wird.
5. Es kommt dem *Muḍārib* zu, daß er zu Handelszwecken vom *Muḍāraba*-Geld ein Reittier kauft; ein Schiff oder dergleichen ohne (spezielle) Erlaubnis des Geldgebers zu kaufen, kommt ihm aber nicht zu.
6. Daß der *Muḍārib* vom *Muḍāraba*-Geld ein Stück Land mietet und Saatgut kauft, um darauf Landwirtschaft zu betreiben oder um darauf zum Beispiel Palmen zu pflanzen; tut er das, so ist das rechtsgültig, und der Gewinnertrag wird gemäß der (entsprechenden) Vertragsbedingung zwischen ihm und dem Geldgeber aufgeteilt.

   Wenn der *Muḍārib* aber Bäume oder Palmen vom *Muḍāraba*-Geld kauft, um damit in Form von Bewässerungslandwirtschaft zu arbeiten, so ist das rechtlich ungültig, und der *Muḍārib* haftet in Schuldverpflichtung (*ḍamān*) für das Geld, was er dafür ausgegeben hat – sogar dann, wenn ihm der Geldbesitzer das vorgeschlagen/nahegelegt hat.
7. Daß der *Muḍārib* unter Verwendung des *Muḍāraba*-Geldes zu Land und zu Wasser reist, und es kommt ihm nicht zu, so zu reisen, daß er den Leuten Angst einflößt und sie sich von ihm fernhalten[15].
8. Es kommt dem *Muḍārib* zu, eine andere Person bezüglich Kauf und Verkauf als seinen Vertreter einzusetzen.
9. Es kommt ihm zu, das *Muḍāraba*-Geld in *Bidā'a*-Geschäften auszugeben, indem er es etwa jemandem gibt, der – ohne selbst Lohn, Anteil oder sonstigen Nutzen dafür zu erhalten – damit eine Handelsware kauft.

   Wenn er das Geld dieser Person in *Bidā'a* übergibt und dieser dann damit Käufe und Verkäufe tätigt, so ist das rechtsgültig und wird als spezielle Handlung des *Muḍārib* gewertet.

   Hinsichtlich der Vertragsbedingung spielt es in der Lage des *Muḍārib* keine Rolle, ob es sich beim *Muḍāraba*-Geld nun um eigentliches Geld oder um Handelsgüter handelt. Wenn in dieser Lage der Geldbesitzer das Geld ohne Erlaubnis des *Muḍārib* zum Beispiel aus dessen Wohnung nimmt[16] und es sich bei dem Geldbesitz um eigentliches Geld handelt, so ist die *Muḍāraba* ungültig geworden (*bāṭil*); handelt es sich dabei jedoch um Handelsgüter, so wird die *Muḍāraba* nicht ungültig.

Wenn aber ein solches Kapital (im oben genannten Fall) aus (beispielsweise) tausend Euro besteht und der Geldbesitzer mit Gewinn Handelswaren verkauft, dann für zweitausend Euro eine Ware kauft, bis sich bei einem weiterem Verkauf schließlich viertausend Euro ergeben, so gehört das Geld ihm, wobei er aber dem *Muḍārib* fünfhundert Euro geben muß, denn das ist die Hälfte des Gewinnertrages aus dem Verkauf der ersten (ursprünglichen) Ware.

Wenn der *Muḍārib* das Geld dem Geldbesitzer für eine weitere *Muḍāraba* übergibt, so ist diese zweite *Muḍāraba* ungültig, und es bleibt die erste in ihrem Zustand; dabei wird der Gewinnertrag zwischen beiden so aufgeteilt, wie dies in der ersten *Muḍāraba* als Bedingung festgelegt wurde.

10. Es kommt dem *Muḍārib* zu, daß er das *Muḍāraba*-Geld bei jemandem, den er mag, hinterlegt (als *wadī'a*).
11. Er kann das Geld als Pfand (*rahn*) geben oder selbst verpfänden.
12. Der *Muḍārib* hat das Recht, einen Wechsel (*ḥawāla*) gegen Preis anzunehmen, in geringerem oder größerem Ausmaß, da all das zu den Notwendigkeiten und dem Ablauf des Handels gehört.

Der zweite Bereich

Daß der *Muḍārib* das Recht hat, verschiedene Dinge mit Bevollmächtigung des Geldbesitzers zu tätigen, indem der Geldbesitzer zu ihm sagt: „Handele ganz nach deinem Ermessen." Dies sind folgende Dinge:

1. Daß der *Muḍārib* mit einer anderen Person einen (zweiten) *Muḍāraba*-Vertrag schließt[17].

2. Daß er mit einer anderen Person einen *Mushāraka*-Vertrag abschließt[18].

3. Daß er das *Muḍāraba*-Geld mit seinem eigenen Geld oder dem einer anderen Person vermischt – es sei denn, daß es in den jeweiligen Gebieten/Ländern Sitte ist (*'āda*), daß die *Muḍāribūn* nur mit Einverständnis ihrer Geldgeber das *Muḍāraba*-Geld derart mit ihren oder den Geldern anderer vermischen dürfen.

Ist es dem *Muḍārib* ohne weiteres erlaubt (gemäß der Sitte), so darf er dies auch dann tun, wenn der Geldgeber nicht ausdrücklich sagte: „... ganz nach deinem Ermessen/deiner Meinung". Sagt er dies jedoch, kommt es dem *Muḍārib* in jedem Falle zu.

Der dritte Bereich

Daß der *Muḍārib* das Recht hat, bestimmte Dinge zu tun, falls er die ausdrückliche Erlaubnis des Geldbesitzers hat.

Zwei Dinge kann der *Muḍārib* nur mit ausdrücklicher Erlaubnis tätigen: *Istidāna* (sich selbst verschulden) und *Iqrād* (Dinge aus *Muḍāraba*-Besitz als Pfand geben). An diesen Handlungsweisen hat der *Muḍārib* durch den bloßen (Grund-)Vertrag keinen Anteil – selbst wenn der Geldbesitzer ihm (im Grundvertrag) sagte: „Handele ganz nach deinem Ermessen/deiner Meinung". Im Fall von *Istidāna* etwa ist es so, daß der *Muḍārib* zunächst etwas in *Bidā'a* mit dem gesamten *Muḍāraba*-Geld kauft und dann noch etwas anderes so kauft, daß er sich mit dem Kaufpreis verschuldet (*dain*) und dabei kein Teilbetrag dieses Kaufpreises aus dem *Muḍāraba*-Geld bezahlt wird.

KAPITEL 2

ÜBER MUSHĀRAKA

§ 10

ALLGEMEINE DEFINITION

Unter dem Begriff „*Mushāraka*", wörtlich: „gegenseitige Teilhaberschaft", versteht man eine Handelsgemeinschaft, bei der zwei oder mehr Teilhaber sich mit ihrem eigenen Geld beteiligen und gemeinsam Handelsgeschäfte tätigen[19]. Gewinnertrag bzw. Verlust werden gemäß dem jeweiligen Anteil des eingebrachten Geldbetrages für jeden der Beteiligten berechnet, und der sich so ergebende Gewinn bzw. Verlust kommt dem jeweiligen Geldgeber/Teilhaber zu.

Das Geld, das für einen *Mushāraka*-Vertrag eingebracht wird, wird vermischt, insofern als der Gesamtbetrag als Einheit betrachtet wird.

§ 11

DIE GRUNDARTEN VON MUSHĀRAKA

Grundsätzlich unterscheidet man zwei Arten von *Sharika* (hier: gemeinsamem Besitzrecht):

1. *Sharikat al-milk* (Besitzgemeinschaft)[20]
2. *Sharikat al-'uqūd* (Vertragsgemeinschaft)

Der Bereich von *Sharikat al-'Uqūd* unterteilt sich in drei Bereiche, und jeder dieser drei gliedert sich in je zwei Unterbereiche.

I. *Sharikat al-'uqūd bi l-māl* (Besitzgemeinschaft hinsichtlich des Geldes)
Sharikat al-'uqūd bi l-māl mufāwaḍatan
Sharikat al-'uqūd bi l-māl 'inānan

II. *Sharikat al-'uqūd bi l-abdān* (hinsichtlich Besitzgemeinschaft)
Sharikat al-'uqūd bi l-abdān mufāwaḍatan
Sharikat al-'uqūd bi l-abdān 'inānan

III. *Sharikat al-'uqūd bi l-wujūh* (hinsichtlich Besitzgemeinschaft)
Sharikat al-'uqūd bi l-wujūh mufāwaḍatan
Sharikat al-'uqūd bi l-wujūh 'inānan

§ 12

DIE BEIDEN GRUNDTYPEN DER MUSHĀRAKA-ARTEN

Neben dem Namen „*Mushāraka*" ist der Begriff „*Sharika*" weit verbreitet. Da der letzte Begriff etwas allgemeiner verwendet wird, soll er im weiteren Text auch verwendet werden.

Der *Sharika*-Vertrag gliedert sich in grundsätzlich zwei Teilbereiche auf:

Sharikat al-Māl

Das ist ein Gemeinschaftsvertrag, bei dem zwei oder mehr Handelnde bzw. Teilhaber an der *Sharika* (*shurakā'*, Sg. *sharīk*) sich zur Gewinnerzielung mit Besitzwerten (Geld, Sachwerten) oder Rechten (Schulden, Pfandbeträge) zusammentun.

In manchen Fällen ist eine solche Gemeinschaft erzwungen (*sharika ijbārīya*), wie im Fall eines Erbes (*irth*), in anderen wahlfrei (*sharika ikhtiyārīya*), wie im Fall eines Handelsgeschäfts.

Bei dieser Grundart der *Sharika* besteht kein Recht eines Handelnden am Besitz(anteil) des anderen ohne dessen ausdrückliche Erlaubnis; er kann jedoch über seinen Anteil verfügen, ihn, bei teilbarem Besitz, auch ohne Erlaubnis des anderen verkaufen.[21]

Sharikat al-'Aqd

Dies ist eine echte Handelsgemeinschaft, bei der sich zwei oder mehr Teilhaber zusammentun, um gemeinsam Gewinnertrag zu erzielen, wobei der Anteil ausgemacht wird und jeder grundsätzlich Handel treibt.

Außerdem gilt bei dieser Grundart der *Sharika* jeder Teilhaber auch als Vertreter (*wakīl*) des bzw. der jeweils anderen Teilhaber in Kauf und Verkauf usw.

Die zweite Grundart, die *Sharikat al-'Aqd*, wird in vier Unterarten unterteilt:

1. *Sharikat al-'aqd mufāwaḍatan* bzw. *Sharikat al-mufāwaḍa*
2. *Sharikat al-'aqd 'inānan* bzw. *Sharikat al-'inān*
3. *Sharikat al-'aqd taqabbulan* bzw. *Sharikat at-taqabbul*
4. *Sharikat al-'aqd wujūhan* bzw. *Sharikat al-wujūh*

§ 13

SHARIKAT AL-'AQD MUFĀWAḌATAN BZW. SHARIKAT AL-MUFĀWAḌA

Bedingungen der Sharikat al-Mufāwaḍa

Die *Sharikat al-Mufāwaḍa* ist nur unter bestimmten Bedingungen als solche gültig bzw. vorhanden:

1. Daß in der betreffenden *Sharika Wikāla* (rechtliche Vertretung) und *Kafāla* (das Recht, Bürgschaften und Garantien zu geben bzw. zu übernehmen) enthalten sind, wobei die *Wikāla* sich ganz und gar auf jeden Bereich der *Sharika* erstrecken muß.
2. Daß alle Vertragspartner völlig gleich sind bezüglich des in die *Sharika* eingebrachten Besitzes sowie (gegebenenfalls) in ihrem Gewinnanteil.
3. Daß alle Vertragspartner völlig gleich sind bezüglich des Rechts, im Rahmen der Handelsgeschäfte Besitz (Geld, Sachwerte, Grundstücke usw.) auszugeben (*tasarruf*) bzw. Schulden (*dain*) zu machen.
4. Daß sie völlig gleich sind in ihrer Verantwortung (*taklīf*) sowie in ihrer Freiheit (zu jedem beliebigen erlaubten Handelsgeschäft).
5. Daß sie in sich selbst, in ihren Personen gleich sind; daher ist es im Rahmen der *Mufāwaḍa* ungültig, wenn Muslim und Nichtmuslim, Erwachsener (*bāligh*) und Kind (nicht *bāligh*) sich darin zusammentun.[22]
6. Daß der Vertragsabschluß zu einer *Mufāwaḍa* mit einem Wortlaut geschieht, in dem das Wort *Mufāwaḍa* vorkommt, und daß die Bedingungen der *Mufāwaḍa* klar verdeutlicht und dargelegt bzw. festgelegt werden.
7. Daß der Besitz zur *Mufāwaḍa* bereits in der notwendigen Höhe vorhanden ist; ohne konkretes Vorhandensein des Besitzes[23] ist ein *Mufāwaḍa* nicht gültig bzw. vorhanden.

Worauf sich der Mufāwaḍa-Vertrag erstreckt

1. Daß die Vertragspartner in allem, was einer kauft, gemeinsam Anrecht haben bzw. gemeinsam handeln, außer bezüglich der Versorgung der jeweils eigenen Familie eines Vertragspartners mit Essen und Kleidung[24].
2. Daß der Verkäufer (einer Ware, die im *sharika*-Vertrag eine Rolle spielt) ein Einforderungsrecht (*mutālaba*) an jeden der Vertragspartner hat, und sei es bezüglich der Essens- und Kleiderpreise (die ein Vertragspartner für seine Familie erworben hat). In diesem Fall muß der (vom Händler) angesprochene Vertragspartner den Preis, der dem Käufer – bzw. dem anderen Vertragspartner obliegt – in dem Maße seines Beteiligungsanteils aus dem *Sharika*-Besitz bezahlen.
3. Daß jegliche Schuld (*dain*) eines Vertragspartners, die auf ihm lastet und aus
   - einem Handelsgeschäft (*tijāra*),
   - einer Darlehensaufnahme (*istiqrād*),
   - einer rechtlich nicht erlaubten Aneignung (*ghasb*),
   - einer Abtilgung von Schulden (*istihlāk*) oder
   - dem Recht, Bürgschaften und Garantien zu geben bzw. zu übernehmen (*kafāla*),

   dieses Vertragspartners entstanden ist, von dem bzw. den anderen Vertragspartnern übernommen wird. Dies obliegt bei dem *Mufāwaḍa*-Vertrag selbst dann, wenn der Verschuldete selbst zu seiner Verschuldung steht, es sei denn, daß es sich bei dieser Schuld um eine ganz persönliche handelt, wie das Bezahlen von
   - *Mahr/Ṣadāq* (Brautgabe),
   - *Khul'* (vgl. S. 759 ff.),
   - Strafgebühren aufgrund einer Gesetzesübertretung sowie
   - Schulden bezüglich Dinge, die nicht korrekterweise von dem *Sharika*-Vertrag erfaßt sind bzw. werden können.
4. Daß ein Vertragspartner, gegen den ein Vorwurf bzw. eine Anklage erhoben wird, das Recht hat, den bzw. die anderen Vertragspartner bezüglich ihres Wissens vereidigen zu lassen.[25]

Die Dinge, die den Mufāwaḍa-Vertrag ungültig machen (mubṭilāt al-mufāwaḍa)

Der *Mufāwaḍa*-Vertrag wird durch folgende Dinge ungültig (*bāṭil*):

1. Wenn einem der Vertragspartner ein Geschenk (von bestimmtem größeren Wert) gemacht wird oder er etwas erbt, was als Besitz im *Sharika*-Vertrag gültig eingesetzt werden kann, ja selbst wenn er etwas

als *Ṣadaqa* erhält. In solchen Fällen wird der *Mufāwaḍa*-Vertrag als solcher ungültig (*bāṭil*), und der *Sharika*-Vertrag wird zu *Sharikat al-'Inān*.

2. Weder die *Sharikat al-Mufāwaḍa* noch die *Sharikat al-'Inān* ist rechtsgültig, wenn als Besitz der *Sharika* etwas anderes eingesetzt wird als
   - geprägte Gold- und Silbermünzen bzw. offizielle geprägte Geldmünzen bzw. gültiges, offizielles Papiergeld[26],
   - Rohgold und -silber sowie
   - Goldstaub,

   sofern das betreffende Zahlungsmittel im Handel akzeptiert bzw. üblicherweise eingesetzt wird. Auch sind Sachwerte in dem Falle zulässig, daß diese zunächst gegen eines der oben angegebenen Zahlungsmittel verkauft werden und der Ertrag in gleiche Anteile zwischen den Vertragspartnern aufgeteilt wird, wonach dann ein (neuer) *Mufāwaḍa*- bzw. *'Inān*-Vertrag abgeschlossen wird.
3. Weder ein *Mufāwaḍa*- noch ein *'Inān*-Vertrag ist gültig, wenn als Besitz in diesem Vertrag ein (zum Zeitpunkt des Vertragsschlusses) nicht vorhandener Besitz bzw. ein Anrecht durch eine Schuld (*dain*) eingesetzt wird.

§ 14

SHARIKAT AL-'AQD 'INĀNAN BZW. SHARIKAT AL-'INĀN

Bedingungen für die Gültigkeit der Sharikat al-'Inān

1. Eine *Sharikat al-'Inān* liegt vor, wenn im Vertrag nur die *Wikāla* (das Vertretungsrecht) – ohne *Kafāla* – der einzelnen Vertragspartner füreinander inbegriffen ist.
2. Ein solcher Vertrag ist für diejenigen zulässig, die jemandem eine *Wikāla* übertragen können; auch ist ein unterschiedlicher Besitz seitens der einzelnen Vertragspartner (*shurakā'*) rechtsgültig.
3. Der Gewinnertrag (*ribh*) wird dabei gemäß den im Vertrag ausgemachten Bedingungen aufgeteilt.
4. Der Vertrag ist gültig, wenn keine unauflösbare Vermischung von Besitz (bzw. gemeinsamem, nicht aufteilbarem Besitz) vorliegt.[27]
5. Ein Einforderungsrecht (*mutālaba*) eines Händlers an einen Käufer (gemeint: an einen Vertragspartner, der etwas im Rahmen der *sharika* erworben hatte) besteht nur bezüglich des Preises; wenn diese Einforderung dann an einen anderen Vertragspartner herangetragen wird und dieser dabei mehr als seinen Anteil ausgibt, so kann er auf seinen Vertragspartner – auf den sich die Einforderung des Preises

bezog – zurückkommen und von ihm im Maß seines Anteils das zurückfordern, was er – der erste Vertragspartner – von seinem eigenen Besitz vorab ausgelegt hatte.

Die Dinge, die den ʿInān-Vertrag ungültig machen (mubṭilāt al-ʿinān)

1. Der Vertrag der *Sharikat al-ʿInān* wird dann ungültig, wenn der Besitz eines Vertragspartners (*sharīk*) oder der Besitz von mehreren oder allen Vertragspartnern[28] zunichte wird, bevor noch ein Kauf (bzw. Handelsgeschäft) getätigt wurde.

   Wenn zum Beispiel bei zwei Vertragspartnern der eine mit seinem Besitz etwas erworben hat und im Anschluß daran der Besitz des anderen zunichte wird, ohne daß von diesem – nun zunichte gewordenen – Besitz etwas erworben wurde, so wird das mit dem Besitz des ersten Vertragspartners Erworbene zwischen beiden aufgeteilt, indem der zweite Vertragspartner den Anteil erhält, der für den Gewinnertrag (*ribh*) im Vertrag ausgemacht wurde.
2. Der *Sharikat al-ʿInān*-Vertrag wird auch dadurch ungültig, daß ein fester Geldbetrag als Gewinnertragsanteil für einen der Vertragspartner (bzw. bei mehreren: für einige Vertragspartner) ausgemacht wird.[29]

§ 15

SHARIKAT AL-ʿAQD TAQABBULAN BZW. SHARIKAT AT-TAQABBUL

Dies ist eine Art der *Sharika*, die mit Erzeugnissen (*sanāʾiʿ*), Arbeitstätigkeiten bzw. Handlungen (*aʿmāl*) sowie Personen (*abdān*, wörtlich: „Körpern“) zu tun hat. Bei dieser Art der *Sharika* arbeiten zwei (oder mehr) Personen in einer Arbeit zusammen bzw. arbeiten so, daß die Arbeit des einen mit der des anderen zusammenhängt (das ist etwa der Fall, wenn zwei Schneider zusammenarbeiten oder ein Schneider und ein Färber). Dabei ist es Bedingung, daß sie in solchen Arbeitstätigkeiten[30] zusammenarbeiten, für die eine entsprechende Zahlung eingefordert werden kann (*istihqāq*)[31].

Der Ertrag der Arbeitsleistung (*kasb*) wird zwischen ihnen so aufgeteilt, wie es im Vertrag als Bedingung ausgemacht wurde.

Zum gültigen Vorhandensein einer *Sharikat at-Taqabbul* muß gewährleistet sein, daß alles, was ein Vertragspartner als Ertrag seiner Leistung annimmt, auch dem anderen gemäß der entsprechenden Bedingung bezüglich der Anteile zukommt.

Jeder der Vertragspartner kann dabei bezüglich seiner Arbeit durch Einforderungsrecht (*muṭālaba*) verantwortlich gemacht werden[32]; auch besteht ein Einforderungsrecht bezüglich des Lohnes (*ajr*)[33], und Zahlungsverpflichtungen (von Kunden) werden erfüllt, sobald das fällige Geld an einen der Vertragspartner gezahlt wird[34].

Alle Erträge aus allen Arbeitsleistungen werden zusammengenommen und anteilmäßig zwischen allen Teilhabern gemäß der für jeden Teilhaber festgelegten Bedingungen aufgeteilt. Dies gilt selbst dann, wenn ein Teilhaber krank oder auf einer Reise ist oder bewußt, ohne Entschuldigungsgrund (*'udhr*), nicht gearbeitet hat[35].

Diese Vertragsart kann in der Form einer *Sharikat al-Mufāwaḍa* (= *sharikat at-taqabbul mufāwaḍatan*) sowie einer *Sharikat al-'Inān* (= *sharikat at-taqabbul 'inānan*) durchgeführt werden. In diesem Fall gelten dementsprechend zusätzlich zu den eigentlichen, hier aufgeführten Bedingungen der *Sharikat at-Taqabbul* diejenigen Bedingungen, die oben zur *Sharikat al-'Inān* aufgeführt wurden.

§ 16

SHARIKAT AL-'AQD WUJŪHAN BZW. SHARIKAT AL-WUJŪH

Dieser *Sharika*-Vertrag besteht darin, daß zwei oder mehr Teilhaber dahingehend einen Vertrag schließen, daß sie von einem Außenstehenden eine bestimmte Art von Ware unter bestimmten Aspekten (*wujūh*), erwerben und wieder verkaufen; durch das, was sich dabei als Ertrag ergibt, bezahlen sie den ursprünglichen Preis an den Erstbesitzer.

Es handelt sich dabei um einen Kauf auf der Basis einer Kreditaufnahme (*nasī'a*), wobei die Vertragspartner zunächst von dem Erstverkäufer (dem Außenstehenden) die Ware abnehmen, ohne direkt zu bezahlen, das heißt, sie kaufen auf Kredit. Nachdem sie dann die Ware (an wieder andere Käufer) weiterverkauft haben, wird aus dem erzielten Gewinn zunächst dem (außenstehenden) Erstverkäufer die Summe zurückgezahlt, die er ihnen als Kredit eingeräumt hatte; der verbleibende Überschuß wird dann gemäß den dazu ausgemachten Bedingungen zwischen den eigentlichen Vertragspartnern aufgeteilt.

Diese Vertragsform, die *Sharikat al-Wujūh*, kann – wie auch die *Sharikat at-Taqabbul* – in *'Inān*-Form (= *sharikat al-wujūh 'inānan*) als auch in *Mufāwaḍa*-Form (= *sharikat al-wujūh mufāwaḍatan*) durchgeführt werden, wobei entsprechend zusätzlich die Bedingungen des *'Inān*- und *Mufāwaḍa*-Vertrages zu beachten sind.

§ 17

EINSCHRÄNKENDE BEDINGUNGEN, DIE SICH AUF ALLE ARTEN VON SHARIKA-VERTRÄGEN BEZIEHEN

Wenn ein *Sharika*-Vertrag in *Mufāwaḍa*-Form durchgeführt wird, ist *Kafāla* und *Wikāla* mit eingeschlossen; wird er in *'Inān*-Form eingeschlossen, ist entsprechend nur die *Wikāla* mit inbegriffen. Bezüglich des Gewinnertrages (*ribh)* gilt, daß er gemäß den Bedingungen aufgeteilt werden muß, die im Vertrag ausgemacht wurden. Des weiteren besteht Anspruch auf Beteiligung an Gewinnerträgen (*ribh*) ausschließlich aufgrund dreier Dinge:

1. *Māl* (Besitz, der in die *Sharika* eingebracht wurde)
2. *'Amal* (Arbeit bzw. Arbeitsleistung)
3. *Taqabbul* (Zusammenwirken bei Arbeitstätigkeiten).

Ein *Sharika*-Vertrag gilt nicht in Handlungen, die in sich selbst hinsichtlich des angestrebten Handelszieles wertfrei (*mubāḥ*) sind[36], wie Brennmaterial sammeln, auf die Jagd gehen, Tiere tränken oder kochen (abgesehen vom Tonbrennen zur Ziegelgewinnung[37]).

In solchen Fällen gilt:

1. Was einer der gemeinsam Handelnden von seiner Handlung her erwirbt bzw. erzielt, gehört ihm allein.
2. Wenn sie durch ein gemeinsames Handeln (bei dem die Handlung eines der Beteiligten nicht von der des anderen zu trennen ist) etwas gemeinsam erwerben bzw. erzielen, so kommt allen unbedingt der gleiche Anteil zu.
3. Wenn einer der Beteiligten etwas selbständig, aber mit der Beihilfe eines anderen erworben bzw. erzielt hat, so gehört dieser Ertrag allein dem eigentlichen Handelnden, und dem Helfer kommt ein seiner Leistung entsprechender Lohn (*ajr*) zu.

Der Gewinnertrag (ribh) bei einer ungültigen Sharika (sharika fasida)

Wenn bei einer ungültigen *Sharika* Gewinnertrag erzielt wurde, so wird dieser unter Berücksichtigung des Maßes des Besitzes betrachtet[38], und einer Bedingung bezüglich eines (festen) Besitzüberschusses wird keine Bedeutung zugemessen.[39]

Wenn nun der gesamte Besitz nur einem Teilhaber gehört (= *muḍāraba*-Vertrag), so muß der andere Teilhaber, der Handelnde, den Lohn in der Entsprechung seiner Ausgaben für Reise, Verpflegung usw. erhalten; wenn sich darüber hinaus realer Gewinn ergeben hat, wird dieser dem Besitzer zugeteilt.

§ 18

DIE RECHTE UND PFLICHTEN DER VERTRAGSPARTNER (SHURAKĀ')

Bedingungen bezüglich der Person eines Vertragspartners (sharīk) in Sharika-Verträgen

Ein Vertragspartner muß speziell in Geldangelegenheiten ein vertrauenswürdiger Mensch sein (*amīn*), so daß sein Eid (*yamīn*) angenommen werden kann bezüglich

- der Höhe des Gewinnertrages (*ribh*)
- des Betrags eines Verlustes (als negativem Ertrag des Geschäftes)
- des Zunichtewerdens von Besitz der *Sharika*
- der Auszahlung von Anteilen an andere Vertragspartner (und sei es – nach deren Tode – an ihre Erben[40]).

Die Rechte von Vertragspartnern in Sharika-Verträgen

Jedem der Vertragspartner in einem *Mufāwaḍa*- bzw. *'Inān*-Vertrag kommt es zu,

- das durch Handelsgeschäfte Erworbene zu vermieten,
- den Besitz der *Sharika* aufzubewahren,
- einfache Handelsgeschäfte mit Waren-Gegenwert-Austausch (*bidā'a*) zu tätigen,
- Geschäfte mit hinterlegtem Gut (*wadī'a*) zu tätigen,
- mit Geld oder auch durch Kreditaufnahme (*nasī'a*) Geschäfte zu tätigen.

Ein Vertragspartner (*sharīk*) hat auf die *Sharika* weder in Form von Vollbesitz (*milk*) noch in Form von Pfand (*rahn*), noch in Form von Überschreibung (*kitāba*) Anspruch, sofern er dazu nicht die ausdrückliche Erlaubnis des bzw. der anderen Vertragspartner hat.

Auch zu einer Schenkung (*hiba*) sowie zur Gewährung eines Darlehens (*qard*) aus *Sharika*-Besitz benötigt ein Vertragspartner die ausdrückliche und klare Erlaubnis des bzw. der anderen Vertragspartner.

Ebenso verhält es sich bei Ausgabe von Besitz sowie Übereignung (*tamlīk*) – außer im Falle von Sachwert bzw. Handelsgut (*'iwad*).

Es ist zulässig, wenn ein Teilhaber in einem *Mufāwaḍa* seinem Sohn oder seinem Vater etwas aus dem *Sharika*-Besitz verkauft[41] sowie an einen jeden, für den dieser verkaufende Teilhaber mit seinem Zeugnis (*shahāda*) bürgen kann; all das unter der Voraussetzung, daß dieses Geschäft der *Sharika*t *al-Mufāwaḍa* nützt[42].

Es ist ungültig, wenn jemand von den Teilhabern einer Person, für die dieser Teilhaber nicht mit seinem Zeugnis (*shahāda*) bürgen kann, etwas anstatt gegen Preis gegen eine Schuld (*dain*) verkauft; in so einem Fall gilt – da solch ein Handel im Sinne der *Sharika* ungültig ist –, daß der bzw. die anderen Partner den Preis für diesen Verkauf (nach Einlösung der betreffenden Schuld) nicht annehmen dürfen. Von daher kann es in solchen Fällen keinerlei Streitigkeiten geben, weder bezüglich des Kaufes noch bezüglich der Übergabe von Ware bzw. Kaufsumme.

Wodurch ein Sharikat al-'Aqd-Vertrag ungültig wird (mubṭilāt sharikat al-'aqd)

Eine *Sharikat al-'Aqd* erlischt bzw. wird ungültig, sobald einer der Teilhaber stirbt – selbst dann, wenn der bzw. die anderen davon nichts wissen. Sie wird auch durch die Ablehnung (*inkār*) eines Vertragspartners ungültig (etwa durch die Äußerung: „Ich arbeite nicht mehr mit dir/euch zusammen"). Auch durch regelrechte Auflösung (*faskh*) des Vertrages erlischt derselbe – selbst dann, wenn dies durch Entzug des Besitzes (und sei es in Form von Waren bzw. Gegenständen) geschieht[43].

Des weiteren wird ein solcher Vertrag absolut ungültig, wenn einer der Vertragspartner verrückt (*majnūn*) wird. Grundsätzlich muß der Wille dessen den Ausschlag geben, der den Vertrag ablehnt.

Ein Vertragspartner kann nur in drei Fällen gezwungen werden, den Vertrag durch (Wiederauf-)Bautätigkeit aufrechtzuerhalten bzw. im Vertrag zu verbleiben:

1. Wenn dies in einem auf den Vertrag bezogenen Testament so festgelegt wird.
2. Wenn im Falle einer geschädigten bzw. in Bauten zerstörten Stiftung (*waqf*) der Stiftungsvorstand dies verlangt.
3. Wenn die praktische Notwendigkeit besteht, die anderen Vertragspartner vor Schaden und Verlusten zu bewahren – wie zum Beispiel bei einem öffentlichen Bad (*hammām*), einem Markt- und Lagerzentrum (*khān*) oder einer Mühle, wenn der Bau stark oder völlig zerstört ist, die Aufteilung des Besitzes unmöglich ist und einer der Vertragspartner sich weigert, sich am Wiederaufbau zu beteiligen[44].

Anmerkungen

1 Im Arabischen: „*yaḍribūna fi l-arḍ*".
2 Gemeint ist damit zweierlei:
1. den Geldbetrag als *Amāna* (anvertrautes Gut) unversehrt und unvermindert zu bewahren, solange noch kein Handelsgeschäft damit getätigt wurde, und
2. dafür zu sorgen, daß keine unseriösen und zweifelhaften Geschäfte damit getätigt werden, um sich und den Geldgeber weitgehend vor vorhersehbaren Verlusten zu schützen.
3 Andererseits werden auch durch die *Wikāla* zwingende Grenzen gesetzt, da der Vertreter an die Anweisungen des ihn Beauftragenden gebunden ist.
4 Dies nach Abū Yūsuf, im Gegensatz zu Muḥammad.
5 Gemeint ist Gold- und Silbergeld (auch Papiergeld zählt hier als Geld), während Handelsgüter bzw. Gegenstände als Besitzeinsatz (bei *Muḍāraba*) unzulässig sind.
6 Gemeint ist, daß der Verlust von Geldbesitz (im *Muḍāraba*-Geschäft) zulasten des *Muḍārib* gehen soll; denn es ist unzulässig, daß das Tragen des Verlustes einem anderen als dem Geldgeber zwingend auferlegt werden soll. Andererseits wird durch eine derartige zusätzliche Bedingung hinsichtlich des Gewinnertrages nicht automatisch eine Auflösung des Vertrages bewirkt, auch bleibt der Vertrag bestehen, wenn dies (den Beteiligten) nicht bekannt ist. Daher wird der *Muḍāraba*-Vertrag nicht ungültig, weil er – im Gegensatz zur Vertretung (*wikāla*) nicht durch eine ungültig Bedingung als Ganzes ungültig wird; die Bedingung wird aber ungültig und gegenstandslos, der Vertrag bleibt als solcher voll bestehen.
7 Das heißt, beim „*Muḍāraba muṭlaqa*" (absolutem *Muḍāraba*, *Muḍāraba* ohne spezielle Bedingungen).
8 Gemeint ist: wenn die Geldsumme recht hoch oder zumindest so hoch ist, daß der Verlust durch diese Ausgaben nicht ins Gewicht fällt.
9 Und dann wird auch kaum jemand – bei solchem Risiko – überhaupt bereit sein, *Muḍārib* zu werden.
10 Vorausgesetzt, der betreffende Vertrag hat keine besondere Bedingung, nach der der *Muḍārib* einen entsprechenden Gewinnanteil (auch etwa den Gesamtgewinn) erhalten soll.
11 Siehe dazu auch weiter oben.
12 Wie schon in der Einleitung gesagt, heißt hier „*Muḍārib*"/„Handelstätiger" nicht notwendigerweise, daß es sich nur um einen Mann handeln kann/darf, daher hier die Formulierung: Ehegatte.
13 Wie schon erwähnt, ist die Rechtsbestimmung einer Person, die einer Bedingung zuwiderhandelt, die eines *Ghāsib*: sie wird als jemand betrachtet, der unrechtmäßig Geschäfte mit unrechtmäßig in seinem Besitz befindlichem Geld tätigt.
14 Das heißt: durch „*'Āda*".
15 Gemeint ist: daß er viel Geld ausgibt, um sich für einen mächtigen, einflußreichen Mann auszugeben, der jedem, der sich ihm entgegenstellt, schaden kann.
16 Heutzutage kämen auch Bankkonten in Betracht.
17 Gemeint ist: mit dem Kapital aus der ersten *Muḍāraba*.
18 Siehe vorige Fußnote.
19 Auch der Begriff „*Sharika*", Handelsgemeinschaft, wird gleichbedeutend mit „*Mushāraka*" verwendet; in verschiedenen Fachbegriffen, die sich auf Unterarten der *Mushāraka* beziehen, wird zudem meist nur „*Sharika*" verwendet.

20 Der erste Teil soll hier nicht ausführlich behandelt werden; er umfaßt etwa Besitzgemeinschaften von zwei oder mehr Leuten, die gemeinsam ein Haus besitzen, oder von Erben, die gemeinsam einen unteilbaren Besitz oder wertvollen Gegenstand erben. Hierbei gilt, daß ohne Einverständnis eines Anteilseigners einer oder alle anderen nicht das Verkaufsrecht haben.

21 Mit bestimmten Ausnahmen, bei denen ohne Übereinstimmung aller Beteiligten der Verkauf und Kauf ungültig ist (etwa bei bestimmtem unteilbarem Besitz).

22 Jeder *Sharikat al-'Aqd*-Vertrag, bei dem die Bedingungen der *Mufāwaḍa* nicht erfüllt sind, gilt grundsätzlich als ein Vertrag vom Typ *Sharikat al-'Inān*.

23 Wenn der Besitz etwa formalrechtlich jemandem zusteht, ohne daß er konkret darüber verfügen kann (zum Beispiel bei unteilbarem Besitz) bzw. wenn der Besitz aus Anrechten an einer Schuld usw. besteht.

24 Nur diese beiden Sachbereiche – Kleidung und Essen – gehören im klassischen islamischen Recht zu den Dingen, die als absolut lebensnotwendig angesehen werden; heutzutage muß man – entsprechend den Lebensumständen – auch andere Bereiche miteinbeziehen, zum Beispiel das für den Mietbetrag nötige Geld, wenn nicht davon ausgegangen werden kann, daß eine Familie – oder einige ihrer Mitglieder – über ein eigenes Haus verfügen bzw. wenn ein Vertragspartner aus einer Familie, die ein Haus besitzt, dort mit seiner eigenen Familie nicht unterkommen kann. Bezüglich der Medizin im Krankheitsfall bzw. bei der medizinischen Versorgung besteht hier aber wohl kein Anrecht (im Sinne der Lebensnotwendigkeit), denn das war im klassisch-islamischen Recht bereits ein Gedankenansatz, der aber verworfen wurde und nicht dem Minimalanspruch zugerechnet wurde.

25 Das heißt, wenn etwa der Anspruch auf Schadensersatz aus einem mißlungenen Geschäft gegen einen Vertragspartner erhoben wird, hat dieser das Recht, daß die anderen Vertragspartner ihn insofern unterstützen, als sie ihn per Eid (notfalls vor Gericht) durch das unterstützen, was sie über dieses Geschäft und den Zusammenhang mit der *Mufāwaḍa* wissen.

26 Eigentlich sind im klassisch-islamischen Recht damit geprägte Gold- und Silbermünzen gemeint, die ihren Wert hauptsächlich aus ihrem Materialwert bezogen; doch es besteht heutzutage Klarheit bezüglich dessen, daß offiziell eingesetztes Geld wie in sich oftmals nicht wertvolle Geldmünzen aus Kupfer, Nickel oder noch anderen Materialien sowie Papiergeld als gleichwertig akzeptiert werden. Dabei gelten als Maßstab folgende Bedingungen:

1. Es muß offiziell bzw. dem realen Marktgeschehen nach akzeptiertes Geld bzw. Zahlungsmittel sein.
2. Es muß letztendlich in Gold und Silber konvertierbar (umtauschbar) sein, damit es der rechtlichen Bestimmung (*ḥukm*) nach den eigentlich zugrundeliegenden Gold- und Silbermünzen entspricht.
3. Der Wert des betreffenden Zahlungsmittels muß insofern klar feststehen, als er durch Prägung, Aufdruck usw. aus dem Zahlungsmittel klar hervorgeht.

Bei Rohgold und -silber bzw. Goldstaub gilt im klassischen (wie auch heutigen) islamischen Recht zwar nicht die Bedingung, daß der Wert durch eine äußere Kennzeichnung klar hervorgeht, aber in diesen Fällen hat das Material in sich den entscheidenden Geldwert, wodurch die Bedingung der eindeutigen Wertzuweisung erfüllt wird.

Bezüglich der Frage, was bei einem offiziellen Geldmittel zu beachten ist, dessen realer Marktwert starken Schwankungen (Kursschwankungen) unterworfen ist, so gilt, daß es so lange als zulässig zu gelten hat, wie es einem realen Gegenwert entspricht; wenn das aber nur theoretisch der Fall ist (und etwa auf dem Markt damit nicht mehr gehandelt wird, sondern mit Zweit- und Drittwährungen), so muß immer mit der vergleichsweise sichersten gehandelt werden, da letztlich alles, was nicht der ursprünglichen Gold- und Silberwährung an Wertbeständigkeit entspricht, eher als zweifelhaft bis unzulässig zu gelten hat. Das geht auch aus der Meinung derjenigen Gelehrten hervor, die bereits im klassischen Recht andere Zahlungsmittel als Gold und Silber zuließen, soweit diese Zahlungsmittel in dem Gebiet des betreffenden Handels allgemein akzeptiert wurden und Wertbeständigkeit besaßen.

27 Das heißt, wenn jeder Vertragspartner frei und völlig über seinen einzelnen Besitzanteil verfügen kann.

28 Gemeint ist: der Besitz, der von ihnen in die *Sharika* eingebracht wurde.

29 Wie auch bei allen anderen Arten der Vertragsgemeinschaften (*sharikāt*) und besonders bei *Muḍāraba*-Verträgen gilt, daß der Gewinnertrag (*ribh*) immer nur in Form von relativen Anteilen im Vertrag festgelegt und gegeben werden darf; dabei kann der „Gewinnertrag" als solcher sowohl positiv (= realer Gewinn, Zugewinn zum Grundbesitz der *Sharika*) wie auch negativ sein (= real gesehen Verlust, Verminderung des eingesetzten Grundbesitzes der *Sharika*). Siehe dazu auch die entsprechenden Bemerkungen im Abschnitt über *Muḍāraba*-Verträge.

30 Mit Arbeitstätigkeit ist hier eine konkrete Dienstleistung gemeint.

31 Mit *Istihqāq* ist hier das Recht, der Anspruch auf Zahlung bzw. Einforderung einer fälligen Zahlung gemeint.

32 Das heißt, Arbeitsverpflichtungen bzw. Leistungen, die ein Vertragspartner der *Sharika* gegenüber einem Kunden nicht erfüllt hat, können von dem Kunden von einem anderen Vertragspartner der *Sharika* eingefordert werden.

33 Damit ist speziell der Lohn gemeint, der Angestellten oder außenstehenden Dienstleistenden im Dienste eines der Teilhaber zustehen.

34 Dies darum, weil alle Teilhaber der *Sharikat at-Taqabbul* als Einheit gelten und die Erträge der Arbeitsleistungen sowieso anteilsmäßig aufgeteilt werden müssen.

35 Dies sind grundsätzliche Bedingungen, die aber – im Falle des letzten Punktes – durch Zusatzbedingungen genauer gefaßt werden können.

36 Gemeint sind hier Dinge, die nicht mit eigentlicher Handelstätigkeit im Sinne von Kauf und Verkauf sowie Weiterverarbeitung von Grundstoffen zu tun haben (wie im Falle eines Schneiders, der aus dem Stoff Kleider herstellt); oder, anders beschrieben, Handlungen, die nicht bleibende Produkte bewirken, können nicht als die oben genannten *Sharikāt* durchgeführt werden, sondern nur durch Lohnverhältnisse.

37 Hier kommt der entscheidende Punkt deutlich heraus: Wenn ein Essen gekocht wird, so entsteht daraus kein bleibendes Produkt, sondern ein Mittel zur Erhaltung der Körperfunktionen, das als solches nach seinem Verzehr nicht mehr weiterexistiert, während bei der Ziegelbrennung ein bleibendes Produkt gewonnen wird, das auch längere Zeit Bestand hat. Im Sinn dieser Definition ist die Tätigkeit eines Obst- und Gemüsehändlers gewissermaßen an der Grenze angesiedelt, insofern als ja seine Produkte auch nur sehr kurze Zeit bei vollem Wert Bestand haben; aber im Unterschied zu gekochten Waren ist diese Bestandszeit doch noch beträchtlich länger, und da im Beispiel Geschäfte mit derart anfälligen Waren auch schnell getätigt werden, ist wahrscheinlich eine *Sharika* zwischen Händlern, die mit solchen Waren handeln, noch zulässig. Doch Gott weiß es am besten.

38 Das heißt: Wenn während der Handelstätigkeit einmal negativer, mal positiver Gewinnertrag erzielt wurde, so wird zunächst der ursprünglich vorhandene Besitz aus

dem realen Gewinn wiederhergestellt, und der dann verbleibende Überschuß wird zwischen den Teilhabern aufgeteilt.

Beispiel: eingebrachter Besitz von A: 1000 Euro
eingebrachter Besitz von B: 2000 Euro
Ertrag aus Geschäft 1: – 1500 Euro (Verlust)
Ertrag aus Geschäft 2: + 3500 Euro (realer Gewinn)
Gesamtertrag aus 1 und 2: + 2000 Euro (realer Gewinn)

Im Beispiel wird zunächst das Gesamtergebnis festgestellt (5000 Euro); dann wird aber nicht im Rahmen der ursprünglichen Anteile usw. aufgeteilt, sondern jeder erhält seinen ursprünglichen Besitz zurück, und der verbleibende Überschuß wird zu gleichen Teilen zwischen beiden aufgeteilt.

39 Wenn sich etwa als realer Gewinn 2000 Euro ergeben und im (ungültigen) Vertrag ein Festanteil für einen oder beide bzw. alle Vertragspartner genannt war, so wird der Bedingung keine Beachtung geschenkt, weil bei *Sharika*-Verträgen nur relative, keine absoluten (= festen) Anteile zulässig sind.

40 Gemeint ist speziell hier, daß die Erben vom Vorhandensein eines Gewinnanteils nichts wissen und auch der Teilhaber davon weiß, aber so aufrichtig ist, daß er ihnen freiwillig den Anteil ihres verstorbenen Verwandten – seines ehemaligen Teilhabers – auszahlt.

41 Da Vater und Sohn die nächsten Verwandten des Vertragspartners sind, sind damit entferntere Verwandte automatisch mit eingeschlossen – genau das wird hier in der islamrechtlichen Kurzform ausgedrückt.

42 Das heißt, in diesen Fällen muß der handeltreibende Vertragspartner besonders gut prüfen, damit er nicht in Verdacht gerät, der *Sharika* aus Eigennutz zu schaden (wenn der Käufer sein Sohn oder Vater ist) bzw. leichtfertig *Sharika*-Besitz aufs Spiel setzt (bei Personen, die er so gut zu kennen glaubt, daß er für sie bürgen kann). Es erübrigt sich fast zu bemerken, daß dann, wenn ein Vertragspartner für jemanden durch *Shahāda* bürgt, er für den Verlust verantwortlich ist und seine Sorgfaltspflicht verletzt hat. Siehe dazu weiter den Haupttext.

43 Die *Sharikat al-ʿAqd* wird ja gerade durch Zusammenarbeit der Teilhaber und Zusammenlegung des Besitzes gekennzeichnet. Daher ist das Herausziehen von Besitz seitens eines Teilhabers – auch ohne ausdrückliche Formel und Aussage (wie: „Der Vertrag ist hiermit von meiner Seite aufgelöst") – als eindeutige Form der Auflösung (*faskh*) zu betrachten.

44 Bei derartigen Bauten und Einrichtungen kann keine Teilung vorgenommen werden, weil diese Einrichtungen ihren komplexen Zweck dann nicht mehr erfüllen können: Bei einem (traditionellen) öffentlichen Bad werden die verschiedenen Räume und Becken alle in jeweils verschiedenen Einzelabläufen des Badens genutzt (wie Schwitzen, im Wasser Entspannen und Schwimmen, Duschen, Waschen, Abreiben der abgestorbenen Hautpartikel, Massage, Einölen usw.). Bei einer Aufteilung kann der gesamte Badeablauf und sein Zweck nicht mehr aufrechterhalten werden, und dann wird ein solches Bad auch nicht mehr aufgesucht.

Bei einem *Khān* (einem Lager für Waren, das zugleich Handelszentrum und Markt ist) muß der weitläufige Gebäudekomplex zur Aufnahme der Waren und Transportmittel erhalten bleiben.

Eine Mühle kann ohne Funktionsverlust (Mahlmaschine, Siebanlage usw.) genausowenig wie irgendein anderer Produktionsbetrieb aufgeteilt werden.

XI.

Buch
über die Ehe

Nikāḥ

KAPITEL I

GRUNDSÄTZLICHE BETRACHTUNG DER EHESCHLIESSUNG

Grundsätzlich handelt es sich bei der Eheschließung um einen Vertrag, der zwischen einem Mann und einer Frau abgeschlossen wird. Dabei ist das Einverständnis der Frau, die Ehe mit diesem Mann einzugehen, die unverzichtbare Grundlage der Ehe; andererseits macht erst die Annahme der Ehe seitens des Mannes den Eheschluß möglich und gültig.

Dies ist der formalrechtliche Grund, warum in jedem Falle der Mann bei einer Scheidung – selbst dann, wenn sie in der Tat von der Frau ausgeht – formal sein bei der Eheschließung gegebenes Wort zurücknehmen muß. Dann wird gewissermaßen die Grundlage seitens der Frau – nämlich ihr Einverständnis – zurückgenommen, und die Ehe wird dadurch aufgelöst.

Dies ist auch der Grund dafür, warum im Scheidungsfall seitens des Mannes dieser die Scheidung (in vielen, nicht in allen Fällen) widerrufen kann, ohne daß dann ein neuer Ehevertrag nötig wäre.

Im umgekehrten Fall – seitens der Frau – ist das aber nicht möglich: Nimmt nämlich die Frau ihr Einverständnis zu dieser Ehe zurück, bricht – bildlich beschrieben – das „Ehegebäude" in sich zusammen, da ihm nun jegliche Basis fehlt.

Das heißt: Im Scheidungsfall seitens der Frau hört die Ehe gegebenenfalls sofort auf, und würden sich die so geschiedenen Eheleute wicder vcrsöhncn wollcn und in cincr Ehc zusammcnlcbcn, müßtc cin völlig neuer Eheschluß und Ehevertrag geschlossen werden – und alle Bedingungen und Voraussetzungen erfüllt werden (können).

KAPITEL 2

VORAUSSETZUNGEN FÜR EINE EHE

§ 1

DARSTELLUNG DES GESAMTPROBLEMS

Bei einem islamischen Ehevertrag geht es nicht darum, daß die Frau gegen das *Mahr* in irgendeiner Weise verkauft wird; sie tritt vielmehr als derjenige „Vertragspartner" auf, der die Ehe überhaupt erst anbietet und möglich macht, weshalb eine Ehe auch zunichte wird, wenn eine verheiratete Frau sich weigert, eine Ehe weiterzuführen[1].

Andererseits muß vor einem Eheschluß geprüft werden, ob bestimmte Voraussetzungen und Vorbedingungen erfüllt werden, die sich – wie gegebenenfalls später auch die entsprechenden eigentlichen *Arkān* der Ehe – auf die Hauptpersonen der Eheschließung, die künftigen Ehepartner, beziehen.

§ 2

BEDINGUNGEN BEZÜGLICH DER EINZELPERSON BZW. ENTSPRECHENDE HINDERNISSE

Bevor man einen Ehevertrag abschließt, muß man prüfen, ob ein Hindernis besteht, das die Ehe verbietet. Dazu müssen die folgenden Punkte (a bis h) beachtet werden, welche man in „zeitgebundene" bzw. „grundsätzliche, unter bestimmten Umständen aufhebbare Hindernisse"[2] und in „ewig bestehende Hindernisse"[3] einteilen kann.

Grundsätzlich aufhebbare Hindernisse (*ḥurumāt mu'abbada*)

a. Die Frau ist derzeit gültig verheiratet bzw. der Mann ist derzeit bereits mit vier Frauen gültig verheiratet.
b. Die Frau befindet sich aufgrund einer laufenden Scheidung oder der Witwenschaft in der sogenannten *'Idda* (Wartefrist), bzw. der Mann ist noch mit vier Frauen verheiratet und befindet sich mit einer oder mehreren davon in der Phase der „widerrufbaren Scheidung" (*ṭalāq raj'ī*).
c. Es besteht ein zeitgebundenes Verwandtschaftshindernis.
d. Mann und Frau sind durch eine nur bedingt aufhebbare Scheidung (*ṭalāq bā'in*) geschieden.

Niemals aufhebbare Hindernisse (ḥurumāt mu'abbada)

a. Ein nahes Verhältnis der Blutsverwandtschaft besteht[4].
b. Zwischen Mann und Frau besteht ein bestimmter Grad der Verwandtschaft durch Verschwägerung[5].
c. Zwischen Mann und Frau besteht ein Grad der „Milchverwandtschaft“[6].
d. Mann und Frau wurden durch die *Li'ān*-Scheidung geschieden.

Jeder Muslim und jede Muslimin muß also genauestens prüfen, ob ein und wenn, welches Hindernis besteht. Wird nämlich eine Ehe geschlossen und es kommt im nachhinein irgendeines dieser Ehehindernisse ans Licht, so ist diese Ehe vom Moment der Enthüllung an ungültig: Die ehemaligen Ehepartner sind automatisch getrennt, und die Kinder, die in dieser nachträglich ungültigen Ehe gezeugt wurden, sind als unehelich zu betrachten[7].

Vorhandensein gültiger Ehen

Da ein Mann (wenn auch nur unter sehr genau festgelegten Bedingungen) mit vier Frauen gleichzeitig verheiratet sein kann, eine Frau jedoch immer nur mit einem einzigen Mann zu einer Zeit, ist vor allem zu prüfen, ob die Frau derzeit (noch) verheiratet ist[8].

Gültigkeit vorheriger Scheidungen

Die Scheidung ist weitaus mehr Erschwernissen unterworfen als die Eheschließung; darum ist der Fall einer ungültigen Scheidung gar nicht so selten, und vor allem bei einer „frisch geschiedenen“ Frau muß genauestens nachgeforscht werden, ob sie nun wirklich frei ist zu einer neuen Ehe.

Das Gebiet der Ehescheidungen ist mindestens ebenso umfangreich wie das der Eheschließung. Hier – bei den Vorbedingungen zu einer Eheschließung – sollen aber die Scheidungsarten nur ganz allgemein angesprochen und später (im Teil über die Scheidung) genauer vorgestellt werden.

Zunächst soll aber ein wichtiger Begriff erklärt werden: die Wartefrist (*'idda*).

Die Wartefrist ('idda)

Mit dem Ausdruck „*'Idda*“ wird eine Zeitspanne bezeichnet, die sich
a. an das konkrete Aussprechen der Scheidungsformel seitens des Mannes anschließt oder
b. die Frist nach dem Tod des Ehemannes darstellt.

Man kann „*'Idda*" etwa mit „Wartefrist" übersetzen; gemeint ist eine Zeitspanne, in der die Frau nicht von einem anderen Mann geheiratet werden darf, und das aus folgenden Gründen:

1. Um im Fall der widerrufbaren Scheidung (*ṭalāq raj'ī*) die Möglichkeit der Rückkehr offenzulassen[9]. Oder anders gesagt: die durch *Ṭalāq raj'ī* geschiedene Frau ist eben im Moment der Scheidungsformel noch nicht vollständig geschieden und somit noch nicht wirklich für einen anderen Mann frei.
2. Um im Fall einer Schwangerschaft die gesetzliche Vaterschaft zu bestimmen. Dies, sofern der Noch-Ehemann die Vaterschaft nicht leugnet, der Frau formalrechtlich kein Ehebruch nachgewiesen werden kann oder kein sonstiger Zweifel an der Vaterschaft des Noch-Ehemannes besteht[10].
3. Aus Gottesfurcht und Anstand, im Falle, daß der Ehemann gestorben ist.

Bei Eintreten einer Scheidung beträgt die *'Idda* die Zeit von drei Perioden der Frau, wobei eine Menstruation, während der die Scheidung ausgesprochen wurde, hinsichtlich der *'Idda*-Dauer nicht angerechnet wird.

Wird eine Scheidung gegen eine Frau ausgesprochen, die nicht – oder nicht mehr – menstruiert, so wird die Dauer einer „*'Idda*-Periode" mit einem Monat festgesetzt.

Die *'Idda* wird bei einer Frau, die im Zustand der Schwangerschaft geschieden wird, mit der Geburt des Kindes beendet; ansonsten gilt zur Berechnung der *'Idda* dasselbe wie im Normalfall einer Nichtschwangeren.

Im Fall, daß der Ehemann verstirbt, beträgt die *'Idda* vier Monate und zehn Tage, berechnet nach der Länge eines islamischen Mondkalendermonats[11]. Ist die Witwe schwanger, endet ihre *'Idda* mit der Geburt des Kindes.

§ 3

ZUM BEGRIFF DER SCHEIDUNG IM ISLAMISCHEN RECHT

Grundsätzliche Definition

Im korrekten islamischen Gebrauch des Fachausdrucks „*Ṭalāq*" ist – sprachlich als auch bei der Anwendung – keine Rede von irgendeinem „Verstoßen": „*ṭalāq*" heißt wörtlich „Freilassen", „Freigeben aus einem Zustand".

Als rechtlicher Fachausdruck bedeutet „*Ṭalāq*", daß der Ehemann sein Recht auf die Frau aufgibt und sie aus der Ehe entläßt.

Wenn wir die grundsätzliche Auffassung der Ehe im Islam betrachten, so finden wir folgendes:

Die Frau gibt mit ihrem Einverständnis und Angebot zur Ehe die Basis der Ehe, der Mann mit seiner Annahme ihrer Bereitschaft die Gültigkeit der Ehe[12].

Daher, weil diese Reihenfolge – nach Ansicht der meisten Gelehrten – zwingend ist[13], muß im Scheidungsfall der Mann als erster seine Annahme zurückziehen. Ist jedoch die Frau unwillig, die Ehe aufrechtzuerhalten, kann man die Ehe mit einem Gebäude vergleichen, dessen Fundament zerstört ist. Zwar muß auch hier der Mann seine formelle Scheidungsformel aussprechen, doch bei dieser Scheidungsart („*khulʿ*" genannt)[14] kann er von sich aus, auch wenn er die Ehe noch retten will, nichts mehr tun, und auch die so Geschiedene kann nicht mehr ohne neuen Ehevertrag wieder zu ihrem geschiedenen Mann zurückkehren, selbst wenn sie wollte – weil die Ehe sofort ungültig und zerstört ist, sobald der Mann dem Wunsch der Frau nach der *Khulʿ*-Scheidung nachgibt.

§ 4

ZU DEN SCHEIDUNGSARTEN

Grundeinteilung der Scheidungsarten

Bezüglich der Scheidungsarten kann man nach zwei Kriterien unterscheiden:

a. Ob die Scheidung vom Mann oder von der Frau ausgeht.
b. Ob die Scheidung jederzeit, nur bedingt oder gar nicht mehr aufzuheben ist.

Daraus ergibt sich folgendes:

Vom Mann ausgehend

Ṭalāq rajʿī (ohne neuen Vertrag widerrufbar)
Ṭalāq ʿādī (durch neue Heirat/neuen Heiratsvertrag aufhebbar)
Ṭalāq bā'in (bedingt – durch Ehe mit einem anderen Mann, dann Scheidung von diesem und erneute Heirat mit dem ersten Mann – aufhebbar)
Liʿān (niemals mehr aufhebbar)

Von der Frau ausgehend
Khul' (unter bestimmten Bedingungen –
durch erneute Heirat/erneuten Heiratsvertrag aufhebbar)

Ṭalāq raj'ī (widerrufbare Scheidung) und Ṭalāq 'ādī (einfache Scheidung)

Hierbei unterscheidet man zwei Stufen, die notwendigerweise durchlaufen werden müssen, bis eine solche Scheidung rechtsgültig wird: zunächst die „widerrufbare Scheidung" (*ṭalāq raj'ī*), danach gegebenenfalls die „einfache, grundsätzlich aufhebbare Scheidung" (*ṭalāq 'ādī*), die aber nur durch einen neuen Ehevertrag sowie das Geben erneuter Brautgabe (*mahr*) aufgehoben werden kann.

Beim *Ṭalāq raj'ī* spricht der Mann die Scheidungsformel aus, normalerweise: „Hiermit scheide ich mich von dir"[15]; darauf beginnt die *'Idda* der Frau. Während dieser Zeitspanne können sich die Ehepartner wieder versöhnen, ohne daß ein neuer Eheschluß bzw. -vertrag vorgenommen werden muß[16].

Ist jedoch die *'Idda* der Frau abgelaufen, wird der *Ṭalāq raj'ī* zum *Ṭalāq 'ādī*: Die Scheidung ist nun vollständig und rechtlich voll gültig geworden. Sie kann jetzt nur noch durch einen neuen Ehevertrag und neue Brautgabe (*mahr*) aufgehoben werden – dies aber, im Vergleich mit den anderen Scheidungsarten, relativ problemlos.

Diese Bedingungen gelten, wenn die Scheidung vom Mann ausgeht. Verlangt jedoch die Frau die Scheidung (in diesem Fall „*khul'*" genannt), so muß der Mann die Scheidungsformel aussprechen, sie freigeben. Dann aber gibt es keine Stufe, die dem *Ṭalāq raj'ī* entspricht: Frau und Mann müssen die *'Idda* abwarten, und nur unter bestimmten Bedingungen kann zwischen den beiden ehemaligen Ehepartnern eine neue Ehe geschlossen werden.

Ṭalāq bā'in (nur bedingt aufzuhebende Scheidung)

Es gibt im islamischen Scheidungsrecht eine Art Sperrklausel: Ein Mann kann sich zweimal von seiner Frau scheiden bzw. sie freigeben (durch *ṭalāq 'ādī*), also sie nach der ersten und der zweiten Scheidung ohne weiteres wieder heiraten (natürlich jeweils mit neuem Vertrag und neuer Brautgabe). Nach einer dritten, voll gültigen Scheidung ist dies aber nicht mehr ohne weiteres möglich: Nur wenn die so geschiedene Frau nach ihrer dritten Scheidung einen anderen Mann geheiratet und mindestens einmal mit diesem Mann Geschlechtsverkehr gehabt hat[17], dann wiederum von dem zweiten Mann voll gültig geschieden wurde, können sie und der erste Mann wieder heiraten. Daher wird die dritte voll gültige Scheidung „*ṭalāq bā'in*" genannt (wörtlich: „deutliche Scheidung"), im Gegensatz zur ersten und zweiten.

Der „*Khul'*" entspricht insofern dem „*Ṭalāq bā'in*", als die oben dargestellte Sperrklausel – bezüglich der „Zwischenheirat"[18] – auch hier gilt.

Li'ān (*ewig gültige Scheidung*)

Hier ist die Scheidungsform gemeint, die „*li'ān*" genannt wird (wörtlich: „das gegenseitige Verfluchen"). Hierbei handelt es sich um eine niemals wieder aufhebbare Scheidungsart. Grundsätzlich geht diese Scheidung vom Mann aus, indem er seine Frau in einer bestimmten Formel des Ehebruchs bezichtigt, und zwar viermal hintereinander und vor Zeugen, und dann das ganze mit einem Schwur bei Gott bekräftigt, daß der Fluch Gottes auf ihn kommen soll, wenn er gelogen haben sollte.

Die Frau wiederum kann sich von dieser Anschuldigung nur durch einen entsprechenden Gegeneid befreien: wieder eine viermal wiederholte Formel, daß sie unschuldig sei, bekräftigt durch einen Schwur bei Gott (als fünfter Schwur gesagt), daß der Fluch Gottes auf sie kommen solle, wenn er die Wahrheit gesagt haben sollte.

Ein islamischer Richter[19] muß dabei anwesend sein. Noch vor dem *Li'ān* muß er beide Eheleute eindringlich warnen, da in jedem Fall einer der beiden bei erfolgtem *Li'ān* einen Meineid geschworen haben muß. Wenn aber einmal der *Li'ān* vollzogen ist, werden die beiden ehemaligen Ehepartner auf ewig geschieden, und zwischen ihnen kann in keinem Falle wieder eine Ehe geschlossen werden.

Der *Li'ān* ist auch aus einem bestimmten Grund sehr gefährlich: Es kann zwar in der Regel keinem der beteiligten Eheleute ein Ehebruch bzw. Meineid nachgewiesen werden, sofern nicht Zeugen oder Beweise zum Vorschein kommen. Doch es bleibt in jedem Fall eine Rufschädigung, die schwerwiegende gesellschaftliche Folgen hat, sowohl für die Glaubwürdigkeit eines jeden, der den *Li'ān* durchgeführt hat, als auch für eine spätere Heirat. Denn wer möglicherweise ein Meineidiger und Ehebrecher ist, wird kaum ein bevorzugter Heiratskandidat sein.

KAPITEL 3

VERWANDTSCHAFTSARTEN

§ 5

GRUNDSÄTZLICHE EINTEILUNG

Es werden grundsätzlich drei Verwandtschaftsarten unterschieden:
- die Blutsverwandtschaft (*qarāba*)
- die Verwandtschaft durch Verschwägerung (*muṣāhara*)
- die Milchverwandtschaft (*riḍā'*)

Vorab sollen zwei Punkte erklärt werden: Die „Milchverwandtschaft" entsteht dadurch, daß zwei nicht blutsverwandte Kinder von einer einzigen Frau gestillt werden. Die Verwandtschaftsverhältnisse, die unter den Begriff „*Maḥram*" fallen, müssen hingegen genauer betrachtet werden.

§ 6

DER „MAḤRAM"

Unter dem „*Maḥram*" einer Person versteht man diejenigen Menschen, die diese Person – um die es geht – nicht heiraten darf und die mit dieser Person in einem Verwandtschaftsverhältnis stehen.

Grundeinteilung des Maḥram

Man unterscheidet
a. den „ewig gültigen *Maḥram*" (*maḥram mu'abbad*), und
b. den „zeitgebundenen *Maḥram*" (*maḥram mu'aqqat*)[20].

Der ewig gültige Maḥram (maḥram mu'abbad)

Der „ewig gültige *Maḥram*" (*maḥram mu'abbad*) besteht aus Angehörigen aller oben erwähnten Verwandtschaftsarten, wenn auch mit bestimmten Ausnahmen[21].

Der zeitgebundene Maḥram (maḥram mu'aqqat)

Der „zeitgebundene *Maḥram*" (*maḥram mu'aqqat*) wird durch die folgenden Regeln erfaßt:

1. Ein Mann darf nicht zugleich mit zwei Schwestern verheiratet sein. (Scheidet er sich jedoch von einer Schwester, ist er für die andere grundsätzlich frei.)
2. Ein Mann darf nicht zugleich
   - eine Frau und deren Tante heiraten bzw.
   - eine Frau und die Tochter ihrer Schwester bzw.
   - eine Frau und die Tochter ihres Bruders bzw.
   - eine Frau und ihre Tochter bzw. Enkelin (gleich, ob Tochter einer Tochter oder eines Sohnes)
3. Ein Mann darf nicht mit mehr als vier Frauen zugleich verheiratet sein.
4. Ein Mann darf keine bereits einem anderen Mann gültig verheiratete Frau heiraten.
5. Ein Mann kann keine Frau heiraten, die sich noch in der Wartefrist (*ʿidda*) befindet.
6. Ein Mann kann nicht ohne weiteres eine Frau heiraten, von der er sich bereits dreimal geschieden hat bzw. die von ihm in *Khulʿ*-Form geschieden wurde.

Der Zusammenhang zwischen den beiden Maḥram-Arten

Wichtig ist: Alle hier dargestellten Gruppen können sich von Angehörigen des „*Maḥram mu'aqqat*" in zur Heirat erlaubte Menschen „verwandeln", sobald die entsprechenden (oben bereits erläuterten) Bedingungen erfüllt sind – im Unterschied zu Angehörigen des „*Maḥram mu'abbad*", die niemals zur Heirat erlaubt sind.

§ 7

BLUTSVERWANDTSCHAFT (QARĀBA)

Grunddefinition

Zunächst muß festgestellt werden, daß es eine Verwandtschaftsbindung durch Adoption in der Sicht des islamischen Familienrechts nicht gibt.

Mit „Blutsverwandtschaft" ist ausschließlich die Verwandtschaft durch direkte Abstammung gemeint, wobei zwischen Halb- und Ganzgeschwistern kein Unterschied bezüglich des Heiratsverbotes besteht.

Der Einfachheit halber soll die folgende Darstellung die Frauen, die dem Mann zu heiraten verboten sind, darstellen. Anschließend sollen die entsprechenden männlichen, zur Heirat verbotenen Verwandten aus Sicht der Frauen aufgezählt werden.

Darstellung der Qarāba anhand der Maḥram-Definition

Als „*Maḥram mu'abbad*" sind zur Ehe verboten:

1. Die Mutter, die Großmutter väterlicher- und mütterlicherseits usw.[22] (Ursprung eines Menschen).
2. Die Töchter, Enkeltöchter (von Söhnen und Töchtern) usw. (Nachkommenschaft eines Menschen).
3. Die Schwestern, sowohl volleibliche als auch die von Mutter- oder Vaterseite (Nachkommenschaft der Eltern).
4. Die Töchter des leiblichen Bruders und des Halbbruders von Mutter- oder Vaterseite sowie die Enkelinnen irgendeines Bruders usw. (Nachkommenschaft der Brüder).
5. Die Töchter der leiblichen Schwester und die der Halbschwester von Mutter- oder Vaterseite sowie die Enkelinnen irgendeiner Schwester usw. (Nachkommenschaft der Schwestern).
6. Die Tanten väterlicherseits: die Schwester des Vaters, die des Vaters des Vaters (also Großtanten väterlicherseits) usw. (Nachkommenschaft der Großeltern rein väterlicherseits).
7. Die Tanten mütterlicherseits: die Schwestern der Mutter, die der Mutter der Mutter (also Großtanten mütterlicherseits) usw. (Nachkommenschaft der Großeltern rein mütterlicherseits).

Kurzgefaßt wiederholt: verboten sind

- Mutter
- Großmütter
- Töchter
- Enkeltöchter
- Töchter der Geschwister
- Enkeltöchter der Geschwister
- Tanten und Großtanten von Vaterseite
- Tanten und Großtanten von Mutterseite

Für die Frau gilt entsprechend, daß ihr folgende Männer durch *Maḥram mu'abbad* zur Ehe verboten sind:

- Vater
- Großväter
- Söhne
- Enkelsöhne
- Söhne der Geschwister
- Enkelsöhne der Geschwister
- Onkel und Großonkel von Vaterseite
- Onkel und Großonkel von Mutterseite

Demnach gliedern sich die Linien, die durch das Verbot des *Maḥram mu'abbad* erfaßt werden, in drei Hauptgruppen:

a. die Ursprünge der Person und ihre eigene Nachkommenschaft (1, 2)
b. die Nachkommen der Eltern (3, 4, 5)
c. die Nachkommen der Großeltern (6, 7)

Wichtig ist: die dritte Hauptlinie endet bei den Onkeln und Tanten, das heißt, die naheste weibliche Verwandte, die ein Mann heiraten kann, ist seine direkte leiblich verwandte Kusine[23].

§ 8

VERWANDTSCHAFT DURCH VERSCHWÄGERUNG (MUṢĀHARA)

Grundvorstellung und Regeln der Muṣāhara

Um diese etwas schwieriger zu fassende Gruppe zu beschreiben, zunächst zwei wichtige Rechtsgrundsätze:

1. Das bloße Vorhandensein eines Ehevertrages genügt zur Gültigkeit der Ehe[24].
2. Der bloße Vertrag mit den Töchtern verbietet die Mütter; der (eheliche) Geschlechtsverkehr mit den Müttern verbietet die Töchter.

Das heißt: Würde sich ein Mann mit einer Frau verheiraten, sich dann von ihr scheiden, ohne während der Ehezeit mit ihr Geschlechtsverkehr gehabt zu haben, könnte er grundsätzlich die Tochter dieser Frau heiraten.

Wäre er jedoch mit einer Frau verheiratet, von der er sich dann scheiden läßt, wäre ihm ihre Mutter in jedem Falle verboten – gleich, ob er mit der Tochter nun zu der Zeit der gemeinsamen Ehe Geschlechtsverkehr gehabt hatte oder nicht.

Diese Rechtsgrundsätze gelten entsprechend auch für die Frau:

1. Der bloße Vertrag mit den Söhnen verbietet die Väter;
2. der (eheliche) Geschlechtsverkehr mit den Vätern verbietet die Söhne.

Gesamtvorstellung der Muṣāhara-Verbote und ihr Zusammenhang mit den Maḥram-Arten

Die durch Verschwägerung entstehenden Verbotsgrade sind demnach:

1. Die Ehefrau des Vaters sowie die Ehefrau des Großvaters von Vater- und Mutterseite usw.

(Ist der Sohn mit dieser Gattin seines Vaters usw. nicht leiblich oder durch Milchverwandtschaft verwandt und sein Vater scheidet sich von dieser Frau, ohne mit ihr während der Ehezeit geschlafen zu haben, so ist es dem Sohn doch möglich, diese Frau zu heiraten, gemäß der Entsprechung zum Rechtsgrundsatz 2:

Der bloße Vertrag mit dem Vater verbietet nicht den Sohn.)

2. Die Ehefrau des Sohnes, die des Enkels (von der Seite des Sohnes oder der Tochter) usw.
3. Die Mutter der Ehefrau, ihre Großmutter usw.
4. Die Tochter der Ehefrau, ihre Enkelin usw.

(Wiederum unter Beachtung des Rechtsgrundsatzes 2: Solange zwischen den Ehepartnern kein Geschlechtsverkehr stattgefunden hat, ist im Scheidungsfall dem Mann die Tochter seiner Ex-Frau zur Heirat erlaubt.)

In den Punkten 1 und 4 ist übrigens ein recht großer Teil des *Maḥram mu'aqqat* erfaßt. Dieser Teil wird erst bei vollzogenem Geschlechtsverkehr zum *Maḥram mu'abbad*, während die in 2 und 3 aufgeführten Personengruppen immer zum *Maḥram mu'abbad* zählen.

§ 9

MILCHVERWANDTSCHAFT (RIḌĀ')

Grundsätzlich liegt eine sogenannte „Milchverwandtschaft" (*riḍā'*) vor, wenn zwei (oder mehr) leiblich nicht verwandte Kinder von einer einzigen Frau gestillt werden.

Bezüglich der Dauer und dem Maß des Stillens, die notwendig sind, damit man von *Riḍā'* sprechen kann – wie oft und wie sehr das Kind gestillt wurde – und bezüglich weiterer Feinheiten zur Milchverwandtschaft sind die Gelehrten verschiedener Meinung.

Absolute Einigkeit besteht aber darin, daß die Milchverwandtschaft ein absolutes Ehehindernis – wie die Blutsverwandtschaft – darstellt; demnach zählen die Personen, die mit jemandem durch Grade der Milchverwandtschaft verwandt sind, allesamt zum *Maḥram mu'abbad*[25].

Man unterscheidet bei der Milchverwandtschaft zwischen einem Kreis von direkten Verwandten (auf gewisse Weise und auf Ebene der *Riḍā'* mit der *Qarāba* vergleichbar) und den durch *Riḍā'* Verschwägerten (was etwa der *Muṣāhara* auf anderer Ebene entspricht).

... AU ERFÜLLEN MUSS

... Frau gelten analog folgende Bedingungen:
... nicht zu einem *Mahram* des Mannes gehören.
... Sie muß ihm klar und eindeutig als Person und Braut bekannt sein.
3. Sie darf sich nicht im „*Ihrām*"-Zustand befinden.
4. Sie darf sich nicht in einem Zustand befinden, der die Ehe verhindert[38].

Interessanterweise wird in den Fachwerken über Ehe- und Familienrecht nicht aufgeführt, daß die Frau nicht vom Mann verabscheut werden darf (während doch umgekehrt der Mann nicht von der Frau verabscheut werden darf).

Der Grund dafür ist folgendes:

Islamrechtlich ist es dem Mann ja (theoretisch) recht leicht möglich, sich von seiner Frau zu scheiden – auch wenn das praktisch mit vielen Schwierigkeiten verbunden ist (in islamischen Gesellschaften verhindern die starken Verpflichtungen und Verbindungen in der Verwandtschaft

KAPITEL 4

DIE ARKĀN DER EHESCHLIESSUNG

Damit eine Eheschließung nach islamischem Recht korrekt sein kann,
- müssen die Voraussetzungen zur Ehe bei den beiden Brautleuten erfüllt sein und
- die *Arkān* der Eheschließung (das heißt des Ehevertrages und formalrechtlichen Eheschlusses) müssen korrekt vorhanden und in ihren Bedingungen (*shurūṭ*) erfüllt sein.

Die „Säulen" (*arkān*) und Bedingungen (*shurūṭ*) zur Gültigkeit eines Eheschlusses sind

1. Einverständnis der Frau (*ījāb*)
2. Annahme seitens des Mannes (*qabūl*)
3. Der Mann (Bräutigam)
4. Die Frau (Braut)
5. Der für den Schutz und die Versorgung der Frau Verantwortliche (*walī*)
6. Die Zeugen beim Eheschluß
7. Die Brautgabe (*ṣadāq/mahr*)
8. Die Formulierung des Ehevertrages (*ṣīgha*).

An jede dieser Basisbedingungen knüpfen sich wiederum Unterbedingungen, bei deren Nichterfüllung bzw. nicht korrekter Erfüllung der Eheschluß selbst ungültig ist. Diese Bedingungen werden – so Gott will – zusammen mit den oben aufgelisteten Hauptbedingungen dargestellt und besprochen.

§ 10

ĪJĀB UND QABŪL

Ījāb und *Qabūl* bilden die Grundlage einer Eheschließung. Dabei wird die Frau von ihrem *Walī* vertreten, der – gewissermaßen in ihrem Auftrag – sie mit dem Mann verheiratet, indem er sich mit einem vorgeschriebenen Wortlaut an den Mann wendet und dieser seinerseits auch mit einem bestimmten Wortlaut zu antworten hat[26].

Zwischen den beiden – mündlichen – Aussagen darf keine längere Unterbrechung eintreten, weder durch Schweigen seitens desjenigen, der eigentlich antworten müßte, noch dadurch, daß einer der beiden Vertragschließenden ohnmächtig, geistig verwirrt bzw. verrückt wird.

Das heißt: Beide – der *Walī* und der Mann (bzw. Bräutigam) – müssen wach und aufmerksam sein.

Außerdem ist unverzichtbar, daß die Braut während des gesamten Vorganges körperlich und geistig anwesend ist[27]: Ist sie nämlich zu irgendeinem Zeitpunkt vor oder während des Eheschlusses nicht mehr bereit, die Ehe mit dem betreffenden Mann einzugehen, so muß sie die Möglichkeit haben, dies durch Zuruf oder ähnliches deutlich zu machen, um so den Eheschluß noch verhindern zu können[28].

Nach den meisten Gelehrten gilt, daß ein nur schriftlich abgefaßter Vertrag – ohne ebenfalls erfolgten mündlichen Vertragsschluß – ungültig ist, außer im Fall eines Stummen, der die Rolle des *Walī* einnimmt. Hier herrscht unter den Gelehrten Uneinigkeit, inwieweit ein Wink, ein Hinweisen eines solchen Stummen der Aussprache der korrekten Heiratsformulierung als gleichrangig zu betrachten ist. Nach vielen Gelehrten ist ein in seiner Bedeutung allgemein bekannter Hinweis/Wink eines Stummen dem als gleichrangig zu betrachten, nach anderen wird in diesem Fall die schriftlich abgefaßte Formulierung – weil eindeutiger – auch zugelassen (dies aber selten)[29].

Beim Abschluß des Vertrages darf kein *Walī* bzw. Bräutigam in einem Zustand sein, der vernunftgerichtetes Handeln ausschließt. Allerdings gibt es hier seitens einiger Gelehrter eine Ausnahme, die zu dem Bereich der „Bestrafungsgültigkeit"[30] gehört: daß zum Beispiel jemand, der im betrunkenen Zustand als *Walī* die ihm anvertraute Frau mit einem heiratswilligen Mann verheiratet, dies im nüchternen Zustand nicht wieder rückgängig machen kann, sofern alle übrigen Bedingungen korrekt erfüllt sind (hinsichtlich der Zeugen, der Frau, des Mannes usw.)[31].

Andererseits gilt übereinstimmend, daß, wenn Mann und Frau miteinander einverstanden und alle sonstigen Bedingungen erfüllt sind, der *Walī* – aus Scherz oder gegen seinen eigentlichen Willen, aber äußerlich zustimmend geistig völlig klar – sie mit dem Mann verheiratet und dieser die Ehe auch annimmt, diese Ehe gültig ist.

Auch hier handelt es sich um einen Fall der „Bestrafungsgültigkeit": Es soll dadurch verhindert werden, daß ein *Walī* – in der Regel der Vater – einen Mann auf diese Art quälen oder mit ihm einen schlechten Scherz treiben will, wobei er seiner Absicht nach keine Heirat zwischen der Frau – meist seiner Tochter – und dem Mann wünscht.

Wurde eine Bedingung in den Vertrag aufgenommen, daß etwa der *Walī* sagt: „Ich verheirate dich hiermit mit meiner Tochter (bzw. der mir Anvertrauten), sobald der nächste Monat eintritt", so ist der Vertrag ungültig. Das gleiche gilt, wenn der Mann eine Bedingung festlegt wie etwa: „Ich akzeptiere die Heirat, sobald ich diesen Raum verlasse."

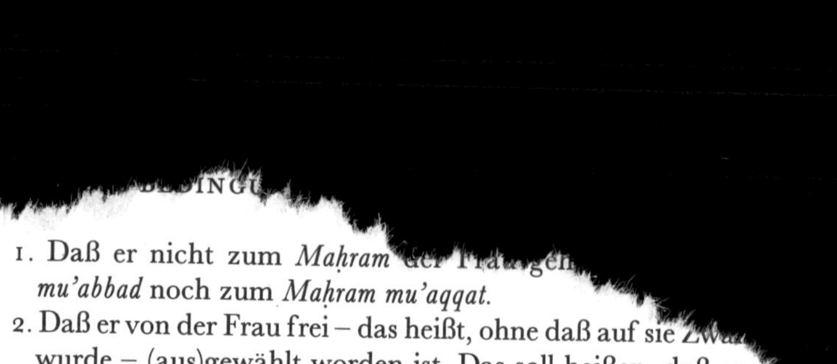

...DINGU...

1. Daß er nicht zum *Maḥram* ... *mu'abbad* noch zum *Maḥram mu'aqqat*.
2. Daß er von der Frau frei – das heißt, ohne daß auf sie ... wurde – (aus)gewählt worden ist. Das soll heißen, daß es ... ist, wenn ein *Walī* eine Frau mit einem Mann verheiratet, den di... Frau wirklich und in starkem Maße verabscheut.
3. Daß der zukünftige Ehemann der Frau eindeutig bekannt ist.

Das heißt im Beispiel: Zwischen dem *Walī* und dem Mann wurde ein Vertrag abgeschlossen, wobei der Frau vor dem Vertragsschluß eine andere Person als zukünftiger Ehemann angegeben wurde und sie selbst unter diesen Bedingungen zugestimmt hatte. Dann aber stellt die Frau beim Vertragsschluß fest, daß der Mann vor ihr nicht derselbe ist wie der, der ihr zuvor genannt wurde, kann aber aus irgendwelchen Gründen nicht anzeigen, daß sie diesen Mann vor ihr nicht heiraten wollte und will. In diesem Fall ist der Eheschluß und Heiratsvertrag ungültig.

Diese Bedingung ist auch dann nicht erfüllt, wenn zum Beispiel während des Vertragsschlusses mehrere Männer bei dem Bräutigam

leichtfertige Scheidungen). Da andererseits die Frau – sofern sie die Scheidung verlangt und erreichen will – auf einen Richter angewiesen ist, um sich aus einer ungewollten Ehe zu befreien, und sie im islamischen Recht als zu schützen gilt, wurde folgerichtig die oben genannte Pflicht (bezogen auf den Abscheu) auf den Mann, nicht auf die Frau bezogen.

Der gesellschaftliche Grund dieser Rechtsentscheidung ist, daß die Frau (besonders in traditionsgebundenen Gesellschaften) eher gehemmt ist und daher bei offiziellen Anlässen wie einer Hochzeit so schüchtern bzw. eingeschüchtert sein kann, daß sie außerstande ist, irgendeinen Einspruch mündlich oder sonstwie zu äußern. Dies gilt ganz besonders dann, wenn etwa – wie oben als Fall geschildert – ein ganz anderer Mann als von ihr erwartet als Bräutigam vor ihr sitzt: In solchen Lagen ist es praktisch so gut wie unmöglich, daß die Frau nach oft wochenlangen Hochzeitsvorbereitungen und Geldausgaben der Familien blitzschnell Einspruch gegen die Hochzeit erhebt und so einen gültigen Heiratsschluß noch verhindert.

Um solche unerträglichen Zwangslagen von vornherein zu verhindern, wird deshalb im islamischen Eherecht schon im Vorfeld die ausdrückliche Kenntnis und Akzeptanz des Mannes von der Frau aus zur Gültigkeit der Ehe und des Ehevertrages vorausgesetzt.

Bei dem Mann, der ja selbst aktiv sein muß – außer im Falle, daß er sich bei dem Eheschluß vertreten läßt –, besteht dieses Problem nicht, weswegen hier auch keine Schutzbestimmung für ihn besteht.

§ 13

DER VERTRETUNG (WIKĀLA) BEIM EHESCHLUSS

Allgemeine Darstellung der Rolle der Vertretung (wikāla) beim Eheschluß

Wie schon erwähnt, muß die Frau außer in bestimmten Ausnahmefällen persönlich beim Eheschluß anwesend sein, anderenfalls ist der Vertrag ungültig. So stellt sich die Frage des Stellvertreters denn auch nur beim Bräutigam und in manchen Fällen beim *Walī*.

Es ist das Recht des Bräutigams, sich durch einen Vertreter (*wakīl*) beim Abschluß des Heiratsvertrages vertreten zu lassen. Dabei gelten bestimmte Grundregeln:

Die Bedingungen bezüglich eines Vertreters (wakīl) beim Eheschluß

1. Es muß ein Mann sein.
2. Er muß Muslim sein.

3. Er muß erwachsen sein (im Sinne der Reife, „*bulūgh*").
4. Er muß aufrichtig und vertrauenswürdig sein (das heißt, er darf zum Beispiel kein offenkundiger Sünder sein).
5. Er muß nachweisen können, daß er als offizieller Vertreter des Mannes (bzw. des *Walī*) tätig ist, entweder durch Zeugen oder direkte vorherige Absprache zwischen ihm und dem von ihm Vertretenen.
6. Er muß im Besitz seiner geistigen Fähigkeiten sein; er darf also (zumindest zum Zeitpunkt des Vertragsschlusses) weder schwachsinnig (oder gar verrückt) noch ohnmächtig oder geistig abwesend, müde usw. sein.
7. Er muß frei sein[39], darf weder durch auf ihn ausgeübten Zwang unfrei sein noch durch Hindernisse wie Einsperrung oder Abtrennungen/Wände usw. von den Vertragsbeteiligten abgehalten sein. Ist das der Fall, kann er seine Aufgabe nicht korrekt erfüllen.
8. Er muß die Bedeutung und Verpflichtung sowie auch die Rechte eines derartigen Vertreters kennen (er muß sie begreifen können und tatsächlich begriffen haben). Einem Mann, der etwa scherzhaft oder ohne jegliches Rechtsbewußtsein mit so wichtigen Angelegenheiten umgeht, ist als Vertreter unzulässig oder zumindest zweifelhaft – was sich auch auf die Gültigkeit einer so geschlossenen Ehe auswirken kann.
9. Er muß sehen können, um sich über die Personen klar zu sein, die er zuvor kennengelernt oder als solche bezeugt wissen muß – besonders die Frau muß er genau als Person und Braut erkennen können.
10. Er muß sprechen und hören können, um wiedergeben zu können, was der Bräutigam ihm aufgetragen hat, und um den *Walī* beim Vertragsschluß hören zu können.

Abschließend ist zu sagen, daß eine besondere Aufrichtigkeit hier nicht in dem Maße wie etwa bei einem Zeugen gefordert ist, sondern nur eine allgemeine (wie auch beim *Walī*).

§ 14

DIE EHE MIT NICHTMUSLIMISCHEN FRAUEN UND DIE RECHTLICHEN GRUNDLAGE DAZU

Bezüglich der beiden Heiratswilligen nun ein sehr wichtiger Punkt: die Frage der jeweiligen Religion. Dieser Punkt ist oft Gegenstand heftiger Diskussionen zwischen Muslimen und Nichtmuslimen und soll daher genau dargestellt werden. Dieser Punkt ist der folgende:

Der Mann muß Muslim sein, die Frau jedoch kann Muslimin, Christin oder Jüdin sein.

Das heißt, daß ein Mann im islamischen Eherecht grundsätzlich die Wahl hat zwischen Musliminnen, Christinnen und Jüdinnen, die Frau umgekehrt aber nur einen Muslim heiraten kann.

Der Grund ist folgender:

Die Aufgabe des Mannes ist eine Art der *Wilāya*. Hier in diesem Zusammenhang bedeutet *Wilāya*, daß die Frau unter dem Schutz des Mannes steht und dies ihr Recht und seine Pflicht ist. Der Mann muß also ihr Leben, ihren persönlichen Besitz, ihre Ehre, ihre Religion und deren Ausübung beschützen und sie allgemein vor Schaden körperlicher und geistiger Art bewahren.

Zu den schützenswerten Rechten der Frau gehört auch das Recht auf Ausübung der Religion und Achtung ihrer Religion. Der Muslim akzeptiert (was mehr ist als nur tolerieren) die Existensberechtigung des Christentums und des Judentums als Religion und ist dazu auch durch den Koran verpflichtet, da Jesus عليه السلام und Moses عليه السلام als Propheten betrachtet werden.

Das heißt, der muslimische Mann ist durch den Islam, seine Religion, verpflichtet, der Frau und ihrer Religion in ihrer gemeinsamen Ehe einen Platz einzuräumen – umgekehrt gilt das aber keineswegs: Aus christlicher Sicht kann Muḥammad ﷺ nicht als Prophet akzeptiert werden, und es besteht weder in irgendeinem Kirchenrecht noch in allgemeiner christlicher Ansicht in einer Ehe zwischen einem Christen und einer Muslimin das Recht der Muslimin auf Achtung der Religion des Islam.

Im Koran wird an mehreren Stellen deutlich gesagt, daß den Nichtmuslimen über die Muslime keine *Wilāya* gegeben ist und daß sie ihnen auch nicht übergeben werden darf. In diesem Sinne wurde auch vom Propheten Muḥammad ﷺ ausdrücklich bestätigt, daß eine Ehe zwischen einem nichtmuslimischen Mann und einer Muslimin unerlaubt und islamisch gesehen unmöglich ist.

Da der Prophet Muḥammad ﷺ nämlich weder von einem praktizierenden Christen noch einem praktizierenden Juden als Prophet anerkannt ist und dies auch im Rahmen ihrer jeweiligen Religion nicht verlangt werden kann, ist es aus der Sicht des islamischen Eherechts unzulässig und unverantwortlich, eine Muslimin in die religiöse „Obhut" bzw. *Wilāya* eines Nichtmuslims zu geben. Dies ist der Grund für das Verbot einer solchen Ehe zwischen einem Nichtmuslim und einer Muslimin – ein Verbot, das eindeutig ist, niemals aufgehoben wurde und auch niemals aufhebbar ist.

§ 15

DER WALĪ

Allgemeine Vorstellung

Unter dem *Walī* versteht man im islamischen Eherecht eine Person, die die Pflicht und Aufgabe – und andererseits auch das Recht – hat, die Frau zu schützen, sie zu versorgen und für die Wahrung ihrer Rechte anderen gegenüber zu sorgen. Aus jeder Pflicht erwächst auch ein Recht, nach dem Rechtsgrundsatz: *Keine Pflichten ohne Rechte, keine Rechte ohne Pflichten.* Beim *Walī* bedeutet das, daß er in manchen Fällen auch ein aktives und direktes Einwirkungsrecht auf die Wahl des Ehemannes haben kann (siehe dazu weiter unten).

Beim *Walī* sind vor allem folgende Fragen zu beachten:

- Ob eine betreffende Person alle Eigenschaften besitzt, die ein *Walī* besitzen muß, um seine *Wilāya* ausüben zu können und zu dürfen.
- Ob der *Walī* ein „*Walī mujbir*" (ein „Sachverwalter der noch nicht verheirateten Frau") oder ein „*Walī mukhtār*" (ein „von der Frau frei ausgewählter Sachverwalter") ist.
- Die Streitfrage unter den Rechtsschulen, ob, wann und inwiefern eine Ehe ohne *Walī* gültig ist.

Die Bedingungen, die zur Wilāya erfüllt sein müssen

1. Die betreffende Person muß ein Mann sein.
2. Es muß ein Muslim sein. (Das bedeutet auch, daß ein nichtmuslimischer Vater kein *Walī* für seine muslimische Tochter sein kann.)
3. Er muß von der Braut akzeptiert sein; das heißt: Wenn eine offen erkennbare Feindschaft zwischen den beiden herrscht, kann er keine *Wilāya* über sie haben – auch dann nicht, wenn er sonst „*Walī mujbir*" wäre.
4. Er muß – sofern möglich – zum *Maḥram* (*mu'abbad*) der Frau gehören.
5. Er muß aufrichtig und anständig sein. Das heißt, er darf weder eine große Sünde (im Sinne einer „*Kabīra*") getan haben, noch darf er regelmäßig und in großer Zahl sonstige (offenkundige und eindeutige) Sünden tun[40].
6. Er muß geistig gesund sein, darf also weder verrückt noch schwachsinnig sein.
7. Er muß die körperliche und geistige Reife (*bulūgh*) erreicht haben.
8. Er darf nicht festgehalten sein. Das heißt, er muß in der Lage sein, sich ungehindert an den Ort des Vertragsschlusses zu begeben. Diese Bedingung ist daher zum Beispiel nicht erfüllt, wenn der *Walī* schwer

krank und reiseunfähig ist oder wenn er konkret eingesperrt oder durch irgendwelche Umstände – auch Geschäfte – verhindert ist.

9. Er darf keinen erheblichen Mangel an seiner Sehkraft haben. Diese Bedingung besteht, damit er sich im klaren sein kann, mit wem er die ihm Anvertraute verheiratet[41].
10. Er muß zum Zeitpunkt des Vertragsschlusses in der Lage sein, den Sinn der Handlung zu erkennen. Das bezieht sich darauf, daß der *Walī* nicht ohnmächtig werden, betrunken sein oder vorübergehend geistig verwirrt sein darf[42].
11. Er muß frei sein[43]. Das heißt, er darf nicht von anderen abhängig oder ihnen irgendwie hörig sein oder von ihnen erpreßt werden, daß seine Entscheidungen dadurch gegen seinen Willen bestimmt werden können[44].

Die Reihenfolge und Abfolge der Wilāya

Grundsätzliche Einteilung

Als *Walī* kommen grundsätzlich zwei Hauptgruppen in Frage[45]:

a. Angehörige des *Maḥrams* der Frau
b. Ein Richter/der Herrscher des Landes (wenn er Muslim ist).

Maḥram-Angehörige

1. Der Vater
2. Der Großvater väterlicherseits (Vater des Vaters)
3. Leiblicher Bruder (volleiblich)
4. Bruder von Vaterseite (Halbbruder)
5. Sohn des (voll-)leiblichen Bruders
6. Sohn des Bruders von Vaterseite (Sohn des Halbbruders)
7. (Voll-)leiblicher Onkel väterlicherseits (volleiblicher Bruder des Vaters)
8. Onkel väterlicherseits, von Vaterseite (Halbbruder des Vaters)
9. Sohn des volleiblichen Onkels
10. Sohn des Onkels väterlicherseits, von Vaterseite (Sohn des Halbbruders des Vaters).

Diese Aufzählung ist hierarchisch zu verstehen: Der Vater kommt vor allen anderen; wenn er nicht in Frage kommt, dann der Großvater väterlicherseits; wenn dieser wiederum nicht in Frage kommt, dann der nächstfolgende usw.

Die Frage, wie die Auswahl bzw. Festlegung des *Walī* genau vor sich geht, wird im Punkt über „*Wilāyat al-Ijbār*" („Interessenvertretung der noch nicht verheirateten Frau") und „*Wilāyat al-Ikhtiyār*" („*Wilāya* der freien Wahl") besprochen.

Wilāyat al-Ijbār (Interessenvertretung der noch nicht verheirateten Frau) und Wilāyat al-Ikhtiyār (Wilāya der freien Auswahl)

Unter der „Interessenvertretung der noch nicht verheirateten Frau" (*wilāyat al-ijbār*) versteht man die *Wilāya* des Vaters oder des Großvaters über eine Frau, die noch nicht zuvor verheiratet gewesen bzw. Jungfrau ist. Es müssen also folgende Bedingungen erfüllt sein, damit eine solche *Wilāya* überhaupt bestehen kann[46]:

1. Ein „Sachverwalter der noch nicht verheirateten Frau" (*walī mujbir*) kann nur der Vater bzw. Großvater väterlicherseits sein.

2. Er kann nur dann *Walī mujbir* sein, wenn die ihm anvertraute Frau (das heißt hier: Tochter oder Enkelin) noch Jungfrau ist bzw. noch niemals zuvor verheiratet gewesen ist.

Bedingungen bezüglich der Wilāyat al-Ijbār

Diese *Wilāyat al-Ijbār* erfordert zunächst bestimmte für alle *Wilāyāt* der Ehe geltenden Bedingungen:

1. Der *Walī* muß die Frau auf ihr Verlangen hin verheiraten, das heißt sich darum bemühen, daß sie heiraten kann.

2. Wenn von dem *Walī* ein Mann ausgesucht wurde, muß dieser Mann der Frau – wenn sie darauf besteht – sozial mindestens gleichrangig sein.

3. Ein vom *Walī* zur Heirat vorgesehener Mann muß – auf Verlangen der Braut – in der Lage sein, ihr sofort bei oder nach Vertragsschluß (gemäß dem geschlossenen oder zu schließenden Vertrag) das *Mahr* zu übergeben.

Rechte und Pflichten eines „Sachverwalters der noch nicht verheirateten Frau", Walī mujbir

Hier stellt sich die Frage, was geschieht, wenn der *Walī* einen Mann vorschlägt, den die Braut ablehnt, bzw. welches Recht abzulehnen die Frau hat.

Gemäß den Quellen gilt, daß eine Jungfrau bzw. eine Frau, die noch nie verheiratet war, das Recht hat, einen anständigen (nicht lasterhaften oder sündhaften) und sozial gleichrangigen Mann zu erhalten. Wünscht sie einen bestimmten Mann zum Ehemann, der *Walī* jedoch einen anderen, so kann die Frau ihre Wahl in diesem Fall nur dann durchsetzen, wenn der Kandidat des *Walī* dem ihren nicht gleichrangig oder sündhaft ist oder wenn sie nachweisen kann, daß zwischen ihr und dem *Walī* offene Feindschaft besteht bzw. eine notwendige Bedingung zur *Wilāya* bei ihm nicht erfüllt ist – sonst gilt die Wahl des *Walī*.

Die Möglichkeit, einen Mann seiner Wahl durchzusetzen, hat aber nur ein *Walī mujbir* (also ein Vater bzw. Großvater väterlicherseits). Nach diesen beiden kann kein *Walī* mehr *Walī mujbir* werden, sondern nur noch *Walī mukhtār* – also ein *Walī*, der sich ganz nach der Entscheidung der Frau richten muß. Dies gilt auch dann, wenn etwa Vater und Großvater väterlicherseits einer Jungfrau bzw. einer noch nicht verheiratet gewesenen Frau verstorben sind und nun ein anderer Mann die *Wilāya* einnimmt: Dieser *Walī* kann ebenfalls nur *Walī mukhtār* sein.

Die tatsächlich große Entscheidungsvollmacht wird einem *Walī mujbir* nur darum zugestanden, weil er objektiv die Sache aufgrund seiner Lebenserfahrung und seines Überblicks über die Charaktereigenschaften und Lebensumstände des betreffenden Mannes mitentscheiden soll. Daher wird einem *Walī* auch abverlangt, daß die Frau mit ihm einverstanden sein muß.

Darüber hinaus gilt es als verboten, eine Jungfrau oder Ledige zu einer bestimmten Ehe gegen ihren Willen zu drängen oder gar zu zwingen. Auch gilt, daß keine Frau gezwungen werden darf, überhaupt eine Ehe einzugehen, und dies gilt absolut und ohne Einschränkung, für jeden *Walī*.

Rechte und Pflichten eines frei ausgewählten Walī (walī mukhtār)

Die *Wilāya* des Auswählens (*wilāyat al-ikhtiyār*) bedeutet, daß eine Bedingung zur Interessenvertretung der noch nicht verheirateten Frau (*wilāyat al-ijbār*) nicht erfüllt ist[47]. So muß eine Geschiedene, Verwitwete, Nichtjungfrau in jedem Falle um ihre eigene Meinung und ihre letztliche Entscheidung und Zustimmung gefragt werden.

Verweigert eine solche Frau dem *Walī* überhaupt, daß er einen Mann aussucht, oder wünscht sie einen bereits von ihr bestimmten Mann zum Ehemann, dann muß sich ihr *Walī* bedingungslos ihren Wünschen beugen und seine Aufgabe so erfüllen, wie es ihr Recht und seine Pflicht ist.

Die Reihenfolge der theoretisch möglichen *Walīs* muß eingehalten werden. Es ist unzulässig, jemanden als *Walī* einzusetzen oder als *Walī* in seiner Aufgabe zu belassen, wenn auch nur eine einzige Bedingung von ihm in seiner Person und seinem Verhalten nicht korrekt erfüllt ist. Hier spielt es keine Rolle, ob der Vater oder der Halbbruder väterlicherseits usw. übergangen wird: Die Bedingungen müssen – zugunsten der Frau – erfüllt sein.

Ist eine der Bedingungen wirklich nicht erfüllt, muß der nächstfolgende daraufhin betrachtet werden, ob er in Frage kommt. Dazu muß noch folgendes beachtet werden:

Besondere, weitere Bedingungen zur Einsetzung eines Walī

1. Sind zwei oder mehr Personen vertreten, die als *Walī* in Frage kommen und gleichrangig sind bezüglich der Bedingungen – zum Beispiel zwei Onkel väterlicherseits –, so wird der gewählt, der sich im Eherecht mehr auskennt bzw. wissender in Eheangelegenheiten ist. Sind sie darin ebenfalls gleich, hat der Ältere bzw. der Lebenserfahrenere den Vorrang.
2. Sind die möglichen *Walīs* auch hierin gleichrangig, so hat gemäß der Grundbedingung „Einverständnis der Frau mit ihrem *Walī*" die Frau die Entscheidung zu treffen.
3. Ist ein *Walī* – gleich ob *mujbir* (als Sachverwalter) oder *mukhtār* (auszuwählen) – weit von der Braut und dem Ort des Vertragsschlusses entfernt[48], während aber ein möglicher *Walī*, der in der Reihenfolge erst nach ihm kommt, näher am Ort ist, so geht die *Wilāya* auf den letzteren über (wenn der erste keinen Vertreter, *Wakīl*, bestimmt).
4. Ist ein *Walī mujbir* etwa ein bis zwei Tagesreisen vom Ort des Vertragsschlusses entfernt und erfüllt er ansonsten alle Bedingungen, kann er in diesem Fall einen Vertreter (*wakīl*) einsetzen, der für ihn die *Wilāya* wahrnehmen soll. Für diesen Vertreter gelten die üblichen Bedingungen, wie sie schon bei dem Vertreter für den Mann/Bräutigam aufgezählt wurden – mit zwei Unterschieden:
   - Dem Vertreter des *Walī mujbir* braucht nicht bekannt zu sein, wer der Bräutigam ist; dies darum, weil das Recht der *Wilāyat al-Ijbār* absoluter ist als das des Bräutigams und weil in diesem Fall die Sache letztlich mehr bei der Frau liegt (weil der *Walī mujbir* in ihrem Interesse handeln soll).
   - Eine so mit einem Vertreter des *Walī mujbir* geschlossene Ehe ist auch gültig, wenn der Vertreter die ihm Anvertraute einem Mann verheiratet, die der eigentliche *Walī* nicht wollte – vorausgesetzt, der Vertreter kannte den vom *Walī* gewünschten Mann nicht, sondern mußte auf die Aussage anderer vertrauen.
   - Der Bräutigam kann immer einen Vertreter (*wakīl*) entsenden, von den *Walīs* kann das aber nur der *Walī mujbir* (im oben geschilderten Fall)[49].

Bezüglich der Frage, wann ein Richter bzw. muslimischer Herrscher eine *Wilāyat al-Ikhtiyār* übernimmt, hat der Prophet ﷺ gesagt:

„Der Herrscher ist *Walī* dessen, der (sonst) keinen *Walī* hat."

In der Zeit nach dem Tode des Propheten ﷺ, der diese Aufgabe entsprechend eingenommen hatte, haben die Kalifen und später auch örtliche Herrscher bzw. die Statthalter und Gouverneure die Rolle von öffentlichen *Walīs* bei Eheschließungen eingenommen, falls der berechtigte Wunsch danach an sie herangetragen wurde.

Für die islamischen Richter war es schon immer ein Teilaufgabengebiet, die Aufgabe eines Vormunds und *Walī* für Waisenmädchen einzunehmen, um sie so vor falscher Behandlung zu schützen (hierzu gehörte auch eine nicht dem Rang der Frau gemäße Heirat).

Als später der Ruf der meisten Herrscher in islamisch-moralischer Hinsicht mehr als zu wünschen übrigließ und zudem viele Herrscher diese Aufgabe eines *Walīs* allgemein an die Richter weitergaben, bildete sich die Rechtssitte heraus, sich zunächst immer nur an einen Richter zu wenden.

Insofern ist der islamische Richter – oder, wenn kein solcher vorhanden ist, ein qualifizierter Gelehrter – an die Stelle des Herrschers getreten.

Ist jedoch in einem Gebiet der Welt – speziell hier in Mitteleuropa – auch kein wirklich qualifizierter Rechtsgelehrte zu finden, muß man nach Meinung heutiger Gelehrter auf möglichst zwei, sonst notgedrungen einen einzigen Muslim zurückgreifen, der/die sich in der *Sharī'a* bzw. speziell dem Eherecht auskennt/auskennen, wobei bei solchen Personen auch die üblichen *Wilāya*-Bedingungen erfüllt sein müssen.

Die Meinungsunterschiede bei den Rechtsschulen zur Frage der Gültigkeit einer Ehe ohne Walī

Die malikitische, schafiitische und hanbalitische Rechtsschule und ihre Vertreter sagen, daß in jedem Fall ein *Walī* oder sein Vertreter den Heiratsvertrag mit dem Bräutigam oder seinem Vertreter schließen muß.

Sie beziehen sich dabei auf eine Überlieferung des Propheten ﷺ, die aussagt:

„Es gibt keine Heirat ohne *Walī* und zwei aufrichtige Zeugen."

Die hanafitische Rechtsschule jedoch ist der Ansicht, daß eine erwachsene Frau, die im religiösen Sinne voll verpflichtet ist, selbst den Vertrag mit dem Mann schließen kann. Hierbei bestehen folgende Einschränkungen:

- Wenn sie geistig nicht gesund ist, muß ein *Walī* den Vertrag schließen.
- Wenn sie einen Mann auswählt, der ihr sozial oder in anderer Hinsicht nicht gleichwertig ist, kann der als *Walī* in Frage kommende Mann in diesem Fall sich der Ehe widersetzen und sie notfalls aufheben (ungültig werden) lassen, wenn der Frau durch diese Heirat objektiv nachprüfbar Schaden entstehen kann[50].

§ 16

DIE BEDINGUNGEN EINES ZEUGEN (SHĀHID) BEIM VERTRAGSSCHLUSS EINER EHE

Die Bedingungen zur Zeugenschaft (shahāda)

Die Bedingungen, die jemand im islamischen Recht erfüllen muß, um als Zeuge annehmbar zu sein, gelten auch beim Eherecht. Dabei gibt es aber auch einige Besonderheiten, die sich speziell auf die Eheschließung beziehen.

1. Er muß Muslim sein.
2. Er muß aufrichtig und anständig sein. Das heißt hier, weder darf er eine große Sünde (*kabīra*) begangen haben, noch darf er größere Sünden ständig bzw. regelmäßig begehen; sein Anstand und seine Ehrlichkeit müssen bekannt sein oder bezeugt bzw. belegt werden.
3. Er muß volle Sprechfähigkeit haben, damit er notfalls genaue Rückfragen stellen kann, um so die Sachlage und seine Verantwortung einschätzen zu können.
4. Er muß volle Sehkraft haben, um alle beim Vertragsschluß Beteiligten sowohl im Moment der Eheschließung als auch später genau (wieder) erkennen zu können.
5. Er kann nicht gleichzeitig Zeuge und *Walī* sein.
6. Er darf nicht gleichzeitig Zeuge und Vertreter des *Walī* bzw. des Bräutigams sein[51].
7. Er muß die körperliche und geistige Reife (*bulūgh*) haben.
8. Er muß zum Zeitpunkt des Eheschlusses in wachem und aufmerksamem Zustand sein[52].
9. Er muß alle entscheidenden Personen und ihre jeweiligen Rollen beim Vertragsschluß kennen sowie gegebenenfalls auch die Summe des *Mahr* und andere Bedingungen des Ehevertrages.

Es ist klar, daß sich ein Zeuge nicht vertreten lassen kann.

Zur Frage der Zeugenschaft von Frauen bei einem Eheschluß

Darüber hinaus besteht bei den Gelehrten bzw. Rechtsschulen Uneinigkeit darüber, ob und wann die Zeugenschaft von Frauen bei einem Ehevertrag gültig ist[53].

§ 17

DER WORTLAUT DER EHESCHLIESSUNG (ṢĪGHA)

Grundsätzliches

Im Wortlaut (*ṣīgha*) dürfen nach überwiegender Gelehrtenmeinung keine einschränkenden Bedingungen oder sonstige spezielle Bedingungen enthalten sein – abgesehen von bestimmten Bedingungen, die sich auf das *Mahr* beziehen. Nach manchen Gelehrten – besonders nach denen der *Mālikīya* – muß hingegen Art und Betrag des *Mahr* im Wortlaut (*ṣīgha*) genannt werden.

Mit Wortlaut ist hier die Aussage des *Walī* und des Mannes gemeint, die – wie zuvor beim Punkt über *Ijāb* und *Qabūl* beschrieben – mündlich zu erfolgen hat.

Besondere Bedingungen zur Ṣīgha

Eine Umschreibung des Begriffs „Heirat" (wie zum Beispiel: „Hiermit gebe ich dir die Hand meiner Tochter ...") ist unzulässig, und ein Heiratsvertrag, der so geschlossen wurde, ist ungültig.

Im Wortlaut des *Walī* müssen Worte wie „Heirat", „Verheiratung", „Eheschließung", „Ehefrau" und dem Sinn dieser Worte entsprechende Begriffe enthalten sein. Zum Beispiel: „Hiermit verheirate ich meine Tochter mit dir" oder „Hiermit gebe ich dir meine Tochter zur Ehefrau".

Einige Gelehrte – speziell die der *Shāfi'īya* – meinen, daß die zweite Bedingung auch für den Wortlaut des Bräutigams gelten muß; die Mehrheit der Gelehrten aber ist der Ansicht, daß es genügt, wenn der Bräutigam seine Zustimmung zum Ehevertrag (im *Qabūl*) durch Worte wie „Ich nehme (den Vertrag) an" ausdrückt.

§ 18

DIE BRAUTGABE (MAHR/ṢADĀQ)

Grundsätzliches

Es ist nach allgemeiner, übereinstimmender Meinung aller Gelehrten zur Gültigkeit eines Ehevertrages notwendig, daß ein Wertgegenstand an die Braut als Brautgabe (*ṣadāq/mahr*) übergeben wird.

Nach manchen – vor allem den malikitischen Gelehrten – muß die Art und der Betrag des *Mahr* in der Eheschlußformel (*ṣīgha*) genannt sein sowie auch im schriftlichen Vertrag (sofern ein solcher gemacht wird).

Allgemein gilt, daß entweder ein Termin der Übergabe im (schriftlichen) Wortlaut des Vertrages festgelegt und dann auch einzuhalten ist oder daß nichts Genaues festgesetzt wurde – im letzten Fall muß die Braut – ganz nach ihrem Gutdünken – den Termin der Übergabe des *Ṣadāq* festlegen.

Soll bzw. kann der Mann den Betrag des *Mahr* nicht vollständig oder nicht sofort übergeben, kann ein sogenanntes *Mahr mu'akhkhar* (später zu übergebendes *Mahr*) vereinbart werden, wobei dann entweder alles oder ein zuvor festgelegter Anteil des Gesamt-*Mahr* entsprechend später – nach dem Vertragsschluß – übergeben wird.

Das *Mahr* kann in Form von Geld, bestimmten Tieren (wie zum Beispiel Pferden, Kühen usw.), Pflanzen (Bäumen usw.), Gärten und Grundstücken oder auch in Form von Nutzrechten (zum Beispiel an Mietanteilen oder Mietrechten) gegeben werden.

Dabei gilt aber, daß ein *Mahr* nicht aus Dingen bestehen darf, deren Besitz oder Nutzung dem Muslim untersagt ist (wie etwa Schweinen oder Schweinefleisch, Wein und alkoholischen Getränken, Zinserträgen und Besitz aus Zinserträgen). Wurde ein solches – an sich ungültiges – *Mahr* im Vertrag festgelegt, so ist diese Bedingung ungültig, und es muß ein entsprechender Wert an erlaubten Dingen und Werten gegeben werden[54].

Geht aber ein bestimmter Teil – oder auch alles – von dem Gesamt-*Mahr* zugrunde (etwa bei lebenden Werten wie Tieren oder einem Baumbestand), so muß in solchen Fällen eine Einigung auf das Verbliebene als *Mahr* oder einen Ersatz oder ein „entsprechendes *Mahr*" (*mahr al-mathal*) gefunden werden[55].

Ist ausgemacht, daß das *Mahr* – ganz oder teilweise – bis zum Fall der (theoretisch möglichen) Scheidung der Frau nicht konkret übergeben wird, so muß dies eingehalten werden, sofern nicht später eine Zusatzbedingung im gegenseitigen Übereinkommen der beiden Brautleute bzw. Eheleute getroffen wird.

KAPITEL 5

DAS MAHR UND SEINE BEDINGUNGEN

§ 19

DIE MODALITÄTEN DER MAHR-ÜBERGABE

Bezüglich der Übergabe des *Mahr* wird grundsätzlich zwischen mehreren möglichen Fällen unterschieden:

1. Daß im Ehevertrag überhaupt keine Bedingung bezüglich des *Mahr* erwähnt wird.
2. Daß Bedingungen im Ehevertrag festgelegt werden.
   - Daß Bedingungen hinsichtlich der Art des *Mahr* und bezüglich seines Wertes/Maßes/seiner Zahl usw. gemacht werden – in Abhängigkeit von der jeweiligen Sachsubstanz des *Mahr*.
   - Daß Bedingungen hinsichtlich der konkreten Übergabe – das heißt des Zeitpunktes der Übergabe – gemacht werden.

Hier die Ausführungen zu den genannten Punkten:

Daß im Ehevertrag überhaupt keine Bedingung bezüglich des Mahr erwähnt wird

In diesem Falle werden keinerlei Bedingungen von der Art in den Vertrag aufgenommen, wie sie unten erläutert werden. Dabei gilt dann in Übereinstimmung innerhalb des Rechtes, daß automatisch das gesamte *Mahr* direkt bei bzw. nach dem Vertragsschluß zu übergeben ist.

Es ist in diesem Falle also keinerlei Trennung bei zum Beispiel mehreren Wertgegenständen bzw. Werten zulässig, wenn solche im Ehevertrag als *Mahr* genannt werden.

Daß Bedingungen im Ehevertrag festgelegt werden

Sind im Ehevertrag irgendwelche Bedingungen genannt, die nicht grundsätzlichen Regelungen im islamischen Eherecht widersprechen[56], so müssen diese Bedingungen unbedingt erfüllt werden, da sonst die betreffende Ehe in ihrer Rechtsgültigkeit fehlerhaft bis ungültig werden kann. Widerspricht jedoch eine solche Bedingung oder Unterbedingung dem islamischen Eherecht, so wird die Bedingung ungültig, der Vertrag aber gilt weiter.

Daß Bedingungen hinsichtlich der Art des Mahr und bezüglich seines Wertes/Maßes/seiner Zahl usw. gemacht werden – in Abhängigkeit von der jeweiligen Sachsubstanz des Mahr

Das *Mahr* muß grundsätzlich in seiner Art – das heißt, je nachdem, was für eine Sachsubstanz es ist – bezeichnet werden (zum Beispiel ob es sich beim *Mahr* um Edelmetall, Schmuck, Tiere, Häuser usw. handelt).

Ebenso muß das Maß bzw. der Gegenwert des *Mahr* bezeichnet werden, entweder der konkrete Sachwert oder/und der Gegenwert der Sachsubstanz (zum Beispiel wieviel ein betreffendes Tier – etwa ein reinrassiges Zuchtpferd – wert ist, damit gegebenenfalls ein Ersatz bestimmt werden kann).

Der Wert bzw. die Sachsubstanz muß in jedem Fall so angegeben werden, daß keinerlei Zweifel am wirklichen Wert des *Mahr* bleiben.

Daß Bedingungen hinsichtlich der konkreten Übergabe – das heißt des Zeitpunktes der Übergabe – gemacht werden

Ein *Mahr* kann im Ehevertrag als Einheit oder in Teilen festgelegt werden, und es kann – als Ganzes oder in bezug auf seine Einzelteile – als „*Mahr mu'ajjal*" (sofort zu übergebendes *Mahr*) oder „*Mahr mu'akhkhar*" (später zu übergebendes *Mahr*) bestimmt werden.

Daraus ergeben sich für Bedingungen, die im Ehevertrag genannt werden, theoretisch drei Fälle, von denen der erste (*Mahr* als Ganzes und *Mahr mu'ajjal*) wegfällt, da er mit dem Fall zusammenfällt, in dem überhaupt keine Bedingung gestellt bzw. im Ehevertrag festgelegt wird.

Es bleiben folgende zwei Fälle übrig:

1. Das *Mahr* wird als Ganzes später, als „*Mahr mu'akhkhar*", übergeben.
2. Das *Mahr* wird teils sofort, als „*Mahr mu'ajjal*", teils später, als „*Mahr mu'akhkhar*", übergeben.

Im Falle, daß etwas als „*Mahr mu'akhkhar*" übergeben wird, müssen die jeweiligen Anteile des *Mahr* genau bestimmt werden.

Anmerkungen

1 In diesem Falle kann eine besondere Scheidungsform – *Khul'* genannt – in Kraft treten; siehe dazu weiter unten im Haupttext.
2 Arab.: „*ḥurma mu'aqqata*"; Pl.: „*ḥurumāt mu'aqqata*".
3 Arab.: „*ḥurma mu'abbada*"; Pl.: „*ḥurumāt mu'abbada*".
4 Abgesehen von nur sehr wenigen Ausnahmen; siehe dazu die entsprechenden Ausführungen im Abschnitt über Verwandtschaftsarten und den *Maḥram*.
5 Siehe dazu den entsprechenden Abschnitt zu den Verwandtschaftsarten und zum *Maḥram*.
6 Siehe dazu den entsprechenden Abschnitt zu den Verwandtschaftsarten und zum *Maḥram*.
7 Dies gilt nur für den Fall, daß fahrlässig von den Brautleuten oder den von ihnen Beauftragten gehandelt wurde; wenn aber ein Richter oder eine mit solchen Dingen vertraute Person sich derart irrt, so gilt das so nicht.
8 Aber der Fall, daß ein Mann heutzutage mit mehr als einer Frau verheiratet ist, kommt nur äußerst selten vor; nur in manchen Gebieten der Welt wie etwa Westafrika, wo die Polygamie (Ehe eines Mannes mit mehreren Frauen) auch gesellschaftlich anerkannt und geradezu gefordert ist, wird man auch seitens des Mannes genau prüfen, ob er noch zu einer weiteren Heirat frei ist.

Doch in den meisten Gebieten der islamischen Welt stellt sich im Gegenteil das Problem, daß viele Männer gar nicht heiraten können, weil sie sich aufgrund zu hoher *Mahr*-Forderungen oder katastrophaler Wirtschaftslage keine Heirat und Hochzeitsfeier leisten können. Nur bewußt lebende Muslime, die nicht mit übertriebenen Forderungen (traditionelle, kostspielige Heiratsfeste usw.) konfrontiert werden, können heutzutage noch heiraten, ohne sich über Jahre in Unkosten stürzen zu müssen. Erst in letzter Zeit nehmen solche Übertreibungen ab, da durch die große Zahl der unverheirateten Jugendlichen vielen Sündhaftigkeiten Tür und Tor geöffnet werden, wenn man ihnen nicht eine echte Möglichkeit zum Verheiraten gibt.

Zur Frage, wann genau eine Ehe gültig wird bzw. ist, siehe die Abschnitte über die *Arkān* der Eheschließung (Kapitel 4)

9 Mit „Rückkehr" ist hier gemeint, daß der Mann von seiner Scheidung Abstand nimmt – sie also zurücknimmt – und die Frau wieder in die nun erneut voll bestehende Ehe „zurückkehrt". Siehe Genaueres zu diesem wichtigen Thema der „Rückkehr" im entsprechenden Abschnitt bei der Scheidung.
10 Formal islamrechtlich kann ein Ehebruch nur durch vier Zeugen oder Eingeständnis nachgewiesen werden. Ein Zweifel an der Vaterschaft des Ehemannes ist für diesen ein zwingender Grund, das Kind nicht als seines anzuerkennen; er darf ein solches Kind sogar wider besseres Wissen nicht anerkennen.

Selbst wenn gegen den Willen der Eltern festgestellt würde, daß eine Vaterschaft des Ehemannes nicht gegeben ist, würde das Kind dennoch als un- bzw. außerehelich gelten und dürfte nicht den Namen des Ehemannes der Mutter tragen. Doch selbst in solchen Fällen liegt formalrechtlich nicht unbedingt ein Ehebruch vor; hier muß nämlich – sofern weder Zeugen noch andere Beweise vorliegen – eine aus Scham verschwiegene Vergewaltigung bzw. ein anderer spezieller Fall von erzwungenem Geschlechtsverkehr ohne Verschulden der Frau angenommen werden. Hier wird nach dem Rechtsprinzip geurteilt: *husnu dh-dhann* (sinngemäß übersetzt:) „Stets das Bestmögliche annehmen".

11 Allgemein müssen die Angaben in „Monaten" als Angaben gemäß dem islamischen Mondkalender verstanden werden; das ist darum im Fall der *'Idda* sehr wichtig, weil ein durchschnittlicher Mondmonat kürzer ist als ein durchschnittlicher Sonnenjahrmonat (um ein bis zwei Tage). Zur Bedeutung des Mondjahres für den Muslim und die Muslimin und die eventuell nötigen Berechnungen siehe auch die Ausführungen im Buch über das Fasten zur Berechnung des *Ramaḍān*-Beginns (Kap. 5, § 1 ff.).

12 Siehe dazu auch die Ausführungen weiter unten im Teil zu den *Arkān* der Eheschließung (Kapitel 4).

13 Dies gilt nicht bei der *Ḥanafīya*, nach deren Ansicht beim Eheschluß der *Qabūl* auch vor dem *Īǧāb* erfolgen kann; zur Reihenfolge von *Īǧāb* (Bereitschaft und Angebot zur Ehe) und *Qabūl* (Annahme des Eheangebotes) siehe Näheres im Teil zu den *Arkān* der Eheschließung (Kapitel 4).

14 Siehe dazu die Abschnitte über die Scheidungsarten.

15 Zur Formulierung und den damit zusammenhängenden Problemen vgl. weiter unten im Text.

16 Daher würde man aus westlicher Sicht diese Scheidungsart eher mit einer Art Trennung vergleichen.

17 In manchen Fällen von *Ṭalāq bā'in* wurden in der Vergangenheit auch schon „Scheinehen" vereinbart, bei denen ein zweiter Mann die Frau nur auf dem Papier heiratet, ohne mit ihr zu schlafen; solche Ehen werden aber im Sinne des islamischen Rechts nur als Betrug gewertet:

1. Wenn von vornherein keine Absicht zum Führen einer Ehe besteht, so gilt diese Ehe vor Gott und dem Recht nicht.
2. Selbst wenn seitens der Frau eine aufrichtige Absicht zu einer neuen Ehe besteht, dann aber diese Ehe doch scheitert und die Frau von ihrem zweiten Mann geschieden wird, ohne daß dieser mit ihr in der Zeit der Ehe Geschlechtsverkehr hatte, so gilt diese Ehe zwar als echte, nun geschiedene Ehe, aber nicht als eine Ehe, die der Frau den ersten Mann wieder erlaubt macht.

18 Der Mann, der eine von einem Dritten in *Ṭalāq bā'in* geschiedene Frau heiratet, sich dann von ihr scheidet und sie so wieder in die Lage versetzt, den ersten Mann zu heiraten, wird „*Muhallil*", „der, der (die Frau wieder) erlaubt macht", genannt. Dabei muß aber folgendes erwähnt werden:

1. Wenn von vornherein vereinbart wird, daß die „Zwischenehe" eine rein formale Ehe sein soll, ohne ehrlichen Willen der beiden Heiratspartner (Frau und *Muhallil*), eine echte Ehe zu führen, so gilt diese so geschlossene Papierehe nicht als „Zwischenehe" und nützt im Sinne, die Frau dem ersten Mann wieder erlaubt zu machen, islamrechtlich gar nichts.
2. Wenn die Zwischenehe zwar korrekt geschlossen wurde, aber zwischen *Muhallil* und Frau kein Geschlechtsverkehr in dieser Ehe stattfindet, bevor (gegebenenfalls) eine Scheidung zwischen beiden eintritt, so gilt diese Ehe nicht als echte Zwischenehe und der zweite Mann nicht als *Muhallil* (das heißt die Frau bliebe nach dieser Scheidung dem ersten Mann dennoch zur neuen Ehe verboten).

19 Zum Problem, wer einen islamischen Richter in Gebieten, wo es keinen solchen Richter gibt, vertreten muß, kann, darf, siehe im Abschnitt über den *Walī* bezüglich der *Wilāya* für eine Frau, die grundsätzlich keinen *Maḥram-Walī* hat (§ 15).

20 Also die Personengruppe, von der man unter bestimmten Bedingungen jemanden heiraten darf.

21 Siehe dazu weiter unten.

22 Das „usw." bezieht sich darauf, daß natürlich auch ältere Generationen entsprechend zur Ehe verboten sind; das ist zwar oft nur theoretisch, kann aber doch dann wichtig werden, wenn formale Ehen geschlossen werden, um zum Beispiel so an einer bestimmten Erbschaft Anteil zu haben. – Dasselbe gilt entsprechend auch für die weiter unten aufgeführten Punkte.

23 Hierzu muß erwähnt werden, daß im Unterschied zu Europa in Afrika und Asien keine vergleichbaren Schäden an Kindern aus derartigen Ehen bekannt sind, wie sie etwa bei Kindern so verwandter Mitteleuropäer auftreten können (!).

Von daher beruhen viele oft emotionsgeladene Diskussionen und Veröffentlichungen über die Schädlichkeit solcher Ehen auf eurozentrischen Gesichtspunkten; ähnliches gilt auch für die Mindestaltersgrenze einer Braut, welche sich auf körperliche und geistige Reife bezieht.

24 Das heißt, anders als zum Beispiel im westlichen, stark kirchenrechtlich geprägten Rechtsdenken ist der erste Geschlechtsverkehr kein „Vollzug der Ehe". Die islamische Ehe ist auch ohne jeglichen Geschlechtsverkehr rechtlich voll gültig.

25 Außer den eigentlichen Milchgeschwistern zählen noch deren direkte *Maḥram*-Verwandte dazu; siehe dazu weiter unten.

26 Siehe dazu den entsprechenden Abschnitt zur „*Ṣigha*" (Wortlaut der Eheschließung) im Ehevertrag (§ 17).

27 Außer in bestimmten Ausnahmefällen. So ist ein Ehevertrag gültig, wenn er mit Einverständnis der Frau durchgeführt wird, wobei ihr zunächst die Personen und die Einzelheiten des Ehevertrages verdeutlicht werden und der konkrete Ehevertrag dann auch entsprechend der Vereinbarungen korrekt durchgeführt wird.

28 Siehe dazu auch die Bedingungen zur Braut.

29 Hier fällt auf, daß beim *Walī* die Sprechfähigkeit keine notwendige Bedingung zu seiner Zulassung als *Walī* ist.

30 Siehe dazu die entsprechenden Abschnitte zur Scheidung (*ṭalāq*), § 3 und 4.

31 Dieser spezielle Fall der Bestrafungsgültigkeit wird jedoch von den meisten Gelehrten abgelehnt.

32 Abgesehen von Dingen, die mit *Mahr* bzw. *Ṣadāq* sowie *Nafaqa* (Versorgung und Versorgungsansprüche in der Ehe) zusammenhängen.

33 Einschränkungen, besondere Bedingungen usw. müssen vor dem Vollzug des Vertrages durch *Ījāb* und *Qabūl* vereinbart werden, dürfen aber als solche nicht in der Heiratsformel (*ṣīgha*) genannt werden.

34 Dazu zählen vor allem: – Unterhalt der Frau und gegebenenfalls vorhandener Kinder aus früheren Ehen, die von der Frau mit in die Ehe eingebracht werden; – Wohnrecht des Ehepartners, der die Wohnung nicht besitzt; – Sorgerecht für die Kinder; –Erbansprüche des überlebenden Ehepartners (auch bei plötzlichem Todesfall).

35 Das Wort „*Iḥrām*" heißt wörtlich etwa: „sich etwas verwehrt machen". In dieser Phase der Pilgerfahrt sind neben verschiedenen Kleidervorschriften auch bestimmte Verhaltensweisen zu befolgen. Näheres dazu im entsprechenden Abschnitt im Buch über die Pilgerfahrt (*ḥajj*).

36 Das heißt auf dem *Ḥajj* (der großen, verpflichtenden Pilgerfahrt) oder auf der *ʿUmra* (der kleinen, individuellen, freiwilligen Pilgerfahrt).

37 Siehe dazu „die Vorbedingungen zur Ehe".

38 Das bezieht sich auf Bedingungen bezüglich Scheidung und Wartefrist der Frau (*ʿidda*).

39 In früheren Zeiten bezog sich dies vor allem auf Sklaven, die oft eine Vertrauensstellung einnahmen, aber durch Zwang seitens ihres Besitzers natürlich nicht wirklich

selbständig eine solche Aufgabe erfüllen konnten. Heutzutage kann die Unfreiheit vor allem auf Abhängigkeit einer Person von einer anderen bezogen werden.

40 Im Unterschied zu einem Zeugen besteht beim *Walī* nur die Bedingung, daß ihm keine Unaufrichtigkeit nachgewiesen werden kann; doch bei einem Zeugen muß das Vorhandensein von Aufrichtigkeit nachgewiesen werden.

41 Interessanterweise ist die Hörfähigkeit für die *Wilāya* keine zwingende Bedingung, im Gegensatz zur Zeugenschaft; dazu und zur Begründung dieses Punktes siehe den Abschnitt über die *Wilāya* beim Eheschluß.

42 Damit ist ein vorübergehender Zustand, kein Dauerzustand gemeint. Bei manchen Gelehrten besteht allerdings die Auffassung, daß ein Mann, der regelmäßig (wenn auch in größeren Zeitabständen) derartige Zustände hat, kein *Walī* sein darf. Die meisten Gelehrten meinen hingegen, daß er nur dann die *Wilāya* nicht ausüben darf, wenn dies direkt zum Zeitpunkt des Vertragsschlusses selbst (mit *Īǧāb* und *Qabūl*) der Fall ist. Alle Gelehrten stimmen aber darin überein, daß das Interesse der Frau höher stehen muß als das des *Walī*; daher sagen sie, daß ein Mann, der in kurzen Zeitabständen unter geistiger Verwirrung usw. leidet, von der *Wilāya* ausgeschlossen sein muß.

43 Im klassischen Recht: Er darf kein Sklave sein.

44 Nur wer über sich selbst die *Wilāya* ausüben kann und über sich uneingeschränktes Verfügungsrecht hat, kann über andere *Wilāya* ausüben.

45 In alter Zeit bestand noch eine weitere Gruppe: Sie wurde vertreten durch jemanden, der die Frau – wenn sie zuvor Sklavin gewesen war – freigelassen hatte. Dieser Punkt ist aber heute gegenstandslos geworden und wird hier nicht behandelt.

46 Zur Meinungsdifferenz unter den Gelehrten zur *Wilāya* bei der Heirat siehe § 15 unten.

47 Das bezieht sich auf die allgemeinen Bedingungen zur *Wilāya* wie auch auf die speziellen zur *Wilāyat al-Iǧbār*.

48 Mit „weit“ ist eine Entfernung über eine Tagesreise hinaus gemeint.

49 Oft scheint es formaljuristisch so zu sein, daß bei vielen volkstümlichen bzw. traditionellen Eheschließungen in traditionell-islamischen Ländern der Imam einer Moschee genauso ein *Wakīl*-Amt vom *Walī muǧbir* übertragen bekommt, auch wenn das sicher den meisten Beteiligten gar nicht mehr so recht klar ist.

50 Etwa wenn der betreffende Mann eine islamrechtlich unzulässige Tätigkeit ausübt (wie zum Beispiel ein Alkoholhändler usw. ist) oder sogar schändliche Dinge tut (ein Zuhälter oder ein Glücksspieler ist), oder wenn er nachweislich faul, gewalttätig oder asozial ist.

51 Andererseits dürfen Kinder des Bräutigams bzw. der Braut (aus früheren Ehen) Zeugen bei einer Heirat ihres Elternteiles sein.

52 Daher kann ein Ohnmächtiger, Verrückter usw. nicht Zeuge sein; das heißt, daß er zwar formal Zeuge sein kann, seine Zeugenschaft aber nicht anerkannt werden kann und darum ungültig ist.

53 Nach manchen Gelehrten, zum Beispiel denen der *Shāfiʿīya*, sind Frauen bei Heiratsverträgen als Zeugen nicht zulässig, das heißt, ein Zeuge muß ein Mann sein; die meisten Gelehrten jedoch vertreten die Ansicht, daß bei einem Ehevertrag entweder zwei Männer oder ein Mann und zwei Frauen als Zeugen genommen werden können.

54 Dazu folgendes: Dinge, deren Nutznießung unerlaubt sind bzw. die in sich selbst nicht im Besitz eines Muslims/einer Muslimin sein dürfen, werden im islamischen Recht in manchen Fällen nicht als wirkliches Eigentum betrachtet, nach den Rechtsgrundsätzen:
– Was als solches verboten ist, darf nicht bewirkt werden.

- Was an absolut Unerlaubtem bewirkt wurde, ist bezüglich Besitz und Gebrauch sowie Nutzen unerlaubt und wird auch durch keinerlei Umstände erlaubt.
- Einem Muslim unerlaubte Dinge gelten für ihn nicht als echter Besitz und sind daher weder bei anderen anzurechnen noch von anderen einzuklagen.
- Unerlaubte Dinge, die ein Muslim de facto in seiner Hand – in seinem „Besitz" – hat, werden bei Geschäften, Verträgen und Verpflichtungen mit Wertübergabe nicht als Besitz gerechnet.

In diesem Sinne gilt etwa eine *Najāsa* wie Alkohol oder Schweinefleisch für einen Muslim nicht als Besitz (im Sinne von echtem Besitz, wie oben dargestellt) und darf auch nicht als *Mahr* gegeben, angenommen bzw. als *Mahr* im Ehevertrag festgelegt werden.

55 Zum *Mahr*, das teilweise oder ganz zugrundegeht, verschwindet oder unbrauchbar bzw. wertlos wird, siehe weitere Ausführungen zum *Mahr* an anderer Stelle weiter unten im Haupttext.

56 Dies ist beispielsweise der Fall, wenn das *Mahr* in seiner Art nicht von wirklichem Wert ist, wie etwa ein paar Reiskörner usw., oder wenn das *Mahr* seiner Substanz nach nicht von einem Muslim genutzt werden darf (wie etwa bei Wein als *Mahr*), oder wenn mit der Sachsubstanz des *Mahr* Unterbedingungen bezüglich der Nutzung und Übergabe verbunden sind, die einschränkend auf Besitz- und Nutzungsrecht wirken (wie etwa, wenn ein Wertgegenstand als *Mahr* bestimmt, aber nur auf Zeit übergeben werden soll).

XII.

Buch
über das Testament

KAPITEL 1

ALLGEMEINE VORSTELLUNG

Mit einem Testament in allgemeinem Verständnis kann mehreres gemeint sein:

1. Daß der Verfasser des Testaments andere (also Hinterbliebene) zu etwas ermahnt, beispielsweise, von einem Streit abzulassen oder auf seine Kinder zu achten (auch der Wunsch nach Übertragung des Sorgerechts gehört dazu).

2. Daß der Verfasser des Testaments andere (Hinterbliebene) als Nachlaßverwalter einsetzt, um die Abwicklung nach korrektem (bei Muslimen: islamischen) Erbrecht zu gewährleisten[1].

3. Daß der Verfasser des Testaments den Anteil mancher Personen erhöht, um ihnen so besondere Liebe, Zuneigung oder Respekt zu zeigen oder weil sie in der Tat dieses Geld, diesen Besitz nötiger haben als andere bzw. besser damit umgehen können.

4. Daß der Verfasser Verwendungszwecke benennt und einsetzt, die zur Abwicklung von Verpflichtungen (Schulden) dienen, bzw. Verpflichtungen anderer ihm gegenüber nennt und diese Verpflichtungen dann im Testament einfordert oder sie ihnen auch erläßt.

KAPITEL 2

DAS TESTAMENT IM ISLAMISCHEN RECHT

§ 1

RECHTLICHE ARTEN DES TESTAMENTS

Im islamischen Recht werden zwei Arten von Testament unterschieden, die demselben Wortstamm entspringen:

1. *Waṣīya*
2. *Īṣā'*

Mit „*Waṣīya*" ist der Sache nach zunächst gemeint, daß jemand einer anderen Person (in irgendeiner Form) etwas zukommen läßt. Rechtlich ist damit das eigentliche Testament gemeint, das abgefaßt wird, um Dinge zu regeln, die im Pflichterbrecht (*farā'id*) nicht oder anders gehandhabt werden. Das sind vor allem:

1. Die Erhöhung des Anteils eines oder mehrerer Erben, um ihnen besondere Liebe oder Unterstützung zu zeigen.
2. Der Hinweis auf Verpflichtungen (Schulden usw.), von denen der Erblasser annehmen muß, daß sie nicht oder nicht allgemein bei den Erben bekannt sind.

„*Īṣā'*" bedeutet rechtlich, daß ein Erblasser zu Lebzeiten (üblicherweise, wenn er seinen Tod nahen fühlt) eine oder mehrere vertrauenswürdige Personen als „Testamentsvollstrecker" bzw. als „Vormund" für seine Kinder einsetzt.

§ 2

GRUNDSÄTZLICHE REGELN BEIM TESTAMENT (WAṢĪYA)

Es ist einem Erblasser (*mūṣī*) möglich, über ein Drittel seines Vermögens frei zu verfügen, ohne daß die Erben dagegen etwas tun können.

Hat der Erblasser aber eine oder mehrere Personen, Institutionen (Stiftungen usw.) so bedacht, daß er mehr als ein Drittel seines Gesamtvermögens dabei umverteilt, so ist es den Pflichterben möglich, das Testament insofern anzufechten, als ihnen ihr jeweiliges volles Pflichtteil gegeben werden muß.

Es muß aber darauf hingewiesen werden, daß jemand, der nach dem Pflichterbrecht (*farā'id*) erbberechtigt ist, nicht per Testament enterbt werden kann, noch kann der per Pflichterbrecht festgesetzte Anteil eines Pflichterben per Testament herabgesetzt werden[2].

§ 3

DIE RECHTLICHE BESTIMMUNG (ḤUKM) DES TESTAMENTS

Es besteht – aufgrund vieler Belege aus *Qur'ān* und *Sunna* – Übereinstimmung bei den Gelehrten (*ijmā'*) darüber, daß ein Testament abzufassen im islamischen Recht anerkannt und zumindest *Sunna* ist.

Andererseits gilt es – ebenfalls übereinstimmend bei den Gelehrten – als besser, wenn möglich seinen Besitz, den man testamentarisch vererben will, noch zu Lebzeiten zu verschenken.

Wenn etwa jemand vorhat, erst durch Testament einer Person etwas von dem eigenen Besitz zu vermachen, so gilt das islamrechtlich als nicht so gut, als wenn er der Person zu seinen Lebzeiten diesen Besitzanteil schenken würde.

Ursprünglich, noch bevor die Koranverse bezüglich des Pflichterbrechts (*farā'id*) herabgesandt wurden, wurde es durch frühere Herabsendung bestimmter anderer Koranverse den Muslimen zur Pflicht (*farḍ*) gemacht, ihren Besitznachlaß durch Testament zu regeln.

Diese Pflicht wurde dann durch Einsetzung des Pflichterbrechts aufgehoben, und das Verfassen eines Testamentes wurde grundsätzlich zur nur noch wünschenswerten Sache (*mandūb*).

Jedoch kann der *Ḥukm* des Testaments (*waṣīya*) auch anders sein. Hier nun eine Gesamtdarstellung:

1. Ein Testament zu machen ist grundsätzlich *mandūb*, wenn der Erblasser aus Frömmigkeit dadurch jemandem zum Beispiel etwas zum Studium oder zur Unterstützung in einer Notlage zukommen lassen will oder wenn er eine Stiftung zugunsten von Armen, Studierenden (die islamisches oder den Muslimen nützliches Wissen erlangen wollen), einsetzt, oder wenn er Gelder solchen Leuten vermacht, die in ihrem Glauben schwach sind, weil sie – selbst Muslime – von Muslimen enttäuscht wurden und so im Sinne der Brüderlichkeit von dem Erblasser in islamisch erlaubten Vorhaben (speziell bei Heiratskosten) gestärkt werden sollen.
2. Ein Testament zu machen wird verpflichtend (*farḍ*), wenn der Erblasser (*mūṣī*) noch Verpflichtungen zu erfüllen hat, seien es Dinge, die Gottesrecht sind (*ḥaqq allāh*) oder Menschenrecht (*ḥaqq al-insān*). Wenn etwa jemand noch *Zakāt* zu zahlen hat oder den *Ḥajj* noch nicht verrichtet hat (obwohl er die nötigen Mittel dazu hat), so gilt das als Schuld seinerseits in Form von Gottesrecht (*ḥaqq allāh*), und er muß im Testament festsetzen, daß diese Schulden beglichen werden[3].
3. Ein Testament zu machen ist verboten (*ḥarām*),
   - wenn darin den Muslimen verbotene Dinge wie Rauschmittel (Wein, Schnaps, Rauschgifte) oder Erträge aus verbotenen Einnahmequellen (Wucherzinsen, *ribā*, Diebstahl) vermacht werden bzw.
   - es so abgefaßt ist, daß darin der Wunsch, die Absicht des Erblassers zutagetritt, den Erben Schaden zuzufügen (wenn er ihnen etwa den ihnen zustehenden (relativen) Pflichterbteil beschneiden oder sogar ganz verwehren will (ohne daß dazu Berechtigung bestünde[4]).

4. Ein Testament zu machen ist *mubāḥ*, wenn der Erblasser dadurch einem Freund etwas zukommen lassen will oder einer wohlhabenden Person[5].
5. Ein Testament zu machen ist *makrūh*,
   - wenn der Erblasser sowieso nur wenig zu hinterlassen hat oder wenn die Hinterbliebenen/Erben arm und bedürftig sind;
   - wenn das Testament zugunsten von Leuten eingesetzt wird, die offen Sünden begehen, zum Beispiel als Muslime mit Alkohol handeln, Zins (*ribā*) nehmen oder Hurerei bzw. Ehebruch (*zinā*) betreiben, und auch nur der Verdacht besteht, daß diese Leute durch die Testamentszuwendung in ihrem Handeln noch bestätigt werden.

KAPITEL 3

DIE ELEMENTARPFLICHTEN (ARKĀN) BZW. BEDINGUNGEN BEZÜGLICH DES TESTAMENTS (WAṢĪYA)

Bezüglich des Testaments (*waṣīya*) bestehen vier *Arkān*:

- der Erblasser (*mūṣī*)
- der im Testament Begünstigte (*mūṣā lahu*)
- das durch Testament Vererbte (*mūṣā bihi*)
- die Formulierung/der Wortlaut des Testaments (*ṣīgha*)

Zu jeder Elementarpflicht (*rukn*) bestehen bestimmte Bedingungen, die erfüllt sein müssen.

§ 4

DER ERBLASSER (MŪṢĪ)

Bezüglich der Person des Erblassers (*mūṣī*), also des Verfassers des Testamentes, müssen folgende Bedingungen erfüllt sein:

Verstand

Diese Bedingung muß besonders bei geschäftlichen Handlungen erfüllt sein, und ganz besonders hier, wo es um Besitzübertragung und das volle Verfügungsrecht über Besitz geht. Daher ist das Testament eines Wahnsinnigen (*majnūn*) oder Schwachsinnigen (*ma'tūh*) nicht rechtsgültig. Auch ist das Testament einer Person ungültig, die zum Zeitpunkt der Abfassung halb ohnmächtig bzw. derart berauscht ist, daß sie zu klarem Denken außerstande ist.

Geistige und körperliche Reife (*bulūgh*)

Der Erblasser (*mūṣī*) muß geistig und körperlich im Sinne on *Bulūgh* reif und erwachsen sein. Nur in diesem Fall hat der Mensch ja volles Verfügungsrecht über Eigentum, und dieses volle Verfügungsrecht ist gerade beim Testament erforderlich. Darum wird das Testament eines Kindes nicht angenommen, selbst dann nicht, wenn es bereits über *Tamyīz* verfügt.

Freier Wille und Wahlmöglichkeit (*ikhtiyār*)

Der Erblasser muß das Testament aus freiem Willen (*ikhtiyār*) aufgesetzt haben, in der Form, in der es letztlich auch vorliegt. Wenn aber zu irgend etwas in diesem Testament ein Zwang (*ikrāh*) auf ihn ausgeübt wurde, so ist das Testament grundsätzlich nicht gültig. Dies darum, weil es sich beim Testament um eine vom Wesen her ganz und gar freiwillige Besitzübertragung des Erblassers handelt, und in solchen Rechtsbereichen ist der freie Wille bzw. die freie Entscheidungsmöglichkeit (*ikhtiyār*) des Handelnden, hier eben des Erblassers, notwendig.

Freiheit (*ḥurrīya*)[6]

Diese Bedingung hat im klassischen Recht Bedeutung gehabt, insofern, als nur ein Freier die Möglichkeit hat, ein Testament zu machen, aber das Recht über einen Sklaven, einen Unfreien mit Freilassungsvertrag usw. zum Besitz seines Herrn dazugehört und der Unfreie darum nicht vererben kann.

Aus den allgemeinen Grundsätzen zum Testament ergibt sich aber auch folgendes:

1. Das Testament eines Nichtmuslims bzw. Ungläubigen (*kāfir*) für einen Muslim ist zulässig und gültig, auch das Testament eines Muslims für einen Nichtmuslim. Hier darf man keine Verwechslung begehen hinsichtlich des Hadithes, in dem der Gesandte Gottes ﷺ sagt:
   „Der Muslim beerbt den Ungläubigen (*kāfir*) nicht und der Ungläubige nicht den Muslim."
   Hier ist das Erben aus dem Pflichterbteil (*farā'id*) gemeint, nicht aber das Erben und Beerben durch Testament. Das heißt: Der ungläubige leibliche Bruder eines Muslims kann und darf nach islamischem

Erbrecht von seinem muslimischen Bruder nichts per Pflichterbrecht erben. Hatte aber der muslimische Bruder testamentarisch etwas zugunsten seines Bruders aufgesetzt, so kann dieser Bruder doch (per Testament) erben.

2. Das Testament eines Menschen, der aufgrund von Schwachsinn oder nur geringem Verstand grundsätzlich in seinen Geschäftsangelegenheiten nur eingeschränkt Gültiges abschließen kann (der „*mahjūr ʻalaihi*“ ist), ist (nach der *Shāfiʻīya*) doch rechtsgültig, weil er letztlich doch über seinen Besitz verfügen kann und im Falle seines Todes die Möglichkeit haben muß, sich durch gottesfürchtige Taten wie Schenkungen, Freundschaftsgaben im Sinne der Brüderlichkeit, Unterstützung von Armen usw. für das Jenseits Lohn bei Gott zu verschaffen.

§ 5

DER IM TESTAMENT BEGÜNSTIGTE (MŪṢĀ LAHU)

Bei dem im Testament Begünstigten (*mūṣā lahu*) wird danach unterschieden, ob er genau benannt (*muʻayyan*) oder nicht genau benannt (*ghair muʻayyan*) ist.

Die Bedingungen bezüglich eines genau benannten Erbbegünstigten (Mūṣā lahu muʻayyan)

1. Daß es sich um eine Person handelt, die nach dem Tod des Erblassers auch tatsächlich Besitz annehmen und haben kann.
Daher ist etwa das Testament zugunsten einer bereits verstorbenen Person ungültig.
Auch das Testament zugunsten eines Tieres bzw. Reittieres ist ungültig[7], selbst dann, wenn das betreffende Tier genau im Testamentwortlaut bezeichnet wurde – denn ein Tier kann islamrechtlich über keinen Besitz verfügen und gilt auch nicht im Sinne des Rechts als Person[8].
Wenn aber das Testament so abgefaßt ist, daß ein bestimmtes Nutztier (nicht andere Tiere!) erhalten werden soll, indem man einen bestimmten testamentarisch festgelegten Anteil der Hinterlassenschaft für dessen Futter bzw. dessen korrekte Unterbringung (speziell bei Pferden) festsetzt, so ist das rechtsgültig, weil in diesem Fall der Anteil in Wirklichkeit an den (neuen) Besitzer des Nutztieres geht, der davon das Futter usw. bestreiten muß.
Hierzu gilt, daß auch das Testament zugunsten eines zum Zeitpunkt der Testamentsabfassung bereits geborenen Kindes gilt, wenn das

Kind lebendig zur Welt gekommen ist und bis zum Tode des Erblassers auch lebendig geblieben ist.

2. Daß im Testament kein Unrecht gegenüber anderen (*ma'sīya*) festgesetzt oder dem Sinn nach beabsichtigt ist.

So kommt es einem Muslim nicht zu, einem Nichtmuslim, der eindeutig gegen Muslime kämpft, Dinge zu vererben, die gegen Muslime einzusetzen sind, weil damit die konkrete Möglichkeit verbunden ist, daß damit Unrecht gegen Muslime verübt wird.

Auch ist es verboten, einem Nichtmuslim einen *Muṣḥaf* zu vererben, weil dadurch die Entehrung des *Muṣḥaf* konkret möglich ist und das ein Unrecht gegen den *Muṣḥaf* und damit eine Sünde gegen Gott darstellt.

3. Daß der Erbbegünstigte ganz klar benannt ist.

So ist etwa ein Testament ungültig, bei dem im Wortlaut „einer der beiden, X bzw. Y" gewissermaßen wahlweise eingesetzt wird.[9] In diesem Fall gilt der (theoretisch) eingesetzte Erbe als unbekannt, und das Testament wird nicht rechtskräftig.

4. Daß der Erbbegünstigte zum Zeitpunkt der Testamentsabfassung[10] vorhanden ist.

So ist ein Testament zugunsten irgendeines Kindes, das noch geboren werden wird, oder zugunsten einer noch in ungewisser Zukunft zu bauenden Moschee ungültig[11].

Wenn aber zum Beispiel eine konkrete, schon bestehende Moschee genannt ist und der Wortlaut des Testaments sagt: „Hiermit stifte ich den Anteil X für diese Moschee", so ist das Testament gültig, und der Anteil wird zur Erhaltung der Moschee[12] und für die Erfordernisse der Moschee[13] ausgegeben.

Die Bedingungen bezüglich eines nicht genau benannten Erbbegünstigten (mūṣā lahu ghair mu'ayyan)

Wenn im Testament der Erbberechtigte nicht genau festgesetzt bzw. genannt ist, sondern ein Verwendungszweck (*jihat al-waṣīya*, Pl.: *jihāt al-waṣīya*) nur in allgemeiner Form genannt ist, so gilt:

Das Testament darf nicht zu einem Unrecht dienen (*ma'sīya*) oder in sich *makrūh* bzw. verboten (*ḥarām*) sein. So ist etwa das Testament eines Muslims ungültig, bei dem zugunsten bzw. zum Bau eines Anbetungsortes von Nichtmuslimen[14] etwas als Anteil festgesetzt wird oder in dem die Errichtung eines Kaffeehauses, Spielsalons usw. mit einem Anteil finanziert werden soll. Auch ist ein Testament ungültig, in dem festgesetzt wird, daß jemand nur erbt, wenn er jemand anderem Schaden zufügt (ihn tötet, verletzt, beleidigt usw.).

Die allgemeinen Nutzaspekte (*jihāt al-waṣīya*) bezüglich eines nicht genau benannten Erbbegünstigten (*mūṣā lahu ghair mu'ayyan*) sind die folgenden:

1. Daß etwas „auf dem Weg Gottes" (*fī sabīli llāh*)[15] verebt wird. Wenn jemand etwa in seinem Testament festsetzt: „Hiermit vererbe ich ein Drittel meines Erbes zu dem Zweck, daß es auf dem Wege Gottes (*fī sabīli llāh*) ausgegeben werde", so ist das Testament rechtsgültig.
2. Daß etwas für die islamischen Gelehrten (*'ulamā'*) vererbt wird. Wenn etwa jemand im Testament verfaßt: „Hiermit vererbe ich soundsoviel von meinem Besitz/meine Bücher den islamischen Gelehrten (*'ulamā'*)", so ist das Testament rechtsgültig. Dies darum, weil in der Rechtssicht die Unterstützung der Gelehrten eine fromme Tat ist[16].

   Mit den Gelehrten (*'ulamā'*) sind hier die Gelehrten gemeint, die sich mit den islamischen Wissenschaften und Wissenszweigen im engeren Sinne beschäftigen:
   - die Rechtsgelehrten (*fuqahā'*, Sg.: *faqīh*), die sich mit dem konkreten Recht (*fiqh*) und den Grundlagenwissenschaften des Rechts (*uṣūl al-fiqh*) beschäftigen.
   - die Hadith-Wissenschaftler (*muḥaddithūn*, Sg.: *muḥaddith*), die sich mit den Hadith-Wissenschaften (*'ulūm al-ḥadīth*) sowie den Grundlagenwissenschaften des Hadith (*uṣūl al-ḥadīth*) beschäftigen.
   - die Theologen (*mutakallimūn*, Sg.: *mutakallim*), die sich mit Glaubensgrundsätzen (*'aqā'id*), Theologie im weiteren Sinne (*kalām*) sowie den Glaubensgrundlagen (*uṣūl ad-dīn*) beschäftigen.
   - die Korankommentatoren (*mufassirūn*, Sg.: *mufassir*), die sich mit der *Tafsīr*-Wissenschaft (*'ilm at-tafsīr*) sowie den damit verbundenen Wissenschaften beschäftigen.

   Mit dem Begriff der „Gelehrten" sind aber nicht solche Gebildeten gemeint wie Literaturwissenschaftler, Ingenieure, Ärzte usw., es sei denn, diese Gruppen werden als solche ausdrücklich genannt.

3. *Für die Armen.* Mit den Armen können sowohl *Fuqarā'* als auch *Masākīn* gemeint sein.

   Wenn im Testament von „einem Armen" die Rede ist, wird der gesamte bestimmte Anteil einer einzelnen armen Person gegeben, und entsprechend wird bei Nennung einer konkreten Zahl der Anteil auch auf diese Anzahl verteilt.

   Wenn aber unbestimmt von „mehreren Armen" oder „den Armen" die Rede ist, so muß der Anteil zwischen mindestens drei Armen aufgeteilt werden, weil erst bei dieser Zahl die Bedingung einer unbestimmten Gruppe erfüllt ist.

4. *Für die Nachkommen des Propheten Muḥammad* ﷺ. Diese werden als „*Āl Bait*" bzw. „*Ahl al-Bait*", das heißt, als „vornehme Familie des (Propheten-)Hauses" bzw. „Angehörige des (Propheten-)Hauses" bezeichnet und beziehen sich heutzutage auf die Nachkommen der *Banū Hāshim* und auf die der *Banū Muṭṭalib*. Wie schon bei der Gruppe der Armen gilt auch hier: Wird eine bestimmte Anzahl der Personengruppe der Prophetennachkommen genannt, so ist diese einzuhalten, wird nur von mehreren Personen gesprochen, so wird der Anteil an der Erbmasse drei Personen der *Āl Bait* gegeben.
5. *Für die Verwandten.* Dabei gilt, daß bei absoluter Nennung der „Verwandten" nur den Verwandten des Erblassers, die mit ihm von Vater- oder Mutterseite verwandt sind, gegeben wird, nicht aber seinen volleiblichen Verwandten[17].
6. *Für die Durchführung von Ḥajj und ʻUmra.* Wenn jemand in seinem Testament festsetzt: „Hiermit bestimme ich, daß der Anteil von X Euro zur Durchführung von *Ḥajj* und *ʻUmra* verwendet werden soll", so ist das rechtsgültig. In diesem Fall wird der Anteil denjenigen gegeben, die die Pilgerfahrt durchführen (müssen).

   Entsprechendes gilt, wenn jemand per Testament verfügt, daß man für ihn – an seiner Stelle – die Pilgerfahrt durchführen solle[18]. Ein solches Testament ist rechtsgültig. Falls der Erblasser in seinem Testament festgelegt hat, daß die Pilgerfahrt an seiner Stelle von dem Heimatort oder von dem entsprechenden *Mīqāt* aus beginnen soll, so muß man sich danach richten; wenn aber das Testament zu dieser Frage nichts aussagt, so beginnt diese Pilgerfahrt von dem entsprechenden *Mīqāt* des betreffenden Pilgers aus, um nicht zuviel von der Erbmasse für die Anreise zu den Stätten der Pilgerfahrt ausgeben zu müssen.

   Falls der Ortsbrauch (*ʻurf*) eine der beiden Möglichkeiten bevorzugt (daß etwa bei dem Wort „den *Ḥajj* vollziehen" ausdrücklich die volle Anreise gemeint ist), so muß auch gegebenenfalls die volle Anreise bis zu den Stätten des *Ḥajj* – bzw. bis zum *Mīqāt* zusätzlich – aus dem vermachten Erbanteil bezahlt werden[19].

§ 6

DAS DURCH DAS TESTAMENT VERERBTE (MŪṢĀ BIHI)

1. Daß es sich bei dem im Testament Vererbten (*mūṣā bihi*) um etwas handelt, was im Sinne des islamischen Rechts legal genutzt werden kann.

Daher sind etwa alkoholische Getränke, Schweinefleisch, geraubtes Gut, nur zum Glücksspiel zu benutzende Dinge (wie etwa Roulett-Spieltische, Spielautomaten mit Geldeinsatz und derartige Dinge) islamrechtlich nicht legal vererbbar.

Dasselbe gilt für Dinge, die Erträge aus Zins- und Wuchergeschäften darstellen bzw. ausschließlich daraus bezahlt wurden. Auch Erträge aus Prostitution, Rauschgifthandel usw. sind selbstverständlich solche nicht legal vererbbaren Dinge.

2. Daß es sich um etwas Bewegliches bzw. Übertragbares handelt. So sind zwar bewegliches und unbewegliches Sachgut vererbbar, nicht aber zum Beispiel
   - das Recht, Strafe (vor Gericht) einzufordern (für ein Unrecht, was der Erblasser erlitt und einklagen wollte), oder
   - ein Vorkaufsrecht, das persönlich dem Erblasser eingeräumt wurde.

Auf der Grundlage der beiden genannten Bedingungen sind die folgenden Fälle[20] des Testaments rechtsgültig:

a. Es ist zulässig, Dinge, die bei Testamentsabfassung im einzelnen und konkreten noch unbekannt, aber bereits vorhanden sind und deren Ursprung sich im Besitz des Erblassers befindet, per Testament zu vererben.

Dazu gehören etwa bei Tieren Milch im Körper von Nutztieren, Wolle auf deren Rücken und noch ungeborene, aber bereits vorhandene Tierjunge im Körper der Muttertiere[21].

Bei Pflanzen gilt Entsprechendes für vorhandene Früchte usw.

Bei Geschäften können damit alle Nutzerträge (*ribh*) erfaßt sein, die sich zum Zeitpunkt des Inkrafttretens des Testaments bereits ergeben haben[22].

b. Es ist zulässig, Dinge, die bei Testamentsabfassung noch unbekannt und noch nicht vorhanden sind, deren Ursprung sich aber im Besitz des Erblassers befindet, per Testament zu vererben.

Das ist bei Nutztieren, Pflanzen und Geschäften (wie oben dargestellt) insofern gültig, als hierbei alle künftigen, bei Testamentsabfassung noch nicht vorhandenen Erträge bzw. Tierjungen gemeint sind.

c. Es ist zulässig, jemandem etwas nicht genau Benanntes aus einer bestimmten Sach- oder Wertgruppe des Erbes zu vererben.

Wenn etwa jemand (neben anderen Sachwertgruppen wie Nahrungsmittel, Möbel usw.) auch mehrere Kleider besitzt und im Testament festsetzt: „Hiermit vererbe ich dem X eines meiner Kleider", so ist das Testament gültig. Dem benannten Erbberechtigten kommt es dann – im Rahmen der genannten Wertgruppe – zu, frei etwas auszuwählen (als Beispiel: ein beliebiges Kleidungsstück aus dem gesamten Kleiderbestand der Hinterlassenschaft).

d. Es ist zulässig, ein reines Nutzrecht (*manfa'a*, Pl. *manāfi'*) zu vererben, da es sich dabei auch um eine Art von Besitz handelt, die als solche auch veräußerbar ist.

So kann etwa ein Wohnrecht, der Mietertrag aus einer Mietwohnung, ein Nutzungsrecht an Wasserquellen, Transportmöglichkeiten usw. vererbt werden, ohne daß dabei die zugrundeliegende Sachsubstanz in den Besitz des Erben mit übergeht.

Auch ist es möglich, daß ein Erblasser eine ihm gehörige Sachsubstanz (*'ain*) einem Erben und den bzw. einen damit verbundenen Nutzen (*manfa'a*) einem anderen Erben vermacht. Das ist etwa der Fall, wenn der Erblasser per Testament dem X das Haus als Sachsubstanz vermacht, einem anderen Erben jedoch ein Wohn- und Nutzungsrecht in ebendiesem Haus festsetzt.

e. Es ist zulässig, solche Arten von *Najāsa* zu vererben, die islamrechtlich genutzt werden können bzw. dürfen.

So ist etwa ein abgerichteter Hund (speziell: ein Jagd- oder Wachhund) vererbbar oder auch bestimmter, wiederverwertbarer Müll (zum Beispiel Eisenschrott), oder auch solche alkoholischen Flüssigkeiten, die zum Vergären mit der Absicht angesetzt wurden, um daraus Essig zu gewinnen usw.

§ 7

DIE FORMULIERUNG/ DER WORTLAUT DES TESTAMENTS (ṢĪGHA)

Eindeutiger oder umschreibender Wortlaut

Ein Testament kann in eindeutigem, klarem Wortlaut oder in umschreibendem Wortlaut abgefaßt sein

Klarer, eindeutiger Wortlaut

Mit „Wortlaut" ist hier zunächst immer der Wortlaut der mündlichen, direkten Äußerung des späteren Erblassers gemeint[23]. Dies ist ein Wortlaut, in dem durch Worte wie „Vermächtnis", Testament", „Letzter Wille" bzw. Verben wie „ich vererbe/vermache/hinterlasse als Erbe", bzw. durch Ausdrücke wie „nach meinem Tod", „nach meinem Ableben", „sobald ich nicht mehr lebendig bin" usw. die Tatsache betont wird, daß es sich hier um ein regelrechtes Testament handelt.

Wenn etwa jemand sagt:

„Hiermit vererbe ich ihm tausend Euro" oder

„Man soll ihm nach meinem Tod vom Erbe tausend Euro geben", oder

„Ihm kommt nach meinem Tod vom Erbe ein Anteil von tausend Euro zu",

so wird dieser Wortlaut als eindeutiges, islamrechtlich gültiges und rechtskräftiges Testament (*waṣīya*) gewertet. In solchen Fällen wird auch die Aussage einer Person, die das Testament anfechten will, nicht angenommen, wenn sie behauptet, der Erblasser (*mūṣī*) habe bei der Abfassung dieses Wortlautes kein Testament beabsichtigt – weil dieser Wortlaut eindeutig und als solcher verpflichtend ist.

Entsprechend wird der Hinweis eines Stummen gewertet, wenn dieser Hinweis eindeutig bzw. in seiner Bedeutung allgemein bei den Anwesenden bekannt ist.

Nicht eindeutiger, umschreibender Wortlaut

Als Testament mit nicht eindeutigem Wortlaut gilt folgendes:

1. Ein nur schriftlich abgefaßtes Testament ohne mündliche Bestätigung durch den Erblasser bzw. Zeugen. Allgemeiner Grundsatz ist: Ein schriftlich vorhandenes Testament[24] wird als Umschreibung betrachtet, das der Absichtserklärung bedarf, um rechtskräftig zu werden – dies analog zu dem, was auch allgemein bei den Vertragsarten gilt.
2. Wenn der Wortlaut ein Übereignen in allgemeiner Form bezeichnet, etwa: „Mein Buch soll für X sein" bzw. „soll X gehören."
3. Daß der durch das Testament Erbberechtigte (*mūṣā lahu*) das ihm Zugedachte annimmt, sofern das Vererbte klar bezeichnet worden ist.

   Wenn das Testament dazu aber nur eine allgemeine Aussage macht, das heißt, wenn die Nutzungsberechtigung (*jihat al-waṣīya*) sich allgemein auf eine Empfängergruppe bezieht (die Armen, die Verwandten, die Gelehrten usw.), so wird ein direktes Entgegennehmen zur gültigen Durchführung des Testaments – wenn das eben aus praktischen Gründen schwerfiele – nicht verpflichtend.
4. Daß der Erbberechtigte (*mūṣā lahu*) das Vererbte (*mūṣā bihi*) nach dem Tod des Erblassers (*mūṣī*) annimmt.

   Wenn der Erbberechtigte die Annahme des ihm zugedachten Erbes zu Lebzeiten des Erblassers abgelehnt hatte bzw. es einmal zu Lebzeiten des Erblassers von diesem angenommen, ihm dann aber wieder zurückgegeben hatte, wird diesem Umstand hier in dem Fall keine Beachtung als Erbhinderungsgrund geschenkt, weil der spätere Erbe zu Lebzeiten des Erblassers noch kein Erbrecht hatte[25].

   Auf der Grundlage dieser rechtlichen Bestimmung hat der Erbberechtigte (*mūṣā lahu*) nach dem Tod des Erblassers (*mūṣī*) das volle und freie Recht, das Testament für sich (das heißt seinen Erbanteil) anzunehmen oder dessen Annahme abzulehnen, gleichgültig ob er nun zu Lebzeiten des Erblassers das Erbe angenommen hatte oder nicht.

Des weiteren gilt, daß das Testament ungültig wird, wenn der darin als Erbberechtigte Eingesetzte vor dem Tod des Testamentsverfassers stirbt, ohne das ihm Zugedachte angenommen zu haben.

Wenn aber der im Testament Eingesetzte das Erbe zu Lebzeiten des Erblassers ausdrücklich angenommen hatte, so ist das Testament rechtsgültig, und das Recht an diesem Erbe erlangen dann die Erben des ursprünglichen Erben: Ihnen kommt dann wiederum das volle Wahlrecht zu, das Erbe des ursprünglich eingesetzten ersten Erben anzunehmen oder abzulehnen.

KAPITEL 4

DIE EINEM TESTAMENT GESETZTEN GRENZEN UND EINSCHRÄNKUNGEN DURCH SCHULDEN

Es kommt einem Erblasser (als Recht) nicht ohne weiteres zu, mehr als ein Drittel seines Gesamterbes per Testament zu vererben. Daher ist es für den Verfasser eines Testaments *mandūb*, sich von vornherein auf ein Drittel zu beschränken.

Wenn andererseits ein Testament über mehr als ein Drittel des zur Verfügung stehenden Erbes verfügt, so ist die Durchführung dieses letzten Willens abhängig von der Zustimmung der tatsächlich erbberechtigten[26] Pflichterben – so welche vorhanden sind.

Außerdem gilt, daß die tatsächliche Hinterlassenschaft geschmälert wird durch die Schulden:

a. Ausdrücklich im Testament genannte Schulden, die der Erblasser nach seinem Tod aus der Hinterlassenschaft bezahlen lassen will – also Schulden, die das Recht von Menschen sind (*ḥaqq an-nās*: Schulden aus Geschäften, Pfandverträgen usw.) oder auch Gottesrecht (*ḥaqq allāh*: noch fällige *zakāt*, gelobte Spenden (*ṣadaqāt manẓūra*), Sühnezahlungen (*kaffārāt*)).

b. Im Testament ungenannte, aber belegbare Schulden, die Gottesrecht (*ḥaqq allāh*) sind.

c. Im Testament ungenannte, aber belegbare Schulden, die Rechte der Menschen (*ḥaqq an-nās*) sind.

Bezüglich der Schulden, die der Erblasser ausdrücklich als solche genannt hat (a), besteht absolute Einigkeit: Sie müssen noch vor der Aufteilung der Hinterlassenschaft beglichen werden. Dabei spielt es keine Rolle, ob die betreffenden Schulden Gottesrecht oder Recht der Menschen betreffen.

Bezüglich der ungenannten Schulden aus dem Recht der Menschen (*ḥaqq an-nās*) besteht ebenfalls insofern Einigkeit, als sie – wenn sie belegbar sind – so schnell wie möglich, noch vor der Aufteilung der Erbmasse, bezahlt werden müssen.

Die Rechtsschulen sind sich nur bezüglich der ungenannten Schulden aus reinem Gottesrecht (*ḥaqq allāh*) uneins:

Die *Ḥanafīya* ist der Auffassung, daß solche Schulden mit dem Tod des Menschen hinfällig werden und von den Erben nicht mehr bezahlt werden müssen, da solche Schulden wie die Gebetspflicht verstanden werden müßten: Mit dem Tod erlischt demnach sowohl jede Pflicht zur Durchführung des Gebets wie auch die der Abgaben durch Gottesrecht – weswegen es sich hier auch nicht im eigentlichen Sinne um Schulden handeln könne.

Die *übrigen Rechtsschulen* jedoch gehen davon aus, daß solche ungenannten, aber klar belegbaren Schulden tatsächliche Schulden sind und – wie auch die anderen Schuldenarten – aus der Erbmasse beglichen werden müssen.

* *
*

Anmerkungen

1 Wenn sich der Erblasser (der Verstorbene) zum Zeitpunkt seines Todes in einem Land aufhält, wo islamisches Erbrecht nicht als solches anerkannt wird, muß er entsprechend ein Testament aufsetzen, indem er die Erbteile klar darlegt. Ob letztendlich staatliche Stellen (gemeint: in Deutschland oder auch anderswo) die Durchführung dieses Testaments zulassen, hängt in der Regel vor allem von zwei Dingen ab:
1. Ob der Verstorbene (gemeint: als rechtliche Person, nach seinem Tod) bzw. Hinterbliebene und Erben die jeweilige Staatsbürgerschaft innehaben.
2. Ob die so eingesetzten Erben bzw. eventuell Enterbte das Testament so akzeptieren oder anfechten.
3. Ob die Hinterbliebenen das Testament (nach geltendem Ortsrecht) anfechten können oder nicht.

Diese Dinge hier im einzelnen zu untersuchen, führt zu weit und sprengt den Rahmen dieses Buches; aber der Verfasser rät dazu, in jedem Fall – zumindest in Deutschland – die erforderlichen Regeln zur Abfassung eines offiziell anzuerkennenden Testaments insofern zu beachten, als es zur Durchführung eines „letzten Willens" (wie die offizielle Bezeichnung eines Testamentwunsches lautet) reichen kann. (Siehe dazu auch weiter unten.)

2 Siehe dazu weiter unten im Haupttext praktische Erläuterungen und Darstellungen.

3 Im Fall der *Zakāt* muß er die Summe nennen und die Zahlung veranlassen; im Fall des *Ḥaǧǧ* muß er die Tatsache, daß er noch nicht den *Ḥaǧǧ* verrichtet hatte, festhalten und gegebenenfalls eine konkrete Person oder eine nicht näher bestimmte (zum Beispiel aus einer genau benannten Personengruppe, wie seinen Söhnen usw.) im Testament bitten, für ihn den *Ḥaǧǧ* zu vollziehen. Zu den Schulden des Verstorbenen siehe im Haupttext auch weiter unten; zum Thema des *Ḥaǧǧ*, den jemand stellvertretend für jemanden vollzieht, siehe den entsprechenden Abschnitt beim Buch über die Pilgerfahrt (*ḥaǧǧ*).

4 Gemeint ist: wenn auch dem Pflichterbrecht nach der betreffende ausgeschlossene Erbe vom Erben ausgeschlossen würde, etwa weil er vom Islam abgefallen ist (*murtadd* geworden ist).

5 Grundsätzlich gilt, daß es nicht als speziell fromme Tat zu werten ist, wenn jemand einem bereits Reichen etwas vererbt, da die Armen als berechtigter betrachtet werden müssen. Aber speziell dann, wenn jemand als Erblasser einem reichen Freund etwas als persönliches Geschenk (in Form eines Erinnerungsgegenstandes usw.) hinterlassen will, ist dagegen nichts zu sagen (ist es also *mubāḥ*).

6 Das ist eine im klassischen Recht wichtige Bedingung, weil ein Sklave formalrechtlich über keinen eigenen Besitz verfügen konnte.

7 Das Reittier wird hier gesondert aufgeführt, weil es immerhin einen rechtlich klaren Nutzen hat (das Transportieren und die Fortbewegungsmöglichkeit für den Besitzer des Tieres), während ein bloßes Haustier rechtlich kein direktes Nutztier ist, und der Besitz eines verstorbenen Muslims/einer verstorbenen Muslimin muß nutzbringend verteilt werden. Daß bei vererbtem Besitz das islamische Recht mehr noch als sonst darauf besteht, daß keinerlei Verschwendung vorliegen darf, wird auch dadurch deutlich, daß bei Hinterlassenschaften ohne Pflichterben und ohne korrekt eingesetzte Erben die Staatskasse (eines islamischen Staates) das Einzugsrecht hat, um eben so der Umma den Besitz nutzbringend zukommen zu lassen, während sonst der Staat bei Privatbesitz, abgesehen von den anerkannten Steuern von *Zakāt* und *Kharāǧ* (Landsteuer) grundsätzlich kein Zugriffsrecht hat; so hat das islamische Schatzamt, *Bait*

al-Māl, auch nicht das Recht, sich wahlweise irgendwelche Steuern auszudenken und so den Staatssäckel zu füllen. Bezüglich eines Nutztiers, wie Milchkühe, Schafe oder auch speziell abgerichtete Jagdhunde, kann man von einer rechtlichen Entsprechung zum Reittier sprechen.

8 Der Hinweis geschieht nicht zum Scherz: Es gibt außerislamische Rechtsordnungen – beispielsweise die angelsächsische in England bzw. Großbritannien –, bei denen es möglich ist, Tiere als formale Erben in Testamentsfragen einzusetzen.

Das wird dann insofern interessant, als in manchen tatsächlichen Fällen jemand wegen seiner Pflege und seiner Versorgung sein Haustier als Erbberechtigten einsetzte, weil ihm das Tier näher am Herzen lag als seine (menschlichen) Verwandten; wenn dann im Testament noch eine Unterhaltszahlung für jemanden festgesetzt wird, der bereit ist, sich persönlich um das Tier zu kümmern, so besteht ein rechtlich sehr großes Interesse an ebendiesem möglichen, indirekten, Erberechtigten – und so besteht zudem die Möglichkeit nach diesen Rechtsordnungen, indirekt Erbberechtigte auszuschließen und andere Personen vorzuziehen. All dies geht im islamischen Recht nicht; außerdem kann man für reine Haustiere, die keine Nutztiere sind, überhaupt keine – auch keine indirekte – Verfügung festsetzen (siehe dazu weiter oben im Haupttext).

9 Wenn aber eine klare Abstufung genannt wird, in der Form: „X soll das und das erben; wenn X die Erbschaft nicht annehmen kann oder will, soll Y diesen Anteil als Erbbegünstigter erhalten", so ist das korrekt, weil dann keine Unsicherheit mehr besteht.

10 Das heißt andererseits: Wenn jemand als Erbe zum Zeitpunkt der Testamentsabfassung vorhanden ist, aber noch vor der eigentlichen Übergabe der Erbteile an die Erbbegünstigten verstirbt, so wird er doch als Erbe mit einberechnet, und seine Erben erben wiederum den ihm ursprünglich festgesetzten Anteil aus dem Testament des ersten Verstorbenen, dann aber per Pflichterbe.

11 Hierzu einige Bemerkungen: Grundsätzlich soll mit dem Testament eine im islamrechtlichen Sinne gute, gottesfürchtige Handlung getan werden. Andererseits muß der Erbberechtigte eine Person im islamrechtlichen Sinne sein, und das kann immer nur eine reale, menschliche Person sein. Das heißt, weder eine rein juristische Person, wie ein bestimmtes Konsortium, eine bestimmte Vereinigung usw., bei der keine konkrete Einzelperson als Adressat ausgemacht werden kann, noch ein Tier, noch eine Pflanze, noch ein Gegenstand kann eine islamrechtliche Person sein. Hierzu gibt es nur eine Ausnahme: Wenn das Ziel des Testaments im oben genannten Sinne gottesfürchtig oder zumindest lobenswert ist (Erhalt eines Nutztieres, Erhalt eines wichtigen Gebäudes wie einer Moschee, eines Krankenhauses, einer Schule), so wird das Testament zugunsten des Erhalts dieser Dinge als eine Art von Stiftung (*waqf*) betrachtet und ist zulässig und rechtskräftig. Als konkreter Empfänger (Person) gilt hier derjenige, der das Ziel des Testaments durchführt. (Siehe dazu auch die Fußnoten weiter oben.)

12 Speziell hierzulande, wo viele Moscheen in ihrer Existenz nicht gesichert sind: Mietbeträge, Kaufpreise von Gebäuden und Grundstücken, Instandhaltung von Bausubstanz, Um- und Anbau sowie Erweiterungen.

13 Wie etwa die Anschaffung von Koranexemplaren (*masāhif*), von Lesepulten zum Unterricht, von Korankommentaren (*tafāsīr*) und sonstigen Werken über Theologie (*kalām*) und Recht (*fiqh*).

14 Das sind etwa: eine christliche Kirche (das heißt das Gebäude), eine Synagoge, ein hinduistischer oder buddhistischer Tempel und dergleichen. Das gilt auch für Anbetungsorte, die nicht nur zum islamischen Gottesdienst, sondern auch zu dem anderer Religionen – wie zum Beispiel den oben genannten – dienen.

15 Wörtl. heißt „*fī sabīli llāh*“: „auf dem Weg Gottes“; damit ist gemeint, daß etwas ausschließlich getan wird, um sich damit Gottes Wohlgefallen zu verdienen, nicht aber, um daraus, wenn auch erlaubten, Profit zu schlagen. Üblicherweise dienen als Handlungen „*fī sabīli llāh*“ Spenden (*ṣadaqa*), freiwillige Hilfsarbeiten wie Altenhilfe, Versorgung von Kranken, Unterrichtung in der Rezitation des *Qur'ān* und dergleichen. Speziell werden damit aber auch die Empfängergruppen der *Zakāt* unterstützt.

16 Weil es die aufrichtigen, wirklichen Gelehrten sind, die den Islam bewahren und die Menschen immer wieder damit bekanntmachen können, wenn Unwissenheit und unzulässige Sitten um sich greifen.

17 Dies, weil diese Verwandten ohnehin beim Pflichterbe der obersten und höchsten Erbengruppe zugehören und hier – beim Testament – eher die bevorzugt werden sollen, denen im Zweifelsfall ja beim Pflichterbe nichts zukommt.

18 In bestimmten Fällen ist es zulässig, daß jemand mit der Absicht, für jemanden anderen den *Ḥaǧǧ* bzw. die *'Umra* durchzuführen, den *Ḥaǧǧ* bzw. die *'Umra* ausführt. Insbesondere, wenn jemand den Tod nahe fühlt bzw. sein Testament ohnehin macht und zu diesem Zeitpunkt den *Ḥaǧǧ* noch nicht verrichtet hat, ist es zumindest *Sunna*, derartig den *Ḥaǧǧ* an eigener Stelle durchführen zu lassen. Siehe dazu auch den entsprechenden Abschnitt im Buch über die Pilgerfahrt (*ḥaǧǧ*).

19 Das ist überwiegend heute der Fall: Wenn man vom *Ḥaǧǧ* spricht, meint man nicht nur den rechtlich entscheidenden Teil vom *Mīqāt* an, sondern schließt damit auch Hin- und Rückreise mit ein.

20 Die meisten dieser Fälle sind Übertragungen von Nutzungsrechten (*manāfi'*).

21 Das ist insbesondere bei Rassepferden wichtig, wo allein für das Decken von Rassestuten oft hohe Preise verlangt werden und dementsprechend eine von einem Rassehengst trächtige Rassestute einen wesentlich höheren Wert hat als eine nichtträchtige Stute. (Unter Beachtung der Tatsache, daß ein direkter separater Verkauf des ungeborenen Tierjungen nicht zulässig ist).

22 Beispielsweise, wenn der Erblasser ein *Muḍāraba*-Geschäft als Geldgeber abgeschlossen hatte und im Testament einem Erben seinen Gewinnanteil aus dieser *Muḍāraba* vermacht hat.

Falls nun der *Muḍārib* (der im *Muḍāraba* Handelstätige) bei dem Tod des Geldgebers schon einen Gewinn erwirtschaftet hat, erlischt in diesem Fall der *Muḍāraba*-Vertrag (bzw. endet), und der Gewinn wird im Maß der bei Vertragsabschluß ausgemachten Gewinnanteile zwischen dem *Muḍārib* und dem Erben des Geldgebers aufgeteilt.

23 Das heißt, daß der Erblasser zu seinen Lebzeiten die entsprechenden Verfügungen verkündet.

24 Im islamischen Recht geht man grundsätzlich immer von der mündlichen Form aus, oder anders gesagt: Eine schriftliche Sache kann immer gefälscht sein und sagt noch nichts über die innere Einstellung (Absicht) aus; die Absicht ist aber zur Rechtsgültigkeit der meisten Handlungen im islamischen Recht zwingend erforderlich. Daher gilt, wie auch bei anderen Rechtsgebieten, im Falle des Testaments, daß eine schriftliche Abfassung erst bei mündlicher Bestätigung, hier: von Zeugen, die bei der Abfassung zugegen waren, rechtsgültig wird. – Bei einem nichtschriftlich durchgeführten Testament handelt es sich also um die Aussage des (späteren) Erblassers, der vor Zeugen (seien es nur die Zeugen, seien es die Zeugen und die späteren Erben) seine Verfügungen festsetzt.

25 Das heißt, hier liegen zwei Fälle vor: Zuerst wollte der (spätere) Erblasser dem X etwas vermachen bzw. schenken, und der hatte es in dieser Lage nicht angenommen

(sei es in Wort oder Tat). Diese Handlung seitens des späteren Erblassers wird islamrechtlich zunächst immer als versuchte Schenkung (bzw. bloße Ankündigung, bloße Willenserklärung, etwas übergeben zu wollen), niemals aber als echtes Testament betrachtet. Ein echtes Testament ist nur ein solches, das zu Lebzeiten des Erblassers verfaßt und nach seinem Tode durchgeführt (verwirklicht) wird. Von daher hatte der (spätere) Erbe auch zu Lebzeiten des Erblassers kein Erbrecht, das er hätte ablehnen oder annehmen können:

Wenn jemand die Gabe annimmt, ist das Übergebene kein Erbe, sondern ein regelrechtes Geschenk, das sofort in den Besitz des Empfängers übergeht. Wenn jemand die Gabe, die ihm formal als Erbe angeboten wird, ausschlägt und nicht annimmt bzw. zuerst annimmt, dann aber zurückgibt, so verbleibt das Zugedachte letztlich im Vollbesitz des (vermeintlichen) Erblassers. Sobald aber der Besitzer des ursprünglich Zugedachten ein Testament verfaßt und stirbt, beginnt das grundsätzliche Recht des so als Erbberechtigten Eingesetzten, das er annehmen oder ablehnen kann.

26 Gemeint ist damit, daß jemand Pflichterbe ist und er zugleich nicht durch einen der Hinderungsgründe (*mawāni'*) am Erben gehindert wird.

ANHANG

GLOSSAR

A

'Āda, Brauch, Gewohnheit. vgl. ⇨ *'Urf.*

A'dhār (Pl.) ⇨ *'Udhr.*

Adā', wird ein verpflichtendes Gebet oder Fasten innerhalb seiner entsprechenden Zeit verrichtet, bezeichnet man diese Form als *Adā'* (wörtl.: „Verrichten“). Gegensatz: ⇨ *Qaḍā'.*

Ab'ād, Pl. von ⇨ *Ba'd* ⇨ *Sunan mu'akkada.*

Abdān, wörtl.: „Körper“, Personen.

'Adhāb al-qabr, Bestrafung im Grab.

Adhān, Gebetsruf, der nach außen hin den Leuten die Gebetszeit ankündigt. 2. Gebetsruf: ⇨ *Iqāma.*

Ad'iya, Pl. von ⇨ *Du'ā'.*

Aḥkām, Rechtsbestimmungen, Urteile. Sg.: ⇨ *Ḥukm.*

Aḥwāl shakhṣīya, das Rechtsgebiet „Personenstandsrecht“, d. i. Ehe- und Scheidungsrecht sowie alle damit zusammenhängenden Fragen.

A'imma, Pl. von ⇨ *Imām*, Vorbeter.

'ain, wörtl.: „Auge“, „Quelle“, „Ursprung“; im Bereich der *Mu'āmalāt*: „Sache“, „Sachsubstanz“ (d. h. die/der konkrete Sache/Gegenstand).

Ajīr, Dienstleistender.

Ajr al-mathal, Lohn für eine Dienstleistung; ⇨ *Ajīr.*

A'māl, Arbeitstätigkeiten bzw. Handlungen.

'Aqaba, al-, große Saule in ⇨ *Minā*, auf die Steine geworfen wird; Ritus des ⇨ *Ḥajj.*

'Aqd ar rahn, Pfandvertrag

'Aqd sharika, Handelsgemeinschaft.

'Āqid, Vertragspartner.

'Aqīda, (Pl. *'aqā'id*), „Grundlage“; wesentlicher Glaubensgrundsatz.

'Arafāt, Tal ca. 25 km von Mekka entfernt, Ort des ⇨ *Wuqūf.*

Arkān (Pl. von) ⇨ *Rukn.*

Ashrāṭ aṣ-ṣughrā, die kleinen Zeichen, *Ashrāṭ al-kubrā*, die großen Zeichen der Ankündigung des Jüngsten Tages (*yaum al-qiyāma*).

Ashriba, Getränke.

'Āshūrā', „zehn“, der 10. Tag des Monats Muḥarram.

Asmā' al-ḥusnā, al-, die schönsten Namen Allāhs.

'Aṣr, (*ṣalāt al-*), „Nachmittags(pflicht)gebet“, das von Beginn der Nachmittagszeit bis zum Beginn der verbotenen Zeit vor dem Dämmerungsgebet (*maghrib*) verrichtet wird.

Aṭ'ima, eßbare feste Speisen.

B

Ba'd, etwa: Teilbereich ⇨ *Sunan mu'akkada.*

Bā'i', Verkäufer.

Bai' muṭlaq, wörtlich: „absoluter Vertrag“: Austausch von Sachsubstanz gegen Metall oder Geld, sei es sofort gezahlt oder nachträglich. Dies ist das, was am häufigsten unter „Kaufvertrag“ verstanden wird.

Bāligh, Erwachsener.

Baraka, Segen.

Basmala, die Formel: *Bismi llāhi-r-raḥmāni-r-raḥīm* (Im Namen Gottes, des Erbarmers, des Barmherzigen).

Bāṭil, rechtsungültig, rechtlich ungültig. Gegensatz: *Ṣaḥīḥ.*

Bidā'a-Geschäft, Erwerbsgeschäft ⇨ Verträge.

Bulūgh, Reife; *bāligh*, reif.

Buyū', Kaufvertrag.

Buyū' al-amāna, Verträge auf Vertrauen.

D

Dabt, Korrektheit in der Wiedergabe des (Hadith)Textes.

Dai'a, wenn eine Ware zu einem niedrigeren als dem ursprünglichen Preis weiterverkauft wird.

Dain, Schuld.

Dain bi-dain, Austausch von Schuldverpflichtung gegen Schuldverpflichtung.

Damān, Schuldverpflichtung.
Damīn, schuldverpflichtet.
Dhanb, Sünde.
Dhanb akbar, größere Sünde.
Dhanb aṣghar, kleinere Sünde.
Dhikr (Pl.: *adhkār*), wörtlich: „Gedenken"; Rezitieren verschiedener Bittgebete (⇨ *Du'ā'*, Pl. *Ad'iya*) in überlieferter oder freier Form, mit dem Ziel, sich ganz Gott in seinen Gedanken und seinem „Gedenken" zu widmen, ohne daß man dabei – wie sonst bei vielen *Ad'iya* – irgendwelche Wünsche formuliert.
Dhu l-ḥijja, 12., heiliger, Monat des islamischen Jahres; Monat der Pilgerfahrt ⇨ *Ḥajj*.
Dīn, Religion.
Dirham, Gewichtseinheit.
Dhu l-qa'da, 11., heiliger, Monat des islamischen Jahres. Vgl. auch Pilgerfahrt ⇨ *Ḥajj*.
Du'ā' (Pl.: *ad'iya*), Bittgebet, Anrufung Gottes; es zielt darauf, Gott um Seine Hilfe, Barmherzigkeit, Unterstützung zu bitten, sei es in einer speziellen Sache, sei es in allgemeinen Glaubensdingen. Manche *Ad'iya* sind mit einem *Dhikr* identisch.
Ḍuḥā, (*ṣalāt aḍ-*), das *Ḍuḥā*-Gebet, ein freiwilliges Gebet, das von Sonnenaufgang bis zum Beginn der verbotenen Zeit vor dem Mittagsgebet (*ẓuhr*) verrichtet wird.

F

Fā'ita (Pl.: *fawā'it*), versäumtes Gebet.
Fajr, (*ṣalāt al-*), eigentlich: das freiwillige Zwei-*Rak'a*-Gebet vor dem Pflichtgebet von ⇨ *Ṣubḥ*; wird oft auch bedeutungsgleich mit dem *Ṣubḥ*-Gebet verwendet.
Faqīr (Pl.: *fuqarā'*), wörtl.: „arm"; bezeichnet als Fachbegriff im Recht jemanden, der gar nichts bzw. an Kleidung, Nahrung und Wohnung so wenig besitzt, daß es zum Abdecken des absoluten Minimalbedürfnisses nicht reicht.
Farā'id, Pflichterbrecht.
Farḍ, absolute Pflicht; *Farḍ 'ain*, von jedem einzelnen Muslim geforderte Pflicht. *Farḍ kifāya*, grundsätzlich allgemeine Pflicht, die zunächst allen obliegt, aber für die anderen entfällt, wenn einer (oder wenige) sie erfüllt/erfüllen.
Fāsid, „verdorben", nur eingeschränkt gültig.
Fāsiq, verdorben; sündhafter Mensch.
Faskh, Vertragsaufhebung.
Fatwa (Pl. *fatāwā*), Entscheidung, Rechtsgutachten.
Fawā'it, siehe ⇨ *Fā'ita*.
Fiqāha, Rechtsverstand.
Fiqh, Recht, Rechtswissenschaft.
Fisq, erhebliche Sündhaftigkeit.
Fuqahā' (Sg. *faqīh*), Rechtsgelehrte.
Fuqarā', Arme, Bedürftige, s. ⇨ *Faqīr*.

G

Ghair mu'ayyan, (im Testament) nicht genau Benannter.
gharīb, seltsam, ungewöhnlich, ungewohnt.
Ghasb, rechtlich nicht erlaubte Aneignung.
Ghāsib, jemand, der unrechtmäßig Besitz an sich genommen hat. (Vertragsrecht)
Ghusl, rituelle Ganzkörperwaschung; *Ghusl mafrūḍ*, der verpflichtende *Ghusl*.
Ghusl al-mayyit, Totenwaschung.

H

Haḍar, Zustand der Nicht-Reise; dieser Zustand ist der eines ⇨ *Muqīm* bzw. der eines Reisenden, der beabsichtigt hat, eine bestimmte Zeit an einer Reisestation fest zu verbleiben. Während dieses Zustandes bestehen nicht die Erleichterungen des ⇨ *Safar* (Reise-Zustandes).
Ḥadath, wörtl.: „Ereignis", „Geschehen"; Zustand körperlicher Unreinheit.
Ḥadath akbar, Zustand größerer ritueller körperlicher Unreinheit, erfordert den ⇨ *Ghusl* bzw. ⇨ *Tayammum*.
Ḥadath aṣghar, Zustand kleinerer ritueller körperlicher Unreinheit, erfordert den ⇨ *Wuḍū'* bzw. ⇨ *Tayammum*.
Ḥadīth, Pl.: *Aḥādīth*, bzw. eingedeutscht: Hadithe, einzelner Bericht von Handeln und Worten des Propheten Muḥammad ﷺ.
Ḥadīth ṣaḥīḥ, korrekt überlieferter, authentischer, Hadith.

Hai'a, Pl. *Hai'āt*. ☞ *Sunan ghair mu'akkada*, (wünschenswerte Form).

Ḥaiḍ, Menstruation.

Ḥajar al-aswad, al-, der „schwarze Stein" in der Kaaba.

Ḥajj, Pilgerfahrt nach Mekka innerhalb der vorgesehenen Zeit des islamischen Jahres ☞ *Dhu l-Ḥijja*; eine der „fünf Säulen des Islam".

Ḥalāl, Erlaubtes.

Hanafiten, Anhänger der Rechtsschule des ☞ *Abū Ḥanīfa*.

Ḥanafīya, nach ☞ *Abū Ḥanīfa* benannte Rechtsschule.

Ḥanbal, Aḥmad ibn, Imām, (780-855), Rechtsschulgründer der ☞ *Ḥanbalīya*.

Hanbaliten, Anhänger der *Ḥanbalīya*.

Ḥanbalīya, Rechtsschule des ☞ *Ahmad ibn Ḥanbal*.

Ḥanīfa, Abū, Imām, Vertreter der Gelehrten des Irak (lebte 699-767); ☞ *Ḥanafīya*.

Ḥaqq allāh, „Recht Gottes". *Ḥaqq an-nās*, „Recht der Menschen". (S. a. S. 545, Anm. 1).

Ḥarām, Verbotenes.

Ḥarām ash-sharīf, heiliger Moscheebezirk mit Kaaba in Mekka.

Hiba, Schenkung.

Ḥijāb, Bedeckung der Frau.

Hijra, Auswanderung des Propheten ﷺ von Mekka nach Medina; Beginn der islamischen Zeitrechnung (622 n. Chr.).

Hilāl, Neumond.

Ḥukm, 1. Rechtsbestimmung (welchen Verpflichtungscharakter eine Sache hat). 2. Urteil. Pl.: ☞ *Aḥkam*.

Ḥurrīya, Freiheit.

I

'Ibāda (Pl.: *'ibādāt*), das Rechtsgebiet „gottesdienstliche Handlungen", bzw. Handlungen, die als Gottesdienst verstanden werden. Grundsätzlich wird unterschieden zwischen

1. den *'Ibādāt* im engeren Sinne; das sind vor allem Gebet, Fasten, *Zakāt*-Geben, *Ḥajj* und *'Umra, Dhikr* und *Du'ā'*;

2. den *'Ibādāt* im weiteren Sinne; alle Handlungen, die von sich aus zumindest *mubāḥ* sind und mit entsprechender Absicht (*niya*) in der Situation aus Frömmigkeit, Brüderlichkeit, Anstand und Hilfeleistung den Menschen gegenüber getan werden; ein geringes Beispiel dafür ist, daß jemand Steine von der Straße wegräumt, um damit den Menschen das Gehen leichter zu machen.

Als Rechtsgebiet im islamischen Recht werden aber nur die *'Ibādāt* im engeren Sinne verstanden.

Ibtidā', Beginn, Antritt, Eintritt (in).

'Īd al-aḍḥā, „Opferfest" zum Gedenken an das Opfer des Propheten Ibrāhīm ﷺ, das am 10. *Dhu l-Ḥijja* (während der Zeit des *Ḥajj*) stattfindet. ☞ *'Īd al-fiṭr*.

'Īd al-fiṭr, „Fest des Fastenbrechens", das Fest am Ende des Fastenmonats *Ramadān* (am 29. oder 30. des *Ramaḍān*). ☞ *'Īd* ☞ *'Īd al-aḍḥā*.

'Idda, Wartezeit der Frau in Scheidungsfällen.

Ifrād, etwa: „etwas allein sein lassen", „etwas als einzelnes tun". Art der Durchführung des ☞ *Iḥrām* bzw. ☞ *Ḥajj*

Iftitāḥ (*du'ā' al*), „Eröffnungs-*Du'ā'*", das nach dem Eintritt in das Gebet, noch vor dem *Ta'awwudh*, der *Basmala* und der *Fātiḥa*, rezitiert werden kann. ☞ *Tawajjuh*, ☞ *Thanā'*.

Iḥrām, Weihezustand beim ☞ *Ḥajj*.

Ijāb, Angebot zum Vertragsschluß.

Ijmā', Übereinstimmung der Rechtsschulen.

Ijtihād, (Wissensstufe des ☞ „*Mujtahid*":) der die Stufe der höheren Gelehrtenschaft erreicht hat, die Wissenschaften meistert und über so viel Wissen und Erfahrung verfügt, daß er Rechtsgutachten (*fatwā*) geben darf und Richtertätigkeit ausüben kann (*qaḍā'*).

Ikhtilāf, Meinungsverschiedenheit der Rechtsgelehrten innerhalb einer Rechtsschule oder zwischen verschiedenen Rechtsschulen.

Ikhtiyār, freier Wille, Wahlmöglichkeit.

Ikrāh, Zwang.

Imām (Pl.: *a'imma*), 1. (beim Gebet:) Vorbeter, der einen oder mehrere Nachbeter (siehe: ⇒ *Ma'mūm*) im Gebet leitet. 2. (bei Rechtsschulen:) sehr hochstehender Gelehrter des islamischen Rechts, der das Oberhaupt/der wichtigste Gelehrte/Begründer einer Rechtsschule ist.

Imāma, (beim Gebet:) das Vorbeten.

Imsāk, das Sich-Enthalten von Dingen, die das Fasten brechen (*mufṭirāt*).

Infirād-Form des Gebets, sich von der Absicht (*nīya*) des Vorbeters zu trennen und vom Gemeinschaftsgebet zum Einzelgebet überzugehen.

Inkār, Ablehnung (e. Vertragspartners).

Iqāma, -Ruf, der zweite, kleinere und schnellere Gebetsruf, der direkt vor Beginn bzw. zur Ankündigung des Pflichtgebetes ausgerufen wird. Vgl. ⇒ *Adhān*.

Irth, Erbe.

Īṣā', Testament; ⇒ *Waṣīya*.

'Ishā', (*ṣalāt al-*), „Nachtgebet", das Pflichtgebet, das vom Ende der Abenddämmerung bis zum Beginn der Morgendämmerung verrichtet werden kann.

Isrār, Gebet in *Isrār*-Form: mit leiser Rezitation. Gegenteil: ⇒ *Jahr*.

Istibrā', wörtl.: „sich konkret von etwas (Verunreinigendem) befreien", das Ablösen der ⇒ *Najāsa*. S. a. ⇒ *Istinjā'*.

Istiḥāḍa, „scheinbare Menstruation". Vgl. ⇒ *Ḥaiḍ*.

Istihlāk, Tilgung von Schulden.

Istihsān, wörtlich „das Fürguthalten"; Abweichung von der Regel.

Istikhāra, (Gebet um) rechte Eingebung.

Istikhlāf, Einsetzung eines Stellvertreters des Imams.

Istimnā', Selbstbefriedigung. Vgl. ⇒ *Janāba*.

Istinjā', wörtl.: „sich von etwas Unangenehmem losmachen"; die eigentliche Reinigung von ⇒ *Najāsa*, speziell die von Kot und Urin.

Istinshāq, Nasenreinigung, ⇒ *Wuḍū'*.

Istiqrāḍ, Darlehensaufnahme.

Istishab, Fortgeltungsprinzip; daß man an einem sicher bezeugten Tatbestand so lange festhält, bis sich ein exakter Gegenbeweis findet.

Ithm, sündhaftes Verschulden.

I'tikāf, „Absonderung", „Rückzug" (in den letzten zehn Tagen des Ramadan).

Ittibā', (Wissensstufe des ⇒ „*Muttabi'*":) daß man sich grundsätzlich einem ⇒ *Madhhab* anschließt, aber keinen völligen ⇒ *Taqlīd* mehr ausübt.

J

Jabīra, Schiene, Verband.

Jahr, Gebet in *Jahr*-Form: mit lauter Rezitation. Gegenteil: ⇒ *Isrār*.

Jā'iz, zulässig (etwas zu tun bzw. zu unterlassen).

Jam', (beim Gebet:) das *Ẓuhr*- und *'Aṣr*-Gebet bzw. das *Maghrib*- und *'Ishā'*-Gebet zusammenzufassen; z. B. auf der Reise; wegen Regen.

Jamra, Pl. *Jamarāt*, Säule(n), die beim ⇒ *Ḥajj* symbolisch gesteinigt werden.

Jam' ḥaqīqī, „tatsächliches Verbinden".

Jam' at-ta'khīr (*jam' ta'khīr*), das Verbinden zweier Gebete (⇒ *Jam'*) mit zeitlicher Verzögerung.

Jam' at-taqdīm (*jam' taqdīm*), das Verbinden zweier Gebete (⇒ *Jam'*) mit zeitlichem Vorziehen.

Jamā'a, (beim Gebet:) Gruppe, Mehrzahl von Betenden; die kleinste mögliche *Jamā'a* bilden beim normalen Gebet der *Imām* und ein *Ma'mūm*, beim Freitagsgebet (*ṣalāt al-jum'a*) und weiteren, speziellen Gebeten gelten aber als erforderliche Mindestzahl der *Jamā'a* zum Teil höhere Zahlen von Nachbetern.

Janāba, Zustand größerer körperlicher Unreinheit ⇒ *Ḥadath akbar*, nach Austritt von Samen- bzw. Erregungsflüssigkeit bzw. Geschlechtsverkehr.

Jihat al-waṣīya, (im Testament) festgelegter Verwendungszweck für das Vererbte.

Julūs al-akhīr, al-, das „letzte Sitzen" (Phase während des Gebets).

Julūs al-awwal, al-, das „erste Sitzen" (Phase während des Gebets).

Jum'a, (als Tag:) Freitag, Tag des Freitagsgebets/Gemeinschaftsgebets; (als gottesdienstliche Handlung:) das Freitagsgebet mit den dazugehörigen zwei Predigten.

K

Kabīra (Pl.: *kabā'ir*), große Sünde.

Kafāla, Recht, Bürgschaften u. Garantien zu geben bzw. zu übernehmen.

Kaffāra, Sühnehandlung.

Khamr, Berauschendes.

Khān, Markt- und Lagerzentrum.

Khaṭīb, Prediger; jemand, der eine *Khuṭba* vorträgt.

Khiyār, Rückgaberecht.

Khuff, (Dual: *Khuffān*) spezielle Fußbekleidung zur Ersatzwaschung der Füße.

Khul', Scheidungsart auf Wunsch der Frau; durch erneute Heirat aufhebbar.

Khuṭba, Predigt, speziell die Predigt vor oder nach einem Gebet; (beim Freitagsgebet:) die zweiteilige Predigt vor dem eigentlichen Freitagsgebet, bzw. eine der zwei Predigten vor dem Freitagsgebet; (bei den beiden Festtagen:) die zweiteilige Predigt nach dem eigentlichen Festgebet.

Kiswa, „Kleid der Kaaba", mit Koranversen und verzierte Decke, die jedes Jahr zum ↝ *Ḥajj* neu angefertigt wird.

Kitāba, Überschreibung (Vertragsrecht).

L

Lāzim, notwendig (zu tun bzw. zu vermeiden).

Li'ān, niemals mehr aufhebbare Scheidung. (Eherecht).

M

Madhhab (Pl.: *madhāhib*), 1. (im Recht:) Rechtsschule, bestimmte Richtung der Rechtsauslegung.
2. (bei Wissenschaften:) Methode, Vorgehensweise.
3. (allgemein:) bestimmte Denkrichtung.

Ma'dhūr, der-, diejenige mit einem Entschuldigungsgrund (*'udhr*)

Maḍmaḍa, Mundspülung, ↝ *Wuḍū'*.

Mafrūḍ, vorgeschrieben, verpflichtend; ↝ *Farḍ*.

Maghrib, (*ṣalāt al-*), „Dämmerungsgebet", das Pflichtgebet, das vom Moment direkt nach Sonnenuntergang bis zum Ende der Abenddämmerung verrichtet wird.

Mahr, Brautgabe, das, was die Braut beim Eheschluß an Besitz vom Bräutigam erhält. Auch: ↝ *Ṣadāq*. *Mahr mu'ajjal*, sofort zu übergebendes *Mahr*. *Mahr mu'akhkhar*, später zu übergebendes *Mahr*.

Maḥram mu'abbad, ewiger *Maḥram*; Verwandte, mit denen man keine Ehe eingehen darf.

Maḥram mu'aqqat, zeitgebundener *Maḥram*.

Maita, Aas.

Makrūh, zu Vermeidendes. Gegensatz: ↝ *Mandūb*.

Makrūhāt, die zu vermeidenden Dinge.

Makrūh taḥrīman, zu Vermeidendes, was schon dem Verbot nahekommt.

Makrūh tanzīhan, zu Vermeidendes, was aber nicht stark abgelehnt wird.

Malak (Pl. *malā'ika*), Engel.

Mālik ibn Anas, *Imām*, (715-795), Hauptvertreter der Gelehrten des *Ḥijāz*; ↝ *Mālikīya*.

Malikiten, Anhänger der Rechtsschule der ↝ *Mālikīya*.

Mālikīya, Rechtsschule nach ↝ *Mālik ibn Anas*.

Ma'mūm, „Nachbeter"; jemand, der einem ↝ *Imām* im Gebet nachfolgt.

Manāfi', Nutzungsrecht.

Mandūb, Wünschenswertes, Lobenswertes.

Manfa'a, (Pl. *manāfi'*), Nutz(ungs)recht an einer Sache/Sachsubstanz (*'ain*).

Maniy, Samenflüssigkeit.

Maqām Ibrāhīm, heiliger Platz des Propheten Abraham ﷺ bei der Kaaba.

Ma'qud 'alaihi, Vertragsgegenstand.

Marhūn, als Pfand hinterlegte Sache.

Mas'a, Gelände, wo der ↝ *Sa'y* stattfindet.

Masā'il aslīya, Grundsatzentscheidungen einer Rechtsschule (*madhhab*).

Masā'il far'īya, die von der Systematik einer Rechtsschule losgelösten Einzelentscheidungen.

Maṣāliḥ, *al-maṣāliḥ al-mursala*, wörtl.: „die (vom Gemeinwohl) bestimmten Interessen" (Sg.: „*al-maṣlaḥa al-mursala*").

Masbūq, von *sabaqa*, „zeitlich vor etwas kommen"; jemand, der sich verspätet einem Gemeinschaftsgebet anschließt.

Masḥ ʿalā l-khuffain, al-, Bestreichen der beiden ↬ *Khuff*; Ersatzwaschung der Füße.

Masḥ ʿalā r-ra'ʾs, al-, Bestreichen des Kopfes mit Wasser beim ↬ *Wuḍūʾ*.

Mashʿar, Gebetsplatz; *al-mashʿar ash-sharīf*, wörtlich etwa: „der zu ehrende, edle Versammlungsplatz", zentraler Bezirk um die Kaaba.

Maʾṣīya, Unrecht (gegenüber anderen).

Masnūn, empfohlen.

Maṭāf, Platz um die Kaaba, wo der ↬ *Ṭawāf* stattfindet.

Maʾthūrāt, (Sg. *maʾthūra*) überlieferte Lehrmeinungen von Prophetengefährten.

Mauqūf, „festgelegt", unter einer Auflage gültig.

Milk, Vollbesitz.

Milkīya, volle Verfügungsgewalt über Besitz.

Minā, Ort 6 km östlich von Mekka an der Straße nach ↬ *ʿArafāt*.

Minbar, Kanzel für die Predigt ↬ *Khuṭba*.

Mīqāt, bei der Pilgerfahrt Ort und Zeit für den Eintritt in den Weihezustand ↬ *Iḥrām*.

Miskīn (Pl.: *masākīn*), wörtl.: „arm", „bedürftig"; als Fachbegriff im Recht ist damit jemand gemeint, der zwar die absoluten Minimalbedürfnisse von sich aus decken kann, aber in seiner speziellen Lage bedürftig ist, weil er nicht die nötigen Mittel hat, zusätzliche aber nötige Ausgaben zu tätigen, für Dinge und Zwecke, die erlaubt und rechtlich als Mindestbedürfnis akzeptiert werden. Vgl. ↬ *Faqīr*.

Miswāk (auch: *siwāk*), eine Art Zahnputzholz (genauer: Aststück des *Arāk*-Strauchs), das über nachweislich zahnfleischkräftigende ätherische Öle in seinem Inneren verfügt, sich am benutzen Ende (nach Abschälen der Rinde) bei Einweichen mit Wasser oder Speichel in weiche, büschelartige kräftige Fäden teilt und traditionell bis heute zur Zahnpflege benutzt wird.

Mithqāl, Gewichtseinheit.

Mīzāb, Dachrinne der Kaaba.

Muʾadhdhin, Gebetsausrufer, der den *Adhān* (und meist auch den *Iqāma*-Ruf) ausruft.

Muʿāmala (Pl.: *muʿāmalāt*), Rechtsgebiet der „gegenseitigen Handlungen"; z. B. Handelsverträge bei Kauf und Verkauf, Firmenrecht/Gemeinschaftshandelsverträge, Mietrecht.

Muʾāṭāt, reine Übergabe (beim Kaufgeschäft).

Muʿawwadhatain, al-, die beiden „Schutzsuren" des Korans (Sure „*al-Falaq*" und Sure „*an-Nās*") als Schutz vor Heimsuchungen des Teufels.

Muʿayyan, der (im Testament) genau Benannte.

Mubāḥ, „wertfrei" erlaubt, etwas zu tun oder zu lassen.

Muballigh, Nachbeter, der anderen Nachbetern im Gemeinschaftsgebet die jeweiligen Gebetsteile „verdeutlicht" (↬ *Tablīgh*).

Muḍāraba, (von „*aḍ-ḍarb fi-l-arḍ*", „das Umherreisen auf der Erde") Vertragsart, bei der sich (mindestens) zwei Geschäftspartner so zusammenschließen, daß einer der Geldgeber (*ṣāḥib al-māl*) ist und der andere der eigentliche Handelstätige (*muḍārib*) und nach Abschluß des Geschäftes der Gewinn nach bestimmten, durch Bedingungen festgelegten Anteilen zwischen ihnen aufgeteilt wird. Auch ↬ *Qirāḍ*.

Muḍārib, Handelstätiger im Vertragsgeschäft.

Mufassir, (Pl.: *mufassirūn*), Korankommentator.

Mufṭir, einer, der nicht fastet.

Mufṭirāt, Dinge, die das Fasten brechen.

Muḥaddith, (Pl.: *muḥaddithūn*), Ḥadīth-Wissenschaftler.

Muḥdath, jemand, der sich im Zustand von ↬ *Ḥadath* befindet.

Muḥarram, erster, heiliger, Monat des islamischen Jahres; der „Verbietende".

Mujtahid, der die Wissensstufe des ↬ *Ijtihād* erreicht hat.

Multazam, al-, Tür der Kaaba, *bāb al-kaʿba*.

Mulḥid, Abweichler, Häretiker.

Munfarid, Einzelbetender. ↬ *Imām*, ↬ *Maʾmūm*.

Muqallid, Wissensstufe dessen, der den ☞ *Taqlīd* ausübt.

Muqāyada, wörtl. „gegenseitige Festlegung“: Austausch von Sachsubstanz (*'ain*) gegen Sachsubstanz, Ware gegen Ware, ohne Einsatz von Metall/Geld (*naqd*); dabei kann jede der beiden Sachsubstanzen als Verkaufsgegenstand bzw. Preis betrachtet werden.

Muqīm, Ortsansässiger, Nichtreisender, der nicht den Sonderregeln der Reise unterliegt (ein *Muqīm* kann sowohl ein Ortsansässiger sein als auch ein Reisender, der während einer längeren Reise eine bestimmte Zeit lang an einem Ort – einer Reisestation – fest verbleibt). ☞ *Musāfir*, ☞ *Safar*, ☞ *Ḥaḍar*; *Ṣalāt as-Safar* (*ṣalāt al-musāfir*).

Murābaha, eine Ware wird zu einem höheren Preis als dem Einkaufspreis weiterverkauft.

Murtadd, einer, der vom Islam als Religion abgefallen ist; Abtrünniger.

Murtahin, Inhaber des Pfandes.

Musāfir, Reisender; jemand, der sich im Zustand von *Safar* befindet und die daraus entstehenden Rechte bzw. Erleichterungen in Anspruch nehmen kann.

Muṣāhara, Verwandtschaft durch Verschwägerung.

Mūṣā bihi, das durch Testament Vererbte.

Mūṣā lahu, der im Testament Begünstigte.

Musāwama, eine Ware wird verkauft, ohne daß man sich, unter Übereinstimmung der derzeitigen Vertragspartner, um den Ursprungspreis in irgendeiner Weise kümmert.

Muṣḥaf, vollständiger arab. Korantext.

Mushāraka, Vertragsart, bei der sich mindestens zwei Geschäftspartner so zusammenschließen, daß jeder in Geschäften usw. tätig ist, der Gewinn aber entsprechend bestimmter Bedingungen zwischen allen aufgeteilt wird. (Finanzteilhabergeschäft.)

Mushrik, Götzenanbeter.

Mushtarī, Käufer.

Mūṣī, Erblasser (Erbrecht).

Mustab'id, im Auftrag tätig.

Mustaḥabb, empfohlen, erwünscht (zu tun).

Mustakhlif, zweiter Vorbeter, der die Stelle eines ersten, ursprünglichen, Vorbeters aufgrund eines Entschuldigungsgrundes (*'udhr*) eingenommen hat.

Mutakallim, (Pl.: *mutakallimūn*), Theologe.

Mutālaba, Einforderungsrecht.

Mu'tamir, der, der die 'Umra durchführt.

Mutanajjis, was verunreinigt ist. Gegensatz: ☞ *Ṭāhir*.

Mutawātir lafẓī, ☞ *Ḥadith*, der dem genauen Wortlaut nach sicher auf die direkte Aussage des Propheten ﷺ zurückgeht.

Mutawātir Ma'nawī, ☞ *Ḥadith*, der dem Sinn nach sicher auf die direkte Aussage des Propheten ﷺ zurückgeht.

Muthamman, Kaufgegenstand.

Muttabi', Wissensstufe dessen, der dem ☞ *Ittibā'* folgt.

Muwālāt, ununterbrochene Abfolge der Handlungen (z. B. bei der rituellen Waschung).

Muzdalifa, Hügel auf halbem Weg zwischen ☞ *Minā* und ☞ *'Arafāt*; ☞ *Ḥajj*.

N

Nadhr, Gelöbnis; eine fromme Handlung, die zu tun man Gott dem Erhabenen gelobt.
1. falls ein vom Gelobenden erbetenes Ereignis eingetreten ist (bedingtes *Nadhr*)
2. in jedem Fall, in absoluter Form (absolutes *Nadhr*).

Nafaqa, Ausgaben (für das Wohlergehen anderer).

Nafās, Monatsfluß (Ausfluß von Blut kurz vor, während und v. a. nach der Geburt).

Nafsā', Frau im ☞ *Nafās* Zustand.

Nāfidh, wirksam, voll rechtlich gültig.

Nāfila (Pl.: *nawāfil*), freiwilliges Gebet.

Nāfila mauqūta, nicht mit einem Pflichtgebet verbundenes, zeitgebundenes freiwilliges Gebet.

Nāfila mu'aqqata, zeitgebundenes freiwilliges Gebet.

Nāfila musabbaba, an einen besonderen Anlaß gebundenes freiwilliges Gebet.

Nāfila muṭlaqa, absolutes, nicht zeit- oder anlaßgebundenes freiwilliges Gebet.

Nahr, Opfern eines Tieres (Schaf, Ziege usw.); *yaum an-nahr*, „Tag des Opferns" bei der Pilgerfahrt.

Najāsa, (Pl. *najāsāt*), rituell Verunreinigendes.

Najāsa ḥaqīqīya, die tatsächliche Verunreinigung.

Najāsa ḥukmīya, Verunreinigung der rechtlichen Bestimmung (*ḥukm*) nach.

Najāsa mughallaẓa, schwere, grobe Verunreinigung.

Najāsa mukhaffafa, leichte, geringe Verunreinigung.

Najāsa mutawassiṭa, mittelschwere, mittlere Verunreinigung.

Nasī'a, Kreditaufnahme (Vertragsrecht).

Nikāḥ, Ehe.

Niṣāb (Pl. *anṣiba*), Bemessungsgrenze für ☞ *Zakāt*.

Nīya, Absicht; ohne die Absicht gelten im islamischen Recht normalerweise keine Handlungen.

Q

Qabd, konkrete Inbesitznahme (beim Kaufgeschäft).

Qabūl, Annahme des Vertragsschlusses.

Qaḍā', wenn ein verpflichtendes Gebet oder Fasten nicht innerhalb der dafür vorgesehenen Zeit verrichtet wurde und nun nachgeholt wird, so bezeichnet man diese Form des Verrichtens als *Qaḍā'* (wörtl. etwa: „Erfüllen"). Gegensatz: ☞ *Adā'*.

Qadr, Bestimmung, Schicksal.

Qarāba, Blutsverwandtschaft.

Qard, Darlehen.

Qārī', jemand, der den Koran korrekt rezitieren kann. Gegensatz: ☞ *Ummī*.

Qaṣr, (beim Gebet:) die Vier-*Raka'āt*-Gebete um zwei *Rak'a* zu kürzen.

Qirā'a, 1. (im Gebet): Rezitation aus dem *Qur'ān*. 2. Rezitationskunst des *Qur'ān*. 3. Eine Lesart des *Qur'ān*.

Qirād, von „*Qard*", wörtl.: das Zerschneiden", „Trennen"; siehe auch Form des ☞ *Muḍāraba*-Vertrags.

Qirān, bei der Pilgerfahrt *Ḥajj* und *'Umra* zusammen durchzuführen.

Qiyām, das aufrechte Stehen (Phase während des Gebets).

Qiyām al-lail, freiwilliges Nachtgebet, wird nach dem Pflichtgebet des *'Ishā'* in Zwei-*Rak'a*-Gruppen gebetet. ☞ *Tahajjud*.

Qiyās, Analogieschluß.

Qunūṭ, wörtl.: „Verzweiflung", „Frömmigkeit"; spezielles Bittgebet.

Qunūṭ an-nāzila": etwa: „das *Qunūṭ* [zur Bitte um] Herabsendung [von Hilfe seitens Gottes]).

Qu'ūd, die Phase des Sitzens beim Gebet.

Qu'ūd al-akhīr, al-, ☞ *al-Julūs al-akhīr* (Phase des „zweiten Sitzens" während des Gebets).

Qu'ūd al-awwal, al-, ☞ *al-Julūs al-awwal* (Phase des „ersten Sitzens" während des Gebets).

R

Rāhin, Pfandgeber.

Rahn, als Pfand gegebener Gegenstand.

Rajab, siebter, heiliger, Monat im islamischen Jahr.

Rak'a (Pl.: *raka'āt*), (sinngemäß:) „Gebetseinheit"; Maßeinheit, nach der die Länge eines Gebetes gemessen wird. Sie besteht aus *Qiyām*, *Rukū'*, Erheben aus dem *Rukū'*, *Sujūd* (bzw. der ersten *Sajda*, Aufrichten daraus ins Sitzen, zweite Niederwerfung) und dann entweder dem Aufstehen zu einer neuen *Rak'a* (in den *qiyām*) oder einem Sitzen (*julūs*).

Rakkāz, im Boden verborgene Edelmetalle und Schätze.

Ramaḍān, neunter, sehr heiliger Monat des islamischen Jahres; Fastenmonat; Monat der Koranoffenbarung.

Rātiba, mit einem Pflichtgebet verbundenes, „anhaftendes", freiwilliges Gebet vor bzw. nach dem Pflichtgebet.

Ra'y, freie Meinungsäußerung eines ☞ *Mujtahid*.

Rāwī, (Pl.: *ruwāt*), Überlieferer (von Hadithen)

Ribā, „Anwachsen", „Zuwachsen"; Gewinnertrag ohne Eigenleistung; (Wucher, Zins). Gegenteil: ☞ *Ribh*.

Ribh, erlaubter Handelsgewinn. Gegenteil: ⇨ *Ribā*.

Riḍā', Milchverwandtschaft.

Ridā', ungenähtes Kleidungsstück, das der männliche Pilger nach Eintritt in den ⇨ *Iḥrām* trägt.

Ridda, Abfall vom Glauben.

Rukn (Pl.: *arkān*), absolute Pflicht, „Elementarpflicht", bei deren Nichterfüllung eine Sache rechtlich nicht mehr existiert.

Rukū', das Sich-Beugen/Verbeugen (Phase während des Gebets).

Ru'yat al-istikhāra, Traumbild des ⇨ *Istikhāra* (-Gebets).

Ruwāt (Pl.) ⇨ *Rāwī*.

S

Sabīli llāhi, fī, auf dem Wege Gottes.

Ṣadāq, andere Bezeichnung für ⇨ *Mahr*.

Ṣadaqa, freiwillige Spende, die man Armen, Bedürftigen usw. aus Frömmigkeit gibt außerhalb der ⇨ *Zakāt*.

Ṣadaqat al-fiṭr, verpflichtende Spendengabe, die vor dem Festtag des ⇨ *'Īd al-Fiṭr* zu geben ist.

Sadd adh-dharā'i', wörtlich: „Abweisung der Mittel"; gemeint ist, daß das, was zu Verbotenem führt, ebenfalls verboten sein muß. Ursprünglicher Rechtsgrundsatz, der aber auch zu einer regelrechten Rechtsquelle geworden ist.

Ṣafar, 2. Monat des islamischen Jahres.

Safar, Reise(zustand), der besondere Bedingungen und Erleichterungen bei Gebet und Fasten bewirkt:
1. Beim Gebet hat der Reisende das Recht zu *Qaṣr* und *Jam'*.
2. In der Zeit des *Ramaḍān*-Fastens hat der Reisende die freie Wahl, ob er den Reisetag fastet oder nicht.
⇨ *Haḍar*; ⇨ *Qaṣr*, ⇨ *Jam'*; ⇨ *Ṣiyām*.

Ṣaghīra (Pl.: *ṣaghā'ir*), kleine Sünde.

Ṣaḥāba, Prophetengefährten.

Ṣāḥib al-māl, Geldgeber bei Vertragsgeschäften.

Ṣaḥīḥ, rechtsgültig, rechtlich gültig. Gegensatz: ⇨ *Bāṭil*.

Saḥūr, Frühmahlzeit vor Fastenbeginn.

Ṣā'im, der Fastende.

Saj', die Reimprosa-Form des Korantextes.

Sajda, eine einmalige bzw. konkrete Niederwerfung.

Ṣalāh (*ṣalāt*, Pl.: *ṣalawāt*), 1. das (formal festgelegte) Gebet. 2. Segen, Segenswunsch (speziell für die Propheten, deren direkte Gefährten, ihre Familien sowie die Engel).

Ṣalāh jahrīya, laut rezitiertes Gebet, Gebet mit lauter Koranrezitation.

Ṣalāh mandhūra, gelobtes Gebet.

Ṣalāh sirrīya, leise rezitiertes Gebet, Gebet mit leiser Koranrezitation.

Salam (-Vertrag), wörtlich: „Übergabe": Vertrag, bei dem ein Austausch von Metall oder Geld gegen Sachsubstanz/Ware (meist Ernteerträge) unter besonderen Bedingungen stattfindet.

Salām, 1. (Im Gebet:) der Schlußgruß in der Form „*as-salāmu 'alaikum wa raḥmatu llāh*" (Friede und Barmherzigkeit Gottes mit euch!), mit dem man das Gebet beendet. Der *Salām* besteht beim Gebet aus zwei einzelnen *Taslīmāt* (auch Phase während des Gebets).
2. Das Grüßen anderer (im Alltag, allgemein) mit dem Wortlaut „*as-salāmu 'alaikum* [*wa raḥmatu llāh*(*i*) *wa barakātuh*]": Friede [und Barmherzigkeit und Segen] Gottes mit euch!.

Ṣalāt al-ḥāja, Gebet in einer Notlage (zwei *Raka'āt* mit anschließendem *Du'ā'*).

Ṣalāt al-'īd, Festgebet (anläßlich eines der beiden großen islamisch anerkannten Feste).

Ṣalāt al-jamā'a, Gemeinschaft-, Gruppengebet; ein Gebet, bei dem ein Betender mindestens einem anderen Betenden vorbetet. Gegensatz: Einzelgebet, Gebet eines Einzelbetenden (*ṣalāt al-munfarid*).

Ṣalāt al-jum'a, (das eigentliche) Freitagsgebet.

Ṣalāt al-istikhāra, Gebet um beste Eingebung von Gott.

Ṣalāt al-istisqā', Gebet um Regen.

Ṣalāt al-janāza, Totengebet.

Ṣalāt al-khauf, Gebet (in) der Furcht; hat besondere Formen.

Ṣalāt al-khusūf, Gebet zur Mondfinsternis.

Ṣalāt al-kusūf, Gebet zur Sonnenfinsternis.

Ṣalāt al-marīḍ, Gebet des Kranken (wird entsprechend der Schwere der Krankheit des Betenden in Sonderformen gebetet).

Ṣalāt al-munfarid, Einzelgebet, Gebet eines Einzelbetenden; Gegensatz: Gruppengebet, Gemeinschaftsgebet (*ṣalāt al-jamā'a*).

Ṣalāt al-musāfir, Gebet des Reisenden = *Ṣalāt as-safar*.

Ṣalāt as-safar/ṣalāt al-musāfir, Reisegebet.

Sanā'i', Erzeugnisse (Vertragsrecht).

Sarf, wörtl.: „Wechsel": Austausch von Metall gegen Metall oder Geld gegen Geld, auch Austausch von Schuldverpflichtung gegen Schuldverpflichtung (*dain bi-dain*) genannt.

Ṣaum nafl mu'aqqat, freiwilliges Fasten, das an einem bestimmten Tag durchgeführt wird.

Ṣaum nafl muṭlaq, absolutes, freiwilliges Fasten.

Ṣaum Ramaḍān, das Fasten im Monat Ramadan.

Sa'y, der Lauf zwischen den Hügeln *aṣ-Ṣafā* und *al-Marwa* als elementare Pflicht (*rukn*) des ☞ *Ḥajj*.

Schafiiten, Anhänger der Rechtsschule des Imām ☞ *ash-Shāfi'ī*.

Sha'bān, 8. Monat des islamischen Jahres.

Shafā'a, Fürbitte bei Gott.

Shāfi'ī, ash-, Imām, (767-820), mit *ash-Shāfi'ī* und anderen Gelehrten beginnt die Systematisierung und Festlegung der Wissenschaften und die Bildung der Rechtsschulen. ☞ *Shāfi'īya*.

Shāfi'īya, Rechtsschule nach ☞ *ash-Shāfi'ī*.

Shahāda, Glaubensbekenntis der Muslime.

Shahīd, Märtyrer, Zeuge.

Sharīk, Teilhaber.

Sharī'a, die Art zu leben, die Allāh den Menschen vorgezeichnet hat.

Sharika (Pl.: *sharikāt*), das Rechtsgebiet „Gesellschaftsrecht"; damit sind Gesellschaften und Gruppenvertragsarten wie *Muḍāraba* und *Mushāraka* gemeint. Das Rechtsgebiet der *Sharikāt* wird oft auch unter dem Rechtsgebiet der *Mu'amalāt* zusammengefaßt.

Sharikat al-milk, Besitzgemeinschaft.

Sharikat al-'uqūd, Vertragsgemeinschaft.

Sharikat al-'uqūd bi l-māl, Besitzgemeinschaft hinsichtlich des Geldes.

Sharikat ijbārīya, gezwungene Gemeinschaft (Vertrag).

Sharikat ikhtiyārīya, wahlfreie Gemeinschaft, z. B. im Fall eines Handelsgeschäfts.

Sharikat wikāla, rechtliche Vertretung.

Sharṭ (Pl.: *shurūṭ*), Bedingung.

Sharṭ al-mathal, Bedingung der Entsprechung (Vertragsrecht).

Shaut, Laufstrecke beim ☞ *Sa'y* oder Runde beim ☞ *Ṭawāf*.

Shawwāl, zehnter, heiliger, Monat des islamischen Jahres.

Shirk, Polytheismus, Götzendienst. ☞ *Mushrik*.

Shurūṭ al-adā', Bedingungen zur Durchführung.

Shurūṭ al-wujūb, die Bedingungen zur Verpflichtung.

Ṣīgha, Formulierung (Vertragsrecht).

Ṣiyām, wörtl.: „von etwas Abstand nehmen", „eine Handlung nicht mehr tun", „mit etwas aufhören"; rechtliche Bedeutung: „Abstand nehmen von allen Dingen, die ein Fasten brechen (*mufṭirāt*)", von Beginn des *Fajr* bis zum Beginn des *Maghrib*.

Ṣīgha, (bei Verträgen und dergleichen:) der genaue Wortlaut.

Ṣiḥḥa, Gültigkeit (eines Angebots, eines Vertrags).

Ṣubḥ, (*ṣalāt aṣ-*), Morgengebet, Pflichtgebet ab Beginn der Morgendämmerung bis Sonnenaufgang. Siehe a. ☞ *Fajr*.

Sujūd, Niederwerfung (Phase während des Gebets); besteht (im normalen Gebet) aus zwei einzelnen *Sajdas*.

Sujūd at-tilāwa, Niederwerfung der Rezitation (einmalige Niederwerfung, wird nach der Rezitation bestimmter Koranverse verrichtet).

Sujūd li-s-sahuw, Niederwerfung wegen des Vergessens (eine zweimalige Niederwerfung; wird verrichtet, wenn man im Gebet bestimmte Fehler gemacht hat oder das zumindest vermutet).

Sujūd li-sh-shukr, Niederwerfung zum Dank.

Sunna (Pl. *sunan*), 1. Gesamtheit der Prophetentradition. 2. Gesamtheit der Hadithe. 3. = *Sunna ghair mu'akkada*. 4. = *mandūb* (selten).

Sunna 'ain mu'akkada, besonders stark wünschenswert, von der Prophetentradition als sehr gute und sehr wichtige Handlung bestätigt (steht der Pflicht nahe).

Sunna ghair mu'akkada, recht wünschenswert, von der Prophetentradition (nur leicht, ohne Nachdruck) als gut bestätigt (*hai'a* genannt, Pl.: *hai'āt*).

Sunna mu'akkada, sehr wünschenswert, von der Prophetentradition ausdrücklich als gute Handlung bestätigt (*ba'd* genannt, etwa: Teilbereich, Pl.: *ab'ād*).

Sutra, wörtl.: „Verdeckung", „Abtrennung"; Gebetsplatzbegrenzung.

T

Ta'awwudh, die Formel: *A'ūdhu bi-llāhi mina sh-shaiṭāni r-rajīm* (Ich nehme meine Zuflucht bei Gott vor dem verfluchten Teufel).

Tābi'ūn, (von *tabi'a*, „folgen") Nachfolger der Prophetengefährten, ☞ *Ṣaḥāba*, und siehe ☞ *Tābi'u t-tābi'īn*.

Tābi'u t-tābi'īn, Nachfolger der ☞ *Tābi'ūn*.

Tablīgh, (im Gebet:) daß ein in Hörnähe des *Imāms* Betender die *Takbīrāt* und andere Formeln, die von einem Nachbeter im Gebet gesprochen werden, laut wiederholt, um den sehr weit vom *Imām* entfernten Nachbetern zu verdeutlichen, welche Phase man gerade im Gebet erreicht hat (bei Beginn von *Qiyām*, *Rukū'*, *Sujūd* usw.).

Tafsīr, Korankommentar.

Tahajjud, entspricht dem ☞ *Qiyām al-lail*, aber mit dem Unterschied, daß sich der Betende vor diesem Nachtgebet erst schlafen gelegt hat und extra zu diesem ☞ *Nāfila* wieder aufsteht.

Tahallul, „sich etwas erlaubt machen" bzw. „für sich den ☞ *Iḥrām* (Weihezustand beim ☞ *Ḥajj*) aufheben".

Ṭahāra, Reinheit.

Ṭāhir, rein. Gegenteil: 1 *Mutanajjis*.

Ṭāhir ghair muṭahhir, was rein, aber nicht zur Reinigung geeignet ist.

Ṭāhir muṭahhir, was rein und zur Reinigung geeignet ist.

Ṭāhir muṭahhir makrūh, was rein und grundsätzlich zur Reinigung geeignet, aber zugleich abzulehnen ist.

Tahīyat al-masjid, (Gebet zur) Begrüßung der Moschee.

Taḥrīm, Verbot.

Takbīr, „*Allāhu akbar*" (Gott ist größer) sagen.

Takbīra (Pl.: *takbīrāt*), ein einmaliger/konkreter *Takbīr*.

Takbīrat al-Iḥrām, der einzelne *Takbīr*, mit dem man ins Gebet eintritt, bei gleichzeitig oder davor gefaßter *Nīya* (Absicht) (Phase während des Gebets).

Takhlīl, Reiben (der Haut und des Körperhaares) während der rituellen Waschung.

Ta'khīr, ☞ *Jam' at-ta'khīr*.

Taklīf, Pflicht, Verpflichtung, Auferlegung.

Ṭalāq, wörtl.: „Freilassen", „Freigeben aus einem Zustand"; Scheidung (Eherecht).

Ṭalāq 'ādī, einfache Scheidung.

Ṭalāq bā'in, bedingt aufhebbare Scheidung.

Ṭalāq raj'ī, widerrufbare Scheidung.

Talbīya, Sprechen der Formel: „*Labbaika llāhumma labbaik* ...: Zu Dir begebe ich mich, o Allāh ..." als Antwort auf den göttlichen Ruf. ☞ *Ḥajj*.

Talfīq, justistischer Eklektizismus, Wechseln der Rechtsmethoden.

Ṭamā'nīna, „Entspannung", eine Position beim rituellen Gebet.

Tamattu', „Genießen", „Genuß"; Form der Pilgerfahrt, bei der nur die ☞ *'Umra* vollzogen wird. ☞ *Ḥajj*.

Ta'mīn, am Ende des Gebets „*Āmīn*" zu sagen.

Tamyīz, Unterscheidungsfähigkeit.

Taqdīm, ☞ *Jam' at-taqdīm*.

Taqlīd, (Wissensstufe des ☞ „*Muqallid*":) sich völlig und ohne Einschränkung auf die Aussage von Gelehrten und Wissenden des ☞ *Fiqh* zu verlassen.

Taqwā, Gottesfurcht, Frömmigkeit.

Tarāwīḥ, zusätzliche Nachtgebete während des Ramadan in üblicherweise 8 oder 20 *Raka'āt*.

Tartīb, Einhaltung der Reihenfolge der rituellen Handlungen (z. B. bei der Waschung).

Tasbīḥ, während des ➾ *Rukū'* und ➾ *Sujūd* im Gebet zu sagen: *„subḥāna rabbiya l-'aẓīm"* bzw. *„subḥāna rabbiya l-a'lā"*.

Tashahhud, *„Ashhadu al-lā ilāha illā llāhu ..."* während des ersten bzw. des letzten Sitzens (*al-Qu'ūd al-awwal* bzw. *al-Qu'ūd al-akhīr*) im Gebet zu sprechen.

Tashrīq, die drei dem Opferfest folgenden Tage.

Taslīma (Pl.: *taslīmāt*), ein konkretes, einmaliges *Salām*-Geben (Phase während des Gebets).

Taslīmat al-iḥlāl, der einzelne (erste) *Taslīm* beim *Salām* (Phase während des Gebets).

Tasmī', die Formel *„sami'a llāhu li-man ḥamidah"* beim Gebet zu sagen.

Tāsū'ā', 9. Muḥarram.

Tauḥīd, Anerkenntnis der Einheit Gottes.

Tauliya, eine Ware wird ohne Erhöhung oder Erniedrigung des ursprünglichen Einkaufspreises weiterverkauft.

Tawaḍḍu, das Vornehmen des ➾ *Wuḍū'*.

Ṭawāf, von *ṭāfa*, „herumgehen", Umrundung der Kaaba beim ➾ *Ḥajj*: *Ṭawāf al-ifāḍa* (*'afāḍa*, „auf etw. eingehen") oder *-az-ziyāra* (Besuch)); *Ṭawāf al-qudūm*, – bei der Ankunft; *Ṭawāf al-wadā'*, – zum Abschied.

Tawajjuh, *Du'ā'*, das mit den Worten beginnt: *waddahtu wajī* ..., „ich habe mein Gesicht zugewandt ..."; entspricht an sich dem *Iftitāḥ*, hat aber einen besonderen Wortlaut. Jeder *Tawajjuh* ist auch ein *Iftitāḥ*, aber nicht jeder *Iftitāḥ* ist *Tawajjuh*.

Tawakkul, Gottvertrauen.

Tayammum, Ersatzwaschung.

Thaman, Preis.

Thanā', „Lob-*Du'ā'*"; entspricht dem *Iftitāḥ*.

Tijāra, Handelsgeschäft.

Ṭuhr, Reinheit von der Menstruation ➾ *Ḥaiḍ*.

U

'Udhr, zulässiger Entschuldigungsgrund.

Ukhuwwa, Brüderlichkeitsprinzip.

'Ulamā', (Sg. *'ālim*), Gelehrte, Theologen.

Umma, Nation, Volk, Generation.

Ummī, Ungebildeter.

'Umra, „kleine", freiwillige, zeitunabhängig mögliche Pilgerfahrt. Vgl. ➾ *Ḥajj*.

'Umrān, Lebensbereich.

'Urf, Brauch, Gewohnheitsrecht; vgl. ➾ *'Āda*.

W

Wadī'a, hinterlegtes Gut/Depositum.

Wady, Erregungssekret.

Wājib, 1. absolute Pflicht. 2. relative Pflicht (*Ḥanafīya*, in Sonderfällen auch die anderen *Madhāhib*).

Wakīl, Bevollmächtigter, Vertreter.

Walī mujbir, Sachverwalter der noch nicht verheirateten Frau.

Walī mukhtār, frei ausgewählter Walī.

Waqf, Stiftung.

Waṣīya, Testament (jmd. etwas zukommen zu lassen); ➾ *Īṣā'*.

Wikāla, Vertretung.

Wilāda, Geburt, Entbindung.

Wuḍū', kleine rituelle Waschung.

Wujūb, Verpflichtung.

Wuqūf, Stehritus, den die Mekka-Pilger am 9. *Dhu l-ḥijja* im Rahmen des ➾ *Ḥajj* im Tal ➾ *'Arafāt* ausführen.

Y

Yamīn, Eid.

Z

Zakāt, die verpflichtende Abgabe, die ein Muslim/eine Muslimin unter Beachtung bestimmter Bedingungen von dem eigenen Besitz für bestimmte Empfänger (Arme, Waisen usw.) geben muß (als *Farḍ 'ain* und als *'Aqīda* zugleich).

Zinā, Hurerei bzw. Ehebruch.

Ẓuhr, (*ṣalāt aẓ*), „Mittagsgebet", das Pflichtgebet, das in der Zeit kurz nach der Zenitstellung der Sonne bis zum Beginn des Nachmittags zu verrichten ist.

INDEX

QUELLENVERZEICHNIS

Arabische Titel werden in Umschrift angegeben. – Bei arabischen Eigennamen wird der Artikel „*al-*“ sowie auch der Begriff „*ibn*“ (Sohn) nicht in der alphabetischen Aufführung mitberücksichtigt; der zur Aufzählung herangezogene Teil ist bei klassischen Eigennamen der jeweils vom betreffenden Autor bekannteste Namensteil, also dessen *Nisba* (Herkunftsname), *Shuhra* (bekanntester Namensteil der Genealogie) oder sein *Laqab* (Spitzname, Scherzname). Bei modernen Autoren ist es der Nach- bzw. Familienname oder der jeweils letzte Namensteil. Titel werden dem Eintragsnamen nachgestellt. Die alphabetische Auflistung folgt der Abfolge des deutsch-lateinischen Alphabets.

Arabische Quellen

Ibn ʿĀbidīn, Muḥammad Amīn al-mashhūr bi-: „*Ḥashīya Ibn ʿĀbidīn*“ bzw. Ḥashīya radd al-muḥtār ʿalā Durr al-Mukhtār, Sharḥ Tanwīr al-ansār, fī fiqh Madhhab al-Imām Abī Ḥanīfa an-Nuʿmān, wa yalīhi Takmila Ibn ʿĀbidīn li-najl al-muʾallif. 8 Bände. Dār Qahramān li-n-nashr wa t-tauzīʿ/Kahraman Yayinlari. Istanbul 1984.

Abū Zahra, al-Imām Muḥammad: *Abū Ḥanīfa*: Ḥayātuhu wa ʿaṣruhu, Ārāʾuhu wa fiqhuhu. Dār al-fikr al-ʿarabī. Nachdruck der 1.Aufl. o.J., Original von 1364/1945.

ders.: *Mālik*. Ḥayātuhu wa ʿaṣruhu, Ārāʾuhu wa fiqhuhu. Dār al-fikr al-ʿarabī. Nachdruck der 2. Aufl. o.J., Original von 1952.

ders.: *ash-Shāfiʿī*. Ḥayātuhu wa ʿaṣruhu, Ārāʾuhu wa fiqhuhu. Dār al-fikr al-ʿarabī. Nachdruck der 1. Aufl. o.J., Original von 1367/1947.

ders.: *Ibn Ḥanbal*. Ḥayātuhu wa ʿaṣruhu, Ārāʾuhu wa fiqhuhu. Dār al-fikr al-ʿarabī. Nachdruck der 1. Aufl. o.J., Original von 1363/1944.

ders.: *Uṣūl al-fiqh*. Dār at-tablīgh/Teblig Yayinlari. Beyazit – Istanbul (o.J.). Nachdruck des Originals, al-Qāhira 1377/1985).

Al-Khin, Dr. Muṣṭafā/al-Bughā, Dr. Muṣṭafā/ash-Shurbajī, ʿĀlī: *al-Fiqh al-manhajī ʿalā madhhab al-Imām ash-Shāfiʿī*. Juzʾ 1-5. Dār al-qalam. Dimashq.

adh-Dhahabī, Abū ʿAbd Allāh Muḥammad bin Aḥmad bin ʿUthmān bin Qaimāz (663–748 H): *Kitāb al-Kabāʾir wa tabyīn al-maḥārim*. Dār Ibn Kathīr, Dimashq-Bairūt & Maktaba Dār at-turāth. 2. Aufl. 1407/1987.

al-Jazāʾirī, Abū Bakr Jābir: *ʿAqīdatu l-Muslim*. Maṭbaʿat al-Ḥalabī/Maktaba al-Kullīya al-Azharīya, al-Azhar. al-Qāhira 1981.

al-Jazāʾirī, ʿAbd ar-Raḥmān: *Kitāb al-fiqh ʿalā l-madhāhib al-arbaʿa*. 4 Bd. Reihe: Arapça Temel Eserler, 8/1. Dār ad-Daʿwa/Çagri Yayinlari, Istanbul 1408/1987 (Nachdruck des Originals von al-Qāhira 1308/1939).

al-Ghazālī, Abū Ḥāmid: *al-Maqṣad al-asnī fī sharḥ asmāʾ Allāh al-ḥusnā*. Reihe: Min rasāʾil al-Imām Abī Ḥāmid al-Ghazālī. Dār al-kutub al-ʿilmīya. Bairūt 1407 /1987.

al-Ḥalabī, al-Faqīh Ibrāhīm bin Muḥammad bin Ibrāhīm (gest. 956 H): *Multaqā l-abḥur*. 2 Teile. Muʾassasa ar-risāla. 1. Aufl. Bairūt 1409/1989.

Ḥusain, Sayyid ʿAbd Allāh (min ʿUlamāʾ al-Azhar): *al-Ajwiba al-Ḥanafīya fī Madhhab al-Imām Abī Ḥanīfa*. 1. Aufl. al-Maktaba al-Maḥmūdīya at-tijārīya bi-maidān al-Jāmiʿ al-Azhar bi-Miṣr. al-Qāhira 1372/1953.

al-Maidānī, ʿAbd al-Ghanīy al-Ghanīmī ad-Dimashqī: *al-Lubāb fī sharḥ al-Kitāb*. Sharḥ ʿalā l-mukhtaṣar al-Mashhūr bi-"al-Kitāb" alladhī ṣannafahu l-Imām Abu l-Ḥusain Aḥmad bin Muḥammad al-Qudūrī al-Baghdādī (332–428 H). 4 Teile in 2 Bd. Dār al-kitāb al-ʿarabī, Bairūt (o. J.).

Ibn Mandhūr, al-Imām Abu l-Faḍl Jamāl ad-dīn Muḥammad bin Mukrim al-Ifrīqī al-Miṣrī: *Lisān al-ʿArab*. 15 Bde. Dār Ṣādir. Bairūt (o. J.).

al-Marghiyānī, Shaikh al-Islām Burhān ad-Dīn Abu l-Ḥusain ʿAlī bin Abī Bakr bin ʿAbd al-Jalīl ar-Rushdānī (gest. 593 H.): *al-Hidāya, Sharḥ Bidāya al-mubtadī*. Letzte Aufl. 2 Teile. EDA Nesriyat (Hifzullah Kahraman). Istanbul (o. J.).

al-Māwardī, Abu l-Ḥasan ʿAlī bin Muḥammad bin Ḥabīb al-Baṣrī al-Baghdādī (gest. 450 H/1058 M): *al-Aḥkām as-sulṭānīya wa-l-wilāyāt ad-Dīnīya*. 2. Aufl. Sharika maktaba wa maṭbaʿa Muṣṭafā al-Bābī al-Ḥalabī wa aulāduhu bi-Miṣr. al-Qāhira 1386/1966.

ar-Rāzī, Fakhr ad-Dīn: *Sharḥ Asmāʾ Allāh al-ḥusnā*, bzw.: *Lawāmiʿ al-bayyināt – Sharḥ Asmāʾ Allāh al-ḥusnā wa ṣ-ṣifāt*. Dār al-kitāb al-ʿarabī. Bairūt 1404/1984.

aṣ-Ṣābūnī, Muḥammad ʿAli: *al-Mawārīth fī sharīʿa al-islāmīya*. 2. Aufl. Dār al-Qalam. Dimashq 1413/1993.

Ṣāliḥ, Dr. Muḥammad Adīb: *Lamaḥāt fī uṣūl al-ḥadīth*. 4. Aufl. al-Maktab al-islāmī. Bairūt-Dimashq 1405/1985.

Sulaimān, Dr. Nūḥ ʿAlī (Muftī al-quwwāt al-musallaḥa al-urdunnīya al-hāshimīya): *Ibrāʾ adh-Dhimma min ḥuqūq al-ʿibād*. 1. Aufl. Dār al-basīr. ʿAmmān 1407/1986.

Yāsīn, Dr. Muḥammad Naʿīm (Mudīr Jāmiʿa al-Kuwait): *al-Īmān: Arkānuhu – Ḥaqīqatuhu – Nawāqiḍuhu*. 4. Aufl. Jāmiʿa al-Kuwait. al-Kuwait (o. J.).

az-Zajjāj, Abū Isḥāq Ibrāhīm bin as-Sirrī (241–311 H): Tafsīr Asmāʾ *Allāh* al-ḥusnā. 5. Aufl. Dār al-Maʾmūm li-t-turāth. Bairūt-Dimashq 1406/1986.

(ʿUlamaʾ min al-Azhar:) *Bayān li-n-nās* (*min al-Azhar ash-Sharīf*). 2 Teile. Maṭbaʿa al-Azhar ash-sharīf. al-Qāhira 1984.

(unbekannter bzw. nicht genannter Autor/Autoren): *Manāsik al-Ḥajj wa-l-ʿUmra ʿalā l-madhāhib al-arbaʿa wa adʿiya ziyāra al-madīna al-munawwara*. „Maktaba ṭayyiba". al-Madīna al-munawwara (o. J.).

Deutschsprachige Quellen

Abdoljavad Falaturi, Prof. Dr. (u. a.): *Beiträge zu Islamischem Rechtsdenken*. In der Reihe: Studien zu nicht-europäischen Rechtstheorien, Bd. II. Hrsg.: Reinhard May. Franz Steiner Verlag Wiesbaden GmbH, Stuttgart 1986.

Kaidi, Hamza/Nadjm Oud-Dine [Qāʾidī, Hamza/Najm ad-Dīn]: *Mekka und Medina in Farbe*. Unter der Schirmherrschaft der Organisation der Islamischen Konferenz. Reihe: Reisen heute, Bd. 49. Jeune Afrique, Paris 1301–2/1982. (Deutscher Vertrieb: Geo Center, Stuttgart, München, Berlin).

Ramaḍān, Said [Ramaḍān, Saʿīd]: *Das islamische Recht*. Theorie und Praxis. Otto Harrassowitz Verlag, Wiesbaden 1980.

al-Qaradawi, Jusuf [al-Qarādawī, Yūsuf]: *Erlaubtes und Verbotenes im Islam*. (Originaltitel: al-Ḥalāl wa-l-Ḥarām fi l-Islām.) Übersetzt von Aḥmad von Denffer. SKD Bavaria Verlag, München 1989.

KURZLEBENSLAUF DES AUTORS

Aḥmad ʿAbdurraḥmān Reidegeld, geboren 1966, entdeckte im Alter von achtzehn Jahren den Islam als seine Religion. Nachdem er Arabisch gelernt und sich mit der Lehre und der Geschichte der islamischen Wissenschaften beschäftigt hatte, studierte er bei Professor Falaturi in Köln *Uṣūl al-Fiqh*, um sich anschließend in Einzelbereichen der islamischen Pflichtenlehre fortzubilden. Eine Ausbildung in Spezialfragen des Stiftungswesens und Erbrechts konnte der Autor im Sultanat Oman durch Zusammenarbeit mit mehreren Gelehrten erhalten, die im Bereich des Fatwa unter Leitung Sheikh Aḥmad bin Hamad al-Khalīlīs, des Hauptmuftis des Sultanats, tätig waren.

Nach einem Studium der Islamwissenschaft, Afrikanistik und Malaiologie an der Universität Köln promovierte er 2012 dort mit einer Arbeit unter dem Titel „Das Verständnis des Ruh bei den Qur'an-Exegeten (Ahl at-tafsīr)" zum Dr. phil.

Von 1992 an war ʿAbdurraḥmān Reidegeld als Dozent in Köln, Düsseldorf und Wien tätig, arbeitet seit 2005 für die Islamische Glaubensgemeinschaft in Österreich (IGGiÖ) und unterrichtet am Institut für Islamische Religion (IRPA) Islamische Kulturgeschichte, Islamische Wirtschaftsprinzipien, Hadith-Wissenschaften, Hadith- und Qur'an-Forschung, Aqida und Philosophie. Er betreut die Bachelor-Verwaltung, ist für studienrechtliche Angelegenheiten verantwortlich und gibt Fortbildungsseminare zu den Tafsir-Traditionen, der Kalligrafie und anderen Kunstformen.

Zeichenerklärung Eulogien:

subḥānahu wa taʿālā, herrlich und erhaben ist Er
ṣallā llāhu alaihi wa sallam, Allāh segne ihn und schenke ihm Heil
ʿalayhim s-salām, der Friede sei auf ihnen
raḍiya llāhu ʿanhum, möge Allāh mit ihnen zufrieden sein